ପ୍ରବନ୍ଧ ସୁରଧୁନୀ

ପ୍ରବନ୍ଧ ସୁରଧୁନୀ

ସଂକଳନ ଓ ସଂପାଦନା

ସୁରେନ୍ଦ୍ରକୁମାର ମହାରଣା

ବ୍ଲାକ୍ ଈଗଲ୍ ବୁକ୍ସ

ଭୁବନେଶ୍ୱର, ଓଡ଼ିଶା

BLACK EAGLE BOOKS

Dublin, USA

ପ୍ରବନ୍ଧ ସୁରଧୁନୀ / ସଂକଳନ ଓ ସଂପାଦନା: ସୁରେନ୍ଦ୍ରକୁମାର ମହାରଣା
ବ୍ଲାକ୍ ଇଗଲ୍ ବୁକ୍ସ : ଭୁବନେଶ୍ୱର, ଓଡ଼ିଶା • ଡବ୍ଲିନ୍, ଯୁକ୍ତରାଷ୍ଟ୍ର ଆମେରିକା

BLACK EAGLE BOOKS
USA address:
7464 Wisdom Lane
Dublin, OH 43016

India address:
E/312, Trident Galaxy, Kalinga Nagar,
Bhubaneswar-751003, Odisha, India

E-mail: info@blackeaglebooks.org
Website: www.blackeaglebooks.org

First International Edition Published by
BLACK EAGLE BOOKS, 2023

PRABANDHA SURADHUNI
by **Various Authors**
Compiled and Edited by **Surendra Kumar Maharana**

Cover & Interior Design: Ezy's Publication

ISBN- 978-1-64560-432-7 (Paperback)

Printed in the United States of America

ସୂଚୀ

ପ୍ରାକ୍-କଥନୀ

ବିଶ୍ୱର ପ୍ରତ୍ୟେକ ସାହିତ୍ୟରେ ପ୍ରଥମେ ପଦ୍ୟର ସୃଷ୍ଟି। ଏହି ଦୃଷ୍ଟିରୁ ସାହିତ୍ୟ ରାଜ୍ୟରେ ପଦ୍ୟ ଅପେକ୍ଷା ଗଦ୍ୟ ଅର୍ବାଚୀନ। ପଦ୍ୟଭଳି ଏହା ସୃଷ୍ଟି ହୋଇ ନାହିଁ ସ୍ୱତଃସ୍ଫୂର୍ତ୍ତତା ମଧ୍ୟରୁ କିମ୍ବା ଏହା ପଦ୍ୟ-ଅନୁରୂପ ହୃଦୟାବେଗ ପ୍ରକାଶ କରିପାରେ ନାହିଁ। ଏହାର ଉତ୍ପତ୍ତି ଚିନ୍ତା ଓ ଚେତନାରୁ, ଧୀ ଓ ଧିଷଣାରୁ, ଅଧ୍ୟୟନ ଓ ଅଧ୍ୟବସାୟରୁ। ଏଥିରେ ପ୍ରାଧାନ୍ୟ ଦିଆଯାଏ ସୂକ୍ଷ୍ମ ବିଚାରବୋଧ, ତୀକ୍ଷ୍ଣ ପ୍ରତ୍ୟୁତ୍ପନ୍ନମତିତା, ଗଭୀର ଜ୍ଞାନ, ଦୀର୍ଘ ଅଧ୍ୟୟନ ଓ ସୁଚତୁର ଯୁକ୍ତିବୋଧକୁ। ତେଣୁ ପ୍ରସିଦ୍ଧ ଆଳଙ୍କାରିକ ବାମନାଚାର୍ଯ୍ୟଙ୍କ ଭାଷାରେ- "ଗଦ୍ୟଂ କବିନାଂ ନିକଷଂ ବଦନ୍ତି।" ଅର୍ଥାତ୍ ଗଦ୍ୟ ହେଉଛି କବିମାନଙ୍କ ପ୍ରତିଭାର କଷଟି ପଥର। ସାହିତ୍ୟରେ ଗଦ୍ୟ ଏକ କଷ୍ଟସାଧ୍ୟ ରଚନା ହୋଇଥିବାରୁ ଗଦ୍ୟକୁ ସାହିତ୍ୟର ଶ୍ରେଷ୍ଠ ରୀତି ଭାବରେ ଗ୍ରହଣ କରାଯାଏ।

ଭାରତର ପ୍ରାଚୀନତମ ବୈଦିକ ସାହିତ୍ୟରେ ଗଦ୍ୟର ନିଦର୍ଶନ ମିଳେ। ଯଜୁର୍ବେଦର କଠୋପନିଷଦ ଓ ବୃହଦାରଣ୍ୟକ ଉପନିଷଦରେ ବିଭିନ୍ନ ଉକ୍ତି-ପ୍ରତ୍ୟୁକ୍ତି ଗଦ୍ୟରେ ପ୍ରକାଶିତ। ଅଥର୍ବ ବେଦରେ ମଧ୍ୟ ଗଦ୍ୟର ନମୁନା ଦେଖିବାକୁ ମିଳେ। ବ୍ରାହ୍ମଣ (ବେଦର ଉପସଂହାର ଭାଗ) ଗ୍ରନ୍ଥମାନଙ୍କରେ ବହୁ କାହାଣୀ ବର୍ଣ୍ଣିତ ହୋଇଛି ସରଳ ଗଦ୍ୟରେ। ସଂସ୍କୃତ ଭାଷାରେ ଗଦ୍ୟକୁ କାବ୍ୟ ଭାବରେ ଗ୍ରହଣ କରନ୍ତି ଆଳଙ୍କାରିକଗଣ। ସେମାନଙ୍କ ମତରେ ଛନ୍ଦ-ନିୟମ ଅନୁସରଣରେ ରଚିତ ହେଉ ନ ଥିବା କାବ୍ୟହିଁ ଗଦ୍ୟକାବ୍ୟ। ଓଡ଼ିଆ ସାହିତ୍ୟରେ ଗଦ୍ୟ ଲୋକସାହିତ୍ୟ, ଅଭିଲେଖ ସାହିତ୍ୟ ଦେଇ ଲିଖିତ ସାହିତ୍ୟରେ ପଦାର୍ପଣ କରିଛି। ସାରଳା ସାହିତ୍ୟ, ନାଥ ସାହିତ୍ୟ, ପଞ୍ଚସଖା ସାହିତ୍ୟ, 'ମାଦଳାପାଞ୍ଜି', 'ରୁଦ୍ରସୁଧାନିଧି', ବିଭିନ୍ନ ବ୍ରତକଥା ଇତ୍ୟାଦିରେ ଗଦ୍ୟ କ୍ରମଶଃ ଉନ୍ନତ ରୂପ ଧାରଣ କରି ଆଧୁନିକ ଅବସ୍ଥାପ୍ରାପ୍ତ ହୋଇଛି।

ପରବର୍ତ୍ତୀକାଳରେ ଗଦ୍ୟସାହିତ୍ୟ ବ୍ୟାପକତର ହୋଇ ପ୍ରବନ୍ଧ, ଗଳ୍ପ, ଉପନ୍ୟାସ, ନାଟକ ପ୍ରଭୃତି ବିଭିନ୍ନ ରୂପରେ ଆତ୍ମପ୍ରକାଶ କରିଅଛି।

ଆଧୁନିକ ଓଡ଼ିଆ ସାହିତ୍ୟରେ ଏକ ମୁଖ୍ୟ ବିଭାବ ହେଉଛି ପ୍ରବନ୍ଧ ସାହିତ୍ୟ। ଏହା ସାହିତ୍ୟ ଜଗତରେ ଏକ ସ୍ୱୟଂସମ୍ପୂର୍ଣ୍ଣ କଳାତ୍ମକ ପରିପ୍ରକାଶ। ସଂସ୍କୃତସାହିତ୍ୟ, ପ୍ରାଚୀନ ଓ ମଧ୍ୟଯୁଗୀୟ ଓଡ଼ିଆ ସାହିତ୍ୟରେ 'ପ୍ରବନ୍ଧ' ଶବ୍ଦ ପ୍ରଯୁକ୍ତ ହେଉଥିଲା ମୁଖ୍ୟତଃ ଛନ୍ଦୋବଦ୍ଧ କାବ୍ୟସାହିତ୍ୟ ନିମନ୍ତେ। ଦ୍ୱାଦଶ ଶତାବ୍ଦୀରେ ଓଡ଼ିଶାରେ ଜନ୍ମଗ୍ରହଣ କରିଥିବା ପ୍ରଖ୍ୟାତ ସଂସ୍କୃତ କବି ଜୟଦେବ ସ୍ୱରଚିତ କୃଷ୍ଣଲୀଳାତ୍ମକ କାନ୍ତକୋମଳ ପଦଯୁକ୍ତ ଅମର କାବ୍ୟ 'ଗୀତଗୋବିନ୍ଦ'କୁ 'ପ୍ରବନ୍ଧ' ନାମରେ ଅଭିହିତ କରିଛନ୍ତି। ଷୋଡ଼ଶ ଶତାବ୍ଦୀର ବରେଣ୍ୟ ଭକ୍ତକବି ଜଗନ୍ନାଥ ଦାସ 'ଭାଗବତ'କୁ 'ଭାଷାପ୍ରବନ୍ଧ' ବୋଲି ପ୍ରକାଶ କରିଛନ୍ତି। ରୀତିଯୁଗର ପ୍ରତିଭାଧର କବି ଅଭିମନ୍ୟୁ ନିଜ କାବ୍ୟ 'ବିଦଗ୍ଧ ଚିନ୍ତାମଣିରେ' ମଧ୍ୟ ଅନୁରୂପ ଅର୍ଥରେ 'ପ୍ରବନ୍ଧ' ଶବ୍ଦର ପ୍ରୟୋଗ କରିଛନ୍ତି। ରୀତିଯୁଗର ଅନ୍ୟତମ ପ୍ରତିଭାଶାଳୀ ବିନ୍ଧାଣି ଯଦୁମଣି ନିଜର ବିଖ୍ୟାତ କାବ୍ୟର ନାମ ରଖିଛନ୍ତି 'ପ୍ରବନ୍ଧ ପୂର୍ଣ୍ଣଚନ୍ଦ୍ର'।

ଆମ ଦେଶରେ ପାଶ୍ଚାତ୍ୟ ଶିକ୍ଷାର ପ୍ରଚଳନ ଫଳରେ ଭାରତୀୟ ସାହିତ୍ୟରେ ଯୁଗାନ୍ତକାରୀ ପରିବର୍ତ୍ତନମାନ ଦେଖାଗଲା। 'ପ୍ରବନ୍ଧ'ର ପୁରାତନ ସଂଜ୍ଞା ବଦଳିଗଲା। ଇଂରାଜୀ Essay ଶବ୍ଦର ପ୍ରତିଶବ୍ଦରୂପେ 'ପ୍ରବନ୍ଧ' ଶବ୍ଦ ଗୃହୀତ ହେଲା। ବର୍ତ୍ତମାନ ଯାହା ପ୍ରବନ୍ଧ ପଦବାଚ୍ୟ ପୂର୍ବରୁ ସେପରି ରଚନା ଆମ ସାହିତ୍ୟରେ ନ ଥିଲା କହିଲେ ଚଳେ। ବିଦେଶୀ ଶିକ୍ଷା ସଭ୍ୟତା ଓ ରଚନାରୀତିର ପ୍ରଭାବରେ ଆମ ସାହିତ୍ୟରେ ପ୍ରବନ୍ଧ ରଚନାର ସୂତ୍ରପାତ ହେଲା। ତେଣୁ ପ୍ରବନ୍ଧ ରଚନା ଭାରତୀୟ ସାହିତ୍ୟରେ ଓ ଏହି କ୍ରମରେ ଓଡ଼ିଆ ସାହିତ୍ୟରେ ଜନ୍ମଲାଭ କଲା ଆଧୁନିକ ଯୁଗରେ। ପାଦ୍ରୀମାନଙ୍କ ଧର୍ମପ୍ରଚାର ଓ ତତ୍କାଳୀନ ପରିସ୍ଥିତିରେ ବ୍ରିଟିଶ୍ ସରକାରଙ୍କଦ୍ୱାରା ପ୍ରତିଷ୍ଠିତ ବିଦ୍ୟାଳୟମାନଙ୍କରେ ପ୍ରଚଳିତ ପାଠ୍ୟପୁସ୍ତକମାନ ପ୍ରତ୍ୟକ୍ଷ ଭାବରେ ଓଡ଼ିଆ ଗଦ୍ୟସାହିତ୍ୟ ଓ ପରୋକ୍ଷଭାବରେ ଓଡ଼ିଆ ପ୍ରବନ୍ଧ ସାହିତ୍ୟକୁ ବିକାଶପଥରେ ଅଗ୍ରସର ହେବାରେ ସାହାଯ୍ୟ କଲା। ପ୍ରବନ୍ଧ ଅର୍ଥରେ ଏଠାରେ ନିବନ୍ଧ, ସନ୍ଦର୍ଭ, ରଚନା ଓ ଲଳିତ ନିବନ୍ଧ (ରମ୍ୟରଚନା)କୁ ଗ୍ରହଣ କରାଯାଇଛି। ମୁଦ୍ରଣଯନ୍ତ୍ରର ପ୍ରତିଷ୍ଠାଫଳରେ ଓଡ଼ିଶାର କେତେକ ମୁଖ୍ୟସ୍ଥାନରୁ ପ୍ରକାଶିତ ହେଲା 'ଉତ୍କଳ ଦୀପିକା', 'ବାଲେଶ୍ୱର ସମ୍ବାଦ ବାହିକା', 'ଉତ୍କଳ ଦର୍ପଣ', 'ପୁରୁଷୋତ୍ତମ ଦୀପିକା', 'ପୁରୁଷୋତ୍ତମ ପତ୍ରିକା', 'ନବସମ୍ବାଦ', 'ସମ୍ବଲପୁର ହିତୈଷିଣୀ', 'ଉତ୍କଳ ପ୍ରଭା', 'ଇନ୍ଦ୍ରଧନୁ', 'ବିଜୁଳି', 'ଉତ୍କଳ ସାହିତ୍ୟ', 'ମୁକୁର', 'ସତ୍ୟବାଦୀ', 'ସହକାର', 'ନବଭାରତ', 'ଉତ୍କଳ ଦର୍ପଣ' ପ୍ରଭୃତି

ପତ୍ରପତ୍ରିକା। ଏଗୁଡ଼ିକ ବହୁ ନବୀନ ଲେଖକ ସୃଷ୍ଟି କଲେ ସେମାନଙ୍କର ସାହିତ୍ୟିକ ରଚନାମାନ ପ୍ରକାଶ କରି। ଏଗୁଡ଼ିକରେ ବେଳେ ବେଳେ ନାନା ବିଷୟକ ଦୀର୍ଘ ଓ କ୍ଷୁଦ୍ର ପ୍ରବନ୍ଧମାନ ପ୍ରକାଶିତ ହେଉଥିଲା। ଏଣୁ ଓଡ଼ିଆ ପ୍ରବନ୍ଧ ସାହିତ୍ୟର ବିକାଶରେ ଏହି ପତ୍ରପତ୍ରିକାଗୁଡ଼ିକ ଉଲ୍ଲେଖଯୋଗ୍ୟ ଭୂମିକା ଗ୍ରହଣ କରିଥିଲେ।

ଯେକୌଣସି ବିଷୟକୁ ଆଧାର କରି ପ୍ରବନ୍ଧ ରଚନା କରାଯାଇପାରେ। ଏହାର ବିଷୟବସ୍ତୁର ପରିସର ବ୍ୟାପକ। ଅଣୁଠାରୁ ଆରମ୍ଭକରି ଅନନ୍ତ ଅନ୍ତରୀକ୍ଷ ପର୍ଯ୍ୟନ୍ତ ବିଷୟବସ୍ତୁ ଏହାର ଅନ୍ତର୍ଗତ। ବ୍ୟକ୍ତି ଯାହା ଚିନ୍ତା କରେ, ଯାହା ଅନୁଭବ କରେ, ଯାହା ଦେଖେ ବା ଶୁଣେ, ତାହାକୁ ସହଜ ସରଳ ଭାଷା, ସ୍ୱକୀୟ ଶୈଳୀ ଓ ଯୁକ୍ତିସଙ୍ଗତ ଭାବରେ ପ୍ରକାଶ କରିବାର କଳାହିଁ ପ୍ରବନ୍ଧ। ଏହା ମନନଶୀଳ, ଭାବସମୃଦ୍ଧ ତଥା ସୁସଂବନ୍ଧ ଏକ ଗଦ୍ୟରଚନା। ଏଥିରେ ପ୍ରାବନ୍ଧିକଙ୍କ ବ୍ୟକ୍ତିତ୍ୱ ଓ ନିଜସ୍ୱ ଦୃଷ୍ଟିକୋଣ ଫୁଟିଉଠେ। ପ୍ରବନ୍ଧରେ ଉଦ୍ଦିଷ୍ଟ ବିଷୟ ଉପସ୍ଥାପନ କଲାବେଳେ ପ୍ରାବନ୍ଧିକ ପ୍ରାଚୀନ ସାହିତ୍ୟରୁ ବା ବିଦେଶୀ ସାହିତ୍ୟରୁ ଉଦ୍ଧୃତି ଗ୍ରହଣ କରିପାରନ୍ତି, ବିଶିଷ୍ଟ ବ୍ୟକ୍ତିଙ୍କ ବାଣୀ ଗ୍ରହଣ କରିପାରନ୍ତି ଏବଂ ଗଳ୍ପାଂଶ ବା ଉପଯୋଗୀ କ୍ଷୁଦ୍ର କାହାଣୀ ଅବତାରଣା କରିପାରନ୍ତି। ନିଜସ୍ୱ ତଥା ସ୍ୱତନ୍ତ୍ର ଭାଷାଶୈଳୀରେ ତାଙ୍କ ବକ୍ତବ୍ୟର ପ୍ରକାଶ ନିମନ୍ତେ ସେ ଉପମା, କାବ୍ୟିକ କଳ୍ପନା ଓ ବ୍ୟଙ୍ଗବିଦ୍ରୂପର ଉପଯୋଗ କରିପାରନ୍ତି। ଫଳରେ ପ୍ରବନ୍ଧ ରସାଳ ହୁଏ, ପାଠକକୁ ଆକର୍ଷଣ କରେ। ଏସବୁ ଦୃଷ୍ଟିରୁ ଆଧୁନିକ ଯୁଗରେ ପ୍ରବନ୍ଧକୁ ମାନବ ଜୀବନର ଏକ ବିଶିଷ୍ଟ କଳାକର୍ମ କୁହାଯାଇପାରେ।

ଓଡ଼ିଆ ପ୍ରବନ୍ଧ ସାହିତ୍ୟର ଉନ୍ମେଷକାଳରେ ରାଧାନାଥ ରାୟ, ମଧୁସୂଦନ ରାଓ, ଗୋବିନ୍ଦ ରଥ, ବିଶ୍ୱନାଥ କର, କୃଷ୍ଣପ୍ରସାଦ ଚୌଧୁରୀ, ଶ୍ୟାମସୁନ୍ଦର ରାଜଗୁରୁ, ନୀଳମଣି ବିଦ୍ୟାରତ୍ନ, ଗୋପୀନାଥ ନନ୍ଦ, ଗୋପାଳଚନ୍ଦ୍ର ପ୍ରହରାଜ, ଶଶିଭୂଷଣ ରାୟ, ଦୀନବନ୍ଧୁ ଗଡ଼ନାୟକ, ଜଗବନ୍ଧୁ ସିଂହ, ପଦ୍ମଚରଣ ପଟ୍ଟନାୟକ, ମୋହିନୀମୋହନ ସେନାପତି, ମୃତ୍ୟୁଞ୍ଜୟ ରଥ, ପ୍ୟାରୀମୋହନ ଆଚାର୍ଯ୍ୟ, ଚନ୍ଦ୍ରମୋହନ ମହାରଣା, ଜଳନ୍ଧର ଦେବ, ଅପର୍ଣ୍ଣା ପଣ୍ଡା, ଚନ୍ଦ୍ରଶେଖର ନନ୍ଦ ପ୍ରମୁଖ ପ୍ରାବନ୍ଧିକଗଣଙ୍କ ନାମ ଉଲ୍ଲେଖନୀୟ। କବିବର ରାଧାନାଥଙ୍କ ଦୀର୍ଘ ପ୍ରବନ୍ଧ 'ବିବେକୀ', 'ଉତ୍କଳ ଦର୍ପଣ' ପତ୍ରିକାରେ ପ୍ରକାଶିତ ହୋଇଥିଲା। ଏହି ପ୍ରବନ୍ଧ ନିମନ୍ତେ ସେ ଓଡ଼ିଆ ସାହିତ୍ୟରେ ପ୍ରଥମ ପ୍ରାବନ୍ଧିକର ଗୌରବ ଅର୍ଜନ କରିଛନ୍ତି। ପାଠ୍ୟପୁସ୍ତକର ଅଭାବ ଦୂର କରିବା ନିମନ୍ତେ ଭକ୍ତକବି ମଧୁସୂଦନ ରାଓ ଯେଉଁ 'ପ୍ରବନ୍ଧମାଳା' ରଚନା କରିଥିଲେ ତାହାର ଅଧିକାଂଶ ପ୍ରବନ୍ଧ ଇଂରାଜୀ ରଚନାର ଅନୁବାଦ ହେଲେସୁଦ୍ଧା ଏହା ତତ୍କାଳୀନ ପରିସ୍ଥିତିରେ ଓଡ଼ିଆ ପ୍ରବନ୍ଧ ସୃଷ୍ଟିର ଏକ ଉଜ୍ଜ୍ୱଳ ପରମ୍ପରା ସୃଷ୍ଟି କରିଥିଲା।

ପରବର୍ତ୍ତୀକାଳୀନ ସତ୍ୟବାଦୀଗୋଷ୍ଠୀ କେବଳ ସାହିତ୍ୟିକ ନ ଥିଲେ ସେମାନେ ଦେଶପ୍ରେମ ଓ ମାନବ ସେବାରେ ନିଜ ନିଜକୁ ନିୟୋଜିତ କରିଥିଲେ। ଦେଶର ଅତୀତ ଗୌରବର ଜୟଗାନ ଓ ସମାଜ ସଂସ୍କାର ନିମନ୍ତେ ପଥ ପ୍ରଦର୍ଶନ କରିବା ଥିଲା ସେମାନଙ୍କର ଏକ ବିଶେଷ ଆଭିମୁଖ୍ୟ ଓ ଏହି ଦୃଷ୍ଟିରୁ ସେମାନେ ପ୍ରବନ୍ଧକୁ ବାଛି ନେଇଥିଲେ ଏକ ମାଧ୍ୟମସ୍ୱରୂପ। ଏହି ଗୋଷ୍ଠୀର ମୁଖ୍ୟ ପ୍ରାବନ୍ଧିକ ଭାବରେ ଗୋପବନ୍ଧୁ ଦାସ, ନୀଳକଣ୍ଠ ଦାସ, କୃପାସିନ୍ଧୁ ମିଶ୍ର, ଗୋଦାବରୀଶ ମିଶ୍ର, ଲିଙ୍ଗରାଜ ମିଶ୍ର, ବାସୁଦେବ ମହାପାତ୍ର ପ୍ରମୁଖ ସାହିତ୍ୟ ସାଧକଗଣ ଖ୍ୟାତି ଅର୍ଜନ କରିଥିଲେ। ସମକାଳୀନ ବିଶିଷ୍ଟ ପ୍ରାବନ୍ଧିକ ଭାବରେ ଯେଉଁମାନଙ୍କ ନାମ ଉଲ୍ଲେଖଯୋଗ୍ୟ ସେମାନେ ହେଲେ- ବୃନ୍ଦାବନ ନାଥଶର୍ମା, ଆର୍ତ୍ତବଲ୍ଲଭ ମହାନ୍ତି, ବିପିନ ବିହାରୀ ରାୟ, ରତ୍ନାକର ପତି, ନାରାୟଣ ମୋହନ ଦେ, ଲକ୍ଷ୍ମୀନାରାୟଣ ସାହୁ, ପ୍ରାଣକୃଷ୍ଣ ପରିଜା, ଚିନ୍ତାମଣି ଆଚାର୍ଯ୍ୟ, ସୁଧାକର ପଟ୍ଟନାୟକ, ପରମାନନ୍ଦ ଆଚାର୍ଯ୍ୟ, ବିରୂପାକ୍ଷ କର, କୃଷ୍ଣପ୍ରସାଦ ବସୁ, ଗିରିଜାଶଙ୍କର ରାୟ, ଅନନ୍ତ ପଦ୍ମନାଭ ପଟ୍ଟନାୟକ, ରାଧାନାଥ ରଥ (ସାମ୍ବାଦିକ), ଗୋଦାବରୀଶ ମହାପାତ୍ର, ରାଧାଚରଣ ପଣ୍ଡା, ହରେକୃଷ୍ଣ ମହତାବ ଓ ସାମ୍ବାଦିକ ଗୋବିନ୍ଦ ତ୍ରିପାଠୀ। ପ୍ରବନ୍ଧ ରଚନା କ୍ଷେତ୍ରରେ ଏମାନଙ୍କର ପାରଦର୍ଶିତା ବେଶ୍ ଉଲ୍ଲେଖନୀୟ।

ସବୁଜ ସାହିତ୍ୟକାଳୀନ ଓ ପ୍ରଗତିବାଦୀ ସାହିତ୍ୟକାଳୀନ ବହୁ ଲେଖକ ପ୍ରବନ୍ଧ ରଚନାକରି ଓଡ଼ିଆ ସାହିତ୍ୟକୁ ଋଦ୍ଧିମନ୍ତ କରିଛନ୍ତି। ସେମାନଙ୍କ ମଧ୍ୟରେ କାଳିନ୍ଦୀଚରଣ ପାଣିଗ୍ରାହୀ, ଅନ୍ନଦା ଶଙ୍କର ରାୟ, ସରଳା ଦେବୀ, ବିଚ୍ଛନ୍ଦ ଚରଣ ପଟ୍ଟନାୟକ, ଶିବପ୍ରସାଦ ଦାଶ, କାଳିଆ ପାଣିଗ୍ରାହୀ, ଚିନ୍ତାମଣି ଦାଶ, ମଧୁସୂଦନ ମହାନ୍ତି, ସତ୍ୟନାରାୟଣ ରାଜଗୁରୁ, ହରିଶ୍ଚନ୍ଦ୍ର ବଡ଼ାଳ, ବାଇକୋଳି ମହାପାତ୍ର, ମାୟାଧର ମାନସିଂହ, କପିଳେଶ୍ୱର ଦାସ, ସୂର୍ଯ୍ୟନାରାୟଣ ଦାଶ, କୃଷ୍ଣଚନ୍ଦ୍ର ପାଣିଗ୍ରାହୀ, ପ୍ରହ୍ଲାଦ ପ୍ରଧାନ, ବ୍ରଜବିହାରୀ ମହାନ୍ତି, କୁଞ୍ଜବିହାରୀ ତ୍ରିପାଠୀ, ସଦାଶିବ ମିଶ୍ର, କେଦାରନାଥ ମହାପାତ୍ର, କୁଞ୍ଜବିହାରୀ ଦାଶ, ଶ୍ରୀଧର ଶତପଥୀ, ସଚ୍ଚିଦାନନ୍ଦ ରାଉତରାୟ, ବାମାଚରଣ ମିତ୍ର, ଶତ୍ରୁଘ୍ନ ନାଥ, ଭୁବନେଶ୍ୱର ବେହେରା, ଶ୍ରୀରାମଚନ୍ଦ୍ର ଦାଶ, ବ୍ରଜବିହାରୀ ବହିଦାର, ରାଧାନାଥ ରଥ (ପ୍ରଫେସର), ବୈଦ୍ୟନାଥ ମିଶ୍ର, ନବୀନ କୁମାର ସାହୁ ପ୍ରମୁଖ ହେଉଛନ୍ତି ପ୍ରଧାନ। ଏହି ପ୍ରାବନ୍ଧିକଗଣ ସେମାନଙ୍କ ମହାର୍ଘ ରଚନାବଳୀରେ ଓଡ଼ିଆ ପ୍ରବନ୍ଧ ସାହିତ୍ୟକୁ କିପରି ପରିପୁଷ୍ଟ କରିଛନ୍ତି, ତାହା ପୂର୍ବରୁ ଆଲୋଚିତ ହୋଇଅଛି।

ସ୍ୱାଧୀନତା ପରେ ସମଗ୍ର ଭାରତବର୍ଷରେ ନବଜାଗରଣ (Renaissance)ର ସୂତ୍ରପାତ ହେବାଫଳରେ ଜାତୀୟ ଜୀବନର ନୂତନ ମୂଲ୍ୟବୋଧକୁ ନେଇ ଏକ ଚିନ୍ତାଶୀଳ ଲେଖକଗୋଷ୍ଠୀର ଉଦ୍ଭବ ହୋଇଛି। ଶିକ୍ଷାର ବିସ୍ତାର, ପତ୍ରପତ୍ରିକାର ପ୍ରକାଶନ,

ବିଦେଶୀ ଶିକ୍ଷା, ସଭ୍ୟତା ଓ ଚିନ୍ତାଧାରାର ପ୍ରଭାବ ଏହି ସାହିତ୍ୟିକମାନଙ୍କୁ ଭିନ୍ନ ଭିନ୍ନ ପରୀକ୍ଷାମୂଳକ ପ୍ରବନ୍ଧ ରଚନା କରିବା ଦିଗରେ ଅନୁପ୍ରାଣିତ କରିଛି। ଫଳରେ ରାଜନୀତି, ସମାଜନୀତି, ଅର୍ଥନୀତି, ସାମ୍ୟବାଦ, ଜାତୀୟତା, ଧର୍ମ, ମନୋବିଜ୍ଞାନ, ନୃତତ୍ତ୍ୱ, ଇତିହାସ, ଭୂଗୋଳ, ପ୍ରକୃତି, ଶିକ୍ଷା ଇତ୍ୟାଦି ବହୁବିଧ ପ୍ରସଙ୍ଗକୁ ନେଇ ପ୍ରବନ୍ଧ ରଚିତ ହେଉଛି ଏବଂ ଆତଙ୍କବାଦ, ସନ୍ତ୍ରାସବାଦ, ଉତ୍କଟ ଦାରିଦ୍ର୍ୟ, କୁସଂସ୍କାର, ଅନ୍ଧବିଶ୍ୱାସ, ଅଶିକ୍ଷା, ଅନୀତି, ଦୁର୍ନୀତି, ବ୍ୟଭିଚାର, ଶୋଷଣ ଭଳି ବିଭିନ୍ନ ସାଂପ୍ରତିକ ସଂକଟର ଚିତ୍ର ଓ ସେସବୁର ସମାଧାନ ନିମନ୍ତେ ସୂତ୍ର ସେଥିରେ ପ୍ରତିଫଳିତ ହେଉଛି। ଏହି ପରିପ୍ରେକ୍ଷୀରେ ସାଂପ୍ରତିକ କାଳରେ ପ୍ରବନ୍ଧ ଏକ ବିଶିଷ୍ଟ ସାହିତ୍ୟ ଶିଳ୍ପରୂପେ ଦଣ୍ଡାୟମାନ ଏବଂ ଜୀବନସହ ସମତାଳରେ ପ୍ରଗତି ପଥରେ ଧାବମାନ।

ସ୍ୱାଧୀନତା ପରବର୍ତ୍ତୀକାଳରେ ଓଡ଼ିଆ ପ୍ରବନ୍ଧ-ସାହିତ୍ୟର ଗତି ପ୍ରଖର ହୋଇଛି। କାରଣ ସ୍ୱାଧୀନତା ପରବର୍ତ୍ତୀ ସାହିତ୍ୟର ଅନ୍ୟ ବିଭାଗର ଶିଳ୍ପୀଭଳି ପ୍ରାବନ୍ଧିକ ହୃଦୟରେ ମଧ୍ୟ ବିରାଟ ଆଲୋଡ଼ନ ସୃଷ୍ଟି କରିଛି। ପ୍ରାବନ୍ଧିକ ନିଜର ସ୍ୱାଧୀନ ମତ ପ୍ରକାଶର ସାମର୍ଥ୍ୟ ଲାଭ କରିଛି। ସ୍ୱାଧୀନ ଜୀବନ ଓ ଗଣତନ୍ତ୍ର ବିଚାରଧାରାକୁ ସେ ପ୍ରବନ୍ଧ ମାଧ୍ୟମରେ ପ୍ରକାଶ କରିଛି। ବିଶ୍ୱଯୁଦ୍ଧର ଭୟାବହ ପରିବେଶ ପ୍ରାବନ୍ଧିକକୁ ବାସ୍ତବବାଦୀ କରିଛି। ବହୁ ସଂଖ୍ୟାରେ ପତ୍ରପତ୍ରିକା ପ୍ରକାଶନ ପ୍ରବନ୍ଧ-ସାହିତ୍ୟର ଦ୍ରୁତ ପ୍ରଗତିରେ ସହାୟକ ହୋଇଛି। ଏ ସମୟରେ ରଚିତ ବ୍ୟକ୍ତିନିଷ୍ଠ ପ୍ରବନ୍ଧ ଅପେକ୍ଷା ବସ୍ତୁନିଷ୍ଠ ପ୍ରବନ୍ଧ ସଂଖ୍ୟାରେ ଅଧିକ। ରାଜନୀତିକ, ଆର୍ଥନୀତିକ, ବୈଷୟିକ, ବୈଜ୍ଞାନିକ ଓ ଐତିହାସିକ ପ୍ରବନ୍ଧମାନ ଏହି ବିଭାଗକୁ ସମୃଦ୍ଧ କରିଛି। କେତେଜଣ ସ୍ୱନାମଧନ୍ୟ ଗାଳ୍ପିକ ଗଳ୍ପକଥନ ଶୈଳୀରେ ପ୍ରବନ୍ଧ ରଚନାକରି ପ୍ରବନ୍ଧକୁ ଏକ ରମ୍ୟ କଳାତ୍ମକ ସ୍ତରକୁ ଉନ୍ନୀତ କରିଛନ୍ତି; ଫଳରେ ସେମାନଙ୍କ ଲେଖନୀରେ ପ୍ରବନ୍ଧ-ସାହିତ୍ୟ ନୀରସ ନ ହୋଇ ରସାଳ ହୋଇଛି ଓ ପାଠକଚିତ୍ତକୁ ଆକର୍ଷଣ କରିବାରେ ସମର୍ଥ ହୋଇଛି। ପ୍ରବନ୍ଧର ଅନ୍ୟତମ ପରିପ୍ରକାଶ ଭାବରେ ସମାଲୋଚନା ସାହିତ୍ୟ ମହତ୍ତ୍ୱ ରଖେ।

ପ୍ରବନ୍ଧ ଭଳି ସମାଲୋଚନା ମଧ୍ୟ ସାହିତ୍ୟର ଏକ ବଳିଷ୍ଠ ବିଭାବ। ଏହା ଏକ ପ୍ରବନ୍ଧଧର୍ମୀ ରଚନା। ପ୍ରବନ୍ଧରେ ବିଷୟ ନିର୍ବାଚନ ଓ ବିଭିନ୍ନ ଦିଗରୁ ତାହାର ବୁଦ୍ଧିଦୀପ୍ତ ଆଲୋଚନା କରାଗଲାବେଳେ ସମାଲୋଚନା ହେଉଛି ଯେକୌଣସି ସାରସ୍ୱତ ସୃଷ୍ଟିର ଦୋଷଗୁଣ ବିଶ୍ଳେଷଣପୂର୍ବକ ତା'ର ମୂଲ୍ୟ ନିର୍ଦ୍ଧାରଣ କରିବାର କଳା। ଏହା ସାହିତ୍ୟର ଦୋଷଗୁଣ ନିର୍ଦ୍ଦେଶ କରି ସାହିତ୍ୟକୁ ପରିମାର୍ଜିତ ତଥା ରୁଚିସଂପନ୍ନ କରିବା ଦିଗରେ ସହାୟକ ହୋଇଥାଏ। ସାହିତ୍ୟକୁ ସୁସ୍ଥ କରିବା ଭଳି ପବିତ୍ର କର୍ତ୍ତବ୍ୟ ସଂପାଦନ

କରୁଥିବାରୁ ସମାଲୋଚନା-ସାହିତ୍ୟକୁ ସାହିତ୍ୟର ସ୍ୱାସ୍ଥ୍ୟତତ୍ତ୍ୱ କୁହାଯାଇପାରେ। ସାହିତ୍ୟର ଅନ୍ୟ ବିଭାଗ ଅପେକ୍ଷା ଏହା ଏକ କଷ୍ଟକର ରଚନା। ସାହିତ୍ୟକୁ ଯଦି ଜୀବନର ବ୍ୟାଖ୍ୟା ଭାବରେ ଗ୍ରହଣ କରାଯାଏ, ତେବେ ସମାଲୋଚନା ସେହି ବ୍ୟାଖ୍ୟାର ବ୍ୟାଖ୍ୟା।

ବିଂଶ ଶତାବ୍ଦୀ ଓଡ଼ିଆ ସମାଲୋଚନା-ସାହିତ୍ୟର ବିକାଶପର୍ବ। ପାଶ୍ଚାତ୍ୟ ଶିକ୍ଷାର ପ୍ରସାର, ପତ୍ର-ପତ୍ରିକାର ପ୍ରକାଶନ, ପ୍ରାଚ୍ୟବିଦ୍ୟା ବିଶ୍ଳେଷଣପ୍ରତି ଆଗ୍ରହ, ସାହିତ୍ୟ ଗବେଷଣା ପାଇଁ ଅନୁକୂଳ ବାତାବରଣ ଇତ୍ୟାଦି ସମାଲୋଚନା-ସାହିତ୍ୟକୁ ବିକାଶ ପଥରେ ଆଗେଇ ନେଇଛି। ସାହିତ୍ୟକୃତିର ସଂକଳନ ଓ ସଂପାଦନା, କବିତା, ଗଳ୍ପ, ଉପନ୍ୟାସ, ନାଟକ ଇତ୍ୟାଦିର ସମୀକ୍ଷା, ଭାଷାତତ୍ତ୍ୱ ଓ ସାହିତ୍ୟତତ୍ତ୍ୱ ସମ୍ବନ୍ଧୀୟ ଆଲୋଚନା, ଲୋକସାହିତ୍ୟର ସଂଗ୍ରହ, ସଂପାଦନା ଓ ସମୀକ୍ଷା ଇତ୍ୟାଦି ବହୁବିଧ ରୂପରେ ଓଡ଼ିଆ ସମାଲୋଚନା-ସାହିତ୍ୟ ଆତ୍ମପ୍ରକାଶ କରୁଛି। ଗତି ଓ ପ୍ରବୃତ୍ତି ଉଭୟ ଦିଗରୁ ସ୍ୱାଧୀନତା ପରବର୍ତ୍ତୀ ଓଡ଼ିଆ ସମାଲୋଚନା-ସାହିତ୍ୟ ସଂପ୍ରସାରଣମୁଖୀ। ସମାଲୋଚନା କ୍ଷେତ୍ରରେ ଆନ୍ତର୍ଜାତୀୟ ଚିନ୍ତା ଓ ଚେତନାର ସମ୍ୟକ୍ ଅଧ୍ୟୟନ ଓ ଅନୁଶୀଳନପୂର୍ବକ ଓଡ଼ିଆ ସମାଲୋଚନା-ସାହିତ୍ୟକୁ ଅନୁରୂପ ମାନ୍ୟତା ଦେବାରେ ସଂପ୍ରତି କେତେଜଣ ସମାଲୋଚକ ଶ୍ରଦ୍ଧା ପ୍ରକାଶ କରିଛନ୍ତି। ନନ୍ଦନତାତ୍ତ୍ୱିକ ସମୀକ୍ଷା, ଶୈଳୀସର୍ବସ୍ୱ ସମୀକ୍ଷା, ତୁଳନାତ୍ମକ ସମୀକ୍ଷା, ଚେତନା-କୈନ୍ଦ୍ରିକ ସମୀକ୍ଷା ଓ ପ୍ରୟୋଗବାଦୀ ସମୀକ୍ଷା ପଦ୍ଧତିର ସଫଳ ପରୀକ୍ଷା-ନିରୀକ୍ଷାରେ ଆଜିର ଓଡ଼ିଆ ସମାଲୋଚନା-ସାହିତ୍ୟ ବୁଦ୍ଧିଦୀପ୍ତ। ବିଶ୍ୱ ସାହିତ୍ୟର ସମାଲୋଚନା ଧାରା ପ୍ରତି ସଚେତନ ଆଗାମୀ ସମାଲୋଚକଗଣ ଯେ ସେମାନଙ୍କ ଲେଖନୀ ଚାଳନା ଅବ୍ୟାହତ ରଖି ଓଡ଼ିଆ ସମାଲୋଚନା ସାହିତ୍ୟକୁ ଅଧିକ ସମୃଦ୍ଧି କରିବେ ଏଥିରେ ସନ୍ଦେହ ନାହିଁ।

ଓଡ଼ିଆ ପ୍ରବନ୍ଧ-ସମାଲୋଚନା ସାହିତ୍ୟ ବର୍ତ୍ତମାନ ଏକ ବଳିଷ୍ଠ ଭିତ୍ତି ଉପରେ ପ୍ରତିଷ୍ଠିତ। ବହୁ ବିଶିଷ୍ଟ ପ୍ରାବନ୍ଧିକ ଓ ସମାଲୋଚକ ସେମାନଙ୍କ କୃତି ମାଧ୍ୟମରେ ଓଡ଼ିଆ ସାହିତ୍ୟର ଏହି ବିଭାଗଦ୍ୱୟକୁ ଋଦ୍ଧିମନ୍ତ କରିଛନ୍ତି। ସେମାନଙ୍କ ସଂଖ୍ୟା ଆଶାତୀତ ଭାବେ ବିପୁଳ। ସେମାନଙ୍କ ମଧ୍ୟରୁ କେତେକଙ୍କ ନିର୍ବାଚିତ କୃତି ପ୍ରସ୍ତୁତ ପ୍ରବନ୍ଧ ସଂକଳନର ଅଙ୍ଗୀଭୂତ। ଏହାର ପ୍ରକାଶନ ଅବସରରେ ସେହି ପ୍ରାବନ୍ଧିକମାନଙ୍କୁ କୃତଜ୍ଞତା ଜ୍ଞାପନ କରୁଛି। ଏଠାରେ ଉଲ୍ଲେଖଯୋଗ୍ୟ ଯେ ଯେଉଁମାନଙ୍କ କୃତି ଏହି ସଂକଳନରେ ସ୍ଥାନ ପାଇନାହିଁ ସେମାନେ ସମସ୍ତେ ଉଚ୍ଚକୋଟୀର ପ୍ରାବନ୍ଧିକ ନିଶ୍ଚୟ। କିନ୍ତୁ ସଂକଳନର

କଳେବର ବୃଦ୍ଧି ଆଶଙ୍କାରେ ଅନେକ ଭଲ ପ୍ରବନ୍ଧ ଏଥିରେ ସ୍ଥାନପ୍ରାପ୍ତ ହୋଇପାରିନାହିଁ। ଯଦି ସୁବିଧା ଓ ସୁଯୋଗ ମିଳେ, ସେମାନଙ୍କ ମଧ୍ୟରୁ କେତେକଙ୍କ ରଚନାକୁ ଗର୍ଭସ୍ଥ କରି ଆଉ ଏକ ସଂକଳନ ଆତ୍ମପ୍ରକାଶ କରିପାରେ।

ଶ୍ରଦ୍ଧେୟ ସତ୍ୟ ପଟ୍ଟନାୟକ ଜଣେ ଓଡ଼ିଆପ୍ରାଣ ପ୍ରବାସୀ ଓଡ଼ିଆ। ସାହିତ୍ୟିକ ବି। ଓଡ଼ିଆ ସାହିତ୍ୟକୁ ବିଶ୍ୱପ୍ରସାରୀ କରିବାକୁ ସେ ପ୍ରତିଶ୍ରୁତିବଦ୍ଧ। ସୁଦୂର ଆମେରିକାରେ 'ବ୍ଲାକ୍ ଈଗଲ୍ ବୁକ୍ସ' ନାମରେ ସ୍ଥାପିତ ତାଙ୍କ ପ୍ରକାଶନ ସଂସ୍ଥା ଉକ୍ତ ପ୍ରତିଶ୍ରୁତିର ଫଳଶ୍ରୁତି। ମୋର ପରମ ଆରାଧ୍ୟ ପ୍ରଭୁ ଶ୍ରୀଜଗନ୍ନାଥଙ୍କ ପଦ୍ମପାଦରେ ଏତିକି ଗୁହାରି ଯେ ସେ ସତ୍ୟବାବୁଙ୍କୁ ଆୟୁଷ ଓ ସାହସ ଦିଅନ୍ତୁ ଏବଂ ସେ ମାତୃଭାଷାର ଉତ୍କର୍ଷ ଗାଥା ଦେଶବିଦେଶରେ ଗାଇବା ପାଇଁ ଏମିତି ଗୋଟିଏ ପରେ ଗୋଟିଏ ସଂକଳନ ପ୍ରକାଶନର ଦାୟିତ୍ୱ ହାତକୁ ନେଇ ସଫଳ ହୁଅନ୍ତୁ। ଜୟ ଜଗନ୍ନାଥ।

- ସୁରେନ୍ଦ୍ରକୁମାର ମହାରଣା

■

ଶିକ୍ଷା

ବିଶ୍ୱନାଥ କର

ପୃଥିବୀ ଛଡ଼ା ଅନ୍ୟ ଗ୍ରହ ଉପଗ୍ରହମାନଙ୍କରେ ଜନପ୍ରାଣୀର ଆବାସ ଅଛି କି ନାହିଁ; ଥିଲେ ସେମାନଙ୍କର ପ୍ରକୃତି କି ପ୍ରକାର; ଏ ସମସ୍ତ କଳ୍ପନାର ଅତୀତ; କିନ୍ତୁ ପାର୍ଥିବ ଜୀବମାନଙ୍କ ମଧ୍ୟରେ ଏକମାତ୍ର ମନୁଷ୍ୟ ଉନ୍ନତିଶୀଳ। କ୍ରମବିକାଶର ନିୟମାନୁସାରେ ଦିନେ ମନୁଷ୍ୟର ଗର୍ବ ଖର୍ବ ହେଲେ ହେଇପାରେ; ମାତ୍ର ଏତାବତ୍‌କାଳ ସେ ନିର୍ବିବାଦରେ ପୃଥିବୀରେ ରାଜତ୍ୱ କରି ଆସୁଅଛି। ଏକ ସମୟରେ ମନୁଷ୍ୟ ଓ ବନ୍ୟପଶୁ ମଧ୍ୟରେ ବିଶେଷ କିଛି ତାରତମ୍ୟ ଦୃଷ୍ଟ ହେଉ ନଥିଲା। ଆଜି ମନୁଷ୍ୟର ପ୍ରଭାବରେ ପୃଥିବୀର ମୁଖଶ୍ରୀ ପରିବର୍ତ୍ତିତ ହୋଇଅଛି। ଜନ୍ମକାଳରେ ମାନବ ଶିଶୁର ଭାବ ସାଧରଣତଃ ଇତର ପଶୁ ତୁଲ୍ୟ—କ୍ଷୁତ୍‌ପିପାସାଦି ପାଶବ ବୃତ୍ତି ଛଡ଼ା ଅଧିକ କିଛି ତାହାଠାରେ ଦେଖାଯାଏ ନାହିଁ। କାଳସହକାରେ ସେହି କ୍ଷୁଦ୍ର ଶିଶୁର ପ୍ରଭାବରେ ଜଗତ୍ ସ୍ତବ୍‌ଧ ହୋଇଯାଏ। ଏକ ଅବସ୍ଥାରେ ମନୁଷ୍ୟ ଯାହାକୁ ଭୀତ-ବିହ୍ୱଳ-ଚିତ୍ତରେ ଦୂରରୁ ନିରୀକ୍ଷଣ କରୁଥିଲା, ଅନ୍ୟ ଅବସ୍ଥାରେ ତାହା ଉପରେ ସର୍ବତୋମୁଖୀ ପ୍ରଭୁତ୍ୱ ସ୍ଥାପନ କରିବାକୁ ସମର୍ଥ ହୋଇଅଛି। ଏହିପରି ମନୁଷ୍ୟର କ୍ଷମତା ଦିନକୁ ଦିନ ପ୍ରସାରିତ ହେଉଅଛି; ମନୁଷ୍ୟର କାର୍ଯ୍ୟଦେଖି ନିଜେ ମନୁଷ୍ୟ ଆବାକ୍ ହେଉଅଛି।

ମାନବୋନ୍ନତିକୁ ବିଶ୍ଳେଷଣକରି ଦେଖିଲେ ତାହା ତ୍ରିବିଧ ଆକାରରେ ଦୃଷ୍ଟ ହୁଏ— ବିଷୟୋନ୍ନତି, ଜ୍ଞାନୋନ୍ନତି ଓ ଧର୍ମୋନ୍ନତି। ବିଶୁଦ୍ଧ ଜ୍ଞାନ, ବିଷୟ ଓ ଧର୍ମ ଉଭୟ ପଥରେ ସହାୟ। ବିଷୟୋନ୍ନତି ଅନିତ୍ୟ; ତାହାର ଅଭାବରେ ମନୁଷ୍ୟର ଉନ୍ନତି ଅପୂର୍ଣ୍ଣ ରହିଯାଏ ନାହିଁ। କେବଳ ଶାରୀରିକ ପ୍ରୟୋଜନ ସଙ୍ଗେ ସୌନ୍ଦର୍ଯ୍ୟ ପିପାସା ଓ ସୁଖଲାଳସାର ସମ୍ମିଶ୍ରଣରେ ତାହାର ଉତ୍ପତ୍ତି। ତାହାବୋଲି ବିଷୟୋନ୍ନତି ଉପେକ୍ଷଣୀୟ

ନୁହେଁ। ଜ୍ଞାନୋନ୍ନତି ସଙ୍ଗେ ସଙ୍ଗେ ତାହା ଆପେ ଆପେ ସାଧିତ ହୁଏ। ଧର୍ମୋନ୍ନତି ବିନା ଜ୍ଞାନୋନ୍ନତି ନିଷ୍ଫଳ। ପ୍ରକୃତ ପ୍ରସ୍ତାବରେ ଧର୍ମ ମାନବ ଜୀବନର ଲକ୍ଷ୍ୟ; ଜ୍ଞାନ ସେହି ଲକ୍ଷ୍ୟ ସାଧନର ଉପାୟ। ମାତ୍ର ଉପାୟ ଯେବେ ଲକ୍ଷ୍ୟସ୍ଥାନ ଅଧିକାର କରିବସେ, ତେବେ ଆଉ ଉନ୍ନତିର ଆଶା ଥାଏନାହିଁ। ମାନବ ସମାଜରେ ଏହିପରି ବିଡ଼ମ୍ବନା ଅନେକ ସ୍ଥଳରେ ଘଟିଥାଏ।

ମନୁଷ୍ୟର ସକଳ ପ୍ରକାର ଉନ୍ନତି ଶିକ୍ଷାସାପେକ୍ଷ। ସେହି ପ୍ରକୃତ ଶିକ୍ଷା ନାମରେ ଯୋଗ୍ୟ, ଯାହାଦ୍ୱାରା ମାନବ ଜୀବନର ସମୁଦାୟ ବୃତ୍ତିଗୁଡ଼ିକ ଉପଯୁକ୍ତ ଚାଳନାଦ୍ୱାରା ସମ୍ୟକ୍‌ରୂପେ ବିକାଶପ୍ରାପ୍ତ ହେବାର ସୁବିଧା ଓ ଅବସର ପ୍ରାପ୍ତ ହୁଅନ୍ତି। ଏହି ଶିକ୍ଷାର ସ୍ଥାନ କେବଳ ବିଦ୍ୟାଳୟ ନୁହେଁ। ଭୂମିଷ୍ଠ ହେବାମାତ୍ରକେ ମନୁଷ୍ୟର ଏ ଶିକ୍ଷା ଆରବ୍ଧ ହୁଏ। ପ୍ରକୃତି ଅଲକ୍ଷିତ ଭାବରେ ମନୁଷ୍ୟ ଶିଶୁର ସକଳ ଅଭାବ ପୂର୍ଣ୍ଣକରେ ଏବଂ କ୍ରମେ ତାହାକୁ ଲକ୍ଷ୍ୟପଥରେ ଅଗ୍ରସର କରେ। ସମୁଦାୟ ବ୍ରହ୍ମାଣ୍ଡ ମନୁଷ୍ୟର ଶିକ୍ଷାଳୟ। ବ୍ରହ୍ମାଣ୍ଡ -ରୂପ ମହାଗ୍ରନ୍ଥପାଠ କରିବାକୁ ଯେ ଶିକ୍ଷା କରିଅଛି; ତାହାର ଶିକ୍ଷା ଜୀବନ୍ତ ଶିକ୍ଷା। ପୁସ୍ତକଗତ ଶିକ୍ଷା କେବଳ ଦ୍ୱାରସ୍ୱରୂପ। ବେଦ, ବେଦାନ୍ତ, ବିଜ୍ଞାନ, ଦର୍ଶନ ଏହି ମହାଗ୍ରନ୍ଥର ଅତି ଅସ୍ଫୁଟ ଆଭାସ ମାତ୍ର ପ୍ରଦାନ କରେ। ଏମାନେ କେବଳ ପ୍ରଭୃତି ଦ୍ୱାରା ଅନୁପ୍ରାଣିତ ମାନବ ଶିଶୁର ହୃଦୟୋଲ୍ଲାସ ମାତ୍ର। ପୃଥିବୀର ପ୍ରତିଭାଶାଳୀ ମହାପୁରୁଷମାନେ ଏହିପରି ଜୀବନ୍ତ ଶିକ୍ଷାଲାଭ କରି ଜଗତ ନିକଟରେ ଶିକ୍ଷାର ଦ୍ୱାର ଉନ୍ମୁକ୍ତ କରି ଦିଅନ୍ତି। ଇତର ସାଧାରଣ ସେହି ଦ୍ୱାରରେ ପ୍ରବେଶ କରି ଜୀବନ ପଥରେ ଅଗ୍ରସର ହୁଅନ୍ତି। ଏହି ଅର୍ଥରେ ପୁସ୍ତକଗତ ଶିକ୍ଷା କାର୍ଯ୍ୟକାରୀ—ନତୁବା ତାହାର ମୂଲ୍ୟ କିଛି ନାହିଁ।

"ମହାଜନୋ ଯେନ ଗତଃ ସ ପନ୍ଥାଃ" ଏହି ବାକ୍ୟଟି ଆମ୍ଭମାନଙ୍କ ଦେଶରେ ପ୍ରାୟ ସମସ୍ତଙ୍କ ମୁଖରୁ ଶୁଣାଯାଏ। ଅଥଚ କଥାଟାର ଏପରି ଅପବ୍ୟବହାର ହୋଇଅଛି ଯେ ଭାବିଲେ ଦୁଃଖଜାତ ହୁଏ। ନାନାପ୍ରକାର ଅସଙ୍ଗତ ବିଷୟରେ "ମହାଜନୋ ଯେନ ଗତଃ ସ ପନ୍ଥାଃ"। ପ୍ରକୃତ ପକ୍ଷେ ସେ ପନ୍ଥା ସଙ୍ଗେ କାହାର କିଛି ସମ୍ପର୍କ ନାହିଁ କହିଲେ ଅତ୍ୟୁକ୍ତି ହେବ ନାହିଁ। ଏହାର ପ୍ରକୃତ ଅର୍ଥ ଏହି ଯେ, ମହାଜନମାନେ ଆତ୍ମଜୀବନରେ ଯେଉଁ ଉଚ୍ଚ ଆଦର୍ଶ ଦେଖାଇ ଯାଇଛନ୍ତି, ଯେ ପ୍ରକାର ପ୍ରଣାଳୀରେ ସେମାନେ ମହତ୍ତ୍ୱଲାଭ କରିବାକୁ ସମର୍ଥ ହୋଇଅଛନ୍ତି, ଆମ୍ଭେମାନେ ସେହି ପ୍ରଣାଳୀ ଓ ସେହି ଆଦର୍ଶ ଅନୁସରଣ କରି ଉନ୍ନତି ପଥରେ ଅଗ୍ରସର ହେବୁ। କେବଳ ସେମାନଙ୍କ ଉକ୍ତିଗୁଡ଼ିକ କଣ୍ଠସ୍ଥ କରି ପଣ୍ଡିତ ନାମ ଧାରଣ କଲେ ଜୀବନ ସାର୍ଥକ ହେଲା ବୋଲି ମନେ କରିବା ବିଷମ ଭ୍ରାନ୍ତି।

ଏ ଦେଶୀୟ ସଂସ୍କୃତଜ୍ଞ ପଣ୍ଡିତମାନଙ୍କ ବିଚାର ବା ଶାସ୍ତ୍ରାଳାପ ପ୍ରାୟ ସମସ୍ତେ ଦେଖିଥିବେ। ସେ ଏକପ୍ରକାର ଅଦ୍ଭୁତ ପଦାର୍ଥ। ଜୀବନର ଉନ୍ନତି କେଉଁଆଡ଼େ ଗଲା— କେବଳ ପାଣ୍ଡିତ୍ୟର ଅଭିନୟ କରି ଅର୍ଥୋପାର୍ଜନ ବା ସମ୍ମାନଲାଭ ଶିକ୍ଷାର ଉଦ୍ଦେଶ୍ୟ ହେଲା। ବିଚାର ସ୍ଥଳରେ ଦେଖାଯାଇଅଛି ଦୁଇଜଣ ଦିଓଟି ମତ ସମର୍ଥନ କରିବାର ଭାର ଗ୍ରହଣ କଲେ—ବହୁ ଯୁକ୍ତିତର୍କ ପରେ ଶେଷରେ ଏକ ପକ୍ଷର ଜୟ ହେଲା। ସେହି ବ୍ୟକ୍ତି ପୁଣି ପରକ୍ଷଣରେ ଅନ୍ୟ ବ୍ୟକ୍ତି ସଙ୍ଗରେ ବିପରୀତ ମତ ଗ୍ରହଣ କରି ତର୍କରେ ଜୟଲାଭ କଲେ। ଏଥି ମଧ୍ୟରୁ କେଉଁଟି ଯେ ତାଙ୍କ ମତ ବା କେଉଁଟି ସତ୍ୟ, ତାହା ନିଜେ ସ୍ଥିର କରିନାହାନ୍ତି ବା ସ୍ଥିର କରିବା ଆବଶ୍ୟକ ବୋଧ କରି ନାହାନ୍ତି। ଏ ସମସ୍ତ କେବଳ ବିଦ୍ୟାର ପ୍ରଦର୍ଶନୀ ବା ଜୀବିକା ନିର୍ବାହର ଉପାୟ। ପ୍ରକୃତ ଶିକ୍ଷା ସଙ୍ଗେ ଏହାର କିଛି ସମ୍ବନ୍ଧ ନାହିଁ। ଏହାଦ୍ୱାରା ବୁଦ୍ଧିର କିୟତ୍ ପରିମାଣରେ ଅନୁଶୀଳନ ହୁଏ ସତ; କିନ୍ତୁ ପ୍ରକୃତ ଉନ୍ନତି ସାଧିତ ହୁଏ ନାହିଁ।

ବର୍ତ୍ତମାନ ସମୟରେ ବିଦ୍ୟାଳୟଗୁଡ଼ିକରେ ମଧ୍ୟ ଅଳ୍ପାଧିକ ପରିମାଣରେ ଏହି ଶ୍ରେଣୀର ଶିକ୍ଷା ପ୍ରଦତ୍ତ ଏବଂ ଗୃହୀତ ହେଉଅଛି। କିରାନୀ ଗିରି, ସ୍କୁଲମାଷ୍ଟରି, ଡେପୁଟିଗିରି, ଓକିଲାତି ପାଇଁ ବିଦ୍ୟାଳୟରେ ପ୍ରବେଶ। ସମସ୍ତଙ୍କ ଲକ୍ଷ୍ୟ ସେହି ଆଡ଼କୁ। ପରୀକ୍ଷା ପ୍ରଣାଳୀ ମଧ୍ୟ ଠିକ୍ ତଦନୁରୂପ। ପ୍ରସଙ୍ଗ କ୍ରମେ ଏଠାରେ ଗୋଟିଏ ବିଷୟ ଉଲ୍ଲେଖ କରାଯାଇପାରେ। ଓଡ଼ିଶାରେ ବିଗତ ଛାତ୍ର ବୃତ୍ତି ପରୀକ୍ଷାରେ ସାହିତ୍ୟ ପ୍ରଶ୍ନ ମଧ୍ୟରେ କେତେକ ସାଧାରଣ ଜ୍ଞାନ ସମ୍ବନ୍ଧୀୟ ପ୍ରଶ୍ନ ଥିଲା; ବ୍ୟାକରଣ ପୁସ୍ତକର ଅଳଙ୍କାର ଓ ଯତି ପ୍ରକରଣ ପ୍ରଭୃତି ପାଠ୍ୟ ମଧ୍ୟରେ ନିର୍ଦ୍ଦିଷ୍ଟ ହୋଇନାହିଁ। ମାତ୍ର କବିତା ପାଠ କଲେ କବିତା ସମ୍ବନ୍ଧୀୟ ସାଧାରଣ ଜ୍ଞାତବ୍ୟ ବିଷୟଗୁଡ଼ିକ ଶିକ୍ଷା କରିବା ସର୍ବଥା ବିଧେୟ। ତାହା ନହେଲେ କେବଳ କେତେଗୁଡ଼ିଏ ଅର୍ଥ, ସମାସ, ଧାତୁ, ପ୍ରତ୍ୟୟ କଣ୍ଠସ୍ଥ କରି କି ଫଳ? ବ୍ୟାକରଣର ଯେଉଁ ଅଂଶ ପାଠ୍ୟ ନୁହେଁ, ସେଥି ମଧ୍ୟରୁ ପ୍ରଶ୍ନ ପଡ଼ିବା ଅନେକଙ୍କ ମତରେ ଆପତ୍ତି ଜନକ। ସାନ କଥାରୁ ବଡ଼ କଥା ଅନେକ ସମୟରେ ବୁଝାଯାଏ। ଏହି ସାମାନ୍ୟ ଦୃଷ୍ଟାନ୍ତରୁ ବୁଝାଯାଉ ଅଛି ଯେ, ଆମ୍ଭମାନଙ୍କ ବିଦ୍ୟାଳୟର ଶିକ୍ଷା ଜ୍ଞାନଲାଭ ଉଦ୍ଦେଶ୍ୟରେ ନୁହେଁ... କେବଳ ଅର୍ଥଲାଭ ଉଦ୍ଦେଶ୍ୟରେ। ଅଳ୍ପ ବୟସରେ ଅନେକଗୁଡ଼ିଏ ପୁସ୍ତକ ଗଳାଧଃକୃତ କରି ଆମ୍ଭେମାନେ ଶରୀର ସମ୍ବନ୍ଧରେ ଅକର୍ମଣ୍ୟ ହୋଇ ପଡୁଅଛୁଁ। ମସ୍ତିଷ୍କ ଚାଳନା ସଙ୍ଗେ ସଙ୍ଗେ ଶରୀର ଚାଳନା ହେଉ ନଥିବାରୁ ନାନା ରୋଗ, ଯନ୍ତ୍ରଣା, ଯୌବନରେ ବୃଦ୍ଧତ୍ୱ ଓ ଅକାଳମୃତ୍ୟୁ ଆମ୍ଭମାନଙ୍କୁ ଗ୍ରାସ କରୁଅଛି; ତଥାପି ସ୍ୱାସ୍ଥ୍ୟରକ୍ଷାର ଏକାନ୍ତ ଉପଯୋଗୀ ବ୍ୟାୟାମ ଶିକ୍ଷା କେବଳ କ୍ରୀଡ଼ାନୁରତ ବାଳକମାନଙ୍କ ଛଡ଼ା ଅନ୍ୟମାନଙ୍କ ପକ୍ଷରେ ଅନାବଶ୍ୟକ ଭାର ସ୍ୱରୂପ।

ଏହା କି ଆମ୍ଭମାନଙ୍କ ଜ୍ଞାନର ହୀନତା ଓ ଅସମ୍ପୂର୍ଣ୍ଣତା ପ୍ରମାଣିତ କରୁନାହିଁ? ଧର୍ମନୀତି ତ ସମ୍ପୂର୍ଣ୍ଣରୂପେ ଶିକ୍ଷାରୁ ବହିର୍ଭୂତ। କିରାନୀ ଗିରି, ମାଷ୍ଟରି ପ୍ରଭୃତି ସହିତ ତାହାର କି ସମ୍ପର୍କ ଅଛି ଯେ, ଶିକ୍ଷକ ଯତ୍ନ ପୂର୍ବକ ସେ ସମ୍ବନ୍ଧରେ ଉପଦେଶ ପ୍ରଦାନ କରିବେ ବା ଛାତ୍ର ଏତେ କଷ୍ଟ କରି ସେ ଉପଦେଶ ଗ୍ରହଣ ଓ ପାଳନ କରିବ। ଏ ସ୍ଥଳରେ କେହି କେହି ମନେ କରିପାରନ୍ତି ବିଦ୍ୟାଳୟରେ ଧର୍ମଶିକ୍ଷା ହେବା ତ ଅସମ୍ଭବ। ନାନା ସଂପ୍ରଦାୟର ଛାତ୍ର ଯେତେବେଳେ ବିଦ୍ୟାଳୟରେ ଏକତ୍ର ଅଧ୍ୟୟନ କରୁଅଛନ୍ତି ସେତେବେଳେ କି ଧର୍ମ ଶିକ୍ଷା ଦେବା ବିଧେୟ? ଏହାର ଉତ୍ତର ଏହି ଯେ ଧର୍ମ ଅର୍ଥରେ କୌଣସି ବିଶେଷ ମତ ବା ଅନୁଷ୍ଠାନ ନୁହେଁ। ପ୍ରତ୍ୟେକ ଧର୍ମର ମୂଳରେ ସେ ସାର୍ବଭୌମିକ ସତ୍ୟ ନିହିତ ଅଛି, ତାହା କୌଣସି ସମ୍ପ୍ରଦାୟ ନିକଟରେ ଅବଜ୍ଞେୟ ବା ପରିତ୍ୟଜ୍ୟ ହୋଇ ନପାରେ। ମାନବାତ୍ମାକୁ ଈଶ୍ୱରାଭିମୁଖୀନ କରିପାରିଲେ ଯଥେଷ୍ଟ ଧର୍ମଶିକ୍ଷା ହେଲେ। ପୁଣି ଯେବେ ଧର୍ମଶିକ୍ଷା ବିଦ୍ୟାଳୟରେ ଏକାନ୍ତ ଉପେକ୍ଷଣୀୟ, ତେବେ ଗଭର୍ଣ୍ଣମେଣ୍ଟ ଏତେ "ନୀତିଶିକ୍ଷା, ନୀତିଶିକ୍ଷା" ବୋଲି ଚହଳ ପକାଉଛନ୍ତି କାହିଁକି? ଧର୍ମଶୂନ୍ୟ ନୀତି ଭିତ୍ତିଶୂନ୍ୟ ଅଟ୍ଟାଳକା ତୁଲ୍ୟ। ଏହିଠାରେ ପ୍ରଚଳିତ ଶିକ୍ଷାର ପ୍ରକୃତ ରୋଗ ନିହିତ ରହିଅଛି ଏବଂ ଏହି ମାରାତ୍ମକ ରୋଗର ଫଳ ସ୍ୱରୂପ ଆମ୍ଭମାନଙ୍କ ଶିକ୍ଷିତ ଯୁବକମାନଙ୍କର ଜୀବନରେ ନାନାପ୍ରକାର ଅସଙ୍ଗତ ଓ ଅପ୍ରାକୃତିକ ଭାବ ପରିଦୃଷ୍ଟ ହେଉଅଛି। ରୋଗର ମୂଳ ବିନଷ୍ଟ ନ ହେଲେ ଏ ଭାବ ପରିବର୍ତ୍ତିତ ହେବାର ଆଶା ନାହିଁ।

ସେ ଯାହାହେଉ, ହୀନ ଆଦର୍ଶ ସମ୍ମୁଖରେ ସ୍ଥାପନ କରି କାର୍ଯ୍ୟାରମ୍ଭ କଲେ ଜୀବନ ହୀନତାପ୍ରାପ୍ତ ହେବ, ଏଥିରେ ସଂଶୟ କ'ଣ ଅଛି? ଶିକ୍ଷାନୁଯାୟୀ ଯେ ଜୀବନକୁ ପରିଚାଳିତ କରିବାକୁ ହୁଏ, ବିଦ୍ୟାଳୟରୁ ଏ ଭାବ ଆମ୍ଭେମାନେ ପାଇପାରୁ ନାହୁଁ। ଜୀବନ ଯାହା ଇଚ୍ଛା ତାହା ହେଉ, ତୁମ୍ଭେ ଯେ କେତେଗୁଡ଼ିଏ ପୁସ୍ତକ ଗଳାଧଃକରଣ କରିଅଛ, ଏତିକିରେ ପ୍ରମାଣ ଦେଲେ ହେଲା। ଅର୍ଥୋପାର୍ଜନ ଶିକ୍ଷାର ବହିର୍ଭୂତ ନୁହେଁ— ସର୍ବାଙ୍ଗୀନ ଶିକ୍ଷା କୌଣସି ବିଷୟକୁ ପରିତ୍ୟାଗ କରେ ନାହିଁ। ବରଂ ବର୍ତ୍ତମାନ ଯୁଗରେ ଜୀବନ ସଂଗ୍ରାମ ଯେପରି ଭୟଙ୍କର ଆକାର ଧାରଣ କରିଅଛି, ସେଥିରେ ବୈଷୟିକ ଶିକ୍ଷା ଗୋଟିଏ ପ୍ରଧାନ ସମସ୍ୟା ହୋଇ ପଡ଼ିଅଛି। ବଡ଼ ବଡ଼ ଚନ୍ତାଶୀଳ ପଣ୍ଡିତମାନଙ୍କ ମସ୍ତିଷ୍କ ଏଥିରେ ଆଲୋଡ଼ିତ ହେଉଅଛି। ମାତ୍ର ବୈଷୟିକ ଉନ୍ନତି ଶିକ୍ଷାର ଉଦ୍ଦେଶ୍ୟ ସ୍ଥାନ ଅଧିକାର କରିବା ନିତାନ୍ତ ଲଜ୍ୟାର କଥା। ସଂସାରରେ ଜୀବିକାନିର୍ବାହ ବା ଅବସ୍ଥାର ଉନ୍ନତି ପାଇଁ ଅନେକ ଉପାୟ ଅଛି। ଯାହାକୁ ଯେଉଁ ପଥ ସୁଗମ ବୋଧ ହେବ, ସେ ତାହା ଅବଲମ୍ବନ କରୁ। ପ୍ରକୃତପକ୍ଷେ ଚାକିରି

ଧନାଗମର ପ୍ରକୃଷ୍ଟ ପନ୍ଥା ନୁହେଁ। ଶିଳ୍ପ ବାଣିଜ୍ୟ କୃଷି ପ୍ରଭୃତି ଉଚ୍ଚବୃତ୍ତି ସଙ୍ଗେ ଏହାର ଆଦୌ ତୁଳନା ହୋଇ ନ ପାରେ। ଏଠାରେ ସେ ସମସ୍ତ ବିଶେଷ ଭାବରେ ଆଲୋଚନା କରିବା ନିଷ୍ପ୍ରୟୋଜନ। କେବଳ ଏତିକି ମାତ୍ର ବକ୍ତବ୍ୟ ଯେ, ଶିକ୍ଷାର ଆଦର୍ଶ ଉଚ୍ଚ ନ ହେଲେ ମନୁଷ୍ୟ କଦାପି ଉନ୍ନତି ଲାଭ କରି ନ ପାରେ। ମାତ୍ର ଦୁର୍ଭାଗ୍ୟର ବିଷୟ, ଆମ୍ଭେମାନେ ନିଜର ହୀନତା ନିଜେ ବୁଝିବାକୁ ଅସମର୍ଥ। ଦିନକୁ ଦିନ ଆମ୍ଭେମାନେ ଅନ୍ତଃସାରଶୂନ୍ୟ ହୋଇ ଯାଉଅଛୁଁ। ଜୀବନର ସାରବସ୍ତୁ ଲାଭ କରିବାର ଆକାଂକ୍ଷା ପ୍ରାଣରେ ନାହିଁ; ଉଚ୍ଚଭାବ, ଉନ୍ନତ ରୁଚି, ଜୀବନ୍ତ ଉତ୍ସାହ ଓ ଉଦ୍ୟମ ନାହିଁ; ତଥାପି ଗୋଟା କେତେ ସାର୍ଟିଫିକେଟ ହାସଲ କରି ଖଣ୍ଡେ ଚାକିରି ପାଇଲେ ଆପଣାକୁ କୃତାର୍ଥ ଜ୍ଞାନ କରୁଅଛୁଁ। କି ଉପାୟରେ ଏହି ଶୋଚନୀୟ ଅବସ୍ଥାର ପରିହାର ହେବ, ତାହା ପ୍ରତ୍ୟେକ ହୃଦୟବାନ୍ ବ୍ୟକ୍ତିର ଗମ୍ଭୀର ଚିନ୍ତାର ବିଷୟ। ବିଦେଶୀ ଶାସନକର୍ତ୍ତାମାନଙ୍କଠାରୁ ଏ ବିଷୟରେ ଅଧିକ କିଛି ଆଶା କରାଯାଇ ନ ପାରେ। ଏବେ ଆପଣା ଶିଙ୍ଘରେ ମାଟି ଖୋଳିବାକୁ ଚେଷ୍ଟା ନ କଲେ ରକ୍ଷା ନାହିଁ।

ପ୍ରକୃତ ଶିକ୍ଷାର ଉଦ୍ଦେଶ୍ୟ ଓ ଲକ୍ଷଣ ଏବଂ ପ୍ରଚଳିତ ଶିକ୍ଷାର ଗତି ସମ୍ବନ୍ଧରେ ମୋର ମତବ୍ୟକ୍ତ କରିଅଛି। ବର୍ତ୍ତମାନ କି ପ୍ରଣାଳୀରେ ମନୁଷ୍ୟର ଶିକ୍ଷା ହେବା ଉଚିତ। ସେ ବିଷୟ କିଞ୍ଚିତ୍ ଆଲେଚନା କରି ମୋର ଏହି ପ୍ରବନ୍ଧ ଶେଷ କରିବି। ପୂର୍ବେ ଉକ୍ତ ହୋଇଅଛି ପ୍ରକୃତି ହସ୍ତରେ ମନୁଷ୍ୟ ଯେଉଁ ଶିକ୍ଷା ଲାଭ କରେ, ତାହାହିଁ ଜୀବନ୍ତ ଶିକ୍ଷା; ସୁତରାଂ ଶିକ୍ଷାଦାନ ସମୟରେ ପ୍ରକୃତିର ସଂକେତକୁ ଅନୁସରଣ କରିବା ସର୍ବୋତଭାବେ ବିଧେୟ। ବାଲ୍ୟକାଳରେ ମନୁଷ୍ୟର ଜିଜ୍ଞାସା ବୃତ୍ତି ଅତ୍ୟନ୍ତ ପ୍ରବଳ ଥାଏ। ଶିଶୁ ଯାହା ଦେଖେ, ତାହାର ତତ୍ତ୍ୱ ଅବଗତ ହେବାକୁ ଇଚ୍ଛା କରେ, ଏହା ପ୍ରକୃତିର ପ୍ରବର୍ତ୍ତନା। ପୁସ୍ତକ ପାଠ କରିପାରିଲେ; ସେ ଉକ୍ତ ବିଷୟମାନ ଜାଣିପାରିବ, ଏ ଭାବ ତାହାର ମନରେ ଉଦିତ ହୁଏ ନାହିଁ। ଏହି ଶିଶୁଜନୋଚିତ ଜିଜ୍ଞାସାବୃତ୍ତି ଯେତେ ପ୍ରବଳ ହେବ, ତେତେ ମନୁଷ୍ୟର ଉନ୍ନତି। ସକଳ ପ୍ରକାର ବୃତ୍ତିର ପୁଷ୍ଟି ସାଧନ ନିମିତ୍ତ ଆହାରର ପ୍ରୟୋଜନ। ଶିଶୁର କୌତୂହଳ ଯେ ପରିମାଣରେ ସହଜ ଉପାୟରେ ଚରିତାର୍ଥ କରିପାରିବ ତେତେ ତାହାର ଉକ୍ତ ପ୍ରବୃତ୍ତି ଉତ୍ତରୋତ୍ତର ବୃଦ୍ଧିପ୍ରାପ୍ତ ହୋଇ ତାହାକୁ ଉନ୍ନତି ପଥରେ ଘେନିଯିବ। ଧୀରେ ଧୀରେ ତାହାର ଚିନ୍ତାଶକ୍ତି ବିକଶିତ କରାଇବା ଶିକ୍ଷାଦାନର ଉଦ୍ଦେଶ୍ୟ—ଯଦ୍ଦ୍ୱାରା ସେ ନିଜେ ଚିନ୍ତା କରିବାକୁ ଶିକ୍ଷା କରିବ, ତାହାର ଉପାୟ କରିଦେବା ଉଚିତ। ବାଲ୍ୟକାଳରୁ ବନ୍ଧା ବୋଲି କେତେଗୁଡ଼ିଏ କଣ୍ଠସ୍ଥ କରାଇଲେ କିଛି ଫଳ ନାହିଁ, ତାହାଦ୍ୱାରା କେବଳ ମସ୍ତିଷ୍କ ଭାରାକ୍ରାନ୍ତ ହୁଏ। ବାଳକ କେତେଖଣ୍ଡ ପୁସ୍ତକ ପାଠ କଲା, କେତେଟା ପାଶ୍ କଲା ବା ପରୀକ୍ଷାରେ କିପରି ସ୍ଥାନ

ଲାଭ କଲା, ଏହା ପ୍ରକୃତ ଶିକ୍ଷାର ପରୀକ୍ଷା ନୁହେଁ। ଏହାର ପରୀକ୍ଷା ତାହାର ଜୀବନରେ ଶିକ୍ଷାନୁଯାୟୀ ଓ ତାହାର ଜୀବନ କି ପରିମାଣରେ ଚାଳିତ ହେଉଅଛି, ଉନ୍ନତି ପିପାସା ଓ ଅନୁସନ୍ଧିତ୍ସା କି ପରିମାଣରେ ତାହାର ପ୍ରାଣରେ ଦେଖାଯାଉଅଛି, ଆପଣାର ଶକ୍ତି ସାମର୍ଥ୍ୟ କି ପରିମାଣରେ ସେ ଆପଣାର ଏବଂ ସମାଜର ଉନ୍ନତି ପାଇଁ ନିୟୋଜିତ କରୁଅଛି, ଏହି ସକଳ ବିଷୟରୁ ଶିକ୍ଷାର ପରିଚୟ ମିଳେ। କ୍ଷୁଦ୍ର ମନୁଷ୍ୟର ସମ୍ବନ୍ଧ ଅନନ୍ତ ବ୍ରହ୍ମାଣ୍ଡ ସଙ୍ଗେ ଏବଂ ଅନନ୍ତ ମହିମାମୟ ବ୍ରହ୍ମାଣ୍ଡପତିଙ୍କ ସଙ୍ଗେ। ଏହି ସମ୍ବନ୍ଧ ଅନୁଭବ କରି ନ ପାରିଲେ ଜୀବନର ମୂଲ୍ୟ କିଛି ନାହିଁ। ମାନବ ଜୀବନର ପରିଣତି ଶ୍ମଶାନଭସ୍ମ ନୁହେଁ। ତାହାର ଆଶା ଅନନ୍ତ, ଉନ୍ନତି ଅନନ୍ତ। "ବେଳାଭୂମିରେ ଉପଳଖଣ୍ଡ ମାତ୍ର ସଂଗ୍ରହ କରି" ଏହା ଅବସାନ ହେବନାହିଁ—ଅନନ୍ତକାଳ ଅନନ୍ତ ଜ୍ଞାନମହାର୍ଣ୍ଣବ ଆଲୋଡ଼ନ କରି ଅନନ୍ତ ସତ୍ୟ ରତ୍ନ ଲାଭ କରିବ। ପୂର୍ବେ ଯେଉଁ ଧର୍ମୋନ୍ନତି ବିଷୟ ଉଲ୍ଲିଖିତ ହୋଇଅଛି, ତାହାର ଆରମ୍ଭ ଏହିଠାରେ। ଏ ସମ୍ବନ୍ଧ ମନୁଷ୍ୟ ଜୀବନ ଓ ମନୁଷ୍ୟ ସମାଜରେ ନିୟାମକ। ପୃଥିବୀରେ ଯେତେ ପ୍ରକାର ପବିତ୍ର ବନ୍ଧନ ଅଛି, ସେ ସମସ୍ତ ମୂଳରେ ଏହି ସମ୍ବନ୍ଧ। ଏ ସମ୍ବନ୍ଧ ବିନା ମନୁଷ୍ୟ ଘୋର ସ୍ୱାର୍ଥପର ରାକ୍ଷସ ମାତ୍ର। ନିଜ ଜୀବନ ଆଡ଼କୁ ଦୃଷ୍ଟି ନ ଫେରିଲେ, ନିଜେ ଚିନ୍ତା କରିବାକୁ ଶିକ୍ଷା ନ କଲେ, କିପରି ମନୁଷ୍ୟ ଏ ସମ୍ବନ୍ଧ ଅନୁଭବ କରିବ? ପ୍ରକୃତି ଏହି ସମ୍ବନ୍ଧ ଅନୁଭବ କରାଇବାକୁ ନିରନ୍ତର ଯତ୍ନ କରୁଅଛି। ଆମ୍ଭେମାନେ ତାହାର ପଥରେ କଣ୍ଟକ ନିକ୍ଷେପ କରି ଯେପରି ଗତିରୋଧ ନ କରୁ। ଶିଶୁକୁ ଯେବେ ଅନବରତ ସ୍କନ୍ଧରେ ଘେନି ବୁଲ, ତେବେ ସେ ଚଳତ୍‌ଶକ୍ତି ଲାଭ କରିପାରିବ କି? କଦାଚ ନା। ତାହାର ପଦଦ୍ୱୟ ଅକର୍ମଣ୍ୟ ହୋଇଯିବ।

ଆମ୍ଭମାନଙ୍କ ଦେଶରେ ବର୍ତ୍ତମାନ ଅବସ୍ଥାରେ ଶିଶୁ ମାତୃକୋଡ଼ରେ ଶିକ୍ଷାଲାଭରୁ ବଞ୍ଚିତ। ବିଦ୍ୟାଳୟକୁ ନଗଲେ ତାହାର ଶିକ୍ଷା ଆରବ୍ଧ ହୁଏନା। ସୁତରାଂ ଶିଶୁକୁ ମନୁଷ୍ୟ କରିବାର ଭାର ଅଧିକାଂଶ ପରିମାଣରେ ଶିକ୍ଷକମାନଙ୍କ ଉପରେ। ଏଠାରେ ଜଣେ ସୁପ୍ରସିଦ୍ଧ ଅଧ୍ୟାପକଙ୍କ ଅବଲମ୍ବିତ ଶିକ୍ଷାପ୍ରଣାଳୀ ବିଷୟ ଉଲ୍ଲେଖ କରୁଅଛି। ଅଧ୍ୟାପକ ଛାତ୍ରମାନଙ୍କୁ ସଙ୍ଗରେ ଘେନି ସମୁଦ୍ର ତୀରରେ ଉପସ୍ଥିତ ହୋଇ କହିଲେ, "ଏହିଠାରେ ତୁମ୍ଭମାନଙ୍କ ଶିକ୍ଷାର ବିଷୟ ରହିଅଛି। ପୁସ୍ତକ ପାଠକରି ସେ ବିଷୟରେ ମତେ କୌଣସି ପ୍ରଶ୍ନ କଲେ ମୁଁ ତାହାର ଉତ୍ତର ଦେବି ନାହିଁ। ଜୀବନ୍ତ ପଦାର୍ଥମାନଙ୍କୁ ଯତ୍ନସହକାରେ ଶିକ୍ଷା କର; ଯେବେ ସେ ସମ୍ବନ୍ଧରେ କୌଣସି କଠିନ ସମସ୍ୟା ଉପସ୍ଥିତ ହୁଏ, ତେବେ ମୁଁ ତୁମ୍ଭମାନଙ୍କୁ ସାହାଯ୍ୟ କରିବି।" ତତ୍ପରେ ସେ ଜଣେ ଛାତ୍ରର ସମ୍ମୁଖରେ ଗୋଟିଏ ମତ୍ସ୍ୟ ସ୍ଥାପନ କରି ତତ୍‌ସମ୍ବନ୍ଧୀୟ ବିବିଧ ଜ୍ଞାତବ୍ୟ ବିଷୟ ନିଜର

ଚେଷ୍ଟାଦ୍ୱାରା ନିରୂପଣ କରିବା ପାଇଁ ତାହାକୁ ଆଦେଶ ଦେଲେ। ଏକ ସପ୍ତାହ ପର୍ଯ୍ୟନ୍ତ ଛାତ୍ର ମତ୍ସ୍ୟସମ୍ବନ୍ଧୀୟ ବହୁବିଧ ତତ୍ତ୍ୱ ଆଲୋଚନାକରି ଶିକ୍ଷକଙ୍କ ନିକଟରେ ପ୍ରକାଶ କଲା; ତଥାପି ଶିକ୍ଷକ ସନ୍ତୁଷ୍ଟ ନୁହଁନ୍ତି— କାରଣ ଛାତ୍ର ଏ ପର୍ଯ୍ୟନ୍ତ ସର୍ବୋତ୍କୃଷ୍ଟ ତତ୍ତ୍ୱଟି ନିରୂପଣ କରିପାରି ନାହିଁ। ଅବଶେଷରେ ଅନେକ ଆଲୋଚନା ପରେ ଯେତେବେଳେ ସେ ତତ୍ତ୍ୱଟି ଆବିଷ୍କାର କରିପାରିଲା, ଶିକ୍ଷକ ପରମାହ୍ଲାଦରେ ତାକୁ ସମୁଦାୟ ବିଷୟ ସୁସ୍ପଷ୍ଟରୂପେ ବୁଝାଇଦେଲେ। ସକଳ ପ୍ରକାର ବିଷୟରେ ଏହାହିଁ ଶିକ୍ଷାଦାନର ଶ୍ରେଷ୍ଠପ୍ରଣାଳୀ। ଏହାସଙ୍ଗେ ପ୍ରଚଳିତ ଶିକ୍ଷା ପ୍ରଣାଳୀର କେତେଦୂର ପ୍ରଭେଦ, ତାହା ସହଜରେ ବୁଝାଯାଉଅଛି। ଏକା ପକ୍ଷରେ ସ୍ୱାଧୀନ ଚିନ୍ତାଶକ୍ତିର ଉନ୍ମେଷ, ଅପର ପକ୍ଷରେ ତାହାର ହ୍ରାସ। ଏହିପ୍ରକାର ମାନସିକ ଶିକ୍ଷା ହୃଦୟ ବୃତ୍ତିମାନଙ୍କୁ ଜାଗ୍ରତ କରେ। ପୁସ୍ତକ ପାଠରେ ମଧ୍ୟ ଏହି ରୀତି ଅବଲମ୍ବିତ ହେବା ଉଚିତ। ଅନ୍ୟର ସାହାଯ୍ୟବିନା ଛାତ୍ର କେତେଦୂର ପର୍ଯ୍ୟନ୍ତ ଅଗ୍ରସର ହେଉଅଛି, ନିତ୍ୟ ନିତ୍ୟ ତାହାର ସାହାଯ୍ୟ ନିରପେକ୍ଷତା କେତେଦୂର ବର୍ଦ୍ଧିତ ହେଉଅଛି; ଯାହା ପାଠ କରୁଅଛି, ସେ ସମ୍ବନ୍ଧରେ ତାହାର ସ୍ୱାଧୀନ ମତ କିପରି ଗଠିତ ହେଉଅଛି; ଏହି ସକଳ ବିଷୟ ପ୍ରତି ଶିକ୍ଷକମାନଙ୍କର ବିଶେଷ ଦୃଷ୍ଟି ରହିବା ବାଞ୍ଛନୀୟ। ଦୁର୍ଭାଗ୍ୟକ୍ରମେ ଗୃହଶିକ୍ଷା ଏ ଦେଶରେ ନାହିଁ, ତହିଁରେ ଯେବେ ବିଦ୍ୟାଳୟଗୁଡ଼ିକ ମନୁଷ୍ୟ ସନ୍ତାନକୁ ଯନ୍ତ୍ରଚାଳିତ ପୁତଳିକାତୁଲ୍ୟ ବ୍ୟବହାର କରେ, ତେବେ ଆମ୍ଭମାନଙ୍କ ଦୁର୍ଗତି କୌଣସି କାଳରେ ଦୂର ହେବନାହିଁ। ଯେଉଁମାନେ ପବିତ୍ର ଶିକ୍ଷାଦାନ ବ୍ରତ ଗ୍ରହଣ କରିଅଛନ୍ତି ବା କରିବେ, ସେମାନଙ୍କ ଉପରେ ଦେଶର ଅନେକ ଆଶା ଭରସା ନିହିତ ରହିଅଛି। ସେମାନଙ୍କ ଶିକ୍ଷାଗୁଣରେ ସହସ୍ର ସହସ୍ର ଛାତ୍ର ଦେବତା ଅଥବା ବାନର ରୂପରେ ପରିଣତ ହୋଇ ପାରନ୍ତି। ଛାତ୍ର ଗୃହରୁ ଯେଉଁ ହୀନଆଦର୍ଶ ଘେନିଆସିବ, ବିଦ୍ୟାଳୟରେ ତାହା ପରିବର୍ତ୍ତିତ ହେବ, ଚିନ୍ତା, କଳ୍ପନା, ଆଶା ଉନ୍ନତ ରାଜ୍ୟରେ ବିଚରଣ କରିବାକୁ ଶିକ୍ଷା କରିବ, ପ୍ରକୃତି ସଙ୍ଗେ ଏବଂ ପ୍ରକୃତିଗତ ପ୍ରାଣ ଦେବଚରିତ୍ର ମାନବମାନଙ୍କ ସଙ୍ଗେ ପରିଚୟ ହେବ, ସର୍ବୋପରି ଜୀବନର ସାର ଧନ, ଶ୍ରେଷ୍ଠ ଅବଲମ୍ବନ, ଧର୍ମଜ୍ଞାନ, ନୀତିଜ୍ଞାନ ହୃଦୟରେ ବିକଶିତ ହେବ; ତେବେ ତ ବିଦ୍ୟାଳୟ ପ୍ରକୃତ ଶିକ୍ଷାଳୟ ନାମରେ ଯୋଗ ହେବ—ତେବେ ତ ମାନବ ଶିଶୁ ଦେବତା ରୂପରେ ପରିଣତ ହେବ, ନତୁବା ତାହାର ବାନର ହେବା ଅବଶ୍ୟମ୍ଭାବୀ।

■

ଯୁଗଧର୍ମ

ଶଶିଭୂଷଣ ରାୟ

ବର୍ତ୍ତମାନର ଯୁଗଧର୍ମ ବିଦ୍ରୋହ। ବର୍ତ୍ତମାନ ନବୀନ ପ୍ରାଚୀନର ବିରୁଦ୍ଧରେ ବିଦ୍ରୋହ କରିଅଛି, ସାନ ବିଦ୍ରୋହ କରିଅଛି ବଡ଼ ବିରୁଦ୍ଧରେ, ଶ୍ରମିକ ଧନୀକ ବିରୁଦ୍ଧରେ ବିଦ୍ରୋହ କରିଅଛି, ସ୍ତ୍ରୀଜାତି ବିଦ୍ରୋହ କରିଅଛି ପୁରୁଷ ବିରୁଦ୍ଧରେ ଏବଂ ସର୍ବୋପରି ମନୁଷ୍ୟ ବିଜ୍ଞାନବଳରେ ଈଶ୍ୱର ବିରୁଦ୍ଧରେ ବିଦ୍ରୋହ କରିଅଛି। କେହି କାହାରିକୁ ଆଉ ମାନିବେ ନାହିଁ, କାହାରି ପଛରେ ପଡ଼ି ରହିବେ ନାହିଁ। ସମସ୍ତେ ସମାନଭାବରେ ବଡ଼ ହେବେ। ସମସ୍ତେ ଆଗରେ ଚାଲିବେ। ଏହା ଘେନି ସବୁବେଳେ ମରାମରି, କଟାକଟି ଚାଲିଅଛି। ଏତେ ବିଦ୍ରୋହ କେଉଁଠାରୁ ଆସିଲା ? ବର୍ତ୍ତମାନ ଦୁଃଖର ଦଶାହିଁ ଏହାର କାରଣ ନୁହେଁ କି ? ଅବଶ୍ୟ ବିଦ୍ରୋହଠାରୁ ଦୁଃଖଦଶାର ଉଦ୍ଭବ କିମ୍ବା ଦୁଃଖଦଶାହିଁ ବିଦ୍ରୋହକୁ ପ୍ରସବ କରିଅଛି, ଏହା ନିଶ୍ଚିତ ଭାବରେ କହିବା କଠିନ। କାରଣ, ରାତ୍ରି ଦିନ ଉତ୍ତାରୁ ଆସେ କିମ୍ବା ଦିନ ରାତ୍ରି ଉତ୍ତାରୁ ଆସିଥାଏ, ତାହା କେହି କହି ପାରିବେ ନାହିଁ।

ଆଜି ପୃଥିବୀବ୍ୟାପୀ ଦୁଃଖ-ଦଶା ଉପସ୍ଥିତ। ନାନା ଲୋକେ ନାନା ରୂପ ପ୍ରତିକାରର କଳ୍ପନା କରି ଭବିଷ୍ୟତର ନାନାରୂପ ସୁଖଚିତ୍ର ମନ ମଧ୍ୟରେ ଅଙ୍କନ କରି, କେହି କେହି ଅବା ନିଜର ନାଗରା ନିଜେ ବଜାଇ ନିଜ ଦଳର ପ୍ରତିପତ୍ତି ଅକ୍ଷୁଣ୍ଣ ରଖିବାର ଚେଷ୍ଟା କରୁଅଛନ୍ତି, କିନ୍ତୁ ପ୍ରକୃତ ପ୍ରତିକାର କିଛି ହେଉ ନାହିଁ। ଅଦୂର ଭବିଷ୍ୟତରେ ଯେ କୌଣସି ପ୍ରତିକାର ହେବ, ଏଭଳି ନିଶ୍ଚୟତା ମଧ୍ୟ କେଉଁଆଡୁ ମିଳୁ ନାହିଁ। କେତେ ବଡ଼ ବଡ଼ ଚିନ୍ତାଶୀଳ ବ୍ୟକ୍ତି କେତେ ଅର୍ଥନୀତିକ, କେତେ ରାଜନୀତିକ ସ୍ୱ ସ୍ୱ ମସ୍ତିଷ୍କ ପରିଚାଳିତ କରୁଅଛନ୍ତି, କିନ୍ତୁ କେହି ଏହି ନିଦାରୁଣ ରୋଗର କୌଣସି ଅବ୍ୟର୍ଥ ମହୌଷଧ ଅଦ୍ୟାପି ଆବିଷ୍କାର କରିଅଛନ୍ତି ବୋଲି ଶୁଣାଯାଇ ନାହିଁ।

ଜନସାଧାରଣ ମଧ୍ୟ ଭାଳି ଭାଳି, ଭୋଗି ଭୋଗି, ସହି ସହି କ୍ଳାନ୍ତ ହୋଇ ପଡ଼ିଲେଣି; ଆଉ ଭାଳିବାକୁ, ଭୋଗିବାକୁ ଅଥବା ସହିବାକୁ ସମ୍ପୂର୍ଣ୍ଣ ଅକ୍ଷମ, ସମସ୍ତେ ହିଁ ଯେପରି କିଂକର୍ତ୍ତବ୍ୟବିମୂଢ଼ ହୋଇ ପଡ଼ିଅଛନ୍ତି; ଅଗ୍ନିଗର୍ଭ ରୁଦ୍ଧଦ୍ୱାର ଗୃହମଧ୍ୟସ୍ଥିତ ଜୀବସମୂହ ଭଳି ଇତସ୍ତତଃ ଧାବିତ ହେଉଅଛନ୍ତି, କିନ୍ତୁ କେବଳ କାନ୍ଥରେ ମୁଣ୍ଡ ବାଡ଼େଇବାହିଁ ସାର—ପ୍ରତିକାର କାହିଁ ?

କେବଳ ଏ ଦେଶର କଥା ନୁହେଁ, ସମସ୍ତ ପୃଥିବୀର କଥା ଘେନି ଏ ଆନ୍ଦୋଳନ। ବରଂ ଆମ୍ଭମାନଙ୍କ ଅପେକ୍ଷା ପ୍ରତୀଚ୍ୟର ଅବସ୍ଥା ଅଧିକତର ଶୋଚନୀୟ, ସେମାନଙ୍କର ଜୀବନଯାତ୍ରାର ମାପକାଠି ଆମ୍ଭମାନଙ୍କ ଅପେକ୍ଷା ଅନେକ ପରିମାଣରେ ବଡ଼, ଏଣୁ ସେମାନଙ୍କର ଅଭାବ ମଧ୍ୟ ଅନେକ ବେଶି। ଆମ୍ଭମାନଙ୍କ ଦେଶରେ ସାତହାତି ଲୁଗା ପିନ୍ଧି କିମ୍ବା ଗାମୁଛା ପିନ୍ଧି ପଇସାକର ମୁଢ଼ି କମ୍ବା ଚୁଡ଼ା ଖାଇ, କାହାରି ଓଳିତଳେ କିମ୍ବା ଗଛମୂଳରେ ଶୋଇ ଜୀବନ ବଞ୍ଚାଇ ହେବ, କିନ୍ତୁ ପ୍ରତୀଚ୍ୟର କୌଣସି ଦେଶରେ ତାହା ଅସମ୍ଭବ। ଆମ୍ଭମାନଙ୍କର ଯାହା କିଛି କଷ୍ଟ, ତାହାର କାରଣ ଆମ୍ଭମାନଙ୍କ ହାତର ପାପୁଲି ଅପେକ୍ଷା ଆମ୍ଭ ବଡ଼ ହେବାରୁ ଆମ୍ଭକୁ ସହଜରେ ଧରି ଖାଇ ପାରୁ ନାହିଁ। ପ୍ରତୀଚ୍ୟଦେଶର ଜନସାଧାରଣ ଦୁର୍ଭିକ୍ଷପୀଡ଼ିତମାନଙ୍କୁ ଅଧିକ ସାହାଯ୍ୟ କରି ପାରନ୍ତି, କିନ୍ତୁ ଯେପରି ଉପାର୍ଜନରେ ସେମାନେ ଅଭ୍ୟସ୍ତ, ସେ ଉପାର୍ଜନ ଆଜି ହେବାର ସମ୍ଭାବନା ନାହିଁ। ସେ ଉପାର୍ଜନ କମିଗଲେ ସେମାନଙ୍କର ପୁନଶ୍ଚ ଦୁର୍ଦ୍ଦଶା ଉପସ୍ଥିତ ହେବ। ଦାତାର ଦାନରୁ ସାମୟିକ ଉପକାର ହୁଏ ସତ୍ୟ, କିନ୍ତୁ ସ୍ଥାୟୀ ପ୍ରତିକାର ହେବା ଅସମ୍ଭବ। ପ୍ରତୀଚ୍ୟ ଜାତି ଧନକୁ ମାନବଜୀବନର ସାର ପଦାର୍ଥ କିମ୍ବା ଏକମାତ୍ର କାମ୍ୟ ବୋଲି ବରଣ କରି ଅଛନ୍ତି; ସୁତରାଂ ଧନର ଅଭାବ ସେମାନଙ୍କର ଜୀବନୀ ଶକ୍ତିର ଅଭାବ ସୂଚନା କରିଥାଏ। ଏ ଯୁଗର କଠୋର ଦିନରେ ସେମାନେ ଯେ ଦିଗ୍‌ବିଦିଗ୍ ଜ୍ଞାନଶୂନ୍ୟ ହୋଇ ପଡ଼ିବେ, ଏଥିରେ ଆଉ ବିଚିତ୍ର କଅଣ ?

ଏହି ହେତୁରୁ ସେମାନେ ଦଳ ଦଳ ହୋଇ ବିଭିନ୍ନ ଦିଗ ଏବଂ ବିଭିନ୍ନ ପଥକୁ ଧାଇଁଅଛନ୍ତି। 'କମିଉନିଜମ୍', 'ବଲଶେଭିଜମ୍', 'ଫ୍ୟାସିଜମ୍' ପ୍ରଭୃତି ନାନା 'ଇଜମ୍'ର ଆବିର୍ଭାବ ହୋଇଅଛି, ହୁଏ ତ ଆହୁରି କେତେ 'ଇଜମ୍' ବାହାରି ପଡ଼ିବ। ସମସ୍ତେହିଁ ତାର ସ୍ୱରରେ ଚିତ୍କାର କରୁଅଛନ୍ତି—ମୋହର 'ଇଜମ୍' ଭଲ, ଅତଏବ ମୋହ ସଙ୍ଗରେ ମିଳିତ ହୁଅ, ମୋହରି ଦଳ ପୂର୍ଣ୍ଣ କର, ତୁମ୍ଭର ସମସ୍ତ ଦୁଃଖର ଅବସାନ ହେବ। କିନ୍ତୁ ଅସଲ କଥା ଆଡ଼କୁ ଲକ୍ଷ୍ୟ ନାହିଁ, ଫଳ ଯାହା ହେବାର ତାହା ହେଉଅଛି।

ଏହି ବିଭିନ୍ନ ଦଳ ବିଭିନ୍ନ ପଥରେ ଧାଇଁବାର ଦେଖି ଏମାନଙ୍କର ପରିଣତି ଚିନ୍ତା କରି ପାଶ୍ଚାତ୍ୟ ଜଗତରେ ଜ୍ଞାନୀ ବ୍ୟକ୍ତିବର୍ଗ ବିଶେଷଭାବରେ ଉତ୍କଣ୍ଠିତ

ହୋଇଅଛନ୍ତି। ଅଦୂର ଭବିଷ୍ୟତରେ ଯେ ଏହି ସମସ୍ତ ପରସ୍ପରବିରୋଧୀ ଦଳ ନିଜ ନିଜ ମଧ୍ୟରେ ମରାମରି କଟାକଟି ହୋଇ ମରିବେ ନାହିଁ, କୋଟି ଶାଖାସମନ୍ୱିତ ବହୁବିସ୍ତୃତ ଯଦୁବଂଶ ଭଳି ପାଶ୍ଚାତ୍ୟ ସଭ୍ୟତା ଯେ ସମୂଳରେ ଧ୍ୱଂସପ୍ରାପ୍ତ ହେବ ନାହିଁ, ଏ କଥା କେହି ସଗର୍ବରେ କହି ପାରୁ ନାହାନ୍ତି।

ଆମ୍ଭେମାନେ କଥା କଥାକେ କହିଥାଉଁ, "ବିପତ୍ତୌ ମଧୁସୂଦନଃ"—ବିପଦ କାଳରେ ଭଗବାନଙ୍କୁ ସ୍ମରଣ କରିବ। ପାଶ୍ଚାତ୍ୟ ଜଗତ୍ ଏତେଦିନ ଏ କଥା କହି ନାହିଁ, କିନ୍ତୁ ଆଜି ଆଉ ଏ କଥା ନ କହି ରହି ପାରୁ ନାହିଁ। ଯେଉଁମାନେ ଜ୍ଞାନୀ, ସେମାନେ ବୁଦ୍ଧିଦ୍ୱାରା ପୂର୍ବାହ୍ନରେ ଦେଖିଥାଆନ୍ତି ଏବଂ "ଭୂତେ ପଶ୍ୟନ୍ତି ବର୍ବରାଃ"—ଯେଉଁମାନେ ମୂର୍ଖ, ସେମାନେ ଘଟନା ଘଟିଗଲେ ପଛେ ଦେଖିଥାନ୍ତି। ପାଶ୍ଚାତ୍ୟ ଜଗତରେ ଭବିଷ୍ୟତ୍ ଯେଉଁମାନେ ଦେଖୁଅଛନ୍ତି, ସେମାନେ ତାହା ମଧ୍ୟରେ ମହାକାଳର ଉଦ୍ୟତ ଖଡ୍‌ଗ ଦେଖି ସ୍ତବ୍‌ଧ ହେଉଅଛନ୍ତି, ଆଗତପ୍ରାୟ ଧ୍ୱଂସଲୀଳାର ଭୀଷଣ ଡମରୁରବ ଶୁଣୁଅଛନ୍ତି, ଏହି ହେତୁରୁ ସେମାନେ ଆଜି ଅନ୍ତିମକାଳରେ ଧର୍ମ-ଶାସନର ଶରଣାପନ୍ନ ହେବାକୁ ଇଚ୍ଛା କରୁଅଛନ୍ତି। କିନ୍ତୁ ସେମାନଙ୍କର ସାବଧାନବାଣୀ ଅତ୍ୟଳ୍ପ ଲୋକଙ୍କ କର୍ଣ୍ଣରେ ପ୍ରବେଶ କରୁଅଛି। ବିଭିନ୍ନ ଦଳସମୂହର ବିଭିନ୍ନ ପଥରୁ ଫେରିବାର କୌଣସି ଲକ୍ଷଣ ଦିଶୁ ନାହିଁ। ଏହି ହେତୁରୁ ଯେତେ ଦିନ ଯାଉଅଛି, ଉତ୍କଣ୍ଠାର କାରଣ ସେହି ପରିମାଣରେ ବୃଦ୍ଧି ପାଉଅଛି।

ପୃଥିବୀରେ ଧନିକଙ୍କ ସଂଖ୍ୟା ଅତ୍ୟଳ୍ପ। ଗରିବ କୃଷିଜୀବୀ ଏବଂ ଶ୍ରମିକଙ୍କର ସଂଖ୍ୟା ସେମାନଙ୍କ ଅପେକ୍ଷା ବହୁଗୁଣ ଅଧିକ। ଏହି ଗରିବମାନେ ଆଜି କର୍ମହୀନ—ଗ୍ରାସାଚ୍ଛାଦନହୀନ। ଏମାନଙ୍କର ଦୁର୍ଦ୍ଦଶାର ସୀମା କଳନା କରିବା ଅସାଧ୍ୟ। ଅଧିକ ଦିନ ପର୍ଯ୍ୟନ୍ତ କ୍ରମାଗତ ଦାତାର ଦାନ ଉପରେ ନିର୍ଭରର କୁଫଳ ମଧ୍ୟ ଅଛି। ଏକେ ତ ଦାତାର ଦାନ ଦୁର୍ଭିକ୍ଷପୀଡ଼ିତ ସମସ୍ତ ଲୋକ ନିକଟରେ ପହଞ୍ଚି ପାରେ ନାହିଁ; କିନ୍ତୁ ଅଳ୍ପସଂଖ୍ୟକ ଲୋକେ ତାହା ଲାଭ କରନ୍ତି; ସୁତରାଂ ଦାତାର ଦାନରେ ସମସ୍ତ ଅଭାବ ଦୂର ହୁଏ ନାହିଁ, ଯେଉଁ ସମସ୍ତ ଅଭାବଗୁଡ଼ିକ ନିତାନ୍ତ ଅସହନୀୟ ସେତିକି ଦୂର ହୋଇଥାଏ ମାତ୍ର। ଅନ୍ୟାନ୍ୟ ଅଭାବ-କଣ୍ଟକଗୁଡ଼ିକ ସମାନ ଭାବରେ ଦୁର୍ଗତଙ୍କୁ ପୀଡ଼ନ କରୁଥାଏ। ସର୍ବୋପରି ଦାତାର ଦାନ ଉପରେ ନିର୍ଭର କରୁ କରୁ ମନୁଷ୍ୟର ଆଶା-ପ୍ରଦୀପ ନିଭିଯାଏ, ସ୍ୱାବଲମ୍ବନବୃତ୍ତି ଧ୍ୱଂସ ହୋଇଯାଏ, ସତ୍‌ସାହସ ବୋଲି କିଛି ଆଉ ଅବଶିଷ୍ଟ ରହେ ନାହିଁ; ପରିଶେଷରେ ଯେଉଁମାନଙ୍କର ଶକ୍ତି ମଧ୍ୟରେ ଉଦ୍ଦାମତା ରହିଅଛି, ଅଥଚ ସେ ଶକ୍ତି କାର୍ଯ୍ୟରେ ଲଗାଇବାର ବାଟ ନାହିଁ, ସେମାନେ କୁକାର୍ଯ୍ୟରେ ରତ ହୋଇ ନରକମାର୍ଗକୁ ଓହ୍ଲାଇ ପଡ଼ନ୍ତି।

ଏହି ସମସ୍ତ ଗରିବମାନେ ଏତେକାଳ ପରମସହିଷ୍ଣୁ ଭାବରେ ମୁହଁ ବନ୍ଦ କରି ସମସ୍ତ ସହ୍ୟ କରିଥିଲେ, କିନ୍ତୁ ଆଉ ସେମାନେ ସହିବାକୁ ପ୍ରସ୍ତୁତ ନୁହନ୍ତି। ବର୍ତ୍ତମାନ ଧର୍ମଶାସନ ଭାଙ୍ଗି ନ ପକାଇ ସେମାନେ ଆଉ ଈଶ୍ୱରଙ୍କ ଉପରେ ନିର୍ଭର କରିବାକୁ ପ୍ରସ୍ତୁତ ନୁହନ୍ତି। ଅଥଚ ଧର୍ମ ଉପରେ ସାନମାନଙ୍କର ଦାବୀ ସବୁଠାରୁ ଅଧିକ। ପାଶ୍ଚାତ୍ୟ ଧର୍ମଗୁରୁ ଯୀଶୁଖ୍ରୀଷ୍ଟ ଦୀନ ଶ୍ରମିକଘରେ ଜନ୍ମଗ୍ରହଣ କରି କୃଷକ ଏବଂ ଶ୍ରମିକମାନଙ୍କ ମଧ୍ୟରେ ଜୀବନ ଅତିବାହିତ କରିଥିଲେ ଏବଂ ସେମାନଙ୍କ ସକାଶେ ଧର୍ମ ପ୍ରଚାର କରିଥିଲେ। ଏମାନଙ୍କୁ ଘେନି ମାନବଜାତି, ଅଥଚ ଏହି ତୃତୀୟ ଶ୍ରେଣୀର ସଂସାରଯାତ୍ରୀ ଦଳର ଦୁଃଖ କଷ୍ଟହିଁ ସର୍ବାପେକ୍ଷା ଅଧିକ। ଆଉ ସେମାନେ ସହିବେ କାହିଁକି ? ସେମାନଙ୍କୁ ଏହାର ପ୍ରତିକାର ବ୍ୟବସ୍ଥା ଦେବାକୁ ହେବ ନତୁବା ସେମାନେ ସମାଜ, ଧର୍ମବିଧି ବ୍ୟବସ୍ଥାର ସମସ୍ତ ଶୃଙ୍ଖଳକୁ ଭାଙ୍ଗି ପକାଇବେ। ଏକଥା ବୁଝିବାକୁ ହେଲେ ଏତିକି ସ୍ମରଣ ରଖିବାକୁ ହେବ ଯେ, ଆମେରିକା ଅଥବା ଜର୍ମାନୀର ନିଷ୍କର୍ମା କ୍ଷୁଧିତ ନର-ନାରୀ ଆମ୍ଭମାନଙ୍କ ଦେଶର ନିଷ୍କର୍ମାଙ୍କ ଭଳି ନୁହନ୍ତି।

ଇତିହାସ ସାକ୍ଷ୍ୟ ପ୍ରଦାନ କରୁଅଛି, ବିଗତ କେତେକ ଶତାବ୍ଦୀ ହେଲା ଧନିକଗଣ ଶ୍ରମିକମାନଙ୍କୁ ଶୋଷଣ କରି, ଦେଶ ବିଦେଶର ଗରିବମାନଙ୍କୁ ଦୋହନ କରି ନିଜର ମେଦବୃଦ୍ଧି କରି ଆସୁଅଛନ୍ତି। ଗଗନସ୍ପର୍ଶୀ ଅଟ୍ଟାଳିକାରେ ବାସ କରି ବିଳାସସ୍ରୋତରେ ନିଜର ଦେହକୁ ଭସାଇ ଦେଇଅଛନ୍ତି। ଅଧିକ ଭୋଜନ କରୁ କରୁ ସେମାନଙ୍କର କ୍ଷୁଧା ଏବଂ ପାକସ୍ଥଳୀର ପରିଧି ଏତେ ବଢ଼ି ଯାଇଅଛି ଯେ, ଆଜି ଆଉ କୌଣସିକ୍ରମେ ସେମାନଙ୍କର ଉଦର ପୂର୍ଣ୍ଣ ହେଉ ନାହିଁ। ଶ୍ରମିକମାନଙ୍କୁ ପେଟପୂରା କରି ଆହାର ଦେବାର କିମ୍ବା ଟିକିଏ ସ୍ୱଚ୍ଛନ୍ଦଭାବରେ ଜୀବନଯାତ୍ରା ନିର୍ବାହ କରିବାର ଦାବୀ ସେମାନେ ସ୍ୱୀକାର କରିବାକୁ ଏକାନ୍ତ ଅସମ୍ମତ। ଏହି ପ୍ରକାରର କୌଣସି କଥା ପଡ଼ିଗଲେ ସେମାନେ ହାହାକାର କରି ଉଠନ୍ତି। ଅଥଚ ସେମାନେ ଏହା ମଧ୍ୟ ଭଲ କରି ବୁଝିଅଛନ୍ତି ଯେ, ସେଦିନ ଆଉ ବେଶି ଦୂରରେ ନାହିଁ—ଯେବେ ଏ ସମସ୍ତ ଶ୍ରମିକମାନଙ୍କୁ ଦେବାକୁ ହେବ, ପରନ୍ତୁ ଅଧିକରୁ ଅଧିକ ଦେବାକୁ ହେବ, ନତୁବା ସେମାନଙ୍କର ନିଜର ଅସ୍ତିତ୍ୱ ସୁଦ୍ଧା ରହିବ ନାହିଁ। ସୋଭିୟେଟ୍ ରୁଷିଆରେ ଏ ଅବସ୍ଥା ପରିଦୃଶ୍ୟମାନ। ଜର୍ମାନୀ ଓ ଜାପାନ ପ୍ରଭୃତିରେ ଏହାର ଲକ୍ଷଣ ସୁସ୍ପଷ୍ଟ।

ଗରିବ କୃଷକ ଓ ଶ୍ରମିକମାନେ ବର୍ତ୍ତମାନ ନିରୁପାୟ ହୋଇ ଉତ୍କଟ ସମାଜତନ୍ତ୍ରବାଦ ଓ ଧ୍ୱଂସପଥରେ ଚାଲୁଅଛନ୍ତି। ଧର୍ମ ଏବଂ ଈଶ୍ୱରରେ ବିଶ୍ୱାସହୀନ ଏହି ଉଦ୍ଦାମ ଜାତିର ପରିଣାମ କେଉଁଠାରେ ? ଦ୍ରୁତଗାମୀ ତୁରଙ୍ଗମ ବଲ୍‌ଗାହୀନ ହୋଇ ପାର୍ବତ୍ୟପଥରେ ଉଲ୍‌କାବେଗରେ ଧାଇଁଲେ ତାହାର ପରିଣାମ ଯାହା ହୁଏ, ଏହାର

ମଧ୍ୟ ପରିଣାମ ସେହିପରି ହେବ। ମାନବଜାତିର ପ୍ରତି ସହସ୍ରରେ ୯୯୯ ଜଣ ଯେବେ ଦୁର୍ନୀତି ଏବଂ ସ୍ୱେଚ୍ଛାଚାର ମଧ୍ୟରେ ବୁଡ଼ି ଧ୍ୱଂସର ମାର୍ଗ ପ୍ରଶସ୍ତ କରନ୍ତି, ତେବେ ମାନସଭ୍ୟତାର ଅସ୍ତିତ୍ୱ ଥିବଟିକି ?

ଏହି ସମସ୍ତ ଗରିବମାନଙ୍କର କଅଣ ଆବଶ୍ୟକ ? ସେମାନେ ଜ୍ଞାନ, ଶିକ୍ଷା, ସୁଯୋଗ ଓ ମାନବଜୀବନର ଆନନ୍ଦହିଁ ଚାହାନ୍ତି। ଏ ସମସ୍ତ ଯେ ସେମାନଙ୍କୁ ଦେଇ ପାରିବେ ଅର୍ଥାତ୍ ଯେ ଅର୍ଥାତ୍ ଯେ ଅତି ବଡ଼, ଅତି ଶକ୍ତିମାନ୍ ହୋଇ ମଧ୍ୟ ଅତି ସାନ, ଅତି ଦୀନଭାବରେ ସେମାନଙ୍କ ସହିତ ମିଳିମିଶି ପାରିବେ, ତାହାଙ୍କ କଥା ସେମାନେ ଶୁଣିବେ, ତାହାଙ୍କର ବିଧି-ନିଷେଧ ସେମାନେ ମାନିବାକୁ ସର୍ବଦାପ୍ରସ୍ତୁତ ରହିବେ; ନତୁବା କୌଣସି ଉପାୟ ନାହିଁ। ଘନୀଭୂତ ଅନ୍ଧକାରରେ ଆଉ କୌଣସି ଆଲୋକର ଆଶା ନାହିଁ ସିନା ?

■

ଓଡ଼ିଆ ଜାତି କିଏ ?

ଗୋପବନ୍ଧୁ ଦାସ

ଓଡ଼ିଆ ଜାତି କିଏ ? ପୃଥିବୀର ସ୍ଥାନ ଅନୁସାରେ ଜାତିର ନାମକରଣ ହୋଇଥିବା ପ୍ରାୟ ସର୍ବତ୍ର ଦେଖାଯାଏ। ଏକ ସ୍ଥାନରେ ବାସ କରୁଥିବା ଲୋକମାନଙ୍କ ମଧ୍ୟରେ ମାୟା ମମତା ଜନ୍ମେ। ସେମାନଙ୍କ ଆଶା, ଅଭିପ୍ରାୟ, ଭାଗ୍ୟ ଓ ଭବିଷ୍ୟତ ଏକ ଶ୍ରେୟଃ ସ୍ୱାର୍ଥରେ ଆବଦ୍ଧ। ସେମାନଙ୍କର କର୍ମଭୂମି ଏକ ଓ ଅଭିନ୍ନ। ସେହି ଭୂମି ସେମାନଙ୍କ ପକ୍ଷରେ ପବିତ୍ର ଏବଂ ପ୍ରେମମୟ କ୍ଷେତ୍ର। ଏହା ସେମାନଙ୍କର ଜନ୍ମଭୂମି। ସେମାନଙ୍କ ଦୃଷ୍ଟିରେ "ସ୍ୱର୍ଗାଦପି ଗରୀୟସୀ"। ସୁତରାଂ ଯେଉଁମାନେ ଏପରି ଏକ ନିର୍ଦ୍ଦିଷ୍ଟ ଭୂଖଣ୍ଡରେ ବାସ କରନ୍ତି ସେମାନେ ଏକ ଜାତି ଏବଂ ସେହି ଭୂଖଣ୍ଡର ନାମାନୁସାରେ ନାମିତ ହୁଅନ୍ତି। ଏହି ପ୍ରାକୃତିକ ବିଧାନରେ ଯେଉଁମାନେ ଉତ୍କଳ ବା ଓଡ଼ିଶାରେ ସମାନ ଆଶା ଆକାଙ୍‌କ୍ଷା ଧରି ଜନ୍ମ ମରଣରେ ସମ୍ମାନ ଶ୍ରେୟଃ ସ୍ୱାର୍ଥରେ ବିଜଡ଼ିତ, ସେମାନେ ସମସ୍ତେ ଓଡ଼ିଆ ଜାତି।

କେହି କେହି ପୁଣି ଉତ୍କଳ ଓ ଓଡ଼ିଆ ମଧ୍ୟରେ ପାର୍ଥକ୍ୟ ଦେଖନ୍ତି। ଯଥାର୍ଥରେ ଏ ଉଭୟ ମଧ୍ୟରେ କୌଣସି ପାର୍ଥକ୍ୟ ନାହିଁ, କିମ୍ବା ରହିବା ଉଚିତ ନୁହେଁ। ବଙ୍ଗଳାର ହୁଅନ୍ତୁ ବା ପଞ୍ଜାବର ହୁଅନ୍ତୁ, ମାରବାରର ହୁଅନ୍ତୁ ବା ମାନ୍ଦ୍ରାଜର ହୁଅନ୍ତୁ, ହିନ୍ଦୁ ହୁଅନ୍ତୁ ବା ମୁସଲମାନ ହୁଅନ୍ତୁ, ଆର୍ଯ୍ୟ ହୁଅନ୍ତୁ ବା ଆଦିମ ଅଧିବାସୀ ହୁଅନ୍ତୁ, ଯେ ଉତ୍କଳ ବା ଓଡ଼ିଶା ସଙ୍ଗେ ଆପଣାର ସମସ୍ତ ସ୍ୱତ୍ୱ ଓ ସ୍ୱାର୍ଥ ମିଳାଇ ଦେଇଅଛନ୍ତି, ଓଡ଼ିଶା ତାଙ୍କର ଏବଂ ସେ ଓଡ଼ିଶାର। ଆଜିକାଲି ସମୟରେ ଏକ ସ୍ଥାନରେ ଯେ କେବଳ ଏକ ପ୍ରକାର ଲୋକ ରହିବେ ତାହା ଅସମ୍ଭବ। ପୃଥିବୀରେ ଏପରି ପ୍ରାୟ ସ୍ଥାନ ନାହିଁ ଯେଉଁଠାରେ ଭିନ୍ନ ଭିନ୍ନ ଜାତି ବା ସମାଜର ଲୋକ ଏକତ୍ର ବାସ କରୁନାହାନ୍ତି। ମାତ୍ର ସେମାନଙ୍କର

ସ୍ୱାର୍ଥର କେନ୍ଦ୍ର ଏକ। ତେଣୁ କାଳକ୍ରମେ ଏକୀଭୂତ ହେବା ସେମାନଙ୍କ ପକ୍ଷେ ସ୍ୱାଭାବିକ ଏବଂ ଶ୍ରେୟସ୍କର। ଆମେରିକାର ଇଉନାଇଟେଡ୍ ଷ୍ଟେଟ୍‌ସ ଏହି ଜାତୀୟତା ଗଠନ ବିଷୟରେ ଉଦାହରଣ ସ୍ଥଳ।

ଭଗବାନ ଏକ ଏକ ଜାତି ନିମନ୍ତେ ସ୍ୱତନ୍ତ୍ର ଏକ ଏକ ଦେଶ ନିରୂପଣ କରିଥିଲା ପରି ଜଣାଯାଏ। ମାତ୍ର ଏକ ଦେଶ ବା ପ୍ରଦେଶର ଜାତିବିଶେଷ କାଳକ୍ରମେ ଅନ୍ୟ ଜାତିର ସଂଶ୍ରବରେ ଆସିଲେ ସେହି ଦେଶର ଭାଷା, ଆଶା, ଶିକ୍ଷା, ସଭ୍ୟତାରେ ପରିବର୍ତ୍ତନ ଘଟିବା ସ୍ୱାଭାବିକ। ଏହି ନବ ପରିବର୍ତ୍ତିତ ସଭ୍ୟତା ସେ ଦେଶର ତଥା ସେ ଦେଶର ନୂତନ ଏବଂ ପୁରାତନ ଅଧିବାସୀଙ୍କ ସଭ୍ୟତା ହୁଏ।

ପ୍ରାକୃତିକ ଅବସ୍ଥାନ ଦ୍ୱାରା ଓଡ଼ିଶା ଏକ ସ୍ୱତନ୍ତ୍ର ପ୍ରଦେଶ। ଆଜିକାଲି ରାଜନୈତିକ ଓଡ଼ିଶା ନୁହେଁ, ସ୍ୱାଧୀନ ଓଡ଼ିଶା ଯେଉଁ ପର୍ଯ୍ୟନ୍ତ ବିସ୍ତୃତ ଥିଲା, ଗଙ୍ଗା ନଦୀଠାରୁ ଗୋଦାବରୀ ପର୍ଯ୍ୟନ୍ତ, ମହୋଦଧିଠାରୁ ମଧ୍ୟ ପ୍ରଦେଶର ପର୍ବତଶ୍ରେଣୀ ପର୍ଯ୍ୟନ୍ତ, ସେହି ବିଶାଳ ରାଜ୍ୟ ଯେ ଏକ ସ୍ୱତନ୍ତ୍ର ପ୍ରାକୃତିକ ଭୂଖଣ୍ଡ ଏହା ଦେଖିବା ମାତ୍ରେ ଯେ କେହି ସ୍ୱୀକାର କରିବାକୁ କୁଣ୍ଠିତ ହେବେନାହିଁ। ଓଡ଼ିଆମାନେ ଏଠାରେ ବାସକରି ନିଜର ଏକ ସ୍ୱତନ୍ତ୍ର ସଭ୍ୟତା ଗଠନ କରୁଥିଲେ। କାଳକ୍ରମେ ଅନ୍ୟାନ୍ୟ ଧର୍ମ ଓ ଜାତିର ଲୋକେ ସ୍ଥାନାନ୍ତରରୁ ଆସି ସେମାନଙ୍କ ସଙ୍ଗରେ ଏକତ୍ର ବାସ କରିଅଛନ୍ତି। ଏହି ବିଭିନ୍ନ ଶ୍ରେଣୀର ସମ୍ମିଳନରେ ଆଜି ଓଡ଼ିଆ ସଭ୍ୟତା ପ୍ରଭାବିତ ହୋଇଅଛି, ଏହା ବୋଲିବା ବାହୁଲ୍ୟ।

ଭାଇ ଉତ୍କଳବାସୀ, ତୁମେ ଯେ ହୁଅ, ବଙ୍ଗାଳୀ, ଓଡ଼ିଆ, ତେଲଙ୍ଗା, ହିନ୍ଦୁସ୍ଥାନୀ, କୋହ୍ଲ, ହିନ୍ଦୁ, ଖ୍ରୀଷ୍ଟିୟାନ, ମୁସଲମାନ ଯେ ହୁଅ, ଉତ୍କଳଭୂମି ତୁମକୁ ଆପଣା ଶରୀରରେ ବହି ତୁମର କେତେ ଅଳି ଅର୍ଦ୍ଦଳି ସହୁଛନ୍ତି। ତୁମର ହେଉ ବା ତୁମ ଶିଶୁସନ୍ତାନମାନଙ୍କର ହେଉ ଏହା ଶୈଶବର ଲୀଳାଭୂମି, ଯୌବନର କର୍ମକ୍ଷେତ୍ର, ବାର୍ଦ୍ଧକ୍ୟର ବିଶ୍ରାମ ସ୍ଥଳ ଏବଂ ଅନ୍ତିମ କାଳର ଆଶ୍ରୟ। ଏ ଦେଶକୁ ଏପରି ଭାବରେ ଯେବେ ଗ୍ରହଣ କରିଥାଅ, ଦେଶାନୁରାଗର ପବିତ୍ର ସ୍ରୋତରେ ଏ ଦେଶର ଭାଗ୍ୟ ଅନ୍ୟମାନଙ୍କ ସଙ୍ଗେ ଯଦି ଆବଦ୍ଧ କରିଥାଅ ଏବଂ ଏ ଦେଶର ଜାତୀୟ ଭାଷା, ଶିକ୍ଷା ଓ ସଭ୍ୟତାରେ ଆତ୍ମସମର୍ପଣ କରିଥାଅ, ତେବେ ଏ ଦେଶାନୁସାରେ ତୁମର ଜାତି। ଏ ଦେଶର ଇତିହାସ ଓ ସଭ୍ୟତା ତୁମର; କାରଣ ଏ ଦେଶର ଅତୀତ ଇତିହାସର ଫଳ ଏବେ ତୁମ୍ଭେ ଭୋଗ କରୁଅଛ ଏବଂ ଏହାର ବର୍ତ୍ତମାନ ଓ ଭବିଷ୍ୟତ ଗଠନରେ ତୁମ୍ଭେ ଯୋଗ ଦେଇଅଛ। ସୁତରାଂ ତୁମ୍ଭେ ଓଡ଼ିଆ, ଉତ୍କଳ ସମ୍ମିଳନୀରେ ତୁମ୍ଭ ନିମନ୍ତେ ପ୍ରଶସ୍ତ ସ୍ଥାନ ରହିଅଛି। ଉତ୍କଳ ମାତା ମଧ୍ୟ ତୁମର ସେବା ପୂଜା ଗ୍ରହଣ କରିବାକୁ ସତୃଷ୍ଣ ନୟନରେ ଅନାଇଁ ରହୁଅଛନ୍ତି।

ଭାରତରେ ଜାତୀୟତା ଗଠନର ନାନା ଅନ୍ତରାୟ ରହିଅଛି। ନାନା ଭାଷା, ନାନା ଧର୍ମ, ନାନା ବିଧି ଆଚାର ବ୍ୟବହାର ଯୋଗୁଁ, ଭାରତୀୟମାନଙ୍କ ମଧ୍ୟରେ ଏତେ ପାର୍ଥକ୍ୟ ରହିଅଛି ଯେ, ଭାରତର ଜାତୀୟତା କେହି କେହି ଅସମ୍ଭବ ମନେ କରନ୍ତି; ସେଥିରେ ପୁଣି କୌଣସି ଏକ ପ୍ରଦେଶ ବା ଅଞ୍ଚଳରେ ସେହି ପ୍ରକାରଭେଦ ଘଟିଲେ ଭାରତର ଜାତୀୟ ସମସ୍ୟା ଅଧିକ ଦୁଃସାଧ ଏବଂ ଜଟିଳ ହେବ। ଏ ପ୍ରଦେଶରେ ବାସକରି ସମସ୍ତ ଶ୍ରେୟ ସ୍ୱାର୍ଥ-ମାୟା-ମମତା ତହିଁ ସଙ୍ଗେ ମିଶାଇ ନ ଦେଇ ଯେଉଁମାନେ ସ୍ୱତନ୍ତ୍ର ବା ସ୍ୱତ୍ୱ ଦାବୀ କରନ୍ତି ସେମାନେ ସେ ପ୍ରଦେଶର ଉନ୍ନତି ପଥରେ କଣ୍ଟକ ସ୍ୱରୂପ। ନିଜର ଆପାତ ସ୍ୱାର୍ଥଲାଗି ଅନ୍ୟ ଜାତିର ଉନ୍ନତିର ଅନ୍ତରାୟ ଏକ ପ୍ରଦେଶ ମଧ୍ୟରେ ସ୍ୱାର୍ଥର ଅନୈକ ଘଟାଇବା ଦ୍ୱାରା ଭାରତର ସମୂହ କଲ୍ୟାଣର ସେମାନେ ଶତ୍ରୁ; ସୁତରାଂ ପରିଣାମରେ ଆତ୍ମଘାତୀ। ଅତଏବ ପ୍ରାକୃତିକ ଓଡ଼ିଶାରେ ଯେଉଁ ବିଭିନ୍ନ ପ୍ରାଣୀ ସଂପ୍ରଦାୟର ଲୋକେ ବାସ କରି ଏହାକୁ ନିଜ ଦେଶ ବୋଲି ଗ୍ରହଣ କରିଅଛନ୍ତି, ସେ ସମସ୍ତଙ୍କ ସମ୍ମିଳନୀରେ ଯେଉଁ ଓଡ଼ିଆ ଜାତି ସଂଗଠିତ, ତାହାର ଜାତୀୟତା ବିକାଶ ସମ୍ମିଳନୀର ଉଦ୍ଦେଶ୍ୟ।

ଅନେକ ଥର ପ୍ରଶ୍ନ ଉଠିଛି ଯେ ସମ୍ମିଳନୀ ରାଜନୈତିକ କି ନୁହେଁ? ଭିନ୍ନ ଭିନ୍ନ ଘଟଣାରେ ଏ ପ୍ରଶ୍ନ ମୀମାଂସା ଭିନ୍ନ ଭିନ୍ନ ପ୍ରକାରର ହୋଇଅଛି। ମାତ୍ର ସମ୍ମିଳନୀରେ ଯେତେବେଳେ ସେ ସବୁ ବିଷୟରେ ଆଲୋଚନା କରାଯାଇଥାଏ ତାହା ସବୁ ରାଜନୈତିକ। ସେ ଯାହା ହେଉ, ଗତ ବିଶେଷ ଅଧିବେଶନରେ ଶାସନ ସଂସ୍କାର ପ୍ରସ୍ତାବମାନଙ୍କର ଆଲୋଚନା କରିବାଦ୍ୱାରା ସମ୍ମିଳନୀ ଯେ ରାଜନୈତିକ କ୍ଷେତ୍ରରେ ପ୍ରବେଶ କରିଅଛି ଏହା ଅସ୍ୱୀକାର କରାଯାଇ ନପାରେ। ସମ୍ମିଳନୀ ଯଦି ଆମ୍ଭମାନଙ୍କର ଜାତୀୟ ଆକାଂକ୍ଷାର ପ୍ରକାଶକ ହୁଏ, ଏହା ଜାତୀୟ କାର୍ଯ୍ୟର ସକଳ ବିଭାଗ ଅବଶ୍ୟ ଆଲୋଚନା କରିବ। ଜାତୀୟ ପ୍ରବୃତ୍ତି, ଜାତୀୟ ପ୍ରଭାବ ଓ ଜାତୀୟ ଅଭାବ, ଇଚ୍ଛା ସକଳ ପୂରଣ ନିମନ୍ତେ ପ୍ରୟାସ କରିବ। ଜାତୀୟ ଉନ୍ନତି ନିମନ୍ତେ ଶିଳ୍ପ, କୃଷି, ସାହିତ୍ୟ, ଶିକ୍ଷା ଯେପରି ପ୍ରୟୋଜନ, ରାଜନୈତକ ଅଧିକାର ତତୋଽଧିକ ପ୍ରୟୋଜନ। ବସ୍ତୁତଃ ରାଜନୈତିକ ଅଧିକାର ବିନା ଅନ୍ୟାନ୍ୟ କ୍ଷେତ୍ରରେ କୌଣସି ନିର୍ଦ୍ଦିଷ୍ଟ ସୀମା ପରେ ଅଧିକ ଦୂର ଉନ୍ନତି ଅସମ୍ଭବ। ଶିକ୍ଷା, ଶିଳ୍ପ, ବାଣିଜ୍ୟ, ଏମନ୍ତ କି ଧର୍ମ ଏବଂ ସମାଜଗତ ପ୍ରସଙ୍ଗମାନ କେତେବେଳେ ହେଲେ ରାଜନୀତି ସଙ୍ଗେ ସଂଘର୍ଷରେ ଅବଶ୍ୟ ଆସିବ; ତେଣୁ କେହି କେହି ପଣ୍ଡିତ ମନୁଷ୍ୟକୁ ରାଜନୈତିକ ପ୍ରାଣୀ ବୋଲି କହିଅଛନ୍ତି। ଯେଉଁମାନେ କହନ୍ତି— ପରାଧୀନ ଜାତିର ରାଜନୀତି ନାହିଁ, ସେମାନେ ମାନବ ଜୀବନକୁ ପୂର୍ଣ୍ଣ ଭାବରେ ଦେଖନ୍ତି ନାହିଁ। ପରାଧୀନ ହେଉ ବା ସ୍ୱାଧୀନ ହେଉ, ଯେଉଁ

ଜାତି ବା ସମାଜ କୌଣସି ରାଜ୍ୟରେ ବାସ କରେ ଏବଂ କୌଣସି ସୁଗଠିତ ଓ ସୁଶୃଙ୍ଖଳାବଦ୍ଧ ଶାସନ ଶକ୍ତିର କର୍ତ୍ତୃତ୍ୱ ସ୍ୱୀକାର କରେ, ତାହାର କୌଣସି ନା କୌଣସି ପ୍ରକାରରେ ରାଜନୀତି ରହିବ। ପରାଧୀନ ଜାତିର ରାଜନୀତି ସ୍ୱାଧୀନ ଜାତିର ରାଜନୀତିଠାରୁ ପୃଥକ ହୋଇପାରେ; କିନ୍ତୁ ତାହାର ରାଜନୀତି ନାହିଁ ବୋଲି କୁହାଯାଇ ନ ପାରେ। ସମ୍ମିଳନୀ ପରି ଜାତୀୟ ଅନୁଷ୍ଠାନ ରାଜନୀତିର ଚର୍ଚ୍ଚା ଛାଡ଼ିଦେଲେ ତାହାର ଉଦ୍ଦେଶ୍ୟ ଚିରଦିନ ଅସମ୍ପୂର୍ଣ୍ଣ ରହିବ। ଏ ସମ୍ବନ୍ଧେ କୌଣସି ସୁନିଶ୍ଚିତ ସିଦ୍ଧାନ୍ତ ନ କରିବା ଆମ୍ଭମାନଙ୍କର ଜାତୀୟ ଦୁର୍ବଳତାର ପରିଚୟ। ମୋ ମତରେ ସମ୍ମିଳନୀ କେବଳ ସାହିତ୍ୟିକ, ସାମାଜିକ ବା ରାଜନୈତିକ ଅନୁଷ୍ଠାନ ନୁହେଁ; କେବଳ କୃଷି, ଶିଳ୍ପ, ବାଣିଜ୍ୟ, ଶିକ୍ଷା ଏହାର କାର୍ଯ୍ୟ ନୁହେଁ; ସମ୍ମିଳନୀ ଆମ୍ଭମାନଙ୍କର ଜାତୀୟ ଅନୁଷ୍ଠାନ। ସୁତରାଂ ଜାତୀୟ ଉନ୍ନତି ନିମନ୍ତେ ଯାହା ପ୍ରୟୋଜନ, ସମ୍ମିଳନୀର ତାହା କର୍ତ୍ତବ୍ୟ। ଏହିପରି ବ୍ୟାପକ ଭାବରେ ସମ୍ମିଳନୀର କାର୍ଯ୍ୟ ନିରୂପିତ ନ ହେଲେ ଜାତିର ତହିଁରେ ପ୍ରତ୍ୟୟ ଜନ୍ମିବ ନାହିଁ। କୌଣସି କାରଣରୁ ହେଉ, ଓଡ଼ିଶାରେ ତଥା ଭାରତରେ ଆଭିଜାତ୍ୟର ପ୍ରଭାବ ଆମ୍ଭମାନଙ୍କର ଜାତୀୟ ଶକ୍ତିକୁ ଅତ୍ୟନ୍ତ ହୀନବଳ କରିଅଛି; ମାତ୍ର ସମ୍ମିଳନୀ ପରି ଜାତୀୟତା ଗଠନ ଉଦ୍ୟମରେ ଆଭିଜାତ୍ୟ ନିମନ୍ତେ କୌଣସି ପ୍ରକାର ଅବକାଶ ରହିବା ବାଞ୍ଛନୀୟ ନୁହେଁ।

ଏ ମାତୃପୂଜା ମଣ୍ଡପରେ ସମସ୍ତଙ୍କ ସମାନ ଅଧିକାର, ସମାନ ଆସନ। ତାହା ନ ହେଲେ ସମ୍ମିଳନୀର ଉଦ୍ଦେଶ୍ୟ କଦାପି ସିଦ୍ଧ ହେବନାହିଁ।

ଉଦାର ମାନବିକତା ସମ୍ମିଳନୀର ଲକ୍ଷ୍ୟ ହେଲେ, ଭାରତର ଜାତୀୟ ଆନ୍ଦୋଳନରୁ ଆମ୍ଭେମାନେ ପୃଥକ୍ ହୋଇ ରହିଲେ ଚଳିବ ନାହିଁ। ଓଡ଼ିଶା ନଦୀ-ବନ-ପର୍ବତାଦି ପ୍ରାକୃତିକ ଅବଚ୍ଛେଦ ଦ୍ୱାରା ଭାରତର ଅନ୍ୟାନ୍ୟ ପ୍ରଦେଶରୁ ବିଚ୍ଛିନ୍ନ ଥିଲା ପରି ବୋଧ ହେଲେ ସୁଦ୍ଧା ଏହା ଅନ୍ୟାନ୍ୟ ପ୍ରଦେଶ ପରି ବିଶାଳ ଭାରତର ଅଙ୍ଗ ବିଶେଷ। ଭାରତୀୟ ଆକାଙ୍କ୍ଷା ସଙ୍ଗେ ଉତ୍କଳ ଆକାଙ୍କ୍ଷାର ସାମଞ୍ଜସ୍ୟ ରହିବା ଉଚିତ। ଭାରତ ସଙ୍ଗେ ଉତ୍କଳର ନିତ୍ୟ ସମ୍ବନ୍ଧ ରହିବ ହିଁ ରହିବ। ଏହି ସମ୍ବନ୍ଧ ଚିରଦିନ ରହିଅଛି। ସମ୍ମିଳନୀର କାର୍ଯ୍ୟରେ ଭାରତୀୟ ଆନ୍ଦୋଳନରୁ ପୃଥକ୍ ଥିଲେ ସୁଦ୍ଧା ମହାଭାରତ ଜାତୀୟତା ସହିତ ଏହାର ସଂଯୋଗ ମୂଳମନ୍ତ୍ର। ବର୍ଷକୁ ବର୍ଷ ସମ୍ମିଳନୀର ପ୍ରାରମ୍ଭରେ ଆମ୍ଭେ ପୂତ ପ୍ରାଣରେ ଅବହିତ ହୋଇ ପ୍ରଥମେ ଗାଉ—

"ସର୍ବେଷାଂ ନୋ ଜନନୀ ଭାରତ ଧରଣୀ କଳ୍ପଲତେୟଂ"

ଏହି ଜାତୀୟ ଗୀତରେ "ଭାରତ ମେକୋ ଗତିରସ୍ମାକଂ" ବୋଲି ଆମ୍ଭେମାନେ ଯାହା କହୁଅଛୁ, ଜାତୀୟ ଜୀବନରେ ତଥା ଜାତୀୟ କାର୍ଯ୍ୟରେ ତାହାର ସାର୍ଥକତା

ବିଧେୟ। ଉଦାର ମାନବିକତା ଲାଭ କରିବା ପଥରେ ଭାରତ ଭାବ ଆମ୍ଭମାନଙ୍କୁ ଅବଶ୍ୟ ସହାୟ ହେବ। ମନେ ରଖିବାକୁ ହେବ, ଆମ୍ଭେମାନେ ଭାରତ ଜାତିର ଅନ୍ତର୍ଗତ। ଭାରତ ଏକ ମହାଦେଶ। ତେଣୁ ସେଥିରେ ଅନେକ କ୍ଷୁଦ୍ର ଜାତି, ପ୍ରାଦେଶିକ ପାର୍ଥକ୍ୟ ଅନୁସାରେ କାଳକ୍ରମେ ଉଦ୍ଭବ ହୋଇଛନ୍ତି; ମାତ୍ର ସେ ସମସ୍ତଙ୍କ ଭାଗ୍ୟ ଭାରତ ଭାଗ୍ୟ ସଙ୍ଗେ ସୀମାବଦ୍ଧ। ଆମ୍ଭେମାନେ ଭାରତୀୟ ଅନୁଷ୍ଠାନ ସଙ୍ଗେ ସଂପୃକ୍ତ ହେଉ ବା ନ ହେଉ ଭାରତର ସୁଖ ଦୁଃଖରେ ଆମ୍ଭମାନଙ୍କୁ ଅଳ୍ପାଧିକ ପରିମାଣରେ ଭାଗୀ ହେବାକୁ ପଡ଼ିବ। ଏକ ଶରୀରର ଅବୟବ ବିଶେଷ ଶରୀର ସମୂହ କ୍ରିୟାରେ ନିଜର କର୍ମ କରୁ ବା ନ କରୁ ସର୍ବଶରୀର ରୋଗବ୍ୟାଧି ସ୍ୱାସ୍ଥ୍ୟ ସୁଖରେ ତାହାର ଭାଗ ରହିବଇ ରହିବ। ଭାରତୀୟ ରାଜନୈତିକ ଆନ୍ଦୋଳନରେ ଆମ୍ଭମାନଙ୍କର ଏ ଉଦାସୀନତାରେ ସେ ରାଜଭକ୍ତିର ପରିଚୟ ମିଳୁଅଛି, ତାହାର ବିଶେଷ କିଛି ମୂଲ୍ୟ ଅଛି କି ନାହିଁ ସନ୍ଦେହ। କେହି ରାଜପୁରୁଷ ଏପର୍ଯ୍ୟନ୍ତ ମଧ୍ୟ କହିଅଛନ୍ତି ଯେ "Orissa is hot bed of loyality." ଅର୍ଥାତ୍ ଓଡ଼ିଶା ଭକ୍ତିରେ ସଢ଼ି ଯାଉଛି। ଏ ଭକ୍ତିରେ ଦେବତାଙ୍କ ନିକଟରେ ଆଦର କ'ଣ? ଏତେ ଭକ୍ତି ସତ୍ତ୍ୱେ ଭାରତ ରକ୍ଷା ଆଇନ (Defence of India Act) ଓଡ଼ିଶାରେ ଜାରି ହେଲା ତ? ପ୍ରେସ ଆଇନ (Press Act)ର ବିଧାନରୁ ଓଡ଼ିଶା ମୁକ୍ତ କି? ଆଜି ସେ ରାଓଲାଟ୍ ବିଲ୍ (Rowlatt Bill) ଘେନି ଭାରତରେ ଏତେ ଆନ୍ଦୋଳନ ଲାଗିଛି। ସ୍ଥାନେ ସ୍ଥାନେ ତୁମୁଳ ଉତ୍ପାତ ଘଟୁଛି। ସାଧାରଣ ମନୁଷ୍ୟର ପ୍ରାଥମିକ ନ୍ୟାୟସଙ୍ଗତ ଅଧିକାରରୁ ଭାରତର ପ୍ରଜାସାଧାରଣ ବଞ୍ଚିତ ହେବା ଭୟରେ ଅସାମାନ୍ୟ ସ୍ୱାର୍ଥ ତ୍ୟାଗକରି ଯେ ଆଇନର ତୀବ୍ର ପ୍ରତିବାଦ କରୁଅଛନ୍ତି। ଓଡ଼ିଶା ଛଡ଼ା ଅନ୍ୟସର୍ବତ୍ର ଜାରି ହେବ ବୋଲି କିଛି ବିଧାନ ଅଛି କି? ଘଣାଚକ୍ରରେ ଭାରତରକ୍ଷା ଆଇନ (Defence of India Act) ପରି ଏହା ଦିନେ ଓଡ଼ିଶାରେ ଜାରି ହେବାର ସମ୍ଭବ କି? ପୁଣି ସମଗ୍ର ଭାରତର ଆନ୍ଦୋଳନରେ ଭାରତ ଯାହା ସମୂହ ଭାବରେ ଲାଭ କରୁଅଛି, ଓଡ଼ିଶା ଜାତି ବା ଓଡ଼ିଆ ତହିଁରେ ଫଳଭୋଗୀ ହୋଇନାହାନ୍ତି କି? ଅତଏବ ଭାରତୀୟ ଆକାଙ୍କ୍ଷା ସଙ୍ଗେ ଆମ୍ଭମାନଙ୍କର ଜାତୀୟ ଆକାଙ୍କ୍ଷା ମିଳାଇ ସମଗ୍ର ଭାରତ ମହାଜାତିର କଲ୍ୟାଣରେ ଯଥାଶକ୍ତି ଆତ୍ମବିନିଯୋଗ କରିବା ଆମ୍ଭମାନଙ୍କର କର୍ତ୍ତବ୍ୟ। ମନେରଖିବାକୁ ହେବ, ଆମ୍ଭେମାନେ ପ୍ରଥମେ ମନୁଷ୍ୟ, ପରେ ଭାରତୀୟ ଓ ସର୍ବଶେଷରେ ଓଡ଼ିଆ। ଏହି ଭାବ ମନରେ ନ ରଖିଲେ ଜାତୀୟ କ୍ରମବିକାଶ ଅସମ୍ଭବ। ପ୍ରତ୍ୟେକ ବ୍ୟକ୍ତିର ସ୍ୱାତନ୍ତ୍ର୍ୟ ଅଛି; ମାତ୍ର ସାମାଜିକ ଭିତ୍ତି ବିନା ଏ ସ୍ୱାତନ୍ତ୍ର୍ୟ ପ୍ରକଟିତ ହୁଏନାହିଁ। ସେହିପରି ଓଡ଼ିଆ ଜାତିର ସ୍ୱାତନ୍ତ୍ର୍ୟ ଫୁଟିବ ପ୍ରଶସ୍ତତର ଜାତୀୟତା କ୍ଷେତ୍ରରେ ଏବଂ ଉଦାର ସାର୍ବଜନୀନ ମାନବିକତାରେ।

ଓଡ଼ିଆ ଯେ ଏହି ଉଦାର ମାନବ ଧର୍ମରେ ଚିରଦିନ ଦୀକ୍ଷିତ ଏବଂ ଭାରତ ସହିତ ଉତ୍କଳର ନିତ୍ୟ ସମ୍ବନ୍ଧ ଅନୁଭବ କରିଅଛନ୍ତି, ଓଡ଼ିଆ ଜାତିର ଇତିହାସ ଅଭ୍ରାନ୍ତ ଭାବରେ ଏହା ପ୍ରମାଣ କରୁଅଛି । ଓଡ଼ିଶାର ଯଥାର୍ଥ ଇତିହାସ ଏ ପର୍ଯ୍ୟନ୍ତ ଲେଖାହୋଇ ନାହିଁ । ଏହାର ଗିରିବର କନ୍ଦରରେ ସେ ସମସ୍ତ ଉପ୍ାଦନ ବିକ୍ଷିପ୍ତ ଭାବରେ ପଡ଼ିରହିଛି, ଭଗ୍ନମନ୍ଦିରରେ ଯେ ସମସ୍ତ ସ୍ମୃତି ଏବଂ ସଂସ୍କାର ଜଡ଼ିତ ଅଛି, ପୁଣ୍ୟ ପର୍ବମାନଙ୍କରେ ଏମନ୍ତ କି ଯେ ସମସ୍ତ ଅନୁଷ୍ଠାନ ଆଜି ଅନେକଙ୍କ ନିକଟରେ କୁସଂସ୍କାର, ସେ ସବୁର ମଜ୍ଜାରେ ଯେ ସତ୍ୟ ସାର ନିହିତ ଅଛି । ପ୍ରବାଦ ଓ ପ୍ରଚଳିତ ପରମ୍ପରାରେ ଜୀବନର ଯେ ସମସ୍ତ ତଥ୍ୟ ପ୍ରକାଶ ପାଉଅଛି, ସେ ସବୁର ଭିତରକୁ ଦେଖିଲେ ଜଣାଯାଏ, ଓଡ଼ିଆ ଜାତି ଇତିହାସରେ କେବେ ସଂକୀର୍ଣ୍ଣ ସେବାରେ ଆବଦ୍ଧ ନ ଥିଲେ । ନଦୀ ପର୍ବତଦ୍ୱାରା ଓଡ଼ିଶାର ସୀମା ଆବଦ୍ଧ ହେଲେ ସୁଦ୍ଧା, ସେ ସୀମା ଅତିକ୍ରମ କରି ବିଶାଳତା ଆଡ଼କୁ ଗତିକରି ଅଛନ୍ତି । ଜାତୀୟତାର ଲକ୍ଷ୍ୟରେ ଉଦାର ମାନବିକତା ସମଗ୍ର ଭାରତରେ ତାହା ଓଡ଼ିଆ ହିଁ ବୁଝିଥିଲେ । ବିଶ୍ୱପ୍ରୀତି ହିଁ ଓଡ଼ିଆର ଜାତୀୟତା, ସ୍ୱର୍ଣ୍ଣପ୍ରାଣ ଓଡ଼ିଶାର ମନୁଷ୍ୟତା । ଓଡ଼ିଆର ଏ ଜାତୀୟତା, ଦେଶାନୁରାଗ କେବେ ଜଡ଼, ନିର୍ଜୀବ, ନିରସ ଓ ସ୍ୱାର୍ଥ କଳୁଷିତ ନୁହେଁ । ରାଜ୍ୟଲାଭ ବା ରକ୍ତପାତରେ ଏହାର ପ୍ରତିଷ୍ଠା ନୁହେଁ । ଗଭୀର ଧର୍ମଭାବ ଏବଂ ଦୃଢ଼ବିଶ୍ୱାସ ଏହାର ଭିତ୍ତି । ସାମ୍ୟ, ମୈତ୍ରୀ, ସ୍ୱାଧୀନତା ଏହାର ବିଗ୍ରହ । ଓଡ଼ିଆର ଏହି ଭାବ ନୀଳାଚଳଧାମରେ ପ୍ରକଟିତ; ତେଣୁ ଜଗନ୍ନାଥ ଓଡ଼ିଆର ନାଗ ଦେବତା । ବଦ୍ରିନାଥ, ରାମନାଥ, ଦ୍ୱାରକାନାଥ ସ୍ଥାନ ବିଶେଷର 'ନାଥ'; ମାତ୍ର ଜଗତର ନାଥ ନୁହନ୍ତି । ପ୍ରାଚୀନ କାଶୀଧାମରେ ବିଶ୍ୱନାଥ ଅଛନ୍ତି; କିନ୍ତୁ ସମଗ୍ର ବିଶ୍ୱକୁ ଆଲିଙ୍ଗନ କରିବାର ଉଦାରତା ସେଠାରେ ନାହିଁ । କାଳକ୍ରମେ ଆମ୍ଭମାନଙ୍କର ଜାତୀୟ ଅଧୋଗତି ସଙ୍ଗେ ନୀଳାଚଳର ମୌଳିକ ଉଦାରଭାବ ଆଦି ବହୁ ସଙ୍କୁଚିତ ହୋଇଅଛି ସତ; କିନ୍ତୁ ଧର୍ମ ଜୀବନରେ ସାର୍ବଜନୀନ ଉଦାରତା ଯେ ଏକମାତ୍ର ସତ୍ୟ, ଏ ଭାବ ଓଡ଼ିଶାରୁ ଲୋପ ପାଇନାହିଁ । ନୀଳାଚଳର ନୀତିରେ କ୍ଷୁଦ୍ର ବୃହତ୍ ନାହିଁ; ରାଜା ପ୍ରଜା ନାହିଁ; ବ୍ରାହ୍ମଣ-ଚଣ୍ଡାଳ ନାହିଁ; ପାମର-ପ୍ରେମିକ ନାହିଁ; ଏମନ୍ତ କି ହିନ୍ଦୁ ବୌଦ୍ଧର ଭେଦନାହିଁ । ପରବର୍ତ୍ତୀ ଚୈତନ୍ୟ ଯୁଗରେ ମଧ୍ୟ ହିନ୍ଦୁ ମହମ୍ମଦୀୟ ଭେଦ ପର୍ଯ୍ୟନ୍ତ ଏଠାରେ ଲୁଚି ଯାଇଥିଲା । ଏହି ଉଦାର ମାନବିକତା ଏବଂ ମହାଭାରତ ଜାତୀୟତାର ବୀଜ ନୀଳାଚଳ ଧାମରେ ଅଛି ବୋଲି ତ କାଳେ କାଳେ ଭାରତର ଦିଗଦିଗନ୍ତରୁ ସିଦ୍ଧସାଧକ ଓ ମହାପୁରୁଷମାନେ ଆକୃଷ୍ଟ ହୋଇ ଆସିଛନ୍ତି । ଜଗନ୍ନାଥ ସାକ୍ଷାତ ବୌଦ୍ଧ ଅବତାର । ଶଙ୍କରଙ୍କର ପ୍ରଧାନ ମଠ ପୁରୀରେ । ରାମାନୁଜଙ୍କର ଏହା ପୁଣି ଏକ ପ୍ରଧାନ ଧର୍ମକେନ୍ଦ୍ର ।

ମାନବ ପୁରୀର ସାଗର ସୈକତରେ ନିଜର ସର୍ବୋତ୍କୃଷ୍ଟ ମଧୁମୟ ସଙ୍ଗୀତ ଗାଇଥିଲେ । କବୀରଙ୍କର ମଧ୍ୟ ଆସ୍ଥାନ ଏହିଠାରେ । ଅବଶେଷରେ ପ୍ରେମର ଅବତାର ଭଗବାନ ଶ୍ରୀକୃଷ୍ଣ ଚୈତନ୍ୟ ଭାରତର ସମଗ୍ର ତୀର୍ଥଭୂମି ବୁଲି ଶେଷରେ ଏହି ସାର୍ବଜନୀନ ପ୍ରେମଧାମରେ ସ୍ଥାୟୀ ନିବାସ କରି ଗାଇଲେ—

"ଜଗନ୍ନାଥ ସ୍ୱାମୀ,
ନୟନ ପଥଗାମୀ ଭବ ତୁ ମେ ।"

ମୁସଲମାନ ଭକ୍ତ ହରିଦାସ, ସାଲବେଗ ପ୍ରଭୃତିଙ୍କର ସମାଧି ଏହି ପୁରୀରେ ପ୍ରତିଷ୍ଠିତ । ବାସ୍ତବିକ ଉତ୍କଳଭୂମି ସଂକୀର୍ଣ୍ଣ ନୁହେଁ । ଓଡ଼ିଆ କେବେ କ୍ଷୁଦ୍ରତାର ସୀମାବଦ୍ଧ ନୁହେଁ । ପୁରୀ, ଭୁବନେଶ୍ୱର ଓ କୋଣାର୍କ ମନ୍ଦିରର ବିଶାଳତା ଏହାର ପରିଚୟ । ମନୁଷ୍ୟ ହାତଗଢ଼ା ଶିଳ୍ପ ଛଡ଼ା ଓଡ଼ିଶାର ପାରିପାର୍ଶ୍ୱିକ ବେଷ୍ଟନୀ ଓଡ଼ିଆର ସେହି ବିଶାଳ ଭାବ ଓ ଉଦାରତାର ପ୍ରମାଣ । ଯେଉଁ ଦେଶର ଦେବତା ଜଗନ୍ନାଥ, ସେ ଦେଶର ନଦୀ, ଗିରି, ସାଗର, ଶ୍ମଶାନରେ ଯେ ସେହି ମହା ଉଦାରଭାବ ବିକାଶ ପାଇବ; ତାହା ସ୍ୱାଭାବିକ । ଓଡ଼ିଶାର ନଦୀ ମହାନଦୀ, ସମୁଦ୍ର ମହୋଦଧି; ଗିରି ମହେନ୍ଦ୍ର ; ବୃକ୍ଷ କଳ୍ପବଟ; ଏମନ୍ତ କି ଶ୍ମଶାନ ମାନବର ଅନ୍ତିମ ସ୍ଥାନ ନୁହେଁ; ଦିବ୍ୟ ଅନନ୍ତ ଧାମର ପ୍ରବେଶ ଦ୍ୱାର—ସ୍ୱର୍ଗଦ୍ୱାର । ଏହି ନାମ ସବୁ କଣ ପ୍ରକାଶ କରୁଅଛି ? ଓଡ଼ିଆ ପ୍ରାଣରେ ମହାଭାବ କଳ୍ପନା କରିଅଛି । ଚତୁର୍ଦ୍ଦିଗରେ ତାହା ମୁଁ ଦେଖିବାକୁ ପ୍ରୟାସୀ ହୋଇଅଛି । ଗୋଟିଏ ଗୋଟିଏ ଶବ୍ଦ ଏକ ଏକ ଜାତିର ଇତିହାସ ପଟ ଫିଟାଇ ଦେଇ ଅତୀତର ଅନ୍ଧାରରେ ଆଲୋକ ଦେଉଅଛି । ମହାନଦୀ, ମହୋଦଧି ପ୍ରଭୃତି ଓଡ଼ିଆ ପ୍ରାଣର ବିଶାଳତା ଏବଂ ପୂର୍ଣ୍ଣତା ନିମନ୍ତେ ଓଡ଼ିଆ ହୃଦୟରେ ଆକାଙ୍‌କ୍ଷା ଜାତ କରୁନାହିଁ କି ? ଶିଳ୍ପରେ ଏବଂ ଦେବମୂର୍ତ୍ତିରେ ଓଡ଼ିଆ ହୃଦୟର ଯେ ଭାବ ବ୍ୟକ୍ତ କରିଅଛି, ଏହିପରି ଗୋଟିଏ ଗୋଟିଏ ଶବ୍ଦରେ ତାହାର ପ୍ରାଣର କବିତା ସେହି ଉଦାର ମନୋଭାବ ପ୍ରକାଶ କରିଅଛି ।

କବିତା, ଶିଳ୍ପ ବା ଦେବତା କଳ୍ପନାରେ ଯେଉଁ ଭାବରେ ସୂଚନା ଦେଖା ଯାଉଛି, ଓଡ଼ିଆ ଜୀବନ କ୍ରିୟାରେ ଇତିହାସରେ ଯୁଗେ ଯୁଗେ ତାହା ହିଁ ପ୍ରକଟିତ ହୋଇଅଛି । ହିନ୍ଦୁ, ବୌଦ୍ଧ, ଶିଖ, ଶୈବ; ଶାକ୍ତ ପରମାର୍ଥ ନାନା ଶାଖା ସଂପ୍ରଦାୟର ମହାସମନ୍ୱୟ ସ୍ଥଳୀ ପବିତ୍ର ଉତ୍କଳଭୂମି । ଓଡ଼ିଆ କେବେ କାହାକୁ ବିଦ୍ୱେଷ ଦୃଷ୍ଟିରେ ଦେଖିନାହିଁ । ଧର୍ମକ୍ଷେତ୍ର ଛଡ଼ା ଶାସନ ଏବଂ ସାମାଜିକ କ୍ଷେତ୍ରରେ ଓଡ଼ିଆ ମଧ୍ୟ ଏହି ଉଦାରତା ବରାବର ଦେଖାଇ ଆସିଅଛି । ମୁଁ ଏଠାରେ ଏ ସମ୍ବନ୍ଧେ ଅଧିକ କିଛି ନ କହି ଶ୍ରଦ୍ଧେୟ କୃପାସିନ୍ଧୁ ମିଶ୍ରଙ୍କ ବିରଚିତ ବାରବାଟୀ ଦୁର୍ଗରୁ ଏକ ପଂକ୍ତି ଉଦ୍ଧାର କଲି ।—

"ଭାରତର ଇତିହାସରେ ତେଜସ୍ୱୀ ଓଡ଼ିଆର ଦାନ ହେୟ ନୁହେଁ; ବୀର ଓଡ଼ିଆ ବଦାନ୍ୟତାରେ ପ୍ରସିଦ୍ଧ ଥିଲା। ଚିରକାଳ ଓଡ଼ିଆ ଆତ୍ମନିର୍ଭରଶୀଳ। କେବେ କାହାର ଅନୁଗ୍ରହ ଭିକ୍ଷା କରିବାର ପ୍ରମାଣ ନାହିଁ; ଯଶୋନାଶୀ କାଳ ଗର୍ଭରେ ବିଲୁପ୍ତ ପ୍ରାୟ ହେଲେହେଁ ଏକଥା ସତ୍ୟ ଅନୁସନ୍ଧାନସେବୀଙ୍କର ସ୍ୱୀକାର୍ଯ୍ୟ ଯେ, ଅନୁଗ୍ରହ ଦେଖାଇବା ନିମନ୍ତେ ଭାରତ ଇତିହାସରେ ପ୍ରସିଦ୍ଧ। ଅନେକ ଜାଣିଥିବେ, କିପରି ୧୨୦୩ ଖ୍ରୀଷ୍ଟାବ୍ଦରେ ମହମଦ୍ ବକ୍ତିଆର ଖିଲିଜ୍‌ଙ୍କ ଦ୍ୱାରା ସିଂହାସନରୁ ବିତାଡ଼ିତ ହୁଅନ୍ତେ ବଙ୍ଗଦେଶର ଶେଷ ହିନ୍ଦୁ ରାଜା ଲକ୍ଷ୍ମଣ ସେନ୍ ଓଡ଼ିଆଙ୍କ ଅନୁଗ୍ରହ ଭିକ୍ଷା କରି ପୁରୀରେ ନିରାପଦରେ ଶେଷ ଜୀବନଯାପନ କରିଥିଲେ ହେଁ ୧୪୫୭ ଖ୍ରୀଷ୍ଟାବ୍ଦରେ ବାହମନୀ ରାଜ୍ୟର ସୁଲତାନ, ହୁମାୟୁନଙ୍କ ଦ୍ୱାରା ବାରମ୍ବାର ପରାସ୍ତ ହୋଇ ତେଲଙ୍ଗା ହିନ୍ଦୁ ରାଜା ନରସିଂହଦେବଙ୍କ ରାଜତ୍ୱ କାଳରେ ଓଡ଼ିଆଙ୍କ ଦ୍ୱାରେ ସାହାଯ୍ୟ ଭିକ୍ଷା କରିଥିଲେ। ପୁଣି କପିଳେନ୍ଦ୍ରଦେବଙ୍କ ରାଜତ୍ୱ କାଳରେ ୧୪୭୦ ଖ୍ରୀଷ୍ଟାବ୍ଦରେ ହିମ୍ବୁରଙ୍କ ପରିବର୍ତ୍ତେ ସ୍ୱୟଂ ରାଜା ହେବା ନିମନ୍ତେ ମଙ୍ଗଳ ରାୟ ଏହି ବାରବାଟୀରେ ଆଶ୍ରୟ ଲୋଡ଼ିଥିଲେ। ଓଡ଼ିଆମାନେ ଫେରିବା ପରେ ମଲବା ସୁଲତାନ୍ ମହମ୍ମଦସାହାଙ୍କ ଆଶ୍ରୟରେ ହିମ୍ବୁର ପୁଣି ରାଜା ହୋଇ ଯେତେବେଳେ ମୁସଲମାନ୍ ଦୌରାତ୍ମ୍ୟରେ ପ୍ରପୀଡ଼ିତ ହେଲେ, ସେତେବେଳେ ଉପହାର ସହ ସେହି ପୂର୍ବ ଶତ୍ରୁ ଓଡ଼ିଆ ରାଜାଙ୍କ ସାହାଯ୍ୟ ମଗାଇ ପଠାଇଥିଲେ ଏବଂ ଉତ୍କଳ ରାଜା ମଧ୍ୟ ଆଶ୍ରିତ ରକ୍ଷା କଲେ। ଉତ୍ତରଭାରତରେ ବି ଓଡ଼ିଆମାନେ ଏହିପରି ସାହାଯ୍ୟ ଦାନପାଇଁ ପ୍ରସିଦ୍ଧ ଥିଲେ। ଖ୍ରୀଷ୍ଟୀୟ ୬ଷ୍ଠ ଶତାବ୍ଦୀର ମଧ୍ୟଭାଗରେ ସୁଲେମାନଙ୍କ କର୍ତ୍ତୃକ ପରାଭୂତ ଓ ଦୂରୀକୃତ ବଙ୍ଗର ସୁଲତାନ ଇବ୍ରାହିମ ଜୀବନ ରକ୍ଷା ନିମନ୍ତେ ଇତସ୍ତତଃ ହୋଇ ପରିଶେଷରେ ଓଡ଼ିଆଙ୍କ ଦ୍ୱାରେ ସାହାଯ୍ୟ ପ୍ରାର୍ଥୀ ହୋଇଥିଲେ ଏବଂ ସ୍ୱଦେଶ ତଥା ସ୍ୱଜାତିର ଗୌରବ ରକ୍ଷା କରି ଓଡ଼ିଆମାନେ ଆପଣାର ସହଜାତ ବଦାନ୍ୟ ଗୁଣରେ ଆଶ୍ରୟପ୍ରାର୍ଥୀଙ୍କୁ ଯଥୋପଯୁକ୍ତ ଭିକ୍ଷାଦାନ କରୁଥିଲେ। ପୁଣି ଦୁର୍ଦ୍ଦାନ୍ତ ବଙ୍ଗ ନବାବ ସୁଲେମାନଙ୍କୁ ଦମନ କରିବାପାଇଁ ଅହର୍ନିଶି ବହୁ ଅର୍ଥ ଓ ସାମର୍ଥ୍ୟ ବ୍ୟୟ କରି ଅକୃତକାର୍ଯ୍ୟ ହେଲା ପରେ ସ୍ୱୟଂ ମୋଗଲ ସମ୍ରାଟ ଆକବର ଦିନେ ଓଡ଼ିଆଙ୍କ ସାହାଯ୍ୟ ଲୋଡୁଥିଲେ ଏବଂ ଓଡ଼ିଆମାନେ ଯଥାର୍ଥ ସାହାଯ୍ୟ ଦାନ କରି ଜନ୍ମଭୂମିକୁ ଦେଶବ୍ୟାପୀ ମହା ଗୌରବରେ ମହୀୟାନ କରିଥିଲେ। ରାଜନୈତିକ ସ୍ୱାଧୀନତା ବିଲୋପ ପରେ ମଧ୍ୟ ୧୬୩୩ ଖ୍ରୀଷ୍ଟାବ୍ଦରେ ଓଡ଼ିଶାର ପ୍ରଥମ ଇଂରେଜ ବଣିକ କାର୍ଟରାଇଟ୍ ଓ ତାହାଙ୍କର ପାଞ୍ଚୋଟି ମାତ୍ର ସହଚରଙ୍କ ପ୍ରତି ହରିପୁରଠାରେ ତତ୍କାଳୀନ ପ୍ରତାପୀ ପର୍ତ୍ତୁଗୀଜମାନଙ୍କ ଆକ୍ରମଣରୁ ତାହାଙ୍କୁ ରକ୍ଷା କରି ଓଡ଼ିଆମାନେ ଯେ ମାନବ ପ୍ରୀତି ଓ ବଦାନ୍ୟତା ଦେଖାଇଥିଲେ, ତାହା ମଧ୍ୟ ସ୍ମରଣୀୟ।

ଏହି ସମସ୍ତ ଐତହାସିକ ଘଟଣାରୁ କେବଳ ଯେ ଓଡ଼ିଆମାନଙ୍କର ଉଦାରତାର ପରିଚୟ ମିଳୁଅଛି ତାହା ନୁହେଁ, ଭାରତୀୟ ରାଜନୀତିରେ ସେମାନେ ପୂର୍ବେ ବରାବର ଯୋଗ ରଖିଥିଲେ; ଏହା ମଧ୍ୟ ପ୍ରମାଣିତ ହୋଇଅଛି। ଧର୍ମ ରାଜନୀତି ପ୍ରଭୃତି ସକଳ ବିଷୟରେ ଭାରତ ସଙ୍ଗେ ଓଡ଼ିଶାର ଏହି ଯେ ଚିର ସମ୍ବନ୍ଧ ରହିଅଛି, ତାହା ଅସ୍ୱୀକାର କରାଯାଇ ନପାରେ। ଭାଇ ଓଡ଼ିଆ, ବର୍ତ୍ତମାନ ତୁମ୍ଭେ ଯାହା ହୁଅ କିମ୍ବା ତୁମ୍ଭକୁ ଅନ୍ୟ ଯାହା ବୋଲି ମନେକରୁ ପଛକେ, ଯେତେଦିନ ଯାଏ ନୀଳାଚଳରେ ସାମ୍ୟ-ମୈତ୍ରୀର ଧ୍ୱଜା ଉଡୁଥିବ, ତେତେଦିନ ଯାଏ ଓଡ଼ିଶା ସମଗ୍ର ଭାରତର ଏକତାର କେନ୍ଦ୍ରଭୂମି ହୋଇ ବିରାଜୁଥିବ। ତୁମ୍ଭେ ଏହି ଭାରତ ଜାତୀୟତା କେନ୍ଦ୍ରରେ ଅଧିକାରୀ। ଏ ଅଧିକାରର ଉପଯୁକ୍ତ କାର୍ଯ୍ୟ ନ କଲେ ଆମ୍ଭମାନଙ୍କୁ ଭାରତ ନିକଟରେ ଅପମାନିତ ହେବାକୁ ହେବ ଏବଂ ଭବିଷ୍ୟତ ପୁରୁଷମାନେ ଆମ୍ଭମାନଙ୍କର ସଂକୀର୍ଣ୍ଣତା ଓ ଅଦୂରଦର୍ଶିତାର ନିନ୍ଦା କରିବେ। ଭାରତର ବର୍ତ୍ତମାନ ଉପର୍ଯ୍ୟୁ ପରି କେତେ ଘଟଣା ଘଟି ଯାଉଅଛି; କିନ୍ତୁ ସେ ସବୁରେ ଆମ୍ଭେମାନେ ଉଦାସୀନ।

ସରଳ ଭାବରେ କହ ଦେଖି, ଏ ଉଦାସୀନତା ଆମ୍ଭମାନଙ୍କର ବିଚକ୍ଷଣତା ନା ଦୁର୍ବଳତା ? କେହି କେହି କହନ୍ତି ଭାରତର ବୃହତ୍ତର ଜାତୀୟ ସମସ୍ୟାରେ ଯୋଗଦେବା ଭଳି ଆମ୍ଭମାନଙ୍କର ଶକ୍ତି ଜନ୍ମି ନାହିଁ; କିନ୍ତୁ ଜାତୀୟତା ଗଠନର ଯେ ନିୟମ ଏଠାରେ ନିର୍ଦ୍ଦେଶ କରାଗଲା ତାହା ଦୃଷ୍ଟିରେ ଏସବୁ ଆପାତ ସଙ୍ଗତ ନୁହେଁ। ଆମ୍ଭମାନଙ୍କର ଉପଯୋଗିତା ଯାହା ହେଉନା କାହିଁକି, ଆମ୍ଭେମାନେ ଯେ ଶରୀରର ଅଙ୍ଗ ବିଶେଷ ତାହାର ସମୂହ କାର୍ଯ୍ୟରେ ସମ୍ପର୍କ ରଖି ଯାହା ପାରିବା, ତାହା ନ କଲେ ଆମ୍ଭେମାନେ ଆତ୍ମଘାତୀ। ଆମ୍ଭମାନଙ୍କ ମଧ୍ୟରେ ବର୍ତ୍ତମାନ ଯେ ଜାତୀୟ ଚୈତନ୍ୟ ଜାଗିଅଛି ଏହା ଆମ୍ଭେମାନେ ସମସ୍ତେ ଅନୁଭବ କରୁଅଛୁଁ। ଏହି ଜାତୀୟ ଚୈତନ୍ୟର ଜାଗରଣ ସଙ୍ଗେ ସଙ୍ଗେ ଜାତୀୟତାର ଉପଯୋଗୀ କାର୍ଯ୍ୟ ଲାଗି ଆମ୍ଭମାନଙ୍କର ଶକ୍ତି ଜନ୍ମିଅଛି। ମାତ୍ର ସେହି ଆତ୍ମଶକ୍ତିରେ ପ୍ରତ୍ୟୟ ଜନ୍ମି ନାହିଁ। ଅଲଗା ହୋଇ ରହିଥିଲେ ଏ ପ୍ରତ୍ୟୟ କଦାପି ଜନ୍ମିବ ନାହିଁ; ଚିଲିକା ସଙ୍ଗେ ସମୁଦ୍ରର ସଂଯୋଗ ଲାଗିଥିବା ଯାଏ ଚିଲିକା ସୀମାବଦ୍ଧ କ୍ଷୁଦ୍ର ଜଳାଶୟ ନୁହେଁ, ଏହା ହ୍ରଦ ହେଲେ ସୁଦ୍ଧା ସମୁଦ୍ରର ଅଙ୍ଗ। ମୁହାଣ ବନ୍ଦ ହୋଇଗଲେ ବଢ଼ିପାଣିରେ ଏହା ଆପାତତଃ ବଡ଼ ଦିଶିପାରେ। କିନ୍ତୁ ସେ ବୃଦ୍ଧି କେବଳ ପଟୁ ସଞ୍ଚୟ ପାଇଁ ଏବଂ ଶେଷରେ ତାହା ଚିଲିକାକୁ ପୋତି ପକାଇବ।

■

ଦର୍ଶନର ଦୃଷ୍ଟି

ବିପିନ ବିହାରୀ ରାୟ

ଏ ବିଜ୍ଞାନ ଯୁଗରେ ଦର୍ଶନର ସ୍ଥାନ ବା ପ୍ରୟୋଜନ ଅଛି କି ? ଅନେକେ ଏହି ପ୍ରଶ୍ନ କରି ସଙ୍ଗେ ସଙ୍ଗେ ନାସ୍ତିଜ୍ଞାପକ ଉତ୍ତର ଦେଇଥାନ୍ତି । ବିଜ୍ଞାନ ନିତ୍ୟ ବ୍ୟବହାର୍ଯ୍ୟ ପଦାର୍ଥ ସହିତ ସଂପୃକ୍ତ । କେଉଁଠାରେ କିପରି ଖାଦ୍ୟ ଜନ୍ମିପାରେ, କେଉଁ ଖାଦ୍ୟ କେତେ ପରିମାଣରେ ଲୋଡ଼ା, କେଉଁ ଉପାୟରେ ପରିଧେୟ ବସ୍ତ୍ର ଅନାୟାସରେ ନିର୍ମିତ ହୋଇପାରେ, କାହା ସାହାଯ୍ୟରେ କାଳ ଓ ଦେଶର ବ୍ୟବଧାନ ଅତିକ୍ରମ କରାଯାଇପାରେ, କେଉଁ ପନ୍ଥା ଅବଲମ୍ବନ କଲେ ଧନ ସଞ୍ଚୟ ସହଜସାଧ୍ୟ ହୁଏ, ପ୍ରାକୃତିକ ଶକ୍ତିପୁଞ୍ଜ କି ପ୍ରକାରରେ ମାନବ ପ୍ରୟୋଜନର ସହାୟତା କରେ ଇତ୍ୟାଦି ବିଷୟ ବିଜ୍ଞାନର କଥାବସ୍ତୁ । ଦୈହିକ ବା ଭୌତିକ ଉତ୍କର୍ଷ ପାଇଁ ଏବଂ ବିଧି ବୈଷୟିକ ଜ୍ଞାନ ଏକାନ୍ତ ପ୍ରୟୋଜନ । କିନ୍ତୁ ଭୌତିକତା ବା ଶରୀର ସମ୍ବନ୍ଧ ମାନବର ସବୁ ନୁହେଁ, ଏହା ମାନବର ଅର୍ଥମାତ୍ର ହୋଇ ପାରେ । କେବଳ ଶାରୀରିକ ପୁଷ୍ଟିରେ କି କେବଳ ମାନସିକ ଶାନ୍ତିରେ ମାନବତ୍ୱ ନାହିଁ । ଏହା ଉଭୟର ସଂଯୋଜନ ସଂଶ୍ଳେଷଣ ଓ ସଂପ୍ରସାରଣର ଅପେକ୍ଷା ରଖେ । ଇନ୍ଦ୍ରିୟର ବିଷୟ ବା ଇନ୍ଦ୍ରିୟଲଭ୍ୟ ବସ୍ତୁ ଘେନି ବିଜ୍ଞାନରେ କ୍ରିୟା । ଆଧିଭୌତିକ ବା ଶାରୀରିକ ଜଗତ ହିଁ ବିଜ୍ଞାନରେ କ୍ଷେତ୍ର । ମନର କ୍ଷେତ୍ର ଅତିଭୌତକ ବା ଆଧ୍ୟାତ୍ମିକ ଏହାର ବିଷୟ ଅତୀନ୍ଦ୍ରିୟ । ଦର୍ଶନ ଏହି ଅତୀନ୍ଦ୍ରିୟ ବିଷୟର ଆଲୋଚନା କରେ । ମାନବର ଆତ୍ମା ଅଛି କି ? ଯଦି ଥାଏ ତାହାର ସ୍ୱରୂପ କପରି ? ବସ୍ତୁ ଗୁଡ଼ିକରେ କୌଣସି ଆଭ୍ୟନ୍ତରିକ ଶକ୍ତିର ଅସ୍ତିତ୍ୱ ଅଛି କି ନାହିଁ ? ଦୃଶ୍ୟମାନ ଜଗତ ଗୋଟିଏ ମାୟା କି ସତ୍ତା ବିଶିଷ୍ଟ ? ଏହା ଲକ୍ଷ୍ୟଯୁକ୍ତ, ନା ଉଦ୍ଦେଶ୍ୟ ଶୂନ୍ୟ ? ସୃଷ୍ଟି କ'ଣ ଗୋଟିଏ ମଙ୍ଗଳମୟ ବିଧାନ, ନା ସଂହାରକ ଶକ୍ତିର ତାଣ୍ଡବନୃତ୍ୟ ?

ଇତ୍ୟାଦି ବିଷୟ ଦର୍ଶନର ଅନ୍ତର୍ଗତ । ଦୈନନ୍ଦିନ ଜୀବନରେ ଏ ଜାତୀୟ ପ୍ରଶ୍ନର ପ୍ରଭାବ ବିଶେଷ ଭାବରେ ଲକ୍ଷିତ ହୁଏନାହିଁ । ହେଲେ ହେଁ ଏ ସମସ୍ତ ବିଷୟ ଯେ ଏକାବେଳକେ ପ୍ରୟୋଜନଶୂନ୍ୟ ତାହା ନୁହେଁ । ମାନବ ମାନବଘେନି ପ୍ରୟୋଜନ ବିଭିନ୍ନ । କେହି ଭୌତିକ ବସ୍ତୁରେ, କେହି ଅଭୌତିକ ବିଷୟରେ ଆକୃଷ୍ଟ; କେହି ପୁଣି ଉଭୟର ପରିପୂର୍ଣ୍ଣତା ପାଇଁ ଲାଳାୟିତ । ଶାରୀରିକ ମଙ୍ଗଳ କେତେକଙ୍କର ଉପେୟ ହୋଇପାରେ; କିନ୍ତୁ ଆଧ୍ୟାତ୍ମିକ ପ୍ରତିଷ୍ଠା ବିନା ତାହା ବିଶୃଙ୍ଖଳ । ଲୋକ ସାମୟିକ ବସ୍ତୁରେ ପ୍ରଲୋଭିତ ହୁଏ, ମାତ୍ର ପ୍ରାଣ ଚିରନ୍ତନର ଅପେକ୍ଷାରେ ହିଁ ପ୍ରଧାବିତ । ମୋହର ପ୍ରୟୋଜନ ନାହିଁ, ଏଣୁ ସେ ସମସ୍ତ ଅପଦାର୍ଥ—ଏପରି ଏକଦେଶ ଦର୍ଶିତା ଯଥାର୍ଥ ଯୁକ୍ତି ନୁହେଁ । ମତାନ୍ଧତା କଦାପି ପଦାର୍ଥର ମୂଲ୍ୟ ନିରୂପଣରେ ମାନଦଣ୍ଡ ହୋଇ ନ ପାରେ । ପ୍ରୟୋଜନ ଦିଗରୁ ବିଚାର କଲେ ମଧ୍ୟ ବିଜ୍ଞାନ ଓ ଦର୍ଶନ ଉଭୟର ମାନବ ଜଗତରେ ସ୍ଥାନ ରହିଅଛି ।

ପୁନଶ୍ଚ ବିଜ୍ଞାନ ଦର୍ଶନର, ଦର୍ଶନ ବିଜ୍ଞାନର ବିରୋଧୀ, କି ଯାହା ଏକର ଗ୍ରାହ୍ୟ, ତାହା ଅନ୍ୟର ଅଗ୍ରାହ୍ୟ, ଏମନ୍ତ ନୁହେଁ, ଯଦିବା କେହି ଏମାନଙ୍କ ମଧ୍ୟରେ ଅସହଯୋଗର ଅବତାରଣା କରିଥାନ୍ତି, ଆଧୁନିକ ବିଜ୍ଞାନ ଦର୍ଶନଦ୍ୱାରା, ଦର୍ଶନ ବିଜ୍ଞାନ ଦ୍ୱାରା ଅନୁପ୍ରାଣିତ । ବଡ଼ ବିଜ୍ଞାନୀ ମାତ୍ରେ ଦାର୍ଶନିକ । ଦର୍ଶନରେ ମଧ୍ୟ ବିଜ୍ଞାନ ପ୍ରଣାଳୀ ପ୍ରତିଷ୍ଠିତ । ସତ୍ୟାନୁସନ୍ଧାନ ଉଭୟଙ୍କର ଲକ୍ଷ୍ୟ, ଉପଯୁକ୍ତ ପନ୍ଥା ନିର୍ଦ୍ଦେଶ ଉଭୟଙ୍କର ଧର୍ମ । ସତ୍ୟ କ୍ଷେତ୍ରରେ ଏକ ଅନ୍ୟର ସହଯୋଗୀ । ଦର୍ଶନ ବିଜ୍ଞାନର ଅଗ୍ରଦୂତ । ଯାହା ଦର୍ଶନ ପ୍ରଯୁକ୍ତ ମାନସ ପଟରେ ଅଙ୍କିତ ହୁଏ, ତାହା ବିଜ୍ଞାନ ଲବ୍‌ଧ ରୂପର ସୁଗନ୍ଧ ପ୍ରଭୃତିରେ ଭୂଷିତ ହୋଇ ବାସ୍ତବତା ଆକାର ଲାଭ କରେ । ପ୍ରତ୍ୟେକ ପଦାର୍ଥରେ ସେ ଅଦୃଷ୍ଟ ଶକ୍ତି ରହିଅଛି, ଏହି ଜ୍ଞାନ ଅତୀନ୍ଦ୍ରିୟ ପ୍ରଣାଳୀ ସାହାଯ୍ୟରେ ହସ୍ତଗତ ହୁଏ । ଯାହା ଅତୀନ୍ଦ୍ରିୟ ତାହା ଦର୍ଶନର ବିଷୟ; କିନ୍ତୁ ବିଜ୍ଞାନ ପ୍ରତ୍ୟକ୍ଷ ଓ ପରୋକ୍ଷ ପ୍ରମାଣ ବଳରେ ଶକ୍ତିର ଗୁଣ-ଧର୍ମ ପରିମାଣ ଭେଦ ନିର୍ଣ୍ଣୟ କରିବା ଦ୍ୱାରା ଦର୍ଶନର ଅଭାବ ବିଦୂରିତ ହୋଇ ଶକ୍ତିର ବାସ୍ତବରୂପ ଆମ୍ଭମାନଙ୍କ ନିକଟରେ ପ୍ରକାଶ ପାଇଅଛି । ବିବିଧ ଜାଗତିକ ପ୍ରଦେଶର ଜ୍ଞାନ ସଞ୍ଚୟ ସଙ୍ଗେ ସଙ୍ଗେ ବିଭିନ୍ନ ବିଭାଗର, ନିର୍ଜୀବ ଓ ସଜୀବର, ଉଦ୍ଭିଦ ଜଗତ ଓ ପ୍ରାଣୀଜଗତର ପାରସ୍ପରିକ ସମ୍ପର୍କ ନିର୍ଦ୍ଧାରଣ ତଥା ସମୀକରଣ ବିଜ୍ଞାନ ଦ୍ୱାରା ସମାହିତ ହୋଇଅଛି । କିନ୍ତୁ ବୈଜ୍ଞାନିକ ଉଦ୍ୟମର ବହୁପୂର୍ବେ ଦର୍ଶନ ଜାଗତିକ ମୂଳ କାରଣରେ ଏକତ୍ୱ କଳ୍ପନାରେ ଆଣି ବିଜ୍ଞାନର ପ୍ରଭୂତ ସାହାଯ୍ୟ କରିଅଛି । ପ୍ରାଚ୍ୟ ଓ ପ୍ରତୀଚ୍ୟ ଜଗତରେ ଦର୍ଶନର ଚେଷ୍ଟା ଏ ଦିଗରେ ସର୍ବ ପ୍ରଥମ ।

ଦାର୍ଶନିକ କଳ୍ପନା ଆଦରର ବିଷୟ । ଏହା କପୋଳକଳ୍ପିତ ଜଳ୍ପନା ବା ଭିତ୍ତିହୀନ

ସ୍ୱପ୍ନ କ୍ରୀଡ଼ାଠାରୁ ସଂପୂର୍ଣ୍ଣରୂପେ ଭିନ୍ନ। ଏହି ଶକ୍ତିରେ ବଳୀୟାନ୍ ହୋଇ ଦର୍ଶନ ବସ୍ତୁ ଗୁଣ-ପ୍ରାଚୀର ଭେଦ କରିବାରେ ବିବିଧ ବସ୍ତୁ-ଦୁର୍ଗ-ଶ୍ରେଣୀ ଲଂଘିବାରେ, ଭୂତ-ବର୍ତ୍ତମାନ- ଭବିଷ୍ୟତ ସମନ୍ୱୟ ପ୍ରତିପାଦନରେ ସମର୍ଥ ହୁଏ। ପୁଣି ସୂକ୍ଷ୍ମ ଶକ୍ତି ନିଯୁକ୍ତି ବଳରେ ଭୂତଳ କ୍ଷେତ୍ର ନୀଚରେ ରଖି ଦର୍ଶନ ବ୍ୟୋମରାଜ୍ୟର ସଂସର୍ଗରେ ଆସେ। କିନ୍ତୁ ଉଚ୍ଚକୁ ଆରୂଢ଼ ହେଲେ ସୁଦ୍ଧା ଦର୍ଶନର ପାଦଦେଶ ମୃତ୍ତିକା ସ୍ପର୍ଶ କରିଥାଏ। କଳ୍ପନା ପ୍ରଦେଶରେ ବିଚରଣ କଲେ ମଧ୍ୟ ବାସ୍ତବ ଜଗତ୍ ସହିତ ସଂଯୁକ୍ତ ରହିଥାଏ। ଉଚ୍ଚପ୍ରଦେଶରେ ଅବସ୍ଥିତ ଥିବା ହେତୁରୁ ଦର୍ଶନ ଜାଗତିକ ସମୂହଜ୍ଞାନର ଅଧିକାରୀ ହୁଏ। ସମୂହଜ୍ଞାନ ପଦାର୍ଥର ଉପଯୁକ୍ତ ଜ୍ଞାନ। ପ୍ରତ୍ୟେକ ପଦାର୍ଥ ଶକ୍ତି ବିଶିଷ୍ଟ; ପୁଣି ପ୍ରତ୍ୟେକ ପଦାର୍ଥ ନାନା ଜାତୀୟ ଗୁଣର ଆଧାର। ପଦାର୍ଥକୁ କେବଳ ଗୁଣ ଦିଗରୁ ବା କେବଳ ସତ୍ତା ଦିଗରୁ ନିରୀକ୍ଷଣ କଲେ ତାହାର ଯଥାର୍ଥ ପ୍ରତୀତି ଜନ୍ମେ ନାହିଁ। ମାନବର ପ୍ରକୃତ ଜ୍ଞାନପାଇଁ କେବଳ ଜ୍ଞାନ କର୍ମ ସ୍ନେହ ମମତା ପ୍ରଭୃତି ଗୁଣାବଳୀର ପରିଚୟ ଯଥେଷ୍ଟ ନୁହେଁ। ସେଥିପାଇଁ ମାନବିକ ଆତ୍ମାର ସାହାଯ୍ୟ ଆବଶ୍ୟକ। ଗୁଣଗୁଡ଼ିକ କାହାର, କିପରି ଓ କାହାଦ୍ୱାରା ସମନ୍ୱିତ, ସେହି ପଦାର୍ଥର ଏତିକି ମାତ୍ର ଗୁଣ କି ଅନ୍ୟଗୁଣ ରହିଅଛି, ଏହି ପ୍ରକାର ଆଲୋଚନା ମାନବ-ପ୍ରତ୍ୟୟର ପରିପୂର୍ଣ୍ଣତା ପାଇଁ ଏକାନ୍ତ ପ୍ରୟୋଜନ। ତତ୍ତ୍ୱବାଦୀ ଅନ୍ତର୍ଦର୍ଶୀ ବିଜ୍ଞାନୀ ବହିର୍ଦର୍ଶୀ ଉଭୟେ ପଦାର୍ଥକୁ ଏକ ଦିଗରୁ ମାତ୍ର ବିଚାର କରନ୍ତି। ଫଳରେ ଉଭୟଙ୍କର ଦୃଷ୍ଟି ସଂକୀର୍ଣ୍ଣ। ଏଣୁ ଜ୍ଞାନ ମଧ୍ୟ ଅସଂପୂର୍ଣ୍ଣ। ଦର୍ଶନ ପଦାର୍ଥକୁ ଅନ୍ତରରୁ, ବାହାରରୁ; ଏ ପାର୍ଶ୍ୱରୁ, ସେ ପାର୍ଶ୍ୱରୁ; ସ୍ଥୂଳ ପ୍ରକାରରେ ସୂକ୍ଷ୍ମ ପ୍ରକାରରେ; ପୁଣି ଶୃଙ୍ଖଳାବଦ୍ଧ ଭାବରେ ପରୀକ୍ଷା କରେ। ପାଦାର୍ଥିକ ସମ୍ୟକ୍ ଜ୍ଞାନ ଦର୍ଶନର ଆୟତ୍ତ ବସ୍ତୁ। ଏତଦ୍‌ବ୍ୟତୀତ ଦର୍ଶନ ବଳରେ ଜ୍ଞାନର ପରିଧି ମଧ୍ୟ ପ୍ରସାରିତ ହୁଏ। କେବଳ ଇନ୍ଦ୍ରିୟଗ୍ରାହ୍ୟ ବସ୍ତୁ ଯେ ଜ୍ଞାନର ବିଷୟ, ଯାହା ଅତୀନ୍ଦ୍ରିୟ, ତାହା ଯେ ସଂପୂର୍ଣ୍ଣ ମିଥ୍ୟା, ଏପରି ନୁହେଁ। ଇନ୍ଦ୍ରିୟ ଜଗତ ଏକମାତ୍ର ସତ୍ୟରୂପେ ସ୍ୱୀକୃତ ହେଲେ, ସତ୍ୟର ପ୍ରଦେଶ ଅଯଥା ସଙ୍କୁଚିତ ହୁଏ। ହୋଇପାରେ କାହାର କାହାରି ଇନ୍ଦ୍ରିୟ ବିଷୟର ଅବଗତ ଅଛି, ଅତୀନ୍ଦ୍ରିୟର ନାହିଁ; କିନ୍ତୁ ସେଥିପାଇଁ ଜ୍ଞାତ ଓ ଜ୍ଞେୟ, ଅଜ୍ଞାତ ଓ ଅଜ୍ଞେୟକୁ ଏକ ସୀମାବଦ୍ଧ ରଖିବା ନିର୍ବୋଧର କାର୍ଯ୍ୟ। ଯାହା ଅନୁଭୂତ ହୋଇନାହିଁ, ତାହା ଅନୁଭୂତ ହୋଇପାରେ; ଯାହା ଘଟିନାହିଁ ତାହା ଘଟିପାରେ। ଏହା ସତ୍ୟ ଯେ ଅତୀନ୍ଦ୍ରିୟର ସାକ୍ଷାତ ସ୍ଥୂଳ ଚକ୍ଷୁ ଭାଗ୍ୟରେ ଘଟେ ନାହିଁ। ସେଥିପାଇଁ ସୂକ୍ଷ୍ମଦର୍ଶନ ପ୍ରୟୋଜନ! ଯାହା ସଧାରଣ ବୁଦ୍ଧି ପ୍ରତି ତମସାଚ୍ଛନ୍ନ, ତାହା "ବୋଧି" ପ୍ରୟୋଗରେ ଆଲୋକିତ ହୁଏ। ଅତୀନ୍ଦ୍ରିୟ ଜଗତ ଦର୍ଶନାଧିକୃତ ବିଷୟ। ଅଭୌତିକ ଅତିଭୌତିକ ପଦାର୍ଥ କଳ୍ପନାରେ ଚିତ୍ରିତ ହୋଇ ଦର୍ଶନ ପ୍ରସିଦ୍ଧ ପ୍ରଣାଳୀ ଦ୍ୱାରା ପ୍ରତିଷ୍ଠିତ

ହେଲେ ସତ୍ୟରାଜ୍ୟର ପ୍ରସାର ଜନ୍ମେ। 'ଜଗତର ମୂଳକାରଣ' 'ଆଭ୍ୟନ୍ତରିକ ପ୍ରକ୍ରିୟା' 'ପ୍ରଣୀର ପ୍ରାଣ' 'ମାନବର ଆତ୍ମା' ଗୋଟିଏ ଗୋଟିଏ ରହସ୍ୟମୟ ବିଷୟ। ଦାର୍ଶନିକ ସାଧନା ବଳରେ ଏତାଦୃଶ ନୂତନ ଦ୍ରବ୍ୟ ଜ୍ଞାନ ଭଣ୍ଡାରରେ ଆନୀତ ହୋଇ ମାନବ ସଂପଦ ଉତ୍ତରୋତ୍ତର ବୃଦ୍ଧିପ୍ରାପ୍ତ ହୋଇଅଛି। ଦର୍ଶନ ବିଜ୍ଞାନର ପ୍ରତିଷେଧକ ନୁହେଁ, ପରିପୂରକ ଅଟେ। ଏହା ସ୍ୱୀକାର୍ଯ୍ୟ ଯେ ବୈଜ୍ଞାନିକ ସତ୍ୟ ସୁନିଶ୍ଚିତ, ଦାର୍ଶନିକ ସତ୍ୟ ଅଳ୍ପ ନିଶ୍ଚିତ। ଦର୍ଶନରେ ଅନିଶ୍ଚିତତା ଅଛି ଏବଂ ଉକ୍ତ ଅନିଶ୍ଚିତତାରେ ଦର୍ଶନର ବିଶିଷ୍ଟତା ମଧ୍ୟ ରହିଅଛି। ସଂଶୟ ମାନବର ଜ୍ଞାନ-ପିପାସା ଜାଗ୍ରତ ରଖେ। ପୁଣି ଯାହା ଅନିଶ୍ଚିତ ତାହା ବୁଦ୍ଧି ପ୍ରୟୋଗର ପନ୍ଥା ନିର୍ଦ୍ଦେଶକ। ଅନିଶ୍ଚିତର ସତ୍ୟାସତ୍ୟ ନିର୍ଣ୍ଣୟ ନିମିତ୍ତ ମାନବ ସର୍ବଦା ତତ୍‌ପର।

କେବଳ ଅତୀନ୍ଦ୍ରିୟ ପଦାର୍ଥ ଯେ ଦର୍ଶନର ପ୍ରତିପାଦ୍ୟ ବିଷୟ, ଇନ୍ଦ୍ରିୟଜଗତ ସହିତ ଯେ ଏହାର ସଂପର୍କ ନାହିଁ ତାହା ନୁହେଁ। ବସ୍ତୁତଃ ବିଶ୍ୱର ତାବତୀୟ ବିଭାଗ, ତାବତୀୟ ବିଷୟ, ବ୍ରହ୍ମାଣ୍ଡମୟ ପଦାର୍ଥ ଦର୍ଶନର ଅନ୍ତର୍ଭୁକ୍ତ। ସାଧାରଣ ମନୁଷ୍ୟ ଯେଉଁ ଯେଉଁ ବସ୍ତୁ ସହିତ ସଂଯୁକ୍ତ ବିଜ୍ଞାନ ଯେଉଁ ବିଷୟ ସହିତ ସଂପୃକ୍ତ, ଦର୍ଶନ କ୍ଷେତ୍ରରେ ଏ ସମସ୍ତର ସ୍ଥାନ ଅଛି। ଯାହା ଆମ୍ଭମାନଙ୍କର ଆଲୋଚ୍ୟ, ତାହା ଦର୍ଶନର ମଧ୍ୟ ଆଲୋଚ୍ୟ। କିନ୍ତୁ ପଦାର୍ଥ ଜଗତ ପ୍ରତି ବ୍ୟବହାର ଘେନି ଦାର୍ଶନିକ ଓ ଅଦାର୍ଶନିକ ମଧ୍ୟରେ ପ୍ରଭେଦ ବିଦ୍ୟମାନ। ଲୌକିକ ଜ୍ଞାନ ଦୋଷଯୁକ୍ତ, ବିଜ୍ଞାନ ଲବ୍‌ଧ ବିଷୟ ନିର୍ଦ୍ଦୋଷ। ମାତ୍ର ଉଭୟଙ୍କର ଦୃଷ୍ଟି ଐକଦେଶିକ। ବିଜ୍ଞାନୀ ବିଶେଷ ବିଶେଷ ବିଭାଗ ଦିଗରୁ, ଅବିଜ୍ଞାନୀ ବିଶେଷ ବିଶେଷ ବସ୍ତୁ ଦିଗରୁ ବିଶ୍ୱଜଗତ ନିରୀକ୍ଷଣ କରେ। ଯଦିଚ ଜ୍ଞାନସ୍ରୋତ ଲୌକିକ ମାର୍ଗରେ ପ୍ରବାହିତ ହୋଇ ବିଜ୍ଞାନ ଦିଗରେ ଗତି କରୁଥାଏ, ଦର୍ଶନ ସମୁଦ୍ରରେ ତାହାର ପରିପୂର୍ଣ୍ଣତା ସଂଘଟିତ ହୁଏ। ଦର୍ଶନ ପଦାର୍ଥର କି ପଦାର୍ଥ ଜଗତର ଦିଓଟି ଗୋଟିଏ ବିଭାଗ ପର୍ଯ୍ୟବେକ୍ଷଣ କରି କ୍ଷାନ୍ତ ରହେ ନାହିଁ। ବିଭିନ୍ନ ପାକ୍ଷିକ ଜ୍ଞାନର ସମନ୍ୱୟ ଚେଷ୍ଟାରେ ପ୍ରବୃତ୍ତ ହୁଏ। ପ୍ରକୃତି ଓ ପୁରୁଷର ବ୍ୟବଧାନରେ ଯେଉଁ, ଏକତମ ସତ୍ତା ବିଦ୍ୟମାନ ତାହା ଦର୍ଶନର ଦୃଷ୍ଟିଗୋଚର। ଦାର୍ଶନିକ ଅଣୁବୀକ୍ଷଣ ବସ୍ତୁର ଶିରାପ୍ରଶିର ଭେଦ କରି ଅନ୍ତରତମ ପଦାର୍ଥ ସଂପର୍କରେ ଆସେ। ପୁନଶ୍ଚ ଦୂରବୀକ୍ଷଣ ପ୍ରଯୁକ୍ତ ସୃଷ୍ଟି ପରମ୍ପରାରେ ପଦାର୍ଥର ଯଥାର୍ଥ ସ୍ଥାନ ଉପଲବ୍‌ଧି କରିବା ପାଇଁ ଦର୍ଶନ ଏକା ସମର୍ଥ। ବିଶେଷ ବିଶେଷ ବସ୍ତୁର ବିଶେଷତ୍ୱ ଅବଗତ ଏବଂ ପଦାର୍ଥ ଜଗତରେ ତାହାର ପ୍ରୟୋଜନ ନିର୍ଣ୍ଣୟ ଉଭୟ ଦର୍ଶନର କାର୍ଯ୍ୟ। ପ୍ରସିଦ୍ଧ କୋଣାର୍କମନ୍ଦିର ମୋହ ପକ୍ଷରେ କଳା କୁଶଳତାର ନିଦର୍ଶନ ମାତ୍ର; କିନ୍ତୁ ଦାର୍ଶନିକ ହୃଦୟରେ ତାହା କେତେଭାବ ଲହରୀ ଉଦ୍ଦୀପିତକରେ, କେତେ ଅତୀତର ସ୍ମୃତି, ଭବିଷ୍ୟତର ଆଶା ଜାଗ୍ରତ କରାଏ।

ପୁଣି ବିଶ୍ୱ ସୃଷ୍ଟିରେ ତାହାଦ୍ୱାରା କେଉଁ ଉଦ୍ଦେଶ୍ୟ ସାଧିତ ହେଉଅଛି, ଏହି ପ୍ରକାର ଚିନ୍ତା ତାହାର ମନୋରାଜ୍ୟକୁ ଆଲୋଡ଼ିତ କରୁଥାଏ। ବର୍ତ୍ତମାନ ବସ୍ତୁର ଆଲୋଚନାରେ ପ୍ରବୃତ୍ତ ହୋଇ, ଦାର୍ଶନିକ ଜୀବନ ବର୍ତ୍ତମାନରେ ନିବଦ୍ଧ ରହେନାହିଁ। ଦର୍ଶନର ଦୃଷ୍ଟି ଯେପରି ତୀକ୍ଷ୍ଣ ସେହିପରି ପ୍ରଶସ୍ତ।

ଦାର୍ଶନିକ ସୂକ୍ଷ୍ମଦର୍ଶୀ। ଦର୍ଶନର ଓଜନ ସୂକ୍ଷ୍ମ। ବିଜ୍ଞାନର ମାପକାଠି ଅପେକ୍ଷା ସୂକ୍ଷ୍ମତର। ଫୁଟ୍‌ବଲ୍ ଖେଳ ଦେଖିବାକୁ ଅନେକ ଲୋକ ଜମା ହେଇଥାନ୍ତି। ଖେଳ ଶେଷରେ ପଚାରିଲେ କେହି କହନ୍ତି ଅମୁକ ପିଲାଟି ଭଲ ଖେଳିଛି। ଅନ୍ୟ କେହି କହନ୍ତି ସେ ଭଲ ଖେଳି ନାହିଁ। ଏହା ପିଲାଳିଆ ବିଚାର। ପଦାର୍ଥ ପ୍ରତି ଦୁଇ ପ୍ରକାର ପ୍ରତିକ୍ରିୟା ପିଲାମାନେ ଅନୁଭବ କରନ୍ତି। କେବଳ ଦୁଇସୀମା ଉପଲବ୍ଧି କରିବାର କ୍ଷମତା ଏମାନଙ୍କଠାରେ ଅଛି। ବିଷୟଟି ଖୁବ ପଦାର୍ଥବାନ୍ ଅଥବା ଅପଦାର୍ଥ। ହୁଏତ ପଦାର୍ଥକୁ କୁଣ୍ଢାଇ ବସିବେ ବା ଫୋପାଡ଼ି ଦେବେ। କିନ୍ତୁ ଯେଉଁ ବ୍ୟକ୍ତି ପୁଙ୍ଖାନୁପୁଙ୍ଖ ରୂପେ ପଦାର୍ଥ ନିରୀକ୍ଷଣ କରେ, ସେ ଏତିକିରେ ତୁଷ୍ଟ ହୁଏ ନାହିଁ। ପଦାର୍ଥ ପଦାର୍ଥର ତୁଳନା, ସୂକ୍ଷ୍ମତମ ଭେଦାଭେଦ ନିର୍ଦ୍ଧାରଣ କରିବାକୁ ସେ ନିଶ୍ଚୟ ଚେଷ୍ଟା କରେ। ଖେଳୁଆଡ଼ର ଖେଳ କେଉଁ ଅଂଶରେ ପ୍ରଶଂସନୀୟ କେଉଁ ଅଂଶରେ ସଂଶୋଧନ ସାପେକ୍ଷ, କେଉଁଠାରେ ତାହାର ଅଭାବ, ତାହାର ସ୍ଥାନ କେଉଁ କେଉଁ ଖେଳୁଆଡ଼ଙ୍କ ଉପରେ, କାହାର ବା ନିମ୍ନରେ ଇତ୍ୟାଦି ପ୍ରଶ୍ନ ସ୍ଥିରୀକରଣରେ ଦାର୍ଶନିକ ବ୍ୟାପୃତ ରହେ।

ଇତର ମନୁଷ୍ୟ ନିମ୍ନ ପାବଛରେ ଅବସ୍ଥିତ; ଦାର୍ଶନିକ ଉଚ୍ଚସ୍ତରରେ ପ୍ରତିଷ୍ଠିତ। ଅନେକଙ୍କ ନିକଟରେ ମାନବ ସମାଜ ଗୋଟିଏ ଗୋଟିଏ ଗୋଷ୍ଠୀରେ ପୃଥକୀକୃତ ଏବଂ ସାଧାରଣତଃ ଆମ୍ଭେମାନେ ସଂସାରକୁ ଦୁଇଭାଗରେ ବିଭକ୍ତ କରିଥାଉଁ—ଶତ୍ରୁ ଓ ମିତ୍ର, ବିପକ୍ଷ ଓ ସପକ୍ଷ। ଯେ ମୋର ବା ମୋର କୁଟୁମ୍ବର ସହାୟ ସେ ମିତ୍ର; ଯେ ସହାୟ ନୁହେଁ, ମୋର ସେ ଶତ୍ରୁ। ଗୋଷ୍ଠୀରେ ଥିବା ଲୋକ ଆଦରଣୀୟ, ଯେ ମୋର ଗୋଷ୍ଠୀରୁ ବହିର୍ଭୂତ ସେ ଅନାଦୃତ। ଦର୍ଶନ କିନ୍ତୁ ଏ ଦଳ ସେ ସେ ଦଳ ଭୁକ୍ତ ନହୋଇ ମାନବ କ୍ରିୟାବଳୀ ସମୂହ ଦିଗରୁ ବିଚାର କରେ। ସଂଘନେତା ଓ ଦାର୍ଶନିକର ଉଦ୍ଦେଶ୍ୟ ଏକ ହୋଇପାରେ, କିନ୍ତୁ ଦୃଷ୍ଟି ବିଭିନ୍ନ। ଶୈଳ ଶିଖରରୁ ଉଚ୍ଚନୀଚ—ବସ୍ତୁ ଜଗତର ଅବିଚ୍ଛିନ୍ନ ସମତଳତା ଯେପରି ପରିସ୍ଫୁଟ ହୋଇଉଠେ, ଦର୍ଶନ ସ୍ଥାନରୁ ଭେଦର ପ୍ରଭେଦ ସେହିପରି ପରିଲକ୍ଷିତ ହୁଏ। ଦାର୍ଶନିକ ବିଶ୍ୱଭକ୍ତ; ଗୋଷ୍ଠୀର ଭକ୍ତ ନୁହେଁ। କେଉଁ ଦଳରେ କେତେ ପରିମାଣ ସତ୍ୟ ନିହିତ, କେଉଁ ଅଂଶ ସତ୍ୟ, କେଉଁ ଅଂଶ ଅସତ୍ୟ, ଭିନ୍ନ ଭିନ୍ନ ଦଳର ସ୍ଥାନ ଓ ପ୍ରୟୋଜନ କେଉଁଠାରେ, କାହାର ଓଜନ ଓ ମୂଲ୍ୟ କେତେ, କିଏ ଅଗ୍ରଗାମୀ, କିଏ ପଶ୍ଚାଦ୍‌ଗାମୀ, ଏ ସମସ୍ତ ନିର୍ଦ୍ଧାରଣ କରିବା ଦାର୍ଶନିକର କାର୍ଯ୍ୟ।

ଦାର୍ଶନିକ ସତ୍ୟର ବଶ, ପକ୍ଷର ବଶ ନୁହେଁ। ପଦାର୍ଥ-ପ୍ରତ୍ୟୟ ପଦାର୍ଥ-ଭୂମିରୁ ସଂସାଧିତ ହୁଏ ନାହିଁ। ଯାହାର ଦୃଷ୍ଟି ଜଳ ନିବଦ୍ଧ ତାହା ପକ୍ଷରେ ଜଳର ସମ୍ୟକ ଜ୍ଞାନ ସାଧ୍ୟାତୀତ। ଖେଳାଳି ଅପେକ୍ଷା ଦର୍ଶକର ଅନୁଭୂତି ଯେପରି ନିରପେକ୍ଷ, ଜଳ ବହିର୍ଦେଶରେ ଥିବା ବ୍ୟକ୍ତିର ଜଳ-ମୂଲ୍ୟ-ବୋଧ ସେହିପରି ପ୍ରଶସ୍ତ। ଜଳଗତ ସଂସାରରେ, ସଂଶୟ ସମୁଦ୍ରରେ ଦର୍ଶନର ସ୍ଥିରଦୃଷ୍ଟି ମାନବର ପ୍ରଧାନ ଅବଲମ୍ବନ। ଦର୍ଶନ ଏପକ୍ଷ ସେପକ୍ଷର ତର୍ଜନ, ଗର୍ଜନ, ତାଡ଼ନା, ଲାଞ୍ଛନା, ମାଡ଼, ଫୋପଡ଼ ପ୍ରତି ଭୂକ୍ଷେପ ନକରି ଦଳ ପ୍ରକୃତି ନିର୍ଣ୍ଣୟରେ ନିଯୁକ୍ତ, ସତ୍ୟ ପଥରେ ଅବିଚଳିତ। ସଭା ସମିତିର ଯୁକ୍ତିତର୍କରେ ନିଯୁକ୍ତଥାଇ ଯେତେବେଳେ ଆମ୍ଭେମାନେ ଅବାନ୍ତର ବିଷୟ-ଦ୍ୱାରା ଚାଳିତ ହେଉଁ, ଭାଷାର ଆଡ଼ମ୍ବର -ଉନ୍ମାଦ-ଲାଳିତ୍ୟରେ ଉତ୍ତେଜିତ ହେଉଁ, ଦର୍ଶନର ଦୃଷ୍ଟି ସେହି ସ୍ଥାନରେ, ଯାହା କି ଭାଷାର ସାରସତ୍ୱ। ଦର୍ଶନ ଖୋଜେ ବାକ୍ୟର ପ୍ରକୃତ ଅର୍ଥ କଅଣ, ଚିନ୍ତା ସହିତ ଭାଷାର କେତେ ସାମଞ୍ଜସ୍ୟ ଅଛି, ବକ୍ତାର ଚିନ୍ତା ଯୁକ୍ତିଯୁକ୍ତ କି ଅଯୌକ୍ତିକ, ସଂଯତ କି ଅସଂଯତ, ଚିନ୍ତାଧାରା କେଉଁ ମାର୍ଗରେ ପ୍ରବାହିତ, କେଉଁ ଲକ୍ଷ୍ୟପ୍ରତି ପ୍ରଧାବିତ।

ଏକ ପ୍ରକାରରେ ବିଚାର କଲେ ପ୍ରତ୍ୟେକ ମନୁଷ୍ୟ ଦାର୍ଶନିକ ରୂପେ ଗୃହୀତ ହୋଇପାରେ। କାରଣ ସମସ୍ତେ ଜୀବନର ଏକ ବା ଅନ୍ୟ ଲକ୍ଷ୍ୟଦ୍ୱାରା ଚାଳିତ। ପୁଣି ଆମ୍ଭେମାନେ ଏ ଉପାୟ ସେ ଉପାୟର ତୁଳନା କରିଥାଉଁ, କେଉଁ ନୀତି ଅବଲମ୍ବନ କଲେ ସୁଖ ସଂପଦ ଆୟତ୍ତାଧୀନ ହେବ, କେଉଁ ପନ୍ଥାର ଆଶ୍ରୟ ନେଲେ ଆଧୁନିକ ଅବସ୍ଥାର ଉନ୍ନତି ଘଟିବ, କେଉଁ ମାର୍ଗରେ ଗତି କଲେ, କାହାର ସହଯୋଗ ପାଇଲେ ଗନ୍ତବ୍ୟ ସ୍ଥାନରେ ଉପନୀତ ହୋଇପାରିବୁ, ଇତ୍ୟାଦି ପ୍ରଶ୍ନର ବିଚାର ଓ ମୀମାଂସା ସଂସାର ଯାତ୍ରା ନିମିତ୍ତ ଏକାନ୍ତ ଆବଶ୍ୟକ। କିନ୍ତୁ ପ୍ରଭେଦ ଏହି ଯେ, କେହି ଅନ୍ତର୍ନିହିତ ଦାର୍ଶନିକ ଶକ୍ତି ପ୍ରୟୋଗ କରନ୍ତି, କେହି ବା କରନ୍ତି ନାହିଁ, କେହି ଏହାର ସଦ୍‌ବ୍ୟବହାର କରନ୍ତି, କେହି ବା ଅପବ୍ୟବହାର କରନ୍ତି। ଦର୍ଶନର ଦୃଷ୍ଟି ମୂଳରେ ଦାର୍ଶନିକ ସତ୍ୟର ପ୍ରଭାବ ବିଦ୍ୟମାନ। ଏହି ସତ୍ୟ ବିରାଟ ଜଗତ ପ୍ରତି, ମଧ୍ୟ ପ୍ରତ୍ୟେକ ବିଭାଗ, ପ୍ରତ୍ୟେକ ବିଷୟପ୍ରତି କାର୍ଯ୍ୟକାରୀ। ଦାର୍ଶନିକ ବ୍ୟୁତ୍ପତ୍ତି ଜ୍ଞାନ ରାଜ୍ୟର ଦିବ୍ୟ ଚକ୍ଷୁ, କର୍ମ ଜୀବନର ପ୍ରଧାନ ଯଷ୍ଟି। କେହି କ୍ଷଣିକ ସୁଖ ନିମିତ୍ତ, ସ୍ୱକୀୟ ପ୍ରୟୋଜନ ନିମିତ୍ତ, ଦାର୍ଶନିକ ସତ୍ୟ ବିଦୀର୍ଣ୍ଣକରି ଅର୍ଦ୍ଧ ସତ୍ୟର ଆଶ୍ରୟ ନେଇଥାନ୍ତି। ଫଳରେ ଏମାନଙ୍କର ଦୃଷ୍ଟି ବକ୍ର ଓ ସଂକୀର୍ଣ୍ଣ ହୋଇପଡ଼େ। କିନ୍ତୁ ଦାର୍ଶନିକ ସତ୍ୟ ତୁମ୍ଭପାଇଁ ବା ମୋହ ପାଇଁ ନୁହେଁ, ତାହା ସମସ୍ତଙ୍କ ପାଇଁ। ଏ ଦେଶ, ସେ ଦେଶ, ଏକାଳ ସେକାଳ ପାଇଁ ନୁହେଁ। ତାହାର ମୂଲ୍ୟ ସମସ୍ତଙ୍କ ପ୍ରତି, ସବୁ ଦେଶ, ସବୁ କାଳ ପ୍ରତି ରହିଅଛି, ରହିଥିବ।

ଧନସଂପଦ, ଖ୍ୟାତି କ୍ଷମତା ଦାର୍ଶନିକ ନିକଟରେ ହେୟ ବିଷୟ ନୁହେଁ,

ହେଲେହେଁ ଏ ସମସ୍ତ କି କେବେ ଦାର୍ଶନିକକୁ ଭୁଲାଇ ରଖିପାରେ? ଦର୍ଶନର ଦୃଷ୍ଟି ବସ୍ତୁ ସ୍ଥିତିରେ ନାହିଁ, ବସ୍ତୁର ପ୍ରୟୋଜନ ସିଦ୍ଧିରେ ଅଛି, ନାମ ଉପଢ଼ୌକନରେ ନାହିଁ, କର୍ମ-ସଂପାଦନରେ ଅଛି। ସାଧାରଣ ମନୁଷ୍ୟର ସ୍ନେହ ମମତା ଏକାନ୍ତ କି ସାରା ଜୀବନ କ୍ଷୁଦ୍ର ସୀମା-ନିବଦ୍ଧ। କେହି ପରିବାର ପ୍ରତି, କେହି ବନ୍ଧୁ କୁଟୁମ୍ବ ପ୍ରତି, କେହି କେହି ଜାତି ଦେଶ ପ୍ରତି ପୂର୍ଣ୍ଣ ଭାବରେ ଆସକ୍ତ, ଏତେ ପରିମାଣରେ ଆସକ୍ତ ଯେ ଏ ପରିସର ଅତିକ୍ରମ କରିବା ଏମାନଙ୍କ ଜୀବନରେ କ୍ୱଚିତ୍ ଘଟେ। ପ୍ରିୟବସ୍ତୁ କ୍ଷୁଦ୍ର ହେଲେ ମାନବ ଜୀବନ କାରଗାରରେ ପରିଣତ ହୁଏ। ପୁଣି ଅନେକ ସମୟରେ କୁଳାଚାର, ଦେଶାଚାର, ଗତାନୁଗତିକ ପନ୍ଥା ସଂସ୍କାର ଓ ସଂସ୍କୃତି ଉତ୍ତମରୂପେ ପରୀକ୍ଷା ନକରି ଆମ୍ଭେମାନେ ଅନ୍ଧ ଭାବରେ ଚାଳିତ ହେଉଁ। ଦାର୍ଶନିକ କିନ୍ତୁ ପ୍ରତ୍ୟେକ ରୀତି ନୀତି, ପୁରାତନ ଓ ନୂତନ, ପୁଙ୍ଖାନୁପୁଙ୍ଖରୂପେ ଆଲୋଚନା କରି ଯାହା ନ୍ୟାଯ୍ୟ, ଯାହା କାଳୋପଯୋଗୀ, ତାହା ଗ୍ରହଣ କରେ। ଦାର୍ଶନିକ ନିକଟରେ ପୁରାତନ ମାତ୍ରେ ଗ୍ରହଣୀୟ କି ନୂତନ ମାତ୍ରେ ବର୍ଜନୀୟ, ଏମନ୍ତ ନୁହେଁ। ଦର୍ଶନରେ ବିଶ୍ୱାସର ସ୍ଥାନ ଅଛି; କିନ୍ତୁ ଅମୂଳକ ବିଶ୍ୱାସର ସ୍ଥାନ ନାହିଁ। ଦାର୍ଶନିକ ଅନ୍ଧବିଶ୍ୱାସରେ କ୍ଷୁଦ୍ରମାନବ ଗଣ୍ଡିରେ ଆବଦ୍ଧ ନୁହେଁ। ଦାର୍ଶନିକ ଭାବ ଯେତେ ଜାଗ୍ରତ ଓ ବୃଦ୍ଧିପ୍ରାପ୍ତ ହୁଏ, ମାନବ ହୃଦୟ ସେହି ପରିମାଣରେ ପ୍ରଶସ୍ତିଲାଭ କରେ।

"ବସୁଧୈବ କୁଟୁମ୍ବକଂ" ଦାର୍ଶନିକ ପକ୍ଷରେ ପ୍ରଯୁଜ୍ୟ। କ୍ଷୁଦ୍ର ପ୍ରେମ, କ୍ଷୁଦ୍ରବସ୍ତୁ, କ୍ଷୁଦ୍ର ପରିଧିରେ ଦାର୍ଶନିକ ପ୍ରଲୋଭିତ ହୁଏ ନାହିଁ, କି ଏ ଜାତୀୟ ବନ୍ଧନ ଦାର୍ଶନିକର ଚିତ୍ତବୃତ୍ତି ବାନ୍ଧିପାରେ ନାହିଁ। ଦାର୍ଶନିକ ନିଜକୁ ଅନନ୍ତ ଜଗତର ଅଙ୍ଗରୂପେ ଗ୍ରହଣ କରେ ଏବଂ ପ୍ରତ୍ୟେକ ପଦାର୍ଥକୁ ବସ୍ତୁ-ବ୍ୟକ୍ତି-ଜାତୀବର୍ଗକୁ ଜାଗତିକ ସମୂହ ବିବେଚନାରେ ସ୍ଥାନ ଦିଏ। ଦାର୍ଶନିକ ଜୀବନ ପ୍ରଶାନ୍ତିମୟ, କାରଣ ତାହା ମୁକ୍ତ। ତାହା ମୁକ୍ତ କାରଣ ତାହା ସାର୍ବଭୌମ।

■

କବି ଓ କବିତ୍ୱ

ଲକ୍ଷ୍ମୀକାନ୍ତ ମହାପାତ୍ର

ଅନେକଙ୍କ ଧାରଣା 'କବି' ବୋଇଲେ ଗୋଟିଏ ସଂସାରଛଡ଼ା ଅଦ୍ଭୁତ ଜନ୍ତୁ—ସାଧାରଣ ମନୁଷ୍ୟ ଠାରୁ ରୀତିନୀତି, ପ୍ରକୃତି ପ୍ରଭୃତିରେ ଯାହାର ବହୁତ ତଫାତ୍। କେହି ବା ତାକୁ ସ୍ୱପ୍ନବିଳାସୀ ପାଗଳ ବୋଲି ହସେ, କେହି ବା ଦୂରଦର୍ଶୀ, ଜ୍ଞାନୀ, କଳାକାର ବୋଲି ସମ୍ମାନ, ଶ୍ରଦ୍ଧା ଓ ସହାନୁଭୂତି ଦେଖାଏ। କହିବାକୁ ଗଲେ କବି ଲୋକଙ୍କ ଠାରୁ ପ୍ରୀତି, ପ୍ରଶଂସା ପାଏ ଯେତିକି, ଆଉ ଦଳେ ବ୍ୟକ୍ତିଙ୍କ ନିନ୍ଦା, ଟାପରା ସହେ ତହୁଁ ଅଧିକ। କିନ୍ତୁ କବି ଯେ, ସେ ଏସବୁ ନିନ୍ଦା ପ୍ରଶଂସାକୁ ଖାତିର କରେ ନାହିଁ, ସେ ଲେଖି ଚାଲିଥାଏ ଖାଲ ଢିପ ନ ମାନି—ଆପଣାର ଖିଆଲ, ଆପଣାର ମନ ମଉଜରେ। କବିର ଏଇଟା ବିଶେଷତ୍ୱ। ଯାହାର ଲେଖା ପରର ଅପେକ୍ଷା ରଖେ, ପରର ମନ ଯୋଗାଏ, ସେ କଲମ ବିନ୍ଧାଣୀ ହୋଇପାରେ, ମାତ୍ର ଅସଲ କବି ନୁହେଁ।

କବିକୁ ଯାହା ଦିଶେ, ଯାହାକୁ ସେ ସତ୍ୟ ବୋଲି ଅନୁଭବ କରେ, ତାକୁ ଘୋଡ଼ାଇ ପାରେ ନାହିଁ ସେ। ଘୋଡ଼ାଇବାକୁ ପଡ଼ିଲେ ସେ ଛଟିପିଟି ହୋଇ ମରେ; ବୁକୁ ଭିତରେ ଆଉଟୁପାଉଟୁ ହୁଏ। ସତେ କି ଛାତି ଫାଟିଯିବ ତା'ର। ସେଥିପାଇଁ କବି ନିର୍ଭୀକ, କବି ସ୍ପଷ୍ଟବାଦୀ। ରାଜନୀତି ବେପାରୀ ବା ଓକିଲଙ୍କ ଭଳି କବିକୁ ପେଞ୍ଚ ଖେଳି ଆସେ ନାହିଁ, ଛକ ମୁଦ ଦେଇ କଥା ବାଗେଇ ଆସେ ନାହିଁ। ଅଥଚ କବି କଥାଟାକୁ ସିଧା ନ କହି ବାଗରେ ପକାଇ କୁହେ। ଏଇଟା ହିଁ ତା'ର କଳା। ତା ମନକୁ ଯାହା ଯେତେବେଳେ ଆସିଯାଏ, ବ୍ରହ୍ମା ବିଳିବିଳେଇଲା ପରି ସେଇଟା ତା ପକ୍ଷରେ 'ବେଦ', ସେଇଟା ହିଁ ନିରାଟ ସତ୍ୟ। ସେ ସତ୍ୟକୁ ପ୍ରକଟ ନ କରିବାଯାଏ ସେ ଅନୁଭବ କରୁଥାଏ ଗୋଟାଏ ଅସ୍ୱସ୍ତି, ଗୋଟାଏ ଗର୍ଭବେଦନାର ଅସ୍ୱସ୍ତି। ସେଥିପାଇଁ

ଯେକୌଣସି ଦୁଃଖ, ଅତ୍ୟାଚାର, ନିର୍ଯାତନା ସହିବାକୁ ପଛଭର ହୁଏ ନାହିଁ କବି। ବରଂ ସେଥିଇରେ ପାଏ ସେ ଗୋଟାଏ ଆତ୍ମପ୍ରସାଦ। ନିଜର ଆସ୍ଥା ବା ବିଶ୍ୱାସ ନ ଥିବା କୌଣସି ବ୍ୟକ୍ତିଗତ ବା ଦଳଗତ ମତବାଦକୁ ସେ ଛନ୍ଦୋବଦ୍ଧ କରି ପ୍ରକାଶ କରିବାକୁ କେବେ ସୁଖ ପାଏ ନାହିଁ ଏପରିକି ତାହା କରିବାକୁ ଗଲେ ତା'ର ଲେଖନୀ ଅଡ଼ିବସେ, ବିବେକ ବିଦ୍ରୋହ କରି ଉଠେ। ଏହି ହିସାବରେ ବିଚାର କଲେ 'କବି' ଆତ୍ମକେନ୍ଦ୍ରୀ ବା ଅହଂକାରୀ।

ତଥାପି କବି ମଣିଷ। ମଣିଷର ସୁଖ ଦୁଃଖ, ମଣିଷର ଆଶା ଅଭିଳାଷ, ମଣିଷର କାମ କ୍ରୋଧ, ଲୋଭ ମୋହ, ଈର୍ଷା ଦ୍ୱେଷ, ହର୍ଷ ବିଷାଦ ସବୁ ସେ ଅନୁଭବ କରେ। ସାଧାରଣ ମଣିଷ ଭଳି ସେ ଖାଏ, ପିଏ, ଶୁଏ, ହସେ, କାନ୍ଦେ—ଜୀବଧର୍ମର ଅଧୀନ ହୋଇ। ଏହି ବେଳରେ କବି ଜଣେ ଏହି ମାଟିର ମଣିଷ ମାତ୍ର। କିନ୍ତୁ କାଳିସୀର ମଙ୍ଗଳା ପ୍ରସନ୍ନ ହେଲା ପରି ବା କଞ୍ଚା ଡାହାଣୀର ଭୋଜନ ବେଳ ପରି ଏପରି ଗୋଟାଏ ଗୋଟାଏ ବଖତ ଅଛି, ଯେତେବେଳେ କବି ଏହି ସ୍ଥୂଳ ଜଗତର ବହଳ ପବନ ଛାଡ଼ି ଊର୍ଦ୍ଧ୍ୱକୁ ଉଠିଯାଏ ଏକ ସୂକ୍ଷ୍ମତର ବାୟୁମଣ୍ଡଳକୁ ଏବଂ ସେଠି ବିଚରଣ କରୁଥାଏ ଅଜାଣତରେ, ଅଣାୟତ୍ତରେ। ସତ୍ତା ତା'ର ଯାଏ ହଜି—ଏକ ଅପାର୍ଥିବ ଆବେଗରେ ତରଙ୍ଗ ଭିତରେ। ସେତେବେଳେ ସେ ତନ୍ମୟ, ଆବିଷ୍ଟ, ଆତ୍ମହରା, ଉନ୍ମାଦ।

ଭାବପ୍ରବଣତା କବିର ପ୍ରକୃତି, ସେଥିରେ ବିଭୋର ହୋଇ ବାସ୍ତବତାକୁ ଉପେକ୍ଷା କରେ ବୋଲି ଲୌକିକ ସାଫଲ୍ୟ ଲାଭ କରିବା କବି ପକ୍ଷେ ଦୁଷ୍କର। ସେଥିପାଇଁ ଦୁନିଆରେ ଲୋକେ କବିକୁ 'ପଦ୍ମଭୁକ୍' ବା 'ସ୍ୱପ୍ନବିଳାସୀ' ବୋଲି ଟାହୁଲି କରିବାକୁ ଛାଡ଼ନ୍ତି ନାହିଁ। କବି କିନ୍ତୁ ଏହାକୁ ବେଖାତିର କରି ଆତ୍ମବିଭୋର ଅବସ୍ଥାରେ ଆପଣାର ପନ୍ଥା ଅନୁସରଣ କରିଚାଲେ। ସେଥିରେ ତା'ର ଆନନ୍ଦ, ତା'ର ତୃପ୍ତି। ଫଳରେ ଦିନୁଦିନ ବଢ଼ି ଚାଲିଥାଏ ତା'ର ଏହି ବିଫଳତା। ଅବିରାମ ଆଘାତରେ ଦଳିତ, ମଥିତ, ପିଷ୍ଟ ହୋଇ ହୋଇ ଅନ୍ତର ତା'ର ଯାଏ ଦ୍ରବ ହୋଇ। ସଂସାର ତାପରେ ଦହି ଦହି କେବେ ପଡ଼େ ଉତୁରି, ଦୁଃଖ ସହି ସହି କେବେ ପଡ଼େ ଉଛୁଳି। ଏହି ଉଛୁଳା ଅବସ୍ଥାରେ ହିଁ ଫୁଟିଉଠେ କବିର କବିତ୍ୱ, ଅମୃତର ସ୍ନିଗ୍ଧ ଧାରା ସିଞ୍ଚନ କରି—ଏକା କବି ପ୍ରାଣରେ ନୁହେଁ, ଜଗତର କୋଟି କୋଟି ପିପାସିତ ଅନ୍ତର ଭିତରେ। ଏଥିରେ କେତେ ଯେ ଜୀର୍ଣ୍ଣ ଅବସନ୍ନ ଆତ୍ମା ଶାନ୍ତ ଶୀତଳ ହୋଇଯାଏ, ତାହା କିଏ କହିବ !

ଦୁଃଖ, ବେଦନା ଯେ କବିର ପ୍ରାପ୍ୟ, ଖାଲି ସେତିକି ନୁହେଁ, କାମ୍ୟ ମଧ୍ୟ।

କବିର ଅନ୍ତର ବେଦନା ଯେତେବେଳେ ତା'ର ସହନ-ଶକ୍ତିକୁ ବହଳି ଉଠେ, ସେ କରିବାକୁ ଚାହେଁ ଆତ୍ମପ୍ରକାଶ—ବ୍ୟାକୁଳ ହୋଇ। ଏହି ବ୍ୟାକୁଳତା ହିଁ କବିତ୍ୱ।

ପ୍ରଶଂସା ବା ପୁରସ୍କାର କବିକୁ ଖୁସି କରାଏ ଓ ଉତ୍ସାହ ଦିଏ, କିନ୍ତୁ କେବଳ ଏଇଥି ପାଇଁ କବି ରଚନା କରେ ନାହିଁ। ବେଦନାତୁର ବ୍ୟକ୍ତି ଯେପରି ଲୋଡ଼ିବୁଲେ ସମବ୍ୟଥୀ, ବ୍ୟଥିତ କବି ସେହିପରି ଦରାଣ୍ଡି ହୁଏ ତା'ର ବେଦନାର ସାଥୀ—ସେ ମମତା ଦେଇ, ଦରଜ ଦେଇ ଅନୁଭବ କରିବ ତା'ର ବେଦନାଟିକୁ। ବୁନ୍ଦାଏ ଅଶ୍ରୁ, ଟୋପାଏ କରୁଣା, ଗୋଟାଏ ତପ୍ତ ଶ୍ୱାସ—ଏହି ଟିକକ ଆଶା।

ଭାବପ୍ରବଣତା ଅନେକଙ୍କର ଥାଏ, କିନ୍ତୁ ଆତ୍ମପ୍ରକାଶର ସ୍ତରକୁ ନ ଉଠିବା ଯାକେ କବିତ୍ୱର ସ୍ଫୁରଣ ହୁଏ ନାହିଁ। କବି ଭାଷା ଓ ଛନ୍ଦର ପରଖ ଦେଇ ଯେତେବେଳେ ତାର ଅନ୍ତସ୍ଥ ଭାବାବଳୀକୁ ରୂପାୟିତ କରେ, ସେହି ରାସାୟନିକ ସମ୍ମିଶ୍ରଣରୁ ଉଦ୍ଭବ ହୁଏ ଏକ ଅଭିନବ ବସ୍ତୁ—ଯାହାକୁ କହନ୍ତି ରସ। ଏହି ରସରେ ଥାଏ ମାଧୁର୍ଯ୍ୟ ସଙ୍ଗରେ ମାଦକତା; ଏହାର ଆସ୍ୱାଦନରେ ରହିଥାଏ ଆନନ୍ଦ, ଆରାମ, ଆଉ ତୃପ୍ତି।

ରୂପ ସୃଷ୍ଟିରେ ସ୍ରଷ୍ଟାର ଅପାର ଆନନ୍ଦ। ସ୍ୱୟଂ ଭଗବାନ ତାଙ୍କ ସୃଷ୍ଟିର ବିଚିତ୍ରତା ମଧ୍ୟରେ ନିଜକୁ ପ୍ରକାଶ କରି ସୁଖ ପାଆନ୍ତି। ସେଥିପାଇଁ ସେ ରସରାଜ, ଲୀଳାମୟ, ଚିଦାନନ୍ଦ ବିଗ୍ରହ। କବି ଯେତେବେଳେ ବିଭାବିତ ହୋଇଉଠେ, ତା'ର କ୍ଷୁଦ୍ରତା, ତା'ର ବ୍ୟକ୍ତିତ୍ୱ, ତା'ର ମାନବତ୍ୱ ସବୁ ଯାଏ ଭାବ ସମୁଦ୍ରରେ ଉଭାଇ, କ୍ଷଣକ ପାଇଁ ହେଲେ ଆସିଯାଏ ତା'ର ଦେବତ୍ୱ। ସେତିକିବେଳେ ସେ ଦ୍ରଷ୍ଟା (Seer), ସେ ସ୍ରଷ୍ଟା (Creator), ସେ କବି। ସେହି ବେଳଟା ଗଡ଼ିଗଲେ ସେ ତା'ର ସ୍ୱସ୍ଥାନକୁ ଲେଉଟି ଆସି ପୁଣି ହୋଇଯାଏ ଜଗତର ଜୀବ, ଦୁନିଆର ମଣିଷ।

କବି ଆପଣାକୁ ବିବର୍ତ୍ତିତ କରି ନୂଆ ନୂଆ ରୂପ ପ୍ରଦାନ କରେ। ଆପଣାର ସୃଷ୍ଟ ପୁଣ୍ୟାତ୍ମା ଠାରୁ ପାପିଷ୍ଠ ପର୍ଯ୍ୟନ୍ତ ସମସ୍ତ ଚରିତ୍ରରେ ସେ ଆପଣାକୁ ମୁଁ ପ୍ରତିବିମ୍ବିତ କରେ ଏବଂ ସେଥିରେ ଆତ୍ମସ୍ୱରୂପ ଦର୍ଶନ କରି ମୁଗ୍ଧ ହେଉଥାଏ।

ଭଗବାନ ନିଜେ ମହାକବି। ତାଙ୍କର ସୃଷ୍ଟିଲୀଳା ଅନନ୍ତ, ଅପ୍ରତିହତ, ଅପରିସୀମ। କବି କ୍ଷୁଦ୍ର ଜୀବ ମାତ୍ର, ତା'ର ସୃଷ୍ଟି କ୍ଷଣିକ, ଶାନ୍ତ ଓ ସୀମାବଦ୍ଧ। ଯେତେକ୍ଷଣ ସେ କବି ହୋଇ ରହେ, ସେତିକିକ୍ଷଣ ମାତ୍ର ତାହାଠାରେ ଭଗବତ୍ ସତ୍ତାର ବିକାଶ। ତେଣିକି ସେ ମୃତ୍ୟୁ ଜରା ବ୍ୟାଧିଜର୍ଜରିତ, ଅଭାବ, ଅଶାନ୍ତି ଓ ଜଞ୍ଜାଳ ପ୍ରପୀଡ଼ିତ ଦୀନହୀନ ଛାର ମନୁଷ୍ୟ।

କବି ତା'ର ଅନ୍ତରର ସମସ୍ତ ଅନୁଭୂତିକୁ ଠୁଳ କରି, ତହିଁରେ କାରୁଣ୍ୟମୟ ଆବେଗର ପୁଟ ଚଢ଼ାଇ ଯେଉଁ ମନୋମୟ ମୂର୍ତ୍ତିଟି ଗଢ଼େ ତାକୁ କଳା ବିଭୂଷିତ କରି

ଦୁନିଆ ଆଗରେ ଛିଡ଼ା କରାଇ ଜଗତକୁ କରେ ଆହ୍ୱାନ, କରେ ଆମନ୍ତ୍ରଣ, ବାଢ଼େ ଆବେଦନ। ଏତିକିରେ ତା'ର ଆନନ୍ଦ, ଏହାରି ଦ୍ୱାରା କବି ଆପଣାକୁ ପ୍ରସାରିତ କରିଦିଏ ମହା ବିଶ୍ୱରେ ମିଶାଇ।

କବି ତା'ର ଜୀବନର ସମସ୍ତ ବେଦନାକୁ ଆହରଣ କରି ବିଶ୍ୱ ବେଦନାରେ ଦେଖେ ତା'ର ପ୍ରତିଚ୍ଛାୟା। ପୁଣି ବିଶ୍ୱର ବେଦନାକୁ ଅନୁଭବ କରେ ଆପଣାର ଅନ୍ତର ଭିତରେ। ଏହାର ତୀବ୍ର ମଧୁର ଆସ୍ୱାଦନରେ ସେ ହୋଇଯାଏ ବିଭୋର। କିନ୍ତୁ ସେହି ଅବ୍ୟକ୍ତ ବେଦନାର ହେତୁ, ସ୍ଥିତି ବା ସ୍ୱରୂପ ବୁଝି ନ ପାରି ତା'ର ଯେଉଁ ଅସ୍ୱସ୍ତି, ଯେଉଁ ଆଲୋଡ଼ନ ଆସେ ସେଥିରେ ସେ ବାଉଳା ହୋଇ ଖୋଜି ବୁଲେ କାହିଁ, କାହିଁ, କାହିଁ? ଏହି ଜିଜ୍ଞାସା, ଏହି ବ୍ୟସ୍ତତାରେ ବିକଶିତ ହୋଇଉଠେ କବିର ଭାବୋନ୍ମାଦ। ଅନ୍ତରର ଅବରୁଦ୍ଧ ଭାବରାଶି ଅସମ୍ଭାଳ ହୋଇ ଉଚ୍ଛ୍ୱସିତ ହୁଏ ଛନ୍ଦୋବଦ୍ଧ ବାଣୀର ବହନରେ। ଏଥିରେ ସେ ପାଏ ଶାନ୍ତି, ପାଏ ଆରାମ, ପାଏ ଆନନ୍ଦ। କିନ୍ତୁ ଏହି ଆନନ୍ଦ ସ୍ଥାୟୀ ହୋଇ ରହିପାରେ ନାହିଁ। କ୍ଷଣ କ୍ଷଣକେ ଅପସରି ଯାଉଥାଏ। ବ୍ୟାକୁଳ କବି ସେହି ହଜିଲା ଧନକୁ ଦରାଣ୍ଡି ବୁଲେ ଅମାନିଆ ହୋଇ। ଏହି ଦରାଣ୍ଡିବାର ଯେଉଁ ପ୍ରୟାସ, ଯେଉଁ ସଂଗ୍ରାମ, ଯେଉଁ ଆକୁଳତା, ତାହା ହିଁ କବିକୁ କରିଦିଏ ପାଗଳ। ଏହି ଭାବ ଓ ଅଭାବର ଦ୍ୱନ୍ଦ୍ୱ ଭିତରେ ସେ ଅନୁଭବ କରୁଥାଏ ଗୋଟାଏ ଅଜଣା, ଅନୁପମେୟ ସୁଆଦ, ଯାହା ବର୍ଣ୍ଣନାର ଅତୀତ ଓ ଭାଷାର ଅଗମ୍ୟ ଯାହା ନିଜେ କବି ଛଡ଼ା ଅନ୍ୟ କେହ ବୁଝିପାରେ ନାହିଁ।

ଦୁଃଖ, ଦୈନ୍ୟ, ଦୁର୍ଭାଗ୍ୟ କବି ଜୀବନର ଚିର ସହଚର ବୋଲି ଅନେକେ କହନ୍ତି। ଏକଥା ପ୍ରକୃତରେ ସତ୍ୟ। ଦୁଃଖଦୁର୍ଦ୍ଦଶାରେ ନ ପଡ଼ି ବିଳାସ ଓ ପ୍ରାଚୁର୍ଯ୍ୟ ମଧ୍ୟରେ ବୁଡ଼ିରହି କବି ହେବା କ୍ୱଚିତ୍ ଦେଖାଯାଏ। ବାହାରକୁ କେହି ସୌଭାଗ୍ୟବାନ୍ ଜଣାଗଲେ ମଧ୍ୟ ଭିତରର କଥା ଜାଣିବା ସହଜ ନୁହେଁ। କବିର ରଚନାରେ ତାହା ପ୍ରକଟ ହୁଏ। ମନେହୁଏ, ସରସ୍ୱତୀଙ୍କ ପୂଜାରୀ ପ୍ରତି ଲକ୍ଷ୍ମୀଙ୍କର କରୁଣା ଊଣା ହେବା ସ୍ୱାଭାବିକ। କିନ୍ତୁ ଏଥିପାଇଁ କବି ହିଁ ମୁଖ୍ୟତଃ ଦାୟୀ। ଦୁଃଖ, ଦୁର୍ଭାଗ୍ୟ, ବିଫଳତା ମଧ୍ୟରେ କବି ଯେଉଁ ମାଧୁର୍ଯ୍ୟର ସ୍ୱପ୍ନ ଦେଖେ, ତାହାରି ଲୋଭରେ ହୁଏତ ସେ ତା'ର ଅବଚେତନ ମନ ଭିତରେ ଦୁଃଖ ଦୁର୍ଭାଗ୍ୟକୁ ଲୋଡୁଥାଏ। ଅବଚେତନରେ ଥିବା ବାସନା, ଅଭିଳାଷ ବା ଇଚ୍ଛାର ଅଦମ୍ୟ ଶକ୍ତି ଓ ଅପ୍ରତିହତ ପ୍ରଭାବ ପ୍ରମାଣସିଦ୍ଧ। ସମ୍ଭବତଃ ଏହିହେତୁ କବି ଦୁଃଖ ଦୁର୍ଭାଗ୍ୟକୁ ଅବଚେତନରେ ଆମନ୍ତ୍ରଣ କରୁଥାଏ ଆପଣାର ଜୀବନକୁ ମଧୁମୟ କରିବା ନିମନ୍ତେ। ବାହାରେ ଦେଖିବାକୁ ଅଭିଶାପ ହେଲେ ମଧ୍ୟ, କବି ପ୍ରତି ଭଗବାନଙ୍କର ଏହା ଗୋଟିଏ ପ୍ରଚ୍ଛନ୍ନ ଆଶୀର୍ବାଦ।

ଅନେକଙ୍କ ମତରେ କବିଗୁଡ଼ାକ ବୋକା, ବିଷୟବୁଦ୍ଧିହୀନ ମନୁଷ୍ୟ। ବାସ୍ତବତାର ଦୂରରେ ରହି ସେମାନେ ପଦେ ପଦେ ପ୍ରତାରିତ ହୁଅନ୍ତି। କଥାଟା ନିହାତି ମିଛ ନୁହେଁ। କବି ଯେ ନିର୍ବୋଧ, ତା' ନୁହେଁ। କବିଚାତୁରୀ ଓ ବୈଷୟିକ ଚତୁରତା ସ୍ୱତନ୍ତ୍ର ଗୁଣ। କଳ୍ପନା, ଅନ୍ତର୍ଦୃଷ୍ଟି, ଅନୁଭୂତି ଓ ବିଚାରବୁଦ୍ଧି କବିର ପ୍ରକୃତିଗତ। ମାତ୍ର ସେ ବିଚାର ସରିଯାଏ ଚିନ୍ତା ଭିତରେ। ସେ ବୁଦ୍ଧି ଉଭେଇଯାଏ ସ୍ୱପ୍ନ ରଚନାରେ। ପରୋପଦେଶେ ପାଣ୍ଡିତ୍ୟ ଦେଖାଇବାରେ କବି ଧୁରନ୍ଧର। ତା'ର ପ୍ରବପ୍ରବଣତା, ତା'ର ଆଦର୍ଶ, ତା'ର ସରଳତା, ଉଦାରତା, ଉଦାସୀନତା, କବିର ବୁଦ୍ଧିକୁ ବାସ୍ତବ କ୍ଷେତ୍ରରେ ନିୟୋଜିତ କଲାବେଳକୁ ହୋଇଯାଏ ଅବସନ୍ନ ଓ ପରାସ୍ତ।

କେହି କେହି କହନ୍ତି, କବି ମାତ୍ରକେ ବିଳାସପ୍ରିୟ; ଏପରିକି ବହୁକ୍ଷେତ୍ରରେ ଲମ୍ପଟ। କବି କେବଳ ରସସ୍ରଷ୍ଟା ନୁହେଁ, ରସଭୋକ୍ତା ମଧ୍ୟ। ରସିକତା ଏବଂ ଲାମ୍ପଟ୍ୟ ଏକ କଥା ନୁହେଁ। କବିର ଚିତ୍ତ ସଦା କୁତୁହଳୀ। ସବୁକଥା ଜାଣିବାକୁ ତା'ର ଚିର ଆଗ୍ରହ। ନାନା ରସ ଆସ୍ୱାଦନ କରିବାରେ ତା'ର ଯେଉଁ ଚେଷ୍ଟା ତାହା ହିଁ କବିକୁ ମଧୁକର ପରି 'ଚଖା' ପାଲଟାଇଦିଏ। ଏହି ହେତୁ ବୋଧହୁଏ ଏହି ଅଖ୍ୟାତି ତାକୁ ସହିବାକୁ ପଡ଼େ।

କବି ଯେଉଁ ରସ ସୃଷ୍ଟିକରେ, ତାକୁ ନିଜେ ଆସ୍ୱାଦନ କରି ସୁଖୀ ହୁଏ। ଏଥିରେ ଆନନ୍ଦ ତା'ର ଦୁଇଗୁଣ—ସ୍ରଷ୍ଟାର ଆନନ୍ଦ ସହିତ ଭୋକ୍ତାର ଆନନ୍ଦ ତଥାପି କବିର ପିପାସା ମେଣ୍ଟେ ନାହିଁ; ସେ ଆହୁରି ଲୋଡୁଥାଏ। ଏଥିପାଇଁ ସ୍ୱସୃଷ୍ଟ ରସକୁ ବିଶ୍ୱବାସୀଙ୍କୁ ଚଖାଇ ସେ ଲାଭ କରିବାକୁ ଚାହେଁ ତହୁଁ ବଳି ଆନନ୍ଦ ଯାହା ପୂର୍ବଠାରୁ ମଧୁରତର ଓ ଉନ୍ମାଦକର। ଏଥିପାଇଁ କବିର ଆତ୍ମପ୍ରକାଶ।

କବି କଳ୍ପନା ସାହାଯ୍ୟରେ ଯେଉଁ ସମସ୍ତ ରୂପ ସୃଷ୍ଟି କରେ। ତହିଁ ମଧ୍ୟରେ ସେ ଆପଣାକୁ ପୂର୍ଣ୍ଣଭାବେ ବିଲୀନ କରିଦେଇ ରଙ୍ଗମଞ୍ଚର ଅଭିନେତାରୂପେ ଉପଭୋଗ କରେ। ଏହି ବିଚିତ୍ର ଅନୁଭୂତି ତାକୁ ସଂଜୀବନୀ ସୁଧା ପିଆଇ ତା'ର ଜୀବନ ବଞ୍ଚାଇ ରଖେ। ଏତକ ନୋହୁଥିଲେ, ଦୁଃଖ ତାପ ନିଷ୍ପୀଡ଼ନରେ ସେ ତିଷ୍ଠି ପାରୁ ନ ଥାନ୍ତା ପରା !

କବି ଯେବେ ସଦା ଭାବାବେଶରେ ବୁଡ଼ି ରହନ୍ତା, ତେବେ ମଧ୍ୟ ସେ ଜିଇ ପାରନ୍ତା ନାହିଁ। ସେଥିପାଇଁ ସେ ମଝିରେ ମଝିରେ କଳ୍ପଲୋକ ଛାଡ଼ି ସାଧାରଣ ସ୍ତରକୁ ଖସି ଆସିବାକୁ ବାଧ୍ୟ ହୁଏ। ଏତକ ତା'ର ଅବସର ଓ ଆତ୍ମରକ୍ଷାର ଉପାୟ। ଏଥିପାଇଁ କବି ମାନବ ନୁହେଁ କିବା ଦେବତା ବି ନୁହେଁ। କବିର ଜୀବନରେ ଦେବତ୍ୱ ଓ ମାନବତ୍ୱର କଲ୍ୟାଣକର ସମାବେଶ; ଦେବତ୍ୱ ଓ ମାନବତ୍ୱର ମଧୁର ସମନ୍ୱୟରେ ହିଁ କବିତ୍ୱ।

■

ବିବର୍ତ୍ତନବାଦ

ରତ୍ନାକର ପତି

ଆବାହମାନକାଳରୁ ମାନବ ବିଶ୍ୱର ଉତ୍ପତ୍ତି ବିଷୟ ଆଲୋଚନା କରିଆସୁଅଛି । ପ୍ରାୟ ସବୁ ଯୁଗରେ ଓ ସବୁ ଦେଶରେ ପଣ୍ଡିତମାନେ ଏହି ପ୍ରକାଣ୍ଡ ବିଶ୍ୱର ଯଥାସମ୍ଭବ ବ୍ୟାଖ୍ୟା ଦେଇଅଛନ୍ତି । ଏହା ଅନିବାର୍ଯ୍ୟ କାରଣ ସ୍ୱଭାବତଃ ଅନୁସନ୍ଧିତ୍ସୁ ମାନବ ଏହି ସୁମହାନ୍ ବିଶ୍ୱବ୍ରହ୍ମାଣ୍ଡ ପ୍ରତି ଦୃଷ୍ଟି ପକାଇଲେ, ତାହାର ମନରେ "ଏହି ବିଶ୍ୱ କ'ଣ ? ଏହାର ଉତ୍ପତ୍ତି କେଉଁଠାରୁ ହେଲା ? ଏହା କିପରି ଏହି ବିଚିତ୍ର ଆକାର ଧାରଣ କଲା ?" ଇତ୍ୟାଦି ପ୍ରଶ୍ନଗୁଡ଼ିକ ଉଦିତ ହୋଇ ତାହାର କୌତୂହଳକୁ ବହୁଗୁଣିତ କରିପକାଏ ଏବଂ ଏହାର ଫଳରେ ସେ ଉକ୍ତ ପ୍ରଶ୍ନଗୁଡ଼ିକର ସମାଧାନରେ ନିଯୁକ୍ତ ହୁଏ । ଏହିହେତୁରୁ ହିଁ ଆଜି ଆମ୍ଭମାନଙ୍କର ଏହି ବିଶ୍ୱ ଓ ତତ୍ରସ୍ଥ ସକଳ ପଦାର୍ଥର ଉତ୍ପତ୍ତି, ସ୍ଥିତି ଓ ବର୍ଦ୍ଧନ ନେଇ ପୃଥିବୀର ମନୀଷୀମାନେ ବିଭିନ୍ନ ମତ ପ୍ରଚାର କରିବାରେ ଲାଗିଅଛନ୍ତି । ଯେପର୍ଯ୍ୟନ୍ତ ଉଲ୍ଲିଖିତ ପ୍ରଶ୍ନଗୁଡ଼ିକର ସମ୍ୟକ୍ ମୀମାଂସା ହୋଇନାହିଁ, ଯେପର୍ଯ୍ୟନ୍ତ ମାନବପ୍ରାଣର ବ୍ୟାକୁଳତା ଏହି ପ୍ରଶ୍ନଗୁଡ଼ିକର ଯଥାର୍ଥ ମୀମାଂସାରେ ଅପସାରିତ ହୋଇନାହିଁ, ସେପର୍ଯ୍ୟନ୍ତ ଏହି ବିଶ୍ୱବ୍ୟାଖ୍ୟାନ ଚାଲିଥିବ । କହିପାରନ୍ତି, ନିଜର ବ୍ୟାବହାରିକ ଜୀବନରେ ଦୈନନ୍ଦିନ କେତେକ କର୍ତ୍ତବ୍ୟ ସମ୍ପନ୍ନ କରି ସୁଖସ୍ୱାଚ୍ଛନ୍ଦ୍ୟରେ ଚଳିପାରିଲେ ତ ଯଥେଷ୍ଟ ହେବ । ବିଶ୍ୱବ୍ରହ୍ମାଣ୍ଡର ଉତ୍ପତ୍ତି ସମସ୍ୟା ନେଇ ଏତେ ଗୋଳମାଳରେ ପଡ଼ିବାର ପ୍ରୟୋଜନ କଣ ? ଏଠାରେ ଉତ୍ତର ଏହି ଯେ ମାନବ ସ୍ୱୀୟ ଜୀବନକୁ ସୁଖୀ କରିବା ପୂର୍ବରୁ ସେହି ଜୀବନଟି କଣ, ତାହାର ଏହି ବ୍ରହ୍ମାଣ୍ଡ ସହିତ ସମ୍ବନ୍ଧ କଣ ଓ ଏହାର ଉତ୍ପତ୍ତି ପ୍ରକ୍ରିୟାରେ ତାହାର ସ୍ଥାନ କେଉଁଠାରେ, ଏଗୁଡ଼ିକ ସ୍ଥିର ନ କଲେ ତାହାର କର୍ତ୍ତବ୍ୟ ସାଧନ ଓ ସୁଖସମ୍ଭୋଗର ପ୍ରକୃତ ପନ୍ଥା ନିରୂପିତ

ହୋଇପାରିବ ନାହିଁ। ଯେଉଁ ବିଚାରଶକ୍ତି ବଳରେ ମାନବ ଖାଦ୍ୟାଖାଦ୍ୟ ନିର୍ଣ୍ଣୟ ଓ ବ୍ୟାବହାରିକ ଜୀବନର ଅନ୍ୟାନ୍ୟ ଆବଶ୍ୟକ କର୍ମମାନ ସମ୍ପାଦନ କରୁଅଛି, ସେହି ବିଚାରଶକ୍ତି ଯେ ତାକୁ ସ୍ୱଭାବତଃ ଏହି ବିଶ୍ୱର ପୁଙ୍ଖାନୁପୁଙ୍ଖ ବ୍ୟାଖ୍ୟାଦିଗରେ ନେଇଯିବ, ଏଥିରେ ଅଯୌକ୍ତିକ କିଛି ନାହିଁ। ବାସ୍ତବରେ ଦେଖିବାକୁ ଗଲେ ସେ ନିଜ ଜୀବନୀ ଗତିପଥ ସ୍ଥିର କରି ନିଜକୁ ସୁଖୀ କରିବା ଉଦ୍ଦେଶ୍ୟରେ ଯେଉଁସବୁ ଜ୍ଞାନ ଅର୍ଜନ କରୁଅଛି, ସେଥି ମଧ୍ୟରେ ଏହି ବିଶ୍ୱଜ୍ଞାନ ହିଁ ସର୍ବୋତ୍କୃଷ୍ଟ ଓ ମହୀୟାନ୍; ଏହାହିଁ ତାହାର ଜ୍ଞାନର ଚରମ ସୀମା କହିଲେ ଅତ୍ୟୁକ୍ତି ହେବନାହିଁ। ଏହି ଚରମ ଜ୍ଞାନହିଁ ତାହାର ପ୍ରାଣର ଆବେଗ ଦୂର କରିପାରେ ଓ ଆକାଂକ୍ଷା ପୂରଣ କରିପାରେ। ତେଣୁ ବିଶ୍ୱର ବ୍ୟାଖ୍ୟା, ବିଶ୍ୱର ବିଜ୍ଞାନ ତାହାର ଚରମ ଲକ୍ଷ୍ୟ ହେବା ବିଧେୟ। ବଡ଼ ସୁଖର କଥା, ଏହାହିଁ ହୋଇଅଛି, ପରନ୍ତୁ ବିଶ୍ୱ ସମ୍ବନ୍ଧରେ ଉଲ୍ଲିଖିତ ପ୍ରଶ୍ନଗୁଡ଼ିକର ସମାଧାନ ମାନବ ପକ୍ଷରେ ବିଧେୟ ବା ଅବିଧେୟ ହୋଇପାରେ। ତଥାପି ଏହି ପ୍ରଶ୍ନଗୁଡ଼ିକ ଯେ ତାହାର ମନେ ସ୍ୱତଃ ଉଦିତ ହୋଇ ତାକୁ ସେଗୁଡ଼ିକର ସମାଧାନରେ ନିଯୁକ୍ତ କରିଅଛି, ଏହା ସମସ୍ତେ ଏକବାକ୍ୟରେ ସ୍ୱୀକାର କରିବେ। ଏହି ସମାଧାନ ଅବଶ୍ୟ ଏକପ୍ରକାରରେ ହୋଇନାହିଁ। ସମସ୍ତଙ୍କର ଲକ୍ଷ୍ୟ ଏକଦିଗରେ ରହିଅଛି, ମାତ୍ର ସମସ୍ତେ ଏକ ବାଟଦେଇ ଏହି ଲକ୍ଷ୍ୟ ଦିଗରେ ଧାବମାନ ହୋଇନାହାନ୍ତି। ତେଣୁ ବିଶ୍ୱର ଉତ୍ପତ୍ତି-ବ୍ୟାଖ୍ୟାରେ ମତଭେଦ ପରିଲକ୍ଷିତ ହୁଏ। କେହି ବିଶ୍ୱର ମହନୀୟତା ଓ ଅନନ୍ତତାରେ ବିସ୍ମିତ ହୋଇ ଈଶ୍ୱର ବୋଲି ଏହାର ଗୋଟିଏ ଆଦିକାରଣ ସ୍ଥିର କଲେ, ଅନ୍ୟ କେହି ଏହାକୁ ଏକାବେଳକେ ସ୍ୱତଃ ଉତ୍ପନ୍ନ ଓ ବିକାଶମାନ ବୋଲି ମନେ କରୁଅଛି। ସ୍ଥୂଳରେ କହିବାକୁ ଗଲେ ସମସ୍ତେ ନିଜ ନିଜ ଅନୁସନ୍ଧିତ୍ସାର ପ୍ରେରଣାରେ ବିଶ୍ୱର ଉତ୍ପତ୍ତି କୌଣସିପ୍ରକାରେ ହେଲେ ପ୍ରଦର୍ଶନ କରୁଅଛନ୍ତି। ବିବର୍ତ୍ତନବାଦ ଏହି ବିଶ୍ୱବ୍ୟାଖ୍ୟାନ ପ୍ରଣାଳୀମାନଙ୍କ ମଧ୍ୟରେ ଏକତମ। ବର୍ତ୍ତମାନ ଏହାର ଅର୍ଥ ପ୍ରତି ଦୃଷ୍ଟିପାତ କରାଯାଉ।

ବିବର୍ତ୍ତନବାଦ ମତରେ ଏହି ବିଶ୍ୱଜଗତ୍ ତଦୀୟ ସମସ୍ତ ନିର୍ଜୀବ ଓ ସଜୀବ ପଦାର୍ଥ ସହ ଉତ୍ପତ୍ତି ଲାଭ କରିଅଛି। ସର୍ବପ୍ରଥମେ ଏହି ବିଶ୍ୱ ଇଦାନୀନ୍ତନ ସୌଷ୍ଠବ ଓ ଅଭିବୃଦ୍ଧି ସହ ବିଦ୍ୟମାନ ନ ଥିଲା। ଏହା କେତେକ ଆଦିମ ମୂଳ ପଦାର୍ଥରୁ କ୍ରମଶଃ ରୂପାନ୍ତରିତ ହୋଇ ବିଭିନ୍ନ ଅବସ୍ଥା ମଧ୍ୟ ଦେଇ ପରିଶେଷରେ ଇଦାନୀନ୍ତନ ଅବସ୍ଥାରେ ଉପନୀତ ହୋଇଅଛି। ବିଶସ୍ଥ ଜଡ଼ ପଦାର୍ଥଠାରୁ ଆରମ୍ଭ କରି ସଜୀବ ଉଦ୍ଭିଦ ଓ ପ୍ରାଣୀମାନଙ୍କ ପର୍ଯ୍ୟନ୍ତ ଓ ସେମାନଙ୍କଠାରୁ ଆରମ୍ଭ କରି ସର୍ବଶ୍ରେଷ୍ଠ ପ୍ରାଣୀ ମାନବ ପର୍ଯ୍ୟନ୍ତ ସମସ୍ତଙ୍କ ମଧ୍ୟରେ ଗୋଟିଏ ନିରବଚ୍ଛିନ୍ନ ବିକାଶ-ସ୍ରୋତ ଚାଲିଅଛି। ଗୁଳ୍ମ, ଲତା, ବୃକ୍ଷ, ଇତରଜାତୀୟ ପ୍ରାଣୀ ଓ ସର୍ବ ଶେଷରେ ମାନବ ଏହି କ୍ରମରେ ଉତ୍ପତ୍ତି

ଲାଭ କରିଅଛନ୍ତି। ବିବର୍ତ୍ତନବାଦ ସେଥିପାଇଁ ସୃଷ୍ଟିବାଦରୁ ଭିନ୍ନ। ସୃଷ୍ଟିବାଦ କହେ, ଈଶ୍ୱର ସ୍ୱୟଂମାନବ ପରି ଏହି ବିଶ୍ୱ ସଂସାର ସୃଷ୍ଟି କରି ତହିଁରେ ସଜୀବ ଓ ନିର୍ଜୀବ, ସକଳ ଶ୍ରେଣୀର ପଦାର୍ଥକୁ ସ୍ଥାନ ଦେଇଅଛନ୍ତି। ପୃଥିବୀର ପ୍ରାଚୀନ ଧର୍ମଗ୍ରନ୍ଥମାନଙ୍କରେ ଏହି ସୃଷ୍ଟିବାଦର ଯଥେଷ୍ଟ ପ୍ରମାଣ ମିଳେ। ଖ୍ରୀଷ୍ଟିଆନ ଧର୍ମପୁସ୍ତକରେ ଲେଖାଅଛି, ଈଶ୍ୱର କହିଲେ, "ଆଲୋକ ପ୍ରତିଭାତ ହେଉ", ତେଣୁ ଆଲୋକ ପ୍ରତିଭାତ ହେଲା। ଏହିପରି ଈଶ୍ୱର ସ୍ୱୀୟ ଆଦେଶରେ ବିଶ୍ୱର ଯାବତୀୟ ପଦାର୍ଥ ସୃଷ୍ଟି କରି ସୃଷ୍ଟିର ସପ୍ତମ ଦିନ ବିଶ୍ରାମ ନେଇଥିଲେ। ଭାରତୀୟ ଧର୍ମଗ୍ରନ୍ଥମାନଙ୍କରେ ମଧ୍ୟ ସ୍ଥାନେ ସ୍ଥାନେ ଏହିପ୍ରକାର ସୃଷ୍ଟିଗଳ୍ପ ଦେଖାଯାଇଥାଏ। ଉଦାହରଣ ସ୍ୱରୂପ, ମନୁସଂହିତାର ପ୍ରଥମ ଅଧ୍ୟାୟ ପ୍ରତି ଦୃଷ୍ଟି ଦେଲେ ଏହି ଉକ୍ତିର ସତ୍ୟତା ଉପଲବ୍ଧ ହେବ। ସେଥିରେ ଲେଖାଅଛି ବ୍ରହ୍ମା ସ୍ୱୀୟ ମୁଖ, ବାହୁ, ଉରୁ ଓ ପାଦରୁ ଯଥାକ୍ରମେ ବ୍ରାହ୍ମଣ, କ୍ଷତ୍ରିୟ, ବୈଶ୍ୟ, ଶୂଦ୍ର ଏହି ଚାରିବର୍ଣ୍ଣ ସୃଷ୍ଟି କଲେ। ତତ୍‌ପରେ ସେ କାଳ, ମାସ, ଋତୁ, ଅୟନ, ସମ୍ବତ୍ସର ପ୍ରଭୃତି ଓ ନକ୍ଷତ୍ରଗଣ, ଆଦିତ୍ୟାଦି ଗ୍ରହ ସକଳ, ନଦୀ, ସାଗର, ପର୍ବତ, ସମ ଓ ବିଷମ ସ୍ଥାନମାନଙ୍କର ସୃଷ୍ଟି କଲେ।

ସେ ସୃଷ୍ଟିକାଳରେ ଯେଉଁ ଯେଉଁ ଜାତିକୁ ଯେଉଁ ଯେଉଁ କର୍ମରେ ନିଯୁକ୍ତ କଲେ, ସେହି ସେହି ଜାତି ସେହି ସେହି କର୍ମ କରିବାକୁ ଲାଗିଲେ। ଇତ୍ୟାଦି, ଇତ୍ୟାଦି। ଏହିପରି ପୃଥିବୀର ଭିନ୍ନ ଭିନ୍ନ ସ୍ଥାନରେ ସୃଷ୍ଟିବାଦର ପ୍ରଚଳନ ଦେଖାଯାଇଥାଏ। କେବଳ ଏତିକି ନୁହେଁ, ଏହି ସୃଷ୍ଟିବାଦ ହିଁ ଜନ ସମାଜରେ ଗୋଟିଏ ସାଧାରଣ ମତ ହୋଇଯାଇଅଛି; ମାତ୍ର ବିବର୍ତ୍ତନବାଦ ଆଜି ସୃଷ୍ଟିବାଦର ବିରୋଧୀ ରୂପରେ ଦଣ୍ଡାୟମାନ ହୋଇଅଛି। ସୃଷ୍ଟିବାଦର ଈଶ୍ୱର ପ୍ରଭୃତି କଳ୍ପନା ଦୂରୀଭୂତ କରି ବିବର୍ତ୍ତନବାଦୀ ଆଧୁନିକ ଯୁଗରେ ବିଶ୍ୱର ଗୋଟିଏ ନୂତନ ବ୍ୟାଖ୍ୟା ଦେଇଅଛନ୍ତି। ତାଙ୍କ ମତରେ ଏହି ବିଶ୍ୱଜଗତ୍ ମାନବୋପମ କୌଣସି ଈଶ୍ୱରଙ୍କର କାରୁକାର୍ଯ୍ୟ ନୁହେଁ। ଏହାକେବଳ କତିପୟ ଆଦିମ ପଦାର୍ଥରୁ କ୍ରମପରିବର୍ତ୍ତନ ପ୍ରଣାଳୀରେ ଉତ୍ପନ୍ନ ହୋଇ ଈଦୃଶ ଆକାର ଧାରଣ କରିଅଛି। ବିବର୍ତ୍ତନବାଦରେ ସେଥିପାଇଁ ସ୍ରଷ୍ଟାଙ୍କର ସ୍ଥାନ ନାହିଁ। ସୁତରାଂ ସୃଷ୍ଟି ବିବର୍ତ୍ତନ ନୁହେଁ, କି ବିବର୍ତ୍ତନ ସୃଷ୍ଟି ନୁହେଁ। ସୃଷ୍ଟିବାଦରେ ଭିନ୍ନ ଭିନ୍ନ ଶ୍ରେଣୀର ପଦାର୍ଥ ସୃଷ୍ଟିର ପ୍ରାରମ୍ଭରେ ଯେପରି ନିର୍ମିତ ହୋଇଥିଲେ, ସେହିପରି ଅପରିବର୍ତ୍ତନୀୟ ରହିଅଛନ୍ତି। ମାତ୍ର ବିବର୍ତ୍ତନବାଦରେ ସକଳ ଶ୍ରେଣୀର ପଦାର୍ଥ ମଧ୍ୟରେ ଏପରି ଗୋଟିଏ କ୍ରମବିକାଶ-ସୂତ୍ର ନିହିତ ରହିଅଛି ଯେ, ଜଡ଼ରୁ ସଜୀବର ଉତ୍ପତ୍ତି ଓ ନିମ୍ନଶ୍ରେଣୀର ଜୀବଠାରୁ ଉଚ୍ଚଶ୍ରେଣୀର ଜୀବମାନଙ୍କର ଉତ୍ପତ୍ତି ଘଟିଥିବାର କଥିତ ହୋଇଅଛି। ପ୍ରାଚୀନ କାଳରେ ଲୋକେ କେବଳ ଚିନ୍ତା ବା କଳ୍ପନା ବଳରେ ବିଶ୍ୱର ଉତ୍ପତ୍ତି ସମ୍ବନ୍ଧରେ ସୃଷ୍ଟିବାଦ

ପ୍ରଚାର କରିଥିବାର ଅନୁମିତ ହୁଏ। ମାତ୍ର ବର୍ତ୍ତମାନ ପର୍ଯ୍ୟବେକ୍ଷଣ ଓ ପରୀକ୍ଷଣର ସାହାଯ୍ୟରେ ଯନ୍ତ୍ରାଗାରରେ ନୂତନ ନୂତନ ସତ୍ୟମାନ ଆବିଷ୍କୃତ ହେଉଅଛି।

ଫଳତଃ ବିଶ୍ୱର ଉତ୍ପତ୍ତି ସମ୍ବନ୍ଧରେ ଚାକ୍ଷୁଷ ପ୍ରମାଣମାନ ସଂଗୃହୀତ ହୋଇଅଛି। ପୃଥିବୀରେ ବଡ଼ ବଡ଼ ବିଜ୍ଞାନବିତ୍ ପ୍ରଭୂତ ଧୈର୍ଯ୍ୟ ଓ ପ୍ରଣିଧାନ ସହ ଦେଖାଇଅଛନ୍ତି ଯେ, ମାନବ ବାନରଠାରୁ, ବାନର ତାହାର ନିମ୍ନତର ଶ୍ରେଣୀର ପ୍ରାଣୀମାନଙ୍କଠାରୁ, ସେମାନେ ତତ୍ପୂର୍ବବର୍ତ୍ତୀ ପ୍ରାଣିଜାତିଠାରୁ ଉଦ୍ଭୁତ ହୋଇଅଛନ୍ତି—ବିଶ୍ୱର ଯାବତୀୟ ପଦାର୍ଥମାନଙ୍କ ମଧ୍ୟରେ ଆରୋହକ୍ରମରେ ଗୋଟିଏ ବିବର୍ତ୍ତନ ସ୍ରୋତ ଚାଲିଅଛି। ଏହି ମତଟି ବର୍ତ୍ତମାନ ବିଜ୍ଞାନଭିତ୍ତିରେ ପ୍ରତିଷ୍ଠିତ ହୋଇଥିବାରୁ ଆଜିକାଲି ବିଶ୍ୱବ୍ୟାଖ୍ୟାନ କାର୍ଯ୍ୟରେ ସୃଷ୍ଟିବାଦର ପ୍ରାଧାନ୍ୟ ଅପେକ୍ଷାକୃତ କମିଯାଇଅଛି। କିନ୍ତୁ ବିବର୍ତ୍ତନବାଦ ଗତ କେତେକ ବର୍ଷ ହେଲା ପୃଥିବୀରେ ପ୍ରଚାରିତ ହୋଇ ଗୋଟିଏ ପ୍ରଧାନ ବିଜ୍ଞାନ ଆକାରରେ ପ୍ରତିଷ୍ଠିତ ହୋଇଥିଲେ ସୁଦ୍ଧା ସମସ୍ତେ ଏହାର ପ୍ରକୃତ ଅର୍ଥ ଏପର୍ଯ୍ୟନ୍ତ ହୃଦୟଙ୍ଗମ କରି ପାରିଅଛନ୍ତି ବୋଲି କହିପାରିବୁ ନାହିଁ। କେତେକଙ୍କର ଧାରଣା, ବିବର୍ତ୍ତନ କହିଲେ, ମର୍କଟରୁ ମାନବର ଉତ୍ପତ୍ତି ବୁଝିବାକୁ ହେବ। ପୁଣି ଅନେକ ସମୟରେ ଲୋକେ ପ୍ରଧାନ ଇଂରାଜି ବିବର୍ତ୍ତନବାଦୀ ଚାର୍ଲସ ଡାରଉଇନ୍ଙ୍କ "ଜୀବଜାତିର ଉଦ୍ଭବ" ନାମକ ଗ୍ରନ୍ଥରେ ବିଭିନ୍ନ ଜୀବଶ୍ରେଣୀର ଉତ୍ପତ୍ତି ବିଷୟରେ ଲିଖିତ ମତଟିକୁ ବୁଝିଥାନ୍ତି। ମାତ୍ର ଏହି ସବୁ ଧାରଣା ଭ୍ରମମୂଳକ ଅଟେ। ବିବର୍ତ୍ତନବାଦ ପ୍ରକୃତରେ କେବଳ ଡାରଉଇନଙ୍କର ଜୀବୋତ୍ପତ୍ତିବାଦ ନୁହେଁ, କି ଅନ୍ୟ କୌଣସି ବିଜ୍ଞାନବାଦଙ୍କର ବିଶିଷ୍ଟ ମତ ନୁହେଁ। ଅବଶ୍ୟ ଏହି ମତଗୁଡ଼ିକ ବିବର୍ତ୍ତନବାଦର ଅନ୍ତର୍ଗତ; ତଥାପି ଏହି ଶବ୍ଦଟିର ଅର୍ଥ ଆହୁରି ବ୍ୟାପକ। ତେଣୁ ଏହି ମତଗୁଡ଼ିକ ବୁଝିବା ସଙ୍ଗେ ସଙ୍ଗେ 'ବିବର୍ତ୍ତନବାଦ' ଦ୍ୱାରା ଆହୁରି ଅନେକ ବିଷୟ ବୁଝିବାକୁ ହେବ। ବିବର୍ତ୍ତନବାଦ ଯେ କେବଳ ଜୀବଜଗତ୍ ବା ମାନବର କ୍ରମୋତ୍ପତ୍ତି ବ୍ୟାଖ୍ୟା କରିଥାଏ, ତାହା ନୁହେଁ; ଏହା ବିଶ୍ୱର ଯେତେ ବିଭାଗ, ସେତେ ବିଭାଗର ମଧ୍ୟ ଉତ୍ପତ୍ତିର ବ୍ୟାଖ୍ୟା ଦେଇଥାଏ। ସୁତରାଂ ସମଗ୍ର ବିଶ୍ୱର ଉତ୍ପତ୍ତିକ୍ରମ ପ୍ରଦର୍ଶନ କରିବାକୁ ହେଲେ, ଆମ୍ଭମାନଙ୍କୁ ତତ୍ରସ୍ଥ ଅସଂଖ୍ୟ ଗ୍ରହନକ୍ଷତ୍ର ତଥା ନିର୍ଜୀବ ଓ ସଜୀବ ପ୍ରଭୃତି ସକଳ ପଦାର୍ଥ ପ୍ରତି ଦୃଷ୍ଟି ଦେବାକୁ ହେବ। ଏହା ଜଡ଼-ବିଜ୍ଞାନ, ରସାୟନ ଶାସ୍ତ୍ର ପ୍ରଭୃତି ବିଜ୍ଞାନଶାସ୍ତ୍ର ପରି ବିଶ୍ୱର କେବଳ ଗୋଟିଏ ବିଶିଷ୍ଟ ଅଂଶରେ ଆବଦ୍ଧ ନ ରହି ବରଂ ତତ୍ସମ୍ବନ୍ଧରେ ଗୋଟିଏ ସର୍ବାଙ୍ଗୀନ ଜ୍ଞାନ ପ୍ରତି ଲକ୍ଷ୍ୟ ରଖିଅଛି। ସେଥିପାଇଁ ଏହା ଦର୍ଶନବତ ଗୋଟିଏ ଶାସ୍ତ୍ର କହିଲେ ଅତ୍ୟୁକ୍ତି ହେବନାହିଁ। କେବଳ ପ୍ରଭେଦ ଏତିକି, ଦର୍ଶନ ବିବର୍ତ୍ତନବାଦ ଅପେକ୍ଷା ବ୍ୟାପକତର। କେତେକ ଦାର୍ଶନିକ ମତ

ବିଜ୍ଞାନ ଭିତ୍ତିରେ ପ୍ରତିଷ୍ଠିତ ନ ହୋଇ କେବଳ ସୃଷ୍ଟିଗାଥା ବା ତତ୍‌ସଦୃଶ ଅନ୍ୟ କୌଣସି ଆକାରରେ ପ୍ରକାଶିତ ହୋଇଥାଏ; ମାତ୍ର ବିବର୍ତ୍ତନବାଦ ପର୍ଯ୍ୟବେକ୍ଷଣ ଓ ପରୀକ୍ଷଣ ପ୍ରଭୃତି ବୈଜ୍ଞାନିକ ଉତ୍ପତ୍ତି ସମ୍ବନ୍ଧରେ ଯୁକ୍ତିଯୁକ୍ତ ସମ୍ଭାବନା ଉତ୍ତୋଳନ କରିଅଛି। ଏହି ବିଶ୍ୱବ୍ରହ୍ମାଣ୍ଡରେ ପ୍ରଧାନତଃ ଦୁଇଗୋଟି ବିଭାଗ ଦେଖିବାକୁ ମିଳେ। ଏହି ବିଭାଗଦ୍ୱୟ ଜଡ଼ଜଗତ୍ ଓ ଜୀବଜଗତ୍ ନାମରେ ଅଭିହିତ। ବିଶ୍ୱସ୍ଥ ଯାବତୀୟ ନିର୍ଜୀବ ପଦାର୍ଥ ଜଡ଼ଜଗତର ଅନ୍ତର୍ଗତ। ଜୀବଜଗତ୍ କିନ୍ତୁ ଯାବତୀୟ ଉଦ୍ଭିଦ ଓ ପ୍ରାଣୀ ଜାତି ଘେନି ଗଠିତ। ପ୍ରାଣୀମାନଙ୍କ ମଧ୍ୟରୁ କେତେକଙ୍କଠାରେ ବିକଶିତ ମାନସିକ ବୃତ୍ତିଗୁଡ଼ିକହିଁ ଏହି ଜଗତର ଅନ୍ତର୍ଗତ। କିନ୍ତୁ ହାର୍ବଟ୍ ସେନ୍‌ସାର୍ ନାମକ ଊନବିଂଶ ଶତାବ୍ଦୀର ଜଣେ ପ୍ରଧାନ ବିବର୍ତ୍ତନବାଦୀ ବିଶ୍ୱର ଏହି ଦିଓଟି ବିଭାଗ ଛଡ଼ା ଆଉ ଗୋଟିଏ ସ୍ୱତନ୍ତ୍ର ବିଭାଗର ଉଲ୍ଲେଖ କରିଅଛନ୍ତି। ସେ ଏହି ବିଭାଗଟିକୁ ଅତିଜୈବ ନାମ ଦେଇଅଛନ୍ତି। ତାଙ୍କ ମତରେ ପ୍ରାଣୀମାନଙ୍କ ମଧ୍ୟରୁ ଅନେକଙ୍କଠାରେ ସାମାଜିକତା ବା ଦଳବଦ୍ଧତା ଦେଖାଯାଇଥାଏ।

ବିଶେଷତଃ ମାନବ ଜାତିରେ ଏହି ଗୁଣଟି ସ୍ପଷ୍ଟ ବିକଶିତ। ମାନବସମାଜ ଓ ତତ୍‌ପ୍ରସୂତ ଅଧିକାଂଶ ଅନୁଷ୍ଠାନ ଏହି ସମାଜବଦ୍ଧତାର ଫଳ ମାତ୍ର। ଏହି ସମସ୍ତଙ୍କୁ 'ଅତିଜୈବ' ଆଖ୍ୟା ଦେବାର ତାଙ୍କର କାରଣ ଏହି କି, ଏ ସବୁ କୌଣସି ବ୍ୟକ୍ତିଗତ ପ୍ରାଣୀଠାରେ କାଳକ୍ରମେ ବିକଶିତ ନ ହୋଇ ବରଂ ଏକଜାତୀୟ ପ୍ରାଣୀମାନଙ୍କ ସମବାୟରୁ ଉତ୍ପତ୍ତି ଲାଭ କରିଅଛି। ସ୍ପେନ୍‌ସାରଙ୍କ ମତରେ କୌଣସି ବ୍ୟକ୍ତିଗତ ପ୍ରାଣୀ 'ସମାଜ' ଆଖ୍ୟା ପାଇ ନ ପାରେ, କି ବିଭିନ୍ନ ଜାତିର ପ୍ରାଣୀମାନଙ୍କର ମିଳନ ସମାଜ ନୁହେଁ। ଆହୁରି ମଧ୍ୟ କୌଣସି ପରିବାରର ପିତା, ମାତା ଓ ସନ୍ତାନ ସନ୍ତତିଙ୍କର ମିଳନ ସମାଜ ହୋଇ ନ ପାରେ। ସେ କହନ୍ତି, ସମାଜ କେବଳ ଏକଜାତୀୟ ପ୍ରାଣୀମାନଙ୍କର ସମବେତ ଚେଷ୍ଟାର ଫଳ। ପ୍ରାଣୀ-ଜାତି ବିଶେଷରେ ବ୍ୟକ୍ତିମାନେ ପରସ୍ପରର ସୁଖ ସ୍ୱାଚ୍ଛନ୍ଦ୍ୟ ନିମିତ୍ତ ମିଳିତ ହୋଇ ଗୋଟିଏ ଗୋଟିଏ ଦଳରେ ପରିଣତ ହୁଅନ୍ତି। ଏହି ପ୍ରତ୍ୟେକ ଦଳ ଗୋଟିଏ ଗୋଟିଏ ସମାଜ। ଉଦାହରଣ ସ୍ୱରୂପ, ମାନବ ଜାତିର ଏକ ଭାବାପନ୍ନ ବ୍ୟକ୍ତିମାନେ ପରସ୍ପରର ଉନ୍ନତି ସାଧନ ନିମିତ୍ତ ମିଳିତ ହୋଇ ଗୋଟିଏ ଗୋଟିଏ ସମାଜ ଗଢ଼ିଥାନ୍ତି ଏବଂ ଏହି ସମାଜର ଅବସ୍ଥିତି ଓ ଅଭିବୃଦ୍ଧି ନିମିତ୍ତ ବିବିଧ ଅନୁଷ୍ଠାନ ସୃଷ୍ଟି କରିଥାନ୍ତି। ଏହି ସମାଜ ଓ ତଦନ୍ତର୍ଗତ ଅନୁଷ୍ଠାନଗୁଡ଼ିକୁ ସ୍ପେନ୍‌ସାର୍ ବିଶ୍ୱର ଗୋଟିଏ ସ୍ୱତନ୍ତ୍ର ବିଭାଗ ମନେ କରି ତାହାକୁ ଉଲ୍ଲିଖିତ ଆଖ୍ୟାଟି ଦେଇଅଛନ୍ତି। ମାତ୍ର ଆମ୍ଭେମାନେ ଏହି ବିଭାଗଟିକୁ ଗୋଟିଏ ସ୍ୱତନ୍ତ୍ର ବିଭାଗ ବୋଲି ମନେ କରୁ ନାହିଁ। କାରଣ ସମାଜ ଓ ତଦନ୍ତର୍ଗତ ସମସ୍ତ

ଅନୁଷ୍ଠାନ ପ୍ରାଣୀମାନଙ୍କର କାର୍ଯ୍ୟକଳାପରୁ ଉତ୍ପନ୍ନ। ସୁତରାଂ ଏହାକୁ ଆମ୍ଭେମାନେ ଜୀବଜଗତର ଅନ୍ତର୍ଗତ ଗୋଟିଏ ଉପବିଭାଗ ମନେ କରି ବିଶ୍ୱ ବ୍ରହ୍ମାଣ୍ଡକୁ ପ୍ରଧାନତଃ ଜଡ଼ଜଗତ୍ ଓ ଜୀବଜଗତ୍, ଏହି ଦୁଇ ଶ୍ରେଣୀରେ ବିଭକ୍ତ କଲୁଁ।

ବିବର୍ତ୍ତନବାଦ ତାହାହେଲେ ବିଶ୍ୱର ଏହି ପ୍ରଧାନ ବିଭାଗଦ୍ୱୟ ଓ ତଦନ୍ତର୍ଗତ ଉପବିଭାଗଗୁଡ଼ିକର ଉତ୍ପତ୍ତିକ୍ରମ ଦେଖାଇବ। ହାର୍ବାଟ୍ ସ୍ପେନ୍‌ସାର୍ ମଧ୍ୟ ବିଶ୍ୱବ୍ରହ୍ମାଣ୍ଡକୁ ଉଲ୍ଲିଖିତ ୩ ଗୋଟି ବିଭାଗରେ ବିଭକ୍ତ କରି ଏକ ବିବର୍ତ୍ତନ ସ୍ରୋତ ଯେ ଏହାକୁ ଶାସନ କରୁଅଛି, ଏହା ଦେଖାଇ ଅଛନ୍ତି। ଡାରଉଇନ୍ ପ୍ରଭୃତି ଆଧୁନିକ ଯୁଗରେ ଜଣେ ଜଣେ ସ୍ୱନାମଧନ୍ୟ ବିବର୍ତ୍ତନବାଦୀ ହେଲେ ହେଁ, ସେମାନେ ବିଶ୍ୱର ସମସ୍ତ ବିଭାଗର ବିବର୍ତ୍ତନ ବା ଉତ୍ପତ୍ତିକ୍ରମ ଦେଖାଇ ନାହାନ୍ତି। ହାର୍‌ବାର୍ଟ ସ୍ପେନ୍‌ସାର କିନ୍ତୁ ଏହି ପ୍ରତ୍ୟେକ ବିଭାଗରେ ବିବର୍ତ୍ତନକ୍ରିୟା ଚାଲିଅଛି ବୋଲି ଦେଖାଇ ପ୍ରକୃତରେ ଜଣେ ବିବର୍ତ୍ତନବାଦୀ ବୋଲି ପରିଚିତ ହୋଇଅଛନ୍ତି। ଅତଏବ ଏହି ଦୃଷ୍ଟିରେ ଆମ୍ଭମାନଙ୍କର ବିବର୍ତ୍ତନବାଦ ଆଲୋଚ୍ୟ। ଉପରେ ବିଶ୍ୱର ଦୁଇଗୋଟି ପ୍ରଧାନ ବିଭାଗ ପ୍ରଦତ୍ତ ହୋଇଅଛି। ସୁତରାଂ ଏହି ବିଭାଗ କ୍ରମରେ ବିବର୍ତ୍ତନବାଦ ଜଡ଼ ବିବର୍ତ୍ତନବାଦ ଓ ଜୀବ ବିବର୍ତ୍ତନବାଦ ନାମରେ ଆଲୋଚିତ ହେବ।

■

ଆମ ସଂସ୍କୃତି

ବିରୂପାକ୍ଷ କର

'ସଂସ୍କୃତି'—ଏହାର ଅର୍ଥ, କ୍ରମବର୍ଦ୍ଧମାନ ବୁଦ୍ଧି ଓ ବିଚାର ଦ୍ୱାରା ଯୁଗ ନିର୍ବିଶେଷରେ ପରିମାର୍ଜିତ ଓ କାଳଗତିରେ ପରିପୁଷ୍ଟ ହୋଇ ଦେଶ ଓ ସମାଜରେ ଚଳ ଆସୁଥିବା ରୀତି, ନୀତି, ଆଚାର ଓ ବ୍ୟବହାର ଆଦି। ପ୍ରତ୍ୟେକ ଦେଶ ଓ ଜାତିର ସଂସ୍କୃତି ଅଛି। କିନ୍ତୁ ଅବସ୍ଥା ଭେଦରେ ସେ ସବୁ କେତେକାଂଶରେ ପୃଥକ୍। ଦେଶ ବା ଜାତିର ଜଳବାୟୁ, ହାବଭାବ, ସ୍ୱତନ୍ତ୍ର ନୀତି ଓ ଧର୍ମ ବିଶ୍ୱାସ ଆଦି ଏ ଭଳି ପାର୍ଥକ୍ୟରେ କାରଣ।

ସଂସ୍କୃତ ପ୍ରତ୍ୟେକ ଜାତି ଓ ସମାଜର ପ୍ରଧାନ ଆଧାର ଓ ଗୋଷ୍ଠୀ ନିର୍ଦ୍ଦେଶକ ବନ୍ଧନୀ। ଏହାର ସାମଞ୍ଜସ୍ୟ ଦେଶ ଦେଶ ଓ ବ୍ୟକ୍ତି ବ୍ୟକ୍ତିଙ୍କୁ ଏକ ଗୋଷ୍ଠୀଭୁକ୍ତ ଓ ସୌହାର୍ଦ୍ଦ୍ୟ ସମ୍ପନ୍ନ କରିଥାଏ। ଏହାରି ପ୍ରଭାବରେ ପାଶ୍ଚାତ୍ୟ ଦେଶର ଲୋକମାନେ ଯେପରି ପରସ୍ପର ପ୍ରତି ସହାନୁଭୂତିଶୀଳ, ପ୍ରାଚ୍ୟମାନେ ମଧ୍ୟ ସେହିପରି ଅନ୍ୟୋନ୍ୟ ମମତାବଦ୍ଧ। ହିମାଳୟବାସୀ ହିନ୍ଦୁ, କୁମାରୀକା ତୀରସ୍ଥ ହିନ୍ଦୁର ଭାଇ, ଭାରତର ବିଭିନ୍ନ ପ୍ରାନ୍ତବର୍ତ୍ତୀ ଓଡ଼ିଆ, ବଙ୍ଗାଳୀ ବା ହିନ୍ଦୁସ୍ଥାନୀ ବା ତେଲଗୁ ପରସ୍ପର ପ୍ରତି ମମତା ପରାୟତା।

ଏହି ସଂସ୍କୃତି ମଧ୍ୟ ଜାତିର ବୟସ ଓ ଗୌରବର ପରିମାପକ ସ୍ତମ୍ଭ। ଜାତିର ସଂସ୍କୃତିଗତ କୌଣସି ନିର୍ଦ୍ଦିଷ୍ଟ ଆଚାର ବିଷୟ ଆଲୋଚନା କଲେ ତାହା କେଉଁକାଳରେ କେତେ ବର୍ଷରେ କି କି ଆକାରରେ ଗତି କରି ଆସିଛି ତାହା ଜଣାଯିବା ସଙ୍ଗେ ସଙ୍ଗେ ଜାତିର ବୟସ ନିରୂପିତ ହୋଇଯାଏ। ସମ୍ପୃକ୍ତ ଆଚାର ଯଦି ଉଚ୍ଚକୋଟୀର ହୋଇଥାଏ ତା ହେଲେ ତଦ୍ଦ୍ୱାରା ଜାତିର ପ୍ରାଚୀନ ଚିନ୍ତାଧାରାର ଉତ୍କର୍ଷ ପ୍ରତିପାଦିତ ହୁଏ।

ସଂସ୍କୃତି ଦେଶ ବା ଜାତିର ସର୍ବାଙ୍ଗୀନ ବିକାଶର ପୂର୍ଣ୍ଣ ଇତିହାସ। ସମାଜର

ଗଠନ ଓ ସୁରକ୍ଷତା ପାଇଁ ଯେତେବେଳେ ଯେଉଁ ନିୟମ, ଅର୍ଥନୀତି ଓ ଧର୍ମ ସଂସ୍ଥାମାନ ଉଦ୍ଭାବିତ ଓ ପ୍ରଚଳିତ ହୋଇଥାଏ, ଏହା ତାହାରି ପ୍ରତୀକ। ଯେଉଁ ଦେଶ ବା ଜାତି ବା ସମାଜର ସଂସ୍କୃତି ନାହିଁ, ତାହାର ଇତିହାସ ନାହିଁ ମନେହୁଏ, ପୃଥିବୀବକ୍ଷରେ ଏପରି କୌଣସି ଜାତି ବା ସମାଜ ନାହିଁ ଯାହାର ସଂସ୍କୃତି ନାହିଁ। ଅଦ୍ୟାବଧି ଲୋକଲୋଚନକୁ ଆସି ନଥିବା ବନ୍ୟ ଅଧିବାସୀର ମଧ୍ୟ କିଛି ନା କିଛି ସଂସ୍କୃତି ଅଛି। ତାହା କାହାର ବିଚାରରେ ଗଣ୍ୟ ବା ନୀତିସମ୍ମତ ହୋଇ ନପାରେ, ମାତ୍ର ସେ ଭିନ୍ନକଥା।

ଆଜି କିନ୍ତୁ, ଆମଦେଶରେ ସଂସ୍କୃତି ପ୍ରତି ଆଦର କ୍ରମଶଃ ହ୍ରାସ ପ୍ରାପ୍ତହୋଇଛି, କେହି ଏହାର ଉପାଦେୟତା ସମ୍ବନ୍ଧେ ଅନୁଧ୍ୟାନ କରୁ ନାହାନ୍ତି। ଏ ଦେଶର ମୌଳିକଶିକ୍ଷା ପ୍ରଣାଳୀ ପାଶ୍ଚାତ୍ୟ ଶିକ୍ଷାନୀତି ଠାରୁ ପୃଥକ୍। ଶେଷୋକ୍ତ ଶିକ୍ଷାପ୍ରଣାଳୀ ଦ୍ୱାରା ଆତ୍ମ ସମ୍ଭୋଗାଭିଳାଷ ହୃଦୟରେ ମୁଖ୍ୟସ୍ଥାନ ଅଧିକାର କରେ। ଫଳତଃ, ଏ ଦେଶର ବୁଦ୍ଧିଜୀବୀ ଶ୍ରେଣୀ ପାଶ୍ଚାତ୍ୟ ଶିକ୍ଷାଦ୍ୱାରା ଆତ୍ମସର୍ବସ୍ୱ ହେବା ସଙ୍ଗେ ସଙ୍ଗେ ଆତ୍ମପ୍ରସାଦ ଲାଭକରି ବାହ୍ୟସଂସ୍କୃତି ପ୍ରତି ଆକୃଷ୍ଟ ହେବା ସ୍ୱାଭାବିକ। ଆଜି ଏ ଦେଶର ପ୍ରଭାବଶାଳୀ କେତେକ ମନୀଷୀ ଏବଂ ବିଧ ଆକର୍ଷିତାରେ ସ୍ଖଳିତପଦ ହୋଇ ଯେଉଁ ସଂସ୍କୃତି ବିରୁଦ୍ଧ ସାମାଜିକ ପନ୍ଥା ସବୁର ଅବତାରଣା କରୁଅଛନ୍ତି, ତାହାକୁ ସ୍ୱାଗତ କରାଯାଇ ନ ପାରେ।

ଭାରତୀୟମାନଙ୍କ ବ୍ୟକ୍ତିଗତ ବା ଗୋଷ୍ଠୀଗତ ଜୀବନ ଧାରଣାର ଭିତ୍ତି ଭଗବତ୍ ପ୍ରେରଣା। ଭାରତୀୟ ପ୍ରତ୍ୟେକ କର୍ମର ମୂଳକୁ ଭଗବାନଙ୍କ ଠାରେ ଆରୋପ କରିଥାଏ। ଭଗବାନଙ୍କୁ ସମସ୍ତ କର୍ମର ମୂଳରୂପେ ଗ୍ରହଣ କରି ଭଗବତ୍ ପ୍ରାଣ ହୋଇ ନିଶ୍ଚଳ ହୃଦୟରେ ଯାହା କର୍ତ୍ତବ୍ୟ ବୋଲି ପ୍ରତିଭାତ ହେବ ତାହାକୁ ପାଳନ କରି କର୍ମମୟ ଜୀବନଯାପନ କରିବା, ତାହାର ସଂସ୍କୃତି। ଏବଂ ବିଧ ସଂସ୍କୃତି ଭାବଧାର ଭାରତର ବ୍ୟକ୍ତି ଓ ସମାଜକୁ ଅନୈତିକ ପନ୍ଥାରୁ ଜଗି ରଖିଥାଏ। ଫଳରେ ବ୍ୟକ୍ତିଗଠନ ବ୍ୟାପାରରେ ଦୋଷଯୁକ୍ତ ବ୍ୟବହାରର ପରିସର ପ୍ରାୟ ନଥାଏ। ସେଥିପାଇଁ ଭାରତୀୟ ସମାଜ ପ୍ରାଚୀନ କାଳରୁ ପୃଥିବୀ ଚକ୍ଷୁରେ ଅସାଧାରଣ ନୈତିକତା ଦେଖାଇଆସିଛି।

ସୃଷ୍ଟିର ମୂଳସୂତ୍ରକୁ ଭାରତବାସୀ ମନୁଷ୍ୟ ସମାଜରେ ବିବାହ ନାମଦେଇ ତାହାକୁ ନାନା ନୀତି ନିୟମାନୁମୋଦିତ କର୍ମ ପରମ୍ପରା ଦ୍ୱାରା ନିୟନ୍ତ୍ରିତ କରିଅଛି। ବିବାହପାଇଁ ଯୁବକ ଯୁବତୀଙ୍କ ମନୋନୟନ ଠାରୁ ଆରମ୍ଭକରି ସନ୍ତାନି—ପ୍ରଜନକ ତଥା ସାମାଜିକ ଜୀବନଯାପନ ପର୍ଯ୍ୟନ୍ତ ସମସ୍ତ କାର୍ଯ୍ୟ ଐଶୀ ଅନୁଷ୍ଠାନ ଦ୍ୱାରା ସଂସ୍କୃତି ଓ ସମାର୍ଜିତ ହୋଇଥାଏ। ଶିକ୍ଷା, ଚରିତ୍ର, ବୟସ ଓ ବଂଶ ମର୍ଯ୍ୟାଦା ଆଦି ଦୃଷ୍ଟିରୁ ସବୁ ଦମ୍ପତି ମନୋନୀତ ହୋଇଥାନ୍ତି। ଈଶ୍ୱରଙ୍କ ନାମରେ ସତ୍ୟବଚନ ଦ୍ୱାରା ଉଭୟେ ପରସ୍ପର

ପ୍ରତି ସୌହାର୍ଦ୍ଦ୍ୟ ଓ ଆନୁଗତ୍ୟ ସର୍ବ ସମକ୍ଷରେ ପ୍ରକାଶ କରି ଜୀବନ ପାଇଁ ଅଚ୍ଛେଦ୍ୟ ବନ୍ଧନରେ ଆବଦ୍ଧ ହୋଇଥାନ୍ତି। ବିବାହୋତ୍ତର ସମସ୍ତ କାର୍ଯ୍ୟ ଭଗବତ୍ କଲ୍ୟାଣ କାମନା ନିମିତ୍ତ ସମ୍ପନ୍ନ ହୁଏ ଓ ସେସବୁ ଯଥେଚ୍ଛା ସମୟରେ ନ ହୋଇ ଶୁଭ ମୁହୂର୍ତ୍ତମାନଙ୍କରେ ହୋଇଥାଏ। ଏହି ବନ୍ଧନକୁ ଧର୍ମ୍ମମୂଳକ ବୋଲି ନବ-ଦମ୍ପତିଙ୍କ ହୃଦୟରେ ବଦ୍ଧମୂଳ କରାଇବା ଓ ସମାଜରେ ପ୍ରତିପନ୍ନ ଓ ପ୍ରଚାରିତ କରଇବା ପାଇଁ ନାନାବିଧ ବୈଦିକ କ୍ରିୟା ଓ ଆଚାରର ବିଧାନ ଖଞ୍ଜା ଯାଇଅଛି। ପୁଣି ଏହାର ଅବିଚ୍ଛେଦ୍ୟତା ରକ୍ଷା କରିବା ଉଦ୍ଦେଶ୍ୟରେ ପତି ଓ ପତ୍ନୀ ଉଭୟଙ୍କର ସାହଚର୍ଯ୍ୟ ବିନା କେତେକ ସାଂସ୍କୃତିକ ଓ ସାମାଜିକ କାର୍ଯ୍ୟ ବାରିତ ହୋଇଅଛି। ଅନୁଢ଼ ପୁରୁଷ କେତେକ କାର୍ଯ୍ୟପାଇଁ ଅନୁପଯୁକ୍ତ। ବିବାହ ପରେ ପତ୍ନୀ ପତିର ଅର୍ଦ୍ଧାଙ୍ଗିନୀ ଓ ଧର୍ମ୍ମକାର୍ଯ୍ୟ ପାଇଁ ତାହାର ଅନିବାର୍ଯ୍ୟ ସହାୟିକା। ପତି ପତ୍ନୀଙ୍କର ଅନ୍ୟୋନ୍ୟ ପ୍ରତି ଦ୍ୱେଷ ବା ସେମାନଙ୍କର ଅହେତୁକ ଦ୍ୱନ୍ଦ୍ୱ ବା ବିଚ୍ଛେଦ ସମାଜରେ ଘୃଣ୍ୟ। ସେମାନଙ୍କର ଆଚାର ବ୍ୟବହାର ସ୍ୱାସ୍ଥ୍ୟ ଓ ସଙ୍ଗତି ଆଦି ନାନା କାରଣରୁ ଶୃଙ୍ଖଳିତ। ସେମାନଙ୍କର ଆଚାର ବିରୁଦ୍ଧ କାର୍ଯ୍ୟକଳାପ ଦୋଷାବହ ଓ କର୍ମ୍ମ ବିଶେଷରେ ପ୍ରାୟଶ୍ଚିତ୍ତାର୍ହ ମଧ୍ୟ। ଆର୍ଯ୍ୟ ସଂସ୍କୃତିରେ ସ୍ତ୍ରୀ କ୍ରୀଡ଼ନକ ନୁହେଁ। ପତି ପତ୍ନୀଙ୍କ ମଧ୍ୟରେ ପାରସ୍ପରିକ ସମାନ କର୍ତ୍ତୃତ୍ୱ ଓ କର୍ତ୍ତବ୍ୟ ଥାଏ। ବିଦୁଷୀ ଯୁଗେ ଯୁଗେ ଧନ୍ୟା ପତିର ସ୍ପୃହ୍ୟା। ପତ ପତ୍ନୀ ଦୁହେଁ ଦୁହିଁଙ୍କର ଶାସକ ଓ ଶାସିକା। ସୀତା, ସାବିତ୍ରୀ ଓ ଅରୁନ୍ଧତୀ ଏବଂ ବିଧ ଆର୍ଯ୍ୟ ସଂସ୍କୃତିର କଳ୍ପିତ ପୌରାଣିକ ଦୃଷ୍ଟାନ୍ତ। ସେମାନେ ସତୀତ୍ୱ ଓ ପତିବ୍ରତ୍ୟ ବଳରେ ଅସାଧ୍ୟ ସାଧନ କରି ଓ କରାଇ ସ୍ୱାମୀ ସହ ଅମର ଭବନରେ ସ୍ଥାନ ପାଇଅଛନ୍ତି। ସୁଗୁଣବତୀ ପତ୍ନୀର ଉପଦେଶରେ ପଥଭ୍ରଷ୍ଟ ପତିର ଚରିତ୍ର ପରିବର୍ତ୍ତନର ଆଖ୍ୟାନ ପୁରାଣରେ ବିରଳ ନୁହେଁ। ହିନ୍ଦୁ ରମଣୀ ସାବିତ୍ରୀର ଆଦର୍ଶ ଗ୍ରହଣ କରି ତାହା ନାମରେ ବ୍ରତ ଅବଲମ୍ବନ କରେ। ସୀତାକୁ ଦେବୀ ଜ୍ଞାନରେ ପୂଜାକରେ ଓ ଅରୁନ୍ଧତୀକୁ ଋଷିପ୍ରାଣା ପତ୍ନୀବୋଲି ଭକ୍ତି କରେ। ହିନ୍ଦୁ ଗୃହିଣୀ ସଂସାରିକ ସକଳ ସମ୍ପଦରେ କଳ୍ପିତା ଅଧିଷ୍ଠାତ୍ରୀ ମହାଲକ୍ଷ୍ମୀଙ୍କ ପରି ଗୃହର ମହାଲକ୍ଷ୍ମୀ ବୋଲି ସମାଜଦ୍ୱାରା ପରିଗଣିତା; କାରଣ ଆଦର୍ଶ ଗୃହିଣୀ ଆଦର୍ଶ ଗୃହର ମୂଳ। ସେଥିପାଇଁ ମହାଲକ୍ଷ୍ମୀଙ୍କର ସେବା ପୂଜାରେ ପୁରୁଷ ଅପେକ୍ଷା ନାରୀର ଅଧିକାର ବେଶି। ନାରୀ ଲକ୍ଷ୍ମୀଙ୍କ ଉଦ୍ଦେଶ୍ୟରେ ନାନା ବ୍ରତ ପାଳନ କରେ ଓ ମହାଲକ୍ଷ୍ମୀଙ୍କର ପୁରାଣୋକ୍ତ ଅଁଳା ଓ ହରିଦ୍ରା ଆଦି ପ୍ରିୟ ପ୍ରସାଧନମାନ ନିଜେ ଗ୍ରହଣ କରେ।

କୃଷି ପ୍ରଧାନ ଭାରତରେ ସମ୍ପଦର ମୂଳଭୂମି ଲକ୍ଷ୍ମୀ ସ୍ୱରୂପା। ବର୍ଷାରମ୍ଭରେ ପୃଥିବୀ ରଜସ୍ୱଳା ନାରୀ ପରି ଚାଷୋପଯୁକ୍ତା ହୁଏ। ତେଣୁ ବର୍ଷାଋତୁର ପ୍ରାରମ୍ଭ ଅର୍ଥାତ୍ ଆଷାଢ଼ ସଂକ୍ରାନ୍ତି ଦିନ ହିନ୍ଦୁ ଗୃହର ଲକ୍ଷ୍ମୀସ୍ଥାନୀୟ। ନାରୀ ରଜସ୍ୱଳା କ୍ରିୟା ଆଚରଣ କରନ୍ତି।

କେବଳ ଏ ତ ନୁହେଁ, ଏ ଦେଶ ଓ ଜାତିର ଜୀବନ ଧାରଣର ମାନଦଣ୍ଡ ସଙ୍ଗେ ସମ୍ପୃକ୍ତ, ନାନା କାର୍ଯ୍ୟ ଉପଲକ୍ଷରେ ଭାରତୀୟ ନରନାରୀ ସାରାବର୍ଷ ମଧ୍ୟେ ମଧ୍ୟେ ପୂଜାନୁଷ୍ଠାନମାନ କରିଥାନ୍ତି। ହିନ୍ଦୁ ଦେବତାଙ୍କର ଆୟୁଧ ଲଙ୍ଗଳ ଓ ଲଙ୍ଗଳ ବାହୀ ବଳଦ ସେହି ଦେବତାଙ୍କର ପ୍ରତିନିଧି ସ୍ୱରୂପ ପୂଜିତ ହୁଅନ୍ତି। ଭାରତୀୟ ଅର୍ଥନୀତିର ପ୍ରଧାନ ସ୍ତମ୍ଭ ଗୋଜାତିକୁ ହିନ୍ଦୁର ଦେବତା ପାଳନ କରନ୍ତି ଓ ସେହି ଗୋଜାତି ହିନ୍ଦୁର ନମସ୍ୟ। ଭାରତ ଦେବ ମାତୃକ ଦେଶ। ଭାରତୀୟ ବୃଷ୍ଟି ପାଇଁ ଇନ୍ଦ୍ରଙ୍କର ଆଶୀର୍ବାଦ ଭିକ୍ଷା କରେ ଓ ଇନ୍ଦ୍ର ବା ଜୀମୂତ ବାହନଙ୍କ ଉଦ୍ଦେଶ୍ୟରେ ବୃଷ୍ଟି ଜଳଲବ୍ଧି ଦ୍ରବ୍ୟମାନ କୃତଜ୍ଞତାର ନିଦର୍ଶନ ସ୍ୱରୂପ ବର୍ଷା ଋତୁର ଶେଷରେ ଶରତ ଆରମ୍ଭରେ ଅର୍ପଣ କରେ। ଇନ୍ଦ୍ର ଦେବ ଦେବୀମାନଙ୍କର ରାଜା ଅର୍ଥାତ୍ ଯେ ଇନ୍ଦ୍ର ସେ ପରାପର ପରମେଶ୍ୱର। ହିନ୍ଦୁର ଦେବତା ଭେଦ କେବଳ ନୀତି ବ୍ୟାଖ୍ୟାନ ସକାଶେ ସର୍ବଗ୍ରାହ୍ୟ ପୌରାଣିକ ଦୃଷ୍ଟାନ୍ତ ପାଇଁ ଉଦ୍ଦିଷ୍ଟ। ହିନ୍ଦୁର କଳ୍ପିତ ଦେବତା ଶିବ ସଂସାରର ମଙ୍ଗଳ ପାଇଁ ସର୍ବସ୍ୱ ତ୍ୟାଗୀ। ସେ ଅନ୍ୟମାନଙ୍କ ପାଇଁ ଗୃହ ଆଭରଣ ଓ ପ୍ରସାଧନ ଇତ୍ୟାଦି ରଖି ନିଜେ ଶ୍ମଶାନରେ ବାସ କରନ୍ତି ଓ ଦିଗମ୍ବର ହୋଇ ବିଭୂତିରେ ଅଙ୍ଗ-ମାର୍ଜନ କରନ୍ତି। ଅଶୁଭକର ପାପ ବିଷକୁ ଶୋଷଣ କରି ସଂସାରକୁ ମଙ୍ଗଳସ୍ୱଦ କରନ୍ତି। ଶିବ ଓ ଭଗବାନ୍ ପରସ୍ପରର ହୃଦୟ; ଅର୍ଥାତ୍ ଦୁହେଁ କେବଳ ବର୍ଣ୍ଣନା ଭେଦରେ ପୃଥକ। ଭଗବାନ୍‌ଙ୍କର ସୃଷ୍ଟିକାରିଣୀ ପାଳିକା ଶକ୍ତି ପାର୍ବତୀ ମାତୃଗୁଣରେ ସୃଷ୍ଟ ଜଗତର ଉପଭୋଗ ପାଇଁ ସମସ୍ତ ଭୋଗ୍ୟତ୍ୟାଜ୍ୟ। ଏହି ଆଦର୍ଶରେ ଅନୁପ୍ରାଣିତ ହୋଇ ତ୍ୟାଗୀ ଶିବଙ୍କ ବ୍ୟତୀତ ଅନ୍ୟ କାହାରିକୁ ପତିରୂପେ ଗ୍ରହଣ କରିବାକୁ ଅନିଚ୍ଛୁକ। ହିନ୍ଦୁ ସେହି ମହତ୍ ଆଦର୍ଶକୁ ରୂପାୟିତ କରି ପୂଜାକରେ। ହିନ୍ଦୁ ରମଣୀ ସେହି ଜଗନ୍ନାଥଙ୍କର ଆଦର୍ଶ ଘେନି ତାଙ୍କ ନାମରେ ବ୍ରତାଚରଣ କରେ। ହିନ୍ଦୁ ସମାଜର ଏବଂ ବିଧ ସାଂସ୍କୃତିକ ପରମ୍ପରାର ଉଦାହରଣ ବହୁଳ। ପ୍ରକୃତ ଯୁଗପରେ ଭାରତୀୟ ଜନଜଗତର ସଂଯତ ପରିଚାଳନ ପାଇଁ ବହୁ ବର୍ଷବ୍ୟାପୀ ପରୀକ୍ଷା ଓ ଗବେଷଣା ଦ୍ୱାରା ଏହି ପରମ୍ପରା ଗଢ଼ି ଆସିଛି। ପ୍ରକୃତି—ଯୁଗର ପରବର୍ତ୍ତୀ ସମାଜ ଯୁଗର ପ୍ରଥମ ଦିନରୁ ଏହି ପରମ୍ପରାର ଗଠନାରମ୍ଭ। ଏହି ପରମ୍ପରା ତାଡ଼ନାରେ ଅତିଷ୍ଠ ହୋଇ ସ୍ୱେଚ୍ଛାଚାରୀ ହୋଇ ସ୍ୱତନ୍ତ୍ର ପନ୍ଥା ଅବଲମ୍ବନ କରୁଅଛି କିମ୍ବା ପିତା-ମାତାଙ୍କ ମତାନୁସାରେ ବିବାହ କରି ଦୁଃଖମୟ ଦାମ୍ପତ୍ୟ ଜୀବନଯାପନ କରୁଅଛି। ଏସବୁ ଆମ ଚିର ସଂସ୍କୃତି-ଲଙ୍ଘନର ବିଷମୟ ପରିଣାମ। ଯୌତୁକ ପ୍ରଥାର ବିଲୋପ ସାଧନ ପାଇଁ ଆଇନ ପ୍ରଣୟନ ହୋଇଛି ସତ୍ୟ, କିନ୍ତୁ ସତ୍‌ଶିକ୍ଷା ଦ୍ୱାରା ସଂସ୍କୃତିର ମର୍ଯ୍ୟାଦା ରକ୍ଷିତ ନହେବା ଯାଏଁ ଆଇନ କେବଳ ଆଇନରେ ହିଁ ରହିବ।

ସ୍ତ୍ରୀ ପୁରୁଷର ସହାବସ୍ଥାନ ବଂଶରକ୍ଷା ପାଇଁ, ବଂଶ ବୃଦ୍ଧି ପାଇଁ ନୁହେଁ। ସେହି

ହେତୁରୁ ଆମ ଶାସ୍ତ୍ର ପୁତ୍ରମାନଙ୍କ ମଧ୍ୟରେ ଜ୍ୟେଷ୍ଠକୁ ଧର୍ମଜ ଓ ଅନ୍ୟମାନଙ୍କୁ କାମଜ ବୋଲି କହେ। ଏହି ଉକ୍ତି ନିହିତ ମୌଳିକ ମତର ତାତ୍ପର୍ଯ୍ୟ—ଆମ ସଂସ୍କୃତି ଯୁଗେ ଯୁଗେ ବହୁ ପ୍ରଜନନରେ ବିରୋଧୀ। ତେବେ ରାଜ୍ୟ ବା ଜାତିର ପରିସ୍ଥିତି ଦୃଷ୍ଟିରେ ସମାଜ ବେଳେ ବେଳେ ବହୁ ପ୍ରଜନନର ବିରୋଧ କରିନାହିଁ। ସେହି ଉଦ୍ଦେଶ୍ୟରେ ଏକ ପତ୍ନୀବ୍ରତ ଆମର ସଂସ୍କୃତି ସମ୍ମତ। ପ୍ରତାପଶୀଳ ଦଶରଥ ସାମାଜିକ ସଂସ୍କୃତି ଲଙ୍ଘନ କରି ଏକାଧିକ ପତ୍ନୀ ଗ୍ରହଣ କରିଥିଲେ ହେଁ ଆଦର୍ଶ ରାଜା ରାମଚନ୍ଦ୍ରଙ୍କର ଏକପତ୍ନୀ ବ୍ରତ ଥିଲା। ଆଜି ବହୁପତ୍ନୀ ଗ୍ରହଣ ବିରୁଦ୍ଧରେ ଆଇନ ହୋଇଛି ଓ ବହୁ ପ୍ରଜନନ ବନ୍ଦ କରିବା ପାଇଁ ନାନା ଉପାୟ ଉଦ୍ଭାବିତ ହୋଇଛି। ସମାଜକୁ ଖଣ୍ଡ ବିଖଣ୍ଡ କରାଇ ସଂସ୍କୃତିର ବିଲୋପ ସାଧନ ପରେ ବହୁ ପ୍ରଜନନ ବିରୁଦ୍ଧରେ କୃତ୍ରିମ ଉପାୟ ବା ଆଇନ ପ୍ରଣୟନ କରିବା ଅଯୌକ୍ତିକ ନୁହେଁ କି?

ବୃକ୍ଷ ରୋପଣ ଓ ଜଳାଶୟ ଖନନ ଆମର ପ୍ରାଚୀନ ସଂସ୍କୃତି। ଲୋକେ, କେବଳ ନିଜପାଇଁ ନିଜ ଜମିରେ ନୁହେଁ, ସମସ୍ତଙ୍କ ପାଇଁ ସର୍ବସାଧାରଣ ଜମିରେ ପୁଣ୍ୟ କର୍ମ ଜ୍ଞାନରେ ଫଳବୃକ୍ଷ ରୋପଣ କରୁଥିଲେ ଓ ଜଳାଶୟ ଖନନ କରୁଥିଲେ। ପ୍ରଥମ ଫଳ ଧାରଣା କଲା ପରେ ସବିଧିରେ ବୃକ୍ଷର ପୂଜା କରାଯାଇ ପ୍ରଥମ ଫଳ ବଣ୍ଟନ କରାଯାଉଥିଲା। ତଦ୍ରୂପ ମଧ୍ୟ ଶାସ୍ତ୍ରୀୟ ନିୟମରେ ଜଳାଶୟ ପ୍ରତିଷ୍ଠା କରାଯାଇ ତାହା ବ୍ୟବହୃତ ହେଉଥିଲା। ସଂସ୍କୃତି ପ୍ରତି ଆଦର ହ୍ରାସ ହେବା ସଙ୍ଗେ ସଙ୍ଗେ ଆଜି ଫଳ ବୃକ୍ଷରେ ଅବାଧ ଛେଦନ ହେଉଅଛି; ଅଥଚ କେହି ବୃକ୍ଷରୋପଣ ପାଇଁ ଆଗ୍ରହୀ ନୁହନ୍ତି। ସଂସ୍କୃତିର ବିଲୟ ହେଲେ ସାମୟିକ ବୃକ୍ଷରୋପଣ ସପ୍ତାହ ପାଳନ କରିବା ପାଇଁ ଲୋକଙ୍କୁ ଉପଦେଶ ଦେବା ଦ୍ୱାରା ପୂର୍ବାବସ୍ଥା ଫେରି ଆସିବା ଅସମ୍ଭବ ମନେ ହୁଏ।

ଜ୍ଞାନଜ୍ୟେଷ୍ଠ ଓ ବୟୋଜ୍ୟେଷ୍ଠମାନଙ୍କ ପ୍ରତି ସମ୍ମାନ ପ୍ରଦର୍ଶନ ଆମ୍ଭମାନଙ୍କର ସଂସ୍କୃତି। ଜୀବନର ପ୍ରତି ମୁହୂର୍ତ୍ତରେ ଜ୍ଞାନ ଅର୍ଜନ ଆମର ନୀତିଗତ ଲକ୍ଷ୍ୟ। ଜ୍ଞାନ ଜ୍ୟେଷ୍ଠ ଓ ବୟୋଜ୍ୟେଷ୍ଠଙ୍କ ଠାରୁ ଅନେକ ଶିକ୍ଷଣୀୟ ବିଷୟ ଶିଖିବୁ ବୋଲି ଆମ୍ଭେମାନେ ବିଶ୍ୱାସ କରୁ ଓ ସେମାନଙ୍କୁ ଗୁରୁ ସ୍ୱରୂପ ଜ୍ଞାନ କରୁ। ସେଥିପାଇଁ ଆମ ସମାଜରେ ସେମାନଙ୍କୁ (ତୁଭ୍ୟଂ ନମଃ) ନମସ୍କାର କରିବାର ବିଧାନ ଅଛି। କିନ୍ତୁ ପୃଥିବୀର ଅନ୍ୟାନ୍ୟ ସମାଜରେ ସମାନ ସ୍ତରରେ ସମ୍ବୋଧନ ପ୍ରଚଳିତ। ଆଜି ସମାଜବାଦ ଯୁଗରେ ସୁପ୍ରଭାତ ଓ ସୁସନ୍ଧ୍ୟା (Good morning, Good evening) ଆଦି ସମ୍ବୋଧନ ଉପରୋକ୍ତ ସଂସ୍କୃତିର ସ୍ଥାନ ପୂରଣ କଲାଣି।

ହିନ୍ଦୁମାନଙ୍କର ଧର୍ମ ଓ ସମାଜ ପରିଚାଳନର ନୀତି ପୃଥକ୍ ଓ ସଂସ୍କୃତି ସେହି

ନୀତିର ଅନୁରୂପ। ଏହି ସଂସ୍କୃତି ମଧ୍ୟରୁ କେତେକ ବଦ୍ଧମୂଳ ହୋଇ ସ୍ମୃତି ନିବନ୍ଧ ହୋଇଅଛି। ଆମ୍ଭମାନଙ୍କର କେତେକ ଆଇନ ଏହି ସ୍ମୃତି ନିବନ୍ଧ ସଂସ୍କୃତି ଉପରେ ପର୍ଯ୍ୟବସିତ। ଅନ୍ୟ ସଂସ୍କୃତି ସବୁ ଚିରାଚରିତ ପନ୍ଥା ଓ ପ୍ରଥା ଆକାରରେ ଆଦୃତ ଓ ପ୍ରତିପାଳିତ। ଆଜି କିନ୍ତୁ ଆମର ଶିକ୍ଷିତ ବ୍ୟକ୍ତିମାନେ କେବଳ ଆଇନ-ବଦ୍ଧ ସଂସ୍କୃତି ବ୍ୟତୀତ ଅନ୍ୟଗୁଡ଼ିକୁ ହେୟ ମନେ କରନ୍ତି। ସେମାନେ ସଂସ୍କୃତିର ଉପାଦେୟତା ସମ୍ପର୍କରେ ଆଦୌ ଚିନ୍ତା ନ କରି ତାହାକୁ କାରଣ ହୀନ କୁସଂସ୍କାର ଆଖ୍ୟା ଦେଇ ନୀତିଭ୍ରଷ୍ଟ ହେବାରୁ ଦେଶ ମଧ୍ୟରେ ଚରିତ୍ରହୀନତା ଓ ଉଚ୍ଛୃଙ୍ଖଳତା ଓ ସ୍ୱେଚ୍ଛାଚାରିତା ବଢ଼ି ଚାଲିଛି। ପରିସ୍ଥିତି ଏପରି ହୋଇଛି ଯେ କେହି କାହାରିକୁ ପଦେ ତିଆରିଲେ ବା ଭଲ କଥା କହିଲେ ନିଜେ ଲାଞ୍ଛିତ ହେବାକୁ ହେଉଛି। ଆବାଳ-ବୃଦ୍ଧ-ବନିତା କେହି କାହାରି ଉପଦେଶ ନେବାକୁ ବା ମାନିବାକୁ ପ୍ରସ୍ତୁତ ନୁହେଁ। ପ୍ରତ୍ୟେକର ମତ ଯେ ସେ ସମସ୍ତଙ୍କଠାରୁ ସବୁ ବିଷୟ ଜାଣେ। କେହି କାହାର ସହିତ ମିଳିବାକୁ ଚାହେଁ ନାହିଁ। ଏଭଳି ସର୍ବବ୍ୟାପୀ ଚିନ୍ତାଧାରାର ପ୍ରବାହରେ ଜାତି ବା ସମାଜର ଉନ୍ନତି କାହିଁ ?

ଅବଶ୍ୟ ଆମ ଦେଶ ବା ସମାଜରେ ଏଭଳି ସଙ୍ଗଠିତ ସମାଜର ଭିତ୍ତି ସମାଜ ନିୟାମକ ମଧ୍ୟ ପରମ୍ପରାର ରକ୍ଷକ, ସମାଜ ନେତା ଏହି ପରମ୍ପରା ଦ୍ୱାରା ଲୋକ ଚରିତ୍ର ଗଢ଼ି ଆସିଛି। ଦେଶ ଶାସକ ସମାଜର ସହାୟକ ଓ ପରମ୍ପରା ଭଙ୍ଗର ଦଣ୍ଡ ବିଧାୟକ। ଏହି ନୀତିର ଫଳରେ ଆଜିଯାଏ ଭାରତ ତଥା, ସାରା ପୃଥିବୀର ବିଭିନ୍ନ ଜାତି ଓ ଧର୍ମମାନ ସହସ୍ର ସହସ୍ର ବର୍ଷରେ ବୈରାଘାତରେ ମଧ୍ୟ ନିଜ ନିଜର ସ୍ୱାତନ୍ତ୍ର୍ୟ ରଖି ପାରିଛନ୍ତି। ଆଜି କିନ୍ତୁ ଦେଶ ଶାସକ ସମାଜ ପ୍ରତି ସମ୍ପୂର୍ଣ୍ଣ ବୀତସ୍ପୃହ। ଫଳତଃ ସମାଜ ଭଗ୍ନ ବା ଭଙ୍ଗୋନ୍ମୁଖ ହୋଇ ଲୋକ ସମାଜରେ ଉଚ୍ଛୃଙ୍ଖଳତା ଓ ସ୍ୱେଚ୍ଛାଚାରିତା ବୃଦ୍ଧି କରୁଛି।

ହିନ୍ଦୁ ସମାଜ ଚିରାଚରିତ ପରମ୍ପରା ଦ୍ୱାରା ବିବାହ ବନ୍ଧନକୁ ନିୟନ୍ତ୍ରିତ କରି ଆଦର୍ଶ ଦମ୍ପତି ମାଧ୍ୟମରେ ପରିବାର ଗଠନ କରୁଥିଲା। କିନ୍ତୁ ସମାଜର ସେହି ପରମ୍ପରା ପ୍ରତି ଅପେକ୍ଷା ନକରି ଆଜି ସଜା ବିବାହ ସମ୍ପର୍କରେ ଯେଉଁ ସ୍ୱାଧୀନତା ମୂଳକ ଆଇନମାନ ପ୍ରଣୟନ କରି ଅଛନ୍ତି ତାହାର ପରିଣାମ ଆଜିକାଲି ଶିଷ୍ଟାଚାର ବିରୁଦ୍ଧ ବହୁ ଦାମ୍ପତ୍ୟ ବିବାଦରୁ ଜଣାଯାଏ। କାଳକ୍ରମେ ଏହି ସବୁ ନବବିଧାନର ଅନୁପାଦେୟତା ସମ୍ପୂର୍ଣ୍ଣ ଓ ପ୍ରତିପନ୍ନ ହେବ ବୋଲି ମନେ ହୁଏ।

ଅବଶ୍ୟ ଆମର ସଂସ୍କୃତି ସ୍ୱେଚ୍ଛାଚାରିତା ନୁହେଁ। ଆମ ସଂସ୍କୃତିର କଳ୍ପିତ ସ୍ତ୍ରୀ ସ୍ୱାଧୀନତା ପୁରୁଷ ସହିତ ଅବାଧ ମିଳନ ବା କାଳ, ସ୍ଥାନ ବା ସଙ୍ଗୀ ନିର୍ବିଶେଷରେ ବାହ୍ୟ ଭ୍ରମଣାଦି ନୁହେଁ। ନୈତିକ, ସାମାଜିକ, ରାଜନୈତିକ ଓ ପାରିବାରିକ

ବିଷୟମାନଙ୍କରେ ଉପଯୁକ୍ତ ଜ୍ଞାନ ଅର୍ଜନ କରି ପିତା, ମାତା, ସ୍ୱାମୀ, ପରିବାର ଓ ସମାଜର ପ୍ରକୃତ ସହାୟିକା ହେବା ଓ ସ୍ୱକର୍ତ୍ତବ୍ୟରେ ଧୁରନ୍ଧରା ହୋଇ ଆଦର୍ଶ ଗୃହିଣୀ ହେବା ଆମ ସଂସ୍କୃତିନୁମୋଦିତ। ସ୍ତ୍ରୀ ଶିକ୍ଷାର ଲକ୍ଷ୍ୟ ପୁରାଣ ବର୍ଣ୍ଣିତ ଋଷିକନ୍ୟା ଓ ଋଷି କନ୍ୟାମାନେ ଭକ୍ତିବିଧ ଶିକ୍ଷା ଓ ସ୍ତ୍ରୀ ସ୍ୱାଧୀନତାର ଦୃଷ୍ଟାନ୍ତ। କୁରୁକ୍ଷେତ୍ର, ଯୁଦ୍ଧ ପୂର୍ବରୁ ଯୁଧିଷ୍ଠିରଙ୍କ ପ୍ରତି ଦ୍ରୌପଦୀଙ୍କର ଉକ୍ତିମାନ ସ୍ତ୍ରୀ ଜାତିର ତଦାନୀନ୍ତନ ରାଜନୀତିକ ଶିକ୍ଷାର ପରିଚାୟକ ଏବଂ ଜ୍ୱଳନ୍ତ ଉଦାହରଣ। କେହି କହିପାରନ୍ତି ପୂର୍ବେ ସ୍ତ୍ରୀ ଜାତିର ରାଜନୀତି କ୍ଷେତ୍ରର ସ୍ୱାଧିକାରର ପ୍ରଶ୍ନ ନଥିଲା। ଯେ ହେତୁ ତେତେବେଳେ ଆଧୁନିକ ଗଣତାନ୍ତ୍ରିକ ରୀତିରେ ଶାସନ ପ୍ରଚଳିତ ନ ଥିଲା। କିନ୍ତୁ ଆଜି ଉପର୍ଯ୍ୟୁକ୍ତ ରୀତିରେ ଶିକ୍ଷିତା ହୋଇ ଗଣତାନ୍ତ୍ରିକ ଶାସନପାଇଁ ସ୍ୱାଧିକାର ପ୍ରୟୋଗ ଅସଂସ୍କୃତି ବୋଲି କେହି କହି ନପାରେ।

ସ୍ତ୍ରୀ ଜାତି ସ୍ୱଭାବତଃ କୋମଳ ହୃଦୟା। ତାହାର କର୍ତ୍ତବ୍ୟର ପରିସର ପୃଥକ୍। ତାହାର ଦୁଇଟି ଜନ୍ମ। ପ୍ରଥମେ ପିତୃ ଗୃହରେ ଲାଳିତ ପାଳିତ ହୁଏ। ପରେ ବିବାହ ହୋଇ ଅନ୍ୟ ପରିବାରରେ ନୂତନ ଜନ୍ମଗ୍ରହଣ କରେ ତାହାର ଅନ୍ୟନାମ ଅବଳା। ସେ ଯେତେ ଶିକ୍ଷିତା ମାର୍ଜିତା, ହେଲେ ମଧ୍ୟ ସାଧାରଣରେ ପୁରୁଷ ପରି ଶାରୀରିକ ଓ ମାନସିକ ଶକ୍ତିସମ୍ପନ୍ନ ନୁହେଁ। ତେଣୁ ଆମର ପୂର୍ବାଚାର୍ଯ୍ୟମାନେ ତାହାକୁ ସମାଜର ମୂଳଭିତ୍ତି କରିନାହାନ୍ତି। ଅର୍ଥାତ୍ ସ୍ତ୍ରୀ ଯାହା ନିଜର ଅର୍ଜ୍ଜନ କରିଥାଏ ବା ତାହାର ନିଜସ୍ୱ ହେବା ଉଦ୍ଦେଶ୍ୟରେ ଅନ୍ୟ କେହି ଯାହା ତାହାକୁ ଦାନ କରିଥାଏ, ଚିତ୍ତ ବ୍ୟତୀତ ଅନ୍ୟ କୌଣସି ସମ୍ପତ୍ତିରେ ସେ ସ୍ୱତାଧିକାରେଣୀ ହୁଏନାହିଁ। କେବଳ ସ୍ୱଚ୍ଛନ୍ଦ ଚଳାଚଳ ସକାଶେ ତାହାକୁ ସ୍ଥଳ ବିଶେଷରେ ଜୀବନ ସ୍ୱତ୍ୱ ମାତ୍ର ଦିଆ ଯାଇଥାଏ। ଏହା ହିନ୍ଦୁ ସମାଜରେ ପରିବାରର ମେରୁଦଣ୍ଡ ରକ୍ଷା କରିବାପାଇଁ ଆମର ଶ୍ରେଷ୍ଠ ସଂସ୍କୃତିର ପରମ୍ପରା ଥିଲା। ମାତ୍ର ଆଜି ସ୍ତ୍ରୀ ସ୍ୱାଧୀନତାର ବିକୃତ ୧୯୫୬ ମସିହାକୁ ଯେଉଁ ଅର୍ଥ କରାଯାଇ ହିନ୍ଦୁ ଉତ୍ତରାଧିକାରୀ ଆଇନ ପ୍ରଚଳିତ ହୋଇଅଛି, ତଦ୍ଦ୍ୱାରା କୃଷି ପ୍ରଧାନ ଭାରତରେ ଘୋର ଅର୍ଥନୀତିକ ବିପର୍ଯ୍ୟୟ ଘଟି ପ୍ରତ୍ୟେକ ହିନ୍ଦୁ ପରିବାର ଛିନ୍ନବିଚ୍ଛିନ୍ନ ହେବ। ଭୂସମ୍ପତ୍ତିର ଈପ୍‌ସିତ ଠୁଳୀକରଣ ନ ହୋଇ ବିପରୀତ ଫଳ ମିଳିବା ସୁନିଶ୍ଚିତ।

ଅବଶ୍ୟ ଗତ କେତେବର୍ଷ ହେଲା ପାଶ୍ଚାତ୍ୟ ଶିକ୍ଷାଗତ ଆତ୍ମଚାରିତାର ପ୍ରସାର ଆମ ସମାଜରେ ଏକାନ୍ନବର୍ତ୍ତୀ ପରିବାର ମଧ୍ୟରେ ପତିବିଧୁରା ସ୍ତ୍ରୀ ସ୍ଥାନେ ସ୍ଥାନେ ଉତ୍ପୀଡ଼ିତା ହେବାରୁ ପ୍ରତିକାର ଅତ୍ୟାବଶ୍ୟକ ହୋଇଥିଲା। ମନେହୁଏ ହିନ୍ଦୁ ସ୍ତ୍ରୀଲୋକମାନଙ୍କର ସମ୍ବନ୍ଧେ ୧୯୩୭ ମସିହାରେ ଯେଉଁ ଆଇନ ପ୍ରଣୀତ ହୋଇଥିଲା ତାହା ଆମ ସଂସ୍କୃତିର ବ୍ୟକ୍ତିକ୍ରମ ଉପରୋକ୍ତ ଅତ୍ୟାଚାର ପାଇଁ ହୋଇଥିଲା।

କିନ୍ତୁ ସନ ୧୯୫୬ ମସିହାର ନୂତନ ବିଧାନଦ୍ୱାରା ହିନ୍ଦୁ ଧର୍ମ ଓ ସଂସ୍କୃତି

ସମ୍ପୂର୍ଣ୍ଣ ବ୍ୟାହତ ହୋଇଅଛି। ପିତୃତ୍ୟକ୍ତ ସମ୍ପତ୍ତି ପାଇଁ ପୃଥକ୍ ପୃଥକ୍ ପରିବାର ଭୁକ୍ତ ବହୁ ସଂଖ୍ୟକ ସମକାଳୀନ ଉତ୍ତରାଧିକାରୀ ସୃଷ୍ଟି ହେବାଦ୍ୱାରା ପିତା ମାତାଙ୍କର ଶୁଦ୍ଧି ଓ ଶ୍ରାଦ୍ଧ ଆଦି କାର୍ଯ୍ୟକ୍ରମ ଲୁପ୍ତ ହେବାର ସମ୍ଭାବନା ଦେଖାଗଲାଣି, ଭାଇ, ଭଉଣୀ, ମାତା, ପୁତ୍ର, ନାତି, ନାତୁଣୀ, ଖୁଡ଼ୀ, ବଡ଼ମାଆ ଇତ୍ୟାଦି ଆତ୍ମୀୟସ୍ୱଜନଙ୍କ ମଧ୍ୟରେ ମଧ୍ୟରେ ପରସ୍ପର ପ୍ରତି ଚିରାଚରିତ ସୌହାର୍ଦ୍ଦ୍ୟ ପୂର୍ଣ୍ଣ ହୋଇଅଛି। କ୍ରମେ ବିବାହ ଆଦି ଉତ୍ସବ କାର୍ଯ୍ୟ ହୋଟେଲରେ ବ୍ୟକ୍ତିଗତ ବାହ୍ୟ ବନ୍ଧୁମାନଙ୍କ ଭୋଜନରେ ସୀମାବଦ୍ଧ ହେବ।

ଉପଯୁକ୍ତ ପାତ୍ର ହସ୍ତରେ କନ୍ୟାଦାନ କରିବା ଆମର ସଂସ୍କୃତି। କନ୍ୟାଦାନ ଉତ୍କୃଷ୍ଟ ଧର୍ମକାର୍ଯ୍ୟ ମଧ୍ୟରେ ଗଣ୍ୟ। ପୂର୍ବେ ଅନ୍ୟବିଧି ବିବାହମାନ ଥିଲେହେଁ ଦାନାତ୍ମକ ବିବାହ ପ୍ରକୃଷ୍ଟ ଥିଲା। ମନୋନୀତ ଗ୍ରହୀତାଙ୍କ ପକ୍ଷରେ ଦାନଗ୍ରହଣ କରିବାକୁ ଅନିଚ୍ଛା ଥିଲେ, ସେ ସ୍ଥଳରେ ଦକ୍ଷିଣା ସ୍ୱରୂପ କିଛି ପ୍ରଦାନ କରା ଯାଉଥିଲେ। ଏହି ଦକ୍ଷିଣା ଧାରଣା ଆଧୁନିକ କାଳରେ ଘୃଣ୍ୟ ପିଶାଚ ଯୌତୁକ ଆକାର ଧାରଣ କରିଛି। କାଳକ୍ରମେ ବିବାହ ଦକ୍ଷିଣା ମୂଳହୋଇ ଦକ୍ଷିଣାର ପରିଣାମ ଉପରେ ନିର୍ଭର କରିଛି। ଯେଉଁ ରଜ ବା ବୀର୍ଯ୍ୟ ବିକ୍ରୟ ଆମ ଶାସ୍ତ୍ରରେ ମହାପାତକ ରୂପେ ପରିଗଣିତ, ତାହା ଆଜି ଆମ ସମାଜରେ ଦୈନନ୍ଦିନ କାର୍ଯ୍ୟ ହୋଇଛି। ଅନେକ ପରିବାର କନ୍ୟାର ବିବାହପାଇଁ ବାଧ୍ୟ ହୋଇ ବରକୁ ଯୌତୁକ ଦେବାଦ୍ୱାରା ସର୍ବସ୍ୱାନ୍ତ ହେଉଅଛନ୍ତି। ସ୍ଥାନେ ସ୍ଥାନେ ବିବାହ ଯୋଗ୍ୟା କନ୍ୟା ପିତାମାତାଙ୍କୁ ନିର୍ଯାତନାରୁ ରକ୍ଷାକରିବା ଉଦ୍ଦେଶ୍ୟରେ ଆତ୍ମହତ୍ୟା କରୁଛନ୍ତି। କାହିଁ ଅବା ଯୌତୁକ ଆଶାନୁରୂପ ନ ହେବାରୁ ସ୍ୱାମୀ ପକ୍ଷରେ ଯୁବତୀ ସ୍ତ୍ରୀ ଅନୈତିକ ଉପାୟରେ ସଂସାରରୁ ଚିର ବିଦାୟ ନେଉଛି। କେତେକ ସାମାଜିକ ସଂସ୍କୃତି ପରିବର୍ତ୍ତିତ ରୂପରେ ଆଧୁନିକ ସମାଜରେ ଆଦୌ ନାହିଁ କହିଲେ ଚଳେ। ଏ ଗୁଡ଼ିକର ଆବଶ୍ୟକତା କ୍ରମେ ସମାଜରେ ପ୍ରବେଶ କରୁଛି। ବୈଦିକ ରୀତିରେ ସାବିତ୍ରୀ ପ୍ରଦାନ ବେଦାରମ୍ଭ ଆଦି ଦଶ କର୍ମଦ୍ୱାରା ବାଳକର ସଂସ୍କାର, ଶୁଦ୍ଧି ଓ ଶ୍ରାଦ୍ଧ ଆଦି କାର୍ଯ୍ୟରେ ବ୍ରାହ୍ମଣ ଭୋଜନ ଭଳି ସଂସ୍କୃତିର ଆବଶ୍ୟକତା ଆଉ ନାହିଁ ବା ଫେରିବ ବୋଲି ବିଶ୍ୱାସ ନାହିଁ। ବେଦାଧ୍ୟୟନ ଦ୍ୱାରା ଶିକ୍ଷାର ପ୍ରାରମ୍ଭ ଆଉ ହେବନାହିଁ, କିମ୍ବା ଛାତ୍ରମାନେ ମୁଣ୍ଡିତମସ୍ତକ ବ୍ରହ୍ମଚାରୀର ଜୀବନଯାପନ କରିବେ ନାହିଁ। କିମ୍ବା ବ୍ରାହ୍ମଣ ବୋଲି ସମ୍ମାନିତ ହେବେନାହିଁ। କେହି "ବ୍ରାହ୍ମଣ" ଆଖ୍ୟାଧାରୀ ଯେ କୌଣସି ବ୍ୟକ୍ତିଙ୍କୁ ଭୋଜନ ଦେବାଦ୍ୱାରା ପୁଣ୍ୟ ଅର୍ଜନ କଲେ ବୋଲି ଭାବିବେ ନାହିଁ। ବ୍ୟକ୍ତିଗତ ଭାବରେ ଯେ ବ୍ରାହ୍ମଣ ହୋଇ ପାରିବେ, ସେ ପରାନ୍ନଭୋଜନର ପ୍ରୟାସୀ ହେବନାହିଁ କିମ୍ବା ଦାନ ଗ୍ରହଣଦ୍ୱାରା କାହାରିକୁ ପାପମୁକ୍ତ କଲେ ବୋଲି ଆସ୍ପର୍ଦ୍ଧା କରିବେ ନାହିଁ। ଏଭଳି ସଂସ୍କୃତି ପାଇଁ ଶ୍ରେଣୀଗତ ଯୋଗ୍ୟତା ଓ ଯୁଗୋଚିତ ଆବଶ୍ୟକତା ଥିଲା।

ସଂସ୍କୃତି, ଜାତି, ଧର୍ମ ଓ ଜାତୀୟ ଚରିତ୍ର ସ୍ୱାତନ୍ତ୍ର୍ୟର ରକ୍ଷକ। ସଂସ୍କୃତି ପ୍ରତି ଆଦର ଓ ଆନୁଗତ୍ୟ ପ୍ରତ୍ୟେକ ଜାତି ବା ଧର୍ମ୍ମ ଗୋଷ୍ଠୀକୁ ଏକତାୟଦ୍ଧ କରି ଯୁଗେ ଯୁଗେ ବାହ୍ୟ ଆକ୍ରମଣକୁ ପ୍ରତିହତ କରିବା ପାଇଁ ସାମର୍ଥ୍ୟ ଦେଇଛି। ଏହାର ଅନୁସରଣ କ୍ରମରେ କେତେକ କୁ-ସଂସ୍କାର ସ୍ୱାଭାବିକ ନିୟମରେ ସମାଜରେ ପ୍ରବେଶ କରିଥିଲେ ହେଁ ଶେଷୋକ୍ତ କଦାଚାର ସବୁର ଅଳୀକତା ସହଜରେ ଜଣାପଡ଼େ। ଗୌଡ଼ୀୟ ବୈଷ୍ଣବ "ସୀତାରମ" ନାମର ଉଚ୍ଚାରଣକୁ ଘୃଣା କରିବା ଜଘନ୍ୟ କୁସଂସ୍କାର ଛଡ଼ା କିଛି ନୁହେଁ, କିନ୍ତୁ ଆମ୍ଭମାନଙ୍କର ଯେଉଁ ଆଚାର ଓ ବ୍ୟବହାର ଆଦି ବହୁପୂର୍ବରୁ କ୍ରମୋନ୍ନତି ଚିନ୍ତାଧାରା ଦ୍ୱାରା ମାର୍ଜିତ ହୋଇ ସଂସ୍କୃତିର ପରମ୍ପରା ସୃଷ୍ଟି କରିଅଛି ସେ ସବୁ ଆମ୍ଭମାନଙ୍କ ଧର୍ମନୀତି ଉପରେ ପ୍ରତିଷ୍ଠିତ ଓ ଲୋକ ଚରିତ୍ରର ଗଠନ ପାଇଁ ସୁପ୍ରଶସ୍ତ। ପ୍ରାଚ୍ୟ ବା ପାଶ୍ଚାତ୍ୟ ଯେ କୌଣସି ପ୍ରଣାଳୀରେ ଶିକ୍ଷିତ ମନୀଷୀମାନେ ଏ ସବୁର ଅନୁଧ୍ୟାନ କରି ଆଜି ଲୋକ ଚକ୍ଷୁ ପାଇଁ ଉଜ୍ଜ୍ୱଳ ଦୃଷ୍ଟାନ୍ତ ରଖି ଆମ ପ୍ରାଚୀନ ସଭ୍ୟତାର ଗୌରବ ଓ ସ୍ୱାତନ୍ତ୍ର୍ୟ ରଖିବା ଉଚିତ !

■

ନାରୀ ଏବଂ ସୃଷ୍ଟି ସ୍ଥିତି

କାଳିନ୍ଦୀ ଚରଣ ପାଣିଗ୍ରାହୀ

ଏ ପ୍ରବନ୍ଧ ଆରମ୍ଭ କରିବା ବେଳେ ଲେଖକର ପୂରାପୂରି ଚୈତନ୍ୟ ଅଛିଯେ, ସେ ନାରୀନୁହେଁ, ପୁରୁଷ। ନାରୀ ବିଷୟରେ ଭାବିବା ବେଳେ କିମ୍ବା କହିବା ବେଳେ ଆଜି ଅନେକ ପୁରୁଷଙ୍କର ଏହିପରି ଲିଙ୍ଗଜ୍ଞାନ ଜନ୍ମି ଥାଏ। କାରଣ ପୁରୁଷର ଦୃଷ୍ଟି ଆକର୍ଷଣ ପାଇଁ ନାରୀ କେବଳ ଚାବିକାଠି କାନିରେ ନ ବାନ୍ଧି ରୀତିମତ ଚାବୁକ ସାହାଯ୍ୟରେ ତାହାର ଚୈତନ୍ୟ ଉଦୟକରି ଦେଉଅଛି।* ଅବଶ୍ୟ ଚାବୁକଟାହିଁ ନାରୀର ଏକମାତ୍ର ଅସ୍ତ୍ର ହୋଇନାହିଁ। ନିଜ ବିଷୟରେ ଚିନ୍ତା କରିବାକୁ ସେ ଆଜି ଏତେ ବେଶୀ ସମର୍ଥହୋଇ ପଡ଼ିଛି ଯେ ଗୋଟାଏ ଦେଶର ଲୋକ ଅନ୍ୟଦେଶର ଭଲମନ୍ଦ ପାଇଁ ବ୍ୟବସ୍ଥାଦେବା ଯେମିତି ହାସ୍ୟକର, ନାରୀ ବିଷୟରେ ପୁରୁଷର ମଧ୍ୟ ସେହିପରି କିଛି କହିବା ଅନଧିକାର ବୋଲି ବୋଧହୁଏ।

କାରଣ ଆଜିକାଲି 'ଅଧିକାର'ର ଯୁଗରେ ପୃଥିବୀର ପ୍ରତ୍ୟେକ ଗୋଷ୍ଠୀ ପ୍ରତ୍ୟେକ ସମ୍ପ୍ରଦାୟ ଓ ବ୍ୟକ୍ତି ନିଜର ସହଜ ସତ୍ତା ଅନୁଭବ କରିବାକୁ ବ୍ୟଗ୍ର। ସେଥିପାଇଁ ନାରୀ ଆଜି ପୁରୁଷର ବ୍ୟକ୍ତିତ୍ୱ ତଳେ ନିଜ ସତ୍ତାକୁ ହଜାଇ ଦେବାକୁ ଘୃଣାକରେ। ପୁରୁଷ ମଧ୍ୟ ତାହାର ଚାରିପାଖର ଅବସ୍ଥା ଦେଖି ସତ୍ୟ—ଯୁଗରୁ ଆରମ୍ଭ କରି ନାରୀର ଯେଉଁ ସତୀତ୍ୱକୁ ଆଜିଯାଏ ଜଗାରଖା କରି ଆସିଥିଲା; ତାହା ବଦଳରେ ତାହାର ସତ୍ତାକୁହିଁ

---

*Suffragette ଦଳର ନାରୀମାନେ ଏହିପରି ହିଂସାମୂଳକ ଉପାୟରେ ନାରୀଦ୍ରୋହୀ ପୁରୁଷମାନଙ୍କର ମତ ବଦଳାଇଥାନ୍ତି।

ବଡ଼ ସ୍ଥାନ ଦେବାକୁ ବାଧ ହୋଇଅଛି। ନାରୀ ଏବଂ ପୁରୁଷର ଯଥାର୍ଥ ସ୍ଥାନ କେଉଁଠାରେ, ରାଷ୍ଟ୍ର ଏବଂ ସମାଜର ସବୁକ୍ଷେତ୍ରର; ଏ ଦୁହିଁଙ୍କର ସହଜଦାବୀ କେତେଦୂର, ଦେଣା ପାଉଣା କ'ଣ, ଇତ୍ୟାଦି ବିଷୟ ଠିକ୍ ବୁଝିବାପାଇଁ ପୁରୁଷ ପରି ନାରୀ ମଧ୍ୟ ନିଜକୁ ଯୋଗ୍ୟବୋଲି ବିବେଚନା କରୁଛି। ସୁତରାଂ ନାରୀ ବିଷୟରେ କହିବାକୁ ଗଲେ ପୁରୁଷ ଯାହାକିଛି ନିଜ ପକ୍ଷରୁହିଁ କରିପାରେ। ସେ କେବଳ ଗୋଟିଏ ଦିଗର ବିଚାର ଓ ବିବେଚନା ବୋଲି ଗୃହୀତ ହେଲେ ମଧ୍ୟ ସେଥିରେ ଲଜ୍ଜାକଲେ ତାହାକୁ ମୁଖବନ୍ଦକରି ରହିବାକୁ ହେବ। କାରଣ ନାରୀସହିତ ପୁରୁଷର ଯେଉଁ ସମ୍ପର୍କ ସେଥିରେ ଆଉ କିଛି ପ୍ରତିବନ୍ଧକ ନଥାଉ ପଛେ ଲଜ୍ଜା ଟିକିଏ ଅଛି।

ସବାଆଗ ଏହି ସମ୍ପର୍କଟା କେମିତି ଥିଲା, ଜଙ୍ଗଲି ଜାତିମାନଙ୍କୁ ଚାହିଁ ତାହାର ଗୋଟିଏ ପରିଷ୍କାର ଧାରଣା ଆମେ କରିପାରୁଁ। ପିଲାଠାରୁ ଯୁବାଅବସ୍ଥା ପର୍ଯ୍ୟନ୍ତ ସିଧାସଳଖ ଗତି-ବିଧି—କାହାରି ଉପସ୍ଥିତିରେ କେହି ସଚେତନ ନୁହେଁ—ଯୁବତୀକୁ ଦେଖିଲେ ଦୁଇଗୁଣ ଉତ୍ସାହରେ ଯୁବକର ବକ୍ତୃତା ଆରମ୍ଭ ହୁଏନାହିଁ, କିମ୍ବା ସେହି ଚପଳ ପ୍ରଳାପକୁ ଶୁଣିବାପାଇଁ ଯୁବତୀ କାନଡେରି ବସେନାହିଁ। ରାତି ପାହିଲେ ଉଭୟେ ନିଜନିଜ କାମରେ ବ୍ୟସ୍ତ—ନାରୀ ପୁରୁଷର ମନ ନେବାପାଇଁ ସବୁକାମ ଛାଡ଼ି ଖାଲି ପ୍ରସାଧନରେ ସମୟ କାଟେ ନାହିଁ, କିମ୍ବା ପ୍ରେମପାଗଳ ପୁରୁଷ ହଠାତ୍ କବିତା ଲେଖିବାକୁ ବସି ୟୁନିଭରସିଟି ପରୀକ୍ଷାରେ ଫେଲ ହୁଏନାହିଁ। କାମ ସରିଲେ ହସ କୌତୁକରେ ଫେରନ୍ତି, ଭୋକହେଲେ ମନ ବୋଧ କରି ଖାନ୍ତି, ନାଚନ୍ତି, ଖେଳନ୍ତି, ରାତିହେଲେ ନିଘମ ନିଦରେ ଶୋଇ ଯାଆନ୍ତି। ଗୀତ ଗାଇବାକୁ ମନ ହେଲେ ବିଲ ପାହାଡ଼ କାବ୍ୟମୟ କରି ଦିଅନ୍ତି, ସବୁଠାରୁ ବଡ଼କଥା, ଘରକରଣା ମଜବୁତିଆ କାମିକା ଝିଅଙ୍କୁ ବେଶି ଆଦର କରନ୍ତି, ସତୀତ୍ୱ ବୋଲି କୌଣସି ଶବ୍ଦର ଅର୍ଥ ବୁଝନ୍ତି ନାହିଁ। ସେଥିପାଇଁ ପାଞ୍ଚବର୍ଷ ଦିନୁ ଝିଅଗୁଡ଼ାଙ୍କ ମୁଣ୍ଡରେ ଓଢ଼ଣାଟାଣି ପୁଅଗୁଡ଼ାଙ୍କ ମୁଣ୍ଡକୁ ବିକୃତ କରନ୍ତି ନାହିଁ। ସତୀତ୍ୱ ଜିନିଷଟାକୁ ଚିରକାଳ ଯତ୍ନରେ ଲୁଚାଇ ରଖି ଶେଷରେ ଅଗ୍ନିକୁଣ୍ଡରେ ବିସର୍ଜନ ଦିଅନ୍ତି ନାହିଁ।

କ୍ରମେ ଏହି ଅବସ୍ଥା ବଦଳିବାକୁ ଆରମ୍ଭ କଲା। ଦେହର ଯେଉଁ ଅଂଶ ସବୁ ଆବୃତହେଲେ ଜଣକର ଅନ୍ୟ ଉପରେ ବେଶୀ ନଜର ପଡ଼ିବ ଏବଂ ଯେଉଁସବୁ ଅଂଶ ଗୁଡ଼ିକରେ ସ୍ତ୍ରୀ ପୁରୁଷଙ୍କ ଶରୀର ବିଜ୍ଞାନର ସାମଞ୍ଜସ୍ୟ ନାହିଁ, ସେହି ଅଂଶତକ ତାହାର ଆଲୁଅରୁ ଲୁଚି ରହିଲା। ଶେଷରେ ସମସ୍ତ ଦେହ ଏବଂ ହାତ, ଗୋଡ଼, ନାକ, କାନ ଓ ଆଖି। ମୁସଲମାନ ମହିଳାମାନେ ରେଳରେ ଯିବାବେଳେ କାହାରି କାହାରି ଏ ଦୃଶ୍ୟ ଦେଖିଥିବାର ମନେଥିବ। କୃତ୍ରିମତାର ଚୂଡ଼ାନ୍ତକୁ ଯାଇ ଏବେ ପୁଣି ମଣିଷ ମନ ସେହି

ପ୍ରାକୃତିକ ଅବସ୍ଥାକୁ ଫେରିଛି। ବୁଢ଼ାମାନେ ଯେମିତି ନିଜର ପିଲାଦିନର କଥାକୁ ବେଶୀ ସ୍ନେହ ଦୃଷ୍ଟିରେ ଦେଖନ୍ତି ଏବଂ ତାହାପ୍ରତି ଅଧିକ ପକ୍ଷପାତ କରଥାନ୍ତି, ଜର୍ମାନୀର ନ୍ୟୁଡିଷ୍ଟଦଳକୁ* ସେହିରୂପେ ଭାବ-ପ୍ରବଣତା ହୁଏତ ଗ୍ରାସକରି ପାରିଥାଏ। କାରଣ ବର୍ତ୍ତମାନକୁ ଏକାବେଳକେ ଅଗ୍ରାହ୍ୟ କରି ଇଭ୍ ଏବଂ ଆଡାମ୍‌ଙ୍କ ଆଦିମଯୁଗକୁ ଏମାନେ ଫେରିଯିବାକୁ ଚାହାନ୍ତି। କିନ୍ତୁ ସମସ୍ତ ଦେହକୁ ଲୁଚାଇ ରଖିବା କିମ୍ବା ପୂରାପୂରି ଖୋଲି ଦେଖାଇବା—ଏଇ ଦୁଇଟା ଚରମ ସୀମା ଭିତରୁ ଗୋଟିଏ ଗ୍ରାହ୍ୟ କିମ୍ବା ଆଉ ଗୋଟିଆ ମଝିଆପନ୍ଥା ଧରିବାକୁ ହେବ। ସେଥିପାଇଁ ଅନେକ ଗୁଡ଼ିଏ ଆଖପାଖର ବ୍ୟବସ୍ଥା ବିଚାର କରିବା ଦରକାର।

ଏହି ବିଚାର କରିବାକୁ ଗଲାବେଳେ ସବୁଠାରୁ ଆଗ ହୋଇ ମନେପଡ଼େ ସ୍ୱାସ୍ଥ୍ୟ। ଉଭୟ ନାରୀ ପୁରୁଷର ସ୍ୱାସ୍ଥ୍ୟ ଉପରେହିଁ ସମାଜ ଓ ରାଷ୍ଟ୍ରର ସ୍ୱାସ୍ଥ୍ୟ ନିର୍ଭର କରେ। ସୁତରାଂ ଏହି ସ୍ୱାସ୍ଥ୍ୟ ପାଇବା ପାଇଁ କେତେଟା କାଳ୍ପନିକ ପ୍ରଥା ଓ ପ୍ରବାଦକୁ ଯଦି ଅଗ୍ରାହ୍ୟ କରିବାକୁ ହୁଏ, ସମୂହର ଉନ୍ନତି ଲାଗି ବ୍ୟକ୍ତି, ସମାଜ କିମ୍ବା ଧର୍ମ ବିଶେଷରେ ମତାମତକୁ ଯଦି ଉପେକ୍ଷା କରିବାକୁ ହୁଏ, ସେଥିରେ ଲୋକାପବାଦର ଭଲ ଥିଲେହେଁ, ଲୋକ ସମାଜର ମଙ୍ଗଳବାଞ୍ଛନୀୟ ପରିତୃପ୍ତି ଅଛି। ଦେହ ଏବଂ ମନରେ ନାରୀ ପୁରୁଷ ଦୁହେଁଯାକ କିପରି ଭବିଷ୍ୟତ ବଂଶଧରମାନଙ୍କର ଜୀବନ ସୁଖମୟ ହେବ, ଏଥିପାଇଁ ବ୍ୟବସ୍ଥା ଦେବାକୁ ଅପୁତ୍ରକ ଶଙ୍କରାଚାର୍ଯ୍ୟ କିମ୍ବା ସଂସାର ତ୍ୟାଗୀ ବୁଦ୍ଧଦେବଙ୍କ ପକ୍ଷରେ ସମ୍ଭବ ନୁହେଁ। ଯେଉଁମାନେ ପାରିବାରିକ ଓ ସାମାଜିକ ଜୀବନରୁ ବଞ୍ଚିତ, ତାହାର ଦୁଃଖଅଭାବସହିତ ଜଡ଼ିତ ନୁହନ୍ତି; ଆତ୍ମୋନ୍ନତି ପାଇଁ ସେମାନେ ଯେଉଁ ସବୁ ଚିନ୍ତାକରି ଯାଇ ଅଛନ୍ତି, ତାହା ପ୍ରତି ଯଥାଯୋଗ୍ୟ ସମ୍ମାନ ଦେଖାଇବାକୁ କେହି ଆପତ୍ତି କରି ନପାରେ; କିନ୍ତୁ ଯେଉଁଠାରେ ମଣିଷର ସ୍ୱାସ୍ଥ୍ୟ ଉପରେ ଆପଦ ଆସି ପହଞ୍ଚେ ସେଠାରେ ଯଦି ଆପ୍ତବାକ୍ୟ ସ୍ମରଣକରି କୌଣସି ବିଶେଷ ସୁଫଳର ଆଶା ନଥାଏ, ତାହାହେଲେ 'ନୂତନ ପଞ୍ଜିକା'କୁ ପୁରାତନ ପୋଥି ଭିତରେ ଥୋଇ ପୂଜା କରିବାକୁ ହେବ। ଦେହ ବିଜ୍ଞାନ ଉପରେ ଯେଉଁମାନେ ବହୁ ଚିନ୍ତା, ବହୁ ଗବେଷଣା ଓ ବହୁ ପରୀକ୍ଷାକରି ହାତେ ହାତେ ସୁଫଳ ଦେଖାଇ ଦେଇ ଅଛନ୍ତି ଏବଂ

---

* ଗତ ମହାଯୁଦ୍ଧ ପରେ ଜର୍ମାନୀରେ ଏହିଦଳର ସୃଷ୍ଟି ହୋଇ ବର୍ତ୍ତମାନ ନାନାଦେଶରେ ବ୍ୟାପ୍ତ ହୋଇପଡ଼ିଛି। ଏହାର ନିୟମ ଅନୁସାରେ ଉଭୟ ନାରୀ ପୁରୁଷ ସମ୍ପୂର୍ଣ୍ଣ ଉଲଗ୍ନହୋଇ ପରସ୍ପର ସଙ୍ଗେ ମିଳିତ ହୁଅନ୍ତି। ବର୍ତ୍ତମାନ ସ୍ଥାନେ ସ୍ଥାନେ ନ୍ୟୁଡିଷ୍ଟକ୍ଲବ ଓ ନ୍ୟୁଡିଷ୍ଟକଲୋନି ପ୍ରଭୃତି କୃତ୍ରିମତାର ଚରମ ପ୍ରତିବାଦ ରୂପେ ତିଆରି ହୋଇଛି।

ଯେଉଁମାନଙ୍କ ସିଦ୍ଧାନ୍ତକୁ ଅନୁସରଣ କରି ଆମର ଆଖିଆଗରେ ପୁଷ୍ଟ ବଳିଷ୍ଠ ଜାତିମାନେ ତିଆରି ହେଉଛନ୍ତି, ସେମାନଙ୍କ କଥାକୁ ଟିକିଏ କାନ ଦେବାକୁ ହେବ।

ଅବଶ୍ୟ ସବା ଆଗ ଦେଖିବାକୁ ହେବ ଯେ, ନାରୀ ପୁରୁଷର ବର୍ତ୍ତମାନ ପରସ୍ଥିତି ପ୍ରକୃତି ସ୍ୱାସ୍ଥ୍ୟକର କି ନୁହେଁ। ନୀତି, ନିୟମ, ଚରିତ୍ର ଓ ସତୀତ୍ୱ ପ୍ରଭୃତି ହଜାର ହଜାର ବର୍ଷ ତଳର ଯେଉଁ ସବୁ ପୁରୁଣା ପଦ୍ଧତି ଓ ପୁରୁଣା ଶବ୍ଦ ମଣିଷ ଜାତିର ମନ ଭିତରେ ଟସରପୋକ ପରି ଅସଂଖ୍ୟ ଅର୍ଥ ଓ ଅନର୍ଥର ଜାଲ ତିଆରି କରି ତାହା ଭିତରେ ଆତ୍ମଗୋପନ କରିଛି, ଏହି ସବୁ ଜାଲ ଛିଣ୍ଡାଇ ସେ ପୋକକୁ ପଦାକୁ ଆଣି ନିରପେକ୍ଷ ପରୀକ୍ଷା କରିବା ଅବଶ୍ୟ ଦୁଃସାଧ୍ୟ ହୋଇପାରେ କିନ୍ତୁ ଅସାଧ୍ୟ ନୁହେଁ। ପରସ୍ପର ଦୃଷ୍ଟିକୁ ଅଧିକ ଆକର୍ଷଣ କରିବା ଉଦ୍ଦେଶ୍ୟରେ କିମ୍ବା ଦେହକୁ ସୁରକ୍ଷା କରିବା ପାଇଁ ଅଥବା ଅନ୍ୟ ଯେ କୌଣସି କାରଣରୁ, ନାରୀ ପୁରୁଷ ଦୁହେଁ ଯେଉଁଦିନ କୃତ୍ରିମତାର ଘୋଡ଼ଣୀ ଦ୍ୱାରା ଦେହକୁ ଲୁଚାଇବାକୁ ଗଲେ ସେହିଠାରୁ ହିଁ ତାଙ୍କର କୃତ୍ରିମ ଚେଷ୍ଟାର ସମାପ୍ତି ହେଲା ନାହିଁ। ଧର୍ମ, ଅର୍ଥ ଓ ରାଷ୍ଟ୍ରନୀତି ପ୍ରଭୃତିର ଉଦ୍‌ଭବ ହୋଇ ସେ ଗୁଡ଼ିକର ପ୍ରଭାବ ଓ ସଙ୍ଘାତରେ ନାରୀ ପୁରୁଷର ସମ୍ବନ୍ଧଟା କ୍ରମେ ଜଟିଳ ହେବାକୁ ଲାଗିଲା। ଦେହର କେତେକ ବିଶେଷ ପ୍ରକ୍ରିୟା ଓ ବିଶେଷ ଗଠନ ହେତୁରୁ ନାରୀପୁରୁଷ ଅପେକ୍ଷା ସ୍ୱଭାବତଃ ଦୁର୍ବଳ ହେଲେ ହେଁ ତାହାକୁ ସାଧ୍ୱୀ ପତିବ୍ରତା କରିବା ଉଦ୍ଦେଶ୍ୟରେ ନାନା ବେଷ୍ଟନୀ ଭିତରେ ରଖି ଅଧିକ ଦୁର୍ବଳ କରି ଦିଆଗଲା ହିନ୍ଦୁ ମୁସଲମାନମାନଙ୍କ ପରି ବୌଦ୍ଧ ଖ୍ରୀଷ୍ଟିୟାନ୍‌ମାନେ ମଧ୍ୟ ଅଳ୍ପବେଶୀ ଏହି ଜବରଦସ୍ତି ନୈତିକତା ପ୍ରୟୋଗ କରିବାରୁ କ୍ଷାନ୍ତ ହୋଇ ନାହାନ୍ତି।

ଏହି କୃତ୍ରିମ ବନ୍ଧନୀ ଭିତରେ ଲୁଚି ରହି ନାରୀ କ୍ରମେ ଗୋଟାଏ ଅଦ୍ଭୁତ ରହସ୍ୟମୟ ବସ୍ତୁ ହୋଇ ପଡ଼ିଛି। ସେଥିପାଇଁ ପୁରୁଷ ତାହାକୁ କେତେବେଳେ ଦେବୀ ରୂପରେ ବନ୍ଦନା କରିଚି, କିନ୍ତୁ ତାହାର ପ୍ରକୃତ ସ୍ୱରୂପଟି ଦେଖିବାକୁ ସମର୍ଥ ହୋଇ ପାରିନାହିଁ। କାରଣ ଦୁହିଁଙ୍କ ଭିତରେ 'କେଦାର ଗୌରୀ'ର ଯେଉଁ ଅଭେଦ୍ୟ ପ୍ରାଚୀର ଦଣ୍ଡାୟମାନ ହେଲା ସେଥିରେ କବିତା ଲେଖି ତୃପ୍ତିଲାଭ କରିବା କିମ୍ବା ବୈରାଗ୍ୟ ଗ୍ରହଣ କରି ହିମାଳୟ ପ୍ରସ୍ଥାନ କରିବା ଛଡ଼ା ଅନ୍ୟ ଉପାୟ ନାହିଁ। ସେଥିପାଇଁ ପୃଥିବୀର ସକଳ ଭାଷାରେ କୁଚକୁତ ପ୍ରେମ କବିତା ରଚିତ ହୋଇ ନାରୀର ରୂପ ସ୍ତୁତି କରାଯାଇଅଛି, ଏବଂ ଦୁହିଁଙ୍କ ସମ୍ବନ୍ଧର ଦୂରତାକୁ ଅଧିକ ଉତ୍ସାହ ଦିଆ ହୋଇଛି। ଯଥାର୍ଥରେ ଆଜି ଦେଖିବାକୁ ଗଲେ ଦାନ୍ତେଙ୍କର ଭିଜନ୍ କିମ୍ବା କାଳିଦାସଙ୍କର ମେଘଦୂତରେ ବିଏଟ୍ରିସ ଏବଂ ଯକ୍ଷପତ୍ନୀ କେବଳ କଳ୍ପନାର ଗୋଟାଏ ଖୋଳ ପିନ୍ଧି

ଦୁଷ୍ପ୍ରାପ୍ୟ ହୋଇ ପଡ଼ିଛନ୍ତି। ଏବଂ ରୋମାଣ୍ଟିକ୍ ଜୀବନର ଦାରୁଣ ବ୍ୟର୍ଥତାକୁ ଅଧିକ ପରିସ୍ଫୁଟ କରି ଦେଇଛନ୍ତି।*

ଏହିପରି କଳ୍ପନାର ଗୋଟାଏ ଅଶରୀରୀ ଆଲୋକ ଭିତରେ ପୁରୁଷ ଓ ନାରୀ ଜଣେ ଅନ୍ୟକୁ ନିରୀକ୍ଷଣ କରିଛି। ସୁତରାଂ ଯେତେବେଳେ ଟିକେଏ ବେଶୀ ନିକଟବର୍ତ୍ତୀ ହୋଇ ପଡ଼ିଚି ସେତେବେଳେ ସ୍ତ୍ରୀଠାରୁ ଦୂରତ୍ୱର ସମ୍ବନ୍ଧ ଟିକକ ତୁଟିଯାଇ, ସେ ହୋଇଛି ଏକ 'ରାତିକା ବାଘିନୀ' ଏବଂ ସ୍ତ୍ରୀକୁ ଛାଡ଼ି ପୁରୁଷର ଖାଲି ନିଜ ପେଟଟି ଭର୍ତ୍ତି କରିବାର ସୁବିଧା ଥିବାରୁ ସେ ପାଲଟିଚନ୍ତି ଭର୍ତ୍ତିହରି। ଏହା ଦୂରତ୍ୱ ସ୍ଥାପନରେ ଆମର କାଳ୍ପନିକ ଜୀବନର ଉନ୍ନତି ଓ ବୃଦ୍ଧି ଏତେ ବେଶୀ ସାଧିତ ହୋଇ ପଡ଼ିଚି ଯେ, ଶେଷରେ ତାହା—ବାସ୍ତବ ଜୀବନର ବ୍ୟର୍ଥତାରେ ପରିଣତ ହୋଇଛି। ଏ ବ୍ୟର୍ଥତା ପାଇଁ ଆମ୍ଭମାନଙ୍କର ଧର୍ମ ଓ ନୀତିର ଭରି ଅନେକ ପରିମାଣରେ ଦାୟୀ। ସଂଯମ ଓ ଅବରୋଧ ଭିତରେ ନାରୀ ପୁରୁଷର ସଂବନ୍ଧକୁ ଯେତେ କସି କସି ଆମେ ବାନ୍ଧିବାକୁ ଯାଇଛୁ ତାହାର ଫଳ କେବଳ ବିଫଳାରେ ହିଁ ଆମକୁ ଉପହାସ କରିଚି। ଭାରତ ବର୍ଷରେ ଯେତେବେଳେ ସଂଯମର ଚର୍ଚ୍ଚା ବେଶୀ ହୋଇ ପଡ଼ିଛି, ସେତେବେଳେ ନିରୁପାୟ ହୋଇ ବେଶ୍ୟାର ଆଶ୍ରୟ ନେବାକୁ ପଡ଼ିଛି।

ଭାରତୀୟ ସଂଯମ ଯେପରି ହିମାଳୟର ଅଭିମୁଖୀ, ଭାରତୀୟ ପ୍ରେମ ସେହିପରି ବେଶ୍ୟାଳୟର ଅଭିସାରୀ ହୋଇଚି। କିନ୍ତୁ ସଂଯମର ଉର୍ବରତା କେବଳ ଉର୍ବଶୀ ମେନକାଙ୍କ ସାହାଯ୍ୟରେ ପ୍ରକାଶ ପାଇନାହିଁ, ହିମାଳୟ ଶୃଙ୍ଗ ପର୍ଯ୍ୟନ୍ତ ପଳାୟନ କରି ମଧ୍ୟ ଆମେ ଋଷ୍ୟଶୃଙ୍ଗ ଉଦ୍‌ଭବ କରିବାର କୀର୍ତ୍ତି ଅର୍ଜନ କରିଛୁଁ। ଯେଉଁଠାରେ ପ୍ରେମର ଅଭିନୟ ଆବଶ୍ୟକ ହୋଇଚି, ସେଠାରେ ବେଶ୍ୟାପ୍ରୀତିର ଭଲ ନାହିଁ କଳ୍ପନା କରିଯାଇଚି। * ଅଥବା ଋଷ୍ୟାଶ୍ରମର ପବିତ୍ର ବେଷ୍ଟନୀ ରଚନା କରି ବେଶ୍ୟାକନ୍ୟାର ପ୍ରେମକୁ ସୌକୁମାରର ଚରିତ୍ର ଚିତ୍ରଣ କରିଯାଇଚି। * ଧର୍ମ ଚିନ୍ତା ଉଦୟ ହେବା ପୂର୍ବରୁ 'ଚିନ୍ତାମଣି'ର ଆଶ୍ରୟ * ନେବାକୁ ପଡ଼ିଚି। ଯେତେ ମହାକାବ୍ୟ ରଚନା କରି ନିଜକୁ ଘୋଡ଼ାଇବାକୁ ଯାନ୍ତୁ ପଛେ

---

* ଆଜି କିନ୍ତୁ ରୁଷିଆର ସୋଭେଟ୍ ଶାସନ ତନ୍ତ୍ରରେ ଜୀବନର ଅନ୍ୟାନ୍ୟ ବିଭାଗ ପରି ନାରୀପୁରୁଷର ସମ୍ବନ୍ଧକୁ ସତ୍ୟ ଓ ସହଜ କରିବାର ଚେଷ୍ଟା ଲାଗିଅଛି। ତାହାର ଗୋଟାଏ ପ୍ରମାଣ ରୋମାଣ୍ଟିକ୍ ପ୍ରେମ କବିତା ପଢ଼ିବାକୁ ବା ଲେଖିବାକୁ ମନା। ଅତ୍ୟଧିକ ନାରୀ ପ୍ରୀତିର ବଶବର୍ତ୍ତୀ ହେବା ଦୋଷରୁ ତୁଲସୀ ଦାସ ଓ ଉଭିଦର ଘୋରତର ନାରୀ ନିନ୍ଦୁକ ହୋଇ ପଡ଼ିଛନ୍ତି।

* ମୃଚ୍ଛକଟିକର ପ୍ରେମାତୁର ବ୍ରାହ୍ମଣ ଯୁବକଙ୍କର ବେଶ୍ୟାପ୍ରେମ

* କଣ୍ୱମୁନିଙ୍କ ଆଶ୍ରମବାସିନୀ ଶକୁନ୍ତଳା

* ବିଲ୍ୱମଙ୍ଗଳଙ୍କର ପ୍ରେମିକା ବେଶ୍ୟା।

କାଳିଦାସଙ୍କର ବେଶ୍ୟାପ୍ରୀତି ଅପବାଦଟା ଆଜି ସୁଦ୍ଧା ଘୋଡ଼ାଇ ହୋଇ ପାରି ନାହିଁ। ପ୍ରେମର ବାସ୍ତବ ଦିଗଟାକୁ ବର୍ଣ୍ଣନା କରିବାରେ ଯଥେଷ୍ଟ ସିଦ୍ଧି ଅର୍ଜିଥିଲେ ହେଁ ଶେଷରେ ବେଶ୍ୟାର ସ୍ତୁତି ନ କରିବା ପର୍ଯ୍ୟନ୍ତ ଭଞ୍ଜକବି ତୃପ୍ତି ଲାଭ କରି ନାହାନ୍ତି।

ଯେଉଁ କବିମାନେ ଏତେ ବେଶୀ ସ୍ୱାଧୀନ ହୋଇ ପାରିନାହାନ୍ତି, ସେମାନେ ନିଜ ପ୍ରବୃତ୍ତିର ପରିତୋଷ ପାଇଁ ଦେବତାମାନଙ୍କର ଆଶ୍ରୟ ନେଇଅଛନ୍ତି। ସେଥିପାଇଁ ଭାରତବର୍ଷର ପୁରୁଣା କାବ୍ୟପୁରଣ ଗୁଡ଼ିକ ଏହି ଦେବ-ପ୍ରେମର ଛଳନାରେ ପୂର୍ଣ୍ଣ। ଅବଶ୍ୟ ଯେଉଁଠାରେ କବି ଅତ୍ୟନ୍ତ ସ୍ୱାଧୀନ ସେଠାରେ ସେ ଦେବତାଙ୍କ ଛଦ୍ମବେଶ ଭିତରେ ମାନବକୁ ହିଁ ବଡ଼ ସ୍ଥାନ ଦେଇଛନ୍ତି। ଦେବଦେବୀ ମାନଙ୍କର କ୍ରିୟାକଳାପ ଯେ ମନୁଷ୍ୟ ଅପେକ୍ଷା ଅଦ୍ଭୁତ ନୁହେଁ ଏବଂ ମନୁଷ୍ୟ ପରି ସେମାନଙ୍କ ଦେହର ବିଶେଷ ବିଶେଷ ଅଂଶର ବିଶେଷ ବିଶେଷ ଲକ୍ଷଣ ଥିବା ଯେ ଅସମ୍ଭବ ନୁହେଁ, ତାହାର ପ୍ରମାଣ ସ୍ୱରୂପ ରଚିତ ହୋଇଚି 'କୁମାର ସମ୍ଭବ'। ଅବଶ୍ୟ ଏ ଧରଣର ବର୍ଣ୍ଣନାର ପ୍ରତିବାଦ ଯେ ହୋଇନାହିଁ ତାହା ନୁହେଁ। କାରଣ କାଳିଦାସ ଅଳ୍ପଦିନର ମଣିଷ ଏବଂ ଯୋଗୀ ଋଷିର ଉପାଧି ଲାଭ କରିବା ପାଇଁ ସେ ବିଶେଷ ଯତ୍ନ ନେଇ ନାହାନ୍ତି। ତଥାପି ସ୍ମୃତି ସଂହିତାର କଠୋର ବନ୍ଧନ ଭିତରେ ରହି ଭାରତୀୟ ପ୍ରେମ ଯେ ଅତି ସ୍ୱାଭାବିକ ଗତିରେ ଚାଳିତ ହୋଇଚି, ଏଥିରେ ବିଶ୍ୱାସ କରିବାର ପ୍ରମାଣ ନାହିଁ। ପ୍ରକୃତିରେ ଏ ଦେଶର ପ୍ରେମିକା ହୋଇଚନ୍ତି ବେଶ୍ୟା, ନ ହେଲେ ବିଧବା ! କିଂବା ଦେବ ଦେବୀଙ୍କର ବାହାନା କରି ଏକା ବେଳକେ ଷୋଳହଜାର ସଦ୍ୟ ବିଧବା ! ନ ହେଲେ ଅଭାବ ପକ୍ଷରେ ଯେଉଁ ତଳ ଜାତିର ନାରୀମାନଙ୍କ ଭିତରେ ଅବରୋଧ ନାହିଁ। ସେମାନଙ୍କୁ ଘେନି ପରକୀୟା ପ୍ରୀତିର ଅବତାରଣ ହୋଇଛି। * ଏହି ସବୁ ସଂବନ୍ଧ ଗୁଡ଼ିକର ଗଭୀର ଦାର୍ଶନିକ ତତ୍ତ୍ୱ ଯାହାଅଛି, ଜଗତର ଅନ୍ୟାନ୍ୟ ସଂବନ୍ଧ ଉପରେ ମଧ୍ୟ ସେହିପରି ନାନା ଅର୍ଥ ଆରୋପ କରାଯାଇପାରେ। କିନ୍ତୁ ନାରୀର ଅବରୋଧ ଓ ପୁରୁଷର ଜବରଦସ୍ତି ସଂଯମ ଯେ ଏଥିପାଇଁ ବହୁତ ଅଂଶରେ ଦାୟୀ, ତାହା ସଂଯମ ଓ ସାଧନାର କେନ୍ଦ୍ରସ୍ଥଳ ସବୁତୀର୍ଥସ୍ଥାନ ଗୁଡ଼ିକ ଉପରେ ଗୋଟିଏ ଥର ଆଖି ବୁଲାଇ ଦେଲେ ହିଁ ବୁଝାଯାଏ।

ଖ୍ରୀଷ୍ଟୀୟାନ ଦେଶମାନଙ୍କରେ ମଧ୍ୟ ଏହି ରୂପେ କଠୋର ସଂଯମ ଓ ନୈତିକତାର ଅଭ୍ୟାସ ଯୋଗୁଁ ଅସଂଖ୍ୟ ଗୋପନ ବ୍ୟଭିଚାରର ବିବରଣୀ ଶୁଣାଯାଏ। ମଧ୍ୟ ଯୁଗରେ (Middle ages) ଖ୍ରୀଷ୍ଟୀଆନ ସେଣ୍ଟମାନେ ଗାଧୋଇବା କିମ୍ବା ଦେହ ହାତ ପରିଷ୍କାର ରଖିବାକୁ ମଧ୍ୟ ଧର୍ମ ବିରୁଦ୍ଧ ବୋଲି ମନେ କରୁଥିଲେ। * ହିନ୍ଦୁର ଦେବଦାସୀ କିମ୍ବା

---

* ଚଣ୍ଡୀଦାସ ଓ ରାମୀ

* The Purity of the body and its garments means the impurity of the soul - Paul

ମାତାମାନଙ୍କ ପରି ଖ୍ରୀଷ୍ଟିୟାନ୍ ମଧ୍ୟ ତାଙ୍କର ନନ୍‌ମାନଙ୍କୁ କେବଳ ଖ୍ରୀଷ୍ଟଭୋଗ୍ୟ ପବିତ୍ର ବସ୍ତୁ ରୂପେ ଜ୍ଞାନ କରୁଥିଲେ। ନନ୍‌ମାନଙ୍କର ମଠ ଗୁଡ଼ିକରେ (Nunnery) ଯେଉଁ ସବୁ କଡ଼ାନିୟମ ଜାରି କରାଯାଇଥିଲା, ସେଥିରେ ସେମାନେ ପୁରୁଷର ଛାଇ ମଧ୍ୟ ଦେଖିବାକୁ ପାଉ ନଥିଲେ ଏବଂ ତାହା ଶୁଣି ଆଜିକାଲି ସ୍କୁଲ କଲେଜର ବାଳିକାମାନେ ବୋର୍ଡିଂ ହତାରେ ଅବରୁଦ୍ଧ ଥାଇ ସୁଦ୍ଧା ନିଜକୁ ଖୁବ୍ ବେଶୀ ଭାଗ୍ୟବତୀ ମନେ କରିବେ। ଅଥଚ ଏହି ନିୟମ ବନ୍ଧନ ଯେତିକି କଠିନ ହୋଇଛି, ତାହାର ବ୍ୟତିକ୍ରମ ବରଂ ଅଧିକ ପ୍ରବଳ ହୋଇ ଉଠିଚି। ରାମକୃଷ୍ଣ ପରମହଂସଙ୍କ ପରି ସେ ଆବ୍ରାହମ ଯେପରି ବିବାହର ବାସର ରାତ୍ରୀରୁ ସ୍ତ୍ରୀକୁ ଛାଡ଼ି ପଳାୟନ କରିଅଛନ୍ତି, ଅନେକ ସନାତନ ପଣ୍ଡା ପୂଜକଙ୍କ ପରି ସେଣ୍ଟ ଅଗଷ୍ଟିନ୍ ମଧ୍ୟ ସତର ଗୋଟିଏ ଜାରଜ ସନ୍ତାନଙ୍କୁ ଛାଡ଼ି ଯାଇଛନ୍ତି ଏବଂ ଅନେକ ମଠାଧୀଶଙ୍କପରି ସେ ପେଲାଗୋଙ୍କ ଅଧୀନରେ ୭୦ ଗୋଟି ରକ୍ଷିତା ସ୍ତ୍ରୀ ଥିବାର ପ୍ରମାଣ ମିଳିଚି। ଋଷ୍ୟଶୃଙ୍ଗ ଉଦ୍ଭବ କରିବାର ପ୍ରଖର କଳ୍ପନା ଜାତ ହୋଇନଥିଲେ ହେଁ ଅନେକ ବିଶପ୍ ନିଜ ନିଜର କନ୍ୟା ଓ ଭଗିନୀମାନଙ୍କ ସଙ୍ଗେ ଯୌନ ସମ୍ପର୍କ ରଖିବାର ସହଜ ପନ୍ଥା ଉଦ୍ଭାବନ କରିଚନ୍ତି; ନନେରୀ କିମ୍ୱା ଖ୍ରୀଷ୍ଟବଧିମାନଙ୍କର ପବିତ୍ର ମଠଗୁଡ଼ିକରୁ ଯେଉଁ ପରିମାଣରେ ଶିଶୁ କଙ୍କାଳ ଆବିଷ୍କୃତ ହୋଇଅଛି ତାହା ପ୍ରାତ୍ନତାତ୍ତ୍ୱିକମାନଙ୍କ ଗବେଷଣା ପାଇଁ ଯଥେଷ୍ଟ ସାହାଯ୍ୟ କରିବ।

ଏହି ସବୁ ନିୟମର ଫଳାଫଳ ଆଜ ଯେପରି ଦେଖାଯାଏ ତାହାର ପ୍ରଚଳନ ସମୟରେ ମଧ୍ୟ ସେହିପରି ଦେଖା ଯାଇଥିଲା। କିନ୍ତୁ ସେତେବେଳେ ନିୟମ ଏବଂ ତାହାର ବ୍ୟତିକ୍ରମ ଭିତରେ ହିଁ ଟଣା ଭିଡ଼ା ଚାଲିଥିଲା। ବ୍ୟଭିଚାର ପ୍ରବଳ ହେବାର ଦେଖି ନିୟମକୁ ଆହୁରି କଠୋର ହେବାକୁ ପଡ଼ିଲା। ଖ୍ରୀଷ୍ଟୀୟାନ୍ ବିଶପ୍‌ମାନଙ୍କୁ ମା ଭଉଣୀମାନଙ୍କ ପାଖରେ ରହିବାକୁ ବାରଣ କରାଗଲା। ହିନ୍ଦୁ ସନ୍ନ୍ୟାସୀମାନଙ୍କୁ ଜଙ୍ଗଲ କିମ୍ୱା ମଠର ଆଶ୍ରୟ ନେବାକୁ ହେଲା। ସବୁ ଧର୍ମରେ ନାରୀମାନଙ୍କୁ ନିନ୍ଦା କରାଗଲା। ନାରୀନରକର ଦ୍ୱାର, ସେ ବ୍ରାହ୍ମଣର ସନ୍ତାନ ହେଲେବି ଶୂଦ୍ର ଧର୍ମରେ ତାହାର ଅଧିକାର ନାହିଁ, ହିନ୍ଦୁମାନଙ୍କ ପରି ଖ୍ରୀଷ୍ଟୀଆନ୍ ପାଦ୍ରୀ (Father) ମଧ୍ୟ ଠିକ୍ ଏହି କଥାକୁ ତା'ର ସ୍ୱରରେ ଘୋଷଣା କରିବାକୁ ଲାଗିଲେ। * କାରଣ ସବୁ ଦେଶର ଧର୍ମ ଗୁରୁମାନେ ଘଟଣା କ୍ରମେ ପୁରୁଷ ହୋଇ ଜନ୍ମଲାଭ କରି ଅଛନ୍ତି ଏବଂ ନାରୀହିଁ ପୁରୁଷକୁ ପ୍ରଥମେ

---

* ଆକାଶ ଗାମୀ ଇନ୍ଦ୍ରଙ୍କୁ ଥରେ ମାତ୍ର ଚାହିଁ ଦେଇଥିବା ଅପରାଧରେ ଅହଲ୍ୟାଙ୍କୁ ସ୍ୱାମୀ ଅଭିଶାପରେ ଅନେକ ଯୁଗ ପଥର ହୋଇ ପଡ଼ ରହିଥିବାର ଉପାଖ୍ୟାନଟି ଅନେକ ଜାଣନ୍ତି।

ପ୍ରଲୋଭନ ଦେଖାଏ ବୋଲି ତାହାକୁ ଏତେଦୂର ହୀନଦୃଷ୍ଟିରେ ଦେଖିଚନ୍ତି ଯେ, ସେଥିରୁ ମନେ ହୁଏ ସେମାନେ ନାରୀଠାରୁ ଜନ୍ମ ହୋଇଥିବାର ମଧ୍ଯ ଭୁଲିଯାଇଛନ୍ତି।

ସେଥିପାଇଁ ନାରୀ ହୋଇଛି ଗୋଟାଏ ବିଷଧର ଅହି, ନ ହେଲେ ପାଷାଣର ଅହଲ୍ୟା। * କେହି ତାକୁ ଭୟକରି ଦୂରରେ ରହିଛି, ଆଉ କିଏ ତାକୁ ଦେବୀ କରିବା ଉଦ୍ଦେଶ୍ୟରେ ପଥର କରି ରଖିଚି; ଯେ ଦୂରରେ ରହିଚି ସେ ତାକୁ ଦେଇଚି ଘୃଣା ଓ ଅଭିସମ୍ପାତ, ଯେ ଜଡ଼ କରିଚି ସେ ତାହାର ଆଉ କିଛି କରିବାକୁ ବାକୀ ରଖିନାହିଁ। ଏହି ଭାବରେ ନାରୀ ପୁରୁଷ ଠାରୁ ଯେଉଁ ନିଗ୍ରହ ପାଇଚି ତାହା କୌଣସି ନିଗ୍ରୋଦାସ ପ୍ରତି ଖ୍ରୀଷ୍ଟୀୟାନ୍‌ମାନଙ୍କର ବ୍ୟବହାରଠାରୁ ଊଣା ନୁହେଁ। ଯେଉଁଠାରେ ସେ ଅନ୍ୟ ପୁରୁଷକୁ ଅତର୍କିତରେ ଚାହିଁ ଦେଇଚ, ସେଠାରୁ ତାହାର ଆଖିବନ୍ଧ, ଯେଉଁଠାରେ କେହି ପୁରୁଷ ତାହାକୁ ଛୁଇଁ ଦେଇଚି ତେବେ ତାହାର ଅଗ୍ନି ପରୀକ୍ଷା। ମୋଟ ଉପରେ ନାରୀକୁ ମୂର୍ଖ, ଅବିବେକ, ମୂକ ଓ ଜଡ଼ କରି ରଖିବା ବ୍ୟତୀତ ତାହାର ପବିତ୍ରତାର ସୁରକ୍ଷା ପାଇଁ ପୁରୁଷ ଆଉ କିଛି ସଦ୍ ଉପାୟ ଖୋଜି ପାଇନାହିଁ। ନାରୀ ମଧ୍ଯ ତାହାର ଏହି ଦଶାକୁ କେତେବେଳେ ଆଶୀର୍ବାଦ ମନେ କରି ପୁରୁଷ ପ୍ରତି ଭକ୍ତି ପ୍ରୀତିର ଅତି ନିର୍ବୋଧ ପରିଚୟ ଦେଇଚି କିମ୍ବା ଦୈବର ଅଭିଶାପ ଭାବି ତୁନି ରହିଚି। ଇଉରୋପରେ ଫରାସୀ ବିପ୍ଳବ ପର୍ଯ୍ୟନ୍ତ ନାରୀର ପୂର୍ବଦଶା ବଦଳି ନଥିଲା ଏବଂ ଉତ୍ତରାଧିକାର ସୂତ୍ରରେ ତାହାର ଦାବୀ ସ୍ୱୀକାର କରାଯାଇ ନଥିଲା। ଫରସୀ ବିପ୍ଳବର ସ୍ୱାଧୀନ ଭାବୁକମାନେ ହିଁ ତାହାକୁ ରାଷ୍ଟ୍ର ଓ ସମାଜରେ ପୁରୁଷଠାରୁ କୌଣସି ଅଂଶରେ ହୀନ ନୁହେଁ ବୋଲି ପରିଚିତ କରାଇଲେ। ଗଲା ମହାଯୁଦ୍ଧଠାରୁ ହିଁ କୋମଲପାଶାଙ୍କ କୃପାରୁ ତୁର୍କୀର ମୁସଲମାନ ରମଣୀ ନିଜକୁ ମଣିଷ ବୋଲି ଆବିଷ୍କାର କଲା। ଆମେରିକାର ବ୍ୟବସ୍ଥା ଅବଶ୍ୟ ବହୁ ଆଗରୁ ଟିକେ ଫରକ ହୋଇ ପଡ଼ିଥିବାପରି ବୋଧ ହୁଏ। ଦେଶ ଛାଡ଼ି ବିଦେଶକୁ ଗଲେ ଉଭୟ ନାରୀ ପୁରୁଷଙ୍କର ସ୍ୱାତନ୍ତ୍ର୍ୟ ଯେପରି ଟିକିଏ ବେଶୀ ହୋଇ ପଡ଼ିଥାଏ, ଆମେରିକାରେ ବୋଧହୁଏ ତାହାହିଁ ହୋଇଅଛି ଏବଂ ତାହାର ଆଦର୍ଶରେ ଜାପାନ ମଧ୍ୟ ନିଜକୁ ତିଆରି କରି ନେଇଚି। ଆମେରିକାରେ କମ୍ପାନିୟନେଟ୍ ମ୍ୟାରେଜ (Companionate Marriage) ପରି ଯେମିତି ସ୍ୱାଧୀନ ବିବାହ ପ୍ରଥାର ପ୍ରସ୍ତାବ କରାଯାଇଛି ଏବଂ ବାଇସ୍କୋପର ଅଭିନେତ୍ରୀ ହେବା ପାଇଁ ସେଠାର ଝିଅମାନେ

---

* 'Woman was represented as the door of hell, as the mother of all human ills. she should be ashamed of the very thought that she is a woman.'

ଯେଉଁ ପରିମାଣରେ ବାଇ ହୋଇ ପଡ଼ିଚନ୍ତି କିମ୍ବାଯେଉଁ ଯେଉଁମାନଙ୍କର ମଟରକାର ଅଛି (ଅନେକ ଝିଅଙ୍କର ଅନ୍ତତଃ ଖଣ୍ଡେ ମଟର ଗାଡ଼ି ଥିବାର ଜଣାଯାଏ) ସେମାନେ ତାହା ସାହାଯ୍ୟରେ ନିଜର ପ୍ରେମିକଙ୍କୁ ଦୂର ସ୍ଥାନକୁ ଘେନିଯାଇ ପ୍ରେମାଳାପଟାକୁ ଆହୁରି ଅନେକ ଦୂର ପର୍ଯ୍ୟନ୍ତ ଆଗେଇ ନେବାରେ ଯେମିତି ତ୍ରୁଟି କରୁ ନାହାନ୍ତି, ଜାପାନର ଝିଅମାନେ ମଧ୍ୟ ବିବାହ ପୂର୍ବରୁ ପ୍ରଥମେ ବେଶ୍ୟାବୃତ୍ତି ଦ୍ୱାରା ଯୌନ-ଜୀବନର ଅଭିଜ୍ଞତା ସଙ୍ଗେ କିଛି-ବିବାହ ଯୌତୁକ ଅର୍ଜନ କରିବାକୁ ଯାଇ ଏ ପ୍ରଥାଟିକୁ ସମାଜର ଗୋଟାଏ ରୀତିମତ ଅନୁଷ୍ଠାନ କରି ପକାଇଛନ୍ତି। ସୋହୋଟ୍ ରୁଷିଆରେ କି ପୁରୁଷ କି ନାରୀ ପ୍ରତ୍ୟେକଙ୍କୁ ରାଷ୍ଟ୍ରର କଲ୍ୟାଣ ଦିଗରୁ ହିଁ ବିବେଚନା କରାଯାଉଛି। ବ୍ୟକ୍ତି ବିଶେଷର ସୃଷ୍ଟି ସ୍ଥିତି କେବଳ ବ୍ୟଷ୍ଟିର ଉପକାର ଉଦ୍ଦେଶ୍ୟରେ। ରାଷ୍ଟ୍ର ହିଁ ଏହି ବ୍ୟଷ୍ଟିର ଜୀବନ୍ତ ପ୍ରତିନିଧି ଏବଂ ସମସ୍ତ ରାଜ୍ୟର ଶିଶୁମାନଙ୍କର ପାଳନ ଭାର ଏହା ନିଜ ହାତକୁ ନେବା ହିଁ କର୍ତ୍ତବ୍ୟ ମନେ କରି ଏକ ବିରାଟ ପରୀକ୍ଷାର ଆରମ୍ଭ କରିଚି। ତାହା ଫଳରେ ବର୍ଣ୍ଣାଶ୍ରମର ତା'ନାମ ଗନ୍ଧ ଲୋପ ପାଇଛି, ବର୍ଣ୍ଣସଙ୍କରଙ୍କୁ ଖୋଜି ବାହାର କରିବା ମଧ୍ୟ ଅସମ୍ଭବ ହୋଇ ପଡ଼ିଛି। ନିରୋଗ ସୁପୁଷ୍ଟ ଶିଶୁର ହିଁ ଆଦର ବଢ଼ିଛି। ପ୍ରେମ ବୋଲି ଗୋଟାଏ ଏତେ ବଡ଼ ପୁରୁଣା ଜିନିଷ ଏବଂ ଯୁବକ ଯୁବତୀଙ୍କର ଏମିତି ଏକ ପ୍ରାଣାଧିକ ପ୍ରିୟ ବସ୍ତୁର ଆଜି ସେଠାରେ ମନସ୍ତତ୍ତ୍ୱ ସଙ୍ଗେ ବିଶେଷ ସମ୍ପର୍କ ନାହିଁ; ଦେହ ତତ୍ତ୍ୱ ଭିତରେ ହିଁ ତାହା ଆବଦ୍ଧ।

ସୌନ୍ଦର୍ଯ୍ୟ ଓ କଳା

ବ୍ରଜବିହାରୀ ମହାନ୍ତି

ସୌନ୍ଦର୍ଯ୍ୟ ଜୀବନର ଉତ୍ସ। ବିଶ୍ୱପ୍ରକୃତିରେ ଆନନ୍ଦର ସତ୍ତା ସୌନ୍ଦର୍ଯ୍ୟର ଚିତ୍ରଣ କୌଶଳରେ ଆତ୍ମପ୍ରକାଶ କଲେ ଜୀବଜଗତ୍ ମୋହିତ ହୁଏ। ଆନନ୍ଦର ପ୍ରତ୍ୟକ୍ଷାନୁଭୂତି ସୌନ୍ଦର୍ଯ୍ୟ ଅବଲମ୍ବନରେ ପ୍ରାଣକୁ ସ୍ପର୍ଶ କରେ। ଏହି ସ୍ପର୍ଶଟିକ ଜୀବନର ଆଦି ସୃଷ୍ଟିରୁ ଆଜି ପର୍ଯ୍ୟନ୍ତ ଲାଗି ରହିଛି ଓ ଏହାର କ୍ରମବିକାଶରେ ଜୀବନର ମହନୀୟତା ସଂଶ୍ଳିଷ୍ଟ ଅଛି। ଏକ ଦିଗରେ ଜୀବସୃଷ୍ଟିର ଅଶେଷ ଶ୍ରେଣୀବିଭାଗ, ଅନ୍ୟ ଦିଗରେ ସୌନ୍ଦର୍ଯ୍ୟର ବିଭିନ୍ନ ସ୍ତର, ଲୌହ ଓ ଚୁମ୍ବକରେ ଆକର୍ଷଣ ପରି ପରସ୍ପର ପ୍ରତି ଆବଦ୍ଧ ରହିଛନ୍ତି। ଆକର୍ଷଣକୁ ଅନୁସରଣ କରି ଜୀବନର ଧାରାଟି ବହିଯାଉଛି।

ସୌନ୍ଦର୍ଯ୍ୟର ଅଭିବ୍ୟକ୍ତି ପାଇଁ କଳାର ସୃଷ୍ଟି। ଜୀବନର ଉନ୍ନତି ବିକାଶ ସୌନ୍ଦର୍ଯ୍ୟର ଅବଦାନକୁ ନିଜସ୍ୱ କରି ଗୋଟାଏ ସ୍ୱତନ୍ତ୍ରତା ଲୋଡ଼େ ଓ ଏହି ସ୍ୱାତନ୍ତ୍ର୍ୟ ଘେନି ବିଭିନ୍ନ କଳାର ଉତ୍ପତ୍ତି ଘଟେ। ଜୀବନର ଉତ୍କର୍ଷରେ କଳା ପରିମାପ ସ୍ୱରୂପ ହୁଏ। ମାନବୀୟ ସଭ୍ୟତାର ଅତୀତ ଓ ବର୍ତ୍ତମାନ ଏହାରି ସାହାଯ୍ୟରେ ଏପରି ମୂର୍ତ୍ତିମନ୍ତ ହୋଇଉଠିଛି ଯେ, ଏହାକୁ ବାଦ୍ ଦେଲେ ମାନବ ଜୀବନର ସରସତା ରହେ ନାହିଁ। ଅଗଣିତ ଭଲ ମନ୍ଦ ପରିବର୍ତ୍ତନ ମଧ୍ୟରେ ସାଂସାରିକ ଜୀବନର ଅନ୍ଧତା ମନୁଷ୍ୟମନରେ ସ୍ୱତଃ ଗୋଟାଏ ନୈରାଶ୍ୟ ଆଣିଦଏ। ଦୁଃସହ ଘଟନାଚକ୍ରର ଆଘାତରେ କେତେ ସୁଖର ସଂସାର ଜଳ ବୁଦ୍‌ବୁଦ ପରି ମୁହୂର୍ତ୍ତକେ ଉଭେଇଯାଏ। ପୁଣି ବିଷାଦ କାଳିମାର କ୍ରୂର ଆବରଣ ଅପସାରିତ ହୋଇ ଅତୁଳନୀୟ ଐଶ୍ୱର୍ଯ୍ୟ ମନୁଷ୍ୟର ମନକୁ ଅଭିଭୂତ କରିଦିଏ। ବିପଦ ଓ ସମ୍ପଦ ଦୁଇଟିଯାକ କ୍ଷଣସ୍ଥାୟୀ। ଜୀବନର ପରିଧି ଏ ଦୁହିଁଙ୍କୁ କେବଳ ସ୍ପର୍ଶ କରି ଗତି କଲେ ତାର ଉନ୍ନତି ବିକାଶ ଜଣାପଡ଼େ ନାହିଁ। ଆଲୋକର

ଆଧାରକୁ ଭୁଲିଯାଇ କେବଳ ଆଲୋକଟିକ ପାଇଁ ଆତ୍ମବିସ୍ମୃତ ହେଲେ ଆଲୋକକୁ ଧରି ରଖିବାର କ୍ଷମତା ଆସେ ନାହିଁ। ମହତ୍‌ର ପାର୍ଥକ୍ୟ ଏହି ଅଧିକାର ଶକ୍ତି ଉପରେ ପରୀକ୍ଷିତ ହୁଏ। ସାଧାରଣ ସଂସାରୀର ଦୃଷ୍ଟି ସଂକୀର୍ଣ୍ଣ ସୀମା ମଧ୍ୟରେ ରହିଯାଏ ବୋଲି ତାର ଯଥାର୍ଥ ଗତି ସେ ନିଜେ ଅବଧାରଣ କରିପାରେ ନାହିଁ। ବୃଥାରେ ଅସାରକୁ ସାର କରି ସେ ଗୋଟାଏ ବାହ୍ୟ ଆନନ୍ଦ ଅନୁଭବ କରେ। ଯେତେଦିନ ପର୍ଯ୍ୟନ୍ତ ମନୁଷ୍ୟ ସଂସାରର ନିଗଡ଼କୁ ଭାଙ୍ଗିଦେଇ ତାର ଦୃଷ୍ଟିକୁ ବିସ୍ତୀର୍ଣ୍ଣ ନ କରିଛି, ସେତେଦିନ ପର୍ଯ୍ୟନ୍ତ ସେ ବାସ୍ତବ ଆନନ୍ଦର ଅଧିକାରୀ ହୋଇପାରିବ ନାହିଁ କିମ୍ବା ତାର ପ୍ରକୃତ ସୌନ୍ଦର୍ଯ୍ୟବୋଧ ଆସିବ ନାହିଁ। ସ୍ରୋତସ୍ୱିନୀ ବହିଯାଇ ଅନନ୍ତ ସାଗର ସଙ୍ଗମରେ ମିଶିଯିବା ପରିବର୍ତ୍ତେ ଯଦି ତପ୍ତ ମରୁଭୂମିରେ ନିଜକୁ ମିଶାଇ ଦିଏ, ତାହାହେଲେ ତାର ସ୍ରୋତସ୍ୱିନୀ ଆଖ୍ୟା ବୃଥା ହୋଇଯାଏ। ପ୍ରଚଣ୍ଡ ବାଲୁକା ପ୍ରାନ୍ତରରେ ତାର ଗତି ନିମ୍ନଦେଶକୁ ଚାଲିଯାଏ—ରହିଯାଏ କେବଳ ଗୋଟାଏ ବିଭୀଷିକା—ଗୋଟିଏ ମହାଶୂନ୍ୟତାର କରାଳ ମୂର୍ତ୍ତି। ବର୍ତ୍ତମାନ ଦେଖାଯାଉ, ଜୀବନର ଗତିଟା କେଉଁଆଡ଼େ ! ସୌନ୍ଦର୍ଯ୍ୟର ଅବଦାନ ସମସ୍ତଙ୍କପାଇଁ ସମାନ ନୁହେଁ। ତେଣୁ ଉତ୍ସ ଏକ ହେଲେ ସୁଦ୍ଧା ପ୍ରବାହ ଏକ ହୁଏ ନାହିଁ। ଗୋଟାଏ ଯଦି ନିଜକୁ ସାଗର ସଙ୍ଗମରେ ମିଶାଇଦେଲା, ଆଉ ଗୋଟାଏ ତପ୍ତ ବାଲୁକାଶଯ୍ୟାରେ ଆତ୍ମଗୋପନ କରି ରହିଲା। ଜୀବନଟା ମଧ୍ୟ ଏହିପରି। ସୌନ୍ଦର୍ଯ୍ୟର ପ୍ରଭାବ ଜୀବନକୁ ଯେ ସ୍ତରକୁ ନେଇଯାଏ, କଳାର ପ୍ରକାଶ ମଧ୍ୟ ତଦନୁଯାୟୀ ସ୍ମାରକ ସ୍ତମ୍ଭ ପରି ଜୀବନର ଗତିରେ ସୌନ୍ଦର୍ଯ୍ୟକୁ ଦେଖାଇଦିଏ। ଆଜିପର୍ଯ୍ୟନ୍ତ ଜଗତରେ ଯେତେ ସଭ୍ୟତାର ଅଭ୍ୟୁଦୟ ହୋଇ ବିଲୟ ଘଟିଲାଣି, ସେ ସମସ୍ତଙ୍କୁ କଳା ସଂଯୋଜନା-ସୂତ୍ରରେ ଉଜ୍ଜୀବିତ କରି ରଖିପାରିଛି।

ସୌନ୍ଦର୍ଯ୍ୟର ବିକ୍ଷିପ୍ତତାକୁ କଳା ଅଙ୍କନ କୌଶଳରେ ସଜାଇଦିଏ। କେବଳ ସଜାଇଦିଏ ନାହିଁ, ସୌନ୍ଦର୍ଯ୍ୟାନୁଭୂତିପାଇଁ ପୃଥକ୍ ଧାରାସବୁ ଖୋଲିଦିଏ। ଭିନ୍ନ ଭିନ୍ନ ଶ୍ରେଣୀର କଳାବିତ୍‌ମାନଙ୍କର ସାଧନା ଏହି ଧାରାମାନଙ୍କ ଅବଲମ୍ବନରେ ପୂର୍ଣ୍ଣତା ଆଡ଼କୁ ଗତିକରେ। ସୌନ୍ଦର୍ଯ୍ୟର ଚିତ୍ରଣରୁ ଯେ ଯେତେ ଜୀବନ୍ତ କରି ମନୁଷ୍ୟ ମନରେ ଦୀପ୍ତି ସଞ୍ଚାର କରିପାରିଛି, ତାର ଆସନ ମାନବ ସମାଜରେ ସେତେ ବଡ଼ ହୋଇ ରହିଛି। ଅସଂଯତ ଭାବୋଚ୍ଛ୍ୱାସରେ ପ୍ରକୃତ କବିତାର ପରିଚୟ ମିଳେ ନାହିଁ। ହୃଦୟର ନିଭୃତ କନ୍ଦରରେ ଯେ ସ୍ପନ୍ଦନଟି ରହି ଅନାମୟ ପ୍ରେରଣା ବଳରେ ସୌନ୍ଦର୍ଯ୍ୟକୁ ରୂପଦାନ କରୁଛି, ତାହା ମଧ୍ୟ ସୌନ୍ଦର୍ଯ୍ୟଠାରୁ ବିଚ୍ଛିନ୍ନ ନୁହେଁ। ମହାକବି ବାଲ୍ମୀକିଙ୍କର ଅସାଧାରଣ ପ୍ରେରଣ-ନିଃସୃତ ଅମର କବିତାରେ ଏହାର ପ୍ରକାଶ ସ୍ପଷ୍ଟ ହୋଇ ରହିଛି। ମାନବ ଜୀବନର ଭିତ୍ତି ଉପରେ ସତ୍ୟ ଓ ସୌନ୍ଦର୍ଯ୍ୟର ସମନ୍ୱୟ ଅମର କବିଙ୍କର ଯେ ଅମୃତ-

ଧାରା ଖୋଲି ଦେଇଛି, ତାହା କଦାପି ଶୁଷ୍କ ହେବନାହିଁ। ଅଦ୍ଭୁତ ଶକ୍ତିସମ୍ପନ୍ନ ମହାକବି ରାଜୈଶ୍ୱର୍ଯ୍ୟଠାରୁ ଦୀନ କୁଟୀର ବାସ ପର୍ଯ୍ୟନ୍ତ ସବୁ ଚିତ୍ରରେ ସୌନ୍ଦର୍ଯ୍ୟର ଏପରି ସ୍ପର୍ଶ ଲଗାଇ ଦେଇଛନ୍ତି ଯେ, ମନୁଷ୍ୟତ୍ୱର ପରିଣତି ଦେବତ୍ୱରେ ରହିଯାଇଛି।

ଦେଶକାଳଗତ ପାର୍ଥକ୍ୟରେ କଳାର ରୂପଭେଦ ସମ୍ପୂର୍ଣ୍ଣ ସ୍ୱାଭାବିକ। ଜୀବନର ପରିବର୍ତ୍ତନଶୀଳତା ମଧ୍ୟ ଅନେକ ପରିମାଣରେ ତାକୁ ପ୍ରଭାବିତ କରିଥାଏ। ଦେଶ କିମ୍ବା ଜାତିବିଶେଷର କଳାଦୃଷ୍ଟିକୁ ଗୋଟାଏ ନିର୍ଦ୍ଦିଷ୍ଟ ଦିଗରେ ନିୟନ୍ତ୍ରଣ କଲାବେଳେ ମୌଳିକତା ଅକ୍ଷୁଣ୍ଣ ରହିବା ବାଞ୍ଛନୀୟ। ଆଜି ପ୍ରାଚ୍ୟ ଓ ପାଶ୍ଚାତ୍ୟର ମିଳନରେ ସତ୍ୟର ଯେଉଁ ଅବମାନନା ଘଟୁଛି, ସେଥିପାଇଁ ଏହି ନିୟନ୍ତ୍ରଣ-ପ୍ରଥା ଦାୟୀ। ଶିକ୍ଷାଭିମାନୀ ଭାରତୀୟ କୃତ୍ରିମ ଆବରଣ ତଳେ ଜୀବନର ଯେ ସ୍ତରରେ ଆସି ପହଞ୍ଚିଲାଣି, ସେଠାରୁ ଆଉ ନିମ୍ନକୁ ସ୍ଖଳନ ହେଲେ ତାହାର ବିନାଶ ଅନିବାର୍ଯ୍ୟ। ଜୀବନର ଗତି ଗୋଟିଏ ଦିଗରେ ସ୍ୱାଚ୍ଛନ୍ଦ୍ୟ ଲୋଡ଼ିବାବେଳେ, ଶିକ୍ଷା ଯଦି ତାକୁ ସାହାଯ୍ୟ କରିବା ପରିବର୍ତ୍ତେ ଦୁର୍ବଳ କରିଦିଏ, ତାହାହେଲେ ତାହା ଆଦୌ 'ଆର୍ଟ' ବା କଳା ନୁହେଁ। ଯେଉଁଠି ସତ୍ୟର ପ୍ରକାଶ ପ୍ରଚ୍ଛନ୍ନ, ସେଇଠି ସୌନ୍ଦର୍ଯ୍ୟର ବିକାଶ ମଳିନ ଓ ଜୀବନର ଗତି ବଡ଼ କ୍ଷୀଣ। ଆମ୍ଭମାନଙ୍କ ଦେଶରେ ଶିକ୍ଷା-ନିୟନ୍ତ୍ରଣ କଲାବେଳେ କେହି ଜୀବନର ପରିସ୍ଥିତିକୁ ଦେଖନ୍ତି ନାହିଁ। ଗୋଟାଏ କଳକୁ ଚଳାଇ କେତେଗୁଡ଼ାଏ ବାହ୍ୟ ସମାନତା ଥିବା ପଦାର୍ଥ ବାହାର କଲାପରି ବିଦ୍ୟାଳୟରୁ କେତେଗୁଡ଼ିଏ ଲୋକ ବାହାରି ଆସିଲେ ଜାତୀୟ ଜୀବନର ପ୍ରକୃତ ବିକାଶ ଜଣାପଡ଼େ ନାହିଁ। ବ୍ୟକ୍ତିଗତ ଜୀବନର ଯେଉଁସବୁ ବିଶେଷତ୍ୱ ଥାଏ, ତାହା କଳା ଦୃଷ୍ଟିର ବାହାର ନୁହେଁ। ବିଶ୍ୱ-ସୌନ୍ଦର୍ଯ୍ୟର ଲୀଳାଭୂମିରେ କିଛି ହୀନ କିମ୍ବା ହେୟ ନୁହେଁ। କଳାହୀନ, କର୍ମହୀନ ଓ ସୌନ୍ଦର୍ଯ୍ୟ-ହୀନ ପ୍ରାଣ ସଂସାରରେ ବିରଳ।

ଜୀବନର ଚଞ୍ଚଳ ଗତିରେ କଳା ବିଶିଷ୍ଟ ବେଷ୍ଟନୀମାନଙ୍କ ପାଇଁ ରେଖାପାତ କରିଦିଏ। ଏହାରି ଭିତରେ କବି, ଭାବୁକ, ଚିତ୍ରକର, ଶିଳ୍ପୀ ପ୍ରଭୃତି ସେମାନଙ୍କ ସାଧନାର କ୍ଷେତ୍ର ପ୍ରସ୍ତୁତି କରିନିଅନ୍ତି। ସୌନ୍ଦର୍ଯ୍ୟର ଉତ୍ସଟି ଦୂରରେ ରହି କ୍ଷେତ୍ରର ଉତ୍କର୍ଷ ସଂପାଦନ କରୁଥାଏ। ନିଘଞ୍ଚ ପତ୍ର ଅନ୍ତରାଳରେ ମଳୟର ମର୍ମର ଶବ୍ଦ, ଜ୍ୟୋତ୍ସ୍ନା ପ୍ଲାବନ ସଙ୍ଗେ ନୀରବ ନିଶୀଥିନୀର ସମାବେଶ, ଦୂର ପର୍ବତଗାତ୍ରରେ ଅସ୍ତଗାମୀ ରବିର ଶେଷ କିରଣଛଟା, ନିସ୍ତବ୍ଧ ଅରଣ୍ୟାନୀରେ ନାନାଜାତୀୟ ପକ୍ଷୀମାନଙ୍କର ମିଶ୍ରିତ କଳ-ତାନ, ଶାନ୍ତ ସମୀରଣରେ ଭାସି ଆସୁଥିବା ଦୂର ବିପଞ୍ଚୀର ଅସ୍ପଷ୍ଟ ରଗିଣୀ, ସୁନ୍ଦରୀର ସରଳ ଭାବର ସରସ ସ୍ମୃତି ଜୀବନରେ ମୁହୂର୍ତ୍ତକ ପାଇଁ ସୌନ୍ଦର୍ଯ୍ୟର ଯେ ଉପାଦାନ ସମ୍ପାଦି ଦେଇଯାଏ, ସେଥିରେ କଳାର ଈପ୍‌ସିତ ବେଷ୍ଟନୀର ଗଠନ ସାମଗ୍ରୀ ଯଥେଷ୍ଟ ଥାଏ। ସୌନ୍ଦର୍ଯ୍ୟର ଅମଳ ଇଙ୍ଗିତ ସବୁ କଳାବିତ୍‌ମାନଙ୍କ ପକ୍ଷେ ସମାନ ନୁହେଁ।

ଜୀବନର ସ୍ୱାତନ୍ତ୍ର୍ୟ ଓ ବିକାଶମାର୍ଗରେ ଭିନ୍ନତାକୁ ଦେଖି ଏହା ବେଷ୍ଟନୀମାନଙ୍କୁ ଏପରି ଗଢ଼ିଦିଏ ଯେ, ଗୋଟାଏ ପାର୍ଥକ୍ୟ ସାଧାରଣତଃ ଦେଖା ଯାଇଥାଏ। କବି, ଚିତ୍ରକର ଓ ଶିଳ୍ପୀ ଏକ ସୌନ୍ଦର୍ଯ୍ୟ- ଉତ୍ସରୁ ଉପାଦନ ଆହରଣ କଲେ ସୁଦ୍ଧା ସେମାନଙ୍କ ପ୍ରକାଶପ୍ରଣାଳୀରେ ଭିନ୍ନତା ରହିଯାଏ। ଏହି ଭିନ୍ନତା ଆଦୌ ଯଥାର୍ଥ ନୁହେଁ। ବିଶ୍ୱ-ସୌନ୍ଦର୍ଯ୍ୟର ବିଶ୍ୱମୂର୍ତ୍ତି ଯଦି ଜଣେ କଳାବିତ୍ ଦ୍ୱାରା ଗୋଟିଏ ବିଶିଷ୍ଟ କଳାରେ ପ୍ରକାଶିତ ହୋଇପାରନ୍ତି, ତା'ହେଲେ କଳା ସୃଷ୍ଟି ପାଇଁ ଆଉ ସ୍ଥାନ ରହନ୍ତା ନାହିଁ। କୌଣସି ବିଶିଷ୍ଟ କଳାର ଶ୍ରେଣୀ ଓ ଉପଶ୍ରେଣୀ ବିଭାଗ ଦେଖିଲେ ସହଜରେ ଅନୁଭୂତ ହେବ ଯେ ସୌନ୍ଦର୍ଯ୍ୟର ବିଶାଳତାକୁ ସାଧାରଣତଃ ବ୍ୟାପକଭାବରେ ଗ୍ରହଣ କରିବାକୁ ସମସ୍ତେ ସମର୍ଥ ନୁହନ୍ତି। କଳାବିତ୍‌ର ସୌନ୍ଦର୍ଯ୍ୟାନୁଭୂତି ପାଇଁ କୌଣସି ନିର୍ଦ୍ଦିଷ୍ଟ ଧାରା ନାହିଁ।

ଯାହାର ଯେପରି ଭାବରେ ବିଶ୍ୱ-ସୌନ୍ଦର୍ଯ୍ୟକୁ ଦେଖିବାର ଶକ୍ତି ଅଛି ଓ ନିଜର ଅଙ୍କନ-କୌଶଳରେ ସେ ସେହି ସୌନ୍ଦର୍ଯ୍ୟକୁ ରୂପଦାନ କରି ଗୋଟାଏ ନୂତନତ୍ୱ ଦେଖାଇ ପାରିଛି, ତା'ର କଳାସୃଷ୍ଟି ସେହି ପରିମାଣରେ ଜୀବନ୍ତ ଓ ସ୍ଥାୟୀ। କଳାକୁ ଶ୍ରେଣୀବିଭାଗ କରି ଶିକ୍ଷାଦାନର ଉପଯୋଗୀ କରାଯାଇପାରେ; କିନ୍ତୁ ସମୂହ ଭାବରେ ସୌନ୍ଦର୍ଯ୍ୟ ଉପଭୋଗ କରିବାପାଇଁ କୌଣସି ନିର୍ଦ୍ଦିଷ୍ଟ କଳାର ଅନୁସୃତି ସବୁବେଳେ ପ୍ରଶସ୍ତ ବୋଧହୁଏ ନାହିଁ। ସାଧାରଣ ଜୀବନର ଧାରାବାହିକ ଗତିରେ ଏହାର ଅନୁଶୀଳନ ଜୀବନକୁ ଗୋଟାଏ ଛାଞ୍ଚରେ ଗଢ଼ିଦିଏ ଓ ତଦ୍ୱାର ଜୀବନର ଶୃଙ୍ଖଳା ଦେଖାଦିଏ; କିନ୍ତୁ ସୌନ୍ଦର୍ଯ୍ୟକୁ ଏପରି ସୀମାବଦ୍ଧ କରିଦେବା ଦ୍ୱାରା ବିକାଶମାର୍ଗ ସଂକୁଚିତ ହୋଇଯାଏ। ପ୍ରାଚୀନ କବିତା, ଚିତ୍ର ପ୍ରଭୃତିରେ ଗୋଟାଏ ସମାନତା ଥିଲା। ସେତେବେଳେ କଳାର ନିର୍ଦ୍ଦିଷ୍ଟ ସୀମାକୁ କେହି ଅତିକ୍ରମ କରୁ ନ ଥିଲେ ବୋଲି ଆଜି ନୂତନତ୍ୱ ପ୍ରଭାବରେ କଳାର ବୈଶିଷ୍ଟ୍ୟ ଗୋଟାଏ ଯୁଗାନ୍ତର ଆଣିପାରିଛି। ସୌନ୍ଦର୍ଯ୍ୟର ଉପାଦାନ ସବୁଦିନେ ସମାନଭାବରେ ରହିଛି; କିନ୍ତୁ କଳାବିତ୍‌ର ନୂତନତ୍ୱ ସୃଷ୍ଟି ତା'ର ନିଜସ୍ୱ; ସୁତରାଂ ଜୀବନର ଚଞ୍ଚଳତାରେ ସେ ସୌନ୍ଦର୍ଯ୍ୟର ଯେଉଁ ଚିର ନୂତନ ସ୍ପର୍ଶଟିକ ଲଗାଇ ଦେଇଯାଏ, ସେଥିପାଇଁ ସେ ଅମର ହୋଇ ରହେ।

ସାଧାରଣ ସଂସାରୀ ଓ କଳାବିତ୍‌ର ବେଷ୍ଟନୀ ସମାନ ରହେ ନାହିଁ। ଏକ ପରିସ୍ଥିତିରେ ଦୁହିଁଙ୍କର ଜୀବନ ଗଠିତ ହେଲେ ସୁଦ୍ଧା ବିକାଶମାର୍ଗ ଦୁହିଁଙ୍କୁ ପୃଥକ୍ କରିଦିଏ। ଜଣକର ଜଗତର ଜଡ଼ତା ସଙ୍ଗେ ଘନିଷ୍ଠତା ଓ ସେହି ସମ୍ପର୍କରେ ପ୍ରତ୍ୟକ୍ଷ ସୌନ୍ଦର୍ଯ୍ୟକୁ ଛାଡ଼ିଦେଇ କେବଳ କେତେଗୁଡ଼ାଏ କଳାର-ତୀବ୍ର-ନିୟମ ପାଳନରେ ଜୀବନର ସରସତା ଉପଲବ୍ଧି ଓ ଅପରର ସୌନ୍ଦର୍ଯ୍ୟ ସଙ୍ଗେ ମିଶିଯାଇ ନିଜର ଆନନ୍ଦାନୁଭୂତିର ଏକ ଅପୂର୍ବ ଚିତ୍ର ପ୍ରକାଶ ସଂସାରରେ ଦୁଇଟି ବିଶିଷ୍ଟ ଧାରା ଖୋଲିଦିଏ। ଜୀବନଟା ଯେ ପ୍ରକାଣ୍ଡ

'ଆର୍ଟ'ର ଅଭିବ୍ୟକ୍ତି, ଏହା ଯେପରି ସୌନ୍ଦର୍ଯ୍ୟଲିପ୍ସୁ କଳାବିତ୍ ବୁଝିପାରେ, ସାଧାରଣ ସଂସାରୀ ସେପରି ବୁଝେ ନାହିଁ। ଏକ ପକ୍ଷରେ ଜୀବନର ଦିନ କେତେଟାପାଇଁ ଅସ୍ଥାୟୀ ସ୍ଫୂର୍ତ୍ତି, ଅନ୍ୟ ପକ୍ଷରେ ଏକ ଅସୀମ ଶାନ୍ତ ସୌନ୍ଦର୍ଯ୍ୟରେ ଏହାର ପରିସମାପ୍ତି ଦୁହିଁଙ୍କୁ ଭୁଲାଇ ରଖିଛି। ଦୁହେଁ ସୌନ୍ଦର୍ଯ୍ୟର ଉପାସକ; କିନ୍ତୁ ପ୍ରକାର ଭେଦ ଯୋଗୁଁ ଜୀବନର ସମାନତା ରହେ ନାହିଁ। ପ୍ରତ୍ୟେକ ସଂସାରୀର କଳାଜ୍ଞାନ ଅଛି; କାରଣ ଯେତେ ସାମାନ୍ୟ ହେଉ ପଛକେ, ସେ ସୌନ୍ଦର୍ଯ୍ୟର ଅଧିକାରୀ। ନିରୂପିତ କଳାଦ୍ୱାରା ଜୀବନର ଗତିକୁ ନିୟନ୍ତ୍ରିତ କରିଦେଲେ ସୌନ୍ଦର୍ଯ୍ୟ-ବୋଧ କମିଆସେ; ରହିଯାଏ କେବଳ ଗୋଟାଏ ଶୁଷ୍କ କଳାର ବେଷ୍ଟନୀ। ପ୍ରକୃତ କଳାବିତ୍ ଏହାର ବହୁଦୂରରେ ରହେ। ଆଜିକାଲି ସଭ୍ୟତମ ଜାତିମାନଙ୍କ ମଧ୍ୟରେ ବୈଜ୍ଞାନିକ ଗବେଷଣାର ଆବରଣ ତଳେ ଏହି ବେଷ୍ଟନୀର ରୁକ୍ଷତା ବେଶ୍ ଅନୁଭୂତ ହେଲାଣି। ସୌନ୍ଦର୍ଯ୍ୟକୁ ବାଦ ଦେଇ କେବଳ କଳାକୁ ଅନୁସରଣ କଲେ କାୟାକୁ ଛାଡ଼ି ଛାୟାକୁ ଅନୁସରଣ କଲାପରି ହୁଏ। 'ଆର୍ଟ'ର 'ଟେକ୍‌ନିକ୍' ବା କଳା-କୌଶଳ ଶିକ୍ଷା ଓ ସୌନ୍ଦର୍ଯ୍ୟବୋଧ ମଧ୍ୟରେ ଯଥେଷ୍ଟ ପାର୍ଥକ୍ୟ ଅଛି। ଦୁଇଟିଯାକ ଶ୍ରେଷ୍ଠ କଳାବିତ୍‌ର ଅଧିକାରରେ ଥାଏ।

ସୌନ୍ଦର୍ଯ୍ୟର ଅବଦାନ ବଡ଼ ଉଦାର, ଗ୍ରାହକର ସଂକୀର୍ଣ୍ଣ ଦୃଷ୍ଟିରେ ଏହା ଅନେକ ସମୟରେ ଛୋଟ ଦେଖାଯାଇଥାଏ। ମହତ୍‌କୁ ଘୃଣ୍ୟ ଆସନ ଅର୍ପଣ କରିବାରେ ଯେଉଁ ଅବମାନନା ଘଟେ, ସୌନ୍ଦର୍ଯ୍ୟରେ ଲୋଲୁପତାର ଛାୟାପାତ କଲେ ସେହିପରି ଅବିଚାର ହୁଏ। ଆସକ୍ତିପୂର୍ଣ୍ଣ କଦର୍ଯ୍ୟ ଲାଳସାର ତୃପ୍ତି ପାଇଁ ସୌନ୍ଦର୍ଯ୍ୟର ସୃଷ୍ଟି ହୋଇନାହିଁ। ଜୀବନର ମହନୀୟତା ଉପଲବ୍ଧି କରି ବାସ୍ତବତା ଆଡ଼କୁ ଯିବାପାଇଁ ଏହା ଅବଲମ୍ବନ ସ୍ୱରୂପ। ଅବଲମ୍ବନକୁ ଠିକ୍ ରୂପେ ଆଙ୍କି ନ ପାରିଲେ କଳାର ସାର୍ଥକତା ଜଣାପଡ଼େ ନାହିଁ। କଳାବିତ୍‌ର ବିଶେଷତ୍ୱ ଏହି ଅଙ୍କନ ପ୍ରଣାଳୀ ଉପରେ ସମ୍ପୂର୍ଣ୍ଣ ରୂପେ ନିର୍ଭର କରେ। ସୌନ୍ଦର୍ଯ୍ୟର ଉପଯୁକ୍ତ ବିଚାର କରି ତାକୁ ରୂପ ଦାନ କରିବା ଗୋଟାଏ ବିଷମ ସମସ୍ୟା। ଚିତ୍ରକରର ତୂଳୀ ସାମାନ୍ୟ ଟିକିଏ ଏଣେତେଣେ ହୋଇଗଲେ ଯେପରି ଚିତ୍ରର ସୁଶ୍ରୀ ନଷ୍ଟ ହୋଇଯାଏ, ସେହିପରି ଭାବରେ ଅଭିବ୍ୟକ୍ତିରେ ଚଞ୍ଚଳତା ଦେଖାଦେଲେ ବର୍ଣ୍ଣନା ଅସଙ୍ଗତ ହୁଏ। ଯାହା ଚିର ସୁନ୍ଦର, ତାହା ମଧ୍ୟ ଚିର ନୂତନ। ସୌନ୍ଦର୍ଯ୍ୟକୁ ଆଙ୍କିଲାବେଳେ କଳାବିତ୍ କେବଳ ଗୋଟିଏ ନୂତନତ୍ୱ ଦେଖାଇଥାଏ। ସୌନ୍ଦର୍ଯ୍ୟର ଉପାଦାନକୁ ଗ୍ରହଣ କଲାବେଳେ କଳାବିତ୍ ବିଶେଷ ସାବଧାନ ହେବା ଆବଶ୍ୟକ। କାରଣ ଅମୃତ ସଙ୍ଗେ ଗରଳ ବାହାରି ଆସିପାରେ। ଗରଳକୁ ପାନ କରିବା ପାଇଁ ଶିବଙ୍କ ପରି ଶକ୍ତିସମ୍ପନ୍ନ ନ ହେଲେ ଅମୃତର ଆସ୍ୱାଦନ କାହାରି ଅନୁଭୂତିକୁ ଆସିବ ନାହିଁ। ଯେତେବେଳେ କଳାବିତ୍ ଅନ୍ତରରେ ସ୍ୱାଧୀନ ସୌନ୍ଦର୍ଯ୍ୟବୋଧ ଆଣି

ତାକୁ କଳାର ରୂପ ଦାନ କରେ, ସେତେବେଳେ ତା'ର ନିଜପାଇଁ କିଛି ନ ଥାଏ। ସେ ଉପଭୋଗ୍ୟ ବିଷୟକୁ ଅପରପାଇଁ ସମ୍ପାଦି ଦେଇ ଚାଲିଯାଏ। ଯେଉଁ ଅବଲମ୍ବନ ସାହାଯ୍ୟରେ ସେ ସୌନ୍ଦର୍ଯ୍ୟକୁ ରୂପଦାନ କରେ, ତାକୁ ଯଦି ଲାଳସା-ପରତନ୍ତ୍ର ହୋଇ ଆତ୍ମସାତ୍ କରେ, ତାହାହେଲେ ଦାନ କରିବା ପାଇଁ ତାର କିଛି ରହେ ନାହିଁ। କଳାବିତ୍‌ର ନିଷ୍ଠା ଓ ମହତ୍ତ୍ୱ ତ୍ୟାଗରେ ସମୁଜ୍ଜ୍ୱଳ ହୋଇ ରହେ। ଅନ୍ତରର ବୁଭୁକ୍ଷାରେ ସୌନ୍ଦର୍ଯ୍ୟର ପ୍ରକୃତ ଚିତ୍ରଣ ସମ୍ଭବ ହୁଏ ନାହିଁ। ସୁନ୍ଦରୀର ସରସ ଭାବକୁ କାମୁକ ବାସ୍ତବ ଚିତ୍ରରେ ଦେଖାଇପାରେ ନାହିଁ। କନକ-ବରଣୀର ଶିରୀଷକୋମଳ ଅଙ୍ଗଲତା ମାଳତୀକୁଞ୍ଜର ଅନ୍ତରାଳରେ ମିଶିଯାଇ ଜ୍ୟୋତ୍ସ୍ନା-ସ୍ନାନ ନୀରବ ରଜନୀରେ ସୌନ୍ଦର୍ଯ୍ୟର ଏକ ଅନୁପମ ସମ୍ପଦ ଦେଖାଇ ଦେଲାବେଳେ କଳାବିତ୍‌ର ଅନ୍ତର ଯେଉଁ ଆଲୋଡ଼ନ ଅନୁଭବ କରେ, ତାହା ଯୁଗାନ୍ତରପାଇଁ କଳାର କୋମଳ ସ୍ତର ସଞ୍ଚୟ କରେ। ଭାବର ଗମ୍ଭୀରତା ଓ ଶୁଦ୍ଧତା ସୌନ୍ଦର୍ଯ୍ୟଚିତ୍ରଣର ପ୍ରଧାନ ଭିତ୍ତିଭୂମି। କଳାବିତ୍ ଏହାରି ଉପରେ ତାର ଅଙ୍କନର ବାସ୍ତବତା ଦେଖାଇବାକୁ ସମର୍ଥ ହୁଏ।

କଳାର ଉନ୍ନତ ସ୍ତରରେ ସୌନ୍ଦର୍ଯ୍ୟର ସ୍ପର୍ଶଟି ବଡ଼ ସ୍ୱଚ୍ଛ ଓ କୋମଳ ହୋଇ ରହେ। ପ୍ରଣୟର ପବିତ୍ର ଚିତ୍ରଣପାଇଁ ଏହା ପ୍ରଶସ୍ତ। ଜୀବନର ସରସତା ମଧୁର ପ୍ରଣୟକୁ ଛାଡ଼ିଦେଲେ ଅନ୍ୟ କୌଣସି ଅବଲମ୍ବନରେ ଏପରି ଜଣା ପଡ଼େ ନାହିଁ। ସୌନ୍ଦର୍ଯ୍ୟର ତୀବ୍ର ଅନୁଭୂତିରେ କ୍ଷିପ୍ତ ଯୌବନର ଉଦ୍ଦାମ ପ୍ରେରଣା ଜୀବନକୁ ଚଞ୍ଚଳ କରି ଦେଲାବେଳେ ପ୍ରଣୟ ଆସି ବାଧା ଦିଏ। ପ୍ରଣୟର ବାଧାଟା ଗୋଟାଏ ଆଡୁ ଆସେ ନାହିଁ। ଯେଉଁଠି ଦୁଇଟି ଭାବପ୍ରବାହ ଥରେ ଉଚ୍ଛ୍ୱସିତ ହୋଇ ମିଶିଯିବାବେଳେ ଆଉ ଗୋଟିଏ ଭାବର ପ୍ଲାବନ ଆସି ସେହି ସଙ୍ଗମରେ ଆଘାତ ଦେଇ ଚାଲିଯାଏ, ସେଇଠି ଜୀବନର ସରଳଗତି ବ୍ୟବଧାନପୁଷ୍ଟ ବକ୍ରତାକୁ ଅନୁସରଣ କରେ। ଏହି ବ୍ୟବଧାନ ଉପରେ ଜୀବନର ବାସ୍ତବତା ଅନେକ ସମୟରେ ନିରୂପିତ ହୋଇଯାଏ। ସୌନ୍ଦର୍ଯ୍ୟର ଅନୁସ୍ମୃତିରେ ଜୀବନର ଗତି ନିୟନ୍ତ୍ରଣ କଲାବେଳେ ବ୍ୟବଧାନ ଗୋଟାଏ ଅସାଧାରଣ ଆବରଣ ତଳେ ଆସେ। ଜୀବନର ସୌନ୍ଦର୍ଯ୍ୟସ୍ରୋତ ଉଚ୍ଛ୍ୱସିତ ହୋଇ ଶାନ୍ତ ଅବସ୍ଥାକୁ ଆସିଲାବେଳେ ଯଦି ଆଉ ଗୋଟାଏ ସୌନ୍ଦର୍ଯ୍ୟର ଢେଉ ଆସି ଖେଳିଯାଏ, ତାହା ହେଲେ ଜୀବନର ଗତିଟା ସାଧାରଣ ସୀମାକୁ ଅତିକ୍ରମ କରି ଚାଲିଯାଏ—ରଖିଦେଇଯାଏ ଗୋଟାଏ ପ୍ରକାଣ୍ଡ ଅଭିବ୍ୟକ୍ତିର ବ୍ୟବଧାନ। ଏହି ବ୍ୟବଧାନକୁ କଳି ନ ପାରି କେତେ ସୁଖର ଜୀବନ ମଉଳିଯାଏ। ଐଶ୍ୱର୍ଯ୍ୟର ମୋହ ସୁଦ୍ଧା ଏହାକୁ ଲୋପ କରିପାରେ ନାହିଁ। ଜୀବନର ଅଭିବ୍ୟକ୍ତିପାଇଁ ସାଂସାରିକ ଆୟୁଃକାଳ ଅତି ସ୍ୱଳ୍ପ; କିନ୍ତୁ ସୌନ୍ଦର୍ଯ୍ୟ ସଂସ୍ପର୍ଶରେ କଳାର ବିଶାଳତା ଦେଖିଲେ କାଳର ଅଳ୍ପତା ଘୁଞ୍ଚିଯାଏ; ରହିଯାଏ

କେବଳ ସୌନ୍ଦର୍ଯ୍ୟର ଏକ ଅପୂର୍ବ ଚିତ୍ର। କଳାର ଅମୂଲ୍ୟ ସମ୍ପଦ ପ୍ରଣୟର ପ୍ରତ୍ୟବାୟରେ ଚିରଦିନ ବିଭବଶାଳୀ ହୋଇ ରହେ।

ସତ୍ୟ ସୌନ୍ଦର୍ଯ୍ୟର ସତ୍ତାକୁ ସବୁବେଳେ ପ୍ରମାଣ କରେ। କଳା ସେହି ପ୍ରମାଣମାନଙ୍କୁ ଲିପିବଦ୍ଧ କରେ। କଳାର ଦାୟିତ୍ୱ ସୌନ୍ଦର୍ଯ୍ୟର ପ୍ରକୃତ ବିକାଶ ଉପରେ ନିର୍ଭର କରେ। ଜୀବନର ଗତି ଯେଉଁଠି ସଂକୁଚିତ, ସୌନ୍ଦର୍ଯ୍ୟର ବିକାଶ ସେଇଠି କ୍ଷୀଣ। ସାଂସାରିକ ଜଟିଳ ଜୀବନର ଧାରାବାହିକ ଗତିରେ ସେ ବକ୍ରତା ଦେଖାଯାଏ, ତାହାର ସୌନ୍ଦର୍ଯ୍ୟ ସଙ୍ଗେ କୌଣସି ସମ୍ପର୍କ ରହେ ନାହିଁ। ସୌନ୍ଦର୍ଯ୍ୟବୋଧ ନ ଆଣି ଜୀବନକୁ କଳାବେଷ୍ଟନୀରେ ଆବଦ୍ଧ ରଖିବାଦ୍ୱାରା ଗୋଟିଏ ଗଡ୍ଡ଼ାଳିକା ପ୍ରବାହର ଉତ୍ପତ୍ତି ଘଟେ। ଏହି ପ୍ରବାହରେ ସତ୍ୟର ସନ୍ଧାନ ସହଜ ହୁଏ ନାହିଁ। ବଂଶ, ଜାତି, ଦେଶ ଓ କଳାଗତ ପାର୍ଥକ୍ୟ କଳାକୁ ଭିନ୍ନ ଭିନ୍ନ ରୂପ ଦାନ କଲେ ସୁଦ୍ଧା ସୌନ୍ଦର୍ଯ୍ୟର ଚିତ୍ରଣ ଚିର ନୂତନ ହୋଇ ରହିବ। ପୁରାଣବର୍ଣ୍ଣିତ ଶ୍ୱେତପଦ୍ମାସୀନା ଲକ୍ଷ୍ମୀ, ତପୋନିରତା ଗିରିରାଜନନ୍ଦିନୀ ପାର୍ବତୀ ଓ ଜ୍ଞାନଭକ୍ତିଦାୟିନୀ ସରସ୍ୱତୀ ସୌନ୍ଦର୍ଯ୍ୟର ବିଶିଷ୍ଟ ରୂପକ ହୋଇ କଳାକୁ ଅତି ସାଧାରଣ ଭାବରେ ମୂର୍ତ୍ତିମତୀ କରିଦେଇଛନ୍ତି। ଐଶ୍ୱର୍ଯ୍ୟର ଅଧୀଶ୍ୱରୀ ଦେବୀ ପଦ୍ମାସୀନା ଓ ଅନାସକ୍ତ ସୌନ୍ଦର୍ଯ୍ୟ-ଭୋଗର ପ୍ରତୀକ ରୂପେ ଜୀବନର ଯେଉଁ ଉନ୍ନତ ସୋପାନ ଖୋଲି ଦେଇଛନ୍ତି, ତାକୁ ପାର୍ବତୀଙ୍କର କଠୋର ତପଶ୍ଚର୍ଯ୍ୟା ତ୍ୟାଗର ଚରମ ନିଷ୍ଠାରେ ଆହୁରି ସମୁଜ୍ଜଳ କରିଦେଇଛି। ଏକ ପକ୍ଷରେ ଅନାସକ୍ତ ଭୋଗର ଚରମ ସୀମା ଏବଂ ଅନ୍ୟ ପକ୍ଷରେ ତ୍ୟାଗର ସତ୍ୟ ଓ ସୌନ୍ଦର୍ଯ୍ୟର ଅମର ବକାଶ ବୀଣାପାଣିଙ୍କ ବିପଞ୍ଚୀରେ ଯେଉଁ ଯେଉଁ ଅମୃତ ରାଗିଣୀ ତୋଳି ଦେଇଯାଇଛି, ତାକୁ କଳା କଦାପି ବିସ୍ମୃତ ହେବ ନାହିଁ। କଳାବିତ୍‌ର ସାଧନା ବେଳେ ଏହି ତ୍ରିମୂର୍ତ୍ତିଙ୍କର ମହୀୟସୀ ଶକ୍ତି ତା ଅନ୍ତରରେ ଜାଗ୍ରତ ହୋଇଉଠେ। କଳାର କୋମଳ ସ୍ତରରୁ ସତ୍ୟ ଓ ସୌନ୍ଦର୍ଯ୍ୟର ସମନ୍ୱୟ ଜୀବନ୍ତ ବିଗ୍ରହରୂପେ ତାକୁ ଅଗ୍ରସର ହେବାକୁ ଇଙ୍ଗିତ ଦିଏ। କଳାର ବାସ୍ତବତା ଆସି ସୌନ୍ଦର୍ଯ୍ୟର ଅସୀମତାରେ ଗୋଟିଏ ଚିର ନୂତନ ମୁକ୍ତିଭାବ ଖେଳାଇ ଦେଇ ଅତୀତ ଓ ବର୍ତ୍ତମାନର ଦୂରତ୍ୱକୁ ଲିଭାଇଦିଏ।

ସୌନ୍ଦର୍ଯ୍ୟର ଆଭା ଏକ। କଳା-ବିଭ୍ରାଟ ଅନେକ ସମୟରେ ସତ୍ୟର ଲୋପ ଘଟାଇ ଏହି ଆଭାକୁ ବଡ଼ ଅସ୍ପଷ୍ଟ କରିଦିଏ। ଯୁଗ-ଯୁଗବ୍ୟାପୀ ଗୋଟାଏ କାଳିମା ଜୀବନର ଗତିକୁ ଢାଙ୍କିରଖେ। ସୌନ୍ଦର୍ଯ୍ୟ-ବୋଧ ସଙ୍ଗେ ସତ୍ୟର ବିଲୟ ଘଟିଲେ ଜୀବନର ନିକୃଷ୍ଟ ସୋପାନଟା ପଡ଼ିରହେ। ଏପରି ପରିସ୍ଥିତିରେ ଜାତୀୟ ଜୀବନର ଉତ୍କର୍ଷ ମଧ୍ୟ କଳା ସାହାଯ୍ୟରେ ସାଧିତ ହୋଇପାରେ ନାହିଁ। ଚିରଦନ ଜାତୀୟ ଜୀବନର ଗତି ବୃଥାରେ ବହିଯାଏ ନାହିଁ। ବାଧାଗ୍ରସ୍ତ ସ୍ରୋତସ୍ୱିନୀର ଉତ୍ତୁଙ୍ଗ ଆକାର ପରି ଏପରି ଗୋଟିଏ ଉଚ୍ଛ୍ୱାସ

ଆସେ, ଯାହା ସବୁ କୃତ୍ରିମ ବାଧା ଏଡ଼ିଦେଇ ପୁଣି ସତ୍ୟ ଓ ସୌନ୍ଦର୍ଯ୍ୟର ବିକାଶକୁ ସ୍ପଷ୍ଟ କରିଦିଏ। ଜାତି ଜାଗ୍ରତ ହୁଏ, ଅତୀତର କଳା ସୌନ୍ଦର୍ଯ୍ୟକୁ ଅବଲମ୍ବନ କରି ନୂତନ କଳା ସୃଷ୍ଟି କରେ। ସତ୍ୟର ଭିତ୍ତି-ଭୂମିରେ ପ୍ରତିଷ୍ଠିତ କଳା ସୌନ୍ଦର୍ଯ୍ୟର ଆଭାଟିକୁ ଚିରଦିନପାଇଁ ସମ୍ପାଦି ରଖିଥାଏ ଓ ସହସ୍ର ବାଧା ଆସିଲେ ସୁଦ୍ଧା ତାହା ପୁଣି ଦୀପ୍ତି ପ୍ରକାଶ କରେ।

ସୌନ୍ଦର୍ଯ୍ୟ ଓ କଳାର ଭିନ୍ନତା ଲୋପ ହୋଇଗଲେ ଜୀବନର ବିରାଟ ଛନ୍ଦରେ କୌଣସି ବେସୁରା ରାଗିଣୀ ବାଜେ ନାହିଁ। ଜୀବନର କଳାକୁ ଜୀବ ଭଲଭାବରେ ଉପଲବ୍ଧି କରିପାରୁଥିଲେ ଜଗତରେ ଏତେ ଉପଦ୍ରବ ଘଟନ୍ତାନାହିଁ। ଜୀବନର "ଆର୍ଟ"କୁ ଯେ ଯେତେ ପରିମାଣରେ ଆନନ୍ଦ ଅନୁଭବ କରିବାପାଇଁ ସୌନ୍ଦର୍ଯ୍ୟ ଆହରଣରେ ଦିଏ, ତାର ଗତି ସେତେ ଉନ୍ନତ ରହେ। ସୌନ୍ଦର୍ଯ୍ୟର ଉପଭୋଗରେ କଳାର ବିକାଶ ଦେଖାଇବାକୁ ଯାଇ କଳାବିତ୍ ନିଜର ଦୁର୍ବଳତା ରଖେ ନାହିଁ। ଜୀବନରେ ସୌନ୍ଦର୍ଯ୍ୟର ଅନୁଭୂତିପାଇଁ କଳାର ଯେତେଗୁଡ଼ିଏ ମାର୍ଗ ନିର୍ମିତ ଅଛି, ସେଥିମଧ୍ୟରେ ପ୍ରେମର ଚିତ୍ରଣଟା ସବୁଠାରୁ ସୁନ୍ଦର, ସରଳ ଓ ମର୍ମସ୍ପର୍ଶୀ ବୋଧହୁଏ। ଅବଶ୍ୟ ପ୍ରେମର ବ୍ୟାପକତା ପରେ ଜ୍ଞାନ ଓ ଭକ୍ତିର ପୃଥକତ୍ୱ ରହି ନ ପାରେ; କିନ୍ତୁ କଳାକୁ ଏକ ଦେଶଦର୍ଶୀ କରିବାଦ୍ୱାରା ସୌନ୍ଦର୍ଯ୍ୟର ପୂର୍ଣ୍ଣତା ଆସେ ନାହିଁ। ଯେଉଁ କଳା ଦେଶ ଓ କାଳକୁ ଅତିକ୍ରମ କରି ନ ପାରେ, ତାର ସ୍ଥାୟିତ୍ୱ ସଂସାରରେ ବେଶି ଦିନ ରହେ ନାହିଁ। ପ୍ରେମରେ ସୌନ୍ଦର୍ଯ୍ୟ ଓ କଳାର ଦ୍ୱୈତ-ଭାବ ରହେ ନାହିଁ। ସୌନ୍ଦର୍ଯ୍ୟ ଓ କଳାକୁ ପ୍ରେମର ଅମୃତ ଝଙ୍କାର ଏକ କରିଦିଏ। ଏହାର ପବିତ୍ର ଉଚ୍ଛ୍ୱାସରେ ଜୀବନର ଜଟିଳ ବାଧାସବୁ ସରଳ ହୋଇଯାଏ।

ସୌନ୍ଦର୍ଯ୍ୟ ଓ କଳା ଜୀବନର ବାସ୍ତବ ବିକାଶ ଦେଖାଏ। ଏ ଦୁହିଁଙ୍କୁ ଉପେକ୍ଷା କଲେ ଜୀବନରେ ଅଗ୍ରଗତିର ସୂଚନା ମିଳେ ନାହିଁ। ଜୀବନର ଚରମ ପରିଣତି ଆତ୍ମାନୁଭୂତି। କଳାର ବେଷ୍ଟନୀ ଭିତରୁ ସୌନ୍ଦର୍ଯ୍ୟର ଚିତ୍ରଣ ଯେତେବେଳେ ଏକ ଅନାମୟ ଅସୀମତା ଆଡ଼କୁ ଚାଲିଯାଏ ଓ ଜୀବନର ମୁକ୍ତତା ତାହାରି ସଙ୍ଗେ ଖୋଲିଦିଏ, ସେତେବେଳେ କଳାର ସାର୍ଥକତା ଆସେ। ଧର୍ମ, ବିଜ୍ଞାନ, ସାହିତ୍ୟ ପ୍ରଭୃତି ବିଶିଷ୍ଟ କଳାଗୁଡ଼ିକ ମାନବ ଜାତିର ସଭ୍ୟତାକୁ ଆଦିମ ଯୁଗରୁ ନିୟନ୍ତ୍ରିତ କରିଆସିଲାଣି। ଜୀବନର ବିକାଶ ବିଶ୍ୱ-ପ୍ରକୃତି ସହିତ ସଂଶ୍ଳିଷ୍ଟ ଥିବାରୁ ସୌନ୍ଦର୍ଯ୍ୟ-ଚିତ୍ରଣରେ କଳାର ଉତ୍କର୍ଷ ମାନବପ୍ରାଣକୁ ଚିରଦିନ ଆକର୍ଷଣ କରି ରଖେ। ଜୀବନରୁ ସୌନ୍ଦର୍ଯ୍ୟ ଓ କଳାକୁ ବାଦ ଦେଲେ ଆତ୍ମ-ବିକାଶର ପଥ ରୁଦ୍ଧ ହୋଇ ଗୋଟାଏ ଶୁଷ୍କତାର ଅନ୍ତରାଳରେ ତାର ଗତି ମିଶିଯାଏ। ଜୀବନ ଶୂନ୍ୟତାରୁ ଆସି ସେହି ଶୂନ୍ୟତା ରଖି ଚାଲିଯାଏ, ବାସ୍ତବତାର ଅନୁଭୂତି ସୁଦ୍ଧା ମିଳେ ନାହିଁ।

■

ସତୀତ୍ୱର ନବ ଦର୍ଶନ

ସରଳା ଦେବୀ

ବିଂଶ ଶତାବ୍ଦୀର ଏ ଯୁଗକୁ ସାଧାରଣତଃ ବିଜ୍ଞାନଯୁଗ କହନ୍ତି। ଏ ଯୁଗର ସଭ୍ୟତା ଓ ସଂସ୍କୃତି ଅତୀତ କାଳଠାରୁ ଅଗ୍ରସର ହୋଇଛି ବୋଲି ମନେ କରିବାର ହେତୁନାହିଁ। ପ୍ରାଗ୍ ବୈଜ୍ଞାନିକ ଯୁଗରେ ସମାଜର ନାରୀ ଯେତେବେଳେ ଜଙ୍ଗଲର ଗୁହାରେ ରହି ପୁରୁଷ-ଆହୃତ ଶିକାର ଜନ୍ତୁର କଞ୍ଚାମାଂସ ଖାଇ ନଦୀ ଝରଣା ପାଣି, ଫଳମୂଳ, ପତ୍ରଖାଇ ଉଲଗ୍ନ ଅବସ୍ଥାରେ ରହିଥିଲା, ସେହି ଆଦିମ ଯୁଗରେ ମଧ୍ୟ ନାରୀ ଏ ଯୁଗ ନାରୀଭଳି ପୁରୁଷ କର୍ତ୍ତୃକ ପାଳିତା ଓ ରକ୍ଷିତା ହେଉଥିଲା। ସେ କାଳରେ ନାରୀଧର୍ଷଣ, ଅପହରଣ, ଲାଞ୍ଛନା ସମାଜରେ ପ୍ରଚଳନ ଥିଲା। ସେହି କାରଣରୁ ବଳିଷ୍ଠ ଶୌର୍ଯ୍ୟବାନ୍ ଗୋଷ୍ଠୀ ବା ବ୍ୟକ୍ତିକୁ ଆଶ୍ରୟକରି ବଞ୍ଚୁଥିଲା ନାରୀ। ବିଜ୍ଞାନର ଆବିଷ୍କୃତ ଯନ୍ତ୍ର, ଶିଳ୍ପ, ରସାୟନ, ପଦାର୍ଥବିଦ୍ୟା, ଶରୀର ବିଦ୍ୟାର ଶାଖାପ୍ରଶାଖା ପୁଣି ସାହିତ୍ୟ, କଳା, ଇତିହାସ ଯେଉଁ କାଳରୁ ପ୍ରଚଳିତ ସମାଜ ଦୃଷ୍ଟିରୁ ଆବରଣ ଉନ୍ମୋଚିତ କରି ଦେଇଛି, ସେହିକାଳରୁ ମନୁଷ୍ୟର ଜ୍ଞାନବୁଦ୍ଧି ତାହା ସହିତ ପ୍ରକୃତିଆଶ୍ରୟୀ ବର୍ବର ଯୋଗସୂତ୍ର ଛିନ୍ନକରି ଦେଇଥିଲା। ଆଜି ମନୁଷ୍ୟ ଦୂରପନେୟ ପ୍ରାକୃତିକ ବାଧାକୁ ତାର ଉଦ୍ଭାବନୀ ଶକ୍ତିଦ୍ୱାରା କରାୟତ୍ତ କରି ପାରିଛି। ପ୍ରକୃତିର ଶକ୍ତିଭଣ୍ଡାର ଉପରେ ମନୁଷ୍ୟର ଆଜି ପ୍ରଭୁତ୍ୱ ପ୍ରତିଷ୍ଠିତ।

ବିଗତ ଶତାବ୍ଦୀମାନଙ୍କରେ ନାରୀର ଅବସ୍ଥା ଓ ଏ ଶତାବ୍ଦୀର ନାରୀମାନଙ୍କ ସହିତ ତୁଳନାକଲେ ପୂର୍ବ ପରମ୍ପରାର ବିଶେଷ ପରିବର୍ତ୍ତନ ସାଧିତ ହୋଇଛି ବୋଲି ଜଣାପଡ଼େ ନାହିଁ। ନାରୀର ପ୍ରାକୃତିକ ନମନୀୟ ଦୌର୍ବଲ୍ୟ ଏ ପର୍ଯ୍ୟନ୍ତ ରହିଅଛି। ଏ ଶତାବ୍ଦୀର ବିଜ୍ଞାନାଲୋକିତ, ସଂସ୍କୃତ, ସଭ୍ୟଯୁଗରେ ପୁରୁଷ ଯେପରି ତାର ମୌଳିକ ପଶୁପ୍ରବୃତ୍ତି ଗୁଡ଼ିକୁ ପରିବର୍ତ୍ତନ କରି ନ ପାରି କେବଳ ଚିକ୍କଣ ସଭ୍ୟତାର ମିଥ୍ୟାମୟ

ଛଦ୍ମାବରଣ ତଳେ ବ୍ୟବହାରିକ ବିଜ୍ଞାନର କୃତ୍ରିମ ଆଭିଜାତ୍ୟ ଉପାୟମାନ ନିୟୋଜିତ କରି ସଭ୍ୟ ବୋଲାଉଛି, ନାରୀର ଆଦିମବୃତ୍ତି ଦିଗରୁ ବିଚାରିଲେ ସେ ମଧ୍ୟ ନିଜକୁ ସଭ୍ୟବୋଲି ମନେ କରୁଛି। ରାଷ୍ଟ୍ର, ସମାଜପ୍ରଥା, ଧର୍ମାଚାର, ନୀତିତଳେ ସେ ମଧ୍ୟ ନିଜକୁ ନିୟନ୍ତ୍ରିତ କରିପାରିଛି। କାରଣ ମାନବ ସଂସ୍କୃତିରେ କ୍ରମବିକାଶ ଧାରାରେ ଯୁଦ୍ଧ, ଗୋଷ୍ଠୀ, ଉତ୍ତେଜନା, କ୍ରୀତଦାସ ପ୍ରଥା, ଶୋଷଣ, ଦୁର୍ବଳପୀଡ଼ନ ପ୍ରଭୃତି ଅଦ୍ୟାପି ସମାଜର ସ୍ତରରେ ନିନ୍ଦିତ ହୋଇନାହିଁ ! ରାଷ୍ଟ୍ରନୀତି ଏହାକୁ ସାମୟିକ ବ୍ୟାହତ କରି ରଖୁଛି। ଲୋକନିନ୍ଦା ସମାଜବିଧି, ରାଷ୍ଟ୍ରନୀତି ଭୟରେ ମାନବ ଆଜି ନିଜକୁ ଦମନ କରି ମନୁଷ୍ୟ ସଂଜ୍ଞା ଲାଭ କରିଛି ମାତ୍ର। ଏ ଯୁଗର ନାରୀ ବିଜ୍ଞାନ ଓ ପ୍ରାକୃତିକ ତଥା ବୈଷୟିକ ଜ୍ଞାନର ରଶ୍ମି ପାଇଥିଲେ ହେଁ ଏ ପର୍ଯ୍ୟନ୍ତ ସେହି ଆଦିମ କାଳର ଭୀରୁତାରୁ ସେ ପୂର୍ଣ୍ଣ ମୁକ୍ତିଲାଭ କରିନାହିଁ। ସେ ରାଷ୍ଟ୍ର ଓ ସମାଜରେ ବ୍ୟକ୍ତିତ୍ୱର ପ୍ରତିଷ୍ଠା କରିବାର ବାସନା ରଖେ ସତ୍ୟ; କିନ୍ତୁ ସମାଜ ତତ୍ତ୍ୱବିଦ୍‌ମାନଙ୍କର ଆବିଷ୍କୃତ ଯୋଗ୍ୟତମର ଉଦ୍‌ବର୍ତ୍ତନ କଥାଟି ପାସୋରି ଯାଇଅଛି। ସେହି କାରଣରୁ ନାରୀ ଜ୍ଞାନ ବିଜ୍ଞାନର ନବଚେତନା ପାଇଥିଲେ ହେଁ ଆଜି ପର୍ଯ୍ୟନ୍ତ ସେ ଆତ୍ମକେନ୍ଦ୍ରିକ ନିଃସହାୟ ଅବସ୍ଥାରେ ଭୀରୁ, ନମନୀୟା, ଦୁର୍ବଳା ହୋଇ ତାର ଅସ୍ତିତ୍ୱ ରହିଛି। ଆଧୁନିକ ଯୁଗର ଯୌଥ ଜୀବନର ବିକାଶ ତାହା ପକ୍ଷରେ ଗୋଟିଏ ଅବାସ୍ତବ ବ୍ୟବସ୍ଥା। ସେଥିପାଇଁ ପ୍ରାକୃତିକ କାରଣରୁ ସେ ପାରତାନ୍ତ୍ରିକ ପରାଧୀନ। ନାରୀ ଶତାବ୍ଦୀ ସାଧନାର ସିଦ୍ଧସାଧିକା ହୋଇ ପାରିନାହିଁ ବୋଲି ଆଜି ପରାଧୀନ ଜାପାନ ଓ ଜର୍ମାନୀର ନାରୀମାନେ କ୍ରୀତଦାସ ଭଳି ଆମେରିକାର ବିଦେଶୀ ଲୋକଙ୍କ ଦ୍ୱାରା ବନ୍ଦୀ ହେଉଛନ୍ତି। ପ୍ରାକୃତିକ କାରଣରୁ ଏହା ଆବହମାନ କାଳରୁ ପ୍ରଚଳିତ। ଏ ଯୁଗରେ ଏବେ ପ୍ରତିଦେଶରେ ନାରୀଜାତିର ସାଂସ୍କୃତିକ, ନୈତିକ ଅଧଃପତନ ଘଟିଅଛି। ଏ କାଳର ବିଜ୍ଞାନ ମଧ୍ୟ ତାକୁ ଜୈବିକ, ପାରିପାର୍ଶ୍ୱିକ, ପ୍ରାକୃତିକ ଆବେଷ୍ଟନର ନିଗଡ଼ରୁ ମୁକ୍ତିଦେଇ ପାରିନାହିଁ। ଆର୍ଥିକ ସଂଗ୍ରାମରେ ସେ ଚିରଦିନ ପୁରୁଷ ଠାରୁ ପ୍ରାକୃତିକ ନିୟମରେ ଦୈହିକ ଶକ୍ତିନ୍ୟୂନତା ହେତୁ ପଛରେ ପଡ଼ିଅଛି ଏ ଯୁଗର ବିଜ୍ଞାନ ଅନ୍ଧକାର ଗୁହାବାସୀ ମନୁଷ୍ୟକୁ ବିଦ୍ୟୁତାଲୋକିତ ଚାରୁ ହର୍ମ୍ୟ, ଅର୍ଣ୍ଣବପୋତ, ବାୟୁଯାନ, ବେତାର, ରାଡ଼ର, ରୋଗନିରୋଧକ ଔଷଧ ଆଶ୍ଚର୍ଯ୍ୟ ଶଲ୍ୟ ଚିକିତ୍ସା, ସାମାଜିକ ଶ୍ରେଣୀ ଚେତନାର ସ୍ୱରୂପ ଆଣି ଦେଇଅଛି। ପୂର୍ବେ ମନୁଷ୍ୟ ତାର ଶତ୍ରୁ ଦେଖିଲେ ନଖଦନ୍ତାଘାତରେ ତାକୁ ରକ୍ତାକ୍ତ କରି ଛିନ୍ନ ବିଚ୍ଛିନ୍ନ କରୁଥିଲା। ସେ କାମ ପ୍ରବୃତ୍ତିର ସାର୍ଥକତା ନିମନ୍ତେ ନିର୍ମମ ପାଶବିକତାର ଅଭିଯାନ କରୁଥିଲା କିନ୍ତୁ ନବସଭ୍ୟତାର ଦାନ ତାକୁ ଦେଇଛି ବୁଦ୍ଧି, ଯହିଁରେ ନାନା ଆଇନର

ଆଶ୍ରୟରେ ସେ ଶତ୍ରୁକୁ ସାଧି ପାରୁଛି ଓ ସାମାଜିକ ବିଧିରେ ବିବାହ କରି ନିଜର ପଶୁତ୍ୱକୁ ସେ ସଂଯତ କରୁଛି। ନଗ୍ନ ନରହତ୍ୟା ବିଶ୍ୱରେ ନିନ୍ଦିତ ହେଉଥିବାରୁ ମନୁଷ୍ୟ ପ୍ଲେଗ, ହଇଜା, ବସନ୍ତ ବୀଜାଣୁ ବିଞ୍ଚି ଜଳବାୟୁ ବିଷାକ୍ତ କରି ଏବଂ ବିଷାକ୍ତ ଇଞ୍ଜେକ୍‌ସନ୍ ଦେଇ ଲୋକହତ୍ୟା ବା ଶତ୍ରୁହତ୍ୟା କରୁଛି। ମନୁଷ୍ୟ ଆଜି ଶୁଭ ଅଶୁଭ ବୁଦ୍ଧି ବିଚକ୍ଷଣତାରେ ଈଶ୍ୱର କଳ୍ପନାକୁ ଅସ୍ୱୀକାର କରିଛି। ମନୁଷ୍ୟ ପ୍ରକୃତିର ଚିରନ୍ତନ ଯୋଗସୂତ୍ର ଛିନ୍ନ କରି ତାର ମୌଳିକ ପାଶବିକ ଜାନ୍ତବ ପ୍ରବୃତ୍ତି ବା ଇନ୍ଦ୍ରିୟବୃତ୍ତିର ସାର୍ଥକତା ପାଇଁ ଅସଂଖ୍ୟ ଉପାୟ ଆବିଷ୍କାର କରିଛି। ସେହି କାରଣରୁ ଏବେ ପାଲିସ୍‌କରା ସଭ୍ୟତା ମନୁଷ୍ୟକୁ ଅବଦମିତ କରିଥିବାରୁ ତାହାର ସହଜ ମୌଳିକ ବୃତ୍ତିରୁ ଜନ୍ମିଥିବା ସଂସ୍କାର ଓ ସଭ୍ୟତାକୁ ସେ ପୃଥିବୀର ଧୂଳିମାଟିରେ ପୋତି ପକାଇ ଛଦ୍ମବେଶରେ ବିଶ୍ୱ ରାଜପଥରେ ଗତିକରୁଛି। ତାର ମୂଲ୍ୟମଧ ସେ ତାର ପାପର ପ୍ରାୟଶ୍ଚିତ୍ତ ରୂପେ ଦେଉଛି। ସେ ଆଜି ସମ୍ପୂର୍ଣ୍ଣ ଯାନ୍ତ୍ରିକ ହୋଇ ଯନ୍ତ୍ର ସଭ୍ୟତାର ପୂଜାରୀ ହୋଇଅଛି ଓ ନାନା ଦୁରାରୋଗ୍ୟ ରୋଗର ଶିକାର ହୋଇଅଛି। ଯାହା କିଛି ବୃହତ୍ତର, ମହତ୍ତର, ସତ୍ୟ, ଶିବ, ସୁନ୍ଦର ଓ ନ୍ୟାୟ, ତାହାକୁ ଜୀବନର ଚଳମାନ ସ୍ରୋତରୁ ସେ ଦୂରକୁ ନିକ୍ଷେପ କରିଅଛି। ବର୍ତ୍ତମାନ ଓ ଭବିଷ୍ୟତ ନିମନ୍ତେ ତାହାର ଆଉ ବଞ୍ଚିବାର ନୈତିକ ସମ୍ବଳ ବା ମନୁଷ୍ୟତାର ମୂଳଧନ କିଛି ଅବଶେଷ ନାହିଁ। ସେ ଆତ୍ମାଠାରୁ ଛିନ୍ନ ହୋଇ ଅସ୍ଥିମାଂସଗତ ବା ଦେହସ୍ଥ ହୋଇଯାଇଛି। ପ୍ରତ୍ୟକ୍ଷାନୁଭୂତି ଓ ଇନ୍ଦ୍ରିୟସ୍ୱାଦର ମୂଲ୍ୟ ଦେବାକୁ ଯାଇ ଆଧୁନିକ ମାନବକୁ ଯଥାର୍ଥରେ ଦେଉଳିଆ ହେବାକୁ ପଡ଼ିଅଛି।

ବ୍ୟାଙ୍କ, କଚେରି, କାରଖାନା, କଳ, ଡାକଘର, ଡାକ୍ତରଖାନା, ମାରଣାସ୍ତ୍ରର ପ୍ରୟୋଗଶାଳା ତାର ସମସ୍ତ ସତ୍ତାର ନିୟାମକ ଏବଂ ପ୍ରଭୁ। ଯକ୍ଷଭଳି ଧନ ଉତ୍ପାଦନର ସାଧନା ଏବଂ ଇନ୍ଦ୍ରିୟ-ତାଡ଼ିତ ବୁଦ୍ଧିର ସାର୍ଥକତା ତାକୁ ଆଜି ପାଷଣ୍ଡ, ହୃଦୟହୀନ, ନିଷ୍ଠୁରତାର ଶୌର୍ଯ୍ୟ ଦେଇଛି। ତାର ଇନ୍ଦ୍ରିୟବୃତ୍ତିର ଚରମ ସାର୍ଥକତା-ଅର୍ଥାତ୍ ଖାଦ୍ୟ, ବସ୍ତ୍ର, ପେୟ, ଗୃହ, ଭୂମି ଓ ଅନ୍ୟ ଅନାବଶ୍ୟକ ବିଳାସ ଉପକରଣ ନିମନ୍ତେ ସେ ଆଜି ଅସଲ ମାନବିକ ସଭ୍ୟତା ବିରୁଦ୍ଧରେ ରୀତିମତ ବିଦ୍ରୋହ କରିଛି ଏବଂ ଆଧ୍ୟାତ୍ମିକ ବୁଦ୍ଧିକୁ ପରିହାସ କରି ଜୀବନରୁ ନିର୍ବାସିତ କରିଛି। ଯେଉଁଠି ମନୁଷ୍ୟର ଅଳଂକରଣ ବୁଦ୍ଧି ଆତ୍ମସ୍ୱାର୍ଥ ବା କ୍ଷୁଦ୍ରଜାତୀୟ ଓ ଗୋଷ୍ଠୀ ସ୍ୱାର୍ଥ ଓ ଜୀବିକାର ସୁରାହା ନିମନ୍ତେ ତାକୁ ବିଜ୍ଞାନ ବୁଦ୍ଧି ପ୍ରୟୋଗରେ ହତ୍ୟାଶକ୍ତିର ଉତ୍ସ କରିଛି, ଯେଉଁଠି ଶୋଷଣବାଦ ଓ ଆଇନସଙ୍ଗତ ଡକାୟତି ଉପରେ ମନୁଷ୍ୟ ଦମ୍ଭ-ଶିଖରୀ ଉପରେ ହିଂସା, ଈର୍ଷା ଓ ପରଶ୍ରୀକାତରତାର ଗୌରବ ପତାକା ଉଡ଼ାଇ ଏ ଶତାବ୍ଦୀରେ କେତୋଟି ବିଶ୍ୱଯୁଦ୍ଧ

ଘଟାଇ ଭାବି ଯୁଦ୍ଧକୁ ଏଡ଼ିବାର ବୁଦ୍ଧି ବା ଉପାୟ ପାଉନାହିଁ, ସେ କ୍ଷେତ୍ରରେ ଏ ଯୁଗରେ ନାରୀ-ସତୀତ୍ୱର ମୂଲ୍ୟ କିଛି ନାହିଁ। ବିଶ୍ୱରାଜ ପଥରେ ନାରୀର ଯେ ଚିରନ୍ତର ରୂପ ମୂଲ୍ୟ ଥିଲା, ଆଜି କେବଳ ତାହାହିଁ ତାର ସମ୍ବଳ ହୋଇ ରହିଅଛି। ନାରୀ ଆତ୍ମାର ସେହି ବହିରାବରଣ ପୁରୁଷର ଇନ୍ଦ୍ରିୟଗ୍ରାହ୍ୟ ବୋଲି ତାହାରି ଜୟଗାନ ଆଜିକା ଶିଳ୍ପ, କଳା, କାବ୍ୟ, ସାହିତ୍ୟର ଉପଜୀବ୍ୟମାତ୍ର; କାରଣ ଯନ୍ତ୍ର ଯୁଗର ଦେହ ସର୍ବସ୍ୱ ମନୁଷ୍ୟ ବାସ୍ତବତାର ଭକ୍ତ ହୋଇଛି। ସେ ଆଉ ନୈମିଷାରଣ୍ୟ, ଦଣ୍ଡକାରଣ୍ୟ, ପଞ୍ଚବଟୀ, ନାଳନ୍ଦା ବା ଅଜନ୍ତାର ଗୁମ୍ଫାକୁ ଫେରିବ ନାହିଁ। ତାର ନବ ନବ ଉଦ୍ଭାବନୀ ଶକ୍ତି ତାକୁ ବିଜ୍ଞାନବଳରେ ପ୍ରକୃତିକୁ ଆହୁରି ତୀବ୍ର ଭାବରେ କରାୟତ୍ତ କରାଇ କ୍ରମେ କ୍ରମେ ବସ୍ତୁ ସଭ୍ୟତାର ଶେଷସୀମାରେ ଉପନୀତ କରାଇ ଭଗବାନଙ୍କ ସହିତ ପ୍ରତିଦ୍ୱନ୍ଦ୍ୱୀ କରାଇବ। ସେ ବସ୍ତୁ ରାଜ୍ୟର ସର୍ବଶକ୍ତିମାନ ପ୍ରଭୁ ହେବ। ଗାନ୍ଧୀ, ରବୀନ୍ଦ୍ର, ଅରବିନ୍ଦ ଏ ଯୁଗରେ ଯେଉଁ ଶାନ୍ତିମୟ ଆଶ୍ରମର ସହଜ ସୁଗମ ସଂଘର୍ଷହୀନ ଜୀବନର ସ୍ୱପ୍ନ ଦେଖୁଥିଲେ, ତାହା ଇତିହାସ ପୃଷ୍ଠାରେ ଜୀବନ୍ତ ସମାଧି ଘେନି ରହିବ। ପ୍ରକୃତି କୋଳରେ ସେହି କାବ୍ୟ ସର୍ଜନା କେବଳ ଅସାର କଳ୍ପନାରେ ପର୍ଯ୍ୟବସିତ ହେବ।

ବିଗତ ଶତାବ୍ଦୀର ଅନ୍ଧ ତମସା ଏବଂ ଅତ୍ୟାଚାର ପୀଡ଼ନରୁ ଅଦୃଷ୍ଟବାଦ ପ୍ରଭୃତିରୁ ଯେ ଗରଳ ସୃଷ୍ଟି ହୋଇ ଏ ପୃଥିବୀରେ ନବ୍ୟ ଶ୍ରେଣୀଚେତନା ଆଣିଦେଇଛି; ସେହି ଗରଳ ଆଜି ବିଶ୍ୱମାନବ ଜାତି ଜାତିରେ, ଦେଶ ଦେଶରେ ପାନ କରିବେ। ଫଳତଃ ଜୀବନ ସଂଗ୍ରାମ ନିମନ୍ତେ ବିଶ୍ୱ ନାରୀ ମଧ୍ୟ ପୁଞ୍ଜିବାଦୀ, ସାମନ୍ତବାଦୀ, ସମାଜର ରାଜା ଓ ପୁରୋହିତଙ୍କ ଅସାର କଳ୍ପନା ବିଳାସ ବୋଲି ସତୀତ୍ୱକୁ ହସରେ ଉଡ଼ାଇଦେବ। ଯେଉଁ ବିଜ୍ଞାନ ଅନ୍ଧକୁ ଦୃଷ୍ଟିଦାନ, ଦେହରେ କୃତ୍ରିମ ଯନ୍ତ୍ର ସ୍ଥାପନ ପ୍ରଭୃତି କାର୍ଯ୍ୟରେ ସମର୍ଥ ହୋଇ ଆଜି ଦର୍ଶନର ଚୈତନ୍ୟ ଓ ପରମାଣୁବାଦ ସହିତ ସମନ୍ୱୟ କରିବାରେ ସମର୍ଥ ହୋଇ, ଅଣୁ ଚୈତନ୍ୟର କ୍ରିୟା ପ୍ରତିକ୍ରିୟାର ସଂଘାତ, ଅଭିଘାତ କଥା କହୁଛି। ତହିଁରେ ଏ ଯୁଗରେ ବାସ୍ତବତା ଓ ପଦାର୍ଥ ବା ବସ୍ତୁ ହିଁ ସମାଜ ତଥା ନାରୀ ଜୀବନରେ ସତ୍ୟ ହେବା ନିଶ୍ଚିତ। କ୍ରିୟା, ଆଚାର, ନିଷ୍ଠା, ନିୟମ, ସଂଯମ, ତପସ୍ୟା, ଧ୍ୟାନ, ଧାରଣା, ଉପବାସ, ବ୍ରତ, ପାର୍ବଣ, ସତୀତ୍ୱ, ଯତିତ୍ୱ ଏହା ସବୁ ପୁଞ୍ଜିବାଦୀ ସମାଜର ଆନୁଷ୍ଠାନିକ କୁସଂସ୍କାର ବୋଲି ଗଣ୍ୟ ହେବ ଏବଂ ହେଉଛି ମଧ୍ୟ। ଧୂଳିମାଟିର ମନୁଷ୍ୟ ବୁଦ୍ଧି ଆକାଶକୁ ଉଠିଯିବ ନାହିଁ। ଆଜି ସତ୍ୟର ସଂଜ୍ଞା ନିର୍ଦ୍ଦିଷ୍ଟ ନୁହେଁ। ସେଠାରେ ସତୀତ୍ୱର ମୂଲ୍ୟ ସମାଜ କିପରି କେଉଁ ନୀତିରେ ଦେବ? ଯେହେତୁ ଏ ଯୁଗରେ ପୃଥିବୀରେ ସତ୍ୟର ମୂଲ୍ୟ ନାହିଁ,

ସେହି ହେତୁ ସତୀତ୍ୱର ମୂଲ୍ୟବୋଧ ମଧ୍ୟ ନଥିବା କଥା। ସତୀତ୍ୱକୁ ବ୍ୟକ୍ତିର ପାରିବାରିକ, ସାମାଜିକ, ବଂଶଧାରର ଶୃଙ୍ଖଳା ନିମନ୍ତେ ସମାଜ ଓ ରାଷ୍ଟ୍ର ନାରୀକୁ ନରକ ଭୟ ଦେଖାଇ ତାର ମଥାରେ କୁସଂସ୍କାର ସମଷ୍ଟି କରି ପୂର୍ବେ ଯେଉଁ ସାମାଜିକ ଓ ରାଷ୍ଟ୍ରୀୟ ପରି ପ୍ରେକ୍ଷଣୀ ନିର୍ମାଣ କରିଥିଲେ, ଏବେ ତାହାର ନିଗଢ଼ ବନ୍ଧ ଭାଙ୍ଗି ତୁଟି ଯାଇଅଛି। ବେଦ ଉପନିଷଦ ଯୁଗର ନାରୀ ଆତ୍ମସାଧିକା ଥିଲା। ଆତ୍ମ ଉପଲବ୍ଧିର ସାଧନା ତାର ଉତ୍କର୍ଷ ସାଧନ କରିଥିଲା। ପୁରାଣ ଯୁଗର ନାରୀ ତପସ୍ୱିନୀ, ବ୍ରତଚାରିଣୀ ଥିଲା। ସେ ତାର ଆଧି ଭୌତିକ ମଙ୍ଗଳ ଏବଂ ସ୍ୱାମୀପୁତ୍ର ପରିବାରଙ୍କ ମଙ୍ଗଳ କାମନା ପାଇଁ ନାନା କୃଚ୍ଛ ସାଧନା କରୁଥିଲା। ଏହାର ଫଳ ଯାହା ହେଉନା କାହିଁକି, ଏହା ଦ୍ୱାରା ନାରୀର ବହୁତ ଗୁଣର ଅନୁଶୀଳନ ହେଉଥିଲା ଏବଂ ଆତ୍ମ ସଂଯମ ଦ୍ୱାରା ସେ ଆତ୍ମକୈନ୍ଦ୍ରିକ ହୋଇ ଅନ୍ତରରୁ ଶିବର ପ୍ରେରଣା ପାଉଥିଲା। ଏହି କାରଣରୁ ଦୈହିକ, ମାନସିକ ପବିତ୍ରତାର ମୂଲ୍ୟବୋଧ ନାରୀ ନିକଟରେ ଅତ୍ୟନ୍ତ ପ୍ରବଳ ଥିଲା। ନିଜର ଆତ୍ମସ୍ୱାର୍ଥ ତାର ନଥିଲା। ସ୍ୱାମୀ, ପୁତ୍ର, ପରିଜନ, ଗୁରୁଜନଙ୍କର ସ୍ୱାର୍ଥ ଓ ସେବାରେ ସେ ନିଜକୁ ନିବିଷ୍ଟ ରଖିବାକୁ ଆଗ୍ରହବତୀ ହେଉଥିଲା। ତାର ଅଭିରୁଚି କର୍ତ୍ତବ୍ୟ ନିକଟରେ କ୍ଷୁଦ୍ର ପ୍ରତୀୟମାନ ହେଉଥିଲା। ପରାତ୍ପର ଈଶ୍ୱରଙ୍କର ସର୍ବଶକ୍ତିମାନ ମହିମା ଉପରେ ତାର ଗଭୀର ବିଶ୍ୱାସ ଓ ଆସ୍ଥା ଥିଲା। ସତୀତ୍ୱ, ପତ୍ନୀତ୍ୱ, ମାତୃତ୍ୱ ଚରିତ୍ରବତ୍ତାରେ ସେ ଅତୀବ ଉନ୍ନତ ଥିଲା ବୋଲି ଲଘୁ ଚାପଲ୍ୟ ତାହା ନିକଟରେ ଆଦୃତ ହେଉ ନଥିଲା। ଦୟା, କ୍ଷମା, ପ୍ରୀତି, ଦାକ୍ଷିଣ୍ୟ, ସୌଜନ୍ୟ, ପରସେବା, ପରୋପକାର, ବାତ୍ସଲ୍ୟ, ସତୀତ୍ୱ, ଗୁରୁଭକ୍ତି, ଲଜ୍ଜା ଓ ବିନୟତାର ଚରିତ୍ରକୁ କଳଙ୍କିତ କରିଥିଲା। ଏ ବିଜ୍ଞାନ ଯୁଗରେ ବସ୍ତୁବାଦ ନାରୀର ସ୍ୱାଭାବିକ ବାସ୍ତବ ଓ ବସ୍ତୁମାର୍ଗ ବୃଦ୍ଧିକୁ ସ୍ୱାର୍ଥ-କଳୁଷରେ କଳଙ୍କିତ କରି ଆଦୃଶ୍ୟ ବସ୍ତୁ ତାନ୍ତ୍ରିକ କରିଦେଇଥିବାରୁ ଓ ସେ ହିସାବ କରି ମାପି ଯୋଖି ଚଳିବା ଶିକ୍ଷା କରିବାରୁ ଅତୀତ ଯୁଗରେ ତାର ଯେ ପ୍ରଜ୍ଞା ତାନ୍ତ୍ରିକ ବୁଦ୍ଧି ବିକାଶ ହୋଇଥିଲା, ତାହା ଆଧୁନିକ ସମାଜରେ ଉପହସିତ ହୋଇ ଯାଦୁଘରର ସାମଗ୍ରୀ ରୂପେ ପୋଥି ପୁରାଣ ପୃଷ୍ଠାରେ ବଞ୍ଚି ରହିଛି। ବାସ୍ତବ ଜଗତରେ ତାହାର ସତ୍ତା ଲୋପ ପାଇଅଛି। ଏବେ ସେ ଅବଲୀଳା କ୍ରମେ ଚୋରି କରୁଛି, ପିକ୍ ପକେଟ୍ କରୁଛି, ମିଥ୍ୟା କହୁଛି, ପ୍ରବଞ୍ଚନା, ଶଠତା, କପଟତା ତାର ଜୀବନର ଆଙ୍ଗିକ ହୋଇଛି। ସେ ସ୍ୱାମୀ ପୁତ୍ରଙ୍କୁ ଚୋରାବଜାର କରିବାର ପ୍ରେରଣାଦାତ୍ରୀ ହୋଇଛି। ଆନ୍ତଃପ୍ରାଦେଶିକ ଆନ୍ତର୍ଜାତିକ ପ୍ରଣୟ ପ୍ରସଙ୍ଗରେ ସେ ପ୍ରଧାନ ଅଂଶୀଦାର ହୋଇଛି। ବିବାହ ପୂର୍ବରୁ ସେ କୌମାର୍ଯ୍ୟର ମର୍ଯ୍ୟାଦା ରକ୍ଷା କରିବାର ନୈତିକ ସମ୍ବଳ ହରାଇଛି। ଓକିଲାତି, ପଞ୍ଚାୟତ ସଭ୍ୟା, ଦିପୋଟି, କିରାନୀ,

ନର୍ତ୍ତକୀ, ଶିକ୍ଷୟିତ୍ରୀ, ଡାକ୍ତର, ଗାୟିକା, ବ୍ୟବସାୟ, ଶିଳ୍ପ କାରଖାନା ଜୀବନର ରାଜପଥରେ ସେ ଆଜି ପୁରୁଷ ସହ ଅର୍ଥନୀତିକ ପ୍ରତିଦ୍ୱନ୍ଦ୍ୱିତା କରୁଛି। ବିବାହ ପୂର୍ବରୁ ସେ ପ୍ରଣୟ ବ୍ୟାପାରରେ ଲିପ୍ତ ହେଉଛି, ପରେ ବିବାହ କରୁଛି। ପୁଣି କେବେ ଅନୁରାଗ ଫିକା ପଡ଼ିଲେ ସ୍ୱାମୀ ସଂସାରକୁ ଛାଡ଼ପତ୍ର ଦେଇ ଅନ୍ୟତ୍ର ବିବାହ କରୁଛି ବା କେଉଁଠି ଅବୈଧ ଜୀବିକା ନିର୍ବାହ କରୁଛି। କେଉଁଠି ପରନାରୀର ସ୍ୱାମୀ ହରଣ, ପର ସନ୍ତାନର ପିତାହରଣ କରି ଆତ୍ମ ପ୍ରସାଦର ଗର୍ବିତ ଆନନ୍ଦ ପାଉଛି। କେଉଁଠି ବିବାହ ପୂର୍ବେ ସନ୍ତାନ ସମ୍ଭବା ହୋଇ ଭ୍ରୁଣହତ୍ୟା, ସନ୍ତାନ ହତ୍ୟା କରୁଛି। ନାରୀର ମର୍ଯ୍ୟାଦା କେଉଁ କ୍ଷେତ୍ରରେ ନ ରଖିବାରୁ ସେ ଆଜି ପୁରୁଷ ଚକ୍ଷୁରେ ହୀନା, ଅସମ୍ମାନିତା ହୋଇ ବିପଣୀର ସାମଗ୍ରୀ ହୋଇଛି। ଏ ଯୁଗର ପ୍ରଗତିଶୀଳା, ବିଜ୍ଞାନ ପୂଜାରିଣୀ ନାରୀପ୍ରାଚ୍ୟ ନାରୀର ପୂର୍ବ ସଂସ୍କୃତି ହରାଇଛି। ସେ ସ୍ଥଳରେ ନବ ସଂସ୍କୃତି ନାମରେ ଯାହାକୁ ଆହରଣ କରିଛି, ତାହା ଅଖାଦ୍ୟ ଭକ୍ଷଣ, ଅସୌଷ୍ଠବ ବେଶଭୂଷଣ, ଅସୁନ୍ଦର ଚାଲିଚଳନ ଓ ରୀତି ନୀତି ଏବଂ ସପ୍ରତିଭ ନିର୍ଲଜପଣର ବାସ୍ତବ ଜ୍ଞାନ ତଥା ଅତିମାତ୍ରାରେ ଅନମନୀୟ ଦାମ୍ଭିକତା। ଉପରୋକ୍ତ ବିକୃତ ନିମନ୍ତେ ୟୁରୋପୀୟ ଦୃଷ୍ଟିଭଙ୍ଗୀ, ବୈଜ୍ଞାନିକ ବସ୍ତୁ ସଭ୍ୟତା, ବିଶୃଙ୍ଖଳ ସ୍ୱାତନ୍ତ୍ର୍ୟନୀତି ଭାରତୀୟ ରାଜନୀତିକ ତୁଙ୍ଗ ନେତୃବୃନ୍ଦଙ୍କ ଦେଶ ବିଭାଜନ ନୀତି, ଆନ୍ତର୍ଜାତିକ ବାଣିଜ୍ୟନୀତି, ଶୁଳ୍‌କନୀତି, ଦ୍ରବ୍ୟମୂଲ୍ୟ ନିୟନ୍ତ୍ରଣ ନୀତି ପ୍ରାଚ୍ୟଦେଶୀୟ ସାଧାରଣ ଜୀବନଯାପନ ପ୍ରଣାଳୀର ସହଜରୀତି ଉପରେ ଅତ୍ୟନ୍ତ ଉତ୍କଟ ପ୍ରଭାବ ବିସ୍ତାର କରିଛି। ବୈଶ୍ୟ ସଭ୍ୟତାର ପୁଞ୍ଜିବାଦ, ଲୋକସଂଖ୍ୟା ବୃଦ୍ଧି, ଆର୍ଥିକଶୋଷଣ, ଖାଦ୍ୟବସ୍ତ୍ରର ଅଭାବ ପ୍ରଭୃତି ଆନୁସଙ୍ଗିକ ସହସ୍ର କାରଣ ବିଦ୍ୟମାନ।

ସୁତରାଂ ଭାରତ ବର୍ଷର ନାରୀ ଆଜି ତାର ସାଂସ୍କୃତିକ ଐତିହ୍ୟ ଛାଡ଼ିବାକୁ ବାଧ୍ୟ। ସେ ବିଶ୍ୱର ଜାତିଗୋଷ୍ଠୀରେ ଆଜି ନିଜକୁ ମିଶାଇବାକୁ ବାଧ୍ୟ ହୋଇଛି କାରଣ ଏହା ବି ତାର ପନ୍ଥା। ଭାରତର ଏକାନ୍ନବର୍ତ୍ତୀ ପରିବାର ଗୋଷ୍ଠୀ ଭାଜି ଗଲାପରେ, ରକ୍ଷଣଶୀଳ ସମାଜ ଲୁପ୍ତ ହୋଇ ଯାଉଥିବା ସ୍ଥଳେ ନାରୀର ସତୀତ୍ୱ ରକ୍ଷଣର ପ୍ରଶ୍ନ ଅବାନ୍ତର ହୋଇ ପଡ଼ିଛି। ଏହାର ସମ୍ଭାବନା ବା ଅବକାଶ ମଧ୍ୟ ନାହିଁ। ମନୁଷ୍ୟ ଆଜି ପଶୁଠାରୁ ଅଧମ ହୋଇ ପଡ଼ିଛି—ସଭ୍ୟତାର କଳଙ୍କପସରା ତାର ଶିରୋଭୂଷଣ। ସାଧାରଣ ନାରୀର ଅବନତି ମଧ୍ୟ ଏହି ଯୁଗର ଅନୁଗାମୀ ହେବା ସ୍ୱାଭାବିକ। ସୁତରାଂ ବିଶ୍ୱରେ ସତୀତ୍ୱ ମୂଲ୍ୟବାନ ହେଲେ ହେଁ ଏ ଯୁଗରେ ତାର ସାମାଜିକ, ବ୍ୟକ୍ତିଗତ ବା ରାଷ୍ଟ୍ରିକ ମୂଲ୍ୟ ନାହିଁ କହିଲେ ବାହୁଲ୍ୟ ହେବ କି ? ଯୌନ ପବିତ୍ରତା କଥା ଆଜି କଳ୍ପନା କରି ପାରିବ ନାହିଁ। ଏହା ଏକ ଆକାଶଧର୍ମୀ ଶୂନ୍ୟ ଧାରଣା ମାତ୍ର। କିନ୍ତୁ ପ୍ରାଚ୍ୟନାରୀ, ଏ

ଦେଶର ନାରୀ ଏହି ଧାରଣାକୁ ଜୀବନରେ ସତ୍ୟକରି ପୃଥିବୀର ଶ୍ରଦ୍ଧା ସମ୍ମାନ ଟାଣିଥିଲା। ନାରୀର ସତୀତ୍ୱ ଭାରତବର୍ଷର ସମଗ୍ର ଜାତି ଓ ଜାତିର ସଂସ୍କୃତିକୁ ଗୌରବର ମହିମା ଦାନ କରିଥିଲା ବୋଲି ଇତିହାସ ସାକ୍ଷ୍ୟଦିଏ।

ଦର୍ଶନ ଦୃଷ୍ଟିରୁ ନାରୀର ଆଦର୍ଶ

ପ୍ରାଚ୍ୟ ଦର୍ଶନ ଦିଗରୁ ଆଲୋଚନା କଲେ ମନୁଷ୍ୟର ଆତ୍ମାର ଶୁଦ୍ଧରୂପ ସତ୍‌ଚିତ୍ ଆନନ୍ଦମୟ ହେଲେ ହେଁ ଜୀବଜଗରରେ ପ୍ରତ୍ୟକ୍ଷୀଭୂତ ମନୁଷ୍ୟଠାରେ ଏହି ବିଭୂତି ଦୃଷ୍ଟିଗୋଚର ହୁଏ ନାହିଁ। ଜୀବ ଶିବ ରୂପରେ ରୂପାନ୍ତରିତ ହୋଇପାରେ, କିନ୍ତୁ ଏହା ଲୌକିକ ନୁହେଁ ବୋଲି ମନୁଷ୍ୟର ଶାରୀରିକ ଓ ମାନସିକ ଗୁଣ କଥା ଗଠନ ପୂର୍ଣ୍ଣ ଶକ୍ତିଶାଳୀ ନୁହେଁ। ସୁତରାଂ ନର ଭଳି ନାରୀ ମଧ୍ୟ ଅପୂର୍ଣ୍ଣ-ଖଣ୍ଡ। ସାମାଜିକ ରାଷ୍ଟ୍ରିକ ଆବେଷ୍ଟନୀ ଏବଂ ପାରିପାର୍ଶ୍ୱିକ ଶୁଭାଶୁଭ ସଂସ୍କାର ଦ୍ୱାରା ଆବଦ୍ଧ ହୋଇଥିବାରୁ ପ୍ରତି ମନୁଷ୍ୟ ସୀମିତ ଶକ୍ତି ଏବଂ ଦେହ ଓ ମନ ଦିଗରୁ ବିକୃତ। ଏହାହିଁ ବିଶ୍ୱପ୍ରକୃତିର ନିୟମ ଏବଂ ବିଶ୍ୱ-ବୈଚିତ୍ର୍ୟ। ସେହି କାରଣରୁ ସଂସାରରେ ମନୁଷ୍ୟର ପ୍ରଶଂସା ବା ନିନ୍ଦାର ମୂଲ୍ୟ ଥିଲେ ହେଁ, ଦାର୍ଶନିକ ଦୃଷ୍ଟିରୁ ତାହାର ମୂଲ୍ୟ କିଛି ନାହିଁ। କାରଣ ମନୁଷ୍ୟ ମାତ୍ରେ ହିଁ ତ୍ରୁଟିଯୁକ୍ତ। ସାମାଜିକ ଓ ସାଂସ୍କୃତିକ ଦୃଷ୍ଟିରେ ଆମ୍ଭେମାନେ ମନୁଷ୍ୟକୁ ନିନ୍ଦା ବା ପ୍ରଶଂସା କରିଥାଉଁ—କେବଳ ସାମାଜିକ ଶୃଙ୍ଖଳା ଓ ବିଶୃଙ୍ଖଳା ଦିଗରୁ ବିଚାର କରି। ଏହା ଆଦର୍ଶବାଦ କିମ୍ବା ବିଶୁଦ୍ଧ ନୀତିବାଦ ଦୃଷ୍ଟିରୁ କରାହୁଏ ନାହିଁ। ତେଣୁ ନାରୀର ସତୀତ୍ୱ ସାମାଜିକ ଦୃଷ୍ଟିରୁ ଯଥାର୍ଥ କମ୍ବା ଅଯଥାର୍ଥ ହୋଇପାରେ; କିନ୍ତୁ ଦର୍ଶନ ଦୃଷ୍ଟିରୁ ଏହା ଅତ୍ୟନ୍ତ ଅସମ୍ଭବ କଥା। ତେଣୁ ସତୀତ୍ୱ ଯେପରି ଗୋଟିଏ ସଂସ୍କୃତିଗତ ଏବଂ ଦୃଷ୍ଟିଗତ ଆତ୍ମିକ ଆଦର୍ଶ, ଯତୀତ୍ୱ ବା ସତ୍‌ଚିତ୍ ଆନନ୍ଦମୟ ଚୈତନ୍ୟର ଅବିଚ୍ଛିନ୍ନ ଭାବରେ ଅବସ୍ଥାନ କରିବା ମଧ୍ୟ ଗୋଟିଏ ଅତ୍ୟନ୍ତ ବିରଳତମ ଆତ୍ମିକ ଆଦର୍ଶ।

ଏହା ସଂସ୍କୃତିର ଉପରସ୍ତରର କଥା। ସର୍ବ ସଂସ୍କାର ମୁକ୍ତାତ୍ମ ବକ୍ଷରେ ଏହା କେବଳ ସମ୍ଭବ, ଯାହା ସଚରାଚର ଆମ୍ଭମାନଙ୍କର ଦୃଷ୍ଟିଗୋଚର ହୁଏ ନାହିଁ। ଉପରୋକ୍ତ ମାନବୀୟ ବିକାଶ ଏବଂ ଗୁଣାତୀତ ଅବସ୍ଥା ଅନାୟାସଲଭ୍ୟ ନୁହେଁ। ଏହା ଏହି ଅବସ୍ଥାନ୍ତର ପ୍ରାପ୍ତି ପାଇଁ ଜନ୍ମଜନ୍ମାନ୍ତରର ସାଧନା ଓ ସଂସ୍କାର, ପରିବେଶ, ଶିକ୍ଷା, ପାରିପାର୍ଶ୍ୱିକ ଆବେଷ୍ଟନୀ, ଇନ୍ଦ୍ରିୟ ନିଗ୍ରହାଦି ସାଧନା, ପ୍ରାଣାୟାମ ଯୋଗ ପ୍ରଭୃତିର ଆବଶ୍ୟକତା ରଖେ। ଏହି ଉପାୟରେ ଆତ୍ମବୁଦ୍ଧି ବିଶୁଦ୍ଧ ଏବଂ ନିରହଙ୍କାରୀ ହେଲା ପରେ ଶୁଦ୍ଧଚିତ୍ତ ମନ ଦ୍ୱାରା ମନୁଷ୍ୟର ଭୋଗେନ୍ଦ୍ରିୟମାନ ନିୟନ୍ତ୍ରିତ ହୋଇପାରେ। ଏହି ସୋପାନରେ ଅବତୀର୍ଣ୍ଣ ନରନାରୀମାନେ କେବଳ ସତ୍ ବା ସତୀତ୍ୱକୁ ଅର୍ଜନ କରି ପାରନ୍ତି। ତେଣୁ ଏହି ସବୁ ଆତ୍ମିକ ଅବସ୍ଥା ଓ ଗୁଣନିଚୟକୁ ସାମାଜିକ, ପାରିବାରିକ,

ନୀତିବାଦ ଏବଂ ଶୃଙ୍ଖଳା ଦିଗରୁ ବିଚାରି ନିର୍ଭୁଲ ସିଦ୍ଧାନ୍ତରେ ଉପନୀତ ହେବା ଅସମ୍ଭବ। ଏଥିପାଇଁ ଆତ୍ମବିଜ୍ଞାନର ଅତ୍ୟନ୍ତ ସୂକ୍ଷ୍ମ, ଦୁର୍ଜ୍ଞେୟ, ବିଶ୍ଳେଷଣାତ୍ମକ, ମାର୍ଜିତ, ଶୁଦ୍ଧ, ଚିତ୍ତବୃତ୍ତି ଓ କାମନା ବାସନା ବର୍ଜିତ, ନିର୍ବୈକ୍ତିକ, ନିରହଙ୍କାର ବୁଦ୍ଧି ବିଚାରର ଅପେକ୍ଷା ରଖେ। ନାରୀ ଚିତ୍ତବୃତ୍ତି ସ୍ୱାଭାବିକ ପ୍ରକ୍ରିୟାରେ ଏବଂ ପ୍ରାକୃତିକ କାରଣରୁ ଅତ୍ୟନ୍ତ ବସ୍ତୁତାନ୍ତ୍ରିକ ହୋଇଥିବାରୁ ସତୀତ୍ୱର ସାଧନା ନିମନ୍ତେ ପୃଥିବୀର ଧର୍ମାଚାର୍ଯ୍ୟମାନେ ଏବଂ ଭାରତୀୟ ଶାସ୍ତ୍ରକାରମାନେ ତାହା ପାଇଁ ସ୍ୱାମୀସେବା, ସ୍ୱାମୀ ଭକ୍ତି, ସ୍ୱାମୀର ଅନୁକୂଳା ଏବଂ ଆଜ୍ଞାକାରିଣୀ ହେବାକୁ ଉପଦେଶ ଦେଇଛନ୍ତି। ବ୍ରତ ଉପବାସକୁ ସ୍ୱାମୀସେବା ଧର୍ମ ନିକଟରେ ତୁଚ୍ଛ କରାଯାଇଛି। ନାରୀର ମୁକ୍ତି ଏବଂ ସ୍ୱର୍ଗ ଲାଭ ନମନ୍ତେ ଏହି ପଥକୁ ହିଁ ଏକମାତ୍ର ସୁଗମ ଓ ସହଜ ପଥ ବୋଲି ନିର୍ଦ୍ଦେଶ କରା ହୋଇଛି। ନାରୀର ଏହି ଜୀବନାଦର୍ଶ ସତୀତ୍ୱର ମୁକୁର ସ୍ୱରୂପ। ପୁରୁଷର ମୋକ୍ଷ ନିମନ୍ତେ ଅନ୍ୟ ଉପାୟ କରିଯାଇଛି।

ଅର୍ଥନୀତି ଦୃଷ୍ଟିରୁ ନାରୀର ଆଦର୍ଶ

ଆଧୁନିକ ଯୁଗର ଜଡ଼ ବିଜ୍ଞାନ ଦୃଷ୍ଟିରୁ ବିଚାରିଲେ ନାରୀ ଜୀବନରେ ସତୀତ୍ୱର ମୂଲ୍ୟ ନାହିଁ। ଏହା ଏବେ ଅଭିଜ୍ଞତା ପ୍ରସୂତ ବୈଜ୍ଞାନିକ ତଥ୍ୟ ଉପରେ ସିଦ୍ଧାନ୍ତ ହୋଇ ସାରିଲାଣି। ବିଜ୍ଞାନ ଦୃଷ୍ଟିରେ ମନୁଷ୍ୟ ଏକ ଜଡ଼ ପଦାର୍ଥ। ତାହାର ମନ ମଧ୍ୟ କ୍ରମେ ଦେହ ସ୍ତରରେ ବିଚାରିତ ହୋଇଛି। ଦେଶ, କାଳ, ପାତ୍ର, ପରିସ୍ଥିତିରେ ଏ ଯୁଗରେ ସତୀତ୍ୱର ନିଷ୍ଠାସାଧନ ଅସମ୍ଭବ। ବର୍ଣ୍ଣାଶ୍ରମ, ଏକାନ୍ନବର୍ତ୍ତୀ ପରିବାର ଧର୍ମ ନିରପେକ୍ଷ ରାଷ୍ଟ୍ରନୀତି ଭାଙ୍ଗି ଦେଇଛି। ଅର୍ଥନୈତିକ କାରଣରୁ ପୁରାତନ ସମାଜ ଭାଙ୍ଗିଯାଇ ନୂତନ ସମାଜର ପ୍ରତିଷ୍ଠା ଚାଲିଛି। ନାରୀ ଉପରୋକ୍ତ କାରଣରୁ ଅର୍ଥାତ୍ ଅର୍ଥନୀତିକ କାରଣରୁ ସ୍ୱତନ୍ତ୍ରା ହୋଇ ନିଜର ଓ ନିଜ ସନ୍ତାନମାନଙ୍କର ପ୍ରାସାଚ୍ଛାଦାନ ନିମନ୍ତେ ଜୀବନ ସଂଗ୍ରାମରତା। ନାରୀର ଭାର ବହନରେ ପୁରୁଷ ଆଜି ଅତି ଅକ୍ଷମ ହୋଇ ପଡ଼ିଥିବାରୁ କୌମାର୍ଯ୍ୟ ସମାଜର ସାଧାରଣ ଅବସ୍ଥା ହୋଇଛି ଏବଂ ଅବିବାହିତା ଓ କେଉଁଠି ବିବାହିତା ନାରୀ ସ୍ୱାବଲମ୍ବନଶୀଳା ହୋଇଛି। ପୁରୁଷ ପୂର୍ବପରି ନାରୀକୁ ମାତା, ପତ୍ନୀ, ଭଗିନୀ ହିସାବରେ ଦେଖୁନାହିଁ—ସହକର୍ମିଣୀ, ପ୍ରତିଦ୍ୱନ୍ଦ୍ୱିନୀ ହିସାବରେ ଦେଖୁଛି। ନାରୀ ତାର ଭାଗ୍ୟନିୟନ୍ତ୍ରଣ ପୁରୁଷ ନିରପେକ୍ଷ ହୋଇ କରୁଛି। ଏହି କାରଣରୁ ବର୍ତ୍ତମାନ ରାଷ୍ଟ୍ର ଓ ସମାଜ ନାରୀର ସତୀତ୍ୱକୁ ମୂଲ୍ୟ ଦବାକୁ ଅକ୍ଷମ। ସତୀତ୍ୱ ନାରୀର ବ୍ୟକ୍ତି-ଜୀବନର ଆଦର୍ଶ ହୋଇ ଥାଇପାରେ, ସାଧାରଣ ସମଷ୍ଟି ଜୀବନରେ ଏହାର ଅବକାଶ ନାହିଁ। କାରଣ ଏହାହିଁ ପରିବର୍ତ୍ତିତ ଜଡ଼ବାଦୀ ସାମାଜିକ ଜୀବନର ଏକ ନିର୍ମମ ପ୍ରତିକ୍ରିୟା।

ସାମାଜିକ ଦୃଷ୍ଟିରୁ ସତୀତ୍ୱ

ଆଧୁନିକ ସମାଜରେ ବ୍ୟକ୍ତିର ମୂଲ୍ୟ ନାହିଁ—ସମଷ୍ଟିର ଅଛି। ତେଣୁ ଜଡ଼ ତୁଳନାରେ ଚେତନର ଓଜନ ନ୍ୟୁନତର ହୋଇଛି। ଧର୍ମ, ଆଚାର, ଅନୁଷ୍ଠାନ, ସମାଜ, ରାଷ୍ଟ୍ର, ଈଶ୍ୱରବାଦ, ଯାହା ବିଗତ ଶତାବ୍ଦୀରେ ଜନସାଧାରଣରେ ସୁପ୍ରତିଷ୍ଠିତ ସତ୍ୟ ଥିଲା, ତାହା ଆଜି କେହି ନିର୍ବିବାଦରେ ସ୍ୱୀକାର କରିବାକୁ ପ୍ରସ୍ତୁତ ନୁହନ୍ତି। ପୃଥିବୀରେ ସମାଜତନ୍ତ୍ରବାଦ ପ୍ରଚାରିତ ହେବା କାଳରୁ ପୁରାତନ ପ୍ରଜ୍ଞାନୁସାରୀ ସିଦ୍ଧାନ୍ତ ଓ ଧାରଣାଗୁଡ଼ିକୁ ମାନି ପ୍ରାଚୀନ ଜୀବନବେଦର ସ୍ୱକ୍ତ ଗ୍ରହଣ କରିବାକୁ ଆଧୁନିକ ମନୁଷ୍ୟ ପ୍ରଚଣ୍ଡ ବିଦ୍ରୋହ କରିଛି। ବିଗତ ଶତାବ୍ଦୀର ପୁଞ୍ଜୀଭୂତ ଶୋଷଣରେ ବିପ୍ଳବୀ ମନୁଷ୍ୟ ଆଜି ଜୀବନର ବାସ୍ତବ ମୂଲ୍ୟରେ ନୀତିକୁ ତୌଳୁଅଛି। ଏ ଶତାବ୍ଦୀର କାବ୍ୟ, କଳା, ସାହିତ୍ୟରେ ମଧ୍ୟ ଏହି ବାସ୍ତବବାଦ ସଞ୍ଜାତ ବାମପନ୍ଥୀ ନୀତି ପ୍ରତିଷ୍ଠିତ ହୋଇଯାଇଛି। ମନୁଷ୍ୟ ଆଜି ମନୁଷ୍ୟ ଉପରେ ବିଶ୍ୱାସ ହରାଇଅଛି। ବିଜ୍ଞାନ, ମନସ୍ତତ୍ତ୍ୱ, ମାନବର ଚେତନା ସ୍ତରକୁ ଅତିକ୍ରମ କରି ଅବଚେତନର ବିଶ୍ଳେଷଣାତ୍ମକ ଯୁକ୍ତିବାଦ ଓ ସିଦ୍ଧାନ୍ତକୁ ମାନି ନେଇଛି। ଅମଡ଼ା ମାଡ଼ି, ଅଦୃଷ୍ଟ ପୂର୍ବ ପଥ ସୃଷ୍ଟି କରି ଅଜ୍ଞେୟ ଆଡ଼କୁ ମନୁଷ୍ୟର ସନମାନ ପ୍ରଗତି। ତହିଁରେ ତାର ସ୍ଥିତି କି ଧ୍ୱଂସ କିମ୍ବା ଏହା ଏକ ଅନାଗତ ସୃଷ୍ଟିଧାରାର ସଙ୍କେତ, ତାହା କଳନା କରିବାର ସାଧ୍ୟ କାହାର ନାହିଁ। ଭାବୀ ଶତାବ୍ଦୀର ଅନାଗତ କାଳକୋଳରେ ଏହି ସୃଷ୍ଟିର ବିଚିତ୍ର ସମ୍ଭାବନା ସୁପ୍ତ ରହିଛି। ମାନବ ସଭ୍ୟତାର ଆୟବ୍ୟୟ, ଲାଭକ୍ଷତିର ହିସାବ କେଉଁ ଅନାଗତ ବିଧାତା କହି ପାରିବେ ନାହିଁ। ମନୁଷ୍ୟ ଆଜି ଅତୀନ୍ଦ୍ରିୟବାଦ, କଳ୍ପନା, ଧ୍ୟାନ, ଧାରଣା, ଆଚାର, ଅନୁଷ୍ଠାନ, ଧର୍ମ, ପୁରାଣ, ଶାସ୍ତ୍ର, ଶିଳ୍ପ, ସାହିତ୍ୟ, ଅଙ୍କନ, କାବ୍ୟକବିତାର ରୀତିନୀତି ଓ ପଦ୍ଧତିକୁ ଅବଲୀଳା କ୍ରମେ ଉଲ୍ଲଙ୍ଘନ କରିଛି। ବାସ୍ତବତା ଉପରେ ଆଜି ପ୍ରଶ୍ନ ନିଜର ଆସନ ସୀମା ଜମାଇ ବସିଛି। ଏ କ୍ଷେତ୍ରରେ ମାନବ ସଂସ୍କୃତିର ଐତିହ୍ୟ, ଆଦର୍ଶବାଦ, ମାନବୀୟ ସଦ୍‌ଗୁଣ ପୃଥିବୀର ଜନଗୋଷ୍ଠୀକୁ ଯେ ମହତ ପ୍ରେରଣା ଦେଇଥିଲା, ତାହା ସ୍ଥାନରେ ଆଜି ଭୋଗ, ବିଳାସ ବ୍ୟସନର ଜଡ଼ତା ଏବଂ ପୁଞ୍ଜିବାଦ୍ ଜାତ ଈର୍ଷା, ଶଠତା, ହିଂସା, ମଦ ପ୍ରଭୁତ୍ୱ ସ୍ପୃହା, ଭଣ୍ଡତା ଓ ପରଶ୍ରୀକାତରତା ମାତ୍ସର୍ଯ୍ୟ ବୁଦ୍ଧି ଠୁଳ ହୋଇ ପ୍ରେରଣା ଦେଉଛି। ଏହି ପରିବର୍ତ୍ତନ ଯେଉଁ ନବଯୁଗକୁ ସୃଷ୍ଟି କରିବ, କାଳକ୍ରମେ ତହିଁରେ ରୂପାୟିତ ହେବ ଆଗାମୀ ବିଶ୍ୱ ସଭ୍ୟତା। ସେହି ସଭ୍ୟତା ଓ ସଂସ୍କୃତି ନାରୀର ବହିରଙ୍ଗ ଅସ୍ଥିମେଦ ମାଂସ ରୁଚିକୁହିଁ ତାର ଯଥାର୍ଥ ମୂଲ୍ୟଦେବ। ଯେଉଁଠି ନାରୀ ସତ୍ତାର ଯଥାର୍ଥ ଅସ୍ତିତ୍ୱ ନଥିବ, ସେଠାରେ ସତୀତ୍ୱ ଉପହାସର ବିଷୟବସ୍ତୁ ହେବା ନିଶ୍ଚିତ।

ଆଧୁନିକ ନାରୀର ସତୀତ୍ୱ ସମ୍ବନ୍ଧରେ ଗୋଟିଏ ପ୍ରଶ୍ନ ଉଠେ ଯେ ଏହା ସାମନ୍ତବାଦୀ ବା ପୁଞ୍ଜିବାଦୀ ରକ୍ଷଣଶୀଳ ସାମାଜିକ ମନୋବୃତ୍ତିରୁ ଉତ୍ପତ୍ତି। ନାରୀକୁ ପରଲୋକ, ସ୍ୱର୍ଗ, ନରକ, ଧର୍ମ, ଅଧର୍ମର ସଂସ୍କାର ଶିକ୍ଷାରେ ଅନ୍ଧ କରାଇ କେବଳ ସାମାଜିକ ଗୋଷ୍ଠୀ ସ୍ୱାର୍ଥ ପାରିବାରିକ ପତିବ୍ରତା ଓ ବଂଶଧରର ବିଶୁଦ୍ଧତା ରକ୍ଷା କରିବାକୁ ବିବାହ ନାମକ ଯୂପକାଷ୍ଠରେ ପକାଇ ତାକୁ ସମାଜ ଓ ପରିବାରର ପୁରୁଷଙ୍କ କ୍ରୀତଦାସୀ କରାହୋଇଛି। ତାର ବ୍ୟକ୍ତି ସ୍ୱାତନ୍ତ୍ର୍ୟକୁ ଦଳିଦେଇ ସମାଜ ପ୍ରଥା, ଆଚାର ଓ ଧର୍ମ ପଦ୍ଧତି ଭିତରେ ସ୍ୱାମୀ ସଂସାର ଓ ବଂଶପାଳିକା ଭାବରେ ତାକୁ ନିଯୁକ୍ତ କରା ହୋଇଅଛି। ନାରୀର ସହଜ ଭାବପ୍ରବଣ ମନ ସଂସ୍କାରମୁକ୍ତ ନ ଥିବାରୁ ସେ ସତୀତ୍ୱ ଓ ଏକ ପତିତ୍ୱକୁ ଧର୍ମରକ୍ଷା ନାମରେ ମାନି ଚଳି ଆସିଛି। ନିଜର ଯୌନ ପବିତ୍ରତା ରକ୍ଷା କରିବାକୁ ତାର କାୟ ମନୋବାକ୍ୟ ନିୟୋଜିତ ହୋଇ ଆସିଛି। କିନ୍ତୁ ବାସ୍ତବରେ ସତୀତ୍ୱର କିଛି ମୂଲ୍ୟନାହିଁ। ଭୟ ଉପଚିତ ସଂସ୍କାର କେବଳ ତାର ସତୀତ୍ୱ ସାଧନାର ଚାଳକ। ନାରୀର ଆତ୍ମବିକାଶ ପଥରେ ସତୀତ୍ୱ ଏକ ମହା ବିପତ୍ତି ଓ ବନ୍ଧନ ସ୍ୱରୂପ। ସମାଜ, ପରିବାର ଓ ରାଷ୍ଟ୍ରଶୃଙ୍ଖଳା ନିମନ୍ତେ ନାରୀ ଅହର୍ନିଶ ତାର ନାରୀତ୍ୱ ଓ ବ୍ୟକ୍ତିତ୍ୱକୁ ଖର୍ବ କରି ସମାଜ ପରିବାର ନିକଟରେ ବଳିପଡ଼ି ଆସିଛି। ସେହି କାରଣରୁ ତାର ଆତ୍ମୋପଲବ୍ଧି ଘଟିବାର ଅବସର ଆସିନାହିଁ ଏବଂ ନିଜର ବ୍ୟାପ୍ତିକୁ ଶୃଙ୍ଖଳିତ ସଙ୍କୁଚିତ କରି ଦେହ ମନରେ ସେ ପଙ୍ଗୁହୋଇ ଖର୍ବ ହୋଇଛି। ନିଜର ଆତ୍ମା ଓ ତାର ଅଭିଳାଷ ସହିତ ସେ ପରିଚୟ ଲାଭ କରିବାର ସୌଭାଗ୍ୟ ପାଇନାହିଁ।

ଉପରୋକ୍ତ ବିଷୟଗୁଡିକ ଅନୁଧ୍ୟାନ କଲେ ଜଣାଯାଏ ଯେ, ଏହା ପୂର୍ଣ୍ଣ ସତ୍ୟ ନୁହେଁ—ଆଂଶିକ ସାମାଜିକ ସତ୍ୟ। ଦେଖାଯାଏ, ଯେଉଁ ସମାଜ ନାରୀ ଉପରେ ସତୀତ୍ୱର ଚାପ ପକାଇଛି, ସେଠାରେ ସମାଜ ଶାସନ ଓ ପାରିବାରିକ ଶୃଙ୍ଖଳା ଏବଂ ଦାମ୍ପତ୍ୟ-ଜୀବନ ଯଥାର୍ଥରେ ବ୍ୟର୍ଥହୋଇଛି। କିନ୍ତୁ ଏହା ବୋଲି ସତୀତ୍ୱ ଗୋଟିଏ ବର୍ବର ବା ଅସଭ୍ୟ ସଂସ୍କାର ଓ ଅସାର ପ୍ରଥା ନୁହେଁ। ସ୍ୱେଚ୍ଛାକୃତ ସତୀତ୍ୱ ବା ଯୌନ ପବିତ୍ରତା ଆଦିମ ଯୁଗରୁ କ୍ରମ ବିକଶିତ ନାରୀକୁ ଯଥାର୍ଥରେ ସଭ୍ୟ, ସୁଷମା ମଣ୍ଡିତ ଏବଂ ସମ୍ମାନିତା କରିଛି। ଯେଉଁନାରୀ ସତ୍ ସେ ସତୀ। ଏହା ସାମନ୍ତବାଦ ବା ପୁଞ୍ଜିବାଦରୁ ଉତ୍ପତ୍ତି ହୋଇନାହିଁ, କାରଣ ଏହା ବସ୍ତୁତଃ ଏକପ୍ରଥା ମଧ୍ୟ ନୁହେଁ। ସତୀତ୍ୱ ନାରୀତ୍ୱରେ ଉପନୀତ ହେବାର ଏକ କୃଷ୍ଟି ବା "କଲଚର"। ଯାଯାବର ନାରୀ ଯେଉଁ କାଳରେ ସମଷ୍ଟିର ପତ୍ନୀତ୍ୱ ଗ୍ରହଣ କରୁଥିଲା ବା କରିବାକୁ ବାଧ୍ୟଥିଲା, ସେହି ବନ୍ୟ ଜୀବନରୁ ସଭ୍ୟତା ତାକୁ ଏକ ପତ୍ନୀତ୍ୱ ଏବଂ ସତୀତ୍ୱର ଉତ୍ତମ ସଂସ୍କାରରେ ମହିମା ମଣ୍ଡିତ କରି ସଭ୍ୟତାର ଆସ୍ତରଣ ଉପରେ ବସାଇଛି। ଏହାଦ୍ୱାରା ତାର ଆତ୍ମବିକାଶ ଓ ବ୍ୟାପ୍ତି ଖର୍ବ

ନହୋଇ ଉଚ୍ଚ ହୋଇଛି। ଏହି ନୂତନ ସଭ୍ୟତାର ବିକାଶରେ ସେ ବସ୍ତୁତନ୍ତ୍ରରୁ ପ୍ରଜ୍ଞାତନ୍ତ୍ରକୁ ଉନ୍ନୀତ ହୋଇ ପାରିଛି। ସେହି କାରଣରୁ ସେ ସମାଜ, ପରିବାର ଓ ରାଷ୍ଟ୍ରପ୍ରତି ସମଧିକ ଦାୟିତ୍ୱଶୀଳା ମଧ୍ୟ ହୋଇ ପାରିଛି। ତା'ର ସମ୍ମାନର ଉଚିତ ମୂଲ୍ୟ ଦେବାକୁ, ଯାଇ ରାଜ୍ୟ ରାଜ୍ୟରେ ଯୁଦ୍ଧହୋଇ ଲକ୍ଷକୋଟି କବନ୍ଧ ଯୁଦ୍ଧଭୂମିକୁ ରକ୍ତସ୍ନାନ କରିଚି। ମହାଭାରତ, ରାମାୟଣ, ଟ୍ରୟ ଏହାର ମୂକସାକ୍ଷ୍ୟ ଦିଏ। ସୁତରାଂ ନାରୀର ଚିରନ୍ତନ ଆଦର୍ଶ ଓ ଆବହମାନ କାଳର ସଂସ୍କୃତି ସତୀତ୍ୱ। ସତୀନାରୀର ଜହର ବ୍ରତକୁ ପୃଥିବୀ ସଭ୍ୟତାର ଏକ ବିଶିଷ୍ଟ ଅଧ୍ୟାୟ ବୋଲି ଧରାଯାଉଛି। ଏହା ସ୍ଥାନ, କାଳ, ଅବସ୍ଥା, ପାତ୍ର ନିରପେକ୍ଷ ଅଟେ। ସାମାଜିକ ବା ପାରିବାରିକ ବିଧିନିଷେଧାତ୍ମକ ସତୀତ୍ୱର ମୂଲ୍ୟ କଡ଼ାକରି ନାହିଁ ସତ; କାରଣ ବଂଶାନୁକ୍ରମ ସଂସ୍କୃତି ବା ପରମ୍ପରା ଏହାର ବାହକ ସ୍ୱରୂପ। ଯଥାର୍ଥ ସତିତ୍ୱ ବା ଯୌନ ପବିତ୍ରତା ନାରୀର ବ୍ୟକ୍ତିଗତ ବିଚାର ଓ ଶୁଭବୁଦ୍ଧିର ପ୍ରେରଣାରୁ ଜନ୍ମ ପରିଗ୍ରହ କରେ ଏବଂ ସେହି କାରଣରୁ ଏହା ନାରୀକୁ ପୁରୁଷ ଠାରୁ ମହନୀୟ, ମୂଲ୍ୟବାନ୍ ଏକ ବିଶିଷ୍ଟ ମର୍ଯ୍ୟାଦା ଦାନକରେ। ବିଶ୍ୱରେ ସତୀନାରୀର ମୂଲ୍ୟ ଚିରନ୍ତନ ଏବଂ ସନାତନ।

■

ଆର୍ଟର ପ୍ରୟୋଜନୀୟତା

ରାଜକିଶୋର ରାୟ

ଆର୍ଟ ଯେଉଁ ଆନନ୍ଦ ଦାନ କରେ ତାହା ଅପ୍ରୟୋଜନର ଆନନ୍ଦ—ଏହିତତ୍ତ୍ୱ ରବୀନ୍ଦ୍ର କାହିଁକି ଅନ୍ୟାନ୍ୟ ରସବିଦ୍‌ମାନେ ମଧ୍ୟ ଗ୍ରହଣ କରି ଅଛନ୍ତି। ଯଦି ଏହି ମତ ଗ୍ରହଣ କରାଯାଏ ଯେ, ଆର୍ଟର ମୂଳ ପ୍ରକୃତି ଅପ୍ରୟୋଜନର ଆନନ୍ଦ ଉପରେ ପର୍ଯ୍ୟବସିତ, ତେବେ କଅଣ ବିଶ୍ୱାସ କରିବାକୁ ହେବ ଯେ, ସୌନ୍ଦର୍ଯ୍ୟ ପୂଜାରୀର ସକଳ ସୌନ୍ଦର୍ଯ୍ୟ ସୃଷ୍ଟି ଶୀତ ଶ୍ୟାମ ବନଭୂମି ଉପରେ କେବଳ ଗୋଟିଏ କୁଜ୍‌ଝଟିକାର ଆସ୍ତରଣ ଭଳି ଉପରେ ଉପରେ ସନ୍ତରଣ କରିଯାଉଛି ଓ ଆମର ଏହି କର୍ମସଚଳ ପୃଥିବୀର କୌଣସି କାର୍ଯ୍ୟରେ ଏହା ସାହାଯ୍ୟ କରୁନାହିଁ ବା ଏହାକୁ କୌଣସି ବିନ୍ଦୁରେ ମଧ୍ୟ ସ୍ପର୍ଶ କରୁନାହିଁ ? ଏହି ଅପ୍ରୟୋଜନୀୟ ଆର୍ଟକୁ ପ୍ରୟୋଜନୀୟ କରିବାକୁ ଯାଇ ଆମେ ନିଜର ଗୃହାନ୍ଧକାରକୁ ଏହାଦ୍ୱାରା ଯେତେ ପ୍ରଦୀପ୍ତ କରିବାକୁ ଇଚ୍ଛା କଲେ ବି କବି ବା ଶିଳ୍ପୀର ମନ ଏହି ସ୍ୱଳ୍ପାନ୍ଧକାରକୁ ଆଲୋକମୟ କରିବାକୁ ସ୍ୱୀକାର କରୁନାହିଁ। ତେବେ କଅଣ ବୁଝିବାକୁ ହେବ ଯେ, କବି ବା ଶିଳ୍ପୀ ଯେଉଁ ଆଲୋକ ଜଳାଉଛି, ତାହା ଘରର ଅନ୍ଧକାର ବିନାଶ ପାଇଁ ନୁହେଁ ? ତାହା କଅଣ ପ୍ରୟୋଜନହୀନ ? ବରଂ ଗୋଧୂଳିର ପର୍ଯ୍ୟାପ୍ତ ଅନ୍ଧକାରକୁ ଅଜ୍ଞାତ ନଦୀର ତୀରେ ତୀରେ ଭସାଇ ଯେଉଁ ଭାସମାନ ଊର୍ଦ୍ଧ୍ୱ ଆଲୋକରେଖା ସମସ୍ତ କାଳିମା ଦୂର କରୁଛି ତାହା କେବଳ କଣ ଅପ୍ରୟୋଜନର ଆନନ୍ଦ ? ଶିଳ୍ପୀର ନିଜ ସୃଷ୍ଟିରେ ସ୍ୱାର୍ଥ ବୋଧ ନାହିଁ କି ବାହାର ଜଗତର ପ୍ରୟୋଜନ-ଅପ୍ରୟୋଜନ, ଲାଭ-କ୍ଷତିରେ ବି ତାର କିଛି ଯାଏ ଆସେ ନାହିଁ।

ପ୍ରତ୍ୟେକ ସାହିତ୍ୟ ଓ କଳା ସୃଷ୍ଟିର ଅନ୍ତରାଳରେ ପ୍ରେରଣା ରହିଛି। ମନୁଷ୍ୟର ଜୈବଧର୍ମ ଓ ପ୍ରବୃତ୍ତିର ମଧ୍ୟ ପ୍ରେରଣା ରହିଛି। ଜୈବଧର୍ମର ପ୍ରେରଣାରେ ସଂସାରରେ

ବଞ୍ଚି ରହିବାର ପ୍ରବୃତ୍ତି ଜାଗ୍ରତ ହୁଏ। କିନ୍ତୁ କଳାସୃଷ୍ଟି ପଛରେ ଯେ ପ୍ରେରଣା ରହିଥାଏ, ତାହା ବଞ୍ଚି ରହବାର ପ୍ରବୃତ୍ତି ଓ ତାହା ସହିତ ଓତପ୍ରୋତ ଭାବରେ ଜଡ଼ିତ ଜୀବନ ସଂଗ୍ରାମରେ ଧୂଳି କର୍ଦ୍ଦମକୁ ଆଲୋଡ଼ନ କରେ ନାହିଁ। ଜୈବିକ ଅସ୍ତିତ୍ୱର ଏକ ବିରାଟ ପ୍ରବାହ ମନୁଷ୍ୟର ଚତୁର୍ଦ୍ଦିଗରେ ନାନା ସଂଗ୍ରାମ, ନାନା ଅଭାବ ଅଭିଯୋଗ ଓ ନାନା ପ୍ରୟୋଜନ ସୃଷ୍ଟି କରିଛି। କିନ୍ତୁ ଆର୍ଟ ସୃଷ୍ଟି ଜୈବିକ ପ୍ରୟୋଜନ ସିଦ୍ଧି ପାଇଁ ଆବଶ୍ୟକ ନୁହେଁ। ତାର ପ୍ରୟୋଜନୀୟତା ରହିଛି ପ୍ରୟୋଜନର ଦୂରରେ, ପ୍ରୟୋଜନର ଅତିରିକ୍ତ ରୂପରେ।

ଏହି କଥାଟିକୁ ବିଶ୍ଳେଷଣ କରିବା ପାଇଁ ଗୋଟିଏ ସୁନ୍ଦର ଦୃଷ୍ଟାନ୍ତ ଦିଆଯାଇପାରେ। ତୃଷା ମନୁଷ୍ୟର ଜୈବକ ଧର୍ମର ଅଙ୍ଗ। ପ୍ରାଣୀ ମାତ୍ରେ ତୃଷାର ଅଧୀନ। ଏହ ବିଶିଷ୍ଟ ଜୈବିକ ଧର୍ମର ପ୍ରେରଣାରେ ଜଳପାତ୍ରର ସୃଷ୍ଟି। ପାଣି ପିଇବାର ଇଚ୍ଛା ହେବାରୁ ପାତ୍ର ସମ୍ଭବ ହେଲା। ତାହା ହେଲେ ପାତ୍ରଟି ପ୍ରାଣୀର ପ୍ରୟୋଜନ ସିଦ୍ଧିର ପ୍ରେରଣାରୁ ସୃଷ୍ଟି ହୋଇଛି ତେଣୁ ଏଭଳି ସୃଷ୍ଟି ଆର୍ଟ ନୁହେଁ। ଏତିକିରେ ମଣିଷ ଅଟକି ଯାଇ ନାହିଁ। ତାହାର କଳ୍ପନାଶକ୍ତି ଓ ସୌନ୍ଦର୍ଯ୍ୟ ଜ୍ଞାନ ଦ୍ୱାରା ସେ ସହସ୍ର ପ୍ରକାର ଜଳପାତ୍ର ସୃଷ୍ଟି କରୁଛି। ରେଖା, ରଙ୍ଗ ଓ ବହୁ ଚିତ୍ରରେ ସୁନ୍ଦରର ସାଧନା ଚାଲିଛି। ମାତ୍ର ଏ ସାଧନା, ତୃଷା ନିବାରଣ ପାଇଁ ଅପରିହାର୍ଯ୍ୟ ନୁହେଁ। ପ୍ରୟୋଜନର ବାହାରେ ଯେଉଁ ସୃଷ୍ଟି ରହସ୍ୟ ଜାଗ୍ରତ ରହିଛି। ତାହାରି ସୌନ୍ଦର୍ଯ୍ୟ ସାଧନା—ଆର୍ଟ ସୃଷ୍ଟି।

ମନୁଷ୍ୟ ଜୀବନରେ ସଂଗ୍ରାମ ରହିଛି। ନିରତିଶୟ ବ୍ୟସ୍ତତା ଓ ପରିଶ୍ରମ ମନୁଷ୍ୟକୁ ଅହରହ ଗ୍ରାସ କରୁଛି, କିନ୍ତୁ ଏ ସମସ୍ତ କର୍ମପ୍ରବାହ ଓ ସଂଗ୍ରାମକୁ ପରାସ୍ତ କରି କେଉଁ ଶୁଭ ମୁହୂର୍ତ୍ତରେ ଦେଖା ଦେଇଥିଲା ସୁନ୍ଦରର ସୁବର୍ଣ୍ଣ ରଥଚକ୍ର। ସନ୍ଧ୍ୟା ଓ ପ୍ରଭାତର କମନୀୟ ରମ୍ୟତା ଭିତରେ, ନିମ୍ନ ଶ୍ୟାମଳ ଓ ସବୁଜ ଧରଣୀ ଉପରେ ସେହି ଚକ୍ରର ଉଦ୍‌ଭାସିତ ରେଖାପାତ ହୋଇଯାଇଛି। ଜୀବନର ବନ୍ଧ ପ୍ରକୋଷ୍ଠର ବାତାୟନ ପଥ ବାଟେ ଆସୁଛି ସୁନ୍ଦରର ଆହ୍ୱାନ। ଚକ୍ଷୁ ଉନ୍ମୀଳିତ କରି ମନୁଷ୍ୟ ଦେଖିଲା, କାରାଗାରରେ ନିକ୍ଷିପ୍ତ ଏହି୍ ଶୁଷ୍କ ଜୀବନଟା ସାର୍ଥକ ନୁହେଁ; ଏହାର ଅନ୍ତରାଳରେ, ଏହାର ବହିର୍ଭୂମିରେ, ଏହାର ଚତୁର୍ଦ୍ଦିଗରେ ଆଉ ଗୋଟାଏ ଜୀବନ ଅଛି, ତାହା ବାସ୍ତବରେ ଆର୍ଟକୁ ଉଦ୍‌ବୋଧନ ଦିଏ। ବଞ୍ଚିବାର ଦୁର୍ବାର ସ୍ପୃହା ଭିତରେ ଯେଉଁ ଜୀବନ ତାହା କର୍ମ ଜଗତ୍; କିନ୍ତୁ ଏହି କର୍ମ ଜଗତ୍ ବାହାରେ ଯେଉଁ ଆବେଦନ ବିଘୋଷିତ ହେଉଛି। ତାହାହିଁ "ମାଳଞ୍ଚର ମାଳାକାର" ହେବାର ଆବେଦନ।

ତାହା ହେଲେ ସୌନ୍ଦର୍ଯ୍ୟ-ଶତଦଳ ନିରାଲମ୍ବ ଭାବରେ ଆକାଶରୁ ବିଲମ୍ବିତ। ସଂସ୍ରବ ନାହିଁ, ସହାୟ ନାହିଁ ନିଜେ ନିଜର ବିକାଶର ପଥ ଆବିଷ୍କାର କରି ନିଜେ

ପ୍ରସ୍ଫୁଟିତ। ପଙ୍କରୁ ପ୍ରକାଶ ପାଇ ମଧ୍ୟ ପଙ୍କଜ ପଙ୍କଧର୍ମୀ ନୁହେଁ। ତାହାର ବିକାଶରେ ଯେଉଁ ସ୍ୱଚ୍ଛତା ଓ ମନୋହାରିତା ରହିଛି; ତାହା କ୍ଲିନ୍ନ କଦର୍ମ ଭିତରେ ଜଡ଼ିତ ରହି ମଧ୍ୟ ଦୁର୍ଗନ୍ଧ ପଙ୍କର କୁଶ୍ରୀତାକୁ ବିସର୍ଜନ କରି ଅପରୂପ ସୌନ୍ଦର୍ଯ୍ୟରେ ଆତ୍ମପ୍ରକାଶ କରିଅଛି। ତାହା ପଙ୍କ ମଧ୍ୟରେ ରହି ସୁଦ୍ଧା ଦୂରସ୍ଥିତ ସୂର୍ଯ୍ୟର ଉପାସନା କରିଥାଏ। ଠିକ୍ ସେହିପରି ଆମର ରସ ବା ସୌନ୍ଦର୍ଯ୍ୟ ବୋଧ ବହୁ-ସ୍ଥୁଳ ପ୍ରୟୋଜନ ଭିତରେ ଆବଦ୍ଧ ରହି ଲୋକୋତ୍ତର ରସ-ପଦାର୍ଥକୁ ଗ୍ରହଣ କରୁଛି। ଜୈବିକ ପ୍ରୟୋଜନର ସ୍ଥୁଳ ପରିଧିରେ ରହି ସେ ନିଜର ସ୍ୱତନ୍ତ୍ର ସ୍ୱରୂପ ଓ ଅସୀମ ଦୃଷ୍ଟିକୁ ପ୍ରକାଶ କରେ। ଲୌକିକରୁ ଲୋକୋତ୍ତର ଯାତ୍ରା ଆର୍ଟର ଧର୍ମ।

କିନ୍ତୁ ଏ ତତ୍ତ୍ୱଟିକୁ ଚଳନ୍ତି ଶତାବ୍ଦୀର ବାସ୍ତବପନ୍ଥୀ ମନ ଗ୍ରହଣ କରୁ ନାହିଁ। ଆର୍ଟକୁ ଯଦି ଅଲୌକିକ ବିକାଶ ବୋଲି ଧରାଯାଏ, ତେବେ ବାସ୍ତବ ଜୀବନ ସହିତ ଆର୍ଟର ସମ୍ବନ୍ଧ କେଉଁଠି? ତୁଙ୍ଗ ମେହେରାବି ଉପରେ ଦୋଳାୟମାନ ଶିବିକାରେ ପ୍ରତିଷ୍ଠିତ ଆର୍ଟକୁ ପ୍ରଣାମ କରାଯାଇ ପାରେ। କିନ୍ତୁ ନଗ୍ନ ପୃଥିବୀର ନଗ୍ନ ବାସ୍ତବତା ସହିତ ଏହାର କି ପରିଚୟ ଅଛି? ପ୍ରକୃତି, ଜୀବନର କୌଣସି ବାହୁଲ୍ୟକୁ ସହ୍ୟ କରିପାରେ ନାହିଁ। ଅତିରିକ୍ତ ଆହାର ଅଜୀର୍ଣ୍ଣରୋଗ ଜନ୍ମାଏ। ଅତିରିକ୍ତ ଆଳସ୍ୟ, ଦୁଃଖର କାରଣ ହୁଏ। କାଳଚକ୍ରର କ୍ରମ ବିବର୍ତ୍ତନର ପ୍ରଧାନ କର୍ମ ହେଉଛି, ବାହୁଲ୍ୟ ବର୍ଜନ। ତେଣୁ ମନୁଷ୍ୟର ଜୀବନରେ ଆର୍ଟ ଯଦି ଗୋଟାଏ ଅଧିକା କଥା ବା ବାହୁଲ୍ୟ ହୋଇଥାନ୍ତା, ତେବେ ପ୍ରାକୃତିକ ନିୟମ ଅନୁସରଣ କରି ତାହା ବହୁ ପୂର୍ବରୁ ବର୍ଜିତ ହୋଇ ଯାଇଥାନ୍ତା। କିନ୍ତୁ ଏହା ନିଜେ ବିସ୍ମୃଷ୍ଟ ହୋଇଯିବା ଦୂରେ ଥାଉ। ମନୁଷ୍ୟ ଜୀବନ ସହିତ ଏହା ଅତି ସାନ୍ଦ୍ର ଭାବରେ ସଂଯୁକ୍ତ ହୋଇ ରହିଅଛି। ବରଂ ସ୍ୱତନ୍ତ୍ର ମହାତ୍ମ୍ୟ ଦ୍ୱାରା ଜୀବନରେ ଗଭୀର ଭାବରେ ତାହା ପ୍ରତିଷ୍ଠିତ ହୋଇ ପାରିଛି। ଆର୍ଟରେ ଚରିତାର୍ଥ ନ ହେଲେ, ମନୁଷ୍ୟ ପ୍ରାଣ ଶାନ୍ତ ହୁଏ ନାହିଁ। ଏଥିରୁ ପ୍ରମାଣିତ ହେଉଛି ଯେ, ଆର୍ଟ ମନୁଷ୍ୟ ଜୀବନରେ ବାହୁଲ୍ୟ ନୁହେଁ। ଅପ୍ରୟୋଜନର ସୌନ୍ଦର୍ଯ୍ୟରେ ଏହା ସୁଶୋଭିତ ନୁହେଁ। ବରଂ ଏହାର ପ୍ରୟୋଜନ ଗଭୀରତର ମହତ୍ତର।

ସୌନ୍ଦର୍ଯ୍ୟ-ବୋଧ ବା ରସବୋଧକୁ ଅପ୍ରୟୋଜନର ଆନନ୍ଦ ବୋଲି ବହୁ କଳାକାର ବ୍ୟାଖ୍ୟା କରି ଯାଇଛନ୍ତି। ଏପରି କି ରବୀନ୍ଦ୍ରନାଥ ମଧ୍ୟ ଏହି ପନ୍ଥାର ଅନୁସରଣ କରିବାକୁ ଛାଡ଼ି ନାହାନ୍ତି। କାବ୍ୟରେ ସତ୍ୟ ଓ ବାସ୍ତବ ଜୀବନର ସ୍ପର୍ଶ ଅପେକ୍ଷା ଭାବମୟ ବିଳାସ ପ୍ରାଧାନ୍ୟ ଲାଭ କରିଥାଏ। କବିର କଳ୍ପନା ବିଳାସ ଏଥିପାଇଁ ଦାୟୀ। ଆର୍ଟର ଧର୍ମକୁ ବାସ୍ତବ ଜୀବନ ସହ ଏତେ ଦୂରରେ ସଂସ୍ଥାପିତ କରି ରଖିଲେ, ଜୀବନ ସହିତ ତାହାର ଯୋଗସୂତ୍ର କେଉଁଠାରେ ମିଳିବ? ମନରେ ଗୋଟିଏ ପ୍ରଶ୍ନ ଉଠେ। ଜୀବନରେ

ଯାହା ପ୍ରୟୋଜନ ଯାହା ଅପ୍ରୟୋଜନ, ତାହାର ସୁସ୍ପଷ୍ଟ ସୀମାରେଖା ଅଛି କି? ପ୍ରୟୋଜନ ବୋଇଲେ ଯଦି କେବଳ ବଞ୍ଚି ରହିବାର ଦୈହିକ ସ୍ଥୁଳ ପ୍ରୟୋଜନ ବୁଝାଯାଏ ଓ ଅପ୍ରୟୋଜନ କହିଲେ ଯଦି ପ୍ରୟୋଜନାତିରିକ୍ତ ଯାହା କିଛି ରହିଛି, ତାହା ବୁଝାଯାଏ, ତେବେ ଏ ଦୁଇର ସୀମାରେଖା କିପରି ସ୍ଥିର କରାଯିବ? ଏପରି ବିଭାଗ କରଣୀୟ କି ନୁହେଁ, ତାହା ସେହି ଜଳପାତ୍ର କାହାଣୀରୁ ହୃଦୟଙ୍ଗମ ହୋଇ ପାରିବ।

ମନୁଷ୍ୟର ଜଳତୃଷା ରହିଛି। ସେ ପୁରୀ ସହରର ମରୀଚିକୋଟ ଗଳିର ଅସ୍ୱାସ୍ଥ୍ୟକର ବିପଣୀରୁ ମାଟିପାତ୍ରରେ ଜଳପାନ କରି ତୃଷା ମେଣ୍ଟାଇ ପାରେ, କିମ୍ବା ଗୋଟାଏ ପ୍ରଥମ ଶ୍ରେଣୀୟ ସ୍ୱାସ୍ଥ୍ୟକର ଭୋଜନାଗାରରୁ କାରୁକାର୍ଯ୍ୟମୟ ଚର୍ଚ୍ଚିତ ସୁନ୍ଦର କାଚପାତ୍ରରୁ ଜଳପାନ କରି ତୃଷା ହରଣ ସଙ୍ଗେ ସଙ୍ଗେ ଯେଉଁ ଆନନ୍ଦ ବୋଧତା ବୋଧହୁଏ ସମପରିମାଣରେ ଦୁଇ କ୍ଷେତ୍ରରେ ଉପଲବ୍ଧ ହୋଇନାହିଁ। ଜଳପାତ୍ରର ବିଭିନ୍ନ ଆକୃତି ତୃଷା ନିବାରଣ ପାଇଁ ଅପରିହାର୍ଯ୍ୟ ନ ହୋଇ ପାରେ। ମାତ୍ର ପ୍ରୟୋଜନର ଅତିରିକ୍ତ ଆନନ୍ଦ ଗୋଟିଏ ସୁନ୍ଦର ଚିତ୍ରାଙ୍କିତ ପାତ୍ରରେ ଯେପରି ଅନୁଭୂତ ହୁଏ। ଅନ୍ୟନିକୃଷ୍ଟ ଓ ଅସୁନ୍ଦର ପାତ୍ରରୁ ଜଳଗ୍ରହଣ, ସେତିକି ଆନନ୍ଦ ନ ଦେଇପାରେ। ପୁଣି ଯେଉଁ ପାତ୍ରରେ ଅଭିଶପ୍ତ ରିକ୍‌ସାବାଲା ପାଣି ପିଇ ତୃପ୍ତ ହୋଇପାରେ, ସେହି ପାତ୍ରରୁ ଜଳ ଗ୍ରହଣ କରି ଜଣେ ଧନୀ ମାନୀ ବ୍ୟକ୍ତି ତୃପ୍ତ ହୋଇ ପାରିବ ନାହିଁ। ତେଣୁ ଜଳପାତ୍ରର ଆକୃତି-ସୌନ୍ଦର୍ଯ୍ୟ ସେହି ଧନୀ ବ୍ୟକ୍ତିର ତୃଷା ନିବାରଣ ପକ୍ଷରେ ସହଜରେ ପରିହାର୍ଯ୍ୟ ନୁହେଁ। ସୁତରାଂ ତାହା କେବଳ ଶତଦଳ ଭଳି ଆକାଶରୁ ବିଲମ୍ବିତ, ଏପରି ଭାବିବା ଭ୍ରାନ୍ତିଯୁକ୍ତ। ଜଣେ ମାରୁଆଡ଼ି ବ୍ୟବସାୟୀ ପାଇଁ ଗଳି ଭିତରେ ଗୋଟିଏ ଛୋଟ କୋଠରୀ ବାସସ୍ଥାନ ରୂପରେ ଯଥେଷ୍ଟ। କିନ୍ତୁ ରବୀନ୍ଦ୍ରନାଥଙ୍କର ଜୈବିକ ସତ୍ତାର ଉପଲବ୍‌ଧି ପାଇଁ ସେଭଳି ସ୍ଥାନ ଯଥେଷ୍ଟ ନୁହେଁ। ଶାନ୍ତି ନକେତନ ବା 'ଶ୍ୟାମଳୀ' ମାରୁଆଡ଼ି ବ୍ୟବସାୟୀ ପାଇଁ ହୁଏତ ଅପ୍ରୟୋଜନ, ତେଣୁ ବାହୁଲ୍ୟ। କିନ୍ତୁ ରବୀନ୍ଦ୍ରନାଥଙ୍କ ଜୈବିକ ଧର୍ମର ପ୍ରକାଶ ପାଇଁ ତାହା ଏକାନ୍ତ ଅପରିହାର୍ଯ୍ୟ।

ଭ୍ରାନ୍ତିଟା ବୋଧହୁଏ ଆମ୍ଭମାନଙ୍କ ଧାରଣାରେ ରହି ଯାଇଛି, ଅର୍ଥାତ୍‌, ଜୀବ ହିସାବରେ ଆମ ସମସ୍ତଙ୍କର ଜୈବିକ ସତ୍ତା ଏକ ନୁହେଁ। ମନୁଷ୍ୟର ପ୍ରଧାନ ଦୁଇଟି ଧର୍ମ ଅନ୍ନଧର୍ମ ଓ ପ୍ରାଣଧର୍ମ। ପ୍ରୟୋଜନବୋଧ ଭିତରେ ଏଇ ଦୁଇଟି ଅଭିନ୍ନ ରୂପେ ପରସ୍ପର ଜଡ଼ିତ। ଦୁଇଟି ଭିତରେ ସୀମାରେଖା କାଟି ଦେବା କେବଳ ଅସମୀଚୀନ ନୁହେଁ, ଅସାଧ୍ୟ। ଦେହର କ୍ଷୁଧା ନ ମେଣ୍ଟିଲେ ଯେପରି ଆମେ ବଞ୍ଚି ପାରିବା ନାହିଁ, ମନର କ୍ଷୁଧା ସେହିପରି ତୃପ୍ତ ନ ହେଲେ ଅଥଚ ଦେହର କ୍ଷୁଧା ପ୍ରଶମିତ ହେଲେ ମଧ୍ୟ ଆମେ ବଞ୍ଚିବାକୁ ଅକ୍ଷମ ହେବା।

ପୂର୍ବାଚାର୍ଯ୍ୟଗଣ ଜୀବସତ୍ତା ଭିତରେ ଅନ୍ନମୟ, ପ୍ରାଣମୟ, ମନୋମୟ, ବିଜ୍ଞାନମୟ ଓ ଆନନ୍ଦମୟ କୋଷର କଥା ସ୍ଥିର କରିଛନ୍ତି। ପ୍ରୟୋଜନ, ଅପ୍ରୟୋଜନ ଭେଦରେ ଏହି କୋଷଗୁଡ଼ିକୁ ବିଭାଗ କଲେ ଏହିପରି ହେବ। ଅର୍ଥାତ୍, ଅନ୍ନମୟ ଓ ପ୍ରାଣମୟ କୋଷର ଯାହା ପ୍ରୟୋଜନ, ତାହା ଆମର ପ୍ରୟୋଜନ, ମନୋମୟ, ବିଜ୍ଞାନମୟ ଏବଂ ଆନନ୍ଦମୟ କୋଷର ଯାହା ପ୍ରୟୋଜନ, ତାହା ବାହୁଲ୍ୟ; ଜୈବିକ ବୃତ୍ତି ପ୍ରଶମନ ପାଇଁ ପ୍ରୟୋଜନ ହୋଇପାରେ, ନ ହୋଇପାରେ। ଏପରି ବିଭାଗ କେତେ ଦୂର ଉଚିତ ତାହା ବିଚାର୍ଯ୍ୟ। ସବୁକୋଷର ପ୍ରୟୋଜନ ନ ଥିଲେ, ଜୀବ ସତ୍ତାରେ ତାହାର ପରିକଳ୍ପନା ହୋଇ ନଥାନ୍ତା। ମନେ ହୁଏ ଏହି ପରିକଳ୍ପନାର ତାରତମ୍ୟରେ ପଶୁ ଓ ମନୁଷ୍ୟ ଭିତରେ ତାରତମ୍ୟ ରହିଛି। ପଶୁ କେବଳ ଅନ୍ନମୟ ଓ ପ୍ରାଣମୟ କୋଷର ପ୍ରୟୋଜନ ଘେନି ବ୍ୟସ୍ତ। ସେଇଥିରେ ତାର ଜୀବସତ୍ତାର ମୌଳିକ ପ୍ରବୃତ୍ତି ସମ୍ପୂର୍ଣ୍ଣ ଭାବରେ ପ୍ରଶମିତ ହୋଇଯାଏ।

କିନ୍ତୁ ମନୁଷ୍ୟ ପଶୁ ନୁହେଁ। ମାନବ ଜଗତରେ ଅନ୍ନ ଓ ପ୍ରାଣ ଉପରେ ମନ, ବିଜ୍ଞାନ ଓ ଆନନ୍ଦର ନିତ୍ୟଖେଳା ଚାଲିଛି। ସେଥିପାଇଁ କେବଳ ଅନ୍ନ ଓ ପ୍ରାଣର ପ୍ରୟୋଜନ ପୂରଣ କରି ମନୁଷ୍ୟ ସନ୍ତୁଷ୍ଟ ନୁହେଁ; ମନ, ବିଜ୍ଞାନ ଓ ଆନନ୍ଦର ପରିସ୍ଫୁରଣକୁ ମଧ୍ୟ ସେ ଅପେକ୍ଷା କରେ ଓ ସେଥିରୁ ଆନନ୍ଦ ପାଏ। ଏ କଥା ସତ୍ୟ ଯେ, ସମ ପରିମାଣରେ ସମସ୍ତଙ୍କର ଏହି କୋଷଗୁଡ଼ିକ ଉନ୍ମେଷ ଲାଭ କରି ନଥାଏ। ତେଣୁ ସାଧାରଣ ଲୋକ କେବଳ ଅନ୍ନ ଓ ପ୍ରାଣ ଘେନି ବ୍ୟସ୍ତଥାନ୍ତି।

ମନ, ବିଜ୍ଞାନ ଓ ଆନନ୍ଦର ପ୍ରୟୋଜନ ଘେନି ମନୁଷ୍ୟର ପ୍ରାଣରେ ସକଳ ସୁକୁମାର ବୃତ୍ତି ଜାଗି ଉଠେ। ସୌନ୍ଦର୍ଯ୍ୟ-ବୋଧ, ରସ-ବୋଧ, ଶ୍ରେୟୋବୋଧ— ସମସ୍ତ ହିଁ ଜାଗ୍ରତ ହୁଏ। ଏହିଠାରେ ଆମର ସମଗ୍ର ସତ୍ତା ସହିତ ସାହିତ୍ୟ ଓ କଳା ସୃଷ୍ଟିର ନିବିଡ଼ ସଂଯୋଗ।

କବିର ଭାତଡାଲି ଯେତିକି ପ୍ରୟୋଜନୀୟ, ସାହିତ୍ୟ ସଙ୍ଗୀତ, ଅଙ୍କନ ଓ ନୃତ୍ୟ-ବିଳାସ ବି ସେତିକି ପ୍ରୟୋଜନୀୟ। ନିଜର ଆବାସ ଖଣ୍ଡିକ ଯେତିକି ପ୍ରୟୋଜନ, ଉନ୍ମୁକ୍ତ ଆକାଶ ମଧ୍ୟ ତାର ସେତିକି ପ୍ରୟୋଜନ। ତାହାହେଲେ ଏହି ସାହିତ୍ୟ, ସଙ୍ଗୀତ, ଅଙ୍କନ, ନୃତ୍ୟ-ଗୀତ, ଛାୟା ନିବିଡ଼ ଆବେଷ୍ଟନୀ, ଉଦ୍ୟାନ ଓ ମୁକ୍ତ ଆକାଶ, ମନୁଷ୍ୟର ଜୀବନ ପକ୍ଷରେ କଣ ବାହୁଲ୍ୟ ପଦାର୍ଥ ? ଏମାନଙ୍କର ପ୍ରୟୋଜନ କଣ କିଛିନାହିଁ ? ପାଶବ ସତ୍ତାର ମୋହ-ବନ୍ଧନକୁ ଯଦି କେବଳ ମାତ୍ର ପ୍ରୟୋଜନ ଭାବି ଆମେ ମହତ୍ତର ଆନନ୍ଦମୟ ସତ୍ତାକୁ ଅପ୍ରୟୋଜନ ଭାବୁ, ତେବେ ମନୁଷ୍ୟର ଅସ୍ତିତ୍ୱକୁ ବିରାଟ ଅପମାନ ଦେବା ଛଡ଼ା ଆମେ ଆଉ ବିଶେଷ କଣ କଲୁ ? ସୁତରାଂ ଆର୍ତ୍ତକୁ ଅନ୍ନଜଳ ପ୍ରାୟ

ପ୍ରୟୋଜନୀୟ ପଦାର୍ଥ ରୂପେ ଗ୍ରହଣ କରିବା ବିଧେୟ। ନର୍ଦ୍ଦମା ପଙ୍କରେ ତାକୁ ପଙ୍କିଳ କରିବା ଯେପରି ଉଚିତ ନୁହେଁ, ନିରାଲମ୍ବ ଶୂନ୍ୟରେ ତାକୁ ଅନାତ୍ମୀୟ ଭାବରେ ବିଲମ୍ବିତ କରି ରଖିବା ମଧ୍ୟ ସେହିପରି ଠିକ୍ ନୁହେଁ। କବି ଜୟଦେବ ଜୈବିକ ପ୍ରାଣ ଧାରଣ ପାଇଁ ତଣ୍ଡୁଳ ସଂଗ୍ରହ କରିବାରେ ଅନ୍ୟମନସ୍କ ଥାଇ ଗୀତଗୋବିନ୍ଦ ରଚନାରେ ବ୍ୟାପୃତ ହେବାର ଅର୍ଥ ହେଉଛି, କବିତା ରଚନା ତାହାଙ୍କର ଜୈବିକ ପ୍ରୟୋଜନରେ ରୂପାନ୍ତରିତ ହୋଇ ଯାଇଥିଲା। ଆର୍ଟର କ୍ଷୁତ ପିପାସାକୁ ମନୁଷ୍ୟ ଶାନ୍ତ କରିବା ଉଚିତ। ସୁତରାଂ ଆର୍ଟ କେବଳ ଯେ ଅବବିଳାସ, ତାହା ନୁହେଁ ତାହା ପରମ ଆତ୍ମୀୟ, ଆର୍ଟ କେବଳ ଯେ, "ଆଳସ୍ୟର ସହସ୍ର ସ୍ୱପ୍ନ" ତାହା ନୁହେଁ, ଏହା ଆମର ବାସ୍ତବ ଜୀବନ ସହିତ ନିବିଡ଼ ଭାବରେ ସଂପୃକ୍ତ।

■

ଜୀବନ, ସାହିତ୍ୟ ଓ କଳା

ବାମାଚରଣ ମିତ୍ର

ଉପମା :-

ପୃଥିବୀର ଇତିହାସରେ ତଥା ପୃଥିବୀ ବ୍ୟାପି ସାହିତ୍ୟର ଇତିହାସରେ ଅତି ବିଚିତ୍ର ଅଦ୍ଭୁତ ଏବଂ ଏକମେବ ଦ୍ୱିତୀୟମ୍ ଗୋଟିଏ ଘଟଣା ପ୍ରାୟ ନ'ଶହ ବର୍ଷ ତଳେ ଗୋଟିଏ ଉପମାନର ବ୍ୟାଖ୍ୟାକୁ କେନ୍ଦ୍ର କରି ଦୁଇବ୍ୟକ୍ତିଙ୍କ ମଧ୍ୟରେ ମତାନୈକ୍ୟ ଏପରି ଏକସ୍ତରକୁ ଯାଇଥିଲା ଯହିଁରେ ଜଣେ ଅନ୍ୟଜଣକୁ ହତ୍ୟା କରିବାର ଚକ୍ରାନ୍ତ କଲେ। ସେ ଦୁଇ ବ୍ୟକ୍ତିଙ୍କ ମଧ୍ୟରୁ ଜଣେ ହେଉଛନ୍ତି ପୁଣି ମହାପ୍ରତିଭାଶାଳୀ ଦାର୍ଶନିକ, ବିଶିଷ୍ଟାଦ୍ୱୈତବାଦର ଉଦ୍ଭାବକ ଓ ପ୍ରତିପାଦକ ରାମାନୁଚାର୍ଯ୍ୟ ଏବଂ ଅନ୍ୟଜଣକ ହେଉଛନ୍ତି ତାଙ୍କ ଗୁରୁ ଅଦ୍ୱୈତମତବାଦର ପ୍ରତିପାଦକ, ମହାପଣ୍ଡିତ ଓ ପ୍ରତିଭାଶାଳୀ ଶିକ୍ଷକ ଯାଦବପ୍ରକାଶ।

ବିବାଦୀୟ ଉପମାଟି ଛାନ୍ଦୋଗ୍ୟ ଉପନିଷଦର ପ୍ରଥମ ଅଧ୍ୟାୟର ସପ୍ତମ ଅନୁବାଦରେ ଅଛି—ତସ୍ୟ ଯଥା କପ୍ୟାସଂ ପୁଣ୍ଡରୀକ ମେବମକ୍ଷିଣୀ ତସ୍ୟୋଦିତି ନାମ ସ ଏଷ ସର୍ବେଭ୍ୟଃ ପାପ୍‌ନାଭ୍ୟ ଉଦିତ ଉଦେତି ହ ବୈ ସର୍ବେଭଃ ପାପ୍ମାଭ୍ୟୋ ଯ ଏବଂ ବେଦ।

ତସ୍ୟ ଯଥା କପ୍ୟାସଂ ପୁଣ୍ଡରୀକମ୍ ଏବମ୍ ଅକ୍ଷିଣୀର ବ୍ୟାଖ୍ୟା ଉପରେ ଏ ଦୁଇ ବ୍ୟକ୍ତିଙ୍କ ଭିତରେ ଯେଉଁ ବିବାଦ ହୋଇଥିଲା ତାହା ଶ୍ରୀ ଆର୍. ପାର୍ଥସାରଥୀ ତାଙ୍କର ଇଂରାଜୀ ବହି 'ରାମାନୁଜାଚାର୍ଯ୍ୟ'ରେ (ନ୍ୟାସନାଲ ବୁକ୍ ଟ୍ରଷ୍ଟ, ଇଣ୍ଡିଆ ଦ୍ୱାରା ପ୍ରକାଶିତ ଏବଂ ମୋ ଓ ଶ୍ରୀ ଜୋଆରଦାରଙ୍କ ଦ୍ୱାରା ଓଡ଼ିଆରେ ଅନୂଦିତ) ନିମ୍ନଲିଖିତ ରୂପେ ବର୍ଣ୍ଣନା କରିଛନ୍ତି :-

... ଆଉ ଦିନେ ରାମାନୁଜ ତାଙ୍କ ଗୁରୁଙ୍କୁ ତୈଳମର୍ଦ୍ଦନ କରୁଥିବା ବେଳେ ଗୁରୁ 'ତସ୍ୟ ଯଥା କପ୍ୟାସଂ ପୁଣ୍ଡରୀକମେବମକ୍ଷିଣୀ' ଉପରେ ମନ୍ତବ୍ୟ ଦେଇ କହିଲେ—ବ୍ରହ୍ମର ଆଖି କପି ପୃଷ୍ଠର ଅଧୋଭାଗ ଭଳି। ରାମାନୁଜ ଏ ପ୍ରକାର ବ୍ୟାଖ୍ୟାରେ ଆଘାତ ପାଇଲେ। ତାଙ୍କ ଆଖିରୁ ଅଶ୍ରୁଧାର ବୋହି ଗୁରୁଙ୍କ ଜଙ୍ଘ ଉପରେ ପଡ଼ିଲା। ଗୁରୁଶିଷ୍ୟଙ୍କୁ ଚାହିଁ କାନ୍ଦିବାର କାରଣ ପଚାରିଲେ। ରାମାନୁଜ କେବଳ କହିଲେ 'ଗୁରୁଦେବ, ଆପଣଙ୍କ ବ୍ୟାଖ୍ୟା ପ୍ରମାଦପୂର୍ଣ୍ଣ। ଆପଣଙ୍କ ଉପମା ନିମ୍ନସ୍ତରର ଏବଂ ଅଯୋଗ୍ୟ'। ଯାଦବ କ୍ରୋଧ ଦମନ କରି ନପାରି ଚିତ୍କାର କରି ପଚାରିଲେ 'ତେବେ ଯଥାର୍ଥ ଅର୍ଥଟି କଅଣ?' ରାମାନୁଜ ଉତ୍ତର ଦେଲେ 'ଗୁରୁଦେବ, କପ୍ୟାସଂର ଅର୍ଥ-ସୂର୍ଯ୍ୟଙ୍କ ଦ୍ୱାରା ପ୍ରସ୍ଫୁଟିତ ଓ ପୁଣ୍ଡରୀକ—ମାନେ ପଦ୍ମ। ତେଣୁ ବାକ୍ୟଟିର ଏକମାତ୍ର ଅର୍ଥ ହେଉଚି—ଭଗବାନଙ୍କ ଚକ୍ଷୁ ପ୍ରଭାତ ସୂର୍ଯ୍ୟ ଦ୍ୱାରା ପ୍ରସ୍ଫୁଟିତ ପଦ୍ମ ପରି। ଯାଦବ ଅତୀବ କ୍ରୋଧାନ୍ୱିତ ହୋଇ କହିଲେ 'ଯଦି ମୋର ଶିକ୍ଷାଦାନ ତୁମର ମନଃପୂତ ନ ହୁଏ ତୁମେ ମୋତେ ତ୍ୟାଗ କରିପାର।...

ଉପର୍ଯ୍ୟୁକ୍ତ ଘଟଣା ପୂର୍ବରୁ ବହୁଥର ଗୁରୁ ଯାଦବ ପ୍ରକାଶଙ୍କ ଉପନିଷଦ ବ୍ୟାଖ୍ୟା ସହ ଶିଷ୍ୟରାମାନୁଜ ଏକମତ ହୋଇପାରି ନଥିଲେ। 'ତସ୍ୟ ଯଥା କପ୍ୟାସଂ...'ରେ ଥିବା ଉପମାର ବ୍ୟାଖ୍ୟାକୁ କେନ୍ଦ୍ର କରି ଗୁରୁଶିଷ୍ୟଙ୍କ ମଧ୍ୟରେ ମତଭେଦ ଚରମକୁ ଗଲା। ରାମାନୁଜ ଦିନେ ଅଦ୍ୱୈତମତବାଦର ଘୋର ଶତ୍ରୁ ହେବେ ଜାଣିପାରି ଗୁରୁ ମନସ୍ଥ କଲେ ଯେ ଏହି ପ୍ରତିଭାଶାଳୀ ଶିଷ୍ୟକୁ ଭୂପୃଷ୍ଠରୁ ଚିରଦିନ ପାଇଁ ବିଦାୟ ଦେବାକୁ ପଡ଼ିବ। ସେ ଓ ତାଙ୍କର ଆଉ ଦୁଇଜଣ ଶିଷ୍ୟ ଚକ୍ରାନ୍ତ କଲେ ଯେ ତୀର୍ଥ ପର୍ଯ୍ୟଟନକୁ ଯିବା ବାହାନାରେ ରାମାନୁଜଙ୍କୁ ନେଇଯାଇ ବାଟରେ ହତ୍ୟା କରାଯିବ। ସମସ୍ତେ ତୀର୍ଥ ଯାତ୍ରା କଲେ; କିନ୍ତୁ ବାଟରେ ରାମାନୁଜ ଚକ୍ରାନ୍ତ କଥା ଜାଣିପାରି ଖସି ପଳାଇଯାଇ ଜୀବନ ରକ୍ଷା କଲେ।

ଉପନିଷତ୍‌ର ଟୀକାକାର ଓ ଭାଷ୍ୟକାରମାନେ ଉପର୍ଯ୍ୟୁକ୍ତ ସପ୍ତମ ଅନୁବାକ୍‌ର ବ୍ୟାଖ୍ୟା ଏହିପରି କରିଛନ୍ତି—ପୁଣ୍ଡରୀକ (ପଦ୍ମ) ଯେପରି କପି ପୃଷ୍ଠର ଅଧୋଭାଗ (କପ୍ୟାସଂ = କପି + ଆସଂ = ବାନର ପୁଚ୍ଛର ନିମ୍ନଭାଗ = ମାଙ୍କଡ଼ର, ବିଶେଷତଃ ପାତି ମାଙ୍କଡ଼ର, ପିଚା) ଭଳି ଆରକ୍ତିମ ତାଙ୍କର (ଷଷ୍ଠ ଅନୁବାକ୍‌ରେ କୁହା ହୋଇଥିବା ପୁରୁଷଙ୍କର ଆଦିତ୍ୟଙ୍କ ଅଭ୍ୟନ୍ତରରେ ଯେଉଁ ପୁରୁଷ ଦୃଷ୍ଟି ହୁଅନ୍ତି, ଯିଏ ହରଣମୟ ହିରଣ୍ୟଶ୍ମଶ୍ରୁ ହିରଣ୍ୟକେଶ, ଯାହାଙ୍କ ନଖାଗ୍ରରୁ ସମୁଦାୟ ଅଙ୍ଗ ସୁବର୍ଣ୍ଣମୟ, ତାଙ୍କର) ଚକ୍ଷୁ ଦୁଇଟି ସେହିପରି ଆରକ୍ତିମ (ଅର୍ଥାତ୍, ପ୍ରଭାତ ସୂର୍ଯ୍ୟର ରକ୍ତିମା ଭଳି)। ତାଙ୍କର ନାମ 'ଉତ୍', କାରଣ ସେ ସମୁଦାୟ ପାପରୁ ଉତ୍‌ଥିତ ହୋଇଛନ୍ତି। ଯେ ଏହି ପ୍ରକାର ଜାଣେ ସେ ସେହି ପ୍ରକାର ପାପରୁ ଉତ୍ତୀର୍ଣ୍ଣ ହୁଏ।

ଏ ଦୁଇବ୍ୟକ୍ତିଙ୍କ ଭିତରେ ଅଭୂତପୂର୍ବ ବିବାଦ ଓ ସେଇ ସଂକ୍ରାନ୍ତରେ ଉପମା ବିଷୟରେ ଆଲୋଚନା କରିବା ପୂର୍ବରୁ ବେଦାନ୍ତ ବା ଉପନିଷତ୍‌ର ଦର୍ଶନ ଶଙ୍କରଙ୍କ ଅଦ୍ୱୈତ ଓ ମାୟାବାଦ ଏବଂ ବୈଷ୍ଣବ ଧର୍ମର ବିଭିନ୍ନ ମତବାଦ ବିଷୟରେ ମୋଟାମୋଟି ଗୋଟାଏ ଧାରଣା କରିବାକୁ ପଡ଼ିବ।

ସାଧାରଣତଃ ଉପନିଷତ୍‌ର ସଂଖ୍ୟା ୧୦୮ ବୋଲି କୁହାଯାଏ। (କଠ, କେନ, ପ୍ରଶ୍ନ, ଛାନ୍ଦୋଗ୍ୟ, ମୁଣ୍ଡକ, ତୈତ୍ତିରୀୟ, ଶ୍ୱେତାଶ୍ୱତର ଇତ୍ୟାଦି)। ଏ ସବୁ କୌଣସି ଏକ ସମୟରେ ବା ଜଣକ ଦ୍ୱାରା ସୃଷ୍ଟି ନୁହେଁ। ଐତରେୟ, ରୈଦ୍ୱ, ସାଣ୍ଡିଲ୍ୟ, ଜାବାଳ, ଜୈବାଳୀ, ଉଦ୍ଦାଳକ, ଶ୍ୱେତକେତୁ, ଗାର୍ଗୀ, ମୈତ୍ରେୟୀ ପ୍ରଭୃତି ଋଷି ଓ ଦ୍ରଷ୍ଟାଗଣ ବିଭିନ୍ନ ସମୟରେ ବିଭିନ୍ନ ଉପନିଷତ୍ ସୃଷ୍ଟି କରିଛନ୍ତି। ସମସ୍ତ ସୃଷ୍ଟି କାଳ ଖ୍ରୀ:ପୂ ୧୦୦୦ରୁ ଖ୍ରୀ:ପୂ ୩୦୦ ବୋଲି ସାଧାରଣତଃ ସ୍ୱୀକାର କରିଯାଏ। ଉପନିଷତ୍‌ର ଅନ୍ୟ ନାମ ବେଦାନ୍ତ; କାରଣ ଏହା ବେଦର ଶେଷ, ଅର୍ଥାତ୍ ସମସ୍ତ ବେଦର ନିର୍ଯ୍ୟାସ; କିନ୍ତୁ ତା'ବୋଲି ଏହା ବେଦ ଉପରେ ନିର୍ଭରଶୀଳ ନୁହେଁ। ବେଦଠାରୁ ଏହା ସ୍ୱତନ୍ତ୍ର ଏବଂ ଅନେକ ସ୍ଥଳରେ ବେଦ ବିରୋଧୀ।

ବେଦରେ କୌଣସି ନିର୍ଦ୍ଦିଷ୍ଟ ଦର୍ଶନ ବା ଚିନ୍ତା ଏବଂ ତୀବ୍ର ଜିଜ୍ଞାସା ନ ଥିଲେ ହେଁ ଅଛି ସ୍ୱତଃ ସ୍ଫୂର୍ତ୍ତି ଓ ଆନନ୍ଦ; କିନ୍ତୁ ଉପନିଷତ୍ ବେଳକୁ ଜିଜ୍ଞାସା ଅନେକ ଓ ତୀବ୍ର ହେଲାଣି ଏବଂ ସେଥିପାଇଁ ଅସନ୍ତୋଷ ଓ ବିଷାଦ ଯାହାକୁ କହନ୍ତି (Spiritual discontent) ଦେଖା ଦେଲାଣି। ନାନା ଦାର୍ଶନିକ ଚିନ୍ତା ଓ କଳ୍ପନା ଦେଖା ଦେଲାଣି। ତେଣୁ ଉପନିଷତ୍ ସବୁର ମୂଳ ଦର୍ଶନ କଅଣ କହିହେବ ନାହିଁ। ତେବେ ମୋଟାମୋଟି କହିଲେ, ସୋଽହଂ ଅହଂ ବ୍ରହ୍ମସ୍ମି, ତତ୍ ତ୍ୱମ୍ ଅସି, ଏ ହେଲା ସବୁ ଉପନିଷତତ୍‌ର କଳ୍ପନା। ଚରମ ସତ୍ୟ କଅଣ ? ଏହି ହେଲା ସବୁ ଉପନିଷତ୍‌ର ଜିଜ୍ଞାସା। ଉପନିଷତ୍‌ର ଋଷିମାନେ ଗୋଟିଏ ମୌଳିକ ବାସ୍ତବତା ଆଡ଼କୁ ମୁହାଁଇଛନ୍ତି। ତାହା ହେଉଛି, (ସତ୍ ସ୍ଥିତିର ଅସୀମତ୍ୱ—Infinite existence), ଚିତ୍ (ଅନାପେକ୍ଷିକ ବାସ୍ତବତା—Absolute reality), ଏବଂ ଆନନ୍ଦ (ଅନାପେକ୍ଷିକ ଆନନ୍ଦ—Absolute delight)। ସେଇ ଅନାପେକ୍ଷିକ ବାସ୍ତବଟି ହେଉଚି, କର୍ତ୍ତା ଓ କର୍ମ (Subject and predicate) ଉଭୟ, ଅସୀମ ଓ ସସୀମ ଉଭୟ, ଅନ୍ତର୍ନିହିତ ଓ ଅତିକ୍ରାନ୍ତ (Immanent and transcendent) ଉଭୟ, ଉଦ୍ଦେଶ୍ୟ ଓ ପନ୍ଥା ଉଭୟ, ଯେ କୌଣସି ଚିନ୍ତା ବା ଭାବ ଏବଂ ତାର ବିରୋଧୀ ଚିନ୍ତା ବା ଭାବ ଉଭୟ, ଜ୍ଞାତା ଓ ଜ୍ଞାନ ଉଭୟ, ଐକ୍ୟ (Unity) ଏବଂ ବିଭିନ୍ନ (Dlvision) ଉଭୟ, ଏକା ସାଙ୍ଗରେ ଏବଂ ଓତପ୍ରୋତ ଭାବରେ। ଅନାପେକ୍ଷିକ ମୌଳିକ ବାସ୍ତବଟି ସତ୍ୟନୁହେଁ କି ମିଥ୍ୟା ନୁହେଁ। ପୁରୁଷ ଓ

ପ୍ରକୃତି ଦୁଇଟି ସମ୍ପୂର୍ଣ୍ଣ ଭିନ୍ନ ତତ୍ତ୍ୱବୋଲି ସଂଖ୍ୟାର ମତକୁ ବେଦାନ୍ତ ଗ୍ରହଣ କରେନାହିଁ। ବେଦାନ୍ତ ମତରେ ବସ୍ତୁହିଁ ବ୍ରହ୍ମ। ସବୁ ବ୍ରହ୍ମ। ଶରୀର ଭିତରେ ଥିବା ନାନାପ୍ରକାର ଜୀବାଣୁ, ନାଡ଼ି-ଭୂଡ଼ି, ଅଙ୍ଗ-ପ୍ରତ୍ୟଙ୍ଗ ନାନାପ୍ରକାର ଭାବସବୁ ମିଶି ଯେମିତି ମଣିଷ ସେମିତି।

କୁହା ହୋଇଚି, ବେଦାନ୍ତରେ କୌଣସି ପ୍ରଣାଳୀବଦ୍ଧ (systematic) ଚିନ୍ତା ନଥିଲା। ଚିନ୍ତା ସେତେବେଳେ ମାତ୍ର ଦାନା ବାନ୍ଧି ଆସୁଥିଲା। ତେଣୁ ଥିଲା ଅସ୍ପଷ୍ଟ କଳ୍ପନା। ଜିଜ୍ଞାସା ତୀବ୍ର ଏବଂ ସ୍ପଷ୍ଟ; କିନ୍ତୁ ଉତ୍ତର ଅସ୍ପଷ୍ଟ ଏବଂ ଅଡୁଆ ତଡୁଆ; କିନ୍ତୁ ଆଶ୍ଚର୍ଯ୍ୟର କଥା, ଏହାପରେ ଯେତେ ସବୁ ପ୍ରଣାଳୀ ବଦ୍ଧ ଯୁକ୍ତି ସମର୍ଥିତ ଦର୍ଶନ ବାହାରିଲା ସମସ୍ତେ ଏଇ ବେଦାନ୍ତରୁ ନିଜ ନିଜ ମତର ସମର୍ଥନ ପାଇଁ ବ୍ୟଗ୍ରହୋଇ ସେ ଦିଗରେ ଚେଷ୍ଟିତ ହେଲେ।

ଶଙ୍କର (ଜୀବନକାଳ ୭୮୮ ଖ୍ରୀ: ଅ: ରୁ ୮୨୦ ଖ୍ରୀ: ଅ: ମାତ୍ର ୩୨ ବର୍ଷ !) ଯେଉଁ ଅଦ୍ୱୈତ ବାଦ ଓ ମାୟାବାଦ ପ୍ରତିଷ୍ଠା କଲେ ସେଥିପାଇଁ ସେ ବେଦାନ୍ତରୁ ସମର୍ଥନ ଖୋଜିଲେ। ଶଙ୍କର 'ବ୍ରହ୍ମସୂତ୍ର'ର ଯେଉଁ ଭାଷ୍ୟଲେଖି ଯାଇଛନ୍ତି ସେଥିରେ ସେ ବସ୍ତୁର ବାହ୍ୟ ବିଭିନ୍ନତାକୁ ମାୟା ବୋଲି ପ୍ରମାଣ କରି ବ୍ରହ୍ମ ଅଦ୍ୱୈତ୍ୟ ବୋଲି ପ୍ରମାଣ କରିଛନ୍ତି। ଆମେ ଯେ ନାନାପ୍ରକାର ବସ୍ତୁ, ପ୍ରାଣୀ ଭାବ ଆଦି ଦେଖୁଛୁ ତାହା କେବଳ ଭ୍ରମ, ମାୟର (illusion)—ଯାହା ଆମ ଅବିଦ୍ୟାରୁ ଜାତ। ସମସ୍ତଙ୍କର ମୂଳରୂପଟି ହେଉଚି ବ୍ରହ୍ମ ଏବଂ ସେ ବ୍ରହ୍ମରେ କୌଣସି ପରସ୍ପର ବିରୋଧୀ କଥା ରହିପାରେନା ଏଇଠି ସେ ବେଦାନ୍ତ ଠାରୁ ଭିନ୍ନମତ ପୋଷଣ କଲେ)। ଆମେ ଅବିଦ୍ୟା ହେତୁରୁ ବ୍ରହ୍ମକୁ ଜାଣିପାରୁନା ବୋଲି ବାହ୍ୟ ବିଭିନ୍ନତା ଏକ ସତ୍ୟ ବୋଲି ଧାରଣା ଉପୁଜୁଛି। ସମସ୍ତଙ୍କର ମୂଳଯେ ଏକ ବ୍ରହ୍ମ ତାହା ଜାଣିଲେ ଏ ମାୟା ଚାଲିଯିବ। ଏ ବ୍ରହ୍ମ ନିରାକାର ନିର୍ଗୁଣ। ଏ ମତ ସମସ୍ତ ଭାରତରେ ଅଖଣ୍ଡ ପ୍ରଭାବ ବିସ୍ତାର କଲା।

ଆଇନଷ୍ଟାଇନ୍‌ଙ୍କ ଆପେକ୍ଷିକବାଦ (Theory of relativity) ଏ ବିଷୟରେ ଆଲୋକପାତ କରିପାରେ। ଆପେକ୍ଷିକବାଦ ଅନୁସାରେ ସବୁ ବସ୍ତୁର ମୂଳରୂପ ହେଉଚି ଶକ୍ତି। ଯେ କୌଣସି ବସ୍ତୁକୁ ଭାଙ୍ଗି ଭାଙ୍ଗି ପରମାଣୁ ପର୍ଯ୍ୟନ୍ତ ଯାଇ ପୁଣି ତାକୁ ଭାଙ୍ଗିଲେ ଶକ୍ତିରେ ପରିଣତ ହେବ ଏବଂ ଶକ୍ତି ଧୀରେଧୀରେ ଜଡ଼ିଭୂତ ହେଲେ ବିଭିନ୍ନ ବସ୍ତୁରେ ପରିଣତ ହେବ। ସେ ଶକ୍ତି ସସସ୍ତ ବିଶ୍ୱବ୍ୟାପି, ଅସୀମ, ନିରାକାର, ନିର୍ଗୁଣ ବସ୍ତୁରେ ପରିଣତ ହେଲେ ଯାଇ ତାହାର ଆକାର ଗୁଣ ପ୍ରକାଶପାଏ, ଶକ୍ତି (energy) ଓ ବସ୍ତୁ (matter)କୁ ଦୁଇଟି ଭିନ୍ନକଥା ଭାବିବା ତେଣୁ କେବଳ ଭ୍ରମ। ଆଇନଷ୍ଟାଇନ୍ ଅଙ୍କ କଷି ଦେଖାଇ ଦେଲେ କେତେ ପରିମାଣର ବସ୍ତୁ କେତେ ଶକ୍ତିରେ ପରିଣତ ହେବ।

ସେ ହେଲେ ଆଧୁନିକ ପରମାଣୁ ଯୁଗର ଜନ୍ମଦାତା। ତାଙ୍କର ଆପେକ୍ଷିକ ବାଦ କେବଳ ବିଜ୍ଞାନ ଜଗତରେ ନୁହେଁ, ଦର୍ଶନ ଜଗତରେ ମଧ୍ୟ ମହା ଓଲଟ ପାଲଟ ସୃଷ୍ଟି କଲା।

ଶଙ୍କରଙ୍କ ମାୟାବାଦ କିନ୍ତୁ ଜନସାଧାରଣ ପାଇଁ ନାନା ବ୍ୟଭିଚାରର ଦ୍ୱାର ଉନ୍ମୁକ୍ତ କରିଦେଲା। ଲୋକେ 'ହ୍ୟାପ ସବୁ ମାୟା ମ' (ମାୟାର ଲୌକିକ ଅର୍ଥ) କହି କୌଣସି ନୀତିଶୃଙ୍ଖଳା ନ ରଖି ନାନା ବ୍ୟଭିଚାରରେ ମାତିଲେ। ସମାଜ ବିପର୍ଯ୍ୟସ୍ତ ହେଲା।

ଏହି ସମୟରେ ରାମାନୁଜ ଅବତୀର୍ଣ୍ଣ ହେଲେ (ଜୀବନକାଳ ୧୦୧୭ ଖ୍ରୀ:ଅ:ରୁ ୧୧୩୭ ଖ୍ରୀ: ଅ:—୧୨୦ ବର୍ଷ!) ସେ ମଧ୍ୟ 'ବ୍ରହ୍ମସୂତ୍ର'ର ଭାଷ୍ୟଲେଖି ଶଙ୍କରଙ୍କ ଅଦ୍ୱୈତବାଦ ତଥା ମାୟାବାଦକୁ ଖଣ୍ଡନ କରି 'ବିଶିଷ୍ଟ ଦ୍ୱୈତ' ମତବାଦ ପ୍ରତିଷ୍ଠା କଲେ। ଏହା ମଧ୍ୟ ସେହି ଉପନିଷତ୍‌ରୁ ସମର୍ଥନ ଆହରଣ କରିଛି। ସମଗ୍ର ଭାରତରେ ଏହା ବିସ୍ତାର ଲାଭକଲା। ଅଦ୍ୱୈତବାଦ ଓ ମାୟାବାଦର ପ୍ରଭାବ ଯଥେଷ୍ଟ ମ୍ଳାନ ହୋଇଗଲା। ବସ୍ତୁତଃ ଏହା ଏକ ଐତିହାସିକ ଘଟଣା ହୋଇ କେବଳ ରହିଲା। ବିଶିଷ୍ଟାଦ୍ୱୈତର ଅର୍ଥ —ବ୍ରହ୍ମା ବା ଭଗବାନ ଅଦ୍ୱିତୀୟ, ନିରାକାର, ନିର୍ଗୁଣ ହେଲେହେଁ ଗୁଣମାନଙ୍କ ଦ୍ୱାରା ବିଶେଷିତ ବା ବିଶିଷ୍ଟ ହୁଅନ୍ତି। ଭଗବାନଙ୍କ ନିରାକାରର, ନିର୍ଗୁଣତ୍ୱ, ଯେମିତି ବାସ୍ତବ, ତାଙ୍କର ସକାରତ୍ୱ ସଗୁଣତ୍ୱ ମଧ୍ୟ ସେମିତି ବାସ୍ତବ। ସେମିତି ଭଗବାନଙ୍କ ସ୍ଥାଣୁତ୍ୱ ଓ ଗତିଶୀଳତ୍ୱ, ଐକ ଓ ବିଭିନ୍ନତା ଇତ୍ୟାଦି ବାସ୍ତବ। ଏକ କଥାରେ ଭଗବାନଙ୍କ ଐଶ୍ୱର୍ଯ୍ୟ ଓ ମାଧୁର୍ଯ୍ୟ ଦୁଇଟି ଯାକ ବାସ୍ତବ। ଉପନିଷତ୍ ଠାରୁ ଏ ମତିର ପାର୍ଥକ୍ୟ ଅତିସୂକ୍ଷ୍ମ କିନ୍ତୁ ଗୁରୁତର ବୋଲି ମନେହୁଏ। ଉପନିଷତ୍ ମାନଙ୍କରୁ ଯାହା ଜଣାପଡ଼େ, ବ୍ରହ୍ମଙ୍କ ଠାରେ ପରସ୍ପର ବିରୋଧୀ କଥାମାନ ଓତପ୍ରୋତ ଭାବରେ ଜଡ଼ିତ ହୋଇଅଛି। କାରଣ, ଏ ଦୁଇ ମିଶି ବ୍ରହ୍ମ; ଯେହେତୁ ସମଗ୍ର ବିଶ୍ୱହିଁ ବ୍ରହ୍ମ। ଯେମିତି ମଣିଷ ବୋଇଲେ ତା'ଭିତରେ ଥିବା ପରସ୍ପର ବିରୋଧୀ କଥାମାନ, କିନ୍ତୁ ରାମାନୁଜଙ୍କ ମତରେ ଏ ଦୁହେଁ ଭଗବାନ ହେଲେ ହେଁ ଅଲଗା ଅଲଗା ଭାବେ ବାସ୍ତବ, ଯଦିଓ ଏକ ଅନ୍ୟର ପରିପୂରକ ଏବଂ ପରସ୍ପର ମଧ୍ୟରେ ଅଦଳ ବଦଳ (inter change) ହୋଇପାରେ। ସାଧନା ଦ୍ୱାରା ଜୀବ ବିଶେଷ ଗୁଣର ଦେବତ୍ୱର ଗୁଣ-ଦୟା ଆଦି) ଅଧିକାରୀ ହୋଇପାରେ ଏବଂ ଭଗବାନ୍ ହୋଇପାରେ।

ବସ୍ତୁର ବିଭିନ୍ନତାକୁ ବାସ୍ତବ ବୋଲି ସ୍ୱୀକାର କରିବାରୁ ସେ ନୀତି, ନିୟମ, ଶୃଙ୍ଖଳା, ଦୟା, ଭକ୍ତି ଆଦି ଉପରେ ପ୍ରାଧାନ୍ୟ ଦେଲେ। ବସ୍ତୁ ବା ପ୍ରାଣୀର ବିଭିନ୍ନତା ସ୍ୱୀକାର କରିବା ମାତ୍ରେ ଶ୍ରେଣୀ, ଗୋଷ୍ଠୀ ବା ସମାଜ ସ୍ୱୀକାର କରିବାକୁ ପଡ଼ିବ ଏବଂ ତେଣୁ ନୀତି, ନିୟମ, ଶୃଙ୍ଖଳା ଆଦି ସ୍ୱୀକାର କରିବାକୁ ପଡ଼ିବ ଏବଂ ତା ସହିତ

ସ୍ୱୀକାର କରିବାକୁ ପଡ଼ିବ କ୍ରମବିକାଶ (ଦେବତ୍ୱ) ପାଇଁ ସେବା, ଦୟା, ଭକ୍ତି ଆଦି ଗୁଣକୁ। ମୋଟ ଉପରେ ବିଭିନ୍ନତାର ଜଗତରେ ନୀତି (Morality) ହେଲା ମୂଳକଥା; କିନ୍ତୁ ମୌଳିକ ଅନାପେକ୍ଷିକ ବାସ୍ତବକୁ ଧଇଲେ ବା ଆଧାତ୍ମିକ (Spiritual) ଜଗତରେ ନୀତି କଅଣ ଅନୀତି ବା କଅଣ, ବାଟ କିଏ ଅବାଟ କିଏ! ସବୁ ଏକ କାର! ବିଶିଷ୍ଟଦ୍ୱୈତ ମତବାଦ ପ୍ରଭାବ ବିସ୍ତାର କରିବା ପରେ ତେଣୁ ସାଧାରଣ ସମାଜ ଗୋଟାଏ ବାଟକୁ ଆସିଲା। ରାମାନୁଜ ଭଗବାନଙ୍କ ଐଶ୍ୱର୍ଯ୍ୟ, ନିର୍ଗୁଣତ୍ୱ ନିରାକାରତ୍ୱ ସ୍ୱୀକାର କଲେ ହେଁ ଏକଥା ନିଃସନ୍ଦେହରେ କୁହାଯିବ ଯେ ସେ ମାଧୁର୍ଯ୍ୟ ସଗୁଣତ୍ୱ ଓ ବିଭିନ୍ନତା ଉପରେ ବିଶେଷ ପ୍ରାଧାନ୍ୟ ଦେଇଥିଲେ।

କାଳକ୍ରମେ ଏହି ମତବାଦ ଗୋଟାଏ ଦେବତା-ମଣିଷ ଗୋଷ୍ଠୀ ସୃଷ୍ଟି କଲା ଯେଉଁମାନେ ନିଜକୁ ସାଧାରଣ ଠାରୁ ଉଚ୍ଚତର ଜୀବବୋଲି ଭାବି ସୁଖ ସୁବିଧା ହାସଲ କଲେ। ଏହି ସମୟରେ ଅବତୀର୍ଣ୍ଣ ହେଲେ ମାଧ୍ୱାଚାର୍ଯ୍ୟ [ଜନ୍ମ ୧୧୯୯ ଖ୍ରୀ:ଅ:] ଉପନିଷତ୍‌ରୁ ସମର୍ଥନ ଆହରଣ କରି ସେ ଯେଉଁ ମତବାଦ ସୃଷ୍ଟି କଲେ ତାହା ହେଉଛି ଦ୍ୱୈତବାଦ। ଏ ମତ ଅନୁସାରେ ଭଗବାନ ଓ ତାଙ୍କ ସୃଷ୍ଟି କଦାପି ଅଦ୍ୱୈତ ହୋଇ ନ ପାରନ୍ତି। ସେମାନେ ଦ୍ୱୈତ। ଦୃଶ୍ୟମାନ ବିଭିନ୍ନତା ବାସ୍ତବ ଓ ସତ୍ୟ କେବଳ ନୁହନ୍ତି, ଭଗବାନଙ୍କ ଠାରୁ ଭିନ୍ନ ଏବଂ ଚିରକାଳ ପାଇଁ ଭିନ୍ନ। ଜୀବ କେବଳ ଭକ୍ତ ହୋଇ ପାରେ ସିନା, ଭଗବାନ ହୋଇ ପାରେନା। ଏ ବିଶ୍ୱ ଭଗବାନ୍ ନହେଁ, ଭଗବାନଙ୍କ ସୃଷ୍ଟିମାତ୍ର। ଭକ୍ତ ଓ ଭଗବାନ, ସୃଷ୍ଟି ଓ ସ୍ରଷ୍ଟା, ବସ୍ତୁ ଓ ମୂଳଶକ୍ତି, ଜୀବାତ୍ମା ଓ ପରମାତ୍ମା କଦାପି ଅଦ୍ୱୈତ ହୋଇ ନପାରନ୍ତି। ଦୁହେଁ ଯେତେ ନିକଟବର୍ତ୍ତୀ ହୁଅନ୍ତୁନା କାହିଁକି, ଦୁହିଁଙ୍କ ଭିତରେ ପାର୍ଥକ୍ୟ ନିଶ୍ଚୟ ରହିବ। ବସ୍ତୁ ଶକ୍ତିରେ ପରିଣତ ହୋଇପାରେ; କିନ୍ତୁ ସେ ଶକ୍ତି ତ ଆଉ ଭଗବାନ୍ ନୁହେଁ, ଭଗବାନଙ୍କ ଏକ ସୃଷ୍ଟି ମାତ୍ର। (ଏ ଯୁକ୍ତି Fallacy of infinity regress—ଅଶେଷ ପଛଘୁଞ୍ଚା ପଡୁନାହିଁତ ? ତାକୁ ସୃଷ୍ଟି କଲା କିଏ ? ତାକୁ ଯେ ସୃଷ୍ଟି କଲା ତାକୁ ସୃଷ୍ଟି କଲା କିଏ ? ଏମିତି ପଛକୁ ପଛକୁ ଯିବା।)

ପଦୋନ୍ନତି (Promotion)ର ଆଉ ଆଶା ନ ଥିଲେ ଚାକିରିଆ (ଦ୍ୱୈତବାଦ ଅନୁସାରେ, ଆମେ ସବୁ ଭଗବାନଙ୍କ ଚାକର) ଯେପରି ହତାଶ ହୋଇଯାଏ ଏବଂ କାମରେ ଆଉ ମନ ନଦେଇ ଠକାଏ, ଦ୍ୱୈତବାଦ ସେମିତି ଏକ ହତାଶା ସୃଷ୍ଟି କଲା ଜନସାଧାରଣଙ୍କ ମଧ୍ୟରେ। ଯେଉଁ ନ୍ୟସ୍ତ-ସ୍ୱାର୍ଥ ଲୋକେ ଦେବତା-ମଣିଷ ହୋଇ ବସିଥିଲେ ସେମାନ ମଧ୍ୟ ଭୟ ପାଇଲେ। ଏହି ସମୟରେ ଅବତୀର୍ଣ୍ଣ ହେଲେ ଶ୍ରୀ ଚୈତନ୍ୟ (ଜୀବନକାଳ-୧୪୮୫ ଖ୍ରୀ: ଅ: ରୁ ୧୫୪୩ ଖ୍ରୀ: ଅ: ଏବଂ ତା' ମଧ୍ୟରୁ ଶେଷ ଅଠର ବର୍ଷ ପୁରୀରେ। ସେ ଯେଉଁ ମତବାଦ ପ୍ରତିଷ୍ଠା କଲେ ତାହାହେଉଛି

'ଅଚିନ୍ତ୍ୟ ଭେଦାଭେଦ' ବା 'ଅଚିନ୍ତ୍ୟ ଦ୍ୱୈତାଦ୍ୱୈତ' ଭେଦ+ଅଭେଦ, ଦ୍ୱୈତ+ଅଦ୍ୱୈତ, (In-comprehensible difference-non-difference) ତତ୍ତ୍ୱ। ଭଗବାନ୍ ଓ ବସ୍ତୁ ଜୀବ ଆଦି ଦୁଇ ସମାନ୍ତରାଳ ରେଖାରେ ଗତି କରୁଥିଲେ ହେଁ ଅଚିନ୍ତନୀୟ ଭାବରେ ଅନନ୍ତକାଳର କୌଣସି ଏକ ବିନ୍ଦୁରେ ମିଳିତ ହୁଅନ୍ତି। କ୍ରମବିକାଶର ଶେଷ ବିନ୍ଦୁକୁ ଗଲେ ଜୀବ ମୋକ୍ଷ ପାଇପାରେ। ତାହାର ପ୍ରେମ ଓ ଭକ୍ତି ଏ କ୍ରମବିକାଶର ମୂଳଶକ୍ତି। ଏହି ଜନ୍ମପରେ ବା ବହୁଜନ୍ମ ପରେ ଭ୍ରମିତେ ଭ୍ରମିତେ ଜୀବ କୃଷ୍ଣ କୃପା କରେ। ଶ୍ରୀ ଚୈତନ୍ୟଙ୍କ ତତ୍ତ୍ୱ ମଧ୍ୟ ଉପନିଷତ୍ ଉପରେ ପ୍ରତିଷ୍ଠିତ।

ବୈଷ୍ଣବମାନଙ୍କର ଏସବୁ ମତ ଲୀଳାବାଦର ପ୍ରତିପାଦନ କରିଛି। ଲୀଳାବାଦ ଯେ ମାୟାବାଦଠାରୁ ସଂପୂର୍ଣ୍ଣ ଭିନ୍ନ ଏହା ସୁସ୍ପଷ୍ଟ। ଲୀଳାବାଦ ଅନୁସାରେ, ସୃଷ୍ଟିର ବିଭିନ୍ନତା ଓ ବୈଚିତ୍ର୍ୟ ନଥିଲେ କ୍ରମବିକାଶ ଅସମ୍ଭବ। କାରଣ, ସଂଘର୍ଷହିଁ କ୍ରମବିକାଶର ମୂଳ ପ୍ରେରଣା ଦିଏ। ଏହି କ୍ରମବିକାଶ ପାଇଁ ତ ଭଗବାନ ବିଭିନ୍ନତା ଓ ବୈଚିତ୍ର୍ୟ ସୃଷ୍ଟି କରିଛନ୍ତି, କରୁଛନ୍ତି। ପ୍ରଶ୍ନଉଠେ; କିହୋ, ଇୟେ ଭଗବାନ ଭଦ୍ରଲୋକଟି କାଦୁଅକୁ ଯାଉଛନ୍ତି କାହିଁକି, ଗୋଡ଼ ଧୋଉଛନ୍ତି କାହିଁକି ? ଲୀଳାବାଦୀମାନେ କହନ୍ତି ସେ ତାଙ୍କ ଲୀଳା। କାରଣ ନଥାଇ କାର୍ଯ୍ୟ (ଆଧୁନିକ ବିଜ୍ଞାନ ମଧ୍ୟରେ କାରଣ Cause ନଥାଇ ମଧ୍ୟ କାର୍ଯ୍ୟ effect ହୁଏ)। ସେ ଲୀଳାର କାରଣ ନାହିଁକି ଉଦ୍ଦେଶ୍ୟ ବି ନାହିଁ। ଯାହାର ସିନା ଶକ୍ତି ଓ ସମୟ ସୀମିତ ତାହାର ଉଦ୍ଦେଶ୍ୟ ଥାଏ; ଭଗବାନଙ୍କ ଶକ୍ତି ସମୟତ ଅନାଦି, ଅନନ୍ତ। ଭଗବାନଙ୍କ ଏ ସୃଷ୍ଟି କ୍ରିୟା ହେଉଚି ଲୀଳା (Play), ଶିଶୁର ବାଲିଘର ଖେଳଭଳି ଉଦ୍ଦେଶ୍ୟହୀନ; କାରଣହୀନ। ଏହା କୌଣସି ଏକ କ୍ରୀଡ଼ା (game) ନୁହେଁ ଯେ ଗୋଟାଏ ନିୟମ, ଉଦ୍ଦେଶ୍ୟ, ନିର୍ଦ୍ଦିଷ୍ଟ ସମୟର ସୀମା ଭିତରେ କାମ କରିବ !

ଏ ବିଷୟରେ ପୁଣି ଆପେକ୍ଷିକବାଦ ଦେଖାଯାଉ। ଆପେକ୍ଷିକବାଦ ଆନୁସାରେ, ବିଶ୍ୱବ୍ୟାପି ଅଖଣ୍ଡ, ନିର୍ଗୁଣ ଶକ୍ତି ସ୍ଥାଣୁ ଭାବରେ ବିସ୍ତାରି ରହିଚି। ସ୍ଥାଣୁଭାବରେ ଅଛି କାହିଁକି, ନା ପରିପୂର୍ଣ୍ଣ ସାମ୍ୟ (Perfect equilibrium) ବିରାଜିଲେ ଶକ୍ତି ସ୍ଥାଣୁ ହୁଏ (ଯେମିତି ପ୍ରଳୟପରେ ବିଷ୍ଣୁ, ପରମ ପୁରୁଷ ଯୋଗନିଦ୍ରାରେ ଶୋଇଛନ୍ତି, ଲକ୍ଷ୍ମୀ-ପ୍ରକୃତି ତାଙ୍କ ପାଦସେବା କରୁଛନ୍ତି ! କୌଣସି ସ୍ଥାନରେ ସାମାନ୍ୟ ଅସାମ୍ୟ ସୃଷ୍ଟିହେଲେ (କାରଣ ନଥାଇ କାର୍ଯ୍ୟ ! ଲୀଳା ?) ସେହି ସ୍ଥାନରେ ଘୂର୍ଣ୍ଣନ (Churring) ହୁଏ। ଏହା ଧୀରେ ଧୀରେ ଏକ ଅଗ୍ନିମୟ ପିଣ୍ଡାକାର ଧାରଣ କରେ ଏବଂ ଘୂର୍ଣ୍ଣନ ଯୋଗୁଁ ନିଜ ଶକ୍ତିବଳରେ ଶୂନ୍ୟରେ ବିସ୍ତାରି ରହିଥିବା ପରମାଣୁ ମାନଙ୍କୁ ଆକୃଷ୍ଟ କରେ। କ୍ରମେ କ୍ରମେ ଏହାର ଆୟତନ ବଢ଼ି ବଢ଼ି କୋଟି କୋଟି ଯୋଜନ ବ୍ୟାପି ହୁଏ।

ଏଥିରୁ ବହୁପିଣ୍ଡ, ଛିଟିକି ଯାଇ ମୂଳପିଣ୍ଡର ଚାରିପଟେ ଘୂରି ବୁଲନ୍ତି। କାଳକ୍ରମେ ଏହି ଘୂର୍ଣ୍ଣାୟମାନ ବହୁ ପିଣ୍ଡ ମଧ୍ୟରୁ କେହି ହୁଏତ ଥଣ୍ଡା ଧରି ଆସିଲେ (ମୂଳ ଅଗ୍ନିମୟ ପିଣ୍ଡଠାରୁ ଦୂରେଇ ଯିବାଯୋଗୁଁ) ତାହା ଘନୀଭୂତ ବସ୍ତୁରେ ପରିଣତ ହୁଏ ଏବଂ ସେଥିରୁ ଉତ୍ପନ୍ନ ହୁଏ ନାନା ବସ୍ତୁ ଯାହାକି କ୍ରମେ ଉଭିଦ ପ୍ରାଣୀ ଆଦି ଓ ସେମାନଙ୍କ ସ୍ୱ ସ୍ୱ ଭାବରେ ପରିଣତ ହୁଅନ୍ତି। ଏହିପରି ଅସଂଖ୍ୟ ସୃଷ୍ଟି ହେଉଚି ଓ ମିଳାଇ ଯାଉଛି। ଅନାଦି ମତ୍ତ୍ୱଂ ବିଭୁତ୍ୱେନ ବର୍ତ୍ତସେ ଯତୋ ଜାତାନି ଭୁବବାନି ବିଶ୍ୱା-ଶ୍ୱେତାଶ୍ୱେତ ରୋପନିଷତ୍ ୪।୪। କତ ଚତୁରାନନ ମରି ମରି ଯାଓତ ନାହିଁ ତବ ଆଦି ଅବସନ। ତୋହ ଜନମି ପୁନ ତୋହ ସମାଓତ ସାଗର ଲହରି ସମାନା ବିଦ୍ୟାପତି।

ବେଦାନ୍ତ ଦିଏ ଆଧାତ୍ମିକ (Spiritual) ଐକ୍ୟ। ପରବର୍ତ୍ତି ଦର୍ଶନ ସବୁ ଦିଏ ନୈତିକ (Moral) ଐକ୍ୟ। ଆଧାତ୍ମିକ ଐକ୍ୟ ଅପରିବର୍ତ୍ତିନୀ; କିନ୍ତୁ ଦେଶକାଳ ପାତ୍ର ଅନୁସାରେ ନୈତିକ ଐକ୍ୟ ପରିବର୍ତ୍ତନଶୀଳ ଏବଂ କ୍ରମବିକାଶଶୀଳ। ଐକ୍ୟ ଭାବର ମୂଳ ଉତ୍ସ ହେଉଚି ଆଧାତ୍ମିକ। ବିଶ୍ୱ ବା ଭଗବାନ୍ ସହିତ ମଣିଷର ଦୁଇପ୍ରକାର ସଂପର୍କ ଏକ ସାଙ୍ଗରେ ଅଛି। ଏକକ ଭାବେ ବା ବ୍ୟକ୍ତିଗତ ଜୀବଭାବେ ଏବଂ ସାମାଜିକ ଜୀବଭାବେ। ଉପନିଷତ୍ ଏ ଦୁଇଦିଗ କଥା କହିଥିଲେ ହେଁ ବ୍ୟକ୍ତି ଉପରେ ପ୍ରାଧାନ୍ୟ ଦେଇଛି, ବ୍ୟକ୍ତି ଦୃଷ୍ଟିରୁ ସମଗ୍ରର ବିଚାର କରିଛି। ଏହା କ୍ଷୁଦ୍ରଗଳ୍ପ ବୋଲି କୁହାଯାଇ ପାରେ। ପରବର୍ତ୍ତୀ ଦର୍ଶନ ସବୁ ମଧ୍ୟ ଏ ଦୁଇଦିଗ କଥା କହିଥିଲେ ହେଁ ସମାଜ ବା ସମଗ୍ର ଉପରେ ପ୍ରାଧାନ୍ୟ ଦେଇଛି, ସମଗ୍ର ଦୃଷ୍ଟିରୁ ବ୍ୟକ୍ତିର ବିଚାର କରିଛି। ଏ ସବୁକୁ ଉପନ୍ୟାସ କୁହାଯାଇପାରେ। ଶଙ୍କରଙ୍କ ଅଦ୍ୱୈତବାଦ ବେଦାନ୍ତର ନିକଟତମ। ପରବର୍ତ୍ତୀ ଦର୍ଶନ ସବୁ ସମାଜ ଆଡ଼କୁ କ୍ରମେ ଅଧିକରୁ ଅଧିକ ମୁହାଁଇଛନ୍ତି।

୧୮୫୯ରେ origin of speciesରେ ଡାରଉଇନ୍ ମଣିଷ ମାଙ୍କଡ଼ରୁ ଜାତ ପ୍ରମାଣ କରି ମଣିଷର ଦେବତ୍ୱ ଧ୍ୱଂସ କଲେ (ଭଲକଲେ)। ପରେ ମାର୍କସ (୧୮୧୮-୧୮୮୩) ବ୍ୟକ୍ତିର ଏକକତ୍ୱକୁ ପ୍ରାୟ ଧ୍ୱଂସ କରିଦେଲେ। ରସେଲ୍ ଯାହା କହିଛନ୍ତି ଯେ ଏ ଦୁହେଁ ଆଧାତ୍ମିକ ସେ କଥା ସତ୍ୟ; କାରଣ ମଣିଷକୁ ଏମାନେ ଆହୁରି ବିରାଟ ବାସ୍ତବତା ସହିତ ସମ୍ପର୍କିତ କଲେ। ମାର୍କସଙ୍କ ମତରେ ଏକକତ୍ୱ ହିଁ ଦୁର୍ନୀତି ଓ ଶୋଷଣକୁ ପୁଷ୍ଟକରେ; କିନ୍ତୁ ସେ ଯେଉଁ ଶ୍ରେଣୀହୀନ, ସଂଘର୍ଷହୀନ ସମାଜ ଓ ରାଷ୍ଟ୍ରହୀନ ରାଷ୍ଟ୍ରର ସ୍ୱପ୍ନ ଥୋଇଲେ ତା'ର ଏକକତ୍ୱର ନାମାନ୍ତର। ତାଙ୍କ ଶ୍ରେଣୀହୀନତା ଓ ରାଷ୍ଟ୍ରହୀନତାକୁ ବସ୍ତୁତାନ୍ତ୍ରିକ ଅଦ୍ୱୈତବାଦ କୁହାଯାଇପାରେ; କିନ୍ତୁ ତାଙ୍କ ପନ୍ଥା ହେଉଚି ଦ୍ୱୈତ, ଦ୍ୱନ୍ଦ୍ୱ, ସଂଘର୍ଷ। କେହି କାହାରକୁ ଦୟା କରିବା କଥା ନାହିଁ। ପ୍ରତ୍ୟେକ ପ୍ରତ୍ୟେକର ଦାବୀ ସ୍ୱୀକାର କରିବେ ଏବଂ ଫଳରେ ପ୍ରତ୍ୟେକ ପ୍ରତି ପ୍ରତ୍ୟେକର କର୍ତ୍ତବ୍ୟ ଆପେ ଆପେ

ବାଟକୁ ଆସିଯିବ। ଦାବୀମୁଖ୍ୟ, କର୍ତ୍ତବ୍ୟଗୌଣ, କିନ୍ତୁ ଶ୍ରେଣୀହୀନତା, ସଂଘର୍ଷହୀନତା, ରାଷ୍ଟ୍ରହୀନତା ହାସଲ କରିବା ପାଇଁ ଏକ ଅତି ଦୃଢ଼ ଶ୍ରେଣୀସଂଘର୍ଷ ରାଷ୍ଟ୍ରର ପ୍ରୟୋଜନ ! କି ମୁସ୍କିଲ ! ପୂର୍ବରୁ ଏ ପର୍ଯ୍ୟନ୍ତ ବଜାଏ ରହିଥିବା ଏକ ଦୃଢ଼ ଶୋଷଣକାରୀ ସମାଜ ଏବଂ ଗଢ଼ି ଉଠୁଥିବା ଏକ ଦୃଢ଼ ଶୋଷଣହୀନ ସମାଜର ଷଣ୍ଢଆସି ଆକ୍ରମଣରେ ପଡ଼ି ମଣିଷର ଏକକ ବ୍ୟକ୍ତିତ୍ୱଟି ଛଟପଟ ! ତେଣୁ ଏକକତ୍ୱର ବିକାଶପାଇଁ ପ୍ରତିଷ୍ଠାପାଇଁ ପୁଣି ବ୍ୟକ୍ତିର ବ୍ରହ୍ମ ସହିତ ସିଧାସଳଖ ସଂଯୋଗର ଏକ ବ୍ୟାକୁଳ ଚେଷ୍ଟା ଆରମ୍ଭ ହୋଇଛି-ହିପ୍ପି, ବିଏଟ୍‌ନିକ୍ ଇତ୍ୟାଦି। ଭାରତର କିନ୍ତୁ ଏକକତ୍ୱଟି ମୋଟା ମୋଟି ବଜାଏ ଅଛି ଏ ପର୍ଯ୍ୟନ୍ତ।

ଆଜକୁ ନ'ଶହ ବର୍ଷ ପୂର୍ବେ ଭାରତରେ ଯେତେବେଳେ ଜାତି-ଭେଦ ପ୍ରଥା ପ୍ରବଳ ଥିଲା ସେତେବେଳେ ଯେଉଁ ମହାବିପ୍ଳବୀ ରାମାନୁଜ ବ୍ରାହ୍ମଣ ହୋଇମଧ୍ୟ ନଦୀରେ ସ୍ନାନ ସାରି ଦେବ ମନ୍ଦିରକୁ ଯିବାବେଳେ ଜଣେ ଅ-ବ୍ରାହ୍ମଣ କାନ୍ଧରେ ହାତ ରଖି ଯାଉଥିଲେ, ଯିଏ ଗୁରୁଦତ୍ତ ଗୁପ୍ତଦୀକ୍ଷା-ମୋକ୍ଷ ମନ୍ତ୍ର ଅନ୍ୟ ଆଗରେ ପ୍ରକାଶ କଲେ ନରକ୍‌ରେ ପଡ଼ିବାର ନିଶ୍ଚିତ ଜାଣିମଧ୍ୟ ମନ୍ତ୍ରଦାନପରେ ପରେ ସମସ୍ତଙ୍କ ମୋକ୍ଷ ପାଇଁ ବ୍ୟାକୁଳ ହୋଇ ମନ୍ଦିର-ଚୂଡ଼ାରେ ଛିଡ଼ା ହୋଇ ସମସ୍ତଙ୍କୁ ପାଟିକରି ଡାକି ସମସ୍ତଙ୍କୁ ଚିତ୍କାର କରି ସେ ମନ୍ତ୍ରଟି ଜଣାଇଦେଲେ ଏବଂ ଗୁରୁ ପଚାରିବାରୁ କହିଲେ, ମୁଁ ଏକା ନରକ୍‌କୁ ଯିବ ସିନା, ଏମାନେ ସମସ୍ତେ ତ ମୋକ୍ଷ ପାଇଯିବେ, ସେଇ ମହାବିପ୍ଳବୀ, ମହାମନୀଷୀ ରାମାନୁଜଚାର୍ଯ୍ୟଙ୍କ ଚରଣରେ ବିନମ୍ର ପ୍ରଣତି ଜଣାଇ ମୁଁ ତାଙ୍କର ଉକ୍ତ ଉପମାର ବ୍ୟାଖ୍ୟା ବିଷୟରେ କିଞ୍ଚିତ ଆଲୋଚନା କରିବି।

ଉପମେୟକୁ ଗଭୀର ଭାବେ ଅନୁଭବ କରିବା ପାଇଁ ଉପମା ଦିଆଯାଏ। ଉପମେୟର ସତ୍ୟତା ପ୍ରମାଣ କରିବା ପାଇଁ ଉପମା ଦିଆଯାଏ ନାହିଁ। ଉପମା ସତ୍ୟ ହେଲେ ଯେ ଉପମେୟଟି ସତ୍ୟବୋଲି ପ୍ରମାଣିତ ହୋଇଗଲା, ତା' ନୁହେଁ। ପୁଣି ଉପମାବର୍ଣ୍ଣିତ ବସ୍ତୁ, ବିଷୟ ବା ଭାବ ଯେ ସର୍ବତୋ ଭାବେ ଉପମେୟ ସହିତ ମେଳ ଖାଇବ ତା' ବି ନୁହେଁ। ପୁଣି ଉପମା ବର୍ଣ୍ଣିତ ବସ୍ତୁ, ବିଷୟ ବା ଭାବର ସାମାନ୍ୟ ଗୋଟିଏ ଅଂଶ ଉପମେୟ ସହିତ ଖାପ ଖାଇଲେ ହେଲା। ଉଦାହରଣ—ଚନ୍ଦ୍ରମୁଖୀ।

ପୁଣି ଉପମେୟ, କୌଣସି ଏକ ନିଶ୍ଚିତ ସୀମିତ ବାସ୍ତବ ବିଷୟ ବା ଭାବଥିବା ସ୍ଥଳେ ଉପମା ବର୍ଣ୍ଣିତ ବିଷୟ ବା ଭାବ ଅସୀମ କପୋଳକଳ୍ପିତ ଅବାସ୍ତବ ହୋଇପାରେ। ଉପମେୟ କୌଣସି ଅମୂର୍ତ୍ତ (obstract) ବିଷୟ ଥିବା ସ୍ଥଳେ ଉପମାଟି ମୂର୍ତ୍ତ (Concrete) ହୋଇପାରେ ଏବଂ ଏହାର ବିପରୀତ ମଧ୍ୟ। ଏ ବିଷୟରେ ବିଶେଷ ଆଲୋଚନା ନକରି କେତୋଟି ଉଦାହରଣ ଦେଲେ ଯଥେଷ୍ଟ ହେବ :-

(କ) ଶେଲୀ ଗୋଟିଏ କବିତାରେ କୌଣସି ବ୍ୟକ୍ତିର ମନର ଆନ୍ଦୋଳିତ ଅବସ୍ଥାର ଉପମା ଦେବାକୁ ଯାଇ କହିଛନ୍ତି, ଭୂମିକମ୍ପବେଳେ କୌଣସି ପର୍ବତର ଏକ ତୀକ୍ଷ୍ଣ ଚୂଡ଼ା ଉପରେ ଗୋଟିଏ ଇଗଲ୍ ପକ୍ଷୀ ବସିବାକୁ ଚେଷ୍ଟା କରି ବସି ନପାରି ଯେମିତି ଏପାଖ ସେପାଖ ହେଉଥାଏ ସେମିତି ସେ ବ୍ୟକ୍ତିର ମନଟି ଆନ୍ଦୋଳିତ ହେଉଥିଲା ।

(ଖ) ସୀତାଙ୍କୁ ଠାବ କରିବାକୁ ଯାଇ ହନୁମାନ ରାବଣଙ୍କ ରମଣୀୟ ଉପବନରେ ପଶି ଗଛବୃକ୍ଷ ସବୁ ଧ୍ୱସ୍ତବିଧ୍ୱସ୍ତ କରି ଦେବାରୁ ଉପବନ ଯେମିତି ଦୁଶିଲା ବାଲ୍ମୀକି ତାହାର ଉପମା ଦେଇଛନ୍ତି—ଦ୍ୟୁତକ୍ରୀଡ଼ାରେ ପରାଜିତ ବ୍ୟକ୍ତି ବସ୍ତ୍ର ଆଭରଣ ଆଦି ହାରି ବସିଥିବା ଅବସ୍ଥାରେ ଯେମିତି ଦୁଶେ ଉପବନଟି ସେମିତି ଦିଶୁଥିଲା ।

(ଗ) ବାଲ୍ମୀକି ପୁଣି ଲେଖିଛନ୍ତି, ଅଶୋକବନରେ ସୀତାଙ୍କ ମ୍ଲାନମୂର୍ତ୍ତି କେମିତି ଦିଶୁଥିଲା, ନା ସନ୍ଦେହାକୁଳ ସ୍ମୃତି ନିପତିତ ସମୃଦ୍ଧି, ବିହତ ଶ୍ରଦ୍ଧା, ପ୍ରତିହତ ଆଶା, ମିଥ୍ୟା ଅପବାଦଗ୍ରସ୍ତ କୀର୍ତ୍ତି ଭଳି ।

(ଘ) କାଳିଦାସ ରଘୁବଂଶର ପ୍ରଥମ [ମଙ୍ଗଳା ଚରଣ] ଶ୍ଳୋକରେ କହିଲେ, ଶବ୍ଦ ଓ ଅର୍ଥର ପ୍ରତିପତ୍ତି ଲାଭ କରିବା ପାଇଁ ଶବ୍ଦ ସହିତ ଅର୍ଥ ଯେପରି ଜଡ଼ିତ ହୋଇଥାଏ (ଅର୍ଥ ନଥାଇ ଶବ୍ଦ ହୋଇପାରେନା) ସେହିପରି ଅଙ୍ଗାଙ୍ଗୀ ଭାବେ ଜଡ଼ିତ ଶିବ ଓ ପାର୍ବତୀଙ୍କୁ ମୁଁ ଆରାଧନା କରୁଛି ।

(ଙ) ବ୍ୟାସଦେବଙ୍କ ପ୍ରାୟ ଉପମା ଗଭୀରତତ୍ତ୍ୱ ବିଷୟକ । ଗୋଟିଏ କଥାକୁ ବୁଝାଇବାକୁ ଯାଇ ସେ ଗୋଟିଏ ତତ୍ତ୍ୱକୁ ଉପମାରୂପେ ବ୍ୟବହାର କରନ୍ତି—ଯଥା:- (ଯୁଧିଷ୍ଠିର ଧର୍ମବକଳକୁ କହୁଛନ୍ତି) ଏଇ ମହାମୋହରୂପ କଟାହରେ କାଳ ପ୍ରାଣୀ ସମୂହକୁ ପାକ କରୁଛି । ସୂର୍ଯ୍ୟ ତାହାର ଅଗ୍ନି, ଦିବା ଓ ରାତ୍ରି ତାହାର ଇନ୍ଧନ, ମାସ-ଋତୁ ତାହାର ଆଲୋଡ଼ନ କରିବା ଦର୍ବୀ (ଘାଣ୍ଟିବା କରଚୁଲ୍ଲୀ) ।

ଉପମାବର୍ଣ୍ଣିତ ବସ୍ତୁ, ବିଷୟ ବା ଭାବ ଯାହା ହେଉନା କାହିଁକି, ଉପମେୟକୁ ଯଦି ତାହା ଗଭୀର ଭାବେ ହୃଦୟଙ୍ଗମ କରାଇ ନପାରେ ତେବେ ଉପମା ବେଖାପ ହୋଇଯିବ ଏବଂ ବିରକ୍ତି ସୃଷ୍ଟି କରିବ । ପୁଣି ଉପମା ଏପରିହେବା ଆବଶ୍ୟକ ଯେ ସମଗ୍ର ବିଷୟଟିର ମୌଳିକଭାବ ସହିତ ତାହା ଖାପ ଖାଉଥିବ ଏବଂ ତେଣୁ ମୌଳିକ ଭାବକୁ ଆହୁରି ସୁଦୃଢ଼ କରୁଥିବ । ଅବାନ୍ତର ଉପମା ତେଣୁ ବିରକ୍ତିକର ହୁଏ । ଅବାନ୍ତର ଉପମା ଆଦି ରସାତ୍ମକ ହେଲେ ତାହା ଅଶ୍ଳୀଳ ହୁଏ । ବିଷୟବସ୍ତୁଟି ଯଦି ଆଦିରସାତ୍ମକ ତେବେ ଉପମା ନଗ୍ନ ହେଲେ ବି ଅଶ୍ଳୀଳ କୁହାଯିବ ନାହିଁ; କିନ୍ତୁ ବିଷୟବସ୍ତୁଟି ଯଦି

ଭିନ୍ନ ରସର ହୁଏ ଏବଂ ଅବାନ୍ତର ଭାବରେ ଆଦିରସର ଉପମା ଦିଆଯାଏ ତାହା ବାଧେ ଏବଂ ତେଣୁ ଅଶ୍ଳୀଳ ହୁଏ।

ଆଧୁନିକ ସାହିତ୍ୟରେ ଅନେକ ଉପମା କେତେକଙ୍କୁ ବେଖାପ ବା ଅଖାଡୁଆ ଲାଗେ। ଚନ୍ଦ୍ରର ଧବଳତ୍ୱକୁ ଯଦି ବବୃଚିର ପଗଡ଼ିର ଧବଳତ୍ୱ ସହିତ ତୁଳନା ଦିଆଯାଏ କିଂବା ଚନ୍ଦ୍ରର ବର୍ତ୍ତୁଳତ୍ୱକୁ ଯଦି 'ଝଲସାନୋ (ସେକା) ରୁଟି' ସହିତ ତୁଳନା କରାଯାଏ ତେବେ ଚନ୍ଦ୍ରର ଧବଳତ୍ୱ ବା ବର୍ତ୍ତୁଳତ୍ୱ ପ୍ରତି ଆବେଗ ଜାତହେବକି ? ନିଶ୍ଚୟ ହେବ, ଯଦି ବିଷୟବସ୍ତୁର ମୂଳଭାବ ସହିତ ଏ ଉପମା ଖାପ ଖାଉଥାଏ ଏବଂ ତେଣୁ ମୂଳଭାବକୁ ଆହୁରି ଗଭୀରଭାବେ ହୃଦୟଙ୍ଗମ କରାଉଥାଏ। ସଚ୍ଚିବାବୁଙ୍କ ଯେଉଁ କବିତାରେ ପ୍ରଥମୋକ୍ତ ଉପମାଟି ଏବଂ ବଙ୍ଗଳାର ସୁକାନ୍ତ ଭଟ୍ଟାଚାର୍ଯ୍ୟଙ୍କ (ଆହା, ଏଇ ପ୍ରତିଭାଶାଳୀ କବି ମାତ୍ର ଏକୋଇଶ ବର୍ଷରେ ପ୍ରାଣତ୍ୟାଗ କଲେ!) ଯେଉଁ କବିତାରେ ଦ୍ୱିତୀୟୋକ୍ତ ଉପମାଟି ବ୍ୟବହାର କରାଯାଇଛି ସେ କବିତାଦୁଇଟି ସୁପରିଚିତ। କବିତା ଦୁଇଟି ପଢ଼ିଲେ ହୃଦୟଙ୍ଗମ ହୁଏ, ଉପମା ଦୁଇଟି ଯଥାର୍ଥ ଭାବଦ୍ୟୋତକ।

ଅନେକ ସମୟରେ କେବଳ ଚମତ୍କାରିତା ସୃଷ୍ଟି କରିବାପାଇଁ ବା ଆଧୁନିକତା ଦେଖାଇ ହେବାପାଇଁ ଅଖାଡୁଆ ଉପମା ବ୍ୟବହାର କରାଯାଉଛି। ସେଇଥିପାଇଁ ଅନେକ ସମୟରେ ଏଭଳି ଉପମା ଦୁର୍ବୋଧ, ବିରକ୍ତିକର ଓ ହାସ୍ୟାସ୍ପଦ ହେଉଛି। ଅପର ପକ୍ଷରେ, ପୁରୁଣାକାଳିଆ (ମଧ୍ୟଯୁଗୀୟ) ସାହିତ୍ୟ ପଢ଼ି ପଢ଼ି ପାଠକମାନଙ୍କ ରସବୋଧ ଏମିତି ଗୋଟିଏ ଫର୍ମାରେ ପଡ଼ିଯାଇଛି ଯେ ଆଧୁନିକ ଉପମାର ରସବୋଧ ହୋଇପାରୁନାହିଁ। ଚାନ୍ଦ କହିବା ମାତ୍ରକେ ଗୋଟାକ ସୁନ୍ଦର କୋମଳ କଥା ମନକୁ ଆପେ ଆପେ ଆସି ଯାଉଥିବାରୁ ଚାନ୍ଦକୁ ବବୁର୍ଚିର ପଗଡ଼ି ବା ସେକାରୁଟି ସହିତ ତୁଳନା କଲେ ଭଲ ଲାଗୁନାହିଁ।

ଏହି ଦୃଷ୍ଟିରୁ 'ତସ୍ୟ ଯଥା କପ୍ୟାସଂ...'ର ବ୍ୟାଖ୍ୟା ଆଲୋଚନା କରାଯାଉ। ଉପନିଷଦ୍‌ର ଋଷି କାହିଁକି ଏ ଉପମାଟି ଦେଲେ ସେହି ଦୃଷ୍ଟିରୁହିଁ ଆଲୋଚନା କରାଯିବ। ଯାଦବ ପ୍ରକାଶଙ୍କ ବ୍ୟାଖ୍ୟା ହୁଏତ ସଂପୂର୍ଣ୍ଣ ଠିକ୍ ହୋଇନଥିଲା (ଉକ୍ତ ପୁସ୍ତକରୁ ଯାହା ଜଣାପଡୁଛି)। ଉପନିଷଦ୍‌ରେ ଭଗବାନଙ୍କ ଆଖିର ରକ୍ତିମାକୁ ମାଙ୍କଡ଼ ପିଚାର ରକ୍ତିମା ଓ ପଦ୍ମର ରକ୍ତିମା ସହିତ ତୁଳନା କରାଯାଇଥିବା ସ୍ଥଳେ ଯାଦବପ୍ରକାଶ କେବଳ ମାଙ୍କଡ଼ ପିଚାର ରକ୍ତିମା କଥା କହିଲେ।

ଚାନ୍ଦର ଧବଳତ୍ୱକୁ ବବୁର୍ଚିର ପଗଡ଼ିର ଧବଳତ୍ୱ ସହିତ ଯେଉଁ ତୁଳନା ହୋଇଛି ତାହା କେବଳ ଧବଳତ୍ୱ ପାଇଁ। ଅତଏବ ଅନ୍ୟସବୁ ବାଦ୍ ଦେଇ କେବଳ ଧବଳତ୍ୱ ଉପରେ ମନକୁ କେନ୍ଦ୍ରୀଭୂତ କଲେ ଉପମାର ସୌନ୍ଦର୍ଯ୍ୟ ଓ ଗୁରୁତ୍ୱ ଉପଲବ୍ଧି ହେବ।

ଭୁଲିଯିବାକୁ ହେବ ଯେ ଚନ୍ଦ୍ର ମହାନ୍ ଦେବତା ଓ ବବୁର୍ଚି ଗୋଟିଏ ତୁଚ୍ଛ ବ୍ୟକ୍ତି। (ଆଜିକାଲି ଚାନ୍ଦକୁ ଯେତେବେଳେ ବହୁଥର ମଣିଷ ଗଲେଣି ସେତେବେଳେ ଚାନ୍ଦ ଯେ ପଗଡ଼ି ଭଳି ଏକ ବସ୍ତୁ ଏହା ଭାବିବାକୁ ଆଉ ଅସୁବିଧା ନାହିଁ। ପୂର୍ବେ ଏପରି ଭାବିବା ହୁଏତ ଅସମ୍ଭବ ଥିଲା)। ଭୁଲିଯିବାକୁ ପଡ଼ିବ ଚନ୍ଦ୍ରମା ଦେଖିବାକୁ ସୁନ୍ଦର ଓ ବବୁର୍ଚିଟା କାଳିଆ କଦାକାର। କେବଳ ଧବଳତ୍ୱଟି ମନେ ରଖିବାକୁ ପଡ଼ିବ। ଏହା ଅମୂର୍ତ୍ତ (obstract) ହୋଇଥିବାରୁ ବ୍ୟକ୍ତିକୁ (ଚାନ୍ଦ ଓ ବବୁର୍ଚିକୁ) ବାଦ୍ ଦେଇ କେବଳ ପଗଡ଼ିରେ ଧବଳତ୍ୱ ଉପରେ ଧ୍ୟାନଦେବା ଅବଶ୍ୟ କଷ୍ଟକର। ସେହିପରି, ଗୋଟିଏ ଦରିଦ୍ର ବୁଭୁକ୍ଷୁ ଲୋକ ଖଣ୍ଡେ ପୁରାରୁଟି ପାଇବାର କଳ୍ପନା ଜଳ୍ପନା କରୁ କରୁ ଦେଖିଲା ଆକାଶରେ ପୁନେଇ ଚାନ୍ଦ ଉଠିଛି। ତାକୁ ଲାଗିଲା, ଖଣ୍ଡେ ଚାନ୍ଦ ଖଣ୍ଡେ ପୁରା ରୁଟି ତାଓୟାରୁ ଏଇମାତ୍ର ସେକାହୋଇ ବାହାରିଛି !

ସେହିପରି ରକ୍ତିମା ଉପରେ ଧ୍ୟାନ ସ୍ଥିରକଲେ ହୃଦୟଙ୍ଗମ ହେବ ଯେ ଭଗବାନଙ୍କ ଆଖିରେ ବାଳସୂର୍ଯ୍ୟର ଯେଉଁ ରକ୍ତିମା ତାହା ମାଙ୍କଡ଼-ପିଚାରେ ମଧ୍ୟ ଅଛି। ଆମକୁ ଅଡୁଆ ଲାଗୁଚି ଯେ ଭଗବାନଙ୍କ ମହିମା କ୍ଷୁର୍ଣ୍ଣ କରା ହେଲା। ପୁଣି, ଭଗବାନଙ୍କ ଆଖି ପ୍ରସଙ୍ଗରେ ମାଙ୍କଡ଼ ପିଚା କଥା କହିବା ଅଶ୍ଳୀଳତା ମଧ, କିନ୍ତୁ ଉପମା ଓ ଅପମେୟ ବର୍ଣ୍ଣିତ ବ୍ୟକ୍ତିମାନଙ୍କର ବ୍ୟକ୍ତିତ୍ୱ ଭୁଲିଯାଇ କେବଳ ରକ୍ତିମା ଉପରେ ଧ୍ୟାନଦେଲେ ଏପରି ମନେ ହେବ ନାହିଁ।

ଇୟା ଭିତରେ ପୁଣି ଆଉ ଏକ କଥା ଅଛି। ନୈତିକ ଲୋକେ ଏ ଉପମାକୁ ଭୟ କରିବେ। ଭଗବାନଙ୍କୁ ଯଦି ଏମିତି ଯାହା ତାହା ସହିତ ତୁଳନା କରାଯାଏ ତେବେ ତ ଭଗବାନଙ୍କ ପ୍ରତି ଭୟ ଚାଲିଯାଇ ଘୋର ବିଶୃଙ୍ଖଳାଭାବ ଜାତ ହେବ, ଭଲମନ୍ଦ ବିଚାର ରହିବ ନାହିଁ। ସର୍ବେ ହୋଇବେ ଏକାକାର, ବେଦର ନଥିବ ବିଚାର ! କି ସର୍ବନାଶ ! ନ୍ୟସ୍ତ ସ୍ୱାର୍ଥ ଗୋଷ୍ଠୀ ତ ଆହୁରି ଡରିଯିବେ, କାରଣ ତାଙ୍କ ପ୍ରତିପତ୍ତିରେ ଘୋର ବାଧା ଆସିବ।

କିନ୍ତୁ ଆଧ୍ୟାତ୍ମିକ ଐକ୍ୟ ବା ଅଦ୍ୱୈତ ବାଦର ଏ ଭୟ ନାହିଁ। ଏକଥା ଆଗରୁ କହିଛି। ସେମାନଙ୍କ ସୁନ୍ଦର-ଅସୁନ୍ଦର, ପାପ-ପୁଣ୍ୟ, ଜୀବନ-ମୃତ୍ୟୁ, ସତ୍-ଅସତ୍ ଭେଦଭାବ ନାହିଁ। କାରଣ ସବୁତ ଭଗବାନଙ୍କ ପ୍ରକାଶ। ଗୀତାରେ ଭଗବାନ ଏହିକଥା କହିଛନ୍ତି। ତେଣୁ ଭଗବାନଙ୍କ ଆଖିର ରକ୍ତିମା ଯଦି ମାଙ୍କଡ଼-ପିଚାରେ ଦେଖିବାକୁ ମିଳିଲା ତେବେ ସେ ଉପମା ଦେବାରେ ଅଦ୍ୱୈତବାଦିଙ୍କ ପକ୍ଷରେ ବାଧା ବା ଦ୍ୱିଧା ନାହିଁ। ଅଦ୍ୱୈତବାଦୀତ ଭଗବାନ୍ ଓ ମାଙ୍କଡ-ପିଚା ଭିତରେ କୌଣସି ପ୍ରଭେଦ ଦେଖେନାହିଁ। ମାଙ୍କଡ଼-ପିଚାର ରକ୍ତିମା ଦେଖିବା ମାତ୍ରକେ ତାକୁ ଭଗବାନଙ୍କ ଆଖିର

ରକ୍ତିମା (ବଳାରୁଣ ରକ୍ତିମା ଦୁଶିଯାଏ ଓ ଆବେଗ ଜାତହୁଏ। ପାତିମାଙ୍କଡ଼-ପିଚାର ରକ୍ତିମା ଅବିକଳ ପ୍ରଭାତ ସୂର୍ଯ୍ୟର ରକ୍ତିମା ଭଳି। ଉପନିଷତ୍‌ର ଅଦ୍ୱୈତଭାବ ସହିତ ଏ ଉପମାଟି ଖାଲି ଖାପ ଖାଉନାହିଁ, ସେ ଭାବକୁ ଆହୁରି ଦୃଢ଼ୀଭୂତ କରୁଛି ଏବଂ ଅଦ୍ୱୈତ ଭାବ ପ୍ରତି ଆବେଗ ଜାତ କରାଉଛି। ଏକ ମହାନ ବ୍ୟାପ୍ତି ମନକୁ ଆଣି ଦେଉଛି- ଅହୋବତ ! ଯେଉଁ ରକ୍ତିମା ଭଗବାନଙ୍କ ଆଖିରେ, ତାହା ପଦ୍ମରେ, ପୁଣି ତାହା ମାଙ୍କଡ଼ ପିଚାରେ ! ଏହିଭଳି ଏକ ଅଖାଡୁଆ ଉପମା ଦେବାଦ୍ୱାରାହିଁ ସେ ଅଦ୍ୱୈତ ବ୍ୟାପକତ୍ୱଟି ଆସୁଛି। ଖାଲି ମଧୁର କୋମଳ ଉପମାଟିଏ ଦେଇଥିଲେ ଏହା ହୋଇନଥାନ୍ତା।

ରାମାନୁଜ ତାଙ୍କ ବ୍ୟାଖ୍ୟାରେ କେବଳ ମାଧୁର୍ଯ୍ୟଭାବଟି ପ୍ରକଟକଲେ ଯଦିଓ ସ୍ପଷ୍ଟ ଜଣାପଡୁଚି ଉପନିଷତ୍‌ର ତାହା ଉଦ୍ଦେଶ୍ୟ ନୁହେଁ। ଉପନିଷତ୍‌ର ଉପମା ଭଗବାନଙ୍କ ଐଶ୍ୱର୍ଯ୍ୟ ଏ ମାଧୁର୍ଯ୍ୟ ତତ୍ତ୍ୱକୁ ସମାନ ଭାବରେ ପ୍ରକଟ କରୁଛି। କିନ୍ତୁ ରାମାନୁଜ ଏ ଦୁହିଁଙ୍କୁ ସ୍ୱୀକାର କରୁଥିଲେ ହେଁ ମାଧୁର୍ଯ୍ୟଭାବ ଓ ନୀତି ଆଦି ଉପରେ ବେଶୀ ପ୍ରାଧାନ୍ୟ ଦେଉଥିବାରୁ ମାଙ୍କଡ଼ ପିଚା ଉପମାଟି ତାଙ୍କୁ ଭାରି ବାଧିଲା, କିନ୍ତୁ ତାଙ୍କୁ ବାରମ୍ବାର ପ୍ରଣାମ କରି ମୁଁ ଅତି ବିନୀତି ଭାବରେ କହିବି ଯେ ତାଙ୍କ ବ୍ୟାଖ୍ୟାଟି ଉପନିଷତ୍‌ର ମୂଳଭାବ ସହିତ ଖାପ ଖାଉନାହିଁ।

ଅସଲ କଥା ହେଉଚି, ଉପମେୟ ଓ ଉପମା ପ୍ରତି ସମାନ ବିଶ୍ୱାସ ଓ ଆବେଗ ନଥିଲେ ଉପମାଟି ବିରକ୍ତି ସୃଷ୍ଟି କରିବ। ଯାଦବ ପ୍ରକାଶଙ୍କ ଏ ଆବେଗ ହୁଏତ ନଥିଲା। ଯଦି ଥାଆନ୍ତା ତେବେ ଉପମାଟିର ଐଶ୍ୱର୍ଯ୍ୟ ଓ ମାଧୁର୍ଯ୍ୟ ଭାବ ସେ ବୁଝାଇ ଦେଇପାରିଥାନ୍ତେ। ରାମାନୁଜଙ୍କ ଉପରେ ରାଗି, ରାମାନୁଜ ଅଦ୍ୱୈତବାଦର ସର୍ବନାଶ କରିବେ ବୋଲି ନିଜ ଅହଙ୍କାର ଜନିତ ଭୟରୁ ତାଙ୍କୁ ମାରିବା ପର୍ଯ୍ୟନ୍ତ ଯାଇ ନଥାନ୍ତେ। ସେ ଯେଉଁ ମତ ଗ୍ରହଣ କରିଛନ୍ତି ସେ ମତ କାଟ ଖାଇଯିବ ଓ ତେଣୁ ତାଙ୍କ ଅସ୍ତିତ୍ୱ ରହିବନାହିଁ, ଏହି ଅହଙ୍କାର ଜନିତ ଭୟ ତାଙ୍କୁ ହୁଏତ ମାଡ଼ି ବସିଲା। ଅଦ୍ୱୈତବାଦ ପ୍ରତି ତାଙ୍କର ଯଦି ଆବେଗ ଓ ବିଶ୍ୱାସ ଥାଆନ୍ତା ସେ ନିଶ୍ଚୟ ଭାବନ୍ତେ, ଗୋଟାଏ ମତ ରହିଲେ କେତେ, ଗଲେ କେତେ ! ହୁଏତ ଏଇଥିପାଇଁ ତାଙ୍କର ବୁଝାଇବା ଭଙ୍ଗୀ ଏପରି ଶୁଷ୍କ ଥିଲା ଯେ ରାମାନୁଜଙ୍କ ମନରେ ତାହା ଆବେଗ ଜାତ କରାଇପାରିଲା ନାହିଁ। ଅପର ପକ୍ଷରେ, ହୁଏତ ରାମାନୁଜଙ୍କ ମାଧୁର୍ଯ୍ୟ ଭାବ, ବୈଚିତ୍ର୍ୟ, ଦ୍ୱୈତଭାବ ବା ବିଭିନ୍ନତା ପ୍ରତି ଯେଉଁ ଆବେଗ ଥିଲା ତାହା ଐଶ୍ୱର୍ଯ୍ୟ ବା ଅଦ୍ୱୈତଭାବ ପ୍ରତି ନଥିଲା। ଭଗବାନ୍ ଅଦ୍ୱୈତକୁ ସେ ଖାଲି ଏକ ଗାଣିତିକ ସତ୍ୟବୋଲି ଗ୍ରହଣ କରି ବିଶ୍ୱାସ କରୁଥିଲେ ସିନା, ଅତି ଅମୂର୍ତ୍ତ (abstract) ଭାବ ପ୍ରତି ତାଙ୍କ ଆବେଗ ଜାତ ହେଉ ନଥିଲା।

ଅସଲ କଥା ହେଉଚି, ଉପମା ଓ ଉପମେୟ ବର୍ଣ୍ଣିତ ବିଷୟ ପ୍ରତି ବିଶ୍ୱାସ ଓ ଆବେଗ ଉଭୟ ଥିବ, ଜ୍ଞାନ ଥିବ ଏବଂ ସେ ଜ୍ଞାନକୁ ହୃଦୟରେ ଅନୁଭବ କରିପାରୁଥିବ। ଫୁଲା ଫାଙ୍କିଆ ହୋଇ ବା ଚମତ୍କାରିତା ସୃଷ୍ଟି କରିବା ପାଇଁ ଗୋଟାଏ ଉପମା ଦେଇଦେଲେ ତାହା ହାସ୍ୟାସ୍ପଦ ଓ ବିରକ୍ତିକର ହେବ।

■

ଚେତନାର ରୂପାନ୍ତର

ସଚ୍ଚିଦାନନ୍ଦ ରାଉତରାୟ

ଆଜି ମଣିଷର ସ୍ୱବିରୋଧ ଓ ବିଚ୍ଛିନ୍ନତା ଯେପରି ସୁଦୂର ପ୍ରସାରିତ, ତାହା ଏଥିପୂର୍ବରୁ କେବେ ଦେଖାଯାଇ ନଥିଲା। ଚିନ୍ତା ଓ କର୍ମ ମଧ୍ୟରେ ବ୍ୟବଧାନ, ବ୍ୟକ୍ତି ମାନସ ଓ ସମାଜ-ମାନସ ମଧ୍ୟରେ ବିଚ୍ଛେଦ, ଅନୁଭୂତି ଓ ଚିନ୍ତା ମଧ୍ୟରେ ଅସମନ୍ୱୟ ଏବଂ ଆଂଗିକ ଓ ଆତ୍ମିକ ମଧ୍ୟରେ ଅସାମଞ୍ଜସ୍ୟ,—ଏହାହିଁ ଯେପରି ଆଜିର ପରିଚିତ ପ୍ରେକ୍ଷାପଟ। ଏ ପରିସ୍ଥିତିକୁ ଲେଖକ କିନ୍ତୁ ନିଜେ ତିଆରି କରିନାହିଁ। ଏହା ତାର ଅଲଙ୍ଘନୀୟ ଉତ୍ତରାଧିକାର ଏବଂ ଏକ ପ୍ରକାର ସାମାଜିକ ଅଦୃଷ୍ଟ କହିଲେ ଚଳେ।

ଏହିଭଳି ପରସ୍ଥିତିରେ ପଟାନ୍ତର ଫରାସୀ ପ୍ରତୀକବାଦର ଆଦି ଓ ମଧ୍ୟପର୍ବରେ କିଛିଟା ମିଳିପାରେ। ବୁଦେଲିଅର୍ ତାଙ୍କ ଯୁଗକୁ କି ଚକ୍ଷୁରେ ଦେଖୁଥିଲେ? କ'ଣ ଥିଲା ତାଙ୍କର ଏବଂ ମାଲାର୍ମ, ର୍‌ୟାଂବୋ, ଭାଲେରୀ ପ୍ରମୁଖଙ୍କର ଆଭିମୁଖ୍ୟ? ବୁଦେଲିଅର୍ ତାଙ୍କ ଯୁଗ ସମ୍ବନ୍ଧରେ କହିଛନ୍ତି ଯେତେବେଳେ ସବୁକିଛି ମିଥ୍ୟା ହୋଇପଡ଼େ, ଧର୍ମ, ଶାସନ, ଗବର୍ଣ୍ଣମେଣ୍ଟ ପ୍ରଚଳିତ ମୂଲ୍ୟ ସବୁକିଛି ଅସାର ଓ ଅଚଳ ହୋଇଯାଏ, "Action is no longer the sister of dreams।" ଠିକ୍ ମଧ୍ୟଯୁଗରେ ଖ୍ରୀଷ୍ଟିଆନ ଶ୍ରମଣମାନେ ଯେପରି ନିଜକୁ ସମାଜ ଓ ସଂସାରଠାରୁ ସମ୍ପୂର୍ଣ୍ଣ ଦୂରେଇ ରଖି ବନ୍ଦକୋଠରୀ ଭିତରେ ବସି virgil ଗ୍ରନ୍ଥ ଉତ୍ତରିବାରେ ଲାଗିଥିଲେ, ଏବଂ ତଦ୍ୱାରା ସେଣ୍ଟ୍ ଅଗଷ୍ଟିନ୍ ଓ ଲ୍ୟାଟିନ୍ କବିମାନଙ୍କର ସ୍ୱପ୍ନ ସତ୍ୟରେ ପରିଣତ ହେବ ବୋଲି ଆଶା କରୁଥିଲେ, ଠିକ୍ ସେହିପରି ବୁଦେଲିଅର୍, ର୍‌ୟାଂବୋ, ମ୍ୟାଲାର୍ମେ, ଭ୍ୟାଲେରା ରାଜନୀତିକ ଆଶାଭଙ୍ଗ ଓ ଧର୍ମୀୟ ବିଡ଼ମ୍ବନାରେ ପ୍ରପୀଡ଼ିତ ହୋଇ ଅପାର୍ଥିବକୁ ହିଁ

ଆଶ୍ରୟକରି ବଞ୍ଚିଥିଲେ ଏବଂ ନିଜଚିନ୍ତାକୁ ସୂକ୍ଷ୍ମରୁ ସୂକ୍ଷ୍ମତର କରିବାରେ ଏବଂ ସବୁ ଜିନିଷକୁ ତାର ବିଶୁଦ୍ଧ ରୂପରେ ଚିତ୍ର କରିବାରେ ବ୍ୟାପୃତ ଥିଲେ।

ଭ୍ୟାଲେରୀ ବୁଦେଲିଅର୍‌ଙ୍କ ଭଳି ଦୃଶ୍ୟମାନ ଜଗତ ଅପେକ୍ଷା ଅଦୃଶ୍ୟ ଜଗତ ଉପରେ ହିଁ ଅଧିକ ଗୁରୁତ୍ୱ ଦେଇ ଯାଇଛନ୍ତି। ତାଙ୍କ ଚରିତ୍ର M. Teste—ଯାହାକୁ ଅନେକ "The ultimate Romantic" କହନ୍ତି ଏବଂ ନିଜେ ଭ୍ୟାଲେରୀ ଯାହାକୁ "A monster of isolation and singular knowledge" କହିଛନ୍ତି, ଏହା ବୌଦ୍ଧିକ ଅହଙ୍କାରର ଏକ ପ୍ରମୂର୍ତନ ମାତ୍ର। ତାର ବାସସ୍ଥାନ ଚିନ୍ତାର ଧ୍ରୁବଲୋକରେ—ବାସ୍ତବଜଗତ ସହିତ ତାର କିଛିମାତ୍ର ସମ୍ପର୍କ ନାଇଁ। ଭ୍ୟାଲେରୀ ଅସତ୍ତା ବା nothingnessକୁ ଏକ ବିଶେଷ ଅର୍ଥରେ ବ୍ୟବହାର କରିଛନ୍ତି—ଯାହା ଅଦ୍ୱୈତ ବେଦାନ୍ତବାଦୀର "ପ୍ରତୀତି" ପରି, ଅର୍ଥାତ୍ ଯାହା ପ୍ରତୀତ ହୁଏ ମାତ୍ର ତାହାନୁହେଁ। ମାଲାର୍ମେ ଅସତ୍ତାକୁ ଏକ ପ୍ରତିଭାସରୂପେ ଦେଖିଛନ୍ତି। ସମସ୍ତ କିଛିହିଁ ତାଙ୍କ ଦୃଷ୍ଟିରେ ମାୟା ବା ପ୍ରତିଭାସ। ବାର୍ଗଶଙ୍କ ଦର୍ଶନର ଅନ୍ୟ ଏକ ଉପଜୀବ୍ୟ ଥିଲା ଭୌତିକ ପଦାର୍ଥର ଅହେତୁତ୍ୱ ଠିକ୍ ଯେପରି ସୋଫେନ ହେୟାରଙ୍କ ନିଷ୍କାମନା (absence of desire to be) ଏଇପରି ବିଭିନ୍ନ ନେତି ମୂଳକ ଆଭିମୁଖ୍ୟ ଇତିହାସର ବିଭିନ୍ନ ପର୍ଯ୍ୟାୟରେ ମଣିଷ ମନରେ ଧୂମକୁଣ୍ଡଳୀ ସୃଷ୍ଟି କରିଛି। ତାର ସହଜ ଶକ୍ତିକୁ ଆଚ୍ଛନ୍ନ ଓ ପ୍ରତିହତ କରିଛି। ଏଇ ପର୍ଯ୍ୟାୟର ଆଭିମୁଖ୍ୟ ଭ୍ୟାଲେରୀଙ୍କ ଲେଖାମାନଙ୍କରେ, ବିଶେଷତଃ ତାଙ୍କର 'L' Ame et lao Danseରେ (The soul and the dance) ବେଶ୍ ପରିସ୍ଫୁଟ।

"The Soul's one perpetual aim is certainly that which does not exist, which was but is no longer, which will be but is not yet, that which is possible, or impossible, that is the soul's business, never that which is."

ଯାହାଅଛି ଆତ୍ମା ତା'ଠାରୁ ଦୂରରେ ରହେ। ଯାହାଥିଲା ଅଥଚ ବର୍ତ୍ତମାନ ନାଇଁ, ଯାହା ହୋଇପାରେ ମାତ୍ର ଏ ପର୍ଯ୍ୟନ୍ତ ହୋଇ ନାହିଁ, ଯାହା ସମ୍ଭବ ପୁଣି ଅସମ୍ଭବ, ଆତ୍ମା ତା'ରି ପ୍ରତି ଉନ୍ମୁଖ, ଯାହା ଯେପରି ଅଛି ତା ପ୍ରତିନୁହେଁ। ଆଧୁନିକ କାଳର ସ୍ଥିତିବାଦ ଅନେକଟା ଏଇ ନହୋଇ ପାରିବାର ଯନ୍ତ୍ରଣାରେ ହିଁ ପୀଡ଼ିତ। ଭାରତ ବର୍ଷର ସମ୍ପୀତ୍ ବୌଦ୍ଧଶୂନ୍ୟବାଦ ମଧ୍ୟରେ ଠିକ୍ ଏଇପରି ଦିନେ ଏକ ଭୟଙ୍କର ନେତୃତ୍ୱରେ ଆନ୍ଦୋଳିତ ହୋଇଲା—ଯେତେବେଳେ ଭଗବାନ ବୁଦ୍ଧ ନେତିତ୍ୱକୁ ପରମପଥ ବୋଲି ଘୋଷଣା କଲେ—

"Because all Dharmas have one mark only, that is no mark. It is for this reason that all Dharmas have the character of not having been fully known by the Tathagatas, but just one single one is the nature of all Dharmas. And the nature af all Dharmas is non nature and this non nature is their nature. It is thus all points of attachment is abandoned."

(Astasaharika, 8, 192)

ସମକାଳୀନ ମଣିଷର ଚେତନା ଖଣ୍ଡିତ ଓ ଭଗ୍ନାଂଶ—ଚେତନା। ଏହା 'ପୂର୍ଣ୍ଣମଦଂ ପୂର୍ଣ୍ଣମିଦଂ ପୂର୍ଣ୍ଣାତ୍ ପୂର୍ଣ୍ଣାମୁଦଚ୍ୟୁତେ'ର ଧାରଣା କରିବାକୁ ଅକ୍ଷମ।

ବ୍ୟକ୍ତିତ୍ୱର ବିଖଣ୍ଡନ, ସ୍ୱବିରୋଧ ଓ ଅନ୍ତର୍ଦ୍ୱନ୍ଦ୍ୱରେ ସ୍ୱବିଭକ୍ତ ମଣିଷ ମନର ଯନ୍ତ୍ରଣା, ଏହା ଆଜି ସାହିତ୍ୟର ସ୍ୱାଭାବିକ ଉପଜୀବ୍ୟ ନହେବାର ଉପାୟ ନାହିଁ। ମନେହୁଏ ମଣିଷ ଯେପରି ଆଜି ନିଜରଇ ଶିକାର ହୋଇପଡ଼ିଛି। ସେଥିରୁ ତାର ମୁକ୍ତି ନାହିଁ। ତେଣୁ ଏ ଯୁଗୀୟ ଚେତନା ସିନ୍ଧୁର ଗୋଟାଚିତ୍ର ଦେବାକୁ ଚେଷ୍ଟା ନକରି ବରଂ ବିନ୍ଦୁ ମଧ୍ୟରେ ସିନ୍ଧୁର ପରିଚୟ ଦେଇ ପାରିବାଭଳି ଶୈଳ୍ପିକ ଆଂଗିକ ଅନ୍ୱେଷଣରେ ବ୍ୟସ୍ତ।

ଏ ଯୁଗର ମଣିଷ ତାର ନିଜ ସୀମା ସମ୍ବନ୍ଧରେ ସଚେତନ। ସେ ନିଜକୁ ଅକପଟ ଭାବରେ ପ୍ରକାଶ କରିବାର ପକ୍ଷପାତୀ। ପୂର୍ବପୁରୁଷଙ୍କ ପରି ତାର ନିଜର ପ୍ରକାଶ ପାଇଁ କୌଣସି ଧର୍ମୀୟ ବା ଶାସ୍ତ୍ରୀୟତାର ମୁଖା ଲୋଡ଼ିନାହିଁ। ସେ ଧର୍ମର ଚୋରାଗଳିଟା ଛାଡ଼ି ବାସ୍ତବତାର ସୋଜାସୁଜି ମୁକାବିଲା କରିବାକୁ ଚାହେଁ। ଏଇ ମୁକାବିଲା ହିଁ ତାର ଧର୍ମ।

ରୁଢ଼ ବାସ୍ତବତାର ମୁକାବିଲା କରିବା ପ୍ରଣାଳୀରେ, ସେ ବାସ୍ତବତାର ପରିବର୍ତ୍ତନ ଘଟାଇବା ସଙ୍ଗେ ସଙ୍ଗେ ନିଜ ଚେତନାର ମଧ୍ୟ ରୂପାନ୍ତର ସାଧନକରି ଚାଲିଛି। ଏହାହିଁ ଜୀବନର ଗତି ଓ ପ୍ରକୃତି, ତେଣୁ ସାହିତ୍ୟର ମଧ୍ୟ। ମଣିଷ ନିଜର ପରିବେଶକୁ ବଦଳାଇବାକୁ ଯାଇ ନିଜେ ବଦଳି ଚାଲିଥାଏ ଏବଂ ବଦଳି ଚାଲିଛି।

ଆଜି ପୃଥିବୀର ସର୍ବତ୍ର ଆମେ ଶୁଣିବାକୁ ପାଉଁ ସ୍ଥିତାବସ୍ଥା ବିରୁଦ୍ଧରେ ଏକ ପ୍ରବଳସ୍ୱର। ଏହାକୁ କେହି କେହି କରୁଣରେ ଆତ୍ମ ଅନ୍ୱେଷଣ ବା 'Search for an identity' କହୁଛନ୍ତି। ପ୍ରଚଳିତ ବ୍ୟବସ୍ଥା ଭିତରେ ତରୁଣ ନିଜକୁ ହରାଇବସିଚି ବୋଲି ସ୍ଥିତିବାଦୀଠାରୁ ସ୍ଥିତିସ୍ଥାପକ ପର୍ଯ୍ୟନ୍ତ ସମସ୍ତେ ପ୍ରାୟ ଏକମତ। ଆମେରିକାରେ ଅନେକ ସମାଜ ବିଜ୍ଞାନୀଙ୍କ ମତରେ ପ୍ରେସିଡେଣ୍ଟ କେନେଡିଂକ ହତ୍ୟା ପରଠାରୁ ଏଇ ପର୍ଯ୍ୟାୟର

ଆରମ୍ଭ। ଏଇ ଅବସ୍ଥାକୁ ପ୍ରେସିଡେଣ୍ଟ ନିକ୍‌ସନ୍‌ଙ୍କ ଅର୍‌ବାନ୍ ଆପାଂୟାର୍‌ସ୍ ବିଭାଗର ସ୍ୱତନ୍ତ୍ର ସହକାରୀ ଡି. ପି. ମହନିହ୍ୟାମ—ସେ କିଛି ଦିନ ତଳେ ଭାରତରେ ରାଜଦୂତ ମଧଥିଲେ— 'ଆମେରିକାନ୍ ତରୁଣର ପ୍ରବଳ ପ୍ରତିବାଦ ଓ ବିକ୍ଷୋଭର ଯୁଗ'ବୋଲି ଅଭିହିତ କରିଛନ୍ତି। ଏଇ ଶିବିରରେ ଆମେ ଦୁଇପ୍ରକାର ମତବାଦ ଦେଖିବାକୁ ପାଉଁ। ପ୍ରଚଳିତ ଅନୁଷ୍ଠାନର ସିଦ୍ଧାନ୍ତଠାରୁ ଭିନ୍ନମତ ପୋଷଣ କରୁଥିବା ଏବଂ ପ୍ରଚଳିତ ଅନୁଷ୍ଠାନର ସମସ୍ତ ସିଦ୍ଧାନ୍ତକୁ ପ୍ରତ୍ୟାଖ୍ୟାନ କରୁଥିବା ଏଇପରି ଦୁଇଟି ଶ୍ରେଣୀରେ ଏ ଶିବିରଟି ବିଭକ୍ତ। ପଞ୍ଚମ ଦଶକଟି ଥିଲା ଛାତ୍ର ଓ ତରୁଣ ସମାଜ ପକ୍ଷରେ ଏକ ଚୁପ୍‌ଚାପ୍ ସମୟ, ଯେତେବେଳେ ସେମାନଙ୍କ ବିରୋଧରେ ସ୍ଥିତାବସ୍ଥାର ନୀରବ ସମର୍ଥନ (quiscent Conformism) ବୋଲି ଅଭିଯୋଗ ଉଠୁଥିଲା। ତେଣୁ ଦ୍ୱିତୀୟ ମହାଯୁଦ୍ଧ—ଯୁଦ୍ଧୋତ୍ତର କାଳର ତରୁଣ ସଂପ୍ରଦାୟ ନିକଟରେ ବର୍ତ୍ତମାନର ସଂକ୍ଷୁବ୍ଧ ସମୟ ଆଶ୍ଚର୍ଯ୍ୟଜନକ ମନେ ହୋଇପାରେ।

ଏଇ ଅଭୂତପୂର୍ବ ପରିସ୍ଥିତିରୁ ପ୍ରଚଳିତ ସମାଜ କଣ ଶିକ୍ଷା କରିବ ନକରିବ ତା ଭବିଷ୍ୟତହିଁ କହିବ। କିନ୍ତୁ, ବର୍ତ୍ତମାନ ପୃଥିବୀର ସର୍ବତ୍ର ଏକ ମୁକାବିଲାପନ୍ଥୀ ଯୁବସାମୁଖ୍ୟ ଗଢ଼ି ଉଠିଛି। ମେକ୍‌ସିକୋ ଠାରୁ ଆରମ୍ଭ କରି ଇଂଲଣ୍ଡ, ଫ୍ରାନ୍‌ସ, ଜାପାନ, ଭାରତବର୍ଷ ଏବଂ ଲ୍ୟାଟିନ୍ ଆମେରିକା ଯାଏ ଏ ଆନ୍ଦୋଳନ ପ୍ରସାରିତ।

ଅଣମାର୍କସ୍‌ବାଦୀ ଏବଂ ଏପରିକି ଅଣରାଜନୀତିକ (apolitical) ବହୁ ଯୁବକ ଯୁବତୀ ଏଇ ଆନ୍ଦୋଳନରେ ସକ୍ରିୟ ଅଂଶ ନେଉଥିବାର ଦେଖା ଯାଉଛି।

ମୂଳତଃ ଏ ଆନ୍ଦୋଳନ ପ୍ରଚଳିତ ସଂସ୍ଥା ବିରୋଧରେ ଏବଂ ପ୍ରଚଳିତ ମୂଲ୍ୟ ବିରୋଧରେ, ଯେଉଁ ମୂଲ୍ୟର କୌଣସି ମାନେନାହିଁ, ଅଥଚ ଯାହା ମଣିଷର ପ୍ରତିପଦରେ ବାଧାସୃଷ୍ଟି କରିଚାଲିଚି। ଅନେକ ସମୟରେ ଏଇ ଆନ୍ଦୋଳନର ନେତୃତ୍ୱ ନବ୍ୟ ମାର୍କସ୍‌ବାଦୀମାନଙ୍କ ହାତକୁ ଚାଲିଗଲେ ମଧ୍ୟ ମୁଖ୍ୟତଃ ଏହା ଏକ ସାଧାରଣ ଯୁବ ଆନ୍ଦୋଳନ ହିଁ ହୋଇ ରହିଚି। ଡ. ମୟନିହ୍ୟାମଙ୍କ ମତରେ ଏ ଆନ୍ଦୋଳନ ପ୍ରଧାନତ ମନସ୍ତାତ୍ତ୍ୱିକ। କୌଣସି ଖାସ ମତବାଦରୁ ଏହାର ଜନ୍ମ ନୁହେଁ, ମତବାଦ—ନିରପେକ୍ଷ ଉଦାର ନୈତିକତାରେ ହିଁ ବର୍ତ୍ତମାନ ଯୁବସମାଜ ବିଶ୍ୱାସ କରେ, ଠିକ୍ ସେପରି ରୋମ୍ ସାମ୍ରାଜ୍ୟରେ ଏକ ରାଷ୍ଟ୍ରସ୍ୱୀକୃତ ଧର୍ମଣିଲେ ମଧ୍ୟ ତା ପାଖାପାଖି ଖ୍ରୀଷ୍ଟଧର୍ମକୁ ମଧ୍ୟ ଯଥେଷ୍ଟ ସ୍ୱାଧୀନତା ଦିଆ ଯାଇଥିଲା। ଅନେକେ ମଧ୍ୟ କହନ୍ତି ସେ ଉଦାର ନୈତିକତାର ଜନ୍ମ ଅଭିଜ୍ଞତା ମଧ୍ୟରୁ, କୌଣସି ଖାସ୍ କାରଣରୁ ନୁହେଁ, ତେଣୁ ଚରମ ଉଦାର ନୈତିକ ଦୃଷ୍ଟିଭଙ୍ଗୀ ବୋଲି କିଛି ନାହିଁ। ଏହା ପ୍ରାଗ୍‌ମେଟିକ୍।

ହାର୍ଭାଡ ବିଶ୍ୱବିଦ୍ୟାଳୟର ଆନ୍ତର୍ଜାତିକ କଳା ବିଜ୍ଞାନ ସେମିନାରର ପୂର୍ବତନ

ଡିରେକ୍ଟର ଏବଂ ବର୍ତ୍ତମାନ ପ୍ରେସିଡେଣ୍ଟଙ୍କ ସ୍ୱରାଷ୍ଟ୍ର ବ୍ୟାପାର ମନ୍ତ୍ରୀ (ଏ ସପ୍ତାହଠାରୁ ପରରାଷ୍ଟ୍ର ମନ୍ତ୍ରୀ ହେଲେଣି) ଡ. ହେନେରୀ ଏ. କିସିଞ୍ଜର ସାମ୍ପ୍ରତିକ ପ୍ରେକ୍ଷାପଟର ବିଶ୍ଳେଷଣ କରି କହିଛନ୍ତି; ଆମେରିକାନ୍ ଯୁବସମାଜର ଏକ ଆଦର୍ଶବାଦୀ ଅଂଶ ପ୍ରଚଳିତ ସଂସ୍ଥା ଓ ମୂଲ୍ୟ ବିରୋଧରେ ଏକ ଜୋରଦାର ଆହ୍ୱାନରୂପେ ଆତ୍ମପ୍ରକାଶ କରିଛି। ପଞ୍ଚମ ଦଶକ ଅର୍ଥାତ୍ କେନେଡି ଯୁଗର (ସମାନ୍ତରାଳ ଭାବେ ଭାରତର ନେହେରୁ ଯୁଗ) ଆଦର୍ଶ ଥିଲା ଆତ୍ମବିଶ୍ୱାସ ଉପରେ ପ୍ରତିଷ୍ଠିତ ଏକ ନୂତନ ନିର୍ମାଣର ଖସଡ଼ା। ଏହାର ଅଭିବ୍ୟକ୍ତି ହୋଇଥିଲା ଐକାନ୍ତିକ ଗଠନମୂଳକ କାର୍ଯ୍ୟରେ। ଆଜି କିନ୍ତୁ ଯୁବ ସମାଜର ଏକ ବୃହତ୍ତର ଅଂଶ କ୍ଷମତା ପରିଚାଳନା ଅପ୍ରାସଙ୍ଗିକ ବୋଲି ମନେ କରନ୍ତି। ଆଜି ଲିବର୍ଟିର ନୈତିକ ଭିତ୍ତି ଆଉ CIVIC ନୁହେଁ ତରୁଣ ବଂଶଧର ଶାନ୍ତି ଶୃଙ୍ଖଳାରକ୍ଷାର ସମସ୍ତ ପ୍ରଚଳିତ ଧାରଣା ପ୍ରତି ଉଦାସୀନ, ଏପରିକି ବିରୋଧ ଭାବାପନ୍ନ। ଡ. କିସିଞ୍ଜର କହନ୍ତି—

"Management is equated with manipulation Structural designs are Perceived as system of domination—not of order."

ଡ. କିସିଞ୍ଜର ବୟସଗତ ବ୍ୟବଧାନକୁ (generation) ଏଇ ଯୁଗ ବିକ୍ଷୋଭର ଅନ୍ୟତମ ମୌଳିକ କାରଣ ବୋଲି ମନେ କରନ୍ତି। ତାଙ୍କ ମତରେ ବର୍ତ୍ତମାନ ବଂଶଧରର ନିକଟ ଅତୀତ ସମ୍ବନ୍ଧରେ କୌଣସି ପ୍ରତ୍ୟକ୍ଷଜ୍ଞାନ ବା ସ୍ମୃତି ପ୍ରାୟ ନାହିଁ। ତେଣୁ ଆମେରିକାନ୍ ଉଦ୍ୟମରେ ଯେଉଁସବୁ ନୂତନ ନିର୍ମାଣ ବା ଉଦ୍ଭାବନମାନ ଅଭୂତପୂର୍ବ ସଫଳତା ଲାଭ କରିଥିଲା ସେସବୁ ସମ୍ବନ୍ଧରେ କିମ୍ବା ତାର ଉଦ୍ଦେଶ୍ୟ ବା ଆଶୁ ଫଳାଫଳ ସମ୍ବନ୍ଧରେ ସେମାନେ ପ୍ରାୟ କିଛି ଜାଣନ୍ତି ନାହିଁ କହିଲେ ଚଳେ। ତେଣୁ ସେମାନେ ସମଗ୍ର ବ୍ୟବସ୍ଥାଟା ପ୍ରତି ବୀତଶ୍ରଦ୍ଧ ହୋଇ ଉଠିବା ସ୍ୱାଭାବିକ। ଆମେରିକାର ଭିଏତ୍‌ନାମୀ ନୀତି ବିରୋଧରେ ସେମାନେ ଶତଜିହ୍ୱ ହୋଇ ଉଠନ୍ତି, ମାତ୍ର ରୁଷର ହାଙ୍ଗେରୀ ବ୍ୟାପାରରେ ହସ୍ତକ୍ଷେପ ସମ୍ବନ୍ଧରେ ସେମାନେ ବେଶିକିଛି ଜାଣନ୍ତି ନାହିଁ।

ପୃଥିବୀର ସବୁ ଦେଶରେ ପ୍ରାୟ ଏଇ ଅବସ୍ଥା। ଏଇ ନିରର୍ଥକ ମନୋଭାବର ପରିଣତି ଯେ କଣ ତାହା ବର୍ତ୍ତମାନ ସଠିକ କହିବା ଅସମ୍ଭବ। ତେବେ ସମକାଳୀନ କାବ୍ୟ କବିତା, ଗଳ୍ପ, ଉପନ୍ୟାସ ଓ ଶିଳ୍ପରେ ସ୍ଥିତାବସ୍ଥା ପ୍ରତି ଭୟଙ୍କର ବିତୃଷ୍ଣା ପ୍ରକାଶ ପାଉଚି। ଏଇ ବିତୃଷ୍ଣାହିଁ ହୁଏତ ଦିନେ ସଶସ୍ତ୍ର ବିପ୍ଳବର ରୂପନେବ ଏବଂ ପ୍ରଚଳିତ ବ୍ୟବସ୍ଥାକୁ ଭାଙ୍ଗି ଏକ ନୂତନ ସମାଜ ବ୍ୟବସ୍ଥା ପ୍ରବର୍ତ୍ତନ କରିବାର ମାର୍ଗ ଦର୍ଶନ ଦେବ। ଇତିହାସର ଏଇ ଆହ୍ୱାନ ପ୍ରତି ସଚେତନ ରହିବା ପ୍ରତ୍ୟେକ ମନନଜୀବୀର କର୍ତ୍ତବ୍ୟ।

■

ବୈଷ୍ଣବ-ସାହିତ୍ୟର କଥାବସ୍ତୁ

ନଟବର ସାମନ୍ତରାୟ

"So decided is the alteration and so direct is the connection between this later phase of krisnaism and the christianity of the early centuries of our era, that it is no expression of extravagant fancy but a sober historical statement that in all probability the Hindus of this cult of the Madonna and child have in reality, though unwaittingly, been worshipping the Christ-child for fully-thousand years."

ପାଶ୍ଚାତ୍ୟ ଗବେଷକ ମାନଙ୍କର ଉଲ୍ଲିଖିତ ଉକ୍ତି ପରି ବହୁ ଅଭିମତ ବହୁଦିଗରୁ ଆଲୋଚିତ ହୋଇ ସେମାନଙ୍କର ଅସାରତ୍ୱ ପ୍ରତିପାଦିତ ହୋଇଗଲାଣି। ବୈଷ୍ଣବଧର୍ମ କେଉଁ ଯୁଗରେ କେଉଁ ଧର୍ମଦ୍ୱାରା କେତେ ପରିମାଣରେ ପ୍ରଭାବିତ, ତାର ଆଲୋଚନା ବର୍ତ୍ତମାନ ପ୍ରବନ୍ଧର ଲକ୍ଷ୍ୟନୁହେଁ; କିନ୍ତୁ ଦୀନକୃଷ୍ଣ, ସାମନ୍ତସିଂହାର, ଭକ୍ତଚରଣ ପ୍ରଭୃତି ଯେଉଁ ଯୁଗରେ ଜନ୍ମଗ୍ରହଣ କରି ଓଡ଼ିଆ ସାହିତ୍ୟକୁ ସମୃଦ୍ଧିଶାଳୀ କରିଛନ୍ତି ସେ ଯୁଗରେ ଲୋକେ ଏ ଧର୍ମର ସମସ୍ତ ବହିଃ ଉପାଦାନକୁ ସନ୍ଦେହ ଚକ୍ଷୁରେ ନଦେଖି ତାକୁ ନିଜର ବୋଲି ଯେ ଗ୍ରହଣକରି ନେଇଥିଲେ ଏହା ସର୍ବବାଦୀ-ସମ୍ମତ। ଏ ଧର୍ମର କେତେକ ବିଷୟପ୍ରତି କବିଚିତ୍ତ କାହିଁକି ଆକର୍ଷିତ ହୋଇ କବିତା ବା କାବ୍ୟ ସୃଷ୍ଟି କରିଛି ତାହାହିଁ କେବଳ ଏଠାରେ ଆଲୋଚିତ ହେବ।

ଗ୍ରୀକ୍ ଦାର୍ଶନିକ "Poetics"ର ରଚୟିତା ଆରିଷ୍ଟଟ୍‌ଲଙ୍କ ମତରେ ପ୍ଲଟ୍ ନାଟକର ଶ୍ରେଷ୍ଠ ଉପାଦାନ। ଅନ୍ୟାନ୍ୟ କେତେକ ଉପାଦାନ ନାଟକର ଅପରିହାର୍ଯ୍ୟ

ଅଙ୍ଗ ହେଲେ ହେଁ ପ୍ଲଟ୍‌କୁ ଅତି ଉଚ୍ଚ କୋଟୀରେ ଉପସ୍ଥାପନ କରିବାର ଅଭିପ୍ରାୟ ଏଇ ଯେ ପୃଥିବୀରେ ଲକ୍ଷ ଲକ୍ଷ ବିଷୟ ଥିଲେ ବି ନିର୍ଦ୍ଦିଷ୍ଟ ରସ ପରି ସ୍ଫୁରଣ ଦିଗରେ ସମସ୍ତେ ସମପରିମାଣରେ ସାହାଯ୍ୟ କରିପାରନ୍ତିନି। ନାଟକର ଶ୍ରେଷ୍ଠ ଓ ପ୍ରଧାନ ଲକ୍ଷ୍ୟ ରସିକଚିତ୍ତରେ ରସନିବେଦନ। କିନ୍ତୁ ଦେଖାଯାଏ କେତେକ କଥା-ବସ୍ତୁର ଘଟଣା ତରଙ୍ଗ ଏପରି ବୈଚିତ୍ର୍ୟ ପୂର୍ଣ୍ଣ ଯେ ସେଇମାନଙ୍କ ସାହାଯ୍ୟରେ କେବଳ ନିର୍ଦ୍ଦିଷ୍ଟ ରସ ପରିପୁଷ୍ଟି ଲାଭ କରିଥାଏ। ସେଇ ହେତୁରୁ ପ୍ରାଚୀନ ଗ୍ରୀକ୍ ସାହିତ୍ୟର ବିୟୋଗାନ୍ତକ ନାଟକ କେତୋଟି କଥାବସ୍ତୁର ପରିଧି ମଧ୍ୟରେ ଆବଦ୍ଧ। ଏ ବିଷୟରେ ଆରିଷ୍ଟଟଲ୍ କହିଛନ୍ତି—

"Whenever the tragic deed, however, is done within a family when murderer the like is done or meditated by brother, on brother, by son on father, by mother on son, or son on mother—these are the situations the poet should seek after—At the same time even with these there is something left to the poet himself, it is for him to devise the right way of treating them."

ଏକ ବିଷୟବସ୍ତୁର ଆଶ୍ରୟ ନେଉଥିଲେ ହେଁ କବିମାନେ ନିଜର ଚିତ୍ତ ପ୍ରକର୍ଷ ବଳରେ ସେଇ କଥାବସ୍ତୁ ଉପରେ ନିଜ ବ୍ୟକ୍ତିତ୍ୱର ସ୍ୱତନ୍ତ୍ର ଛାପା ଦେଇ ନୂତନ ନୂତନ ସାହିତ୍ୟ କେବଳ ସୃଷ୍ଟି କରିଥାନ୍ତି ଓ ସେମାନଙ୍କ ରଚନା ଅନବଦ୍ୟ ସୃଷ୍ଟିରେ ପରିଣତ ହେବାର ପ୍ରଧାନ କାରଣ ହେଉଛି ସେମାନେ ବିଷୟ ବସ୍ତୁର ପ୍ରକୃଷ୍ଟ ସଂଯୋଜନା ଓ ତାର ଉପଯୁକ୍ତ ବିନିଯୋଗ ଉପରେ ବିଶେଷ ଧ୍ୟାନ ଦେଇଥାନ୍ତି।

ସଂସ୍କୃତ ସାହିତ୍ୟରେ ଏଇ ପ୍ରୟାସର ସ୍ପଷ୍ଟ ସଙ୍କେତ ଦେଖିବାକୁ ମିଳେ। ସମଗ୍ର ସଂସ୍କୃତ ସାହିତ୍ୟର ବହୁଅଂଶ ରାମାୟଣ, ମହାଭାରତ ଓ ଭାଗବତର କଥାବସ୍ତୁ ଉପରେ ପ୍ରତିଷ୍ଠିତ। ଏକ ରାମାୟଣ ଉପରେ ବହୁ କବି କାବ୍ୟ ରଚନା କରିଥିଲେ ବି ପ୍ରତ୍ୟେକ କାବ୍ୟରେ ପ୍ରତ୍ୟେକ କବିର ବ୍ୟକ୍ତି ସ୍ୱାତନ୍ତ୍ର୍ୟ ସୁପରିସ୍ଫୁଟ; ସେଇ ହେତୁରୁ କଥାବସ୍ତୁରେ ବିଶେଷ ପରିବର୍ତ୍ତନ ନଥିଲେ ବି କାବ୍ୟର ଅନ୍ତଃ ସ୍ୱରୂପରେ ପ୍ରଭେଦ ଅନୁଭବ କରିହୁଏ। ରଘୁବଂଶରେ ଥିବା ଭାବ ପ୍ରକାଶ ଭଙ୍ଗୀର ବୈଚିତ୍ର୍ୟ, ଧ୍ୱନିର ଅପୂର୍ବମାଧୁରୀ, ବର୍ଣ୍ଣନା ମଧ୍ୟରେ ସଂଯମ ଓ କାବ୍ୟଗତ ରସଧାରା ଉତ୍ତର ରାମଚରିତରେ ଦେଖିବାକୁ ମିଳେନି।

ବୈଷ୍ଣବ ସାହିତ୍ୟ ଏଇ ଏକ ପରମ୍ପରାରେ ପରିବର୍ଦ୍ଧିତ; ଏହା ଉଭୟ ସଂସ୍କୃତ ଓ ପ୍ରାଦେଶିକ ସାହିତ୍ୟରେ ସୁସ୍ପଷ୍ଟ। ଏ ସାହିତ୍ୟର ପ୍ରଧାନ ବିଷୟ ବସ୍ତୁ ହେଉଛି କଂସର ଅତ୍ୟାଚାର, ଏଥିରୁ ରକ୍ଷା ପାଇବା ପାଇଁ ଭଗବାନଙ୍କ ଠାରେ ଦେବତାମାନଙ୍କର ସ୍ତୁତି,

କୃଷ୍ଣଙ୍କ ଜନ୍ମ ଓ ତାଙ୍କୁ ହତ୍ୟା କରିବାପାଇଁ କଂସର ଅସୁର ପ୍ରେରଣ, ଧନୁ ଉତ୍ସବ ସଂପାଦନ ଓ ମଥୁରାକୁ କୃଷ୍ଣଙ୍କ ଗମନ, ସର୍ବ ଶେଷରେ କଂସର ମୃତ୍ୟୁ:—ଏଇ ବିଷୟବସ୍ତୁ ଓ ତାର ଆନୁସଙ୍ଗିକ ଘଟଣାରାଶି ଉପରେ ଓଡ଼ିଶାର ବିଶାଳ କୃଷ୍ଣ-ସାହିତ୍ୟ ଦଣ୍ଡାୟମାନ।

କାଳ୍ପନିକ କାବ୍ୟ ଜଗତର ବିଷୟବସ୍ତୁ ଏକ ଗତାନୁଗତିକ କାବ୍ୟ ଆଦର୍ଶରେ ଅନୁପ୍ରାଣିତ ହୋଇଥିବାରୁ ସେଇ ବିଷୟ ବସ୍ତୁରେ ନୂତନତ୍ୱର ପ୍ରବେଶ ଲାଭ ସହଜ କଥା ନୁହେଁ, କିନ୍ତୁ କୃଷ୍ଣ-ବିଷୟ-ବସ୍ତୁ ଏକ ସ୍ୱତନ୍ତ୍ର ପରିସୀମାରେ ଗତି କରିଛି। ଏ ସାହିତ୍ୟରେ ଘଟଣା ତରଙ୍ଗର ଘାତପ୍ରତିଘାତରେ ନିର୍ଦ୍ଦିଷ୍ଟ ରସ ସ୍ଫୁରଣ ସର୍ବାଦୌ ସମ୍ଭବପର। ବିଷବସ୍ତୁର ଆଶ୍ରୟରେ ବିଭିନ୍ନ ରସର ବିକାଶ କିପରି ହୋଇଛି ତାହା ବର୍ତ୍ତମାନ ଆଲୋଚିତ ହେବ।

ବୈଷ୍ଣବ-ସାହିତ୍ୟରେ କୃଷ୍ଣହିଁ ନାୟକ। ବୈଷ୍ଣବ-ଧର୍ମ-ଦର୍ଶନ ଅନୁସାରେ ସେ ରସିକ ଶେଖର ଓ ସର୍ବରସାତ୍ମକ। ଜଣେ ଆଳଙ୍କାରିକ କହିଛନ୍ତି "ଯେ ରାଧାଙ୍କଠାରେ ଶୃଙ୍ଗାର ରସଶାଳୀ, ଯେ ଅଘାସୁରକୁ ବିଷରେ ଦଗଧୀଭୂତ କରି ସଖାମାନଙ୍କ ପ୍ରତି ସକରୁଣ, ଏଇ ଅସୁର ଗର୍ଭରେ ପ୍ରବେଶ କାଳରେ ଯେ ବୀଭତ୍ସର ସମୟ, ବ୍ରଜକୁଳ କାମିନୀମାନଙ୍କର ବସ୍ତ୍ରହରଣ ସମୟରେ ଯେ ହାସ୍ୟରସପରାୟଣ, ଯେ ଦୁର୍ଦ୍ଧାନ୍ତ ଦୈତ୍ୟ ଦଳନରେ ବୀରରସାଶ୍ରୟୀ, କୁଷିତ ଇନ୍ଦ୍ରଙ୍କ ପ୍ରତି ଯେ ରୌଦ୍ରରସାବତାର, ହୟଙ୍ଗବୀନ ହରଣରେ ଯେ ଭୀତି ବିହ୍ୱଳ, ନିଜତେଜ ଦର୍ଶନରେ ଯେ ବିସ୍ମୟନିମଗ୍ନ, ଦାମବନ୍ଧନରେ ଯେ ଶାନ୍ତିରସ ସମ୍ପନ୍ନ, ସେଇ ଭଗବାନ ଶ୍ରୀକୃଷ୍ଣଙ୍କର ଜୟ ହେଉ।" ଘଟଣା ଗୁଡ଼ିକୁ କେନ୍ଦ୍ର କରି ସାହିତ୍ୟିକ ନବରସର ବିକାଶ କୃଷ୍ଣଚରିତରେ କିପରି ସଂସାଧିତ ହୋଇପାରେ ତାହାହିଁ କେବଳ ଏଠାରେ ଲକ୍ଷ୍ୟ କରିବା କଥା।

କୃଷ୍ଣଲୀଳା ଓ କଂସବଧ କୃଷ୍ଣ-ସାହିତ୍ୟ ସୃଷ୍ଟିର ଆଦିଉତ୍ସ। କୃଷ୍ଣଙ୍କ ଉତ୍ତର ଚରିତ ମହାଭାରତ ଓ ଅନ୍ୟାନ୍ୟ ପୁରାଣର ବିଷୟ; ଏହାର ପ୍ରଚଳନ ବୈଷ୍ଣବଧର୍ମଦର୍ଶନ ଅନୁମୋଦନ କରେନି। ତେଣୁ ଏ ସାହିତ୍ୟରେ ତାର ଆଦର କମ୍। ବୈଷ୍ଣବ କାବ୍ୟର କୃଷ୍ଣଚରିତ ଏକ ମନୋହର ଟ୍ରାଜେଡି। ଏ ସାହିତ୍ୟର କଥାବସ୍ତୁରେ ଘଟଣା ପରମ୍ପରାର ଏପରି ଚମତ୍କାର ସଂଯୋଜନା ଅଛି ଯେଉଁଥିରେ କି ଟ୍ରାଜେଡି ଅତି ସହଜରେ ସୃଷ୍ଟି ହୋଇପାରେ।

କୃଷ୍ଣ-ବିଷୟ ଆଦ୍ୟନ୍ତ କରୁଣ ରସାଶ୍ରିତ। ବସୁଦେବଙ୍କ ବିବାହ ଉତ୍ସବରେ କଂସର ଅସୀମ ଆନନ୍ଦ। ସ୍ୱହସ୍ତରେ ଆକାଶ ମାର୍ଗରେ ରଥ ପରିଚାଳନା କରୁଥିବା ସମୟରେ ନାରଦଙ୍କଠାରୁ ସେ ଶୁଣେ ନିଜ ମୃତ୍ୟୁର ଅପ୍ରିୟ ସମ୍ବାଦ—ରଥସ୍ଥ ଭଗିନୀ ଦେବକୀର ଅଷ୍ଟମ ଗର୍ଭଜାତ ସନ୍ତାନ ହେବ ତାର କାଳାନ୍ତକ। କଂସ ନିଜେ ମହା

ପରାକ୍ରମଶାଳୀ। ପିତାଙ୍କୁ ବିତାଡ଼ନ କରି ସେ ନିଜେ ହୋଇଛି ରାଜା। ସେଇ ରଥରେ ସେ ଇଚ୍ଛା କଲା ଦେବକୀଙ୍କୁ ହତ୍ୟା କରିବାକୁ; ବହୁ ଅନୁନୟ ବିନୟ ଫଳରେ ଦେବକୀ-ବସୁଦେବ ହୁଅନ୍ତି କାରାରୁଦ୍ଧ। ତତ୍‌ପରେ କଂସର କ୍ରୋଧାଗ୍ନିକୁ ଇନ୍ଧନ ଯୋଗାଇ ଗୋଟିକପରେ ଗୋଟିଏ ସନ୍ତାନ ମୃତ୍ୟୁ ମୁଖରେ ପତିତ ହେଲେ। ସଦ୍ୟଜାତ ଶିଶୁର ହତ୍ୟା ବିଶେଷତଃ ପିତାମାତାଙ୍କ ସ୍ୱଚକ୍ଷୁରେ ଏହା କମ୍ କରୁଣାଶ୍ରିତ କି ? ଅଷ୍ଟମ ଗର୍ଭଜାତ ସନ୍ତାନ ଯେଉଁ ଉପାୟରେ ନିର୍ଜନ ଘନ ଗର୍ଜିତ ରଜନୀରେ ନନ୍ଦଗୃହରେ ଆଶ୍ରୟ ନେଇଛି ତାର ବୈଚିତ୍ର୍ୟରେ କେଉଁ ସାହିତ୍ୟ ଧନ୍ୟ ହେବନି। ଆକାଶ-କନ୍ୟା କଂସର କ୍ରୂର କବଳରୁ ମୁକ୍ତ ହୋଇ ଆକାଶ ମାର୍ଗରେ ଗତି କଲା ବେଳେ କହିଗଲା କାଳାନ୍ତକର ପ୍ରକୃତ ଅବସ୍ଥାନ କେଉଁଠି। କଂସ ମସ୍ତକରେ ବଜ୍ରପାତ ହେଲା। ପିତାମାତାଙ୍କର ମୁକ୍ତି ଏ ଅବସ୍ଥାରେ ସ୍ୱପ୍ନ।

ତାପରେ କଂସର କୃଷ୍ଣହତ୍ୟା ବିଷୟରେ ହେଲା ଅନୁଦିନ ଚିନ୍ତା। ଗୋଟିକ ପରେ ଗୋଟିଏ ଅସୁର ଆସିଲେ ଶିଶୁ-ମୃତ୍ୟୁ କାମନାରେ, କେହି ଦୁଧରେ ବିଷଭରି, କେହି ଧେନୁ ବା କେହି ଶିଶୁକୁ ଭୁଲାଇବା ପାଇଁ ଶକଟା ରୂପ ଧରି। ଶିଶୁର ହତ୍ୟାପାଇଁ କଂସର ଏଇ ନିଦାରୁଣ ଦୁରଭିସନ୍ଧି, ଅଦମ୍ୟ ଉତ୍ସାହ ଓ ବିଧିବଦ୍ଧ ପରିକଳ୍ପନା ପ୍ରଭୃତି ପ୍ରତ୍ୟେକଟିରେ ଅଛି କରୁଣ ଭାବରାଶିର ଜୀବନ୍ତ ଉପାଦାନ। ଶିଶୁ ସବୁବେଳେ ଶିଶୁ; ତାର ନିଷ୍ଠୁର ହତ୍ୟାରେ କେଉଁ ନରନାରୀର ହୃଦୟ ଦୟାରେ ଦ୍ରବୀଭୂତ ନହେବ ?

ଯେତେବେଳେ କଂସର ସମସ୍ତ ଷଡଯନ୍ତ୍ର ନିଷ୍ଫଳ ଓ ନିଜେ ମୃତ୍ୟୁର କରାଳ ମୂର୍ତ୍ତି ନିକଟରେ ଭୀତତ୍ରସ୍ତ, ସେତେବେଳେ ସେ ଶେଷଥର ପାଇଁ ଚେଷ୍ଟାକରିଛି। ଧନୁ ଉତ୍ସବରେ ଆୟୋଜନ ଏଇ ଶେଷ ପ୍ରୟାସର କେବଳ ବାହ୍ୟ ପୋଷାକ ମାତ୍ର। ଉତ୍ସବ ଦର୍ଶନ ପାଇଁ ବାଳକ ମନ ଅଧୀର ହେବା ସ୍ୱାଭାବିକ। ତେଣୁ କୃଷ୍ଣଙ୍କୁ ପଠାଇବାରେ ନନ୍ଦର କୌଣସି ଆଶଙ୍କା କରିବା ବୃଥା। ଧନୁ ଉତ୍ସବ ଆୟୋଜନ ପଛରେ ଯେଉଁ ନାଟକୀୟ ପରିକଳ୍ପନା ଅଛି ତାହା କଂସର କପଟ ପ୍ରଚେଷ୍ଟାର ଚୂଡ଼ାନ୍ତ ନିଦର୍ଶନ।

ନିଜ ହସ୍ତରେ କୃଷ୍ଣଙ୍କୁ ହତ୍ୟାକରିବା ପାଇଁ କଂସ ପ୍ରସ୍ତାବ କରିଛି। ମଞ୍ଚାରେ ବସିଛି ନିଜେ କଂସ। ନିକଟରେ ଅଛନ୍ତି ପୌରଜନ ସହ ବସୁଦେବ-ଦେବକୀ ଓ ନନ୍ଦରାଣୀ। ଏଇ ମାନଙ୍କ ସ୍ୱଚକ୍ଷୁ ସମ୍ମୁଖରେ ହେବ ପୁତ୍ରର ହତ୍ୟା ଏବଂ ତାପରେ ହେବ କଂସ କ୍ରୋଧାଗ୍ନି, ଚିରଦିନ ପାଇଁ ନିର୍ବାପିତ। କରୁଣ ରସର ଦ୍ୟୋତନା ପାଇଁ ବିଷୟବସ୍ତୁର ଯଥାଯଥ ବିନ୍ୟାସ ଏଇଠାରେ ଚରମ ସୀମାରେ ବିଦ୍ୟମାନ; କିନ୍ତୁ ଯାହାର

ମୃତ୍ୟୁପାଇଁ ଏତେ ଅବିରାମ ଆୟୋଜନ ତାର ଦର୍ଶନ କେବଳ ଘଟଣାବଳୀକୁ ଭିନ୍ନମୁଖୀ କରି ଥୋଇ ଦେଇଛି—କଂସର କ୍ରୋଧାଗ୍ନି ଓ ଜୀବନ-ଦୀପ ଚିରଦିନ ପାଇଁ ଏକ ସମୟରେ ନିର୍ବାପିତ ହୋଇଛନ୍ତି।

ସମଗ୍ର କୃଷ୍ଣ-ସାହିତ୍ୟର ପ୍ରଥମ ଓ ପ୍ରଧାନ ସ୍ୱର କରୁଣା, ଏହା ପୂର୍ବରୁ କୁହାଯାଇଛି। ଏହା ଶୁଦ୍ଧ ଓ ମିଶ୍ରିତ ରୂପରେ ଦୁଇ ଭାଗରେ ଦେଖିବାକୁ ମିଳେ। ଉପର ଲିଖିତ ଘଟଣାରାଶି ଶୁଦ୍ଧ କରୁଣରସର ପ୍ରତୀକ। ଏହାର ଉତ୍ପତ୍ତି ବସୁଦେବ ଦେବକୀଙ୍କ ହତ୍ୟା ଚେଷ୍ଟାରୁ; ପରିବ୍ୟାପ୍ତି କୃଷ୍ଣହତ୍ୟା-ପ୍ରଚେଷ୍ଟାରେ ଓ ଶେଷ ପରିଣତି ଘଟିଛି ସଭାମଣ୍ଡପସ୍ଥ ପିତାମାତାଙ୍କ ସମ୍ମୁଖରେ କୃଷ୍ଣ-ନିଧନ ଚେଷ୍ଟା ଓ କଂସ ମୃତ୍ୟୁରେ। ଦ୍ୱିତୀୟଟି ଶୃଙ୍ଗାରାଶ୍ରିତ କରୁଣ ରସ। ଏହାର ଉତ୍ପତ୍ତି କୃଷ୍ଣରୂପ ଓ ବାଳଲୀଳାରୁ ପରିବ୍ୟାପ୍ତି କୃଷ୍ଣ ମଥୁରା ଗମନରେ ଓ ଶେଷ ପରିଣତି ଉଦ୍ଧବ ଆଗମନରେ। ଗୋଟିଏ କଂସକୁ ଅପରଟି ଗୋପୀମାନଙ୍କୁ ଆଶ୍ରୟକରି ଘଟଣା ପରମ୍ପର କ୍ରମିକ ଅଭିବୃଦ୍ଧିରେ ଏଇ କରୁଣ ରସ ଦେଦୀପ୍ୟମାନ। କୃଷ୍ଣ ସାହିତ୍ୟ ଅନୁଶୀଳନ ବେଳେ ଏ ଦୁହିଁଙ୍କ ମଧ୍ୟରେ ଥିବା ମଧୁର ଯୋଗସୂତ୍ର ଆଦୌ ଭୁଲି ହୁଏନି।

ବୈଷ୍ଣବ-ସାହିତ୍ୟରେ ପ୍ରେମର ଶତ ବୈଚିତ୍ର୍ୟ ପ୍ରୀତିର ଶତ ନୂତନ ଭଙ୍ଗି ଓ ହୃଦ ସ୍ପନ୍ଦନର ଜୀବନ୍ତ ଆଲେଖ୍ୟ ଅନନ୍ୟ ସାଧାରଣ। ଶତ ଇନ୍ଦ୍ରଧନୁର ପ୍ରେମଛଟା ବୋଧହୁଏ ଏକ ପରକୀୟାପ୍ରୀତି ପାଇଁ ସମ୍ଭବପର ହୋଇଛି। ବିଦ୍ୟାପତି କହିଛନ୍ତି "ସେଇ ପ୍ରୀତି ଓ ଅନୁରାଗ କଥା କଣ କହିବି। ତା ପ୍ରତିମୁହୂର୍ତ୍ତରେ ନୂତନ ଆକାର ଧାରଣକରେ।" ବୈଷ୍ଣବ-ସାହିତ୍ୟକୁ ସାହିତ୍ୟ ବୋଲି ଗ୍ରହଣ କଲେ ଏଇ ପ୍ରୀତିକୁ ସାହିତ୍ୟିକରସ-ସୌନ୍ଦର୍ଯ୍ୟ ନୀତିରେ ଅନୁଭବ କରିବା ଉଚିତ। ବାସ୍ତବିକ, ପ୍ରୀତିବିହୀନ ବୈଷ୍ଣବସାହିତ୍ୟ କାନ୍ତିହୀନ ମୁଖଦର୍ପଣ ସଦୃଶ।

କୃଷ୍ଣ ସର୍ବରସାତ୍ମକ ବୋଲି ପୂର୍ବରୁ କୁହାଯାଇଛି; ତଥାପି ସେ ମୂର୍ତ୍ତିମାନ ଶୃଙ୍ଗାରରସ। ଏହାକୁ ବୈଷ୍ଣବଧର୍ମ ଦର୍ଶନ ଅନୁମୋଦନ କରେ, ବୈଷ୍ଣବ ସାହିତ୍ୟ ମଧ୍ୟ ତାକୁ ବେଦବାକ୍ୟ ପରି ଗ୍ରହଣ କରିନେଇ ଶୃଙ୍ଗାର-ରସମୟ ସାହିତ୍ୟ ସୃଷ୍ଟି କରିଛି। "ଯଦିଓ ଭଗବାନ ସର୍ବରସାତ୍ମକ, ତଥାପି ସେ ଶୃଙ୍ଗାରରସର ଦେବତା ଓ ଏଇ ରସର ବର୍ଣ୍ଣ ତାଙ୍କ ସମାନ ବର୍ଣ୍ଣବୋଲି ସେ ମୂର୍ତ୍ତିମାନ ଶୃଙ୍ଗାର।"

କୃଷ୍ଣ ନାୟକ, ରାଧା ସହ ଗୋପୀମାନେ ନାୟିକା। ଲୋକେ କହନ୍ତି "କନ୍ୟା ବରୟତେ ରୂପଂ"। ପୁରୁଷର ରୂପସମ୍ପଦ ଚିରଦିନ ହିଁ ନାରୀଚିତ୍ତକୁ ଆକର୍ଷଣ କରି ଆସିଛି। ପ୍ରୀତିର ଆଦି ଉତ୍ସ ରୂପ। ଏମାନେ ପ୍ରେମମୟ ଜୀବନରେ କାର୍ଯ୍ୟକାରଣ ରୂପେ ପ୍ରତିଷ୍ଠିତ। କୃଷ୍ଣଙ୍କ ବହିଃ ସୌନ୍ଦର୍ଯ୍ୟ ଓ ବେଶଭୂଷା ଗୋପୀ ହୃଦୟକୁ ରସାପ୍ଲୁତ

କରି ରଖିବାରେ ସମର୍ଥ ବୋଲି କବିମାନେ ଏ ସାହିତ୍ୟରେ ସେଇ ରୂପ ଓ ବେଶକୁ ଶତବର୍ଣ୍ଣରେ ପୂର୍ଣ୍ଣକରି ରଖିଛନ୍ତି। କବି ଲେଖିଛନ୍ତି—

"ଶ୍ୟାମ ନାଗର ହେ ! ଏବେଶ ହୋଇବ ନାହିଁ।
ଏ ବେଶ ହୋଇଲେ ପାଷାଣ ତରଳେ
ଯୁବତୀ ବଞ୍ଚିବେ କାହିଁ।
ପିନ୍ଧିଥିବ ଯେବେ ପୀତାମ୍ବର ତୁମ୍ଭେ
ଭୂମିରେ ଲୋଟିବ ନାହିଁ,
ହସୁଥିବେ ଯେବେ ମୃଦୁ ମୃଦୁ ହୋଇ
ତେରଛେ ଚାହିଁବ ନାହିଁ।
ଘେନିଥିବ ଯେବେ ଚନ୍ଦନର ବିନ୍ଦୁ
ଗୋରଚନା ଥିବନାହିଁ,
ବାନ୍ଧିଥିବ ଯେବେ ତ୍ରିଭଙ୍ଗିମା ଚୂଳ
ଚନ୍ଦ୍ରିକା ଖୋଷିବ ନାହିଁ।
ଯେତେ ବେଶ ତୋତେ ମନା କଲି ଶ୍ୟାମ
ତେତେ ବେଶ ହେଲୁ ତୁହି
ବୋଲେ ବନମାଳୀ ଶୁଣଗୋ ରାଧିକେ
ଏ ବେଶ ତୁମ୍ଭରି ପାଇଁ।

କବି କଳ୍ପନାରେ ମହନୀୟ ବିଳାସ, ଭାବପ୍ରକାଶର ଚାରୁ ଅଭିବ୍ୟକ୍ତି ଓ ସାହିତ୍ୟିକ ଚିରନ୍ତନ ଧର୍ମର ଅପୂର୍ବ ସମାବେଶ ସଙ୍ଗେ ଏଇ କେତୋଟି ପଙ୍କ୍ତିରେ ତରୁଣୀ ହୃଦ ସ୍ପନ୍ଦନର ରମଣୀୟ ଆଲେଖ୍ୟ, ପ୍ରେମ ନିବେଦନର ଅଭିନବ କୌଶଳ ଓ ଆକର୍ଷଣର ମଧୁର ଆଭାସ ମଧ୍ୟ ଦେଖିବାକୁ ମିଳେ।

ଗଉଡ଼ ପୁଅଯାଏ ବନକୁ ଗୋରୁ ଜଗିବାକୁ, ତା କୁଳର ବେଉସା ବୋଲି। ଯେଥିରେ ପ୍ରେମିକା ଚିତ୍ତ କ୍ଷଣିକ ପ୍ରିୟ ଅଦର୍ଶନରେ ଉତ୍ତାଳ ହୋଇଉଠେ। ଚିତ୍ତର ଚାଞ୍ଚଲ୍ୟ, ହୃଦୟର ଉଦ୍‌ବେଗ, ପ୍ରାଣର ହାହାକାର, ଦୁଃଖର ନିପୀଡ଼ନ, ଏତିକି ବେଳେ କେବଳ ଦେଖା ଦିଅନ୍ତି। ଶିରିଷ କୋମଳ ଶରୀର ପକ୍ଷରେ ଗୋଚାରଣ ରୂପ କଠୋର ପରିଶ୍ରମ ଗୋପୀମନରେ ଘୋର ଅନୁକମ୍ପା ଆଣି ଦିଏ, ଫଳରେ ନନ୍ଦ ଯଶୋଦାଙ୍କ ଉପରେ ପଡ଼େ ପ୍ରେମବ୍ୟଞ୍ଜକ କଟୁକ୍ତିର ଦୃଷ୍ଟିଧାରା କୃଷ୍ଣ ଚରିତରେ ଗୋଚାରଣ ଘଟଣା ପ୍ରେମପ୍ରକାଶ ପାଇଁ କମ୍ ସାହାଯ୍ୟ କରିନି।

ଗଉଡ଼ ପୁଅ ଏ ଘରୁ ଯାଇ ସେ ଘରୁ ଖାଏ ଦହି। ଦୁରାଧାମୃତ ସହିତ ଅଧରାମୃତ ଏ ସମୟରେ ବାଦ ପଡ଼େନି। ଏଇ ନିର୍ଜନରେ ପ୍ରେମର ପରିସର ସଂବୃଦ୍ଧ ହୁଏ। ପ୍ରେମାଭିଳାଷ ଚରିତାର୍ଥ ହେବା ସଙ୍ଗେ ସଙ୍ଗେ ତାର ବର୍ଣ୍ଣ ବିଭବ ଶତରୂପରେ ଅନୁରଞ୍ଜିତ ହୁଏ। ହୃଦୟର ଶତସ୍ପନ୍ଦନ, ଚିତର ବିହ୍ୱଳତା, ଅନ୍ତରର ଆକର୍ଷଣ ପ୍ରଭୃତି ଚିତ୍ତବୃତ୍ତିର ନୈସର୍ଗିକ, ଶାଶ୍ୱତ ପ୍ରବୃତି ଏଇ ମଧୁର ମିଳନରେ ସାର୍ଥକତା ଲଭ କରନ୍ତି। ବୈଷ୍ଣବ-ସାହିତ୍ୟରେ କୃଷ୍ଣଙ୍କ ବାଳଲୀଳା, ଗୋପଲୀଳା ଯମୁନା-ବୃନ୍ଦାବନ-କାନନଲୀଳା ପ୍ରଭୃତିର ପ୍ରେମାନୁରାଗ ଏ ସାହିତ୍ୟର ଅମୂଲ୍ୟମଣି ସଦୃଶ।

ଗଉଡ଼ ପୁଅ ହାତରେ କବି ଧରାଇ ଦେଇଛନ୍ତି ଗୋଟିଏ ବଂଶୀ ଯାହାକି ବନରେ ସୁଲଭ ଓ ଗଉଡ଼ ପୁଅ ପକ୍ଷରେ ଦୁର୍ମୂଲ୍ୟ ନୁହେଁ। ଏହାର ସାହାଯ୍ୟରେ ରମଣୀର ଚିତ୍ତ ଚାଞ୍ଚଲ୍ୟ ସୃଷ୍ଟି କରି ନିଜପାଖକୁ ଗୋପୀମାନଙ୍କୁ ଆକର୍ଷଣ କରି ଆଣିବାକୁ କୃଷ୍ଣ ସମର୍ଥ ହୋଇଛନ୍ତି। କୃଷ୍ଣ-ସାହିତ୍ୟରେ ଏଇ ବଂଶୀର ଗୌରବ ଓ ତାର ପ୍ରଭାବ ସମୁଚିତ ଭାବେ ସ୍ଥାନ ପାଇଛି। ରାଧାଙ୍କ ମୁଖରେ କବି କହିଛନ୍ତି—

"ମୂରଲି ! ତୋରେ ଶରଣ ଗଲିରେ (ମୁରଲୀ)
ଦିନେ ନ ଡାକିଲୁ ରାଧିକା ବୋଲିରେ।
ଜାତି ତୋର କଣ୍ଟା ବାଉଁଶ ଖଣ୍ଡ
ଧ୍ୱନି ସଙ୍ଗେ ଥାଇ ପଞ୍ଚମ କାଣ୍ଡ।
କୃଷ୍ଣ ହସ୍ତୁଁ ତୋତେ କେ ଦ୍ୟନ୍ତା ମୋତେ
ଭସାଇ ଦିଅନ୍ତି ଯମୁନା ସ୍ରୋତେ।"

କିମ୍ବା

"ଗୋପେ କେବା ନାହିଁତ, ମୋତେ ହେଲା ଅହିତ,
ନିରବଧି ରାଧା ରଧା ଡାକେ ସେହିତ।
କହ ଯାଇ ତହିଁକି, ପରିହାସୀ ମୁହିଁକି ?
କୁଞ୍ଜବନକୁ ଡାକଇ ମୋତେ କାହିଁକି ?"

ନିଷ୍ଠୁର କଂସର ଆଦେଶ ହୋଇଛି, କୃଷ୍ଣ ମଥୁରାକୁ ନିଶ୍ଚୟ ଯିବେ। ଶତଗୋପୀ ଏହାର ଅନ୍ୟଥା କରି ପାରିବେନି। ପ୍ରେମ ପରିବର୍ଦ୍ଧନ ପାଇଁ, ବିପ୍ରଲମ୍ଭ ଶୃଙ୍ଗାର ରସର ଦ୍ୟୋତନା ପାଇଁ ଏହି ଘଟଣାଟି ଅତ୍ୟନ୍ତ ଉପଯୋଗୀ। ଶକୁନ୍ତଳା ନାଟକରେ ବିରହର ଅଭିନବ ପ୍ରକାଶ ପାଇଁ ଦୁର୍ବାଶାଙ୍କ ଅଭିଶାପ ଯେପରି ସଂଯୋଜିତ ହୋଇଛି ସେମିତି ଘଟନା ତରଙ୍ଗର ସହଜ, ପ୍ରାକୃତିକ ଗତି କୃଷ୍ଣ ସାହିତ୍ୟକୁ ଛାଡ଼ିଦେଲେ ଓଡ଼ିଆ ମଧ୍ୟଯୁଗ ସାହିତ୍ୟରେ ଅନ୍ୟତ୍ର ସୁଲଭ ନୁହେଁ। ଯେତେବେଳେ ପ୍ରେମିକା ପ୍ରେମରେ ନିମଗ୍ନ,

ସେତେବେଳେ କଂସର କଠୋର ଆଦେଶ ତାର ଅତୀତ ଜୀବନର ସୁଖରାଶିକୁ କ୍ଷଣକରେ ମାଟିରେ ମିଶାଇ ଦେଇଛି। ଶୋକ ସନ୍ତପ୍ତା ଆସନ୍ନ ବିରହ-ଦୁଃଖାଭିଭୂତା ଗୋପୀ ହୃଦୟ ଏଥିରେ ଶତଧା ବିଦୀର୍ଣ୍ଣ ହୋଇ ଉଠିଛି। ପ୍ରେମଗର୍ବିଣୀ ଗୋପୀ ହୃଦୟର ପ୍ରେମ ନିବେଦନ ଏଇ ସମୟରେ ଏକ ଅଲୌକକ ଦୀପ୍ତିରେ ଉଦ୍‌ଭାସିତ ହେବାକୁ ସମର୍ଥ ହୋଇଛି।

ବିଦାୟବେଳେ କୃଷ୍ଣ କହି ଯାଇଥିଲେ ଚାରିଦିନ ପରେ ଫେରି ଆସିବାକୁ। ଗୋପୀମାନେ ବୁଝିଲେଣି ଆଉ ଚାରିଯୁଗ ଗଲେ ବି କୃଷ୍ଣଙ୍କ ସହ ସେମାନଙ୍କର ମିଳନ ସମ୍ଭବ ନୁହେଁ। ଗୋପ ମଥୁରାର ନିକଟରେ। ପ୍ରେମିକା ଜାଣେ ପ୍ରେମିକର ଦର୍ଶନ ତା ପକ୍ଷରେ ଅସମ୍ଭବ, ଯଦିଓ ସେ ଅଛି ତାର ଅତି ନିକଟରେ। ହାତ ବଢ଼େଇଲେ ପାଇବ, କିନ୍ତୁ ହାତ ବଢ଼େଇବାର ସାମର୍ଥ୍ୟ ନାହିଁ। ଏହି ସମୟରେ ମୃତ୍ୟୁ ଶ୍ରେଷ୍ଠ ଅବଲମ୍ବନ, କିନ୍ତୁ ମୃତ୍ୟୁର ବି ଅନୁଗ୍ରହ ନାହିଁ। ଏଇ ଜଟିଳ ପରିସ୍ଥିତରେ ଦାରୁଣ ମନୋବେଦନା ସମସ୍ତ ବାୟୁମଣ୍ଡଳ ଅଧିକାର କରି ପ୍ରେମିକାକୁ ଯେପରି ଶୋକବିଦଗ୍‌ଧ କରେ, ଗୋପୀମାନଙ୍କର ଜୀବନ କାହାଣୀ ଠିକ୍ ସେମିତ। ଅତୀତ ଜୀବନର ସମସ୍ତ ପ୍ରେମଲୀଳା, ଚିର ଆଶାୟୀର ଆକାଙ୍‌କ୍ଷିତ ପଦାର୍ଥ ପ୍ରତି ସକରୁଣ, ଦୁର୍ବଳ ହସ୍ତପ୍ରସାରଣ, ଐକାନ୍ତିକ ପ୍ରେମର ନିଷ୍ଫଳ ନିବେଦନ, ଶୋକସନ୍ତପ୍ତ ଭଗ୍ନହୃଦୟର କରୁଣ କାକୁତୀ ରୂପାୟନ ଲାଭ କରିଛନ୍ତି ସରଳ, ନିଷ୍କପଟ, ବିମଳ ଗୋପୀ ହୃଦୟର ବିରହ ଗୀତିକାରେ। ବୈଷ୍ଣବ-ସାହିତ୍ୟ ପ୍ରେମିକାର ସରଳ ପ୍ରେମ ବର୍ଣ୍ଣନାରେ ଚିରଦିନ ଊର୍ଜ୍ଜସ୍ୱଳ।

ଗୋପୀମାନଙ୍କ ମନର ଏଇ ଗଭୀର ଅଭିମାନ ନିମ୍ନଲିଖିତ ପଦ୍ୟାଂଶଟିରେ ଅତି ଜୀବନ୍ତ ଭାବେ ଆତ୍ମପ୍ରକାଶ କରିଛି।

"ଯାକୁ ନାନା ରସପଣା ମିଳିବ।
ସେ ଗୋ ଗୁଡ଼ପଣା କିସ କରିବ॥
ଯାକୁ ମିଳିବ ଦିବ୍ୟଶାଳୀ ଅନ୍ନ।
ତାର ବଗଡ଼ା ଭାତେ କାହିଁ ମନ॥

ଯାକୁ ମିଳିବ ସୁବାସ ଚନ୍ଦନ।
ତାର ନିମ୍ବକାଠରେ କାହିଁ ମନ॥
ଯେହ୍ନୁ ଗଙ୍ଗାରେ କରିବ ସ୍ନହାନ।
ତାର କୂପଜଳରେ କାହିଁ ମନ॥

ଯେହ୍ନୁ ପାଟ ପତନୀ ଗୋ ପିନ୍ଧିବ ।
　　　　ସେହ୍ନୁ ଶୁକଳ ବସ୍ତ୍ର କି କରିବ ॥
ଯାକୁ ମିଳିବ ପଲ୍ୟଙ୍କ ସୁପାତି ।
　　　　ତାର ଭୂମି ଶଯ୍ୟାରେ କାହିଁ ମତି ॥"

ବୈଷ୍ଣବ ସାହିତ୍ୟରେ କୁବୁଜା ପ୍ରତି-ନାୟିକା ରୂପେ ଚିତ୍ରିତ । କୃଷ୍ଣ ପ୍ରେମଗର୍ବିଣୀ ଗୋପୀମାନଙ୍କର ହୀନାବସ୍ଥା, କର୍ମବିପାକ, ସପତ୍ନୀ କୁବୁଜା ନିକଟରେ ପ୍ରକାଶ କରିବା ଜୀବନ୍ତ ମୃତ୍ୟୁ ସଦୃଶ ଅଟେ । ସେଇ ହେତୁରୁ ଅତି କରୁଣ ଭାବରେ ସେମାନେ ଉଦ୍ଧବକୁ କହିଛନ୍ତି "କୁବୁଜା ପାଶରେ ଥିବା ସମୟରେ ଦୁଃଖ ଏକା ନ କହିବ" । ନାରୀ ଚିତ୍ତର ଏଇ ଜୀବନ୍ତ ଶାଶ୍ୱତ ଚିତ୍ରଟି ଅତି ଅନାଡ଼ମ୍ବର ଭାଷାରେ ଯେପରି ପ୍ରକାଶ ପାଇଛି ତାହା ଅତ୍ୟନ୍ତ ଉପଭୋଗ୍ୟ ।

ବୈଷ୍ଣବ-ସାହିତ୍ୟରେ ଅନ୍ୟାନ୍ୟ ରସମାନଙ୍କର ସ୍ୱର ଯେ ଶୁଣିବାକୁ ନମିଳେ ତା ନୁହେଁ । ଦେବତା ଓ ଗୋପୀମାନଙ୍କର କୃଷ୍ଣଙ୍କ ପ୍ରତି ଐକାନ୍ତିକ ଭକ୍ତି, ଯୋଦ୍ଧାମାନଙ୍କ ସହିତ ଯୁଦ୍ଧବେଳେ ବୀରରସ, ଯଶୋଦାଙ୍କ ମାତୃ ହୃଦୟର ବାତ୍ସଲ୍ୟ ଭାବ ମଧ୍ୟ ଦେଖିବାକୁ ମିଳେ । ଏମାନଙ୍କ ମଧ୍ୟରେ ଶେଷୋକ୍ତ ରସଟି ପ୍ରଧାନ । ମଥୁରା ଗମନ କାଳରେ ଏହା ଉତ୍ତମରୂପେ ପ୍ରତିପାଦିତ ହୋଇଛି । କଂସର ଆଦେଶରେ କୃଷ୍ଣ ମଥୁରାକୁ ଯାଉଛନ୍ତି; ତେଣୁ ଆସନ୍ନ-ପୁତ୍ର-ବିରହ-ବିଧୁରା ଯଶୋଦାଙ୍କ ହୃଦକନ୍ଦର ଯେପରି ଶୋକାଗ୍ନିରେ ଦଗ୍ଧୀଭୂତ ତାହା ବର୍ଣ୍ଣନାତୀତ । ମାତୃହୃଦୟର ଅମଳ ବିମଳ ମନ୍ଦାକିନୀ ଧାରାର ଅପୂର୍ବସ୍ରୋତ ମଥୁରା-ମଙ୍ଗଳରେ ଯେପରି ପ୍ରବାହିତ ହୋଇଛି ତାହା ଓଡ଼ିଆ ସାହିତ୍ୟରେ ଏକ ବିଶିଷ୍ଟ ସମ୍ପଦ । ଏପରି ହୃଦୟ ମନ୍ଥନକାରୀ କ୍ରନ୍ଦନ, ଏପରି ବୁକୁଫଟା ଭାଷା, ଏପରି ଅଳଙ୍କାର ବିହୀନ ନିରାଡ଼ମ୍ବର ସ୍ୱଚ୍ଛ ଭାବରାଶି ଏଇ କାବ୍ୟର ଅତି କମ୍ ସ୍ଥାନରେ ଦେଖିବାକୁ ମିଳେ । କୃଷ୍ଣଙ୍କ ଯାତ୍ରା ସମୟରେ ଯଶୋଦାଙ୍କ ଆକୁଳ ହୃଦୟରୁ ବାହାରିଛି "ଆରେ ବାବୁ ଶ୍ୟାମଘନ ତୁ ଗଲେ ମଧୁଭୁବନ କାହାମୁଖ ଅନାଇ ବଞ୍ଚିବି"... ଇତ୍ୟାଦି । କଥାଗୁଡ଼ିକ ଯେପରି ନିରାଟ ସତ୍ୟ ସେମିତି ଗଭୀର ଅନୁଭୂତି ପୂର୍ଣ୍ଣ । ମା କେବଳ ବଞ୍ଚିପାରେ ପୁଅକୁ ଦେଖି । ତାର ଅନୁପସ୍ଥିତିରେ ମା'କୁ ଯେ ଦଶଦିଗ ଅନ୍ଧକାର ଦେଖାଯାଏ । ତାର ଖାଇବା, ପିନ୍ଧିବାରେ ଅନବରତ ଚିନ୍ତା ଲାଗିଥାଏ—ଏମିତି ସତ୍ୟ କରୁଣାଶ୍ରିତ ଘଟଣାଗୁଡ଼ିକ ଯେପରି ଜୀବନ୍ତ ଭାଷାରେ ବର୍ଣ୍ଣିତ ତାହା ପଢ଼ିଲେ ଆଖିରୁ ଦୁଇଟୋପା ଲୁହ ଝରିପଡ଼େ । ପୁଣି କବି କହିଛନ୍ତି—

"ନିଶାକାଳେ ମୋର କୋଳେ
ଶୋଇଥାଉ ଶ୍ରମ ଭୋଳେ
ସ୍ୱପନରେ ଦେଖି କିସ କିସ
ମା' ବୋଲି ଚମକି ପଡୁ   କଣ୍ଠେ ଦୁଇ ଭୂଜ ଭିଡୁ
ପୁଣି ଶୋଉ ଘୋଡ଼ିହୋଇ ବାସରେ ଜୀବଧନ।"

ଓଡ଼ିଆ ଘରର ଏଇ ନିରାଟ ସତ୍ୟ ଚିତ୍ର ଅନ୍ୟ କେଉଁ ଓଡ଼ିଆ କବିଙ୍କ ହସ୍ତରେ ପ୍ରାଣବନ୍ତ ହୋଇଛି ବୋଲି ମନେ ହୁଏନି। ଅନ୍ୟତ୍ର କୁହାଯାଇଛି—

"କାହାକୁ ବୋଲିବି ଝୁଲହାତୀ
କାହାକୁ ଡାକିବି କର ପାତିରେ"

ଏଇ କେତୋଟି କଥାରେ ମନୁଷ୍ୟ ଚିତ୍ତ ବୃତ୍ତିର ଶାଶ୍ୱତ ଚିତ୍ର କବି ଯେପରି ଦେଇଛନ୍ତି ତାହା ଅନ୍ୟତ୍ର ଦୁର୍ଲଭ। ଯାହାର ବାପ କିମ୍ୱା ମା ହେବାର ପରମ ସୌଭାଗ୍ୟ ଜୀବନରେ ଘଟିନି ତା ପକ୍ଷରେ ଏ ଏ ଗୁଡ଼ିକ ଚିରଦିନ ସ୍ୱପ୍ନ।

ବୈଷ୍ଣବ ସାହିତ୍ୟର କଥାବସ୍ତୁ ପୁରାଣ ଉପରେ ପ୍ରତିଷ୍ଠିତ କିନ୍ତୁ ପ୍ରତ୍ୟେକ ଘଟଣାର ପଶ୍ଚାଦ ଭାଗରେ ନିର୍ଦ୍ଦିଷ୍ଟ ରସ ବିକାଶର ସମୁଚିତ ବାତାବରଣ ଯେପରି ଅଛି ସେପରି ଅନ୍ୟତ୍ର ମିଳିବା ସହଜ ନୁହେଁ। ବୈଷ୍ଣବ କବିଚିତ୍ତ କାବ୍ୟ ସୃଷ୍ଟି ସମୟରେ ଏମାନଙ୍କ ପ୍ରତି ଆକୃଷ୍ଟ ହେବା ଅସମୀଚୀନ ନୁହେଁ। ଓଡ଼ିଆ ସାହିତ୍ୟରେ ଏଇ ବୈଷ୍ଣବ କବିମାନେ ତାର ସଦ୍‌ବ୍ୟବହାର ଦ୍ୱାରା ଏ ସାହିତ୍ୟର ଗୌରବ ପ୍ରତିଷ୍ଠା ଦିଗରେ ଯଥେଷ୍ଟ ସାହାଯ୍ୟ କରିଛନ୍ତି, ଏଥିରେ ତିଳେମାତ୍ର ସନ୍ଦେହ ନାହିଁ।

■

ପ୍ରାଚୀନ ଭାରତରେ ଗଣତନ୍ତ୍ର ଶାସନ

ନବୀନକୁମାର ସାହୁ

ଆଜି ଭାରତ ପୂର୍ଣ୍ଣ ସ୍ୱାଧୀନତା ପ୍ରାପ୍ତ ହୋଇ ଗଣତନ୍ତ୍ରମୂଳକ ଶାସନ ଅବଲମ୍ବନ କରୁଥିବାବେଳେ ପ୍ରାଚୀନ ଭାରତରେ ପ୍ରଚଳିତ ଗଣତନ୍ତ୍ର ଶାସନର ଐତିହାସିକ ଆଲୋଚନା ଅତି ଆବଶ୍ୟକ ବିବେଚିତ ହୁଏ। ଆଧୁନିକ ଗଣତନ୍ତ୍ର ବୈଦେଶିକ ଭୂମିରୁ ଉତ୍ପନ୍ନ ହୋଇ ବିଦେଶର ବିଚିତ୍ରତାମୟ ସମାଜନୀତି ଓ ଅର୍ଥନୀତି ମଧ୍ୟରେ ପୁଷ୍ଟିପ୍ରାପ୍ତ ହୋଇ ପରିଶେଷରେ ଯେ ଭାରତ ଭୂମିରେ ପ୍ରବେଶ ଲାଭ କରିଅଛି, ଏହା ସୁନିଶ୍ଚିତ। ୧୭୮୯ ଖ୍ରୀ.ର ଇତିହାସ-ପ୍ରସିଦ୍ଧ ଫରାସି ରାଷ୍ଟ୍ରବିପ୍ଳବରୁ ଏହି ଗଣତନ୍ତ୍ର ଜନ୍ମଲାଭ କରି ୧୮୩୦ ଖ୍ରୀ.ର ଜୁଲାଇ ବିପ୍ଳବ ଓ ୧୮୪୮ର ମଧ୍ୟାହ୍ନ ବିପ୍ଳବ ହେତୁ ଏହା ସମଗ୍ର ଇଉରୋପରେ ପରିବ୍ୟାପ୍ତ ହୋଇପାରିଥିଲା। ତତ୍ପରେ ଏହା ଧୀରେ ଧୀରେ ଅନ୍ୟାନ୍ୟ ଦେଶରେ ଆରୋପିତ ହୋଇ ଆଜି ସମଗ୍ର ସଭ୍ୟ ଜଗତର ଏକମାତ୍ର ପ୍ରଶଂସନୀୟ ଶାସନତନ୍ତ୍ର ରୂପେ ପରିଗଣିତ ହୋଇଅଛି। ଗଣତନ୍ତ୍ର ଶାସନ ଆଧୁନିକ ସଭ୍ୟତାର ଶ୍ରେଷ୍ଠତ୍ୱ ପ୍ରତିପାଦନ କରୁଥିଲେ ମଧ୍ୟ ପ୍ରାଚୀନ ସଭ୍ୟତାର ଇତିହାସରେ ଏ ପ୍ରକାର ଶାସନତନ୍ତ୍ରର ଗୌରବମୟ ଅସ୍ତିତ୍ୱ ଅସ୍ୱୀକାର କରାଯାଇ ନପାରେ। ପ୍ରାଚୀନ

---

* ତାଙ୍କର ଏଇ ପ୍ରବନ୍ଧଟି 'ସହକାର' ପତ୍ରିକାର ୧୯୪୮ ଅକ୍ଟୋବର ସଂଖ୍ୟାରେ ସ୍ଥାନପ୍ରାପ୍ତ। ସେତେବେଳେ ସେ ଛାତ୍ର। ଛାତ୍ରାବସ୍ଥାରେ ଲିଖିତ ହେଲେ ବି ଏହା ଯେ ଏକ ବୁଦ୍ଧିଦୀପ୍ତ ଗବେଷକୀୟ କୃତି, ଏଥିରେ ସନ୍ଦେହ ନାହିଁ। ବହୁ ସମ୍ଭାବନାଭରା ପ୍ରବନ୍ଧଟିର ସମ୍ୟକ୍ ପାଠକୀୟ ଅବଗତିନିମିତ୍ତ ଏଇ ପରିଶିଷ୍ଟରେ ତାହାର ଉପସ୍ଥାପନ ଯଥାର୍ଥ ମନେହୁଏ।

ଗଣତନ୍ତ୍ରର ଉଲ୍ଲେଖ କରିବାକୁ ଯାଇ ଐତିହାସିକମାନେ ସାଧାରଣତଃ ଗ୍ରୀସ୍ ଏବଂ ରୋମ୍ ରାଜ୍ୟପ୍ରତି ଦୃଷ୍ଟିପାତ କରିଥାନ୍ତି ଏବଂ ପ୍ରାଚୀନ ଭାରତ ସମସ୍ତଙ୍କ ଦ୍ୱାରା ସର୍ବଦା ଅବହେଳିତ ହୋଇଥାଏ । ଦୁଃଖର ବିଷୟ, ପ୍ରାଚୀନ-ଭାରତରେ ଥିବା ସମୃଦ୍ଧିଶାଳୀ ଗଣରାଜ୍ୟମାନଙ୍କ ବିଷୟରେ ଯଥୋପଯୁକ୍ତ ଗବେଷଣା ଏ ପର୍ଯ୍ୟନ୍ତ ହୋଇପାରି ନାହିଁ ଏବଂ ଭାରତର ବହୁସଂଖ୍ୟକ ଐତିହାସିକ ମଧ୍ୟ ଏ ବିଷୟରେ ସଂପୂର୍ଣ୍ଣ ଅଜ୍ଞ ଅଟନ୍ତି । ବିଶ୍ୱ ସଂସ୍କୃତିର ସମ୍ୟକ୍ ଅବଧାରଣ ନିମନ୍ତେ ପୃଥିବୀର ଗବେଷକଗଣ ଏ ସମ୍ବନ୍ଧରେ କେବଳ ଗ୍ରୀସ୍ ଏବଂ ରୋମ୍ ଇତିହାସରେ ଆବଦ୍ଧ ନ ରହି ପ୍ରାଚୀନ ଭାରତୀୟ ଇତିହାସର ସୁବିଶାଳ କ୍ଷେତ୍ରରେ ଗବେଷଣା କରିବା ଉଚିତ ଏବଂ ବିଭିନ୍ନ ଦେଶର ପତ୍ରପତ୍ରିକାରେ ମଧ୍ୟ ଏ ବିଷୟ ବିଶେଷରୂପେ ଆଲୋଚିତ ହେବା ଏକାନ୍ତ ଆବଶ୍ୟକ ।

ପ୍ରଫେସର ରିସ୍ ଡେଭିଡ୍ସ୍ (Rhys Davids) ବୌଦ୍ଧ-ଭାରତ ବିଷୟ ଗବେଷଣା କରିବା ସମୟରେ ପାଲି ସାହିତ୍ୟ କ୍ଷେତ୍ରରେ ଗଣରାଜ୍ୟଗୁଡ଼ିକର ବର୍ଣ୍ଣନା ଦେଖି ଆଶ୍ଚର୍ଯ୍ୟାନ୍ୱିତ ହୋଇଥିଲେ ଏବଂ ସର୍ବପ୍ରଥମେ ସେ ପ୍ରାଚୀନ ଭାରତରେ ଗଣତନ୍ତ୍ରର ଅସ୍ତିତ୍ୱ ଥିବା ମୁକ୍ତକଣ୍ଠରେ ସ୍ୱୀକାର କରିଥିଲେ । (Buddhist India, p.219) ରିସ୍ ଡେଭିଡ୍ସ୍ ତୁର୍ନର୍ (Tournour) ଆଦି ବୈଦେଶିକ ଗବେଷକଙ୍କ ପରେ ଡକ୍ଟର ଜୟସ୍ୱାଲ୍ ଏବଂ ପ୍ରଫେସର ଭଣ୍ଡାରକର୍ ପ୍ରଭୃତି ଭାରତର ଲବ୍ଧପ୍ରତିଷ୍ଠ ଐତିହାସିକଗଣ ଏ ସମ୍ବନ୍ଧରେ ଗଭୀର ଆଲୋଚନା କରି ନାନା ତଥ୍ୟସମ୍ବଳିତ ଉପାଦେୟ ବିଷୟମାନ ଆବିଷ୍କାର କରିଥିଲେ । ପ୍ରଫେସର୍ ଭଣ୍ଡାରକର୍ ତାଙ୍କର Carmichael Lectures (Vol.1)ରେ ଏବଂ ଡକ୍ଟର ଜୟସ୍ୱାଲ୍ Modern Review ଓ J.B.O.R.S.ରେ ପ୍ରାଚୀନ ଭାରତର ଗଣତନ୍ତ୍ର ରାଜ୍ୟମାନଙ୍କ ବିଷୟରେ ନାନା ଅକାଟ୍ୟ ପ୍ରମାଣମାନ ପ୍ରକାଶ କରିବାକୁ ଲାଗିଲେ । ୧୯୧୩ ସାଲର Modern Reviewରେ ପ୍ରକାଶିତ ଜୟସ୍ୱାଲ୍ଙ୍କ ଏ ସମ୍ବନ୍ଧୀୟ ପ୍ରବନ୍ଧମାନ ପାଠକରି ଭାରତ ଇତିହାସର ପଥପ୍ରଦର୍ଶକ ଡକ୍ଟର ଭିନ୍‌ସେଣ୍ଟ୍ ସ୍ମିଥ୍ (Dr. Vincent Smith) ପ୍ରାଚୀନ ଭାରତ ବିଷୟରେ ତାଙ୍କର ଦୃଷ୍ଟିକୋଣ ପରିବର୍ତ୍ତିତ କରିଥିଲେ ଏବଂ ତାହାଙ୍କର ଉତ୍ସାହ ଓ ପ୍ରେରଣାରୁ ଜୟସ୍ୱାଲ୍ଙ୍କ ସୁପ୍ରସିଦ୍ଧ 'Hindu Polity' ପୁସ୍ତକ ପ୍ରକାଶିତ ହୋଇ ଭାରତ ଇତିହାସରେ ଏକ ନୂତନ ବିପ୍ଳବ ଆନୟନ କଲା । Hindu Polity ପ୍ରକାଶିତ ହେବା ସଙ୍ଗେ ସଙ୍ଗେ ପୃଥିବୀର ଐତିହାସିକମାନଙ୍କ ମଧ୍ୟରେ ତାହା ଏକ ନୂତନ ଚାଞ୍ଚଲ୍ୟ ସୃଷ୍ଟି କରିଥିଲା ଏବଂ ସେହି ଦିନରୁ ଭାରତର ପ୍ରତ୍ୟେକ ବିଶ୍ୱବିଦ୍ୟାଳୟରେ ଓ ଭାରତ ଇତିହାସ ପାଠ କରାଯାଉଥିବା ପୃଥିବୀର ଅନ୍ୟ ବିଶ୍ୱବିଦ୍ୟାଳୟମାନଙ୍କରେ ପ୍ରାଚୀନ ଭାରତର ଗଣତନ୍ତ୍ର ବିଷୟ ପାଠ୍ୟ-ନିର୍ଘଣ୍ଟର ଅନ୍ତର୍ଗତ ହୋଇଆସିଅଛି ।

ଜୟସ୍ୱାଲ୍, ଭଣ୍ଡାରକର୍ ଆଦି ଭାରତୀୟ ଐତିହାସିକଗଣ ପ୍ରାଚୀନ ଭାରତର ଗଣରାଜ୍ୟମାନଙ୍କ ବିଷୟରେ ବୈଜ୍ଞାନିକ ଗବେଷଣା ଚଳାଇଥିବାବେଳେ ଇଂଲଣ୍ଡର ଐତିହାସିକମାନଙ୍କ ମଧ୍ୟରେ ଏ ସମ୍ବନ୍ଧରେ ନାନା ବାଦପ୍ରତିବାଦ ଚାଲିଥିଲା। Monier Williams ପ୍ରକାଶ କରିଥିବା ଅଭିଧାନରେ ଗଣଶବ୍ଦକୁ 'tribe' ବୋଲି ଅର୍ଥ କରାଯାଇଥିବାରୁ ତାହା କେତେକ ଐତିହାସିକମାନଙ୍କୁ ଭ୍ରମମାର୍ଗରେ ପରିଚାଳିତ କରି ଏହି ବାଦାନୁବାଦର ମୂଳ କାରଣ ହୋଇଥିଲା। ଡକ୍ଟର ଫ୍ଲିଟ୍ (Dr. Fleet) ଗୁପ୍ତ ରାଜତ୍ୱର ଅନୁଶାସନମାନ ଇଂରେଜିରେ ଅନୁବାଦ କରିବାବେଳେ ଏହି ଭ୍ରମରେ ପତିତ ହୋଇ ଭାରତୀୟ ଗଣରାଜ୍ୟମାନଙ୍କର ଅସ୍ତିତ୍ୱ ଅସ୍ୱୀକାର କରିଥିଲେ। କିନ୍ତୁ ଡକ୍ଟର୍ ଥୋମସ୍ (Dr. F. W. Thomas) ସେଣ୍ଟ୍ ପିଟର୍ସବର୍ଗ ଅଭିଧାନ ଆଦିରୁ ପ୍ରମାଣ ସଂଗ୍ରହ କରି ଫ୍ଲିଟ୍‌ଙ୍କର ଏହି ଭ୍ରମ ପ୍ରମାଦ ସଂଶୋଧନ କରିବା ଉଚିତ ବୋଲି ମତ ପ୍ରଦାନ କରିଥିଲେ। ଲଣ୍ଡନ୍‌ର Journal of Royal Asiatic Societyରେ ଏହି ଉଭୟ ପଣ୍ଡିତଙ୍କ ମଧ୍ୟରେ କିଛିକାଳ ନାନା ବାଦାନୁବାଦ ଲାଗିଥିଲା। କିନ୍ତୁ ଉଭୟଙ୍କ ଯୁକ୍ତି ଓ ପ୍ରମାଣ ଅତି ଦୁର୍ବଳ ଭିତ୍ତି ଉପରେ ପ୍ରତିଷ୍ଠିତ ଥିବାରୁ ସେମାନେ କେହି କୌଣସି ସ୍ଥିର ସିଦ୍ଧାନ୍ତରେ ପହଞ୍ଚିପାରି ନଥିଲେ। ଏହି ସମୟରେ ପୂର୍ବୋକ୍ତ ଭାରତୀୟ ଐତିହାସିକମାନଙ୍କର ଗବେଷଣା-ସିଦ୍ଧ ପ୍ରମାଣମାନ ପ୍ରକାଶିତ ହେବାରୁ ନାନା ସନ୍ଦେହ ଦୂରୀଭୂତ ହୋଇ ଏହି ବାଦାନୁବାଦ ଚିରଦିନ ସକାଶେ ସ୍ଥଗିତ ହେଲା। ପରିଶେଷରେ ୧୯୨୪ ସାଲରେ ଜୟସ୍ୱାଲ୍‌ଙ୍କ Hindu Polity ପ୍ରକାଶିତ ହେବାପରେ ପ୍ରାଚୀନ ଭାରତରେ ଗଣତନ୍ତ୍ର ଶାସନ ପ୍ରଚଳିତ ଥିବା ସମ୍ବନ୍ଧରେ ପୃଥିବୀର ଐତିହାସିକମାନଙ୍କ ମନରେ ଏକ ଦୃଢ଼ ଧାରଣା ସଂସ୍ଥାପିତ ହୋଇପାରିଥିଲା ଏବଂ ଭିନ୍‌ସେଣ୍ଟ୍ ସ୍ମିଥ୍, ବେରିଡେଲ୍ କିଥ୍ (A. Berridale Kieth), ୱାସ୍‌ବର୍ଣ୍ଣ ହପ୍‌କିନସ୍ (E. Washburn Hopkins), ବାର୍ଣ୍ଣେଟ୍ (L.D. Barneth), ପାର୍ଜିଟର (F. E. Pargiter) ଆଦି ପଣ୍ଡିତଗଣ ଏ ବିଷୟକୁ ଅବିସମ୍ବାଦିତ ସତ୍ୟରୂପେ ଗ୍ରହଣ କରିବାକୁ ଲାଗିଲେ। ଜୟସ୍ୱାଲ୍‌ଙ୍କ ପରେ ଡକ୍ଟର ରମେଶଚନ୍ଦ୍ର ମଜୁମଦାର, ଡକ୍ଟର ବେନିପ୍ରସାଦ, ଡକ୍ଟର ରାଧାକୁମୁଦ ମୁଖର୍ଜି, ଡକ୍ଟର ପାନିକର ଏବଂ ଶ୍ରୀ ଅରବିନ୍ଦ ଆଦି ସୁବିଖ୍ୟାତ ଐତିହାସିକ ପଣ୍ଡିତ ଏ ବିଷୟ ନାନା ଦିଗରୁ ଆଲୋଚନା କରି ବହୁ ସତ୍ୟମୂଳକ ତଥ୍ୟ ଉଦ୍‌ଘାଟିତ କରିଅଛନ୍ତି। ସୁତରାଂ ପ୍ରାଚୀନ ଗଣତନ୍ତ୍ର ଶାସନର ଇତିହାସରେ ଗ୍ରୀସ୍ ଏବଂ ରୋମ୍ ସହିତ ଭାରତର ମଧ୍ୟ ଯେ ଅତି ଗୌରବମୟ ସ୍ଥାନ ରହିଛି, ଏ ବିଷୟରେ ସନ୍ଦେହ କରିବାର କୌଣସି କାରଣ ନାହିଁ। ତଥାପି ପ୍ରାଚୀନ ଭାରତରେ ଯେ ବହୁ ଉନ୍ନତ ଏବଂ ସମୃଦ୍ଧିଶାଳୀ ଗଣରାଜ୍ୟ ପ୍ରତିଷ୍ଠିତ ହୋଇ ଅନେକ ଶତାବ୍ଦୀ କାଳ ସ୍ୱୀୟ ଅସ୍ତିତ୍ୱ ଓ

ସମୃଦ୍ଧ ଅକ୍ଷୁଣ୍ଣ ରଖି ପାରିଥିଲେ, ତହିଁର କେତେକ ବିଶେଷ ପ୍ରମାଣ ଆଲୋଚନା କରିବା ଏହି କ୍ଷୁଦ୍ର ପ୍ରବନ୍ଧର ଉଦ୍ଦେଶ୍ୟ।

ଜର୍ମାନ୍ ପଣ୍ଡିତ ଜିମର୍ (Zimmer) ବୈଦିକ ସାହିତ୍ୟରେ ଗଣତନ୍ତ୍ର ଶାସନର ସର୍ବପ୍ରଥମ ଉଲ୍ଲେଖ ଥିବା ନିର୍ଦ୍ଦେଶ କରିଯାଇଅଛନ୍ତି। ଅଥର୍ବବେଦର ନିମ୍ନଲିଖିତ ଶ୍ଲୋକରୁ ଏ ବିଷୟର ପ୍ରମାଣ ନିର୍ଣ୍ଣୟ କରାଯାଇପାରେ—

"ଯେ ସହସ୍ରମ୍ ଅରାଜନ୍ନାସନ୍ ଦଶଶତା ଉତତେ
ବ୍ରାହ୍ମଣସ୍ୟ ଗାଂ ଜଗ୍‌ଧା ବୈତଦ୍‌ବ୍ୟା ପରାଭବନ୍।"

(ଅଥର୍ବବେଦ-୫-୧୮-୧୦)

ଜିମର୍, ସୁଇର୍, ହୁଇଟ୍‌ନି ଓ ଅନ୍ୟାନ୍ୟ ମହାପଣ୍ଡିତ ଏହି ଶ୍ଲୋକରେ ଗଣତନ୍ତ୍ର ଶାସନର (ଏକ ସହସ୍ରଙ୍କର ଏକ ସହସ୍ର ବ୍ୟକ୍ତିଙ୍କ ଉପରେ ଶାସନ) ଉଲ୍ଲେଖ ଥିବା ମୁକ୍ତକଣ୍ଠରେ ସ୍ୱୀକାର କରିଅଛନ୍ତି। ବୈଦେଶିକ ସାହିତ୍ୟରେ ଗଣତନ୍ତ୍ରମୂଳକ ଶାସନର ବର୍ଣ୍ଣନା ଥିବାର ପ୍ରମାଣ ଦେଖାଇ ଡକ୍ଟର ଜୟସ୍ୱାଲ୍ ଐତରେୟ ବ୍ରାହ୍ମଣର ନିମ୍ନଲିଖିତ ଶ୍ଲୋକ ପ୍ରକାଶ କରିଅଛନ୍ତି—"ଯେକେଚ ପରେଣ ହିମବନ୍ତଂ ଜନପଦା ଉତ୍ତର କୁରବ ଉତ୍ତର ମଦ୍ରା ଇତି ବୈରାଜ୍ୟା ଯୈବତେଽଭିଷିଷ୍ୟନ୍ତେ।" (ଐ:ବ୍ରା: ୮-୩-୧୪)

କାଶ୍ମୀର ଅଞ୍ଚଳରେ (ପରେଣ ହିମବନ୍ତଂ) ଥିବା ଉତ୍ତର କୁରୁ ଓ ଉତ୍ତର ମଦ୍ର ଜନପଦଦ୍ୱୟର ସମସ୍ତ ନାଗରିକ ରାଜପଦରେ ଅଭିଷିକ୍ତ ହେଉଥିଲେ ଏବଂ ଏ ପ୍ରକାର ଶାସନ ପ୍ରଣାଳୀକୁ "ବୈରାଜ୍ୟ ଶାସନ" କୁହାଯାଉଥିଲା। "ଆଚାରଙ୍ଗ ସୂତ୍ରରେ" ମଧ୍ୟ ବିଭିନ୍ନ ପ୍ରକାର ଶାସନ ପ୍ରଣାଳୀର ଉଲ୍ଲେଖ କରାଯାଇ ଲିଖିତ ଅଛି— "ଅରାୟାଣିବା ଗଣରାୟାଣିବ ଯୁବରାୟାଣିବା ଦୋରଜ୍ଜାଣିବା ବେରଜ୍ଜାଣିବା ବିରୁଦ୍ଧ ରଜ୍ଜାଣିବା"। (II-୩-୧-୧୦) ସୁତରାଂ ବୈରୋଜ୍ୟଶାସନ ବୈଦିକ ଭାରତରେ ଏକ ଗଣତନ୍ତ୍ରମୂଳକ ଶାସନ ରୂପେ ପରିଗଣିତ ହେଉଥିବା ବିଶ୍ୱାସ କରାଯାଏ।

ଆମ୍ପରାଙ୍ଗ ସୂତ୍ର ବା ଆୟାରଙ୍ଗ ସୂତ୍ତମ (ପ୍ରଫେସର ଯେକୋବିଙ୍କ ଦ୍ୱାରା ପ୍ରକାଶିତ) ଅନୁସାରେ ନିମ୍ନଲିଖିତ ବିଭିନ୍ନ ଗଣତନ୍ତ୍ର ଶାସନ ପ୍ରଣାଳୀ ପ୍ରାଚୀନ ଭାରତରେ ପ୍ରଚଳିତ ଥିଲା। ଯଥା— ଅରାୟାଣି- ରାଜବିହୀନଶାସନ; ଗଣରାୟାଣି- ଗଣଶାସନ; ଯୁବରାୟାଣି- ଯୁବରାଜା ଦ୍ୱାରା ଶାସନ; ଦୋରଜ୍ଜାଣି- ଦୁଇଜଣଙ୍କ ଦ୍ୱାରା ଶାସନ; ବେରଜ୍ଜାଣି- ବୈରାଜ୍ୟ ଶାସନ; ବିରୁଦ୍ଧରଜ୍ଜାଣି- ବିରୁଦ୍ଧଦଳ ଦ୍ୱାରା ଶାସନ (Party Government)। ଖାରବେଳ ଓ ଅଶୋକ ଆଦି ନରପତି ଯୁବରାଜା ଥିବା ଅବସ୍ଥାରେ ଦେଶରେ ଯେଉଁ ଅଭିଭାବକ-ସଭା (Council of Regency)ର ଶାସନ ଚାଲୁଥିଲା, ତାହା "ଯୁବରାୟାଣି" ଶାସନର ଅନ୍ତର୍ଗତ ବୋଲି କୁହାଯାଇପାରେ। "ଦୋରଜ୍ଜାଣି"

ପ୍ରଣାଳୀ ସ୍ପାର୍ଟା, ରୋମ୍ ଆଦି ଦେଶରେ ମଧ୍ୟ ପ୍ରଚଳିତ ଥିଲା। "ବିରୁଦ୍ଧ ରଜ୍ଜାଣି" ଶାସନର ଉଦାହରଣ ଦେବାକୁ ଯାଇ ଡକ୍ଟର ଜୟସ୍ୱାଲ୍ ଯେଉଁ ଆନ୍ଧକ-ବୃଷ୍ଣି ସଂଘର ଉଲ୍ଲେଖ କରିଅଛନ୍ତି, ତାହା ଅତି ଯୁକ୍ତିଯୁକ୍ତ ବୋଲି ମନେହୁଏ।

ଏଠାରେ 'ଗଣରାୟାଣି' ବା ଗଣଶାସନ ପ୍ରଣାଳୀର ସବିଶେଷ ଆଲୋଚନା ଏକାନ୍ତ ଆବଶ୍ୟକ। 'ଗଣ' ଅର୍ଥ ଯଦି ସଂଖ୍ୟା ହୁଏ, ତେବେ ଗଣଶାସନ ଅର୍ଥ ସଂଖ୍ୟା ବା ସଂଖ୍ୟାଗରିଷ୍ଠଙ୍କ ଦ୍ୱାରା ଶାସନ ବୋଲି ଗ୍ରହଣ କରିବାକୁ ହେବ। 'ମହାବଗ୍‌ଗ' ଗ୍ରନ୍ଥରେ ଭିକ୍ଷୁମାନଙ୍କ ସଂଖ୍ୟା ଅବଧାରଣ କରିବା ପାଇଁ ବୁଦ୍ଧଦେବ ଗଣର ନିୟମ ଅନୁସାରେ ଶଳାକା ବା ଭୋଟ ଟିକଟ ଗଣନା କରିବାକୁ ଉପଦେଶ ଦେଇଥିବା ରିସ୍ ଡେରିଡ୍‌ସ୍, ଓଲ୍‌ଡେନ୍ ବର୍ଗ ଏବଂ ଜୟସ୍ୱାଲ୍ ଦେଖାଇ ଯାଇଅଛନ୍ତି। ଜାତକମାନଙ୍କରେ ସଂଘବଦ୍ଧ ଉଦ୍ୟମର ତୁଳନା ବା ଉଦାହରଣ ନିମନ୍ତେ "ଗଣବନ୍ଧନ" ଶବ୍ଦ ବାରମ୍ବାର ପ୍ରୟୋଗ କରାଯାଇଥିବା ଦେଖାଯାଏ। 'ଗଣ'ର କାର୍ଯ୍ୟ ପ୍ରଣାଳୀ ଯଥୋପଯୁକ୍ତ ଭାବରେ ନିର୍ଣ୍ଣୟ କରିବା ନିମନ୍ତେ ଡକ୍ଟର ଜୟସ୍ୱାଲ୍ ବୌଦ୍ଧ ସଂଘର ନିୟମାବଳୀ ଉପରେ ସଂପୂର୍ଣ୍ଣରୂପେ ନିର୍ଭର କରିଅଛନ୍ତି। କାରଣ ତାଙ୍କର ମତରେ 'ଗଣ'ର ଅନୁକରଣରେହିଁ ବୌଦ୍ଧଧର୍ମ ସଂଘ ସଂଗଠିତ। ଏହା ଯେବେ ସତ୍ୟରୂପେ ଗ୍ରହଣ କରାଯାଏ, ତେବେ "ଗଣ"ର କାର୍ଯ୍ୟ ପ୍ରଣାଳୀ ନିମ୍ନଲିଖିତ ରୂପେ ଲିପିବଦ୍ଧ କରାଯାଇପାରେ।

ଗଣ ଅଧିବେଶନ ନିମନ୍ତେ "ବିଧିସଂଖ୍ୟା" ବା କୋରମ୍ (Quorum) ନିତାନ୍ତ ଆବଶ୍ୟକ ବିବେଚିତ ହେଉଥିଲା। ସଭ୍ୟସଂଖ୍ୟା କୋରମ୍ ଅପେକ୍ଷା ଅଳ୍ପ ଥାଇ ଯଦି କୌଣସି ନିର୍ଦ୍ଧାରଣ କରାଯାଇଥାଏ, ତେବେ ତାହା ଆଇନ-ସଂଗତ ବୋଲି ଗ୍ରହଣ କରାଯାଉ ନ ଥିଲା। କୋରମ୍ ନିରୂପଣ କରିବା ନିମନ୍ତେ ନିଯୁକ୍ତ ଥିବା କର୍ମଚାରୀଙ୍କୁ "ଗଣପୂରକ" ଆଖ୍ୟା ଦିଆଯାଇଥିଲା। ସୁତରାଂ ସେ ଆଧୁନିକ ବ୍ୟବସ୍ଥାପକ ସଭାର Whipଙ୍କ କାର୍ଯ୍ୟ ପରିଚାଳନା କରୁଥିଲେ। ଗଣ ଅଧିବେଶନରେ କୌଣସି ପ୍ରତିଜ୍ଞା (ନିର୍ଦ୍ଧାରଣ) ସ୍ଥିର କରିବା ସମୟରେ ପ୍ରଥମେ ଜ୍ଞାପ୍ତି (ପ୍ରସ୍ତାବ) ଆଗତ କରିବାକୁ "କର୍ମବାଚ" କୁହାଯାଉଥିଲା। ଜ୍ଞାପ୍ତିଟି ପ୍ରଥମ ଥର ନିମନ୍ତେ ଅଧିକସଂଖ୍ୟକ ଭୋଟ ଦ୍ୱାରା ପ୍ରତିଜ୍ଞାରେ ପରିଣତ ହେଲେ ତାକୁ "ଜ୍ଞାପ୍ତି ଦ୍ୱିତୀୟ" କୁହାଯାଉଥିଲା। ଉକ୍ତ ବିଷୟର ଦ୍ୱିତୀୟ ବାର ଜ୍ଞାପ୍ତି ଆଗତ କରାଯାଇ ପୁଣି ପ୍ରତିଜ୍ଞାରେ ପରିଣତ ହୋଇପାରିଲେ ତାହାକୁ "ଜ୍ଞାପ୍ତି ତୃତୀୟ" କୁହାଯାଉଥିଲା। ଏହିପରି ଭାବରେ "ଜ୍ଞାପ୍ତି ଚତୁର୍ଥ" ଦ୍ୱାରା ନିର୍ଦ୍ଧାରିତ ନ ହେବା ପର୍ଯ୍ୟନ୍ତ କୌଣସି ପ୍ରସ୍ତାବ ଦେଶର ଆଇନ୍ ରୂପେ ପ୍ରଚଳିତ ହୋଇପାରୁ ନଥିଲା। ଆଧୁନିକ ବ୍ୟବସ୍ଥାପକ ସଭାରେ କୌଣସି ବିଲ୍ ପାଶ କରିବା ପାଇଁ ଯେପରି ତିନିଥର ପ୍ରସ୍ତାବ ଆଗତ କରାଯାଇ ତୃତୀୟ ଥର ପାଇଁ ନିର୍ଦ୍ଧାରଣ

କରିବା (Third Reading) ଆବଶ୍ୟକ ହୁଏ, ଠିକ୍ ସେହିପରି ନିୟମ ପ୍ରାଚୀନ ଭାରତର ଗଣରାଜ୍ୟମାନଙ୍କରେ ପ୍ରଚଳିତ ଥିବା କମ୍ ଆଶ୍ଚର୍ଯ୍ୟର ବିଷୟ ନୁହେଁ। "ଗଣ"ର ସଭ୍ୟମାନେ ପ୍ରତ୍ୟେକେ ଗୁପ୍ତ ଭୋଟ (Ballot Voting) ଦ୍ୱାରା ସ୍ୱୀୟ ମତ ପ୍ରଦାନ କରୁଥିଲେ ଏବଂ ଭୋଟକୁ ରାଜନୈତିକ ଭାଷାରେ ଛନ୍ଦ କୁହାଯାଉଥିଲା। ବିଭିନ୍ନ ମତବାଦ ବ୍ୟକ୍ତ କରିବା ନିମନ୍ତେ ବିଭିନ୍ନ ବର୍ଣ୍ଣର ଶଳାକା (ଭୋଟ ଟିକଟ) ବ୍ୟବହୃତ ହେଉଥିଲା ଏବଂ ଶଳାକା ସଂଗ୍ରହ କରୁଥିବା କର୍ମଚାରୀଙ୍କୁ "ଶଳାକା-ଗ୍ରାହକ" କୁହାଯାଉଥିଲା। ସଂଖ୍ୟାଗରିଷ୍ଠ ଛନ୍ଦ (ବହୁତ୍ର ବା ଭୂୟିଷ୍ଠ) ଦ୍ୱାରା ପ୍ରତିଜ୍ଞା ନିର୍ଣ୍ଣୟ କରାଯାଉଥିଲା ଓ ଏହି କାର୍ଯ୍ୟପ୍ରଣାଳୀକୁ "ଯେଭୁୟେସିକମ୍" ଆଖ୍ୟା ଦିଆଯାଇଥିଲା। ଭୋଟ ପ୍ରଦାନ କରିବା ପୂର୍ବରୁ ଆଗତ କରାଯାଇଥିବା ଜ୍ଞାପ୍ତିର ସପକ୍ଷରେ ଓ ବିପକ୍ଷରେ ନାନା ଯୁକ୍ତିପୂର୍ଣ୍ଣ ଆଲୋଚନା ହେଉଥିଲା ଏବଂ 'ଗଣ'ର ସଭାପତି ସ୍ପିକର ଉକ୍ତ ଆଲୋଚନା ପରିଚାଳନା କରୁଥିଲେ। ଏହିସବୁ ବିଚାର କଲେ ସ୍ପଷ୍ଟ ପ୍ରତୀୟମାନ ହୁଏ ଯେ, ଆଜିକାଲିର ରାଜନୈତିକ ଭାଷାରେ ତାହାକୁ ଗଣ କୁହାଯାଉଥିଲା, ଯାହାକୁ ଇଂରେଜି ଭାଷାରେ Parliament ବା Assembly କୁହାଯାଏ। ଏହି ଯୁକ୍ତିର ସମର୍ଥନ ନିମନ୍ତେ "ଅବଦାନ ଶତକ"ର ନିମ୍ନଲିଖିତ ପଂକ୍ତିଚୟ ଏଠାରେ ଉଦ୍ଧାର କରାଯାଇପାରେ—"ଅଥ ମଧ୍ୟଦେଶାଦ୍ ବଣିଜୋ ଦକ୍ଷିଣ ପଥଂ ଗତାଃ। ତୈଃ ରାଜ୍ଞୋ ମହା କପ୍ତ ଫିଣସ୍ୟ ପ୍ରାଭୃତ ରୂପନୈତଂ। ରାଜ୍ଞୌ ଉକ୍ତଂ ଭୋ ବଣିଜଃ କସ୍ତତ୍ର ରାଜେତି। ବଣିଜଃ କଥୟନ୍ତି—ଦେବ, କେଚିଦ୍‌ଦେଶାଗଣାଧୀନାଃ କେଚିଦ୍ରାଜାଧୀନା ଇତି।" (ଅ: ଶ: ୧୦୩ ପୃ) ଏଥିରୁ ଗଣ ଶବ୍ଦର ବିଶେଷ ଅର୍ଥ ପ୍ରକାଶିତ ହେବା ସଙ୍ଗେ ସଙ୍ଗେ ଜଣାପଡୁଛି ଯେ, ବୁଦ୍ଧଦେବଙ୍କ ସମୟରେ ଉତ୍ତର ଭାରତରେ ଗଣଶାସିତ ଏବଂ ରାଜଶାସିତ ଉଭୟବିଧ ରାଜ୍ୟ ବିଦ୍ୟମାନ ଥିଲା। Asiatic Society of Bengal ଦ୍ୱାରା ପ୍ରକାଶିତ ମହାଭାରତର ଶାନ୍ତିପର୍ବର ୧୦୭ ଅଧ୍ୟାୟ ପାଠକଲେ ଗଣ ଶବ୍ଦର ଉପରଲିଖିତ ଅର୍ଥ ସମ୍ବନ୍ଧରେ ସନ୍ଦେହର ଅବକାଶ ରହେନାହିଁ। ତହିଁର କେତେକ ପଦ ଏଠାରେ ପ୍ରମାଣସ୍ୱରୂପ ଉଦ୍ଧାର କରାଯାଇପାରେ-

"ଚାରମନ୍ତ ବିଧାନେଷୁ କୋଷ ସନ୍ନିଚୟେଷୁ—
ନିତ୍ୟଯୁକ୍ତା ମହାବାହୋ ବର୍ଦ୍ଧନ୍ତେ ସର୍ବତୋଗଣାଃ। ୧୯।
ପ୍ରାଜ୍ଞାନ୍ ଶୂରାନ୍‌ମହୋତ୍ସାହାନ୍ କର୍ମସୁସ୍ଥିର ପୌରୁଷାନ୍
ମାନୟନ୍ତଃ ସଦାଯୁକ୍ତାନ୍ ବିବର୍ଦ୍ଧନ୍ତେ ଗଣାନୃପ। ୨୦।
ଦ୍ରବ୍ୟବନ୍ତଶ୍ଚ ଶୂରାଶ୍ଚ ଶସ୍ତ୍ରଜ୍ଞାଃ ଶାସ୍ତ୍ର ପାରଗା—
କୃଚ୍ଛ୍ରସ୍ୱ ପସ୍ତୁ ସମ୍ମୂଢାନ୍ ଗଣାଃ ସନ୍ତାରୟନ୍ତି ତେ। ୨୧।

କ୍ରୋଧୋ ଭେଦୋ ଭୟଂ ଦଣ୍ଡଃ କର୍ଷଣଂ ନିଗ୍ରହୋବଧଃ—
ନିୟତ୍ୟରିବଶଂ ସଦ୍ୟୋ ଗଣାନ୍ ଭରତ ସତ୍ତମ। ୨୨।

ପାଣିନି (ଖ୍ରୀ: ପୂ: ୫୦୦) ତାଙ୍କର ଅଷ୍ଟାଧ୍ୟାୟୀ ବ୍ୟାକରଣରେ ଗଣ ଏବଂ ସଂଘ ଏକାର୍ଥବୋଧକ ଶବ୍ଦ ବୋଲି ପ୍ରକାଶ କରି ହନ୍ ଧାତୁର ଉତ୍ପନ୍ନ ସଂଘାତ୍‌ଠାରୁ ସଂଘ (ସଂହନରେ ବୃତ୍ତଃ) ଶବ୍ଦ ପୃଥକ୍ ବୋଲି ନିର୍ଦ୍ଦେଶ କରି ଅଛନ୍ତି। ନାରଦ ସ୍ମୃତି, ବ୍ୟବହାର ମୟୁଖ ଆଦି ବହୁ ପରବର୍ତ୍ତୀ ହେଲେ ମଧ୍ୟ ସେଗୁଡ଼ିକରେ ଗଣ ଏବଂ ସଂଘ ଏକ ବୋଲି ପ୍ରତିପାଦନ କରାଯାଇଅଛି। ପାତଞ୍ଜଳୀଙ୍କ "ମହାଭାଷ୍ୟ" (ଖ୍ରୀ.ପୂ. ୨୦୦)ରେ ପ୍ରଦର୍ଶିତ ହୋଇଅଛି ଯେ, ଗଣ ଶବ୍ଦ ଶାସନ ବିଧାନ ପ୍ରତି ଏବଂ ସଂଘ ଶବ୍ଦ ଗଣଶାସିତ ରାଜ୍ୟପ୍ରତି ପ୍ରଯୁକ୍ତ ଅଟେ। ପାଣିନି ଅଷ୍ଟାଧ୍ୟାୟୀର ପଞ୍ଚମ ଅଧ୍ୟାୟରେ ବାହିକରାଜ୍ୟ (ପଞ୍ଜାବ)ର ସଂଘମାନଙ୍କ ସହିତ ତଦ୍ଧିତ ପ୍ରତ୍ୟୟ ପ୍ରୟୋଗ କରି ବର୍ଣ୍ଣଧର୍ମର ପ୍ରଭେଦ ପ୍ରଦର୍ଶନ କରିଅଛନ୍ତି। ଉଦାହରଣ ସ୍ୱରୂପ ମାଳବ ସଂଘର ଅଧିବାସୀ ମଧ୍ୟରୁ ଯେ ବ୍ରାହ୍ମଣ ବା କ୍ଷତ୍ରିୟ ନୁହନ୍ତି, ତାହାଙ୍କୁ 'ମଳବ୍ୟଃ' ଏବଂ ଯେ ବ୍ରାହ୍ମଣ ବା କ୍ଷତ୍ରିୟ ଅଟନ୍ତି, ତାହାଙ୍କୁ "ମାଳଦଃ" କୁହାଯିବ ଏବଂ ଉଭୟ ଶବ୍ଦର ବହୁବଚନ ମାଳବାଃ ହେବ। (ଏ ସମ୍ବନ୍ଧରେ କାଶିକାଟୀକା ପୃ ୪୫୫-୪୫୬ ଦ୍ରଷ୍ଟବ୍ୟ)। ଅଷ୍ଟାଧ୍ୟାୟୀର ଚତୁର୍ଥ ଅଧ୍ୟାୟରେ ଥିବା "ଅଞ୍" ପ୍ରତ୍ୟୟ ପ୍ରୟୋଗ ଉପରେ ଟୀକା ଲେଖି କାତ୍ୟାୟନ ଏବଂ ପାତଞ୍ଜଳୀ ନିର୍ଦ୍ଦେଶ କରିଅଛନ୍ତି ଯେ, ଏହି ନିୟମ ସଂଘରେ ବାସ କରୁଥିବା କ୍ଷତ୍ରିୟ ପକ୍ଷରେ ପ୍ରଯୁଜ୍ୟ ନହୋଇ ଏକରାଟ୍ ଶାସିତ ଦେଶର କ୍ଷତ୍ରିୟ ପକ୍ଷରେ ପ୍ରଯୁଜ୍ୟ ହେବ। ଏଥିରୁ ସ୍ପଷ୍ଟ ଜଣାଯାଏ ଯେ, ଗଣଶାସିତ ଏବଂ ରାଜଶାସିତ ଦେଶ ମଧ୍ୟରେ ପ୍ରଭେଦ ଥିବା ବିଷୟ ପାଣିନିଙ୍କୁ ମଧ୍ୟ ସଂପୂର୍ଣ୍ଣ ରୂପେ ଜଣାଥିଲା। ପାଣିନି ଗଣଶାସିତ ଦେଶମାନଙ୍କୁ ଦୁଇ ଭାଗରେ ବିଭକ୍ତ କରିଅଛନ୍ତି, ଯଥା— ଆୟୁଧଜୀବୀ ସଂଘ ଓ ରାଜଶବ୍ଦୋପଜୀବୀ ସଂଘ। କୌଟିଲ୍ୟ ମଧ୍ୟ ତାଙ୍କର "ଅର୍ଥଶାସ୍ତ୍ର"ରେ ଗଣଶାସିତ ରାଜ୍ୟମାନଙ୍କ ବିଷୟ ବର୍ଣ୍ଣନା କରିବାକୁ ଯାଇ ସେମାନଙ୍କୁ ଉପରୋକ୍ତ ମତେ ଦୁଇଭାଗରେ ବିଭକ୍ତ କରିଅଛନ୍ତି। ଯେଉଁ ସଂଘଗୁଡ଼ିକ ସର୍ବଦା ସୈନ୍ୟ ସଜ୍ଜାକରି ବହିଃଶତ୍ରୁ ବିରୁଦ୍ଧରେ ଜାଗ୍ରତ ଥିଲେ ସେମାନଙ୍କୁ ଆୟୁଧଜୀବୀ ଏବଂ ଯେଉଁ ସଂଘର ଶାସକବୃନ୍ଦ ନିଜ ନିଜ ନାମ ସହିତ ରାଜା ଶବ୍ଦ ସଂଲଗ୍ନ କରିବାର ଅଧିକାର ପାଇଥିଲେ, ସେମାନଙ୍କୁ ରାଜଶବ୍ଦୋପଜୀବୀ ସଂଘ କୁହାଯାଉଥିଲା। ପାଣିନି ତାଙ୍କ ଅଷ୍ଟାଧ୍ୟାୟୀରେ ନିମ୍ନଲିଖିତ ଆୟୁଧଜୀବୀ ସଂଘ ବିଷୟରେ ଉଲ୍ଲେଖ କରିଅଛନ୍ତି। ଯଥା: ବୃକ, ଦାମନି, ତ୍ରିଗର୍ତ୍ତଷଷ୍ଠ (ଦାମତ୍ୟାଦି ତ୍ରିଗର୍ତ୍ତଷଷ୍ଠାଛ) ଯୌଦ୍ଧେୟ ଓ ପାର୍ଶ୍ୱ ଆଦି। ନିମ୍ନଲିଖିତ ଛଅଗୋଟି ସଂଘ ସନ୍ଧିସୂତ୍ରରେ ଦଳବଦ୍ଧ ହୋଇ ତ୍ରିଗର୍ତ୍ତଷଷ୍ଠ ଆଖ୍ୟା ଧାରଣ କରିଥିଲେ। କୌଣ୍ଡୀପ,

ରଥଦଣ୍ଡକ, କୌଷ୍ଟୁକୀ, ଜାଲମାନୀ, ବାହ୍ଲଗୁପ୍ତ ଏବଂ ଜାନକୀ। ରାଜଶବ୍ଦୋପଜୀବୀ ସଂଘମାନଙ୍କ ମଧ୍ୟରେ ମଦ୍ର, ବୃଜି, ରାଜନ୍ୟ, ଆନ୍ଧକ ବୃଷ୍ଣି, ମହାରାଜ ଏବଂ ଭର୍ଗ ଆଦିର ବର୍ଣ୍ଣନା ମଧ୍ୟ ଅଷ୍ଟାଧ୍ୟାୟୀରେ ଦେଖିବାକୁ ମିଳେ। ପାଣିନିଙ୍କ ଦ୍ୱାରା ଲିଖିତ ସଂଘମାନଙ୍କର ବିସ୍ତୃତ ବିବରଣୀ ନିମନ୍ତେ ଜୟସ୍ୱାଲ୍‌ଙ୍କ Hindu Polity ଦ୍ରଷ୍ଟବ୍ୟ।

ବୌଦ୍ଧ ସାହିତ୍ୟ ରୂପକ ମହାସମୁଦ୍ର ମନ୍ଥନ କରି ପ୍ରଫେସର ରିସ୍ ଡେଭିଡ୍‌ସ୍ ନିମ୍ନଲିଖିତ ଗଣରାଜ୍ୟ ବା ସଂଘ ବୁଦ୍ଧଦେବଙ୍କ ସମୟରେ ଉତ୍ତର ଭାରତରେ ବିଦ୍ୟମାନ ଥିବା ପ୍ରକାଶ କରିଅଛନ୍ତି।

୧- ଶାକ୍ୟ ସଂଘ (ଆଧୁନିକ ଗୋରଖପୁର ଜିଲ୍ଲା ଅଞ୍ଚଳ) ରାଜଧାନୀ- କପିଳବସ୍ତୁ।

୨- କୋଲିୟ ସଂଘ (ଶାକ୍ୟସଂଘ ସଂଲଗ୍ନରେ ଅବସ୍ଥିତ) ରାଜଧାନୀ- ରାମଗ୍ରାମ।

୩- ଲିଚ୍ଛବୀ ସଂଘ (ମୁଜାଫର ପୁର ଜିଲା ଅଞ୍ଚଳ), ରାଜଧାନୀ- ବୈଶାଳୀ (ଆଧୁନିକ ବସାର)

୪- ବିଦେହ ସଂଘ (ଦ୍ୱାରଭଙ୍ଗା ଜିଲ୍ଲା ଅଞ୍ଚଳ) ରାଜଧାନୀ- ମିଥିଳା।

୫- ମଲ୍ଲସଂଘ (ଗୋରଖପୁର ଓ ଚମ୍ପାଚରଣ ଜିଲା ଅଞ୍ଚଳ) ରାଜଧାନୀ- ଏହି ସଂଘ ଦୁଇଭାଗରେ ବିଭକ୍ତ ଥିଲା, ଗୋଟିକର ରାଜଧାନୀ କୁସିନାରା, ଏବଂ ଅନ୍ୟଟିର ପାଭା।

୬- ପିପଳୀବନର ମୋରିୟ (ମୌର୍ଯ୍ୟସଂଘ)। ଏ ସଂଘର ଅବସ୍ଥିତି ନିଶ୍ଚିତରୂପେ ନିରୂପିତ ହୋଇନାହିଁ।

୭- ବୁଲିସଂଘ (ମଲ୍ଲସଂଘର ସଂଲଗ୍ନରେ ଅବସ୍ଥିତ) ରାଜଧାନୀ- ଅଲକାପୁର।

୮- କାଲାମ ସଂଘ (ଅବସ୍ଥିତି ନିରୂପିତ ହୋଇପାରିନାହିଁ), ରାଜଧାନୀ- କେଶପୁତ୍ର।

୯- ଭଗ୍ଗ (ଭର୍ଗ) ସଂଘ (ନିର୍ଜାପୁର ଜିଲ୍ଲା ଅଞ୍ଚଳ), ରାଜଧାନୀ- ଶିଂଶୁମାର ଗିରି।

ଏହି ସଂଘମାନଙ୍କ ସମ୍ବନ୍ଧରେ ଅନେକ ବିଷୟ ପାଲି ସାହିତ୍ୟରୁ ଜଣାପଡ଼ିଅଛି ଏବଂ ଶାକ୍ୟ, ଲିଚ୍ଛବୀ, ମଲ୍ ଆଦି ସଂଘରେ ପ୍ରଚଳିତ ଶାସନବିଧାନ ବହୁ ପରିମାଣରେ ଆବିଷ୍କୃତ ହୋଇପାରିଛି। ଶାକ୍ୟଗଣ (ସନ୍ଥାଗାର)ରେ ପ୍ରାୟ ୫୦୦ ସଭ୍ୟ ଏବଂ ଲିଚ୍ଛବୀଗଣରେ ପ୍ରାୟ ୭୭୦୭ ସଭ୍ୟଙ୍କର ସ୍ଥାନ ଥିଲା ଏବଂ ଉଭୟ ସଂଘ ରାଜଶବ୍ଦୋପଜୀବୀ ଥିଲେ। ଏମାନଙ୍କ ସମ୍ବନ୍ଧରେ ରିସ୍ ଡେଭିଡ୍‌ସ୍, ତୁରନର, ଜୟସ୍ୱାଲ୍

ଆଦି ଗବେଷକଗଣ ବହୁ ତଥ୍ୟ ପ୍ରକାଶ କରିଅଛନ୍ତି। ସେ ସବୁ ତଥ୍ୟ ଏହି କ୍ଷୁଦ୍ର ପ୍ରବନ୍ଧରେ ଉଲ୍ଲେଖ କରିବା ସମ୍ଭବ ନୁହେଁ।

ମହାବୀର ଆଲେକଜାଣ୍ଡର ଭାରତ ଆକ୍ରମଣ କରିବା ସମୟରେ (ଖ୍ରୀ:ପୂ: ୩୨୬) ଉତ୍ତର ପଶ୍ଚିମ ଭାରତର ବହୁସଂଖ୍ୟକ ଗଣରାଜ୍ୟ ତାଙ୍କୁ ପ୍ରବଳ ବାଧା ପ୍ରଦାନ କରିଥିଲେ। ଅଜେୟ ଗ୍ରୀକ୍ ସେନାବାହିନୀ ବିରୁଦ୍ଧରେ ଅସ୍ତ୍ର ଧାରଣ କରିଥିବା ଗଣରାଜ୍ୟମାନଙ୍କ ମଧ୍ୟରେ କଠ, ସୌଭୂତି, କ୍ଷୁଦ୍ରକ, ମାଳବ, ଶିବି, ଅଗ୍ରଶ୍ରେଣୀ, ଅମ୍ବଷ୍ଠ, କ୍ଷତ୍ରିୟ, ମୁଚୁକର୍ଣ୍ଣ, ବ୍ରାହ୍ମଣକ, ପଟଳ ଶୌଚୂକାୟନକ ଆଦି ଉଲ୍ଲେଖଯୋଗ୍ୟ। ଗ୍ରୀକ୍ ଲେଖକମାନଙ୍କ ବର୍ଣ୍ଣନାରୁ ସ୍ପଷ୍ଟ ଜଣାପଡ଼େ ଯେ, ଏହି ରାଜ୍ୟଗୁଡ଼ିକ ଗଣତନ୍ତ୍ର ଶାସନାଧୀନରେ ରହି ଅତି ସମୃଦ୍ଧିଶାଳୀ ଓ ଯୁଦ୍ଧପ୍ରିୟ ଥିଲେ ଏବଂ ଏମାନେ ଆୟୁଧଜୀବୀ ଶ୍ରେଣୀର ଅନ୍ତର୍ଗତ ବୋଲି ସହଜରେ ପ୍ରତୀୟମାନ ହୁଏ। ଅମ୍ବଷ୍ଠ ସଂଘ ବିଷୟରେ Q. Curtius ଲେଖିଅଛନ୍ତି—"They were people inferior to none in India; either for numbers or for bravery. Their form of Government democratic." ପଟଳର ଶାସନତନ୍ତ୍ର ବିଷୟରେ Diodorus ଲେଖିଛନ୍ତି—"A city of great note with a political constitution drawn on the same line as the Spartan; for in this community the command in war vested in two hereditary kings of two different houses while a council of Elders ruled the whole state with paramount authority."

ଐତିହାସିକମାନଙ୍କ ମତରେ ଆଲେକଜାଣ୍ଡରଙ୍କ ସୈନ୍ୟମାନେ ମଗଧର ନନ୍ଦ ସମ୍ରାଟଙ୍କ ସୈନ୍ୟବଳ ଦ୍ୱାରା ଭୀତିଗ୍ରସ୍ତ ହୋଇ ପ୍ରତ୍ୟାବର୍ତ୍ତନ କରିଥିଲେ। କିନ୍ତୁ ଏରିଅନ୍ (Arrion) ବେଆସ୍ ନଦୀର ଅପର ପାର୍ଶ୍ୱରେ ଥିବା ଗଣରାଜ୍ୟର ସମୃଦ୍ଧି ଏବଂ ସୈନ୍ୟବଳ ବିଷୟରେ ଯେଉଁ ଚାକ୍ଷୁଷ ପ୍ରମାଣ ଦେଇଅଛନ୍ତି, ସେଥିରୁ ଅନୁମାନ କରାଯାଏ ଯେ, ଆଲେକ୍‌ଜାଣ୍ଡାର ଏହି ଗଣରାଜ୍ୟ ସହିତ ବଳ ପରୀକ୍ଷା କରିବାରେ ପଶ୍ଚାତ୍‌ପଦ ହୋଇ ବେଆସ୍ କୂଳରୁ ପ୍ରତ୍ୟାବର୍ତ୍ତନ କରିଥିଲେ। ଦୁଃଖର ବିଷୟ, Arrion ଏହି ପରାକ୍ରମଶାଳୀ ଗଣରାଜ୍ୟର ନାମ ଉଲ୍ଲେଖ କରି ନାହାନ୍ତି। କିନ୍ତୁ ଜୟସ୍ୱାଲ୍ ଏହା ଯୌଧେୟ ଗଣରାଜ୍ୟ ବୋଲି ସବିଶେଷ ପ୍ରମାଣ ସହ ପ୍ରକାଶ କରିଅଛନ୍ତି। ସୁତରାଂ ଏହି ସମୟରେ ଉତ୍ତର ଭାରତର ଚାରିଆଡ଼େ ଅତି ଉନ୍ନତ ଗଣରାଜ୍ୟମାନ ଅବସ୍ଥିତ ଥିଲା ଏବଂ ଅନେକ ରାଜ୍ୟରୁ ରାଜତନ୍ତ୍ର ଲୋପ ହୋଇ ପ୍ରଜାତନ୍ତ୍ର ପ୍ରତିଷ୍ଠିତ ହେଉଥିଲା। ଗ୍ରୀକ୍ ଦୂତ ମେଘାସ୍ଥିନିସ ତତ୍କାଳୀନ ଭାରତର ରାଜନୈତିକ ଅବସ୍ଥା ବର୍ଣ୍ଣନା କରି

ଲେଖିଅଛନ୍ତି—"Sovereignty was dissolved and Democratic Governments set up in various places."

ଭାରତର ରାଜନୈତିକ ଅବସ୍ଥା ଏପରି ଥିବାବେଳେ ଚନ୍ଦ୍ରଗୁପ୍ତ ମୌର୍ଯ୍ୟ ମଗଧ ସିଂହାସନ ଆରୋହଣ କରିଥିଲେ (ଖ୍ରୀ.ପୂ. ୩୨୪) ଏବଂ ତାଙ୍କର ପ୍ରଧାନମନ୍ତ୍ରୀ ଚାଣକ୍ୟ (କୌଟିଲ୍ୟ) ମୌର୍ଯ୍ୟ ସାମ୍ରାଜ୍ୟର ଅଭିବୃଦ୍ଧି ନିମନ୍ତେ ଗଣରାଜ୍ୟମାନଙ୍କର ଧ୍ୱଂସ ସାଧନ ପ୍ରଧାନ କର୍ତ୍ତବ୍ୟ ବୋଲି ଜ୍ଞାନ କରିଥିଲେ। ବଳପ୍ରୟୋଗ ତଥା ନାନାବିଧ ଭେଦନୀତି ଦ୍ୱାରା ବହୁସଂଖ୍ୟକ ଗଣରାଜ୍ୟ ଭାରତ ଭୂମିରୁ ଅପସାରିତ ହେଲେ ମଧ୍ୟ ଅନେକ କୌଶଳ ଓ ପରାକ୍ରମ ବଳରେ ସ୍ୱୀୟ ଅସ୍ତିତ୍ୱ ଅକ୍ଷୁଣ୍ଣ ରଖିପାରିଥିଲେ। କୌଟିଲ୍ୟଙ୍କ ଅର୍ଥଶାସ୍ତ୍ରରେ ଆୟୁଧଜୀବୀ ଏବଂ ରାଜଶବ୍ଦୋପଜୀବୀ ଉଭୟବିଧ ଗଣରାଜ୍ୟର ବର୍ଣ୍ଣନା ଦେଖିବାକୁ ମିଳେ। ଯଥା—"କାମ୍ବୋଜ-ସ୍ୱରାଷ୍ଟ୍ର କ୍ଷତ୍ରିୟ-ଶ୍ରେଣ୍ୟାଦୟୋ ବାର୍ତ୍ତା ଶସ୍ତ୍ରୋପଜୀବିନଃ ଲିଚ୍ଛବିକମ-ମଲ୍ଲକ-ମଦ୍ରକ-ନୁକୁର-କୁରୁ-ପାଞ୍ଚାଳାଦୟୋ ରାଜଶବ୍ଦୋପଜୀବିନଃ (ଅ।:ଶା: ୩୭୨ ପୃ:)

ମୌର୍ଯ୍ୟ ସାମ୍ରାଜ୍ୟର ପତନ ପରେ ଭାରତୀୟ ଗଣରାଜ୍ୟମାନଙ୍କ ବିଷୟ ଆଲୋଚନା କରିବା ପାଇଁ ଶିଳାଲିପି ଏବଂ ପ୍ରାଚୀନ ମୁଦ୍ରାମାନଙ୍କ ଉପରେ ନିର୍ଭର କରିବାକୁ ହେବ ଏବଂ ଏତାଦୃଶ ପ୍ରମାଣ ଇତିହାସ ନିର୍ଣ୍ଣୟ କରିବା ନିମନ୍ତେ ଯେ ଶ୍ରେଷ୍ଠତମ ଏଥିରେ ସନ୍ଦେହ ନାହିଁ। ଯୌଦ୍ଧେୟ, ମାଳବ, ଆର୍ଜୁନାୟନ ଆଦି କେତେକ ସୁପ୍ରସିଦ୍ଧ ରାଜ୍ୟମାନଙ୍କରେ ପ୍ରଚଳିତ ମୁଦ୍ରାବଳୀ ଆବିଷ୍କୃତ ହୋଇ ଉକ୍ତ ରାଜ୍ୟମାନଙ୍କରେ ଥିବା ଗଣତନ୍ତ୍ର ଶାସନର ପ୍ରମାଣ ଦୃଢ଼ୀଭୂତ କରୁଅଛି। ଯୌଦ୍ଧେୟ ଗଣରାଜ୍ୟରେ ବିଭିନ୍ନ ସମୟରେ ପ୍ରଚଳିତ ତିନି ପ୍ରକାର ମୁଦ୍ରା ଆବିଷ୍କାର କରାଯାଇଅଛି। ପ୍ରଥମ ପ୍ରକାର ମୁଦ୍ରାରେ ହସ୍ତି ଏବଂ ବୃଷଭର ଚିତ୍ର ଅଙ୍କିତ ହୋଇ "ଯୌଦ୍ଧେୟନମ୍" ବୋଲି ଲିଖିତ ଅଛି। ଦ୍ୱିତୀୟ ପ୍ରକାର ମୁଦ୍ରାରେ ବିକ୍ରମର ଦେବତା କାର୍ତ୍ତିକେୟଙ୍କ ମୂର୍ତ୍ତି ସହିତ ତାଙ୍କର ନାମ ଅଙ୍କିତ ହୋଇଅଛି ଏବଂ ତୃତୀୟ ପ୍ରକାର ମୁଦ୍ରାରେ ତ୍ରିଭଙ୍ଗୀ ଠାଣିରେ ଥିବା ଏକ ନାଗରିକ ସୈନ୍ୟର ପ୍ରତିମୂର୍ତ୍ତି ଅଙ୍କନ କରାଯାଇ "ଯୌଦ୍ଧେୟ ଗଣସ୍ୟ ଜୟ" ଲେଖାଯାଇଛି। ଏହିପରି "ମାଳବନାମ୍‌ଜୟ" "ମାଳବାଜୟ" "ମାଳବଗଣସ୍ୟ" "ଅର୍ଜୁନାୟନାନାଂ" "ଅର୍ଜୁନାୟନାନାଂଜୟ" ଆଦି ଲିପି ଚିହ୍ନିତ ଥିବା ମୁଦ୍ରାମାନ ଆବିଷ୍କୃତ ହୋଇ ଉକ୍ତ ରାଜ୍ୟମାନଙ୍କରେ ଗଣତନ୍ତ୍ର ଶାସନ ପ୍ରତିଷ୍ଠିତ ଥିବା ପ୍ରମାଣ ପ୍ରଦାନ କରୁଅଛି। ଏହି ସମସ୍ତ ମୁଦ୍ରା ଖ୍ରୀ: ପୂ: ୨୦୦ଠାରୁ ୧୦୦ ଖ୍ରୀଷ୍ଟାବ୍ଦ ମଧ୍ୟରେ ପ୍ରଚଳିତ ହେଉଥିବା ଅନୁମାନ କରାଯାଏ।

ଖାରବେଳଙ୍କ ହାତୀଗୁମ୍ଫା ଶିଳାଲିପିରେ (ଖ୍ରୀ: ପୂ: ୨ୟ ଶତାବ୍ଦୀ) ରଥିକ ଏବଂ ଭୋଜକ ଦୁଇ ଗଣରାଜ୍ୟ ଏକତ୍ର ମିଳିତ ହୋଇ କଳିଙ୍ଗ ସମ୍ରାଟଙ୍କ ସାଙ୍ଗରେ ଯୁଦ୍ଧ କରିଥିବା ଉଲ୍ଲେଖ ଅଛି। ତହିଁର ପ୍ରାୟ ଏକଶତ ବର୍ଷ ପୂର୍ବେ ଏହି ଦୁଇ ଗଣରାଜ୍ୟ ଅଶୋକଙ୍କର ୫ ନ: ଓ ୧୩ ନ: ଶିଳାଲିପିରେ ପୃଥକ୍ ଭାବରେ ସ୍ଥାନ ପାଇଅଛନ୍ତି। ମହାକ୍ଷତ୍ରାପରୁଦ୍ରଦାମନ ଗିରିନଗର ଶିଳାଲିପିରେ (୧୫୦ ଖ୍ରୀ:) ଯୌଧେୟ, ମାଳବ, ଅର୍ଜୁନାୟନ, ଔଦୁମ୍ବର ଆଦି ଗଣରାଜ୍ୟକୁ ପଦାନତ କରି କୌଟିଲ୍ୟଙ୍କ ପ୍ରଦର୍ଶିତ ନୀତି ଅନୁସାରେ ସେମାନଙ୍କ ଶାସନତନ୍ତ୍ରରେ ହସ୍ତକ୍ଷେପ କରି ନଥିବା ପ୍ରକାଶ କରିଅଛନ୍ତି। ଏହି ଶିଳାଲିପିରେ ଲିଖିତ—"ସର୍ବକ୍ଷତ୍ରାବିଷ୍କୃତ ବୀରଶବ୍ଦୋଜାତୋତ୍ସେକ ବିଧେୟନାଂ ଯୌଧେୟାନାଂ"ରୁ ଯୌଧେୟ ରାଜ୍ୟର ପ୍ରତିପତ୍ତି ଏବଂ ବୀରତ୍ୱ ସହଜରେ ଅନୁମେୟ।

ଗୁପ୍ତରାଜ୍ୟ ସମୟରେ ଭାରତୀୟ ଗଣରାଜ୍ୟଗୁଡ଼ିକର ଅସ୍ତିତ୍ୱ ସଂପୂର୍ଣ୍ଣରୂପେ ଲୋପପ୍ରାପ୍ତ ହୋଇଥିଲା। ପ୍ରଥମ ଚନ୍ଦ୍ରଗୁପ୍ତ ଲିଚ୍ଛବୀ କନ୍ୟା କୁମାର ଦେବୀଙ୍କର ପାଣିଗ୍ରହଣ ପୂର୍ବକ ଇତିହାସପ୍ରସିଦ୍ଧ ବିଶାଳ ଲିଚ୍ଛବୀସଂଘକୁ କୌଶଳରେ ହସ୍ତଗତ କରି ଗୁପ୍ତ ସାମ୍ରାଜ୍ୟର ଭିତ୍ତି ସୁଦୃଢ଼ ରୂପେ ସ୍ଥାପନ କରିଥିଲେ (୩୨୦ ଖ୍ରୀ:)। ଏହି ଗୌରବମୟ ବିବାହକୁ ଚିର ସ୍ମରଣୀୟ କରିବା ନିମନ୍ତେ ସାମ୍ରାଜ୍ୟ ମଧ୍ୟରେ ଏକପ୍ରକାର ମୁଦ୍ରା ପ୍ରଚଳନ କରାଯାଇ ତାହାର ଏକପାର୍ଶ୍ୱରେ ଚନ୍ଦ୍ରଗୁପ୍ତ ଓ କୁମାର ଦେବୀଙ୍କ ଦଣ୍ଡାୟମାନ ଅବସ୍ଥାର ପ୍ରତିମୂର୍ତ୍ତି ଏବଂ ଅପର ପାର୍ଶ୍ୱରେ ଭାଗ୍ୟଦେବୀ ଲକ୍ଷ୍ମୀଙ୍କର ଚିତ୍ର ସହିତ "ଲିଚ୍ଛବାୟ" ବୋଲି ଲିଖିତ ହୋଇଥିଲା। ଭାରତୀୟ ନେପୋଲିଅନ୍ ସମୁଦ୍ରଗୁପ୍ତଙ୍କ ଦିଗ୍‌ବିଜୟ ଦ୍ୱାରା ବହୁ ସଂଖ୍ୟକ ଗଣରାଜ୍ୟ ଭାରତଭୂମିରୁ ଅପସାରିତ ହୋଇଥିବା ଏଲାହାବାଦ୍ ସ୍ତମ୍ଭଲିପିରୁ ଜଣାପଡ଼େ। ସେମାନଙ୍କ ମଧ୍ୟରେ ମାଳବ, ଅର୍ଜୁନାୟନ, ଯୌଧେୟ, ମଦ୍ରକ, ଆଭୀର, ପ୍ରାର୍ଜୁନ, ସନାନିକ, କାକ ଏବଂ ଖରପରିକ ଆଦି ସର୍ବପ୍ରଧାନ ବୋଲି ସ୍ତମ୍ଭଲିପିରେ ଉଲ୍ଲେଖ କରାଯାଇଛି। ଗୁପ୍ତ ସମ୍ରାଟମାନେ ପ୍ରାଚୀନ ଗଣରାଜ୍ୟମାନଙ୍କର ମୂଳୋତ୍ପାଟନ କରିଥିଲେ ସତ୍ୟ, ମାତ୍ର ସେମାନେ ମାଳବ ଅଞ୍ଚଳରେ ନବପ୍ରତିଷ୍ଠିତ ହୋଇଥିବା ତିନୋଟି ମିତ୍ରନାମଧେୟ ଗଣରାଜ୍ୟର ଅଭ୍ୟୁଦୟ ରୋଧ କରିପାରି ନଥିଲେ। ବ୍ରହ୍ମାଣ୍ଡ ପୁରାଣ ସେମାନଙ୍କୁ ତ୍ରିମିତ୍ରାଃ ଏବଂ ବିଷ୍ଣୁପୁରାଣ "ପୁଷ୍ପମିତ୍ର ପଧୁମିତ୍ର ପଦ୍ମମିତ୍ରାସ୍ତ୍ରୟଃ" ବୋଲି ଉଲ୍ଲେଖ କରିଅଛନ୍ତି। ଏମାନଙ୍କ ମଧ୍ୟରେ ପୁଷ୍ପମିତ୍ର ସଂଘ ଗୁପ୍ତସାମ୍ରାଜ୍ୟ ବାରମ୍ବାର ଆକ୍ରମଣ କରି ତାହାର ଭିତ୍ତି ଦୁର୍ବଳ କରିଦେଇଥିବା ଭୀଟାରୀ ସ୍ତମ୍ଭଲିପିର "ସମୁଦିତବଳକୋଶାନ୍ ପୁଷ୍ୟମିତ୍ରାନ୍"—"ବିଚଳିତ କୁଳଲକ୍ଷ୍ମୀ"—"ବିଲୁପ୍ତାଂ ବଂଶଲକ୍ଷ୍ମୀ"—ପ୍ରଚଳିତବଂଶଂ ଆଦିରୁ ସ୍ପଷ୍ଟରୂପେ ଜଣାଯାଏ। କିନ୍ତୁ ଦୁଃଖର ବିଷୟ ଗୁପ୍ତ ବଂଶର ପତନ ପରେ ଏହି ଆୟୁଧଜୀବୀ ସଂଘର ଭାଗ୍ୟ କି ଆକାର ଧାରଣ

କରୁଥିଲା, ତାହା ଏପର୍ଯ୍ୟନ୍ତ ସ୍ଥିର କରାଯାଇପାରି ନାହିଁ। ଡକ୍ଟର ଜୟସ୍ୱାଲ୍ ଲେଖିଛନ୍ତି— "The Pushyamitras having executed this historical revenge withdrew in the mystic past."

୫୫୦ ଖ୍ରୀଷ୍ଟାବ୍ଦ ପରେ ଭାରତ ଇତିହାସରେ ପ୍ରସିଦ୍ଧ ଗଣରାଜ୍ୟମାନଙ୍କର ଅସ୍ତିତ୍ୱ ଆଉ ଦୃଷ୍ଟିଗୋଚର ହୁଏନାହିଁ। ଦୀର୍ଘ ଏକ ସହସ୍ର ବର୍ଷକାଳ ବହୁସଂଖ୍ୟକ ଗଣରାଜ୍ୟ ଭାରତର ମୁଖମଣ୍ଡନ କରି ହିନ୍ଦୁଜାତିର ରାଜନୈତିକ କୁଶଳତା ପ୍ରତିପାଦନ କରିବା ସଙ୍ଗେ ସଙ୍ଗେ ଗ୍ରୀକ୍, କୁଶାଣ, ଶକ ଆଦି ବୈଦେଶିକ ଆକ୍ରମଣକାରୀଙ୍କ ଭାରତ ଭୂମିରେ ସାମ୍ରାଜ୍ୟ ବିସ୍ତାର କରିବା ଉଦ୍ୟମ ବିରୁଦ୍ଧରେ ଶେଷ ପର୍ଯ୍ୟନ୍ତ ଅସ୍ତ୍ରଧାରଣ କରିଥିଲେ। ଏହି ଗଣରାଜ୍ୟମାନଙ୍କ ଶାସନତନ୍ତ୍ର ଅନୁକରଣରେ ବୌଦ୍ଧଧର୍ମ ସଂଘ ସଂଗଠିତ ହୋଇ ପୃଥିବୀର ଚତୁର୍ଦ୍ଦିଗରେ ପ୍ରସାରିତ ହୋଇପାରିଥିଲା। ସୁତରାଂ ଭାରତ ତଥା ପୃଥିବୀର ସଂସ୍କୃତି ବର୍ଦ୍ଧନ ନିମନ୍ତେ ପ୍ରାଚୀନ ଭାରତରେ ଗଣରାଜ୍ୟଗୁଡ଼ିକର ଦାନ ଅଳ୍ପ ନୁହେଁ। ଅଜାତଶତ୍ରୁ, ଚନ୍ଦ୍ରଗୁପ୍ତ ମୌର୍ଯ୍ୟ, ସମୁଦ୍ରଗୁପ୍ତ ଆଦି ସୁପ୍ରସିଦ୍ଧ ସାମ୍ରାଜ୍ୟ ନିର୍ମାତା ଏହି ଗଣରାଜ୍ୟଗୁଡ଼ିକୁ ସେମାନଙ୍କ ଦିଗ୍‌ବିଜୟ ପଥର କଣ୍ଟକ ମନେକରି ସେଗୁଡ଼ିକର ଉଚ୍ଛେଦସାଧନ ନିମନ୍ତେ ସମସ୍ତ ଶକ୍ତି ପ୍ରୟୋଗ କରିଥିଲେ। ପ୍ରାଚୀନ ଓ ଆଧୁନିକ ସବୁ ସମୟରେ ସାମ୍ରାଜ୍ୟବାଦ ହିଁ ଗଣତନ୍ତ୍ରର ପ୍ରଧାନ ଶତ୍ରୁରୂପେ କାର୍ଯ୍ୟକରି ଆସିଅଛି। ଜୁଲିଅସ୍ ସୀଜର୍ ଏବଂ ଅକ୍‌ଟେଭିଅସ୍ ଆଦିଙ୍କ ସାମ୍ରାଜ୍ୟବାଦ ରୋମ୍‌ରୁ ପ୍ରଜାତନ୍ତ୍ର ଶାସନର ଲୋପସାଧନ କରିଥିଲା। ଫିଲିପ୍ ଏବଂ ଆଲେକ୍‌ଜାଣ୍ଡାର୍‌ଙ୍କ ଯେଉଁ ସାମ୍ରାଜ୍ୟବାଦ ଗ୍ରୀସ୍ ଦେଶରୁ ଗଣତନ୍ତ୍ରର ମୂଳୋତ୍ପାଟନ କରିବାରେ ସଫଳ ହୋଇପାରିଥିଲା, ତାହା ଭାରତୀୟ ଗଣତନ୍ତ୍ର ନିକଟରେ ପରାଭୂତ ହୋଇଥିବା ଇତିହାସ ଘୋଷଣା କରୁଅଛି। କିନ୍ତୁ ଭାରତୀୟ ସାମ୍ରାଜ୍ୟବାଦହିଁ ଭାରତୀୟ ଗଣରାଜ୍ୟମାନଙ୍କର ଧ୍ୱଂସ ସାଧନ କରିବାରେ ସମର୍ଥ ହୋଇପାରିଅଛି। ଖ୍ରୀଷ୍ଟୀୟ ଷଷ୍ଠ ଶତାବ୍ଦୀ ପରେ ଭାରତର ଇତିହାସ ପତନୋନ୍ମୁଖୀ ହୋଇ ଗତିକରି ଆସିଛି। ଏପରିକି ପରବର୍ତ୍ତୀ ପୁରାଣକାର ଓ ଧର୍ମଶାସ୍ତ୍ରକାରଗଣ ପ୍ରାଚୀନ ଗଣତନ୍ତ୍ର ଶାସନ ବିଷୟ ସଂପୂର୍ଣ୍ଣରୂପେ ବିସ୍ମୃତ ହୋଇ ରାଜତନ୍ତ୍ରହିଁ ଭାରତର ଏକମାତ୍ର ଶାସନତନ୍ତ୍ର ବୋଲି ପ୍ରକାଶ କରିଆସିଛନ୍ତି। ଆଧୁନିକ ବହୁ ଐତିହାସିକ ମଧ୍ୟ ଏ ସମ୍ବନ୍ଧରେ ସନ୍ଦିହାନ୍ ତଥା ପ୍ରମାଦଗ୍ରସ୍ତ ଥିବା ଅତି ଦୁଃଖର କଥା।

■

ଜାତିର ଜୀବନ ଓ ସଂସ୍କୃତି

ଗୋଲୋକବିହାରୀ ଧଳ

ଖବରକାଗଜରେ ବେଳେ ବେଳେ ସମ୍ବାଦ ବାହାରେ, ଅମୁକ ଅଞ୍ଚଳରେ ଅନେକ ଦିନ ଧରି ବର୍ଷା ହେଉନି, ଗାଁଲୋକେ ବର୍ତ୍ତମାନ ହୋମ ଯଜ୍ଞ କରି ଘିଅ ପୋଡ଼ିବାରେ ଲାଗିଛନ୍ତି। ଗାଉଁଲୀ ଲୋକଙ୍କ କଥା ତ, କିଏ ପଚାରି ଯାଉଛି। ପୁଣି ହଠାତ୍ ଦିନେ ଦିନେ ଖବର ବାହାରେ ଖୋଦ୍ ଦିଲ୍ଲୀ ସହରରେ ବି ହୋମ ଯଜ୍ଞ ଚାଲିଛି। କାରଣ ସେଠି ବି ବର୍ଷା ହେଉନି। ଗାଁ କହିଲେ ଆମକୁ ଦେଖାଯାଏ ଝାଟିମାଟି, ତାଳତାଟି, ଅଜ୍ଞାନ, ଅନ୍ଧକାର, କୁସଂସ୍କାର, ଯେତେସବୁ ପୁରୁଣା, ପଚାସଢ଼ା କଥା; କିନ୍ତୁ ସହର, ପୁଣି ଦିଲ୍ଲୀ ପରି ସହର କହିଲେ ଆଖି ଆଗରେ ଝଲସିଉଠେ ବିଦ୍ୟା, ବିଜ୍ଞାନ, ବାଣିଜ୍ୟ, ବିଜୁଳିବତି, କେତେ କ'ଣ—ସବୁ ନୂଆ—କିନ୍ତୁ ସେଠି ବି ବିପଦ ବେଳେ ଇନ୍ଦ୍ରଦେବତାଙ୍କୁ ଡାକରା !

ନୂଆ ଘର ପାଇଁ ଖୁଣ୍ଟ ପଡ଼ିଲାବେଳେ ଗାଁ ପୁରୋହିତ ମନ୍ତ୍ର ପଢ଼ି ନଡ଼ିଆ ଭାଙ୍ଗେ। ମନେହୁଏ ସତେ କ'ଣ ନଡ଼ିଆ ନ ଭାଙ୍ଗିଲେ ଘରଟା ଭାଙ୍ଗି ପଡ଼ିଥାନ୍ତା; କିନ୍ତୁ ଦେଖିବେ ଖାଲି ଗାଁ-କଥା ନୁହେଁ, ହୀରାକୁଦ ଓ ଭାକ୍ରାନଙ୍ଗଲ ପରି ପୃଥିବୀବିଖ୍ୟାତ ବନ୍ଧ ତିଆରି ହେଲବେଳେ ମଧ୍ୟ ବ୍ରାହ୍ମଣ ବେଦ ପଢ଼ନ୍ତି, ନଡ଼ିଆ ଭାଙ୍ଗନ୍ତି, ଶିଳାନ୍ୟାସ ହୁଏ। ଭାରତର ପ୍ରଧାନମନ୍ତ୍ରୀ ପଣ୍ଡିତ ନେହେରୁ କିଛି ବୈଦିକ ପଣ୍ଡିତ ନୁହନ୍ତି, ବିଲାତପଢୁଆ ବୈଜ୍ଞାନିକ। ତେବେ ବି ସେ ମୁଣ୍ଡ ନୁଆଇଁ ପୁରୋହିତଙ୍କ ହାତରୁ ପୁଷ୍ପଚନ୍ଦନ ନିଅନ୍ତି। ମନରେ ପୁଣି ସେହି ପ୍ରଶ୍ନ ଉଠେ, ପୃଥିବୀବିଖ୍ୟାତ ବୈଜ୍ଞାନିକମାନେ ଇଞ୍ଚ ଇଞ୍ଚ ମାପ କରି ବନ୍ଧ ପକାଇବେ, ବିଜ୍ଞାନର ଯେତେ ଯାହା କାରସାଦି ଅଛି ସବୁ ଆଣି ଯୋଗାଇଦେବେ; ତଥାପି ଏ ବେଦମନ୍ତ୍ର ଓ ଦୁର୍ବାକ୍ଷତର ଅର୍ଥ କ'ଣ ? ଏ କଥା

ଯେ କୌଣସି ଲୋକଙ୍କୁ ପଚାରିଲେ ଉତ୍ତର ମିଳେ ଏଟା ଆମ ପ୍ରାଚୀନ ସଂସ୍କାର, ଧର୍ମ ସଂସ୍କୃତି । ଏହି ସଂସ୍କୃତିକୁ ସହଜରେ ମନୁଷ୍ୟ ଭୁଲେ ନାହିଁ ।

ଗଲା ବର୍ଷ ରାଜାଜୀ ଭାରତୀୟ ବିଦ୍ୟାଭବନରେ ଭାରତୀୟ ସଂସ୍କୃତି ବିଷୟରେ ତିନୋଟି ଭାଷଣ ଦେଇଥିଲେ । ତାଙ୍କ ପ୍ରଥମ ଭାଷଣରେ ସେ ଭାରତୀୟ ସଂସ୍କୃତିକୁ 'ଆତ୍ମସଂଯମର ସଫଳ ଅଭ୍ୟାସ' ବୋଲି ଆଖ୍ୟା ଦେଇଥିଲେ । ତାଙ୍କ ମତରେ କାୟ, ମନ, ବାକ୍ୟ ସର୍ବତ୍ର ସଂଯମ ହିଁ ତପସ୍ୟା ଓ ସେ ତପସ୍ୟା ହିଁ ଭାରତର ସଂସ୍କୃତି । ସତ୍ୟ, ସଂଯମ ଓ ସାଧୁତା ହିଁ ଏହି ସଂସ୍କୃତିର ଲକ୍ଷଣ । ତାଙ୍କ ଦ୍ୱିତୀୟ ଭାଷଣରେ ଆମ ପରିବାର ଓ ସମାଜକୁ ଆମ ସଂସ୍କୃତି ଦୃଷ୍ଟିରୁ ସେ ବିଶ୍ଳେଷଣ କରିଥିଲେ; ଆମ ଏକାନ୍ନବର୍ତ୍ତୀ ପରିବାରକୁ ସେ ଆମ ସଂସ୍କୃତିର ଏକ ବୈଶିଷ୍ଟ୍ୟ ବୋଲି କହିଥିଲେ । ଯେଉଁ ଜାତି, ଜାତିଆଣଭାବ, ଜାତିପ୍ରୀତି କିମ୍ବା ପ୍ରିୟାପ୍ରୀତି ତୋଷଣକୁ ଆଜି ନାନା ଭାବରେ ସମାଲୋଚନା କରାଯାଉଛି ତାକୁ ସେ ଏକପ୍ରକାର ଜନମଙ୍ଗଳ ସମାଜବାଦର ଅନ୍ୟ ରୂପ ବୋଲି ବର୍ଣ୍ଣନା କରିଥିଲେ । ଅବଶ୍ୟ ଆମର ଯାହା ଚାଲିଛି ଓ ସେ ଯେଉଁ ଆଦର୍ଶ ଦୃଷ୍ଟିକୋଣରୁ ତାକୁ ବିଚାର କରିଥିଲେ ସେ ଦୁଇ କଥାକୁ କିନ୍ତୁ ଏକ ବୋଲି ଭାବିବା ଉଚିତ ନୁହେଁ । ତାଙ୍କ ତୃତୀୟ ଭାଷଣରେ ଭାରତୀୟ ଜୀବନର ପ୍ରତ୍ୟେକ ବିଭାଗରେ ଆଧ୍ୟାତ୍ମିକତାର ପ୍ରାଧାନ୍ୟ ଦେଖାଇବା ପାଇଁ ସେ ଚେଷ୍ଟା କରିଥିଲେ । ଆମ ଲୋକଙ୍କର 'ସକଳ ଦେହେ ନାରାୟଣ' ଭାବନା, ନିରାମିଷ ଭୋଜନ, ସନ୍ନ୍ୟାସ, ଦାନ, ଧର୍ମ ଓ ଯଜ୍ଞ ଏସବୁର ଏକମାତ୍ର କାରଣ ପୁନର୍ଜନ୍ମ ଓ କର୍ମଫଳ-ବିଶ୍ୱାସ ବୋଲି ସେ କହିଥିଲେ । ଆମ ବାହାଘର ହାତଗଣ୍ଠି ନୁହେଁ, ହୃଦୟର ଗଣ୍ଠି । ଏଥିରେ ପାଞ୍ଚଦିନିଆ ପ୍ରେମ ପରେ ଗୋଇଠାମାଡ଼ କିମ୍ବା ଛାଡ଼ପତ୍ର ନ ଥାଏ, ସ୍ୱାମୀର ମୃତ୍ୟୁ ପରେ ମଧ୍ୟ ତାହା ବୈଧବ୍ୟର ତପସ୍ୟାରେ ଉଜ୍ଜ୍ୱଳ ହୋଇଉଠେ । ଅନ୍ୟ ପତି ଅନ୍ୱେଷଣରେ ଅସ୍ତବ୍ୟସ୍ତ ହୁଏ ନାହିଁ । ଅତିଥି ଦେବତାର ସେବା, ଭିକ୍ଷୁକର ଭିକ୍ଷାଥାଳରେ ଅନ୍ନଦାନ ପ୍ରଭୃତି ଯାବତୀୟ ଉଦାରତା ମୂଳରେ ଥାଏ ସେହି କର୍ମଫଳର ବିଶ୍ୱାସ ।

ରାଜାଜୀ କହିଛନ୍ତି, ତଥାକଥିତ ଆଧୁନିକ ସଭ୍ୟତାର ପ୍ରଭାବରେ ଆମ ସଂସ୍କୃତିର ଅନେକ ମୂଲ୍ୟବୋଧରେ ପରିବର୍ତ୍ତନର ସୂଚନା ଥିଲେ ମଧ୍ୟ ସେସବୁ ପରିବର୍ତ୍ତନ ସମୟ-ସ୍ରୋତରେ ପୁଣି ଲିଭିଯିବ । ଏ ସଂସ୍କୃତି ଚିରନ୍ତନ । ଏହା ନଷ୍ଟ ହେବା ପୂର୍ବରୁ କେହି ନା କେହି ଜଣେ ମହାପୁରୁଷ ଆସି ପୁଣି ଏହାକୁ ନୂଆ କରି ଦେଇଯିବେ । ଶ୍ରୀମତୀ ବିଜୟଲକ୍ଷ୍ମୀ ପଣ୍ଡିତ ଏହି ପୁସ୍ତକର ଏକ ମୁଖବନ୍ଧ ଲେଖି ସେଥିରେ କହିଛନ୍ତି, ଏହି ଦେଶର ଲୋକେ ଆଗେ ଯେମିତି 'ସାହେବ' ହେବା ପାଇଁ ପାଗଳ ପରି ଦଉଡୁଥିଲେ ସେ ଦଉଡ଼ ମଝିରେ ବନ୍ଦ ହୋଇଯାଇଥିଲା; କିନ୍ତୁ ଏବେ ପୁଣି ଆମ ସଂସ୍କୃତି ଓ ଆମ ମୂଲ୍ୟବୋଧ

ଏକ ନୂତନ ପରୀକ୍ଷାର ସମ୍ମୁଖୀନ ହୋଇଛି। ରାଜାଜୀ କହନ୍ତି, ଯାହା ହେଲେ ମଧ୍ୟ ଆମ ସଂସ୍କୃତି ଓ ଆମ ମୂଲ୍ୟବୋଧରେ ଆଧ୍ୟାତ୍ମିକତାର ପ୍ରଭାବ ଅଧିକ ରହିବ ନିଶ୍ଚୟ।

ଏ ଦେଶରେ ଇଂରେଜମାନଙ୍କର ଶକ୍ତି ବେଳୁବେଳ ବଢ଼ିବାର ଦେଖି ଶିଖ୍‌ନେତା ରଣଜିତ୍ ସିଂହ ଥରେ କହିଥିଲେ- 'ସବ୍ ଲାଲ୍ ହୋ ଜାଏଗା', ମାନେ ସମଗ୍ର ଭାରତବର୍ଷର ମାନଚିତ୍ର ଦିନେ ଲାଲରଙ୍ଗରେ ଚିତ୍ରିତ ହୋଇଯିବ, ଅର୍ଥାତ୍ ଇଂରେଜମାନେ ଦିନେ ସମଗ୍ର ଭାରତର ରାଜା ହେବେ। ମହାପୁରୁଷମାନଙ୍କର କଥା କେବେ ଅନ୍ୟଥା ହୁଏ ନାହିଁ। ସତକୁ ସତ ଇଂରେଜମାନେ ରାଜା ହେଲେ; କିନ୍ତୁ ମାତ୍ର ଦେଢ଼ ଶହ ବର୍ଷ ଭିତରେ ଗଣ୍ଠିଲି ବାନ୍ଧି ଚାଲିଯିବା ପାଇଁ ସେମାନେ ବାଧ୍ୟ ହେଲେ। ମଜା କଥା ହେଉଛି, ଇଂରେଜ ଲୋକମାନେ ଏ ଦେଶରୁ ଯିବା ପରେ ଇଂରେଜ ସଭ୍ୟତା ଏଠି ବଢ଼ି ଚାଲିଛି। ଆମର ସମସ୍ତ ଚେଷ୍ଟାର ଗତି ପଶ୍ଚିମ ଆଡ଼କୁ। ମେକ୍‌ସିକୋରୁ ମାଳୟ ସବୁଠି ଏକ କୋକାକୋଲା, ସବୁଠି ଚାଲିଲାଣି 'ବ୍ଲୁ ଜିନ୍ ପ୍ୟାଣ୍ଟ୍', ସହ ଶିକ୍ଷାର ରୋମାନ୍‌ସ ମଧ୍ୟ ଆସ୍ତେ ଆସ୍ତେ ଆରମ୍ଭ ହୋଇଗଲାଣି। କଳକାରଖାନା, ବିଜ୍ଞାନ ଓ ବିଜୁଳିବତି ଦେଖି ଆଖି ଝଲସି ଯାଉଛି। ଏସବୁ ଦେଖି କେହି କେହି କହୁଛନ୍ତି 'ସବ୍ ସଫେଦ୍ ହୋ ଜାଏଗା', ଅର୍ଥାତ୍ ପଶ୍ଚିମର ଯେଉଁ ଧଳା ସଭ୍ୟତା, ତା'ରି ପ୍ରଭାବରେ ଦିନେ ସବୁ ଧଳା ହୋଇଯିବ। କେବଳ ସେହି ସଭ୍ୟତା ଏଠି ରହିବ; ଅନ୍ୟ ସଭ୍ୟତା, ଅନ୍ୟ ଚିନ୍ତା ଏଠି ମୁଣ୍ଡ ଟେକି ପାରିବ ନାହିଁ।

କିନ୍ତୁ ବାସ୍ତବ କ୍ଷେତ୍ରରେ ଯାହା ଦେଖାଯାଉଛି, ସେଥିରୁ ଏହା ସହଜ ବୋଲି ମନେ ହେଉନି। ଗାଁଗଣ୍ଡାରେ କଳକାରଖାନା ଓ ବିଜୁଳି ଆଲୁଅ ବଢୁଛି। ଆମ ଲୋକେ ପୂର୍ବ ଅପେକ୍ଷା ଏବେ ଭଲ ଖାଇଲେଣି, ଭଲ ପିନ୍ଧିଲେଣି, ବଡ଼ ଘରେ ରହିଲେଣି। ବେଶୀ ସିନେମା ଦେଖିଲେଣି ଓ ବେଶୀ ପିଲାଙ୍କୁ ସ୍କୁଲ କଲେଜକୁ ପଠାଇଲେଣି; କିନ୍ତୁ ଏସବୁ ତଥାକଥିତ ପ୍ରଗତି ଭିତରେ ପ୍ରାଣରେ କାହାରି ବିଶେଷ କିଛି ଫୂର୍ତ୍ତି ନାହିଁ। ଲୋକେ ବରଂ ଅନୁଭବ କରୁଛନ୍ତି ସତେ ଯେମିତି ତାଙ୍କ ମୂଳ ଉପୁଡ଼ି ଯାଉଛି, ତାଙ୍କ ପୂର୍ବପୁରୁଷମାନଙ୍କର ସେ ଭାରତବର୍ଷ ଆଉ ନାହିଁ। ମନୁଷ୍ୟ ନିଜକୁ ନିଜେ ଆଧୁନିକ ସଭ୍ୟତା ଭିତରେ ମୁଣ୍ଡଟେକି ରହିପାରିବ ନାହିଁ? ଜାପାନ ତ ପୁଣି ରହିଛି। ବାସ୍ତବରେ କୌଣସି ଜାତିର ବାହାର ଉନ୍ନତିରେ କିଛି ମୂଲ୍ୟ ନାହିଁ, ଯଦି ତା'ର ନୈତିକ ମୂଲ୍ୟରେ କିଛି ପୁନରୁଦ୍ଧାର ନ ହୁଏ।

ବଡ଼ ବଡ଼ ଚିନ୍ତାଶୀଳ ଲୋକମାନେ ଏବେ ଏହି କଥା ବରାବର କହୁଛନ୍ତି। ଆମ ନିଜ ଗାଁ-ଗଣ୍ଡା କଥା ବିଚାର କଲେ ସେଠି ମଧ୍ୟ ଏହି କଥା ଦେଖାଯାଉଛି। ଆମେ ଦେଖୁଛୁଁ ସରକାର ଏବେ ଗାଁ-ଗଣ୍ଡାର ଲୋକମାନଙ୍କ ପଇଁ ଅନେକ ଯୋଜନା

କରୁଛନ୍ତି। ଲୋକେ ଯାହା ଦିନେ ସ୍ୱପ୍ନରେ ସୁଦ୍ଧା ଭାବି ନ ଥିଲେ, ଆଜି ତା' ମଧ୍ୟ ହୋଇଗଲାଣି। ଗାଁ ଗଣ୍ଡାରେ ବିଜୁଳିବତି, ଗାଁ-ଦାଣ୍ଡରେ ସଡ଼କ। ତେବେ ଲୋକଙ୍କର ଏଥିରେ ପ୍ରାଣ ନାହିଁ କିମ୍ବା ବିଶ୍ୱାସ ନାହିଁ। କାହିଁକି ? ଯେଉଁ ଜାତି ପାଣି, ପବନ, ଆକାଶ, ପୃଥିବୀ ପ୍ରଭୃତି ନିର୍ଜୀବ ବସ୍ତୁମାନଙ୍କୁ ଦେବତା ବୋଲି ବିଶ୍ୱାସ କରିଆସିଛି, ଇନ୍ଦ୍ର, ରୁଦ୍ର, ବରୁଣ ଭବିଷ୍ୟତରେ କେବେ ଆଶୀର୍ବାଦ ଦେବେ ବୋଲି ସେମାନଙ୍କ ଉପରେ ଆସ୍ଥା ରଖି ଯୁଗ ଯୁଗ ଧରି ସେମାନଙ୍କୁ ମୁଣ୍ଡିଆ ମାରିଆସିଛି, ସେହି ଜାତିର ଲୋକ ହାତକୁ ହାତ ଯେଉଁମାନଙ୍କଠାରୁ ଅର୍ଥ, ଆଶ୍ୱାସନା ଓ ଆଶୀର୍ବାଦ ପାଉଛନ୍ତି, ସେମାନଙ୍କୁ ବିଶ୍ୱାସ କରୁ ନାହାନ୍ତି କାହିଁକି ? ଯା ଭିତରେ ନିଶ୍ଚୟ କେଉଁଠି ଗୋଟାଏ କେଁ ଅଛି। ତଳେଇ ଦେଖିଲେ ପ୍ରକୃତରେ ଦୁଇଟି କଥା ମନକୁ ଆସେ। ଏକରେ ପ୍ରାଚୀନ ସଂସ୍କୃତି ପ୍ରତି ଲୋକଙ୍କର ଗଭୀର ବିଶ୍ୱାସ, ଦୁଇରେ ଆଧୁନିକ ସଭ୍ୟତା ଓ ଶାସନ ପ୍ରତି ଘୋର ସନ୍ଦେହ। ଗତ ଦୁଇ ଶହ ବର୍ଷ ଭିତରେ କାହାର ଯଦି କିଛି ପରିବର୍ତ୍ତନ ହୋଇଥାଏ, ତାହା, ଆମ ଶିକ୍ଷିତ ଲୋକଙ୍କର, ଆମ ଉପରବାଲାଙ୍କର। ଦିନ ଥିଲା ଯେତେବେଳେ ସେମାନେ ରାମାୟଣ ଛାଡ଼ି ବାଇବଲ ପଢ଼ୁଥିଲେ, ଧୋତି ଛାଡ଼ି ପ୍ୟାଣ୍ଟ୍ ପିନ୍ଧୁଥିଲେ, ମଥୁରାମଙ୍ଗଳ ଛାଡ଼ି ମର୍ଡ୍ଣ୍ଡ କବିତା ପଢ଼ୁଥିଲେ, ମୋଟ ଉପରେ ସବୁ ଦେଶୀ ଛାଡ଼ି ବିଦେଶୀ ଚାହୁଁଥିଲେ; କିନ୍ତୁ ଗାନ୍ଧୀଙ୍କ ଆଣ୍ଟୁଟେକା ଖଦୀ ଓ ଗୀତା ଶୁଣି ପୁଣି ଟିକିଏ ପଛକୁ ଫେରି ଆସିଛନ୍ତି। ଏବେ ଆମ ରେଡ଼ିଓ ମଥୁରାମଙ୍ଗଳ ଗାଇଲାଣି ଓ ଇଣ୍ଡଷ୍ଟ୍ରି ଲୁଗା ଆମର ପସନ୍ଦ ହେଲାଣି। ମୋଟ ଉପରେ ଯେଉଁ ପାଠୁଆ ଲୋକେ ସେତେବେଳେ ସାହେବ ହେବା ନିଶାରେ ଆଗେଇ ଯାଇଥିଲେ, ସେହିମାନେ ଏବେ ପଛକୁ ଫେରି ଆସିଲେଣି; କିନ୍ତୁ ଗାଁ ଯେମିତି ଥିଲା ସେମିତି ଚାଲିଛି। ମଥୁରାମଙ୍ଗଳ ଓ ମହାଭାରତର ଆଧିପତ୍ୟ ସେଠି କମି ନାହିଁ। ଇନ୍ଦ୍ର, ଅଗ୍ନି, ରୁଦ୍ର, ବରୁଣ ଦେବତା ଏବେ ମଧ୍ୟ ସେଠି ବଡ଼ ହୋଇ ରହିଛନ୍ତି। ଗାଁ-ଲୋକଙ୍କର ଯେଉଁ ଧର୍ମ ଧାରଣା, ସେମାନଙ୍କର ଯେଉଁ ଅଖଣ୍ଡ ଉଜ୍ଜ୍ୱଳ ବିଶ୍ୱାସ, ତାକୁ ଛାଡ଼ି ସାହେବୀ ଶାସକମାନଙ୍କୁ ବିଶ୍ୱାସ କରିବା ପାଇଁ ମୋଟେ ସେମାନେ ଆରମ୍ଭ କରି ନାହାନ୍ତି।

ଭାରତ ଲୋକେ ଏବେ ମଧ୍ୟ ରାମ, ସୀତା ଓ ଭରତଙ୍କୁ ପ୍ରତ୍ୟକ୍ଷ ଭାବରେ ଅନୁଭବ କରନ୍ତି। ବାସ୍ତବରେ ଆମ ପୋଥିପୁରାଣ, ଆମ ଧର୍ମଧାରଣା ଆମ ଜୀବନକୁ କେମିତି ନିୟନ୍ତ୍ରିତ କରୁଛି, ଦେଖିବାର କଥା। ଲୋକେ ଯେ ସରକାରଙ୍କୁ ସନ୍ଦେହ କରୁଛନ୍ତି ତା'ର କାରଣ ହେଉଛି ସେମାନେ ଶାସ୍ତ୍ରପୁରାଣରେ ଯାହା ପଢ଼ୁଛନ୍ତି କିମ୍ବା ଶୁଣୁଛନ୍ତି, ସରକାରୀ କାରବାରରେ ତାହା ଦେଖୁ ନାହାନ୍ତି। ଉଦାହରଣ ସ୍ୱରୂପ ଧରନ୍ତୁ ରାମାୟଣ। ସୀତା ଯେତେବେଳେ ରାବଣହାତରୁ ମୁକ୍ତି ପାଇଲେ, ସେତେବେଳେ

ରାମ ତାଙ୍କୁ ସିଧା ସିଧା ଗ୍ରହଣ କରି ନ ଥିଲେ, ବରଂ ତାଙ୍କୁ ଅଗ୍ନିରେ ପରୀକ୍ଷା କରି ନେଇଥିଲେ; କିନ୍ତୁ ସେମାନେ ଯେତେବେଳେ ଆସି ଅଯୋଧ୍ୟାରେ ରହିଲେ, ହଠାତ୍ ଦିନେ ଦେଖାଗଲା ସୀତାଙ୍କୁ ଅସତୀ ଦୋଷରେ ଅରଣ୍ୟକୁ ପଠାଇ ଦିଆଗଲା। ସୀତା ଅସତୀ ବୋଲି ଜଣାପଡ଼ିଲା କେମିତି ? କେହି ଜଣେ ପ୍ରଜା ସୀତା ସତୀ ନୁହନ୍ତି ବୋଲି ତା' ଘରେ କହିଲା। କଥାଟା ଅତି ପ୍ରାଇଭେଟ୍; କିନ୍ତୁ ରାମଙ୍କ କାନରେ ବାଜିବା ମାତ୍ରେ ଅନ୍ୟର ଏହି ସାମାନ୍ୟ ସନ୍ଦେହ ପାଇଁ ମଧ୍ୟ ସୀତାଙ୍କୁ ବିଦାୟ କରାଗଲା। ମୋଟ ଉପରେ ଏହି ଦେଶର ଲୋକେ ଏହିପରି ଚିନ୍ତାଧାରାରେ ଜୀବନ କାଟି ଆସିଛନ୍ତି। ଏହାର ବ୍ୟତିକ୍ରମ ହେଲେ ସେମାନେ କେବେ ହେଲେ ବିଶ୍ୱାସ କରିବେ ନାହିଁ। ଆଜିକାଲି ଶାସନରେ ବହୁ ଲୋକଙ୍କ ବିଷୟରେ ବହୁ ଅନାଚାର କାହାଣୀ ଶୁଣାଯାଉଛି। ସେମାନେ ନିଜକୁ ନିଜେ ଶୁଦ୍ଧ କରିବା ତ ଦୂରର କଥା, ସରକାରଙ୍କର ବି ସେମାନଙ୍କୁ ଛୁଇଁବାର ସାହସ ନାହିଁ, ଓଲଟା ସେମାନଙ୍କୁ ପ୍ରମୋସନ ଦିଆଯାଉଛି। ଆଚ୍ଛା, ଯେଉଁ ଲୋକଙ୍କର ରକ୍ତ-ମାଂସରେ ରାମାୟଣର ଆଦର୍ଶ ପୁରୁଷାନୁକ୍ରମେ ମିଶିଗଲାଣି; ଦୋଷୀକୁ ଦଣ୍ଡ ନ ଦେଇ ପୁରସ୍କାର ଦେଉଥିବା ଶାସନକୁ କେବେ ସେମାନେ ବିଶ୍ୱାସ କରିପାରିବେ ? ମୋଟେ ନୁହେଁ। ବିଶ୍ୱାସରେ ବିଷ ଖାଇଲେ ମଧ୍ୟ ପାର ହୁଏ; କିନ୍ତୁ, ଅବିଶ୍ୱାସରେ ଅମୃତ ମଧ୍ୟ ଅଜୀର୍ଣ୍ଣ ସୃଷ୍ଟି କରେ। ସେଇ ହୋଇଛି ଆମର ଅବସ୍ଥା। ହଁ, ପୁଣି ରାଜତନ୍ତ୍ରଶାସନରେ ଏହି ବିଶ୍ୱାସ ବା ଅବିଶ୍ୱାସର ବିଶେଷ କିଛି ଯାଏ ଆସେ ନ ଥିଲା; କିନ୍ତୁ ଯେଉଁ ଗଣତନ୍ତ୍ର ଶାସନ ଲୋକବିଶ୍ୱାସ ଉପରେ ବିଶେଷ ଭାବରେ ନିର୍ଭର କରେ ଓ ଯେଉଁଠି ଜନତା ହିଁ ଶାସନର ନିର୍ଦ୍ଦେଶକ ସେଠି ଯଦି ତା'ର ବିଶ୍ୱାସ ସୃଷ୍ଟି କରାଯାଇ ନ ପାରିଲା, ତେବେ କଳ୍ପନା ମୂଳରେ କାଳ ଥିଲା ପରି ଅବିଶ୍ୱାସ ଯୋଗୁ ସବୁ ବିଧ୍ୱସ୍ତ ହୋଇଯିବ।

ରାଜାଜୀ କହନ୍ତି, ଭାରତରେ ଯଦି ଆଜି ଦାନ, ଧର୍ମ, ଧ୍ୟାନ ବୋଲି କିଛି ବାକୀ ରହିଯାଇଛି, ତା' କେବଳ ଆମ ସଂସ୍କୃତି ଓ ଆମ ଧର୍ମଜ୍ଞାନ ପାଇଁ। ପ୍ରକୃତରେ ଦେଖିବାକୁ ଗଲେ ପୁନର୍ଜନ୍ମରେ ପୂରାପୂରି ବିଶ୍ୱାସ ଥିଲାବେଳେ ଯେଉଁ କାମ ଅତି ସହଜରେ ହୋଇପାରୁଥିଲା, ଆଜି ସେହି କାମ ସରକାରୀ କଳ ସହଜରେ କରିପାରୁ ନାହିଁ। ଆଜିକାଲି ଶିଳ୍ପ ବାଣିଜ୍ୟର ଯୁଗ, କୋ-ଅପରେଟିଭ୍‌ର ଯୁଗ। ସରକାରୀ ସାହାଯ୍ୟ ମିଳୁଛି। ଲୋକେ ମନଇଚ୍ଛା କାନିରେ ବାନ୍ଧି ଋଣ ନେବାରେ ଲାଗିଛନ୍ତି। ମୋଟେ ବ୍ୟବସାୟ ନ କରି ମଧ୍ୟ ବ୍ୟବସାୟ ନାଁରେ ଖଣ୍ଡେ ଖଣ୍ଡେ ପଟା ମାରିଦେଇ ଲୋକେ ଋଣ ନେଇ ଚାଲିଯାଉଛନ୍ତି। ସେସବୁ ପୋଖରୀକୁ ପାଣି ପିଇବାକୁ ଯାଉଥିବା ଜୀବଜନ୍ତୁମାନଙ୍କର ଲେଉଟ ପାଦଚିହ୍ନକୁ ମାଙ୍କଡ଼ ନ ଦେଖିଲା ପରି 'ଗତାନି ଗତ

ପାଦାନି ଆଗତାନି ନ ଦୃଶ୍ୟନ୍ତେ।' ଯେଉଁ ଧନ ହାତରୁ ଗଲା, ସେ ଆଉ ଫେରିବାର ନୁହେଁ। ଲୋକଙ୍କଠାରୁ ଟଙ୍କା ଫେରିପାଇବା କାଠିକର ପାଠ ହେଲାଣି; କିନ୍ତୁ ଆମ ସଂସ୍କୃତି, ଆମ ଧର୍ମବିଶ୍ୱାସ ଥିଲା କ'ଣ? ଋଣ ନେଇ ସୁଝି ନ ପାରିଲେ, ଧାରୁଆ ହୋଇ ମଲେ ପୁଣି ଆର ଜନ୍ମରେ ମହାଜନବାଡ଼ିରେ ଲଙ୍କାମରିଚ ଗଛ ହୋଇ ଋଣ ସୁଝିବାକୁ ପଡୁଥିଲା। ବାପ ଋଣ କରି ମରିଗଲେ ପୁଅକୁ ସୁଝିବାକୁ ପଡୁଥିଲା। ଏବେ ତ ଆଉ ସେ ପୂର୍ବଜନ୍ମର ବିଶ୍ୱାସ ନାହିଁ; ତେଣୁ ଋଣକୁ ପାଟିରେ ପକାଇ ହାତ ପୋଛି ଲୋକେ ଆରାମରେ ବୁଲୁଛନ୍ତି। ଦେଖାପଡୁଛି ପୁରୁଣା ସଂସ୍କୃତି ଯେତିକି ମରି ମରି ଯାଉଛି, ଅନାଚାର ପାଇଁ ସେତିକି ବାଟ ଫିଟିଯାଉଛି।

ଜଣେ ଭାରତୀୟ ଭଦ୍ରଲୋକ ବିଲାତରେ ଥିବା ଭାରତୀୟ ଛାତ୍ରମାନଙ୍କ ବିଷୟରେ ଏକ ପିଏଚ୍.ଡି. ଥେସିସ୍ ଲେଖି ସେଥିରେ ଭାରତୀୟ ସଂସ୍କୃତି ଉପରେ ଇଂରେଜୀର ପ୍ରଭାବ ଓ ପରାଭବ ବିଷୟରେ କେତେକ ସୁନ୍ଦର କଥା ଲେଖିଛନ୍ତି। * ପାଠକଙ୍କ କୌତୂହଳ ନିବାରଣ ପାଇଁ ସେଥିରୁ ଗୋଟାଏ ଦୁଇଟା କୁହାଯାଇପାରେ।

ଭାରତରେ ଇଂରେଜୀ ପ୍ରଭାବର ପ୍ରଥମାବସ୍ଥାରେ ଇଂରେଜୀପାଠୁଆ-ଲୋକେ ଯାହା ହେଲେ, ଆଜି ଶୁଣିଲେ କେହି ନ ହସି ରହିପାରିବ ନାହିଁ। ପ୍ରଥମ କଥା, ଯେତେ ଯାହା ଭାରତୀୟ, ସେଗୁଡ଼ା ସବୁ ରଦ୍ଦି, ବାଜେ ବୋଲି ସେମାନେ ପ୍ରଚାର କଲେ। ଭରତୀୟ ଜିନିଷକୁ ଯେ ଯେତେ ଘୃଣା କରିପାରିଲା ସେ ସେତେ ସଭ୍ୟ ବୋଲାଇଲା। ୧୮୧୭ ଖ୍ରୀଷ୍ଟାବ୍ଦରେ କଲିକତାରେ ଯେଉଁ ହିନ୍ଦୁକଲେଜ ସ୍ଥାପିତ ହୋଇଥିଲା, ତା'ର ଛାତ୍ରମାନେ ସେକ୍‌ସପିଅର ଯେତିକି ପଢ଼ିଲେ, ମଦ ଓ ମାଂସ ସେତିକି ଖାଇଲେ। ନିଜେ ତ ଯାହା ଖାଇଲେ, ସେଥିରେ ମନ ତୃପ୍ତ ହେଲାନି, ବ୍ରାହ୍ମଣମାନଙ୍କ ଘରକୁ ଗୋ-ମାଂସ ଫିଙ୍ଗିଲେ। ଗୋରୁ ମାଂସ କିଣିବାପାଇଁ କଲେଜ ରେଲିଂ ଡେଇଁ ଯିବା ଆସିବା କଲେ। ବଙ୍ଗଳାରେ ଲେଖା ହୋଇଥିବା ରାସ୍ତାଘାଟ ତାଙ୍କୁ ଭଲ ଲାଗିଲା ନାହିଁ। ଗୋଟାଏ ରାସ୍ତାର ନାଁ ସେମାନେ ଦେଲେ 'ମେ ଫେଆର' ଓ କାଳୀଘାଟ ରାସ୍ତାର ନାଁ ଦେଲେ 'ଷ୍ଟୋର ରୋଡ୍'। ଏହି କଲେଜର ଜଣେ ଛାତ୍ରଙ୍କୁ ତାଙ୍କ ବାପା ଥରେ କାଳୀ ଦର୍ଶନ କରିଯିବା ପାଇଁ ବାଧ୍ୟ କଲେ। ଛାତ୍ର ବିଚାରା କଷ୍ଟେମଷ୍ଟେ କାଳୀ ଯାଏ ଗଲା; କିନ୍ତୁ କାଳୀଙ୍କୁ ନମସ୍କାର କରିବା ପାଇଁ ମୋଟେ ରାଜି ହେଲା ନାହିଁ। ଶେଷରେ ବାପା ଅତି ବାଧ୍ୟ କଲାରୁ କାଳୀଙ୍କୁ ସାହେବୀ-କାଇଦାରେ 'ଗୁଡ୍ ମର୍ଣ୍ଣିଂ ମାଡ଼ାମ୍' ବୋଲି କହିଲା। ଏଥିରୁ ବୁଝାଯିବ ଭାରତୀୟମାନଙ୍କର କି

---

* Indian Students in Britain, Asia, p 26 by Dr. Amar Kumar Singh.

ଦୁର୍ଦ୍ଦଶା ହେଲା। ଗୁଡ଼ାଏ ଭାରତୀୟ ସାହେବମାନଙ୍କୁ ମାଙ୍କଡ଼ ପରି ଅନୁକରଣ କଲେ ଓ ନିଜକୁ ଭାରତୀୟ ବୋଲି ପରିଚୟ ଦେବା ପାଇଁ ଲଜ୍ଜାବୋଧ କଲେ। ମନୁଷ୍ୟ ଭ୍ରଷ୍ଟ ହେଲେ କ'ଣ ହୁଏ ଏହା ବୋଧହୁଏ ତା'ର ଚରମ ନିଦର୍ଶନ।

କିନ୍ତୁ ଆମ ଦେଶରେ ସମସ୍ତଙ୍କର ବିଶ୍ୱାସ, ଅବସ୍ଥା ଗୁରୁତର ହେଲେ ପୁଣି କେହି ଜଣେ ହଜିଲା ବାଟକୁ ଖୋଜି ଦେଖାଇବା ପାଇଁ ନିଶ୍ଚୟ ବାହାରିବେ। ଭାରତ-ଇତିହାସରେ ଏ କଥା ବାରମ୍ବାର ଘଟିଛି। ପୁଣି ଦିନ ଆସିଲା, ଲୋକେ ବୁଝିଲେ, ଆମ ସଂସ୍କୃତି ଖୁବ୍ ଖରାପ ନୁହେଁ କିମ୍ବା ପାଶ୍ଚାତ୍ୟ ସଂସ୍କୃତି ଗୋଟାପଣେ ଭଲ ନୁହେଁ। ସେହି ପାଶ୍ଚାତ୍ୟ ଲୋକେ ମଧ୍ୟ ଆମକୁ ସେଇ କଥା ବୁଝାଇଲେ। ପାଶ୍ଚାତ୍ୟ ଦେଶମାନଙ୍କରେ ସଂସ୍କୃତ ଭାଷା ଯେତେବେଳେ ପ୍ରଚାରିତ ହେଲା ଜର୍ମାନ୍ କବି ଗେଟେ କହିଲେ, 'କାଳିଦାସଙ୍କୁ ବଳି ବଡ଼ କବି ନାହାନ୍ତି।' ଦାର୍ଶନିକ ସୋପେନ୍ହୋର କହିଲେ, 'ଉପନିଷଦ୍ ତାଙ୍କ ଜୀବନର ଶାନ୍ତିର ପ୍ରସ୍ରବଣ।' ମାକ୍ସ ମୁଲାର କହିଲେ, 'ଜୀବନରେ ସେ ସବୁଠୁ ବେଶୀ ସୁଖ ପାଇଛନ୍ତି ବେଦ ପଢ଼ି।' ତା' ଛଡ଼ା ଧର୍ମ, ଦର୍ଶନ, ଗଣିତ, କଳା, ସ୍ଥାପତ୍ୟ ପ୍ରତ୍ୟେକ କ୍ଷେତ୍ରରେ ଯେତେବେଳେ ନୂଆ ନୂଆ କଥା ଜଣାଗଲା ଓ ହରପ୍ପା, ମହେଞ୍ଜୋଦାରୋ ସଭ୍ୟତା ଭାରତର ଗୌରବ ବୋଲି ଜଣାଗଲା, ସେତେବେଳେ ଭାରତୀୟମାନଙ୍କର ଆତ୍ମବିଶ୍ୱାସ ଫେରିଆସିଲା। ସେମାନେ ଦେଖିଲେ ନିଜକୁ ସେମାନେ ଯେତେ ଛୋଟ ମନେ କରୁଥିଲେ, ସେତେ ଛୋଟ ମନେ କରିବାର କୌଣସି କାରଣ ନାହିଁ। କାଳକ୍ରମେ ଲୋକେ ଠିକ୍ ବୁଝିଗଲେ, ଜୀବନର ଅର୍ଥନୈତିକ ମାନ ବଢ଼ାଇବା ପାଇଁ ପାଶ୍ଚାତ୍ୟ ବିଜ୍ଞାନ ଓ କୌଶଳ ଯେତିକି ଦରକାର, ଭାରତର ନିଜସ୍ୱ ବଜାୟ ରଖିବା ପାଇଁ ପ୍ରାଚୀନ ସଂସ୍କୃତିକୁ ରକ୍ଷା କରିବା ମଧ୍ୟ ସେତିକି ଦରକାର। ସ୍ୱୟଂ ନେହେରୁ ମଧ୍ୟ ଏହି ମତ ପୋଷଣ କରୁଥିଲେ। ଗାନ୍ଧିଜୀ କହୁଥିଲେ, ସବୁ ସଂସ୍କୃତି ଏ ଦେଶରେ ସ୍ୱାଧୀନ ଭାବରେ ବଞ୍ଚିରହୁ; କିନ୍ତୁ ଆମେ କୌଣସି ସଂସ୍କୃତିର ଦାସ ହୋଇ ରହିବାକୁ ଚାହୁ ନାହିଁ। ବିଶ୍ୱକବି ରବୀନ୍ଦ୍ରନାଥ ମଧ୍ୟ କହୁଥିଲେ, ଆମ ସଂସ୍କୃତିକୁ ବିକି ଅନ୍ୟ ସଂସ୍କୃତିକୁ କିଣିବା ପୂର୍ବରୁ ଆମକୁ ସ୍ଥିରଚିତ୍ତରେ ଚିନ୍ତା କରିବାକୁ ହେବ। ଯେତେ ଯାହା ହେଲେ ବି ଗୋଟିଏ ଜାତିର ଇତିହାସକୁ ଆଉ ଗୋଟିଏ ଜାତି ଉଧାର ନେଇପାରେ ନା।

ମୋଟ ଉପରେ ସଂସ୍କୃତି କଥା ଭାବିଲାବେଳେ ମଣିଷ ମନରେ ପ୍ରଶ୍ନ ଉଠେ, କୌଣସି ସଂସ୍କୃତି ଦେହରେ ଯଦି କୌଣସି ମୂଲ୍ୟ ନ ଥାନ୍ତା, ତା' ହେଲେ ସେ ବିଷୟରେ ମହାପୁରୁଷମାନେ ବି ଏତେ ମୁଣ୍ଡ ଖେଳାନ୍ତି କାହିଁକି? ତା' ଛଡ଼ା ଗୋଟାଏ ଜାଗାରେ ଗୋଟାଏ ପ୍ରକାର ସଂସ୍କୃତି ଗଢ଼ିଉଠେ କାହିଁକି? ପୁଣି ଗୋଟାଏ ଜାଗାରେ

ଆଉ ଗୋଟାଏ ସଂସ୍କୃତିକୁ ସ୍ଥାପନ କରିବା ପାଇଁ ଚେଷ୍ଟା କଲାବେଳେ ଏତେ ବିଶୃଙ୍ଖଳା ହୁଏ କାହିଁକି ? ବିଭିନ୍ନ ଦେଶର ସ୍ୱତନ୍ତ୍ର ପରିବେଶ ମଧ୍ୟରେ ସ୍ୱତନ୍ତ୍ର ସଂସ୍କୃତି ଗଢ଼ି ଉଠିଥିବ ନିଶ୍ଚୟ। ଉଦାହରଣ ସ୍ୱରୂପ ଆମ ଦେଶ ଅତି ଗରିବ ହେଲେ ମଧ୍ୟ ଓ ଧୂଳିମଳିରେ ପୂର୍ଣ୍ଣ ହେଲେ ମଧ୍ୟ ଆମ ସଂସ୍କୃତିରେ ନିତ୍ୟ ସ୍ନାନ ପାଇଁ ବିଧି ଅଛି। ଲୋକ ଯେତେ ଦରିଦ୍ର ହେଉ, ଅକ୍ଷମ ହେଉ, ଶିଶୁ ହେଉ, ବୃଦ୍ଧ ହେଉ, ଏପରିକି ଶଯ୍ୟାଗତ ହେଉ, ତା'ର ସ୍ନାନ କରିବା ନିତାନ୍ତ ଦରକାର। ସ୍ନାନ କରି ନ ପାରିଲେ ପାଣି ମୁନ୍ଦାଏ ସିଞ୍ଚି ହୋଇ ଶୌଚ ହେବା ଦରକାର। ଯଦି ଏହି ବିଧି ନ ଥାନ୍ତା ତା' ହେଲେ ଏହି ଗ୍ରୀଷ୍ମ-ଜଳବାୟୁରେ ଲୋକେ ଯେତିକି ମୈଳା ହେଉଛନ୍ତି, ତା'ଠୁ ଅହୁରି ଢେର୍ ବେଶୀ ମୈଳା ହୁଅନ୍ତେ; କିନ୍ତୁ ରୁଷ୍ କିମ୍ବା ଇଂଲଣ୍ଡ ପରି ଗୋଟିଏ ଶୀତପ୍ରଧାନ ଦେଶରେ ନିତ୍ୟ ସ୍ନାନ ପାଇଁ ଧର୍ମ ବ୍ୟବସ୍ଥା ନ ଥିବ ନିଶ୍ଚୟ; କିନ୍ତୁ ଆମେ ଜାଣୁ, ଆମ ଦେଶରେ ଏମିତି ବିଲାତଫେରନ୍ତା ଲୋକ ଅଛନ୍ତି, ଯେଉଁମାନେ ଅଭ୍ୟାସବଶରୁ ହେଉ କିମ୍ବା ଅନ୍ୟମାନଙ୍କଠାରୁ ନିଜକୁ ଭିନ୍ନ ଦେଖାଇବାକୁ ହେଉ, ପ୍ରତିଦିନ ସ୍ନାନ କରିବା ପାଇଁ ପସନ୍ଦ କରନ୍ତି ନାହିଁ, ଦାନ୍ତ ଘଷିଲେ ଜିଭ ଛେଲନ୍ତି ନାହିଁ। ବିଲାତରେ ଯାହା ହେଉ, ଆମ ଦେଶରେ ଏଗୁଡ଼ା ବେଶୀ ଦିନ କଲେ ଫଳ ନିଶ୍ଚୟ ଭଲ ହେବ ନାହିଁ। ସାହେବମାନଙ୍କର ଅଧିକାଂଶଙ୍କର କୃତ୍ରିମ ଦାନ୍ତ; କାରଣ ତାଙ୍କ ଅସଲ ଦାନ୍ତଯାକ ଅକାଳରେ ପଡ଼ିଯାଇଥାଏ। ଆମେ ସାହେବଙ୍କ ବିଜ୍ଞାନକୁ ଅନୁସରଣ କରିବା ବୋଲି କ'ଣ ଆମ କଇଁଫୁଲ ଧଳା ଦାନ୍ତକୁ ଅକାଳରେ ନଷ୍ଟ କରିଦେବା ? ସୁତରାଂ ପ୍ରତ୍ୟେକ ସଂସ୍କୃତିର ନିଶ୍ଚୟ ସ୍ଥାନୀୟ ମୂଲ୍ୟ ଥିବ, ଯାହାକୁ ସ୍ୱୀକାର କରିବାକୁ ପଡ଼ିବ। ତତ୍କାଳୀନ ଶିକ୍ଷାମନ୍ତ୍ରୀ ଶ୍ରୀଯୁକ୍ତ ଚଗଲା ଇଂରେଜୀ ଶିକ୍ଷା ପାଇଁ ସବଳ ଯୁକ୍ତି ବାଢୁଥିଲାବେଳେ ପ୍ରତି ରାଜ୍ୟରେ ସଂସ୍କୃତ ବିଶ୍ୱବିଦ୍ୟାଳୟ ରଖିବା ପାଇଁ ମଧ୍ୟ ଭାବୁଥିଲେ। ତା'ର ଅର୍ଥ ହେଉଛି, ବିଜ୍ଞାନ ଓ ଶିଳ୍ପକୌଶଳକୁ ବଢ଼ାଇବା ସଙ୍ଗେ ସଙ୍ଗେ ଜାତିର ସଂସ୍କୃତିକୁ ମଧ୍ୟ ବଜାୟ ରଖିବାକୁ ହେବ।

ମନୁଷ୍ୟର ସଂସ୍କୃତିଟା ଅନେକ ଦିନର କଥା। ଅତୀତରେ ତାହା ଆସ୍ତେ ଆସ୍ତେ ଗଢ଼ି ଉଠିଥାଏ। କୌଣସି ଜାତି ଯେତେ ନୂତନ ହେଉ ପଛେ, ସେ ବରାବର ପଛକୁ ଚାହେଁ। ନିଜକୁ ବର୍ତ୍ତମାନରେ ବଡ଼ କରି ଗଣିବା ପାଇଁ ଅତୀତର ମର୍ଯ୍ୟାଦା ସେ ଖୋଜେ। ଅତୀତ ପାଇଁ ମଣିଷର ଏହି ପ୍ରୀତି ବୋଧହୁଏ ଚିରନ୍ତନ। ଇଂଲଣ୍ଡ ଆମେରିକାଠାରୁ ବହୁତ ପୁରୁଣା; କିନ୍ତୁ ଅମେରିକା ବହୁତ ଅଗ୍ରଗାମୀ। ବିଲାତଲୋକେ ଏଇଟା ଆମର ବାରଶ ବର୍ଷର ପୁରୁଣା କହି ଦେଖାଇଲା ବେଳେ, ଆମେରିକା ଲୋକେ ଦୁଇଶ ବର୍ଷର ପୁରୁଣା ଜିନିଷ ମଧ୍ୟ ଦେଖାନ୍ତି। ମୋଟ ଉପରେ କଥା ହେଉଛି ପୁରୁଣା

ଜିନିଷହିଁ ଦେଖାଇବା ଜିନିଷ, ଯା'ର ପୁରୁଣା ଜିନିଷ ନାହିଁ, ତା'ର ବୁନିୟାଦି ନାହିଁ ଏଭଳି ଗୋଟାଏ ହାଲୁକାଭାବ ମଣିଷ ମନରେ ଜାତ ହୁଏ। ସାଧାରଣ ଗରିବ ଲୋକଟିଏ, କେହି ତାକୁ ଚିହ୍ନନ୍ତି ନାହିଁ; କିନ୍ତୁ ସେ ଯେତେବେଳେ ଭାଗ୍ୟବଳରୁ ବଡ଼ ହୋଇଯାଏ, ସେହି ବଡ଼ଲୋକିରେ ତା'ର ମନ ମାନେ ନାହିଁ। ସେ ପୁଣି ଖୋଜି ବାହାର କରେ ତା ଜେଜେବାପା କେଉଁଠି ମରହଟ୍ଟା ସଙ୍ଗରେ ଲଢ଼ାଇ କରିଥିଲେ। ତା ମାମୁଙ୍କ ଶଶୁରଙ୍କ ବଡ଼ବାପା କେଉଁଠି ଦେଶ ପାଇଁ ଆତ୍ମବଳି ଦେଇଥିଲେ। ମୋଟ ଉପରେ ତା'ର ବର୍ତ୍ତମାନଟା ଯେତିକି ଉଚ୍ଚ, ତା'ର ଅତୀତଟା ସେତିକି ଉଚ୍ଚ ନ ଦିଶିଲେ ତା'ର ଆତ୍ମସନ୍ତୋଷ ହୁଏ ନାହିଁ; କିନ୍ତୁ ଆମ ଭାରତୀୟମାନଙ୍କୁ ଭଗବାନ ଏକ ବିଶାଳ ଅତୀତ ଓ ପୁଷ୍କଳ ସଂସ୍କୃତି ଦେଇଛନ୍ତି। ସେହି ସଂସ୍କୃତିର ମୌଳିକତା ରକ୍ଷା କରି, ନିଜକୁ ସର୍ବାଗ୍ରେ ଭାରତୀୟ ବୋଲି ପରିଚୟ ଦେଇ ଭବିଷ୍ୟତକୁ ଆଗେଇ ନେବା ପାଇଁ ଆମର କିଛି ଅସୁବିଧା ହେବନାହିଁ; କିନ୍ତୁ ଆମର ଏକ ବିଶାଳ ସଂସ୍କୃତି ଅଛି, ଏହାକୁ ହୃଦୟଙ୍ଗମ କରିବା ପାଇଁ ଆମ ଶିକ୍ଷା ଦୀକ୍ଷାରେ ସେହିପରି ସୂଚନା ରହିବା ଉଚିତ।

■

ଶିଳ୍ପୀର ବ୍ୟକ୍ତିତ୍ୱ

ମହାପାତ୍ର ନୀଳମଣି ସାହୁ

ଶିଳ୍ପୀର ସ୍ୱଭାବ

ଶିଳ୍ପୀ ମଣିଷ ସତ, ମାତ୍ର ମନୁଷ୍ୟର ସୀମା ଭିତରେ ସେ ଆବଦ୍ଧ ରହିପାରେ ନାହିଁ। ମନୁଷ୍ୟର ବ୍ୟବହାରିକ ଚେତନାର ଯଥେଷ୍ଟ ଊର୍ଦ୍ଧ୍ୱରେ ପ୍ରତିଷ୍ଠିତ ତା'ର ଯଥାର୍ଥ ଶିଳ୍ପ-ଚେତନା। ଶିଳ୍ପୀର ନିଜ ଜୀବନ ହିଁ ତା'ର ଶିଳ୍ପ ଲାଗି ମୌଳିକ ଉପାଦାନ—କଞ୍ଚାମାଲ୍। ତା'ର ନିଜର "ଜୀବନ-ଚର୍ଯ୍ୟା"ରୁ ଆରମ୍ଭ ହୁଏ ତା'ର "ଜୀବନବୋଧ" ଏବଂ ସେହି ଆତ୍ମ-ଲବ୍ଧ ଜୀବନବୋଧର ସଙ୍ଗତ ଓ ସୌଷ୍ଠବପୂର୍ଣ୍ଣ ପ୍ରକାଶ ହିଁ ତା'ର "ଜୀବନ-ବେଦ"।

ମାତ୍ର ଶିଳ୍ପୀ କେବଳ ଶିଳ୍ପୀ ହେଲେ—"ମହତ୍ ଶିଳ୍ପ"ର ସ୍ରଷ୍ଟା ହୋଇ ପାରେନା। ସେଥିଲାଗି ଶିଳ୍ପୀକୁ ମୁନି ହେବାର ସାଧନା କରିବାକୁ ପଡ଼ିବ। କାରଣ ସେ ନିଜେ ତତ୍ତ୍ୱଦର୍ଶୀ ନ ହେଲେ ଅନ୍ୟକୁ ତତ୍ତ୍ୱ ଦର୍ଶାଇ ପାରିବ ନାହିଁ। ତେଣୁ ଶିଳ୍ପୀ କେବଳ ରସିକ ନୁହେଁ—କେବଳ ପ୍ରାଜ୍ଞ ନୁହେଁ—ସେ ମଧ୍ୟ ଧ୍ୟାନୀ ହେବା ଉଚିତ। ମହତ୍ ଶିଳ୍ପ କେବଳ ରସବୋଧରୁ ଜନ୍ମ ନିଏ ନାହିଁ। କେବଳ ପ୍ରଜ୍ଞାର ଆଲୋକରେ ପ୍ରକାଶିତ ହୁଏ ନାହିଁ—ଧ୍ୟାନଲବ୍ଧ ଚେତନାରେ ହିଁ ଏହା ସମ୍ଭବ ହୁଏ ଓ ବିକଶିତ ହୁଏ। କିନ୍ତୁ ଶିଳ୍ପୀ ଯେ ସର୍ବଦା କେବଳ ଧ୍ୟାନୀ ହୋଇ ରହିବ—ତା ମଧ୍ୟ ନୁହେଁ। କେବଳ ମୁନି ହୋଇ ରହିବ—ତା ମଧ୍ୟ ନୁହେଁ। କେବଳ ଧ୍ୟାନୀ ଆଉ ମୁନି ହେଲେ ସେ ନିସ୍ତବ୍ଧ ହୋଇଯାନ୍ତା ଏବଂ ଏହି ନିସ୍ତବ୍ଧତା ହିଁ ତାକୁ ନିର୍ବାଣ ଆଡ଼କୁ ମୁହାଁଇ ନିଅନ୍ତା। ମାତ୍ର ଯଥାର୍ଥ ଶିଳ୍ପୀ ନିର୍ବାଣ କାମନା କରେ ନାହିଁ। ସେ ପ୍ରଶ୍ନ କରେ—ସ୍ୱୟଂ ସ୍ରଷ୍ଟା ନିଜର ନିର୍ବାଣ ଲାଗି ଚେଷ୍ଟା କରୁ ନାହାନ୍ତି କାହିଁକି? କାହିଁକି ତେବେ ନିଜକୁ ବହୁଭାବେ

ବ୍ୟକ୍ତ କରିବା ଲାଗି ସ୍ୱୟଂ ସ୍ରଷ୍ଟାର ମଧ୍ୟ ଏଇ ନିତ୍ୟ ପ୍ରୟାସ ? ସ୍ରଷ୍ଟା ଯେ ସ୍ୱୟଂ ପରମ ଶିଳ୍ପୀ ! ଏହି ବ୍ୟାପ୍ତ ଚରାଚର ଜଗତ ହିଁ ତା'ର ଶିଳ୍ପ। ଆଉ ଏହି ସୃଷ୍ଟି ଭିତରେ ହିଁ ତ ନିତ୍ୟ ସେ ନିଜର ଶିଳ୍ପୀ ଆତ୍ମାକୁ ପ୍ରକାଶ କରୁଛି। ସ୍ରଷ୍ଟା ତ ନିଜେ ସ୍ତବ୍ଧ ହେଉ ନାହିଁ— ନିର୍ବାପିତ ହେଉ ନାହିଁ। ଶିଳ୍ପୀ ମଧ୍ୟ ସେଥିଲାଗି ମୋକ୍ଷ ବା ନିର୍ବାଣ ଚାହେଁନା। ମାତ୍ର ଏହା ବୋଲି ସେ ବନ୍ଧନ ମଧ୍ୟ ଚାହେଁନା— କୋଳାହଳ ଚାହେଁନା। ବନ୍ଧନ ବା ମୁକ୍ତି-ସ୍ତବ୍ଧତା ବା କୋଳାହଳ—ଉଭୟର ସୀମାକୁ ସ୍ପର୍ଶ କରି ଦୃଢ଼ ଭାବରେ ଠିଆ ହୁଏ—ତା'ର ଶିଳ୍ପୀସତ୍ତା।

ଶିଳ୍ପୀ ପୁଣି ଅସ୍ଥିର। ନିତ୍ୟ ବେଦନାଜର୍ଜରିତ ତା'ର ହୃଦୟ। ତା ନିତ୍ୟ ଜିଜ୍ଞାସା— ଆଉ ନିତ୍ୟ ସମାଧାନ। ତା'ର ଚେତନାରେ ସେ ସବୁର ସୀମା ଭାଙ୍ଗି ଅସୀମରେ ମିଶାଇ ଦିଏ। ପୁଣି ଅସୀମକୁ ବାନ୍ଧିରଖେ ତା'ର ଶିଳ୍ପର ସୀମା ଭିତରେ।

ନିତ୍ୟ ଏକ ପ୍ରବଳ ଦ୍ୱନ୍ଦ୍ୱର ଆଲୋଡ଼ନ ତା'ର ମନ, ପ୍ରାଣ ଓ ଆତ୍ମା ସତେଜ, ସକ୍ରିୟ ଓ ବିକାଶଶୀଳ କରି ରଖେ। ଏହି ଆନ୍ଦୋଳନ ଯେତେବେଳେ ମରିଯାଏ— ଶାନ୍ତ ହୋଇଯାଏ—ସେତେବେଳେ ଶିଳ୍ପୀର ଶିଳ୍ପସତ୍ତା ମଧ୍ୟ ଲୋପ ପାଇଯାଏ। ଏହି ନିତ୍ୟ ଦ୍ୱନ୍ଦ୍ୱବୋଧଜନିତ ଆଲୋଡ଼ନର ବେଦନା ଲାଗି ସେ ବେଳେବେଳେ ସମସ୍ତ ସ୍ୱୀକୃତ ବିଧିନିଷେଧର ସୀମା ଡେଇଁ ପାପ (?)ର ସୀମା ମଧ୍ୟ ସ୍ପର୍ଶ କରିଦେଇ ଆସିପାରେ। ଅବଶ୍ୟ ଏହା ସବୁବେଳେ ସେ ସଚେତ ଭାବେ କରେ ନାହିଁ। ନିତ୍ୟ ଦ୍ୱନ୍ଦ୍ୱବୋଧର ବେଦନାରେ ପରିପୁଷ୍ଟ ହେବାକୁ ଚାହୁଁଥିବା ତା'ର ଶିଳ୍ପୀସତ୍ତା ତାକୁ କେବେ ଜ୍ଞାତ ବା ଅଜ୍ଞାତ ଭାବେ ଏଥିଲାଗି ପ୍ରମତ୍ତ କରାଏ—ପ୍ରଚୋଦନା ଦିଏ। ଏ ସ୍ଥଳେ ସେ ପାପକୁ ତା'ର ଆଲିଙ୍ଗନର ସ୍ୱାଦ ଦିଏ। ମାତ୍ର ନିଜେ ପାପକୁ ଆଲିଙ୍ଗନ କରେ ନାହିଁ। ପାପ ପ୍ରତି ତା'ର ହୃଦୟ ସର୍ବଦା କରୁଣ କୋମଳ।

ପୁଣି ପାପକର୍ତ୍ତା ସୟତାନ ପ୍ରତି ମଧ୍ୟ ଶିଳ୍ପୀ ସମ୍ବେଦନଶୀଳ। ସେ ଜାଣେ— ସୟତାନ ଆଉ କେହି ନୁହେଁ—ଭଗବାନଙ୍କର ଛାଇ ହେଉଛି ସୟତାନ। ଯଦି କିଏ କହେ—ଆଲୋକମୟ ଭଗବାନଙ୍କର ଛାଇ କୋଉଠୁ ଆସିବ ? ତେବେ ଏମିତି ମଧ୍ୟ କୁହାଯାଇପାରେ ଯେ ସୟତାନ ବୋଧେ ଭଗବାନଙ୍କର ସ୍ରଷ୍ଟା ଯେମିତି ଅନ୍ଧାରର କ୍ରମବିକାଶ ବା ପରିଣତି ବୋଧହୁଏ ଆଲୋକ। ଅଜ୍ଞାନର କ୍ରମପରିଣତି ଜ୍ଞାନ। ଜଡ଼ର ପରିଣତି ଚେତନାରେ—ଆଉ ଅବ୍ୟକ୍ତରୁ ବ୍ୟକ୍ତର ସମ୍ଭବ। କିମ୍ବା ସୟତାନ ହେଉଛି ଭଗବାନଙ୍କର ସୃଷ୍ଟି। ସୟତାନ ସୃଷ୍ଟି କରି ନିତ୍ୟ ତା' ସଙ୍ଗେ ଦ୍ୱନ୍ଦ୍ୱ ଲଗାଇ ତା'ପାଖେ ପରାଜିତ ହୋଇ—ପୁନଶ୍ଚ ତାକୁ ପରାସ୍ତ କରି ଭଗବାନ ଏହି ଦ୍ୱନ୍ଦ୍ୱମୟ ସୃଷ୍ଟିଲୀଳାର ବେଦନାମୟ ମାଧୁର୍ଯ୍ୟକୁ ଭୋଗ କରୁଅଛନ୍ତି। ଶିଳ୍ପୀର କାମ ମଧ୍ୟ ସେଇଆ। ଦ୍ୱନ୍ଦ୍ୱ ନ

ଥିଲେ ବି ସେ ନିଜ ଭିତରୁ ସୟତାନ ସୃଷ୍ଟି କରି ତା' ସଙ୍ଗେ ନିତ୍ୟ ଯୁଦ୍ଧ କରି ନିଜେ ଆହତ ହୋଇ ଓ ତାକୁ ଆହତ କରି ଜୀବନର ଏହ ବେଦନା ମାଧୁର୍ଯ୍ୟ ମିଶା ରସଲୀଳାକୁ ନିଜେ ଭୋଗେ ଓ ଅପରକୁ ତା'ର ଶିଳ୍ପ ମାଧ୍ୟମରେ ବୋଧ କରାଏ।

ପଶୁ ପାଖରେ ସେ ମଥା ନୁଆଁଏ ନାହିଁ। ମାତ୍ର ପଶୁପ୍ରତି ମଧ୍ୟ ସେ ହିଂସ୍ର ନୁହେଁ—ନିଷ୍ଠୁର ନୁହେଁ। ପଶୁକୁ ସେ ପିଟିପିଟି ମାରେ ନାହିଁ। ସେ ଜାଣେ—ଦେବତାର ଅମୃତ ଭୋଜିସଭାରେ—ପଶୁ କେବଳ ଗୋଟିଏ କ୍ଷୁଧିତ ପ୍ରାଣର ଉତ୍ତପ୍ତ କାକୁତି। ତାକୁ ସେ ଦୟା କରେ। ତା'ର ଲୋଭାତୁର ତୃଷ୍ଣାକାତର ଥାଳ ଭିତରକୁ ସେ ଟିକିଏ ଉଚ୍ଛିଷ୍ଟ ପକାଇଦିଏ।

ପାକଶାଳାରେ ବିଶ୍ୱ ଦେବତାଙ୍କୁ ଅମୃତ ଭୋଗ ଦେଇ ବାରିପଟେ ପତର ଉପରେ ସେ ଗଣ୍ଡିଏ ଥୋଇ ଆସେ—ଅମୃତର ଅଭ୍ୟାଗତି। ସେତକ ମଧ୍ୟ ପଶୁର ପ୍ରାପ୍ୟ—ସୟତାନର ପ୍ରାପ୍ୟ। ଶିଳ୍ପୀ ଜାଣେ—ପଶୁର ଭାଗ ପଶୁକୁ ନ ଦେଲେ—ସେ ଅଧିକ କ୍ଷୁଧାଜର୍ଜର ହୋଇ ବିଦ୍ରୋହ କରିବ। ଯଜ୍ଞପୀଠକୁ ଅଶୁଚି କରିବ, ଆଉ ଧ୍ୟାନରେ ବାରମ୍ବାର ବିଘ୍ନ ଘଟାଇବ।

ଶିଳ୍ପୀର ଧର୍ମ

ଶିଳ୍ପୀର ପ୍ରକୃତି ନିଶ୍ଚୟ ଦେବତାର। ତା'ର ବ୍ୟକ୍ତିତ୍ୱ ନିଶ୍ଚୟ ଦୈବୀ। ସେ ଅମୃତଭୋଜୀ—ଅମୃତବିଳାସୀ। ମାତ୍ର ଅମୃତ ପ୍ରତି ମଧ୍ୟ ସେ ଅସହାୟ ଭାବରେ ଲୋଭାତୁର ନୁହେଁ। କାରଣ ସେ ଜାଣେ—ଅମୃତ ତା'ର ଖାଦ୍ୟ—ସେ ଅମୃତର ଖାଦ୍ୟ ନୁହେଁ।

ଅମୃତଭୋଜୀ ହେଲେ ମଧ୍ୟ ସେ ବିଷକୁ ଡରେ ନାହିଁ—ଘୃଣାବୋଧ କରେ ନାହିଁ। କାରଣ ତା'ର ଦୈବୀ ବ୍ୟକ୍ତିତ୍ୱ ଅମୃତ ଓ ବିଷ ଉଭୟକୁ ମଧ୍ୟ ଜୀର୍ଣ୍ଣ କରିଦେଇପାରେ। ସେ ଅସୁର ନୁହେଁ ଯେ, ବିଷର ଜ୍ୱାଳାକୁ ଭୟ କରି ସେ କେବଳ ଅମୃତର ଆଶାରେ ଚିରଦିନ ଜଳିପୋଡ଼ି ମରିବ।

ଶିବଙ୍କ ଭଳି ସବୁ ସୀମାକୁ ସେ ଧ୍ୱଂସ କରେ। ବିଷ୍ଣୁଙ୍କ ପରି ସମସ୍ତ ଭଗ୍ନାଂଶକୁ ନେଇ ଅବ୍ୟକ୍ତ ବ୍ୟାପ୍ତ ଚରାଚରକୁ ପୁଣି ସୃଷ୍ଟିର ସୀମା ଭିତରେ ଧରି ପ୍ରକାଶ କରିଦିଏ। ଆଉ ଶେଷରେ ଏହ ଧ୍ୱଂସ ଓ ସୃଷ୍ଟିର ଅଶେଷ ଦ୍ୱନ୍ଦ୍ୱସଂଘର୍ଷରେ ପୂର୍ଣ୍ଣ ମହାଆଲୋଡ଼ନମୟ ବେଦନାମଧୁର ଜୀବନବେଦକୁ ବ୍ରହ୍ମାଙ୍କ ସଦୃଶ ଚାରିମୁଖରେ ଗାନ କରିଉଠେ। ସେଇ ଗାନ ଭିତରେଇ ବାଜିଉଠେ ସତ୍ୟ-ଶିବ-ସୁନ୍ଦରର ମହିମା ସଙ୍ଗୀତ। ଶିଳ୍ପୀ ତେଣୁ ଏକାଧାରରେ ଶୈବ, ବୈଷ୍ଣବ ଓ ବ୍ରାହ୍ମ।

ସମାଜ ଓ ଶିଳ୍ପୀ

ଆଚ୍ଛା—ଶିଳ୍ପୀ ନିଃସଙ୍ଗ କି ? ହଁ—ଚିରଦିନ ସେ ନିଃସଙ୍ଗ। ସଂପୂର୍ଣ୍ଣ ଏକାକୀ। ଚତୁର୍ଦ୍ଦିଗରେ ଜାଲ ମେଲାଇ—ସେଇ ଜାଲର ବନ୍ଧନ ଭିତରେ ସେ ଚିରଦିନ ଏକ ନିଃସଙ୍ଗ ଅପେକ୍ଷମାଣ ଅହିଂସ୍ର ବୁଢ଼ିଆଣୀ। ସେ ଅପେକ୍ଷମାଣ—ମାତ୍ର ଲକ୍ଷ୍ୟପ୍ରାପ୍ତି ଲାଗି ସେ ଏତେ ବ୍ୟାକୁଳ ନୁହେଁ। ଲକ୍ଷ୍ୟରୁ ବିଚ୍ୟୁତ ହେଲେ ବି ସେ ଏତେ କାତର ନୁହେଁ।

ଏକ ନିସ୍ତବ୍ଧ ନୀରବତା ମଧ୍ୟରେ ସେ ପୁଣି ବୃଥା ବାବଦୂକ। ତା'ର କୋଳାହଳ ସଙ୍ଗେ ଜଗତ ସୁର ମିଳାଇପାରେନା। ତା'ର ମୂକତା ସଙ୍ଗେ ମଧ ଛନ୍ଦ ରଖିପାରେ ନାହିଁ। ସେ ଅନ୍ୟର କାନ୍ଧ ଉପରେ ହାତ ପକାଏ—ମାତ୍ର ଭରାଦିଏ ନାହିଁ। ଅନ୍ୟ ହାତ ପକାଇବା ଲାଗି କାନ୍ଧ ପତାଏ—ମାତ୍ର ଭରା ନିଏ ନାହିଁ।

ମାତ୍ର ଯା ବୋଲି ଶିଳ୍ପୀ ଦାୟିତ୍ୱହୀନ ନୁହେଁ। ଆବଶ୍ୟକ ହେଲେ ସମାଜର କଲ୍ୟାଣ ଲାଗି ଶିଳ୍ପୀ ନିଜକୁ ଉତ୍ସର୍ଗ କରିଦେଇପାରେ। ମାତ୍ର ସମାଜର ସମସ୍ତ ଦାବୀକୁ ସ୍ୱୀକାର କରିବା ପାଇଁ ଶିଳ୍ପୀ ବାଧ ନୁହେଁ। ତେବେ ମୁଖ୍ୟତଃ ଶିଳ୍ପୀ ହେଉଛି ସମାଜର କ୍ରିୟା ପ୍ରତିକ୍ରିୟାର ନିରପେକ୍ଷ ଦର୍ଶକ ଓ ସ୍ରଷ୍ଟା। ସେ ସମାଜ ଓ ରାଷ୍ଟ୍ର ପ୍ରତି ମାନବିକ ଚେତନାରେ ଅନୁଗତ। ମାତ୍ର ସମାଜ ଓ ରାଷ୍ଟ୍ରଗତ କୌଣସି ଆତ୍ମସମ୍ମାନ ହାନିକର ବନ୍ଧନକୁ ସେ ସ୍ୱୀକାର କରି ନ ପାରେ। ବ୍ୟକ୍ତିଠାରୁ ସେ ସମାଜକୁ ବା ରାଷ୍ଟ୍ରକୁ ବଡ଼ ମନେ କରିପାରେ ନାହିଁ। ଅଥଚ ସମାଜ ବା ରାଷ୍ଟ୍ରର କୌଣସି ପ୍ରକାର ମୌଳିକ ମର୍ଯ୍ୟାଦା କ୍ଷୁଣ୍ଣ ହେଲେ ସେ ଅନ୍ୟମାନଙ୍କ ଅପେକ୍ଷା କମ୍ ଦୁଃଖିତ ନୁହେଁ କି କମ୍ ସକ୍ରିୟ ନୁହେଁ।

ନାରୀ ଓ ଧର୍ମ

ଭକ୍ତ ପକ୍ଷରେ ଫୁଲ ଯାହା—ଶିଳ୍ପୀ ପକ୍ଷେ ନାରୀ ସେଇଆ। ଭକ୍ତ ନିକଟରେ ଫୁଲର ନିଜସ୍ୱ ବ୍ୟବହାର ନିଜଲାଗି କିଛି ନାହିଁ। ସେ ତା'ର କଳ୍ପିତ ଦେବତା ଉପରେ ଫୁଲତକ ଥୋଇଦିଏ କାରଣ ତା'ର ସମସ୍ତ ଇନ୍ଦ୍ରିୟର କାମନା ବାସନା ସଙ୍ଗେ ତା'ର ମାନସଲୋକର ସମସ୍ତ ଅଭିଳାଷ ଓ ନିବେଦନର ମହିମାରେ ସେ ଯେଉଁ କଳ୍ପଲୋକର ଦେବତାକୁ ଉପାସନା କରେ—ତା'ରି ଉପରେ ଫୁଲର ସମସ୍ତ ଜଞ୍ଜାଳକୁ ନୈବେଦ୍ୟ ଦେଇ ସେ ଫୁଲକୁ ଉପଭୋଗ କରେ। ଭକ୍ତର ଭୋଗ ତା'ର ଉପଲବ୍ଧିରେ।

ଦୁନିଆର ଅନ୍ୟମାନେ ନାରୀର ବାସ୍ତବ ବ୍ୟବହାର ଜାଣନ୍ତି। ନାରୀର ବାସ୍ତବ ଉପଭୋଗ ସେମାନଙ୍କର କାମ୍ୟ। ସଂସାର ବ୍ୟକ୍ତି ନାରୀକୁ ଭୋଗକରେ। ମାତ୍ର ଯଥାର୍ଥ ଶିଳ୍ପୀ ଭୋଗକରେ ନାରୀର ନାରୀତ୍ୱକୁ। ନାରୀଠାରୁ ପ୍ରେମ ପାଇଲେ ଶିଳ୍ପୀ ଖୁସି ହୁଏ।

ମାତ୍ର ସେ ପ୍ରେମଲାଗି ଯେ କୌଣସି ନିର୍ଦ୍ଦିଷ୍ଟ ନାରୀବିଶେଷର ଅପେକ୍ଷା କରିବ, ଏହା ଅସମ୍ଭବ। ଶିଳ୍ପୀ ଜାଣେ ପ୍ରେମଲାଗି ସେ କାହାର ଦାନକୁ ଅନାଇ ବସିଲେ ଚଳିବ ନାହିଁ। ସେ ଯେତେ ଚାହେଁ ଓ ଯାହା ବା ଚାହେଁ ତାକୁ ସେତିକି ଆଉ ସେଇଆ କିଏ ବା ଦେଇପାରିବ ? ଅବଶ୍ୟ ଏଥିଲାଗି ମଧ୍ୟ ତା'ର ଅନୁଶୋଚନା ନାହିଁ। ସବୁ ଦାବୀ ତା'ର ନିଜ ପାଖରେ। ଆଉ ଏକଥା ବି ଠିକ୍ ନିଜ ପାଖରୁ ସେ କେବେ ନିରାଶ ହୁଏ ନାହିଁ। ଅବଶ୍ୟ ପ୍ରାୟ ପ୍ରତ୍ୟେକ ଶିଳ୍ପୀ ନାରୀକୁଇ ବିବାହ କରନ୍ତି। ମାତ୍ର ନାରୀଲାଗି ବିବାହ କରନ୍ତି ନାହିଁ। ବିବାହଲାଗି ନାରୀଟିଏ ଲୋଡ଼ନ୍ତି।

ତଥାପି ଏହା ନିଃସନ୍ଦେହ ଯେ ନାରୀ ଶିଳ୍ପୀକୁ ପ୍ରେମ କରେ। ମାତ୍ର ତାହାକୁ ବିବାହର ପ୍ରଶ୍ନ ଉଠିଲେ ପ୍ରତ୍ୟେକ ନାରୀ ଦ୍ୱିତୀୟବାର ଚିନ୍ତା କରିବାକୁ ସମୟ ନିଏ। ସୁନ୍ଦର ଓ ପ୍ରେମଶୀଳାମାନେ ଏକଥା ନିଧାର୍ଯ୍ୟ ଜାଣନ୍ତି ସେ ତାକୁ ନିଶ୍ଚିନ୍ତରେ ଓ ସହଜରେ ଉପଭୋଗ କରିହେବ; ମାତ୍ର ତାକୁ ବିବାହ କଲେ ତାହାର ଦାଉ ସହିବା ସ୍ୱୟଂ ଧରିତ୍ରୀ ପକ୍ଷରେ ବି କାଠିକର ପାଠ। ତା ଛଡ଼ା... ଅଧିକାଂଶ ସୁନ୍ଦରୀ, ପ୍ରେମଶୀଳାମାନେ ଜାଣନ୍ତି ଶିଳ୍ପୀର ପ୍ରେମିକା ହେଲାବେଳେ ଯେଉଁ ଯୋଗ୍ୟତାର ସେମାନେ ଅଧିକାରିଣୀ ହୋଇପାରନ୍ତି, ଯେଉଁ ଖ୍ୟାତି ଓ ପ୍ରଶଂସାପୁଞ୍ଜି ସେମାନେ ଅର୍ଜନ କରିବାକୁ ସକ୍ଷମ ହୋଇପାରନ୍ତି, ତାର ପତ୍ନୀ ହୋଇଯିବା ମାତ୍ରେଇ ସେସବୁ ଅସହାୟଭାବେ ହରାଇବାକୁ ପଡ଼େ। କାରଣ ସମାଜର ପ୍ରାୟ ପ୍ରତ୍ୟେକ ଶ୍ରେଣୀର ଶିଳ୍ପରସିକଙ୍କ ଧାରଣା ଯେ ପ୍ରେମ-କବିତା ଯେଉଁ କବି ଲେଖେ ସେ କଦାପି ତା'ର ପତ୍ନୀକୁ ନେଇ ଲେଖେ ନାହିଁ। ତାହାର ମାନସୀ ଆଉ ଜଣେ। ସେହି ମାନସୀ ହେବାର ସୁଯୋଗ ପାଇବାକୁ ତେଣୁ ଅଧିକାଂଶ ସୁନ୍ଦରୀ ପ୍ରେମଶୀଳାଙ୍କର ଆଗ୍ରହ। ମାତ୍ର ହାୟ ! କବିର ମାନସୀ ହେବାଲାଗି ବ୍ୟାକୁଳମନା ପ୍ରେମବତୀମାନେ ଯଦି ଜାଣିପାରୁଥାଆନ୍ତେ କବି-ମାନସର ଭୌଗୋଳିକ ବିସ୍ତୃତିଠାରୁ ଭୌଗୋଳିକ ବିପର୍ଯ୍ୟୟ ପର୍ଯ୍ୟନ୍ତ ସମସ୍ତ କ୍ରିୟାପ୍ରତିକ୍ରିୟାର ତଥ୍ୟ ବା ତତ୍ତ୍ୱ କେଡ଼େ ନିଦାରୁଣ, କେଡ଼େ ନିର୍ବୋଧ ଆଉ କେଡ଼େ ବିରକ୍ତିକର ତା'ହେଲେ ତା ପାଇଁ ମନ ବଳାନ୍ତେ ନାହିଁ।

ତଥାପି ଶିଳ୍ପୀମାନେ ବିବାହ କରନ୍ତି ଓ ତନ୍ମଧ୍ୟରୁ ଖୁବ୍ ଅଳ୍ପ କେତେକ ଛାଡ଼ପତ୍ର ଦିଅନ୍ତି ବା ଛାଡ଼ପତ୍ର ପାଆନ୍ତି। ମାତ୍ର ସେ କ୍ଷେତ୍ରରେ ଶିଳ୍ପୀର ଦୁହା ଉଠାଇବା ମିଥ୍ୟା। ସେସବୁ ବ୍ୟାପାରରେ କେବଳ ସ୍ତ୍ରୀ ପୁରୁଷଙ୍କ ମୌଳିକ ଆଦିମ ସମସ୍ୟା ହିଁ ମୂଳକଥା।

ଶିଳ୍ପୀର ପତ୍ନୀଟି ବିଚାରୀ ଜାଣେ ଯେ ସେ ନାରୀ ହୋଇ ମଧ୍ୟ ଶିଳ୍ପୀର ସଂସାରରେ ସ୍ତ୍ରୀ ହୋଇ ରହି ନାହିଁ। ତାକୁ ଜୀବନସାରା ସ୍ୱାମୀ ହେବାକୁ ପଡ଼ିଛି। ଶିଳ୍ପୀର ସ୍ୱାମୀତ୍ୱ ଗ୍ରହଣ କରି ମଧ୍ୟ ସେ ତା ଉପରେ ପ୍ରଭୁତ୍ୱ ବିସ୍ତାର କରିପାର ନାହିଁ। ବରଂ ଶିଳ୍ପୀର ଜୀବନରେ ସେ ଏକ କ୍ଷମତାହୀନ ଅଧୀଶ୍ୱରୀ କେବଳ।

ତେବେ ଏହିଭଳି ପତ୍ନୀକୁ ମୃତ୍ୟୁପରେ ଶିଳ୍ପୀ ତା ସଙ୍ଗରେ ସ୍ୱର୍ଗକୁ ବା ନରକକୁ ନେଇଯିବାକୁ ଇଚ୍ଛାକରେ, କାରଣ ସେ ଏକଥା ନିଧାର୍ଯ୍ୟ ଜାଣେ ଯେ ସ୍ୱର୍ଗ ହେଉ ବା ନରକ ହେଉ କୌଣସି ସ୍ଥାନରେ ତାହାର ଏହି ପତ୍ନୀଟି ବ୍ୟତୀତ ତାକୁ କେହି ନ ବୁଝି ମଧ୍ୟ ସମର୍ଥନ କରିବେ ନାହିଁ।

■

ଶିଳ୍ପ, ଶିଳ୍ପୀ ଓ ଜୀବନ

ଚିନ୍ତାମଣି ବେହେରା

ଶିଳ୍ପୀ ଅବନୀନ୍ଦ୍ରନାଥଙ୍କ ମତରେ ଆର୍ଟର ମହଲଟି ହେଉଛି ତିନିତାଲା। ସର୍ବନିମ୍ନ ତାଲାରେ ଶିଳ୍ପୀର ମନଯା' ନେଇ ବ୍ୟସ୍ତ ରହେ, ତା' ହେଉଛି ପ୍ରାୟ କାରିଗରର କର୍ମ। ଦୋତାଲା ଘରେ ଶିଳ୍ପୀର ସୃଷ୍ଟି ଏକ ନୂତନ ପ୍ରାସାଦରେ ପ୍ରସନ୍ନ। ଏ ଘରଟି ହେଉଛି ବୈଠକଖାନା, ଶିଳ୍ପୀ ତାର ରଚନାର ଆବେଦନ ଅନ୍ୟର ମନ ନିକଟରେ ପହୁଞ୍ଚାଇ ଦେବାରେ ଏଠାରେ ବ୍ୟସ୍ତ। ତିନିତାଲା ଘରଟି ହେଉଛି ଶିଳ୍ପୀମନର ଏକ ପରିଣାମ ରମଣୀୟ ସାଧନକକ୍ଷ, ତାର ଅନ୍ତଃପୁର। ଏଠାରେ କେବଳ ଶିଳ୍ପୀ ଓ ଶିଳ୍ପ, ଶିଳ୍ପୀର ମନ ଓ ତାର ସୃଷ୍ଟି ମଧ୍ୟରେ ଏକାତ୍ମୀକ ଓ ଅନ୍ତରଙ୍ଗ ମିଳନ। କବି ଏଲିୟଟଙ୍କ 'ଥ୍ରି ଭୟେସେସ ଅଫ୍ ପୋୟେଟ୍ରି' କାବ୍ୟର ତିନିକଣ୍ଠ ସ୍ୱରର ବକ୍ତବ୍ୟ ତାତ୍ପର୍ଯ୍ୟ ଦୃଷ୍ଟିରୁ ଅବନୀନ୍ଦ୍ରନାଥଙ୍କ ମତବାଦସହ ପ୍ରାୟ ସମାର୍ଥକ। ପ୍ରଥମ ସ୍ତରରେ କବିମନର ପ୍ରେରଣାଟି ନିତାନ୍ତ ବ୍ୟକ୍ତିକ।

ଯେପରିକି ନିଜକୁ ପ୍ରକାଶ କରିବା ନିମନ୍ତେ ଅଦମ୍ୟ ଏକ ଆବେଗର ତାହା କାରିଗରୀ। ପ୍ରେରଣାର ଦ୍ୱିତୀୟ ସ୍ତରରେ କବିର ଆତ୍ମପ୍ରକାଶର ରୀତିଟି ହେଉଛି 'ପ୍ଲାବିକ' ଏବଂ ତୃତୀୟ ତଥା ଶେଷ ରୀତିଟି ହେଉଛି 'ଡ୍ରାମାଟିକ୍' କବିର ଅନୁଭବ ଯେଉଁଠି ଆସି କର୍ତ୍ତା—କର୍ମର (Subject—object) ଭେଦ ଭୁଲିଯାଏ ଓ ତାର ରଚନା ମଧ୍ୟଦେଇ ସେ ଦିବ୍ୟ ପ୍ରେରଣାର ଉପଯୋଗୀ ଫର୍ମ ଗ୍ରହଣ କରେ।

ରୂପକାରର ସାଧନା ହେଉଛି ଫର୍ମ ତଥା ରୀତି ସନ୍ଧାନର ସାଧନା। ଭାବନାର ଐଶ୍ୱର୍ଯ୍ୟରେ କବି ଓ ଶିଳ୍ପୀଗଣ ଅନ୍ୟ ପାଞ୍ଚଜଣଙ୍କ ଅପେକ୍ଷା ଅଧିକା ଧନୀ ହୋଇ ପାରନ୍ତି କିମ୍ବା ଦରିଦ୍ର ମଧ୍ୟ ହୋଇ ପାରନ୍ତି। ଭାବୁକତା ଓ ଅନୁଭୂତିର ବିଶାଳତାରେ କବି ଓ ଶିଳ୍ପୀଗଣଙ୍କ ଅପେକ୍ଷା ଅନେକ ବେଶସମ୍ପନ୍ନ ମନର ମନୁଷ୍ୟ ସମାଜରେ ସୁଲଭ।

କବି ଓ ଶିଳ୍ପୀଗଣ ଏ କ୍ଷେତ୍ରରେ ସବୁଠାରୁ ବଡ଼ ମହାଜନଶ୍ରେଣୀ ନୁହନ୍ତି। ଭାବର ରୂପ-ପ୍ରକରଣ ନିମିତ୍ତ ରୀତି ତଥା ଫର୍ମର ସନ୍ଧାନ, ଉଦ୍‌ଭାବନ, ଆବିଷ୍କାର ଓ ବ୍ୟବହାର କରିପାରନ୍ତି ଯେ ଭାବୁକ, ସେଇ ହେଉଛନ୍ତି ଆମର କବି ଓ ଶିଳ୍ପୀ। କବି ଶିଳ୍ପୀଗଣ ଭାବୁକ ଭାବରେ ବିଶିଷ୍ଟ ନୁହନ୍ତି, ରୂପକାର ହିସାବରେ ବିଶିଷ୍ଟ। ପୁଣି ଯେଉଁ କବି ବା ଶିଳ୍ପୀ ଭାବ ଓ ଅନୁଭାବରେ ସମୃଦ୍ଧ, ସେଇ କେବଳ ମହତ୍ତର ରୀତି ବା ଫର୍ମ ଆବିଷ୍କାର ଓ ବ୍ୟବହାର କରିବାକୁ ସମର୍ଥ। ଔପନ୍ୟାସିକ ଡିକେନ୍‌ସ ତାଙ୍କ କାହାଣୀର ନାୟକ 'ଲିଟଲନେଲ'ର ମୃତ୍ୟୁଘଟାଇ କାନ୍ଦିକାନ୍ଦି ଅଥୟ ଓ ଅଶାନ୍ତ ହୋଇ ପଡ଼ିଥିଲେ। ଇବ୍‌ସେନ୍ ଦିନେ ପ୍ରକୃତରେ ବ୍ୟସ୍ତହୋଇ ପଡ଼ି ଦରଜାର ପରଦା ଆଡ଼େଇ ବାହାର ଆଡ଼କୁ ବ୍ୟାକୁଳ ଆଖିରେ ଚାହିଁ ରହିଥିଲେ। ମନେ ହୋଇଥିଲା, ତାଙ୍କ 'ଡଲସ୍ ହାଉସ୍'ର ନାୟିକା 'ନୋରା' ଏବେ ପର୍ଯ୍ୟନ୍ତ ତାଙ୍କ କାନ୍ଧରେ ହାତ ଭରା ଦେଇ ଛିଡ଼ା ହୋଇଥିଲେ, ଏବଂ ଏଇ ମାତ୍ର ସେ ଚାଲିଗଲା। ରୋଗଶଯ୍ୟାରେ ଶାୟିତ ବାଲଜାକ୍ ତାଙ୍କ ମୃତ୍ୟୁର କିଛିକ୍ଷଣ ପୂର୍ବରୁ ତାଙ୍କ ସ୍ତ୍ରୀଙ୍କୁ ଅନୁରୋଧ କରିଥିଲେ, ଥରକପାଇଁ ହେଲେ 'ଡାକ୍ତର ବିୟାଁଶ'ଙ୍କୁ ଯାଇ ଡାକି ଆଣିବାକୁ। କିନ୍ତୁ 'ଡାକ୍ତର ବିୟାଁଶ' ବାଲଜାକ୍‌ଙ୍କର କାଳ୍ପନିକ ସୃଷ୍ଟି, ତାଙ୍କ ଉପନ୍ୟାସର ନାୟକ। ପ୍ରକୃତ ଭାବୁକର ମନ ନିକଟରେ କାଳ୍ପନିକ ସତ୍ୟ ଓ ବାସ୍ତବ ସତ୍ୟର ପ୍ରଭେଦ ରହେନା। କବି ଓ ଶିଳ୍ପୀର ଅନୁଭବ ଯେତେବେଳେ ଭିତର ଓ ବାହାର ସଙ୍ଗରେ ଏଭଳି ଅନ୍ତରଙ୍ଗ ଅବିଚ୍ଛିନ୍ନ ସାଯୁଜ୍ୟ ଲାଭକରେ, ସେତେବେଳେ ତାର ସମସ୍ତ ଭାବନା ଏକ ଯାଦୁକରୀ ପରଶ ପଥରର (ପ୍ରତିଭା ?) ପରଶରେ ସୁନାରେ ରୂପାନ୍ତରିତ ହୋଇଯାଏ ଏବଂ ସେଇ ସୁନା ଦେଇ ରୂପ ପ୍ରତିମା ଗଢ଼ିବାର ସୁନ୍ଦର ରୀତିଟି ମଧ୍ୟ ସହଜସାଧ୍ୟ ହୋଇଥାଏ। ଯେଉଁଠି କବି ଓ ଶିଳ୍ପୀର ଅନୁଭବ 'ସବଜେକ୍ଟ—ଅବଜେକ୍ଟର ପ୍ରଭେଦ ଭୁଲିଯାଏ, ଶ୍ରେଷ୍ଠ ରୂପସୃଷ୍ଟିର ଉପଯୋଗୀ ରୀତି—ଦକ୍ଷତାର ଅଧିକାର ସେଇଠି ଲାଭ କରନ୍ତି କବି ଓ ଶିଳ୍ପୀ। ତେଣୁ ଅତ୍ୟୁକ୍ତି କରିନାହାନ୍ତି ଫରାସୀ ବ୍ୟୁମଁ ସ୍ୱୟଂ ମନୁଷ୍ୟଟି ହେଉଛି ଷ୍ଟାଇଲ।'

ଏଥିରୁ ସ୍ପଷ୍ଟ ଅନୁଭୂତ ହୁଏ ଯେ, ଶିଳ୍ପୀର ସ୍ୱକୀୟ ଜୀବନ-ପ୍ରସଙ୍ଗ ବାଦ୍‌ଦେଇ ତାର ରଚିତ ସାହିତ୍ୟର ଜୀବନ ଘନିଷ୍ଠତାର ପ୍ରଶ୍ନ ଉତ୍‌ଥାପନ କରିବା ଅସମ୍ଭବ। ଶିଳ୍ପୀ ନିଜ ଜୀବନରେ ଯାହା ଦେଖନ୍ତି, ଅନୁଭବ କରନ୍ତି, ଚିନ୍ତା କରନ୍ତି, ତାହାର ନିର୍ଯ୍ୟାସହିଁ ତାଙ୍କର ସାହିତ୍ୟ ସୃଷ୍ଟି। ସୁନିର୍ବାଚିତ ଓ ସୁସଙ୍ଗଠିତ ଶବ୍ଦର ଆଶ୍ରୟରେ ଶିଳ୍ପୀର ପର୍ଯ୍ୟବେକ୍ଷଣଜାତ ଅଭିଜ୍ଞତା, ମନନଜାତ ଭାବନା—କଳ୍ପନା, ଧ୍ୟାନଜାତ ବୋଧି ଓ ଉପଲବ୍ଧି ସାହିତ୍ୟରୂପ ଲାଭକରେ। ଶିଳ୍ପୀର ସ୍ୱକୀୟ ଜୀବନ ତାର ଶିଳ୍ପ ସୃଷ୍ଟିରେ ଏକ ବିଶାଳ ଆସନର ଅଧିକାରୀ। ତାର ଶୁଭାଶୁଭ ମିଶ୍ରିତ ଦ୍ୱୈତ ବ୍ୟକ୍ତିତ୍ୱର ପ୍ରତିଫଳନ ଶିଳ୍ପ

ସୃଷ୍ଟି ମଧ୍ୟରେ ସର୍ବଦା ଲକ୍ଷଣୀୟ । ଶିଳ୍ପୀର ଜୀବନ ରଙ୍ଗରେ ତାର ସାହିତ୍ୟ ସୃଷ୍ଟି ଅନୁରଞ୍ଜିତ । ତାର ସାହିତ୍ୟ ପକ୍ଷାନ୍ତରରେ ସ୍ୱୟଂ ଶିଳ୍ପୀରହିଁ ଜୀବନଭାଷ୍ୟ । ଶିଳ୍ପୀ ଯେଉଁ ପରିମାଣରେ ଜୀବନ ଘନିଷ୍ଠ, ତାଆରି ମାଧ୍ୟମରେ ତାର ସାହିତ୍ୟର ଜୀବନ-ଘନିଷ୍ଠତାର ପରିଚୟ ମିଳିଥାଏ । ବ୍ୟକ୍ତି ଜୀବନରେ ଯେଉଁ ଶିଳ୍ପୀ ଅବ୍ୟାହତବାଦ (escapism)ର ପରିପୋଷକ, ପ୍ରତିକ୍ରିୟାଶୀଳତାର ତନ୍ତଧାରକ, ତାର ସାହିତ୍ୟ ଜୀବନବାଦୀ ଓ ପ୍ରଗତିଶୀଳ ହେବା ଅସମ୍ଭବ । ଅନ୍ୟପକ୍ଷରେ ଯେ ଜୀବନକୁ ଅତି ନିକଟରେ ନିରୀକ୍ଷଣ କରିଛନ୍ତି, ଜୀବନର ବିଚିତ୍ର ଅଭିବ୍ୟକ୍ତି, ଭଙ୍ଗିମା ଓ ସ୍ତର ମଧ୍ୟଦେଇ ଯାହାର ଦିନ ଗୁଡ଼ିକ ଅତିବାହିତ; ନିଜ ଜୀବନର ଅଭିଜ୍ଞତାର ସାହାଯ୍ୟରେ ଯେ ଜୀବନର ସତ୍ୟ—ମିଥ୍ୟା ନିରୁପଣର ଚେଷ୍ଟା କରିଛନ୍ତି, ଏକ କଥାରେ ଜୀବନର ଗଭୀର ସମୁଦ୍ରରେ ଅବଗାହନ କରି ଯେ ତାର ଗଭୀରତା ଓ ବୈଚିତ୍ର୍ୟରେ ରହସ୍ୟ ଭେଦ କରିଛନ୍ତି, ତାର ସାହିତ୍ୟ ଜୀବନ୍ତ ନହୋଇ ରହିପାରେନା । ନିଜ ଜୀବନର ଗଭୀର ଉପଲବ୍ଧି-ପ୍ରସୂତ ଧାରଣା-ବିଶ୍ୱାସ ସଂସାର-ପ୍ରଚଳିତ ଅନ୍ୟ ଦଶଟି ମତ ସହ ଶିଳ୍ପୀର ଅନୁକୂଳ ହେଉବା ପ୍ରତିକୂଳ ହେଉ, ସେ କେବଳ ତାର ଶିଳ୍ପ ଭିତରେ ନିଜର ସତ୍ୟ ସ୍ୱରୂପକୁ ହିଁ ଅନୁସରଣ କରେ । ବସ୍ତୁତଃ ପ୍ରତି ମହତ୍ ସାହିତ୍ୟ ହିଁ ବ୍ୟକ୍ତିସ୍ୱାତନ୍ତ୍ର୍ୟଧର୍ମୀ ଓ ଜୀବନ ଘନିଷ୍ଠ । 'ଜୀବନଘନିଷ୍ଠତା'ର ଅର୍ଥ, ଯା' କିଛି ଶିଳ୍ପୀ ଦେଖିଛି, କରିଛି, ଭାବିଛି ତା' ମଧ୍ୟରେ ତାର ବ୍ୟକ୍ତିତ୍ୱର ମୁଦ୍ରା ଅଙ୍କିତ । ତାର ଏଇ ଦର୍ଶନ, ଚିନ୍ତନ ଓ କର୍ମ ମଧ୍ୟରେ ଶିଳ୍ପୀ ନିଜେ ପ୍ରବଳ ଭାବରେ ବଞ୍ଚିଛି ବୋଲି ତାର ସାହିତ୍ୟ ଜୀବନ୍ତ ଓ ରସାନ୍ୱିତ ହୋଇ ଉଠିଛି । ସାହିତ୍ୟ-ସେବାର ଗୁଣା ଗୁଣ ନିର୍ଣ୍ଣୟର ତେଣୁ ଏକ ପ୍ରଧାନ ଉପାୟ ହେଉଛି; ବ୍ୟକ୍ତିତ୍ୱର ବିଚାର । ଯାହାର ସାହିତ୍ୟ ନିଷ୍ଠା ଯେତେ ଗଭୀର ତାର ବ୍ୟକ୍ତିତ୍ୱ ସେତେ ପ୍ରଖର ଓ ଅପ୍ରତିରୋଧ । ଔପନ୍ୟାସିକ ମ'ମ୍ ସେଥିପାଇଁ କହିଛନ୍ତି, "ଶିଳ୍ପୀର ସବୁକିଛି ଶିଳ୍ପତ୍ରୁଟି ମାର୍ଜନୀୟ, କିନ୍ତୁ ତା'ର ଶିଳ୍ପକର୍ମ ମଧ୍ୟରେ ଯଦି ବ୍ୟକ୍ତିତ୍ୱର ଅଭାବ ପରିଲକ୍ଷିତ, ତେବେ ତାହା ଏକ ଅକ୍ଷମଣୀୟ ଅପରାଧ ।

'ଜୀବନ-ଘନିଷ୍ଠତା' ପ୍ରସଙ୍ଗରେ ଆମର ବିଶେଷ ଭାବେ ପୁଣି ମନେ ରଖିବା ଦରକାର ଯେ, ସମସାମୟିକ ଜୀବନଧାରା ସଙ୍ଗେ ଯେଉଁ ବ୍ୟକ୍ତିର ପ୍ରତ୍ୟକ୍ଷ ଓ ନିବିଡ଼ ସଂଯୋଗ ନାହିଁ, ଯେଉଁ ବ୍ୟକ୍ତି ଜୀବନସହ ଜୀବନ୍ତ ଯୋଗ ସୂତ୍ରରେ ଯୁକ୍ତ ନୁହେଁ, ନିଜର ମନୋଜୀବନରେ ଯାହାକୁ ବହୁ ପରୀକ୍ଷା-ନିରୀକ୍ଷା-ଦ୍ୱିଧା-ଦ୍ୱନ୍ଦ୍ୱ ଅନ୍ତର୍ସଂଘାତର ସମ୍ମୁଖୀନ ହେବାକୁ ପଡ଼ିନାହିଁ ବା ଯାହାର ସେଇ ପ୍ରବଣତା ଆଦୌ ନାହିଁ, ଯେତେ ବଡ଼ ଜ୍ଞାନୀ, ପଦମର୍ଯ୍ୟାଦା ସମ୍ପନ୍ନ ବା ଉପାଧିଧାରୀ ବ୍ୟକ୍ତି ହୁଅନ୍ତୁ ନା କାହିଁକି, ସାହିତ୍ୟ ରାଜ୍ୟରେ ତାଙ୍କର ପ୍ରବେଶାଧିକାର ଅସମ୍ଭବ । ଆମର ମନେ ରଖିବା ଉଚିତ ଯେ,

ବୈଦଗ୍ଧ ବା ଉଚ୍ଚଶିକ୍ଷା ସୃଜନ କ୍ଷମତାର ସମଧର୍ମୀ ନୁହେଁ। ଯଦିଚ ଏଇ ଦୁଇ ମଧ୍ୟରେ ଆକସ୍ମିକ ଯୋଗାଯୋଗର ଦୃଷ୍ଟାନ୍ତ ବିଦ୍ୟମାନ। ବୈଦଗ୍ଧ ବା ଉଚ୍ଚଶିକ୍ଷା ବଳରେ ଖୁବ୍ ବେଶୀ ସାହିତ୍ୟର ପ୍ରକାଶରୀତି, ଆଙ୍ଗିକ ଓ ରଚନା ଶୈଳୀ, ଭାଷାଜ୍ଞାନ ଇତ୍ୟାଦି ବହିରଙ୍ଗର କୌଶଳ ଅଧିଗତ ହୋଇଥାଏ, କିନ୍ତୁ ସୃଷ୍ଟିର ଆବେଗ ଏଇ ସୂତ୍ର ମାଧ୍ୟମରେ ଆଦୌ ଆସେନା। ସେଥିପାଇଁ ବାରମ୍ବାର ଜୀବନର ଗଭୀରରେ ଅବଗାହନର ପ୍ରୟୋଜନ।

ଶିଳ୍ପୀର ନିଜ ଜୀବନ ତାର ଶିଳ୍ପକର୍ମ ପକ୍ଷରେ ଏକ ମସ୍ତବଡ଼ ଉପାଦାନ। ନିଜର ଜୀବନହିଁ ତା' ନିକଟରେ ଶ୍ରେଷ୍ଠ ବିସ୍ମୟର ଆଧାର। ଚେମ୍ବର୍ ଲେନ୍ଙ୍କ ଭାଷାରେ କହିବାକୁ ଗଲେ, ପ୍ରତିଶିଳ୍ପର ଅନୁଭୂତି ହେଉଛି, ବିସ୍ମୟ, "ବିସ୍ମୟ ପ୍ରତି ପଦକ୍ଷେପରେ ବର୍ତ୍ତମାନ, କିନ୍ତୁ ଆମେ ନିଜେ ହିଁ ନିଜ ନିକଟରେ ହେଉଛୁ ସର୍ବଶ୍ରେଷ୍ଠ ବିସ୍ମୟ।" [At every step we meet wonders, the greatest wonder, however, is we ourselves.] କିଏ କେଉଁଭାବରେ ଜୀବନକୁ ପରିକଳ୍ପନା ଓ ବିନ୍ୟାସକରେ ତା' ପକ୍ଷରେ ତାର ଶିଳ୍ପକର୍ମର ଗୁଣା ଗୁଣ ବହୁ ପରିମାଣରେ ନିର୍ଭରଶୀଳ। ସ୍ୱଳ୍ପରେ ଯେପରି ତୁଷ୍ଟ, ଶାନ୍ତିପ୍ରିୟ ଜୀବନ ଯାପନରେ ସେ ପକ୍ଷପାତୀ, ତା' ପକ୍ଷରେ ଜୀବନ ଘନିଷ୍ଠ ସାହିତ୍ୟ ସୃଷ୍ଟି କରିବାର ପ୍ରୟାସ ବିଡ଼ମ୍ବନା ମାତ୍ର। ଏ ବିଷୟରେ ବିଖ୍ୟାତ ସାହିତ୍ୟିକ ଟମାସ୍‌ମାନ ଗୋଟିଏ ଗଳ୍ପର ଚରିତ୍ର ବିଶ୍ଳେଷଣ ପ୍ରସଙ୍ଗରେ ଯାହା କହିଛନ୍ତି, ତାହା ପ୍ରଣିଧାନ ଯୋଗ୍ୟ। ଶିଳ୍ପୀର ଜୀବନ ଓ ତାର ଶିଳ୍ପ କର୍ମ ମଧ୍ୟରେ ନିହିତ ସମ୍ପର୍କର ପ୍ରସଙ୍ଗ ନେଇ ଟମାସ୍‌ମାନ ବହୁ ଚିନ୍ତା କରିଛନ୍ତି। ବସ୍ତୁତଃ, ତାଙ୍କ ଗଳ୍ପୋପନ୍ୟାସର ପ୍ରଧାନ ଉପଜୀବ୍ୟ ବିଷୟ ଏହିଟି। ସେ କହିଛନ୍ତି, "Good work only Comes out under pressure of a bad life, that who lives does not Work, that one must die to life in order to be utterly a creator" (Tonio kroger) ଅର୍ଥାତ୍, ଅଗତାନୁଗତିକ ଜୀବନରୁ ହିଁ କେବଳ ମହତ କାର୍ଯ୍ୟର ଜନ୍ମ ସମ୍ଭବ। ଯେଉଁ ବ୍ୟକ୍ତି ପ୍ରବଳ ଭାବରେ ବଞ୍ଚେ, ସେ କାର୍ଯ୍ୟ କରେନା। ସମ୍ପୂର୍ଣ୍ଣରୂପେ ଜଣେ ସ୍ରଷ୍ଟା ହେବାକୁ ହେଲେ ସୃଷ୍ଟିର ବେଦୀ ମୂଳରେ ଜୀବନକୁ ବଳିଦାନ କରିବା ଆବଶ୍ୟକ। ଯାଠୁଁ ଖାଣ୍ଟି ସତ୍ୟ ଆଉ ଅଧିକ କିଛି ନାହିଁ। ସ୍ଥୂଳ ସୁଖ ଭୋଗର କାମନା ଯା' ପ୍ରାଣରେ ବଳବତ୍ତର, ସେ ଅନ୍ୟ କିଛି ହୁଏତ ହୋଇପାରେ, କିନ୍ତୁ ସ୍ରଷ୍ଟା ହେବାର ଗୌରବ ଅଧିକାର ତାର ନାହିଁ। ଶିଳ୍ପୀ ଯେପରି ଏକ ତାନ୍ତ୍ରିକ ସାଧକ, ଅଞ୍ଜଳି ଭରି ମୃତ୍ୟୁ ଗରଳ ପାନ କରୁଁ କରୁଁ ଜୀବନାୟନର ମନ୍ତ୍ର ସେ ଉଚ୍ଚାରଣ କରେ। ନିଜର ଜୀବନକୁ ଲୌକିକ ସୁଖଭୋଗର ଶତବିଧ ଉପକରଣରୁ ବଞ୍ଚିତ କରି ପ୍ରକୃତ ଶିଳ୍ପୀ ମୃତର ସ୍ୱାଦୁ ସେ ଅସ୍ୱାଦନ

କରେ। ମୃତ୍ୟୁ ହାତରେ ନିଜକୁ ସମର୍ପଣ କରି ଅମୃତତ୍ୱର ସେ ହୁଏ ଅଧିକାରୀ। କବି ଏଲିୟଟଙ୍କର ନିର୍ଦ୍ଦେଶ "We must learn to suffer more" 'ଆମେ ଅଧିକ ଯନ୍ତ୍ରଣା ବରଣ କରି ଶିଖିବା ଉଚିତ। ଅନ୍ୟ କାହା ପକ୍ଷରେ ପ୍ରଯୁଜ୍ୟ ହେଉ ବା ନହେଉ, ପ୍ରତି ଶିଳ୍ପୀ ନିକଟରେ ପ୍ରଥମତଃ ଏହା ଧ୍ୟାନ ମନ୍ତ୍ରରୂପେ ବରଣୀୟ ହେବା ଉଚିତ। ଗତାନୁଗତିକ ଜୀବନର ପକ୍ଷପାତୀ ନ ହେବା ଫଳରେ ଶିଳ୍ପୀ କୌଣସି ସମୟରେ ଅବିକଳ ସାମାଜିକ ବା ସ୍ୱଭାବୀ ମନୁଷ୍ୟ ହୋଇପାରେନା। କୌଣସି ନା କୌଣସି ଦିଗରୁ ସେ ଅଭାବ ଗ୍ରସ୍ତ ଓ କ୍ଷତପ୍ରାଣ; ଯେ ଅଭାବ ଓ କ୍ଷତର କ୍ଷତିପୂରଣ କରେ 'ଦୈବ' ବା ଅବଚେତନର କ୍ଷମତା। ଏହି କଥାଟି ଆଧୁନିକ ମନୁଷ୍ୟର ଓ ଏହା ଚିରକାଳୀନ ମଧ୍ୟ।

ଶିଳ୍ପୀକୁ ଯେଉଁଠି 'ଜୀବନ' ବା 'ସ୍ୱାଭାବିକତା' ଠାରୁ ଦୂରକୁ ଅପସାରଣ କରିଦିଆଯାଏ। ସେଠାରେ ପ୍ରତ୍ୟେକ୍ଷତା ଓ ସ୍ୱତଃସ୍ଫୂର୍ତ୍ତତା ବର୍ଜନ କରାଯାଏ; ହର୍ଦ୍ୟ ଆବେଦନ ବଦଳରେ ସେଠାରେ ପ୍ରାଧାନ୍ୟ ପାଏ କୌଶଳ, ନୈପୁଣ୍ୟ ଓ ବୁଦ୍ଧିଗତ ପ୍ରକ୍ରିୟା। ଆର୍ଟର ଅର୍ଥ ହେଉଛି ମୁକ୍ତି, ଶୁଦ୍ଧତା ଓ ଏକ ଅଳଙ୍କାରହୀନ ଦିପ୍ତ ନଗ୍ନତା। ଶିଳ୍ପୀ ହେବ ଆବିଷ୍କାରକ, ଅନୁସନ୍ଧାନୀ ଓ ସେତୁ ନିର୍ମାତା, ଆମ୍ଭମାନଙ୍କ ମାନସରାଜ୍ୟରେ ଅନୁଭୂତିର ନୂତନ ନୂତନ ରାଜ୍ୟର ସଂଯୋଜକ, ଦୂର ଓ ନିକଟ, ଦୃଶ୍ୟ ଓ ଅଦୃଶ୍ୟ, ଅତୀତ ଓ ବର୍ତ୍ତମାନ—ଏଇ ସମସ୍ତ ପ୍ରଥା ସିଦ୍ଧ ଭେଦର ସଂସ୍କାର ଓ ବିମୋଚକ।

ଶିଳ୍ପ ସହିତ ଜୀବନର ସମ୍ପର୍କ ଯେପରି ନିବଡ଼ ଓ ଅନ୍ତରଙ୍ଗ, ସମାଜ ଚେତନାର ଶିଳ୍ପସହିତ ସମ୍ବନ୍ଧ ସେହିପରି ଘନିଷ୍ଠ। ଶିଳ୍ପୀର ଜୀବନ-ଅନୁଭୂତି ସହ ସମାଜ ଚେତନା ଅତି ନିଗୂଢ଼ ଭାବେ ସଂଶ୍ଳିଷ୍ଟ। ଶିଳ୍ପ-ସମାଜ ମାନସର ଦର୍ପଣ, ତେଣୁ ଶିଳ୍ପ ଉପରେ ସମାଜ-ଚେତନାର ପ୍ରତିଫଳନ ଅବଶ୍ୟମ୍ଭାବୀ ଓ ବାଞ୍ଛନୀୟ। ପୃଥିବୀର ଶ୍ରେଷ୍ଠ ସାହିତ୍ୟ କୌଣସି ଯୁଗରେ ସମାଜ ନିରପେକ୍ଷ ନଥିଲା ଆଜି ମଧ୍ୟ ନାହିଁ, ଭବିଷ୍ୟତରେ ମଧ୍ୟ ଏ ନିୟମର ବ୍ୟତିକ୍ରମ ଘଟିବାର ଆଶଙ୍କା ନାହିଁ। ମହାକବି ବାଲ୍ମୀକି ବା କବି କାଳିଦାସଙ୍କର କାବ୍ୟ ନାଟକାଦି ଆପାତଃ ବିଚାରରେ ନିଛକ ସୌନ୍ଦର୍ଯ୍ୟାୟନ ବୋଲି ମନେ ହୋଇପାରେ, କିନ୍ତୁ ସେଗୁଡ଼ିକର ଗଭୀର ସ୍ତରରେ ଅନ୍ତଃସଲିଳା ଫଲ୍‌ଗୁ ଭଳି ସମାଜ-ଭାବନାର ସ୍ରୋତ ପ୍ରଚ୍ଛନ୍ନ ଧାରାରେ ପ୍ରବାହିତ। ମଧ୍ୟ ଓ ଆଧୁନିକ ଯୁଗର ସାହିତ୍ୟରୁ ସମାଜ-ଚେତନା ସମ୍ପୃକ୍ତ ସାହିତ୍ୟର ଅଜସ୍ର ଦୃଷ୍ଟାନ୍ତ ମିଳିଥାଏ। ଦାନ୍ତେଙ୍କର 'ଡିଭିନା କମେଡିୟା' ମୂଳତଃ ପ୍ରେମକାବ୍ୟ, କିନ୍ତୁ ତାର ଅନ୍ତରାଳରେ ନିହିତ ସୁସ୍ପଷ୍ଟ ସମାଜ-ଚେତନାର ଦ୍ୟୋତନା। ସେକ୍‌ସପିଆର୍‌ଙ୍କ ସାହିତ୍ୟ ସୃଷ୍ଟି ଉପରେ ଏଲିଜାବେଥୀୟ ଇଂଲଣ୍ଡର ସମାଜ ଚେତନାର ପ୍ରଭାବ ଅତି ସ୍ପଷ୍ଟ। ଇଂରେଜ ଜାତିର ବାଣିଜ୍ୟିକ ଓ

ସାମ୍ରାଜ୍ୟବାଦୀ ପ୍ରସାରରେ ଯୁଗରେ ସେକ୍‌ସପିଆର୍‌ଙ୍କର ଉଦ୍ଭବ । ତତ୍‌କାଳୀନ ଇଂଲଣ୍ଡୀୟ ଭାବର ବାତାବରଣଅମିତ ଆଶାବାଦରେ ପୂର୍ଣ୍ଣ, ଏଇ ଆଶାବାଦ ଓ ଉତ୍ସାହ ସେକ୍‌ସପିଆର୍‌ଙ୍କ ସାହିତ୍ୟ ସୃଷ୍ଟି ମଧ୍ୟରେ ଲକ୍ଷ୍ୟଣୀୟ । ଅନ୍ୟ ପକ୍ଷରେ, କବିଗୁରୁ ଗ୍ୟେଟେ ଆର୍ଟକୁ ଜୀବନର ଚରମ ଆଶ୍ରୟ ଓ ସାନ୍ତ୍ୱନା ବୋଲି ଜ୍ଞାନ କରିଥିଲେ । ରୋମାଣ୍ଟିକ ଶିଳ୍ପୀ ହିସାବରେ ତାଙ୍କର ପ୍ରଥମ ଆବିର୍ଭାବ ଏବଂ ରୋମାଣ୍ଟିକ ଆନ୍ଦୋଳନର ସେ ଥିଲେ ଶ୍ରେଷ୍ଠ ଅଧିନାୟକ; କିନ୍ତୁ ଫରାସୀ ବିପ୍ଳବ ସଙ୍ଘଟିତ ହେବା ପୂର୍ବରୁ ସମଗ୍ର ୟୁରୋପରେ ଯେଉଁ ଅଶାନ୍ତ ଝଡ଼ର ଆହ୍ୱାନୀ ଗତି ପ୍ରଥମ ଜୀବନର ସୃଷ୍ଟିରେ ରଚନା କରିଥିଲେ ଗ୍ୟେଟେ । ପରେ ଗଭୀର ଅନ୍ତର୍ଦ୍ୱନ୍ଦ୍ୱ ଫଳରେ ଏଇ ସାମାଜକ ଓ ରାଷ୍ଟ୍ରିକ ଆଲୋଡ଼ନର ସାର୍ଥକତାରେ ସନ୍ଦିହାନ ହୋଇ ରୋମାଣ୍ଟିସିଜମର ଉଦ୍ଦାମ ଆବେଗ ଓ ଉଚ୍ଛୃଙ୍ଖଳତାରୁ ସେ ନିଜକୁ ପ୍ରତ୍ୟାହୃତ କରି ନେଇଥିଲେ ଏବଂ କ୍ଲାସିକେଲ୍ ଆଦର୍ଶର ସଂଯମ, ସ୍ଥିତି ଓ ସ୍ଥୈର୍ଯ୍ୟର ସଂସ୍କାରକୁ ଗଭୀର ନିଷ୍ଠାର ସହ ବରଣ କରିବାକୁ ଉନ୍ମୁଖ ହୋଇ ପଡ଼ିଥିଲେ । ବହୁ ପରୀକ୍ଷା ନିରୀକ୍ଷା, ଆତ୍ମଜିଜ୍ଞାସା, ସମାଜ ବୀକ୍ଷଣର ମଧ୍ୟ ଦେଇ ତାଙ୍କ ମନର ଏଇ ଘଟାନ୍ତର ସମ୍ଭବପର ହୋଇପାରିଥିଲା ଓ ଏଥିପାଇଁ ଗ୍ୟେଟେଙ୍କୁ ନିଜ ଜୀବନରେ ଗଭୀର ବିକ୍ଷୋଭ ସଙ୍ଘର୍ଷ ଓ ଅଶାନ୍ତିର ଆଲୋଡ଼ନ ସହ୍ୟ କରିବାକୁ ପଡ଼ିଥିଲା । ଏହା କେବଳ ସମ୍ଭବ ହୋଇଥିଲା ଗ୍ୟେଟେଙ୍କର ତୀବ୍ର ଜୀବନବୋଧ ଓ ସମାଜ-ଚେତନା ସକାଶେ ।

ତେଣୁ ଶିଳ୍ପୀର ଶିଳ୍ପ ସୃଷ୍ଟିରେ ସମସାମୟିକତାର ପ୍ରଭାବ ଅତି ସ୍ପଷ୍ଟ । ଯୁଗରେ ବାସକରି ଯୁଗର ଦାବୀ ଅସ୍ୱୀକାର କରିବାର ଶିଳ୍ପ ଭାବନା, ଶିଳ୍ପ ଓ ଶିଳ୍ପୀ ଉଭୟ ନିକଟରେ କ୍ଷତିକାରକ । ନିଜ କାଳରୁ କଳାର ଉପାଦାନକୁ ସଂଗ୍ରହ କଲେ ବି ତା' କାଳୋତ୍ତୀର୍ଣ୍ଣ ରୂପ ପ୍ରଦାନ କରିବାରେ ଶିଳ୍ପୀ ପ୍ରତିଭାର ବୈଶିଷ୍ଟ୍ୟ । ଗଭୀର ଆତ୍ମୋପଲବ୍ଧି ସହ ଯୁଗ-ଚେତନାର (The sense of his own age—T. S Eliot) ମଧୁର ସନ୍ନିପାତ ଶିଳ୍ପୀକୁ ଦିଏ ମହତ୍ ସୃଷ୍ଟିର ମହିମାନ୍ୱିତ ପ୍ରେରଣା 'ବିସ୍ତୃତତର ଓ ଗଭୀରତର ମାନବତାର ସାଧନା ଓ ରୂପାୟନ', ଯାହାକି ପ୍ରତି ଶିଳ୍ପ କର୍ମର ମହତ୍ ଲକ୍ଷ୍ୟ, ତା କେବଳ ଏହାରି ଦ୍ୱାରାହିଁ ସାଧିତ ହୋଇଥାଏ । ତେଣୁ ବର୍ତ୍ତମାନ ଯୁଗରେ ପ୍ରତି ଶିଳ୍ପୀ, ସାହିତ୍ୟିକ ଓ ଭାବୁକ ପକ୍ଷରେ ଗଭୀର ଭାବେ ସମାଜ-ଚେତନ ହେବା ଆବଶ୍ୟକ । ବର୍ତ୍ତମାନ ଯୁଗ ଦ୍ୱିଧା, ସଂଶୟ, ଜିଜ୍ଞାସା ଓ ଅନ୍ତର୍ଦ୍ୱନ୍ଦ୍ୱର ଯୁଗ । ବହୁ ବିଚିତ୍ର ଓ ପରସ୍ପର ବିରୋଧୀ ଭାବାଦର୍ଶର ସଂଘାତରେ ଆଧୁନିକ ମନୁଷ୍ୟର ମନ ଆଲୋଡ଼ିତ । ଏଇ ଆଲୋଡ଼ନ ଦ୍ୱାରା ଯେଉଁ ମନ ସ୍ପନ୍ଦିତ ନ ହୁଏ, ସେ ମନ ଶିଳ୍ପ ଚର୍ଚ୍ଚା କ୍ଷେତ୍ରରେ ଅନ୍ତତଃ ପ୍ରବେଶାଧିକାର ଲାଭର ଅନୁପଯୋଗୀ ।

ଏଇ ସମସ୍ତ ଦୃଷ୍ଟିଭଙ୍ଗୀରୁ ଆଧୁନିକ ଓଡ଼ିଆ ସାହିତ୍ୟର ବିଭିନ୍ନ ଦିଗକୁ ଲକ୍ଷ୍ୟ କଲେ ମହତ୍ ଶିଳ୍ପସୃଷ୍ଟିର ଅଭାବ ଲକ୍ଷ୍ୟ କରିବା ସଙ୍ଗେ ତାର ସମ୍ଭାବନା ମଧ୍ୟ କିପରି କ୍ରମଶଃ ପ୍ରତିହତ ହେବାକୁ ବସୁଛି, ସହଜରେହିଁ ଆଖିରେ ତାହା ପଡ଼ିଥାଏ। ଆମର ଶିଳ୍ପୀଗଣ ମଧ୍ୟରେ ସବୁଠୁ ବଡ଼ ଅଭାବ ହେଉଛି ସାଧନାର ଅଭାବ। ମନ୍ଦିର ପ୍ରାଙ୍ଗଣଚାରିଣୀ ଦେବଦାସୀକୁ ଦେବୀ ମୂର୍ତ୍ତି ବୋଲି ଭ୍ରମରେ ଜ୍ଞାନ କଲାଭଳି ତରଳ ମାନସିକତାକୁହିଁ ଆମେ ଜୀବନ ବୋଧ, ପ୍ରାଣ ପ୍ରାଚୁର୍ଯ୍ୟ, ଉଦାର ଭାବନା ବୋଲି କଳ୍ପନା କରୁଛୁଁ। ଫଳରେ ସାହିତ୍ୟ 'ଦୈବବାଣୀ'ର ଗୌରବ ଲାଭ କରିବା ପରିବର୍ତ୍ତେ ତା' ହେଉଛି ଦେବଦାସୀର କଣ୍ଠବାଣୀ। ଦ୍ୱିତୀୟତଃ, ମହତ୍ ଚିନ୍ତା ଓ ଅନୁଭବର ଅଭାବରେ ଉନ୍ନତ ରୀତି ବା ଫର୍ମର ଆବିଷ୍କାର ଓ ପ୍ରଚଳନ ସାହିତ୍ୟରେ କ୍ରମଶଃ ଦୁର୍ଲ୍ଲଭ ହେବାକୁ ବସୁଛି। ଉନ୍ନତ ରୀତିର ଆବିଷ୍କାର ବା ସନ୍ଧାନର ପ୍ରୟାସ ଓଡ଼ିଆ ସାହିତ୍ୟରେ ଯେ ଆଦୌ ନାହିଁ ତା ନୁହେଁ, କିନ୍ତୁ ଆଧୁନିକ ଯୁଗର ଶଗଡ଼ ଭରା ଶସ୍ତା ଉପନ୍ୟାସ ଓ ଗଳ୍ପ ବୋଝର ତୁଳନାରେ ତାର ଅନୁପାତ ଅତି ନଗଣ୍ୟ। ଏହା ଦ୍ୱାରା ଜାତୀୟ ରୁଚି ଭ୍ରଷ୍ଟ ହେବା ସଙ୍ଗେ କୁରୁଚିର ଜୀବାଣୁ ସହସ୍ର ବର୍ଦ୍ଧିଷ୍ଣୁ ମନକୁ କ୍ରମଶଃ ବିଷାକ୍ତ କରି ତୋଳୁଛି। ଏ ଶିଳ୍ପ ଦୁର୍ଦ୍ଦଶାର ମୁଖ୍ୟ କାରଣ, ଆମ ଶିଳ୍ପୀମାନଙ୍କର 'ଅଳ୍ପରେ ତୁଷ୍ଟି'ର ମନୋଭାବ ଏବଂ ତଜ୍ଜନିତ ସାଧନ ପ୍ରୟାସର ଅଭାବ ଓ ଶକ୍ତି ଶୂନ୍ୟତା। ଶିଳ୍ପ ପାଇଁ ନିଜକୁ ଉତ୍ସର୍ଗ କରିବାର ପବିତ୍ର ମନୋଭାବ ବଦଳରେ ଆମ ପ୍ରାଣରେ ଆଧିପତ୍ୟ ବିସ୍ତାର କରିଛି। ଶିଳ୍ପକୁ ନିଜର ସେବା-ଦାସୀ କରିବାର ମନୋବୃତ୍ତି। ତୃତୀୟତଃ, ଆମର ଏକ ବିଶିଷ୍ଟ ଅଭାବ ହେଉଛି, ଶିଳ୍ପୀ ନିକଟରେ ମହାନ୍ ବ୍ୟକ୍ତିତ୍ୱର ଅଭାବ। ତେଣୁ ଶିଳ୍ପର ବ୍ୟକ୍ତିତ୍ୱ ପ୍ରତିଫଳନର ଅଭାବ ହେତୁ ଶିଳ୍ପ କର୍ମ ଦୁଃସ୍ଥ ଓ ଦୁର୍ବଳ ହୋଇପଡ଼ିବା ସ୍ୱାଭାବିକ। ଜୀବନ-ସାଗରର ଅତଳ ଗଭୀରତାକୁ ସ୍ପର୍ଶ ନ କରି, ତାର ପ୍ରଶାନ୍ତି, ସ୍ଥୈର୍ଯ୍ୟ, ସୁନୀତି ଓ ଶୃଙ୍ଖଳାକୁ ଅନୁଭବ ନ କରି ବେଳା ଭୂମିରେ ମାତ୍ର ଛିଡ଼ା ହୋଇ ବିକ୍ଷୋଭିତ ତରଙ୍ଗ ରାଶି ଦର୍ଶନ କରି ଆମେ ସମୁଦ୍ର-ଅବଗାହୀ ଓ ଜୀବନ ସାଧକର ଗୌରବ ନେବାରେ ଯେତିକି ଲାଳାୟିତ, ଆମର ବ୍ୟକ୍ତିତ୍ୱ ସେତିକି ଭ୍ରଷ୍ଟ ଖଣ୍ଡିତ ଓ କ୍ଷୟିଷ୍ଣୁ ହେବାକୁ ଯାଉଛି। ଶିଳ୍ପକର୍ମ ମଧ୍ୟରେ ଆତ୍ମପୁରୁଷର ଆବିର୍ଭାବ ଓ ପ୍ରତିଷ୍ଠା ପାଇଁ 'ସହଯିଆ ସାଧକ' ହେବା ପରିବର୍ତ୍ତେ ଶିଳ୍ପୀକୁ ଜୀବନର ଯୋଗ ମାର୍ଗର କ୍ଷୁରଧାର ପଥର ଯାତ୍ରୀ ଓ ସାଧକ ହେବାକୁ ପଡ଼ିବ। ଏହି ସାଧନା ଫଳରେ ହିଁ ଶିଳ୍ପ ଓ ଶିଳ୍ପୀର ଏକାତ୍ମ ଓ ଅନ୍ତରଙ୍ଗ ଯୋଗ ସମ୍ଭବପର ଓ ପରିଣାମରେ ମହତ୍ ଶିଳ୍ପ ସୃଷ୍ଟିର ସମ୍ଭାବନା। ଚତୁର୍ଥତଃ ଶିଳ୍ପୀମାନଙ୍କ ମଧ୍ୟରେ ଜୀବନ ବୋଧ ବା ଜୀବନ ଘନିଷ୍ଠତାର ଅଭାବ ଯାହାର ଅଭାବ କି ସମଗ୍ର ସୃଷ୍ଟି କର୍ମକୁ ଏକ ପଣ୍ୟତରୀର ବହିରଙ୍ଗର ଯାନ୍ତ୍ରିକ କାରିଗରୀ ମଧ୍ୟରେ ଖୁବ୍ ବେଶୀ

ହେଲେ ସୀମିତ କରି ରଖୁଛି, ସେଥିରେ ନାହିଁ ଜୀବନର ଶିଳ୍ପ, ଜୀବନର ଐଶ୍ୱର୍ଯ୍ୟ। ଏ ଅଭାବ ଦୂରୀକରଣର ଏକମାତ୍ର ଉପାୟ, ଜୀବନ ସମୁଦ୍ରର ନୀରବ ପର୍ଯ୍ୟବେକ୍ଷଣ ମାତ୍ର ନୁହେଁ, ସମସ୍ତ ବିପଦ ଓ ଦୁର୍ଯୋଗ ବରଣ କରି ସେଥିରେ ଲମ୍ଫ ପ୍ରଦାନ ଓ ଅବଗାହନ। ପଞ୍ଚମ ଓ ଶେଷ ଅଭାବ ହେଉଛି ଆଧୁନିକ ଶିଳ୍ପୀର ବହୁ କ୍ଷେତ୍ରରେ ସମୟ-ଚେତନା ଓ ସମାଜ-ଚେତନାର ଅଭାବ ଯାହା ଫଳରେ କି ଆଧୁନିକ କଳାସୃଷ୍ଟି ମଧ୍ୟରେ କାଳାତୀତର ରୂପାୟନ ଦୂରେ ଥାଉ, ବର୍ତ୍ତମାନ କାଳର ମଧ୍ୟ ସରସ ଶିଳ୍ପ ପ୍ରତିମା ମିଳିବା ଦୁର୍ଲ୍ଲଭ ହୋଇ ପଡୁଛି। ଆଧୁନିକ ଶିଳ୍ପୀଗଣ ଶିଳ୍ପ ସହିତ ନିଜର ମହତ୍ ସମ୍ପର୍କ ଅନୁଧ୍ୟାନ କରି ଶିଳ୍ପ କ୍ଷେତ୍ରରେ ଜୀବନସେବୀ ଓ ଜୀବନ ସାଧକ ହୋଇପାରିଲେ ଏ ସମସ୍ତ ଅଭାବ କ୍ରମଶଃ ଦୂରୀଭୂତ ହେବା ସଙ୍ଗେ ଏକ ଉନ୍ନତ ଜୀବନଧର୍ମୀ ଓ ମାନବବାଦୀ ସାହିତ୍ୟ ସୃଷ୍ଟି ଅନାୟାସରେ ସମ୍ଭବପର ହୋଇପାରିବ। 'କିନ୍ତୁ ଦୁର୍ଗମ ପଥସ୍ତତ୍ କବୟୋ ବଦନ୍ତି।'

■

ଏକବିଂଶ ଶତାବ୍ଦୀରେ ଗଣତନ୍ତ୍ରର ଭବିଷ୍ୟତ

କିଶନ ପଟ୍ଟନାୟକ

ସମଗ୍ର ତୃତୀୟ ବିଶ୍ୱରେ, ଅର୍ଥାତ୍ ଯେଉଁସବୁ ଦେଶ ଦ୍ୱିତୀୟ ବିଶ୍ୱଯୁଦ୍ଧ ପରେ ରାଜନୈତିକ ସ୍ୱାଧୀନତା ଲାଭ କଲେ, ସେମାନଙ୍କ ମଧ୍ୟରେ ଭାରତର ଗଣତନ୍ତ୍ର ବିଶେଷ ଭାବରେ ଉଲ୍ଲେଖଯୋଗ୍ୟ। ଏହାର ବିଶାଳ ଭୂଖଣ୍ଡ ଓ ନାନାବିଧ ଭାଷା, ଜାତି, ଧର୍ମ ଓ ସଂସ୍କୃତି ଦେଖି କେତେ ଲୋକ ଏହାକୁ ଉପମହାଦେଶ କହିଥାଆନ୍ତି, ଯାହାର କୌଣସି ଯଥାର୍ଥତା ନାହିଁ। (ସଂଯୁକ୍ତ ରାଷ୍ଟ୍ର ଆମେରିକା ଓ ଚୀନ୍‌କୁ ଉପମହାଦେଶ କୁହାଯାଉନାହିଁ କାହିଁକି ?) ବିଶାଳତା ଓ ବିବିଧତା ସାଙ୍ଗକୁ ସାମ୍ରାଜ୍ୟବାଦର ଅବଦାନ ସ୍ୱରୂପ ଭାରତରେ ଭରି ରହିଛି ଦାରିଦ୍ର୍ୟ, ନିରକ୍ଷରତା ଓ ଆଞ୍ଚଳିକ ବୈଷମ୍ୟ। ଏହା ସତ୍ତ୍ୱେ ପଚାଶ ବର୍ଷରୁ ଊର୍ଦ୍ଧ୍ୱ ସମୟ ଧରି ଏଠାରେ ଗଣତାନ୍ତ୍ରିକ ବ୍ୟବସ୍ଥା ଅକ୍ଷୁଣ୍ଣ ରହିଛି। ୧୯୭୫-୭୬ର ଜରୁରୀକାଳୀନ ପରିସ୍ଥିତି ଏହାର ଚରିତ୍ରକୁ ବଦଳାଇ ପାରିଲା ନାହିଁ। ବରଂ ତାପରେ ଜରୁରୀକାଳୀନ ପରିସ୍ଥିତିର ସମ୍ଭାବନାକୁ ସୀମିତ କରି ଦିଆଗଲା। ଭାରତରେ ଗଣତାନ୍ତ୍ରିକ ବ୍ୟବସ୍ଥାର ଏଭଳି ସ୍ଥାୟୀତ୍ୱର କାରଣ କଣ, ଏବଂ ଏହା ପ୍ରକୃତରେ କେତେ ସ୍ଥାୟୀ ?

ଏହି ସ୍ଥାୟୀତ୍ୱର କାରଣ ବ୍ରିଟିଶ ପାର୍ଲିଆମେଣ୍ଟର ଛାଞ୍ଚରେ ଗଢ଼ା ଯାଇଥିବା ସଂବିଧାନ ନୁହେଁ। ଭାରତ ସ୍ୱାଧୀନ ହେବାର ଓ ସଂବିଧାନ ପ୍ରଣୟନ ହେବାର ବହୁତ ପୂର୍ବରୁ, ଭାରତର ସ୍ୱାଧୀନତା ଆନ୍ଦୋଳନ ସମୟରୁ ହିଁ ଗଣତନ୍ତ୍ରର ମୂଳଦୁଆ ପଡ଼ି ସାରିଥିଲା। ୧୯୫୦ରେ ଯେଉଁ ସଂବିଧାନ ତିଆରି ହେଲା, ତାହା ଯେ ଗଣତାନ୍ତ୍ରିକ ହେବ ଏହା ସମସ୍ତେ ଜାଣି ସାରିଥିଲେ। ତାହା କେତେ ମୌଳିକ ହେବ, କେତେ

ଲୋକାଭିମୁଖୀ ହେବ ଏବଂ ଲୋକାଧିପତ୍ୟର କେଉଁ ସଂସ୍ଥା ରହିବ, ତାହାହିଁ ସନ୍ଦେହର ବିଷୟ ଥିଲା। କାରଣ ଭାରତର ସଂବିଧାନ ରଚନା ବେଳେ ତିନି ପ୍ରକାରର ଲୋକ ଥିଲେ। ଯେଉଁମାନେ ପାଶ୍ଚାତ୍ୟ ଶିକ୍ଷା ପ୍ରାପ୍ତ ହୋଇ ପେଶାଦାର ଆଇନଜ୍ଞ ହୋଇଥିଲେ, ଯେଉଁମାନେ ଗାନ୍ଧୀଙ୍କର ସ୍ୱାୟତ୍ତତା ଗ୍ରାମ ସ୍ୱରାଜ ଏବଂ ସମାନତାର ନୀତିକୁ ମାନୁଥିଲେ ଏବଂ ଯେଉଁମାନେ ସ୍ୱାଧୀନତା ଆନ୍ଦୋଳନରେ ଗାନ୍ଧୀଙ୍କର ଅନୁଗାମୀ ହେଲେ ମଧ୍ୟ ୟୁରୋପୀୟ ଲୋକକଲ୍ୟାଣକାରୀ ଗଣତନ୍ତ୍ରକୁ ଆଦର୍ଶ ରୂପେ ମାନୁଥିଲେ। ସଂବିଧାନ ନିର୍ମାଣରେ ଗାନ୍ଧୀଙ୍କ ନୀତିର ବଳିଷ୍ଠ ପ୍ରତିନିଧିତ୍ୱ କରିବା ପାଇଁ କେହି ନ ଥିଲେ। ଆଇନଜ୍ଞମାନେ ପ୍ରଭାବଶାଳୀ ଥିଲେ ଏବଂ ନେହରୁଙ୍କ ଭଳି ନେତାମାନେ ଲୋକକଲ୍ୟାଣକାରୀ ରାଜ୍ୟରେ ବିଶ୍ୱାସ କରୁଥିଲେ ମଧ୍ୟ ସେମାନଙ୍କର କୌଣସି ମୌଳିକ ଚିନ୍ତା ନ ଥିବାରୁ ଆଇନଜ୍ଞମାନଙ୍କ ଉପରେ ବେଶୀ କାମ ଛାଡ଼ି ଦେଇଥିଲେ। ସେ ଯାହାହେଉ ଗଣତନ୍ତ୍ରର କୌଣସି ବିରୋଧ ନ ଥିଲା। କାରଣ ରାଜନୀତି ଓ ଜନସାଧାରଣ ଗଣତାନ୍ତ୍ରିକ ହୋଇ ସାରିଥିଲେ। ସାମ୍ରାଜ୍ୟବାଦ ବିରୋଧୀ ସଂଘର୍ଷକୁ ଅହିଂସା ନୀତିରେ ଚଳାଇବା ଦ୍ୱାରା ଭାରତର ରାଜନୀତି ସ୍ୱାଧୀନତା ଆଗରୁ ଗଣତାନ୍ତ୍ରିକ ହୋଇ ସାରିଥିଲା। ନେତାମାନଙ୍କର ନିର୍ବାଚନ, ଆନ୍ଦୋଳନର ନିଷ୍ପତ୍ତି ଓ ପରିଚାଳନା ଗଣତାନ୍ତ୍ରିକ ବିଧିରେ ହେଉଥିଲା। ସେମାନଙ୍କର ମତଭେଦ, କଳହ, ଭୁଲତ୍ରୁଟି ସବୁ କଥା ଲୋକେ ଜାଣିପାରୁଥିଲେ; ତେଣୁ ଲୋକମାନେ ନେତାମାନଙ୍କର ଓ ସଂଗଠନର ଅନେକ କଥାରେ ମତ ପ୍ରକାଶ କରୁଥିଲେ। ଅତଏବ ରାଜନେତା ଓ ଜନତା ଉଭୟଙ୍କର ଜନତନ୍ତ୍ରରେ ଦୀକ୍ଷା ହୋଇ ସାରିଥିଲା। ଯେତେବେଳେ ଆନ୍ଦୋଳନରେ ସତ୍ୟାଗ୍ରହୀମାନେ ଜେଲଦଣ୍ଡ ଭୋଗୁଥିଲେ, ସେତେବେଳେ ଜଣାପଡୁଥିଲା ଯେ ଭାରତ ଗଣତାନ୍ତ୍ରିକ କିନ୍ତୁ ବ୍ରିଟେନ୍ ଅଗଣତାନ୍ତ୍ରିକ। ଭାରତୀୟ ସ୍ୱାଧୀନତା ଆନ୍ଦୋଳନରେ ହିଂସା ବା ଶସ୍ତ୍ରକୁ ସଂପୂର୍ଣ୍ଣ ଭାବରେ ପରିତ୍ୟାଗ କରିବାରେ ଗୋଟିଏ ସୁଫଳ ହେଲା ଯେ ଏ ଦେଶରେ ସେନା ବାହିନୀର କୌଣସି ରାଜନୈତିକ ଗୁରୁତ୍ୱ ରହିଲା ନାହିଁ। ଯୁଦ୍ଧ ବା ସଂକଟର ସ୍ଥିତିମାନଙ୍କରେ ମଧ୍ୟ ଭାରତର ସେନାଭିତରେ ରାଜନୀତିରେ ହସ୍ତକ୍ଷେପ କରିବା ପ୍ରବୃତ୍ତି ଦେଖାଯାଏ ନାହିଁ। ରାଜନୀତିରେ ସେନାବାହିନୀର ହସ୍ତକ୍ଷେପ ବହୁଦେଶର ରାଜନୀତିକୁ କଳଙ୍କିତ କରୁଛି, ଗଣତନ୍ତ୍ରକୁ ଭାଙ୍ଗି ଦେଉଛି। (ପଡ଼ୋଶୀ ଦେଶ ପାକିସ୍ଥାନ ଏହାର ଦୃଷ୍ଟାନ୍ତ।) ଗଣତନ୍ତ୍ରର ଆଉ କେତେକ ଅଭିନବ ଦିଗ ଭାରତର ରାଷ୍ଟ୍ରୀୟ ଆନ୍ଦୋଳନକୁ ଗୌରବାନ୍ୱିତ କରିଥିଲା। ସ୍ୱାଧୀନତା ଆନ୍ଦୋଳନ ବେଳୁହିଁ ଭାରତର ବିବିଧତାକୁ ନିଷ୍ଠାପର ଭାବରେ ସ୍ୱୀକାର କରାଯାଇଥିଲା। ଭାଷାମାନଙ୍କୁ ସ୍ୱାୟତ୍ତତା ଦେବା ପାଇଁ, ସବୁ ଧର୍ମକୁ ସମାନ ଭାବରେ ସମ୍ମାନ କରିବା ପାଇଁ,

ଗ୍ରାମମାନଙ୍କର ରାଜନୈତିକ କ୍ଷମତାକୁ ସ୍ୱୀକାର କରିବା ସଂଗେ ସଂଗେ ତାହାର ସ୍ୱାବଲମ୍ବନ ଅର୍ଥନୀତିକୁ ଏକ ନୂଆ ଗତିଶୀଳତାପ୍ରଦାନ କରିବା ପାଇଁ, ଏବଂ ସର୍ବୋପରି ଭୋଗବାଦକୁ ତ୍ୟାଗ କରି ଆର୍ଥିକ ସମାନତାର ମୂଳଦୁଆ ପକାଇବା ପାଇଁ ଜାତୀୟ କଂଗ୍ରେସର ନୀତି ଏବଂ କାର୍ଯ୍ୟକ୍ରମମାନ ଥିଲା। ସ୍ୱାଧୀନତାର ଉଷାକାଳ ପର୍ଯ୍ୟନ୍ତ ଲୋକେ ଅନୁଭବ କରୁଥିଲେ ଯେ ଭାରତୀୟ ଗଣତନ୍ତ୍ରର ଏ ସବୁ ହେଉଛି ଅପରିହାର୍ଯ୍ୟ। ଜବାହାରଲାଲ ନେହରୁ, ସର୍ଦ୍ଦାର ପଟେଲ ଏବଂ ଡା. ରାଜେନ୍ଦ୍ର ପ୍ରସାଦ ପରି ନେତାମାନେ ଗାନ୍ଧୀଙ୍କ କଥାର ବିରୋଧ କରୁ ନ ଥିଲେ ହେଁ ଏସବୁ କଥାକୁ—ଭାଷାର ସ୍ୱାୟତ୍ତତା, ଗ୍ରାମର ରାଜ, ଶାରୀରିକ ଶ୍ରମର ଅନିବାର୍ଯ୍ୟତା, ଭୋଗବାଦ ଏବଂ ତଦ୍‌ଜନିତ ବିଷମତାର ବିନାଶ—ଗଣତନ୍ତ୍ରର ମୌଳିକ ତତ୍ତ୍ୱ ବୋଲି ଭାବୁ ନ ଥିଲେ; କାରଣ ପାଶ୍ଚାତ୍ୟ ଗଣତନ୍ତ୍ର ଅବଧାରଣାରେ ଏସବୁ ଅଙ୍ଗୀଭୂତ ନୁହନ୍ତି। ତେଣୁ ଏମାନଙ୍କ ଦ୍ୱାରା ନିର୍ମିତ ସଂବିଧାନରେ ଆର୍ଥିକ ବୈଷମ୍ୟ ଓ ଭୋଗବାଦକୁ ରୋକିବା ନିମନ୍ତେ ଓ ଗ୍ରାମ ତଥା ଅଞ୍ଚଳକୁ ସ୍ୱାୟତ୍ତତା ଦେବା ନିମନ୍ତେ କୌଣସି ବ୍ୟବସ୍ଥା ରହିଲା ନାହିଁ। ସବୁ କ୍ଷମତା କେନ୍ଦ୍ରିତ ହୋଇଛି ରାଜଧାନୀରେ, ସଂଘ ଓ ରାଜ୍ୟର ରାଜଧାନୀରେ; ସେଇ ରାଜଧାନୀ ଦ୍ୱାରା ନିଯୁକ୍ତ ଅମଲାମାନେ ଲକ୍ଷ ଲକ୍ଷ ଗ୍ରାମ ଓ ଅଞ୍ଚଳକୁ ଶାସନ କରୁଛନ୍ତି। ସରକାରିଆ କମିଶନ ସଂଘର ଅଧିକାରକୁ କମେଇ ରାଜ୍ୟର ଅଧିକାରକୁ ବଢ଼େଇବାର ସୁପାରିଶ କରିଛନ୍ତି। ସଂଘର ଅଧିକାର କମେଇବା ଠିକ୍, କିନ୍ତୁ ରାଜ୍ୟର ଅଧିକାର ବଢ଼େଇଦେଲେ ଅମଲାତନ୍ତ୍ରର ଗଣତାନ୍ତ୍ରିକ ଚରିତ୍ର ବଦଳିବ ନାହିଁ। ରାଜ୍ୟର ଶାସନ କହିଲେ ମୁଖ୍ୟ ସଚିବ, ଜିଲ୍ଲା କଲେକ୍ଟର ଏବଂ ପୋଲିସ ସାହେବ (ଏସ୍.ପି.) ଶାସନ। ସବୁ ପ୍ରକାର ଜନ ଆକାଂକ୍ଷା ଏବଂ ସ୍ୱାୟତ୍ତତାକୁ ଦମନ କରିବା ପାଇଁ ଏହି ଅମଲାତାନ୍ତ୍ରିକ ବାହିନୀକୁ ସାମ୍ରାଜ୍ୟବାଦୀମାନେ ଗଠନ କରିଥିଲେ। ସ୍ୱାଧୀନ ଭାରତରେ ଅମଲାତନ୍ତ୍ରର କାର୍ଯ୍ୟପ୍ରଣାଳୀକୁ ଅପରିବର୍ତ୍ତିତ ରଖିବା ଫଳରେ ଏହାର ସ୍ୱଭାବ ଏବଂ ମନୋଭାବ ପୂର୍ବପରି ଜନଆକାଂକ୍ଷା ବିରୋଧୀ ହୋଇ ରହିଛି। ଏହିମାନଙ୍କର ଦମନମୂଳକ କାର୍ଯ୍ୟପ୍ରଣାଳୀ ଯୋଗୁଁ ଜନଆକାଂକ୍ଷା ଓ ଆଞ୍ଚଳିକ ଆକାଂକ୍ଷାର ଆନ୍ଦୋଳନମାନଙ୍କୁ ସବୁବେଳେ ଅତ୍ୟାଚାରର ଶିକାର ହେବାକୁ ପଡୁଛି। ଅମାନବୀୟ ଦମନ ଫଳରେ ଲୋକେ ତାଙ୍କର ନୈତିକ ସାହସ ହରାଉଛନ୍ତି କିମ୍ବା ହିଂସାତ୍ମକ ହେଉଛନ୍ତି। କେତେକ ସ୍ଥଳରେ ସେମାନେ ବିଚ୍ଛିନ୍ନତାବାଦ ଓ ଆତଙ୍କବାଦର ରୂପ ନେଇ ଗଣତନ୍ତ୍ର ତଥା ରାଷ୍ଟ୍ରୀୟ ଏକତାକୁ ବିପନ୍ନ କରୁଛନ୍ତି।

ଉପରେ ଯେଉଁ ଅତିକେନ୍ଦ୍ରୀକରଣ ବା ରାଜଧାନୀରେ କ୍ଷମତାର କେନ୍ଦ୍ରୀକରଣ କଥା କୁହାଗଲା, ସେଇଥିପାଇଁ ସ୍ୱାୟତ୍ତତାର ବିକାଶ ହୋଇପାରୁ ନାହିଁ। ତାହା କିନ୍ତୁ

ଔପନିବେଶିକ ପୁଞ୍ଜିବାଦ ପାଇଁ ଦରକାରୀ। ସାମ୍ରାଜ୍ୟ-ଉପନିବେଶର ଢାଞ୍ଚା ଭିତରେ ପୁଞ୍ଜିବାଦ ସାମ୍ରାଜ୍ୟବାଦୀ ଦେଶମାନଙ୍କୁ ଅତି ସମୃଦ୍ଧ କରାଏ ଏବଂ ଉପନିବେଶ ମାନଙ୍କୁ ଦରିଦ୍ର କରିଦିଏ। ତେଣୁ ଏ ଦେଶମାନଙ୍କରେ ଯନ୍ତ୍ରବିଦ୍ୟାର ଫଳାଫଳ ମଧ୍ୟ ଭିନ୍ନ ପ୍ରକାରର ହୁଏ। ସାମ୍ରାଜ୍ୟବାଦୀ ଦେଶମାନଙ୍କର ସବୁ ଅଞ୍ଚଳରେ, ଏପରିକି ଗ୍ରାମମାନଙ୍କରେ ମଧ୍ୟ ସମାନ ପରିମାଣରେ ପୁଞ୍ଜି ଓ ଟେକ୍‌ନୋଲୋଜିର ପ୍ରୟୋଗ ହୁଏ। ତେଣୁ ଆଞ୍ଚଳିକ ବିଷମତା ନଗଣ୍ୟ ଅବସ୍ଥାକୁ ଆସିଯାଏ। ଗ୍ରାମ ଓ ସହରର ଦୂରତା ମଧ୍ୟ କମିଯାଏ। କିନ୍ତୁ ବିକାଶଶୀଳ ଦେଶମାନଙ୍କରେ ପୁଞ୍ଜିବାଦ ଗୋଟିଏ ଦେଶର କେବଳ ଅଳ୍ପ କେତେକ ସ୍ଥାନକୁ ସମୃଦ୍ଧ କରିପାରେ। ବାକି ସବୁ ଅଞ୍ଚଳରେ ଏତେ ବେଶୀ ପୁଞ୍ଜି ଲଗାଇବା ସମ୍ଭବ ହୁଏ ନାହିଁ। ତେଣୁ ସମୃଦ୍ଧ, ଅଳ୍ପ ସମୃଦ୍ଧ, ପଛୁଆ ଏବଂ ଅତି ପଛୁଆ ଏପରି ବିଷମତାମାନଙ୍କର ଏକ ପିରାମିଡ଼ (ଓଲଟା ବରଗଛ) ଠିଆ ହୁଏ। ତେଣୁ ପ୍ରତ୍ୟେକ ବିକାଶଶୀଳ ଦେଶର ଆଞ୍ଚଳିକ ବିଷମତା ଏକ ଅପରିହାର୍ଯ୍ୟ ଅଙ୍ଗ। କେଉଁ ଅଞ୍ଚଳକୁ ବେଶୀ ଉନ୍ନତ କରାଯିବ, କେଉଁ ଅଞ୍ଚଳକୁ ପଛୁଆ ରଖାଯିବ ତାହା କେନ୍ଦ୍ରରେ ସ୍ଥିର ହୁଏ। ତେଣୁ କେନ୍ଦ୍ର ଅଧିକ କ୍ଷମତାସଂପନ୍ନ ହୋଇ ଅଞ୍ଚଳମାନଙ୍କୁ ଦୁର୍ବଳ କରିଦିଏ। ଅଞ୍ଚଳମାନେ ଛଟପଟ ହୋଇ ନିଜର ଦାବୀ ଜଣାଇଲେ ଦମନ କରିବାକୁ ହୁଏ। କଠୋର ଦମନ କରିବା ନିମନ୍ତେ ଟାଡ଼ା ମୀସା ଭଳି ଅଗଣତାନ୍ତ୍ରିକ ଆଇନ ପ୍ରଣୟନ ହୁଏ। ସଶସ୍ତ୍ର ଓ ଶତ୍ରୁଦେଶ ସମର୍ଥିତ ବିଚ୍ଛିନ୍ନତାବାଦୀ ଆନ୍ଦୋଳକମାନେ ନିର୍ଭୟରେ କାମ କରନ୍ତି। ତେଣୁ ଟାଡ଼ା ଭଳି କଠୋର ଦମନକାରୀ ଆଇନର ସହଜ ଶିକାର ହୁଅନ୍ତି ଶାନ୍ତିପୂର୍ଣ୍ଣ ଗଣତାନ୍ତ୍ରିକ ଆନ୍ଦୋଳନମାନେ। ସାଧାରଣ ବୁଦ୍ଧିର ଜ୍ଞାନରୁ ଆମେ ଜାଣୁ ଯେ ସରକାରର ହିଂସାବଳ ଏବଂ ଧନବଳ ରାଜ୍ୟ ଭିତରେ ଥିବା ଯେ କୌଣସି ବ୍ୟକ୍ତି ବା ସଂସ୍ଥାର ହିଂସାବଳ ବା ଧନବଳ ଅପେକ୍ଷା ବହୁତ ବେଶୀ। ଏଥିରେ ଏକ ଭାରସାମ୍ୟ ଥାଏ। ଯଦି ବ୍ୟକ୍ତି କିମ୍ୱା ସଂସ୍ଥା ରାଜ୍ୟ ତୁଳନାରେ ସମକକ୍ଷ ହୋଇଯାଏ କିମ୍ବା ତାଠାରୁ ଅଧିକ ହିଂସା ଓ ଧନ ଏକତ୍ର କରେ, ତାହେଲେ ରାଜ୍ୟର ନିର୍ଦ୍ଦେଶକୁ ନ ମାନି ସେ ନିଜର ଏକ ସମାନ୍ତରାଳ ସରକାର ଗଠନ କରିବ। ତା ଉପରେ ରାଜ୍ୟର ଶାସନ ଚାଲି ପାରିବ ନାହିଁ। ଔପନିବେଶିକ ପୁଞ୍ଜିବାଦ ଏବଂ ଆର୍ଥିକ ଜଗତୀକରଣ ଫଳରେ ଯେଉଁ ବଡ଼ ବଡ଼ ଦୈତ୍ୟାକାର ବହୁରାଷ୍ଟ୍ରୀୟ କଂପାନୀମାନେ ଗରିବ ଦେଶମାନଙ୍କୁ ପ୍ରବେଶ କରନ୍ତି, ସେମାନଙ୍କର ଧନ ଶକ୍ତି ଓ ଯୁଦ୍ଧ ଶକ୍ତି ରାଷ୍ଟ୍ର ତୁଳନାରେ ଅଧିକ ହୋଇଯାଏ। ଏପରି ଏକ ସ୍ଥିତିରେ ଇଷ୍ଟ୍ ଇଣ୍ଡିଆ କଂପାନୀ ଭାରତକୁ ଦଖଲ କରିଥିଲା। ରାଜ୍ୟମାନେ କଂପାନୀକୁ ଟିକସ ଦେଉଥିଲେ। ପାଉଣା ନ ପାଇଲେ କଂପାନୀ ଆକ୍ରମଣ କରୁଥିଲା। ସେତେବେଳେ ବ୍ରିଟିଶ କଂପାନୀ ଫ୍ରାନ୍ସ ଏବଂ ପର୍ତ୍ତୁଗାଲର

କଂପାନୀମାନଙ୍କୁ ବାହାର କରି ଦେଇଥିଲା। ଏବେ ୟୁରୋପ ଆମେରିକାର ସବୁ ଦେଶ ମିଳିତ ଭାବରେ ପ୍ରବେଶ କରିଛନ୍ତି। ସେମାନେ ସ୍ଥିର କରିବେ କେଉଁଠି ସେମାନେ ପୁଞ୍ଜି ଲଗାଇବେ। ତେଣୁ ଅର୍ଥନୀତିର ନିୟମକାନୁନ ସେମାନଙ୍କ ଇଚ୍ଛା ଅନୁସାରେ ହେବ। ଅବଶ୍ୟ ଆଇନ ଗୁଡ଼ିକୁ ଦେଶର ଶାସକମାନେ କରିବେ। ସେମାନେ ଯଦି କରିବାକୁ ଅମଙ୍ଗ ହେବେ ତାହାହେଲେ ସେହି ଶାସକମାନଙ୍କୁ ହଟାଇ ବୋଲକରା ଶାସକମାନଙ୍କୁ ବସେଇବାକୁ ହେବ। ସେମାନେ ଦେଶ ଭିତରର ହିଂସାଗତ ଆନ୍ଦୋଳନକୁ ଧନ ଓ ଅସ୍ତ୍ରଶସ୍ତ୍ର ଦେଇ ଆହୁରି ବେଶୀ ଉଗ୍ର କରିଦିଅନ୍ତି। ଏସବୁ କାମ ପାଇଁ ସେମାନେ ପଡ଼ୋଶୀ ରାଜ୍ୟକୁ ବ୍ୟବହାର କରନ୍ତି। ଗୃହଯୁଦ୍ଧ ଓ ପଡ଼ୋଶୀ ଯୁଦ୍ଧ ଭଉଁରୀରେ ପଡ଼ି ସରକାରମାନେ ଲୋକଙ୍କର ବିଶ୍ୱାସ ହରାଇ ଦିଅନ୍ତି। ଅଧିକ ଭ୍ରଷ୍ଟ ଏବଂ ଅଧିକ ଅଗଣତାନ୍ତ୍ରିକ ହୁଅନ୍ତି। ଯେଉଁ ଢଙ୍ଗରେ ଏହା ହୁଏ ତାହା ବର୍ତ୍ତମାନର ଭାରତରେ ସମସ୍ତେ ଦେଖିପାରିବେ।

ବହୁରାଷ୍ଟ୍ରୀୟ କଂପାନୀମାନେ ବିଶ୍ୱବ୍ୟାଙ୍କ ଏବଂ ବିଶ୍ୱବାଣିଜ୍ୟ ସଂଗଠନର ଚାପ ପକାନ୍ତି ଯେ ସରକାରମାନେ ଶିଳ୍ପ ଓ ବ୍ୟବସାୟ ଉପରେ ନୂଆ କର ନ ଲଗାନ୍ତୁ। ଯଦି ପଇସା ଦରକାର ବିଦେଶରୁ ଋଣ ନିଅନ୍ତୁ। କେବଳ କେନ୍ଦ୍ର ନୁହେଁ, ରାଜ୍ୟମାନେ ମଧ୍ୟ ବିଦେଶରୁ ଋଣ ସଂଗ୍ରହ କରନ୍ତୁ। ଋଣ ମିଳିବାର ସର୍ତ୍ତ ହେଲା ଯେ ଅର୍ଥର ବିନିଯୋଗ କିପରି ହେବ ତାହାର ପରାମର୍ଶ ସେମାନେ ଦେବେ। ଓଡ଼ିଶାର ଅଳ୍ପ ଲୋକ ଜାଣନ୍ତି, ଓଡ଼ିଶା ସରକାର ନୂଆ ଚାକିରି ସୃଷ୍ଟି ନ କରିବା ପାଇଁ ଓ ଅନେକ ପୁରୁଣା ଚାକିରି ଉଠାଇଦେବା ପାଇଁ ଚୁକ୍ତିବଦ୍ଧ ହୋଇଛନ୍ତି। ଗତ ଫେବୃୟାରୀ ମାସରେ ଗୋଟିଏ ବ୍ରିଟିଶ ସଂସ୍ଥା ସେମାନଙ୍କୁ ଯେଉଁସବୁ ନିର୍ଦ୍ଦେଶ ଦେଇଛନ୍ତି ସେଗୁଡ଼ିକ ଏହି ଚୁକ୍ତିରେ ଲିପିବଦ୍ଧ ଅଛି। ଅର୍ଥାଭାବରେ ଚାରିଆଡ଼େ ବିକାଶର କାର୍ଯ୍ୟ ବନ୍ଦ ହେଉଛି, ବେକାରୀ ଏବଂ ଦରିଦ୍ରମାନଙ୍କ ପାଇଁ ଯେଉଁ ରିହାତି (ସବ୍‌ସିଡି) ଯୋଜନା ଥିଲା ସେ ସବୁ ଉଠି ଯାଉଛି। ଅସୁରକ୍ଷାର ଏହି ବାୟୁମଣ୍ଡଳରେ ଅପରାଧ ଓ ହିଂସା ଆଉ କେବଳ ଅପରାଧ (କ୍ରାଇମ୍) ହୋଇନାହିଁ। ତାହା ଆତଙ୍କରାଜରେ ପରିଣତ ହୋଇଛି। ଗୋଟିକ ପରେ ଗୋଟିଏ ରାଜ୍ୟ ଆତଙ୍କରାଜର କବଳକୁ ଆସୁଛନ୍ତି। କାଶ୍ମୀର, ନାଗାଲାଣ୍ଡ, ଅଲ୍‌ଫାରୁ ଆରମ୍ଭ କରି ଆଭ୍ୟନ୍ତରୀଣ ଭାରତରେ ମଧ୍ୟ କ୍ଷେତ୍ର ପ୍ରସ୍ତୁତ ହେଲାଣି। ବିହାରରେ ଅପରାଧୀମାନେ ବିଧାୟକ ଏବଂ ମନ୍ତ୍ରୀ ହେଉଛନ୍ତି। ବିହାରର ସିୱାନ ଜିଲ୍ଲାରେ ଡକେଇତ ସର୍ଦ୍ଦାର ଶାହବୁଦ୍ଦିନଙ୍କର ସମାନ୍ତରାଳ ସରକାର ଚାଲିଛି, ତାଙ୍କର ହୁକୁମ କଲେକ୍ଟର ମାନୁଛନ୍ତି। ୧୭ଟି ହତ୍ୟା ମକଦ୍ଦମା ତାଙ୍କ ବିରୁଦ୍ଧରେ ଚାଲୁଥିଲେ ମଧ୍ୟ ସେ

ଜେଲ୍‌ରେ ନାହାନ୍ତି । ସେ ଲାଲ୍ ପ୍ରସାଦଙ୍କ ଦଳର ସାଂସଦ ହୋଇଛନ୍ତି । ହଜାରିବାଗ ଓ ଫାଲଗୁ ଜିଲ୍ଲାର ଅନେକ ନିର୍ବାଚନ ମଣ୍ଡଳୀରେ ଏମ୍.ସି.ସି.ର ଅନୁମତି ନ ନେଇ ଭୋଟ ଦେବା ଲୋକର ଆଙ୍ଗୁଳି କାଟି ଦିଆହେଉଛି । ଏବଂ ବୀରପନ୍ନ ! ବୀରପନ୍ନ ସାତଶହ ହାତୀଙ୍କୁ ମାରି ସେ ହାତୀଦାନ୍ତର ଅବୈଧ ବାଣିଜ୍ୟ କରି ଚାଲିଛନ୍ତି, ରାଜନୀତିର ଦୁର୍ବଳ ଅବସ୍ଥା ଦେଖି, ସେ ତାଙ୍କ ହୁକୁମରେ ରାଜନୈତିକ ସମସ୍ୟାମାନଙ୍କର ସମାଧାନ କରାଉଛନ୍ତି । ଦୁଇଟି ରାଜ୍ୟର ମୁଖ୍ୟମନ୍ତ୍ରୀ ତାଙ୍କ ଉପରେ ଥିବା ମକଦ୍ଦମା ଉଠାଇ ନେବାକୁ ରାଜି ହୋଇ ଗଲେଣି । ଏସବୁର ଉଦାହରଣ ଦେଖି ଦେଶର ସବୁ ରାଜ୍ୟ ଓ ଜିଲ୍ଲାମାନଙ୍କର ହିଂସ୍ରକ ଗୋଷ୍ଠୀମାନେ ରାଜନୈତିକ ହୋଇଯିବେ । ସେହି ଅଞ୍ଚଳରେ ରାଜନୈତିକ ଦଳ ଶାସନ କାର୍ଯ୍ୟ କରିପାରିବେ ନାହିଁ, ସେଇମାନେ କରିବେ । ରାଜନୈତିକ ଫାସିବାଦ ଆସିବ କି ନାହିଁ ଆମେ କହିପାରୁ ନାହୁଁ । ଔପନିବେଶିକ ପୁଞ୍ଜିବାଦ ଏବଂ ଜଗତୀକରଣ ମିଶି ଆଜି ସାରା ପୃଥିବୀରୀ, ସବୁ ମହାଦେଶର, ଗଣତାନ୍ତ୍ରିକ ତଥା ଅଗଣତାନ୍ତ୍ରିକ ଦେଶମାନଙ୍କରେ ଏହି ସାମାଜିକ ଫାସିବାଦ ଉପୁଜାଉଛନ୍ତି । ଅଧିକାଂଶ ଗୃହଯୁଦ୍ଧ ଏଥିରୁ ଉପୁଜିଛି । ଆଫ୍ରିକୀୟ ଦେଶମାନଙ୍କର ଗୃହଯୁଦ୍ଧ ଓ ପଡ଼ୋଶୀ ପଡ଼ୋଶୀ ଯୁଦ୍ଧ ପଛରେ ରହିଛି କେଉଁଠି ହୀରାର ଖଣି, କେଉଁଠି ହାତୀ ଦାନ୍ତ, ଆଉ କେଉଁଠି ପେଟ୍ରୋଲିୟମର ଭଣ୍ଡାର ଏବଂ ତା ଉପରେ ଲୋଲୁପ ଦୃଷ୍ଟି ପକାଉଥିବା ବହୁରାଷ୍ଟ୍ରୀୟ କଂପାନୀ । ନିଜ ଦେଶରେ ସଭ୍ୟ ଗଣତାନ୍ତ୍ରିକ ବୋଲାଉଥିବା ଏହି ଦେଶମାନେ ହେଉଛନ୍ତି ଆଜିର ଆନ୍ତର୍ଜାତିକ ଫାସିବାଦୀ ଶକ୍ତି ।

ଆଧୁନିକ ଗଣତନ୍ତ୍ରର ଏହି ଚାରିତ୍ରିକ ଦୋଷ ମୂଳରୁ ରହିଛି । ବ୍ରିଟେନ୍‌ର ପାର୍ଲିଆମେଣ୍ଟକୁ ଗଣତନ୍ତ୍ରର ଜନନୀ ବୋଲି କୁହାଯାଏ । ୧୯୪୭ ପୂର୍ବରୁ ଭାରତ ସେହି ବ୍ରିଟିଶ ରାଜ୍ୟର ଅନ୍ତର୍ଗତ ଥିଲା । ସେ ରାଜ୍ୟ ଏତେ ବଡ଼ ଥିଲା ଯେ ତାକୁ ସାମ୍ରାଜ୍ୟ ବୋଲି କୁହା ଯାଉଥିଲା । କିନ୍ତୁ ତାହାର ଗଣତନ୍ତ୍ର ସାମ୍ରାଜ୍ୟବ୍ୟାପୀ ନ ଥିଲା । ତାହାର ଏକ ଶତାଂଶ ଅଞ୍ଚଳରେ, ଯେଉଁଠି ଗୋରାମାନେ ରହୁଥିଲେ କେବଳ ସେଇଠି ଥିଲା ଗଣତନ୍ତ୍ର । ତାହାହେଲେ ଏକ ଅପ୍ରୀତିକର ଉପସଂହାରରେ ପହଞ୍ଚିବାକୁ ହେବ— ଆଧୁନିକ ପାଶ୍ଚାତ୍ୟ ଗଣତନ୍ତ୍ର ବିଶେଷାଧିକାରଯୁକ୍ତ ଗୋଷ୍ଠୀମାନଙ୍କ ପାଇଁ ଉଦ୍ଦିଷ୍ଟ । ଯେଉଁଠି ସମୃଦ୍ଧି ବହୁତ, ଏବଂ ଆର୍ଥିକ ସ୍ଥିରତା ସାଙ୍ଗରେ ସାଧାରଣ ନାଗରିକର ଆର୍ଥିକ ସୁରକ୍ଷାର ଗାରେଣ୍ଟି ରହୁଛି, ଗଣତାନ୍ତ୍ରିକ ଅଧିକାର ଗୁଡ଼ିକ ସେଇଠି ଚଳିପାରୁଛି ! ଅତି ସମୃଦ୍ଧିର ଏହି ଢାଞ୍ଚାରେ ଯେଉଁ ଗଣତନ୍ତ୍ର କଳ୍ପିତ ହୋଇଛି, ନିର୍ଦ୍ଧନ ଦେଶମାନଙ୍କରେ ତାହା ସ୍ଥାୟୀ ହୋଇ ରହିବ କିପରି ? ବିକାଶଶୀଳ ଦେଶଗୁଡ଼ିକର ଗଣତନ୍ତ୍ରରେ ଯେଉଁମାନେ ବିଧାୟକ ମନ୍ତ୍ରୀ ଆଦି ହୋଇ ଶାସକ ହେଉଛନ୍ତି ସେମାନଙ୍କର ଉପତ୍ତି ଦେଶର ଗରିବ

ମଧ୍ୟବିତ୍ତ ପରିବାରମାନଙ୍କରେ। ଥରେ ମନ୍ତ୍ରୀ ବିଧାୟକ ହେବା ପରେ ସେମାନେ ଯେଉଁ ସୁଖସୁବିଧାର ଅଧିକାରୀ ହେଉଛନ୍ତି, ସେଥିରୁ ବଞ୍ଚିତ ହେବା ପରେ ସେମାନଙ୍କର ପରିବାରମାନେ ଆର୍ଥିକ ଅସୁରକ୍ଷାର ସମୁଦ୍ରରେ ଭାସିଯିବେ। ତେଣୁ ସମୃଦ୍ଧ ଦେଶ ଅପେକ୍ଷା ଏହି ଦେଶମାନଙ୍କର ଜନପ୍ରତିନିଧିମାନେ ନିଜ ପାଇଁ ଅଧିକରୁ ଅଧିକ ବିଶେଷାଧିକାର ସୃଷ୍ଟି କରନ୍ତି। ବିଧାୟକ ହେବାପରେ ମଧ୍ୟ ଏକ ନିର୍ଦ୍ଦିଷ୍ଟ ଆୟ, ବାସଗୃହ, ରେଳଯାତ୍ରା ଇତ୍ୟାଦିର ସୁବିଧା କରି ନିଅନ୍ତି। ପୂର୍ବର ବିଶେଷାଧିକାରମାନଙ୍କୁ ସଂଶୋଧନ କରି ଆହୁରି ବେଶୀ କରି ନିଅନ୍ତି। ଏଥିରେ ଦଳମତ ନିର୍ବିଶେଷରେ ଏକାଠି ହୋଇ ଯାଆନ୍ତି। ସେମାନଙ୍କର ଏକ ଅଲଗା ସୁବିଧାପ୍ରାପ୍ତ ଗୋଷ୍ଠୀ ତିଆରି ହୋଇଯାଏ। ଶାସକ ହେବାର ଭାଗ୍ୟ କେତେକ ବଂଶ ଏବଂ ପରିବାର ମଧ୍ୟରେ ସୀମିତ ହୋଇଯାଏ। ନେହେରୁ ବଂଶରୁ ଲାଲୁ ବଂଶ ଓ ବିଜୁ ବଂଶ ପର୍ଯ୍ୟନ୍ତ। ଏହି କ୍ଲବ୍ ଭିତରେ ଦୁର୍ନୀତିର ଘଟଣା ହେଲେ ଜଣେ ଅନ୍ୟକୁ ସାହା ହୁଅନ୍ତି ଏବଂ ଘଟଣାଟିକୁ ଲୁଚାଇ ଦିଅନ୍ତି। ପୁଣି ଥରେ ଶାସକ ଗାଦିକୁ ଫେରି ଆସିବା ପାଇଁ ସେମାନେ ହିଂସା, ଅପରାଧ, ଲୁଟ୍ ସବୁ କରି ପାରନ୍ତି। ଏଇଥିରେ ସେମାନେ ଗୁଣ୍ଡାଦଳ ଓ ହିଂସ୍ରକ ଶକ୍ତିମାନଙ୍କର ସାହାଯ୍ୟ ନିଅନ୍ତି। ତାହାର ଖର୍ଚ୍ଚ ଜୁଟାଇବା ନିମନ୍ତେ ବହୁରାଷ୍ଟ୍ରୀୟ କଂପାନୀମାନେ ସେମାନଙ୍କୁ ସାହାଯ୍ୟ କରନ୍ତି। ସାଧାରଣ ସଚ୍ଚୋଟ ରାଜନୈତିକ କର୍ମୀ ନିର୍ବାଚନରେ ଠିଆ ହୋଇପାରେ ନାହିଁ। ଗଣତନ୍ତ୍ର ଗୁଣ୍ଡାମାନଙ୍କ ହାତରେ ବନ୍ଦୀ ହୋଇ ଧନଶକ୍ତିମାନଙ୍କର ଖେଳନା ହୁଏ।

■

ସ୍ରଷ୍ଟାର ସ୍ୱୀକାର

ଚନ୍ଦ୍ରଶେଖର ରଥ

ଆଦ୍ୟ ଆଷାଢ଼ରେ ମଣିଷକୁ ବୋଧହୁଏ ଗଛ ଭଳି ଲାଗେ। ଭିତରୁ ଗୋଟାଏ ପ୍ରକାର ତରଳ ଆଲୋଡ଼ନ ନୂଆ ପତ୍ର କଢ଼ ଓ ଫୁଲରେ ଉଛୁଳି ବୋହିଯିବା ପାଇଁ ଉତୁରିଆସେ। ମେଘ ସାଙ୍ଗେ ଦୋସ୍ତି କରି କଥା କହିବାକୁ ଇଚ୍ଛା ହୁଏ। କଦମ୍ବଭାରରେ ମନର ଡାଳସବୁ ନଇଁଯାଏ। ଟିକିଏ ଉଦାସ ମଧ୍ୟ ଲାଗେ; ଆନମନା ବସି ନଖରେ ଭୂଇଁ ଚରିବାକୁ ମନ ହୁଏ। ପ୍ରଥମ ବର୍ଷାର ଧାରାପାତରେ ଶୁଦ୍ଧସ୍ନାତା ପୃଥିବୀ ପରି ପ୍ରାଣର ଆବେଗ କେନ୍ଦ୍ରରେ ଉଚ୍ଚାଟ ଧରେ କିଛି ନୂତନର ସୃଜନ ପାଇଁ। ଶ୍ରାବଣର ଫେନାୟିତ ଆବେଗସ୍ରୋତକୁ ରୋଧରଖିବା ସମ୍ଭବ ନୁହେଁ। ତାକୁ ଧାର କାଟି ବାଟ ଦେଖେଇ ନ ଦେଲେ ମନପ୍ରାଣ ସବୁ ବନ୍ୟାରେ ବୁଡ଼ିଯିବ। ଅଗତ୍ୟା ସେଦିନ ଭାରି ଚିକ୍‌କଣ, ନରମ କଳାଭଅଁର ମାଟି କିଛି ଟେବୁଲଉପରେ ରଖି ବସିଗଲି। ବାହାରେ ମେଘ ନଇଁଆସିଥାଏ।

କେନ୍ଦ୍ରୀଭୂତ ଇଚ୍ଛାଶକ୍ତି ନେଇ ମୁଁ ବସିଲି ନିର୍ମାତାର ଆସନରେ। ଛନ୍ଦହୀନ ବିଶୃଙ୍ଖଳ ମେଞ୍ଚାଏ ବସ୍ତୁକୁ ମୁଁ ରୂପ ଦେବି, ତା'ର ରୂପହୀନ ପିଣ୍ଡରେ ସୁକୁମାର ଛନ୍ଦ ଆଣିଦେବି, ତାର ନିରବ ତନ୍ତ୍ରୀରେ ମୂର୍ଚ୍ଛନା ଆଣିଦେବି। ସେ ସମୟଟା ମୁଁ ଯେ ବିଶେଷ କିଛି ଚିନ୍ତା କରୁଥିଲି ତା ନୁହେଁ; ବରଂ ଗୋଟାଏ ତନ୍ମୟ-ବିଭୋର ଭାବ ନେଇ ମୁଁ ବସିଥାଏ। କୌଣସି ମାନସିକ ପ୍ରକ୍ରିୟା ପରିବର୍ତ୍ତେ କେମିତି ଗୋଟାଏ ଉଚ୍ଛୁଳିଲା ଭଳି ଅନୁଭୂତି ଆସୁଥାଏ। ସେଇଟା ଠିକ୍ ଆନନ୍ଦ ବୋଧହୁଏ ନୁହେଁ, କାହିଁକି ନା ମୁଁ ଅନୁଭବ କରୁଥାଏ ମୋର ସଂକଳ୍ପର ଦୃଢ଼ତା ଏବଂ ଗହୀରିଆ ଗୋଟାଏ ଅସ୍ଥିରତା ଓ ପୀଡ଼ା। ମିଠା ଖଟା ମିଶି ବଡ଼ ବିଚିତ୍ର ଅନୁଭୂତି।

ସେତେବେଳେ ସେଇ ମାଟିଗୁଳାଟିର ବିନିମୟରେ ମୋତେ ଯାହା କିଛି ଯାଚିଥିଲେ ମୁଁ ନେଇ ନ ଥାନ୍ତି। ତା' ଭିତରେ ମୋର ଅସଂଖ୍ୟ ସ୍ୱପ୍ନ ଲହଡ଼ି ମାରୁଥିବା ମୁଁ ଦେଖୁଥାଏ। କିଛି ଗୋଟାଏ ହେବାର ଅସୀମ ସମ୍ଭାବନା ତାକୁ ପ୍ରକୃତିର ଉଦାରତା ଦେଇଥାଏ। ସେ ପୁରୁଷକୁ ଆହ୍ୱାନ କରୁଥାଏ ତା'ର ଅରୂପ ଇଚ୍ଛାଶକ୍ତିକୁ ପ୍ରକାଶ କରିବାକୁ, ରୂପାୟିତ କରିବାକୁ। ସେ ସମୟରେ କେବଳ ଏକ ପ୍ରଗାଢ଼ ମୋହ ମୁଁ ଅନୁଭବ କରୁଥାଏ। ନରମ, ଚିକ୍‌କଣ, କାକର ମାଟିପିଣ୍ଡଟି ପ୍ରତି ମୋର ମମତା ଅଗାଧ। ମୋ ଶରୀରରୁ ଉତ୍ତାପ କ୍ରମଶଃ ତା ଭିତରକୁ କ୍ଷରିତ ହୋଇଯିବାର ମୁଁ ଅନୁଭବ କଲି। ପ୍ରଗାଢ଼ ସାନ୍ନିଧ ହେତୁରୁ ମୋର ହୃତ୍‌ପିଣ୍ଡର ସ୍ପନ୍ଦନ ତାକୁ ଦୋହଲାଇ ଦେବାର ମଧ୍ୟ ଅନୁଭବ କଲି। କିନ୍ତୁ କୌଣସି ମୁହୂର୍ତ୍ତରେ ବୋଧହୁଏ ସେଇ ମୌଳିକ ବ୍ୟବଧାନଟିକୁ ମୁଁ ଭୁଲି ପାରିଲି ନାହିଁ—ମୋର ଖୁବ୍ ଆଦରର ମାଟିପିଣ୍ଡଟି, କିନ୍ତୁ ମୁଁ ତା'ଠାରୁ ଭିନ୍ନ !

କିଛି ସମୟ ପାଇଁ ଟେବୁଲ ଉପରେ ତାକୁ ମୁଁ ବିଭିନ୍ନ ଦିଗରୁ ଚାହିଁଲି। ଅଗଣିତ ତରଳ ସମ୍ଭାବନାର ଛାଇ ପରି ଆଭାସ ତା' ଉପରେ ଭାସିବୁଲିବାର ମୁଁ ଦେଖିଲି। କ୍ରମଶଃ ଏ ସ୍ୱପ୍ନର କୁହୁଡ଼ି ଉପରେ ହିଁ ମୋର ଦୃଷ୍ଟି ଆବଦ୍ଧ ରହିଗଲା। ମୋ ସମ୍ମୁଖରେ ସେ ମାଟିପିଣ୍ଡଟିକୁ ମୁଁ ଆଉ ଦେଖିପାରୁ ନ ଥିଲି। ତା' ସାଙ୍ଗେ ସାଙ୍ଗେ ମୋର ଶରୀର ମଧ୍ୟ କ୍ରମେ ଅବଶ, ନିଷ୍ପ୍ରାଣ ହେବାକୁ ଲାଗିଲା। ଦୃଷ୍ଟିହୀନ ଆଖିରେ ମୁଁ କେବଳ ଶୂନ୍ୟକୁ ଅନାଇଁ ରହିଥାଏ। ମୃତପ୍ରାୟ ଶରୀରରୁ ମୋର ସୂକ୍ଷ୍ମ ପୁରୁଷ ସତେବା ଉଦ୍‌ଗତ ହୋଇ ଭାସିଆସିଛି ଏବଂ ସେଇ ସ୍ୱପ୍ନର କୁହୁଡ଼ିରେ ପହଁରିବୁଲୁଛି। ସହସ୍ରାଧିକ ଗୋପାଙ୍ଗନା ସହିତ ଏ ରାସବିହାର ଭିତରେ କେବଳ କେଉଁଠି ଚମ୍ପାର ଗନ୍ଧ, ଚିକୁରର ସ୍ପର୍ଶ ବା ଆଲିଙ୍ଗନର ଇଙ୍ଗିତ ମାତ୍ର ଅନୁଭବ କରୁଛି। ସଂପର୍କରେ କେଉଁଠି ହେଲେ ନିବଡ଼ତା ନାହିଁ। ପ୍ରତ୍ୟେକ ତରଙ୍ଗରୁ ଆହ୍ୱାନ ଆସୁଛି, ପ୍ରତ୍ୟେକ ଥର ମିଳନର ଉତ୍କଣ୍ଠା ଓ ଆଗ୍ରହ ଜାଗ୍ରତ ହେଉଛି; କିନ୍ତୁ କିଛି ହେବା ପୂର୍ବରୁ ରୂପର ଛାୟା, ଲାବଣ୍ୟର ତରଙ୍ଗ, ସ୍ମୃତିର ଗନ୍ଧ ସବୁ ଶୂନ୍ୟରେ ମିଳେଇଯାଉଛି ! ପୁଣି ଦୁର୍ବାର ଆହ୍ୱାନ, ପୁଣି ମିଳନର ଚେଷ୍ଟା। ଏପରି ଅର୍ବୁଦ ଲୁଚକାଳି ଖେଳ ଭିତରେ ଘନୀଭୂତ ଆଲୋକ ଏକ ଅପୂର୍ବ ରୂପ ନେଇ ଠିଆହେଲା। ରୂପରେଖର ସେତେ ଆଉ ଅସ୍ଥିରତା ନାହିଁ, ସୁକୁମାର ଚନ୍ଦ୍ରିକାରେ ରେଶମୀ ଢେଉ ପରି ସାମାନ୍ୟ ମୃଦୁ କମ୍ପନ ସୂଚନା ଦେଉଛି ଯେ ଏ ମଧ୍ୟ ସେଇ ସ୍ୱପ୍ନର ରୂପାନ୍ତର। କିନ୍ତୁ ଏହାର ସ୍ଥିର ଆହ୍ୱାନ ସ୍ଥିର ଲାବଣ୍ୟ ଅନୁପେକ୍ଷ। ମୁଁ ଏହି ରଜୁକଟୀ, ନିର୍ମଳ ହସ ଓ ସମ୍ମୋହିନୀ ଆଶ୍ଳେଷରେ ଲୀନ ହୋଇଗଲି; ଚିବୁକ, ଅଧର, କପୋଳ, ଗ୍ରୀବା ଓ ବକ୍ଷର କୋମଳ ଉଷ୍ଣତା ଭକ୍ତିରେ ମୁଁ ନିଜକୁ ହରାଇଦେଲି;

ଚିକୁରଦାମର ସ୍ନିଗ୍ଧତା ଏବଂ ଜଘନର ମୃଦୁ୍ୟ ଶିହରଣ ମୋତେ ସଂପୂର୍ଣ୍ଣ ଅଭିଭୂତ କରିଦେଲା। ମୁଁ ଅନ୍ୟ ଏକ ରାଜ୍ୟରେ ସୌନ୍ଦର୍ଯ୍ୟର ମଦିରା ଆକଣ୍ଠ ପାନ କରିଗଲି। ବିଭୋରତାର ଏକ ଉଚ୍ଚତର ପର୍ଯ୍ୟାୟ, କଳ୍ପନାର ଏକ ସୂକ୍ଷ୍ମ ବ୍ୟାପ୍ତି। କିଛି ସମୟ ପରେ ସ୍ୱତଃ ମୁଁ ମୋର ଅସ୍ତିତ୍ୱ ଫେରିପାଇଲି ଏବଂ କ୍ରମେ ଶରୀର-ଜଗତ୍‌କୁ ଫେରିଆସିଲି। ଶିଥିଳିତ ଶ୍ୱାସକ୍ରିୟା ପୁନର୍ବାର ସ୍ୱାଭାବିକ ଗତିରେ ଚାଲିଲା ଏବଂ ମୁଁ ଦେଖିଲି ସେଇ ମାଟି ମେଞ୍ଚାଟି ପୂର୍ବପରି ଅପେକ୍ଷା କରି ରହିଛି।

ମାନସକ୍ଷେତ୍ରର ଚତୁଷ୍କୋଣ ଆଚ୍ଛାଦିତ କରି ସୁଷମାର ଝୀନ ତନ୍ତୁ ପ୍ରସାରିତ ହୋଇ ରହିଥାଏ। ସ୍ମୃତିର ବିଳାସ ଏକ ମହାଭୋଗୀର ଆଳସ୍ୟ ଓ ଶ୍ରମକୁଣ୍ଠା ଆଣିଦେଇଥାଏ। ବଡ଼ ସନ୍ତର୍ପଣରେ କିନ୍ତୁ ଇଚ୍ଛାଶକ୍ତି ଗୁପ୍ତ ମନ୍ତ୍ରଣା ଦେଲା ସେ ମାନସ ସ୍ୱର୍ଗର ସୁରସୁନ୍ଦରୀକୁ ମୃଣ୍ମୟୀ ବନ୍ଦିନୀ କରାଯାଉ। ଏହି ଉଦ୍ଦେଶ୍ୟରେ ଯେତେବେଳେ ମୁଁ ପୁଣି ସ୍ମୃତିରାଜ୍ୟକୁ ଫେରିଯାଏ, ସ୍ୱପ୍ନର ପ୍ରତିମା ଚଞ୍ଚଳ ହୋଇ ଉଠିଛି। କୌଣସି ଅଙ୍ଗକୁ ନିରେଖି ଚାହିଁଲେ ଅବଚେତନାର ସହସ୍ର ସ୍ମୃତି ସେଥିରେ ଜଡ଼ିତ ରହିଛି। ମୋହିନୀମୂର୍ତ୍ତି ଛବିଳ ଶରତ୍ ସଂଧ୍ୟା ପରି ଦେଖୁ ଦେଖୁ ନୂଆ ନୂଆ ରୂପରେ ପ୍ରତିଭାତ ହେଉଛି। ରୂପର ଏକକତ୍ୱ ଆଉ ନାହିଁ। ଏହା କେବଳ ମାନସିକ ଐଶ୍ୱର୍ଯ୍ୟ ରୂପେ ହିଁ ରହିଯିବ। ତାକୁ ବସ୍ତୁଜଗତ୍‌କୁ ଆଣିବା ପୁଷ୍ପର ସୌରଭକୁ ମୂର୍ତ୍ତ କରିବାଠାରୁ ଆହୁରି ଅସମ୍ଭବ। କାଶହାସୀ ଅପରୂପ ଭଙ୍ଗୀରେ ମୋର ଦ୍ରବୀଭୂତ ପ୍ରାଣକୁ ଚଞ୍ଚଳ କରି ତୋଳୁଛି, ସହାନୁଭୂତିଶୀଳ ପ୍ରେରଣା ଯୋଗାଉଛି। ଏହାର ଫଳସ୍ୱରୂପ ଯେଉଁ ସଚେତନତା ଆସୁଛି ତା' ଭିତରେ ଏକ ବେଦନା ମୁଁ ଅନୁଭବ କରୁଛି। ପରିହାସମୟୀ ମୋ'ରି ଆଶ୍ଳେଷ ଭିତରେ ହିଁ ମିଳେଇଯାଉଛି। ପାଇବା ହରେଇବାର ଯୁଗପତ୍ ହର୍ଷ ବିଷାଦ ଦ୍ୱନ୍ଦ୍ୱ ସୃଷ୍ଟି କରୁଛି। ବେଳକୁ ବେଳ ମାନସୀ ପ୍ରତିମା ଅଧିକରୁ ଅଧିକତର ଲାବଣ୍ୟମୟୀ, ଅଧିକରୁ ଅଧିକ କୁତୂକିନୀ ହୋଇ ମୋତେ ଅବଶ କରିପକାଉଛି। ଇଚ୍ଛା ମଧ୍ୟ ସେହିପରି ତେଜିଉଠୁଛି ତାକୁ ନିଜର କରିନେବାକୁ, ଧରି ରଖିବାକୁ। ବେଦନା ଆହୁରି ତୀବ୍ରତର ହୋଇଆସୁଛି। ଏହି ଅବସ୍ଥାରେ ସ୍ଥିର କଲି ଯେ ସଂଯତ ହୋଇ ଲକ୍ଷ୍ୟ କଲେ ହୁଏତ ତାର କୌଣସି ଗୋଟାଏ ଶିଥିଳ ମୁହୂର୍ତ୍ତକୁ ଆୟତ୍ତ କରିହେବ। ତା' ପାଇଁ ପ୍ରସ୍ତୁତ ହୋଇ ଛଳନାମୟୀର ସଂଧାନ କଲି; କିନ୍ତୁ ସ୍ଥିର ଉଦ୍ଦେଶ୍ୟ ତା ସାଙ୍ଗରେ ମାଟିର ଗୋଟିଏ ଖୋପ ନେଇ ସେଇଠି ପହଞ୍ଚିଥାଏ, ବିଚ୍ଛୁରିତ ଲାବଣ୍ୟ ସମୁଦ୍ରକୁ ସଂକଳିତ କରି ତା' ଭିତରେ ସମାହିତ କରିବ। ଅପେକ୍ଷା କରି ରହିଲି, ପ୍ରଣୟୀର ଆଶା ନୁହେଁ; ବରଂ ଲୁବ୍‌ଧକର ଉତ୍କଣ୍ଠା ନେଇ। ଯୁଗ ବିତିଗଲା ପରି ବୋଧହେଲା।

ପରିଶେଷରେ କରୁଣାର କ୍ଷୀଣ ଧାରା ପରି ସୁଷମାର ଏକ କମ୍ର ରେଖା ନଇଁଆସିଲା ମାନସୀର ଏକ ସୂକ୍ଷ୍ମ ପ୍ରକାଶ । ମୃତ୍ତିକା ସୌରଭରେ ପରିଣତ ହେଲା । ପୁଣି ଘନୀଭୂତ ହୋଇ ରୂପ ନେଲା ଅପୂର୍ବ ବଣର ତରଙ୍ଗ, ଅସଂଖ୍ୟ ବର୍ଣ୍ଣର କ୍ଷିପ୍ତ କୁଣ୍ଡଳୀ ତରଳ ଇନ୍ଦ୍ରଧନୁର ରଙ୍ଗ ନେଲା । ପରିଶେଷରେ ଦୀପ୍ତିମାନ୍ ସ୍ୱର୍ଣ୍ଣାଭ ଏକ ଅପରୂପ ଛନ୍ଦ; ଏକ ନୃତ୍ୟରତା ଗନ୍ଧର୍ବୀର ଲାସ୍ୟ । ବିଜୁଳିର ଚମକ ପରି ମୁଁ ସେଥିରେ ମୁହୂର୍ତ୍ତକ ପାଇଁ ଦେଖିବାକୁ ପାଇଲି ମୋହିନୀର ମୃଣାଳ ବାହୁ ଏବଂ ରଜତଶୁଭ୍ର ହାସ୍ୟଛଟା; କିନ୍ତୁ ପରମୁହୂର୍ତ୍ତରେ ଦେଖିଲି ମୃତ୍ତିକାର ସଦ୍ୟଜାତ ମୂର୍ତ୍ତିଟିଏ । ଇନ୍ଦ୍ରନୀଳର ସାଗରରେ ସୁବର୍ଣ୍ଣର ତରଣୀ, ହୀରକର ଆହୁଲା, ସବୁ ଯେମିତି ମୋଠାରୁ ଦୂରେଇ ଦୂରେଇ ଭାସିଗଲା । କଳ୍ପନାସୁନ୍ଦରୀ ସହିତ ମୋର କ୍ଷଣିକ ମିଳନ ପରେ ମୃତ୍ତିକାର ଏ ଶିଶୁଟି ସତେ ବା ବ୍ୟବଧାନ ସୃଷ୍ଟି କଲା । ଦିଗ୍‌ବଳୟରୁ ଦୃଷ୍ଟି ଫେରାଇଆଣି ମୁଁ ସେଇ ଅପ୍‌ସରା-ସନ୍ତାନକୁ ଚାହିଁଲି । ମମତାର ଡୋର ଭିଡ଼ିଧରିଲା । ଆଦରରେ ତାକୁ ଗ୍ରହଣ କଲି, ତା'ର ପିତୃତ୍ୱ ସ୍ୱୀକାର କଲି । ସଂକୁଚିତ ସୂଚ୍ୟଗ୍ର ଚେତନା ପ୍ରସାରିତ ହୋଇ ଇନ୍ଦ୍ରିୟର ଉପକୂଳ ପର୍ଯ୍ୟନ୍ତ ଲହଡ଼ି ମାରିଗଲା । ଦେଖିଲି ସେହି ମାଟିମେଞ୍ଚାଟି ଅପରିବର୍ତ୍ତିତ ଭାବରେ ଅପେକ୍ଷା କରି ରହିଛି ।

ମନ ଭିତରେ କଳ୍ପନାର ଶିଶୁ; ଆଖି ଆଗରେ ସ୍ଥୂଳ ମାଧ୍ୟମ । ହାତରେ ଖଣ୍ଡିଏ ସରୁ କରଣି । ମାଟିର ଧର୍ମ ଓ ହାତର ଦକ୍ଷତା ଉପରେ ଚେଷ୍ଟା ଚାଲିଲା ମନର ଗାର ଉପରେ ମାଟିର ଗାର ମିଶାଇଦେବାକୁ । ଖୁବ୍ ମନୋଯୋଗ ଦେଇ କାଟିଗଲି, ଗଢ଼ିଗଲି ସତେ ବା ଅଭିଶପ୍ତ ଅହଲ୍ୟାକୁ ପାଷାଣକାରାରୁ ମୁକ୍ତି ଦେଉଛୁ । ବଡ଼ ମନ୍ଥର ଗତିରେ ମାଟି ରୂପ ନେଉଥାଏ, ଅନବଦ୍ୟ ଆନନ୍ଦ ଝରିଆସୁଥାଏ ରୂପର ଉନ୍ମେଷରୁ । କିନ୍ତୁ କଟୀତଟରେ ଝୀନ ପରିଧେୟର ସୂକ୍ଷ୍ମରେଖା ଦେଲାବେଳେ ମୁଁ ଅନୁମାନ କଲି ସତେ ଯେପରି ମୃତ୍ତିକା ଅବାଧ ହୋଇଉଠୁଛି । ତାର ବିକାଶଧାରା ମୋର କଳ୍ପନାର ସ୍ରୋତ ସହିତ ଏକମୁଖିନୀ ହେଉନାହିଁ । ମୃତ୍ତିକାର ଧର୍ମ ଏବଂ ସ୍ରଷ୍ଟାର ପାରଗତା ତାକୁ ଏକ ଅପ୍ରତ୍ୟାଶିତ ଦିଗରେ ରୂପାୟିତ କରୁଛନ୍ତି । ଗ୍ରୀବାର ଭଙ୍ଗୀ, ନର୍ତ୍ତିନୀର ମୁଦ୍ରା, ଚାହାଣିର ତାରଲ୍ୟ ଦେଖି ମନେହେଲା ଯେପରି ଆଉ ଆଦୌ ରୂପ ନେବେ ନାହିଁ । ପ୍ରକାଶ କରିବାର ସ୍ୱାଭାବିକ ଧର୍ମ କିନ୍ତୁ ପ୍ରୟାସରୁ ବିରତ ହେଉ ନ ଥାଏ । ଧ୍ରୁବତାରାକୁ ଲକ୍ଷ୍ୟ ରଖି ଗତି କଲେ ଏଇ କ୍ଷୁଦ୍ର ପୃଥିବୀଟିର ବକ୍ଷରେ ଅନ୍ତତଃ ଯେପରି ରେଖାପାତ ହୁଏ, ସେହିପରି କଳ୍ପନାର ସୁଷମା ପ୍ରାଚୁର୍ଯ୍ୟକୁ ସମ୍ମୁଖରେ ରଖି ତା'ର ସାମାନ୍ୟ ଆଭାସ ମାତ୍ର ମୁଁ ପ୍ରକାଶ କରିବା ସମ୍ଭବ ବୋଧ କରୁଥିଲି । ସୃଜନର ସୂକ୍ଷ୍ମ ତୀବ୍ର ବେଦନା ଆନନ୍ଦର ରୂପାନ୍ତର ମାତ୍ର । ପ୍ରକୃତରେ ତାହା ବୋଧହୁଏ ବେଦନା ଏବଂ ଆନନ୍ଦର ଯୋଗବିନ୍ଦୁ,

ଯେଉଁଠି ଅନୁଭୂତିର ଆଉ ପରିଚୟ ବା ପରିଭାଷା ନାହିଁ; ଯେଉଁଠି ଖୁବ୍ ଗହୀରରେ ପାର୍ଥକ୍ୟର ବିଲୟ ହୋଇଯାଇଛି।

ଯା ଭିତରେ ପରିଚିତ ଭଦ୍ରଲୋକଟି ସଶବ୍ଦ ଘର ଭିତରକୁ ପଶିଆସିଲେ। ସ୍ୱପ୍ନୋତ୍‌ଥିତବତ୍ କୌଣସି ପ୍ରକାର ଶିଷ୍ଟାଚାର ରକ୍ଷା କଲି। ସେ ବିଭିନ୍ନ ଦିଗରୁ ଥରେ ଦୁଇଥର ମୂର୍ତ୍ତିଟିକୁ ଚାହିଁ କହିଲେ, "ଆଚ୍ଛା! ହେଲା ଯେ, ହାତଗୁଡ଼ାକରୁ ଅନେକ ମାଟି ଉଠିଯିବ। ଆଉ ଯଦି କଟୀରୁ ବାଁ ଆଡ଼କୁ ଦେହଟା ବଙ୍କେଇଯାଏ, ଖୁବ୍ ସୁନ୍ଦର ଦିଶିବ। ମୁଣ୍ଡଟାକୁ ଡାହାଣ ଆଡ଼କୁ ମୋଡ଼ି ଦେଖନ୍ତୁ ନା, କିପରି ଚମତ୍କାର ଦିଶୁଚି!" ଏହା କହି ମୁଁ କିଛି ଭାବିବା କିମ୍ବା କହିବା ପୂର୍ବରୁ ସେ ମୋଡ଼ିଦେଲେ। ମୁଁ ଚିତ୍କାର କରି ଉଠିଥାନ୍ତି, "କିଏ ଏ ବର୍ବର! ଅଯାଚିତ ଭାବରେ ଅନଧିକାର ଦୁର୍ବ୍ୟବହାର କରିବାର ଅଧିକାର ଏ ମୂର୍ଖ ପାଇଲା କେଉଁଠୁ! ଯନ୍ତ୍ରଣା କିନ୍ତୁ ପ୍ରକାଶ ପାଇପାରିଲା ନାହିଁ। ତାଙ୍କୁ ଡାକରା ହେବାରୁ ସେ ବାହାରକୁ ଚାଲିଗଲେ। ବହୁ କଷ୍ଟରେ କ୍ରୋଧର ବିସ୍ଫୋରଣକୁ ସଂଯତ ରଖି ଭାବିଲି- "ଏ ହିଁ ତ କଳାର ଗ୍ରାହକ, କଳାକାରର ପୃଷ୍ଠପୋଷକ, ଭୋଜରାଜାଙ୍କର ପ୍ରପତୀ!— କଳା ବ୍ୟବସାୟର ଲକ୍ଷ୍ୟ ଏମାନଙ୍କର ସ୍ଥୂଳ ରୁଚିକୁ ସନ୍ତୁଷ୍ଟ କରିବା। ଏଇମାନେ କଳାର ବିଚାରକ, ନିନ୍ଦୁକ, ଘାତକ!... ଦୁର୍ବଳ କଳାକାରଟିକୁ ନେଇ ଏମାନେ ମନଇଚ୍ଛା ଖେଳିଯାନ୍ତି! କିନ୍ତୁ କଳା ଓ କଳାକାର ପରା କାଳଜୟୀ?"

ବିକ୍ଷୁବ୍ଧ ମନ ନେଇ ଆଉ ସ୍ଥିର ବସି ହେଲା ନାହିଁ। ପ୍ରବଳ ଝଡ଼ବତାସରେ ସତେ ବା ସମଗ୍ର ଉଦ୍ୟାନ ଉଜୁଡ଼ିଯାଇଛି। କ୍ଷତବିକ୍ଷତ ମନ ରକ୍ତସ୍ରାବରେ ଝାଉଁଳିପଡ଼ିଛି। ବଡ଼ ଶାନ୍ତ, ଦୁର୍ବଳ ବୋଧକରୁଥିଲି। ଥକା ମାରି ବସିବାପରେ କିଛି ସମୟ ମଣିଷର ମୂର୍ଖତା ପାଇଁ ଅଶ୍ରୁପାତ କଲି, କ୍ଷମା ପ୍ରାର୍ଥନା କଲି।

ମୋର ଅଜାଣତରେ ପୁଣି ସୃଷ୍ଟିର ଉଜାଣି କେତେବେଳେ ମୋତେ ଭସେଇ ନେଇଗଲା। ମୁଁ ପୁଣି ମାଟିପିଣ୍ଡକୁ ରୂପଦେବାରେ ମନ ଲଗେଇଲି। ମନେହେଲା ତାକୁ ରୂପଦେବା ଯେପରି ମୋର ସ୍ୱାଭାବିକ ଧର୍ମ, ପ୍ରକାଶିତ ହେବା ସେପରି ତାର ଅନିବାର୍ଯ୍ୟ ଅଧିକାର। ସୃଜନର ପୀଡ଼ା ଉପଭୋଗ କରୁ କରୁ ମୋତେ ବୋଧହେଲା ଯେମିତି ଇଚ୍ଛାଶକ୍ତି ମୋର ହୋଇ ଆଉ ନାହିଁ; ବରଂ ପ୍ରାଣବନ୍ତ ମୂର୍ତ୍ତିଟି ମୋତେ ନିର୍ଦ୍ଦେଶ ଦେଉଛି, ମୋତେ ବାଧ୍ୟ କରୁଛି ଇଙ୍ଗିତରେ, ନୀରବ ଭର୍ତ୍ସନାରେ, ମାନିନୀ ପ୍ରେମିକାର ଅଭିମାନରେ। ମୁକୁରର ପ୍ରତିବିମ୍ବ ଯେପରି ତରଳ ପ୍ରାଣବନ୍ତ ହୋଇ ପ୍ରସାଧନରତା ତରୁଣୀକୁ ଇଙ୍ଗିତ ଦିଏ ଏବଂ ତାକୁ ରୁଚିସମ୍ମତ ପରପାଟୀରେ ସଜ୍ଜିତ କରିବା ଯେପରି ତା'ର କର୍ତ୍ତବ୍ୟ ହୋଇଉଠେ, ସେପରି ମୂର୍ତ୍ତିଟି ମୋର ମାନସୀ ମେନାର ପ୍ରତିବିମ୍ବ; ତାକୁ ରୂପଦେବା ମୋର ଏକାନ୍ତ ଧର୍ମ।

ଗଠନର ତନ୍ମୟତା ଭିତରେ ମୁଁ ସ୍ପଷ୍ଟ ଅନୁଭବ କଲି ଯେ ମୋ ଭିତରେ ଏବଂ ବାହାରେ ଏକ ମୂର୍ଚ୍ଛନା ଧ୍ୱନିତ ଓ ପ୍ରତିଧ୍ୱନିତ ହୋଇ ଖେଳିବୁଲୁଛି। କେତେବେଳେ ତାହା ସ୍ତମ୍ଭିତ ଚକିତ ଚନ୍ଦ୍ରିକାର ରଜତଜାଲରେ ସ୍ୱପ୍ନାବିଷ୍ଟ ଭାସିଆସୁଥିବା ସୁଦୂର ବଂଶୀତାନ, କେତେବେଳେ ବା ନିସ୍ତବ୍ଧ ରଜନୀରେ କୋହଭରା କୋକବିଳାପ, ଆଉ କେତେବେଳେ ବା ପଞ୍ଚମୀ ଜହ୍ନର ଆଲୁଅରେ ସ୍ନିଗ୍ଧା ଗିରିତଟିନୀର କୁଳୁଧ୍ୱନି। ନୀରବତାର ସାଗରବେଳାରେ ଯକ୍ଷିଣୀର ଅଶରୀରୀ ଆତ୍ମା ଯେପରି ମୃଦୁ ମଧୁର ଗୁଞ୍ଜରିତ ହୋଇ ଭାସିଯାଉଛି। ସେ ମୂର୍ଚ୍ଛନାରେ ଅଛି ଅନୁନୟ, କାରୁଣ୍ୟ ଏକ ଅଭିମାନମିଶା ଦୟାଭିକ୍ଷା, ସ୍ପଷ୍ଟ ଏକ ପ୍ରାର୍ଥନାଭରା ଇଙ୍ଗିତ। ମୂର୍ଚ୍ଛନାର ତରଙ୍ଗ, ମୂର୍ତ୍ତିର ରେଖା, କଳ୍ପନାର କମ୍ପନ ସବୁ ଏକାକାର ହୋଇଯାଇଚି।

ସୃଷ୍ଟି ମୋର ବାଙ୍ମୟୀ! ସ୍ରଷ୍ଟା ପାଖରେ ତାର କି ନିର୍ଦ୍ୱନ୍ଦ୍ୱ ଆତ୍ମସମର୍ପଣ କି ଅଗାଧ ବିଶ୍ୱାସ, କି ଭକ୍ତିବିନମ୍ର ସମ୍ମାନ!—ଏବଂ ତାର ଭିତରେ ସ୍ରଷ୍ଟା ତଲ୍ଲୀନ, କ୍ଷମାଶୀଳ, ଉଦାର—ସ୍ନେହ, ବାତ୍ସଲ୍ୟ-ମମତାର ପ୍ଲାବନରେ ବୁଡ଼ୁବୁଡ଼ୁ।

ଆୟୁଷ୍ମତୀ ସୌମ୍ୟା ସୃଷ୍ଟି ମୋ ସମ୍ମୁଖରେ ଲଜ୍ଜା-ବିନମ୍ର। ଠିଆ ହୋଇଥାଏ। ପ୍ରାଣରେ ମୋର ପୂର୍ଣ୍ଣତା ପ୍ଲାବନ ଆଶୀର୍ବାଦର ଧାରାରୂପେ ଝରିଆସୁଥାଏ। ଆନନ୍ଦ, ବିସ୍ମୟ ଓ ସମ୍ମାନର ସହିତ ମୁଁ ଚାହିଁରହିଲି। ସୃଷ୍ଟିର ପ୍ରତ୍ୟେକ କେନ୍ଦ୍ରରେ ଜୀବନର ସ୍ଫୁରଣ ଚେତନାର ତରଙ୍ଗ ଖେଳିଯାଉଛି। ମନେ ହେଲା, ସୃଷ୍ଟି କୃତଜ୍ଞତାରେ ମୋର ଜୟଗାନ କରୁଛି। ସେହି ଗାନର ଏକ ସ୍ୱାତନ୍ତ୍ର୍ୟ ଅଛି, ଏକ କ୍ରମବର୍ଦ୍ଧନଶୀଳ ଗାମ୍ଭୀର୍ଯ୍ୟ, ଗୁରୁତାର ଏକ ମାତ୍ରାରୋହଣ। କ୍ରମଶଃ ତାହା ଦୂର ସ୍ତନିତର ଗୁରୁନିନାଦ ପରି ପ୍ରତୀୟମାନ ହେଉଛି। ସୃଷ୍ଟି ତାର ମୃଦୁ ଶିହରଣରେ ପ୍ରତିଧ୍ୱନି କରୁଛି, ଲାସ୍ୟମୟୀ ଚଞ୍ଚଳ ହୋଇଉଠୁଛି! ତା'ପରେ କିନ୍ତୁ ଏ କି ପ୍ରଚଣ୍ଡ ଘୂର୍ଣ୍ଣନ। ମନ୍ଦ୍ର ନିନାଦ ଗମ୍ଭୀରତର ଏବଂ ନର୍ତ୍ତନ ତୀବ୍ରତର, ଦ୍ରୁତତର ହୋଇ ଶେଷରେ ଶବ୍ଦର ତରଙ୍ଗରେ ସ୍ପଷ୍ଟ ବିଭାଜିତ ବିକୀର୍ଣ୍ଣ ହୋଇପଡ଼ିଲା। ମନେହେଲା ଲକ୍ଷ ଲକ୍ଷ ଜ୍ୟୋତିରିଙ୍ଗଣ ଯେପରି ମହାବେଗରେ ବିଚ୍ଛୁରିତ ହୋଇପଡୁଛନ୍ତି। ବ୍ୟାପ୍ତି-ବିସ୍ଫୋରଣର ପ୍ରଖର ବ୍ୟାପ୍ତି ବିସ୍ମୟବିମୂଢ଼ କରି ଦେଉଛି। ଏଇ ଆଲୋକବିନ୍ଦୁ ଗୁଡ଼ିକ ଗୋଟିଏ ଗୋଟିଏ ଜ୍ୟୋତିଷ୍କ ରୂପେ ଭାସିଯାଉଛନ୍ତି। ମହାକାଶର ବିରାଟ ଏ ରୂପ, ଅକଳନୀୟ ମହାନତାର ବିଶ୍ୱରୂପ! ମହାସଙ୍ଗୀତର ଶବ୍ଦ ଆଉ ଶ୍ରୁତିଗୋଚର ନୁହେଁ। କେବଳ ଗ୍ରହତାରାର ଘୂର୍ଣ୍ଣନ ଓ ଅସୀମ ବ୍ୟାପ୍ତିର ଅଦୃଶ୍ୟ କମ୍ପନରେହିଁ ତାହା ବ୍ୟକ୍ତ ହେଉଛି।

ସୃଷ୍ଟି ନିଜେ ବିସ୍ମିତା; ନିଜର ବିକାଶରେ ନିଜେ ପରାହିତା, ନିଜ ଜଟିଳତାରେ ନିଜେ ନିଜେ ଜଡ଼ିତା! ବୋଧହୁଏ ଧ୍ୟାନମଗ୍ନା ତପସ୍ୱାରିଣୀ ସୃଷ୍ଟିଚେତନାର ମୂଳ ଉତ୍ସ

ଜାଣିପାରୁ ନାହିଁ; ବିସ୍ମୟ-ବିମୂଢ଼ ହୋଇ ଜଡ଼ବତ୍ ନିଶ୍ଚେଷ୍ଟ ଘୂରିଚାଲିଛି। ସ୍ରଷ୍ଟା ଗଭୀର ଶ୍ରଦ୍ଧା ଓ ସମ୍ମାନରେ ଅପେକ୍ଷା କରି ରହିଛି। ନିଜର ପରିଚୟର ଚମକରେ ସେ ସୃଷ୍ଟିକୁ ସ୍ତବ୍ଧ ଚକିତା କରିବାକୁ ଚାହେଁନା। ଯୋଗନିଦ୍ରାର ସମାପ୍ତି ପରେ ଅବଶ୍ୟ ସେ ଦିନେ ତା'ର ସ୍ରଷ୍ଟାକୁ ଆଖି ମେଲି ଦେଖିବ। ହୋଇପାରେ ଅନନ୍ତ ନିଦ୍ରା ଏ ସୃଷ୍ଟିର ଏବଂ ଚିରଜାଗ୍ରତ ଏ ସ୍ରଷ୍ଟା—ଉଭୟେ ଚିରପ୍ରତୀକ୍ଷମାଣ।

■

ସାହିତ୍ୟରେ କ୍ଲାସିସିଜିମ୍

କୃଷ୍ଣଚରଣ ବେହେରା

ସାଂସ୍କୃତିକ ଇତିହାସରେ ପରିକଳ୍ପିତ ଭଗବାନ୍, ଅଲ୍ଲା ବା ଗଡ୍ ବୋଧହୁଏ ସବୁଠାରୁ ବଳି କ୍ଲାସିକ୍ ଓ କ୍ଲାସିକାଲ୍। କାରଣ ସେ ଚିରନ୍ତନ, ସୁପ୍ରତିଷ୍ଠିତ, ସୁନିର୍ଦ୍ଦିଷ୍ଟ, ଐତିହାସିକ, ପୂର୍ଣ୍ଣତାପ୍ରାପ୍ତ ଓ ଉଚ୍ଚକୋଟୀର ବୋଲି ସାଧାରଣତଃ ବିବେଚିତ ହୋଇଥାଆନ୍ତି। ସର୍ବବ୍ୟାପୀ ସେ—କ୍ଲାସିକାଲ୍ ସାହିତ୍ୟ ଭଳି ସମସ୍ତ ଗ୍ରାହକ-ଭକ୍ତଙ୍କ ହୃଦୟରେ ବିଦ୍ୟମାନ। ସେ ସତ୍ୟ-ଶିବ-ସୁନ୍ଦର; କ୍ଲାସିକାଲ୍ ସାହିତ୍ୟ ତ ତାହାରି ଜୟଗାନ କରିଥାଏ ! ଭଗବାନଙ୍କର ବିଭିନ୍ନ ନାମ ନାମାନ୍ତର ରହିଛି। ସେହିପରି କ୍ଲାସିକାଲ୍ ସାହିତ୍ୟକୁ ଆମେ କେତେ ନାମ ନଦେଇଛୁଁ ! କେହି ଏହାର ନାମ ଦେଇଛନ୍ତି 'ଶାସ୍ତ୍ରୀୟ', ଆଉ କେହି କହିଛନ୍ତି 'ଧ୍ରୁପଦୀ'। କେହି ଏହାକୁ 'ଉଚ୍ଚାଙ୍ଗ' ଓ 'ବିଧିବଦ୍ଧ ସାହିତ୍ୟ' ବୋଲି କହିଛନ୍ତି ତ, ଆଉ କେହି 'ବୈଧୀସାହିତ୍ୟ' ଅଭିଧାରେ ଚିହ୍ନିତ କରିଛନ୍ତି। ଏ ସବୁ ନାମ କ୍ଲାସିସିଜିମ୍‌ର ଗୋଟିଏ ଗୋଟିଏ ଦିଗ ବା ବିଭାବ ଉଦ୍ଭାସିତ କରୁଛି ସତ, କିନ୍ତୁ କ୍ଲାସିସିଜିମ୍‌ର ପୂର୍ଣ୍ଣାଙ୍ଗ ରୂପ ଆମ ଆଗରେ ଥୋଇପାରୁ ନାହିଁ। ତେଣୁ ମୋର ବିନୀତି ମତରେ—କ୍ଲାସିସିଜିମ୍ କଥାଟି ବିଦେଶୀ ହେଲେ ବି ତାକୁ ଆମ ଭାଷାରେ ଗ୍ରହଣ କରିନେବା ଉଚିତ। ବହୁ ବିଦେଶୀ ଶବ୍ଦ ଆମର ଭାଷା-ଭଣ୍ଡାରରେ ଗୃହୀତ ହୋଇ ଭଣ୍ଡାରର ପାଗ ଠିକ୍ ରହିଥିଲାବେଳେ, ଏହାଦ୍ୱାରା ହାଣ୍ଡି ମାରା ହେବାର କୌଣସି କାରଣ ନାହିଁ।

ଐତହାସିକତା:

କ୍ଲାସିକାଲ୍ ସାହିତ୍ୟର ସ୍ୱରୂପ-ପ୍ରକୃତି ଓ ଆଭିମୁଖ୍ୟ ବିଚାର ପୂର୍ବରୁ ତାହାର ଐତହାସିକତା ବିଷୟରେ ଆମକୁ ଟିକିଏ ଅବହିତ ହେବାକୁ ପଡ଼ିବ। ଖ୍ରୀଷ୍ଟୀୟ ଦ୍ୱିତୀୟ

ଶତାବ୍ଦୀରେ ଅଉଲସ୍ ଗେଲିଅସ୍ ନାମକ ଜଣେ ସୁପରିଚିତ ରୋମାନ୍ ବ୍ୟାକରଣକାର 'ସ୍କ୍ରିପଟ୍‌ର କ୍ଲାସିକସ୍' (Scriptor Classicus) ଲାଟିନ୍ କଥାଟି ପ୍ରଥମେ ବ୍ୟବହାର କରନ୍ତି। କଥାଟିକୁ ଗେଲିଅସ୍ ସାହେବ 'ସ୍କ୍ରିପଟ୍‌ର ପ୍ରଲିଟେରିଅସ୍' (Scriptor Proletarius) ବିପକ୍ଷରେ ବ୍ୟବହାର କରିଥିଲେ। ଶିକ୍ଷିତ ମାର୍ଜିତ ବ୍ୟକ୍ତିଙ୍କ ପାଇଁ ସାହିତ୍ୟ ଏବଂ ଇତର ଜନତା ପାଇଁ ସାହିତ୍ୟ ଧାରଣା ଏଇଠାରୁ ଆରମ୍ଭହେଲା। ଶିକ୍ଷାନୁଷ୍ଠାନର ଶ୍ରେଣୀ ବା କ୍ଲାସ୍‌ରେ ସେତେବେଳେ ଯାହା ପଢ଼ାଶୁଣା କରାଯାଉଥିଲା, ତାହାହିଁ ଥିଲା କ୍ଲାସିକାଲ୍ ସାହିତ୍ୟ—ପ୍ରଚଳିତ ଏହି କଥାଟି ବୋଧହୁଏ ଠିକ୍ ନୁହେଁ। ଇଉରୋପୀୟ ରେନେସାଁ ପର୍ଯ୍ୟନ୍ତ କିନ୍ତୁ କଥାଟି ଏହି ଅର୍ଥରେ ପ୍ରଚଳିତ ଥିଲା। ରେନେସାଁ କାଳରେ ପ୍ରାଚୀନ ଗ୍ରୀକ୍ ଓ ରୋମାନ୍ (ଲଟିନ୍) ସାହିତ୍ୟର କେବଳ ଉତ୍କୃଷ୍ଟ କୃତିଗୁଡ଼ିକୁ ପଠନଯୋଗ୍ୟ ଉଚ୍ଚକୋଟୀର ସାହିତ୍ୟ (କ୍ଲାସିକ) ବୋଲି ମନେକରାଗଲା। ସେହି ସମୟରୁ ହିଁ ପ୍ରାଚୀନ ଗ୍ରୀକ୍ ଓ ରୋମାନ୍ ସାହିତ୍ୟ କ୍ଲାସିକ୍ ରଚନା ବା କ୍ଲାସିକାଲ୍ ସାହିତ୍ୟ ବୋଲି ଧରଣା ପ୍ରବର୍ତ୍ତିତ ହୋଇ ରହିଛି। ଖ୍ରୀଷ୍ଟପୂର୍ବ ଅଷ୍ଟମ ଶତାବ୍ଦୀର ଗ୍ରୀକ୍ କବି ହୋମର୍‌ଙ୍କଠାରୁ ଖ୍ରୀଷ୍ଟୀୟ ପ୍ରଥମ ଶତାବ୍ଦୀର ରୋମାନ୍ କବି ଜୁଭେନାଲ୍‌ଙ୍କ ପର୍ଯ୍ୟନ୍ତ ସାହିତ୍ୟ ସ୍ରଷ୍ଟାଙ୍କର ଉଚ୍ଚକୋଟୀର କୃତି ସମୂହ ଏହାର ଅନ୍ତର୍ଭୁକ୍ତ। ଏହି ଧାରାରେ ଭାରତର ପ୍ରାଚୀନ ସଂସ୍କୃତ ସାହିତ୍ୟ, ପ୍ରାଚୀନ ଚୀନା ସାହିତ୍ୟ ପ୍ରଭୃତି ମଧ୍ୟ କ୍ଲାସିକାଲ୍ ସାହିତ୍ୟ ନାମରେ ଅବହିତ ହେଉଛି।

ଏଥି ସହିତ ଭାଷାଗତ ଶ୍ରେଣୀ-ବିଭାଗ ପ୍ରଶ୍ନଟି ମଧ୍ୟ ଜଡ଼ିତ। କ୍ଲାସିକାଲ୍ ସାହିତ୍ୟ ପ୍ରାଚୀନ ଗ୍ରୀକ୍, ଲାଟିନ୍, ସଂସ୍କୃତ ଆଦି ଭାଷାରେ ସୃଷ୍ଟି ହିଁ ହୋଇପାରେ—ଭର୍ଣ୍ଣାକୁଲର୍ ବା ସାଧାରଣ ଜନତାର ଭାଷା ସେଥିପାଇଁ ଅନୁପଯୋଗୀ, ଏପରି ଏକ ମତ ପୂର୍ବରୁ ପ୍ରଚଳିତ ଥିଲା। କିନ୍ତୁ କାଳକ୍ରମେ ଦେଖାଗଲା—ଗ୍ରୀକ୍-ଲାଟିନ ସାହିତ୍ୟ ଭିତ୍ତିରେ ଭର୍ଣ୍ଣାକୁଲାର୍ ବା ସାଧାରଣ ଜନତାର ଭାଷାରେ ମଧ୍ୟ କ୍ଲାସିକାଲ୍ ସାହିତ୍ୟ ସୃଷ୍ଟି ହୋଇପାରେ। ଫରାସୀ, ଇଂରାଜୀ, ଜର୍ମାନୀ ଆଦି ପୃଥିବୀର ବିଭିନ୍ନ ଭାଷାରେ ତାହା ସମ୍ଭବ ହୋଇଛି। ଇଟାଲୀୟ ଭାଷାରେ ରଚିତ କବି ଦାନ୍ତେଙ୍କର 'ଦି ଡିଭାଇନ୍ କମେଡି' (୧୩୦୦-୨୧) ଏବଂ ଇଂରାଜୀ ଭାଷାରେ ଲେଖା କବି ମିଲ୍‌ଟନ୍‌ଙ୍କର 'ପାରାଡାଇଜ୍ ଲଷ୍ଟ' (୧୬୬୭) ଏହାର ପ୍ରକୃଷ୍ଟ ଉଦାହରଣ। ତେଣୁ କ୍ଲାସିକାଲ୍ ସାହିତ୍ୟ ବିଚାରରେ ଭାଷାଭେଦର ଆରୋପ କାଳକ୍ରମେ ଅପ୍ରଚଳିତ ହୋଇଗଲା। ଅର୍ଥାତ୍ ସାହିତ୍ୟକୃତିଟି କେବଳ ଗ୍ରୀକ୍, ଲାଟିନ୍, ସଂସ୍କୃତ ଆଦି ଭାଷାରେ ରଚିତ ହୋଇଥିଲେ, ତାହା ଯେ କ୍ଲାସିକାଲ୍ ସାହିତ୍ୟ ପଦବାଚ୍ୟ ହେବ—ଏପରି ଧାରଣା ପରିବର୍ତ୍ତିତ ହୋଇଗଲା।

ଇଉରୋପୀୟ ରେନେସାଁ ପରେ—ବିଶେଷତଃ ସପ୍ତଦଶ ଓ ଅଷ୍ଟାଦଶ ଶତାବ୍ଦୀରେ ପ୍ରାଚୀନ ଗ୍ରୀକ୍ ଓ ରୋମାନ୍ (ଲାଟିନ୍) ସାହିତ୍ୟର ଆତ୍ମିକ ଓ ଆଙ୍ଗିକ ଅନୁସରଣରେ ଇଂରାଜୀ, ଫରାସୀ, ଜର୍ମାନୀ, ସ୍ପେନୀୟ ଆଦି ଭାଷାରେ ଯେଉଁ ସାହିତ୍ୟ ସୃଷ୍ଟି ହୋଇଥିଲା, ତା ମଧ୍ୟ କ୍ଲାସିକାଲ୍ ସାହିତ୍ୟ ନାମରେ ଅଭିହିତ ହୋଇଥାଏ। ପ୍ରାଚୀନ ଗ୍ରୀକ୍ ଓ ଲାଟିନ୍ ଭାଷାର କ୍ଲାସିକାଲ୍ ସାହିତ୍ୟଠାରୁ ଏହାର ସ୍ୱାତନ୍ତ୍ୟ ସୂଚାଇବା ପାଇଁ ସମାଲୋଚକମାନେ 'ନବ୍ୟକ୍ଲାସିକାଲ୍' (Neo Classical) ସାହିତ୍ୟ ନାମରେ ଏହାକୁ ଚିହ୍ନିତ କରିଥାଆନ୍ତି। ଏପିକ୍, ଟ୍ରାଜେଡି, କମେଡି, ଓଡ୍, ଏଲିଜି, ସେଟାୟାର୍ ଆଦି ପ୍ରାଚୀନ ଗ୍ରୀକ୍ ଓ ଲାଟିନ୍ ସାହିତ୍ୟଶୈଳୀ ଅନୁସରଣରେ ସେହି ସମୟରେ ସାଧାରଣତଃ ଇଉରୋପୀୟ ସାହିତ୍ୟ ରଚିତ ହୋଇଥିଲା। ଇଂରାଜୀ ସାହିତ୍ୟରେ ଜନ୍ ଡ୍ରାଇଡେନ୍ (୧୬୩୧-୧୭୦୦), ଆଲେକଜାଣ୍ଡର୍ ପୋପ୍ (୧୬୮୮-୧୭୪୪), ସାମୁଏଲ୍ ଜନସନ୍ (୧୭୦୯-୮୪) ପ୍ରମୁଖ ଏହି ନବ୍ୟ କ୍ଲାସିକାଲ୍ କାଳର ସାହିତ୍ୟ ସ୍ରଷ୍ଟା।

ଊନବିଂଶ ଶତାବ୍ଦୀ ପ୍ରଥମ ଭାଗରେ ଇଉରୋପୀୟ ସାହିତ୍ୟରେ ରୋମାଣ୍ଟିସିଜିମ୍‌ର ପ୍ରବର୍ତ୍ତନ ପରେ କ୍ଲାସିକାଲ୍ ଭାବଧାରାର ରୂପ ସ୍ପଷ୍ଟତର ହୋଇଉଠିଥିଲା। ରୋମାଣ୍ଟିସିଜିମ୍‌ର ଏକ ପ୍ରକାର ବିପରୀତଧର୍ମୀ ବିବେଚିତ ହେବାରୁ କ୍ଲାସିସିଜିମ୍‌କୁ ଭଲ ଭାବରେ ବୁଝିବା ପାଇଁ ସୁବିଧା ହେଲା। ରୋମାଣ୍ଟିକ୍ ନନ୍ଦନତତ୍ତ୍ୱ ପ୍ରକାଶ କଲା—ବଡ଼ ପ୍ରାଚୀନ କବି-ଲେଖକଙ୍କ ସାହିତ୍ୟ କୃତିର ଅନୁକରଣରେ କିମ୍ବା ସେଗୁଡ଼ିକର ସାଙ୍ଗୀକରଣରେ ସାହିତ୍ୟ ସୃଷ୍ଟି ହେବ କାହିଁକି ? ସକଳ ପ୍ରକାର ଶିଳ୍ପକଳା ଏକ ସ୍ୱାଧୀନ ପ୍ରଶାସିତ କ୍ରିୟା—ଏକ ପ୍ରକାର ମୌଳିକ ସୃଷ୍ଟି। ସଂସ୍କାରମୁକ୍ତ ହୋଇ ନିୟମ ନିଗଡ଼ରୁ ମୁକୁଳି ରୋମାଣ୍ଟିକ୍ କବି-ଲେଖକମାନେ ଆତ୍ମନିଷ୍ଠ ଭାବରେ ଯେତେବେଳେ ସାହିତ୍ୟ ସୃଷ୍ଟିର 'ଜଙ୍ଗଲି ରାସ୍ତା'ରେ ଚାଲିଲେ, କ୍ଲାସିକାଲ୍ ସାହିତ୍ୟର 'ରାଜପଥ' ସେତେବେଳେ ନିଜର ସକଳ ଐଶ୍ୱର୍ଯ୍ୟ ଘେନି ପ୍ରତିଭାତ ହେଲା। ଜଙ୍ଗଲି ରାସ୍ତାର ବିପରୀତରେ ରାଜପଥର ଉପଯୋଗିତା ଆମେ ହୃଦୟଙ୍ଗମ କଲୁଁ। କ୍ଲାସିସିଜିମ୍ ଯେ ଆମ ଜୀବନର ଏକ ଦୃଷ୍ଟିଭଙ୍ଗୀ—ଆମ ଧ୍ୟାନ-ଧାରଣାର ଏକ ବିଶିଷ୍ଟ ବିଭାବ, ସେ ବିଷୟରେ ସଚେତନ ହେଲୁଁ। ସେଥିପାଇଁ ବୋଧହୁଏ ବିଖ୍ୟାତ ଇଟାଲୀୟ ଦାର୍ଶନିକ ଓ ନନ୍ଦନତତ୍ତ୍ୱବିତ୍ ବେନେଡ଼ିଟୋକ୍ରୋଚେ (୧୮୨୬-୧୯୫୨) ମୁକ୍ତ କଣ୍ଠରେ ଘୋଷଣା କରି ପାରିଲେ—ଜଣେ ବଡ଼ କବି ଉଭୟେ କ୍ଲାସିକ୍ ଓ ରୋମାଣ୍ଟିକ୍।

ସ୍ୱରୂପ-ପ୍ରକୃତି :

ଖ୍ରୀଷ୍ଟପୂର୍ବ ଯୁଗରୁ ବିଂଶ ଶତାବ୍ଦୀ ପର୍ଯ୍ୟନ୍ତ ସାହିତ୍ୟ-ସଂସ୍କୃତି କ୍ଷେତ୍ରରେ କ୍ଲାସିସିଜିମ୍‌ର ଏହି ଦୀର୍ଘକାଳୀନ ଜୟଯାତ୍ରାରୁ ଆମେ ଜାଣୁଛୁ ଯେ, ଏହାର କେତେ ରୂପ-ରୂପାନ୍ତର

ଘଟିଛି । ପ୍ରଥମତଃ ଶିକ୍ଷିତ ସମ୍ଭ୍ରାନ୍ତ ଶ୍ରେଣୀର ଲୋକଙ୍କ ପାଇଁ ରଚିତ ସାହିତ୍ୟକୁ କ୍ଲାସିକାଲ୍ ବୋଲି ଅଭିହିତ କରାଯାଇଥିଲା । କ୍ଲାସିକାଲ୍ ସାହିତ୍ୟର ଏହି ଅର୍ଥଟି ଏବେ ତାତ୍ପର୍ଯ୍ୟ ହରାଇଛି ଏବଂ ସାହିତ୍ୟାଲୋଚନା କ୍ଷେତ୍ରରୁ ଅପସୃତ ହୋଇଛି । ଦ୍ୱିତୀୟରେ ପ୍ରାଚୀନ ଗ୍ରୀକ୍ ଓ ରୋମାନ୍ ସାହିତ୍ୟର ଉଚ୍ଚକୋଟୀର ସୃଷ୍ଟିକୁ କ୍ଲାସିକାଲ୍ ସାହିତ୍ୟ ନାମରେ ଚିହ୍ନିତ କରାଯାଇଛି । ସେହି ସାହିତ୍ୟ ଅନୁସରଣରେ ଖ୍ରୀଷ୍ଟୀୟ ସପ୍ତଦଶ-ଅଷ୍ଟାଦଶ ଶତାବ୍ଦୀରେ ରଚିତ ଇଉପୀୟ ସାହିତ୍ୟକୁ ମଧ୍ୟ 'କ୍ଲାସିକାଲ୍ ସାହିତ୍ୟ' ବୋଲାଯାଉଛି । ଐତିହାସିକ ବିଚାରରେ ଏହି ମତ ଏବେ ସୁଦ୍ଧା ପ୍ରଚଳିତ ରହିଛି । ତୃତୀୟତଃ ପ୍ରାଚୀନ ହେଉ ବା ଆଧୁନିକ ହେଉ, ଗ୍ରୀକ୍ ଓ ରୋମାନ୍ ସାହିତ୍ୟରୁ ଆହରଣ-ଅନୁସରଣ ହେଉ ବା ନହେଉ, ଯେଯକୌଣସି ଉଚ୍ଚାଙ୍ଗ, ପାଣ୍ଡିତ୍ୟ-ନିର୍ଭର, ବୁଦ୍ଧିଦୀପ୍ତ ତଥା ରସୋତ୍ତୀର୍ଣ୍ଣ ସାହିତ୍ୟସୃଷ୍ଟିକୁ କ୍ଲାସିକ୍ ବୋଲାଯାଉଛି । ଏହା ବରାବର ସଙ୍ଗତି, ଶୃଙ୍ଖଳା ଓ ସାମଞ୍ଜସ୍ୟର ହାତ ଧରି ଅଗ୍ରଗତି କରେ । ଏହି ଅର୍ଥରେ କ୍ଲାସିକାଲ୍ ସାହିତ୍ୟ କାଳଜୟୀ ଓ ଚିରନ୍ତନ । ଜାତି-ଦେଶ ନିର୍ବିଶେଷରେ ସର୍ବତ୍ର ଏହାର ଆବେଦନ । ଏବେ ଏହି ଅର୍ଥଟି ଚାରିଆଡ଼େ ଗୃହୀତ ହୋଇଥିବାର ଦେଖାଯାଏ ।

ତେଣୁ ଅଦ୍ୟାବଧି ପ୍ରଚଳିତ ଏହି ଦ୍ୱିତୀୟ ଓ ତୃତୀୟ ଅର୍ଥ ଭିତ୍ତିରେ ଆମେ କ୍ଲାସିକାଲ୍ ସାହିତ୍ୟର ସ୍ୱରୂପ-ପ୍ରକୃତି ବିଚାର କରିପାରିବା । କ୍ଲାସିକ୍ ଗ୍ରନ୍ଥ ବା କ୍ଲାସିକାଲ୍ ସାହିତ୍ୟ ସତ୍ୟ-ଶିବ-ସୁନ୍ଦରର ଭାବ ବହନ ପୂର୍ବକ ଗ୍ରାହକର ମନପ୍ରାଣକୁ ଉଚ୍ଚ ସ୍ତରକୁ ଉନ୍ନୀତ କରାଏ—ଚିତ୍ତବୃତ୍ତି ପରିମାର୍ଜିତ କରେ—ଜ୍ଞାନ ଓ ଅନୁଭୂତିର ଦିଗ୍‌ବଳୟ ସଂପ୍ରସାରିତ କରେ । ଅଖଣ୍ଡ ସାମଗ୍ରିକ ସୌନ୍ଦର୍ଯ୍ୟରେ ଏହା ଗ୍ରାହକକୁ ବିସ୍ମୟ ବିମୁଗ୍ଧ କରେ—ନାନ୍ଦନିକ ପୁଲକ ଦିଏ । ପ୍ରତ୍ୟେକ କ୍ଲାସିକ୍ ସୃଷ୍ଟି ମୂଳରେ ଆମେ ଏହି ଆଭିମୁଖ୍ୟ ଲକ୍ଷ୍ୟ କରିପାରିବା । ସୋଫୋକ୍ଲିସ୍‌ଙ୍କର 'ରାଜା ଇଡିପସ୍' କିମ୍ବା କାଳିଦାସଙ୍କର 'ଶକୁନ୍ତଳା' ନାଟକର ଅଭିନୟ ଦେଖିଲେ, ନତୁବା ହୋମର୍‌ଙ୍କ 'ଇଲିଆଡ୍' କିମ୍ବା ବାଲ୍ମୀକିଙ୍କ 'ରାମାୟଣ' କାବ୍ୟ ପାଠକଲେ—ଏପରିକି ଓଡ଼ିଆ ସାହିତ୍ୟର ଫକୀରମୋହନଙ୍କ 'ଛ'ମାଣ ଆଠଗୁଣ୍ଠ' ବା ସୁରେନ୍ଦ୍ର ମହାନ୍ତିଙ୍କ 'ନୀଳଶୈଳ' ଉପନ୍ୟାସ ପାଠକଲେ, ଆମେ ଯେପରି ଅପୂର୍ବ ପୁଲକ ଲାଭ କରୁ, ଆମର ଚିତ୍ତବୃତ୍ତି ସେହିପରି ଗୁରୁଗମ୍ଭୀର ମହିମାରେ ଉଦ୍ଦୀପିତ ହେବାର ଉପଲବ୍ଧି କରୁ । ଏହିସବୁ ସାହିତ୍ୟସୃଷ୍ଟି ଆମର ମନ-ପ୍ରାଣକୁ ନିମ୍ନମୁଖୀ କରେନାହିଁ—କୌଣସି ପ୍ରକାର କ୍ଷୁଦ୍ରତା, ସଙ୍କୀର୍ଣ୍ଣତା ଓ ଇତରତା ପ୍ରଶ୍ନ ପ୍ରଶୋଦିତ କରେ ନାହିଁ ।

(୧) କ୍ଲାସିକାଲ୍ ସାହିତ୍ୟ ସାଧାରଣତଃ ପୂର୍ଣ୍ଣତା, ଅଖଣ୍ଡତା ବା ସମଗ୍ରତାର ଚିତ୍ର ପ୍ରଦାନ କରେ । ଖଣ୍ଡିତ ବା ଆଂଶିକ ସୌନ୍ଦର୍ଯ୍ୟ କ୍ଲାସିକ୍ ସାହିତ୍ୟସ୍ରଷ୍ଟାଙ୍କୁ ଆକୃଷ୍ଟ

କରେନାହିଁ। କ୍ଲାସିକ୍ ସୃଷ୍ଟିରେ ଥିବା ପ୍ରତ୍ୟଙ୍ଗ ବା ଖଣ୍ଡିତାଂଶ, ଅଖଣ୍ଡତା ବା ସମଗ୍ରତା ମଧ୍ୟରେ ନିମଜ୍ଜିତ ହୋଇ ସଂହତ ଓ ସମଞ୍ଜସ ପରିଣତି ଆଣିବାରେ ସହାୟତା କରିଥାଏ। ଏହି କାରଣରୁ ଚଉପଦୀ ବା ଗୀତିକବିତା ଅଥବା କ୍ଷୁଦ୍ରଗଳ୍ପ ସାଧାରଣତଃ କ୍ଲାସିକାଲ୍ ସାହିତ୍ୟର ଅନ୍ତର୍ଭୁକ୍ତ ହୋଇପାରେ ନାହିଁ। ବଳରାମ ଦାସଙ୍କ 'କାନ୍ତକୋଇଲି'କୁ କ୍ଲାସିକ୍ ସାହିତ୍ୟ ନାମରେ ଅଭିହିତ କରିବା କଷ୍ଟକର। କିନ୍ତୁ ଉପେନ୍ଦ୍ର ଭଞ୍ଜଙ୍କ 'ବୈଦେହୀଶ ବିଳାସ' ସେହି ପଦବାଚ୍ୟ।

(୨) କ୍ଲାସିକ୍ ସାହିତ୍ୟ ମୁଖ୍ୟତଃ ବସ୍ତୁନିଷ୍ଠ। ଏଥିରେ ସ୍ରଷ୍ଟାଙ୍କର ଅହଂଭାବ ଓ ଆତ୍ମକୈନ୍ଦ୍ରିକତା ପ୍ରାୟ ପ୍ରକାଶ ପାଇନଥାଏ। ସବୁ ବିଷୟର ଦ୍ରଷ୍ଟା ବା ଜ୍ଞାତା ସଦୃଶ ସ୍ରଷ୍ଟା ନୈର୍ବ୍ୟକ୍ତିକ ଭାବରେ ବର୍ଣ୍ଣନା କରିଯାଆନ୍ତି। ତାଙ୍କର ଭାବୋଚ୍ଛ୍ୱାସ ଓ କଳ୍ପନା-ପ୍ରବଣତା କ୍ଲାସିକ୍ ରଚନାରେ କ୍ୱଚିତ୍ ପ୍ରକାଶ ପାଇଥାଏ; ବରଂ ତାଙ୍କର ପାଣ୍ଡିତ୍ୟ ଓ ବୌଦ୍ଧିକତା ଏଥିରେ ପ୍ରକଟିତ ହୋଇଥାଏ ବେଶି।

(୩) କ୍ଲାସିକ୍ ସାହିତ୍ୟ ନିର୍ଦ୍ଦିଷ୍ଟ ବିଧିବଦ୍ଧ ଓ ନିୟମାନୁଗ। ଐତିହ୍ୟ, ପରମ୍ପରାକୁ ଏହା ସମ୍ମାନ ଦିଏ। ଏହା ସାଧାରଣତଃ ଶାସ୍ତ୍ର-ଶାସନ ମାନି ଚଳିଥାଏ—ସାହିତ୍ୟ ବିଦ୍ୟାର ସୂତ୍ର ଧରି ଗତି କରିଥାଏ। ଏହାକୁ 'ରୀତିରାତ୍ମା' ବୋଇଲେ ଚଳେ। ସେଥିପାଇଁ ଅସ୍ପଷ୍ଟତା, ଅନିର୍ଦ୍ଦିଷ୍ଟତା ଏଥିରେ ପ୍ରାୟ ନଥାଏ।

(୪) ସାଧାରଣତଃ କ୍ଲାସିକାଲ୍ ସାହିତ୍ୟ ସବୁପ୍ରକାର ଲଘୁତା ଓ ଇତରତା ଏଡ଼ାଇ ଚାଲେ—ତୁଚ୍ଛତା ଓ ସଂକୀର୍ଣ୍ଣତା ପରିହାର କରେ। ଏକପ୍ରକାର ମାର୍ଜିତ ଓ ପ୍ରଶାନ୍ତ ସୌନ୍ଦର୍ଯ୍ୟ ଆମେ କ୍ଲାସିକ୍ ସୃଷ୍ଟିରେ ଲକ୍ଷ୍ୟ କରିଥାଉଁ। ତେଣୁ ଏହା ସବୁବେଳେ ଗୁରୁଗମ୍ଭୀର ଉଚ୍ଚାଙ୍ଗ ସୃଷ୍ଟି ରୂପେ ବିବେଚିତ ହୋଇଥାଏ।

(୫) ଗୁରୁଗମ୍ଭୀର ଉଚ୍ଚାଙ୍ଗ ସୃଷ୍ଟି ହୋଇଥିବାରୁ କ୍ଲାସିକାଲ୍ ସାହିତ୍ୟର ଗଠନ-ରୀତିରେ ସଙ୍ଗତି ଓ ସାମଞ୍ଜସ୍ୟ ଅନୁସୃତ ହୋଇଥାଏ—ଏହାର ପ୍ରକାଶଭଙ୍ଗୀରେ ସଂଯତ ଓ ଶୃଙ୍ଖଳା ଅବଲମ୍ବନ କରାଯାଇଥାଏ। ଏହାର ଭାଷା ଲଘୁ, ତରଳ ଓ ଗଦ୍‌ଗଦ ହେବା ପରିବର୍ତ୍ତେ ସାଧାରଣତଃ ମାର୍ଜିତ ଓ ଗରିଷ୍ଠ ହୋଇଥାଏ। ତେଣୁ ଏହା ବଳିଷ୍ଠ ଭାବର 'ସ୍ୱତଃସ୍ଫୂର୍ତ୍ତ କୂଳ ପ୍ଲାବନ' (ୱାର୍ଡସ୍‌ୱର୍ଥ) ନୁହେଁ, ବରଂ ତାହାର ଧୀରସ୍ଥିର, 'ସଂହତ ଓ ପରିପକ୍ୱ' (ଏଲିୟଟ୍) ପ୍ରକାଶ।

କ୍ଲାସିକାଲ୍ ସାହିତ୍ୟର ସ୍ଥାୟୀ ମୂଲ୍ୟ ବା ଚିରନ୍ତନତା ଦୃଷ୍ଟିରୁ ଯୁଗେ ଯୁଗେ ଏହାର ନବୀକରଣ ଲକ୍ଷ୍ୟ କରାଯାଏ। ଗୋଟିଏ ଗୋଟିଏ କ୍ଲାସିକ୍ ସୃଷ୍ଟିରୁ ଆହରଣ ଓ ଅନୁକରଣରେ ନୂଆ ନୂଆ ସାହିତ୍ୟ ରଚନା ସମ୍ଭବ ହୋଇଥାଏ। କ୍ଲାସିକ୍ ସାହିତ୍ୟର ନବୀକରଣ ଫଳରେ ସବୁବେଳେ ଯେ ସେହି କ୍ଲାସିକ୍ ରଚନା ଦେଖାଦେଇଥାଏ,

ତାହା ନୁହେଁ। ଲୋକସାହିତ୍ୟ, ଲୋକପ୍ରିୟ ସାହିତ୍ୟ ଓ ରୋମାଣ୍ଟିକ୍ ସାହିତ୍ୟ ମଧ୍ୟ ତାହା ଫଳରେ ସୃଷ୍ଟି ହେଉଥିବାର ଦେଖାଯାଏ। ବିଶ୍ୱର ବିଭିନ୍ନ ସାହିତ୍ୟରେ ଏହି ନବୀକରଣ ପ୍ରକ୍ରିୟା ଚାଲିଛି। ଆମ ଓଡ଼ିଆ ସାହିତ୍ୟରୁ ଏହାର ଏକ ଉଦାହରଣ ଦିଆଯାଉ। ବାଲ୍ମୀକିଙ୍କ ସଂସ୍କୃତ 'ରାମାୟଣ' ଅନୁସରଣରେ ବଳରାମ ଦାସ 'ଜଗମୋହନ ରାମାରାୟଣ' ଲେଖିଲେ, ପରେ ପରେ ଉପେନ୍ଦ୍ରଭଞ୍ଜ ରଚନା କଲେ 'ବୈଦେହୀଶ ବିଳାସ', ବିଶ୍ୱନାଥ ଖୁଣ୍ଟିଆ ଲେଖିଲେ 'ବିଚିତ୍ର ରାମାୟଣ', ଏପରିକି ଆଧୁନିକ ଯୁଗରେ ଗଙ୍ଗାଧର ମେହେର ରଚନା କଲେ 'ତପସ୍ୱିନୀ'। ଏହା ସଙ୍ଗେ ସଙ୍ଗେ ସେହି ରାମାୟଣର କଥାବସ୍ତୁ ଓ ଚରିତ୍ରଗୁଡ଼ିକ ଘେନି ଲେଖାହୋଇଛି ବହୁ ଛାନ୍ଦ, ଚଉପଦୀ, ଚଉତିଶା, ଭକ୍ତିଗୀତିକା, ନାଟକ ଓ ଗଳ୍ପ-ଉପନ୍ୟାସ। ଏବେ ପ୍ରକାଶ ପାଇଥିବା ସୁରେନ୍ଦ୍ରନାଥ ଶତପଥୀଙ୍କର 'ମନ୍ଥରା' ଉପନ୍ୟାସ ଏହି ପ୍ରସଙ୍ଗରେ ଉଲ୍ଲେଖନୀୟ।

ସଂପ୍ରତି କ୍ଲାସିକାଲ୍ ସାହିତ୍ୟ ସୃଷ୍ଟି ହେଉନାହିଁ—ସେପରି ସୃଷ୍ଟି ପାଇଁ ଅନୁକୂଳ ପରିସ୍ଥିତି ନାହିଁ—ଆମେ କ୍ଲାସିକ୍ ଦୃଷ୍ଟିଭଙ୍ଗୀ ହରାଇ ବସିଛୁ ଇତ୍ୟାଦି କେତେକ ସମୀକ୍ଷକଙ୍କ ତୁଣ୍ଡରୁ ଶୁଣାଯାଏ। କ୍ଲାସିକ୍ ସାହିତ୍ୟର ବାରମ୍ବାର ନବୀକରଣ ହେଉଥିବାବେଳେ, ପୁଣି 'ଇଉଲିସିସ୍', 'ୱେଷ୍ଟ୍‌ଲ୍ୟାଣ୍ଡ', 'ଅମୃତର ସନ୍ତାନ', 'ନୀଳଶୈଳ' ଭଳି ନୂଆ ନୂଆ କ୍ଲାସିକ୍ ସୃଷ୍ଟି ଚାଲିଥିଲାବେଳେ ଏପରି ଅଭିମତ ଯାଥାର୍ଥ୍ୟ କାହିଁ ? କ୍ଲାସିକ୍ ଦୃଷ୍ଟିଭଙ୍ଗୀ ଆମେ ପ୍ରକୃତରେ ହରାଇନାହୁଁ। ଆମର ବୃହତ୍ ଓ ମହାନ୍ ବିଷୟକ ଚେତନା ବରାବର ଜାଗରୁକ ରହିଛି—ସକଳ ପ୍ରକାର ସଙ୍ଗତି, ସଂଯମ ଓ ଶୃଙ୍ଖଳା ପ୍ରତି ଲକ୍ଷ୍ୟ ରହିଛି। ବର୍ତ୍ତମାନ ପୃଥିବୀର କେଉଁ କୋଣ-ଅନୁକୋଣରେ ଜିରାଟିଏ ଫୁଟିଲେ, ଆମ ଶିରା-ପ୍ରଶିରାରେ ତାହାର ପ୍ରତିକ୍ରିୟା ଖେଳି ଯାଉଛି। ତ୍ରିଭୁବନରେ ବିହାର କରି ସାରି ଆମେ ଏବେ ମହାକାଶ ପଥରେ ଗ୍ରହ-ଗ୍ରହାନ୍ତର ଯାତ୍ରା ପାଇଁ ପ୍ରସ୍ତୁତ ହେଲୁଣି। କ୍ଲାସିକାଲ୍ ଧ୍ୟାନ-ଧାରଣା ଆମ ଭିତରେ ବଦ୍ଧମୂଳ; ତାହା ହଜିଯିବାର ବା ନଷ୍ଟ ହେବାର ନୁହେଁ। ତେଣୁ ଯୁଗେ ଯୁଗେ ରୂପ-ରୂପାନ୍ତର ଘେନି କ୍ଲାସିକାଲ୍ ସାହିତ୍ୟ ସୃଷ୍ଟି ସମ୍ଭବିପାରେ।

ଏକଦା ସୁପରିଚିତ ଜର୍ମାନ୍ କବି ଓ ନାଟ୍ୟକାର ଗ୍ୟାଟେ (୧୭୪୯-୧୮୩୨) କ୍ଲାସିସିଜିମ୍ ଓ ରୋମାଣ୍ଟିସିଜିମ୍ ମଧ୍ୟରେ ତୁଳନା କରି କହିଥିଲେ—ରୋମାଣ୍ଟିସିଜିମ୍ ହେଉଛି ରୁଗ୍ଣତା, କ୍ଲାସିସିଜିମ୍ ସ୍ୱାସ୍ଥ୍ୟକାରିତା। ବିଚିତ୍ର କଥା ! ସ୍ୱୟଂ କବି ଗ୍ୟାଟେ ପୁଣି ପ୍ରଥମାବସ୍ଥାରେ ରୋମାଣ୍ଟିକ୍ ଭାବାତ୍ମକ 'ରୋକୋକୋ' (Rococo) ଶୈଳୀରେ ଲେଖିଥିଲେ ଏବଂ ଜର୍ମାନ୍‌ର ଏକ ଜଣାଶୁଣା ରୋମାଣ୍ଟିକ୍ ସାହିତ୍ୟ-କ୍ରାନ୍ତି 'ଷ୍ଟ୍ରର୍ମ୍ ଏଣ୍ଡ ଡ୍ରାଙ୍ଗ' (Sturm and Drang)ର ଥିଲେ କର୍ଣ୍ଣଧାର। ତାଙ୍କର କବି-ପ୍ରତିଭାକୁ ସମ୍ମାନ

ଜଣାଇବା ସଙ୍ଗେ ସଙ୍ଗେ ବୋଲିବାକୁ ହେଉଛି ଯେ—କ୍ଲାସିସିଜିମ୍ ସ୍ୱାସ୍ଥ୍ୟକାରିତା ହୋଇପାରେ, କିନ୍ତୁ ରୋମାଣ୍ଟାସିଜିମ୍ ରୁଗ୍ଣତା ହେବ କାହିଁକି ? କ୍ଲାସିସିଜିମ୍ ଓ ରୋମାଣ୍ଟିସିଜିମ୍ ଉଭୟେ କେବଳ ଗୋଟିଏ ଗୋଟିଏ ସାହିତ୍ୟ-କ୍ରାନ୍ତି ନୁହେଁ; ଦୁଇଟିଯାକ ଆମ ଜୀବନର ଏକ ଏକ ଦୃଷ୍ଟିଭଙ୍ଗୀ—ଆମ ଚେତନାର ଗୋଟିଏ ଗୋଟିଏ ବିଭାବ। ଆମେ ଯେପରି ଜୀବନରୁ ଯୌବନ ଓ ପ୍ରୌଢ଼ତା କାହାରିକୁ ବାଦ୍‌ଦେଇ ପାରିବୁ ନାହିଁ; ସେହିପରି ରୋମାଣ୍ଟିକ୍ ଓ କ୍ଲାସିକ୍ ଦୃଷ୍ଟିକୋଣ କୌଣସିଟିକୁ ଦୂର କରିପାରିବୁ ନାହିଁ। ତେଣୁ ରୋମାଣ୍ଟିସିଜିମ୍ ରୁଗ୍ଣତା ନୁହେଁ; ଋଦ୍ଧିମତୀ ରୂପମାଧୁରୀ। ଗୋଟିଏ ସାର୍ଥକ ସାହିତ୍ୟ-ସୃଷ୍ଟିରେ ଉଭୟେ ରୋମାଣ୍ଟିକ୍ ଓ କ୍ଲାସିକ୍ ଦୃଷ୍ଟିଭଙ୍ଗୀ ଊଣାଅଧିକେ ସ୍ଥାନ ପାଇପାରେ। ସୁସ୍ଥ ସ୍ୱାଭାବିକ, ମଣିଷଠାରେ ଯେପରି ବିଚାର-ବୁଦ୍ଧି, ସଂଯମ ଓ ନିୟମନିଷ୍ଠତା ସହିତ ଭାବାବେଗ, ହୃଦୟୋଚ୍ଛ୍ୱାସ ଓ କଳ୍ପନାପ୍ରବଣତାର ସମନ୍ୱୟ ଘଟିଥାଏ, ଉତ୍କୃଷ୍ଟ ସାହିତ୍ୟ-ସୃଷ୍ଟିରେ ସେହିପରି କ୍ଲାସିକ୍ ଓ ରୋମାଣ୍ଟିକ୍ ଭାବଧାରାର ସମବାୟ ସ୍ଥାପିତ ହୋଇଥାଏ। ଗୋଟିଏ ଦୃଷ୍ଟିଭଙ୍ଗୀ ଅନ୍ୟଠାରୁ ଗୁରୁତ୍ୱ ବା ପ୍ରାଧାନ୍ୟ ଲାଭକଲେ, ତଦନୁସାୟୀ ସାହିତ୍ୟ ସୃଷ୍ଟିଟି କ୍ଲାସିକ୍ ବା ରୋମାଣ୍ଟିକ୍ ବୋଲି ବିବେଚିତ ହୋଇଥାଏ। କବି ରାଧାନାଥଙ୍କ 'ମହାଯାତ୍ରା' ଅସଂପୂର୍ଣ୍ଣ କାବ୍ୟଟି ଗଠନ-ରୀତି ଦିଗରୁ ଦେଖିଲେ, କ୍ଲାସିକାଲ୍; ମାତ୍ର ଭାବାବେଗ ଦୃଷ୍ଟିରୁ ବିଚାର କଲେ, ରୋମାଣ୍ଟିକ୍। ତେଣୁ କ୍ଲାସିସିଜିମ୍ ଓ ରୋମାଣ୍ଟିସିଜିମ୍‌କୁ ପରସ୍ପର-ବିରୋଧୀ ବୋଲି କହିବା, କିମ୍ବା ଏ ଦୁଇଟିର ତୁଳନାବେଳେ ରୁଗ୍ଣତା-ସ୍ୱାସ୍ଥ୍ୟକାରିତାର ପ୍ରଶ୍ନ ଉଠାଇବା ଯଥାଯଥ ମନେହୁଏନାହିଁ।

■

ସାହିତ୍ୟ ଓ ଅଧ୍ୟାତ୍ମ-ଜୀବନ

ମନୋଜ ଦାସ

ସାହିତ୍ୟ ଓ ଅଧ୍ୟାତ୍ମିକତା ଭିତରେ ସମ୍ପର୍କ କ'ଣ ? ଏ ପ୍ରଶ୍ନ ହୁଏତ ସଚରାଚର ସାହିତ୍ୟର ପାଠକମାନଙ୍କୁ ବିବ୍ରତ ନ କରିପାରେ, କିନ୍ତୁ କୌଣସି କୌଣସି ନିର୍ଦ୍ଦିଷ୍ଟ ଘଟଣା ଉପରେ ସାହିତ୍ୟିକ ତଥା ଚିନ୍ତାଶୀଳ ବ୍ୟକ୍ତିମାନେ ଆନ୍ତରିକ ଭାବରେ ଏ ପ୍ରଶ୍ନଟି ଉଠାଇ ଥାଆନ୍ତି। ଏକଥା କେହି ଅସ୍ୱୀକାର କରିବେ ନାହିଁ ଯେ ଏହି ବହୁରୂପୀ ଧରଣୀର ବିସ୍ତୃତି ମଧ୍ୟରେ ସାହିତ୍ୟିକମାନେ ବିଭିନ୍ନ କ୍ଷେତ୍ରରୁ ଅଭିଜ୍ଞତା ସଞ୍ଚୟ କରି ସାହିତ୍ୟକୁ ସେଥିରେ ରସାପ୍ଲୁତ, ପରିପୁଷ୍ଟ କରିବା ନିଶ୍ଚୟ ଉଚିତ। ଯେତେବେଳେ ଜଣେ ସାହିତ୍ୟିକ ଏକ ଦାୟିତ୍ୱଶୀଳ ଚାକିରୀ ଛାଡ଼ି ବ୍ୟବସାୟ କରିବାକୁ ଯାଏ, ଯେତେବେଳେ ଆଉ ଜଣେ ଶିକ୍ଷା ବିଭାଗରୁ ଯାଇ ଶାସନ ବିଭାଗରେ ଯୋଗଦିଏ, ସେତେବେଳେ ତା'ର ସମଧର୍ମୀ ଲେଖକମାନଙ୍କ ମନରେ କୌଣସି ଆଲୋଡ଼ନ ସୃଷ୍ଟିହୁଏ ନାହିଁ। କିନ୍ତୁ ଜଣେ ସାହିତ୍ୟିକ ଯେତେବେଳେ ସାଧାରଣ ସାଂସାରିକ ପରିବେଶରୁ ଅଧ୍ୟାତ୍ମ ଜୀବନ ଯାପନ କରିବାକୁ ଚାଲିଯାଏ, ସେତେବେଳେ ତା'ର ହିତାକାଙ୍କ୍ଷୀ ଏବଂ ତା'ର ସାହିତ୍ୟ ସୃଷ୍ଟି ପାଇଁ ଶ୍ରଦ୍ଧାବାନ୍ ବନ୍ଧୁ ଓ ପାଠକମାନଙ୍କ ମଧ୍ୟରେ ଆଶଙ୍କା ହୁଏ ଯେ ସାହିତ୍ୟର ତ କ୍ଷତି ଘଟିଲା, ସଙ୍ଗେ ସଙ୍ଗେ ସମ୍ପୃକ୍ତ ସାହିତ୍ୟିକ ଜଣକ ହୁଏ ତାଙ୍କର ପ୍ରକୃତ ଶ୍ରେୟଃ ବା କରଣୀୟ କାର୍ଯ୍ୟରୁ ଅପସରି ଗଲେ। ଯେଉଁ କାର୍ଯ୍ୟ ଭିତରେ ରହି ସେ ଜୀବନକୁ ସାର୍ଥକ କରି ପାରିଥା'ନ୍ତେ, ସେ କାର୍ଯ୍ୟରୁ ସେ ଦୂରେଇ ଗଲେ।

କିନ୍ତୁ ଭାରତବର୍ଷରେ ଏଭଳି ଯୁଗ ଥିଲା, ଯେତେବେଳେ ସାହିତ୍ୟିକ କଥା ଛାଡ଼ି ଦିଅନ୍ତୁ, ରାଜନୀତିବିତ୍ ମଧ୍ୟ ଅଧ୍ୟାତ୍ମ ଜୀବନ ଯାପନ କରିବାଟା ଏକ ସ୍ୱାଭାବିକ କଥା ଥିଲା। ଆଜିର ପରିପ୍ରେକ୍ଷୀରେ, ରାଜନୀତି ଓ ଅଧ୍ୟାତ୍ମିକତାର ସ୍ୱୟଂସାବ୍ୟସ୍ତ

ହୃଦୟ- ବିଦାରକ ବ୍ୟବଧାନ ଆଡ଼କୁ ଦୃଷ୍ଟିଦେଇ ଏକଥା ଅନୁଭବ କରିବା ସହଜ ନୁହେଁ।

ତେବେ ଆଜି ଏଭଳି ଆଶଙ୍କାର କାରଣ କ'ଣ? କାରଣ, ଅଭିଜ୍ଞତା ନ ହେଲେ ବି ସାହିତ୍ୟିକମାନଙ୍କର ଅନ୍ତର୍ବୃଦ୍ଧି (intuition) ଏକଥା କହିଦିଏ ଯେ ଯଦି ଏଯୁଗରେ ଜଣେ ଅଧ୍ୟାତ୍ମ ଜଗତକୁ ଚାଲିଗଲା, ତେବେ ସେ ଆଉ ସାହିତ୍ୟ-ସୃଷ୍ଟି ଦିଗରେ ମନଯୋଗ ଦେବ ନାହିଁ। ଏଭଳି ଧାରଣା ଅନେକ ସମୟରେ ଯଥାର୍ଥ ଏବଂ କାହିଁକି ଯଥାର୍ଥ, ସେ ସମ୍ବନ୍ଧରେ ଆଉ ଟିକିଏ ପରେ ଆଲୋଚନା କରାଯିବ।

ସଚରାଚର ଆମ୍ଭମାନଙ୍କର ଧାରଣାରେ ସାହିତ୍ୟ ଓ ଆଧ୍ୟାତ୍ମିକତା ଭିତରେ ଯେଉଁ ବିସ୍ତୃତ ବ୍ୟବଧାନଟି ଗଢ଼ିଉଠିଛି, ତାହାର ଦୁଇଟି କାରଣ ଅଛି। ପ୍ରଥମ କାରଣ ହେଲା ଆଧ୍ୟାତ୍ମିକତା ସମ୍ପର୍କରେ ଏକ ସୀମିତ, ବରଂ ଭୁଲ୍ ଧାରଣା ଏବଂ ଦ୍ୱିତୀୟରେ ନିଜର ସାହିତ୍ୟ ପ୍ରେରଣାର ବ୍ୟାପ୍ତି ସମ୍ପର୍କରେ ସାହିତ୍ୟିକର ଅତିରଞ୍ଜିତ ଧାରଣା। ପ୍ରଥମ କାରଣ କଥା ଆଲୋଚନା କରାଯାଉ। ଆଧ୍ୟାତ୍ମିକତା (spirituality) ବୋଇଲେ ଅନେକ ସମୟରେ ଆମେ ଧର୍ମ (religion)କୁ ବୁଝି ନେଉ। ଧର୍ମ କଥା ମନରେ ଉଦୟ ହେବା ମାତ୍ରେ ସ୍ୱାଭାବିକ ଭାବରେ ଗୁଡ଼ାଏ ନୀତିବାଦ, କେତେକ ଆନୁଷ୍ଠାନିକ ଶୃଙ୍ଖଳା ଏବଂ ବିବେକର ବିଦ୍ରୋହ ଭାବ ଆଣିଲା ଭଳି କେତେକ ଗୋଷ୍ଠୀଗତ ଆଚାର-ବିଚାର ମନକୁ ଆସେ। ନଚେତ୍ ହୁଏତ ମନକୁ ଆସେ ସମଗ୍ର ଜୀବନ, ସମାଜ, କାର୍ଯ୍ୟକଳାପ ପ୍ରତି ବୀତସ୍ପୃହ ଏକ ବୈରାଗ୍ୟମୟ ଜୀବନ-ଯାପନର ଚିତ୍ର।

ଆଜି ନୁହେଁ, ସହସ୍ର ବର୍ଷ ଧରି ମାନବ-ସମାଜର ଇତିହାସର ଏଭଳି ଉଦାହରଣର ଅଭାବ ନାହିଁ ଯେ ଆତ୍ମାର ଅନ୍ତହୀନ ସ୍ୱାଧୀନ ବିକାଶ ଉଦ୍ଦେଶ୍ୟରେ ଭୂମିଷ୍ଠ ହୋଇଛି ଯେଉଁ ମହାନ୍ ସତ୍ୟ, କାଳକ୍ରମେ ସ୍ୱାର୍ଥପର, କ୍ଷୁଦ୍ରଦୃଷ୍ଟିଯୁକ୍ତ ମଣିଷ କବଳରେ ପଡ଼ି ସେ ସତ୍ୟ ସମାଧି ଲଭିଛି ଏବଂ ତା'ର ଆସନରେ ମୂର୍ତ୍ତିମାନ ବ୍ୟଭିଚାରକୁ ସ୍ଥାପିତ କରି ଆତ୍ମାର ପ୍ରଗତିର ନିର୍ମମ ଗତିରୋଧ ହିଁ କରାଯାଇଛି। ରକ୍ଷଣଶୀଳତା ଓ ସାମାଜିକ ଅହଂର ଅନ୍ଧ ଆବର୍ତ୍ତ ଭିତରେ ନିପତିତ ସହସ୍ର ଅନୁସନ୍ଧିତ୍ସାର ଆର୍ତ୍ତନାଦ ଆଜି ଇତିହାସ ପୃଷ୍ଠାରେ ପ୍ରତିଧ୍ୱନିତ। କେଉଁଠି ହୁଏତ ସତ୍ୟସନ୍ଧ ଦାର୍ଶନିକ ହାତରେ ପ୍ରାଚୀନତମ ଗଣତାନ୍ତ୍ରିକ ଜନମତ ବିଷପାତ୍ର ଧରାଇ ଦେଇଛି, କେଉଁଠି ହୁଏତ ସମାଜର ଉଦ୍ୟତ ବଜ୍ରମୁଷ୍ଟି ବୈଜ୍ଞାନିକ ଦ୍ୱାରା ସ୍ୱୀକାର କରାଇ ନେଇଛି ଯେ ସ୍ଥିର ପୃଥିବୀର ଚତୁର୍ଦ୍ଦିଗରେ ସୂର୍ଯ୍ୟ ହିଁ ଘୂର୍ଣ୍ଣାୟମାନ, କେଉଁଠି ହୁଏତ ନିଷ୍କପଟ ସତ୍ୟପ୍ରକାଶର ଭାସ୍ୱର ଦୃଷ୍ଟାନ୍ତ ରଖି ଚତୁର୍ଦ୍ଦଶ ବର୍ଷୀୟା ବାଳିକାକୁ ପକ୍ୱକେଶ ଧର୍ମଯାଜକର ତର୍ଜନୀ ଚାଳନାରେ ଅଗ୍ନିକୁଣ୍ଡ ଭିତରକୁ ପ୍ରବେଶ କରିବାକୁ ପଡ଼ିଛି। ଯୁଗେ ଯୁଗେ ଧର୍ମ

ନାମରେ ଏଭଳି ନାନାଦି ବିକୃତି ଭିତରେ ସାହିତ୍ୟିକକୁ ଯେଭଳି ନିର୍ଯାତନା ଭୋଗ କରିବାକୁ ପଡ଼ିଛି, ତା'ର ଦୃଷ୍ଟାନ୍ତ ଅଜସ୍ର। ଯଦି ଏହାହିଁ ଆଧ୍ୟାତ୍ମିକତା ହୁଅନ୍ତା, ତେବେ ସାହିତ୍ୟ ସହିତ ତା'ର ସୁସମ୍ପର୍କ ରହନ୍ତା ନାହିଁ। କହିବା ବାହୁଲ୍ୟ, ଆଧ୍ୟାତ୍ମିକତାର ଏସବୁ ଘୋରତର ବିରୋଧୀ। ଯାନ୍ତ୍ରିକ, ବାଧ୍ୟତାମୂଳକ ନିୟମ ଶୃଙ୍ଖଳା ଭିତରକୁ ଟାଣିଆଣିବା ମାତ୍ରେ ଆଧ୍ୟାତ୍ମିକତାର ଆତ୍ମା ତୁଟିଯାଏ, ବିଜୟ ହୁଏ ମଣିଷର ଅହଂକାରର। ଭଗବାନ୍ ସେହିପରି ଅପେକ୍ଷା କରି ବାହାରେ ରହିଥାଆନ୍ତି, ମଣିଷ ନିଜ ସିଂହାସନରେ ନିଜର ମୂଢ଼ତାକୁ ସଯତ୍ନରେ ଆରୋପିତ କରି ଯୁଗେ ଯୁଗେ ତା'ରି ଆଗରେ ନିଜର ଚୈତନ୍ୟକୁ ବଳିଦେଇ ଚାଲିଥାଏ। ("And God is only waiting to be known while man seeks for him everywhere and creates images of the Divine, but all the while truly finds, effectively erects and worships images only of his own mind- ego and life-ego."—Sri Aurobindo, *The Human Cycle*)

ଆଉ ଯଦି ଆଧ୍ୟାତ୍ମିକତା ବୈରାଗ୍ୟର ନାମାନ୍ତର ହୁଏ, ତେବେ ବା ସାହିତ୍ୟ ସହିତ ତା'ର କ'ଣ ସମ୍ପର୍କ ଥାଇପାରେ? ଏଠାରେ ଏତିକି କୁହାଯାଇପାରେ ଯେ ବୈରାଗ୍ୟ ହୁଏତ ଆଧ୍ୟାତ୍ମିକତାର ଏକ ମାର୍ଗ ହୋଇଥାଇପାରେ ମାତ୍ର ଆଧ୍ୟାତ୍ମିକତା ବୈରାଗ୍ୟ ନୁହେଁ। ଅଧ୍ୟାତ୍ମ-ମାର୍ଗ ବିପୁଳ ପ୍ରଶସ୍ତ। ସେ ପଥର ଯାତ୍ରୀ ହେବା ସକାଶେ ଧନ-ଜନ-ଆଡ଼ମ୍ବରର ଯେପରି ପ୍ରୟୋଜନ ନାହିଁ, ସେହିପରି ପ୍ରୟୋଜନ ନାହିଁ ଗୋଟିଏ ଅପ୍ରଶସ୍ତ, ବାଧ୍ୟତାମୂଳକ ନିୟମକାନୁନକୁ ଯନ୍ତ୍ରବତ୍ ମାନିନେବାର। ପ୍ରକୃତ ଆଧ୍ୟାତ୍ମିକ ଜୀବନ ଏକ ନିର୍ଦ୍ଦିଷ୍ଟ ପ୍ରକାର କାର୍ଯ୍ୟ ଭିତରେ, ଏକ ନିର୍ଦ୍ଦିଷ୍ଟ ବୟସରେ ବା ଦିବସର ଏଇ ନିର୍ଦ୍ଦିଷ୍ଟ ସମୟ ଭିତରେ ଯାପନ କରାହୁଏ ନାହିଁ। ବୟସର ବା ସମୟର ପ୍ରଶ୍ନ ନାହିଁ, କାରଣ କେତେକାଳ ଧରି ଆତ୍ମା ତା'ର ବିବର୍ତ୍ତନର ଗତିପଥରେ ଚାଲିଛି, କେତେ ତା'ର ସର୍ବମୋଟ ବୟସ ହେଲାଣି, ତା'ର କିଛି ସୀମା ସରହଦ ନାହିଁ। ଏହି ବିବର୍ତ୍ତନ ସମ୍ପର୍କରେ ମନୁଷ୍ୟ ଯେ କୌଣସି ସମୟରେ ସଚେତନ ହୋଇପାରେ, ସେଥିରେ ନିଜର ସମ୍ମତି ସହଯୋଗ ଦେଇପାରେ, ତାହାହେଲେ ହିଁ ଅଧ୍ୟାତ୍ମ ମାର୍ଗର ବା ଯୋଗ ମାର୍ଗର ପଥିକ ହୁଏ। ତା'ପରେ କାର୍ଯ୍ୟ କଥା। ଅଧ୍ୟାତ୍ମ ମାର୍ଗରେ ପ୍ରକୃତରେ କାର୍ଯ୍ୟ ଯେତେଟା ନୁହେଁ, କାର୍ଯ୍ୟ ପଛରେ ନିହିତ ମନୋଭାବ ହିଁ ଗୁରୁତ୍ୱପୂର୍ଣ୍ଣ କଥା। ଯିଏ ଯେଉଁ କାର୍ଯ୍ୟ କରୁଥାଉ ନା କାହିଁକି, ଯଦି ତା'ର ଲକ୍ଷ୍ୟ ଥାଏ ଜୀବନର ଉପଲବ୍ଧି, ତେବେ ସେ ସ୍ୱଚ୍ଛନ୍ଦରେ ତା'ର ସମସ୍ତ କାର୍ଯ୍ୟକୁ ଭଗବାନଙ୍କର କାର୍ଯ୍ୟ ବୋଲି ମନେକରିପାରେ ଏବଂ ଫଳରେ ଯେଉଁ କାର୍ଯ୍ୟ ଏକଦା

ଥିଲା ତା'ର ଗତାନୁଗତିକ ଜୀବନ ନିର୍ବାହର ଏକ ଶୁଷ୍କ ବୋଝ ସ୍ୱରୂପ, ସେହି କାର୍ଯ୍ୟହିଁ ହୋଇ ଉଠିବ ତା'ର ସାଧନାର ମାଧ୍ୟମ। ମୀରାବାଈଙ୍କର କୌଣସି ଏକ ଭଜନର ବକ୍ତବ୍ୟ—ବୃନ୍ଦାବନରେ କେତେ ଲୋକଙ୍କର ଭିଡ଼। ଯୋଗୀ ଯୋଗ କରିବା ସକାଶେ, ସନ୍ନ୍ୟାସୀ ତପଃ କରିବା ସକାଶେ, ଆଉ କିଏ ଅନ୍ୟ କେଉଁ ମାର୍ଗରେ ଭଗବାନଙ୍କୁ ଅନୁଭବ କରିବା ସକାଶେ ଆସିଛି—ମୁଁ ଆସିଛି କେବଳ ସଙ୍ଗୀତ ବୋଲି ବୋଲି ନାଚିବା ପାଇଁ। ବାସ୍ତବିକ ଅଧ୍ୟାତ୍ମମାର୍ଗର ବ୍ୟାପକତା ସମ୍ପର୍କରେ ଏକ ସୁନ୍ଦର ସୂଚନା ଏହି ଉକ୍ତିଟିରେ ଦିଆଯାଇଛି। ଭିନ୍ନ ଭିନ୍ନ ବ୍ୟକ୍ତିର ନିଜସ୍ୱ ସ୍ୱାଭାବିକ ଆକର୍ଷଣ ହିଁ ତା' ପାଇଁ ମାର୍ଗ ସ୍ଥିର କରିଦିଏ, ଯଦି ସେ ତା'ର ସର୍ବଶେଷ ଲକ୍ଷ୍ୟ ସମ୍ବନ୍ଧରେ ସଚେତନ ଥାଏ, ଯଦି ସେ ଏହି ସତ୍ୟ ହୃଦୟଙ୍ଗମ କରିଥାଏ ଯେ ମନୁଷ୍ୟ ତା'ର ସୃଷ୍ଟି କାଳରୁ ତା'ର ବହୁଧା ଗତି ପ୍ରବାହ ଭିତର ଦେଇ ଏକମାତ୍ର ଲକ୍ଷ୍ୟ ସଚ୍ଚିଦାନନ୍ଦ ପ୍ରାପ୍ତି ଉଦ୍ଦେଶ୍ୟରେ ଚାଲିଛି।

ସୁତରାଂ ସାହିତ୍ୟ କ୍ଷେତ୍ରରେ ଏହି ନିୟମର ବ୍ୟତିକ୍ରମ ହେବାର ତ କୌଣସି କାରଣ ନାହିଁ, ବରଂ ସାହିତ୍ୟିକର ଏପରି କେତେକ ଗୁଣ ଥାଏ, ଯାହା ସବୁ କି ଅଧ୍ୟାତ୍ମ ମାର୍ଗରେ ତା'ର ସହାୟକ ହୁଅନ୍ତି। ନିଜର ଲକ୍ଷ୍ୟ ସମ୍ପର୍କରେ ସଚେତନ ନ ହେଲେ ପୁଣି ସେହି ଗୁଣଗୁଡ଼ିକ ହିଁ ଅଧ୍ୟାତ୍ମ ମାର୍ଗର ଅନ୍ତରାୟ ବି ହୁଅନ୍ତି। ସାହିତ୍ୟିକର ଯୋଗାଯୋଗ ଥାଏ ସାଧାରଣ ଜନ ଚେତନାର ଊର୍ଦ୍ଧ୍ୱସ୍ଥ କେତେକ ଚେତନା ସହିତ। ସେହିସବୁ ଊର୍ଦ୍ଧ୍ୱ ଲୋକରୁ ଯେଉଁସବୁ ସୌନ୍ଦର୍ଯ୍ୟର ପୁଲକ, ଆନନ୍ଦର ଅନୁଭୂତି ତା' ଭିତରକୁ ଥରେ ଥରେ ଝରିଆସେ, ତାକୁ ନେଇ ସେ ସାହିତ୍ୟ ସୃଷ୍ଟି କରେ। ସେ ଯଦି ଚାହେଁ ଏବଂ ସେ ଦିଗରେ ସାଧନା କରେ, ତେବେ ସେ ଊର୍ଦ୍ଧ୍ୱରୁ ଊର୍ଦ୍ଧ୍ୱତର ଚେତନାର ରାଜ୍ୟକୁ ଯାଇପାରେ। ଦିବ୍ୟଲୋକର ସତ୍ୟ, ସୌନ୍ଦର୍ଯ୍ୟକୁ ଅଭିବ୍ୟକ୍ତ କରିବା ସକାଶେ ସେ ମାଧ୍ୟମ ହୋଇ ଉଠିପାରେ। ତା'ର ଉନ୍ନତ ଅନୁଭୂତି ଦ୍ୱାରା ସାହିତ୍ୟ ଯେପରି ସମୃଦ୍ଧ ହୁଏ, ତା'ର ନିଜର ମଧ୍ୟ ସେହିପରି ବିକାଶ ଘଟେ। ଏ କ୍ଷେତ୍ରରେ ସାହିତ୍ୟ ହୁଏ ତା'ର ସାଧନାର ସହାୟକ। କିନ୍ତୁ ଏହା ଘଟିବା ବିଚିତ୍ର ନୁହେଁ ଯେ ସେ ଊର୍ଦ୍ଧ୍ୱତର ଚେତନାର ଅନୁଭୂତି ପାଇବା ପରେ ସେସବୁ ସାହିତ୍ୟରେ ବ୍ୟକ୍ତ କରିବାର ପ୍ରେରଣା ଆଉ ତା'ର ନ ରହିପାରେ। ଲେଖାଲେଖିକୁ ସେ ନିରର୍ଥକ ମନେ କରିପାରେ। ମନସ୍ତାତ୍ତ୍ୱିକ ଦିଗରୁ ଲେଖାଲେଖି ଦ୍ୱାରା ସାହିତ୍ୟିକ ତା'ର ସାମାଜିକ ବ୍ୟକ୍ତିତ୍ୱର ଯେଉଁ ପରିପୂରଣ କାର୍ଯ୍ୟ କରି ଚାଲିଥାଏ, ନିଜର ଅନ୍ତର୍ନିହିତ ବ୍ୟକ୍ତିତ୍ୱର ସ୍ପର୍ଶ ପାଇବା ପରେ ତା'ର ଆଉ ସେଭଳି ଆବଶ୍ୟକତା ରହେ ନାହିଁ। ସେ ଯଦି ବିଶେଷ ଭାବରେ ବିଧି-ନିର୍ଦ୍ଦିଷ୍ଟ ନ ହୁଏ, ତେବେ ହୁଏତ ସାହିତ୍ୟ ସୃଷ୍ଟି

ତା' ପାଇଁ ଅପରିହାର୍ଯ୍ୟ ନ ହୋଇପାରେ। ଜଣେ ସାହିତ୍ୟିକ ଅଧ୍ୟାତ୍ମ ମାର୍ଗକୁ ଯିବାରେ ତା'ର ବନ୍ଧୁମାନେ ହୁଏତ ଏହି ଅନ୍ତର୍ବୁଦ୍ଧି (inituition) ଯୋଗୁଁ ତା'କୁ ସାହିତ୍ୟ କ୍ଷେତ୍ରରୁ ହରାଇଲେ ବୋଲି ମନେ କରନ୍ତି।

ସାହିତ୍ୟ ଓ ଆଧ୍ୟାତ୍ମିକ ଜୀବନ ଭିତରେ ଯେଉଁ ବ୍ୟବଧାନର ଧାରଣା ଆମ ଭିତରେ ରହିଛି, ତା'ର ଦ୍ୱିତୀୟ କାରଣଟି ସମ୍ପର୍କରେ ଆଲୋଚନା କଲେ ଆମେ ଦେଖିବୁ, ସାହିତ୍ୟିକ, ବିଶେଷ କରି କବି ଏବଂ ଅନ୍ୟାନ୍ୟ ଶ୍ରେଣୀର କଳାକାର, ଯଥା ସଙ୍ଗୀତଜ୍ଞ ଓ ଶିଳ୍ପୀ ସେମାନଙ୍କର ଶିଳ୍ପସୃଷ୍ଟି ବେଳେ ସାଧାରଣ ଜନ-ଚେତନାଠୁଁ ଭିନ୍ନ ଏକ ଚେତନାରେ ବାସ କରୁଥାଆନ୍ତି ବା ସେଭଳି ଚେତନାରେ ବାସ କରୁଥାଆନ୍ତି ବା ସେଭଳି ଚେତନାର ସମ୍ପର୍କରେ ଆସନ୍ତି। ସେ ଅନୁଭୂତି ସେମାନଙ୍କୁ ବିମୁଗ୍ଧ କରେ, ଆଉ କଳା ମାଧ୍ୟମରେ ତା'ର ଯଥାଯଥ ଅଭିବ୍ୟକ୍ତି ସେମାନଙ୍କୁ ସନ୍ତୁଷ୍ଟ କରେ। ଯେଉଁ ଊର୍ଦ୍ଧ୍ୱଚେତନାର ସ୍ୱାଦ ସେ ପାଏ, ଜଣେ ଆଧ୍ୟାତ୍ମିକ ସାଧକର ଚେତନା ତୁଳନାରେ ତାହା ବିଶେଷ କିଛି ନୁହେଁ। କିନ୍ତୁ ସେ ଯଦି ମନେ କରେ ଯେ ତା'ର ଅନୁଭୂତି ହିଁ ଚୂଡ଼ାନ୍ତ ଅନୁଭୂତି, ତା'ର ଜ୍ଞାତ ସୌନ୍ଦର୍ଯ୍ୟ ହିଁ ସୌନ୍ଦର୍ଯ୍ୟର ସୀମା, ତେବେ ତାହା ହୁଏ ନିଜର ଅନୁଭୂତି ସମ୍ପର୍କରେ ଅତିରଞ୍ଜିତ ଧାରଣା। ସୌଭାଗ୍ୟ ବଳରେ ଯେଉଁ ଅନନ୍ତ ଉତ୍ସରୁ କେତେବିନ୍ଦୁ ମାତ୍ର ପାଇ ସେ ଉତ୍ତମ ସାହିତ୍ୟ ସୃଷ୍ଟି କରେ, ସେହି ଉତ୍ସର ସନ୍ଧାନରେ ଅଗ୍ରସର ହୁଏ ସାଧକ ଏବଂ କ୍ରମାଗତ କରିଚାଲେ। ଭାରତୀୟ ସାହିତ୍ୟର ଗୌରବମୟ ଇତିହାସରେ ଯେଉଁମାନେ ଆଦି କାବ୍ୟର ଜନ୍ମଦାତା ହୋଇଛନ୍ତି, ସେମାନେ ସାଧକ ଏବଂ ମହତ୍ତର ଚେତନାକୁ ସାହିତ୍ୟରୂପ ଦେଇ ସମଗ୍ର ମଣିଷ ସମାଜର ଚେତନାକୁ ଉନ୍ନୀତ କରାଇ ନେଇଛନ୍ତି। ମହାନ୍ ସାଧକ ବିନା ଏହା ଆଉ କେହି କରିପାରି ନଥାନ୍ତା। ତେଣୁ ବହୁଯୁଗ ଧରି ସାହିତ୍ୟ ଓ ଅଧ୍ୟାତ୍ମ-ସାଧନା ଭିତରେ ବ୍ୟବଧାନ ନଥିଲା। ସାଧକ ତା'ର ସାମାଜିକ ଭୂମିକା ହିସାବରେ, ଭଗବତ୍ ପ୍ରେରଣାରେ ନିଜର ଦୂରଦୃଷ୍ଟି ଓ ଅନୁଭୂତିର କିଛି କିଛି ଅଂଶ ଅଭିବ୍ୟକ୍ତ କରୁଥିଲା। ସମୟର ଅନନ୍ତ ଘାତ ପ୍ରତିଘାତ ଭିତରେ, ସଭ୍ୟତା ସମୂହର ବିଲୟ-ଅଭ୍ୟୁତ୍‌ଥାନ ଭିତରେ ଯେଉଁ ସାହିତ୍ୟ ସବୁ ଆଜି ମାନବର ହୃଦୟ ତନ୍ତ୍ରୀରେ ଏକ ହିଁ ସ୍ପନ୍ଦନ ତୋଳି ଚାଲିଛି, ସେହି ବ୍ୟାସ, ବାଲ୍ମୀକିଙ୍କର ସୃଷ୍ଟି ଏହି ସ୍ତରର ସାହିତ୍ୟ। ଯେଉଁ ସାହିତ୍ୟର ଉତ୍ସ ଯେତେ ବେଶୀ ସତ୍ୟରେ ନିହିତ ଥିବ, ତାହାହିଁ ମହାକାଳର ପରୀକ୍ଷାରେ ଉତ୍ତୀର୍ଣ୍ଣ ହୋଇ ତିଷ୍ଠି ପାରିବ। ଚପଳ ଭାବପ୍ରବଣତା ସଂଜାତ କେତେ ସାହିତ୍ୟ ଯେ ବହମାନ ସମୟ ଧାରାରେ ବୁଦ୍‌ବୁଦ୍ ଭଳି ଫୁଟି ଉଠି ବିଲୀନ ହେଲାଣି, ତା'ର ବା ହିସାବ କିଏ ରଖିଛି ?

ଯୁଗର ଗତିରେ ସାହିତ୍ୟ ଶବ୍ଦର ବ୍ୟବହାରଗତ ଅର୍ଥ ବଦଳି ଯାଇଛି। ତଥାପି ମହତ୍ ସାହିତ୍ୟର ଆଲୋଚନା କଲେ ଏବଂ ମହାନ୍ ସାହିତ୍ୟିକମାନଙ୍କର ଅନ୍ତର୍ଜୀବନ ଆଲୋଚନା କଲେ ଜଣାଯିବ ଯେ ସେମାନଙ୍କର ଚେତନା ଊର୍ଦ୍ଧ୍ୱଲୋକର ସତ୍ୟ ପ୍ରତି ଉନ୍ମୁକ୍ତ ଥାଏ, ଯାହାକି ସାଧକମାନଙ୍କର ହିଁ ଲକ୍ଷଣ। ସବୁ ସାହିତ୍ୟିକ ବା ସବୁ କଳାକାରଙ୍କ ପ୍ରତି ଏହା ପ୍ରଯୁଜ୍ୟ ନୁହେଁ। ବିନା ପ୍ରେରଣାରେ, ବୁଦ୍ଧି-ପ୍ରବର୍ତ୍ତିତ ଅନୁକରଣ ଦ୍ୱାରା ଜଣେ ବହୁ ସାହିତ୍ୟ ଲେଖିପାରେ। ପୁଣି ଆମ ବ୍ୟକ୍ତିତ୍ୱର ଭିତରେ ତଥା ବାହାରେ ବହୁ ଅଦୃଶ୍ୟ ଶକ୍ତିର ସ୍ତରମାନ ରହିଛି। ସେହିସବୁ ବିଭିନ୍ନ ସ୍ତରରୁ ଜଣେ ଗ୍ରହଣଶୀଳ ବ୍ୟକ୍ତି ଭିତରକୁ ପ୍ରେରଣା ଝରି ଆସିବା ସକାଶେ ଉନ୍ମୁଖ ରହିଛି। କୌଣସି ଏକ ସାଧାରଣ ପ୍ରେରଣାକୁ ସର୍ବସ୍ୱ ଉନ୍ମୁଖ ହୋଇରହିଛି। କୌଣସି ଏକ ସାଧାରଣ ସ୍ତରର ପ୍ରେରଣାକୁ ସର୍ବସ୍ୱ କରି ଜଣେ ସାହିତ୍ୟିକ ଜୀବନ ବିତାଇ ଦେବା ପ୍ରାୟତଃ ସମ୍ଭବପର ହୁଏ। ସେହିପରି ଏକ ଉନ୍ନତ ବ୍ୟକ୍ତି-ମାନସ ଭିତରକୁ ଊର୍ଦ୍ଧ୍ୱ ଚେତନା ଶବ୍ଦ ରୂପ ନେଇ ଅବତରଣ କରିଆସିପାରେ। ଏହି ପ୍ରବନ୍ଧର ଲେଖକ ଏପରି ଜଣେ ଯଶୋନିଷ୍କାମ କବିଙ୍କୁ ଜାଣନ୍ତି ଏବଂ ତାଙ୍କର କବିତାଖାତା ଦେଖିଛନ୍ତି, ଯିଏ କି ନିଜ କବିତାରେ ଏଭଳି ଏକ ଅପୂର୍ବ ଲାଇନ୍ ରଚନା କରୁଥିଲେ, ଯାହାର ଅର୍ଥ ଜାଣିବା ତ ଦୂରର କଥା, ନିଜେ ସେ ଶବ୍ଦସବୁକୁ କେବେ ବି ସେ ସଂଲଗ୍ନ ରୂପ ଦେବାକୁ ଭାବି ନଥାନ୍ତି। ନିଜ କବିତା-ଖାତାରେ ସେହିସବୁ ଲାଇନ୍‌ର ଅର୍ଥ କ'ଣ ବୋଲି ପଚାରି ତାହା ଶ୍ରୀଅରବିନ୍ଦଙ୍କ ସମୀପକୁ ପଠାଉଥିଲେ। ଶ୍ରୀଅରବିନ୍ଦ ସ୍ୱୟଂ କବିଙ୍କୁ ତାହାର ଅର୍ଥ ବୁଝାଇ ଖାତା ଉପରେ ନୋଟ୍ ଦେଉଥିଲେ ଏବଂ କବିଙ୍କ ଭିତରକୁ କେଉଁ ସ୍ତରର ପ୍ରେରଣା ଝରିଆସି ଥିଲା, ତାହା ନିରୂପିତ କରି ଦେଉଥିଲେ।

ଜଣେ ସାହିତ୍ୟିକ ଯେତେବେଳେ ଅଧ୍ୟାତ୍ମ ମାର୍ଗକୁ ଯାଏ, ସେତେବେଳେ ସାହିତ୍ୟ ଜରିଆରେ ତା'ର ସମାଜ ସେବା, ମାନବଜାତି ପ୍ରତି ଦାନ ଇତ୍ୟାଦି ସମ୍ପର୍କରେ ପ୍ରଶ୍ନ ଉଠେ। ସମାଜସେବା ସାହିତ୍ୟିକର କର୍ତ୍ତବ୍ୟ କି ନୁହେଁ, ତାହା ଏକ ଭିନ୍ନ ପ୍ରଶ୍ନ। କିନ୍ତୁ ଏସବୁ ସଂକ୍ରାନ୍ତରେ ଏକଥା ହୃଦୟଙ୍ଗମ ହେବା ଉଚିତ ଯେ ମାନବତାର ସମଗ୍ର ଇତିହାସ ହିଁ ମାନବିକ ଚେତନାର ଅଗ୍ରଗତିର ଏକ ଇତିହାସ। ଚେତନାର ଏହି ଅଗ୍ରଗତି ବିବର୍ତ୍ତନର ଉଦ୍ଦେଶ୍ୟ। ଏହି ଅଗ୍ରଗତିରେ କାହାର ଦାନ କେତେ, ତାହାହିଁ ମାନବତା ପ୍ରତି ଅବଦନାର ପ୍ରଶ୍ନ-ବିଚାରର ଶେଷ ମାନଦଣ୍ଡ। ଏହି ଅଗ୍ରଗତିରେ ଯେଉଁ ମହତ୍ ସାହିତ୍ୟର ଅବଦାନ ସ୍ୱୀକାର୍ଯ୍ୟ, ସେ ସାହିତ୍ୟର ସ୍ରଷ୍ଟା ଅଧ୍ୟାତ୍ମ-ସତ୍ୟ ପ୍ରତି ଉନ୍ମୁକ୍ତ, ଏକଥା ଆଗରୁ କୁହାଯାଇଛି। ଏକମାତ୍ର ଅଧ୍ୟାତ୍ମ-ଚେତନାର ଉତ୍ତରୋତ୍ତର ବିକାଶ ହିଁ ମାନବତାର ଅଗ୍ରଗତିର ସହାୟକ। କେବଳ ଲିଖିତ ପ୍ରମାଣ ଆକାରରେ ସାହିତ୍ୟ

ସୃଷ୍ଟିକରି ଏହି ଅଗ୍ରଗତିରେ ନିଜର ସହଯୋଗ ଦିଆ ଯାଇପାରେ, ତାହା ନୁହେଁ। ଆଜି ଜଣେ ସାହିତ୍ୟିକ ଯଦି ଅଧ୍ୟାତ୍ମ-ମାର୍ଗକୁ ଯାଇ ପ୍ରକୃତରେ କିଛି ଅଧ୍ୟାତ୍ମ ଅନୁଭୂତିର ଅଧିକାରୀ ହୁଏ, ତେବେ ସେ ନିଜେ ନ ଲେଖିଲେ ମଧ୍ୟ ମାନବତାର ଚେତନା ରାଜ୍ୟରେ ତା'ର ଅଲିଖିତ ସଂଯୋଜନ ଦିନେ ନା ଦିନେ ସାହିତ୍ୟ ବା ଶିଳ୍ପର ରୂପ ଗ୍ରହଣ କରି ଅନାଗତ ସ୍ରଷ୍ଟାର ଲେଖନୀ ବା ତୂଳୀରେ ପରିସ୍ଫୁଟ ହୋଇ ଉଠିବ ଅଥବା ସଙ୍ଗୀତ ରୂପ ନେଇ ଦିନେ କାହା କଣ୍ଠରେ ଝଙ୍କୃତ ହୋଇଉଠିବ।

■

ସ୍ୱାଧୀନତା ପରବର୍ତ୍ତୀ ଓଡ଼ିଆ କବିତାର ଆଧୁନିକତା

ଦାଶରଥି ଦାସ

୧୯୪୭ରେ ସ୍ୱାଧୀନତା ଲାଭ। ସ୍ୱାଧୀନତା ପ୍ରାପ୍ତି ପ୍ରସଙ୍ଗରୁ ପୂର୍ବବର୍ତ୍ତୀ ପରାଧୀନତା, ଦୁରନ୍ତ ବ୍ରିଟିଶ ଶାସନ ଓ ସର୍ବଗ୍ରାସୀ ଐଶ୍ୱର୍ଯ୍ୟମୟ ଔପନିବେଶିକ ସଂସ୍କୃତି କଥା ମନେପଡ଼ିବା ସ୍ୱାଭାବିକ। ପରାଧୀନତା ଓ ଔପନିବେଶିକ ସଂସ୍କୃତିର ଅନ୍ୟତମ ବିକାର ହେଉଛି ଅନୁକରଣପ୍ରବଣତା। ସେହି ଅନୁକରଣପ୍ରବଣତାରୁ ଆମ ଭାରତୀୟ ସମାଜ ଓ ସାହିତ୍ୟର ଆଧୁନିକତା ଭୂମିଷ୍ଠ ହୋଇଛି। ଓଡ଼ିଆ କବିତା ବିଚାର କ୍ଷେତ୍ରରେ ଏହି ଐତିହାସିକ ସତ୍ୟଟିକୁ ସ୍ୱୀକାର କରାଯାଉ। ଗତ ଶତାବ୍ଦୀର ଶେଷଭାଗରୁ ସୁନିୟନ୍ତ୍ରିତ ଇଂରାଜୀ ଶିକ୍ଷା ପ୍ରସାରରୁ ଇଉରୋପର ବିଜ୍ଞାନ, ଦର୍ଶନ ଓ ସାହିତ୍ୟ ସହିତ ଶିକ୍ଷିତ ମଧ୍ୟବିତ୍ତ ଓଡ଼ିଆଙ୍କ ମନନ-ସ୍ରୋତ ଏପରି ସଂଶ୍ଳିଷ୍ଟ ହୋଇପଡ଼ିଛି ଯେ ସେଥିରୁ ତାକୁ ବିଚ୍ଛିନ୍ନ କରିବା ସମ୍ଭବ ହୋଇନାହିଁ, ହେଉ ନା ପଛେ ସେପରି ଓଡ଼ିଆଙ୍କ ସଂଖ୍ୟା ଯେତେ ସ୍ୱଳ୍ପ। ଏବେ ଶିକ୍ଷିତ ମଧ୍ୟବିତ୍ତ ଓଡ଼ିଆଙ୍କ ମନୋଜଗତ ସହିତ ପାଶ୍ଚାତ୍ୟ ଚିନ୍ତାଭାବନାର ସଂପର୍କ ଅକ୍ଷୁଣ୍ଣ ଅଛି। ସେଦିନ ଏହି ସଂପର୍କ ସୂତ୍ରରେ ଓଡ଼ିଆକୁ ରେନେସାଁସ୍ ଆସିଛି, ହେଉ ନା ପଛେ ତାହା ଯେତେ ସୀମିତ ଓ ଅସଂପୂର୍ଣ୍ଣ। ତାହାକୁ ଯେବେ ଆଦୌ ରେନେଁସାସ୍ କୁହାଯାଏ, ଓଡ଼ିଶାକୁ ତାହା ଆସିଛି ଅନେକ ପରେ, ଇଉରୋପକୁ ଆସିବାର ପ୍ରାୟ ଚାରିଶହ ବର୍ଷ ପରେ। ତେଣୁ ଇଉରୋପର ଆଧୁନିକତା ଓ ଓଡ଼ିଶାର ଆଧୁନିକତା ମଧ୍ୟରେ ସେଦିନ ଥିଲା ଦୀର୍ଘ ଚାରିଶହ ବର୍ଷର ବ୍ୟବଧାନ।

ପ୍ରକୃତ ମାନବ ସଭ୍ୟତାର ଅଗ୍ରଗତି ସବୁଦେଶରେ ସମାନ୍ତରାଳ ଭାବରେ ଘଟିନାହିଁ। ଏପରିକି ଗୋଟିଏ ପ୍ରଦେଶରେ ବି ସର୍ବତ୍ର ସମତାଳରେ ତାହା ଗତି କରି ନାହିଁ; (ଓଡ଼ିଶାର ଅନେକତ୍ର ବି ଏବେ ଗତ ଶତାବ୍ଦୀର ଆଧୁନିକତା ଉପସ୍ଥିତ ହୋଇନାହିଁ।) ବିଜ୍ଞାନ ଓ ପ୍ରଯୁକ୍ତି ବିଦ୍ୟାର ଦ୍ରୁତ ଉନ୍ନତି ଯୋଗୁ ଏହି ବ୍ୟବଧାନ କମୁଛି ଅବଶ୍ୟ। ପୃଥିବୀ ଦିନକୁ ଦିନ ଛୋଟ ହୋଇ ଉଠୁଛି, ଜ୍ଞାତ ଅଜ୍ଞାତ, ଦୃଶ୍ୟ ଅଦୃଶ୍ୟ ଅନେକ ସୂତ୍ରରେ ପୃଥିବୀର ଗୋଟିଏ ପ୍ରାନ୍ତରର ମଣିଷର ଅନୁଭବ ଅନ୍ୟ ଅନ୍ୟ ପ୍ରାନ୍ତରର ମଣିଷର ଅନୁଭବରେ ପରିଣତ ହେବାକୁ ଯାଉଛି। ଯେକୌଣସି ଦେଶର ସାହିତ୍ୟ ହୋଇଉଠୁଛି ମଣିଷର ସାହିତ୍ୟ। ଏପରି କ୍ଷେତ୍ରରେ ଇଉରୋପର ସମାଜ ଓ ସାହିତ୍ୟରେ ଆଜି ଯେଉଁ ଆଧୁନିକତା ଦୃଶ୍ୟମାନ, ତାହା ସହିତ ସମତାଳରେ ଗତି କରିବାକୁ ଆମ ସମାଜ ଓ ସାହିତ୍ୟ ବ୍ୟଗ୍ର ଓ ପ୍ରସାରିତ ହୋଇ ଉଠିବା ଅସ୍ୱାଭାବିକ ନୁହେଁ। ଉଦ୍ୟମ ଅବ୍ୟାହତ ଅଛି। ତଥାପି ବ୍ୟବଧାନ ଅନତିକ୍ରମ୍ୟ। ଉଇରୋପୀୟ ସାହିତ୍ୟରେ ୧୮୯୦ ରୁ ୧୯୫୭ ମଧ୍ୟରେ ଯାହା ଘଟିଥିଲା, ସ୍ୱାଧୀନତା ପ୍ରାପ୍ତିର ପରବର୍ତ୍ତୀ କାଳରେ ଆମ ସାହିତ୍ୟରେ ତାହାହିଁ ଘଟିଛି। ଏବେ ସେଠାରେ ଯାହା ଘଟୁଛି ଆମ ସାହିତ୍ୟରେ ହୁଏତ ସନ୍ତର୍ପଣରେ ତା'ର ସୂତ୍ରପାତ କେଉଁଠି ହୋଇଥାଇପାରେ, ମାତ୍ର ପ୍ରତ୍ୟକ୍ଷ ଭାବରେ ଘଟିବ ୨୦/ ୩୦ ବର୍ଷ ପରେ। ୧୯୫୭ ଖ୍ରୀଷ୍ଟାବ୍ଦଟିକୁ ଯଦୃଚ୍ଛା ଗ୍ରହଣ କରାଯାଇନାହିଁ। ଗ୍ରାହାମ ହଗ୍, ରବର୍ଟ ଗ୍ରେଭସ୍ ଓ କାର୍ଲସାପିରୋ କହନ୍ତି— ଆଂଲୋ ଆମେରିକାନ୍ କବିତାରୁ ଟି.ଏସ୍. ଏଲିୟଟ୍‌ଙ୍କ ପ୍ରଭାବ କଟିଛି। ୧୯୫୭ରେ ନିଓ ରୋମାଣ୍ଟିସିଜ୍‌ମ୍‌ର ପ୍ରବର୍ତ୍ତନ ଘଟିଛି। ୧୯୮୫ ପରେ ଆମ କବିତାରେ ତାହାର ମୃଦୁ ପଦପାତ ଶୁଭିଲାଣି ଅବଶ୍ୟ। ଏଣୁ କହିବାକୁ ହୁଏ ଯେ, କିଛି କାଳ ପଛରେ ଥାଇ ଇଉରୋପର ଆଧୁନିକତାକୁ ଅନୁଧାବନ କରିନାହିଁ ଆମ ଆଧୁନିକତାର ବିଧିଲିପି। ଏହା କେବଳ ଓଡ଼ିଆ ସାହିତ୍ୟର ନିୟତି ନୁହେଁ। ଏହା ତୃତୀୟ ବିଶ୍ୱର ଯେକୌଣସି ଭାଷାର ସାହିତ୍ୟର ନିୟତି ମଧ୍ୟ। ତୃତୀୟ ବିଶ୍ୱର କୌଣସି ଶିକ୍ଷିତ ବ୍ୟକ୍ତି ପକ୍ଷରେ ପଶ୍ଚିମକୁ ଅସ୍ୱୀକାର କରିବା ସମ୍ଭବପର ନୁହେଁ, ବୋଧହୁଏ।

୧୯୪୭ରେ ଔପନିବେଶିକ ଶାସନରୁ ଭାରତ ମୁକ୍ତ ହୁଏ। କିନ୍ତୁ ମଜାର କଥା ହେଉଛି ଯେ, ସ୍ୱାଧୀନତା ପ୍ରାପ୍ତିର ଅବ୍ୟବହିତ ପୂର୍ବରୁ ଯେତେବେଳେ ସମଗ୍ର ଦେଶରେ ବିଦେଶୀ ଦ୍ରବ୍ୟ ବର୍ଜନ ପ୍ରବଳ ଉତ୍ସାହ ଓ ଉଦ୍ଦୀପନା ସହିତ ଆରମ୍ଭ ହୋଇଯାଇଥିଲା, ଠିକ୍ ସେତିକିବେଳେ ସର୍ବତ୍ର ସାହିତ୍ୟରେ ଗୋଟିଏ ବିଲାତୀ ଦ୍ରବ୍ୟ ଅତ୍ୟନ୍ତ ଆଦରରେ ଗୃହୀତ ହେଉଥିଲା। ଓଡ଼ିଆ ସାହିତ୍ୟ ତାହାର ବ୍ୟତିକ୍ରମ ନୁହେଁ। ୧୯୪୭ରେ କବି ସଚ୍ଚିଦାନନ୍ଦଙ୍କ 'ପାଣ୍ଡୁଲିପି' ପ୍ରକାଶ ପାଏ। କବିତାରେ ସାମ୍ୟବାଦର

ଅନ୍ୟତମ ପ୍ରବକ୍ତା ଭାବରେ ସେ ପ୍ରତିଷ୍ଠା ଅର୍ଜି ସାରିଥାନ୍ତି। 'ବାଜି ରାଉତ' ରଚନା କରି ଜ୍ୱଳନ୍ତ ଦେଶାତ୍ମବୋଧର ପରିଚୟ ଦେଇ ସାରିଥାନ୍ତି, ଅଥଚ ସେହି 'ପାଣ୍ଡୁଲିପି'ରେ ସେ ସାମ୍ୟବାଦ-ବିରୋଧୀ ଓ ମଧ୍ୟଯୁଗର ରାଜତନ୍ତ୍ରରେ ଗଭୀର ବିଶ୍ୱାସୀ କବ—ଟି.ଏସ୍. ଏଲିୟଟ୍‌ଙ୍କୁ ବରଣ କରିଥାନ୍ତି। 'ସ୍ୱାକ୍ଷର' କବିତା ସେ ଏଲିୟଟ୍‌ଙ୍କ ଢଙ୍ଗରେ ରଚିଛନ୍ତି। 'ଭାରସାମ୍ୟ'ର ଯେତେବେଳେ କାବ୍ୟନାୟକ କହିଛି, "ସେହିଠାରେ ଅଛି ନୃତ୍ୟ ନୃତ୍ୟ ମୟୂରର / ସ୍ଥିର ବିନ୍ଦୁ ବିଶ୍ୱ ପ୍ରବାହର ସେତେବେଳେ ଏଲିୟଟ୍‌ଙ୍କ 'Neither from nor towards, at still point, there the dance is' କଥାଟି ପ୍ରତିଧ୍ୱନିତ ହୋଇଉଠିଛି। ଉପରକଥିତ ବିଲାତୀ ଦ୍ରବ୍ୟଟି ଏହି ପାଶ୍ଚାତ୍ୟ କବିତାର ପ୍ରଭାବ। ଏଲିୟଟୀୟ ଭଙ୍ଗୀ। ଭାରତଛାଡ଼ ଆନ୍ଦୋଳନ ଭିତରେ ଇଂରେଜ ନାମରେ ଇଉରୋପ ବର୍ଜନ ଚୂଡ଼ାନ୍ତ ରୂପ ଘେନୁଥିବାବେଳେ ଓଡ଼ିଆ କବିତା ପଶ୍ଚିମ ସଂପ୍ରୀତିରେ ଆବଦ୍ଧ ହେବାକୁ ଯାଉଛି। ସ୍ୱାଧୀନତାପ୍ରାପ୍ତି ପରେ ପରାଧୀନତାର ଗ୍ଲାନି କଟିଛି। ଦେଶକୁ ଘେନି ନିଶ୍ଚିନ୍ତତା ଆସିଛି। ତେଣୁ ଉଗ୍ର ଦେଶାତ୍ମବୋଧ ଓ ଉଦଗ୍ର ସ୍ୱସଂସ୍କୃତି ପ୍ରୀତିରେ ଭଟ୍ଟା ଦେଖାଦେଇଛି। ଊନବିଂଶ ଶତାବ୍ଦୀର ଅସଂପୂର୍ଣ୍ଣ ରେନେସାଁସ୍‌କୁ ଏବେ ସଂପୂର୍ଣ୍ଣ ରୂପ ଦେବାକୁ ଭାରତବର୍ଷ ପଶ୍ଚିମ ଦ୍ୱାରଟିକୁ ଖୋଲା ରଖିଛି, ଇଉରୋପୀୟ ସାଂସ୍କୃତିକ ଉପହାର ଗ୍ରହଣ କରିବାକୁ ଅକୁଣ୍ଠିତ ହୋଇପଡ଼ିଛି। ଓଡ଼ିଶା ବ୍ୟତିକ୍ରମ ହେବ କିପରି ? ସ୍ୱାଧୀନତା ପ୍ରାପ୍ତି ପରେ ଓଡ଼ିଆ କବିତାର ପୂର୍ବ ପଶ୍ଚିମ ସଂପ୍ରୀତି କ୍ରମଶଃ ବଳବତୀ ହୋଇଉଠିଛି ଓ ତାହା ହୋଇଛି ଆଧୁନିକ ଓ ପଶ୍ଚିମ।

୧୯୪୭ରୁ ୧୯୯୫—ଏ ମଧ୍ୟରେ ଦୀର୍ଘ ୪୮ ବର୍ଷ ଅତିକ୍ରାନ୍ତ। ଏହି କାଳରେ ଓଡ଼ିଆ ଗଦ୍ୟର ଅଭୂତପୂର୍ବ ସମୃଦ୍ଧି ଘଟିଛି, ତାହାର ବିଭିନ୍ନ ସଂରୂପ (Genre) ଯଥେଷ୍ଟ ଶ୍ରୀସଂପନ୍ନ ହୋଇଉଠିଛି। କବିତା କିନ୍ତୁ ଅନୁଜ୍ଜଳ ହୋଇ ଉଠିନାହିଁ, ବରଂ ତାହାର ଉଭୟ ଗୁଣାତ୍ମକ ଓ ପରିମାଣାତ୍ମକ ଯେଉଁ ବିଶାଳ ସମୃଦ୍ଧି ଘଟିଛି, ତାହା ସହିତ କ୍ଷୁଦ୍ରଗଳ୍ପ ଭିନ୍ନ ଓଡ଼ିଆ ଗଦ୍ୟର ଅନ୍ୟ କୌଣସି ବିଭାଗ ପ୍ରତିଯୋଗିତା କରିବାକୁ କ୍ଷମ ହେବେ ନାହିଁ। ନାନା ବିରୋଧ ସତ୍ତ୍ୱେ ତାହା ବେଶ୍ ପ୍ରାଗ୍ରସର। ଏଠି ଆମର ଅନେକ କବି। ରୂପ, ବିଷୟ, ପଂକ୍ତି, ପ୍ରକରଣ ଓ ଭାଷା ତଥା ଦୃଷ୍ଟିଭଙ୍ଗୀ ଦିଗରୁ ସେମାନଙ୍କ କବିତାର ଅନେକ ରଂଗ ଓ ବୈଚିତ୍ର୍ୟ। ଏହି କାଳରେ ଭଲ କବିତା ଲେଖି ପ୍ରସିଦ୍ଧି ଲାଭ କରିଛନ୍ତି ବୈକୁଣ୍ଠନାଥ ପଟ୍ଟନାୟକ, ମାୟାଧର ମାନସିଂହ, ଗୋଦାବରୀଶ ମହାପାତ୍ର, ରାଧାମୋହନ ଗଡ଼ନାୟକ, ସଚ୍ଚିଦାନନ୍ଦ ରାଉତରାୟ, କୃଷ୍ଣଚନ୍ଦ୍ର ତ୍ରିପାଠୀ, ଗୁରୁ ପ୍ରସାଦ ମହାନ୍ତି, ଭାନୁଜୀ ରାଓ, ବେଣୁଧର ରାଉତ, ଚିନ୍ତାମଣି ବେହେରା, ବିନୋଦ ଚନ୍ଦ୍ର ନାୟକ, ଅନନ୍ତ ପଟ୍ଟନାୟକ, ରବି ସିଂ, ଜଗନ୍ନାଥପ୍ରସାଦ ଦାସ, ରମାକାନ୍ତ ରଥ,

ସୀତାକାନ୍ତ ମହାପାତ୍ର, ସୌଭାଗ୍ୟ କୁମାର ମିଶ୍ର, ଦୀପକ ମିଶ୍ର, ରାଜେନ୍ଦ୍ର କିଶୋର ପଣ୍ଡା ଓ ପ୍ରତିଭା ଶତପଥୀ ପ୍ରମୁଖ ଶତାଧିକ କବି। ଏବେ ସ୍ୱାଧୀନତା ପରବର୍ତ୍ତୀ ଓଡ଼ିଆ କବିତାର ଆଧୁନିକତା ନିରୂପଣ କରିବାକୁ ହେଲେ କ'ଣ ଏସବୁ କବିଙ୍କୁ ବିଚାରକୁ ନେବା? ଏ ସମସ୍ତେ ଆଧୁନିକ କାଳର କବି ନିଶ୍ଚୟ, କିନ୍ତୁ ଆଧୁନିକ କବି କି? ମାତ୍ରା ନା ଚରିତ୍ରରେ? ଏ ପ୍ରଶ୍ନଟିର ଉତ୍ତର ପ୍ରଥମେ ଖୋଜିବାକୁ ହେବ। ଅଧୁନା ସହିତ ଆଧୁନିକତାର ସଂପର୍କ ମଧ୍ୟରେ ଅଧୁନା ଯେ ଆଧୁନିକ କାଲିକି ତାହା ପ୍ରାଚୀନ, ଆଜି ଯେ ଯୁବକ କାଲିକି ସେ ବୃଦ୍ଧ। ତେଣୁ ଆଧୁନିକ କାଳରେ ରଚିତ କବିତା ଆଧୁନିକ କବିତା ଅଭିଧାରେ ଚିହ୍ନିତ ହେବା କଥା। କିନ୍ତୁ ତାହା ପାଇଁ ଆଉ ଗୋଟିଏ ଅଭିଧା ଅଛି—ସାଂପ୍ରତିକ ବା ସମକାଳୀନ —contemporary। ସମକାଳୀନ ଲେଖା ସବୁ ସାଂପ୍ରତିକ। କିନ୍ତୁ ଆଧୁନିକତା 'ଏହି କାଳର' ଏତିକି ମାତ୍ର ବୁଝାଏ ନାହିଁ। ବୁଝାଏ ଆଉ କିଛି ଅଧିକ ଆଧୁନିକତା ମୂଲ୍ୟଗର୍ଭ—ସେହି ମୂଲ୍ୟ ହୋଇପାରେ ଆକାଙ୍କ୍ଷିତ ମୂଲ୍ୟ କି ଅପମୂଲ୍ୟ। ତେବେ ଆଧୁନିକ କଥାଟା ଭିତରେ କିଛିଟା ପ୍ରଶଂସାର ଭାବ ନିହିତ ଥାଏ ଅବଶ୍ୟ। ତେଣୁ ସମୟ ଆଧୁନିକତାର ନିଃସନ୍ଦେହ ଉପାଦାନବିଶେଷ ହେଲେ ହେଁ, କେବଳ ସମୟ ଘେନି ଆଧୁନିକତା ବିଚାର୍ଯ୍ୟ ହୋଇ ନଥାଏ, ତାହା ସବୁବେଳେ 'ମର୍ଜି' ଘେନି ବିଚାର୍ଯ୍ୟ। ଆଧୁନିକ ଅବଶ୍ୟ ସମକାଳୀନ ହୋଇବି ସମକାଳୀନତାସର୍ବସ୍ୱ ନୁହେଁ। ଆଧୁନିକତାରେ ସମକାଳୀନ ନବତମ ମାନସିକତା ଓ ଦୃଷ୍ଟିଭଙ୍ଗୀ ଅବଶ୍ୟ ପ୍ରକାଶୟିତବ୍ୟ। ସମୟ ବିଶେଷର ବିଶେଷ ସ୍ପନ୍ଦନ ବର୍ତ୍ତମାନ। ନୂଆ ସମୟର ପ୍ରାଣ ସ୍ପନ୍ଦନ ସହିତ ଯେଉଁ ସବୁ ବ୍ୟକ୍ତିଙ୍କର ସଚଳ ଯୋଗାଯୋଗ ଅଛି, ସେମାନେ ଯାହା କିଛି ନୂଆ କରି ଚିନ୍ତା କରୁଛନ୍ତି, ତାଙ୍କ ମନ ଓ ମନନ ଯେଉଁ ଜଗତରେ ଆବର୍ତ୍ତିତ ହେଉଛି, ସେହି ରୂପ ସ୍ୱାକ୍ଷର ଥାଏ ଆଧୁନିକତାରେ। କେହି ଅବଶ୍ୟ ଜୋର ଦେଇ କହି ପାରିବେ ନାହିଁ ଯେ, ଶିଳ୍ପ ଓ ସାହିତ୍ୟର ଆଧୁନିକତା ତାର ଉନ୍ନତି ବା ଉତ୍କର୍ଷର ସୂଚକ, କିନ୍ତୁ ଏକଥା ଜୋର ଦେଇ କହିହେବ ଯେ ଶିଳ୍ପ ଓ ସାହିତ୍ୟର ଆଧୁନିକତା ନୂଆ ଅନୁଭବର ଓ ନୂଆ ଜୀବନବୋଧର ନୈକଟ୍ୟ ସୂଚକ, ସମକାଳୀନ ସମୟ ଓ ଜଗତ ସହିତ ଆତ୍ମୀୟତାର ସୂଚକ। ଜୀବନ୍ତ ଭାବରେ ପ୍ରାସଙ୍ଗିକ। ତେଣୁ ଆଧୁନିକତାର ଅନ୍ୟତମ ପ୍ରଧାନ ଉପାଦାନ ହେଉଛି ଜୀବନ୍ତ ପ୍ରାସଙ୍ଗିକତା। ଅବଶ୍ୟ ସାହିତ୍ୟର ଶିଳ୍ପଗତ ଦାୟିତ୍ୱ ବି ଅଛି, ତେଣୁ ଆଧୁନିକତା କେବଳ ମାତ୍ର ସମୟର ନୁହେଁ, ବୟସର ନୁହେଁ, ତାହା ମୂଳତଃ ନୂଆ ମନନ ଓ ନୂଆ ସ୍ଥାପତ୍ୟ ସଂଗଠନର କଥା। ଆଧୁନିକତାର ପଦ୍ଧତି ପ୍ରକରଣ ବି ନୂଆ। ତେଣୁ ସ୍ୱାଧୀନତା ପରବର୍ତ୍ତୀ କାଳର କବି ମାତ୍ରେ ଆଧୁନିକ କବି ନୁହନ୍ତି, ଏପରି କି ତରୁଣ କବି ମାତ୍ରେ ଆଧୁନିକ

କବି ନୁହନ୍ତି, ତନ୍ମଧ୍ୟରୁ କେହି କେହି ଆଧୁନିକ। ତେଣୁ ଏହି ଶତାଧିକ କବିଙ୍କ ମଧ୍ୟରୁ ଆଧୁନିକ କବିଙ୍କୁ ଖୋଜି ଘେନିବାକୁ ହେବ।

ପ୍ରକୃତରେ ସର୍ବକାଳର ଆଧୁନିକତା ବୋଲି କିଛି ନାହିଁ। ରାଧାନାଥଙ୍କ କବିତା ସେଦିନ ଆଧୁନିକ ଥିଲା। କିନ୍ତୁ 'କବିତା' ୧୯୬୨ ପାଖରେ ତାଙ୍କ ରଚନାକୁ ଆଉ ଆଧୁନିକ କହିହେବ ନାହିଁ। 'ପ୍ରତିମା ନାୟକ' ପାଖରେ ତାଙ୍କ 'ନନ୍ଦିକେଶ୍ୱରୀ' ଅନାଧୁନିକ ମନେ ହେବ। ଅବଶ୍ୟ ଯାହା ପରେ ଆସିଛି ତାହା ପୂର୍ବ ଅପେକ୍ଷା ସବୁବେଳେ ଉନ୍ନତତର ହେବ ବୋଲି କୁହାଯାଉନାହିଁ। କିନ୍ତୁ ଏତିକି କହିବାର କଥା ଯେ ରାଧାନାଥଙ୍କ ଆଧୁନିକତାର ମାନଦଣ୍ଡ ଥିଲା ଏକ ପ୍ରକାରର। ଆଜିର ମାନଦଣ୍ଡ ଅନ୍ୟ ପ୍ରକାରର। ମାଥିଉ ଆର୍ଣ୍ଣୋଲ୍ଡ ୧୮୫୨ରେ ଲେଖିଥିଲେ ଗୋଟିଏ ପ୍ରବନ୍ଧ 'On the Modern Element in Literature' ଏବେ ୧୯୬୧ରେ ଲିଧନେଲ ଟ୍ରିଲିଙ୍ଗ୍ ମଧ୍ୟ ପ୍ରାୟ ସେହି ନାମରେ ଲେଖିଛନ୍ତି ପ୍ରବନ୍ଧଟିଏ, 'On the Modern Element in Modern Literature'। ଦୁହିଁଙ୍କର ଅନ୍ୱିଷ୍ଟ ବିଷୟ ସାହିତ୍ୟର ଆଧୁନିକତା। କିନ୍ତୁ ମାଥିଉ ଆର୍ଣ୍ଣୋଲ୍ଡଙ୍କ 'Modern' କଥାଟି ଟ୍ରିଲିଙ୍ଗ୍ 'Modern' ଠାରୁ କେବଳ ଦୂରବର୍ତ୍ତୀ ନୁହେଁ ଓ ବରଂ ଅନେକଟା ବିପରୀତ ବୋଧାତ୍ମକ—ପ୍ରଥମଟିରେ ସଭ୍ୟତା ସଂପ୍ରୀତି ଓ ସଂସ୍କୃତି ମୋହ ପ୍ରକଟିତ ହୋଇଥିଲା। ଦ୍ୱିତୀୟଟିରେ ଅଛି ସଭ୍ୟତା ବିଦ୍ୱେଷ, ସଂସ୍କୃତି ପ୍ରତି ପ୍ରଚଣ୍ଡ ମୋହ ଭଙ୍ଗର କଥା। ମାଥିଉ ଆର୍ଣ୍ଣୋଲ୍ଡଙ୍କ ଠାରୁ ଟ୍ରିଲିଙ୍ଗ୍‌ଙ୍କ ପ୍ରତିମାନ ଭିନ୍ନ। ଏଣୁ ମନେ ରଖିବାକୁ ହେବ, ପ୍ରତ୍ୟେକ ଶିଳ୍ପ ପରି ସାହିତ୍ୟର ନିଜସ୍ୱ ଇତିହାସ ଅଛି, ନିଜସ୍ୱ ଆଧୁନିକ ପର୍ବପର୍ବାନ୍ତର ଅଛି। ତେଣୁ କବିତାରେ ଏହି ପର୍ବ-ପରଂପରା ଅନାୟାସଲକ୍ଷ୍ୟ। ଗୋଟିଏ ଗୋଟିଏ ପର୍ବର ମାତ୍ରା ଓ ଚରିତ୍ର ଗୋଟିଏ ଗୋଟିଏ ପ୍ରକାରର। ମାତ୍ରା ଓ ଚରିତ୍ର ଗୋଟିଏ ଗୋଟିଏ ପ୍ରକାରର। ପ୍ରତ୍ୟେକ ପର୍ବାନ୍ତେ ମସୃଣ ଧାରାବାହିକତାରେ ଛେଦ ପଡ଼େ, ପ୍ରଚଳିତ ପରଂପରା ଭାଙ୍ଗିଯାଏ, ପୁରୁଣା ଧାରଣାରେ ପରିବର୍ତ୍ତନ ଘଟେ। ଦୃଷ୍ଟିଭଙ୍ଗୀ ବଦଳେ, କବିତାର ଭାଷା, ଆଙ୍ଗିକ ଓ ବିଷୟବସ୍ତୁ ନୂଆ ହୋଇଉଠେ। ଏହି ପରିବର୍ତ୍ତନ ହିଁ ପ୍ରତ୍ୟେକ ପର୍ବର ଆଧୁନିକତା, ଅବଶ୍ୟ ଧାରାବାହିକତା କାହିଁ ଆମୂଳାନ୍ତ ନଷ୍ଟ ହୁଏ ନାହିଁ, ଭିତରେ ଭିତରେ ସଂଯୋଗ ସୂତ୍ର ଥାଏ, କିନ୍ତୁ ବିଚ୍ଛେଦ ସ୍ପଷ୍ଟ ଆଖିରେ ପଡ଼େ। ଏହି ପର୍ବାନ୍ତର ପାଇଁ କେତୋଟି କାରଣ ଅଛି, ଯଥା: କବିଙ୍କ ପ୍ରତିଭା, କବିତାର ଅନ୍ତର୍ନିହିତ ନିୟମ (inner logic), ଦେଶକାଳ ଗତ ପରିବର୍ତ୍ତନ ଓ ବହିଃପ୍ରଭାବ। ପ୍ରତିଭାବାନ୍ କବି ଗଚ୍ଛିତ ଶବ୍ଦ ଓ ପ୍ରଚଳିତ ଅଭିବ୍ୟକ୍ତି ହାତରୁ ମୁକ୍ତି ଖୋଜନ୍ତି, ନୂଆ ପାଠକ ସୃଷ୍ଟି କରିବାକୁ ଚାହାନ୍ତି; କବିତା ମଧ୍ୟ ଅନ୍ୟାନ୍ୟ ଶିଳ୍ପ ପରି ନିଜର ନିୟମ ମାନେ। ନିଜସ୍ୱ ଛନ୍ଦରେ ଆବର୍ତ୍ତିତ ହୁଏ। ଦେଶ ଓ ସମାଜ

ଆଧୁନିକ ହୋଇଉଠିଲେ କବିତା ଆଧୁନିକ ନ ହୋଇ ରହିପାରେ ନାହିଁ, ସମାଜ ସାହିତ୍ୟକୁ ଅସ୍ୱୀକାର କରିପାରେ, କିନ୍ତୁ ସାହିତ୍ୟ ଜୀବନକୁ କି ସମାଜକୁ ଏଡ଼େଇ ଚଳେ ନାହିଁ। ନଦୀ ସ୍ରୋତ ସହିତ ବିଶେଷତଃ କାବ୍ୟ ସ୍ରୋତର ସାମ୍ୟ ଅଛି। ନଦୀ ତୀରବର୍ତ୍ତୀ ପ୍ରାକୃତିକ ଛବିର ଦୃଶ୍ୟ ବହନ କରେ ବୋଲି ତାର ଅନ୍ୟନାମ ଚିତ୍ରବହା। କବିତା ସେହି ଦୃଷ୍ଟିରୁ ବି ଚିତ୍ରବହା। ପ୍ରତ୍ୟେକ ଯୁଗର କବିତା ନିଜ ଯୁଗର ଛବିକୁ ପ୍ରତିବିମ୍ବିତ ରଖିଥାଏ। ଶେଷଟି ସବୁଠୁଁ ବେଶି ଗୁରୁତ୍ୱପୂର୍ଣ୍ଣ— T.S. Eliot ନୋବେଲ୍ ପୁରସ୍କାର ଉପଲକ୍ଷେ Suppra-national value of poetry କଥା ଉତ୍‌ଥାପନ କରିଛନ୍ତି। କବିତାର ଆନ୍ତର୍ଜାତିକ ଗୁରୁତ୍ୱ ଅନସ୍ୱୀକାର୍ଯ୍ୟ। ତାଙ୍କ ଭାଷଣରୁ କିଛି ଅଂଶ ଶୁଣନ୍ତୁ, "We may think also of the history of poetry in Europe, and of the great influence that the poetry of one language can exert on another; we must remember the immense delt of considerable poet to poets of the other languages than him own, we may reflect that the poetry of every country and every language would decline and perish, were it not nourished by poetry in foreign tongues." ଏକଥା ଯେତେ ଅପ୍ରିୟ ଓ ଅସମ୍ମାନଜନକ ମନେ ହେଉନା କାହିଁକି, ଇଂରାଜୀ ଓ ବଂଗଳା କବିତାର ପ୍ରଭାବ ସ୍ୱୀକାର କରି ନଥିଲେ ଗତ ଶତାବ୍ଦୀରେ ଓଡ଼ିଆ କବିତା ଆଧୁନିକତ୍ୱ ଅର୍ଜ୍ଜି ପାରିନଥାନ୍ତା। ବରଂ ଗତାନୁଗତିକ ମସୃଣ ଧାରାବାହିକତାରେ କି ପୁଚ୍ଛଗ୍ରାହିତାରେ ନିଷ୍ପ୍ରାଣ ହୋଇଉଠିଥାନ୍ତା ନିଶ୍ଚୟ। ଅନ୍ୟ ଭାଷାର କବିତାରୁ ଓଡ଼ିଆ କବିତା ପ୍ରେରଣା ପାଉଛି ଯଥେଷ୍ଟ। ଓଡ଼ିଆ କବିତାର ପର୍ବାନ୍ତ ପାଇଁ ଏହି ପ୍ରେରଣା ମହତ୍ତମ। ୧୯୨୦ ପରେ ଓଡ଼ିଆ କବିତା ରବୀନ୍ଦ୍ରାନୁସାରୀ ହୋଇ ଉଠିଛି, ସ୍ୱାଧୀନତା ପରବର୍ତ୍ତୀ କାଳରେ ରବୀନ୍ଦ୍ର ପ୍ରଭାବ ପୌନଃପୁନିକତାରେ ଆକ୍ରାନ୍ତ ହୋଇ ଉଠୁଥିବା ବେଳେ ପଶ୍ଚିମ ଦିଗନ୍ତରେ ଦେଖା ଦିଅନ୍ତି ୧୯୪୮ରେ ନୋବେଲ ପୁରସ୍କାରପ୍ରାପ୍ତ ବିଶ୍ୱର ପ୍ରଥମ ଆଧୁନିକ କବି T.S. Eliot. ପ୍ରତିଭାବାନ୍ ଓଡ଼ିଆକବି ଏ ପରିବର୍ତ୍ତିତ ଦେଶକାଳ ପ୍ରେକ୍ଷାପଟରେ ଏଲିୟଟୀୟ ଭଙ୍ଗୀରେ କବିତାକୁ ନିଜସ୍ୱ ଛନ୍ଦରେ ଗତି କରିବାକୁ ସୁଯୋଗ ଦିଅନ୍ତି। ସେଦିନ ଏକ ନୂଆ ପ୍ରକାରର ଆଧୁନିକତା ଭୂମିଷ୍ଠ ହୁଏ। ସେତେବେଳେ ଓଡ଼ିଆ କବିତା ମୁଖ୍ୟତଃ ଦୁଇଟି ଧାରାରେ ପ୍ରବାହିତ ହେଉଥିଲା; ଗୋଟିଏ ରବୀନ୍ଦ୍ରାନୁସାରୀ ରୋମାଣ୍ଟିକ ଧାରା, ଅନ୍ୟଟି ମାର୍କସ୍ ବା ପ୍ରଗତି ଚେତନାର ଧାରା। ୧୯୪୭ର 'ପାଣ୍ଡୁଲିପି'ରେ ପରସ୍ପର ପ୍ରତି ସ୍ପର୍ଦ୍ଧା। ଏହି ଦୁଇଟି ଧାରା ପାଖରେ ଆଉ ଗୋଟିଏ ନୂତନ ଧାରାର ପ୍ରବର୍ତ୍ତନ ଘଟିଛି, ସେଥିରେ ସ୍ୱାକ୍ଷର, ଭାରସାମ୍ୟ,

ଅଦିନ ବର୍ଷା, ଜ୍ୟାମିତି ଓ ପ୍ରତିମା ନାୟକ ଆଦି ଯେଉଁ ସବୁ କବିତା ବର୍ତ୍ତମାନ, ସେଗୁଡ଼ିକୁ ପୂର୍ବ ପ୍ରଚଳିତ କୌଣସି ଧାରାର ଅନ୍ତର୍ଭୁକ୍ତ କରିହେବ ନାହିଁ; ଭାଷା ନୂଆ, ଉପମା ଓ ଚିତ୍ରକଳ୍ପ ନୂଆ, ସର୍ବୋପରି ଦୃଷ୍ଟିଭଙ୍ଗୀ ବି ନୂଆ। କ୍ରମଶଃ ଏହି ନୂତନ ଧାରାଟି ବଳବତୀ ହୋଇଉଠିଛି। ୧୯୪୯ରେ ପ୍ରକାଶିତ 'ଭାନୁମତୀର ଦେଶ' ଏହି ଧାରାଟିର ଗତିକୁ ତ୍ୱରାନ୍ୱିତ କରିଛି, ଆଉ ୧୯୫୫ରେ ଗୁରୁ ପ୍ରସାଦ ମହାନ୍ତି ଓ ଭାନୁଜୀ ରାଓଙ୍କ ଯୁଗଳବନ୍ଦୀ କବିତା ସଂକଳନ 'ନୂତନ କବିତା' ପ୍ରକାଶିତ ହୋଇ ଏହାର ମାତ୍ରା ଓ ଚରିତ୍ରକୁ ସ୍ପଷ୍ଟ କରିଦେଇଛି। ଏହାର ଆଧୁନିକତା କେବଳ ଊନବିଂଶ ଶତାବ୍ଦୀର ଆଧୁନିକତା ଠାରୁ ଭିନ୍ନ ଜିନିଷ ନୁହେଁ, ୧୯୩୫ 'ଆଧୁନିକ' ପତ୍ରିକାର ଆଧୁନିକତାଠାରୁ ବି ସ୍ୱତନ୍ତ୍ର। ଅବ୍ୟବହିତ ଆଧୁନିକ ଠାରୁ ସ୍ୱତନ୍ତ୍ର ହେବାକୁ ଯାଇ 'ନୂତନ' ନାମଟିର ପ୍ରଚଳନ ତାତ୍ପର୍ଯ୍ୟହୀନ ନୁହେଁ, ୧୯୫୭ରେ କବି ଚିନ୍ତାମଣି ବେହେରା ମଧ୍ୟ ତାଙ୍କ କବିତା ସଂକଳନର ନାମ ରଖନ୍ତି ଏହି ସୂତ୍ରେ 'ନୂତନ ସ୍ୱାକ୍ଷର'। ଏହି ସଦ୍ୟତମ ଆଧୁନିକ ଓଡ଼ିଆ କବିତାରୁ ଅବଶ୍ୟ ତରଳ ରୋମାଣ୍ଟିକ ପ୍ରବଣତା କି ଉଗ୍ର ପ୍ରଗତି ଚେତନାର ଦୃପ୍ତ ଭଙ୍ଗୀକୁ ସଂପୂର୍ଣ୍ଣ ଉତ୍‌ଖାତ କରିନାହିଁ; କିନ୍ତୁ କ୍ରମଶଃ ଶକ୍ତି ଓ ସାମର୍ଥ୍ୟ ସଂଚୟ କରି ସେହି ଦୁଇଧାରାକୁ ସଂପୂର୍ଣ୍ଣ ଦୁର୍ବଳ ଓ ନିଷ୍ପ୍ରଭ କରି ଦେଇଛି। ଏଠାରେ ତ ଏବେ ବି ଅଚ୍ୟୁତାନନ୍ଦ, ଉପେନ୍ଦ୍ରଭଞ୍ଜ ଓ ଗୋପାଳକୃଷ୍ଣଙ୍କ କାବ୍ୟାଦର୍ଶ ଜୀବିତ ଅଛି, ଆମ ଜାତୀୟ ଜୀବନରେ ସଭ୍ୟତା ଓ ସଂସ୍କୃତି ସମତାଳରେ ଯେ ଗତି କରୁନାହିଁ, ଏହାହିଁ ତାର କାରଣ; ନୂତନ ଆଧୁନିକତାର ଦୁର୍ବଳତା କାରଣ ନୁହେଁ।

ଯେଉଁଠି ଯେତେବେଳେ ପର୍ବାନ୍ତର ଆସେ ଓ ନବୀନତା ବା ଆଧୁନିକତା ଆତ୍ମପ୍ରକାଶ କରେ, ସେଇଠି, ସେତେବେଳେ ତାହା କ୍ରୋଧ ଓ ଅସହିଷ୍ଣୁତାର ଶିକାର ହୁଏ। ବୋଦେଲେୟାରଙ୍କ କ୍ଲେଦଜକୁସୁମ [Fleurs du mal - Flowers of Evil] ପ୍ରକାଶ ପରେ 1957ର ଫ୍ରାନ୍ସରେ ଯେତେବେଳେ ସର୍ବାଙ୍ଗୀଣ ଆଧୁନିକତାର ପ୍ରବର୍ତ୍ତନ ଘଟିଥିଲା, ସେତେବେଳେ ତାଙ୍କୁ ଅକଥ୍ୟ ଅବସ୍ଥାର କବି ବୋଲି ଅଭିହିତ କରାଯାଇଥିଲା। ଆଧୁନିକତା ସମ୍ବନ୍ଧରେ ଆତଙ୍କ ଓ ଅବିଶ୍ୱାସର ପ୍ରତିକ୍ରିୟାରେ ତାହାର ପ୍ରଥମ ପରିଚୟ। ସ୍ୱୀକୃତ କାବ୍ୟ-ଅଭ୍ୟାସ ତାହା ଭାଙ୍ଗିଦିଏ, ପ୍ରଚଳିତ ଅଭିବ୍ୟକ୍ତିକୁ ବିପର୍ଯ୍ୟସ୍ତ କରେ, ମସୃଣ ଧାରାବାହିକତାରେ ପୂର୍ଣ୍ଣଚ୍ଛେଦ ରେଖା ଟାଣିବା ପାଇଁ ପ୍ରତିଷ୍ଠିତ କବିଙ୍କୁ ବି ଅବଜ୍ଞା କରେ। ସ୍ୱାଧୀନତା ପରବର୍ତ୍ତୀ ଆଧୁନିକ କବିତା କ୍ରୋଧ ଓ ଅସହିଷ୍ଣୁତା କବଳରୁ ରକ୍ଷା ପାଇନାହିଁ। ଡଃ ମାୟାଧର ମାନସିଂହ ଏହି ଆଧୁନିକ କବିତାରେ ମୁଗ୍ଧ ଆତ୍ମରତି କି ଭୂସ୍ୱର୍ଗ ସ୍ୱପ୍ନ ଦେଖିବାକୁ ନ ପାଇ ଉତ୍‌କ୍ଷିପ୍ତ ହୋଇପଡ଼ିଛନ୍ତି: ସଚ୍ଚିଦାନନ୍ଦ, ଗୁରୁପ୍ରସାଦ ଓ ରମାକାନ୍ତ ଆଦି କବିଙ୍କୁ 'ବୌଦ୍ଧିକ ବାମନ' ଓ 'ନକଲି ଏଲିୟଟ୍'

ବୋଲି ଉପହାସ କରିଛନ୍ତି; ତାଙ୍କ ଆତଙ୍କ କେବଳ ବିଷୟବସ୍ତୁ ଘେନି ନୁହେଁ, ଭାଷା ଘେନି, ପଦ୍ଧତି ଓ ପ୍ରକରଣ ଘେନି ବି। 'ଜ୍ୟାମିତି' କବିତାରେ ସେ ଗଣ-କବିତାର ଚରିତ୍ର ଖୋଜିଛନ୍ତି ଓ ନପାଇ ତାକୁ ଦୁର୍ବୋଧ୍ୟ ବୋଲି ଘୋଷଣା କରିଛନ୍ତି। ସୁରେନ୍ଦ୍ର ମହାନ୍ତି ବି ତାଙ୍କର 'ଶେଷ କବିତା' ଗଳ୍ପରେ ଆଧୁନିକ କବିତାର ମୁକ୍ତ ଅନୁଷଙ୍ଗ ପଦ୍ଧତିକୁ ତୀବ୍ର କଟାକ୍ଷ କରିବାକୁ ଛାଡ଼ିନାହାନ୍ତି। ଏହି ଆଧୁନିକତା ନା ପାଇଛି ଆଗ୍ରହୀ କବିଙ୍କ ଉତ୍ସାହ ଓ ଆଶୀର୍ବାଦ, ନା ପାଇଛି ସମକାଳୀନ ସୁଧୀ ସାହିତ୍ୟିକଙ୍କ ଶ୍ରଦ୍ଧା ଓ ସମ୍ବେଦନା। କିନ୍ତୁ ସମୟ ଥିଲା ତାହା ସପକ୍ଷରେ। ତେଣୁ ତାହା କ୍ରମଶଃ କବିତାରୁ ରୋମାଣ୍ଟିକ୍ ଭାବାଲୁତା ଓ ପ୍ରଗତିବାଦୀ ଅକୁଣ୍ଠିତ ରଜୁତାକୁ ବିଦାୟ ଦେଇ ମନନଧର୍ମୀ ସଂହତିକୁ ପ୍ରତିଷ୍ଠା ଦେଇଛି। ମାୟାଧର ମାନସିଂହ ଓ ରାଧାମୋହନ ଗଡ଼ନାୟକଙ୍କ ନେତୃତ୍ୱ ଶେଷ ହୋଇଆସିଛି। ନୂଆ କବିଙ୍କର ଦ୍ରୋଣାଚାର୍ଯ୍ୟ ହୋଇଛନ୍ତି ସଚ୍ଚିଦାନନ୍ଦ କି ଗୁରୁପ୍ରସାଦ। ଆଧୁନିକ କାବ୍ୟମଞ୍ଚକୁ ଗୋଟିକ ପରେ ଗୋଟିଏ ପ୍ରଚୁର ପ୍ରତିଶ୍ରୁତିସମ୍ପନ୍ନ ତରୁଣ କବି ଉଠି ଆସିଛନ୍ତି। ଆସିଛନ୍ତି ରମାକାନ୍ତ ରଥ, ସୀତାକାନ୍ତ ମହାପାତ୍ର, ଦୀପକ ମିଶ୍ର, ଜଗନ୍ନାଥ ପ୍ରସାଦ ଦାସ, ସୌଭାଗ୍ୟ କୁମାର ମିଶ୍ର, ରାଜେନ୍ଦ୍ର କିଶୋର ପଣ୍ଡା ଓ ପ୍ରତିଭା ଶତପଥୀ; ଆସିଛନ୍ତି ବି କମଳାକାନ୍ତ ଲେଙ୍କା ଓ ସୌରୀନ୍ଦ୍ର ବାରିକ, ଆହୁରି ଅନେକ କବି। ସବୁ ପ୍ରତିବାଦ, ପ୍ରତିବନ୍ଧକ ଓ ପ୍ରତିଦ୍ୱନ୍ଦ୍ୱିତା ଅତିକ୍ରମ କରି। ଆଧୁନିକ କବିତା ନିରଙ୍କୁଶ ପ୍ରତିଷ୍ଠା ଅର୍ଜିଛି, ପାଠକର ଦ୍ୱିଧା ବି କଟିଛି, ଆଧୁନିକତାକୁ ଶ୍ରଦ୍ଧା ଓ ସମ୍ମାନ ମିଳିଛି।

କ'ଣ ତେବେ ଏହି ଆଧୁନିକତାର ସ୍ୱରୂପ ସଂଜ୍ଞା ? ପ୍ରଥମରୁ ସ୍ୱୀକାର କରିବାକୁ ହୋଇଛି ଯେ, ଏହି ଆଧୁନିକତା ପାଶ୍ଚାତ୍ୟ ଭୂମିରୁ ଉତ୍ସାରିତ। କେଉଁଠୁ ଓ କେବେଠୁଁ ଏହାର ଯାତ୍ରାରମ୍ଭ ? କୁହାଯାଏ 'The French fathered the modern movement.' ବୋଦେଲେୟାର ଏହାର ପ୍ରାଣ-ପ୍ରତିଷ୍ଠାତା ପିତୃପୁରୁଷ। କିନ୍ତୁ ଯେଉଁ ଆଧୁନିକତା ଓଡ଼ିଶାକୁ ଆସିଛି, ତାହା ସିଧା ଫ୍ରାନ୍ସରୁ ଆସିନାହିଁ, ଆସିଛି ଆଂଲୋ-ଆମେରିକାନ୍ ଆଧୁନିକତାରୁ, ଯାହାର କାଳସୀମା ଘେନି ଅନେକ ମତ ମତାନ୍ତର ଅଛି। କିଏ କହନ୍ତି ଏହାର ଆରମ୍ଭ ୧୮୮୦ରୁ। କିଏ କହନ୍ତି ବିଂଶ ଶତାବ୍ଦୀର ଆରମ୍ଭରୁ, କିଏ ବା କହନ୍ତି ୧୯୧୦ରୁ, କିଏ କହନ୍ତି ୧୯୧୫ରୁ, ଆଉ ବା କିଏ କହନ୍ତି ପ୍ରଥମ ବିଶ୍ୱଯୁଦ୍ଧ ପରବର୍ତ୍ତୀ କାଳ ୧୯୨୨ରୁ। ଶେଷ ସୀମା ସମ୍ବନ୍ଧରେ କିଏ ୧୯୩୦କୁ ଚିହ୍ନିତ କଲେ ଆଉ କିଏ ଚିହ୍ନିତ କରିଥାନ୍ତି ୧୯୫୭କୁ। ତେବେ ଗୋଟିଏ କଥାରେ ସମସ୍ତେ ଏକମତ। ପରିଚିତ ପୁରୁଣା ପୃଥିବୀ ଅନ୍ତର୍ହିତ ହୋଇଛି (It was in 1915 the old world ended)। ମଣିଷ ପ୍ରକୃତି ବଦଳିଛି (on or about December

1910 human nature changed)। ମହତ୍ ଆଦର୍ଶ ଭାବରେ The Waste Land ଓ Ulysses ପ୍ରକାଶ ପାଇଛି। ସାହିତ୍ୟକୁ ଆଧୁନିକତା ଆସିଛି। ଓଡ଼ିଆ କବିଙ୍କର ଭାବଗୁରୁ ଅବଶ୍ୟ ଟି.ଏସ୍.ଏଲିୟଟ୍। ତେବେ ଓଡ଼ିଆ କବିତାର ଆଧୁନିକତା କେବଳ ଏହି Anglo- American Modernismରୁ ଏହି ପ୍ରେରଣା ପାଇ ନାହିଁ। ତାହାର ଆଉ ଦୁଇଟି ଉତ୍ସ ବର୍ତ୍ତମାନ। ଗୋଟିଏ ହେଉଛି Germanic Modernism—ଜର୍ମାନୀ, ଅଷ୍ଟ୍ରିୟା ଓ ସ୍କାଣ୍ଡିନେଭିଆ ଅକ୍ଷ, ଅନ୍ୟଟି ଦ୍ୱିତୀୟ ବିଶ୍ୱଯୁଦ୍ଧର କିଛି ପୂର୍ବରୁ ସମୁଦ୍ଭୂତ ଅସ୍ତିତ୍ୱବାଦୀ ସାହିତ୍ୟ ଆନ୍ଦୋଳନ—ଯାହାର ପୁରୋଧା ହେଉଛନ୍ତି ସାହିତ୍ୟିକ ସାର୍ତ୍ର, ଆନ୍ଦ୍ରେ ମାର୍ଲୋ ଓ ସିମନ୍‌ଦ୍ୟ ବୋଭେୟାର। ପ୍ୟାରିସ୍, ଲଣ୍ଡନ ଓ ଭିଏନା—ଉଚ୍ଚଶିକ୍ଷିତ ବହୁପାଠୀ ଆଧୁନିକ ଓଡ଼ିଆ କବିଏ ଏହି ୩ଟି ଉତ୍ସରୁ ସମାହୃତ ତ୍ରିବେଣୀ ସଙ୍ଗମରେ କବିତାକୁ ପ୍ରତିଷ୍ଠିତ କରିଛନ୍ତି। ଗୋଟିଏ ସମୟରେ ଉଭୟେ ମଧ୍ୟ ଆଧୁନିକ। ଗୋଟିଏ ହେଉଛି ପ୍ରତ୍ନ ଆଧୁନିକତା (Paleomodernism), ଦ୍ୱିତୀୟଟି ନବ୍ୟ ଆଧୁନିକତା ବା Neo-Modernism। ପ୍ରତ୍ନ ଆଧୁନିକତାର ଦୃଷ୍ଟାନ୍ତ ହେଉଛନ୍ତି ଜଏସ୍, ପିକାସୋ ଓ କବି ଏଲିୟଟ୍; ନବ୍ୟ ଆଧୁନିକତାର ଦୃଷ୍ଟାନ୍ତ ନୂଆ ଶିଳ୍ପଧାରା—ଡାଡାଇଜମ୍, ସୁର ରିୟାଲିଜମ୍ ଇତ୍ୟାଦି। ଓଡ଼ିଆ କବିତାରେ ଏହି ପ୍ରତ୍ନ ଆଧୁନିକତାର ପ୍ରଭାବ ବିଦ୍ୟମାନ। ଅତୀତକୁ ସଂପୂର୍ଣ୍ଣ ବର୍ଜନ କରି କେବଳ ବର୍ତ୍ତମାନର ଅଗଭୀର ଅକସ୍ମାତ୍ ଉତ୍ତେଜିତ ଆବେଗକୁ ସମ୍ବଳ କରି ଅତୀତର ସାହାଯ୍ୟ-ବଂଚିତ ନୂଆ ଭାଷାରେ ମହତୀ କବିତା ଲେଖି ହୁଏ ନାହିଁ। ଏଥିରେ ପରିବର୍ତ୍ତନ ଯେତିକି ସତ୍ୟ, ଅବିଚ୍ଛିନ୍ନତା ବା ଧାରାବାହିକତା ସେତିକି ସତ୍ୟ। ତେବେ ପରିବର୍ତ୍ତନ ପ୍ରବଳ ଓ ତାତ୍ପର୍ଯ୍ୟପୂର୍ଣ୍ଣ ନିଶ୍ଚୟ। କିନ୍ତୁ କେଉଁଠି ତାହା ପୂର୍ବସୂତ୍ରହୀନ ନୁହେଁ। Tradition ଓ Experiment—ଐତିହ୍ୟ ଓ ନବ ପରୀକ୍ଷଣ ଉଭୟ ଉପାଦେୟ ଏବଂ ଏହି ଆଧୁନିକତା ପାଇଁ ତୁଲ୍ୟଭାବରେ ପ୍ରୟୋଜନୀୟ। ଓଡ଼ିଆ ଭାଷା ଓ ସାହିତ୍ୟ ବହୁ ଯୁଗ ବ୍ୟାପୀ ଅତୀତ ସାଧନାର କ୍ରମ ପରିଣତି। ତାହା ଗର୍ଭରେ ବହୁ ଆବେଗ ସଂଚିତ ରହିଛି। ଚାରିପାଖରେ ବହୁ ସ୍ମୃତି ଗୁଞ୍ଜରଣ କରୁଛି। ଆଧୁନିକ ଓଡ଼ିଆ କବିଏ ତାହାକୁ ପିତୃପୁରୁଷଙ୍କ ସୁକୃତ ପରି ସ୍ୱୀକାର କରନ୍ତି। ଯାହାକୁ ଐତିହ୍ୟ କୁହାଯାଏ। ଯାହା ଜାତିର ଦୀର୍ଘ ଅନୁଶୀଳନ ଫଳରେ ଅର୍ଜିତ। ମାନସ-ପ୍ରବଣତାର ସ୍ଥିର ଅନପନେୟ ରେଖାଙ୍କନ। ତାହା କବିମାନେ ନିଜ ସୃଷ୍ଟିରେ ବ୍ୟବହାର କରନ୍ତି। ସ୍ମୃତିରେ ଆଧୁନିକତା, ପ୍ରୟୋଗଶୀଳତାରେ ବି ଆଧୁନିକତା। ସେଥିପାଇଁ ଆଧୁନିକ ଓଡ଼ିଆ କବିତା ମିଥ୍, ଲୋକକଥା ଓ ପୁରାଣ କଥାର ପ୍ରଭୂତ ବ୍ୟବହାର କରିଥାଏ। କବି ଏଲିୟଟ୍‌ଙ୍କ ପାଇଁ ଯେପରି, ଆମ ଆଧୁନିକ କବିଙ୍କ ପାଇଁ ସେପରି ଅତୀତ ଓ ଅଧୁନା—ଏହି ଦ୍ୱିମାତ୍ରିକ ସନ୍ଧି ଚିହ୍ନହୀନ ସମନ୍ୱୟର ଉପଲବ୍ଧି ହିଁ ଆଧୁନିକତାର

ନାମାନ୍ତର। ସମୁଦ୍ର ସ୍ନାନ, ଚିତ୍ର ନଦୀ, ଶ୍ରୀରାଧା, ଶବରୀ, ବଜ୍ରଯାନ, ମଣିକର୍ଣ୍ଣିକା, ମନ୍ତ୍ରପାଠ, ଯଯାତି, ରତ, ସ୍ରୋତର ନାମ ରତ, ପିଙ୍ଗଳାର ସୂର୍ଯ୍ୟ ଓ ତୃତୀୟ ନୟନ ଗୁଡ଼ିକର ନାମରୁ ହିଁ ତାହାର ଐତିହ୍ୟ ପ୍ରୀତି ଦୁର୍ଲକ୍ଷ୍ୟ ରହେ ନାହିଁ। ନବ୍ୟ ଆଧୁନିକତା ଓଡ଼ିଆ କବିତାରେ ଅନୁପସ୍ଥିତ।

ଆଧୁନିକ କବିତାରେ ବିଂଶ ଶତାବ୍ଦୀର ଧ୍ୟାନ ଧାରଣା, ଜୀବନ ଦୃଷ୍ଟି ଓ ମୂଲ୍ୟବୋଧର ଆତ୍ମପ୍ରକାଶ ଘଟିଥିବା ସ୍ୱାଭାବିକ କଥା। ଓଡ଼ିଶାର ସମାଜ ଓ ଜନଜୀବନରେ ଅତର୍କିତ ନ ଘଟିଛି ନୁହେଁ; ଘଟିଛି। ଏହି ପରିବର୍ତ୍ତନର କାରଣ ସ୍ୱରୂପ ଯୁଦ୍ଧୋତ୍ତର ନୈରାଶ୍ୟବାଦ, ସ୍ୱାଧୀନତାର ମୋହଭଙ୍ଗ ଓ ଜୀବନ ସଂଗ୍ରାମର ଅସହନୀୟତା ଉଲ୍ଲେଖ ହୋଇଥାଏ; ଅଧିକନ୍ତୁ ଏହି ଶତାବ୍ଦୀର ବିଜ୍ଞାନ, ଦର୍ଶନ, ନୃତତ୍ତ୍ୱ, ମନସ୍ତତ୍ତ୍ୱ ଓ ରାଷ୍ଟ୍ରଚିନ୍ତା ଆମକୁ ଯେଉଁ ନୂତନ ଜ୍ଞାନ ଓ ଦୃଷ୍ଟିଭଙ୍ଗୀ ଦ୍ୱାରା ସମୃଦ୍ଧ କରିଛି, ସେ କଥା ବି କୁହାଯାଏ। ତେବେ ଏସବୁର ଊର୍ଦ୍ଧ୍ୱରେ ବର୍ତ୍ତମାନ କବି ଏଲିୟଟ୍‌ଙ୍କ ପ୍ରଭାବ। ସେ ଆମ ପାଇଁ ପ୍ରଥମ ଆଧୁନିକ କବି ଥିଲେ। ଉଭୟ ଭାବବୈଶିଷ୍ଟ୍ୟ ଦିଗରୁ ଓ ରୂପଲକ୍ଷଣ ଦୃଷ୍ଟିରୁ ଜୀବନ ମହତ୍ତ୍ୱଶୂନ୍ୟ। ମୃତ୍ୟୁ ବି ଅର୍ଥହୀନ। କେହି ମହତ୍ତ୍ୱ ଖୋଜନ୍ତି ନାହିଁ, ମହତ୍ତ୍ୱ ଅନୁପସ୍ଥିତ ବୋଲି କ୍ଷୋଭ ବି କରନ୍ତି ନାହିଁ, କବି ଏଲିୟଟ୍ ନିର୍ମମ ସତ୍ୟର ଉଦ୍‌ଗାତା। ସେ ସତ୍ୟବାଦୀର ସାହସ ଓ ଶିଳ୍ପୀଙ୍କ ହୃଦୟ ଘେନି କାବ୍ୟ ଜଗତରେ ଆବିର୍ଭୂତ ହୁଅନ୍ତି। ପ୍ରତୀକବାଦୀ କାବ୍ୟତତ୍ତ୍ୱ, ରୁଷିଆର ଫର୍ମାଲିଜିମ୍, ଇମେଜିଷ୍ଟ୍ ଆନ୍ଦୋଳନର କାବ୍ୟାଦର୍ଶ ଓ ମେଟାଫିଜିକାଲ୍ କାବ୍ୟଶୈଳୀ ସହିତ ନିଜସ୍ୱ କବି ଦୃଷ୍ଟିକୁ ସମନ୍ୱିତ କରି ଭଗ୍ନ ଚିତ୍ରର ସ୍ତୂପରେ ବିଭଙ୍ଗଜୀବନର କ୍ଲାନ୍ତି ଓ ସର୍ବଶୂନ୍ୟତାକୁ ରୂପଦାନ କରନ୍ତି। ସେ ଗ୍ଲାନି ଉପରେ ଫୁଲ ଚଢ଼ାଇ ନାହାନ୍ତି। ରିକ୍ତତା ଓ ଅପୂର୍ଣ୍ଣତାକୁ ଉନ୍ମୁକ୍ତ କରି ମୁକ୍ତିର ସଂଧାନ ରଖିଛନ୍ତି। କେବଳ ଓଡ଼ିଆ କବିତାକୁ ନୁହେଁ, ସାରା ବିଶ୍ୱର ପ୍ରାୟ ସବୁ ଭାଷାର କବିତାକୁ ତାଙ୍କ ଲେଖା ଦିଗ୍‌ଦର୍ଶନ ଦେଇଛି। ଆମର ଅଧିକାଂଶ ସ୍ଥଳରେ ଆଧୁନିକ କବି ଇଂରାଜୀ ସାହିତ୍ୟର ମେଧାବୀ ଛାତ୍ର, ଉଭୟ ଆକ୍ଷରିକ ଅର୍ଥରେ ଓ ଲାକ୍ଷଣିକ ଅର୍ଥରେ, ଅଧିକନ୍ତୁ ଅନେକ ପଢ଼ିଛନ୍ତି ଆମ ସମୟରେ ଯାହାସବୁ ପାଠ୍ୟ। ପଢ଼ାପଢ଼ିକୁ କବିତା ରଚନାରେ ବ୍ୟବହାର କରିବା ଭଙ୍ଗୀଟିକୁ ସେମାନେ ମଧ୍ୟ ଶିଖିଛନ୍ତି ସେହି ଏଲିୟଟ୍‌ଙ୍କଠାରୁ। ଓଡ଼ିଆ କବିତା ଏଲିୟଟ୍‌ଙ୍କ ଆଦର୍ଶରେ ଆଧୁନିକ ହୋଇଉଠିଛି। ଆବେଗ ବିଷାଦାକ୍ରାନ୍ତ ଓ ଦୃଷ୍ଟିଭଙ୍ଗୀ ବ୍ୟଙ୍ଗାତ୍ମକ। ଓଡ଼ିଆ କବିତାର ଆଧୁନିକତାକୁ ନିର୍ଦ୍ଦିଷ୍ଟ ଏକ ସଂଜ୍ଞା ଦ୍ୱାରା ସନାକ୍ତ କରିବା ଆଦୌ ସହଜ ନୁହେଁ। ଇଉରୋପୀୟ ଆଧୁନିକ କାବ୍ୟାଦର୍ଶକୁ ସ୍ମରଣ ପୂର୍ବକ ଏଲିୟଟ୍‌ଙ୍କ କାବ୍ୟତତ୍ତ୍ୱ ଓ କବିତାର ରୀତି ପଦ୍ଧତି ଦୃଷ୍ଟିରୁ ଏହି ଆଧୁନିକତାକୁ ଚିହ୍ନିବାକୁ ଉଦ୍ୟମ କରାଯାଉ।

ଭାବପକ୍ଷ :

Stephen Spender, 'The Struggle of the Modern' ନାମକ ବହିଟିଏ ଲେଖିଛନ୍ତି । ଗୀତି କବିତା ମୁଖ୍ୟତଃ ପ୍ରଥମ ପୁରୁଷର ଉଚ୍ଚାରଣ । କାବ୍ୟ ନାୟକ 'ମୁଁ'ର ପରିଚୟରୁ ସେ ସାଂପ୍ରତିକ ଓ ଆଧୁନିକ କବିତାର ପାର୍ଥକ୍ୟ ନିର୍ଦ୍ଧାରଣ କରିଛନ୍ତି । ସାଂପ୍ରତିକ କବିତାର ମୁଁ voltarian କାବ୍ୟର ନାୟକ ବିପନ୍ନ ବିଶୃଙ୍ଖଳ ବିରୂପ ଜଗତର ଏକମାତ୍ର ଅନ୍ତର୍ଦୃଷ୍ଟିସଂପନ୍ନ ବିବେକୀ ପୁରୁଷ; ଜୀବନ ଓ ଜଗତର ଅସ୍ୱୀକୃତ ବିଧାନ କର୍ତ୍ତା । ସବୁରି ଊର୍ଦ୍ଧ୍ୱରେ ସେ । ଆଧୁନିକ କବିତାର 'ମୁଁ' 'Modern।'—ଶ୍ଳେଷ ବକ୍ର ଆତ୍ମସମୀକ୍ଷା ହିଁ ତାର ଏକମାତ୍ର ବ୍ରତ ଓ ବୃଷ୍ଟି । ଆତ୍ମ ସଚେତନତା ତାର କାଳ ଓ ବଳ । ସେ କହେ, "No, I am not prince Hamlet nor was meant to be."— 'ମୁଁ ନୁହେଁ ଧୂପର ହିରୋ' । ବରଂ 'ଗୋବର ଗଣେଶ' । ଆତ୍ମବ୍ୟଙ୍ଗପରାୟଣ, ଆତ୍ମସଚେତନ ସାଧାରଣ ମଣିଷଟିଏ ସେ, ନିଜକୁ ନିଜର ଚୈତନ୍ୟ ବହ୍ନିରେ ଦଗ୍ଧ କରିବା ଭିନ୍ନ ସେ ପ୍ରାୟ ଆଉ କିଛି କରିପାରେ ନାହିଁ । ନିଜ ଅସାମର୍ଥ୍ୟ ସଂପର୍କରେ ସେ ଏତେ ସଚେତନ ଯେ, ନିଜକୁ ସେ ବୁଢ଼ା ବୋଲି ଭାବେ । କ୍ଳାନ୍ତି ଓ ଅବସାଦ, ବିଷାଦ ଓ ବିପନ୍ନତାବୋଧ ତଥା ନୈରାଶ୍ୟ ଓ ଅର୍ଥହୀନତା ତାହାର ନିୟତି । ଆତ୍ମବ୍ୟଙ୍ଗ ସହିତ ହତାଶାବୋଧ ଓ ନିର୍ବେଦତା ତାହାକୁ ହାତ ଧରି ଘେନିଯାଏ ଆତଙ୍କ ଓ ଉଦ୍‌ବେଗ ଦିଗରେ, ଶୂନ୍ୟତାବୋଧ ଦିଗରେ । ଆଧୁନିକତା ରହିଛି କାବ୍ୟ ନାୟକର ଏହି ଯନ୍ତ୍ରଣାମୟ ନେତିବୋଧରେ । ସେ ଶୂନ୍ୟତା ପୀଠରେ ନିଃସଙ୍ଗ; ତେଣୁ ସେ କାହା ସହିତ ସ୍ୱାଭାବିକ ଅର୍ଥପୂର୍ଣ୍ଣ ମାନବିକ ସଂପର୍କ ପ୍ରତିଷ୍ଠା କରିପାରି ନଥାଏ । ଭିଡ଼ ମଧ୍ୟରେ ଏକାକିତ୍ୱର ଯନ୍ତ୍ରଣା ଭୋଗୁଥାଏ । ତେଣୁ ଆଧୁନିକ କବିତା ଉପଦେଶର ଭାର, ଜ୍ଞାନର ଅଭିମାନ ଓ ହିତୈଷଣାର ଜଂଜାଳରୁ ପ୍ରାୟ ମୁକ୍ତ । ଦେଶପ୍ରେମ, ସଂସ୍କାର ସ୍ପୃହା, ଉନ୍ନତ ଜୀବନାଦର୍ଶ ପ୍ରତିଷ୍ଠା ପାଇଁ ସିଧା ପ୍ରୟାସ ଓ 'ବାଦ' ପ୍ରଚାର କି ବୈଷମ୍ୟ ଅବିଚାର ବିରୋଧରେ ପ୍ରତିବାଦର ଅଭ୍ୟାସ ଛାଡ଼ିଛି । ଉତ୍କୃଷ୍ଟ ଉଦ୍‌ବୋଧନର ଦାୟିତ୍ୱ ବି ପରିହାର କରିଛି । ଗୋଟିଏ ଦିଗରୁ ଦେଖିଲେ ତୀବ୍ର ବ୍ୟକ୍ତି-ସ୍ୱାତନ୍ତ୍ର୍ୟବାଦ ଆଧୁନିକତାର ପ୍ରଧାନ ଲକ୍ଷଣ । ଧନତାନ୍ତ୍ରିକ ବ୍ୟକ୍ତି-ସ୍ୱାତନ୍ତ୍ର୍ୟବାଦ ପ୍ରତିଯୋଗିତାମୂଳକ ଏକ ସଭ୍ୟତା ଗଢ଼ିଚି । ଏହି ବ୍ୟକ୍ତି-ସ୍ୱାତନ୍ତ୍ର୍ୟବାଦର ଆଦର୍ଶକୁ ସ୍ୱୀକାର କରିବାରୁ ଆଧୁନିକ କବିତାରେ ଦେଖିବାକୁ ମିଳେ ବ୍ୟକ୍ତିଗତ ଅଭିଜ୍ଞତାର ରୂପାୟଣ, କବିଙ୍କ ଅନ୍ତର୍ଲୋକର ଉଦ୍‌ଘାଟନ । ବିଶ୍ୱକୁ ଦେଖାଯାଏ ବ୍ୟକ୍ତିର ଆଖିରେ । ଆଧୁନିକ କବିତାର ବେଶି ଭାଗ ତେଣୁ ସ୍ୱୀକାରୋକ୍ତିମୂଳକ । ବ୍ୟକ୍ତିର ମୁକ୍ତି, ଆତ୍ମିକ ଉନ୍ମୋଚନ । ବ୍ୟକ୍ତି ଉପଲବ୍ଧିର ଚୂଡ଼ାନ୍ତ ପରିଧି ପର୍ଯ୍ୟନ୍ତ ସଂଧାନ କରିବା ଯେପରି ଆଧୁନିକତାର ଲକ୍ଷ୍ୟ । ଆଧୁନିକ

କବିତାର ଧ୍ୟେୟ ସମାଜ ନୁହେଁ କି ରାଷ୍ଟ୍ର ନୁହେଁ, ତାର ଏକମାତ୍ର ଧ୍ୟେୟ ମଣିଷ, ବ୍ୟକ୍ତି ମଣିଷ।

Monroe K. Spears ଆଧୁନିକତାର ସ୍ୱରୂପ ବୁଝାଇବାକୁ ଦୁଇଟି ପ୍ରତୀକ ବ୍ୟବହାର କରିଛନ୍ତି। Dionysus City. କବିତା ଥିଲା Apollorian, ହୋଇଛି Dionysian, ଅର୍ଥାତ୍ ଡାଇଓନେସିଆନ୍‌ର ମେଧାର ବିଚ୍ଛୁରଣରେ Poetry of meaningର ସ୍ଥାନ ଅଧିକାର କରିଛି। Poetry of Experience ଉପଲବ୍ଧିର ଅନନ୍ୟତା ହିଁ ଆଧୁନିକତା। ତେଣୁ All art is imitation କଥା ଆଉ ଗ୍ରାହ୍ୟ ନୁହେଁ। ଅବଶ୍ୟ ଏହି କଥାଟାକୁ କ୍ଲାସିସିଷ୍ଟ୍‌ମାନଙ୍କ ଅପେକ୍ଷା ରୋମାଣ୍ଟିକ୍‌ମାନେ ଅଧିକ ଶ୍ରଦ୍ଧା ଓ ସମ୍ମାନ ଜଣାଇଛନ୍ତି। ବ୍ଲେକ୍ "The tool sees not the same tree the wiseman sees." ନିର୍ବୋଧ ଯେପରି ନିଜ ଦୃଷ୍ଟିର ଅନନ୍ୟତା ରକ୍ଷା କରି ନ ପାରେ ସେଥିଲାଗି ଆମ ଉଦ୍ୟମର ସୀମା ନାହିଁ। ଆମ ଶିକ୍ଷ୍ୟର ଉଦ୍‌ଯୋଗ ହେଲା, ମୂର୍ଖ ଜ୍ଞାନୀର ଦୃଷ୍ଟିଭଙ୍ଗୀ ଲାଭ କରୁ। ଆଧୁନିକ କବି ପ୍ରତିବାଦ କରେ। ତାଙ୍କର ଆଧୁନିକତା କହେ, Art is communication. A.C. Ward କହନ୍ତି, କବିଏ ତାଙ୍କର ଇସ୍ତାହାର ଏମିତି ଲେଖନ୍ତେ, —"I recreate in my poetry the world I perceive, not the world seen by Shakespeare, or Milton or Keats, or any other. I strive in my poetry to communicate my own perception, not to make you see what I see, but to recreate for you the experience I have in my unique perception of the universe and the unique universe. I create about me from the material of my own sensations." (The Nineteen-Twenties, page- 40) ବ୍ୟକ୍ତିଗତ ଉପଲବ୍ଧିର ଅନନ୍ୟତା ହିଁ ଆଧୁନିକତା, କବି ଗୋଟିଏ ନୂଆ ଜଗତ୍ ସୃଷ୍ଟି କରନ୍ତି, ତଦ୍ଦ୍ୱାରା ଚେତନାର ନବଦିଗନ୍ତ ଉନ୍ମୋଚିତ ହୁଏ। ବ୍ୟକ୍ତି 'ମୁଁ'ଟି ଅବଶ୍ୟ କେବେ କବି 'ମୁଁ' ନୁହେଁ, ସେ ପ୍ରକୃତରେ ମଣିଷ 'ମୁଁ'— ନାରୀପୁରୁଷର ଯୁଗନଦ୍ଧ ମୂର୍ତ୍ତି ଓ ଏହି ନିର୍ବିରୋଧ ସାଧକ କଥା ଏଠି ଥାଉ। ଦ୍ୱିତୀୟ 'city' ପ୍ରତୀକ ବିଚାରକୁ ଆସୁ। ଆଧୁନିକ କବିତାର ଜନ୍ମ ନଗରରେ, ପଟ୍ଟଭୂମି ସବୁଠିତ ନାଗରିକ। ଆଧୁନିକ ଶିଳ୍ପ ସାହିତ୍ୟର ପ୍ରଧାନ ଆନ୍ଦୋଳନଗୁଡ଼ିକର ଘୂର୍ଣ୍ଣିକେନ୍ଦ୍ର ବ୍ୟତିକ୍ରମ ଭାବରେ ଲଣ୍ଡନ୍, ପ୍ୟାରିସ୍, ଭିଏନା, ବର୍ଲିନ୍, ପ୍ରାଗ୍, ନିଉୟର୍କ, ଚିକାଗୋ, ମସ୍କୋ, କଲିକତା ଓ କଟକ। କାଳପୁରୁଷରେ କଟକର କଥା ଅଛି। ଆଧୁନିକତା ନଗରର ଉତ୍ପାଦନ; ସେଇଥିପାଇଁ ସେଥିରେ ନଗରର ଇତରତା, ଅବକ୍ଷୟର ବର୍ଣ୍ଣନା ଅନାୟାସଲଭ୍ୟ! ତାରି ମଧ୍ୟରେ ନାଗରିକ ମଣିଷର କ୍ଳାନ୍ତି

ନିର୍ବେଦତା, ବ୍ୟର୍ଥତାବୋଧ ଓ ଆତ୍ମଅବିଶ୍ୱାସ ମୂର୍ତ୍ତହୋଇ ଉଠିଥାଏ। ନଗରରେ ଭିଡ଼ ଓ ନିଃସଙ୍ଗତା ଏକା କଥା; ସମାର୍ଥିକ। ମଣିଷ ଏଠି ମାନବିକ ଅନୁଭୂତି-ବର୍ଜିତ ଓ ଯନ୍ତ୍ରଣା ପୀଡ଼ିତ—Shape without form, shade without colour। ମରୁଭୂମୀୟ ଶୂନ୍ୟତାରେ ଓ ପର୍ବତ-ଶିଖରୀୟ ନିଃସଙ୍ଗତାରେ ଯେମିତି ବସବାସ କରେ ଆଧୁନିକ କବି। ସେଇଥିପାଇଁ କବିତାରେ ମରୁଭୂମି, ବଂଧ୍ୟାଭୂମି ଓ ନାଗଫେଣୀ ଆକୀର୍ଣ୍ଣ ପ୍ରାନ୍ତରର ଚିତ୍ରକଳ୍ପ ସୁଲଭ ହୁଏ। ତେଣୁ କବିଙ୍କର ଆତଙ୍କ-ଜନକ ନେତିବାଦ ଓ ଶୂନ୍ୟତାବୋଧରୁ ଆତ୍ମହତ୍ୟା ବିଶେଷ ଦୂରବର୍ତ୍ତୀ ନୁହେଁ, ମରିଛନ୍ତି ଅନେକ (ସିଲର୍ଭିୟା ପ୍ଲାଥ୍, ଜନ୍ ବେରିମ୍ୟାନ୍ ହାର୍ଟକ୍ରେନ, ଷ୍ଟେଫାକ୍ ହୁଇଗ୍ ଇତ୍ୟାଦି।) ଯେଉଁ କବି ନେତି-ଗହ୍ୱରର ମୁହାମୁହିଁ ହୋଇ ସ୍ୱେଚ୍ଛାରେ ଆତ୍ମହତ୍ୟା ପଥରେ ଅଗ୍ରସର ହୁଅନ୍ତି, ତାଙ୍କ ପକ୍ଷରେ ସମାଜକୁ ପ୍ରତ୍ୟାଖ୍ୟାନ କରିବା ଅସ୍ୱାଭାବିକ ନୁହେଁ। ଆଧୁନିକ କବି ପ୍ରାୟ ସମାଜଚ୍ୟୁତ, ପ୍ରବାସୀ, ନିରାଶ୍ରୟ ଓ ଅନିକେତ, ତେଣୁ ସଚରାଚର ତାଙ୍କ ନାମ ରଖାଯାଇଛି John Landless. ସେ ନିଜକୁ ପରିବେଶ ମଧ୍ୟରେ ନିଃସଂପର୍କ ଓ ପ୍ରବାସୀ ଭାବେ ଅନୁଭବ କରନ୍ତି ବୋଲି କବିତାରେ ପ୍ରଶ୍ରୟ ପାଏ ସମାଲୋଚନା, ବୁଦ୍ଧି, ବିଚାର ବିଳାସ, ଏକ ସୂକ୍ଷ୍ମ ତୀବ୍ର ବିଶ୍ଳେଷଣୀ ତର୍କ-ବୁଦ୍ଧି। ମଣିଷର ନିୟତି ସମ୍ବନ୍ଧରେ, ଯୁଗ ଓ ସମାଜ ସଂପର୍କରେ, ସଭ୍ୟତା ଓ ସଂସ୍କୃତି ସମ୍ବନ୍ଧରେ ତାଙ୍କର ଅନେକ ଆପତ୍ତି ଓ ଅଭିଯୋଗ। ଅକ୍ଟାଭିଓ ପ୍ୟାଜ୍ ଲେଖନ୍ତି, "The very essense of modernity is the criticism of eternity. Modern time is critical time." ଅତୀତରେ ସମାଲୋଚନା ଥିଲା—କିନ୍ତୁ ସମାଲୋଚନାର ଲକ୍ଷ୍ୟ ଥିଲା ସତ୍ୟ, କିନ୍ତୁ ଏବେ ସମାଲୋଚନାହିଁ ସତ୍ୟ—Art is becoming criticism. ଏହି ସୂତ୍ରହିଁ ସତ୍ୟ। କବିତାର ସର୍ଜନଶୀଳ କର୍ମ କ୍ରମଶଃ ହୋଇଉଠିଛି ସମାଲୋଚନାତ୍ମକ କର୍ମ। ଈଶ୍ୱର ପ୍ରେମ, ବନ୍ଧୁତାଦି ମୂଲ୍ୟବୋଧ ଓ ସମାଜଗୃହୀତ ଆଦର୍ଶ ଏବଂ ନୀତିବୋଧ ବିରୋଧରେ ସମାଲୋଚନା ଶେଷ ପର୍ଯ୍ୟନ୍ତ ପର୍ଯ୍ୟବସିତ ହୁଏ ବ୍ୟଙ୍ଗାତ୍ମକ ଦୃଷ୍ଟିଭଙ୍ଗୀରେ ଓ ଆତ୍ମସମାଲୋଚନା ଉତ୍ତୀର୍ଣ୍ଣ ହୁଏ ଆତ୍ମଧିକ୍କାରରେ, ଆତ୍ମଘୃଣାରେ—ମୁଁ ଉଲ୍ଲୁ କାହାଁକା—ନିଜକୁ ଧିକ୍କାରେ। ଆଧୁନିକ କବିତା ଆଧୁନିକ ସଭ୍ୟତା ଓ ସମାଜ ସଂଗଠନକୁ ପ୍ରତ୍ୟାଖ୍ୟାନ କରିଥାଏ—ସବୁ କିଛି ସମ୍ବନ୍ଧରେ ବିଦ୍ରୂପପରାୟଣ ବିଶ୍ୱାସହୀନତାର କଠିନ ଭୂମିରେ ଆଧୁନିକତା ଆଶ୍ୱସ୍ତ ହୁଏ। ମାଥ୍ୟୁ ଆର୍ଣ୍ଣୋଲ୍ଡଙ୍କ ଆଧୁନିକତାର ଲକ୍ଷଣ ଥିଲା ସହନଶୀଳତା, ଆସ୍ଥାଶୀଳତା, ଯୁକ୍ତିଭିତ୍ତିକ ବିଚାରପ୍ରବଣତା, ଅସ୍ତିତ୍ୱର ସତ୍ୟାନୁସଂଧାନର ଆଗ୍ରହ ଇତ୍ୟାଦି। ଟ୍ରିଲିଙ୍ଗ୍ଙ୍କ ଆଧୁନିକତାର ଲକ୍ଷଣ ହେଉଛି ସଭ୍ୟତା ଓ ସଂସ୍କୃତି ସମ୍ବନ୍ଧରେ କବିତାର ମୋହମୁକ୍ତି—Filterline of hostility to civilization. ଭଦ୍ର ସମାଜରେ ଅନୁଚିତ ଓ ନିଷିଦ୍ଧ

ସବୁକଥା ଆଧୁନିକ କବି ନିର୍ବିକାର ଭାବରେ କହିପାରନ୍ତି। ସର୍ବଗ୍ରାସୀ ନେତିବାଦୀ ପ୍ରକୋପରୁ ସାମାଜିକ ଦାୟ ଦାୟିତ୍ୱ ଅସ୍ୱୀକୃତ। ବରଂ ଏହି ଆଧୁନିକତାରେ ବିଦ୍ୟମାନ ରହିଛି ମଧ୍ୟବିତ୍ତ ମାନସିକତାରୁ ମୁକ୍ତି ପ୍ରଚେଷ୍ଟା। ରେନେସାଁସ୍ କାଳର କବିତାର ବୈଶିଷ୍ଟ୍ୟ ଥିଲା ଅମାନବିକତାବୋଧ (Humanism)। ଏହି ଆଧୁନିକତାର ବୈଶିଷ୍ଟ୍ୟ ଥିଲା ଅମାନବିକତାବୋଧ (Dehumanisation)। କବି ଯେପରି କହେ, "Nothing inhuman is alien to me" ଏକଦା ଭାଲେରୀ ସେଥିପାଇଁ ଘୋଷଣା କରିଥିଲେ "I must declare myself essentially inhuman।" ସବୁଠାରେ ଆସ୍ଥାର ଅଭାବ, ସବୁ ମୂଲ୍ୟବୋଧ ପ୍ରତି ସଂଶୟ ଓ ଅବିଶ୍ୱାସ, ସବୁ ଭଙ୍ଗାଭଙ୍ଗି, ସବୁ ମହାବିପର୍ଯ୍ୟୟର ସମ୍ମୁଖୀନ—କେନ୍ଦ୍ରଚ୍ୟୁତ—Things fall apart। ତେଣୁ ସମଗ୍ର ଆଧୁନିକ ଭାରତୀୟ କବିତାରେ ଧ୍ୱଂସର ମିଥ୍ ଯଦୁବଂଶକ୍ଷୟ ସୁପ୍ରଯୁକ୍ତ! ଓଡ଼ିଆ କବିତା ବ୍ୟତିକ୍ରମ ନୁହେଁ। ନାରୀ ଓ ପ୍ରକୃତି ପ୍ରତି ମଧ୍ୟ ଆଧୁନିକ କବିତା କିଛି କମ୍ ଅନୁଦାର ନୁହେଁ। ସେଇ ଯେ ବୋଦେଲେୟାର ନାରୀକୁ କାମକୂପ ବୋଲି ଅଭିହିତ କଲେ, ତାହା ଆମର ଏଇ 'ଶ୍ରୀରାଧା' ପର୍ଯ୍ୟନ୍ତ ବେଦବାକ୍ୟ ହୋଇ ରହିଗଲା। ନାରୀ ପ୍ରେମ ପାଇଁ ଅଭାଜନ। ସେ ଚାହେଁ କେବଳ କ୍ଷୁଧାର ଅନ୍ନ, ତୃଷ୍ଣାର ଜଳ ଓ ଯୌନ କାମନାର ପରିତୃପ୍ତି ମାତ୍ର। ସେଇଥିପାଇଁ ଆଧୁନିକ କବିତାରୁ ନାୟିକା ବିଦାୟ ଘେନିଥିଲା। ପତ୍ନୀ ଓ ପ୍ରେମିକା ଅନ୍ତର୍ହିତ ହୋଇ ଯାଇଥିଲେ। ରହିଥିଲେ ପ୍ରତିମା ନାୟକ କି ଅଳକା ସାନ୍ୟାଲ—କବି ସଚ୍ଚିଦାନନ୍ଦ ତାଙ୍କୁ ଶ୍ରଦ୍ଧାରେ ନାମ ଦେଇଥିଲେ 'ବିବସ୍ତ୍ରା ନଦୀ'; ଶାଢ଼ି ବଦଳାଇଲା ପରି ଯେ ପ୍ରେମିକ ବଦଳାଇବାକୁ ଅକୁଣ୍ଠିତା ଓ ନିଜ ପରିଧି ଲଙ୍ଘିବାରେ ଉଲ୍ଲସିତା। ଆଧୁନିକତା ବି ଅକ୍ଷମଣୀୟ ଭାବରେ ପ୍ରକୃତି-ବିରୋଧୀ। ଯାହା ସ୍ୱାଭାବିକ ତାହା ଘୃଣ୍ୟ। ସେହି ବୋଦଲେୟାର ବି ଚାହିଥିଲେ ସର୍ବାନ୍ତଃକରଣରେ ସବୁ ଉଦ୍ଭିଦର ଉଚ୍ଛେଦ ଓ ଧାତୁ-ପ୍ରସ୍ତର-ମୟ ଏକ ପ୍ୟାରିସ୍ ନଗର। ଏହି ସବୁ ଦୃଷ୍ଟିରୁ ଆଧୁନିକତା ହୋଇଛି ରୋମାଣ୍ଟିକ୍ ପ୍ରବଣତାର ବିପରୀତ—ଆଣ୍ଟିରୋମାଣ୍ଟିକ୍। ଏଥିରେ ଅନେକତ୍ର ରୋମାଣ୍ଟିକ୍ ମନନ, ଓ ସଂବେଦନା, ବିଚାର ଓ ବିସ୍ମୟବୋଧ ପ୍ରାୟ ଅନୁପସ୍ଥିତ। ରୋମାଣ୍ଟିକ୍ କବିଙ୍କର 'ସୁନ୍ଦର' ପ୍ରତି ପକ୍ଷପାତ ଥିଲା, କାଉଣ୍ଟର ରୋମାଣ୍ଟିକଙ୍କର ସେପରି କଦର୍ଯ୍ୟପ୍ରତି କିଛିଟା ପକ୍ଷପାତ ଜନ୍ମିଛି। ଅବଶ୍ୟ ଆଧୁନିକ ଓଡ଼ିଆ କବିତାରେ ଶେଷ ପର୍ଯ୍ୟନ୍ତ କଦର୍ଯ୍ୟତାର ପ୍ରତ୍ୟୟ ବଦ୍ଧମୂଳ ହୋଇ ଉଠିନାହିଁ "ସର୍ବାଙ୍ଗରେ ଘାଆ / ଛେଳା ଝରିପଡ଼େ ପୂଯ" କି 'ପଚା ନାସ୍‌ପାତି ପରି ସ୍ତନ'ର ପ୍ରତୀକ ଓ ଚିତ୍ରକଳ୍ପ ବେଶି ପ୍ରଶ୍ରୟ ପାଇ ନାହିଁ।"

ଆଧୁନିକ କବିତାରେ ବିଷୟର ଭୂମିକା କ'ଣ? କବିତାରେ ଯେଉଁ ଭାବ ପ୍ରକାଶ ପାଏ ତା'ର ଗୁରୁତ୍ୱ କେତେ? ଏପରି ପ୍ରଶ୍ନ ଅପ୍ରାସଙ୍ଗିକ ନୁହେଁ। କାରଣ

ଆଧୁନିକ କବିମାନେ ପ୍ରାୟ ଯୁକ୍ତି କରିଥାନ୍ତି ଯେ, କବିତାରେ ଯେଉଁ ଭାବ ପ୍ରକାଶ ପାଏ, ତାହା ଯେତେ ଅକିଞ୍ଚିତ୍କର କି ଉଭଟ ହେଲେ କିଛି ଯାଏ ଆସେ ନାହିଁ। କାରଣ ଭଙ୍ଗୀ ହିଁ ଶେଷ କଥା। ତାହାହିଁ ଗତି, ତାହାହିଁ ଗନ୍ତବ୍ୟ; ତାହାହିଁ ସାଧନା, ତାହା ସିଦ୍ଧି। କିନ୍ତୁ ଆଧୁନିକ ଓଡ଼ିଆ କବିତାରେ ବିଷୟ ବହିର୍ଭୂତ ମାଲାର୍ମୀୟ ଆସକ୍ତି କି ଭଙ୍ଗୀସର୍ବସ୍ୱତା ଆମ କବିଙ୍କୁ ଆଚ୍ଛନ୍ନ କରି ନାହିଁ। କବି ଗୁରୁ ଏଲିୟଟ୍ ଭାବକୁ ସ୍ୱୀକାର କରନ୍ତି ଓ କହନ୍ତି, "The greatness of literature cannot be determined solely by literary standards, though we remember that whether it is literature or not can be determined only by literary standards" (Religion and literature)। କବିତାର ମହତ୍ତ୍ୱ ନିର୍ଭର କରେ ବିଷୟବସ୍ତୁର ମହତ୍ତ୍ୱ ଉପରେ। ତେବେ କବିତା କବିତା ହୋଇ ଉଠିଛି କି ନାହିଁ, ତାହା ବିଷୟବସ୍ତୁର ମହତ୍ତ୍ୱ-ସାପେକ୍ଷ ନୁହେଁ। ବିଷୟବସ୍ତୁକୁ ତେଣୁ ଅଡେନ୍ (W.H. Auden) ବିଶେଷ ଗୁରୁତ୍ୱ ଦିଅନ୍ତି ନାହିଁ। ତାଙ୍କ 'Poetry as a Game of Knowledge' ପ୍ରବନ୍ଧ କାହାର ଅବିଦିତ ନୁହେଁ। ସେହି ଉଦୀୟମାନ କବି ପଚାରନ୍ତି, "Why do you want to write poetry ?" ଯେବେ କେହି କହନ୍ତି, "I have important things I want to say" ସେ ତେବେ ତାଙ୍କୁ କବିତା ନ ଲେଖିବାକୁ ପ୍ରବର୍ତ୍ତାନ୍ତି। ପ୍ରତିଭା ଥିଲେ ତରୁଣ କବି ବରଂ କହିଥାନ୍ତେ "I like hanging around the words listening to what they say." ଅଡେନଙ୍କ ବକ୍ତବ୍ୟ ମଧ୍ୟ ଲିପିବଦ୍ଧ କରିଛନ୍ତି Stephen Spender ତାଙ୍କ ଆତ୍ମଜୀବନୀ "World within World"ରେ ଅର୍ଡେନ ତାଙ୍କୁ କହିଥିଲେ, "The subject of poem was only the peg on which to hang the poetry." ବିଷୟବସ୍ତୁ ରହିବ। ନିଜ ପାଇଁ ନିଜେ ନୁହେଁ, କବିତା ପାଇଁ କେବଳ। କବିତାର ଚରିତାର୍ଥତାରେ ବିଷୟବସ୍ତୁର ଚରିତାର୍ଥତା। ଭାବରେ ଗୁରୁତ୍ୱ ଅଛି। କିନ୍ତୁ ତାହା ସେତେବେଳେ ବିଚାର୍ଯ୍ୟ ଯେତେବେଳେ କବିତା କବିତାଭାବରେ ଉତ୍ତୀର୍ଣ୍ଣ ହୋଇସାରିଥିବ। ଅଧିକନ୍ତୁ ଆଧୁନିକ କବିତାରେ ପ୍ରକୃତରେ ବିଷୟବସ୍ତୁ ବୋଲି ଆଜି କିଛି ନାହିଁ, ସବୁ ବିଷୟୀ-ବସ୍ତୁ। ଯିଏ ବିଷୟୀ ବା କବି ତାଙ୍କ ଚେତନା ଓ ଦୃଷ୍ଟିକୋଣ ବିଷୟକୁ ଏପରି ପରିବର୍ତ୍ତିତ କରିଦିଏ ଯେ, ଯେକୌଣସି ବିଷୟ ଅନ୍ୟ ପୃଥକ୍ ବିଷୟ ହୋଇଉଠେ ଓ ପ୍ରତିଭା ସ୍ପର୍ଶରେ ସବୁ ନୂଆ ହୋଇଯାନ୍ତି। ସେଥିପାଇଁ ଆଧୁନିକ କବିତାରେ ବିଷୟ ଆଧୁନିକ ନୁହେଁ, ବିଷୟୀ ଆଧୁନିକ। ପ୍ରେମ, ସମୟ, ଈଶ୍ୱର, ମୃତ୍ୟୁ, ଶବ୍ଦ ଓ କବିତା—ସବୁ ପୁରୁଣା କଥା; କିନ୍ତୁ କବିଙ୍କ ଆଖିର ଆଲୋକ କେବେ ପୁରୁଣା

ନୁହେଁ। ତେଣୁ ସବୁ ନୂଆ। ଏଠାରେ ଗୋଟିଏ କଥା ସ୍ମରଣ ରଖିବାକୁ ହୁଏ ଯେ, ସବୁ ଆଧୁନିକ କବିଙ୍କୁ ଗୋଟିଏ ଗୋତ୍ରର କବି ବୋଲି ଭାବିବା ଠିକ୍ ହେବ ନାହିଁ। ତନ୍ମଧ୍ୟରୁ କେହି କେହି ଯେପରି ସାଧାରଣ ମଣିଷର ଅଭିଜ୍ଞତା ବୃତ୍ତରୁ କବିତାର ବିଷୟବସ୍ତୁ ଖୋଜି ନିଅନ୍ତି, ସେହିପରି ଅନ୍ୟ କେହି କେହି ସବୁବେଳେ ନ ହେଲେ ହେଁ କେବେ କେବେ ସେହି ଅଭିଜ୍ଞତାବୃତ୍ତକୁ ଅତିକ୍ରମ କରି ଯାଇଥାନ୍ତି। ଏହି ଦ୍ୱିତୀୟ ଶ୍ରେଣୀର କବିମାନେ ହିଁ ପାଠକଙ୍କ ସମସ୍ୟା ହୋଇ ଉଠନ୍ତି। ତାଙ୍କ କବିତାର ବିଷୟ ବା ଭାବବସ୍ତୁକୁ ଉପଲବ୍ଧି କରିବା ଦୁରୂହ ହୋଇପଡ଼େ। ଯେକୌଣସି ବସ୍ତୁ ବା ବିଷୟକୁ ଚିହ୍ନିବାକୁ ହେଲେ ତାହା ସହିତ ପୂର୍ବ ପରିଚୟ ଥିବା କଥା; କିନ୍ତୁ ଏହି କ୍ଷେତ୍ରରେ କବିତାର ବିଷୟବସ୍ତୁ ବା ଭାବବସ୍ତୁ ଆମ ଅଭିଜ୍ଞତା ବୃତ୍ତର ବହିର୍ଭୂତ ଜଗତରୁ ଆହୃତ ହୋଇଥିବାରୁ ତାହା ସହିତ ପୂର୍ବ ପରିଚୟର ପ୍ରଶ୍ନ ଉଠେ ନାହିଁ। ତେଣୁ କବିତାର ଶବ୍ଦଗୁଡ଼ିକ ଆମେ ଚିହ୍ନିପାରୁ ସିନା; ସେହି ଶବ୍ଦଗୁଡ଼ିକ ଯାହା କହିବାକୁ ଉନ୍ମୁଖ ସେହି ଭାବବସ୍ତୁକୁ ବୁଝିପାରୁନା। ତେଣୁ କବିତାକୁ ଦୁର୍ବୋଧ୍ୟତାର ଅପବାଦ ଭୋଗିବାକୁ ପଡ଼େ। ଆଧୁନିକ କବିତାର ସମକାଳ କୌତୂହଳ ମଧ୍ୟ କମ୍। ତେଣୁ କବିଏ ସମକାଳ ସମାଜର ଆଶା, ଆକାଙ୍କ୍ଷା, ଆନନ୍ଦ, ଯନ୍ତ୍ରଣା, ସ୍ୱପ୍ନ କି ସ୍ୱପ୍ନ-ଭଙ୍ଗକୁ କବିତାର ଭାବବସ୍ତୁ ଭାବରେ ପ୍ରାୟ ନିର୍ବାଚନ କରନ୍ତି ନାହିଁ। ସେମାନଙ୍କ ଦୃଷ୍ଟି ଦୂର ଦେଶକାଳ-ନିବନ୍ଧ। ବ୍ୟସ୍ତ ହେଉ, ବିରକ୍ତ ହେଉ, ବେଳେ ବେଳେ ମନେହୁଏ ଆମ ବୁଦ୍ଧିବୃତ୍ତି ଓ ସମ୍ବେଦନାକୁ ଅପଦସ୍ଥ କରିବାକୁ କବି କିମ୍ଭୂତ ଚକ୍ରାନ୍ତରେ ମାତିଛନ୍ତି, କିଛି କିଛି ଭାଣ୍ଡାମି କରିଛନ୍ତି—ଏହା ଅବଶ୍ୟ ସାରସ୍ୱତ ଭାଣ୍ଡାମି। କେହି କେହି ଭାଣ୍ଡାମି ନ କରିଥିବେ ନୁହେଁ। ସବୁ ଯୁଗରେ ସବୁ ଦେଶରେ ଏପରି କିଛି ଲୋକ ଥାଆନ୍ତି, ଯେଉଁମାନଙ୍କର ଦୃଷ୍ଟି ସାଧାରଣ ମଣିଷଙ୍କ ଦୃଷ୍ଟି ତୁଳନାରେ ଦେଶକାଳ ଦୂର ବିସ୍ତାରିତ ଥାଏ, ଭାଗ୍ୟ ତାଙ୍କୁ କବି ରାଧାନାଥଙ୍କ ଭାଷାରେ କହିଲେ କେଜାଣି କିପାଇଁ ଗୁଣବୃକ୍ଷ ଚୂଳରେ ବସାଇ ଦେଇଥାଏ; ତୋଫାନରେ ନାବ ଟଳମଳ ହେଲେ ସବୁଠାରୁ ବେଶି ହଲନ୍ତି ସେ, ସବୁଠାରୁ ତେଣୁ କଳନ୍ତି ଅଧିକ—ସମୟର ଆଣ୍ଟେନା କବି, ଅଧିକନ୍ତୁ କ୍ରାନ୍ତଦର୍ଶୀ। ଦୃଷ୍ଟି ତାଙ୍କର ଦୂର ଦେଶକାଳ-ନିବଦ୍ଧ ବୋଲି ସେମାନେ ଏପରି କିଛି ଦୃଶ୍ୟ ଦେଖନ୍ତି। ଏପରି କିଛି ଚିତ୍ର କି ଭାବବସ୍ତୁ ସଂସ୍ପର୍ଶରେ ଆସନ୍ତି, ଯାହା ଆମେ ଦେଖିପାରୁ ନା କି କଳ୍ପନା କରିପାରୁ ନା। କ'ଣ କରାଯାଏ? ଆମ କବିଏ ଅନ୍ତର୍ଦୃଷ୍ଟି ବଳରେ ହେଉକି ପଢ଼ାପଢ଼ି ବଳରେ ହେଉ, ତୀବ୍ର ପର୍ଯ୍ୟବେକ୍ଷଣ କ୍ଷମତା ଯୋଗୁ ହେଉ କି ସେନ୍ସିଟିଭ୍ ବା ସୁବେଦୀ କବି ଚିତ୍ତର ସ୍ପର୍ଶକାତରତା ବଶତଃ ହେଉ, ଏପରି ଅନେକ କିଛି କଥା ଦେଖିଛନ୍ତି ଓ ଅନୁଭବ କରିଛନ୍ତି, ଯାହା

ଆଭାସିତ ରହିଛି ତାଙ୍କ କବିତାରେ। ସେହିସବୁ ଅପହଞ୍ଚ ଉପଲବ୍ଧିକୁ ଅସତ୍ୟ ଓ ଅସାର୍ଥକ କହିବା ଠିକ୍ ହେବ ନାହିଁ। ସେଦିନ କବି ଗୁରୁ ପ୍ରସାଦ ଲେଖିଥିଲେ "ଭୟ ଆଉ ପାପ ମିଶି ଏ ସମୟ ଅନ୍ତଃସତ୍ତ୍ୱା"; ପାଠକ ଅସ୍ୱସ୍ତି ବୋଧ କରୁଥିଲା; ଏବେ ଅନେକେ କଥାଟିକୁ ବୁଝିଲେଣି, ଉପଲବ୍ଧିର ଆନନ୍ଦ ପାଇଲେଣି। ତେଣୁ ଆଧୁନିକ କବିତାର ଯେଉଁସବୁ ଭାବବସ୍ତୁ ଆଜି ବୁଝି ହେଉ ନାହିଁ, ଆସନ୍ତା କାଲି ତାହାର ମର୍ମ ଗ୍ରହଣ ସମ୍ଭବପର ହେବ। ଆଧୁନିକ କବିଙ୍କୁ ଅନେକ ଅଗ୍ରବର୍ତ୍ତୀ ସୈନିକଙ୍କ ଉପମାନରେ ବୁଝିଥାନ୍ତି। ସେମାନେ ଆଗରେ ଅଛନ୍ତି, ଲକ୍ଷ୍ୟ ରଖିଛନ୍ତି ସେହି ପଥ ଉପରେ, ଯେଉଁ ପଥରେ ସମଗ୍ର ସମାଜ ଦିନେ ଅଗ୍ରସର ହେବ। ସେ ଆମ ଉଦ୍ଦେଶ୍ୟରେ ଦୂରରୁ ଯେଉଁ ଇଙ୍ଗିତ କି ସଙ୍କେତ ପ୍ରେରଣ କରୁଛନ୍ତି, ତାହାର ତାତ୍ପର୍ଯ୍ୟକୁ ବୁଝିବା ଆମର ଦାୟ ଓ ଦାୟିତ୍ୱ। ଏହି ସୂତ୍ରରେ ଯେଉଁସବୁ ନୂଆ ଭାବବସ୍ତୁ ଅନାୟାସ-ଦୃଶ୍ୟ, ତାହା ବିଚାର୍ଯ୍ୟ। ସବୁରି ମୂଳରେ ଆତ୍ମସଚେତନତା ସକ୍ରିୟ ଅବଶ୍ୟ।

(କ) ବର୍ତ୍ତମାନ ଜୀବନର କ୍ଲାନ୍ତି ଓ ଅବସାଦ, ଶୂନ୍ୟତାବୋଧ

(ଖ) ଅନିକେତ ମନୋଭାବ। କବିଙ୍କ ଯୌଥ ନାମ John Landli

(ଗ) ବିଚ୍ଛିନ୍ନତାବୋଧ

(ଘ) ଉଦ୍‌ବେଗ (anxiety)

(ଙ) ମୋହଭଙ୍ଗ ଓ ନୈରାଶ୍ୟ

(ଚ) ଉଦ୍ଭଟତା ଓ ନିରର୍ଥକତା

(ଛ) Nihilism ଓ Angst

(ଜ) ଆତ୍ମିକ ବିନଷ୍ଟି (Death in life)

(ଝ) ପାପବୋଧ ଓ ଅମଙ୍ଗଳବୋଧ

(ଞ) Spleen, Ennui ଓ Nausea

(ଟ) ଆତ୍ମବିରୋଧ ଓ ଆତ୍ମବ୍ୟଙ୍ଗ ଇତ୍ୟାଦି।

ବିଷୟ ନିର୍ବାଚନ କ୍ଷେତ୍ରରେ ଆଧୁନିକ କବିଙ୍କୁ ଅଖଣ୍ଡ ସ୍ୱାଧୀନତା ଦିଆଯାଇଛି। ସେ ଯେ କୌଣସି ବିଷୟ ବାଛି ପାରିବେ। ଅନୁଧାବନୀୟ ସୂତ୍ରଟିଏ ତିଆରି କରିଛନ୍ତି ଚିତ୍ରକଳ୍ପବାଦୀମାନେ, "To allow absolute freedom in the choice of the subject." ସବୁ କବିତାର ବିଷୟ—ଯାହା ଦେଖୁଛୁ ଓ ଯାହା ଜାଣୁଛୁ। କିନ୍ତୁ ଏହି ଦେଖିବା ଓ ଜାଣିବା ବଡ଼ କଠିନ ସାଧନା। ପ୍ରକୃତ କବି ସେହି ସାଧନାରେ ବ୍ରତୀ। ଅନନ୍ତ ରହସ୍ୟ ଓ ବିସ୍ମୟ ମଝିରେ ବସି ନିଜର କ୍ଷୁଦ୍ରତା ଓ ତୁଚ୍ଛତାକୁ ଉପଲବ୍ଧି କରିପାରିଲେ ଜାଣି ହେବ ଯେ, ଜଗତର ସବୁ କିଛି ଭିତରେ କବିତା ବର୍ତ୍ତମାନ।

ଶିଳ୍ପପକ୍ଷ:

କବିତାର ଇତିହାସ ହେଉଛି ତାର ଟେକନିକ୍ ଇତିହାସ। ଟେକ୍‌ନିକ୍ ନୂଆ ତ କବିତା ନୂଆ। ବିଂଶ ଶତାବ୍ଦୀର ଖଣ୍ଡଛିନ୍ନ ବିକ୍ଷିପ୍ତ ସଭ୍ୟତାର ଦୁର୍ଦ୍ଦଶାକୁ ବୁଝାଇବାକୁ ଯେଉଁ ଟେକ୍‌ନିକ୍ ଉପଯୁକ୍ତ, ସେହି ଟେକ୍‌ନିକ୍ ଫରାସୀ କବି ଜୁଲେ ଲାଫର୍ଗ (୧୮୬୦-୧୮୮୭) ପ୍ରଥମେ ବ୍ୟବହାର କରିଥିଲେ। କବି ଏଲିୟଟ୍ ତାହା ଆବିଷ୍କାର କଲେ ଓ "The love song of J. Alfred Prufrock" କବିତାରେ ତାହାର ସଦୁପଯୋଗ କରିପାରିଲେ। ଅବଶ୍ୟ ସେ ଅଧିକନ୍ତୁ କବି ଡାନ୍ ବୋଦେଲେୟାରଙ୍କର ଓ ସାଧାରଣ ଭାବରେ ସିମ୍ବଲିଷ୍ଟ୍ ଆନ୍ଦୋଳନର ପ୍ରଭାବରେ ନିଜର କାବ୍ୟ ଟେକ୍‌ନିକ୍‌କୁ ସଂଗଠିତ କରି ଘେନିଛନ୍ତି। ରବର୍ଟ ବ୍ରାଉନିଂଙ୍କ ଡ୍ରାମାଟିକ ମନୋଲୋଗ୍ ଓ ଇମେଜିଷ୍ଟ୍ କାବ୍ୟ ଆନ୍ଦୋଳନର ଅନୁଧାବନୀୟ କାବ୍ୟସୂତ୍ରଗୁଡ଼ିକ ମଧ୍ୟ ଏଲିୟଟ୍‌ଙ୍କ କବିତାକୁ ବିଶେଷ ଭାବରେ ପ୍ରଭାବିତ କରିଛି। ଅନେକ ତେଣୁ, ଏହି କବିତାଟିକୁ ପ୍ରଥମ ଆଧୁନିକ କବିତା ବୋଲି ଚିହ୍ନିତ କରିଥାନ୍ତି। ଏହି କବିତାର ଆଙ୍ଗିକ, ଉପସ୍ଥାପନ ରୀତି, ମୋହ ମୁକ୍ତିର ମାନସିକତା ଓ ତିର୍ଯ୍ୟକ୍ ବାଗ୍ ଭଙ୍ଗୀ ପୂର୍ବବର୍ତ୍ତୀ ସବୁ କବିତାର ଟେକ୍‌ନିକ୍ ଠାରୁ ସଂପୂର୍ଣ୍ଣ ଭିନ୍ନ ଥିଲା ବୋଲି ଏହା ପ୍ରକାଶିତ ହେବା ମାତ୍ରେ ସର୍ବତ୍ର ଗଭୀର ଆଲୋଡ଼ନ ସୃଷ୍ଟି କରିଥିଲା; ଅଧିକନ୍ତୁ ଏହାର ନାଟକୀୟ ସ୍ୱଗତ ପ୍ରଥମ ବିଶ୍ୱଯୁଦ୍ଧୋତ୍ତର ବିଷାଦ ଓ ନୈରାଶ୍ୟର ବାହନ ଭାବରେ ବିଶେଷ ରୂପେ ସମାଦୃତ ହୋଇଥିଲା। ଇମେଜିଷ୍ଟ୍ କାବ୍ୟାଦର୍ଶ ସହିତ ଏହି କବିତାର ସଂସ୍କୃତି ବି ଲକ୍ଷଣୀୟ। ୧୯୨୨ରେ କବିଙ୍କ 'The Waste Land' ପ୍ରକାଶିତ ହୁଏ। ବିଶ୍ୱ ସାହିତ୍ୟରେ କବିତାର ଚରିତ୍ର ବଦଳି ଯାଏ ସଂପୂର୍ଣ୍ଣ। ଏହାର ନୂତନ ଟେକ୍‌ନିକ୍ ପୂର୍ବାଚରିତ କାବ୍ୟାଧାରା-ଟେକ୍‌ନିକ୍‌ଠାରୁ ସଂପୂର୍ଣ୍ଣ ପୃଥକ୍। କବିତାରେ ଡାନ୍ ଓ ବ୍ରାଉନିଂ ଏବଂ ଉପନ୍ୟାସରେ ପ୍ରୁଷ୍ଟ ଓ ଜୟେସ୍ ଯେଉଁ ରୀତି ପ୍ରବର୍ତ୍ତନ କରିଥିଲେ, ଏଲିୟଟ୍ ସେହି ରୀତିକୁ ଆହୁରି ଅଧିକ ଶାଣିତ କରିଦେଲେ ଏଥିରେ। କବିତାରୁ ଯୁକ୍ତି ଗ୍ରଥିତ ପାରମ୍ପର୍ଯ୍ୟ ବିଦାୟ ଘେନିଲା। ଗଦ୍ୟର ଲଜିକ୍ ଭାଙ୍ଗିଗଲା। ଗୋଟିଏ ଚିନ୍ତାରୁ ସଂଲଗ୍ନ ଅନ୍ୟ ଚିନ୍ତା କ୍ଷେତ୍ରକୁ ଦ୍ରୁତ ବିଚରଣ କବିତାର ସ୍ୱାଭାବିକ ଭଙ୍ଗି ହୋଇଉଠିଲା। କବି ଏଥିରେ ଏସବୁ ସହିତ ନାଟକୀୟ ସଂଳାପ ଓ କଥ୍ୟଭାଷାର ଯଥେଷ୍ଟ ମିଶ୍ରଣ ଘଟାଇଲେ ଓ ତତ୍ ସଂଗେ ସଂଗେ ବିଶ୍ୱର ଯାବତୀୟ ସାହିତ୍ୟ, ଦର୍ଶନ, ପୁରାଣରୁ ଉଦ୍ଧୃତି ଓ ଉଲ୍ଲେଖ ବ୍ୟବହାର କରି ଦେଲେ ଅବଲୀଳା କ୍ରମେ। ଏହି ସୂତ୍ରରେ ଏକ ମିଶ୍ର କୋଲାଜ ମହତ୍ ଶିଳ୍ପର ମର୍ଯ୍ୟାଦା ପାଇଗଲା। ଏହି ଟେକ୍‌ନିକ୍‌କୁ ମନେ ରଖି ଓଡ଼ିଆ କବିତାକୁ ବିଚାର କରିବାକୁ ହେବ। କେବଳ ଏହି କାବ୍ୟର ଶୈଳୀ ନୁହେଁ, କବି ଏଲିୟଟ୍‌ଙ୍କ ବିଦଗ୍ଧ ଗଦ୍ୟ ସମାଲୋଚନା ମଧ୍ୟ ଆମ କବିଙ୍କୁ ପ୍ରଣୋଦିତ କରିଛି। ସମାଲୋଚନା ରୀତିରେ ବି ସେ ବିରାଟ ପରିବର୍ତ୍ତନର

ସୂଚନା ଦେଇଥିଲେ। କ୍ଲାସିକ୍ ଦୃଷ୍ଟିଭଙ୍ଗୀ ଓ ମାନସିକତା ତାଙ୍କ ନବ୍ୟ ସମାଲୋଚନାର ବୈଶିଷ୍ଟ୍ୟ। Objective co-relative ଓ Disassociation of sensibility—ଏହି ଦୁଇଟିର ଧାରଣା ବିଶ୍ୱର ସମାଲୋଚନା ସାହିତ୍ୟକୁ ତାଙ୍କର ସ୍ଥାୟୀ ଦାନ। ମେଟାଫିଜିକାଲ୍ କବିଙ୍କ ନବ ମୂଲ୍ୟାୟନ ଏବଂ ଐତିହ୍ୟ ଓ କବି ପ୍ରତିଭା ସମ୍ବନ୍ଧରେ ତାଙ୍କ ବିଚାର ବିଶ୍ଳେଷଣର ପ୍ରଭାବକୁ କେହି ଅସ୍ୱୀକାର କରି ପାରି ନାହାନ୍ତି। ତାଙ୍କର କାବ୍ୟାଦର୍ଶ ହୋଇଛି କାଳକ୍ରମେ ଆନ୍ତର୍ଜାତିକ କାବ୍ୟାଦର୍ଶ। ଆମ କବିତାର ଆଧୁନିକତା ହେଉଛି ଏହି କାବ୍ୟାଦର୍ଶ। କବି ଏଲିୟଟ୍ ଏହାକୁ ପଦେ ପଦେ ପ୍ରଭାବିତ କରିଛନ୍ତି ଆଙ୍ଗିକ ଓ ଉପସ୍ଥାପନା ରୀତିରେ, ବିଚାର ବିଶ୍ଳେଷଣର ନବ୍ୟ ପଦ୍ଧତିରେ ତଥା ବିଷୟ ବସ୍ତୁର ନୈରାଶ୍ୟ ବିଷାଦରେ। ଆଧୁନିକ କବିତା କହିଲେ ଅବଶ୍ୟ କବିତାକୁ ବୁଝାଏ। କିନ୍ତୁ ତାହା ଆଉ ଆବେଗର ସମ୍ଭାର ହୋଇ ରହି ନାହିଁ, ହୋଇଛି ଆବେଗର ଉତ୍ପାଦନ। ଆବେଗ ବିନା କବିତା ଲେଖିହୁଏ ନାହିଁ ନିଶ୍ଚୟ। କିନ୍ତୁ ଭଙ୍ଗୁର ଆବେଗକୁ ମନନ ଦ୍ୱାରା ସଂହତ ନ କଲେ ନ ଚଳେ। ରୋମାଣ୍ଟିକ୍ ବ୍ୟକ୍ତିବାଦର ଦୁର୍ବଳ ଆତିଶଯ୍ୟକୁ ମଧ୍ୟ ଆଧୁନିକ କବିତାରେ ପରିଶୋଧନ କରି ନିଆଯାଏ। ଆଧୁନିକତା ଗୋଟିଏ ଦିଗରୁ ହୁଏ ଯେପରି ଶୁଦ୍ଧ ବ୍ୟକ୍ତିଗତ, ଅନ୍ୟ ଦିଗରୁ ସେପରି ନୈର୍ବ୍ୟକ୍ତିକ। ଆଧୁନିକ ଲିରିକ୍‌ର ପରିସର ଅନତିଦୀର୍ଘ। କିନ୍ତୁ ସେଥିରେ ଡ୍ରାମା ଓ ଏପିକ୍‌ର ବୈଚିତ୍ର୍ୟ-ବିଶାଳତା ଆଣିଥାନ୍ତି କବି। ଏବେ ଆଧୁନିକତା ବି ଜୀବନର ତୁଚ୍ଛାତିତୁଚ୍ଛ ଭାବନା-ବେଦନାକୁ ଅସ୍ୱୀକାର କରେ ନାହିଁ। ଜୀବନର ଯାହା କିଛି ଏତେଦିନ ପର୍ଯ୍ୟନ୍ତ ଅନ୍ତ୍ୟଜ ଓ ଅସ୍ପୃଶ୍ୟ ଥିଲା ତାହାକୁ, ତାହା ଜାତିକୁ ଟେକି ନେଇଛି। ତେଣୁ ଲିରିକ୍ କବିତାରେ ଯେପରି ଆସିଛି ମହାକାବ୍ୟିକ ବିଶାଳତା, ସେପରି ବି ଦେଖା ଦେଇଛି ଉପନ୍ୟାସର ପ୍ରାତ୍ୟହିକତା, ନାଟକୀୟତା ଓ କଥୋପକଥନର ଚଟୁଳଭଙ୍ଗୀ ଓ ତାହାର ସ୍ୱକୀୟ ବିଶିଷ୍ଟତା। ଏଥିରେ କବିତା ଓ କଳ୍ପନା ଆଉ ସମାର୍ଥକ ହୋଇ ରହିନାହାନ୍ତି। କବିତା ଥିଲା "The expression of imagination (Shelley). ସେ ଦିନ କେବଳ କବି Byron ପ୍ରତିବାଦ କରିଥିଲେ, It is the fashion of the day to lay great stress upon what they call imagination and invention, commonest of qualities: an Irish peasant with a little whiskey in his head will imagine and invent more than would furnish forth a modern poem." ଆଧୁନିକ କବିଏ ବାଇରନ-ପନ୍ଥୀ; କଳ୍ପନା ପ୍ରତି ବିମୁଖ। କବିତା କଳ୍ପନାଲତା ନୁହେଁ। କଳ୍ପନା-କାନ୍ତା ଏବେ ବିଶ୍ରାମ ଗ୍ରହଣ କରନ୍ତୁ। ଲକ୍ଷ ଲକ୍ଷ କବିଙ୍କର ଫରମାସ ଖଟି ଖଟି ସେ କ୍ଳାନ୍ତା ହୋଇ ପଡ଼ିଥିବା ସ୍ୱାଭାବିକ। ତେଣୁ ଆଧୁନିକ କବିତାରେ କଳ୍ପନାର ସ୍ଥାନ ଗ୍ରହଣ କରିଛି common sense ବା ସାଧାରଣବୋଧ। ପ୍ରେରଣା ବି

ଅସ୍ୱୀକୃତ। ଆଧୁନିକ କବି ସଚେତନ ଭାବରେ ଦୁର୍ବଳ କବିତା ଲେଖିବେ ସିନା ପ୍ରେରଣାଚ୍ଛନ୍ନ ଅବସ୍ଥାରେ ଉତ୍କୃଷ୍ଟ କବିତା ଲେଖିକୁ ଚାହିଁବେ ନାହିଁ। କଳ୍ପନାର ପ୍ରତ୍ୟାଖ୍ୟାନ, ଅନୁପ୍ରେରଣାରେ ଅନାସ୍ଥା ଓ ନୈର୍ବ୍ୟକ୍ତିକତାର ଆରାଧନା ତଥା ରୋମାଣ୍ଟିକ୍ ଚେତନାର ଅସ୍ୱୀକାର ଆଧୁନିକତାର ଅଭିଜ୍ଞାନ। ତେବେ ସବୁ ଆଧୁନିକ ଓଡ଼ିଆ କବିଙ୍କୁ ଗୋଟିଏ ଗୋତ୍ରରେ ସାମିଲ କରି ହେବ ନାହିଁ। ରମାକାନ୍ତ ଓ ସୀତାକାନ୍ତ କ'ଣ ଗୋଟିଏ ଗୋତ୍ରର କବି ? ସଚ୍ଚିଦାନନ୍ଦ ଓ ଗୁରୁପ୍ରସାଦ କ'ଣ ଆଧୁନିକତାର ସବୁ ସୂତ୍ର ମାନନ୍ତି ? ପ୍ରକୃତରେ ଆମେ ଯେଉଁମାନଙ୍କୁ ଆଧୁନିକ କବି ବୋଲି ଗ୍ରହଣ କରୁଛୁ, ସେମାନଙ୍କ ମଧ୍ୟରେ ଶବ୍ଦରୁଚି, ବିଷୟବସ୍ତୁ ନିର୍ବାଚନ, ବର୍ଣ୍ଣନାରୀତି ଓ ବାଗ୍‌ଭଙ୍ଗିମା ଇତ୍ୟାଦି ଅସଂଖ୍ୟ ବ୍ୟାପାରରେ ଯତ୍‌ପରୋନାସ୍ତି ବୈଷମ୍ୟ ବର୍ତ୍ତମାନ। ସବୁ କବିଙ୍କ କବିତାରେ ଆଧୁନିକତାର ସବୁ ଲକ୍ଷଣ ଖୋଜିଲେ ମଧ୍ୟ ମିଳିବ ନାହିଁ। କେହି କେହି ଅନୁପ୍ରେରଣାରେ ବି ବିଶ୍ୱାସ କରନ୍ତି। କେହି କେହି କଳ୍ପନାରେ ବି ଆସ୍ଥା ପୋଷଣ କରନ୍ତି। ଭାଷ୍ୟ, ଛନ୍ଦ ଓ କବିତାର ଗଢ଼ଣ ଦୃଷ୍ଟିରୁ ଆଧୁନିକତାର ଯେଉଁ ସବୁ ଲକ୍ଷଣ ଲକ୍ଷ୍ୟ କରାଯାଏ ସେଗୁଡ଼ିକୁ କେବଳ ସୂତ୍ରାକାରରେ ସଜାଇ ଦେଇ ହେବ। ବିଚାର କବିସାପେକ୍ଷ ନୁହେଁ, କବିତାସାପେକ୍ଷ।

୧. କବିତା ଏକ ନିର୍ମାଣ। ଏଥରେ ଆବେଗ ମନର ନିୟନ୍ତ୍ରଣାଧୀନ ଓ ମନନ-ଧର୍ମିତାହିଁ ଆଧୁନିକତା।

୨. ମୁକ୍ତଛନ୍ଦ Free verse ଓ freedର ବ୍ୟବହାର। ଗଦ୍ୟଛନ୍ଦ ଓ ଲୋକଗୀତ ଛନ୍ଦର ବି ପ୍ରୟୋଗ।

୩. ଭାଷାଭଙ୍ଗୀରେ ବାଗ୍‌ରୀତି ଓ କାବ୍ୟରୀତିର ନିର୍ବିରୋଧ ସାଧକ ଗଦ୍ୟଭାଷା, ମୁହଁର ଶବ୍ଦ, ପ୍ରବାଦ ପ୍ରବଚନ, ଗ୍ରାମ୍ୟ ଶବ୍ଦ ତଥା ବିଦେଶୀ ଶବ୍ଦର ବ୍ୟବହାର ଫଳରେ ଗଦ୍ୟ ଓ ପଦ୍ୟର ବ୍ୟବଧାନ-ବିଲୋପ ଚେଷ୍ଟା।

୪. ଶବ୍ଦ ସମ୍ବନ୍ଧରେ ସବୁ ପ୍ରକାର ଶୁଚିବାୟୁଗ୍ରସ୍ତତାର ପରିହାର। କଥ୍ୟଭାଷା ଓ ତନ୍ନିହିତ ଲୟର ପ୍ରୟୋଗ ଶବ୍ଦ ପ୍ରୟୋଗରେ ମିତବ୍ୟୟିତା ଅର୍ଥଘନତ୍ୱ ସୃଷ୍ଟିର ଚେଷ୍ଟା।

୫. ସ୍ୱର ଅନୁଚ୍ଚ। ଭାଷଣ ବା ବକ୍ତୃତାଧର୍ମିତା ପରିତ୍ୟକ୍ତ। ଭର୍ଲେନଙ୍କ କାବ୍ୟସୂତ୍ର ସ୍ୱୀକୃତ: Take eloquence and wring neck, କବିତା ସମାଧନ ନୁହେଁ। ସ୍ୱଗତୋକ୍ତି ବରଂ।

୬. ରଚନାଭଙ୍ଗୀ ତିର୍ଯ୍ୟକ୍, ପରୋକ୍ଷ। ଭାବ ଓ ପ୍ରକାଶରୀତି ଉଭୟରେ ତିର୍ଯ୍ୟକ୍‌ତା। ବର୍ଣ୍ଣନାତ୍ମକତା ଅନୁରୂପ ବ୍ୟଞ୍ଜନାଢ଼୍ୟତା।

୭. Statement ସ୍ଥାନରେ Pseudo-statementର ବ୍ୟବହାର।

୮. କେବେ କେବେ କମା, ସେମିକୋଲନ ଓ ପୂର୍ଣ୍ଣଛେଦର ଅପସାରଣ। ଜଗନ୍ନାଥ ପ୍ରସାଦ ଦାସଙ୍କ କବିତାରେ ଏହା ଅନାୟାସଦୃଶ୍ୟ।

୯. ଅସଂଲଗ୍ନତା—A heap of broken imageରେ କବିତା ଗଢ଼ା। ଅସଂଲଗ୍ନତା ହିଁ କବିତାର ଭୂଷଣ। ଯୁକ୍ତି-ଗ୍ରଥିତ ପାରମ୍ପର୍ଯ୍ୟ ପରିବର୍ତ୍ତେ ଚିତ୍ରକଳ୍ପ-ଗ୍ରଥିତ ପାରମ୍ପର୍ଯ୍ୟ ଅଙ୍ଗୀକୃତ। Chain imagery ଅଭିନନ୍ଦନୀୟ, ମୁକ୍ତ ଅନୁଷଙ୍ଗ ବା Free association ପ୍ରଶଂସାର୍ହ।

୧୦. ଆବେଗର ସମାନ୍ତରାଳ ବସ୍ତୁଗ୍ରାହ୍ୟ ରୂପରଚନା, objective corelative କାବ୍ୟ କୌଶଳର ପ୍ରୟୋଗ। କବିତା ଭାବପ୍ରକାଶ କରିବ ନାହିଁ। ଭାବ ଉଦ୍ରେକ କରିବ ମାତ୍ର।

୧୧. ଏପିଗ୍ରାଫ୍‌ରୁ କବିତାର ଆରମ୍ଭ।

୧୨. ପ୍ୟାରେନ୍‌ଥିସିସ୍‌ର ବ୍ୟବହାର।

୧୩. ପୁନରାବୃତ୍ତି—କୌଶଳ ଅନାୟାସଲକ୍ଷ୍ୟ।

୧୪. ଐତିହ୍ୟର ବିପୁଳ ବ୍ୟବହାର। ମିଥ୍, ଲୋକ କଥା ଓ ପୁରାଣ ସହିତ ନୂତନ ଜୀବନାନୁଭୂତିର ସମସ୍ତ ସାଧନ।

୧୫. ଯେ କୌଣସି ଭାଷାର ସାହିତ୍ୟରୁ ଉଦ୍ଧୃତି ଓ ଉଲ୍ଲେଖର ପ୍ରୟୋଗ।

୧୬. ଦୈନନ୍ଦିନ ଜୀବନର ଲଘୁ କଥାରୁ ପ୍ରତୀକ ଓ ଚିତ୍ରକଳ୍ପର ସଂଗ୍ରହ।

୧୭. ଅର୍ଥାପତ୍ତି (Implication)ର ପ୍ରୟୋଗ।

୧୮. ପ୍ୟାରାଡକ୍ସିକାଲ୍ ଭାଷାର ବ୍ୟବହାର। ବକ୍ରୋକ୍ତି କାବ୍ୟ ଓ କବିତାର ଭାଷାର ଅନ୍ୟ ନାମ; ତେଣୁ paradox।

୧୯. ଅନ୍ତରଙ୍ଗ ସ୍ୱରର ସୁଲଭତା।

୨୦. ଯୁଗପତ୍ ଚିନ୍ତାକୁ ଆବେଗାର୍ଦ୍ର କରିବା ଓ ଆବେଗକୁ ଚିନ୍ତାରୂଢ଼ କରିନେବାର ମେଟାଫିଜିକାଲ୍ ଶୈଳୀ ସମାଦୃତ।

୨୧. Structure of Juxtaposition ବା ପ୍ରତିସାମ୍ୟ ରଚନା ବା ବସ୍ତୁ ପ୍ରତିସ୍ଥାପନା ଶୈଳୀର ଯତ୍ରତତ୍ର ବ୍ୟବହାର।

୨୨. ପ୍ରାଚୀନ ଉପମାରୁ ନୂତନ ଚିତ୍ରକଳ୍ପର ସୃଷ୍ଟି।

୨୩. ବ୍ୟଙ୍ଗ ଓ ବିତର୍କର ବିପୁଳ ବ୍ୟବହାର।

୨୪. ମଧ୍ୟମେଳ (Internal rhyme)ର ସୃଷ୍ଟି।

୨୫. ସନେଟ୍‌ର ନିୟମବଦ୍ଧତାକୁ ଅସ୍ୱୀକାର। ଅର୍ଥାତ୍ ଶ୍ଳଥବନ୍ଧ ସନେଟ୍ ରଚନାର ଅବ୍ୟାହତ ଉଦ୍ୟମ ଇତ୍ୟାଦି ଇତ୍ୟାଦି।

ଉପର୍ଯ୍ୟୁକ୍ତ ସୂତ୍ରାବଳୀ ନିର୍ଦ୍ଧାରଣ କଲାବେଳେ ଗୋଟିଏ କଥା ମନେ ରଖିବାକୁ ହୁଏ ଯେ, ଆଧୁନିକତା ସବୁ କବିତାରେ ସମାନ ଶୈଳୀ ବ୍ୟବହାରର ପକ୍ଷପାତୀ ନୁହେଁ। ଆଧୁନିକତା ନିର୍ଦ୍ଦିଷ୍ଟ କୌଣସି ଶୈଳୀ ମଧ୍ୟ ନୁହେଁ। ତାହା ଶୈଳୀର ସଂଧାନ ମାତ୍ର— "Modernism is less a style in a highly individualistic sense, and indeed the style of one work is no guarantee for the next." ସବୁ ଆଧୁନିକ କବି ମଧ୍ୟ ସର୍ବତ୍ର ସମାନ ଶୈଳୀ ଅଙ୍ଗୀକାର କରନ୍ତି ନାହିଁ। ଯେବେ ରଚନାଶୈଳୀ ପ୍ରଥାବଦ୍ଧ ହୋଇଯାଏ, ତେବେ ଆଧୁନିକତାକୁ ବିଦାୟ ଘେନିବାକୁ ପଡ଼େ। ତେଣୁ ଆଧୁନିକତା ତାର ନିଜର ଏକ ପ୍ରଚଳିତ ଶୈଳୀ ପ୍ରତିଷ୍ଠା କରିବାକୁ ପ୍ରାୟ ଆଗ୍ରହୀ ନ ଥାଏ।

ଆଧୁନିକ କବିତା ଗଳ୍ପ କହେ ନାହିଁ। ଅଧିକାଂଶ ସମୟରେ ତାର ଆଦି, ମଧ୍ୟ ଓ ଅନ୍ତ ବି ନଥାଏ। ଯେବେ କେହି କୌଣସି କବିତାର ଶେଷ ସ୍ତବକରୁ ପଢ଼ା ଆରମ୍ଭ କରନ୍ତି, ତେବେ କିଛି ଯାଏ ଆସେ ନାହିଁ। ଅଧିକନ୍ତୁ ଗୋଟିଏ ବ୍ୟକ୍ତି ବିଭିନ୍ନ ସମୟରେ କି ଅନେକ ବ୍ୟକ୍ତି ଗୋଟିଏ ସମୟରେ ଏକ ବିଶେଷ କବିତାର ଭିନ୍ନ ଭିନ୍ନ ଅର୍ଥ କରନ୍ତି। ସେଥିରେ ଆପତ୍ତି କରିବାର କିଛି ନାହିଁ। କୌଣସି ଅର୍ଥ ଅନର୍ଥ ନୁହେଁ। ପ୍ରକୃତରେ ଆଧୁନିକ କବିତାର ଅର୍ଥ ନିଶ୍ଚଳ କି ନିର୍ଦ୍ଦିଷ୍ଟ ପଦାର୍ଥ ନୁହେଁ। ତାହା ଏକ ବେଗ— ଗତିବେଗ ମାତ୍ର, ଯାହା ଶବ୍ଦଗୁଡ଼ିକୁ ଦୂରରୁ ଦୂରାନ୍ତର ଛୁଟାଇ ଦିଏ। ଆଉ ତାହାରି ସଂକେତରେ ପାଠକର ମନ ନିଜର ଶକ୍ତି ଓ ଶିକ୍ଷା ଅନୁସାରେ ଅର୍ଥର ଅନୁସରଣ କରେ। ଯେ ମନ ଉଡ଼େ ଯେତେଦୂର—ତାହା ସେତିକି ଅର୍ଥର ବେଭାର ଜାଣିଥାଏ। ଆଜିର କବିତାରେ ପୂର୍ବାଚରିତ ଅର୍ଥ ନାହିଁ କି ଚିରାଚରିତ ଐକ୍ୟ ନାହିଁ। ଅନୈକ୍ୟର ବଂଧନ ହିଁ ଆଧୁନିକ କବିତାର ମୌଳିକ ଐକ୍ୟ। James Mcfarlane ଆଧୁନିକତାର ଯେଉଁ ସଂଜ୍ଞା ନିରୂପଣ କରିଛନ୍ତି, ତାହା ଉପସ୍ଥାପନ କରି ଆମେ ଉପସଂହାର କରିପାରିବା। ସେ କହନ୍ତି, Poetry became an intolerable wrestle with word and meaning, a hauling and straining, a racking of mind's powers of comprehension. Old and more traditional definitions of poetry— the spontaneous overflow of powerful feeling, the best words in best order—were impatiently dismissed obsessive attempts to say, the unsayable made extreme demands on the mind's elasticity. Not only literature but all arts of the period seemed to be intend on stretching the mind beyond the very limits of human understanding. (The mind of modernism) ସବୁ ବିରୋଧର, ସବୁ ଅନୈକ୍ୟର ଆଶ୍ଚର୍ଯ୍ୟ ନିର୍ବିରୋଧ ସାଧନରେ ଆଧୁନିକତାର ପ୍ରତିଷ୍ଠା। ଆଣ୍ଟି ରୋମାଣ୍ଟିକ୍ T.S. Eliot ହିଁ ଶେଷ ରୋମାଣ୍ଟିକ୍। ତେଣୁ ଆଧୁନିକ କବିତାରେ କ୍ଲାସିକ୍ ଓ ରୋମାଣ୍ଟିକ୍ ଚେତନା, ଆଶାନୈରାଶ୍ୟ, ମୃତ୍ୟୁବୋଧ ଓ ଅମୃତ ଆସ୍ପୃହା, ଶୂନ୍ୟତା ଓ ପୂର୍ବତାବୋଧ, ପରଂପରା ଓ ପରୀକ୍ଷଣ, ହଁ ଓ ନା, ସୁନ୍ଦର ଓ ଭୟଙ୍କର, ପାପ ଓ ପୁଣ୍ୟ, ପ୍ରେମ ଓ ଘୃଣା, ଭକ୍ତି ଓ ଅପରାଧବୋଧ, ଗ୍ଲାନି ଓ ଉତ୍ସାହ, ରତି ଓ ସରସ୍ୱତୀ, ଆଦିମା ଓ ପରମା, ନିଶ ଓ ସ୍ତନ, ଦେବତା ଓ ଅସୁର, ଅଂଧ ଓ ଚକ୍ଷୁଷ୍ମାନ୍, ପେନ୍ ଓ ପେନ୍‌ସିଲ୍, ଧ୍ୱଜଭଂଗ ଓ ପ୍ରସୂତି ଯନ୍ତ୍ରଣା—ଏସବୁ ଗୋଟିଏ ଦେବତା ଓ ହରିହର। ସବୁ ନର ଗୋଟିଏ ନର—ସବୁ ନାରୀ ଗୋଟିଏ ନାରୀ—କବିତାର ନାୟକ ନର ନୁହେଁ କି ନାରୀ ନୁହେଁ, ସେ ଇଳା ବା Tiresias—"ଏକ ଦେହେ ଜନ୍ମ ନେଲି ପୁରୁଷ ମୁଁ / ସେହି ଦେହେ ନାରୀର ଶୃଙ୍ଗାର / ମୋ ପାଖେ ଏକାଠି ହେଲା ସିଲକ୍ ଶାଢ଼ି ପେଣ୍ଟ୍ କୋଟ୍, ଧ୍ୱଜଭଙ୍ଗ ପ୍ରସୂତି ଯନ୍ତ୍ରଣା। (କାଳ ପୁରୁଷ) ଏହାକୁ କ'ଣ ଆମେ ଚେତନାର ବିପର୍ଯ୍ୟୟ କହିବା ? ଯେତେବେଳେ ରାଜେନ୍ଦ୍ର କିଶୋର ପଣ୍ଡାଙ୍କ ନାୟକ କହିବ, "ଅଶୋକ ବନରେ ତମ ଇଚ୍ଛିପାର ରାବଣର ବଳାତ୍କାର / ଅଗ୍ନିପରୀକ୍ଷାରେ ଏଣେ ହୋଇପାର ଅନାୟାସରେ ଉତ୍ତୀର୍ଣ୍ଣ" (ତୁମେ କାହାର ନୁହଁ)—ଏ ସୀତାକୁ କ'ଣ ଆମେ ସୁସ୍ଥ ଚିନ୍ତାର ବିଗ୍ରହ ବୋଲି ଭାବି ପାରିବା ? ଏଇଠି ଆଧୁନିକ କବିତା ସହିତ ଆମର ବିରୋଧ ଓ ବିବାଦ। ଏପରି ବିଚାର ଅସୁସ୍ଥ ନୁହେଁ କି ପ୍ରଚଳିତ ଶୃଙ୍ଖଳା ପ୍ରତି ବିପଦ ନୁହେଁ, ଏହାକୁ Things fall apart ବୋଲି ବୁଝାନ୍ତୁ ନାହିଁ, ବୁଝନ୍ତୁ Things fall together ଅର୍ଥରେ। ମନ ଏହାକୁ ହଜମ କରି ନ ଶିଖିଲେ ଆଧୁନିକ କବିତା ବୁଝିବା ସହଜ ହେବ ନାହିଁ। ଆଧୁନିକତା ପ୍ରକୃତରେ କେନ୍ଦ୍ରାତିଗ ନୁହେଁ, କେନ୍ଦ୍ରାନୁଗ। ଏହା ଚେତନାର ବିପର୍ଯ୍ୟୟ ଘଟାଏ ନାହିଁ, ମହାସମନ୍ୱୟକ୍ଷମ ହୋଇଥିବାରୁ ଚେତନାର ଦିଗନ୍ତକୁ ବିସ୍ତୃତ କରେ, ଅନୁଭୂତିର ନୂଆ ନୂଆ ଦ୍ୱାର ଉନ୍ମୁକ୍ତ କରିଦିଏ।

ଆଧୁନିକତା କହିଲା ମାତ୍ରେ, ଆମର ଧାରଣା ଉତ୍ସ କେବେ ଓଡ଼ିଶାର ନିଜସ୍ୱ ବାସ୍ତବତା ହୋଇପାରେନାହିଁ। ତାହା ୟୁରୋପୀୟ ନିଶ୍ଚୟ—ବରଂ ପ୍ରକୃତ ଅର୍ଥରେ ଇଂରାଜୀ କବିତାର ନୂତନ ସଂସ୍କରଣ। ତେଣୁ ଆମ ଆଧୁନିକତା ଅନେକାଂଶରେ ଅନୁକରଣ— ସଂଜାତ। ଅନୁକରଣ ଅନିଷ୍ଟକାରୀ ନୁହେଁ। ଅନୁକରଣ ପରେ ସ୍ୱାତନ୍ତ୍ର୍ୟ ସ୍ୱତଃ ଆସେ। ଅବଶ୍ୟ ଉପଯୁକ୍ତ କାଳ ଉତ୍ତୀର୍ଣ୍ଣ ହେବାପରେ ଅନୁକରଣ ପ୍ରବୃତ୍ତି ବଳବତୀ ରହିଲେ ବିପଦ ଘଟେ। ସେ ବିପଦକୁ ଆମେ ଅତିକ୍ରମ କରିଛୁ। ୧୯୮୫ ବେଳକୁ କବି ଏଲିୟଟ୍‌ଙ୍କ ଠାରୁ ଓଡ଼ିଆ କବିତାର ମୋହ ତୁଟିଯାଇଛି। କବିଏ ପାଟି କରିଛନ୍ତି,

"ତତ୍ତ୍ୱଫତ୍ତ୍ୱରୁ ବହୁତ ହେଲା" ଏଣିକି ମୁକ୍ତି ଲୋଡ଼ା। କିନ୍ତୁ ତତ୍ତ୍ୱଫତ୍ତ୍ୱରୁ ମୁକ୍ତି ମିଳିଲେ ଯେ କବିତା ସ୍ୱତଃ ଭଲ ଓ ସାର୍ଥକ ହୋଇଯିବ ଏପରି ଭାବି ବି ଲୋକେ ଭୁଲ କରିଛନ୍ତି। ତେଣୁ ଆମ କବିତା ଭିନ୍ନ ଏକ ଅବ୍ୟବସ୍ଥାରେ ପଡ଼ିବାକୁ ଯାଉଛି। ସାବଧାନ ହେବାକୁ ପଡ଼ିବ। ଏଠି ସୂଚାଇ ଦେବାକୁ ହେଉଛି ଯେ, କବି ଏଲିୟଟ୍‌ଙ୍କ ଆର୍କିଟାଇପାଲ୍ ପ୍ରଭାବରୁ ମୁକ୍ତି ଖୋଜିବା ଅନୁଚିତ। ତାଙ୍କୁ କେନ୍ଦ୍ରକରି ଗଢ଼ି ଉଠିଥିବା ଆଧୁନିକ ଗ୍ରହଣକ୍ଷମ ମନଟିଏ ବିସର୍ଜନ ଦେବା ମାନେ ଆତ୍ମଘାତୀ ହେବା। ସେ ଯେଉଁ ସଂସ୍କାରଶୂନ୍ୟ ସାହସିକ କାବ୍ୟ ଚେତନା ପରିବେଷଣ କରିଛନ୍ତି, ତାହା ଆମ ଆଧୁନିକ କବିଙ୍କ ମାନସିକ ଛାଞ୍ଚର ସ୍ୱୀକୃତ ଅଂଶ ହୋଇଥାଉ; ତାହାର ସୀମାବଦ୍ଧତା ଦୂର କରାଯାଇପାରେ, ତାହାର ଦୁର୍ବଳତା ଅପନୟନ କରାଯାଉ। ଆମ ଆଧୁନିକତାର ସୀମାବଦ୍ଧତା ଅଛି। ତନ୍ମଧ୍ୟରୁ କେତୋଟି ପରିତ୍ୟାଜ୍ୟ:

୧. ଆଧୁନିକତା ସମକାଳ-କୌତୂହଳୀ ନୁହେଁ। ଆଧୁନିକତା ଅବଶ୍ୟ ସମକାଳୀନତା ସର୍ବସ୍ୱ ନୁହେଁ, କିନ୍ତୁ ସମକାଳୀନତା ବିନା କ'ଣ ଆଧୁନିକତା ସମ୍ଭବ? ସମକାଳର ବର୍ତ୍ତମାନତା ମଧ୍ୟରେ ଭାରତରେ କି ଓଡ଼ିଶାର ନିଜସ୍ୱ ବାସ୍ତବତା ଯେଉଁ ନୂଆ ରୂପରେ ଆବିର୍ଭୂତ ହେଉଛି ଓ ତାହା ଯେଉଁ ଭାବରେ ଆମ ଜୀବନକୁ ଓ ଚେତନାକୁ ପ୍ରଭାବିତ ଓ ରୂପାନ୍ତରିତ କରୁଛି, ତାହାରି ରୂପଦାନ ହିଁ ହୁଅନ୍ତା ଆଧୁନିକତା। ଯଥାର୍ଥ ଭାବରେ କବିତା ହୁଅନ୍ତା ଏହି ନିଜସ୍ୱ ବାସ୍ତବତା ସହିତ ମଣିଷର ସଂଘର୍ଷ ଓ ସଂପର୍କର ଅଭିବ୍ୟକ୍ତି। ଅବଶ୍ୟ ଏହି ବାସ୍ତବତା ବହୁସ୍ତରୀୟ। ବହିର୍ଜଗତଠାରୁ ଅବଚେତନର ଅଗାଧ ଗଭୀରତା ପର୍ଯ୍ୟନ୍ତ ସୁବିସ୍ତୃତ। ଆନନ୍ଦର କଥା ଯେ ଆଧୁନିକ କବିତା ସମକାଳୀନ ବାସ୍ତବତା ସହିତ ସଂପର୍କ ସ୍ଥାପନ କରିବାକୁ ଚାହୁଁଛି, ସଚ୍ଚିଦାନନ୍ଦଙ୍କ ପଦ୍ମଭୁକ୍, ଗୁରୁପ୍ରସାଦଙ୍କ ହରେକୃଷ୍ଣ ଦାସ-୩, ସୀତାକାନ୍ତଙ୍କ 'କାହାକୁ ପୁଛିବା କହ' ଓ ଜଗନ୍ନାଥ ପ୍ରସାଦଙ୍କ 'ଆହ୍ନିକ'ରେ ଆଧୁନିକତାର ଋତୁପରିବର୍ତ୍ତନ ଦୁର୍ଲକ୍ଷ୍ୟ ରହୁନାହିଁ। ଏହି ପରିବର୍ତ୍ତନ ଆଧୁନିକତା ପ୍ରତି ପାଠକର ମନୋଭାବ ବଦଳାଇ ଦେବ।

୨. ଆଧୁନିକତାର ଆଭିଧାନିକ ଅର୍ଥ progressive recentness। ଅର୍ଥାତ୍ ପ୍ରଗତିଶୀଳ ସାଂପ୍ରତିକତା ପରିବେଶ ପାଇଁ ଉଦ୍ଭିଦର ଭୂମିକା ଅନସ୍ୱୀକାର୍ଯ୍ୟ। ତେଣୁ କବିତାକୁ ପ୍ରକୃତି ଦ୍ରୋହ ସାଜୁ ନାହିଁ। ଦ୍ୱିତୀୟତଃ ନାରୀ ପ୍ରତି ଘୃଣାଭାବ ବି ପ୍ରଗତିଶୀଳ ଚିନ୍ତା ନୁହେଁ। ଆମ ଆଧୁନିକତା ପ୍ରଗତିଶୀଳ ସାଂପ୍ରତିକତାକୁ ସ୍ୱାଗତ କରୁ।

୩. ବିଷୟବସ୍ତୁ ନିର୍ବାଚନ କ୍ଷେତ୍ରରେ ଆଧୁନିକ କବିତାର ନିରଙ୍କୁଶ ସ୍ୱାଧୀନତା ଅଛି। ତେବେ କାହିଁକି କେବଳ କ୍ଳାନ୍ତି, ଅବସାଦ ଓ ଗ୍ଳାନି, ଅପରାଧ ବୋଧ କି

ବିବମିଷାକୁ ବାଛିବ ? ଆନନ୍ଦ, ଉତ୍ସାହ, ଶୁଭବୋଧ ଓ କଲ୍ୟାଣବୁଦ୍ଧିକୁ ପ୍ରଶ୍ରୟ ନ ଦେବ ?

ଉପସଂହାର:

ସବୁ ଆଧୁନିକତାର ଭାଗ୍ୟ ସର୍ବତ୍ର ସମାନ। ଅନ୍ୟ ଏକ ଭିନ୍ନ ପ୍ରକାରର ଆଧୁନିକତା ଦ୍ୱାରା କାବ୍ୟମଞ୍ଚରୁ ବିତାଡ଼ିତ ହେବା ସବୁକାଳର ଆଧୁନିକତାର ନିୟତି। ଆଗଟି ବାଟ ଛାଡ଼ିଦେବ ପଛକୁ, ପ୍ରବହମାନତା ଭିତରେ ପରିବର୍ତ୍ତନ ଭୂମିଷ୍ଠ ହେବ। ସାହିତ୍ୟ ଇତିହାସରେ ଶୂନ୍ୟତା କେବେ ସୃଷ୍ଟି ହୁଏ ନାହିଁ। ସୀମାବଦ୍ଧତା ଯୋଗୁ ହେଉକି ପାଠକର ବୁଦ୍ଧି ଉପରେ ପ୍ରବଳ ଚାପ ପକାଉଥିବାରୁ ହେଉ, ଆମର ଆଲୋଚ୍ୟ ଆଧୁନିକତା ପାଠକ ପାଖରେ ଗ୍ରାହ୍ୟ ହୋଇନାହିଁ। ସାଧାରଣ ପାଠକ ପାଖରେ ଗ୍ରାହ୍ୟ ନ ହେବା ପର୍ଯ୍ୟନ୍ତ କବିତା ସାର୍ଥକ ହୋଇଛି ବୋଲି କୁହାଯାଇ ପାରିବ ନାହିଁ। କବିତା ଏକ ତରଫା ବ୍ୟାପାର ନୁହେଁ କି ବିଶ୍ୱର ତିରିଶି ଖଣ୍ଡେ ବିଦଗ୍ଧ ପାଠକଙ୍କୁ ପରିତୃପ୍ତି ଦେବାକୁ ଉଚିତ ହୁଏ ନାହିଁ। (ଏଜରା ପାଉଣ୍ଡ୍ କହୁଥିଲେ ସମଗ୍ର ପୃଥିବୀରେ ତାଙ୍କ କବିତା ପାଇଁ ୩୦ ଜଣ ପାଠକ ମିଳିଲେ ସେ କୃତାର୍ଥ ହେବେ। ପାଠକ ସହିତ କବିଙ୍କର ସ୍ୱତଃସ୍ଫୂର୍ତ୍ତ ସମପ୍ରାଣତା ଓ ରୁଚିସାମ୍ୟ ଏହାର ଏକ ଅବିଚ୍ଛେଦ୍ୟ ଅଙ୍ଗ। ଆଧୁନିକ କବିତା ପାଠକବିମୁଖ ଥିଲା। ରାମ୍ବୋଙ୍କ ବିଷୟରେ କହିବାକୁ ଯାଇ Paul de man କହିଥିଲେ, Modern Poetry is no longer concerned with a reader. It does not want to be understood. (Lyric and Modernity) ଏପରି ମନୋଭାବ ଭଲ ନୁହେଁ। ଉତ୍ସାହର କଥା ଯେ, ଆଧୁନିକ କବିତା ଏହି ମନୋଭାବ ଛାଡ଼ିଲାଣି। ସାଧାରଣ ପାଠକ 'ଶ୍ରୀରାଧା' କି 'ଆହ୍ନିକ'କୁ କିଛି କିଛି ବୁଝିଲେଣି; ଅବଶ୍ୟ ଆଧୁନିକ କବିତା ଅନେକାଂଶରେ ଭଲ ରୂପେ ବୁଝିହେଲେ ବି ଶେଷ ପର୍ଯ୍ୟନ୍ତ ସେଥିରୁ କିଛି ଅବୁଝା ରହିଯାଏ—ପ୍ରକୃତରେ ବାକି ରହିଯାଏ ସେହି ତୃନ ନଗଜନକକ ଯାର ମୁଖମଣ୍ଡଳରୁ ଛାୟାଛନ୍ନତାର ଗୁଣ୍ଠନ ଖସି ପଡ଼େ ନାହିଁ। ନ ବୁଝି ବୁଝିବା ଓ ବୁଝି ନ ବୁଝିବା ହିଁ ଏଠାରେ ଶେଷ କଥା, ତେବେ ଦୁର୍ବୋଧତାର ଅପବାଦ ଯେ ଘୁଞ୍ଚୁଛି, ତାହା ଶୁଭ ଲକ୍ଷଣ। ତେଣୁ ଯେଉଁ ଅଧ୍ୟାୟଟିର ଉତ୍ସାହରେ ଭଟ୍ଟା ପଡ଼ିଛି ତାହାର ନାମକରଣ ହୋଇଛି— ପ୍ରୟୋଗବାଦୀ କବିତା। ନୂଆ ଅଧ୍ୟାୟଟିର ସୂତ୍ରପାତ ହେଲାଣି। ତାହାର ନାମ ଉତ୍ତର ଆଧୁନିକ କବିତା; ଅତ୍ୟାଧୁନିକ ନୁହେଁ। ୧୯୩୨ରେ ଯେତେବେଳେ ବଂଗଳା ସାହିତ୍ୟରେ ପ୍ରୟୋଗବାଦୀ କବିତାର ଆତ୍ମପ୍ରକାଶ ଘଟୁଥିଲା, ସେତେବେଳେ ରବୀନ୍ଦ୍ରନାଥ ବ୍ୟଙ୍ଗ କରି କହିଥିଲେ, "ଇଉରୋପରେ ହାଟ ଅଛି, ହାଟର ଗୋଳମାଳ ଅଛି; ଆମର ହାଟ ନାହିଁ, ଖାଲି ଗୋଳମାଳ।" ୧୯୯୫ରେ ଏକଥା ଆଉ ପ୍ରାସଙ୍ଗିକ

ନୁହେଁ। ହାଟ ଉଠି ଆସିଛି ଏବେ ଭାରତକୁ। ତେଣୁ ଗୋଳମାଳକୁ ଅଗ୍ରାହ୍ୟ କରିବାର ଉପାୟ ନାହିଁ। କ'ଣ କରାଯାଏ ? ନିଜକୁ ତ୍ୟାଗ କରି ପରକୁ ଇଚ୍ଛା କରିବା ଭିକ୍ଷୁକତା ଭିନ୍ନ ଅନ୍ୟ କିଛି ନୁହେଁ ଅବଶ୍ୟ, କିନ୍ତୁ ପାପକୁ ସଂପୂର୍ଣ୍ଣ ତ୍ୟାଗ କରି ନିଜକୁ ସଂକୁଚିତ କରି ରଖିବା ବି ଦାରିଦ୍ର୍ୟର ଚରମ ଦୁର୍ଗତି। ଉଭୟ ଦିଗ ରକ୍ଷା କରିବାକୁ ହେବ। କବିଏ ଯେତେ ଡେରିରେ ହେଉ ପଛେ ଏକଥା ବୁଝିଲେଣି, ଅନୁକରଣ ଆଉ ସାଜୁ ନାହିଁ। ପ୍ରଭାବ ରହିବ ରହୁ, କିନ୍ତୁ କବିଙ୍କୁ ନିଜ ମନରୁ କି ଜାତୀୟ ମାନସରୁ ଆଦର୍ଶ ସଂଧାନ କରିବାକୁ ହେବ, କବିତାର ଯାବତୀୟ ଉପାଦାନ ଓ ଉପକରଣ ପାଇଁ ସେ ନିଜର ବିଚାର ପ୍ରୟୋଗ କରିବେ; ଅନ୍ୟକୁ ପୂରା ଅନୁକରଣ କଲେ ସୃଷ୍ଟି ସଂପଦରେ ଗର୍ବ କଲାଭଳି କୌଣସି ଅଧିକାର ରହିବ ନାହିଁ। ଯେକୌଣସି ଭାଷାରେ କବିତା ପ୍ରକାଶିତ ହୋଇଥାଉ ସେହି ଜାତିର ଆବେଗ ଓ ମନନ ଶିକ୍ଷା, ଓ ପରିବେଶ, ସ୍ୱପ୍ନ ଓ ଅଭିଜ୍ଞତା, କଳ୍ପନା ଓ ଐତିହ୍ୟର ଯାବତୀୟ ଉତ୍ତରାଧିକାରୀ ସେ। ଆମେ ବିଶାଳ ପରଂପରାର ଦାୟାଦ। ଆମ କବିଙ୍କ ଶକ୍ତି ଓ ସ୍ୱାତନ୍ତ୍ର୍ୟ ଦୃଢ଼ ରହିଲେ, ଆତ୍ମପ୍ରତ୍ୟୟ ଅକ୍ଷୁଣ୍ଣ ରହିଲେ, ଆମେ ମୌଳିକ ସୃଷ୍ଟି ଘେନି ସମ୍ମାନ ପାଇବା। ସଂପୂର୍ଣ୍ଣ ଆଧୁନିକ ନ ହେଲେ ପଶ୍ଚିମକୁ ଶିଖାଇ ପାରିବା ନାହିଁ, ପଶ୍ଚିମ ପାଖରୁ ପାଠ ଶିଖୁଥିବା। ଆନ୍ତର୍ଜାତିକତାରେ ଆମେ ଭାଗ ନେବା ନିଶ୍ଚୟ, କିନ୍ତୁ ଭାଗନେବା କଥାଟା ସମାନତା ଓ ସ୍ୱତନ୍ତ୍ରତା ଉପରେ ପ୍ରତିଷ୍ଠିତ ରହିବା ଉଚିତ। କିନ୍ତୁ ସେହି ସମୟ ବୋଧହୁଏ ଆହୁରି ଆସିନାହିଁ। ଆମେ କବିତାରେ ଯେଉଁ ସରଳତା ପଥରେ ଅଗ୍ରସର ହେଉଛୁ ତାହା ପଛରେ ପାଶ୍ଚାତ୍ୟ open poetry କି naked poetryର ପ୍ରଭାବ ନାହିଁ ବୋଲି କିଏ କହିବ ? The Waste land ପରିବର୍ତ୍ତେ ରବର୍ଟ ଲୋଏଲଙ୍କ 'Life Studies' (1959) ଅନୁପ୍ରାଣିତ କରୁନାହିଁ ତ ? ଏବେ ଆମେ ଶୁଣୁଛୁ ଆଣ୍ଟୁ ମୋସାନ୍ ଯୁକ୍ତି କଲେଣି, କବିତା ହେବ ଜଳ ପରି ସ୍ୱଚ୍ଛ—ସଂପୂର୍ଣ୍ଣ ନିରଳଙ୍କୃତ, କାରୁ-କୌଶଳ-ବର୍ଜିତ। ତାହା ସର୍ତ୍ତଟିଏ ଅବଶ୍ୟ ମାନି—ସେଥିରେ ପରିଚିତ ଜଗତ୍ ଯେପରି ଅପରିଚିତର ବିସ୍ମୟ ଜାଗ୍ରତ୍ କରିବାକୁ ସଦା ସମୁଦ୍ୟତ ଥାଏ। ପୁଣି ରୋମାଣ୍ଟିକ୍‌ପ୍ରବଣତା ପ୍ରତିଷ୍ଠା ପାଉଛି, ଜଗତ୍ ଓ ଜୀବନକୁ ଗୁଣ୍ଠନମୁକ୍ତ କରି ଦେଖାଇବାକୁ ଚାହୁଁଛି। ସଦ୍‌ବୁଦ୍ଧିରୁ ହେଉ କି ଆନ୍ତର୍ଜାତିକ ନୂଆ କାବ୍ୟତତ୍ତ୍ୱର ପରିଶୀଳନରୁ ହେଉ, ଓଡ଼ିଆ କବିତା ଏଲିୟଟ୍‌ଙ୍କ ସର୍ବବ୍ୟାପୀ ପ୍ରଭାବରୁ ମୁକ୍ତି ପାଇଛି। କଳ୍ପନା, ପ୍ରେରଣା ଓ ନିଜ ମାଟିର ବାସ୍ନାକୁ ସ୍ୱୀକାର କରୁଛି। ରମାକାନ୍ତଙ୍କ 'ଶ୍ରୀରାଧା', ସୀତାକାନ୍ତଙ୍କ 'କାହାକୁ ପୁଛିବା କହ', ଜଗନ୍ନାଥ ପ୍ରସାଦଙ୍କ 'ଆହ୍ନିକ' ଓ ସୌରୀନ୍ଦ୍ର ବାରିକଙ୍କ 'ଆକାଶ ପରି ନିବିଡ଼' ଆମ କବିତାର ମାତ୍ରା ଓ ଚରିତ୍ରକୁ ଏଇ ୧୦ ବର୍ଷ ଭିତରେ ସଂପୂର୍ଣ୍ଣ ବଦଳାଇ

ଦେଇଛି । ଓଡ଼ିଆ କବିତା ହେଉଛି ରକ୍ତ, କଳ୍ପନା ଓ ମନନର ଯୌଥ ଯାତ୍ରା—ଏଇ ପଥରେ ଆଗେଇଲେଣି ଅନେକ ତରୁଣ ପ୍ରତିଭା—ବେଶ୍ ପ୍ରତିଶ୍ରୁତିସଂପନ୍ନ । ଏଠି ଅବଶେଷରେ ଗୋଟିଏ କଥା ମନେ ରଖିବାକୁ ହେବ ଯେ, ଯେଉଁ ଅଧ୍ୟାୟଟିକୁ ଆମେ ଅତିକ୍ରମ କରିବାକୁ ଯାଉଛୁ ତାହା ଆମ କାବ୍ୟ ଐତିହ୍ୟର ଅଙ୍ଗୀଭୂତ ହୋଇଯାଇଛି । ରବୀନ୍ଦ୍ରନାଥ ଓ ଏଲିୟଟ୍‌ଙ୍କୁ ତେଣୁ ପୂରା ଅସ୍ୱୀକାର କରିବା ଅସମ୍ଭବ । ଏମାନଙ୍କ ପ୍ରତ୍ୟକ୍ଷ ପ୍ରଭାବ ଅବଶ୍ୟ କଟିଛି, କିନ୍ତୁ ଯାହାକୁ କହନ୍ତି ଆର୍କିଟାଇପାଲ୍ ପ୍ରଭାବ, ତାହା ଆମ ରକ୍ତରେ ମିଶିଯାଇଛି । ଏହି ସୂତ୍ରରେ ଆମର ତରୁଣ କବିଏ ମାୟାଧର ମାନସିଂହ, ରାଧାମୋହନ ଗଡ଼ନାୟକ, ସଚ୍ଚିଦାନନ୍ଦ ରାଉତରାୟ, ଗୁରୁପ୍ରସାଦ ମହାନ୍ତି, ରମାକାନ୍ତ ରଥ, ସୀତାକାନ୍ତ ମହାପାତ୍ର, ସୌଭାଗ୍ୟ କୁମାର ମିଶ୍ର ଓ ରାଜେନ୍ଦ୍ର କିଶୋର ପଣ୍ଡାଙ୍କୁ ପୂରା ଅସ୍ୱୀକାର କରି ସଂପୂର୍ଣ୍ଣ ନୂତନ ପଥରେ ଯାଇ ପାରିବେ ନାହିଁ, ଉଦ୍ଧତ ଭାବରେ ଉତ୍ତର ଆଧୁନିକ ହୋଇପାରିବେ ନାହିଁ । ସେମାନଙ୍କଠାରୁ ଗତି ବେଗ ଓ ପଥର ସଂଧାନ ପାଇବେ, କିନ୍ତୁ ପଦକ୍ଷେପର ଭଙ୍ଗୀଟି ହେବ ସେମାନଙ୍କର ନିଜସ୍ୱ । ତାହାହିଁ ଗତି ଓ ଗନ୍ତବ୍ୟ । ଶୁଭଙ୍କର ।

■

ସାହିତ୍ୟରେ ଉତ୍ତର-ଆଧୁନିକତା : ଏକ ଦୃଷ୍ଟିପାତ

ବୈଷ୍ଣବଚରଣ ସାମଲ

ସାହିତ୍ୟରେ ଆଧୁନିକତା ଓ ଉତ୍ତର-ଆଧୁନିକତା ବିଶେଷ ଭାବରେ ଚର୍ଚ୍ଚିତ; ବିଶେଷତଃ ପାଶ୍ଚାତ୍ୟ ଦେଶରେ। ଆଧୁନିକତାର ପିତୃଭୂମି ଫ୍ରାନ୍ସ ଓ ସେଇଠାରୁ ଏହା ୟୁରୋପର ବିଭିନ୍ନ ଦେଶ ଦେଇ ଆମେରିକାକୁ ଗତି କରିଛି। ପାଶ୍ଚାତ୍ୟ ମଡ଼େଲ ଆଧୁନିକତା ଭାରତବର୍ଷରେ ପ୍ରଭାବ ପକାଇଛି। ଭାରତବର୍ଷ ଔପନିବେଶିକ ମାନସିକତାରୁ ମୁକ୍ତ ହୋଇ ନଥିବାରୁ ବିଭିନ୍ନ ପ୍ରାଦେଶିକ ସାହିତ୍ୟରେ ଆଧୁନିକତା ଓ ଉତ୍ତର ଆଧୁନିକତା ନେଇ ଏକପ୍ରକାର ମୋହ ସୃଷ୍ଟି ହୋଇଛି। ତେବେ ଦେଖାଯାଉଛି ଯେ, ୟୁରୋପ ବା ଆମେରିକାରେ ଆଧୁନିକତା ଓ ଉତ୍ତର ଆଧୁନିକତାକୁ ନେଇ ଯେଉଁ ଚିନ୍ତା ଓ ତତ୍ତ୍ୱ ପ୍ରକାଶ ପାଉଛି, ତାହାକୁ ଏଠାରେ ଗ୍ରହଣ କରି ନିଆଯାଉଛି। ଏହା ଠିକ୍ ଡାମରାକାଉର ମୟୂରପୁଚ୍ଛ ଧାରଣ ପରି ହୋଇଯାଉଛି। ଆଧୁନିକତା ବା ଉତ୍ତର-ଆଧୁନିକତାର ଯେତେ ଯେତେ ତତ୍ତ୍ୱ, ଦର୍ଶନ, ବାଦ-ବିସମ୍ବାଦ ଓ ବିଭିନ୍ନ ଇଜିମ୍‌ର ଆଲୋଚନା ହୋଇଛି, ସେସବୁକୁ ଆମେ ନିର୍ବିଚାରରେ ଗ୍ରହଣ କରି ନେଇ ତାହାର ଚର୍ଚ୍ଚା କରିଛୁ ଓ ସାହିତ୍ୟ ସେହି ଆଧୁନିକତାକୁ ହିଁ ଅନୁସରଣ କରିଛି। ଫଳରେ ଆମ ସାହିତ୍ୟ ଓ ସାହିତ୍ୟାଲୋଚନା ଏଯାବତ୍ ୟୁରୋପ ମଡେଲରୁ ମୁକ୍ତି ଲାଭ କରିପାରି ନାହିଁ। ମନେ ହେଉଛି ୟୁରୋପ-ଆଧୁନିକତା ସତେ ଯେପରି ଆମ ସାହିତ୍ୟ କ୍ଷେତ୍ରରେ ଏକ ନୂତନ ଉପନିବେଶ ସୃଷ୍ଟି କରିଦେଇଛି।

ଆଧୁନିକତା ଓ ଆଧୁନିକତାବାଦ ଦୁଇଟି ଏକାପରି ଜଣା ଯାଉଥିଲେ ହେଁ

ତତ୍ତ୍ୱତଃ ଅଲଗା। ଆଧୁନିକତା (Modernity) ଠିକ୍ କାଳବାଚୀ ନ ହେଲେ ହେଁ କାଳକୁ ନେଇ ତାର ଗତି। ମଣିଷର ଅନ୍ୱେଷା ଚିରନ୍ତନ। ଯେତେବେଳେ ସେ ନୂତନର ଅନ୍ୱେଷଣ କରେ ଓ ଆବିଷ୍କରଣ ପ୍ରକ୍ରିୟାରେ ନୂତନକୁ ରୂପ ଦିଏ, ସେତେବେଳେ ତାହା ଆଉ ନୂତନ ହୋଇ ରହେନାହିଁ। ନୂତନ ରୂପାନ୍ତରିତ ହୋଇଯାଏ ଆଧୁନିକତାରେ। ତେଣୁ ଆଧୁନିକତା ହୋଇଯାଏ ଏକ ରୁଚି, ଏକ ଚଳଣୀ, ଏକ ଚମକ; ଅନ୍ୟ ଅର୍ଥରେ ଏକ ମୂଲ୍ୟବୋଧ। ପୁରାତନ ବା ଗତାନୁଗତିକତା ପ୍ରତି ଅସନ୍ତୋଷରୁ ଏହାର ଜନ୍ମ ଓ କ୍ରମବିସ୍ତାର। କିନ୍ତୁ ଆଧୁନିକତାବାଦ (Modernism) କହିଲେ ମୂଳତଃ ଏକ ତତ୍ତ୍ୱ, ଏକ ଦର୍ଶନକୁ ବୁଝାଏ। 'ଆଧୁନିକ' ବାହ୍ୟ ପ୍ରକରଣ ଓ ଦୃଶ୍ୟମାନ ପରିବର୍ତ୍ତନକୁ ଗୁରୁତ୍ୱ ଦେଉଥିଲାବେଳେ ଆଧୁନିକତାବାଦ ମାନସିକ ବିଚାରଧାରାକୁ ଗୁରୁତ୍ୱ ଦିଏ। ଇତିହାସକୁ ଦୃଷ୍ଟିପାତ କଲେ ଜଣାଯାଏ ଯେ ପ୍ରତ୍ୟେକ ଯୁଗରେ ପ୍ରଚଳିତ କଳା ଓ ସାହିତ୍ୟ ପ୍ରତି ଅସନ୍ତୋଷରୁ ନୂତନ ସାହିତ୍ୟ ସୃଷ୍ଟି ହୋଇଅଛି। ଏହି ଅସନ୍ତୋଷ ସାହିତ୍ୟର କେବଳ ଆଙ୍ଗିକକୁ ନେଇ ନୁହେଁ, ଆତ୍ମିକକୁ ନେଇ ମଧ୍ୟ ପ୍ରକାଶ ପାଏ। ନୂତନ କିଛି ସୃଷ୍ଟି କରିବା ନାଁରେ କିଛି ନୂତନ ସୃଷ୍ଟିକଲେ ତା'ର କୌଣସି ମୂଲ୍ୟବୋଧ ରହେ ନାହିଁ—ତାହା ହୋଇଯାଏ ଏକ ଫେଶନ ଓ ସେହି ଫେଶନ ପ୍ରତି ମମତା ଚାଲିଗଲେ ତାହା ମଧ୍ୟ ଚାଲିଯାଏ। ଫେଶନ ସବୁବେଳେ ବାହ୍ୟ ଓ ତାର ସ୍ଥାୟିତ୍ୱ ମଧ୍ୟ କମ୍। ଆତ୍ମାରେ ଆଧୁନିକତାହିଁ ପ୍ରଭାବଶାଳୀ ହୁଏ ଓ ମଣିଷ ଭିତରେ ତାର ଅନ୍ୱେଷା ଓ ଜିଜ୍ଞାସାକୁ ତୀବ୍ରତର କରେ। ନୂତନ ସାହିତ୍ୟରେ ଯେଉଁ ଚେତନା (Sansibility) ପ୍ରକାଶ ପାଏ, ତାହାର ହୁଏତ ଗଭୀରତର ଓ ପ୍ରଶସ୍ତତର ପରିବର୍ତ୍ତନ ଘଟେ। ତଥାପି ସେହି ପରିବର୍ତ୍ତିତ ସାହିତ୍ୟକୁ ଆମେ 'ଆଧୁନିକ' କହୁ ନାହୁଁ। କାରଣ ଆଧୁନିକ କବିତା ବା ସାହିତ୍ୟ ଯେକୌଣସି ନୂତନ କବିତା (New poetry) ଠାରୁ କେବଳ ମାତ୍ର ବୃହତ୍ତର ନୂତନତା (Novelty) ନୁହେଁ; ତାହା ନୂତନ ମାର୍ଗରେ ନୂତନ, ସମ୍ଭବତଃ ଏକ ନୂତନ ଦିଗ ନିର୍ଣ୍ଣାୟକ ମଧ୍ୟ।

ଫରାସୀ ସମାଲୋଚକମାନେ ଊନବିଂଶ ଶତକର ମଧ୍ୟଭାଗ (୧୮୫୦) ପରଠାରୁ ସାହିତ୍ୟରେ ଆଧୁନିକତାର ଗତି ପ୍ରବାହକୁ ଲକ୍ଷ୍ୟ କରିଥିଲେ। ପରବର୍ତ୍ତୀ ସମାଲୋଚକମାନେ ଏଥିରେ ସହମତି ପ୍ରକାଶ କରିନାହାନ୍ତି। କାରଣ ଅତୀତ ଓ ବର୍ତ୍ତମାନ ମଧ୍ୟରେ ଏକ ବୃହତ୍ତମ ବିଭାଜ୍ୟ ରେଖା (Great divide) ଟାଣି ଦେବା ଏତେ ସହଜ ନୁହେଁ। କଳା ବା ସାହିତ୍ୟ ପୂର୍ଣ୍ଣତଃ ପରମ୍ପରା ଓ ମାନବବାଦରୁ ଅଲଗା ହୋଇପାରେ ନାହିଁ। ଏବେ ମଧ୍ୟ ଆମେ କଳା ବା ସାହିତ୍ୟରେ ଏହି ଦୁଇଟିକୁ ସ୍ଥାନ ଦେଉଅଛୁ। ସଂପ୍ରତି ଆଧୁନିକତା କହିଲେ ଆମେ କବିତା ବା ସାହିତ୍ୟର ଗଠନକ୍ରିୟା

(Structure)କୁ ହିଁ ଗୁରୁତ୍ୱ ଦେଉଅଛୁ । ତାର ଦୃଶ୍ୟମାନ (Visual) ରୂପ ଓ ସଂରଚନା ହୋଇଛି ପ୍ରମୁଖ ଆଲୋଚ୍ୟ । ଏହି ମାନସିକତାରୁ ସଂରଚନାବାଦ (Structuralism) ଓ ଅବିରଚନା (Deconstruction) ପ୍ରସଙ୍ଗର ଉଦ୍ଭବ ଓ ତାହାର ଚର୍ଚ୍ଚା ହୋଇଛି ମୁଖ୍ୟ । ଆତ୍ମାରେ କେତେ ପରିମାଣରେ ଆଧୁନିକତା ରହିଛି ଓ ତାର ସ୍ୱରୂପ କଣ ସେ ବିଷୟରେ ଆମେ ଆଲୋଚନା କରୁନାହୁଁ । ବାହାରର ବା ରୂପଗତ ପରିବର୍ତ୍ତନ ହୋଇଗଲେ ଯେ ତାହା ଆଧୁନିକ ହୋଇଯିବ; ନୁହେଁ । ସଂରଚନା ସହିତ ଆତ୍ମାଗତ ପରିବର୍ତ୍ତନ ମଧ୍ୟ ଦରକାର । ଏହି ପରିବର୍ତ୍ତନ ସ୍ୱେଚ୍ଛାଚାରୀ (arbitrary) ନୁହେଁ; ସ୍ୱତଃ ଓ ମୂଲ୍ୟବୋଧଭିତ୍ତିକ । ପରମ୍ପରାକୁ ଛାଡ଼ିଦେଇ ନୁହେଁ, ପରମ୍ପରାର ଭିତ୍ତିଭୂମି ଉପରେ ପରିବର୍ତ୍ତନ ଓ ଆଧୁନିକତାର ସମାବର୍ତ୍ତନ ହେଲେହିଁ ସାହିତ୍ୟର ସ୍ୱର୍ଣ୍ଣଦ୍ୟୁତି ଉକୁଟି ଉଠେ । ସେହି ସାହିତ୍ୟ ହୁଏ ଗୋଟାଏ ଜାତିର ସମ୍ପତ୍ତି । ଯୁଗର ପରିବର୍ତ୍ତନ ଭିତ୍ତିରେ ମାନବ-ପ୍ରଜ୍ଞାର ଯେଉଁ ବିବର୍ତ୍ତନ ଘଟୁଛି ତାହା ଯୁଗର ଜିଜ୍ଞାସାକୁ ଉତ୍ତର ଦେବାରେ ସମର୍ଥ ହୋଇପାରିଲେ ଓ ଯେଉଁ ସକଳ ଆକାଙ୍କ୍ଷା ପ୍ରକାଶ ପାଏ, ତାହାକୁ ଚରିତାର୍ଥ କରିବାକୁ ଉପଯୋଗୀ ହୋଇପାରିଲେ, ପ୍ରକାଶ ପାଏ ଗୋଟାଏ ନୂତନ ମୂଲ୍ୟବୋଧ । ଏହି ମୂଲ୍ୟବୋଧ ପରମ୍ପରାକୁ ଛାଡ଼ି ଦେଇ ନୁହେଁ, ମଣିଷକୁ ଓ ମାଟିକୁ ଉପେକ୍ଷା କରି ନୁହେଁ—ମଣିଷ, ମାଟି, ପରମ୍ପରା ଓ ନୂତନ ସମ୍ଭାବନାକୁ ନେଇ ପ୍ରକାଶ ପାଏ । ଏହି ନୂତନ ଆକାଙ୍କ୍ଷାରୁ ଆଧୁନିକତାର ଜନ୍ମ । ତେଣୁ ଦେଖାଦେଇଛି ଆଧୁନିକ ଆନ୍ଦୋଳନ (Modern Movement), ଆଧୁନିକ ଶବ୍ଦକୁ ଲଗାଇ କେତେ କେତେ ପ୍ରସଙ୍ଗ ଆସିଗଲା—ଏଇ ଯେମିତି ଆଧୁନିକ ପରମ୍ପରା (Modern Tradition), ଆଧୁନିକ ଯୁଗ (Modern Age), ଆଧୁନିକ ଶତାବ୍ଦୀ (Modern Century), ଆଧୁନିକ ମଣିଷ (Modern Man), ଆଧୁନିକ ସାହିତ୍ୟ (Modern Literature), ଆଧୁନିକ ଇତିହାସ (Modern History), ଆଧୁନିକତାବାଦ (Modernism) ଇତ୍ୟାଦି । 'ଆଧୁନିକତାବାଦ ଦାନା ବାନ୍ଧିଗଲା ପରେ ଆହୁରି କେତେ ବିଚାର ଦେଖାଦେଲା—ଏଇ ଯେମିତି Proto-Modernism, Palaeo- Modernism, Neo-Modernism, Post-Modernism, Ultra- Modernism ଇତ୍ୟାଦି । ଏସବୁ ହେଉଛି ଆଧୁନିକ ବିଶ୍ୱରେ ଯେତେପ୍ରକାର ଚେତନା ଓ ପରିବର୍ତ୍ତନ ଦେଖାଦେଉଛି, ତାହାର ବୌଦ୍ଧିକ ଶବ୍ଦ-ସଂଯୋଜନା ମାତ୍ର । ଏହା ସତ୍ତ୍ୱେ ଜରଟ୍ରୁଡ ଷ୍ଟେଇନ (Gertrude Stein)ଙ୍କ ପରି ସମାଲୋଚକ କହନ୍ତି, 'Modernism is our inevitable art'. ମାର୍କ୍ସବାଦୀ ସମାଲୋଚକ ଲୁକାକ କହନ୍ତି, ଆଧୁନିକ କଳା ହେଉଛି ଆତ୍ମଅନୁଭବକାରୀ ବାସ୍ତବତାର ଏକ ନମୁନା (Self-realizing modern art as a species of Realism),

ପ୍ରତୀତିବାଦ (Impressionism), ଉତ୍ତରପ୍ରତୀତିବାଦ (Post-Impressionism), ଅଭିବ୍ୟକ୍ତିବାଦ (Expressionism), ଘନବାଦ (Cubism), ଅତିବାସ୍ତବବାଦ (Surrealism), ଡାଡ଼ାବାଦ (Dadaism), ଚିତ୍ରକଳ୍ପବାଦ (Imagism), ପ୍ରତୀକବାଦ (Symbolism), ଇତ୍ୟାଦି ଯେତେ 'ବାଦ' (Ism), ବାହାରିଛି ସବୁ ସେହି ଆଧୁନିକତାବାଦର ଗୋଟିଏ ଗୋଟିଏ ବିଭାବ ମାତ୍ର।

ଷ୍ଟିଫେନ୍ ସ୍ପେଣ୍ଡର ତାଙ୍କର 'The struggle of the Modern' ପୁସ୍ତକରେ ଦୁଇଟି ସ୍ରୋତ କଥା କହିଛନ୍ତି; ଗୋଟିଏ 'ଆଧୁନିକ' (Moderns) ଅନ୍ୟଟି 'ସାମ୍ପ୍ରତିକ'। ତେବେ 'ଆଧୁନିକ' ଭିତରେ ସାମ୍ପ୍ରତିକ ଥିଲେ ହେଁ ଯାହା 'ଆଧୁନିକ' ତାହା 'ସାମ୍ପ୍ରତିକ' ନୁହେଁ। ଏଇ ହାତପାଆନ୍ତା, ଆଖିରେ ଦେଖାଯାଉ ଥିବା ଘଟଣାକୁ ସାମ୍ପ୍ରତିକ କୁହାଯାଏ। 'ଆଧୁନିକ' କିନ୍ତୁ ଏହା ନୁହେଁ। ଏହା ଏକ ତତ୍ତ୍ୱ ହୋଇଥିବାରୁ ଏହାର ପରିସୀମା ବ୍ୟାପକ। ଯେଉଁ ନୂତନ ଯୁଗ ଆସିଲା ଓ ଯାହାକୁ ଆଧୁନିକ ଯୁଗ କୁହାଗଲା ତାହା ହେଉଛି ଏକ ଉଚ୍ଚ ନାନ୍ଦନିକ ଆତ୍ମଚେତନାର ଯୁଗ। ଏହି ଯୁଗରେ କେହି କାହାର ପ୍ରତିନିଧି ନୁହେଁ। ଅପ୍ରତିନିଧିତ୍ୱବାଦ (Non-representationalism) ଏ ଯୁଗର ଧର୍ମ। ତେଣୁ କଳା ବା ସାହିତ୍ୟରୁ ବାସ୍ତବବାଦ ଓ ମାନବବାଦ ଦୂରେଇଗଲା। ସାହିତ୍ୟ ମୁହାଁଇଲା ଶୈଳୀ (Style) ଓ ଟେକ୍‌ନିକ୍ ଦିଗକୁ। ନିତ୍‌ସେ କହିଥିଲେ ଯେ ଲେଖକ ଆଉ ବାସ୍ତବକୁ ଗ୍ରହଣ କରୁନାହିଁ। କଳାର ସ୍ୱଧର୍ମ ଆତ୍ମଅନୁଭବ। ଶୈଳୀ ଭିତରେ ଏହା ପ୍ରକାଶ ପାଏ। ତେଣୁ କଳା ବା ସାହିତ୍ୟର ସଂରଚନା (Structure) ଅତିକ୍ରମ କରିଯାଏ ସମୟ, ଇତିହାସ, ଚରିତ୍ର ଓ ଦୃଶ୍ୟମାନ ବାସ୍ତବକୁ। ଆଧୁନିକତାର ତାତ୍ପର୍ଯ୍ୟ ତେଣୁ ଶୈଳୀତାତ୍ତ୍ୱିକ ବିପ୍ଳବ। ଭର୍ଜିନିଆ ଉଲଫ୍‌ଙ୍କ ମତରେ ଏହି ବିପ୍ଳବର ଉନ୍ମେଷ ଘଟିଛି ମାନବିକ ସମ୍ପର୍କ ଓ ଚରିତ୍ରର ପରିବର୍ତ୍ତନ ହେତୁ। ଜେମ୍‌ସ କିନ୍ତୁ କହନ୍ତି ଯେ ଆଧୁନିକତା ମଣିଷର ଚେତନ-କକ୍ଷରେ ଏକ କାଳ୍ପନିକ ଶକ୍ତି। ଏହା ସତ୍ତ୍ୱେ ସମୟର ସଂକଟ ଭିତରେ ଏହି କଳ୍ପନା ଶକ୍ତି ହିଁ ଏକ ଜାଗରଣ ମନ୍ତ୍ର। ମାଲକମ୍ ବ୍ରାଡ଼ବରି (Malcom Bradbury)। ତେଣୁ 'Modernsim' ପୁସ୍ତକରେ ମତ ଦିଅନ୍ତି 'Modernism is not art's freedom, but art's necessity'.

ଆଧୁନିକତା ଆଧୁନିକ ଚେତନାକୁ ପ୍ରକାଶ କରେ, ଆଧୁନିକ ଅଭିଜ୍ଞତାକୁ ଗୁରୁତ୍ୱ ଦିଏ। ଏହା ମଧ୍ୟ କୌଣସି ଏକ ନାନ୍ଦନିକ ଘଟଣାଠାରୁ ଅଧିକ। ଏହାକୁ ଏକ ଶୈଳୀ କହିଦେଲେ ଠିକ୍ ହେବ ନାହିଁ। କାରଣ ଏହା ହେଉଛି ଏକ ବୟକ୍ତିକ ବୋଧ ମଧ୍ୟଦେଇ ଶୈଳୀର ଅନୁସନ୍ଧାନ। ବ୍ରାଡ଼ବରି ତେଣୁ କହନ୍ତି 'Modernism is less a style than a search, for a style in a highly individualistic sense.'

ଆଧୁନିକତା ଏକ ଆନ୍ତର୍ଜାତିକ ଧାରା। ଏହା ମଧ୍ୟ ଏକ ଆନ୍ଦୋଳନ। ଊନବିଂଶ ଶତାବ୍ଦୀର ତିରିଶ ଦଶନ୍ଧିରେ ପ୍ୟାରିସ୍ ସହରରେ ବୋହେମିଆନ୍‌ଙ୍କ ଭବିଷ୍ୟବାଦ ମଧ୍ୟଦେଇ ଏହାର ସୂତ୍ରପାତ ହୋଇଥିଲା। ଯଦି ଆଧୁନିକତାକୁ ନାନ୍ଦନିକତାର ଏକ ପରୀକ୍ଷା କୁହାଯାଏ, ତେବେ ଏମିଲଜୋଲାଙ୍କ Le Roman experimental (୧୮୮୦) ଠାରୁ ଏହା ସୃଷ୍ଟି ହେଲା ବୋଲି କୁହାଯାଇପାରିବ। ୧୮୭୦ ମସିହା ପରଠାରୁ ପ୍ରାକୃତିକ ଧରାତଳ ଉପରେ ମଣିଷର ଚେତନା ହେଲା ବହୁଗୁଣିତ। ତେଣୁ ଏହି ସମୟରୁ ଆଧୁନିକତାର ଉନ୍ମେଷ ବୋଲି ୱାଲଟାର ପେଟାରଙ୍କ ମତ। ଊନବିଂଶ ଶତାବ୍ଦୀ ଦ୍ୱିତୀୟାର୍ଦ୍ଧ ବେଳକୁ ନଗର-ସଭ୍ୟତା ପ୍ରତି ଗୋଟାଏ ମୋହ ପ୍ରକାଶ ପାଇଥିଲା। ଆଧୁନିକତା ହେଲା ନଗରୀକରଣ ପ୍ରତି ବା ନଗରକୈନ୍ଦ୍ରିକ ଶିଷ୍ଟତା ପ୍ରତି ଏକ କାଞ୍ଚନିକ ଆହ୍ୱାନ। ଏହା ଯଦି ହୁଏ, ତେବେ ବଦ୍‌ଲେୟାରଙ୍କ 'Unreal City' ଠାରୁ ଆଧୁନିକତାର ଆରମ୍ଭ ବୋଲି କୁହାଯାଇପାରିବ। ଆଧୁନିକତାକୁ ମଧ୍ୟ କେହି କେହି ଅ-ଗଠନ ବା ବିରୁଦ୍ଧ ରୂପ (Anti-form) କହିଥାନ୍ତି।

ସିରିଲ କନୋଲି କହନ୍ତି ଯେ ୧୮୮୦ ମସିହାରୁ ହିଁ ଆଧୁନିକ ଆନ୍ଦୋଳନ ସୃଷ୍ଟି ହେଲା। ଏହି ସମୟରୁ ହେଲା ଆଧୁନିକ ଚେତନାର ପ୍ରଥମ ବିକାଶ। ମାର୍କସଙ୍କର ଦ୍ୱନ୍ଦ୍ୱାତ୍ମକ ବସ୍ତୁବାଦ, ଦାରଉଇନ୍‌ଙ୍କର ବିବର୍ତ୍ତନବାଦ ଓ ନୀତ୍‌ସେଙ୍କର ଈଶ୍ୱରଙ୍କ ମୃତ୍ୟୁ ଘୋଷଣା ଆଧୁନିକ ଚେତନାରେ ଆଲୋଡ଼ନ ସୃଷ୍ଟି କଲା। ମାତ୍ର ସମାଲୋଚକ ଫ୍ରାଙ୍କ୍ କରମୋଡ଼ ୧୯୦୭ ରୁ ୧୯୨୫ ମସିହା ମଧ୍ୟରେ ଆଧୁନିକତାର ପ୍ରକୃତ ଅଭିଷେକ ହୋଇଥିଲା ବୋଲି କହିଥିଲେ ମଧ୍ୟ ଊନବିଂଶ ଶତାବ୍ଦୀର ନବେ ଦଶନ୍ଧି ଆଧୁନିକତାର ଯଥାର୍ଥ ବାର୍ତ୍ତାବହ ବୋଲି କହିଥିଲେ। ଗ୍ରାହାମ୍ ହଗ୍‌ଙ୍କ ମତରେ ୧୯୧୦ରୁ ପ୍ରଥମ ବିଶ୍ୱଯୁଦ୍ଧ ଆରମ୍ଭ (୧୯୧୪) ମଧ୍ୟରେ ଆଧୁନିକତାର ଉନ୍ମେଷ ଘଟିଥିଲା ବୋଲି କୁହାଯାଇଥିଲା ବେଳେ ଭର୍ଜିନିଆ ଉଲଫ୍ ୧୯୧୦ ମସିହା ଉପରେ ଗୁରୁତ୍ୱ ଆରୋପ କରନ୍ତି। ଏହି ମସିହାର ଡିସେମ୍ବର ମାସରେ ଇଂଲଣ୍ଡର କିଙ୍ଗ୍ ଏଡ୍‌ୱାର୍ଡଙ୍କର ମୃତ୍ୟୁ ହେଲା। ତାଙ୍କ ମୃତ୍ୟୁ ସଂଗେ ସଂଗେ ପୁରାତନ ବିଶ୍ୱର ଇତିହେଲା ବୋଲି କୁହାଗଲା। ଏହି ସମୟରୁ ସକଳ ମାନବିକ ସମ୍ପର୍କର ହେଲା ପରିବର୍ତ୍ତନ। ମାଲିକ ଓ ଭୃତ୍ୟ, ସ୍ୱାମୀ ଓ ସ୍ତ୍ରୀ, ପିତାମାତା ଓ ସନ୍ତାନସନ୍ତତିଙ୍କ ମଧ୍ୟରେ ସଂପର୍କ ବଦଳିବା ସହିତ ଧର୍ମ, ରାଜନୀତି, ନୈତିକତା, ଚରିତ୍ର ଓ ସାହିତ୍ୟ ମଧ୍ୟ ବଦଳିଗଲା। ଡି.ଏଚ୍. ଲରେନ୍‌ସ କିନ୍ତୁ କହନ୍ତି ଯେ ୧୯୧୫ ମସିହାରୁ ହିଁ ପୁରାତନ ବିଶ୍ୱର ସମାପ୍ତି ଘଟିଗଲା ଓ ଏକ ନୂତନ ପୃଥିବୀର ହେଲା ସଦର୍ପ ଅଭିଯାନ। ଏହି ମସିହାରେ ପ୍ରକାଶ ପାଇଲା ତାଙ୍କର 'Kangaroo' ଉପନ୍ୟାସ। ସେ ପୁଣି ଲକ୍ଷ୍ୟ କଲେ ଯେ ପାରମ୍ପରିକ ନୈତିକତା

ସ୍ଥାନରେ ଅନ୍ୟ ଏକ ନୂଆ ନୈତିକତା (New Morality) ପ୍ରାଧାନ୍ୟ ଲାଭ କଲା। ଯୌନ-ସଂସର୍ଗ ଆଉ ନୀତି, ନୈତିକତା ଓ ଧର୍ମାଦର୍ଶ ମଧ୍ୟରେ ବାନ୍ଧି ନ ହୋଇ ମୁକ୍ତ ହୋଇଗଲା। ଗ୍ରାମ୍ୟ ଜୀବନ ପରିବର୍ତ୍ତିତ ହୋଇଗଲା ଓ ଗ୍ରାମର ଲୋକେ ଚାହିଁଲେ ନଗର-ପକ୍ଷୀ (Town bird) ହେବା ପାଇଁ। ସଭ୍ୟତା ହେଲା ବହୁଧା ବିଭକ୍ତ (Much divided)। ବିଂଶ ଶତାବ୍ଦୀ ହୋଇଗଲା ଦୃଢ଼ ଇଚ୍ଛାଶକ୍ତି ବିରୋଧରେ ଏକ ବିଦ୍ରୋହ। ସମଗ୍ର ପୃଥିବୀ ଭଗ୍ନ, ଆବେଗ, କାମ ପ୍ରବୃତ୍ତି, ଆଶା, ଭୟ ଓ ବିଭୀଷିକା ଘୂର୍ଣ୍ଣି ଭିତରେ ପଡ଼ିଗଲା। ତେଣୁ ଲରେନ୍ସ ୧୯୧୫ ମସିହାକୁ ଆଧୁନିକତାର ପ୍ରମୁଖ ସମୟ ଭାବରେ ଗ୍ରହଣ କରନ୍ତି। ହାରି ଲେଭିନ୍ କିନ୍ତୁ ୧୯୨୨ ମସିହାକୁ ପ୍ରକୃତ ଆଧୁନିକତାର ଉନ୍ମେଷ ପର୍ବରୂପେ ଚିହ୍ନିତ କରନ୍ତି। କାରଣ ଏହି ବର୍ଷ ଟି.ଏସ୍. ଇଲିୟଟଙ୍କର The Waste Land କବିତା ପ୍ରକାଶ ପାଇଲା, ଯାହା ସମଗ୍ର ବିଶ୍ୱ କବିତାର ଧରା ଓ ଧାରାକୁ ବଦଳାଇ ଦେଲା। ବ୍ରେସେଟଙ୍କର 'The Baal' ନାଟକ, ଡି.ଏଚ. ଲରେନ୍ସଙ୍କର 'Aaron's Rod', ଭର୍ଜିନିଆ ଉଲଫ୍ଙ୍କର 'Jacob's Room', ରବର୍ଟ ପ୍ରାଉଷ୍ଟଙ୍କର 'Sodom and Gomorrah' ଇଉଜିନ୍ ଓ'ନିଲଙ୍କର 'Anna Christie' ଆଦି ଏହି ମସିହାରେ ପ୍ରକାଶ ପାଇ ବିଶ୍ୱ ନାଟକ ଓ ଉପନ୍ୟାସ ଜଗତରେ ଆଲୋଡ଼ନ ସୃଷ୍ଟି କଲା। ଜେମ୍ସ ଜଏସ୍ଙ୍କର 'ଉଲିସେସ୍' ଉପନ୍ୟାସ ଏହି ମସିହାରେ ପ୍ରକାଶ ପାଇ ସାରା ଉପନ୍ୟାସ ଜଗତରେ ସୃଷ୍ଟି କଲା ଚମକ। ଅତଏବ ୧୯୨୨ ମସିହା ହିଁ ଆଧୁନିକ ମାନସିକତାର ପ୍ରସୂତି-ବର୍ଷ ବୋଲି ଅନେକଙ୍କର ମତ। ଅନ୍ୟ କେହି କେହି ୧୯୨୪ ମସିହାକୁ ଓ ଆଉ କେହି କେହି ୧୯୩୦ ମସିହାକୁ ଆଧୁନିକତାର ଉନ୍ମେଷ ସମୟ ବୋଲି କହିଥାଆନ୍ତି। ମୋଟାମୋଟି ଭାବରେ ଦେଖାଯାଏ ଯେ ୧୮୭୦ରୁ ୧୯୩୦ ମସିହା ପର୍ଯ୍ୟନ୍ତ ପ୍ରାୟ ଅର୍ଦ୍ଧଶତାବ୍ଦୀରୁ ଊର୍ଦ୍ଧ୍ୱ କାଳ ଧରି ଆଧୁନିକତା ସମ୍ପର୍କରେ ନାନା ଆଲୋଚନା ପ୍ରକାଶ ପାଇଆସିଅଛି ଏବଂ ଭିନ୍ନ ଭିନ୍ନ ସମୟକୁ ଆଧୁନିକତାର ଉନ୍ମେଷ ପର୍ବ ଭାବେ ଚିହ୍ନିତ କରାଯାଇଅଛି। ଆଧୁନିକତାର ପରବର୍ତ୍ତୀ ପର୍ଯ୍ୟାୟକୁ Neo-Modernism ରୂପେ ଫ୍ରାଙ୍କ୍ କରମୋଡ୍ କହିଛନ୍ତି। ଅନ୍ୟମାନେ ତାହାକୁ କହିଛନ୍ତି Post-Modernism ବା ଉତ୍ତର- ଆଧୁନିକତା। ଆଧୁନିକତାକୁ ଅଭିନନ୍ଦନ ଜଣାଇ ଜର୍ମାନ୍ କବି Arno Holz କହନ୍ତି—

> Let the poet be modern
> Modern from head to toe.

ମାର୍କିନ୍ କବି ହୁଇଟମ୍ୟାନ ମଧ୍ୟ ଅନୁରୂପ ଭାବରେ ଗାଇଛନ୍ତି—

> Not physiognomy alone

But physiology
From top to toe I sing
The Modern man I sing.

ଆଧୁନିକତାର ଜୟଯାତ୍ରା ଚାଲୁଥିଲାବେଳେ ଐତିହାସିକ ଟୟନବୀ ୧୮୭୦ ମସିହା ପରବର୍ତ୍ତୀ କାଳରେ ଉଦାର ମାନବିକତାର ପତନ ଓ ଅତାର୍କିତ ଚିନ୍ତନର ଇତିହାସ ଲେଖିବାକୁ ଯାଇ ୧୯୨୦ ମସିହାରେ ସର୍ବ ପ୍ରଥମେ 'Post Modern' ଶବ୍ଦ ବ୍ୟବହାର କରିଥିଲେ। ବସ୍ତୁତଃ ଦେଖାଯାଏ ଯେ ପ୍ରଥମ ବିଶ୍ୱଯୁଦ୍ଧ ପରେ ପରେ ମଣିଷର ଚିନ୍ତା ରାଜ୍ୟରେ ନୈରାଶ୍ୟ ଓ ଶୋଚନୀୟତା, ନିଃସଙ୍ଗତା ଓ ମୃତ୍ୟୁବୋଧ ପ୍ରକାଶ ପାଇଛି। ଗୋଟାଏ ବିଚ୍ଛିନ୍ନତାବୋଧ ଯେପରି ଆଚ୍ଛନ୍ନ କରିଦେଇଛି ମଣିଷକୁ। ମୂଲ୍ୟବୋଧ ପ୍ରତି ଦେଖାଦେଇଛି ସଂଶୟ। ଫ୍ରଏଡ୍, ୟଙ୍ଗ ପ୍ରମୁଖଙ୍କ ମନସ୍ତାତ୍ତ୍ୱିକ ବିଶ୍ଳେଷଣ, ବିଜ୍ଞାନର ଅଦ୍ଭୁତ ପ୍ରଗତି, ଅସ୍ତିତ୍ୱବାଦର ପର୍ଯ୍ୟାଲୋଚନା, କ୍ଷମତା-ରାଜନୀତିର ଭୟଙ୍କର ପରିଣତି, ମାର୍କସବାଦରେ ବ୍ୟକ୍ତିର ବ୍ୟର୍ଥତା ଇତ୍ୟାଦି ନାନା ବିଷୟ ଆଧୁନିକତା-ଉତ୍ତର ନୂତନ ଚେତନା ମଧ୍ୟକୁ ମଣିଷକୁ ନେଇଗଲା ଓ ଦ୍ୱିତୀୟ ବିଶ୍ୱଯୁଦ୍ଧର ପରିସମାପ୍ତି ପରେ ପରେ ଉତ୍ତର ଆଧୁନିକତା ପ୍ରଭାବ ବିସ୍ତାର କଲା। ଉତ୍ତର-ଆଧୁନିକତାର ଅର୍ଥ କ'ଣ ଓ ଏହାର ଦର୍ଶନ କଣ, ଏ ବିଷୟରେ ନାନା ବ୍ୟକ୍ତି ନାନା କଥା କହିଅଛନ୍ତି। ତର୍କ ବିଦ୍ୟା ଓ ବିଚାରଶକ୍ତି (Logic and Reason)କୁ ଆଧୁନିକତା ପରିହାର କରିଥିଲା। କ୍ଲାସିକ୍‌ରେ ଅତୀତବୋଧ ଥିଲାବେଳେ ଆଧୁନିକତାରେ ରହିଲା ଯୁଗବୋଧ। ମାତ୍ର ଉତ୍ତର- ଆଧୁନିକତାରେ ଅଛି ଭବିଷ୍ୟତ ଚିନ୍ତନ, ମୃତ୍ୟୁବୋଧ, ଦୁଃସ୍ୱପ୍ନ। ଉତ୍ତର-ଆଧୁନିକତା ଶକ୍ତି ପ୍ରଦାନ କରେ, ବହୁକେନ୍ଦ୍ରିକତା ଓ ବିଭେଦ ଉପରେ। ଏହା ମଧ୍ୟ ଅସମାନ ଓ ବହୁଳତାବାଦୀ ଅଧ୍ୟୟନକୁ ଏକ ସଂଗଠିତ ରୂପ ଦେବାକୁ ଚାହେ। ଏହା ଏପରି ଏକ ସିଷ୍ଟମ ଯେଉଁଥିରେ ବିଭିନ୍ନ ଶାସ୍ତ୍ର ଏକ ଅନ୍ୟ ପ୍ରଦେଶରେ ଦିଶାହୀନ ଓ ଗନ୍ତବ୍ୟହୀନ ଭାବରେ ଘୂରେ। ଏହା ମଧ୍ୟ ପରାଭୌତିକତାବାଦ ଓ ଇତିହାସକୁ ବିରୋଧ କରେ। ମନୁଷ୍ୟକୁ କେନ୍ଦ୍ର-ସ୍ଥାନରେ ରଖିବାକୁ ଉତ୍ତର-ଆଧୁନିକତା ଚାହେଁ ନାହିଁ। ବିଷୟ ଓ ବ୍ୟକ୍ତିତ୍ୱର ଅସ୍ତିତ୍ୱକୁ ମଧ୍ୟ ଏହା ଅସ୍ୱୀକାର କରେ। ଉତ୍ତର-ଆଧୁନିକତାରେ କର୍ତ୍ତାର ହୋଇଯାଇଛି ଅନ୍ତ। ତା' ସ୍ଥାନରେ ପ୍ରାଧାନ୍ୟ ଲାଭ କରିଛି ଅକେନ୍ଦ୍ରୀୟତାର ଚିନ୍ତା। ଏଥିରେ କର୍ତ୍ତାର ନିର୍ବାସନ ବା ମୃତ୍ୟୁର ଅର୍ଥ ଇତିହାସର ଅସ୍ୱୀକାର ବୋଲି ଫେଡ୍ରିକ୍ ଜେମିସନ୍ କହନ୍ତି। ଉତ୍ତର ଆଧୁନିକତାରେ ଭାଷା ଓ ଶବ୍ଦର ପଶ୍ଚାତ୍‌ରେ ଯେଉଁ ଗୁପ୍ତ ଅର୍ଥ ଥାଏ, ତାହାକୁ ଅବିରଚନା (deconstruction) କୁହାଯାଏ। ଡେରିଡ଼ା କହନ୍ତି ଯେ ସାହିତ୍ୟରେ ଦର୍ଶନ-ଚିନ୍ତନ

ମୁଖ୍ୟ ନୁହେଁ; ଲେଖାର ଥାଏ ଏକ ପ୍ରମୁଖ ଶକ୍ତି। ଅବିରଚନା ମାଧ୍ୟମରେ ସେହି ଶକ୍ତି ଜଣାଯାଏ। ୧୯୬୦ରୁ ୧୯୭୦ ମସିହା ମଧ୍ୟରେ ଜାକ୍ ଡେରିଡ଼ା ଅବିରଚନା ଉପରେ ଗୁରୁତ୍ୱ ଦେଲେ। ଇତିପୂର୍ବରୁ ସଂରଚନାବାଦ (Structuralism) ଉପରେ ପ୍ରାଧାନ୍ୟ ପ୍ରଦାନ କରାଯାଇଥିଲା। ଅତଏବ ଯୁଦ୍ଧ ପରବର୍ତ୍ତୀ କାଳରେ ସଂରଚନାବାଦ ଓ ଅବିରଚନା ପରେ ପରେ ଉତ୍ତର ଆଧୁନିକତାର ହେଲା ଉଦାତ୍ତ ଉତ୍ତରଣ। ଜାକ୍ ଲାକାଁ, ଜାଁ ଫ୍ରାନ୍ସ୍ୱା ଲିୟୋତାର, ମିସଲ ଫୁଫୋ, ଜାକ୍‌ଡେରିଡ଼ା, ଜୁଲିୟା କ୍ରିସ୍ତେୱା, ଜ୍ୟାଁ ବୋଦ୍ରିଲା, ପାଲ ଦି ମ୍ୟାନ୍ ପ୍ରମୁଖ ହୋଇଗଲେ ଯଥାର୍ଥରେ ଉତ୍ତର ଆଧୁନିକତାର ପ୍ରବକ୍ତା।

ମାଥ୍ୟୁ ଆର୍‌ନୋଲଡ୍ ଓ ଏଫ୍.ଆର୍. ଲେଭିସ୍ ପ୍ରମୁଖ ଆଲୋଚକମାନେ ଉଦାରମାନବବାଦ, ନୈତିକ ମୂଲ୍ୟବୋଧ ଓ ସଂସ୍କୃତି ଉପରେ ଗୁରୁତ୍ୱ ଦେଇଥିଲେ; ମାତ୍ର ପରେ ପରେ ମାର୍କସବାଦ, ଅସ୍ତିତ୍ୱବାଦ ଓ ଆଧୁନିକତାବାଦରେ ଏସବୁ ହ୍ରାସ ପାଇଗଲା। ଭାଷାବାଦ, ସଂରଚନାବାଦ, ଉତ୍ତର-ସଂରଚନାବାଦ, ଚିହ୍ନବାଦ ଇତ୍ୟାଦି ଯାହାସବୁ ସୃଷ୍ଟି ହେଲା ସେସବୁ ହେଲା ଏକାଡ଼େମିକ ଥିଙ୍କିଙ୍ଗ୍। ଉତ୍ତର-ଆଧୁନିକତାରେ କିନ୍ତୁ ଏସବୁ ଲୋପ ପାଇଗଲା। ଉତ୍ତର-ଆଧୁନିକତା ଏକ ମାନସିକ ସ୍ଥିତି-ସଂଘର୍ଷର ପ୍ରାରୂପ। ଏହା ଏକ ଆନ୍ଦୋଳନ ନୁହେଁ, ବିଚାରଧାରା ନୁହେଁ, କିମ୍ବା ନକରାତ୍ମକ ଫେସନ ମଧ୍ୟ ନୁହେଁ। ଅଥଚ ଏହା ସମସ୍ତ ଚିନ୍ତନ, ଦର୍ଶନ, ବିଚାରଧାରା, ବ୍ୟବସ୍ଥା, ସଭ୍ୟତା ଓ ସାହିତ୍ୟକୁ ନଷ୍ଟଭ୍ରଷ୍ଟ କରିଦେଇଛି। ଏହା ମଧ୍ୟ ଧ୍ୱସ୍ତ କରିଦେଇଛି ହାଇ ଆର୍ଟ ଓ ପପୁଲାର୍ କଲ୍‌ଚର ତଥା କଳା ଓ ଜୀବନର ବିଭାଜିତ ରେଖାକୁ। ସାହିତ୍ୟ ପଢ଼ିବାର ଅଭିପ୍ରାୟକୁ ଏହା କରୁଛି ଅବିରଚନା। ଉତ୍ତର ସଂରଚନାବାଦ ନୂଆ ପଢ଼ିବାର ନୂଆ ଥିଓରୀ। ତେବେ ମନ ଭିତରକୁ ପ୍ରଶ୍ନ ଆସେ ସାହିତ୍ୟରେ ଆମେ ପ୍ରକୃତରେ କଣ ପଢୁ? ବିଷୟକୁ ପଢୁ ନା କଥାବସ୍ତୁକୁ ପଢୁ? ଷ୍ଟାଇଲକୁ ପଢୁ ନା ଘଟଣା ବର୍ଣ୍ଣନା ବା ଚରିତ୍ରକୁ ପଢୁ? ଏସବୁର ଉତ୍ତରରେ ଏତିକି କହିଲେ ଯଥେଷ୍ଟ ହେବ ଯେ ଆମେ ଏସବୁ କିଛି ପଢୁନା। ଆମେ କେବଳ ସାହିତ୍ୟ ପଢୁ। ସେଥିରେ ଆମ ଦେଖୁ ଯେଉଁ ମଣିଷଟି ପ୍ରେମ କରେ, ମନୋରଂଜନ କରେ, ଦୁଃଖରେ ପୀଡ଼ିତ ହୁଏ, ଈଶ୍ୱରଙ୍କୁ ପ୍ରଶ୍ନ କରେ ଓ ମରେ ସେହି ମଣିଷଟି ଜୀବନ ବଞ୍ଚେ।

ଆଜିର ଯୁଗ ହାଇୱେ ଯୁଗ। ଆଜିର ରିଆଲିଟି ହାଇପର୍ ରିଆଲିଟି। ଏପରି ଏକ ଯୁଗରେ ସାହିତ୍ୟ ଆଉ ଅତୀତ-ବିଧୁର ନୁହେଁ। ଯେତେ ବାଦ (Ism) ସୃଷ୍ଟି ହୋଇଛି, କେଉଁଥିରେ ଆଉ ମଣିଷ ବାନ୍ଧି ହୋଇଯିବାକୁ ଚାହୁନାହିଁ। ସେ ଚାହେ ମୁକ୍ତି ଓ ସ୍ୱାୟତ୍ତ। ତେଣୁ ସାହିତ୍ୟ ମଧ୍ୟ ଉତ୍ତର ଆଧୁନିକ ଯୁଗରେ ସ୍ୱାୟତ୍ତ। ସାହିତ୍ୟ

ଏହି କାରଣରୁ ଆଜି ଏକ ଉପନିବେଶ ନୁହେଁ, ତାହା ମଧ୍ୟ ଦର୍ଶନ ନୁହେଁ, ମନୋବିଜ୍ଞାନ ନୁହେଁ ବା ସମାଜଶାସ୍ତ୍ର ନୁହେଁ। କଳା ଅତିରିକ୍ତ ଏହା ଏକ ଭିନ୍ନ ତତ୍ତ୍ୱ। ଶୈଳୀ ଓ ସୌନ୍ଦର୍ଯ୍ୟ ଶାସ୍ତ୍ର ଅନୁସାରେ ସାହିତ୍ୟର ସ୍ୱାୟତ୍ତତା ଘୋଷିତ। ଜାଁ ଫ୍ରାସ୍ୱା ଲିୟୋତାର ତାଙ୍କର 'Rewriting Modernity' (୧୯୯୧) ପୁସ୍ତକରେ କହିଛନ୍ତି ଯେ କୌଣସି ସମୟର କଳାକୃତି ସେହି ସମୟରେ ହିଁ ଆଧୁନିକତାର ମାନ୍ୟତା ପାଏ। ଅଥଚ ପ୍ରଥମେ ଏହା ଥାଏ ଉତ୍ତର-ଆଧୁନିକତା ହୋଇ। ଏହି ଦୃଷ୍ଟିରୁ ବିଚାର କଲେ ଉତ୍ତର-ଆଧୁନିକତାଠାରୁ ଆଧୁନିକତାର ଶେଷ ହୋଇଯାଏ ନାହିଁ। ବରଂ ଆଧୁନିକତାର ହୁଏ ଆରମ୍ଭ। ଅନ୍ୟପକ୍ଷରେ ୧୯୫୮ ମସିହାରେ ଆଉ ଜଣେ ବିଶିଷ୍ଟ ସମାଲୋଚକ ହାନ୍ନା ଅରଣ୍ଟ କହିଥିଲେ ଯେ ମନୁଷ୍ୟର ଅପୂର୍ବ ଉତ୍ସାହପୂର୍ଣ୍ଣ ଉପଲବ୍ଧି ଭିତରୁ ଯେଉଁ ଆଧୁନିକ ଯୁଗର ଉନ୍ମେଷ ଘଟିଥିଲା, ତାହାର ଅନ୍ତ ଏତେ ନିରର୍ଥକ ଓ ଘାତକ ନିଷ୍କ୍ରିୟତାରେ ପରିଣତ ହୋଇଗଲା ଯେ ଇତିହାସରେ ତାର ଅନ୍ୟ ଉଦାହରଣ ଖୋଜିଲେ ମିଳିବ ନାହିଁ। ଏହାର ଠିକ୍ ତିରିଶ ବର୍ଷ ପରେ ଅର୍ଥାତ୍ ୧୯୮୮ ମସିହାରେ ଲିଓନାର କହିଥିଲେ ଯେ ଉତ୍ତର-ଆଧୁନିକତା ଏକ ନୂତନ ଯୁଗ ନୁହେଁ। ବରଂ ଏହା ଆଧୁନିକତାର କେତେକ ତତ୍ତ୍ୱ ଓ ବିଶିଷ୍ଟତାକୁ ନିଜ ଭିତରେ ସାମିଲ କରିନେଇଛି। ଏଥିରେ ବିଜ୍ଞାନ ଓ ପ୍ରଦ୍ୟୋଗ ସମଗ୍ର ରୂପେ ମାନବତାକୁ ମୁକ୍ତି ଦେବାକୁ ଉଦ୍ୟମ କଲା। ଆଧୁନିକତା ରୋମାଣ୍ଟିକ୍ ଓ ଆଧିଭୌତିକତାକୁ ଅସ୍ୱୀକାର କରିବା ସଂଗେ ସଂଗେ ଧର୍ମ, ନୈତିକତା, ପ୍ରକୃତି, ପ୍ରତିବଦ୍ଧତା, ଆସ୍ଥା ଆଦି ପ୍ରତ୍ୟେକ ପ୍ରଚଳିତ ବିଚାର ଓ ବସ୍ତୁକୁ ଆହ୍ୱାନ ଜଣାଇଲା। ତାହା କେବଳ ହୋଇଗଲା ଆଧୁନିକତା... ଆଧୁନିକତା... ଆଧୁନିକତା...। ଏହି ଆଧୁନିକତା ଅନୁସାରେ କିଛି ଆଦିମ ପ୍ରବୃତ୍ତି ନାହିଁ, ପ୍ରାକୃତିକ ବ୍ୟବସ୍ଥା ନାହିଁ; ଅଛି କେବଳ ଏକ ସଂରଚନା। ଏଥିରେ ମୂଳ ସତ୍ୟ ବ୍ୟକ୍ତି। ତେଣୁ ବ୍ୟକ୍ତିର ଆତ୍ମପ୍ରକୃତି ଓ ଆତ୍ମଚିନ୍ତନକୁ ପ୍ରମୁଖ ମାନି ଆତ୍ମକେନ୍ଦ୍ରକୁ ଆସିବା ହିଁ ଆଧୁନିକତା। ଅଥଚ ଏହି ବ୍ୟକ୍ତି ମାର୍କ୍ସବାଦରେ ସମାଜ ଭିତରେ ବିଲୁପ୍ତ, ଅସ୍ତିତ୍ୱବାଦରେ ନିରର୍ଥକତା ଓ ନିଃସାରତାରେ ଶୂନ୍ୟ।

ଜାନୀ ବାତିମୋ କହନ୍ତି ଯେ ପ୍ରାଦ୍ୟୋଗିକା ପ୍ରକ୍ରିୟାରେ ଯେଉଁ ମହତ୍ତ୍ୱପୂର୍ଣ୍ଣ ପରିବର୍ତ୍ତନ ଆସୁଛି, ତାହାକୁ ଗ୍ରହଣ କରିବା ପାଇଁ ଆମର କଳା ଓ ସାହିତ୍ୟ ଅସମର୍ଥ। ବର୍ତ୍ତମାନ ସଭ୍ୟତାରେ ଦେଖାଦେଉଛି ନାନାବିଧ ପରିବର୍ତ୍ତନ। ମରୁଭୂମିରେ କନକ ଶସ୍ୟର ଲାସ୍ୟ। ତେଣୁ ଆଧୁନିକତା ବଦଳିଗଲେ ବା ଶେଷ ହୋଇଗଲେ ମନୁଷ୍ୟର ସୃଜନାତ୍ମକ ଦୃଷ୍ଟିରେ ଦର୍ଶନର ଭୂମିକା କ'ଣ ହେବ ତାହା ସମକାଳୀନ ବିଚାର ହେବା

ଉଚିତ। ଆଜି ସବୁକିଛି ଅନିଶ୍ଚିତ। ବାହାରେ ରିକ୍ତତା ଓ ଭିତରେ ମଧ୍ୟ ଶୂନ୍ୟତା। ଏହାସତ୍ତ୍ୱେ ହେବା ଅନୁଚିତ। ମଣିଷ ସର୍ବଦା ନୂତନ ଭୂମିକା ଆବିଷ୍କାର କରିଆସିଛି। ସାମ୍ନାରେ ଅଛି ଅସୀମ ସମ୍ଭାବନା। ଆଧୁନିକତାବାଦର ନିଷ୍କ୍ରିୟ ଏକାଂଶକୁ ଉତ୍ତର-ଆଧୁନିକତାବାଦରେ ଉଲ୍ଲାସପୂର୍ଣ୍ଣ ସ୍ୱତନ୍ତ୍ର କର୍ମରେ ରୂପାନ୍ତରିତ କରିବା ସମ୍ଭବ ହୋଇପାରେ, ମାତ୍ର ଏହା ସମ୍ଭବ ହେଉନାହିଁ।

୧୯୬୮ ମସିହା ମେ ମାସ ୯ ତାରିଖରେ ପ୍ୟାରିସ୍ ସହରରେ ଦେଖାଦେଲା ଛାତ୍ର ବିଦ୍ରୋହ। ସେମାନେ ଘୋଷଣା କଲେ ଯେ ସେମାନେ ବୟସ୍କ। ତେଣୁ ସେମାନଙ୍କ କୋଠରୀରେ ଯୁବତୀମାନଙ୍କୁ ରହିବା ପାଇଁ ଅନୁମତି ପ୍ରଦାନ କରାଯାଉ। ଏହି ଘୋଷଣାରେ ଜ୍ୟାଁ ପାଲ ସାର୍ତ୍ରେ ଅସ୍ତିତ୍ୱବାଦୀ ସ୍ୱତନ୍ତ୍ରତାର ପରିକଳ୍ପନା କରି ଯୁବକମାନଙ୍କୁ ପ୍ରତିନିଧିତ୍ୱ କରିବା ସପକ୍ଷରେ ମତ ଦେଇଥିଲେ। ଏହି ଘଟଣାକୁ ମଧ୍ୟ ଅନ୍ୟ କେହି କେହି ଉତ୍ତର ଆଧୁନିକତା କହିଥିଲେ। ଏହି ଦଶକରେ ନୈତିକ ମୂଲ୍ୟ, ବିଚାରଧାରା, ବ୍ୟବହାର, ରାଜନୀତି, ଯୌନ ଓ ସତ୍ତାକୁ ନେଇ ଦେଖାଦେଲା ନାନା ପ୍ରଶ୍ନ ଓ ବିସଙ୍ଗତି। ଏଥିରୁ ଜନ୍ମ ନେଲେ ବିକ୍ଷୁବ୍ଧ ନବଯୁବକ, ବିଟସ୍, ହିପ୍‌ପୀ, ୟିପୀ ଏବଂ ସୃଷ୍ଟି ହେଲା ନାରୀ-ମୁକ୍ତି ଓ ବାମାବାଦୀ ଚିନ୍ତନ, ଯୌନ ସ୍ୱଚ୍ଛନ୍ଦତା, ମନୋବିଜ୍ଞାନ, ସାହିତ୍ୟ, ଦର୍ଶନ ଓ ସମାଜ ଶାସ୍ତ୍ରର ନୂତନ ବିଚାର, ଏହାକୁହିଁ କୁହାଗଲା ଉତ୍ତର-ଆଧୁନିକତା। ଅଲଭିନ୍ ଟଫ୍‌ଲର୍‌ଙ୍କ Future Shock (1971), The Third Wave (1981), Power Shift (1990) ପୁସ୍ତକଗୁଡ଼ିକ ଆଧୁନିକତା ଓ ଉତ୍ତର-ଆଧୁନିକତା ସମ୍ପର୍କରେ ଆଲୋକପାତ କଲା ଏବଂ ଦର୍ଶାଇ ଦେଲା ଯେ ସବୁ କିଛି Post ହୋଇଗଲା—ଏଇ ଯେମିତି Post Industrialism, Post colonialism, Post-Marxism, Post-Structuralism, Post-History ଇତ୍ୟାଦି। ସେହିପରି ଆଧୁନିକତା ହୋଇଗଲା ଉତ୍ତର-ଆଧୁନିକତା ବା Post-Modernism। ଏଥିରୁ ପୁଣି ଚର୍ଚ୍ଚା ହେଲା ଉତ୍ତର-ଉତ୍ତର-ଆଧୁନିକତାବାଦ ବା Post-Post-Modernism ବିଷୟରେ। ଏଲନ୍ ୱାଇଲଡ ୧୯୮୧ ମସିହାରେ ମଡ଼ର୍ଣ୍ଣନିଜିମ୍ ଓ ପୋଷ୍ଟ-ମଡ଼ର୍ଣ୍ଣନିଜିମ୍ ସମ୍ପର୍କରେ ଆଲୋଚନା କରି ପ୍ରଶ୍ନ ଉଠାଇଛନ୍ତି ପୋଷ୍ଟ-ପୋଷ୍ଟ ମଡର୍ଣ୍ଣନିଜିମ୍ କଣ ଶେଷ ହୋଇଯିବ ? ଏହାପରେ କଣ ହେବ ? ମାନବ ସଭ୍ୟତାର ସମସ୍ତ ଇତିହାସ କ'ଣ ଶେଷ ହୋଇଯିବ ? ନୂତନ ଇତିହାସ କଣ ଆରମ୍ଭ ହେବ ? ଫ୍ରାନ୍‌ସିସ୍ ଫୁଫୁୟାମା ମଧ୍ୟ ୧୯୯୧ ମସିହାରେ 'The End of the History and the Last Man' ପୁସ୍ତକରେ ଉତ୍ତର-ଆଧୁନିକତା ସମ୍ପର୍କରେ ଚର୍ଚ୍ଚା କଲେ। ୧୯୯୦ ମସିହାରେ ଏନ୍ଥନୀ ଗିଡ଼ଡ଼ନ୍‌ସ 'The Consequence of Modernity' ପୁସ୍ତକରେ ସ୍ପଷ୍ଟ ଭାବରେ ଉଲ୍ଲେଖ କଲେ ଯେ

ଆଧୁନିକତା ଏବେ ମଧ୍ୟ ଅସମ୍ପୂର୍ଣ୍ଣ। ତେଣୁ ଉତ୍ତର-ଆଧୁନିକତାକୁ ନେଇ ଏତେ ବ୍ୟସ୍ତ ହେବାରେ କୌଣସି କାରଣ ନାହିଁ।

ଉତ୍ତର-ଆଧୁନିକତାରେ ସ୍ୱତ୍ୱକୁ ନିଜର କେନ୍ଦ୍ର ଓ ସ୍ଥାନରୁ ହଟାଇଦେବାର ପ୍ରକ୍ରିୟାରୁ ଦେଖାଦେଇଛି ଅବ୍ୟବସ୍ଥା। ଏହାଫଳରେ ଉତ୍ତର-ଆଧୁନିକତା ସମ୍ପର୍କରେ ନାନା ଚର୍ଚ୍ଚା ହେଉଥିଲେ ମଧ୍ୟ ତାହା ଦାନା ବାନ୍ଧି ପାରୁନାହିଁ। ଆଧୁନିକତା ଓ ଉତ୍ତର-ଆଧୁନିକତା ପାଶ୍ଚାତ୍ୟ ପ୍ରୋଜେକ୍ଟ। ପଶ୍ଚିମ କେନ୍ଦ୍ରିକତାର ସାର୍ବଭୌମିକତା ହେତୁ ଆଜି ଆମର ଉତ୍ତର- ଆଧୁନିକତା ପ୍ରତି ମୋହ ଓ ତାହାର ଚର୍ଚ୍ଚା। ଉତ୍ତର-ଆଧୁନିକତାରେ କୌଣସି ପ୍ରକାର ଆଇଡିଓଲଜିର ସ୍ଥାନ ନାହିଁ। ବିଚାରଧାରାକୁ ଉତ୍ତର-ଆଧୁନିକତା ସ୍ୱୀକାର କରେ ନାହିଁ। ଏହି ବିଚାରଧାରା ସମାଜ ଉପରେ ଏକ ପର୍ଦ୍ଦା ସଦୃଶ। ଏହି ପର୍ଦ୍ଦା ଧୀରେ ଧୀରେ ଉଠିବାରେ ଲାଗିଛି ଓ ବିଚାରଧାରାର ଯୁଗ ଶେଷ ହୋଇଯାଉଛି। ଯଥାର୍ଥବାଦର ଯୁଗ ଚାଲିଛି। ମାର୍କ୍ସବାଦରେ ଆଇଡୋଲୋଜିକୁ ବିରୋଧ କରାଯାଇଥିଲେ ମଧ୍ୟ ବର୍ଗହୀନ ସମାଜ-ଗଠନ ନାମରେ ଅହମ୍ ଅସ୍ତ୍ରକୁ ସ୍ୱୀକୃତି ଦିଆଯାଇଛି। ମାର୍କ୍ସବାଦୀ ଚିନ୍ତକ ରେମଣ୍ଡ୍ ୱିଲିୟମ୍‌ସ କହନ୍ତି ଯେ ବୁଦ୍ଧିମାନ ଲୋକ ଅନୁମାନ ଉପରେ ନିର୍ଭର କରୁଥିଲାବେଳେ ବିମୂଢ଼ ବ୍ୟକ୍ତି ବିଶ୍ୱାସ କରେ ଆଇଡୋଲୋଜି ଉପରେ। ବିଚାରଧାରା ଉପରେ ଆସ୍ଥା ରଖୁଥିବା ମଣିଷ ବ୍ୟକ୍ତିକୁ ନୂଆ ଭାଷା ଶିଖାଏ ଓ ତାକୁ ନୂଆ ବ୍ୟକ୍ତିରେ ପରିଣତ କରେ। ପୁରୁଣା ଭାଷା-ବନ୍ଧନରୁ ବ୍ୟକ୍ତିକୁ ମୁକ୍ତ କରେ। ଆମେ ଏବେ କହୁଛୁ ଯେ ଆଧୁନିକତା ଓ ମାର୍କ୍ସବାଦର ଅନ୍ତ ପରେ ଇତିହାସର ଅନ୍ତ ହୋଇଗଲା ଓ ଆମେ ଉତ୍ତର-ଆଧୁନିକତା ଏବଂ ଉତ୍ତର-ଇତିହାସ ଯୁଗରେ ପ୍ରବେଶ କରୁଛୁ। ଉତ୍ତର-ଆଧୁନିକତାରେ ବିକାଶ ଲାଭ କରିଛି ସାଂସ୍କୃତିକ ମାର୍କସବାଦ, ଭୌତିକତାବାଦ ସହିତ ନୂତନ ଐତିହାସିକତା, ନାରୀବାଦୀ ଓ ଉତ୍ତର-ସଂରଚନାବାଦୀ ଚିନ୍ତାଧାରା। ଅଥଚ ଉତ୍ତର-ଆଧୁନିକତାକୁ ସଂଶୟ ଦୃଷ୍ଟିରେ ଦେଖେ ମାର୍କସବାଦ। ସାହିତ୍ୟରେ ଯେଉଁ ସ୍ୱାୟତ୍ତତା କଥା କୁହାଯାଉଥିଲା ତାହାକୁ ଉତ୍ତର ସଂରଚନା ଓ ଉତ୍ତର-ଅବିରଚନା ସ୍ୱୀକାର କରେନାହିଁ। ସାହିତ୍ୟର ସ୍ୱାୟତ୍ତତାର ତାତ୍ପର୍ଯ୍ୟ ତାର ରୂପବାଦ ଓ ସୌନ୍ଦର୍ଯ୍ୟବାଦ। ନୂତନ ସମାଲୋଚନା (New Criticism)ରେ ଏହା ସ୍ୱୀକୃତ, ମାତ୍ର ଉତ୍ତର-ଆଧୁନିକତାରେ ଏହା ଅସ୍ୱୀକୃତ।

ଆଧୁନିକତା/ଉତ୍ତର-ଆଧୁନିକତା/ଉତ୍ତର-ଉତ୍ତର-ଆଧୁନିକତାର ବିଚାରବିମର୍ଶ ଦୀର୍ଘ ଏକଶତ ବର୍ଷରୁ ଊର୍ଦ୍ଧ୍ୱକାଳ ଧରି ହୋଇଆସିଛି। ଏହାଦ୍ୱାରା ସାହିତ୍ୟକୁ ତାର ସ୍ୱାୟତ୍ତ କେନ୍ଦ୍ରରୁ ଦୂରେଇ ଦିଆଯାଇଛି। ମନେହେଉଛି ଏସବୁ ଯେମିତି ବୁଦ୍ଧିକୁ ନେଇ କସରତ କରୁଥିବା ଲୋକମାନଙ୍କର ଏକ କୌତୁକ ବିଳାସ। ଅଥଚ ସାହିତ୍ୟ ବିନା

ମନୁଷ୍ୟର ମୁକ୍ତି ନାହିଁ। ସାହିତ୍ୟର ଏପରି ଅସୀମ ଶକ୍ତି ଅଛି ଯେ ତା'ଉପରେ କୌଣସି ଅଦରକାରୀ ବିଚାରଧାରାକୁ ଜବରଦସ୍ତ ଚାପି ଦେଲେ ଓ ଗୋଟାଏ ବୈଚାରିକ କାରାବାସରେ ତାକୁ ଆବଦ୍ଧ କରି ରଖିଲେ ତାହା ଦିନେ ନା ଦିନେ କାରା ପ୍ରାଚୀର ଭାଙ୍ଗି ମୁକ୍ତ ହୋଇ ଆସେ। ସାହିତ୍ୟ ବିଚାରଧାରା ଦ୍ୱାରା ପ୍ରଭାବିତ ହୁଏ ସତ୍ୟ ମାତ୍ର ତାହା ଯଦି ମନୁଷ୍ୟର ମୁକ୍ତିର ମାର୍ଗକୁ ଅବରୋଧ କରିଦିଏ, ତେବେ ସାହିତ୍ୟ ମଧ୍ୟ ସେହି ବିଚାରଧାରାକୁ ଅସ୍ୱୀକାର କରିଦିଏ। ଆମର ସାହିତ୍ୟ ଏବେ ମଧ୍ୟ ୟୁରୋପକେନ୍ଦ୍ରିକ। ଏବେ ମଧ୍ୟ ଆମର ସାହିତ୍ୟ ପାଇଁ ମୌଳିକ ଥିଓରୀ ବାହାରି ନାହିଁ। ଯେଉଁଦିନ ସାହିତ୍ୟ ଥିଓରୀ ଆମର ସୃଜନାତ୍ମକ ସାହିତ୍ୟ ଭିତରୁ ସୃଷ୍ଟି ହେବ, ସେହିଦିନ ଆମ ସାହିତ୍ୟ ଠିକ୍ ମାର୍ଗ ଆବିଷ୍କାର କରିପାରିବ। ଅଯଥା ଉତ୍ତର-ଆଧୁନିକତା ନାମରେ ଗୁଡ଼ାଏ ଧୂଆଁବାଣ ସୃଷ୍ଟିକରି ସାହିତ୍ୟିକ ପରିବେଶକୁ ଧୂମାୟିତ କରିଦେବା ବୋଧହୁଏ ଠିକ୍ ନୁହେଁ ବୋଲି କହିଲେ ଅତିରଂଜିତ ହେବ ନାହିଁ।

■

ସକଳ ଧର୍ମର ସମାବେଶରେ ଶ୍ରୀଜଗନ୍ନାଥ

ରାଜକିଶୋର ମିଶ୍ର

ଭାରତୀୟ ଦର୍ଶନ, ଆଧ୍ୟାତ୍ମିକ ଚିନ୍ତନ, ଦେବମନସ୍କତା ଓ ଆଚରିତ ଧର୍ମଧାରଣାର ସନ୍ତୁଳିତ ପ୍ରତିଛବି ଓଡ଼ିଶାର ରାଷ୍ଟ୍ରଦେବତା, ଶ୍ରୀକ୍ଷେତ୍ରରେ ବିରାଜମାନ କରିଥିବା ଶ୍ରୀପୁରୁଷୋତ୍ତମ -ଜଗନ୍ନାଥଙ୍କଠାରେ ମିଳିପାରୁଛି ବୋଲି ବହୁ ଗବେଷକ ଓ ସଂସ୍କୃତିସଚେତନ ବ୍ୟକ୍ତି ପ୍ରାୟ ଏକମତ। ସକଳ ଧର୍ମର ସମନ୍ୱୟରେ ଶ୍ରୀଜଗନ୍ନାଥତତ୍ତ୍ୱ ନ କହି, ଶ୍ରୀଜଗନ୍ନାଥଙ୍କଠାରେ ସକଳ ଧର୍ମର ସମାବେଶ ଘଟିଛି ବୋଲି କେହି କେହି ଯୁକ୍ତି କରନ୍ତି। ଶ୍ରୀକ୍ଷେତ୍ରରେ ଏକଦା ୭୫୨ଟି ମଠଥିବା ଶୁଣାଯାଏ। ୧୯୭୮ ମସିହାରେ (୪ର୍ଥ ସଂସ୍କରଣ) ଶ୍ରୀ ସୁନ୍ଦରାନନ୍ଦ ବିଦ୍ୟାବିନୋଦଙ୍କ ପୁସ୍ତକ 'ଶ୍ରୀକ୍ଷେତ୍ର'ର ଦ୍ୱିତୀୟ ଖଣ୍ଡରେ ଲେଖକ ପ୍ରାୟ ୪୮ ପୃଷ୍ଠା ସମ୍ବଳିତ ଶ୍ରୀକ୍ଷେତ୍ରର ମଠ ଅଧ୍ୟାୟରେ ଶ୍ରୀକ୍ଷେତ୍ରରେ ଥିବା ୧୨୩ଟିରୁ ଊର୍ଦ୍ଧ୍ୱ ମଠର ସୂଚନା ଦେଇଛନ୍ତି। ସେହିସବୁ ମଠଗୁଡ଼ିକ ହେଉଛି ଅଦ୍ୱୈତପନ୍ଥୀ ଶ୍ରୀଶଙ୍କରଙ୍କର ୬ଟି, ରାମାନୁଜପନ୍ଥୀଙ୍କର ୧୫ଟି, ରାମାନନ୍ଦୀପନ୍ଥୀଙ୍କର ୨୬ଟି, ନିମ୍ବାର୍କପନ୍ଥୀଙ୍କର ୫ଟି, ବିଷ୍ଣୁସ୍ୱାମୀଙ୍କର ୨ଟି, ଗୌଡ଼ୀୟ ବୈଷ୍ଣବଙ୍କର ୧୮ଟି ଓ ଏତଦ୍ ବ୍ୟତୀତ ଅଙ୍ଗିରାପନ୍ଥୀ, ଅତିବଡ଼ିପନ୍ଥୀ, ଗୌଡ଼ ମାଧବପନ୍ଥୀ, ପଞ୍ଚରାମାନନ୍ଦପନ୍ଥୀ, ଅନନ୍ତପନ୍ଥୀ, ପୁଷ୍ଟିମାର୍ଗପନ୍ଥୀ, ଅଘୋରିପନ୍ଥୀ, ଦଶନାମୀପନ୍ଥୀ ଇତ୍ୟାଦି। ଅନେକ ମଠ ଶ୍ରୀଜଗନ୍ନାଥଙ୍କର କାନ୍ତିନୀତି ସହିତ ଏବେ ବି ସଂପୃକ୍ତ ଥିବା ଜଣାଯାଏ। ଭାରତର ବିଭିନ୍ନ ପ୍ରାନ୍ତର ଅନେକ ସଂପ୍ରଦାୟର ମୁଖ୍ୟ ଓ ଉପମୁଖ୍ୟମାନେ ଶ୍ରୀକ୍ଷେତ୍ରରେ ମଠ ସ୍ଥାପନ କରିବା ଏବଂ ପ୍ରତ୍ୟକ୍ଷ ଓ ପରୋକ୍ଷଭାବରେ ଶ୍ରୀଜଗନ୍ନାଥଙ୍କର ସେବା ପୂଜାରେ ଓ ଯାନିଯାତ୍ରା ତଥା ଉତ୍ସବମାନଙ୍କରେ ଅଂଶଗ୍ରହଣ କରିବା ସର୍ବଭାରତୀୟ ସାମୂହିକମାନ୍ୟତାର ପ୍ରତିଫଳନ ମାତ୍ର। ଭାରତ ବାହାରେ ଥିବା ଏକମାତ୍ର ହିନ୍ଦୁ ରାଷ୍ଟ୍ର

ନେପାଳର ରାଜନ୍ୟବର୍ଗ ତଥା ନେପାଳୀ ଭକ୍ତଗଣଙ୍କର ଶ୍ରୀକ୍ଷେତ୍ରାଧିପ ଶ୍ରୀଜଗନ୍ନାଙ୍କ ପ୍ରତି ଥିବା ଭାକ୍ତିକ ବିଶ୍ୱାସ ମଧ୍ୟ ଗବେଷଣାର ବିଷୟ। ଦେଶ ବିଦେଶରେ ଥିବା ଇସ୍କନ୍ ପ୍ରାୟୋଜିତ ମନ୍ଦିରମାନଙ୍କରେ ତଥା ପ୍ରବାସୀ ଓଡ଼ିଆମାନଙ୍କର ସାମୂହିକ ଉଦ୍ୟମରେ ଗଢ଼ି ଉଠିଥିବା ଶ୍ରୀଜଗନ୍ନାଥ ମନ୍ଦିରସବୁ ଶ୍ରୀଜଗନ୍ନାଥ-ପ୍ରବଣତାର ସୂଚନା ବହନ କରେ। ଭାରତର ବିଭିନ୍ନ ସ୍ଥାନରେ ତଥା ଓଡ଼ିଶାର ପ୍ରାୟ ସବୁ ଜିଲ୍ଲା ଓ ସଦର ମହକୁମାମାନଙ୍କରେ ତଥା ଶିଳ୍ପାଞ୍ଚଳମାନଙ୍କରେ ସମୟାନୁକ୍ରମେ ଗଢ଼ିଉଠିଥିବା ମନ୍ଦିରଗୁଡ଼ିକ ଶ୍ରୀଜଗନ୍ନାଥଙ୍କର ମହିମା-ସନ୍ତକ। ବାଂଲାଦେଶର ରାଜଧାନୀ ଢାକାରେ ଥିବା ଶ୍ରୀଜଗନ୍ନାଥ ମନ୍ଦିରରେ ବୃଦ୍ଧ ମୁସଲିମ୍ ଭାଇମାନେ ରଥଯାତ୍ରାରେ ଅଂଶଗ୍ରହଣ କରିବା ସହିତ ପ୍ରସାଦସେବା କରୁଥିବା କଥା ଉକ୍ତ ମନ୍ଦିରର ଜନୈକ ପରିଚାଳନା ଅଧିକାରୀ ନିକଟରେ ଉତ୍କଳ ବିଶ୍ୱବିଦ୍ୟାଳୟରେ ଆୟୋଜିତ ଏକ ସଂପାନରେ ମତବ୍ୟକ୍ତ କରିଥିଲେ। ଭାରତ ଓ ଭାରତ ବାହାରେ ଅଣହିନ୍ଦୁମାନେ ହିନ୍ଦୁମାନଙ୍କ ସହିତ ମିଶି ରଥଟଣା କାର୍ଯ୍ୟରେ ସଂପୃକ୍ତ ରହିବା ସମସ୍ତେ ଜାଣନ୍ତି। ପୂର୍ବେ ରଥଯାତ୍ରା କାଳରେ ମାହୁନ୍ତ ସେବାରେ ଜଣେ ଦକ୍ଷ ହସ୍ତୀଆରୋହୀ ମୁସଲମାନ୍ ଗଜପତି ମହାରାଜଙ୍କୁ ରଥ ନିକଟକୁ ବାଟ କଢ଼େଇ ନେବା ପାଇଁ ବ୍ୟବସ୍ଥା ମଧ୍ୟ ଥିଲା। ପଞ୍ଚକ୍ରୋଶୀ ଶ୍ରୀକ୍ଷେତ୍ରର ଚତୁଃପାର୍ଶ୍ୱରେ ଅଷ୍ଟଚଣ୍ଡୀଶକ୍ତି ଓ ଏକାଦଶ ରୁଦ୍ର ଶକ୍ତି ବାହାର ଆବରଣରେ ସ୍ଥାନିତ ହୋଇ ପରମଧାମ ଶ୍ରୀକ୍ଷେତ୍ରର ମହନୀୟତା ପ୍ରତିପାଦିତ କରିଛନ୍ତି।

'ତନ୍ତ୍ରଶିରୋମଣି ଶ୍ରୀ ଜଗନ୍ନାଥ' ପୁସ୍ତକର (୨୦୦୨) ରଚୟିତା ରାଜେନ୍ଦ୍ର କୁମାର ମହାନ୍ତି (ପ୍ରାକ୍ତନ ଶ୍ରୀମନ୍ଦିର ପ୍ରଶାସନର ପ୍ରଶାସକ ତଥା ଗବେଷକ) ଶ୍ରୀଜଗନ୍ନାଥଙ୍କ ସଂପର୍କରେ ଅନେକ ତଥ୍ୟ ପ୍ରଦାନ କରିଛନ୍ତି। ତାଙ୍କ ମତରେ ଶ୍ରୀଜଗନ୍ନାଥଙ୍କର ଉତ୍ସ ନେଗ୍ରିଟୋ ବଂଶୋଦ୍ଭବ ଆଦିବାସୀ, ପ୍ରୋଟୋ-ଏଷ୍ଟ୍ରୟେଡ ବଂଶୋଦ୍ଭବ ଦ୍ରାବିଡ଼ଙ୍କର ପାରଂପରିକ ଦାରୁପୂଜାରେ ନିହିତ। ଦ୍ରାବିଡ଼ ଜୈନଙ୍କର ବନ୍ଧମଙ୍ଗଳ ଓ ନନ୍ଦୀପଦର ଏକ ସମୀକରଣରେ ଜଗନ୍ନାଥଙ୍କର ରୂପର ସୃଷ୍ଟି ହୋଇଛି ବୋଲି ମତବ୍ୟକ୍ତ କରିଛନ୍ତି ଏବଂ କହିଛନ୍ତି ଯେ 'ଶ୍ରୀଜଗନ୍ନାଥଙ୍କ ଗର୍ଭରେ ଶବରଙ୍କ 'ମଙ୍ଗଳରାତୁ'ଙ୍କ ପୂଜା ସମସ୍ତଙ୍କର ଅଜଣାରେ ଅହରହ ଚାଲିଛି।' ପୁଣି କହିଛନ୍ତି 'ଶ୍ରୀକ୍ଷେତ୍ର ବୌଦ୍ଧ ତନ୍ତ୍ରଯାନର ଆଦିଭୂମି ଓ ଶ୍ରୀଜଗନ୍ନାଥ ତନ୍ତ୍ରଯାନର ପ୍ରମୂର୍ତ୍ତ ପ୍ରତୀକ'। ତାଙ୍କ ମତରେ ବଜ୍ରଯାନ ସଂସ୍କୃତିରେ ଶ୍ରୀ ଜଗନ୍ନାଥ ପରମବଜ୍ରୀ (ଆଦିବୁଦ୍ଧ), ବଳଭଦ୍ର ବଜ୍ରୋଦକ (ଶ୍ୱେତବିନ୍ଦୁ), ସୁଭଦ୍ରା ବଜ୍ରେଶ୍ୱରୀ ବା ନୈରାତ୍ମା ଏବଂ ଶ୍ରୀସୁଦର୍ଶନ ହିଁ ବଜ୍ର।

ଶ୍ରୀଜଗନ୍ନାଥଙ୍କ ସହ ଶାବର, ଜୈନ ଓ ବୌଦ୍ଧ ଦର୍ଶନ ଓ ଧର୍ମାଚାର ସଂଶ୍ଳିଷ୍ଟ ହେବା କଥା ବହୁ ମନୀଷୀ ଆୟାସଲବ୍ଧ ଗବେଷଣାମାନ ଉପସ୍ଥାପନ କରିଛନ୍ତି। ପଂଡିତ

ନୀଳକଂଠ ଦାସ ଆଉ ପାଦେ ଆଗେଇ ଯାଇ ଶ୍ରୀଜଗନ୍ନାଥଙ୍କର ଉତ୍ସ ବେବିଲୋନୀୟ ଆସୀରୀୟ ସଭ୍ୟତାରେ ଅଣ୍ଡାଳି ବସିଛନ୍ତି। ଇତିହାସର ଅସ୍ୱଚ୍ଛତାକୁ ଦରାଣ୍ଡି ଉତ୍କଳୀୟ ସଂସ୍କୃତି ତିନୋଟି ଐତିହାସିକ ସଂସ୍କୃତିର ସମ୍ମିଶ୍ରଣରେ ଗଢ଼ି ଉଠିଛି ବୋଲି ସେ କହିଛନ୍ତି। ତାଙ୍କ ମତରେ 'ଯାଜପୁରଠାରୁ ଉତ୍ତରକୁ ରାଢ଼ ଯାଏ ଉତ୍କଳ, ଯାଜପୁରଠାରୁ ଦକ୍ଷିଣରେ ବିଶାଖାପାଟଣା ପର୍ଯ୍ୟନ୍ତ ଭୂଖଣ୍ଡଟି କଳିଙ୍ଗ ଏବଂ ବୌଦଠାରୁ ବିଳାସପୁର ପର୍ଯ୍ୟନ୍ତ ଅଞ୍ଚଳଟି ହେଉଛି ଦକ୍ଷିଣକୋଶଳ। ଦକ୍ଷିଣକୋଶଳର ସଂସ୍କୃତି ଉତ୍କଳ ଓ କଳିଙ୍ଗ ସଂସ୍କୃତିଠାରୁ ଭିନ୍ନ। କୋଶଳ ସଂସ୍କୃତି ତନ୍ତ୍ର ସଂସ୍କୃତି ଓ ଏହା ଉଡ୍ଡୀୟାନ ନାମରେ ନାମିତ। ଏ ଅଞ୍ଚଳରେ ନିଷାଦମାନଙ୍କର ସଂସ୍କୃତି ବିରାଜୁଥିଲା। କଳିଙ୍ଗ ସଂସ୍କୃତି ହେଉଛି ଦ୍ରାବିଡ଼ ସଂସ୍କୃତି। ନୀଳକଂଠଙ୍କ ମତରେ ଆର୍ଯ୍ୟ ସମ୍ରାଟ ଚୋଡ଼ଗଙ୍ଗ ଏଇ ନିଷାଦ ଓ ଦ୍ରାବିଡ଼ମାନଙ୍କ ସଭ୍ୟତାକୁ ଏକ କରି ଏଇ ନିମକାଠର ମୂର୍ତ୍ତି କୋଶଳରୁ ଅଣାଇ କଳିଂଗର ଉପକୂଳରେ ପୁରୁଷୋତ୍ତମ ପୀଠରେ ପ୍ରତିଷ୍ଠା କରିଦେଲେ। ତା' ପୂର୍ବରୁ ଉପକୂଳର ପୁରୁଷୋତ୍ତମ ତଥା କୋଶଳ ବା ଉଡ୍ଡିୟାନର ନିମକାଠ ମୂର୍ତ୍ତି ଦୁହିଁଙ୍କର ନାମ ଜଗନ୍ନାଥ ହୋଇ ସାରିଥିଲା।' (ଶ୍ରୀମଦ୍ ଭଗବଦ୍ ଗୀତା, ନୂତନ ସଂକଳନ ୨୦୦୧, ପୃଷ୍ଠା-୫୬)। 'ଉଡ୍ଡିୟାନର ଜଗନ୍ନାଥଧର୍ମ ହେଉଚି ଶୂନ୍ୟଧର୍ମ ବା ତଂତ୍ର ଧର୍ମ' (ପୃ.୫୯)।

'ମହାଦେବତା' ନିବନ୍ଧଗ୍ରନ୍ଥର (୨୦୧୦) ପ୍ରଣେତା ଆଶୁତୋଷ ପ୍ରସାଦ ପଟ୍ଟନାୟକ ପଣ୍ଡିତ ନୀଳକଂଠଙ୍କ ଦ୍ୱାରା ବିଶେଷ ଭାବେ ପ୍ରଭାବିତ ହୋଇ ପୁରୀର ଶ୍ରୀକ୍ଷେତ୍ରରେ ସୁମେରୀୟ, ମିଶରୀୟ, ଆସ୍ୱିରୀୟ, ହିଟାଇଟ୍-ଆର୍ଯ୍ୟ, ମାଇସେବାୟ ଗ୍ରୀକ୍, ପାରସିକ, ରୋମ-ନାଗରିକ ଓ ପ୍ରାଚୀନ ଆମେରିକୀୟ ଅଧିବାସୀ (ଲୋହିତ ଭାରତୀୟ)ଙ୍କ ସଂସ୍ପର୍ଶରେ ଆସିଥିବା କଥା ଉଲ୍ଲେଖ କରିଛନ୍ତି। ସେ ଖ୍ରୀଷ୍ଟୀୟ ଦ୍ୱିତୀୟ ଶତାବ୍ଦୀର ଆଲେକଜାଣ୍ଡ୍ରିଆ ନିବାସୀ ଟଲେମିଙ୍କ ରଚିତ ଭୂଗୋଳ ଗ୍ରନ୍ଥ ଓ ବିଂଶ ଶତାବ୍ଦୀର ଇଂରାଜୀ ଗବେଷକ ଜି.ଇ. ଜେରିନିଙ୍କ ଲିଖିତ Researches on Ptolemy's Geography of Eastern Asia ଗ୍ରନ୍ଥ ତନ୍ନ ତନ୍ନ କରି ଅଧ୍ୟୟନ କରି ଜେରିନିଙ୍କ ମତର ସତ୍ୟାସତ୍ୟ ନିରୂପଣ ପାଇଁ ଗବେଷଣାର ଦ୍ୱାର ଉନ୍ମୁକ୍ତ କରିଦେଇଛନ୍ତି। ଜେରିନି ବ୍ରହ୍ମଦେଶର ପେଗୁ (ବର୍ତ୍ତମାନ ପରିବର୍ତ୍ତିତ ନାମ ଉସ୍ୱା) ଉପକୂଳ ଏକଦା କଳିଙ୍ଗ ଓ ଏହାର ଉତ୍ତର ପୂର୍ବାଞ୍ଚଳ 'ଉତ୍କଳ' ନାମରେ ପରିଚିତ ଥିବା କଥା କହିଛନ୍ତି। ସେଠାକାର ମୂଳ ଅଧିବାସୀ 'ପ୍ୟୁ'ମାନେ ସେମାନଙ୍କ ସାମ୍ରାଜ୍ୟର ରାଜଧାନୀ 'ଶ୍ରୀକ୍ଷେତ୍ର' ଓ ତା'ର ନାମାନ୍ତର 'ପୁର' ବା 'ପୁରୀ' ବୋଲି ମତବ୍ୟକ୍ତ କରିଛନ୍ତି। ସେଇଭଳି ଖ୍ରୀଷ୍ଟୀୟ ସପ୍ତମ ଶତାବ୍ଦୀରେ ଜାଭାଦ୍ୱୀପର ଏକ ଶକ୍ତିଶାଳୀ ରାଜ୍ୟକୁ 'କଳିଙ୍ଗ' ବୋଲି କୁହାଯାଉଥିଲା ଏବଂ ସମଗ୍ର ଦ୍ୱୀପଟି ମଧ୍ୟ 'କଳିଙ୍ଗ'ରେ ରୂପାନ୍ତରିତ ହୋଇ ଦୁଇଶହ ବର୍ଷ ପର୍ଯ୍ୟନ୍ତ

ଏଇ ପରିଚିତିକୁ ଅକ୍ଷୁଣ୍ଣ ରଖିପାରିଥିଲା । ଶ୍ରୀ ପଟ୍ଟନାୟକ ସ୍ୱକୀୟ ଗବେଷଣାରେ ପ୍ରାକୃତ ଭାଷାରେ ରଚିତ 'ନ୍ୟାୟଧମ୍ମ କାହାଓ' ଶୀର୍ଷକ ଜୈନ ଧର୍ମଗ୍ରନ୍ଥରେ ବର୍ଣ୍ଣିତ କଳିଙ୍ଗ ଦ୍ୱୀପ ଏବଂ ଅଷ୍ଟମ ଶତାବ୍ଦୀରେ ରଚିତ 'ଆର୍ଯ୍ୟ ମଂଜୁଶ୍ରୀ ମୂଳକଳ୍ପ'ରେ ବର୍ଣ୍ଣିତ କଳିଙ୍ଗ ସମୁଦ୍ର 'କଳିଙ୍ଗୋଦ୍ରେଷ' କଥାମଧ ଉଲ୍ଲେଖ କରିଛନ୍ତି । ତାଙ୍କ ଆଲୋଚନାର ନିଷ୍କର୍ଷ ହେଉଛି ଶ୍ରୀକ୍ଷେତ୍ର ପୁରୀ ବହୁ ପ୍ରାଚୀନ କାଳରୁ ବିଶ୍ୱର ବିଭିନ୍ନ ସଭ୍ୟତାକୁ ପ୍ରଭାବିତ କରିଛି । ଖ୍ରୀଷ୍ଟପୂର୍ବ ତିନି ହଜାରରେ ବାଣିଜ୍ୟ ସୂତ୍ରରେ ସୁମେରୀୟମାନେ ଶ୍ରୀକ୍ଷେତ୍ରକୁ ଆସି, ଏଠାରେ ବସତି ସ୍ଥାପନ କରିଥିଲେ । ମିଶରୀୟମାନେ ଖ୍ରୀଷ୍ଟପୂର୍ବ ଦୁଇହଜାର ପାଞ୍ଚଶହ ବର୍ଷ ପୂର୍ବରୁ ଏଠାକୁ ଆସି ଦେବ ଦେବୀଙ୍କ ପୂଜା ଆରମ୍ଭ କରିଥିଲେ । ମିଶରୀୟମାନେ ବଳଭଦ୍ର ଓ ସୁଭଦ୍ରାଙ୍କୁ ପୂଜା କରୁଥିଲେ । ତା'ପରେ ଆସିଥିଲେ ଆସ୍ୱିରୀୟ ଓ ହିଟ୍ଟାଇଟ୍ ଆର୍ଯଗଣ (୧୯୦୦-୮୦୦ ଖ୍ରୀ.ପୂ.), ହିଟ୍ଟାଇଟ୍‌ମାନେ ବୈଦିକ ଦେବଦେବୀଙ୍କର ପୂଜା କରୁଥିଲେ ଏବଂ ସଂସ୍କୃତ ଭାଷାରେ ଗ୍ରନ୍ଥରଚନା କରିଥିଲେ । ଏହାର ବହୁବର୍ଷ ପରେ ବିନ୍ଧ୍ୟଗିରିରୁ ଶବର ବା ନିଷାଦ ଗୋଷ୍ଠୀ ଏବଂ ଆମେରିକାର ମାୟା ସଭ୍ୟତାର ଲୋକମାନେ ମଧ୍ୟ ଶ୍ରୀକ୍ଷେତ୍ର ପୁରୀକୁ ଆସିଥିଲେ । ପାରସ୍ୟର କିଛି ଅଧିବାସୀ ଖ୍ରୀ. ପୂ. ପଞ୍ଚମ ଶତାବ୍ଦୀରେ ବାଣିଜ୍ୟ ପାଇଁ ଏଠାକୁ ଆସିଥିଲେ । ପରବର୍ତ୍ତୀ କାଳରେ ଖ୍ରୀ.ପୂ. ଚତୁର୍ଥ ଶତାବ୍ଦୀଠାରୁ ବା ତତ୍‌ପୂର୍ବରୁ ଜୈନ, ବୌଦ୍ଧ ପ୍ରଭାବ ଏଠାରେ ପରିଲକ୍ଷିତ ହୋଇଛି । ଜଗନ୍ନାଥଙ୍କୁ ଆଦିନାଥ ଋଷଭଦେବ ଓ କଳିଙ୍ଗ ଜିନାସନ, ଜୈନ ତ୍ରିରତ୍ନ ଓ ବୌଦ୍ଧ ତ୍ରିରତ୍ନ, ଶବରମାନଙ୍କର ସେଓରି ନାରାୟଣ, ଶ୍ରୀକ୍ଷେତ୍ରରେ ଦୀର୍ଘବର୍ଷ ଯୀଶୁଖ୍ରୀଷ୍ଟଙ୍କ ରହଣି, ସତ୍ୟଯୁଗର ଇନ୍ଦ୍ରଦ୍ୟୁମ୍ନ ରାଜାଙ୍କର କାହାଣୀ, ସାରଳା ଦାସଙ୍କର କିମ୍ବଦନ୍ତୀଆଧାରିତ ବୁଦ୍ଧଜଗନ୍ନାଥଙ୍କର ଉନ୍ମେଷ ଓ ପ୍ରଭାବ, ତନ୍ତ୍ରାଚ୍ଛନ୍ନ ଶ୍ରୀଜଗନ୍ନାଥ ଓ ଭୈରବୀଚକ୍ରରେ ପ୍ରଭୁଙ୍କୁ ନୈବେଦ୍ୟ ଅର୍ପଣ, ତାଙ୍କ ପାଇଁ ଛତିଶା ନିଯୋଗ, ବୈଦିକ, ଲୌକିକ ତଥା ସ୍ମାର୍ତ୍ତ ଉପଚାରରେ ପ୍ରଭୁଙ୍କର ପୂଜା ଆରାଧନା ତାଙ୍କ ଯାନିଯାତ୍ରାରେ ପରିଲକ୍ଷିତ ହେଉଥିବା ପାରଂପରିକ ଐଶ୍ୱର୍ଯ୍ୟ-ବିସ୍ମୟ ଆଦି ବହୁ ପ୍ରସଂଗରେ ଅନେକ ଗବେଷକ ଭିନ୍ନ ଭିନ୍ନ ମତପୋଷଣ କରି ଆସୁଥିବା ଲକ୍ଷ୍ୟ କରାଯାଏ । 'ତର୍କେ ବହୁଦୂର' ଭଳି ପ୍ରଜ୍ଞା-ମରୀଚିକା ହାତ-ପାଆନ୍ତାରୁ ଅପସରି ଯିବାରେ ଲାଗିଛି ।

ଶ୍ରୀଜଗନ୍ନାଥ ମନ୍ଦିର ପ୍ରଶାସନ ଆନୁକୂଲ୍ୟରେ ବିଜ୍ଞ ସମ୍ପାଦକମଣ୍ଡଳୀଙ୍କର ମନୀଷାରେ ପ୍ରସ୍ତୁତ 'ଶ୍ରୀଜଗନ୍ନାଥ ଚେତନାର ଶାସ୍ତ୍ରୀୟ ଭିତ୍ତିଭୂମି' (୨୦୦୯) ଶୀର୍ଷକ ନିବନ୍ଧ ଗ୍ରନ୍ଥଟି ଏକ ଦୁର୍ଲଭ ସଂକଳନ କହିଲେ ଅତ୍ୟୁକ୍ତି ହେବ ନାହିଁ । ସାତଟି ପରିଚ୍ଛେଦରେ ଶ୍ରୀଜଗନ୍ନାଥ ଚେତନାର ବୈଦିକ ଭିତ୍ତିଭୂମି, ମହାଭାରତୀୟ ଭିତ୍ତିଭୂମି,

ତନ୍ତ୍ର ପରଂପରାର ଭିତ୍ତିଭୂମି, ପୌରାଣିକ ଭିତ୍ତିଭୂମି, ପାଞ୍ଚରାତ୍ରାଗମ ଭିତ୍ତିଭୂମି, ସଂହିତା ଶାସ୍ତ୍ରରେ ଥିବା ଶ୍ରୀଜଗନ୍ନାଥ ଚେତନାର ଭିତ୍ତିଭୂମି ଓ ଓଡ଼ିଶୀ ବୈଷ୍ଣବ ପରଂପରାରେ ଶ୍ରୀଜଗନ୍ନାଥଚେତନା ଆଦି ବିଶଦଭାବରେ ବର୍ଣ୍ଣିତ। ଏଥିରେ ନନ୍ଦବଂଶ, ଐର ଓ ଚେତବଂଶ, ବିଶ୍ୱାବସୁ ପ୍ରସଂଗ ଅତି ସଂକ୍ଷିପ୍ତ ଭାବରେ ଦିଆଯାଇ ଶବର, ଜୈନ ଓ ବୌଦ୍ଧ ସଂପୃକ୍ତିକୁ ଅଧିକ ଗୁରୁତ୍ୱ ଦିଆଯାଇନାହିଁ। ଋଗ୍‌ବେଦୋକ୍ତ ଦଶମ ମଣ୍ଡଳର ୧୫୫/୩ ଅନୁଷ୍ଟୁପ୍ ଛନ୍ଦରେ ଥିବା ତୃତୀୟ ସୂକ୍ତ ଯଥା- ଅଦୋ ଯଦ୍ଦାରୁ ପ୍ଲବତେ ସିନ୍ଧୋଃ ପାରେ ଅପୂରୁଷମ୍ / ତଦା ରଜସ୍ୱ ଦୁର୍ହଣୋ ତେନ ଗଚ୍ଛ ପରସ୍ତରମ୍'ର ଅର୍ଥ ଚତୁର୍ଦ୍ଦଶ ଶତାବ୍ଦୀରେ ସୁପ୍ରସିଦ୍ଧ ଭାଷ୍ୟକାର ସାୟନାଚାର୍ଯ୍ୟ ନିମ୍ନମତେ ଦେଇଛନ୍ତି- 'ଆଦୌ ବିପ୍ରକୃଷ୍ଟଦେଶେ ବର୍ତ୍ତମାନମପୁରୁଷଂ ନିର୍ମାତ୍ରା ପୁରୁଷେଣ ରହିତଂ ଯଦ୍ଦାରୁ ଦାରୁମୟଂ ପୁରୁଷୋତ୍ତମାଖ୍ୟଂ ଦେବତାଶରୀରଂ ସିନ୍ଧୋଃ ପାରେ ସମୁଦ୍ରତୀରେ ପ୍ଲବତେ ଜଲସ୍ୟୋପରି ବର୍ତ୍ତତେ ତଦ୍ଦାରୁ ହେ ଦୁର୍ହଣୋ ଦୁଃଖେନ ହନନୀୟ କେନାପି ହନ୍ତୁମଶକ୍ୟ ହେ ସ୍ତୋତରା ରଭସ୍ୱ, ଆଲମ୍ବସ୍ୱ ଉପାସ୍ୟସ୍ୱେତ୍ୟର୍ଥଃ। ତେନ ଦାରୁମୟେନ ଦେବେ-ନୋପାସ୍ୟମାନେନ ପରସ୍ତରମତିଶୟେନ ତରଣୀୟମୁତ୍କୃଷ୍ଟଂ ବୈଷ୍ଣବଂ ଲୋକଂ ଗଚ୍ଛ।" ଅର୍ଥାତ୍ 'ଦୂରବର୍ତ୍ତୀ ସ୍ଥାନରେ ଯେଉଁ ଦାରୁମୟ ପୁରୁଷୋତ୍ତମ ନାମକ ଭଗବଦ୍‌ବିଗ୍ରହ ସମୁଦ୍ରତୀରରେ ବିରାଜମାନ ଅଛନ୍ତି, ହେ ଅମର ସ୍ତବକାରି, ସେଇ ଦାରୁବ୍ରହ୍ମଙ୍କୁ ଆଶ୍ରୟ କରି ଉପାସନା ମାଧ୍ୟମରେ ଶ୍ରେଷ୍ଠ ବୈଷ୍ଣବଲୋକକୁ ଗମନକର।' ଏହି ସୂକ୍ତଟି ଅଥର୍ବବେଦରେ ମଧ୍ୟ ଥିବା କଥା ରଘୁନନ୍ଦନ ଭଟ୍ଟାଚାର୍ଯ୍ୟ ତାଙ୍କ ପ୍ରଣୀତ 'ଅଷ୍ଟାବିଂଶତି ତତ୍ତ୍ୱ' ପୁସ୍ତକରେ ପୁରୁଷୋତ୍ତମ ତତ୍ତ୍ୱ ପ୍ରସଂଗରେ ଏବଂ ତାରାନାଥ ତର୍କବାଚସ୍ପତି ତାଙ୍କ ରଚିତ 'ବାଚସ୍ପତ୍ୟ' ସଂସ୍କୃତ ଗ୍ରନ୍ଥରେ ଉଲ୍ଲେଖ କରିଛନ୍ତି, କିନ୍ତୁ ତାହା ପ୍ରକୃତରେ ଅଥର୍ବ ବେଦରେ ନାହିଁ। ରଘୁନନ୍ଦନ ଏହି ମନ୍ତ୍ରର ଶାଙ୍ଖ୍ୟାୟନ ଭାଷ୍ୟ କଥା କହିଛନ୍ତି, ତାହା ବୋଧହୁଏ ଠିକ୍ ନୁହେଁ (ଦ୍ରଷ୍ଟବ୍ୟ- ସୁନ୍ଦରାନନ୍ଦ ବିଦ୍ୟାବିନୋଦଙ୍କ ଦ୍ୱାରା ରଚିତ 'ଶ୍ରୀକ୍ଷେତ୍ର' ପୃ ୪୦)। ଅବଶ୍ୟ ଏହି ସୂକ୍ତର ପ୍ରତିବଚନ ଓଡ଼ିଶାରେ ଦେଖିବାକୁ ମିଳେ। ତାହା ହେଲା "ଯ ଏଷ ପ୍ଲବତେ ଦାରୁଃ ସିନ୍ଧୁପାରେ ହ୍ୟପୌରୁଷଃ। ତମୁପାସ୍ୟ ଦୁରାରାଧ୍ୟଂ ମୁକ୍ତିଂ ଯାତି ସୁଦୁର୍ଲଭାମ୍॥" (ଶ୍ରୀକ୍ଷେତ୍ର ପୃ. ୪୦) ପୁନାସ୍ଥିତ ବୈଦିକ ସଂଶୋଧନ ମଣ୍ଡଳୀ ଉକ୍ତ ସୂକ୍ତକୁ ଅଲକ୍ଷ୍ମୀ ଅପସାରଣ ମନ୍ତ୍ର ଭାବରେ ଗ୍ରହଣ କରିଛନ୍ତି। କିନ୍ତୁ ଓଡ଼ିଶାରେ ପଂଡ଼ିତ ନୀଳକଂଠ ଦାସଙ୍କ ବ୍ୟତୀତ ଅନ୍ୟ କେହି ଅଲକ୍ଷ୍ମୀ ନାଶନ ମନ୍ତ୍ର ଭାବରେ ଏହାକୁ ଗ୍ରହଣ କରନ୍ତି ନାହିଁ। ନୀଳକଂଠଙ୍କ ମତରେ "ଏଇ ସମୁଦ୍ର ପାରରେ ବା ନଦୀପାରେ ଯେଉଁ ଦାରୁ ବା କାଠ ଭାସୁଛି ତାକୁ ଛାଡ଼। ତାକୁ ଛାଡ଼ି ପରସ୍ତରକୁ ବା ଆତ୍ମିକ ସ୍ତରକୁ ଯାଅ। ଏହା ଏକ ଅସ୍ତିକ ଶବ୍ଦ। ନିଷାଦ ଅନୁଷ୍ଠାନକୁ

ଲକ୍ଷ୍ୟ କରୁଚି। "x x ଏଠାରେ ଏ ଯେଉଁ ସୂକ୍ତଟି ଅଛି, ଏହା ପୁରୀ ଆଡ଼ ଉପକୂଳର କୌଣସି 'ବ୍ରାତ୍ୟ ବୈଦିକ' କହିଥିବା ସ୍ପଷ୍ଟ ଜଣାଯାଉଚି। ସେ କହୁଚଂତି ଆରେ ଦୁର୍ମୁଖ! ଏ ନିମକାଠ ଦେବତାକୁ ମୂଳବସ୍ତୁ ବୋଲି ପୂଜା କରିବା ଠିକ୍ ନୁହେଁ। କାଇଁକି ନା ଏ ପୁରୁଷ ନୁହେଁ। ଏହା ଅପୁରୁଷ, ଯାକୁ ଛାଡ଼, ତେବେ ଯାଇ ତୁ ବୁଝିପାରିବୁ ପୁରୁଷ କ'ଣ। x x ଋଗ୍ ବେଦର ଏଇ ପୁରୁଷ ଧର୍ମ ବା ଆତ୍ମ ଧର୍ମ ପ୍ରତିଷ୍ଠିତ ହେଲାବେଳକୁ ଶୂନ୍ୟ ଧର୍ମରେ ବା ତନ୍ତ୍ର ଧର୍ମରେ ଗୋଟିଏ ଦାରୁଦେବତା ପ୍ରତିଷ୍ଠିତ ଥିବାର ମଧ୍ୟ ସ୍ପଷ୍ଟ ପ୍ରମାଣ ମିଳୁଚି।" (ଶ୍ରୀମଦ୍‌ଭଗବଦ୍‌ଗୀତା ୨ୟ ସଂସ୍କରଣ ପୃ.୩୨-୩୪)। ଶାବର-ଉତ୍ସକୁ ପରବର୍ତ୍ତୀ କାଳରେ ଅସ୍ୱୀକାର କଲାପରି, ଦାରୁବ୍ରହ୍ମ ଶ୍ରୀଜଗନ୍ନାଥ ନିଷାଦଙ୍କ ଦାରୁପୂଜା ବା ଅପୌରୁଷେୟ ଅଲକ୍ଷ୍ମୀ ବୋଲି ଅନେକ ଗବେଷକ ଗ୍ରହଣ କରନ୍ତି ନାହିଁ। ପ୍ରାକ୍ତନ ଶ୍ରୀମନ୍ଦିର ପ୍ରଶାସକ ମହୀମୋହନ ତ୍ରିପାଠୀ ତାଙ୍କ ରଚିତ 'ଶ୍ରୀଜଗନ୍ନାଥ' (୨୦୧୨) ଗ୍ରନ୍ଥରେ ବିଶଦ ଆଲୋଚନା କରି କହିଛନ୍ତି ଦାରୁ ବା କାଠ ହେଉଛି ଗ୍ରୀକ୍ ମିଥ୍‌ରେ ପୃଥିବୀର ସର୍ବପ୍ରଥମ ପବିତ୍ର ତଥା ମୌଳିକ ବସ୍ତୁ।' ଗ୍ରୀସ୍‌ର ମୁଖ୍ୟ ଦେବତା ଜିଅସ୍ ଓ ଜ୍ଞାନର ଦେବୀ ଏଥେନା ୪୦ ଫୁଟ ଉଚ୍ଚର କାଠମୂର୍ତ୍ତି। ସେଥିରେ ହାତୀଦାନ୍ତ ଓ ସୁନା, ଅସ୍ଥି ଓ ଚର୍ମପରି ଲାଗିକରି ରହିଥିଲା। 'ଶ୍ରୀମନ୍ଦିରର ରତ୍ନବେଦୀରେ ବିରାଜିତ ଦାରୁବିଗ୍ରହଙ୍କର ମଧ୍ୟ ସେହିପରି ସପ୍ତାବରଣ ହୋଇଥାଏ। ତାହା ହେଲା ଦାରୁ, ଚେହେଲି, ଚଉବନ୍ଧ (ଖଣ୍ଡୁଆ ଓ ଛାଟିପାଟ), ବାସୁଙ୍ଗାପାଟ, ଓଷୁଅ, ରକ୍ତବସ୍ତ୍ର ଓ ଶ୍ରୀମୁଖ ଓଡ଼ା (ପୃ-୪୫)।।" ବାବା ଶ୍ରୀ ଚୈତନ୍ୟ ଚରଣ ଦାସ ('ଶ୍ରୀପୁରୁଷୋତ୍ତମ ରହସ୍ୟ' ୨୦୦୩) 'ଦାରୁ'ର ବ୍ୟୁତ୍ପତ୍ତିଗତ ଅର୍ଥ କରି 'ଅଖଣ୍ଡ ଆନନ୍ଦ ଦାନ ଓ ସର୍ବ ଦୁଃଖଖଣ୍ଡନ ହେଉଛି ଦାରୁବିଗ୍ରହରୂପୀ ପରଂବ୍ରହ୍ମଙ୍କର ବିଶେଷତ୍ୱ' ବୋଲି କହିଛନ୍ତି।

ସ୍କନ୍ଦ ପୁରାଣରେ 'ଶ୍ରୀପୁରୁଷୋତ୍ତମ ମାହାତ୍ମ୍ୟମ୍', ୧୩ ଅଧ୍ୟାୟରେ ବ୍ରହ୍ମା ଦେବଗଣଙ୍କୁ କହିଛନ୍ତି ଯେ ପୁରୁଷୋତ୍ତମ କ୍ଷେତ୍ରରେ ଭଗବାନ୍ ଜନାର୍ଦ୍ଦନ ପ୍ରଥମ ପରାର୍ଦ୍ଧରେ ନୀଳକାନ୍ତ ମଣିମୟ ଶରୀର ଧାରଣ କରିଥିଲେ। ଦ୍ୱିତୀୟ ପରାର୍ଦ୍ଧରେ ଶ୍ୱେତବାରାହ କଳ୍ପରେ ସ୍ୱାୟମ୍ଭୁବମନୁଙ୍କ ସମୟରେ ସେ ଭୂଲୋକରେ ଦାରୁମୂର୍ତ୍ତି ଭାବରେ ଅଧିଷ୍ଠିତ ହେଲେ। ଶ୍ରୀମନ୍ଦିର ପରିସରରେ ଦାରୁବ୍ରହ୍ମ ଅଧିଷ୍ଠିତ ହେବା ପୂର୍ବରୁ ପ୍ରଥମେ ଶିଳାବ୍ରହ୍ମ ପୂଜିତ ହେଉଥିବା କଥା ଶ୍ରୀ ସତ୍ୟନାରାୟଣ ରାଜଗୁରୁ ଓ ପ୍ରଫେସର ଗୋପୀନାଥ ମହାପାତ୍ର ପ୍ରମୁଖ କହିଛନ୍ତି। ରାଜଗୁରୁଙ୍କ ମତରେ ଚୋଡ଼ଗଙ୍ଗଦେବଙ୍କ ରାଜତ୍ୱ କାଳରେ ଏଇ ପ୍ରସ୍ତର ମୂର୍ତ୍ତି ପ୍ରଥମେ ନୃସିଂହ ମନ୍ଦିରରେ ପୂଜା ପାଉଥିଲେ ଏବଂ ୧୨୩୦ ଖ୍ରୀଷ୍ଟାବ୍ଦରେ ଅନଙ୍ଗଭୀମ ଦେବ (୩ୟ) ବଡ଼ ଦେଉଳ ପ୍ରତିଷ୍ଠା କଲାବେଳେ ଏ ମୂର୍ତ୍ତି

ରତ୍ନସିଂହାସନରେ ବିରାଜିତ ହେଲେ । ପରେ ରାଜସୈନ୍ୟଭୁକ୍ତ ଶବରମାନଙ୍କ ଦାବୀକ୍ରମେ ଶ୍ରୀମନ୍ଦିରରୁ ପୂର୍ବ ବିଗ୍ରହସବୁ ସ୍ଥାନାନ୍ତର କରି ଆଦିବାସୀ ପୂଜିତ ଦେବତାଙ୍କ ସ୍ୱରୂପରେ ଦାରୁମୂର୍ତ୍ତି ସ୍ଥାପନ କରାଗଲା (ରାଜଗୁରୁ - 'ଶ୍ରୀପୁରୁଷୋତ୍ତମ ଓ ଶ୍ରୀମନ୍ଦିର, ୧୯୯୬ ପୃ. ୫୮-୫୯) । ଶ୍ରୀ ମହୀମୋହନ ତ୍ରିପାଠୀ ଏ ଦିଗରେ ଅଧିକ ଗବେଷଣା ପାଇଁ ଆହ୍ୱାନ ଦେଇଛନ୍ତି ।

ବୈଦିକ ପୃଷ୍ଠଭୂମି ବ୍ୟତିରେକେ ସମଗ୍ର ଉପନିଷଦ ସାହିତ୍ୟରେ ପରଂବ୍ରହ୍ମ ବା ବ୍ରହ୍ମ, ପୁରୁଷ ପୁରୁଷୋତ୍ତମ, ସହସ୍ରଶୀର୍ଷା ପୁରୁଷ, ମହାବିଷ୍ଣୁ, ବାସୁଦେବ-ଜଗନ୍ନାଥ ଆଦି ବିଭିନ୍ନ ରୂପର ତାତ୍ତ୍ୱିକ ବିଶ୍ଳେଷଣ ସହିତ 'ଓଁ ମିତ୍ୟକ୍ଷରଂ ବ୍ରହ୍ମ' ଓ ସୃଷ୍ଟିତତ୍ତ୍ୱ ଆଦି ପ୍ରସଂଗ ରହିଛି । ଈଶାବାସ୍ୟୋପନିଷଦ୍, ଛାନ୍ଦୋଗ୍ୟ, ବ୍ରହ୍ମୋପନିଷଦ ଓ ମୈତ୍ରାୟଣ୍ୟୁପନିଷଦ ପ୍ରଭୃତିରେ ପୁରୁଷଙ୍କ ବର୍ଣ୍ଣନା ଅଛି । ଶ୍ୱେତାଶ୍ୱତର ଉପନିଷଦରେ ହସ୍ତ ପଦ କର୍ଣ୍ଣ ଚକ୍ଷୁ ନଥିବା ସବୁଜାଣିଥିବା ପ୍ରଭୁଙ୍କର ବର୍ଣ୍ଣନା ଅଛି । ଅଥଚ, ସିଧାସଳଖ ଶ୍ରୀକ୍ଷେତ୍ରପୁରୀସ୍ଥିତ ଜଗନ୍ନାଥଙ୍କୁ ନିର୍ଦ୍ଦିଷ୍ଟ ଭାବରେ ଏଥିରେ ସ୍ପଷ୍ଟ ଉଲ୍ଲେଖ ନାହିଁ । ପରବର୍ତ୍ତୀ କାଳରେ ରଚିତ ରାଧୋପନିଷଦ, ପୁରୁଷୋତ୍ତମତାପନୀ ଇତ୍ୟାଦି ଗ୍ରନ୍ଥରେ ଅବଶ୍ୟ ଏହାର ସ୍ପଷ୍ଟ ବିବରଣୀ ରହିଛି । ଉକ୍ତ 'ଶ୍ରୀ ଜଗନ୍ନାଥ ଚେତନାର ଶାସ୍ତ୍ରୀୟ ଭିତ୍ତି ଭୂମି' ପୁସ୍ତକରେ ବିଭିନ୍ନ ପୁରାଣ ଯଥା ବିଷ୍ଣୁ ପୁରାଣ, ବ୍ରହ୍ମପୁରାଣ, ମତ୍ସ୍ୟପୁରାଣ, ପଦ୍ମପୁରାଣର ପାତାଳଖଣ୍ଡ, ବୃହନ୍ନାରଦୀୟ ପୁରାଣର ଉତ୍ତରଭାଗ, କୂର୍ମପୁରାଣ, ଗରୁଡ଼ ପୁରାଣ, କପିଳ ପୁରାଣ, ରାମାୟଣ, ମହାଭାରତ ଓ ସ୍କନ୍ଦ ପୁରାଣର ଉତ୍ତରଖଣ୍ଡ ସହିତ କପିଳ ସଂହିତା ଇତ୍ୟାଦି ଗ୍ରନ୍ଥରୁ ପ୍ରାସଙ୍ଗିକ ଉଦ୍ଧୃତିମାନ ଦିଆଯାଇ ପରମବ୍ରହ୍ମ ଶ୍ରୀଜଗନ୍ନାଥଙ୍କର ଶାସ୍ତ୍ରୀୟ ସମୀକରଣ କଥା ଉଲ୍ଲେଖ କରାଯାଇଛି । ଉକ୍ତ ଗ୍ରନ୍ଥର ପଞ୍ଚମ ଅଧ୍ୟାୟରେ ଥିବା 'ପାଞ୍ଚରାତ୍ରାଗମ ଭିତ୍ତିଭୂମି' ଅଧ୍ୟାୟଟି ଗବେଷକମାନଙ୍କ ପାଇଁ ଅତ୍ୟନ୍ତ ଉପାଦେୟ । ପ୍ରଫେସର୍ ବ୍ରଜକିଶୋର ସ୍ୱାଇଁଙ୍କ ମତରେ ଶ୍ରୀଜଗନ୍ନାଥଙ୍କର ସକଳ ପୂଜା ବିଧାନ ବୈଖାନସ ଓ ପାଞ୍ଚରାତ୍ର ଆଗମର ସମ୍ମିଳିତ ବିଭବ ।

ପାଞ୍ଚରାତ୍ର (ରାତ୍ରଜ୍ଞାନ) ଆଗମ ହେଉଛି ବୈଷ୍ଣବ ଆଗମ, ପାଞ୍ଚରାତ୍ର ଆଗମ ଗ୍ରନ୍ଥ ଗୁଡ଼ିକରେ ବିଶେଷ ସ୍ଥାନ ଅଧିକାର କରିଛି ପୌଷ୍କର, ସାତ୍ୱତ, ଜୟାଖ୍ୟ, ଅହିର୍ବୁଧ୍ନ ଆଦି ପ୍ରାଚୀନ ସଂହିତା, ଗୌତମୀୟ ତନ୍ତ୍ର, ନାରଦ ପଞ୍ଚରାତ୍ର ଓ ଶାଣ୍ଡିଲ୍ୟ ଭକ୍ତି ସୂତ୍ର ଆଦି । ପାଞ୍ଚରାତ୍ରଭୁକ୍ତ ଅନ୍ୟଗ୍ରନ୍ଥମାନଙ୍କରେ ମୋକ୍ଷପ୍ରାପ୍ତିକୁ ଗୁରୁତ୍ୱ ଦିଆଯାଇଥିବା ସ୍ଥଳେ ସାତ୍ୱତ ସଂହିତାରେ ଉଭୟ ଭୁକ୍ତି ଓ ମୁକ୍ତି ଉପରେ ପ୍ରାଧାନ୍ୟ ଦିଆଯାଇଛି, ଯାହା ଶ୍ରୀକ୍ଷେତ୍ରର ମହିମା । ପାଞ୍ଚରାତ୍ର ଆଗମରେ ପଞ୍ଚକାଳ ତତ୍ତ୍ୱ ଯଥା- ଅଭିଗମନ (ବ୍ରାହ୍ମ ମୁହୂର୍ତ୍ତରେ ମଙ୍ଗଳ ଆରତି), ଉପାଦାନ କାଳ (ପୁଷ୍ପାଦି ଆଭୂଷଣ ସଂଗ୍ରହ), ଇଜ୍ୟାକାଳ

(ଅର୍ଚ୍ଚାବିଧି, ଯଜ୍ଞ, ପୂଜା, ପୁରୁଷସୂକ୍ତ ପାଠ ଓ ଦାନ ଯାହା ଶ୍ରୀମନ୍ଦିରରେ ନିତ୍ୟ ପ୍ରଚଳିତ ପରଂପରା), ସ୍ୱାଧ୍ୟାୟକାଳ (ଅପରାହ୍ଣରେ ପୁରାଣ ପଣ୍ଡା ସେବା), ଯୋଗକାଳ (ରାତିର ୨ୟ ପ୍ରହରଠାରୁ ୪ର୍ଥ ପ୍ରହର ମଧ୍ୟରେ ପ୍ରଭୁମନସ୍କ ହୋଇ ଯୋଗାଭ୍ୟାସ ତଥା ବଡ଼ସିଂହାର)। 'ଶତପଥବ୍ରାହ୍ମଣ'ରେ ସ୍ୱୟଂ ନାରାୟଣ ପାଞ୍ଚରାତ୍ର ଯଜ୍ଞ କରି ନିଜକୁ ତନ୍ମଧ୍ୟରେ ଆହୁତି ଦେଇ ପୁରୁଷ ଭାବରେ ନୂତନ ସୃଷ୍ଟି କରିବା ପାଇଁ ପୁଣି ଯଜ୍ଞକୁଣ୍ଡରୁ ପାଞ୍ଚଟି ମୂର୍ତ୍ତି ଧାରଣ କରି ଆବିର୍ଭୂତ ହୋଇଥିଲେ। ସେଇ ପଞ୍ଚମୂର୍ତ୍ତି ହେଲା ପରା, ବ୍ୟୂହ, ବିଭବ, ଅନ୍ତର୍ଯ୍ୟାମୀ ଓ ଅର୍ଚ୍ଚା-ଏସବୁ ନାରାୟଣଙ୍କର ପ୍ରକାଶ ମୂର୍ତ୍ତି। ପାଞ୍ଚରାତ୍ରର ଚତୁର୍ବ୍ୟୂହ ଅବତାର ତଥା ସିଦ୍ଧାନ୍ତକୁ ଆଦିଶଂକର ଅବୈଦିକ ବୋଲି କହିଥିଲେ ମଧ୍ୟ, ରାମାନୁଜ ଦୃଢ଼ ଯୁକ୍ତି ଉପସ୍ଥାପନ କରି ଏହା ବୈଦିକ ସିଦ୍ଧାନ୍ତ ବୋଲି କହିଛନ୍ତି। ସେଇ ପଞ୍ଚବ୍ୟୂହ ହେଲେ ପରମ (ପରଂବ୍ରହ୍ମ), ସଂକର୍ଷଣ (ଜୀବ), ପ୍ରଦ୍ୟୁମ୍ନ (ମନ) ଅନିରୁଦ୍ଧ (ଅହଂକାର ଓ ସୃଷ୍ଟି କର୍ତ୍ତା)।

ତ୍ରୈଲୋକ୍ୟମୋହନ ପୁରୁଷୋତ୍ତମ ଜଗନ୍ନାଥ ହେଉଛନ୍ତି 'ପରମତତ୍ତ୍ୱ' ଓ 'ଆନନ୍ଦମୟ ବ୍ରହ୍ମ'। ସେହିଁ 'ପରା ବାସୁଦେବ'। ପାଞ୍ଚରାତ୍ରର ମୁଖ୍ୟ ପ୍ରତିପାଦ୍ୟ ହେଉଛି ବିବିଧ ନ୍ୟାସ। ଜଗନ୍ନାଥ ଅବ୍ୟକ୍ତବ୍ରହ୍ମ ପ୍ରତୀକାତ୍ମକ ଭାବରେ କପଟଦାରୁବ୍ରହ୍ମ ଓ ବ୍ୟକ୍ତ ଅବସ୍ଥାରେ କେଶବ ବା ଶ୍ରୀକୃଷ୍ଣ। ପୁରୁଷୋତ୍ତମ ଜଗନ୍ନାଥଙ୍କ ଉପାସନାରେ ବୈଧୀଭକ୍ତିର ପ୍ରାଧାନ୍ୟ ଥିଲେ ମଧ୍ୟ ରାଗାନୁଗା ଭକ୍ତିର ଐଶ୍ୱର୍ଯ୍ୟ କମ୍ ନୁହେଁ। ଏହାର ମୁଖ୍ୟ ପୁରୋଧା ଥିଲେ ଶ୍ରୀଚୈତନ୍ୟ। ଓଡ଼ିଶାର ପଞ୍ଚସଖାଙ୍କର ଥିଲା ଜ୍ଞାନମିଶ୍ରା ଭକ୍ତି। ଶ୍ରୀଜଗନ୍ନାଥ ଚେତନା ଓଡ଼ିଆଙ୍କ ପ୍ରାଣରେ ଗୋପୀଜନୋଚିତ ନିର୍ମଳ ଭକ୍ତିରସର ସଞ୍ଚାର କରିଥାଏ। ଓଡ଼ିଶାର ଭଜନ ଓ ଜଣାଣ ସାହିତ୍ୟରେ ଭକ୍ତ ଓ ଭଗବାନଙ୍କର କୋଳାକୋଳି ଭାବ ଅନନ୍ୟ। ଭକ୍ତର ଆଖିରୁ ଝରି ଆସେ ମିଠା ଲୁହ, ଆନନ୍ଦାଶ୍ରୁ। ସେ ଗାଳିଦିଏ, ଅଭିମାନ କରେ, ମନ ଊଣା କରେ, ଅଝଟ କରେ, ଅଥଚ କିଛି ମାଗେ ନାହିଁ। କିନ୍ତୁ ପ୍ରଭୁଙ୍କର କପଟପାଶ ସେମିତି ଭକ୍ତଙ୍କୁ ସବୁବେଳେ ଟାଣୁଥାଏ।

ଯାହାଙ୍କଠାରେ ସକଳ ଧର୍ମ ଦର୍ଶନ, ଆଚାର, ଉପଚାର ଓ ଲୌକିକ ପରଂପରାର ଆଶ୍ଚର୍ଯ୍ୟ ସମାବେଶ ଘଟିଛି ଏବଂ ନୀଳଶୈଳର ଯେଉଁ ନିକେତନରେ ସେ ଯେଭଳି ଦେଦୀପ୍ୟମାନ ହୋଇ ବିରାଜୁଛନ୍ତି କାହିଁ କେତେ ଯୁଗରୁ, ଭାବିଲେ ଆଶ୍ଚର୍ଯ୍ୟ ଲାଗେ। ଡକ୍ଟର କୃଷ୍ଣଚନ୍ଦ୍ର ମିଶ୍ରଙ୍କ ଦ୍ୱାରା ପ୍ରଣୀତ ଗବେଷଣା ସନ୍ଦର୍ଭ 'ଶ୍ରୀଜଗନ୍ନାଥ ମନ୍ଦିରର କଳା ଓ ସ୍ଥାପତ୍ୟ - ଏକ ତାତ୍ତ୍ୱିକ ବିଶ୍ଳେଷଣ' (୧ମ ଓ ୨ୟ ଭାଗ ୨୦୧୦)ରେ ଶ୍ରୀମନ୍ଦିର ଚତୁଃପାର୍ଶ୍ୱରେ ଥିବା ମୂର୍ତ୍ତି ସମୂହର ଏକ ସୁନ୍ଦର ଆଲେଖ୍ୟ ସ୍ଥାନିତ ହୋଇଛି। ଶ୍ରୀମହୀମୋହନ ତ୍ରିପାଠୀ ତାଙ୍କ 'ଶ୍ରୀ ଜଗନ୍ନାଥ' ପୁସ୍ତକରେ ଲେଖିଛନ୍ତି-

'ଶ୍ରୀମନ୍ଦିର (ବଡ଼ ଦେଉଳ)ର ବେହରଣ ଦ୍ୱାର ବା ଦକ୍ଷିଣ ଦ୍ୱାର ପାର୍ଶ୍ୱରେ କାନ୍ଥରେ ଏକ ପ୍ରସ୍ତର ନିର୍ମିତ ମହାବୀର ଜୈନ ମୂର୍ତ୍ତି ଶୋଭା ପାଉଛନ୍ତି। ଏହି ମୂର୍ତ୍ତି ପ୍ରଥମେ କୁଆଡ଼େ ରତ୍ନବେଦୀ ପାର୍ଶ୍ୱରେ ଖଞ୍ଜା ଯାଇଥିଲେ ଏବଂ ପରେ ଶ୍ରୀମନ୍ଦିରର ମ୍ୟାନେଜର୍ ସଖୀଚାନ୍ଦଙ୍କ ସମୟରେ (୧୯୨୧-୨୫) ସେଠାରୁ ଅପସାରଣ କରାଯାଇ ଏହି ଦ୍ୱାର ପାର୍ଶ୍ୱରେ ସ୍ଥାପିତ ହୋଇଥିଲେ' (ପୃ. ୩୧)। ଏବେ ଆସନ୍ତୁ ଡକ୍ଟର ମିଶ୍ରଙ୍କର 'ଶ୍ରୀଜଗନ୍ନାଥଙ୍କ ମନ୍ଦିରର କଳା ଓ ସ୍ଥାପତ୍ୟ' ପୁସ୍ତକରେ ଥିବା କିଛି ତଥ୍ୟ ଆଲୋଚନା କରିବା।

ବିମାନର ଉପରଜଂଘା ପିଢ଼ ମୁଣ୍ଡରେ ପଦ୍ମପୃଷ୍ଠରେ ବିରାଜମାନ କରିଛନ୍ତି ଧ୍ୟାନରତ ବୁଦ୍ଧ। ଅଳ୍ପ ଦୂରରେ ଶ୍ରୀରାମ।

ଭୋଗମଣ୍ଡପର ଉତ୍ତରପାର୍ଶ୍ୱ କୋଣକରେ ଶ୍ରୀରାମ ଓ ରଥାରୂଢ଼ ବିଂଶପାଣି ରାବଣ ସହିତ ଯୁଦ୍ଧ ଲୀଳା।

ଭୋଗମଣ୍ଡପର ଦକ୍ଷିଣପୂର୍ବ ଉପର ଜଂଘାରେ ବୃଷଭ ଉପରେ ଷଡ଼ଭୁଜ ନୃତ୍ୟରତ ନଟରାଜ।

ଜଗମୋହନର ଉତ୍ତରପାର୍ଶ୍ୱ ବାଡ଼ରେ ଜଗନ୍ନାଥ, ଶିବଲିଙ୍ଗ ଓ ମହିଷାସୁରମର୍ଦ୍ଦିନୀ ଦୁର୍ଗା।

ବିମାନ ଗଣ୍ଡିର ଅନୁରଥ ପଗ ଅଙ୍ଗଶିଖରରେ ଭୈରବ ଓ କାଳୀ (ଚାମୁଣ୍ଡା)।

ଭୋଗମଣ୍ଡପ ପୂର୍ବପାର୍ଶ୍ୱବାଡ଼ର ଉପର ଜଂଘାରେ ତ୍ରିଭଙ୍ଗଠାଣିରେ ଅଷ୍ଟଭୁଜ ଶ୍ରୀକୃଷ୍ଣ।

ଉତ୍ତର ଦିଗରେ ବିମାନ ଉପର ଜଂଘା ପିଢ଼ ମୁଣ୍ଡରେ ବେଣୁଗୋପାଳ ଶ୍ରୀକୃଷ୍ଣ। ପଶ୍ଚିମ ପାର୍ଶ୍ୱ ରାହାପାଗରେ ବି ବେଣୁଗୋପାଳ।

ପଶ୍ଚିମପଟ ଉପରଜଂଘାରେ ବିଷ୍ଣୁ। ଦକ୍ଷିଣପାର୍ଶ୍ୱ ଉପର ଜଂଘାର ରାହାପାଗ ଉପରେ ବି ଶ୍ରୀବିଷ୍ଣୁ।

ବିମାନ ଭାଗରେ ଶକଟାସୁର ବଧ, ବିମାନ ପଟାରେ ଗୋପାଳ ଓ ଗୋରୁପଲଙ୍କ ସହ ଶ୍ରୀକୃଷ୍ଣ, ଷଣ୍ଢାସୁରବଧ (ଭିତ୍ତିଚିତ୍ର), କୁବଳୟା ହସ୍ତୀ ସହ ଶ୍ରୀକୃଷ୍ଣ ଓ ବଳରାମଙ୍କ ଯୁଦ୍ଧ, ବିମାନ ଉପରଜଂଘା (ପଶ୍ଚିମ ଦିଗ) ରାହା ପାଗରେ ବଂଶୀଧାରୀ ଶ୍ରୀକୃଷ୍ଣ।

କଳ୍କୀ, ନୃସିଂହ, କର୍ଣ୍ଣାର୍ଜୁନ ଯୁଦ୍ଧ, ଭୀଷ୍ମ ଅର୍ଜୁନ ଯୁଦ୍ଧ ଇତ୍ୟାଦି ପ୍ରଭୃତି ଆଲେଖ୍ୟ ଶ୍ରୀମନ୍ଦିର ଗାତ୍ରରେ ରହି ସର୍ବଭାରତୀୟ ଚେତନାର ଗନ୍ତାଘର ପାଲଟିଛି।

Jagannath in Alien Eyes (2003) ଶୀର୍ଷକ ପୁସ୍ତକରେ ସଂକଳିତ ହୋଇଥିବା W. W. Hunterଙ୍କ ପ୍ରବଂଧ Jagannathର ଗୋଟିଏ ପରିଚ୍ଛେଦକୁ

ଉଦ୍ଧୃତି ଆକାରରେ ପାଠକ ସମ୍ମୁଖରେ ରଖିବାର ଲୋଭ ସମ୍ବରଣ କରିପାରୁନାହିଁ। ତାହା ହେଲା-

Besides this perpetual appeal to the popular instinct, the worship of Jagannath aims at a Catholicism which embraces every form of Indian belief, and every Indian conception of the Deity. Nothing is too high, and nothing is too low, to find admission into his temple. The fetishism and bloody rites of the aboriginal races, the mild flower-worship of the Vedas, and every compromise between the two, along with the lofty spiritualities of the great Indian Reformers, have here found refuge. The rigid monotheism of Ramanuja in the twelvth century, the monastic system of Ramananda in the fifteenth, the mystic quietism of Chaitanya at the beginning of the sixteenth, and the luxurious love-worship of the Vallabhacharis towards the close, mingle with the Walls of Jagannath at this present day. He is Vishnu under whatever form and by whatever tittle men call upon his name (P.45)

ଏହି ପାଶ୍ଚାତ୍ୟ ଐତିହାସିକ ଆଜିକୁ ପ୍ରାୟ ଦେଢ଼ ଶହ ବର୍ଷ ତଳେ (1872 AD) ଶ୍ରୀଜଗନ୍ନାଥଙ୍କଠାରେ ସମାବିଷ୍ଟ ଅଖିଳ ଭାରତର ଆସ୍ଥା ଓ ବିଶ୍ୱାସର କଥା ଯାହା କହିଥିଲେ ତାହା ଉପର୍ଯ୍ୟୁକ୍ତ ଉଦ୍ଧୃତିରୁ ଜଣାପଡ଼େ। ୧୧୦୪ ମସିହାରୁ ୧୩୧୧ ପର୍ଯ୍ୟନ୍ତ ଉତ୍କୀର୍ଣ୍ଣ ୧୨ଟି ଶିଳାଲିପି ଓ ୪ଟି ତାମ୍ରପତ୍ରରେ ପୁରୁଷୋତ୍ତମ ଶ୍ରୀଜଗନ୍ନାଥଙ୍କର ପ୍ରଶସ୍ତିର ଆଭାସ ମିଳେ। ଶ୍ରୀଜଗନ୍ନାଥ ରହସ୍ୟବିଜ୍ଞାନ ଏବେ ବି ଅବିଜ୍ଞାତ।

ଅଥଚ ଭକ୍ତମାନଙ୍କର ହୃଦୟର ନିଭୃତ ପୀଠରେ ପ୍ରୀତିଲିପିରେ ଚିରଭାସ୍ୱର ହୋଇ ରହିଛି 'ଶରଣାଗତି', ସେଠି ଅଛି ସଂପୂର୍ଣ୍ଣ ଆତ୍ମସମର୍ପଣର ଅନ୍ତର୍ଲୀନ କସ୍ତୁରୀ। ଏଇ ଆତ୍ମସମର୍ପଣରେ ଜାତି ଭେଦ ନାହିଁ କି ପ୍ରଜ୍ଞାର ଆସ୍ପର୍ଦ୍ଧା ନାହିଁ। ମାନବୀୟ ଦୁଃଖ, ହତାଶା ଓ ନୈରାଶ୍ୟ, ତା'ର ଆଧ୍ୟାତ୍ମିକ, ଆଧିଭୌତିକ ଓ ଆଧିଦୈବିକ ପୀଡ଼ା କେବେହେଲେ ବିଶ୍ୱାତୀତ ନୁହେଁ। ଶ୍ରୀଜଗନ୍ନାଥ ସ୍ୱପ୍ନାହତ ଦୁର୍ବଳ ଭକ୍ତର ଇଷ୍ଟ, ମୁନି, ସନ୍ଥ, ଦାର୍ଶନିକ ଓ ମହାଯୋଗୀମାନଙ୍କର ଇଷ୍ଟଙ୍କର ଇଷ୍ଟ, ନିରାକାରବାଦୀଙ୍କର ଅନିର୍ବଚନୀୟ ପରମବ୍ରହ୍ମ, ବିଭିନ୍ନ ସଂପ୍ରଦାୟର ଚିର ଆରାଧ୍ୟ ଶୀର୍ଷବିନ୍ଦୁ ଏବଂ ସଦ୍‌ଗୁରୁମାନଙ୍କ ପାଇଁ ପରିବ୍ୟାପ୍ତ ବିଶ୍ୱାୟିତ ଚେତନା। ଡକ୍ଟର ଚନ୍ଦ୍ରଭାନୁ ଶତପଥୀଙ୍କର

ଚେତନାରେ – "ବିଶ୍ୱ ତୋ ପାଖରୁ ଜନମେ / ବିଶ୍ରାନ୍ତି ପାଏ ତୋ' ଚରଣେ। ନୀଳସିନ୍ଧୁର ଢେଉ ପରି / ଜନ୍ମ ବିଲୟ ଗତି ଧରି॥ x x ଯେମିତି ଊର୍ମି ସାଗରର / ଭାଙ୍ଗେ ଛୁଇଁଲେ ବାଲିଚର / ସେମିତି ଭକ୍ତର କଷଣ / ମିଟେ ଛୁଇଁଲେ ତୋ ଚରଣ / x x ପୁଣ୍ୟଭୂମି ଏ ଭାରତରେ / ନାହିଁ ସନ୍ଥ କେ ଏ ପ୍ରକାରେ। ଯେ ତୋର ପାଶେ ଆସି ନାହିଁ / ତୋ' କୃପାପ୍ରାର୍ଥୀ ହୋଇନାହିଁ।" ('ଜଗନ୍ନାଥ ସ୍ତବକ', ଶ୍ରୀଗୁରୁ ଭାଗବତ, ୪ର୍ଥ ଖଣ୍ଡ (୨୦୧୧)।

ଶ୍ରୀସନାତନ ଗୋସ୍ୱାମୀ ଶ୍ରୀଚୈତନ୍ୟଙ୍କର ପାର୍ଷଦ ଭାବରେ ଶ୍ରୀକ୍ଷେତ୍ରରେ ରହି ତାଙ୍କର ପୁଲକିତ ଅନୁଭୂତିକୁ 'ଶ୍ରୀବୃହଦ୍‌ଭାଗବତାମୃତ' ଗ୍ରନ୍ଥରେ ବର୍ଣ୍ଣନା କରିଥିଲେ-

ଦାରୁବ୍ରହ୍ମ ଜଗନ୍ନାଥୋ ଭଗବାନ୍ ପୁରୁଷୋତ୍ତମେ
କ୍ଷେତ୍ରେ ନୀଳାଚଳେ କ୍ଷାରାର୍ଣ୍ଣବତୀରେ ବିରାଜତେ
ମହାବିଭୂତିମାନ୍ ରାଜ୍ୟମୌତ୍କଳଂ ପାଳୟନ୍ ସ୍ୱୟଂ
ବ୍ୟଞ୍ଜୟନ୍ ନିଜମାହାତ୍ମ୍ୟଂ ସଦା ସେବକବତ୍ସଳଃ॥

(ନୀଳାଚଳରେ ଲବଣ ସମୁଦ୍ରର ତୀରଦେଶରେ ଶ୍ରୀପୁରୁଷୋତ୍ତମ କ୍ଷେତ୍ରରେ ଦାରୁବ୍ରହ୍ମ ଶ୍ରୀଜଗନ୍ନାଥ ବିରାଜମାନ କରିଛନ୍ତି। ସେ ମହାବିଭୂତିମାନ୍। ସ୍ୱୟଂ ଉତ୍କଳ ରାଜ୍ୟ ପାଳନ ଏବଂ ସର୍ବଦା ନିଜ ମାହାତ୍ମ୍ୟ ପ୍ରକାଶ କରି ସେ ସେଠାରେ ଅଧିଷ୍ଠିତ ଅଛନ୍ତି)। ଉତ୍କଳର ରାଜା ହିଁ ସ୍ୱୟଂ ନାରାୟଣ ଜଗନ୍ନାଥ (ଗୋପବଂଧୁ)। ଏହି ପ୍ରବଂଧର ଅନ୍ତିମ ଚରଣରେ ଗଜପତି ବଂଶଧର ଦାମୋଦର ଦେବଙ୍କ ଶିଳାଲେଖରେ ଉତ୍କୀର୍ଣ୍ଣ ସ୍ତବକୁ ଉଦ୍ଧାର କରି ଉପସଂହାର କରୁଛି-

ଯଜ୍ଜାଗ୍ରତୋ ଯାତି ଜଗତ୍ ପ୍ରକାଶଂ
ନିଦ୍ରାୟମାଣେ ପୁନରେବ ଯସ୍ମିନ୍
ନିଲୀୟମାନଂ ଭବତି କ୍ଷଣେନ
ନମୋଽସ୍ତୁ ତସ୍ମୈ ପୁରୁଷୋତ୍ତମାୟ॥

ଆଦିବାସୀ ବଣ୍ଡା ଉପଜାତିର ସାଂସ୍କୃତିକ ଜୀବନ

ପ୍ରତିଭା ରାୟ

ସେମାନେ ନିଜକୁ କହନ୍ତି 'ରେମୋ'—ଯାହାର ଅର୍ଥ ମଣିଷ। ସମତଳ ଅଞ୍ଚଳର ତଥାକଥିତ ସଭ୍ୟ ସମାଜ ସେମାନଙ୍କୁ କହେ 'ବଣ୍ଡା'—ଯାହାର ଅର୍ଥ ଉଲଗ୍ନ। ସେମାନେ ପ୍ରାୟ ଉଲଗ୍ନ ରହନ୍ତି, କିନ୍ତୁ ନିଛକ ମଣିଷ ସେମାନେ। ସେମାନେ ନିଜକୁ ମଣିଷ କହୁଥିବା ସ୍ଥଳେ ଆଧୁନିକ ସମାଜ ସେମାନଙ୍କୁ କହେ 'ବଣ୍ଡା ଆଦିବାସୀ' ବା ବଣ୍ଡା ଆଦିମ ଅଧିବାସୀ। ଆଦିବାସୀର ଅର୍ଥ ଆଦିମ ଅଧିବାସୀ ବା ସର୍ବପ୍ରଥମ ମାନବ ସଂପ୍ରଦାୟ। ଦେଖିବାକୁ ଗଲେ ସେମାନେ ସର୍ବପ୍ରଥମ ଅଧିବାସୀ ଥିଲେ। ତେବେ 'ଆଦିବାସୀ' କହି ସେମାନଙ୍କୁ ସଭ୍ୟ ମଣିଷଠାରୁ ଭିନ୍ନ ଦୃଷ୍ଟିରେ ବିଚାର କରିବା କେତେଦୂର ଯୁକ୍ତିଯୁକ୍ତ ତାହା ବିଚାର ସାପେକ୍ଷ। ଏକଥା ସତ୍ୟ ଯେ, କେତେକ ନିର୍ଦ୍ଦିଷ୍ଟ ମଣିଷ ସଂପ୍ରଦାୟ ଏପର୍ଯ୍ୟନ୍ତ ଆଦିମ ସଂସ୍କୃତିକୁ ଧରି ରଖିଛି ଏବଂ ସେମାନଙ୍କର ଧର୍ମବିଶ୍ୱାସ ଓ ସାମାଜିକ ଚଳଣି ବହୁ ଭାବରେ ପୂର୍ବାବସ୍ଥାରେ ରହିଛି। ସେମାନଙ୍କୁ ସେଇ ଅର୍ଥରେ 'ଆଦିବାସୀ' ଭାବରେ ଚିହ୍ନଟ କରାଯିବା ଅଧିକ ଯୁକ୍ତିଯୁକ୍ତ। 'ଆଧୁନିକ ସଂସ୍କୃତି' ଏବଂ 'ଆଦିବାସୀ ସଂସ୍କୃତି' ଭିତରେ ତଫାତ୍ ଏତିକି ଯେ, ଆଦିମ ସଂସ୍କୃତିର ବିଭିନ୍ନ ବିଭବ ଓ ଅଭିବ୍ୟକ୍ତି ସହ ବିଭିନ୍ନ କାଳର ଓ ବିଭିନ୍ନ ଐତିହାସିକ ଘଟଣାବଳୀର ସଂଯୋଗ ଫଳରେ ମୂଳ ଆଦିସଂସ୍କୃତିର ପରିବର୍ତ୍ତନ, ନିଜସ୍ୱ କ୍ରମବିକାଶ ଓ ସମନ୍ୱୟ ପ୍ରକ୍ରିୟାଦ୍ୱାରା ଧୀରେ ଧୀରେ ଯେଉଁ ନୂତନ ଏବଂ ଯୁଗୋପଯୋଗୀ ରୂପ ନିଏ, ତାହା ଆଧୁନିକ ସଂସ୍କୃତି ନାମରେ ନାମିତ ହୁଏ ଏବଂ ଆଦିମ ସଂସ୍କୃତିକୁ ଅତୁଟ ରଖିଥିବା ମଣିଷ ସମାଜର ସଂସ୍କୃତିକୁ ଆଦିବାସୀ ସଂସ୍କୃତି କୁହାଯାଏ।

ବିଶିଷ୍ଟ ନୃତତ୍ତ୍ୱବିତ୍‌ଙ୍କ ମତରେ ଜାଭା ବା 'ଯବଦ୍ୱୀପ' ମଧ୍ୟଏସିଆର ଦକ୍ଷିଣ ଭାଗ ଅଷ୍ଟ୍ରେଲିଆ, ଆଫ୍ରିକା ଏବଂ ଭାରତବର୍ଷର କୌଣସି ଏକ ସ୍ଥାନରେ ପୃଥିବୀର ପ୍ରଥମ ମନୁଷ୍ୟ ଗୋଷ୍ଠୀ ଜନ୍ମ ନେଇଥିଲେ । ଏକ ସମୟରେ ଅଷ୍ଟ୍ରେଲିଆ ଏବଂ ଭାରତବର୍ଷ ଏକ ଅବିଚ୍ଛିନ୍ନ ବିରାଟ ଭୂଖଣ୍ଡ ଥିଲା । ସେଇ ଭୂଖଣ୍ଡରେ ପ୍ରଥମ ମଣିଷ ଗୋଷ୍ଠୀ ଜନ୍ମଲାଭ କରିଥିଲା ଓ ଗୋଟିଏ ସଂସ୍କୃତି ଓ ପରମ୍ପରାକୁ ମାନି ଚଳୁଥିଲା । ଏହି ବିରାଟ ଆଦିବାସୀ ଗୋଷ୍ଠୀକୁ ଅଷ୍ଟ୍ରୋ-ଏସୀୟ ଜାତି ବୋଲି କୁହାଯାଉଥିଲା । କୌଣସି ପ୍ରାକୃତିକ ବିପର୍ଯ୍ୟୟ ଫଳରେ ଏକ ସମୟରେ ଏହି ବିରାଟ ଭୂଖଣ୍ଡର ମଧ୍ୟଭାଗର କିଛି ଅଂଶ ସମୁଦ୍ର ଗର୍ଭରେ ଲୀନ ହେଲା । ଫଳରେ ଭାରତ ଓ ଅଷ୍ଟ୍ରେଲିଆର ଆଦିମ ଅଧିବାସୀ-ଅଧ୍ୟୁଷିତ ଅଞ୍ଚଳ ପରସ୍ପରଠାରୁ ବିଚ୍ଛିନ୍ନ ହୋଇଗଲା ଏବଂ ସେହି ଅଞ୍ଚଳରେ ବାସ କରୁଥିବା ଅଧିବାସୀମାନେ ପରସ୍ପରଠାରୁ ଭୌଗୋଳିକ ଦୃଷ୍ଟିରେ ବିଚ୍ଛିନ୍ନ ହୋଇଗଲେ ମଧ୍ୟ ସଂସ୍କୃତି, ପରମ୍ପରା, ଭାଷା ଦୃଷ୍ଟିରୁ ଏପର୍ଯ୍ୟନ୍ତ ଅବିଚ୍ଛିନ୍ନ ହୋଇ ରହିଛନ୍ତି ।

ଏହି ଆଦିବାସୀ ଗୋଷ୍ଠୀକୁ 'ଅଷ୍ଟ୍ରିକ୍' ମଧ୍ୟ କୁହାଯାଇପାରେ । ଅନ୍ୟ କେତେକ ନୃତତ୍ତ୍ୱବିତ୍ ଏହି ଆଦିବାସୀମାନଙ୍କୁ ଅଷ୍ଟ୍ରିକ୍ ନକହି 'କୋହ୍ଲଗୋଷ୍ଠୀ ବା ମୁଣ୍ଡାରୀ ଗୋଷ୍ଠୀ' ବୋଲି କହିଛନ୍ତି । ପୁଣି କେତେକ ନୃତତ୍ତ୍ୱବିତ୍ କହନ୍ତି ଯେ, ମୁଣ୍ଡାରୀ ଗୋଷ୍ଠୀର ଅଧିବାସୀ ଭାରତ ଭୂଖଣ୍ଡରୁ କାଳକ୍ରମେ ଅଷ୍ଟ୍ରେଲିଆକୁ ଯାଇଥିଲେ । ସେ ଯାହାହେଉ ଏଇ ଅଷ୍ଟ୍ରିକ୍ ବା କୋହ୍ଲ ବା ମୁଣ୍ଡାରୀ ଗୋଷ୍ଠୀର ଅଧିବାସୀ ହେଉଛନ୍ତି ଭାରତର ପ୍ରାଚୀନ ଅଧିବାସୀ ।

ଭାରତରେ ସମୁଦାୟ ୬୨ ପ୍ରକାର ଉପଜାତିର ଆଦିବାସୀ ବାସ କରନ୍ତି । ଭାରତର ଆଦିମ ଅଧିବାସୀ ମୁଣ୍ଡା ପ୍ରଜାତିର ଏକ ଉପଜାତି ହେଉଛି 'ବଣ୍ଡା' ।

ଏହି ବଣ୍ଡା ଉପଜାତିର ଉତ୍ପତ୍ତି ଏବଂ ଆବାସସ୍ଥଳ ସଂପର୍କରେ ସଠିକ୍ କିଛି ଜଣା ନଥିଲେ ମଧ୍ୟ ଏମାନେ ଆଦିମ ଅଷ୍ଟ୍ରୋଏସୀୟ ଜାତିର ଆଦିବାସୀ ସଂପ୍ରଦାୟର ବୋଲି ବହୁ ନୃତତ୍ତ୍ୱବିତ୍‌ଙ୍କର ମତ । କେଉଁ ପ୍ରାଚୀନ କାଳରେ ଏଇ ସଂପ୍ରଦାୟଟି କୋରାପୁଟ ଜିଲ୍ଲାର ମାଲକାନଗିରି ସବ୍‌ଡିଭିଜନ ଅନ୍ତର୍ଗତ 'ଖଇରପୁଟ' ଓ କୁଡୁଗୁଲୁଗୁମା ବ୍ଲକ୍ ଅଞ୍ଚଳରେ ଥିବା ମାଛକୁଣ୍ଡ ନଦୀର ଉତ୍ତର-ପଶ୍ଚିମରେ ଅବସ୍ଥିତ 'ବଣ୍ଡା' ପର୍ବତାଞ୍ଚଳରେ ବସତି ସ୍ଥାପନ କରିଥିଲେ ସେ କଥା କାହାରିକୁ ଜଣାନାହିଁ । ବଣ୍ଡା ତାର ଇତିହାସ ଜାଣେନାହିଁ । ତେବେ ବଣ୍ଡା ଉପଜାତିର ସାଂସ୍କୃତିକ ଜୀବନକୁ ଅନୁଧ୍ୟାନ କଲେ ସହସ୍ରାଧିକ ବର୍ଷର ସଂସ୍କୃତିର ପୃଷ୍ଠା ଖୋଲିଯିବାର ସମ୍ଭାବନା ଅଛି ବୋଲି ମନେହୁଏ ।

Furer-Hemedrofଙ୍କ ମତରେ କେବଳ ଭାଷା ଦୃଷ୍ଟିରୁ ନୁହେଁ—ସଂସ୍କୃତି ଦୃଷ୍ଟିରୁ ମଧ୍ୟ ସେଇ ବିରାଟ ଅଷ୍ଟ୍ରୋଏସୀୟ ଗୋଷ୍ଠୀର ଅନ୍ତର୍ଭୁକ୍ତ ଯେଉଁମାନେ ମାନବ ସମାଜର ପ୍ରତିନିଧିତ୍ୱ କରନ୍ତି ।

ବିବର୍ତ୍ତନ ଓ କ୍ରମବିକାଶର ପ୍ରକ୍ରିୟା ସତ୍ତ୍ୱେ ସେମାନେ ଆଦିମ ପ୍ରସ୍ତର ଯୁଗର ସଭ୍ୟତାର ପ୍ରତିନିଧିତ୍ୱ କରନ୍ତି ଓ ସେ ଯୁଗର ମଣିଷ ପରି ପାହାଡ଼ର ଗଡ଼ାଣିଆ ଭୂଇଁରେ ଚାଷବାସ, ଖାଦ୍ୟ ଏବଂ ବଳିଦେବା ନିମନ୍ତେ ପଶୁପାଳନ, ଗୃହନିର୍ମାଣ ଓ ବୟନ ଶିଳ୍ପର ପରମ୍ପରାକୁ ଧରି ରଖିଛନ୍ତି। Menhir ଆକାରର Megalithic ମନୁମେଣ୍ଟ ମଧ୍ୟ ନିର୍ମାଣ କରନ୍ତି। ବିଖ୍ୟାତ ଗବେଷକ Verrier Elwin ତାଙ୍କର ଗବେଷଣା ପ୍ରସୂତ 'Bondo High Lander' (୧୯୫୦) ପୁସ୍ତକରେ ଏହି ସଂପ୍ରଦାୟକୁ ନିମ୍ନଲିଖିତ ତିନି ଭାଗରେ ବିଭକ୍ତ କରିଛନ୍ତି।

(୧) ବାରଜଙ୍ଗର ଗୋଷ୍ଠୀ।

(୨) ଗଦବା ପ୍ରଭାବିତ ଗୋଷ୍ଠୀ।

(୩) ସମତଳ ଅଞ୍ଚଳରେ ବସବାସ କରୁଥିବା ଗୋଷ୍ଠୀ।

'ବାରଜଙ୍ଗର ଗୋଷ୍ଠୀ'ର ବଣ୍ଡା ଆଦିବାସୀ ପର୍ବତମାଳାର ଶିଖରଦେଶରେ ବାରଖଣ୍ଡି ଗ୍ରାମରେ ବସବାସ କରନ୍ତି। ନିଜର ପ୍ରଥମ ବାସସ୍ଥଳୀ ଭାବରେ ମାନୁଥିବା ମୁଦୁଲିପଡ଼ା ଗ୍ରାମରେ ଥିବା ଏକ ପ୍ରାଚୀନ ବରଗଛ କୋରଡ଼ରେ ରଖାଯାଇଥିବା ପାଟଖଣ୍ଡା ମହାପ୍ରଭୁଙ୍କୁ ପୂଜା କରନ୍ତି।

ଗଦବା-ବଣ୍ଡା ଗୋଷ୍ଠୀର ଅଧିବାସୀ ଦୁର୍ଗମ ପର୍ବତାଞ୍ଚଳର ପ୍ରାୟ କୋଡ଼ିଏଟି ଗ୍ରାମରେ ବାସ କରନ୍ତି। ଏମାନେ ପାଟଖଣ୍ଡା ମହାପ୍ରଭୁ କିମ୍ବା ମୁଦୁଲିଗଡ଼ାର ନାୟକଙ୍କୁ ମାନନ୍ତି ନାହିଁ।

ସମତଳ ଅଞ୍ଚଳର ବଣ୍ଡା ସଂପ୍ରଦାୟ କୌଣସି କାରଣରୁ ପର୍ବତ ଶିଖରରୁ କାଳକ୍ରମେ ସମତଳ ଅଞ୍ଚଳକୁ ଓହ୍ଲାଇ ଯାଇଛନ୍ତି ଏବଂ ସମତଳ ଅଞ୍ଚଳର ଅନ୍ୟ ଆଦିବାସୀ ତଥା ଅଣଆଦିବାସୀ ସଭ୍ୟତା ଦ୍ୱାରା ପ୍ରଭାବିତ ହୋଇଛନ୍ତି। ସେମାନଙ୍କର ସମ୍ପତ୍ତିବାଡ଼ି ବଣ୍ଡା ପର୍ବତ ଉପରେ ଏ ପର୍ଯ୍ୟନ୍ତ ଅଛି। ସେମାନଙ୍କର ଭାଷାରେ ସାମାନ୍ୟ ତାରତମ୍ୟ ଦେଖାଯାଏ। ସେମାନେ ଆଧୁନିକ ପୋଷାକ ବ୍ୟବହାର କଲେଣି।

ଏହି ପ୍ରବନ୍ଧରେ ସମୁଦ୍ର ପତ୍ତନର ୩୪୦୦ରୁ ୩୫୦୦ ଫୁଟ ଉଚ୍ଚ ପର୍ବତାଞ୍ଚଳରେ ବାସ କରୁଥିବା ବତିସଟି ଗାଁର (୧୯୭୧ ଜନଗଣନା ଅନୁଯାୟୀ) ପ୍ରାୟ ୫୩୩୮ ସଂଖ୍ୟକ ବାରଜଂଗର ଗୋଷ୍ଠୀ ଏବଂ ଗଦବା ଗୋଷ୍ଠୀର ବଣ୍ଡା ସଂପ୍ରଦାୟଙ୍କ ଜୀବନ ସମ୍ପର୍କରେ ଆଲୋକପାତ କରାଯାଇଛି।

ଓଡ଼ିଶା ଓ ଆନ୍ଧ୍ର ସୀମାର ସନ୍ଧିରେ ଦୁଇ ପ୍ରଦେଶକୁ ବିଭାଗ କରି ବହିଯାଉଛି ମାଛକୁଣ୍ଡ ନଦୀ। ତାରି ଉତ୍ତର-ପଶ୍ଚିମ ଦିଗକୁ ଚିହ୍ନଟ କରି ଅନାଦି କାଳରୁ କମର ଭିଡ଼ି ଠିଆ ହୋଇଛି ଯେଉଁ କୁଞ୍ଚକୁଞ୍ଚିଆ ଥାକ-ଥାକ ସାନବଡ଼ ପର୍ବତ ଶ୍ରେଣୀ, ତାରି ନାମ

ବଣ୍ଡା ପର୍ବତଶ୍ରେଣୀ—ସ୍ଥାନୀୟ ଲୋକେ କହନ୍ତି ବଣ୍ଡା ପାହାଡ଼। ଥାକ ଥାକ ଦୁର୍ଭେଦ୍ୟ ପର୍ବତ ସନ୍ଧିରେ—ଉପତ୍ୟକା ଅଧିତ୍ୟକା କନ୍ଦରରେ ଶିକ୍ଷା, ସଭ୍ୟତା, ଆଧୁନିକତା ବିଜ୍ଞାନ, ସହରୀ ଚାଲିଚଳଣ ଏବଂ ସଭ୍ୟ ଜଗତଠାରୁ ସହସ୍ରାଧିକ ଯୁଗର ବ୍ୟବଧାନରେ ମାନବିକ ଅଧିକାରଠୁ, ସାମ୍ବିଧାନିକ ଅଧିକାରଠୁ ଆଇନ କାନୁନଠୁ ମୁହଁ ଛପା ଦେଇ, ଯେଉଁମାନେ ଅନନ୍ତ କାଳକାଳ ଧରି କଠୋର ଜୀବନ ସଂଗ୍ରାମରେ ମଗ୍ନ, ସେମାନେ ଏକ ଭିନ୍ନ ପୃଥିବୀର ବାସିନ୍ଦା ଭଳି ମନେ ହେଲେ ବି ଏଇ ପୃଥିବୀ ମାତାର ସନ୍ତାନ ସେମାନେ—ସେମାନେ 'ରେମୋ'—ମଣିଷ। ମାତ୍ର ସଭ୍ୟ ସମାଜ ମନେକରେ ସେମାନେ ମଣିଷ ନାମଧାରୀ ପଶୁ। କାରଣ ଏବେ ବି ସେମାନେ ପ୍ରାୟ ଉଲଗ୍ନ ଅବସ୍ଥାରେ ଅଛନ୍ତି। ପଶୁଭଳି ହିଂସ୍ର, ଉଗ୍ର, ରକ୍ତପିପାସୁ ମନେହୁଅନ୍ତି। ବାହାର ଜଗତ ପ୍ରତି ଉଦାସୀନ। ଅଳ୍ପକେ ସନ୍ତୁଷ୍ଟ। ପେଟର ଭୋକ, ଦେହର ନିଆଁ, ଶୀତଳ କରିବା ବ୍ୟତୀତ ଅଧିକ କାମନା, ବାସନା ନାହିଁ। ସବୁଠୁ ଆଶ୍ଚର୍ଯ୍ୟର କଥା ହେଉଛି ଯେ, ୧୪ କିଲୋମିଟର ତଳେ ସହରୀ ସଭ୍ୟତାକୁ ପଛକରି ଏଇ ଆତ୍ମଭୋଳା ଏକଜିଦିଆ, ଆଦିମ ମଣିଷର ବଂଶଧରଟି ତାର ଲକ୍ଷଲକ୍ଷ ଯୁଗର ଆଦିମ ସଭ୍ୟତା ଓ ସଂସ୍କୃତିକୁ ଏଯାବତ୍ ବଜାୟ ରଖି ଆସିଛି।

Dr. C. Von Furer Haimendrof ବଣ୍ଡା ଉପଜାତି ସମ୍ପର୍କରେ ମାନବ ଜାତି ସମ୍ପର୍କୀୟ ଗବେଷଣା କ୍ଷେତ୍ରରେ ଆବିଷ୍କାରକର ସମ୍ମାନ ଦାବୀ କରନ୍ତି। ୧୯୪୧ ମସିହାରେ ସେ ପ୍ରଥମଥର ନିଜ ସ୍ତ୍ରୀଙ୍କ ସହିତ ହିଂସ୍ରଜନ୍ତୁପୂର୍ଣ୍ଣ ଅରଣ୍ୟ ପରିବେଷ୍ଟିତ ଦୁର୍ଗମ ବଣ୍ଡା ଅଧିବାସୀଙ୍କ ମେଳରେ ପ୍ରାୟ ଦୁଇମାସ ରହି ଗବେଷଣା କରିଥିଲେ। ଚାଳିଶ ବର୍ଷପରେ, ୧୯୮୧ ମସିହା ଡିସେମ୍ବର ୨୧ ତାରିଖରେ ସେ ପୁନର୍ବାର 'ବଣ୍ଡା' ପାହାଡ଼ରେ ପହୁଞ୍ଚିଥିଲେ। ପାହାଡ଼, ପର୍ବତ, ଅରଣ୍ୟ, ଉପତ୍ୟକା ଏବଂ ପ୍ରକୃତିର ରୂପ ଏ ଚାଳିଶ ବର୍ଷ ଭିତରେ ପରିବର୍ତ୍ତନ ହୋଇଯାଇଥିଲା। ଅଥଚ ବଣ୍ଡା ଅଧିବାସୀର ବେଶ, ପୋଷାକ, ଜୀବନଧାରା ଓ ସାଂସ୍କୃତିକ ପରିବେଶ ସେମିତି ଅପରିବର୍ତ୍ତନୀୟ ରହିଥିବାର ଲକ୍ଷ୍ୟ କରି ବିସ୍ମୟ ସହକାରେ ସେ ପରିଦର୍ଶକ ଖାତାରେ ଲେଖିଥିଲେ—

"I was delighted to see that the 'Bondos' have retained their independence of spirit and their traditional tribal culture at a time when many other tribal communities have fallen victim to exploitation by vested interests and the alienation of their land. This is for the credit of the Government of Orissa that this ancient aboriginal tribe has been protected from the incursions of outsiders and is being enabled to persist in its ancestral life-style." (Visitor's book, Bonda Development Agency, Mudulipara)

ବଣ୍ଡା ଉପଜାତି ସମ୍ପର୍କରେ ସର୍ବଶ୍ରେଷ୍ଠ ଗବେଷକ Verier Elwin ୧୯୪୩ ମସିହା ଡିସେମ୍ବର ମାସରେ ପ୍ରଥମଥର ପାଇଁ ବଣ୍ଡା ପର୍ବତରେ ପଦାର୍ପଣ କରିଥିଲେ। ତାଙ୍କର ଗବେଷଣାତ୍ମକ ପୁସ୍ତକ Bondo Highlander (୧୯୫୦)ରେ ବଣ୍ଡା ସମ୍ପ୍ରଦାୟର ଯେଉଁ ସାମାଜିକ ଓ ସାଂସ୍କୃତିକ ଜୀବନଚିତ୍ର ବର୍ଣ୍ଣନା କରିଛନ୍ତି, ଆଜି ମଧ୍ୟ ବଣ୍ଡା ସମ୍ପ୍ରଦାୟ ତା'ର ସଂସ୍କୃତି ଓ ପିତୃ-ପୁରୁଷର ପରମ୍ପରାକୁ ଅତୁଟ ଓ ଅପରିବର୍ତ୍ତନୀୟ ରଖି ଚାଲିଛି। ଅବଶ୍ୟ ସରକାରଙ୍କ ବଣ୍ଡା ଉନ୍ନୟନ ପ୍ରୋଜେକ୍ଟ ଉଦ୍ୟମରେ ସେମାନଙ୍କ ଆର୍ଥିକ ଅବସ୍ଥାରେ କିଛିଟା ପରିବର୍ତ୍ତନ ହୋଇଛି।

ଆଦିମ ସଂସ୍କୃତି ବା ଆଦିବାସୀ ସଂସ୍କୃତିର କେତେଗୁଡ଼ିଏ ନିର୍ଦ୍ଦିଷ୍ଟ ବିଭବ ରହିଛି। ଆଦିମ ସମାଜ ଓ ସଂସ୍କୃତି ସମ୍ପର୍କରେ ଚର୍ଚ୍ଚା କରିବାକୁ ଯିବାବେଳେ ସେଇ ବିଭବ ପଛରେ ଥିବା ଅନ୍ତର୍ନିହିତ ପ୍ରବଣତା ପ୍ରତି ଦୃଷ୍ଟି ରଖି ବିଚାର ଆଲୋଚନା କରିବାକୁ ହେବ।

ଭାଷା: ବଣ୍ଡାମାନଙ୍କର ଭାଷା ମୁଣ୍ଡା ପରିବାରର ବା ଅଷ୍ଟ୍ରୋ-ଏସୀୟ ପରିବାର ଭାଷାର ଅନ୍ତର୍ଗତ। ସେମାନେ ନିଜ ଭାଷାକୁ କହନ୍ତି 'ରେମେ ସାମ୍' ଅର୍ଥାତ୍ 'ମଣିଷର ଭାଷା' ଆଦିବାସୀ ଗଦବୀ ଭାଷା (ଗୁତବ) ଗାରେଙ୍ଗା ଓ ତିତାୟି ଭାଷା (ଗତାଃ) ସମ୍ପ୍ରଦାୟ ସହ ବଣ୍ଡାମାନଙ୍କର ଭାଷାଗତ ସାମ୍ୟ ରହିବା ସଙ୍ଗେ ସଙ୍ଗେ କେତେକ ସ୍ୱାତନ୍ତ୍ର୍ୟ ମଧ୍ୟ ରହିଛି। ପର୍ବତାଞ୍ଚଳ ବଣ୍ଡା ଓ ତଳବଣ୍ଡା ବା ସମତଳ ଅଞ୍ଚଳର ବଣ୍ଡାମାନଙ୍କ ଭାଷା ଏକ ହେଲେ ମଧ୍ୟ କେତେକ ତାରତମ୍ୟ ଦେଖାଯାଏ। ବଣ୍ଡାମାନେ ସମତଳ ଅଞ୍ଚଳର ଆଦିବାସୀ ବା ଅଣଆଦିବାସୀଙ୍କ ସହ ପ୍ରାୟ ମିଶୁ ନଥିବାରୁ ଦେଶିଆ ଭାଷା ବିଶେଷ କହିପାରନ୍ତି ନାହିଁ। ତେଣୁ ଉପର ବଣ୍ଡାମାନଙ୍କ ସହ ଭାବ ବିନିମୟର ପ୍ରଧାନ ଅନ୍ତରାୟ ହେଉଛି 'ଭାଷା'। ମାତ୍ର 'ରେମୋ ଭାଷା' ଉପରେ ବିଶେଷ ଚର୍ଚ୍ଚା ହୋଇନାହିଁ। ଯେତିକି ହୋଇଛି ତାହା ସହଜବୋଧ ବା ସାଧାରଣ ଲୋକଙ୍କ ପାଇଁ ଉପଯୋଗୀ ନୁହେଁ। ବଣ୍ଡା ଭାଷା ଖୁବ୍ କଠିନ ଓ ଜଟିଳ ମନେହେଲେ ବି ଅନ୍ୟମାନଙ୍କ ପକ୍ଷରେ ଶିଖିବା ଏତେ କଷ୍ଟକର ନୁହେଁ। ବଣ୍ଡାମାନଙ୍କୁ ଜାତୀୟ ସ୍ରୋତରେ ସାମିଲ କରିବାକୁ ହେଲେ ପ୍ରଥମେ ସେମାନଙ୍କ ଭାଷା ସମ୍ପର୍କରେ ଚର୍ଚ୍ଚା ହେବା ଆବଶ୍ୟକ। ସେମାନଙ୍କ ଭାଷା ମାଧ୍ୟମରେ ସେମାନଙ୍କୁ ଦେଶିଆ ଏବଂ ଓଡ଼ିଆ ଶିଖାଇବାକୁ ହେବ। ବଣ୍ଡାମାନଙ୍କର ଏଭଳି କେତେକ ଶବ୍ଦ ଅଛି ଯାହା ସଂସ୍କୃତ ବା ଓଡ଼ିଆ ଶବ୍ଦର ଅପଭ୍ରଂଶ ଭଳି ମନେହୁଏ।

ଯଥା : ବଣ - ବନ୍
ବଂଶ - ବନ୍‌ଷୋ
ଭଗବାନ୍ - ଭଗବାଁ।
ଜିଅ (ଜୀବନ) - ଜିଓ (ଆତ୍ମା)
ମଇତ୍ର - ମଇତର୍
ଧରମଭାଇ - ଦରମବାଇ (ପ୍ରେମିକ)
ପାଟଖଣ୍ଡା - ପାଟ୍ କୋଣ୍ଡା
ଅବିକା (ଏହିକ୍ଷଣି) - ଅଇକେ ଇତ୍ୟାଦି।

ବେଶ ପୋଷାକ :

ପୁରୁଷ (ଇଙ୍ଗରବଏ) : ବଣ୍ଡାମାନେ ସାଧାରଣତଃ ଦେଖିବାକୁ ଭଲ। ବିଶେଷ କରି ବଣ୍ଡା ଯୁବକ ବେଶ୍ ଆକର୍ଷଣୀୟ କରି ନିଜକୁ ସଜାଇଥାଏ। ସେମାନେ କୃଷ୍ଣକାୟ ଆଦୌ ନୁହନ୍ତି। ଶ୍ୟାମଳ ଓ କେହି କେହି ବେଶ୍ ଗୌରବର୍ଣ୍ଣ। ବିଶେଷ ଡେଙ୍ଗା ନ ହେଲେ ବି ମଧ୍ୟମ ଉଚ୍ଚତାର। ସ୍ୱାସ୍ଥ୍ୟ ଖୁବ୍ ଭଲ ନହେଲେ ବି ଯୁବାବସ୍ଥାରେ ମନ୍ଦ ନୁହେଁ। ମୁହଁଗୁଡ଼ିକ ବଡ଼ ସରଳ, ନିର୍ମାୟା ମନେହୁଏ। ବେଶ୍ ଝାମ୍ପୁର ଝାମ୍ପୁର କେଶ ରଖନ୍ତି। ସୁନ୍ଦରାଗାରି କେଶ କୁଣ୍ଡାଇ ଥାନ୍ତି ବେକ ତଳକୁ। କେଶରେ ଖୋଷିଥାନ୍ତି ଭଳିକି ଭଳି କ୍ଲିପ୍, ପାନିଆ, ରଙ୍ଗ ବେରଙ୍ଗ ପର। ଦେହ ସମ୍ପୂର୍ଣ୍ଣ ମୁକୁଳା। ଅଣ୍ଟା ତଳକୁ ଚାଖଣ୍ଡେ ଓସାରର ଲେଙ୍ଗୁଟ ବା 'ଘୁସି' ବେଢ଼େଇ ଥାନ୍ତି। ସାମ୍ନାପଟେ ଲେଙ୍ଗୁଟ କୁଞ୍ଚ ହାତେ ଖଣ୍ଡେ ଓହଳି ଥାଏ। ପଛପଟ ପଟା ସମ୍ପୂର୍ଣ୍ଣ ଉଲଗ୍ନ। ସର୍ବମୋଟ ଏତିକି ବଣ୍ଡା ପୁରୁଷର ପୋଷାକ। ବିବାହ, ପର୍ବପର୍ବାଣି ପାଇଁ ସ୍ୱତନ୍ତ୍ର ପୋଷାକ ନାହିଁ। ଏଇ 'ଘୁସି' ବଣ୍ଡା ପୁରୁଷ ପାଇଁ ଜଙ୍ଗଲି କେରଙ୍ଗ ଗଛର ତନ୍ତୁରେ ତାର ସ୍ତ୍ରୀ ବା ଭଉଣୀ ତା ପାଇଁ ବୁଣିଥାଏ। ବଣ୍ଡା ସମ୍ପ୍ରଦାୟର ବୟନ ଶିଳ୍ପ ସ୍ତ୍ରୀମାନେ ହିଁ କରିଥାନ୍ତି। ବେକରେ ପିତ୍ତଳର ହାର ପିନ୍ଧେ। ଏଗୁଡ଼ିକ ସାଧାରଣତଃ ବଣ୍ଡା ସ୍ତ୍ରୀ ତାର ସ୍ୱାମୀକୁ ହାଟରୁ କିଣି ଉପହାର ଦେଇଥାଏ। ଅଣ୍ଟାରେ ବାଉଁଶ ପାତିଆରେ ତିଆରି ପାଉଚ (ବଟୁଆ) ଝୁଲୁଥାଏ। ସେଥିରେ ଥାଏ ଧୁଙ୍ଗିଆ, ବିଡ଼ି। ବଣ୍ଡାପୁରୁଷ ଦେହରେ ସର୍ବଦା ରହିଥାଏ ଚାରିଟି ଅସ୍ତ୍ର। ଟାଙ୍ଗିଆ, ଛୁରୀ, କାତି, ଧନୁତୀର। ପରିଧାନ ବିନା ବଣ୍ଡା ପଦାକୁ ବାହାରି ପାରେ, ଅସ୍ତ୍ର ବିନା ନୁହେଁ। ଦିନେ ସେ ଅସ୍ତ୍ର ରଖିଥଲା ହିଂସ୍ରଜନ୍ତୁଙ୍କ କବଳରୁ ନିଜକୁ ରକ୍ଷା କରିବା ପାଇଁ, କିମ୍ବା ଖାଦ୍ୟ ପାଇଁ ପଶୁ ଶିକାର ଉଦ୍ଦେଶ୍ୟରେ। ମାତ୍ର ଆଜି ବଣ୍ଡା ନିଜ ଜାତିଭାଇଠାରୁ ନିଜକୁ ରକ୍ଷା କରିବା ପାଇଁ ଅସ୍ତ୍ର ଧରି ବୁଲେ। ବଣ୍ଡା ପାହାଡ଼ରେ

ପୋଡୁଚାଷ ଫଳରେ ଜଙ୍ଗଲ ସମ୍ପଦ ନଷ୍ଟ ହୋଇଗଲାଣି। ଖାଦ୍ୟ ପାଇଁ ଆଉ ଶିକାର ମିଳେନି। ବଣ୍ଡା ଆଜି ପ୍ରାୟ ମଣିଷ ଶିକାର କରିଥାଏ। ବଣ୍ଡା କଥାକଥାକେ ଅସ୍ତ୍ର ଉଠାଏ—ମଣିଷ ମାରେ। ନିଜ ନିଜ ଭିତରେ ମରାମରି ହୋଇ ବଣ୍ଡା ପୁରୁଷର ସଂଖ୍ୟା କ୍ରମେ ହ୍ରାସ ହୋଇଯାଉଛି। କାହିଁକି ବଣ୍ଡା କଥାକଥାକେ ରକ୍ତ ତର୍ପଣ କରେ ସେ କଥା ଗବେଷଣାର ବିଷୟ। ତେବେ ଆଶ୍ଚର୍ଯ୍ୟ କଥା ଯେ, ବଣ୍ଡା ସ୍ତ୍ରୀ' ଜାତି ଉପରକୁ କେବେହେଲେ ଅସ୍ତ୍ର ଉଠାଏ ନାହିଁ। ବେଳେବେଳେ ଲକ୍ଷ୍ୟ ଭ୍ରଷ୍ଟ ହେବା ଫଳରେ ସ୍ତ୍ରୀ ଦେହରେ ଶର ବିଦ୍ଧ ହୁଏ। ମାତ୍ର ଏପରି ଘଟଣା ବିରଳ। ବିଭିନ୍ନ ପ୍ରକାର ଶସ୍ୟ ଓ ଫଳରୁ ମଦ୍ୟ (ଶାଗୁର) ତିଆରି କରିବାରେ ବଣ୍ଡା ଦକ୍ଷ। ମଦ୍ୟ ହିଁ ତାର ଖାଦ୍ୟ, ବିଶେଷ କରି 'ସଲପ ରସ'ରୁ ତିଆରି ମଦ୍ୟ (ସାପୁଙ୍ଗ) ବଣ୍ଡାର ଅତି ପ୍ରିୟ।

ବଣ୍ଡା ନାରୀ (ସେଲାନି) : ବଣ୍ଡା ନାରୀ ଜନ୍ମ ପରଠାରୁ ମୃତ୍ୟୁ ପର୍ଯ୍ୟନ୍ତ ମୁଣ୍ଡ ଲାଣ୍ଡି କରିଥାଏ। କେଶ ରଖିବା ବଣ୍ଡା ନାରୀ ପାଇଁ ଆଞ୍ଚଟୋ (Taboo)। ସୀତା ଅଭିଶାପ ଦେଇଥିଲେ ଯେ ବଣ୍ଡା ନାରୀ କେଶ ରଖିବେ ନାହିଁ ଓ ବସ୍ତ୍ର ବ୍ୟବହାର କରିବେ ନାହିଁ। ଯଦି ଏକଥା ଅମାନ୍ୟ କରେ ତେବେ ବଣ୍ଡା ପାହାଡ଼ ଲଣ୍ଡା ହୋଇଯିବ। ଘାସ କଅଁଳିବ ନାହିଁ। ଆଜି ମଧ୍ୟ ଏଇ ଲୋକବିଶ୍ୱାସକୁ ଅକ୍ଷରେ ଅକ୍ଷରେ ପାଳି ଆସୁଛି ବଣ୍ଡା ନାରୀ। ସେ ପଛେ ଉଲଗ୍ନ ରହୁ, ଅସୁନ୍ଦର ଦିଶୁ, କିନ୍ତୁ ବଣ୍ଡା ପାହାଡ଼ ଲଣ୍ଡା ନ ହେଉ। ବଣ୍ଡା ସମ୍ପ୍ରଦାୟ ବହୁ ପୁରୁଷ ପୁରୁଷ ଧରି ସେଇ ଅନାଦିକାଳର ପ୍ରିୟ ବଣ୍ଡା ପାହାଡ଼ରେ।

ପ୍ରକୃତରେ ବଣ୍ଡା ସଂସ୍କୃତିକୁ ପ୍ରବାହିତ କରି ଚାଲିଛି ବଣ୍ଡା ନାରୀ। ବଣ୍ଡା ପୁରୁଷର ପରିବାର, ସନ୍ତାନ, ସ୍ତ୍ରୀ ଏବଂ ସମାଜ ପ୍ରତି ଦାୟିତ୍ୱ ନାହିଁ। କର୍ତ୍ତବ୍ୟ ନାହିଁ। ସେ ମାତାଲ ହୋଇ ବୁଲୁଥାଏ। ଇଚ୍ଛା ହେଲେ କାମ କରେ ନହେଲେ ନାହିଁ। ଚାଷବାସ, ଲୁଗାବୁଣା, ଗୃହକାମ, ସବୁ କରେ ବଣ୍ଡା ସ୍ତ୍ରୀ। ବଣ୍ଡା ଜାତିକୁ ସଞ୍ଜି ସାଇତି ରଖିବାରେ ବଣ୍ଡା ନାରୀର ଅବଦାନ, ବଣ୍ଡା ପୁରୁଷଠୁ ଯଥେଷ୍ଟ ବେଶୀ।

ତେବେ ବଣ୍ଡା ସ୍ତ୍ରୀ ଅସୁନ୍ଦର ଦିଶେ ନାହିଁ—ଉଲଗ୍ନ ରହିଲେ ବି ଉଲଗ୍ନ ଦିଶେ ନାହିଁ। ଲାଣ୍ଡି ମୁଣ୍ଡରେ ସେ ବାନ୍ଧିଥାଏ ରଙ୍ଗ ବେରଙ୍ଗର ଲୁଦାୟା (ମାଳୀ)। ଶ୍ଚଇଁଣ୍ଡା (ତାଳପତ୍ର ଓ ଖଜୁରି ପତ୍ରରେ ବୁଣା ହେୟାର ବ୍ୟାଣ୍ଡ)। ବେକରେ ରଙ୍ଗର ଖଗଲା ଦଶ ବାରଟି। ବେକଠାରୁ ନାଭି ପର୍ଯ୍ୟନ୍ତ ମୁକୁଳା, ଛାତିରେ ଲମ୍ବିଥାଏ ନୀଳ, ନାଲି, ହଳଦୀ ରଙ୍ଗର ସରି ସରି ଲୁବାୟା। ପଇସା ମାଳ ମଧ୍ୟ କେହି କେହି ପିନ୍ଧିଥାନ୍ତି। ଅଣ୍ଟାରେ ବେଢ଼େଇଥାନ୍ତି ଫୁଟେ ଚଉଡ଼ା, ତିନିଫୁଟ ଲମ୍ବର ବେରଙ୍ଗ ସୂତାର ହାତବୁଣା ପଟି ଖଣ୍ଡେ— "ରିଙ୍ଗା"। ଜଂଘ, ଗୋଡ଼, ପିଚା, ବିବାକ ଖୋଲା। ହାତରେ ରସର ଦଶ

ବାରଟି ଖଡୁ, କାନରେ ରସ କାନଫୁଲ (ଲିମ୍ବିଲୁ) ଓ ପିତଳର ରିଂ (ଜୁନୁଂଲୁ), ଅଙ୍ଗୁଳିରେ ପିତଳର ମୁଦି। ଦେହରେ ଶାଢ଼ି ବେଢ଼େଇଲେ, ଲମ୍ବ କେଶ ରଖିଲେ ବଣ୍ଡା ଯୁବତୀଙ୍କୁ ବର ମିଳେ ନାହିଁ।

କୁଟୁମ୍ବ ପ୍ରଥା ଓ ସମାଜ ଜୀବନ:

ବଣ୍ଡାମାନେ ଦୁଇଟି ଆଦିମ ବଂଶ ପ୍ରଥାକୁ ମାନି ଚଳନ୍ତି। ତାହା ହେଲା ନାଗବଂଶ (ଓନ୍ତାଳ) ଓ ବାଘବଂଶ (କିଲ୍ଲୋ)। ନାଗବଂଶମାନଙ୍କ ଲୋକସଂଖ୍ୟା ବାଘବଂଶଠାରୁ ଅଧିକ। ପରବର୍ତ୍ତୀ କାଳରେ ବଂଶ ପରମ୍ପରା ଅପେକ୍ଷା କୁଳ ପରମ୍ପରା ଉପରେ ବେଶୀ ଗୁରୁତ୍ୱ ଦିଆଯାଉଛି। ଯଥା:- ବଡ଼ନାଏକ, ଧାଂଗ୍ରାମାଝି, ମାନଦ୍ରା କିର୍‌ସାନୀ, ସୀସା, ଦୋରା ପ୍ରଭୃତି ବିଭିନ୍ନ କୁଦର ସମାଜ ଜୀବନରେ ବିଭିନ୍ନ ଭୂମିକା ରହିଛି। ଧନ୍ଦାଭିତ୍ତିକ ଏହି କୁଦ ସଂଜ୍ଞା ଦ୍ୱାରା ଜଣେ ବଣ୍ଡା ଗ୍ରାମ୍ୟ-ଜୀବନରେ ତାର ସାମାଜିକ ଦାୟିତ୍ୱ ତୁଲାଇ ଆସୁଛି। ଗ୍ରାମର ମୁଖିଆକୁ ନାଏକ ବା ବଡ଼ ନାୟକ କୁହାଯାଏ। ପୂଜକକୁ କୁହାଯାଏ 'ସିସା'। ନାଏକର ପୁଅ ନାଏକ ହେବାର ଅଧିକାର ପାଏନାହିଁ ବା ଜଣେ ନାୟକ ଜୀବନସାରା ନାଏକ ରହିପାରିବାର ପ୍ରଥା ନାହିଁ। ଗ୍ରାମର ସମସ୍ତେ ଯାହାକୁ ଯେତେଦିନ ପର୍ଯ୍ୟନ୍ତ ମୁଖିଆ ମାନିବେ ସେ ସେତେଦିନ ଯାଏ ମୁଖିଆ କାର୍ଯ୍ୟ ତୁଲାଇବ। ସମାଜବାଦ ଓ ଗଣତନ୍ତ୍ର ବଣ୍ଡା ସମାଜ ଜୀବନରେ କେଉଁ ଆଦିକାଳରୁ ଚଳିଆସୁଛି। କେହି ରାଜା ନୁହେଁ, କେହି ପ୍ରଜା ନୁହେଁ। ସମସ୍ତଙ୍କ ମତକୁ ସମ୍ମାନ ଦିଆଯାଏ। ପ୍ରତ୍ୟେକ ଗାଁରେ ଜଣେ ଜଣେ ମୁଖିଆ ରହିଥାନ୍ତି। ମାତ୍ର ମୁଦୁଲିଗଡ଼ାର ମୁଖିଆକୁ ବାଇଜଙ୍ଗର ଗୋଷ୍ଠୀର ବଣ୍ଡା ସମ୍ପ୍ରଦାୟ ମାନନ୍ତି।

ସାଧାରଣ ମିଳନ ପୀଠ:

ପ୍ରତ୍ୟେକ ବଣ୍ଡା ଗାଁର ମଝିରେ ଗୋଟିଏ ବଡ଼ଗଛ ମୂଳେ ପଥର ଉପରେ ପଥର ଥୋଇ ଚାନ୍ଦନୀଟିଏ ଥାଏ। "ସିଂଦ୍‌ବୋର" ପାଖରେ ରହିଥାନ୍ତି ଗାଁର ଇଷ୍ଟଦେବ 'ହଂଡ଼ି'ଙ୍କ ଆସ୍ଥାନ। ପ୍ରତ୍ୟେକଦିନ ସଞ୍ଜ ସକାଳେ ବା ଯେକୌଣସି ଅବସର ସମୟରେ ପରିବାରର ପ୍ରତିନିଧିମାନେ ଏକତ୍ର ବସି ଗ୍ରାମର ଭଲମନ୍ଦ ଆଲୋଚନା କରନ୍ତି। ଭୁଲ ତ୍ରୁଟିର ନ୍ୟାୟ ନିଶାପ ଏଇ ବଣ୍ଡାମାନଙ୍କ ପାଇଁ ଏକ ପବିତ୍ର ସ୍ଥଳ। ସ୍ତ୍ରୀ ଲୋକମାନଙ୍କୁ ବଣ୍ଡା ସମ୍ପ୍ରଦାୟ ଅତ୍ୟନ୍ତ ସମ୍ମାନ ଦେଲେ ମଧ୍ୟ ରଜୋବତୀ ହେବା ପରଠୁ ସେମାନଙ୍କୁ ଅପବିତ୍ର ମନେକରାଯାଏ। ପ୍ରାୟ ପୂଜା ପାର୍ବଣ ସ୍ଥାନଠାରୁ ସ୍ତ୍ରୀଲୋକମାନେ ଦୂରେଇ ରହିବା ବିଧି। ସିଂଦ୍‌ବୋର ବଣ୍ଡାମାନଙ୍କର ଏକ ପରମ ପବିତ୍ର ସାର୍ବଜନୀନ ମିଳନ

ପୀଠ ତଥା ବିଚାରମଞ୍ଚ କହିଲେ ଚଳେ। ଏହା ହେଉଛି ବଣ୍ଡାମାନଙ୍କର ସାନ୍ଧ୍ୟ କ୍ଲବ, ସଭାଗୃହ ସବୁକିଛି।

ପ୍ରେମ ଓ ବିବାହ:

ବଣ୍ଡା ସମ୍ପ୍ରଦାୟର ବିବାହ କେବଳ ଏକ ସାମାଜିକ ଅନୁଷ୍ଠାନ ନୁହେଁ। ଏହା ଏକ ସାଂସ୍କୃତିକ ଅନୁଷ୍ଠାନ ମଧ୍ୟ। ବିବାହ ସହ ବଣ୍ଡା ସମାଜର ନୃତ୍ୟ, ଗୀତ, ପୂଜା ଏବଂ ପ୍ରେମ ମଧ୍ୟ ଜଡ଼ିତ। ବିବାହ ବ୍ୟାପାରରେ ବଣ୍ଡା ଯୁବକ, ଯୁବତୀ ସମ୍ପୂର୍ଣ୍ଣ ସ୍ୱାଧୀନ। ଏଠାର ଯୁବତୀର ନିଷ୍ପତ୍ତି ହିଁ ଚୂଡ଼ାନ୍ତ। କାରଣ ବଣ୍ଡା ସମ୍ପ୍ରଦାୟର ବିଚିତ୍ର ପରମ୍ପରାରେ ସ୍ତ୍ରୀର ବୟସ ସ୍ୱାମୀର ବୟସଠାରୁ ଦଶ-ବାରବର୍ଷ ଅଧିକ ହେବା ବିଧି। ବଣ୍ଡା ପୁରୁଷ ସାତ ଆଠ ବର୍ଷର ହେଲେ ବିବାହଯୋଗ୍ୟ ହୁଏ। ପନ୍ଦର ବର୍ଷର ବଣ୍ଡା ତରୁଣଙ୍କୁ 'ବୁଢ଼ାବର' 'ବୁଢ଼ାବର' ଅଭିଯୋଗରେ କନ୍ୟା ମିଳିବା କଷ୍ଟକର ହୁଏ। ବିବାହ ପୂର୍ବରୁ ସାଥୀ ମନୋନୟନପାଇଁ ପ୍ରତି ଗାଁରେ ରହିଛି ମିଳନସ୍ଥଳ।

ସେଲାନିଡ଼ିଂଗୋ: (ଧାଂଡ଼ି ବସା) ପ୍ରତି ଗାଁରେ ଏକ ନିଆରା ଘର ଥାଏ। ସେଠାରେ ପ୍ରତି ରାତିରେ ଗାଁ ଯାକର ଯୁବତୀ ଶୁଅନ୍ତି। ବିଧବା, ସ୍ୱାମୀ ପରିତ୍ୟକ୍ତା, ବୟସ୍କା ବଣ୍ଡା ନାରୀ ସେମାନଙ୍କୁ ଜଗି ରହନ୍ତି। ଏଇଠାରେ ଯୁବତୀମାନେ ଭିନ୍ନ ଗାଁର ବଣ୍ଡା ବାଳକ ଓ ଯୁବକମାନଙ୍କୁ ଅପେକ୍ଷା କରିଥାନ୍ତି। ଏକା ଗାଁ ବଣ୍ଡା ଯୁବକ, ଯୁବତୀଙ୍କ ଭିତରେ ବିବାହ ନିଷେଧ। ଏହା ଅକ୍ଷମଣୀୟ ଅପରାଧ। ଏପରି ବିବାହର ଦୃଷ୍ଟାନ୍ତ ନାହିଁ।

ଦୂର ଗାଁରୁ ଅନ୍ଧାର ରାତିରେ ପାହାଡ଼ ଜଙ୍ଗଲ ଭେଦି ବଣ୍ଡା ଯୁବକମାନେ ମଶାଲ ଜାଳି ଶିଂଘା, କିନ୍ତିସାଗର (ଢୋଲ), ଫିନେ (ପେଙ୍କାଳା) ଇତ୍ୟାଦି ବଜାଇ ଆସନ୍ତି। ଯୁବତୀମାନେ ମୁକ୍ତ ଭାବରେ ସେମାନଙ୍କୁ ସ୍ୱାଗତ ଜଣାଇଥାନ୍ତି। ଯୁବକମାନେ ଯୁବତୀମାନଙ୍କୁ ହାଟରୁ ଆଣିଥିବା ଉପହାର, ଉଖୁଡ଼ା, ମୁଢ଼ି, ଚୂଡ଼ା, ପିଠା, ମୁଦି ଇତ୍ୟାଦି ଦେଇଥାନ୍ତି। ଯୁବତୀମାନେ ନିଜଘରୁ ଆଣିଥିବା ଖାଦ୍ୟ ପଦାର୍ଥ ସେମାନଙ୍କୁ ଦିଅନ୍ତି। ତାପରେ ସିଂଦ୍‌ବାଦ ସାମନାରେ ନାଚ ଗୀତ ଚାଲେ। ଡୋକରା, ଡୋକରୀମାନେ (ବୁଢ଼ା ବୁଢ଼ୀ) ପିଣ୍ଡାରେ ବସି ଯୁବକ ଯୁବତୀଙ୍କର ନାଚ, ଗୀତ, ଭାବ ଦିଆନିଆକୁ ଉପଭୋଗ କରନ୍ତି। ଗୀତରେ ଗୀତରେ ପ୍ରେମ ନିବେଦନ ପ୍ରତିଶ୍ରୁତି, ପ୍ରତ୍ୟାଶା ଏବଂ ହୃଦୟ ଦିଆନିଆ ହୁଏ। ଝିଅ ହାତର ମୁଦିକୁ ମୁଠେଇ ଧରି ପୁଅମାନେ ଗାଉଥିବେ—

'ଫେନ୍ ରାମ ବଲ୍ ଡିଡ଼ୀ
ଫେନ୍ ଡ଼ିଓ ସୂକ (ଖ)' ଇତ୍ୟାଦି

ଅର୍ଥ ହେଲା "ତମର ପରି ଆମର ଘର ଅଛି, ଧାନ, ସୂଆଁ, ଭାତ ଅଛି। ତମର ଗାଁ ପରି ଆମର ଗାଁ ବି ଭଲ। ତମର ପରି ବେଡା (ବିଲ) ଡଙ୍ଗର ଅଛି। ଆମ୍ବ, ପଣସ ଅଛି। ତୁ କାଇଁକି ମନା କରୁଛୁ। ଇଚ୍ଛା ହେଲେ ଆସିବୁ, ଇଚ୍ଛା ହେଲେ ନ ଆସିବୁ..." ଝିଅକୁ ପ୍ରଶଂସା କରି ସୁଡୁରେଇବା ପାଇ ପୁଅ ଗାଉଥିବେ—

"ଆନଙ୍ଗ ନାଉଲ ଶାଗ୍‌ନାଇ (ତୁ ଭଲ ବୋଲି ଆମେ ଆସିଛୁ) ଦୀନି ସାରି ସିବସିତୀ ଡିଗ୍‌ଲା (ତୁ ଫୁଲପରି ସୁନ୍ଦର) ଇତ୍ୟାଦି। ତାପରେ ଯୁବକ ଯୁବତୀ ଧାଂଡାବସା ଭିତରେ ଏକତ୍ର ଶୋଇବେ। ବିବାହ ପୂର୍ବରୁ ମିଳାମିଶାରେ ବାଧା ନାହିଁ। ଯାହାକୁ ବିବାହ କରିବେ କେବଳ ତା ସହ ମିଳାମିଶା, ରଙ୍ଗରସ କରିବାକୁ ବାଧ ନୁହେଁ। ଏଠାରେ ଜୀବନ ଯୌବନ ମୁକ୍ତ, ନିର୍ମଳ। ଖୋଲାଖୋଲି ଅନ୍ତରଙ୍ଗତା। ତେବେ ବିବାହ ପୂର୍ବରୁ ଯୌନସଂପର୍କ ସ୍ଥାପନ ନିଷେଧ। ବଣ୍ଡା ଯୁବତୀ ଏ ସଂପର୍କରେ ବଡ଼ ସାବଧାନ— ଏକରକମ ରକ୍ଷଣଶୀଳା। ତେବେ କେତେକ କ୍ଷେତ୍ରରେ ବଣ୍ଡା ଯୁବକ, ଯୁବତୀର ହୃଦୟ ଜୟକରି ତା ସହ ବିବାହ ପୂର୍ବରୁ ଦୈହିକ ସମ୍ପର୍କ ସ୍ଥାପନ କରିବାର ବିରଳ ଦୃଷ୍ଟାନ୍ତ ଅଛି। ତେବେ ଅବୈଧ ସନ୍ତାନର କଥା ବଣ୍ଡା ପାହାଡ଼ରେ ଶୁଣାନାହିଁ। ବଣ୍ଡା ପୁରୁଷ ଓ ନାରୀ ଏ ସଂକ୍ରାନ୍ତରେ ବଡ଼ ସଂଯତ-ଶୃଙ୍ଖଳିତ। କିନ୍ତୁ ଯେଉଁ ଆଠ ଦଶ ବର୍ଷର ବାଳକଟି ପତ୍ନୀ ନିର୍ବାଚନ କରିବା ପାଇଁ ବିବାହିତ ଯୁବକମାନଙ୍କ ସହ ଧାଂଡୀ ବସାକୁ ଆସିଥାଏ, ସେ କାମିକା, ସୁସ୍ଥ ସବଳ ଯୁବତୀ ଦେଖି ବିବାହ ପ୍ରସ୍ତାବ ବାଢ଼େ। ସ୍ତ୍ରୀ ଯଦି କାମିକା ନହେଲା ତେବେ ସ୍ୱାମୀକୁ ପାଳି ପୋଷି ମଣିଷ କରିବ କିଏ? ବାଳକ ପ୍ରେମିକ, ରସର ଖଡୁଟିଏ ଝିଅ ପାଖକୁ ମଇତର (ସାଙ୍ଗ) ହାତରେ ପଠାଏ। ଯଦି ଝିଅ ଗ୍ରହଣ କଲା ତେବେ ସେ ସମ୍ମତି ଦେଲା ବୋଲି ଜଣାପଡ଼ିବ। ଯଦି ଖଡୁ ଫେରସ୍ତ ଦେଲା ତେବେ ଝିଅ ଉପରେ ବାଧ୍ୟ ବାଧକତା ନାହିଁ। ବଣ୍ଡା ବାଳକ ଅନ୍ୟ ଯୁବତୀ ପାଖକୁ ଖଡୁ ପଠାଇ ପୁନର୍ବାର ଭାଗ୍ୟ ପରୀକ୍ଷା କରେ। କନ୍ୟା ଅନ୍ୱେଷଣରେ ବଣ୍ଡା ବାଳକ ବିଭିନ୍ନ ଗାଁର ସେଲାନି ଡାଙ୍ଗାକୁ ଯାଇଥାଏ।

କନ୍ୟା ରାଜି ହେଲେ ଉଭୟ ପକ୍ଷର ମୁରବୀ ଜାଣନ୍ତି। ବରପକ୍ଷରୁ ମୁରବୀମାନେ ପ୍ରସ୍ତାବ ନେଇ ଘରକୁ ଆସନ୍ତି। କନ୍ୟାପକ୍ଷ ସେମାନଙ୍କୁ ଧୁଙ୍ଗିଆପାଣି ଓ ମଦ ଦେଇ ଅତିଥି ସତ୍କାର କରିବାର ଅର୍ଥ, ପ୍ରସ୍ତାବ ଗୃହୀତ ହେଲା। ବର୍ଷାଋତୁ ପୂର୍ବରୁ ବିବାହପ୍ରାର୍ଥୀ ବାଳକ ନିଜ ବାପା ଭାଇଙ୍କ ସାହାଯ୍ୟରେ ନିଜପାଇଁ ଏକ ଅଲଗା ଘର ତିଆରି କରେ। ସାଧାରଣତଃ ଫାଲ୍‌ଗୁନ ମାସରେ ବିଭାଘର ହୁଏ। ଏଥିରେ ବରପିତା କନ୍ୟାପିତାକୁ ସଗୁର ଟଙ୍କା ବା କନ୍ୟାସୁନା ବାବଦରେ ଗୋଟାଏ ଗୋରୁ ବା ମଇଁଷି,

ପାଛିଆଏ ରନ୍ଧାଭାତ ଓ ଟଙ୍କାଏ ଦିଏ। ବିବାହ ଦିନ ବରର ବଡ଼ ଭାଉଜ, ବଡ଼ ଭଉଣୀ ବା ସାଇ-ପଡ଼ିଶାର ସମ୍ପର୍କୀୟା ଗୀତ ଗାଇ ଗାଇ କନ୍ୟାକୁ ଆଣିବା ପାଇଁ ଯାଆନ୍ତି। କନ୍ୟା ଚିକ୍‌କଣ ହୋଇ ମୁଣ୍ଡ କ୍ଷିଅର କରି, ଖଣ୍ଡେ ନୂଆ 'ରିଙ୍ଗା' ହାତରେ ଧରି ସେମାନଙ୍କ ସଙ୍ଗେ ଚାଲିଆସେ। ତା'ର ସାଙ୍ଗସାଥୀମାନେ ଗୀତ ଗାଇ ଗାଇ ଅଧବାଟ ଯାଏ ଛାଡ଼ିବାକୁ ଆସନ୍ତି। ବେଳେବେଳେ କନ୍ୟା ଲୁହଗଡ଼ାଉ ଥିବାର ଦେଖାଯାଏ। କନ୍ୟା ଶ୍ୱଶୁରଘରେ ଗାଁରେ ପହଞ୍ଚି ସ୍ୱାମୀର ନୂତନ ଗୃହରେ ପ୍ରବେଶ କରେ ଓ ତା'ର ବାଳକ ସ୍ୱାମୀ ସହ ମଧୁ ଶଯ୍ୟା ଅନୁଷ୍ଠିତ ହୁଏ। ବିବାହର ସାତଦିନ ପୂର୍ବରୁ ବରକନ୍ୟାଙ୍କ ଗାଁର ଯୁବକ ଯୁବତୀମାନେ ନାଚ, ଗୀତରେ ରାତି ପୁହାନ୍ତି। ବର ତାର ଗାଁ ଭାଇମାନଙ୍କୁ ଭାତ ଓ ଗୋରୁମାଂସରେ ଆପ୍ୟାୟିତ କରେ। ଏ ପ୍ରକାର ବିବାହକୁ (୧) ସିବଂ ବିବାହ କୁହାଯାଏ। ଏ ବିବାହ ବଡ଼ ବ୍ୟୟସାପେକ୍ଷ ଓ ସମୟସାପେକ୍ଷ।

(୨) ଉଦ୍‌ଲାରାଙ୍ଗୁନ ବା ରାଜିରୁଜା ବିବାହ:

ଏହି ବିବାହରେ ବରକନ୍ୟା ରାଜିରୁଜାରେ ଗାଁ ଛାଡ଼ି ଜଙ୍ଗଲ ଭିତରେ ସାତଦିନ ଲୁଚି ରହନ୍ତି। ଅଜ୍ଞାତ ବାସ କହିଲେ ଚଳେ। ଅଭିଭାବକମାନେ ଖୋଜିବାକୁ ଯାଆନ୍ତି ନାହିଁ। ସାତଦିନ ପରେ ବରକନ୍ୟା ଫେରି ଆସନ୍ତି। କନ୍ୟା ବାପଘରକୁ ଆସେ। ବର ତା ଘରକୁ ଯାଏ। ବିବାହ ଦିନ ଧାର୍ଯ୍ୟ ହୋଇ ବିବାହ ହୁଏ। ଏଥରେ ଭୋଜିଭାତ ଓ ସାଗୁରଟଙ୍କା ପଡ଼େ ନାହିଁ। ଯାହା ପଡ଼େ ଅତି ସାମାନ୍ୟ। କନ୍ୟା ବାପର ଘରକୁ ଫେରିଆସି ଅନ୍ୟତ୍ର ବିବାହ କଲେ ମଧ୍ୟ ସମାଜର କିଛି ନିଷେଧାଜ୍ଞା ନଥାଏ। ଏହା ଆଦୌ ଆପତ୍ତିଜନକ ନୁହେଁ।

(୩) ଗୁବାଇ ବା ଝିକାଝିକି ବିବାହ:

ବରପାତ୍ର ତାର ମନୋମତ ପ୍ରେମିକାକୁ ତାର ସମ୍ମତି ଥାଇ ଝିକି ନେଇଯାଏ ନିଜ ଘରକୁ। କନ୍ୟା ତାର ପ୍ରେମିକ ସହ ତା ଘରେ ଗୋଟିଏ ରାତି କଟାଏ। ତା'ପରେ ନିଜ ଘରକୁ ଫେରିଯାଏ। ବରପିତା କନ୍ୟା ଘରକୁ ମଦ ଧରିଯାଏ। ଏ ବିବାହରେ ଅତି କମ୍ ଖର୍ଚ୍ଚ ହୁଏ।

(୪) ଦାମଙ୍ଗ୍‌ଦାଙ୍ଗ୍ ବା ଡାଲିଭାତ ବିବାହ:

ବରପାତ୍ର ଅତ୍ୟନ୍ତ ଗରିବ ହୋଇଥିଲେ ଏ ପ୍ରକାର ବିବାହରେ କନ୍ୟାପକ୍ଷ ରାଜି ହୋଇଯାଏ। ମହିଷି ବା ଗୋରୁବଳି ଓ ଭୋଜିର ଆୟୋଜନ ହୁଏ ନାହିଁ। 'ସଗୁର ଟଂକା' ଅତି ସାମାନ୍ୟ। ନିରାଡମ୍ବରରେ ବିବାହ ସମ୍ପନ୍ନ ହୁଏ।

ଦାମ୍ପତ୍ୟ:

ବଣ୍ଡା ସମାଜରେ ପୁଅକୁ ବିବାହ ପାଇଁ ନାନା କଳ ବଳ କୌଶଳ ଅବଲମ୍ବନ କରିବାକୁ ପଡ଼ିଥାଏ। ଯୁବତୀ ସ୍ତ୍ରୀ ସହ ବାଳକ ସ୍ୱାମୀର ଦାମ୍ପତ୍ୟ ଜୀବନରେ ପ୍ରେମ ବଳବତ୍ତର ନାଁ ବାତ୍ସଲ୍ୟ ବଳବତ୍ତର କିଏ ଜାଣେ? ବଣ୍ଡା ଯୁବତୀ ବାଳକ ସ୍ୱାମୀର ଖୁବ୍ ଯତ୍ନ ନିଏ—ତାକୁ ବେଳେବେଳେ ଶାସନ ବି କରେ। ପାଳି ପୋଷି ମଣିଷ କରେ। ତା ସଂସାରର ସବୁ ବୋଝ ମୁଣ୍ଡାଏ। ତେବେ ନିଜର ସ୍ୱାଭାବିକ କାମନା ବାସନାକୁ ଏଡ଼ାଇ ଯିବା ଏଡ଼େ ସହଜ ନୁହେଁ। ଦେଢ଼ଶୁର, ଶ୍ୱଶୁର ସଙ୍ଗେ ପ୍ରାୟ ଶରୀର ସଂପର୍କ ଗୋପନରେ ପ୍ରତିଷ୍ଠା ହୋଇଯାଏ। ସମସ୍ତେ ଜାଣନ୍ତି, କେହି ଜାଣନ୍ତିନି। ଆଖିରେ ପଡ଼ିଲେ ବାପପୁଅ, ଭାଇ ଭାଇରେ ରକ୍ତପାତ ହୋଇଯାଏ। ତେବେ ବାଳକ ସ୍ୱାମୀ ଧାଂଡ଼ା ହେବା ପରେ ଧାଂଡ଼ା ସ୍ତ୍ରୀ ଅବୈଧ ପ୍ରଣୟକୁ ପ୍ରଶ୍ରୟ ଦେଇ ନଥାଏ।

ବଣ୍ଡା ନୃତ୍ୟ (ମିମେ) :

ବଣ୍ଡା ମଣିଷ ସବୁ ଆଦିବାସୀଙ୍କ ପରି ନୃତ୍ୟଗୀତ ପ୍ରିୟ। ସବୁ ପର୍ବପର୍ବାଣି, ବିବାହ ପୂଜା ଉତ୍ସବରେ ନୃତ୍ୟ ଗୀତ, ମନ୍ତ୍ର, ବାଦ୍ୟର ସହଜ ଆସର ଜମେ। ମାତ୍ର ବଣ୍ଡା ଅଧିବାସୀର ନୃତ୍ୟ ଏତେ ଚିତ୍ତାକର୍ଷକ ନୁହେଁ। ତାର ଜୀବନ ପରି ସରଳ, ତରଳ, ଆଡ଼ମ୍ବରହୀନ। ଅନ୍ୟ ଆଦିବାସୀ ନୃତ୍ୟପରି ଏତେ ବର୍ଣ୍ଣାଢ଼୍ୟ ନୁହେଁ।

କେତେକ ବିଶିଷ୍ଟ ପର୍ବକୁ (ଝାଟିମରା ପର୍ବ ଇତ୍ୟାଦିକୁ) ଛାଡ଼ିଦେଲେ ନୃତ୍ୟଗୀତ ପାଇଁ ବଣ୍ଡା ଯୁବକ ଯୁବତୀଙ୍କର ସ୍ୱତନ୍ତ୍ର ବେଶ ପୋଷାକ ନଥାଏ। ଯୁବତୀମାନେ ମଝିରେ ମନ୍ଦା ମନ୍ଦା ହେଉଥିବେ। ଯୁବକମାନେ ତାଙ୍କୁ ମହୁଫେଣା ପରି ଘେରି ଆଗପଛ ହୋଇ ନାଚୁଥିବେ। ଯୁବତୀମାନେ ଗୋଟିଏ ସ୍ଥାନରେ ସ୍ଥିର ରହି ଦୋହଲୁଥିବେ, ଚହଲୁଥିବେ। ନିଜ ଦୁଇ ହାତର ରସ ଖଡୁରେ ଖଡୁ ବଜାଉଥିବେ ତାଳରେ ଜଂ-ଜଂ କରି। ଯୁବକମାନଙ୍କ ଅଣ୍ଟାରେ ଘାଗୁଡ଼ି, ଗୋଡ଼ରେ ପଟି ବାଜୁଥିବ ଟିଂ ଟିଂ। ଢୋଲିଆ ଢୋଲ ବଜାଉଥିବ ଢୁଂ ଢୁଂ। ଯୁବକମାନେ ନୃତ୍ୟ କଲାବେଳେ ମଧ୍ୟ ଛୁରୀ, କଟୁରୀ, ଧନୁତୀର ଶରୀରରେ ଥାଏ। ବେଳେବେଳେ ନାମ ମଝିରେ ଛୁରୀ ଟେକି, ଧନୁତୀର ଯୋଖି ଆଗକୁ ଧାଇଁ ଯାଉଥିବେ।

ବଣ୍ଡା ଗୀତ :

ବଣ୍ଡାମାନଙ୍କର ଜନ୍ମମୃତ୍ୟୁ, ବିବାହ, ପର୍ବପର୍ବଣି ଧାନରୁଆ, ଝାଡୁ କାଟିବା, ଝାଟି ମାରିବା, ମାଛଧରା, ଶିକାର ପର୍ବ, ପ୍ରେମ ନିବେଦନ, ପ୍ରେମ ପ୍ରତ୍ୟାଖ୍ୟାନ,

ଛୁଆଙ୍କୁ ଶୋଇବା, ସବୁଥିରେ ସଙ୍ଗୀତର ସୁର୍ ଅଛି। ଗୀତରେ ଗୀତରେ ବଣ୍ଡା ସ୍ତ୍ରୀ ସ୍ୱାମୀର ମୃତ୍ୟୁରେ ବିଳାପ ବି କରେ। ତେବେ ଗୀତଗୁଡ଼ିକ ବଡ଼ ସରଳ। ଭାବ, ଭାଢ଼, ତାଳ, ଲୟ, ଛନ୍ଦ ବଡ଼ ସହଜ ଓ ଅଳଙ୍କାର ଶୂନ୍ୟ। ପ୍ରାୟ ଗୋଟିଏ ପଦକୁ ଦୋହରାଉ ଥିବେ। ଗୀତଗୁଡ଼ିକ କ୍ଷୁଦ୍ର। ଗୋଟିଏ ଦୁଇଟି ଅନ୍ତର ପଦ—ସବୁ ପଦସଙ୍ଗେ ଘୋଷା ପଦକୁ ବାରମ୍ବାର ଦୋହରାଉ ଥିବେ।

ଯଥା:- ଝାଡୁକାଟିବା ଗୀତ—

ସୁନୁକ୍ ସିଙ୍ଗ୍ ଯାନାଇ (ଝାଡୁ କାଟିବାର ଯିବା)

ଶୁସ୍‌ରେ ପଡ଼ାଶେ ସିରିବୁ (ଦଉଡ଼ି ପତର ଆଣିବା), ସୁନୁକ୍ ସିଂଗ୍...

ପଂଏର ଯାନାଇ, ସୁନୁକ୍ ସିଂଗ୍

ଫଡ଼ାଏ ଯାନାଇ, ସୁନୁକ୍ ସିଂଗ୍ (ନାଚି ନାଚି ଗୀତଗାଇ ଝାଡୁ କାଟିବାକୁ ଯିବା।)

ବଣ୍ଡା ମନ୍ତ୍ର:

ବଣ୍ଡା ମନ୍ତ୍ରଗୁଡ଼ିକର ଭାବ ବଡ଼ ଉଦାର, ମାନବିକ ଚିନ୍ତାଧାରାରେ ଉଦ୍‌ବୁଦ୍ଧ ଓ ସର୍ବମଙ୍ଗଳକାରୀ। ସଭ୍ୟ ସମାଜର ମନ୍ତ୍ର ବା ପୁରୋହିତଙ୍କ ଆଶୀର୍ବାଦ ପରି ଦାତାର ମଙ୍ଗଳ ହେଉ ବା କର୍ତ୍ତାର ମନସ୍କାମନା ପୂର୍ଣ୍ଣ ହେଉ, ପୁତ୍ରବତୀ, ଭାଗ୍ୟବତୀ ହୁଅ ଇତ୍ୟାଦି ବ୍ୟକ୍ତିକୈନ୍ଦ୍ରିକ ନୁହେଁ। ଉଦାହରଣ ସ୍ୱରୂପ: ଅଣ୍ଡିପୂଜାମନ୍ତ୍ର ଏଇପରି।

ମନ୍ତ୍ର ଆରମ୍ଭ—ଇ - ଇ ନ ଅଁ - ଅଁ...

"ଅଣ୍ଡି ଦେବତା, ଆନ ନିଙ୍ଗ୍ ପୂଜାରୀ,

ସବୁଦିନ୍ ବିବେ ରେମ୍। କୁମଙ୍ଗ୍ ସୁମାଙ୍ଗ୍

ସୀତା, ସାଙ୍ଗ୍ ସାଙ୍ଗ୍ ରଂଗ୍, ବୁରୋ, ରୁଂଗ୍

ବୁବ୍, ଆନ ଶୁଂଡ୍ର, ଡେଁନ୍ତିଙ୍ଗ୍, ଡୁର୍‌କା ଡୁଆଁଏ

ବୁବୁ ଡୁଆଁଏ, ଶିବେଶ ଡୁଆଁଏ, ଟାକ୍‌ରାଣୀ ଡୁଆଁଏ

ନାଇନ୍ ଶୁଲାଏନେ ବଲ୍, ଡୁକ୍‌ଲାଏ।

ଆନ ଶୁଂଡ୍ର ଡେନ୍‌ତିଙ୍ଗ, ଇଶା ନିଙ୍ଗ୍ ବିବେ

ରେମ୍ ଶିଶା। ଦୁଃଖ, ସୁଖ ଆଡ଼େ ମାଇଁ"

ଅର୍ଥ! ମା, ମୁଁ ତୋର ସବୁଦିନର ପୂଜାରୀ, ସେବାକାରୀ। ମୁଁ ତତେ ଦୁବ, କୁକୁଡ଼ା ନିଜେ ଦେଉଛି। ଅନ୍ୟ କେହି ଦଉନି। ତୁ ଦୁଃଖ କରନି। ମୋ ଗାଁରୁ ସାପ, ବାଘ, ଭାଲୁ, ରୋଗ ଆଡ଼େଇ ଯାଉ। ମୋ ଗାଁର ପିଲାଛୁଆ ଗୋରୁ ଗାଈ ଭଲରେ ରହନ୍ତୁ।

ଧର୍ମ ଓ ଧର୍ମବିଶ୍ୱାସ:

ବହୁ ପ୍ରାଚୀନ ଆଦିବାସୀ ସଭ୍ୟତାର ଧର୍ମ ବିଶ୍ୱାସ ଏକ ବିଶ୍ୱଧର୍ମ ଏବଂ ଈଶ୍ୱରବିଶ୍ୱାସ ଏକେଶ୍ୱର ବିଶ୍ୱାସ। ଭଗବାଁ ମଣିଷ ଗଢ଼ିଛି। ଭଗବାଁର ଗୋଟିଏ ନାମ। ତଥାପି ଅନ୍ୟ ଦେବଦେବୀ ଅଛନ୍ତି। ସେମାନେ ରୋଗ, ଦୁଃଖ, ସୌଭାଗ୍ୟ, ଦୁର୍ଭାଗ୍ୟର ଦେବଦେବୀ। ସୃଷ୍ଟିକର୍ତ୍ତା ନୁହନ୍ତି। ପରେ ଏହି ଏକବିଶ୍ୱ ଧର୍ମ ଓ ଏକେଶ୍ୱରବାଦ ଦ୍ରାବିଡ଼ ସଭ୍ୟତା ଓ ଆର୍ଯ୍ୟ ସଭ୍ୟତାକୁ ପ୍ରଭାବିତ କରିଛି।

ବଣ୍ଡା ହିନ୍ଦୁ, ମୁସଲମାନ ବା ଖ୍ରୀଷ୍ଟୀୟାନ ନୁହେଁ। ସେ ମଣିଷ, ରେମୋ। ଏତିକିଛଡ଼ା ଜାତି। ଏକା ଗାଁକୁ ଛାଡ଼ିଦେଲେ ସବୁ ଗାଁରେ ସବୁ କୁଦରେ ବିବାହ ଚଳେ। କୁଦ ଭେଦରେ ଉଚ୍ଚନୀଚ ନାହିଁ। ସେ ପ୍ରକୃତିକୁ ଭଗବାଁ ମନେକରେ। ତେଣୁ ସୂର୍ଯ୍ୟ, ଚନ୍ଦ୍ର, ବୃକ୍ଷଲତା ପାହାଡ଼ ପର୍ବତକୁ ପୂଜା କରେ। କ୍ଷେତ, ବିଲ, ଡଂଗରକୁ ପୂଜା କରେ। ବାରଜଙ୍ଗର ଦେଶର ବଣ୍ଡା ସଂପ୍ରଦାୟ ମୁଦୁଲିପଡ଼ାର ପ୍ରାଚୀନ ବରଗଛ କୋରଡ଼ରେ ଥିବା ପାଟଖଣ୍ଡାକୁ 'ମହାପ୍ରୁ' ମନେକରି ବର୍ଷରେ ଦୁଇଥର ପୂଜା କରନ୍ତି। ସେ ଖଣ୍ଡାଟି କିପରି କେବେ କାହାଦ୍ୱାରା ସେଠାରେ ସ୍ଥାପିତ ହେଲା ସେ ସମ୍ପର୍କରେ ବହୁମତ ପ୍ରକାଶ ପାଏ।

ବଣ୍ଡା ପର୍ବପର୍ବାଣି: ବଣ୍ଡାମାନେ ସାରା ବର୍ଷ ବିଭିନ୍ନ ପର୍ବପର୍ବାଣି ପାଳନ କରନ୍ତି। ସେଥିମଧ୍ୟରୁ ପାଞ୍ଚଗୋଟି ପର୍ବ ହେଉଛି ପ୍ରଧାନ। ସେଗୁଡ଼ିକ ହେଲା—

(୧) ଦଶରା ପରବ (କୂମ୍ୱଡ଼କା ଗିଗେ)
(୨) ଦିଲାଲି ପରବ୍ (ଗେବୁର ସିଂ ଗିଗେ)
(୩) ପୁଗ୍ ପରବ୍ (ପୁଗ୍ ଆର୍‌କି)
(୪) ମାଘ ପରବ୍ (ସୁସୁ ଗିଗେ)
(୫) ଚୈତ ପରବ୍ (ଗିଏଗଗିଗେ)

ପ୍ରତ୍ୟେକ ପର୍ବ ପଛରେ ବଣ୍ଡା ସଂପ୍ରଦାୟର ସାର୍ବଜନୀନ କଲ୍ୟାଣର ଚିନ୍ତା ରହିଛି। ଗ୍ରାମ୍ୟ ଐକ୍ୟ ବା ଜାତୀୟ ଐକ୍ୟର ଭାବନା ଏଥିରେ ନିହିତ। ପର୍ବପର୍ବାଣି ସମୟରେ ବାହାର ଲୋକଙ୍କୁ ବଣ୍ଡା ଗାଁ ଭିତରକୁ ପ୍ରବେଶ ନିଷେଧ। ସମସ୍ତ ପୂଜା, ଭୋଜି, ନୃତ୍ୟଗୀତ ଗୋଷ୍ଠୀଗତ ଭାବରେ ପାଳନ କରନ୍ତି। ବଣ୍ଡାମାନେ ନିଜ ଗ୍ରାମକୁ ଭଲପା'ନ୍ତି। ନିଜ ଗ୍ରାମର ସମସ୍ତେ 'ସୋରୁ' ଭାଇ ଅର୍ଥାତ୍ ପବିତ୍ର ଭାଇ। ପୂଜାର ଭୋଗ ସୋରୁ ଭାଇଙ୍କ ବ୍ୟତୀତ ଅନ୍ୟ କାହାକୁ ଦିଏଯାଏନା।

ସବୁ ଆଦିବାସୀଙ୍କ ପରି ବଣ୍ଡା ଆଦିବାସୀ ନାଚ, ଗୀତ, ଭୋଜି, ପଶୁବଳି ଓ ମଦ୍ୟପାନ ମାଧ୍ୟମରେ ସମସ୍ତ ପର୍ବ ପାଳନ କରିଥାଏ। ପର୍ବଦିବସର ପୂର୍ବରୁ କିଛିଦିନ ଓ ପରେ କିଛି ଧରି ସାତରାତି ନୃତ୍ୟ ଗୀତ ଚାଲିଥାଏ।

(୧) ଦଶରା ପରବ: (କୁମ୍ବଡ଼୍କା ଗିଗେ) ଅଶିଣ ମାସରେ ଦଶହରା ପରବ। ମୁହୁଲିଗ ଗାଁର ବୁଢ଼ା ବରଗଛ କୋରଡ଼ରେ ଅଛି ପାଟକୋଣ୍ଡା ମହାପ୍ରୁ। ଅଶିଣମାସ ଉଜ୍ଜ୍ୱଳ ପକ୍ଷ ପ୍ରଥମ ସମ୍ବାର ଦିନ ପାଟକୋଣ୍ଡା ପୂଜା ପାଇବେ। ଦଶରା ପରବ୍‌ରେ ବଣ୍ଡା ତାର ଧନୁ, ତୀର, କାଢ଼ି ଟାଙ୍ଗିଆ ସବୁକୁ ପୂଜାକରେ। ଆମମାନଙ୍କର ଦଶରା ପର୍ବରେ ଲିଖନବସା ଦିନ ଏଭଳି ବୃତ୍ତିଗତ ସରଞ୍ଜାମ ପୂଜା ହୋଇଥାଏ। ଦଶହରା ପୂଜାରେ ପାଟ୍‌କୋଣ୍ଡାକୁ ଗଛ କୋରଡ଼ ପରବ୍‌ସରେ। ଏ ପରବ୍‌ରେ ବଣ୍ଡାର ନୃତ୍ୟ ଗୀତ ନାହିଁ। ମାତ୍ର ମଦ ଲୋଡ଼ାହୁଏ ପ୍ରଚୁର ମଦ ନ ଥିଲେ ପର୍ବର ଆନନ୍ଦ ପାଣି ଫାଟିଯାଏ।

(୨) ଦିଆରି ପରବ୍ (ଶେବୁର୍ ସିଂ ଗିଗେ): କାର୍ତ୍ତିକ ମାସରେ ଦିଆଲି ପରବ ବା ବଣ୍ଡା ଭାଷାରେ ଶେବୁର ସିଂ ଗିଗେ। ଏଥିରେ ବଣ୍ଡା ପୂଜାକରେ ଧରତନୀ ମାଆକୁ ଏବଂ ସଦରର ସିନ୍ଦୂର (ସର୍ବସାଧାରଣ ମିଳନ ପୀଠକୁ)।

ଗାଁର ସବୁ ଲୋକଙ୍କୁ ରୋଗ ନ ହେଉ, ଗାଁର ଫସଲକୁ ପୋକ ନଖାଉ, ଏଥିପାଇଁ ହୁଣ୍ଡି ପାଖରେ ବଣ୍ଡାର ପ୍ରାର୍ଥନା। ହୁଣ୍ଡିଙ୍କ ପାଖରେ ଗୋରୁ, ଛେଳି, ବଳି ପକାଇବେ। ଡିଆସିଲି ମନ୍ତ୍ର ବୋଲି ବିରୁ (ପୂଜା) କରିବେ। ବଳି ପଡ଼ିଥିବା ପଶୁର ମାଉଁସକୁ ପୋଡ଼ି ଗାଁ ସାରା ଦିଆଲି ପରବ ଦୁଇଦିନ ଧରି ହୁଏ। ଏଥିରେ ଗାଁରେ ନରହି ଦିନସାରା ବଣ୍ଡା ଯୁବକ ଯୁବତୀ ନରନାରୀ ଡ଼ଙ୍ଗରରେ ରହିବେ। ରାତିରେ ଗାଁକୁ ଫେରି ନାଚ ଗୀତରେ ମାତିବେ। ଏ ପର୍ବରେ ଗାଁର ପୂର୍ବ ନିର୍ବାଚିତ ବରକନ୍ୟାଙ୍କର ସମୂହ ନିର୍ବନ୍ଧ ହୁଏ। ଆମମାନଙ୍କ ଦିଆଲି ପରବ ଭଳି ଏଥରେ ବାଣ ଫୁଟେନି କି ଦୀପଜଳା ହୁଏନି।

(୩) ପୁଷ୍ ପରବ (ପୁଷ୍ ଆର୍‌କି): ପୁଷ ମାସରେ ପୁଷ୍ ଆର୍‌କି। ପହିଲି ଶିମ୍ବ ଖାଇବା ଏ ପର୍ବର ପ୍ରଧାନ ଉଦ୍ଦେଶ୍ୟ। ବଣ୍ଡା ପ୍ରଥମ ଫସଲ, ପ୍ରଥମ ଫଳ ଏକା ଏକା ଖାଏନି। ପର୍ବ ବା ବିରୁ ମାଧ୍ୟମରେ ପୂର୍ବପୁରୁଷ ଓ ଦେବତାଙ୍କୁ ଅର୍ପଣ କରି ପରେ ନିଜେ ଖାଏ।

ଏ ପର୍ବରେ ବଣ୍ଡା ସିନ୍ଦୂବୋର୍‌କୁ ବିରୁ (ପୂଜା) କରେ। ପାଟକୋଣ୍ଡାକୁ ପୂଜା କରେ। ଏ ପୂଜା କରେ ଡିସାରି। 'ଡୁମା'ର ପୂଜା କରନ୍ତି ପ୍ରତି ଘରର ମୁରବି। ଏ ପରବ ଆଠଦିନ ଧରି ଚାଲେ। ପୁଷ୍ ପୁନିଅ ଆଠଦିନ ଥାଇ ପରବ ଆରମ୍ଭ ହୁଏ।

ସାତ ଦିନରେ ପ୍ରତିଦିନ ଭିନ୍ନ ଭିନ୍ନ ବିଧିବିଧାନ ପାଳିତ ହେବ। ପରବ ଶେଷ ହୁଏ ଝାଟି ମରାମରିରେ। ବଣ୍ଡା ପୁରୁଷମାନେ ପରସ୍ପରକୁ ଝାଟିରେ ମରାମରି କରନ୍ତି। କୌତୁକରେ ମରାମରି ହେଉ ହେଉ ରକ୍ତ ଝରିଲେ ବି କେହି ରଗାରଗି ହୁଅନ୍ତିନି। ଏ

ପର୍ବରେ ଯେଉଁ ମନ୍ତ୍ର ବୋଲାହୁଏ ତାର ଅର୍ଥ ହେଲା "ଆମ ଗାଆଁକୁ ଯିଏ ଆସିବ ଭଲରେ ଆସ। ଆମକୁ କିଏ ମରାମରି କରନି। ଗାଆଁ ଭିତରେ ମରାମରି, ଝଗଡ଼ା ଝାଟି ନହୋଇ ଭଲରେ ମିଳିମିଶି ରୁହ। ସୁଖ ଶାନ୍ତିରେ ରୁହ। ବଡ଼ମାନଙ୍କୁ ନମସ୍କାର କର। ଭଲରେ ନାଚ, ଗୀତ ଗାଅ, ବାଜା ବଜାଅ। କାହାରି କ୍ଷତି କର ନାହିଁ, କେବେ ଚୋରି କର ନାହିଁ। ଏ ପର୍ବର ସନ୍ଦେଶ ହେଲା, ମିଳିମିଶି ମଇତର ଭାଇ ହୋଇ ରହିବା।

(୪) ମାଘ ପରବ୍ (ସୁସୁଗିଗେ): ଏ ପର୍ବ ମାଘ ମାସରେ ପାଳିତ ହୁଏ। ବଣ୍ଡାର ପ୍ରତ୍ୟେକ ପର୍ବ ସହ ତାର ଜୀବନ ଜଡ଼ିତ। ଏ ପର୍ବ ବିହନ ବୁଣିବା ଆଗରୁ ପାଳିତ ହୁଏ। ପର୍ବପୂର୍ବରୁ ବଣ୍ଡା ଜଙ୍ଗଲ ଏବଂ ବିଲ ହଳ କରି ଜମି ଠିକ୍ କରି ରଖିଥାଏ। ବିହନ ବୁଣିବା ଆଗରୁ ବିହନ ପାଟଖଣ୍ଡାଙ୍କ ପାଖରେ ପୂଜା ହୁଏ। ବଣ୍ଡାର ପ୍ରଧାନ ଦେବତା ହେଉଛି ସିଙ୍ଗି ମହାପ୍ରୁ (ସୂର୍ଯ୍ୟ ଦେବତା) ମୁହୁଲିପଡ଼ା ଗାଆଁ ମୁଣ୍ଡ ପୁରୁଣା ବରଗଛ କୋରଡ଼ରେ ଅଛି ସିଙ୍ଗି ମହାପ୍ରୁଙ୍କ ପାଟକୋଣ୍ଡା। ପ୍ରତିବର୍ଷ ମାଘ ମାସ ପ୍ରଥମ ସୋମବାର ଦିନ ପାଟକୋଣ୍ଡାକୁ ବରଗଛ କୋରଡ଼ରୁ ଓହ୍ଲାଇ ତଳକୁ ଆଣନ୍ତି। ଗାଧୋଇ ଦିଅନ୍ତି। ଡିସାରୀ ପାଟକୋଣ୍ଡା ପାଖରେ ବିହନ ପୂଜା କରେ। ପୂଜା ବିହନକୁ ସବୁ ଗାଁର ନାଏକ ବାଣ୍ଟି ନେଇ ନିଜ ଗାଁର ସମସ୍ତଙ୍କୁ ଦିଅନ୍ତି। ପୂଜା ବିହନକୁ ଆପଣା ବିହନରେ ମିଶାଇ ଜମିରେ ବୁଣାଯାଏ।

ଏ ପର୍ବରେ ସମସ୍ତେ ସାତଦିନ ଧରି କାମଦାମ ନକରି ନୃତ୍ୟ ଗୀତ ଓ ମଦ୍ୟରେ ଜଞ୍ଜାଳ ଭୁଲିଯାଇଥାନ୍ତି।

(୫) ଚଇତ ପରବ୍ (ଗିଏର୍ ଗିଗେ): ଏ ପର୍ବ ଚଇତ୍ର ମାସରେ ପାଳିତ ହୁଏ। ଏ ପର୍ବର ପ୍ରଧାନ କଥା ହେଲା ପ୍ରଥମ ପାଚିଲା ଆମ୍ବକୁ ବିରୁ କରି ଦେବତା ଓ ଡୁମାକୁ ଦେଇ ପରେ ନିଜେ ଖାଇବା। ଏ ପର୍ବରେ ବେଣ୍ଟକୁ (ଶିକାର)କୁ ଗାଁର ସମସ୍ତେ ମିଳିମିଶି ଏକତ୍ର ଯିବା ବିଧି। ପରବ ଆରମ୍ଭ ହୁଏ ଚଇତ ପୁନିଅଁଠାରୁ। ପନ୍ଦର ଦିନ ଯାଏ ପରବ ଚାଲିଥାଏ। ଏଇ ସମୟ ଭିତରେ କେହି କାହାରି ଗାଁକୁ ଯାଇ ପାରିବେନି।

ଯଦି ଶିକାର ଜନ୍ତୁ ଆଣିଥିବେ ତାକୁ ପୋଡ଼ି ସମସ୍ତେ ବାଣ୍ଟି ଖାଇବେ। ଯିଏ ଶିକାର କରିଥିବ ତାକୁ ପଛ ଫରିଆ ଦିଆ ହେବ। ବାକି ଅଂଶକୁ ସମସ୍ତେ ମିଳିମିଶି ବାଣ୍ଟି ନେବେ। ଜମିରେ ବିହନ ପକାଇବା ପର୍ଯ୍ୟନ୍ତ ପରବ ଚାଲିବ। ଶେଷଦିନ ଜମିରେ ବିହନ ପକାଇବେ।

ବଣ୍ଡା ଆଦିବାସୀର ଏଇ ପାଞ୍ଚଗୋଟି ପର୍ବକୁ ବାଦ ଦେଲେ ବର୍ଷ ସାରା ନାନା ପୂଜା ପାର୍ବଣ, ମାନସିକ ପୂଜା, ପିଲାର ନାମଦିଆ ପର୍ବ, ଅଶୁଭ ଖଣ୍ଡନ ପୂଜା, ମୃତାହ

କର୍ମ ଇତ୍ୟାଦି ଚାଲିଥାଏ। ଏଥିରେ ଯେତିକି ଧର୍ମବିଶ୍ୱାସ ତା ଠାରୁ ଅଧିକ ଅନ୍ଧବିଶ୍ୱାସ। ବିରୁ (ପୂଜା) ଯେଉଁଥିପାଇଁ ହେଉନା କାହିଁକି ଗାଁଯାକ ସମସ୍ତେ ଭୋଜି ଖାଇବେ। ବଳି ମାଉଁସ ସମସ୍ତ ଦିଆଯିବ। ବ୍ୟକ୍ତିଗତ ପୂଜାରେ ବି ଗାଁ ସାରା ସମସ୍ତେ ଖାଇବେ। ଆଦିବାସୀର ଏ ମିଶାମିଶି ଭାବଟି ଖୁବ୍ ଭଲ। ମାତ୍ର ଏହାଦ୍ୱାରା ଆଦିବାସୀ ସର୍ବସ୍ୱାନ୍ତ ବି ହୁଏ। ପୂଜାପାଠ ଅର୍ଥ ସଂଗ୍ରହ କରୁ କରୁ ଋଣଭାରରେ ବୁଡ଼େ। ତଥାପି ପର୍ବ ପର୍ବାଣି, ପୂଜା ମାନସିକକୁ ଛାଡ଼ି ବଣ୍ଡା ଜୀବନର କଳନା କରିପାରେନି।

ଲୋକସାହିତ୍ୟ ଓ ଲୋକବିଶ୍ୱାସ: ଅଲିଖିତ ଲୋକକଥା ଓ ଲୋକସାହିତ୍ୟକୁ ଆଦିବାସୀ ସତ୍ୟ ମଣେ—ମଣେ ତାର ଇତିହାସ। ତେଣୁ ଲୋକକଥା ଓ କିମ୍ବଦନ୍ତୀ ଉପରେ ବିଶ୍ୱାସ ରଖି ବଣ୍ଡା ଆଦିବାସୀ ଅନେକ ଅନ୍ଧବିଶ୍ୱାସର ଶିକାର ହେଉଛି। ଉଦାହରଣ ସ୍ୱରୂପ ସୀତା ମାଆଙ୍କର ବଣ୍ଡାନାରୀକୁ ଅଭିଶାପ ଦେବା କଥାକୁ ବିଶ୍ୱାସ କରି ବଣ୍ଡା ଆଦିବାସୀ ତାକୁ ଅକ୍ଷରେ ଅକ୍ଷରେ ମାନି ଚଳୁଛି।

ବଣ୍ଡା ଆଦିବାସୀର ବିଶ୍ୱାସ ଯେ ପୃଥିବୀର ପ୍ରଥମ ମଣିଷ ହେଉଛି ବଣ୍ଡା ମଣିଷ। ପ୍ରଥମେ ବାରଜଣ ଭାଇ ବାରଖଣ୍ଡି ଗାଁକୁ ଯାଇ ବସତି ଥାପିଲେ। ତାରି ବଂଶଧର ହେଉଛି ମଣିଷ ଜାତି। ଏମିତି କେତେ ବିଚିତ୍ର କାହାଣୀ, କିମ୍ବଦନ୍ତୀ ରହିଛି ବଣ୍ଡା ମଣିଷର ମୁହଁରେ ଶ୍ରୁତିରୁ ଶ୍ରୁତିକୁ ଗଡ଼ି ଆସୁଛି ଲକ୍ଷ ଲକ୍ଷ ଯୁଗଧରି ଗୋଟିଏ ଆଦିମ ମଣିଷ ସଂପ୍ରଦାୟର ସାହିତ୍ୟ, ଇତିହାସ, ବିଶ୍ୱାସ, ଅନ୍ଧବିଶ୍ୱାସ। ସେଥିରେ ପୁଣି ମିଶିଯାଉଛି ଶୁଣିବା ଲୋକର କେତେ କଳ୍ପନା, ମନଗଢ଼ା କଥା। ଲକ୍ଷ ଲକ୍ଷ ବର୍ଷର ସଂସ୍କୃତି—ତାର ଇତିହାସ—ତାର ସାହିତ୍ୟ କେଉଁଠୁ ଆଜି ସଂଗ୍ରହ କରିବ କିଏ ? ବଣ୍ଡା ଆଦିବାସୀର ସାଂସ୍କୃତିକ ଜୀବନ ଆଲୋଚନା କରିବା ପାଇଁ ଏ ପ୍ରବନ୍ଧର ପୃଷ୍ଠା ସୀମିତ।

ତଥାପି ସମୁଦ୍ରରୁ ବିନ୍ଦୁଏ ଭଳି କୌଣସି ଆଦିମ ସଂସ୍କୃତି ଓ ସାହିତ୍ୟରୁ ଖିଏ ମିଳିଗଲେ ସେଥିରେ ଦିଶିଯାଏ ସମଗ୍ର ପୃଥିବୀର ମୁହଁ—ସମଗ୍ର ପୃଥିବୀର ସଂସ୍କୃତି ତଥା ଭାରତୀୟ ସଂସ୍କୃତିର ମୂଳ ଉତ୍ସ ତ ହେଉଛି ଆଦିମ ସଂସ୍କୃତି। ତେଣୁ ସେଇ ଆଦିମ ମଣିଷ ଓ ଆଦିମ ସଂସ୍କୃତିକୁ ଆଖି ତଳେଇ କରି ବିଚାର କରିବାର ଅହଂଭାବ—ଅନ୍ୟ ଅର୍ଥରେ ହୀନମନ୍ୟତା—ସଭ୍ୟ ଭବେଷକର ମନରେ ନଆସିବା ଭଲ। ମନକୁ ମୁକୁଳା ନ ରଖିଲେ ନିଜ ଭାବନାକୁ, ନିଜ ଦର୍ଶନକୁ, ଆଦିମ ମଣିଷର ମହାନ୍ ସଂସ୍କୃତି ଉପରେ ଥାପନା କରି ସତ୍ୟକୁ ବିକୃତ କରିବା ହିଁ ସାର ହେବ।

■

ବୌଦ୍ଧ-ସଂସ୍କୃତିର ବିକାଶରେ ଓଡ଼ିଶାର ଭୂମିକା

ସୁରେନ୍ଦ୍ରକୁମାର ମହାରଣା

ବୁଦ୍ଧଦେବଙ୍କ ବାଣୀକୁ କେନ୍ଦ୍ରକରି ବୌଦ୍ଧଧର୍ମ ଗଢ଼ି ଉଠିଥିଲା। ବୁଦ୍ଧଦେବଙ୍କ ସମୟ ଥିଲା ଖ୍ରୀଷ୍ଟପୂର୍ବ ଷଷ୍ଠ ଶତାବ୍ଦୀ। ତଦାନୀନ୍ତନ ସମାଜରେ ପ୍ରଚଳିତ ସାମାଜିକ କୁସଂସ୍କାର ବିରୁଦ୍ଧରେ ସେ ସଂଗ୍ରାମ କରିଥିଲେ। ବୌଦ୍ଧଧର୍ମ, ବୈଦିକ-ପରମ୍ପରାସିଦ୍ଧ ପଶୁବଳି ଓ ଜାତିପ୍ରଥା ବିରୋଧରେ ସ୍ୱରୋତ୍ତଳନ କଲା ଏବଂ ମଣିଷ ସମାଜପାଇଁ ଯାହା ଆବଶ୍ୟକ, ତାହା ଗ୍ରହଣ କରି, ସମାଜ-ବିରୋଧୀ ବ୍ୟବସ୍ଥାଗୁଡ଼ିକୁ ଉପେକ୍ଷା କଲା। ତେଣୁ ବୌଦ୍ଧଧର୍ମ ଖୁବ୍ ଶୀଘ୍ର ଜନମାନସକୁ ଆକୃଷ୍ଟ କରିବା ସଙ୍ଗେ ସଙ୍ଗେ ନିଜର ଲୋକପ୍ରିୟତା ବୃଦ୍ଧି କରିବାରେ ଲାଗିଲା। ଏହି ଧର୍ମରେ ଦୀକ୍ଷିତ ହେବାପାଇଁ ଯେଉଁ ନିୟମମାନ ପ୍ରଣୟନ କରାଯାଇଥିଲା, ସେଗୁଡ଼ିକ ଥିଲା ସାଧାରଣତଃ ସହଜ ଓ ସରଳ। ମାତ୍ର ଦୀକ୍ଷିତ ହେବାପରେ ଅର୍ଥାତ୍ ବୌଦ୍ଧ ହିସାବରେ ଜୀବନଯାପନ କରିବା ପାଇଁ ପ୍ରଣୀତ ନିୟମାବଳୀ ଥିଲା ଖୁବ୍ କଠିନ। ବୌଦ୍ଧଭିକ୍ଷୁଗଣଙ୍କ ପାଇଁ ମଦ୍ୟପାନ, ମାଂସ, ମତ୍ସ୍ୟ ଇତ୍ୟାଦି ଭକ୍ଷଣ କରିବା ନିଷିଦ୍ଧ ଥିଲା; ଏପରିକି ନାରୀମାନଙ୍କ ସହିତ କଥାବାର୍ତ୍ତା କରିବା ଓ ମିଳାମିଶା କରିବା ଥିଲା ସେମାନଙ୍କ ପକ୍ଷରେ ଏକ ଅପରାଧ। ଯେଉଁମାନେ କୋହଳ ନିୟମାବଳୀ ପ୍ରତି ଆକୃଷ୍ଟ ହୋଇ ଏ ଧର୍ମରେ ଦୀକ୍ଷିତ ହୋଇଥିଲେ, ସେମାନେ ହଠାତ୍ ଏ କଠୋର ନୀତିନିୟମକୁ ପାଳନ କରିବାକୁ ସମର୍ଥ ହୋଇପାରିଲେ ନାହିଁ। ଏହି କଠୋର ନୀତିନିୟମର ବିରୁଦ୍ଧାଚରଣ କରୁଥିବା ଭିକ୍ଷୁଗଣ ସଂଘରୁ ବହିଷ୍କୃତ

ହେଉଥିଲେ। ଫଳରେ ଏକ ଅସନ୍ତୁଷ୍ଟି ଗୋଷ୍ଠୀ ଦେଖାଦେଲେ, ଏବଂ ପ୍ରଚଳିତ ନିୟମାବଳୀ ବିରୋଧରେ ଗୁପ୍ତ ଆଲୋଚନାମାନ ଆରମ୍ଭ କଲେ। ବୁଦ୍ଧଙ୍କ ନିକଟତମ ଶିଷ୍ୟମାନଙ୍କ ମଧ୍ୟରେ ମତଭେଦ ଘଟିବା ଫଳରେ ବୁଦ୍ଧଦେବଙ୍କ ମହାପରିନିର୍ବାଣର ମାତ୍ର ତିନିମାସ ପରେ ବୌଦ୍ଧଧର୍ମ ଗ୍ରନ୍ଥ ତ୍ରିପିଟକର କେତେକ ନିୟମକୁ କୋହଳ କରିବା ଉଦ୍ଦେଶ୍ୟରେ ରାଜଗୃହଠାରେ ପ୍ରଥମ ବୌଦ୍ଧ-ମହାସମ୍ମିଳନୀ ଅନୁଷ୍ଠିତ ହେଲା; କିନ୍ତୁ ଏଥିରେ ବୌଦ୍ଧଧର୍ମର ନୀତିଗୁଡ଼ିକୁ ଅପରିବର୍ତ୍ତିତ ରଖାଯିବା ସପକ୍ଷରେ ପ୍ରସ୍ତାବ ଗୃହୀତ ହେଲା।

ବୁଦ୍ଧଦେବଙ୍କ ମହାପରିନିର୍ବାଣର ଏକଶତ ବର୍ଷପରେ ବୈଶାଳୀଠାରେ ଦ୍ୱିତୀୟ ବୌଦ୍ଧ ମହାସମ୍ମିଳନୀ ଅନୁଷ୍ଠିତ ହେଲା। ଏଥିରେ 'ବିନୟ'ର ୨୭୩ଟି ନିୟମ ମଧ୍ୟକୁ ଅନ୍ତତଃ ୧୦ଟିର ସାମାନ୍ୟ ଧରଣର ପରିବର୍ତ୍ତନ କରିବାପାଇଁ ଆସିଥିବା ପ୍ରସ୍ତାବ ଗୃହୀତ ହୋଇପାରିଲା ନାହିଁ। ଫଳରେ ଏକ ଅସନ୍ତୁଷ୍ଟ ଗୋଷ୍ଠୀ ସେଠାରୁ ଫେରିଆସି ଅନ୍ୟ ଏକ ମହାସମ୍ମିଳନୀ ବା ମହାସଂଘର ଆୟୋଜନ କଲେ। ଯେଉଁମାନେ ପୂର୍ବୋକ୍ତ ସମ୍ମିଳନୀରେ ଯୋଗଦେଲେ ସେମାନେ ସ୍ଥବିର ନାମରେ ଓ ସେମାନଙ୍କ ସଂପ୍ରଦାୟ ସ୍ଥବିରବାଦ ନାମରେ ପରିଚିତ ହେଲା। ଯେଉଁମାନେ ଏହି ସମ୍ମିଳନୀରୁ ଓହରି ଆସି ନୂତନ ମହାସଂଘ ଗଠନ କଲେ ସେମାନେ ମହାସାଂଘିକ ରୂପେ ପରିଚିତ ହେଲେ।

ସ୍ଥବିରବାଦୀ ଓ ମହାସାଂଘିକ ଗୋଷ୍ଠୀଦ୍ୱୟ ମଧ୍ୟରେ ମତଭେଦ ବୃଦ୍ଧି ପାଇବାରେ ଲାଗିଲା। ଶେଷରେ ସେମାନେ ଦୁଇ ସମ୍ପ୍ରଦାୟରେ ବିଭକ୍ତ ହେଲେ। 'ବିନୟ' ନୀତିକୁ ଅପରିବର୍ତ୍ତିତ ରଖିବାପାଇଁ ଚାହୁଁଥିବା ରକ୍ଷଣଶୀଳ ଗୋଷ୍ଠୀ ବା ସ୍ଥବିରବାଦୀ ଗୋଷ୍ଠୀ 'ହୀନଯାନୀ' ନାମରେ ଓ ବିନୟ ନୀତିରେ ସଂସ୍କାର ଆଣି ଧର୍ମକୁ ଯୁଗୋପଯୋଗୀ କରିବାପାଇଁ ଇଚ୍ଛା କରୁଥିବା ପ୍ରଗତିଶୀଳ ଗୋଷ୍ଠୀ 'ମହାଯାନୀ' ଭାବରେ ନାମିତ ହେଲେ। ପରବର୍ତ୍ତୀକାଳରେ ବୌଦ୍ଧ ଦର୍ଶନକୁ ବ୍ୟାଖ୍ୟାକରି ସର୍ବାସ୍ତିବାଦ ନାମକ ଅନ୍ୟ ଏକ ପ୍ରଗତିଶୀଳ ଶାଖା ଜନ୍ମନେଲା ମହାଯାନ ସଂପ୍ରଦାୟରୁ। ହୀନଯାନପନ୍ଥୀ ସନ୍ନ୍ୟାସୀଗଣ ଥେରବାଦୀ ଭାବରେ ନିଜ ନିଜକୁ ପରିଚିତ କରାଉଥିଲେ ହେଁ ମହାଯାନ-ପନ୍ଥୀ ସେମାନଙ୍କୁ ହୀନଯାନୀ କହି ନିନ୍ଦିତ କରିବାକୁ ଚେଷ୍ଟା କରୁଥିଲେ। ସମୟକ୍ରମେ ହୀନଯାନ ବୈଭାଷିକ (ପ୍ରତ୍ୟକ୍ଷବାଦ) ଓ ସୌତ୍ରାନ୍ତିକ (ଅନୁମେୟବାଦ) ଏବଂ ମହାଯାନ ଯୋଗାଚାର (ବିଜ୍ଞାନବାଦ) ଓ ମାଧ୍ୟମିକ (ଶୂନ୍ୟବାଦ)—ଏହିପରି ଦୁଇ ଦୁଇ ଭାଗରେ ବିଭକ୍ତ ହୋଇଗଲା। ଅଶୋକଙ୍କ ରାଜତ୍ୱ କାଳରେ ତୃତୀୟ ବୌଦ୍ଧସମ୍ମିଳନୀ ଓ କନିଷ୍କଙ୍କ ସମୟରେ ଚତୁର୍ଥ ବୌଦ୍ଧସମ୍ମିଳନୀ ଆହୂତ ହେଲା। ଏହି ଚାରିଗୋଟି ସମ୍ମିଳନୀ ବୌଦ୍ଧଧର୍ମକୁ ବହୁ ସମ୍ପ୍ରଦାୟରେ ବିଭକ୍ତ କରିଥିବାରୁ

ଏଗୁଡ଼ିକୁ ବାସ୍ତବିକ ବୌଦ୍ଧଧର୍ମର ଭାଗ୍ୟ ନିୟନ୍ତ୍ରଣକାରୀ ଭାବରେ ଗ୍ରହଣ କରାଯାଇପାରେ ।

ପରବର୍ତ୍ତୀକାଳରେ ମହାଯାନ ଧର୍ମତତ୍ତ୍ୱମାନ ସଂକଳିତ ହେଲା । ଫଳରେ ଏକ ନୂତନ ସାହିତ୍ୟର ଉତ୍ପତ୍ତି ହେଲା । ଖ୍ରୀଷ୍ଟୀୟ ୧ମ ଶତାବ୍ଦୀ—୫ମ ଶତାବ୍ଦୀ ମଧ୍ୟରେ ଏହାର ପୂର୍ଣ୍ଣାଙ୍ଗ ରୂପ ପ୍ରକାଶିତ ହୋଇଥିଲା । ହୀନଯାନ ସମ୍ପ୍ରଦାୟର ଧର୍ମତତ୍ତ୍ୱମାନ ପାଲିରେ ଲିଖିତ ହୋଇଥିବାବେଳେ ମହାଯାନୀମାନଙ୍କର ଧର୍ମତତ୍ତ୍ୱମାନ ସଂସ୍କୃତରେ ଲିଖିତ ହୋଇଥିଲା । କଠୋର ତପ ଓ ବ୍ରତ ଆଚରଣ କରି ଅର୍ହିତ ହେବା ହୀନଯାନୀମାନଙ୍କର ମୁଖ୍ୟ ଉଦ୍ଦେଶ୍ୟ ଥିବାବେଳେ; ମହାଯାନୀମାନଙ୍କର ଲକ୍ଷ୍ୟ ଥିଲା ସମଗ୍ର ମାନବ ସମାଜର ମୁକ୍ତି ନିମନ୍ତେ ବିଭିନ୍ନ ବୋଧିସତ୍ତ୍ୱ ସ୍ତର ଅତିକ୍ରମ କରି ବୁଦ୍ଧତ୍ୱ ପ୍ରାପ୍ତ ହେବା । ଫଳରେ ସମାଜର ସକଳ ସ୍ତରର ଅଧିବାସୀ ଏଥିପ୍ରତି ଆକୃଷ୍ଟ ହେଲେ । ସମସ୍ତଙ୍କୁ ବୌଦ୍ଧଧର୍ମ ମଧ୍ୟରେ ଆବଦ୍ଧ କରି ରଖିବା ଓ ସମସ୍ତଙ୍କୁ ଆନନ୍ଦ ଦେଲାଭଳି କେତେକ ନୂତନ ବ୍ୟବସ୍ଥା ରଖିବାକୁ ପଡ଼ିଲା ମହାଯାନ ବୌଦ୍ଧଧର୍ମରେ । ଏହି ସୁଯୋଗରେ ତତ୍କାଳୀନ ସମାଜରେ ପ୍ରଚଳିତ କେତେକ ଅତି ଲୋକପ୍ରିୟ ତାନ୍ତ୍ରିକ ଓ ଅଣବୌଦ୍ଧ ଅଭିଚାର, ପୂଜାପଦ୍ଧତି ଭାବରେ ବୌଦ୍ଧଧର୍ମ ମଧ୍ୟରେ ଅନୁପ୍ରବେଶ କଲା । ମାରଣ, ମୋହନ, ସ୍ତମ୍ଭନ, ବିଦ୍ୱେଷଣ, ଉଚ୍ଚାଟନ, ବର୍ଗୀକରଣ ଆଦି ଷଟ୍ ଅଭିଚାର ଏବଂ ମଦ୍ୟ, ମାଂସ, ମତ୍ସ୍ୟ, ମୁଦ୍ରା ଓ ମୈଥୁନ ଆଦି ପଞ୍ଚ 'ମ'କାର ସେବାର ସ୍ରୋତ ପବିତ୍ର ବୌଦ୍ଧଧର୍ମ ଭିତରକୁ ଅନୁପ୍ରବେଶ କରି ଏପରି ଭାବରେ ସଂକ୍ରମିତ କରିପକାଇଲା ଯେ, ମହାଯାନ ବୌଦ୍ଧଧର୍ମର ଶେଷ ପର୍ଯ୍ୟାୟ ତାନ୍ତ୍ରିକ ବୌଦ୍ଧଧର୍ମ ନାମରେ ପରିଚିତ ହେଲା ।

ବୁଦ୍ଧଦେବ ବିଂଶବର୍ଷ ଧର୍ମ ପ୍ରଚାର କରିଥିଲେ ମଧ୍ୟ କଳିଙ୍ଗକୁ ଆସିବା ପାଇଁ ଅବସର ପାଇ ନଥିଲେ । ତାଙ୍କ ପ୍ରଚାର କାର୍ଯ୍ୟ ବସ୍ତୁତଃ ମଧ୍ୟ-ଗାଙ୍ଗେୟ ଉପତ୍ୟକାରେ ସୀମିତ ଥିଲା । କଳିଙ୍ଗକୁ ଆସି ନଥିଲେ ହେଁ କଳିଙ୍ଗ ଦେଶ ବିଷୟରେ ତାଙ୍କର ସମ୍ୟକ୍ ଜ୍ଞାନ ଥଲା । କେତେକ ଚୀନ ଗ୍ରନ୍ଥରୁ ଜଣାଯାଏ ଯେ ଯେଉଁ ବାରଟି ସ୍ଥାନରେ ସାଧନା କରିବା ଦ୍ୱାରା ସିଦ୍ଧିପ୍ରାପ୍ତ ସହଜ ହୁଏ ବୋଲି ବୁଦ୍ଧଦେବ କହୁଥିଲେ ସେହି ବାରଟି ସ୍ଥାନ ମଧ୍ୟରେ କଳିଙ୍ଗ ଅନ୍ୟତମ ଥିଲା । ପୁନଶ୍ଚ ତାଙ୍କ ଜୀବନ କାଳ ମଧ୍ୟରେ କଳିଙ୍ଗରେ ବୌଦ୍ଧଧର୍ମ ଅଜ୍ଞାତ ନ ଥିଲା । 'ବିନୟ ପିଟକ'ର 'ମହାବଗ୍‌ଗ' ଅନୁସାରେ ଉତ୍କଳ ଜନପଦର ତପସ୍‌ସୁ ଓ ଭଲ୍ଲିକ ନାମଧେୟ ଦୁଇଜଣ ବଣିକ ପାଞ୍ଚଶତ ଶକଟରେ ପଣ୍ୟଦ୍ରବ୍ୟ ଘେନି ମଧ୍ୟଦେଶକୁ ଯିବାବାଟରେ ଉରୁବେଳା ଜଙ୍ଗଲରେ ବୁଦ୍ଧଙ୍କ ସାକ୍ଷାତ ଲାଭ କରିଥିଲେ । ବୁଦ୍ଧତ୍ୱ ଲାଭ କରିବାପରେ ବୁଦ୍ଧ ସର୍ବପ୍ରଥମେ ସେ ଦୁଇଜଣଙ୍କଠାରୁ

ଖାଦ୍ୟ ଗ୍ରହଣକରି ଜୀବନ ରକ୍ଷା କରିଥିଲେ । ସେ ଏହି ବଣିକ ଦୁଇଭାଇଙ୍କୁ ପ୍ରଥମେ ବୌଦ୍ଧଧର୍ମରେ ଦୀକ୍ଷିତ କରିଥିଲେ । ବୌଦ୍ଧଧର୍ମ ଇତିହାସରେ ଏହା ଏକ ସ୍ମରଣୀୟ ଘଟଣା । ଅଶୋକଙ୍କ ପୂର୍ବରୁ ତତ୍କାଳୀନ ଉତ୍କଳରେ ବୌଦ୍ଧଧର୍ମର ପ୍ରଚଳନ ଥିବା ଜଣାଯାଏ । ଅଶୋକଙ୍କ ତ୍ରୟୋଦଶ ଶିଳାଲେଖରେ ବର୍ଣ୍ଣିତ ଅଛି ଯେ ତାଙ୍କର କଳିଙ୍ଗ ଆକ୍ରମଣ ସମୟରେ କେବଳ ବ୍ରାହ୍ମଣମାନେ ନୁହନ୍ତି ଶ୍ରମଣମାନେ ମଧ୍ୟ ଦୁର୍ଦ୍ଦଶାଗ୍ରସ୍ତ ହୋଇଥିଲେ ।

ଖ୍ରୀଷ୍ଟପୂର୍ବ ୨୬୧ ରେ ସଂଘଟିତ କଳିଙ୍ଗ ଯୁଦ୍ଧ ଭାରତର ସାଂସ୍କୃତିକ ପରମ୍ପରାରେ ବହୁ ପରିବର୍ତ୍ତନ ଆନୟନ କରିଥିଲା । ପୂର୍ବରୁ ବୌଦ୍ଧଧର୍ମ ଏକ ଅସ୍ପଷ୍ଟ ଧର୍ମଭାବରେ ଗାଙ୍ଗେୟ ଉପତ୍ୟକାରେ କେବଳ ଆବଦ୍ଧ ଥିଲା, କିନ୍ତୁ କଳିଙ୍ଗ ଯୁଦ୍ଧପରେ ଅଶୋକଙ୍କ ହୃଦୟ ପରିବର୍ତ୍ତନ ହେବା ଦ୍ୱାରା ସେ ଏହି ଧର୍ମର ପ୍ରଚାର ଓ ପ୍ରସାର କାର୍ଯ୍ୟରେ ଲାଗିପଡ଼ିଲେ । କଳିଙ୍ଗ ଯୁଦ୍ଧର ମାତ୍ର ଅଳ୍ପ କେତୋଟି ବର୍ଷ ମଧ୍ୟରେ ବୌଦ୍ଧଧର୍ମ କାଶ୍ମୀରଠାରୁ କୁମାରିକା ପର୍ଯ୍ୟନ୍ତ ସମଗ୍ର ଭାରତବର୍ଷରେ ପରିବ୍ୟାପ୍ତ ହେଲା ଏବଂ କ୍ରମେ ଭାରତର ସୀମାରେଖା ଲଙ୍ଘନ କରି ପଶ୍ଚିମରେ ଗ୍ରୀସ୍, ପୂର୍ବରେ ବ୍ରହ୍ମଦେଶ ଓ ଦକ୍ଷିଣରେ ସିଂହଳ ପର୍ଯ୍ୟନ୍ତ ତଦାନୀନ୍ତନ ଜ୍ଞାତ ସମଗ୍ର ପୃଥିବୀ (the then known world)ରେ ପ୍ରସାରିତ ଓ ପ୍ରଚଳିତ ହେଲା । ଅଶୋକଙ୍କ ଭାଇ ତିସ୍ସ ବୌଦ୍ଧ ଭାବରେ ଶେଷ ଜୀବନ କଟାଇଥିଲେ, ତାଙ୍କ ପାଇଁ କଳିଙ୍ଗରେ ନିର୍ମିତ ଭୋଜକଗିରି ବିହାରରେ । ତିସ୍ସଙ୍କ ଗୁରୁ ଆଚାର୍ଯ୍ୟ ଧର୍ମରକ୍ଷିତ ମହାରାଷ୍ଟ୍ର ଅଞ୍ଚଳରେ ବୌଦ୍ଧଧର୍ମ ପ୍ରଚାର କରିବା ପରେ ଜୀବନର ଶେଷ ଭାଗରେ କଳିଙ୍ଗ ଆସି ଏହି ଭୋଜକ ଗିରି ବିହାରରେ ଥେରବାଦ ବୌଦ୍ଧଧର୍ମ ପ୍ରଚାର କରିଥିଲେ । ଦାକ୍ଷିଣାତ୍ୟରେ ଧର୍ମ ପ୍ରଚାର କରିବା ଅବସରରେ ଆଚାର୍ଯ୍ୟ ମହାଦେବ କଳିଙ୍ଗ ଆସି କଳିଙ୍ଗବାସୀଙ୍କୁ ମହାସାଂଘିକବାଦ ପ୍ରତି ଆକୃଷ୍ଟ କରାଇଥିଲେ । ସର୍ବାସ୍ତିବାଦୀ ଆଚାର୍ଯ୍ୟ ଉପଗୁପ୍ତ ଓ ମଧ୍ୟନ୍ଦ୍ରିକ କଳିଙ୍ଗକୁ ଆସିଥିବାର ବିଶେଷ ପ୍ରମାଣ ମିଳୁ ନଥିଲେ ହେଁ ସେ ଦୁହିଁଙ୍କର ପ୍ରିୟ ଶିଷ୍ୟ ଆଚାର୍ଯ୍ୟ ଧିତିକ କୁମାର କଳିଙ୍ଗରେ ବହୁକାଳ ପର୍ଯ୍ୟନ୍ତ, ସର୍ବାସ୍ତିବାଦ ପ୍ରଚାର କରିଥିଲେ । ଆଚାର୍ଯ୍ୟ ଧିତିକଙ୍କ ଶିଷ୍ୟ କାଲ (କୃଷ୍ଣ) ଓ କାଳଙ୍କ ଶିଷ୍ୟ ପୋଷାଢ଼ ପରବର୍ତ୍ତୀ କାଳରେ କଳିଙ୍ଗରେ ସର୍ବାସ୍ତିବାଦ ପ୍ରଚାର କାର୍ଯ୍ୟରେ ମନୋନିବେଶ କରିଥିଲେ ।

ଉତ୍କଳର ତପସ୍ସୁ ଓ ଭଲ୍ଲିକ ବଣିକ ଦ୍ୱୟ ବୁଦ୍ଧଙ୍କଠାରୁ ଦୀକ୍ଷା ଗ୍ରହଣ କରିସାରିବା ପରେ କଳିଙ୍ଗ ଫେରିଥିଲେ ଓ କଳିଙ୍ଗଠାରୁ ସିଂହଳ ଦ୍ୱୀପକୁ ଯାତ୍ରା କରିଥିଲେ । ସେମାନେ ସିଂହଳ ଦ୍ୱୀପର ପୂର୍ବ ଉପକୂଳରେ ଏକ ସୁନ୍ଦର ଚୈତ୍ୟ ନିର୍ମାଣ କରିଥିବା ବିଷୟ ସିଂହଳର କେତେକ ପ୍ରାଚୀନ ଅଭିଲେଖରୁ ପ୍ରମାଣିତ ହୁଏ । ଅଶୋକଙ୍କ ପୁତ୍ର ମହେନ୍ଦ୍ର

ଧର୍ମ ବିଷୟ ଉଦ୍ଦେଶ୍ୟରେ ସିଂହଳର ରାଜା ଦେବପ୍ରିୟ ତିସ୍ସଙ୍କ ରାଜତ୍ୱକାଳ (ଖ୍ରୀ. ପୂ. ୨୪୭-୨୦୭)ରେ ସିଂହଳ ଯାତ୍ରା କରିଥିଲେ। ଏହି ଘଟଣାର କିଛି ବର୍ଷ ପରେ ସିଂହଳ ଯାତ୍ରା କରିଥିଲେ ଅଶୋକଙ୍କ କନ୍ୟା ସଂଘମିତ୍ରା, ଦେବପ୍ରିୟ ତିସ୍ସଙ୍କ ରାଣୀ ଅନୁଲାଙ୍କୁ ଧର୍ମଦୀକ୍ଷା ଦେବା ପାଇଁ। ସେ ତାମ୍ରଲିପ୍ତି ବନ୍ଦରରୁ ବୋଇତରେ ବସି ସିଂହଳ ଯାତ୍ରା କରିଥିଲେ। ସେ ସିଂହଳବାସୀଙ୍କ ପାଇଁ ଉପହାର ସ୍ୱରୂପ ନେଇଥିଲେ ସୁବିଖ୍ୟାତ ବୋଧିଦ୍ରୁମର ଏକ ଶାଖା। ତାଙ୍କ ସହିତ କଳିଙ୍ଗର ଆଠଟି ବୌଦ୍ଧ ପରିବାର ମଧ୍ୟ ସିଂହଳ ଯାତ୍ରା କରିଥିଲେ। ସେହିମାନେହିଁ ସିଂହଳ ଦ୍ୱୀପରେ ସ୍ଥାୟୀ ବାସିନ୍ଦା ରୂପେ ବାସ କରି ବୌଦ୍ଧଧର୍ମ ଓ ସଂସ୍କୃତିର ପରିପ୍ରଚାର ଓ ପରିପ୍ରସାରରେ ସକ୍ରିୟ ଭୂମିକା ଗ୍ରହଣ କରିଥିଲେ।

ସିଂହଳ, ବ୍ରହ୍ମଦେଶ (Burma), ଶ୍ୟାମ (Siam) ବା ଥାଇଲ୍ୟାଣ୍ଡ, ସହର କଳିଙ୍ଗର ଘନଷ୍ଠ ସମ୍ପର୍କ ସ୍ଥାପିତ ହୋଇଥିଲା ବାଣିଜ୍ୟ କାରବାର ଦ୍ୱାରା। ପାଲି ତତ୍‌କାଳୀନ କଳିଙ୍ଗର ଭାଷା ଥିଲା ଏବଂ ପାଲି ମାଧ୍ୟମରେ ଏହି ଦେଶମାନଙ୍କରେ ବୌଦ୍ଧଧର୍ମର ପ୍ରଚାର ଓ ପ୍ରସାର ସୁଗମ ହୋଇଥିଲା ବୋଲି କେତେକ ବିଦ୍ୱାନ୍ ମତ ଦିଅନ୍ତି। ବୌଦ୍ଧଧର୍ମ ଓ ସଂସ୍କୃତିର ବିକାଶରେ କଳିଙ୍ଗର ଭୂମିକା ଗୁରୁତ୍ୱପୂର୍ଣ୍ଣ ଥିବା ଏଥିରୁ ଅନୁମିତ ହୁଏ।

'ଦାଠା ଧାତୁବଂସ'ର ଏକ ବିବରଣୀ ଅନୁସାରେ କୁଶୀନଗରଠାରେ ବୁଦ୍ଧଙ୍କ ଚିତାଭସ୍ମରୁ ସଂଗୃହୀତ ତାଙ୍କର ଏକ କଳଦନ୍ତ ତତ୍କାଳୀନ କଳିଙ୍ଗର ରାଜଧାନୀ ଦନ୍ତପୁରକୁ ଆଣିଥିଲେ ଥେର କ୍ଷେମ। ଦନ୍ତପୁରର ତତ୍‌କାଳୀନ ରାଜା ଗୁହଶିବ ଏକ ସୁବିଶାଳ ଚୈତ୍ୟ ନିର୍ମାଣ କରି ଦନ୍ତଧାତୁକୁ ପ୍ରତିଷ୍ଠା କରିଥିଲେ। ପାଟଳିପୁତ୍ରର ରାଜା ପଣ୍ଡୁ ଦନ୍ତଧାତୁର ଅଲୌକିକ ଶକ୍ତି ଜାଣି ବୌଦ୍ଧଧର୍ମରେ ଦୀକ୍ଷିତ ହୋଇଥିଲେ। ପରେ ଦନ୍ତପୁର ଉପରେ ବାରମ୍ବାର ଆକ୍ରମଣ ହୋଇଥିଲା। ବୌଦ୍ଧଧର୍ମାବଲମ୍ବୀ ଗୁହଶିବ ଦନ୍ତଧାତୁକୁ ପ୍ରତିବେଶୀମାନଙ୍କ ଆକ୍ରମଣରୁ ରକ୍ଷା କରିବାପାଇଁ ଶେଷରେ ବାଧ୍ୟ ହୋଇ ଏହାକୁ ନିଜ କନ୍ୟା ହେମମାଳା ଓ ଜାମାତା ଦନ୍ତକୁମାରଙ୍କ ହସ୍ତରେ ସିଂହଳକୁ ସ୍ଥାନାନ୍ତରିତ କଲେ। ହେମମାଳା ଓ ଦନ୍ତକୁମାର ଛଦ୍ମବେଶରେ ତାମ୍ରଲିପ୍ତି ବନ୍ଦରରୁ ବୋଇତ ଚଢ଼ି ସିଂହଳ ଯାତ୍ରା କଲେ। ସିଂହଳର ତତ୍କାଳୀନ ରାଜା ଥିଲେ ମହାସେନ (ଖ୍ରୀ.୨୭୭-୩୦୪)। ସେ ଥିଲେ ଗୁହଶିବଙ୍କର ପରମ ମିତ୍ର। ଦନ୍ତଧାତୁ ଶ୍ରୀଲଙ୍କାରେ ପହଞ୍ଚିବା ପୂର୍ବରୁ ମହାସେନଙ୍କର ମୃତ୍ୟୁ ଘଟିଥିଲା। ତେଣୁ ତାଙ୍କର ପୁତ୍ର ମହାମେଘବର୍ଣ୍ଣ ଦନ୍ତଧାତୁକୁ ସସମ୍ମାନ ଗ୍ରହଣ କରି ତାର ସଂରକ୍ଷଣ ନିମନ୍ତେ ଉପଯୁକ୍ତ ବ୍ୟବସ୍ଥା କରିଥିଲେ। ଦନ୍ତ ସ୍ଥାନାନ୍ତରିତ ହେବା ପରେ ଦନ୍ତପୁରର ସୁଖ୍ୟାତି କ୍ଷୁଣ୍ଣ ହୋଇଥିଲା। ଦନ୍ତପୁର ପରେ ପୁଷ୍ପଗିରି ଏକ ବିଶିଷ୍ଟ ବୌଦ୍ଧପୀଠର ସମ୍ମାନ ଲାଭ କରିଥିଲା।

ସମ୍ରାଟ ହର୍ଷବର୍ଦ୍ଧନ ମହାଯାନ ବୌଦ୍ଧଧର୍ମର ପୃଷ୍ଠପୋଷକ ଥିଲେ ଓ ହୀନଯାନୀ ବା ଅର୍ହତଯାନୀ ବୌଦ୍ଧମାନଙ୍କ ସ୍ଥିତି ଅସୂୟାଭାବ ପୋଷଣ କରୁଥିଲେ। ସେ ୬୪୨ ଖ୍ରୀଷ୍ଟାବ୍ଦରେ କଙ୍ଗୋଦି ବିଜୟ କରି ଫେରୁଥିବାବେଳେ ତତ୍କାଳୀନ ଓଡ଼ିଶାର ହୀନଯାନୀ ବୌଦ୍ଧମାନେ ପ୍ରାଜ୍ଞଗୁପ୍ତ ନାମକ ଏହି ସଂପ୍ରଦାୟର ଜଣେ ପଣ୍ଡିତଙ୍କ ଦ୍ୱାରା ଲିଖିତ ସାତଶହ ଶ୍ଳୋକ ବିଶିଷ୍ଟ ଏକ ଗ୍ରନ୍ଥ ହର୍ଷବର୍ଦ୍ଧନଙ୍କୁ ପ୍ରଦାନ କରିଥିଲେ, ଯେଉଁଥିରେ ହୀନଯାନର ବୈଶିଷ୍ଟ୍ୟ ଓ ମହାଯାନର ଅସାରତା ପ୍ରତିପାଦିତ ହେବା ସଙ୍ଗେ ସଙ୍ଗେ ମହାଯାନୀମାନଙ୍କୁ ବୌଦ୍ଧଧର୍ମ ତତ୍ତ୍ୱ ସମ୍ବନ୍ଧରେ ଆଲେଚନା କରିବା ନିମନ୍ତେ ଏକ ଆହ୍ୱାନ ଦିଆଯାଇଥିଲା। ଏଥିରୁ ପ୍ରତିପାଦିତ ହୁଏ ଯେ ଖ୍ରୀଷ୍ଟୀୟ ୭ମ ଶତାବ୍ଦୀ ପର୍ଯ୍ୟନ୍ତ ହୀନଯାନ ବୌଦ୍ଧ ସଂପ୍ରଦାୟ ଓଡ଼ିଶାରେ ସକ୍ରିୟ ଥିଲା, ଯଦିଓ ଖ୍ରୀଷ୍ଟୀୟ ୧ମ ଶତାବ୍ଦୀରୁ ମହାଯାନ ସମ୍ପ୍ରଦାୟ ଜନ୍ମଲାଭ କରି ସେତେବେଳକୁ ବେଶ୍ ସବଳ ହୋଇସାରିଥିଲା।

ବୌଦ୍ଧଧର୍ମରେ ଦେଖା ଦେଇଥିବା ଗୋଷ୍ଠୀ କନ୍ଦଳରୁ ମହାଯାନ ଶାଖାର ଉତ୍ପତ୍ତି ହୋଇଥିବା କଥା ପୂର୍ବରୁ କୁହାଯାଇଛି। ତେବେ ଏହା କେବେ ଓ କେଉଁଠାରେ ଉଦ୍‌ଭୂତ ହୋଇଥିଲା, ଏ ସମ୍ପର୍କରେ ସଠିକ ପ୍ରମାଣ ଉପଲବ୍‌ଧ ନ ହେଲେହେଁ, ଖ୍ରୀଷ୍ଟୀୟ ୧ମ ଶତାବ୍ଦୀରେ ଓ ତଦାନୀନ୍ତନ ଓଡ଼ିଶାରେ ଯେ ଏହାର ସୃଷ୍ଟି ହୋଇଥିଲା, ଏକଥା ପ୍ରମାଣ କରିଛନ୍ତି ଓଡ଼ିଶାର ପ୍ରଖ୍ୟାତ ଐତିହାସିକ ତଥା ପ୍ରତ୍ନତତ୍ତ୍ୱବିତ୍ ସ୍ୱର୍ଗତ ଡକ୍ଟର ନବୀନ କୁମାର ସାହୁ ନିଜର ବହୁ ଚର୍ଚ୍ଚିତ ଓ ବହୁ ଆଦୃତ ଗ୍ରନ୍ଥ 'Buddhism in Orissa'ରେ, ଯାହା ବିଶିଷ୍ଟ ବୌଦ୍ଧପଣ୍ଡିତ ସ୍ୱର୍ଗତ ଡକ୍ଟର ନଳିନାକ୍ଷ ଦତ୍ତଙ୍କ ଦ୍ୱାରା ସମର୍ଥନ ଲାଭ କରିଛି। ତାଙ୍କ ମତରେ 'ପ୍ରଜ୍ଞାପାରମିତା' ସାହିତ୍ୟରେ ମହାଯାନ ଶାଖାର ପୂର୍ଣ୍ଣ ପ୍ରକାଶ ଦେଖିବାକୁ ମିଳୁଥିବାରୁ ଏହି ଗ୍ରନ୍ଥର ରଚନାକାଳ ଓ ରଚନା ସ୍ଥାନ ଏହି ଶାଖାର ଜନ୍ମକାଳ ଓ ଜନ୍ମସ୍ଥାନ। ତିବ୍‌ବତୀୟ ଐତିହାସିକ ଲାମା ତାରନାଥ ପ୍ରକାଶ କରିଛନ୍ତି ଯେ 'ଅଷ୍ଟସାହସ୍ରିକା ପ୍ରଜ୍ଞାପାରମିତା' ଗ୍ରନ୍ଥ ହେଉଛି ପାରମିତା ସାହିତ୍ୟର ପ୍ରଥମ ଗ୍ରନ୍ଥ, ଯାହା ରଚିତ ହୋଇଥିଲା ଓଡ଼ିଶା ମାଟିରେ। ତାଙ୍କର ଏହି ଉକ୍ତିକୁ ସମର୍ଥନ ଜଣାଏ 'ପାଗ୍ ସାମ୍ ଜୋନ୍ ଜାଙ୍' ଗ୍ରନ୍ଥ। ମାତ୍ର ତାରନାଥଙ୍କ ବିବରଣୀ ଓ 'ପାଗ୍-ସାମ୍ ଜୋନ୍ ଜାଙ୍' 'ଅଷ୍ଟସାହସ୍ରିକା ପ୍ରଜ୍ଞାପାରମିତା' ଗ୍ରନ୍ଥର ରଚନା ସମୟ ଯାହା ନିର୍ଣ୍ଣୟ କରିଛନ୍ତି, ତାହା ଐତିହାସିକତା ବିବର୍ଜିତ ହୋଇଥିବାରୁ ଗ୍ରହଣଯୋଗ୍ୟ ନୁହେଁ। ଏହା ସମ୍ଭବତଃ ଖ୍ରୀଷ୍ଟପୂର୍ବ ୧ମ ଶତାବ୍ଦୀ ବା ଖ୍ରୀଷ୍ଟପର ୧ମ ଶତାବ୍ଦୀରେ ରଚିତ ବୋଲି ଡକ୍ଟର ସାହୁ ଯୁକ୍ତି ବାଢ଼ିଛନ୍ତି, ଯାହା ଏକାନ୍ତ ସଙ୍ଗତ ଓ ସତ୍ୟର ନିକଟବର୍ତ୍ତୀ ବୋଲି ମନେହୁଏ।

ଓଡ଼ିଶା କେବଳ ମହାଯାନ ଶାଖାକୁ ଜନ୍ମ ଦେଇନାହିଁ, ଏହାର ବିକାଶରେ ଏକ ଗୁରୁତ୍ୱପୂର୍ଣ୍ଣ ଭୂମିକା ମଧ୍ୟ ଗ୍ରହଣ କରିଛି। ତତ୍କାଳୀନ ଓଡ଼ିଶାରେ ପରିମଳଗିରି,

ସୁରଭଗିରି, ଭୋରଶୈଳ ଆଦି ବୌଦ୍ଧ ସଂସ୍କୃତିର ପୀଠମାନ ଗଢ଼ି ଉଠିଲା ଏବଂ ସେଠାରେ ନାଗାର୍ଜ୍ଜୁନ, ଆର୍ଯ୍ୟଦେବ, ସର୍ବଗାମୀ ପ୍ରମୁଖ ଆଚାର୍ଯ୍ୟଗଣ ମହାଯାନୀ ବୌଦ୍ଧଧର୍ମକୁ ବିକାଶ ପଥରେ ଆଗେଇ ନେଇଥିଲେ ଯୁଗାନ୍ତକାରୀ ବୌଦ୍ଧଦର୍ଶନ, ନ୍ୟାୟ ଓ ସାହିତ୍ୟର ସୃଷ୍ଟି କରି। ଆଧୁନିକ ଓଡ଼ିଶାର ସମ୍ବଲପୁର, କଳାହାଣ୍ଡି ଓ ବଲାଙ୍ଗୀର ଜିଲ୍ଲାର ସୀମାରେଖା ନିର୍ଦ୍ଦେଶକ ହରିଶଙ୍କର ନୃସିଂହନାଥ ପର୍ବତମାଳା ଗନ୍ଧମାର୍ଦ୍ଦନ ଗିରି ନାମରେ ପରିଚିତ। ଏହା ତତ୍‌କାଳୀନ ଓଡ଼ିଶାରେ ପରିମଳ ଗିରି ନାମରେ ବିଖ୍ୟାତ ଥିଲା ଏବଂ ଏହିଠାରେ ଖ୍ରୀଷ୍ଟୀୟ ୨ୟ ଶତାବ୍ଦୀରେ ବୌଦ୍ଧ ଦାର୍ଶନିକ ନାଗାର୍ଜ୍ଜୁନ ବାସ କରୁଥିଲେ ବୋଲି ଡକ୍ଟର ନବୀନକୁମାର ସାହୁ ପ୍ରକାଶ କରନ୍ତି। ସେଠାରେ ଏକ ବିରାଟ ସଂଘାରାମ ପ୍ରତିଷ୍ଠା କରାଯାଇଥିଲା। ନାଗାର୍ଜ୍ଜୁନ ସେହିଠାରେ ମାଧ୍ୟମିକ ଦର୍ଶନ ପ୍ରବର୍ତ୍ତନ କରିଥିଲେ ଓ ମହାଯାନ ଶାଖାକୁ ପୁଷ୍ଟ କରିଥିଲେ। ତାଙ୍କ ରଚିତ 'ମାଧ୍ୟମିକ କାରିକା' ବା 'ମାଧ୍ୟମିକ ଶାସ୍ତ୍ର' ତାଙ୍କ ପ୍ରବର୍ତ୍ତିତ ଦର୍ଶନର ମୂଳଗ୍ରନ୍ଥ। କେବଳ ଏହି ଗ୍ରନ୍ଥଟି ନୁହେଁ, ମାଧ୍ୟମିକ ଦର୍ଶନ ସମ୍ବଳିତ ପ୍ରାୟ ଆଉ କୋଡ଼ିଏଟି ଗ୍ରନ୍ଥର ମଧ୍ୟ ସେ ସ୍ରଷ୍ଟା। ମହାଯାନରେ ଶୈଶବାବସ୍ଥାରେ ଓଡ଼ିଶା ମାଟିର ଏହି ଦାର୍ଶନିକ ତଥା ସାଧକ ଏହାକୁ ଯେପରି ସଂଗଠିତ କଲେ ଏବଂ ଦୃଢ଼ତା ପ୍ରଦାନ କଲେ, ତାହା ତାକୁ ବୌଦ୍ଧଧର୍ମର ଇତିହାସରେ ଏକ ସ୍ୱତନ୍ତ୍ର ଆସନ ପ୍ରଦାନ କରେ। ସମଗ୍ର ବିଶ୍ୱକୁ ଏହା ଓଡ଼ିଶାର ଏକ ମହତ୍ ଦାନ ନିଶ୍ଚୟ।

ଆର୍ଯ୍ୟଦେବ ଥିଲେ ନାଗାର୍ଜ୍ଜୁନଙ୍କର ସୁଯୋଗ୍ୟ ଶିଷ୍ୟ। ସେ ଉତ୍କଳର ସିଂହପୁରରେ ସମ୍ଭବତଃ ଖ୍ରୀଷ୍ଟୀୟ ଦ୍ୱିତୀୟ ଶତାବ୍ଦୀରେ ଜନ୍ମ ଗ୍ରହଣ କରିଥିଲେ। ସେ ଥିଲେ ମାଧ୍ୟମିକ ଦର୍ଶନର ଜଣେ ବିଶିଷ୍ଟ ପ୍ରବକ୍ତା ଏବଂ ନିଜ ଗୁରୁଙ୍କ ଲକ୍ଷ୍ୟ ପୂରଣ ଦିଗରେ ଜଣେ ଯଶସ୍ୱୀ ସାଧକ। ତାଙ୍କ ରଚନାବଳୀ ମଧ୍ୟରେ 'ଚତୁଃଶତକ' ଓ 'ଚିତ୍ତବିଶୁଦ୍ଧି ପ୍ରକରଣ' ଗ୍ରନ୍ଥଦ୍ୱୟ ତାଙ୍କ ପ୍ରସିଦ୍ଧି ବୃଦ୍ଧି କରିଥିଲେ। ଖ୍ରୀଷ୍ଟୀୟ ଷଷ୍ଠ ଶତାବ୍ଦୀରେ ଆଚାର୍ଯ୍ୟ ଚନ୍ଦ୍ରକୀର୍ତ୍ତି 'ଚତୁଃଶତକ'ର ଏକ ଟୀକା ରଚନା କରିଥିଲେ। ଯାହା ମାଧ୍ୟମିକ ଦର୍ଶନ ପ୍ରଖ୍ୟାପନକାରୀ ଏକ ଉପାଦେୟ ଗ୍ରନ୍ଥ। ଏହି ଗ୍ରନ୍ଥ ପରବର୍ତ୍ତୀ କାଳରେ ଜାପାନରେ ପ୍ରଚଳିତ ବୌଦ୍ଧ ଧର୍ମର ପ୍ରଧାନ ଉତ୍ସ ଭାବରେ ଗୃହୀତ ହୋଇଥିଲା।

ଖ୍ରୀଷ୍ଟୀୟ ୫ମ ଶତାବ୍ଦୀର ଆଦ୍ୟ ଭାଗରେ ଆଚାର୍ଯ୍ୟ ଦିଙ୍ନାଗ ଭୋରଶୈଳ ଠାରେ ବାସ କରୁଥିଲେ। ବୌଦ୍ଧନ୍ୟାୟର ସେ ଥିଲେ ପ୍ରବର୍ତ୍ତକ। କାଞ୍ଚିର ଏକ ବ୍ରାହ୍ମଣ କୂଳରେ ଜନ୍ମ ଗ୍ରହଣ କରିଥିବା ଏହି ବିଶିଷ୍ଟ ସାଧକ ଭୋରଶୈଳକୁ ନିଜର କର୍ମଭୂମିରୂପେ ବାଛିନେଇଥିଲେ। ସେଠାରେ କିଛି ବର୍ଷ ବାସ କରିବାପରେ ତାଙ୍କୁ

ନାଳନ୍ଦା ବିଶ୍ୱବିଦ୍ୟାଳୟର କୁଳପତି ଦାୟିତ୍ୱ ତୁଲାଇବାକୁ ପଡ଼ିଥିଲା। ନାଳନ୍ଦାଠାରେ ଥିଲାବେଳେ ସେ ଏକଶତ ଶାସ୍ତ୍ର ରଚନା କରିଥିଲେ, ଯେଉଁଗୁଡ଼ିକର ଅନୁବାଦ ଏବେ ମଧ୍ୟ ତିବ୍‌ବତ ଓ ଚୀନ୍ ଭାଷାରେ ଦେଖିବାକୁ ମିଳେ। ତାଙ୍କ ଦ୍ୱାରା ରଚିତ 'ପ୍ରମାଣ ସମୁଚ୍ଚୟ' ବୌଦ୍ଧ ନ୍ୟାୟ ପ୍ରଖ୍ୟାପକ ଏକ ବିଶିଷ୍ଟ ଗ୍ରନ୍ଥ। ସେ ନାଳନ୍ଦାରୁ ଭୋରଶୈଳକୁ ଫେରିଆସି ନିଜର ଶେଷ ଜୀବନ ସେଠାରେ କଟାଇଥିଲେ। ସେ ଓଡ଼ିଶାର ଜଙ୍ଗଲରେ ଶେଷ ନିଃଶ୍ୱାସ ତ୍ୟାଗ କରିଥିଲେ ବୋଲି ଏକ ତିବ୍‌ବତୀୟ ପରମ୍ପରାରୁ ଜାଣିବାକୁ ମିଳେ। ସେହି ଜଙ୍ଗଲ ତତ୍‌କାଳୀନ ଭୋରଶୈଳର ପାଦଦେଶସ୍ଥ ଜଙ୍ଗଲ ବୋଲି ମନେକରଯାଏ।

ଦିଙ୍‌ନାଗଙ୍କର ସମସାମୟିକ ଆଚାର୍ଯ୍ୟ ବସୁମିତ୍ର ଓଡ଼ିଶାରେ ମହାଯାନ ବୌଦ୍ଧଧର୍ମ ପ୍ରଚାର କରିଥିଲେ। ସେ ଥିଲେ ବସୁବନ୍ଧୁଙ୍କର ଶିଷ୍ୟ। ଓଡ଼ିଶାର ଜଣେ ବିଶିଷ୍ଟ ବ୍ରାହ୍ମଣ ଦାର୍ଶନିକ ମକ୍ଷିକ ଓ ତାଙ୍କର ବହୁ ଶିଷ୍ୟଙ୍କୁ ଯୁକ୍ତିରେ ପରାସ୍ତକରି ସେମାନଙ୍କୁ ସେ ବୌଦ୍ଧ ଧର୍ମରେ ଦୀକ୍ଷିତ କରାଇଥିଲେ। ତ୍ରିରତ୍ନ ଦାସ ନାମକ ବସୁମିତ୍ରଙ୍କର ଜଣେ ଶିଷ୍ୟ ଓଡ଼ିଶାର ଉପକୂଳ ଅଞ୍ଚଳରେ ମହାଯାନ ବୌଦ୍ଧଧର୍ମ ଓ ଦର୍ଶନ ପ୍ରଚାର କରିଥିଲେ। ପ୍ରାୟ ପଚାଶଗୋଟି ବୌଦ୍ଧ ଅନୁଷ୍ଠାନ ସେ ପ୍ରତିଷ୍ଠା କରିଥିଲେ। ବୌଦ୍ଧ ଦିଙ୍‌ନାଗଙ୍କର ସେ ଜଣେ ଅନ୍ତରଙ୍ଗ ବନ୍ଧୁ ଥିଲେ ଏବଂ ତତ୍କାଳୀନ ବୌଦ୍ଧ ଜଗତରେ ଦ୍ୱିତୀୟ ବୀରାଚାର୍ଯ୍ୟ ଭାବରେ ଖ୍ୟାତ ଅର୍ଜନ କରିଥିଲେ। ବସୁବନ୍ଧୁଙ୍କର ଅନ୍ୟତମ ଶିଷ୍ୟ ସ୍ଥିରମତୀ ଓଡ଼ିଶା ସମେତ ଭାରତର ପୂର୍ବାଞ୍ଚଳରେ ବୌଦ୍ଧଧର୍ମ ପ୍ରଚାର କରିଥିଲେ। ସେ ଜଣେ ବିଖ୍ୟାତ ଟୀକାକାର ଥିଲେ। ବସୁବନ୍ଧୁଙ୍କ 'ତ୍ରିଂଶିକା'ର ଟୀକା ଓ 'ରତ୍ନକୂଟ' ନାମକ ଏକ ଯୋଗାଚାର ପ୍ରଖ୍ୟାପକ ଗ୍ରନ୍ଥପାଇଁ ସେ ବହୁ ପ୍ରସିଦ୍ଧି ଅର୍ଜନ କରିଥିଲେ।

କାଞ୍ଚି ଦେଶରୁ ଆସିଥିବା ବୌଦ୍ଧାଚାର୍ଯ୍ୟ ଧର୍ମପାଳ ନିଜର ଗୁରୁ ଦିଙ୍‌ନାଗଙ୍କ ସହିତ ବହୁବର୍ଷ ଓଡ଼ିଶାରେ କଟାଇଥିଲେ। ସେ ନିଜର ବିଦ୍ୟାବତ୍ତା ନିମନ୍ତେ ବହୁ ସମ୍ମାନର ଅଧିକାରୀ ଥିଲେ। ଯୋଗାଚାର ଦର୍ଶନ ପ୍ରଚାରରେ ସେ ଏକ ବିଶେଷ ଭୂମିକା ଗ୍ରହଣ କରିଥିଲେ। ନାଳନ୍ଦା ବିଶ୍ୱବିଦ୍ୟାଳୟର ସେ ବହୁକାଳ ଧରି କୁଳପତି ଥିଲେ। ଜଣେ ବିଶିଷ୍ଟ ନ୍ୟାୟବିତ୍ ଭାବରେ ଖ୍ୟାତି ଲାଭ କରିଥିବା ଏହି ଆଚାର୍ଯ୍ୟଙ୍କ 'ବିଜ୍ଞାନମାତ୍ରତା ସିଦ୍ଧି' ଗ୍ରନ୍ଥଟି ମହାଯାନୀ ବିଜ୍ଞାନବାଦ ଶାଖାକୁ ଏକ ବିଶେଷ ଦାନ।

ଆଚାର୍ଯ୍ୟ ଧର୍ମପାଳଙ୍କର ଶିଷ୍ୟ ଚନ୍ଦ୍ରକୀର୍ତ୍ତି ମହାଯାନ ବୌଦ୍ଧଧର୍ମର ଜଣେ ବିଶିଷ୍ଟ ଆଚାର୍ଯ୍ୟ ଥିଲେ। ଦକ୍ଷିଣ ଭାରତରେ ଜନ୍ମଲାଭ କରିଥିବା ଏହି ଆଚାର୍ଯ୍ୟ ଓଡ଼ିଶାରେ କିଛିକାଳ ଅତିବାହିତ କରି ମାଧମିକ ଶୂନ୍ୟବାଦ ପ୍ରଚାର କରିଥିଲେ। ସେ ନିମନ୍ତ୍ରିତ

ହୋଇ ନାଳନ୍ଦା ବିଶ୍ୱବିଦ୍ୟାଳୟ ଯାଇଥିଲେ ଓ ସେଠାରେ ପ୍ରଧାନ ପଣ୍ଡିତ ଭାବରେ କାର୍ଯ୍ୟ କରିଥିଲେ। 'ମାଧ୍ୟମିକାବତାର' ତାଙ୍କର ଏକ ବିଶିଷ୍ଟ ଗ୍ରନ୍ଥ।

ଖ୍ରୀଷ୍ଟୀୟ ୭ମ ଶତାବ୍ଦୀରେ ଆଚାର୍ଯ୍ୟ ଧର୍ମକୀର୍ତ୍ତି ନିଜର ପ୍ରଖର ଧୀଶକ୍ତି ଓ ଦାର୍ଶନିକ ଚିନ୍ତାଧାରା ଦ୍ୱାରା ବୌଦ୍ଧଧର୍ମ ଜଗତରେ ଖ୍ୟାତି ଅର୍ଜନ କରିଥିଲେ। କୋରାପୁଟ ଜିଲ୍ଲାର ଜଗମୁଣ୍ଡା ପାହାଡ଼ ଉପରେ ଅବସ୍ଥିତ ନୀଳକଣ୍ଠେଶ୍ୱର ଶିବ ମନ୍ଦିର କାନ୍ଥରୁ ଆଚାର୍ଯ୍ୟ ଧର୍ମକୀର୍ତ୍ତିଙ୍କର ଏକ ଅଭିଲେଖ ମିଳିଛି। ସେହି ସ୍ଥାନକୁ ସେ ନିଜର କର୍ମକ୍ଷେତ୍ର ରୂପେ ବାଛି ନେଇଥିବା ମନେହୁଏ। ବୌଦ୍ଧ ନ୍ୟାୟର ଜଣେ ବିଶିଷ୍ଟ ପ୍ରବକ୍ତା ଏହି ଆଚାର୍ଯ୍ୟ ବିଭିନ୍ନ ଧର୍ମ ଓ ସଂପ୍ରଦାୟର ବହୁ ସାଧକ ଓ ଆଚାର୍ଯ୍ୟଙ୍କୁ ବୌଦ୍ଧଧର୍ମ ପ୍ରତି ଆକୃଷ୍ଟ କରିପାରିଥିଲେ। ସେ ଲେଖିଥିବା ଗ୍ରନ୍ଥଗୁଡ଼ିକ ମଧ୍ୟରେ 'ପ୍ରମାଣ ବିନିଶ୍ଚୟ', 'ନ୍ୟାୟବିନ୍ଦୁ', 'ସମ୍ବନ୍ଧ ପରୀକ୍ଷା', 'ହେତୁବିନ୍ଦୁ', 'ବାଦନ୍ୟାୟ' ଇତ୍ୟାଦି ପ୍ରଧାନ। ତିବ୍‌ବତୀୟ ସୂତ୍ରରୁ ଜଣାଯାଏ ଯେ ସେ ପ୍ରସିଦ୍ଧ ବ୍ରାହ୍ମଣ ପଣ୍ଡିତ କୁମାରିଲ୍ଲ ଭଟ୍ଟଙ୍କୁ ଦାର୍ଶନିକ ବିବାଦରେ ପରାସ୍ତ କରିଥିଲେ। ତାଙ୍କ ଧର୍ମ ଦର୍ଶନର ଆଧାରରେ ଆଧୁନିକ କୋରିଆ ଓ ଜାପାନର ବୌଦ୍ଧଦର୍ଶନ ଗଢ଼ି ଉଠିଛି ବୋଲି ଜଣାଯାଏ।

ଖ୍ରୀଷ୍ଟୀୟ ଅଷ୍ଟମ ଶତାବ୍ଦୀରେ ମହାଯାନ ବୌଦ୍ଧଧର୍ମ ବଜ୍ରଯାନରେ ପରିଣତ ହେଲା ଏହି ଓଡ଼ିଶା ଭୂମିରେ। ଏହାର ପ୍ରବର୍ତ୍ତକ ହେଲେ ସମ୍ବଲର ରାଜା ଇନ୍ଦ୍ରଭୂତି। ସମ୍ବଳ ହିଁ ଆଧୁନିକ ସମ୍ବଲପୁର ବୋଲି ବହୁ ବିଦ୍ୱାନ ମତ ଦିଅନ୍ତି। ଇନ୍ଦ୍ରଭୂତିଙ୍କ ଗୁରୁ ଥିଲେ ରାଜା ଗୋପାଳଙ୍କ ପୁତ୍ର ଅନଙ୍ଗବଜ୍ର। ବଜ୍ରଯାନ ବୌଦ୍ଧଧର୍ମର ସାମାନ୍ୟ ସୂଚନା ମିଳେ ଅନଙ୍ଗବଜ୍ରଙ୍କ 'ପ୍ରଜ୍ଞୋପାୟ ବିନିଶ୍ଚୟ ସିଦ୍ଧି' ଗ୍ରନ୍ଥରୁ। ଇନ୍ଦ୍ରଭୂତି, ବଜ୍ରଯାନ ଦର୍ଶନର ବିକଶିତ ରୂପ ପ୍ରଦର୍ଶନ କଲେ ସ୍ୱରଚିତ 'ଜ୍ଞାନସିଦ୍ଧି' ଗ୍ରନ୍ଥରେ। ଏହି ଗ୍ରନ୍ଥର ମଙ୍ଗଳାଚରଣରେ କବି ଜଗନ୍ନାଥଙ୍କ ବନ୍ଦନା ଗାନ କରିଛନ୍ତି। ଜଗନ୍ନାଥଙ୍କୁ ସେ ବୁଦ୍ଧ ରୂପେ କଳ୍ପନା କରିଛନ୍ତି ଏହି ବନ୍ଦନାରେ। ଏହି ଗ୍ରନ୍ଥର ଅନ୍ୟ ଚାରିଗୋଟି ସ୍ଥାନରେ ମଧ୍ୟ ଜଗନ୍ନାଥଙ୍କ ନାମୋଲ୍ଲେଖ ରହିଛି।

ଲକ୍ଷ୍ମୀଙ୍କରା ସମ୍ବଳର ରାଜା ଇନ୍ଦ୍ରଭୂତିଙ୍କ ଭଗ୍ନୀ। ସେ ଭଗବତୀ ଲକ୍ଷ୍ମୀ ନାମରେ ମଧ୍ୟ ପରିଚିତା। ସେ ବିବାହ କରିଥିଲେ ପଡ଼ୋଶୀ ରଜ୍ୟ ଲଙ୍କାପୁରୀର ରାଜା ଜଳେନ୍ଦ୍ରଙ୍କ ପୁତ୍ରଙ୍କୁ। ନିଜ ଭାଇ ଇନ୍ଦ୍ରଭୂତିଙ୍କୁ ସେ ଗୁରୁ ରୂପେ ଗ୍ରହଣ କରି ତାଙ୍କଠାରୁ ବଜ୍ରଯାନ ସମ୍ବନ୍ଧରେ ଶିକ୍ଷା ପାଇଥିଲେ। ପରବର୍ତ୍ତୀ କାଳରେ ସେ ଏକ ନୂତନ ସାଧନାର ପଥ ପ୍ରବର୍ତ୍ତନ କଲେ ଓ ଦୃଢ଼ କଣ୍ଠରେ ପ୍ରଚାର କଲେ—"ବ୍ରତ, ଉପବାସ, ପୂଜା, ଧ୍ୟାନ ଆଦିରେ ଜ୍ଞାନ ଲାଭ ହୁଏ ନାହିଁ। କାଷ୍ଠପାଷାଣର ପ୍ରତିମାକୁ ଦେବତା ଭାବେ ପୂଜା କରିବା ଦ୍ୱାରା ସିଦ୍ଧି ମିଳିନଥାଏ। ମଣିଷର ଶରୀର ହିଁ ସମସ୍ତ ବିଶ୍ୱ ବ୍ରହ୍ମାଣ୍ଡର ପ୍ରତୀକ ଓ

ଏଥି ମଧ୍ୟରେ ସକଳ ଦେବ-ଦେବୀ ଅଧିଷ୍ଠିତ। ତେଣୁ ଏହି ଶରୀରର ଆରାଧନା ବା କାୟା ସାଧନାହିଁ ସର୍ବସିଦ୍ଧି ପ୍ରଦାନ କରିବାପାଇଁ ସମର୍ଥ।" ଏହି ନୂତନ ଧର୍ମାଦର୍ଶ ହେଉଛି ସହଜଯାନ। ଏହା ବଜ୍ରଯାନର ଏକ ରୂପାନ୍ତର। ବୌଦ୍ଧଧର୍ମର ଏକ ନୂତନ ଆଦର୍ଶବାଦ ସଷ୍ଟି କରି ପରମ୍ପରା ବିରୁଦ୍ଧରେ ଏପରି କଠୋର ପଦକ୍ଷେପ ଗ୍ରହଣ କରିଥିବା ବା ବିଦ୍ରୋହ ଘୋଷଣା କରିଥିବା ଜଣେ ନାରୀ କି ପ୍ରକାର ପ୍ରଜ୍ଞା ଓ ସାହସର ଅଧିକାରିଣୀ ହୋଇପାରେ, ତାହା ବାସ୍ତବିକ୍ ଅପରିକଳ୍ପନୀୟ। ତାଙ୍କ ରଚିତ 'ଅଦ୍ୱୟସିଦ୍ଧି' ଏକ ଉପାଦେୟ ଗ୍ରନ୍ଥ।

ଇନ୍ଦ୍ରଭୂତିଙ୍କ ପାଳିତ ପୁତ୍ର ପଦ୍ମସମ୍ଭବ ବୌଦ୍ଧ ଜଗତରେ ଜଣେ ବିଖ୍ୟାତ ସିଦ୍ଧ। ସେ ଯୌବନାବସ୍ଥାରେ ପିତାଙ୍କ ଦ୍ୱାରା ରାଜ୍ୟରୁ ବିତାଡ଼ିତ ହୋଇଥିଲେ। ଜାହୋର ରାଜ୍ୟ (ଆଧୁନିକ କେନ୍ଦୁଝର)ର ରାଜକନ୍ୟା ମନ୍ଦାରବାଙ୍କ ପାଣିଗ୍ରହଣ କରି ତାଙ୍କ ସାହଚର୍ଯ୍ୟରେ ପଦ୍ମସମ୍ଭବ ସହଜ ଯୋଗସାଧନା କରିଥିଲେ ଏବଂ ସିଦ୍ଧିଲାଭ କରିଥିଲେ। ତାଙ୍କର ଶାଳକ ଜାହୋରର ରାଜପୁତ୍ର ଶାନ୍ତରକ୍ଷିତ ମଧ୍ୟ ଜଣେ ସୁବିଖ୍ୟାତ ବୌଦ୍ଧପଣ୍ଡିତ ଓ ଦାର୍ଶନିକ ଥିଲେ। ତତ୍କାଳୀନ ତିବ୍ବତର ରାଜା ତାଙ୍କୁ ନିଜ ରାଜ୍ୟକୁ ଧର୍ମପ୍ରଚାର ଉଦ୍ଦେଶ୍ୟରେ ନିମନ୍ତ୍ରଣ କରିଥିଲେ। ସେଠାରୁ ସେ ପରବର୍ତ୍ତୀ କାଳରେ ପଦ୍ମସମ୍ଭବଙ୍କୁ ଡକାଇ ନେଇଥିଲେ। ସେ ଦୁହେଁ ତିବ୍ବତର ସାମ-ୟେ (Bsama-ye)ଠାରେ ଏକ ବିରାଟ ମଠ ବା ବିହାର ସ୍ଥାପନ କରି ଲାମାଧର୍ମ ବା ତାନ୍ତ୍ରିକ ବୌଦ୍ଧଧର୍ମର ପ୍ରଚାର ଚଳାଇଥିଲେ।

ଯେଉଁ ସିଦ୍ଧାଚାର୍ଯ୍ୟ ଓ ଦାର୍ଶନିକମାନଙ୍କ ଅତୁଳନୀୟ ଦାନ ତନ୍ତ୍ରଯାନ ବୌଦ୍ଧଧର୍ମକୁ ବିକାଶ ପଥରେ ଆଗେଇ ନେଇଛି ସେମାନେ ସୁପ୍ରସିଦ୍ଧ 'ଚଉରାଶୀ ସିଦ୍ଧ' ଗୋଷ୍ଠୀର ଅନ୍ତର୍ଭୁକ୍ତ ଏବଂ ଭାରତ ଓ ତିବ୍ବତ ଦେଶର ତାନ୍ତ୍ରିକ ବୌଦ୍ଧଧର୍ମ ପରମ୍ପରାରେ ସୁପରିଚିତ। ଚଉରାଶୀ ସିଦ୍ଧଙ୍କ ସମ୍ବନ୍ଧରେ ଯଥେଷ୍ଟ ଐତିହାସିକ ଉପାଦାନର ଅଭାବ ପରିଲକ୍ଷିତ ହୁଏ। ଏପର୍ଯ୍ୟନ୍ତ ଏମାନଙ୍କର ଯେଉଁ ନାମ ତାଲିକାମାନ ଲୋକଲୋଚନକୁ ଆସିଅଛି, ସେଥିରୁ ଏମାନଙ୍କୁ କାଳାନୁକ୍ରମିକ ସୂଚୀବଦ୍ଧ କରିବା ସମ୍ଭବ ନୁହେଁ। ପୁନଶ୍ଚ ତଥ୍ୟ ଅଭାବରୁ ଏମାନଙ୍କ ମଧ୍ୟରୁ ଅନେକଙ୍କର ଜନ୍ମସ୍ଥଳୀ ଓ କର୍ମସ୍ଥଳୀ ସମ୍ବନ୍ଧରେ ସଠିକ କରି କହିବା ସମ୍ଭବ ନୁହେଁ। ସେ ଯାହା ହେଉ, ଏମାନଙ୍କୁ ଖ୍ରୀଷ୍ଟୀୟ ୭ମ ଶତାବ୍ଦୀରୁ ୧୨ଶ ଶତାବ୍ଦୀ ମଧ୍ୟରେ ଅବସ୍ଥାପିତ କରାଯାଇଛି ଏବଂ ଓଡ଼ିଶା, ବିହାର, ବଙ୍ଗଳା, ଆସାମ ପ୍ରଭୃତି ପୂର୍ବ ଭାରତୀୟ ଅଞ୍ଚଳର ଅଧିବାସୀ ଭାବରେ ଗ୍ରହଣ କରାଯାଇଛି। ସିଦ୍ଧାଚାର୍ଯ୍ୟଗଣ ଓଡ଼ିଶା ବା ଅନ୍ୟତ୍ର ଜନ୍ମଗ୍ରହଣ କରିଥିଲେ ମଧ୍ୟ ଓଡ଼ିଶାକୁ ନିଜର କର୍ମକ୍ଷେତ୍ର ରୂପେ ବାଛି ନେଇଥିଲେ।

ତାରନାଥଙ୍କ ଅନୁସାରେ ସରହପା ଆଦିସିଦ୍ଧ । ମହାପଣ୍ଡିତ ରାହୁଳ ସାଂକୃତ୍ୟାୟନ ମଧ୍ୟ ଏହି ମତ ପୋଷଣ କରନ୍ତି । ତିବ୍‌ବତୀୟ ତାଙ୍ଗୁର ଅନୁଯାୟୀ ସେ ଉଡ୍‌ଡ଼ୀୟାନ ବା ଓଡ଼ିଶାର ଅଧିବାସୀ ଥିଲେ । ତାରନାଥ ମଧ୍ୟ ତାଙ୍କୁ ଓଡ଼ିଭିଶା ବା ଓଡ଼ିଶାରେ ଜନ୍ମ ଗ୍ରହଣ କରିଥିବା ସିଦ୍ଧ ହିସାବରେ ଗ୍ରହଣ କରନ୍ତି । 'ପାଗ୍ ସାମ୍ ଜୋନ୍ ଜାଙ୍'ରେ ସେ ବ୍ରାହ୍ମଣ-ବୌଦ୍ଧ ସନ୍ନ୍ୟାସୀ ଭାବରେ ବର୍ଣ୍ଣିତ ଓ ପ୍ରାଚ୍ୟ ଦେଶର କୌଣସି ଏକ ରାଜ୍ୟର ଝାନୀ ନାମକ ନଗରରେ ଜନ୍ମଗ୍ରହଣ କରିଥିଲେ । ସେ ପ୍ରଥମେ ରାହୁଳଭଦ୍ର, ରାହୁଳରୁଚି, ସରୋଜବଜ୍ର ବା ପଦ୍ମବଜ୍ର ନାମରେ ପରିଚିତ ଥିଲେ । ସେ ଚୋବେଶକଞ୍ଚ ନାମକ ଓଡ଼ିଶାର ଜଣେ ରାଜାଙ୍କ ଶିଷ୍ୟ ଥିଲେ । ସେ ରତ୍ନପାଳ ନାମକ ରାଜା ଓ ତାଙ୍କ ମନ୍ତ୍ରୀଙ୍କୁ ବୌଦ୍ଧଧର୍ମରେ ଦୀକ୍ଷିତ କରାଇଥିଲେ । ସେ ନାଳନ୍ଦା ବିଶ୍ୱବିଦ୍ୟାଳୟର ଜଣେ ବିଶିଷ୍ଟ ଆଚାର୍ଯ୍ୟ ମଧ୍ୟ ଥିଲେ । ସେ ମହାରାଷ୍ଟ୍ର ଯାଇ ସେଠାରେ ମହାମୁଦ୍ରା ସାଧନା କରିଥିଲେ ଓ ଏକ ଯୋଗିନୀ ସହିତ ମିଳିତ ହୋଇ ସିଦ୍ଧିଲାଭ କରିଥିଲେ । ଏହି ଯୋଗିନୀ ତାଙ୍କୁ ଏକ ଶବର କନ୍ୟା ଭାବରେ ଆକୃଷ୍ଟ କରିଥିଲା । ସିଦ୍ଧିଲାଭ କରିବା ପରେ ସେ ସିଦ୍ଧ ସରହ ଭାବରେ ପରିଚିତ ହେଲେ । ସରହ ନାମରେ ଏକାଧିକ ସିଦ୍ଧ ଥିବାର ମଧ୍ୟ ଜଣାଯାଏ । 'ପାଗ୍ ସାମ୍ ଜୋନ୍ ଜାଙ୍' ଗ୍ରନ୍ଥାନୁସାରେ ଦୁଇଜଣ ସରହ ଥିଲେ । ତାରନାଥ ମଧ୍ୟ ଦୁଇଜଣ ସରହଙ୍କ ସ୍ଥିତି ସ୍ୱୀକାର କରି ମତ ଦିଅନ୍ତି ଯେ ରାହୁଳଭଦ୍ର ହିଁ ଶେଷ ସରହ ଓ ସେ ଓଡ଼ିଶାରେ ଜନ୍ମ ଗ୍ରହଣ କରିଥିଲେ । ସରହ ଥିଲେ ୨୫ ଗୋଟି ତାନ୍ତ୍ରିକ ଗ୍ରନ୍ଥର ପ୍ରଣେତା । ସେ ମଧ୍ୟ ୪ ଗୋଟି (୨୨, ୩୨, ୩୮ ଓ ୩୯) ଚର୍ଯ୍ୟାଗୀତିର ରଚୟିତା ଭାବରେ ପରିଚିତ ।

ନାଗାର୍ଜ୍ଜୁନ ଥିଲେ ଜଣେ ତାନ୍ତ୍ରିକ ସିଦ୍ଧ ଓ ସରହପାଙ୍କ ଶିଷ୍ୟ । ସେ ଶ୍ରୀପର୍ବତ ସହିତ ସଂପୃକ୍ତ ଥିବାରୁ ଏହା ନାଗାର୍ଜ୍ଜୁନକୋଣ୍ଡା ନାମରେ ନାମିତ ହୋଇଥିବା ଅନୁମେୟ । ସେ ନାଳନ୍ଦାଠାରେ ରାହୁଳଭଦ୍ରଙ୍କଠାରୁ ଶିକ୍ଷା ଗ୍ରହଣ କରିଥିଲେ । ତିବ୍‌ବତୀୟ ତାଙ୍ଗୁର ଗ୍ରନ୍ଥ ତାଲିକାରେ ତାଙ୍କ ଦ୍ୱାରା ରଚିତ ବହୁ ଶାସ୍ତ୍ରର ନାମୋଲ୍ଲେଖ ରହିଛି । ନାଗାର୍ଜ୍ଜୁନଙ୍କର ଶିଷ୍ୟ ଶବରୀପାଦ । ସେ ମଧ୍ୟ କେତେଗୁଡ଼ିଏ ତନ୍ତ୍ର ସାଧନାମୂଳକ ଗ୍ରନ୍ଥର ରଚୟିତା । ଚର୍ଯ୍ୟାଗୀତି ସଂଗ୍ରହରେ ତାଙ୍କର ଦୁଇଗୋଟି ଗୀତି (୨୮ ଓ ୫୦) ସଂକଳିତ । ତାଙ୍କର ଏହି ଗୀତିଦ୍ୱୟର ଭାଷାତତ୍ତ୍ୱ ବିଶ୍ଳେଷଣ କରି ଡଃ କରୁଣାକର କର ତାଙ୍କ ଓଡ଼ିଆତ୍ୱ ପ୍ରମାଣିତ କରିଚନ୍ତି । ଦ୍ୱିତୀୟତଃ ତନ୍ତ୍ରସାଧକ ଥିବାରୁ ସେ ତାନ୍ତ୍ରିକପୀଠ ଉଡ୍‌ଡ଼ୀୟାନର ଅଧିବାସୀ ଥିବା ସମ୍ଭାବନା ମଧ୍ୟ ଅମୂଳକ ନୁହେଁ । ତୃତୀୟତଃ ସେ 'କୁରୁକୁଲ୍ଲା ସାଧନା' ଗ୍ରନ୍ଥ ରଚନା କରିଥିବା ଜଣାଯାଏ । ଏହି କୁରୁକୁଲ୍ଲା ଦେବୀଙ୍କ ପୂଜାପୀଠ ଯେ ଓଡ଼ିଶା, ଏହା କେବଳ ଓଡ଼ିଶାରୁ କୁରୁକୁଲ୍ଲା ଦେବୀ ମୂର୍ତ୍ତି ଆବିଷ୍କୃତ

ହେବା ଫଳରେ ସ୍ପଷ୍ଟ ହୋଇଯାଇଛି। ତେଣୁ ନାଗାର୍ଜ୍ଜୁନ ଓଡ଼ିଆ ଥିଲେ ବୋଲି କେତେଜଣ ଗବେଷକ ଯେଉଁ ମତବ୍ୟକ୍ତ କରନ୍ତି, ତାହା ଅସ୍ୱୀକାର କରାଯାଇ ନପାରେ।

ଲୁଇପାଦ କେତେକଙ୍କ ମତରେ ପ୍ରଥମ ସିଦ୍ଧାଶ୍ଚର୍ଯ୍ୟ। ସେ ଉଡ୍‌ଡ଼ୀୟାନର ବାସିନ୍ଦା ଥିଲେ ଓ କୈବର୍ତ୍ତ କୂଳରେ ଜନ୍ମଗ୍ରହଣ କରିଥିଲେ। ପ୍ରଥମେ ସେ ତତ୍‌କାଳୀନ ଉଡ୍‌ଡ଼ୀୟାନ ରାଜାଙ୍କ ଦରବାରରେ କର୍ମଚାରୀ ରୂପେ କାର୍ଯ୍ୟ କରୁଥିଲେ। ଶବରୀପାଙ୍କଠାରୁ ସେ ତନ୍ତ୍ରାଭିଷେକ ଲାଭ କରିଥିଲେ। ତନ୍ତ୍ରଯାନରେ ଦୀକ୍ଷିତ ଏହି ସିଦ୍ଧ ବଙ୍ଗଦେଶକୁ ଯାଇ ଗଙ୍ଗାତୀରରେ ଧ୍ୟାନମଗ୍ନ ହୋଇଥିଲେ। ତାପରେ ସେ ବଜ୍ରବାରାହୀ ମନ୍ତ୍ରରେ ସିଦ୍ଧିଲାଭ କରିଥିଲେ। ଲୁଇପାଦଙ୍କ ଅନେକ ରଚନାର ସନ୍ଧାନ ମିଳେ। ସେ ଜଣେ ବିଶିଷ୍ଟ ବୌଦ୍ଧାଚାର୍ଯ୍ୟ ହୋଇଥିବାରୁ ତାଞ୍ଜୁର ତାଲିକାରେ ତାଙ୍କ ନାମରେ ଯେତେଖଣ୍ଡ ଗ୍ରନ୍ଥ ମିଳେ, ସେଗୁଡ଼ିକ ବୌଦ୍ଧଦର୍ଶନ ସମ୍ପର୍କୀୟ। 'ଚର୍ଯ୍ୟାଚର୍ଯ୍ୟ ବିନିଶ୍ଚୟ'ରେ ତାଙ୍କର ଦୁଇଟି ଗୀତି (୧ ଓ ୨୯) ସଂକଳିତ ହୋଇଛି।

ବଜ୍ରଘଣ୍ଟା ଲୁଇପାଦଙ୍କର ଶିଷ୍ୟ। ସେ ଓଡ଼ିଶାର ଏକ ସମ୍ଭ୍ରାନ୍ତ ପରିବାରରେ ଜନ୍ମଗ୍ରହଣ କରିଥିଲେ। ବିଳାସବଜ୍ର ନାମ୍ନୀ ଏକ ଯୋଗିନୀର ନିର୍ଦ୍ଦେଶାନୁଯାୟୀ ସେ ଘଞ୍ଚ ଅରଣ୍ୟ ଭିତରେ ଏକ ମଦ୍ୟ ବିକ୍ରୟକାରିଣୀକୁ ମୁଦ୍ରା ରୂପେ ଗ୍ରହଣ କରି ଗୁହ୍ୟତନ୍ତ୍ରରେ ସିଦ୍ଧିଲାଭ କରିଥିଲେ ଏବଂ ବହୁ ବ୍ୟକ୍ତିଙ୍କୁ ତନ୍ତ୍ରଯାନରେ ଦୀକ୍ଷିତ କରାଇଥିଲେ। ତାଙ୍କର ବହୁ ଶିଷ୍ୟଙ୍କ ମଧ୍ୟରେ କମ୍ବଳପାଦ ଅନ୍ୟତମ। ଉଡ୍‌ଡ଼ୀୟାନର କୌଣସି ଏକ ଶ୍ମଶାନରେ ଶବ ଉପରେ ବସି କମ୍ବଳପାଦ ତନ୍ତ୍ରସାଧନା କରୁଥିବା ସମୟରେ ସହଜସିଦ୍ଧି ମନ୍ତ୍ରରେ ସିଦ୍ଧିଲାଭ କରିଥିବା ମନ୍ତ୍ରବତୀ ନାମରେ ଜଣେ ଯୋଗିନୀ ତାଙ୍କୁ ଧ୍ୱଂସ କରିଦେବା ପାଇଁ ସେଠାରେ ପହଞ୍ଚିଲା; ମାତ୍ର କମ୍ବଳାମ୍ବରପାଦ ନିଜକୁ ଖଣ୍ଡିଏ କମ୍ବଳରେ ପରିଣତ କରିଦେଲେ। ଯୋଗିନୀ ତାଙ୍କୁ ନ ପାଇ କମ୍ବଳଟିରୁ ଖଣ୍ଡ ଖଣ୍ଡ କରି ଖାଇବାକୁ ଲାଗିଲା। ଆଚାର୍ଯ୍ୟ କମ୍ବଳପାଦ ସେଠାରେ ନିଜ ରୂପରେ ଆବିର୍ଭୂତ ହେଲେ ଓ ଯୋଗିନୀକୁ ଅଭିଶାପ ଦେଲେ। ତିବ୍‌ବତୀୟ ତାଞ୍ଜୁର ଗ୍ରନ୍ଥତାଲିକାରେ ତାଙ୍କର ଛଅଟି ଗ୍ରନ୍ଥର ଉଲ୍ଲେଖ ଅଛି, ଯେଉଁଗୁଡ଼ିକ ମୁଖ୍ୟତଃ ହେରୁକ ସାଧନାରେ ସମ୍ବନ୍ଧ। 'କମ୍ବଳଗୀତିକା' ନାମକ ଦୋହା ତାଙ୍କ ଦ୍ୱାରା ରଚିତ ବୋଲି ଜଣାଯାଏ। ଚର୍ଯ୍ୟାଗୀତି ସଂଖ୍ୟା-୮ଟି ତାଙ୍କ ଦ୍ୱାରା ରଚିତ। ଏଇଟି ପାଠ କଲେ ଏହାର ଭାଷା ଓଡ଼ିଆଭାଷାର କେତେ ନିକଟତମ, ତାହା ଅତି ସହଜରେ ଜଣାପଡ଼ିଯାଏ।

ଜାଳନ୍ଧରୀପାଦ ଜଣେ ତାନ୍ତ୍ରିକ ସିଦ୍ଧ ଥିଲେ। ସଂସ୍କୃତରେ ତାଙ୍କ ଦ୍ୱାରା ରଚିତ ଚାରିଗୋଟି ଗ୍ରନ୍ଥ ତିବ୍‌ବତୀୟ ତାଞ୍ଜୁରରେ ସ୍ଥାନ ପାଇଛି। ତାଙ୍କ ଶିଷ୍ୟମାନଙ୍କ ମଧ୍ୟରେ ପ୍ରଧାନ ଥିଲେ ଦୁଇଜଣ ଓଡ଼ିଆ ସିଦ୍ଧ ବିରୂପା ଓ କାହ୍ନୁପା। ବିରୂପା ନଦୀ କୂଳରେ

ବିରୂପା ବାସ କରୁଥିଲେ। ବିରୂପା ନଦୀ ତାଙ୍କ ନାମାନୁସାରେ ନାମିତ ହୋଇଛି ବୋଲି ଅନୁମିତ ହୁଏ। ଦଶଟି ତାନ୍ତ୍ରିକ ଗ୍ରନ୍ଥର ରଚୟିତା ହସାବରେ ତାଙ୍କ ନାମ ତିବ୍‌ବତୀୟ ତାଙ୍ଗୁରରେ ଦେଖିବାକୁ ମିଳେ। ଚର୍ଯ୍ୟାଗୀତିକୋଷସ୍ଥ ୩ୟ ଚର୍ଯ୍ୟାଗୀତଟି ତାଙ୍କ ଦ୍ୱାରା ରଚିତ। ଜଳନ୍ଧରୀପାଙ୍କ ଅନ୍ୟ ଶିଷ୍ୟ କାହ୍ନୁପା ଚଉରାଶୀ ସିଦ୍ଧଙ୍କ ମଧ୍ୟରେ ଜଣେ ପ୍ରତିଭାଶାଳୀ ଓ ଅତି ପରିଚିତ କବି। ସେ ଓଡ଼ିଶାର ଅଧିବାସୀ ଥିଲେ। ତାଙ୍କ ନାମ ଏବେ ମଧ୍ୟ ତିବ୍‌ବତ ଓ ନେପାଳରେ ଅତିପ୍ରିୟ। ସେ ଅସଂଖ୍ୟ ଚର୍ଯ୍ୟା, ଦୋହା ଓ ବଜ୍ରଗୀତି ରଚନା କରିଥିଲେ। ତନ୍ତ୍ରଯାନର ସାହିତ୍ୟରେ ଏକାଧିକ କାହ୍ନୁପାଙ୍କ ପରିଚୟ ମିଳେ ବୋଲି ପଣ୍ଡିତମାନେ ପ୍ରକାଶ କରୁଥିଲେହେଁ ଓଡ଼ିଶାବାସୀ କାହ୍ନୁପା ଯେ ଚର୍ଯ୍ୟାସଂଗ୍ରହରେ ସ୍ଥାନିତ ୧୩ଟି ଯାକ ଚର୍ଯ୍ୟାର ରଚୟିତା, ଏଥିରେ ସନ୍ଦେହ ନାହିଁ।

ଲୀଳାବଜ୍ର ଲକ୍ଷ୍ମୀଙ୍କରାଙ୍କର ଶିଷ୍ୟ ବୋଲି ତିବ୍‌ବତୀୟ ତାଙ୍ଗୁରରେ ଉଲ୍ଲେଖ ରହିଥିବା ବେଳେ ତାରନାଥଙ୍କ ଇତିହାସ ଓ 'ପାଗ୍ ସାମ୍ ଜୋନ ଜାଙ୍'ର ବିବରଣୀ ଅନୁସାରେ ସେ ଉଡ୍ଡୀୟାନର ସିଦ୍ଧାଚାର୍ଯ୍ୟ ଲଳିତବଜ୍ରଙ୍କର ଶିଷ୍ୟ ଥିଲେ। ବହୁ ତନ୍ତ୍ର ଗ୍ରନ୍ଥର ରଚୟିତା ଭାବରେ ତାଙ୍କର ନାମ ତାଙ୍ଗୁର ଗ୍ରନ୍ଥ ତାଲିକାରେ ରହିଅଛି। ସେ 'କୃଷ୍ଣଯମାରି ତନ୍ତ୍ର'ର ପ୍ରବର୍ତ୍ତକ ଭାବରେ ମଧ୍ୟ ପରିଚିତ।

ଦାରିକପାଦ ବା ଦାରିପାଦ ଲୁଇପାଦଙ୍କ ଶିଷ୍ୟ ବୋଲି ମହାମହୋପାଧ୍ୟାୟ ହରପ୍ରସାଦ ଶାସ୍ତ୍ରୀ କହିଲାବେଳେ ତାଙ୍କର ସୁଯୋଗ୍ୟ ପୁତ୍ର ଡକ୍ଟର ବିନୟତୋଷ ଭଟ୍ଟାଚାର୍ଯ୍ୟ ଦାରିକପାଦଙ୍କୁ ଆଚାର୍ଯ୍ୟ ଲୀଳାବଜ୍ରଙ୍କ ଶିଷ୍ୟ ଭାବରେ ଗ୍ରହଣ କରନ୍ତି। ଲୁଇପାଦ ବହୁ ପରବର୍ତ୍ତୀ ସିଦ୍ଧାଚାର୍ଯ୍ୟ ହୋଇଥିବାରୁ ଦାରିକାପାଦ ତାଙ୍କର ଶିଷ୍ୟ ହେବା ସମ୍ଭବ ନୁହେଁ ବୋଲି ସେ ଯୁକ୍ତି ବାଢ଼ନ୍ତି। ଡକ୍ଟର ଭଟ୍ଟାଚାର୍ଯ୍ୟ ତାଙ୍କୁ ବଙ୍ଗଳାର ଅଧିବାସୀରୂପେ ଗ୍ରହଣ କରନ୍ତି; ମାତ୍ର ସେ ଯେ ଓଡ଼ିଶାର ଅଧିବାସୀ ଥିଲେ ଏବଂ ଲୁଇପାଙ୍କର ଶିଷ୍ୟ ଥିଲେ, ଏହା ତାରନାଥଙ୍କ ବିବରଣୀରୁ ଜଣାଯାଏ। ଦାରିପାଦଙ୍କର ଏକ ଅଭିଲେଖ ଏବେ ସୋନପୁର ନିକଟବର୍ତ୍ତୀ ତେଲନଦୀ କୂଳରେ ଅବସ୍ଥିତ କୋଶଳେଶ୍ୱର ମନ୍ଦିରରେ ଆବିଷ୍କୃତ ହୋଇଛି। ତିବ୍‌ବତୀୟ ତାଙ୍ଗୁରରେ ଦାରିକପାଦଙ୍କର ବାରଗୋଟି ବଜ୍ରଯାନୀ ରଚନାର ଉଲ୍ଲେଖ ରହିଛି। 'ଚର୍ଯ୍ୟାଗୀତି-କୋଷ'ରେ ସ୍ଥାନିତ ୩୪ ସଂଖ୍ୟକ ଚର୍ଯ୍ୟାଟି ତାଙ୍କ ଦ୍ୱାରା ରଚିତ।

ଭୁସୁକୁପାଦ ଥିଲେ ତାନ୍ତ୍ରିକ ବୌଦ୍ଧଧର୍ମର ଜଣେ ବିଖ୍ୟାତ ସିଦ୍ଧାଚାର୍ଯ୍ୟ। ୧୧ଶ ଶତାବ୍ଦୀର ମଧ୍ୟଭାଗରେ ସେ ଜାହୋର ବା ଆଧୁନିକ କେଉଁଝରର ବାସିନ୍ଦା ଥିଲେ। 'ପାଗ୍ ସାମ ଜୋନ୍ ଜାଙ୍'ରେ ତାଙ୍କୁ ଭୁସୁକୁ ରାଉତ ବୋଲି କୁହାଯାଇଛି। 'ରାଉତ' ଓଡ଼ିଆ ଖଣ୍ଡାୟତମାନଙ୍କ ମଧ୍ୟରେ ଏକ ଗୋଷ୍ଠୀର ସଂଜ୍ଞା ହୋଇଥିବାରୁ ଭୁସୁକୁପାଦ

ଓଡ଼ିଆ ଥିବା ସ୍ୱତଃ ପ୍ରମାଣିତ ହୁଏ । ତାଙ୍କ ଦ୍ୱାରା ରଚିତ 'ସହଜଗୀତି' ଓ 'ଶ୍ରୀଗୁହ୍ୟସମାଜ ମହାଯୋଗଯନ୍ତ୍ରବଳିବିଧି' ପୁସ୍ତକ ଦ୍ୱୟ 'ତାଙ୍ଗୁର' ତାଲିକାରେ ସ୍ଥାନିତ ହୋଇଛି । 'ଚର୍ଯ୍ୟାଗୀତି କୋଷ'ରେ ତାଙ୍କର ଆଠଟି ଗୀତି ସଂକଳିତ ହୋଇଛି ।

ଓଡ଼ିଶାର ଅନ୍ୟତମ ସିଦ୍ଧାଚାର୍ଯ୍ୟ ଅଭୟକର ଗୁପ୍ତ ଝାଡ଼ଖଣ୍ଡରେ ଜନ୍ମଗ୍ରହଣ କରିଥିଲେ । ସେ ନାଳନ୍ଦାରେ ଶିକ୍ଷାପ୍ରାପ୍ତ ହୋଇଥିଲେ ଏବଂ ପରବର୍ତ୍ତୀ କାଳରେ ସେହିଠାରେ ଆଚାର୍ଯ୍ୟ ଭାବେ ମଧ୍ୟ କାର୍ଯ୍ୟ କରିଥିଲେ । କିଛି ଦିନ ପାଇଁ ବିକ୍ରମଶିଳା ମହାବିହାରରେ ମଧ୍ୟ ସେ ମୁଖ୍ୟ ଆଚାର୍ଯ୍ୟ ଥିଲେ । ସେ ୧୧ଶ-୧୨ଶ ଶତାବ୍ଦୀରେ ଜୀବିତ ଥିଲେ । ଏମାନଙ୍କ ବ୍ୟତୀତ ଜଗଦ୍ଦଳ ବିହାରର ମୋକ୍ଷକର ଗୁପ୍ତ, ବିଭୂତିଚନ୍ଦ୍ର, ଦାନଶୀଳ, ଶୁଭାକର, ଜ୍ଞାନମିତ୍ର ପ୍ରମୁଖ ଆଚାର୍ଯ୍ୟଗଣ ବୌଦ୍ଧଶାସ୍ତ୍ରରେ ଖୁବ୍ ବିଦ୍ୱାନ୍ ଥିଲେ ଏବଂ ବୌଦ୍ଧଧର୍ମ ସମ୍ପର୍କୀୟ ବହୁ ଗ୍ରନ୍ଥ ପ୍ରଣୟନ କରିଥିଲେ । ଏଣୁ ସେମାନେ ବୌଦ୍ଧଧର୍ମ ଓ ବୌଦ୍ଧ ସଂସ୍କୃତିର ବିକାଶରେ ଗୁରୁତ୍ୱପୂର୍ଣ୍ଣ ଭୂମିକାମାନ ଗ୍ରହଣ କରିଥିଲେ । ଏହି ସିଦ୍ଧାଚାର୍ଯ୍ୟମାନଙ୍କ ମଧ୍ୟରେ କେତେଜଣ ଚର୍ଯ୍ୟାରଚୟିତା ଥିବାର ଉଲ୍ଲେଖ କରାଯାଇଛି । ଚର୍ଯ୍ୟାଗୀତି ତାନ୍ତ୍ରିକ ବୌଦ୍ଧଧର୍ମର ସାହିତ୍ୟ । ଏହି ଗୀତିଗୁଡ଼ିକ ଗୋଟିଏ ଗୋଟିଏ ସାର୍ଥକ ଗୀତିକବିତା, ଯାହା ମାଧ୍ୟମରେ ସହଜିୟା ସିଦ୍ଧଗଣ ସହଜତତ୍ତ୍ୱ ପ୍ରଚାର କରୁଥିଲେ । ଏଗୁଡ଼ିକ ଦ୍ୱ୍ୟର୍ଥବୋଧକ ଶବ୍ଦପୁଞ୍ଜର ସମାହାରରେ ରଚିତ, ଯେଉଁଥିରେ ଗୁହ୍ୟ ଓ ବାହ୍ୟ ଉଭୟ ଅର୍ଥ ନିହିତ । ଏହାର ଗୁହ୍ୟ ଅର୍ଥ ଯୌଗିକ ହେବାସ୍ଥଳେ ବାହ୍ୟ ଅର୍ଥ ସାହିତ୍ୟିକ । ଏଣୁ ଚର୍ଯ୍ୟାଗୀତି ସହଜିୟା ସିଦ୍ଧମାନଙ୍କର ଧର୍ମତତ୍ତ୍ୱ ଓ ଦାର୍ଶନିକତାରେ ଯେତିକି ରହସ୍ୟାଚ୍ଛନ୍ନ, ସାହିତ୍ୟିକ ରସାଳତାରେ ସେତିକି ଉଦ୍‌ଭାସିତ । ଏହିପରି ଦୁଇପ୍ରକାର ଅର୍ଥ ବହନକାରୀ ପଦଗୁଡ଼ିକର ଭାଷା ସନ୍ଧ୍ୟାଭାଷା ବା ସନ୍ଧ୍ୟାବଚନ ଭାବରେ ଗୃହୀତ ହୋଇଥାଏ ।

ସପ୍ତମ-ଅଷ୍ଟମ ଶତାବ୍ଦୀରୁ ଦ୍ୱାଦଶ ଶତାବ୍ଦୀ ମଧ୍ୟରେ ରଚିତ ଏହି ଗୀତିଗୁଡ଼ିକ ଚଳିତ ଶତାବ୍ଦୀର ପ୍ରାରମ୍ଭରେ ଲୋକଲୋଚନକୁ ଆସିଲା । ୧୯୦୭ ଖ୍ରୀଷ୍ଟାବ୍ଦରେ ନେପାଳ ଦରବାର ପୋଥିଶାଳାରୁ ଏଗୁଡ଼ିକ ସଂଗୃହୀତ ହୋଇଥିଲା ବଙ୍ଗଳାର ବିଶିଷ୍ଟ ବିଦ୍ୱାନ୍ ମହାମହୋପାଧ୍ୟାୟ ହରପ୍ରସାଦ ଶାସ୍ତ୍ରୀଙ୍କ ଦ୍ୱାରା । ସେ ମହାଶୟ ଏଗୁଡ଼ିକୁ ସମ୍ପାଦନା କରି ପ୍ରକାଶ କଲେ ୧୯୧୬ ଖ୍ରୀଷ୍ଟାବ୍ଦରେ 'ହାଜାର ବଚ୍ଛରେର ପୁରାନ ବଙ୍ଗଲା ଭାଷାୟ ବୌଦ୍ଧଗାନ ଓ ଦୋହା' ନାମରେ । ଏଥିରେ ୫୦ଟି ଗୀତ ସମ୍ବଳିତ ଚର୍ଯ୍ୟାଚର୍ଯ୍ୟ ବିନିଶ୍ଚୟ, ସରହପାଦଙ୍କ ଦୋହାକୋଷ, କାହ୍ନୁପାଦଙ୍କ ଦୋହାକୋଷ ଓ ଡାକାର୍ଣ୍ଣବ ଆଦି ଚାରିଗୋଟି ପୋଥିର ପାଠ ରହିଛି । ଏହା ପ୍ରକାଶିତ ହେବା ପରେ ଓଡ଼ିଶା, ଆସାମ ଓ ବିହାରର ପଣ୍ଡିତଗଣ ଏହାକୁ ନିଜ ନିଜ ଅଞ୍ଚଳରେ ପ୍ରାଚୀନ ଭାଷା ରୂପେ

ଅଭିହିତ କଲେ। ପୋଥିର ଆବିଷ୍କାରକ ଡକ୍ଟର ହରପ୍ରସାଦ ଶାସ୍ତ୍ରୀ ବଙ୍ଗାଳୀ ହୋଇଥିବାରୁ ଏବଂ ପୋଥଗୁଡ଼ିକର ସମ୍ପାଦନା ନିଜେ କରିଥିବାରୁ ଏଥରେ ପ୍ରଯୁକ୍ତ ଭାଷାକୁ ସେ ପ୍ରାଚୀନ ବଙ୍ଗଳା ବୋଲି କହିବାକୁ ଯେପରି ପଛେଇଲେ ନାହିଁ, ଭାଷା ଓ ବ୍ୟାକରଣ ଦୃଷ୍ଟିରୁ ଏହା ଓଡ଼ିଆ, ଅହମିୟା ଓ ମୈଥିଳୀ ଭାଷା ବୋଲି ସଂପୃକ୍ତ ଅଞ୍ଚଳର ପଣ୍ଡିତଗଣ ସେହିପରି ସପ୍ରମାଣ ଯୁକ୍ତି ବାଢ଼ିଲେ। ଫଳରେ ସୂତ୍ରପାତ ହେଲା ଏକ ମସୀଯୁଦ୍ଧର, ଯାହା ବହୁଦିନ ଧରି ଚାଲିବା ପରେ କ୍ରମଶଃ ଏକ ନୂତନ ମୋଡ଼ ନେଲା। ଏ ସମ୍ପର୍କରେ ନିରବଚ୍ଛିନ୍ନ ବୈଜ୍ଞାନିକ ବିଶ୍ଳେଷଣ ହେବା ଫଳରେ ପଣ୍ଡିତ ରାହୁଲ ସାଂକୃତ୍ୟାୟନ, ଡକ୍ଟର ସୁନୀତି କୁମାର ଚାଟାର୍ଜୀ ପ୍ରମୁଖ ବହୁ ବିଦ୍ୱାନ୍ ଅପଭ୍ରଂଶ ଭାଷାକୁ ଚର୍ଯ୍ୟାର ଭାଷା ରୂପେ ଗ୍ରହଣ କଲେ। ଏହା ଫଳରେ ଏକ ସିଦ୍ଧାନ୍ତରେ ପହଞ୍ଚି ହେଲା ଯେ, ଏହି ଭାଷା ଥିଲା ତତ୍କାଳୀନ ଓଡ଼ିଶା, ବଙ୍ଗଳା, ଆସାମ ଓ ମିଥିଳା ଆଦି ପୂର୍ବଭାରତୀୟ ଅଞ୍ଚଳର ଏକ ସାଧାରଣ ଭାଷା। କାରଣ ସେ ସମୟକୁ ପୂର୍ବାଞ୍ଚଳୀୟ ଭାଷା ଗୋଷ୍ଠୀର ଜନ୍ମ ହୋଇନଥିଲା। ପ୍ରାଦେଶିକ ତଥା ଆଞ୍ଚଳିକ ଭାଷାରେ କେତେକ ସ୍ୱତନ୍ତ୍ରତା ପରିଦୃଷ୍ଟ ହେଉଥିଲେ ହେଁ ଏମାନଙ୍କ ମଧ୍ୟରେ ସାମଞ୍ଜସ୍ୟ ଥିଲା। ଏ ସାମଞ୍ଜସ୍ୟ ପୁଣି ଏତେ ବେଶୀ ଥିଲା ଯେ ବିଭିନ୍ନ ଦୃଷ୍ଟିରୁ ବିଚାର କରି ସେ ସମୟରେ ଏହିସବୁ ଅଞ୍ଚଳରେ ଏକ ସାଧାରଣ ଭାଷା ପ୍ରଚଳିତ ଥିଲା ବୋଲି କୁହାଯାଇପାରେ। ଚର୍ଯ୍ୟାକାରମାନଙ୍କ ମଧ୍ୟରେ ଓଡ଼ିଶା, ବଙ୍ଗଳା, ଅସାମ, ବିହାର ପ୍ରଭୃତି ରାଜ୍ୟର ବ୍ୟକ୍ତି ଥିଲେ ହେଁ ସେମାନେ ସମସ୍ତେ ପ୍ରଚଳିତ ଏହି ସାଧାରଣ ଭାଷାରେ ଚର୍ଯ୍ୟାଗୀତିମାନ ରଚନା କରିଥିଲେ। ସୁସମାଲୋଚକ ସ୍ୱର୍ଗତ ସୁରେନ୍ଦ୍ର ମହାନ୍ତି ଏହି ଭାଷାରୁ ମାଗଧୀ ଅପଭ୍ରଂଶ ଏବଂ ଡକ୍ଟର ଖଗେଶ୍ୱର ମହାପାତ୍ର ଏହାକୁ ପ୍ରାଚ୍ୟ ଅପଭ୍ରଂଶ ବୋଲି ନାମିତ କରିଛନ୍ତି। ଏହି ଭାଷାକୁ ସେ ଯେଉଁ ନାମରେ ନାମିତ କରନ୍ତୁ ନା କାହିଁକି, ଏହା ଯେ ପୂର୍ବଭାରତୀୟ ଭାଷା ଗୋଷ୍ଠୀର ଆଦିରୂପ ଏବଂ ପରବର୍ତ୍ତୀ କାଳରେ ଏଥିରୁ ଓଡ଼ିଆ, ବଙ୍ଗଳା, ଅହମୀୟା, ମୈଥିଳୀ ପ୍ରଭୃତି ଭାଷାଗୁଡ଼ିକ ଯେ ସ୍ୱତନ୍ତ୍ର ରୂପ ନେଇ ବିକଶିତ ହୋଇଥିଲା ଏଥିରେ ସନ୍ଦେହ ନାହିଁ। ଏଣୁ ଚର୍ଯ୍ୟାର ଭାଷା ପୂର୍ବଭାରତୀୟ ଭାଷା ସମୂହର ଜନନୀ ଏବଂ ଚର୍ଯ୍ୟାଗୀତି ସମଗ୍ର ପୂର୍ବ-ଭାରତର ସାହିତ୍ୟ।

ଚର୍ଯ୍ୟାକାର ରଚୟିତାଙ୍କ ସଂଖ୍ୟା ହେଉଛି ତେଇଶ। ଏମାନଙ୍କ ମଧ୍ୟରେ ଅନେକ ଥିଲେ ଓଡ଼ିଶାର ଅଧିବାସୀ ଓ ଆଉ କେତେକ ଥିଲେ ଓଡ଼ିଶା ସହିତ ସଂପୃକ୍ତ। ଏମାନେ ସମସ୍ତେ ଥିଲେ ଚଉରାଶୀ ସିଦ୍ଧ ପରମ୍ପରା ଅନ୍ତର୍ଭୁକ୍ତ। ସର୍ବମୋଟ ତେରଟି ଚର୍ଯାଗୀତି ରଚନା କରି କାହ୍ନୁପାଦ ସର୍ବାଧିକ ଚର୍ଯ୍ୟାକାର ଭାବରେ ପରିଚିତ। ସଂଖ୍ୟା ଦୃଷ୍ଟିରୁ ତାଙ୍କ ତଳକୁ ଆସନ୍ତି ଭୁସୁକୁପାଦ। ସେ ସର୍ବମୋଟ ଆଠଟି ଗୀତିର ରଚୟିତା। ଲୁଇପାଦ

ଓ ଶବରୀପାଦ ପ୍ରତ୍ୟେକ ଦୁଇଟି କରି ଗୀତି ରଚନା କରିଥିଲେ ହେଁ ସେ ଦୁହେଁ ପ୍ରଖ୍ୟାତ ଚର୍ଯ୍ୟାକାରଭାବେ ଖ୍ୟାତି ଅର୍ଜନ କରିଥିଲେ। ଏହି ଚର୍ଯ୍ୟାକାରଙ୍କ ସମେତ ଅନ୍ୟାନ୍ୟ ବହୁ ଚର୍ଯ୍ୟାକାର ଓଡ଼ିଆ ଥିବାରୁ ବୌଦ୍ଧଧର୍ମ ଓ ସାହିତ୍ୟକୁ ଓଡ଼ିଶାର ଦାନ କେତେ ବେଶୀ, ତାହା ସହଜରେ ଅନୁମେୟ।

ତତ୍କାଳୀନ ଓଡ଼ିଶାର ବିଭିନ୍ନ ସ୍ଥାନରେ ବୌଦ୍ଧପୀଠମାନ ଗଢ଼ିଉଠି ମହାଯାନ ଓ ତନ୍ତ୍ରଯାନ ବୌଦ୍ଧଧର୍ମକୁ କିପରି ସମୃଦ୍ଧ କରିଥିଲା ସେ ବିଷୟରେ ସୂଚନା ଦିଆଯାଇପାରେ। ତୋଷାଳୀ ବା ଆଧୁନିକ ଧଉଳି ଖ୍ରୀଷ୍ଟାବ୍ଦ ଆରମ୍ଭରୁ ଓଡ଼ିଶାର ଏକ ସାଂସ୍କୃତିକ ପୀଠ ରୂପେ ପ୍ରସିଦ୍ଧି ଲାଭ କରିଆସିଅଛି। ବୌଦ୍ଧଧର୍ମ ସମ୍ପର୍କରେ ଆସିବା ପୂର୍ବରୁ ଏହା ଏକ ଜୈନପୀଠ ଥିବା ଜଣାଯାଏ। ଅଶୋକଙ୍କ କଳିଙ୍ଗ ବିଜୟଠାରୁ ଏହା ଏକ ପ୍ରସିଦ୍ଧ ବୌଦ୍ଧପୀଠରେ ପରିଣତ ହେଲା। ଏହା ପ୍ରଥମେ ହୀନଯାନୀମାନଙ୍କର ଏକ ପୀଠ ଥିବାର ଜଣାଯାଏ ନାଗାର୍ଜ୍ଜୁନ-କୋଣ୍ଡା ଅଭିଲେଖରୁ। ତା ପରେ ମହାଯାନୀମାନେ ମଧ୍ୟ ଏହାକୁ ଏକ ପ୍ରଧାନ କେନ୍ଦ୍ର ରୂପେ ଗ୍ରହଣ କରି ନେଇଥିଲେ, ଯାହା 'ଗଣ୍ଡବ୍ୟୂହ' ନାମକ ଏକ ମହାଯାନୀ ଗ୍ରନ୍ଥରୁ ଜଣାଯାଏ। ଧଉଳିଗିରିକୁ ସେତେବେଳେ ସୁରଭଗିରି ବୋଲି କୁହାଯାଇଥିଲା ଏବଂ ଏହା ଆଚାର୍ଯ୍ୟ ସର୍ବଗାମୀଙ୍କର କର୍ମକ୍ଷେତ୍ର ଥିଲା। 'ତୋଷାଳୀ' ନାମ 'ଧଉଳି'ରେ ପରିଣତି ହୋଇଛି ବୋଲ ବହୁ ବିଦ୍ୱାନ୍ ଓ ଗବେଷକ ପ୍ରକାଶ କରନ୍ତି ଏବଂ ଏହା ମଧ୍ୟ ଧ୍ୱନି ବିଜ୍ଞାନ ସମ୍ମତ। ଏହି ସ୍ଥାନ ବହୁ ବର୍ଷ ଧରି ଉଭୟ ହୀନଯାନ ଓ ମହାଯାନର ଏକ ବିଖ୍ୟାତ ପୀଠ ରୂପେ ଖ୍ୟାତି ଅର୍ଜନ କରିଥିଲା।

ପୂର୍ବରୁ ଦନ୍ତପୁର କଥା କୁହାଯାଇଛି। ଏହିଠାରେ ଜନୈକ ବୌଦ୍ଧ ଶ୍ରମଣଙ୍କଠାରୁ ସଂଗୃହୀତ ବୁଦ୍ଧଦେବଙ୍କର ଏକ କଳଦାନ୍ତ ତତ୍କାଳୀନ କଳିଙ୍ଗ ରଜାଙ୍କ ଦ୍ୱାରା ନିର୍ମିତ ଏକ ସୁରମ୍ୟ ଚୈତ୍ୟରେ ସ୍ଥାନିତ ହୋଇଥିଲା। ଏହି ସ୍ଥାନଟିର ଅବସ୍ଥିତି କେଉଁଠି ଥିଲା, ତାହା ଠିକ୍ ଭାବରେ ନିର୍ଣ୍ଣିତ ହୋଇପାରି ନାହିଁ। ଆଲେକ୍‌ଜାଣ୍ଡର କନିଂହାମ୍‌ଙ୍କ ଅନୁସାରେ ଦନ୍ତପୁର ଆନ୍ଧ୍ରର ରାଜମହେନ୍ଦ୍ରୀଠାରେ ଥିଲା। ପ୍ରଫେସର ସିଲ,ଭାଇନ ଲେଭୀ ମତବ୍ୟକ୍ତ କରନ୍ତି ଯେ ଏହା ଚିଲିକା ନିକଟବର୍ତ୍ତୀ 'ପାଲୁର'। ପଣ୍ଡିତ ନୀଳକଣ୍ଠ ଦାସ ଏହାକୁ ଆଧୁନିକ ପୁରୀ ସହିତ ଚିହ୍ନିତ କରନ୍ତି। ପଦ୍ମଶ୍ରୀ ଡକ୍ଟର ସତ୍ୟନାରାୟଣ ରାଜଗୁରୁଙ୍କ ମତରେ ଏହା ଅବସ୍ଥିତ ଥିଲା ମହେନ୍ଦ୍ର ପର୍ବତ ନିକଟସ୍ଥ ବାରୁଣା (ବରୁଆଁ) ବନ୍ଦର ନିକଟରେ। ସେ ଯାହାହେଉ, ଚିଲିକା କୂଳସ୍ଥ ପାଲୁରକୁ ହିଁ ଦନ୍ତପୁର ଭାବରେ ଗ୍ରହଣ କରିବା ଯୁକ୍ତିସମ୍ମତ। କାରଣ ତେଲୁଗୁରେ 'ପାଲୁ'ର ଅର୍ଥ ଦନ୍ତ ଓ 'ଉର୍'ର ଅର୍ଥ ନଗର ବା ପୁର। ଏଣୁ 'ପାଲୁର'ର ଅର୍ଥ ଦନ୍ତପୁର। ପାଲୁରଠାରେ କୌଣସି

ଖୋଦନକାର୍ଯ୍ୟ ଏ ପର୍ଯ୍ୟନ୍ତ ହୋଇନାହିଁ। ଭୂଖୋଦନ ପରେ ହିଁ ଏହି ସ୍ଥାନ ପ୍ରକୃତରେ ଇତିହାସ ଓ ବୌଦ୍ଧଶାସ୍ତ୍ର ବର୍ଣ୍ଣିତ ଓ ବହୁ ଚର୍ଚ୍ଚିତ ଦନ୍ତପୁର କି ନୁହେଁ, ତାହା ପ୍ରମାଣିତ ହେବ।

ଖ୍ରୀଷ୍ଟପୂର୍ବ ତୃତୀୟ ଶତାବ୍ଦୀଠାରୁ ଖ୍ରୀଷ୍ଟୀୟ ୧୦ମ ଶତାବ୍ଦୀର ଶେଷ ପର୍ଯ୍ୟନ୍ତ ଶାଳିହୁଣ୍ଡ କଳିଙ୍ଗର ଏକ ବିଶିଷ୍ଟ ବୌଦ୍ଧପୀଠ ଥିଲା ବୋଲି ଡକ୍ଟର ସତ୍ୟନାରାୟଣ ରାଜଗୁରୁ ପ୍ରକାଶ କରନ୍ତି। କଳିଙ୍ଗର ଦକ୍ଷିଣରେ ବଂଶଧାରା ନଦୀକୂଳର ଗୋଟିଏ ଛୋଟ ପାହାଡ଼ ଉପରେ ଏହା ଅବସ୍ଥିତ ଥିଲା। ଅଶୋକଙ୍କ ରାଜତ୍ୱ କାଳରେ ବହୁ ସଂଖ୍ୟକ ବୌଦ୍ଧସ୍ତୂପ ଓ ଚୈତ୍ୟ ନିର୍ମିତ ହୋଇଥିବା କଥା ହୁଏନ୍‌ସାଂଙ୍କ ବିବରଣୀରୁ ଜଣାଯାଏ। ଏଥି ମଧ୍ୟରେ କଳିଙ୍ଗର ଶାଳିହୁଣ୍ଡ ଥିଲା ଅନ୍ୟତମ। ବର୍ତ୍ତମାନ ଉକ୍ତ ସ୍ଥାନରେ ଇତସ୍ତତଃ ପଡ଼ିଥିବା ମହାଯାନୀ ସଂପ୍ରଦାୟ ଦ୍ୱାରା ପୂଜିତ କେତେକ ଦେବଦେବୀଙ୍କ ପ୍ରସ୍ତର ମୂର୍ତ୍ତି ଦେଖିବାକୁ ମିଳେ ବୋଲି ଡକ୍ଟର ରାଜଗୁରୁ ପ୍ରକାଶ କରନ୍ତି। ଏଣୁ ଶାଳିହୁଣ୍ଡଠାରେ ଏକ ବୌଦ୍ଧପୀଠ ଥିବା ତଥ୍ୟକୁ ଅମୂଳକ କୁହାଯାଇ ନପାରେ। ଏ ସମ୍ବନ୍ଧରେ ସବିଶେଷ ଅନୁସନ୍ଧାନ ନିତାନ୍ତ ଆବଶ୍ୟକ।

କଳିଙ୍ଗରେ ଭୋଜକଗିରି ନାମକ ଏକ ବିହାର ଥିଲା। ମୌର୍ଯ୍ୟ ସମ୍ରାଟ ଅଶୋକ ତାଙ୍କ ଭାଇ ତିସ୍‌ସଙ୍କ ପାଇଁ ଏହି ବିହାର ନିର୍ମାଣ କରିଥିଲେ। ତିସ୍‌ସଙ୍କ ଗୁରୁ ଧର୍ମରକ୍ଷିତ ମଧ୍ୟ ନିଜର ଶେଷ ଜୀବନ ଭୋଜକଗିରି ବିହାରଠାରେ କଟାଇଥିଲେ; ମାତ୍ର ଏ ସ୍ଥାନର ଅବସ୍ଥିତି ସମ୍ବନ୍ଧରେ ବିଶେଷ କିଛି ତଥ୍ୟ ଉପଲବ୍ଧ ହୁଏ ନାହିଁ।

ସମ୍ବଲପୁର ଜିଲ୍ଲାର ପଦ୍ମପୁର ସବ୍‌ଡିଭିଜନରେ ଗଣ୍ଡିଆପାଲି ଏକ କ୍ଷୁଦ୍ରଗ୍ରାମ। ଏଠାରେ ଏକ ବୌଦ୍ଧବିହାର ଥିଲା। ଏହାର ପ୍ରତ୍ନତାତ୍ତ୍ୱିକ ଖନନ କାର୍ଯ୍ୟ ୧୯୭୮ ଖ୍ରୀଷ୍ଟାବ୍ଦରେ ସ୍ୱର୍ଗତ ଡକ୍ଟର ନବୀନ କୁମାର ସାହୁଙ୍କ ତତ୍ତ୍ୱାବଧାନରେ ଚାଲିଥିଲା। ଏହି ଖନନ ଫଳରେ ପ୍ରାୟ ଦେଢ଼ ଏକର ପରମିତି ସ୍ଥାନରେ ଏକ ବୌଦ୍ଧବିହାରର ଧ୍ୱଂସାବଶେଷ ଆବିଷ୍କୃତ ହୋଇଥିଲା। ଏ ବିହାରଟି ଖ୍ରୀଷ୍ଟୀୟ ପଞ୍ଚମ ଶତାବ୍ଦୀର ଏବଂ ମହାଯାନ ଶାଖାର ବୋଲି ଡକ୍ଟର ସାହୁ ମତ ଦେଇଛନ୍ତି। ପୂର୍ବରୁ ଆଲୋଚନା କରଯାଇଥିବା ଆଚାର୍ଯ୍ୟ ନାଗାର୍ଜ୍ଜୁନଙ୍କ କର୍ମସ୍ଥଳୀ ପରିମଳଗିରି ବା ଗନ୍ଧମାର୍ଦ୍ଦନଗିରି ଗଣିଆପାଲିଠାରୁ ମାତ୍ର ୫୦ କିଲୋମିଟର ପଶ୍ଚିମରେ ଅବସ୍ଥିତ।

ଡକ୍ଟର ସତ୍ୟନାରାୟଣ ରାଜଗୁରୁ ଖ୍ରୀଷ୍ଟୀୟ ଷଷ୍ଠ ଶତାବ୍ଦୀରେ ବୋଧିପଦ୍ରକ ନାମକ ଗ୍ରାମରେ ଏକ ମହାଯାନୀ ବୌଦ୍ଧବିହାର ପ୍ରତିଷ୍ଠିତ ହୋଇଥିଲା ବୋଲି ପ୍ରକାଶ କରିଛନ୍ତି। ଆଧୁନିକ ବାଲେଶ୍ୱର ଜିଲ୍ଲାରେ ସେତେବେଳେ ମହାସାମନ୍ତ ଅଚ୍ୟୁତ ନାମକ ଜଣେ

ବୌଦ୍ଧଧର୍ମାବଲମ୍ବୀ ସାମନ୍ତ ରାଜା ମହାରାଜା ଗୋପଚନ୍ଦ୍ରଙ୍କ ଅନୁମତି ନେଇ ଏହି ବୌଦ୍ଧବିହାର ନିର୍ମାଣ କରିଥିଲେ। ମାତ୍ର ଏ ସମ୍ବନ୍ଧୀୟ ବିଶେଷ ତଥ୍ୟର ଅଭାବ ରହିଛି।

ରତ୍ନଗିରି ମହାବିହାରର ଧ୍ୱଂସାବଶେଷ ପ୍ରତ୍ନତାତ୍ତ୍ୱିକ ଖନନ ଫଳରେ ଲୋକଲୋଚନକୁ ଆସିଅଛି। ଏଠାରେ ଦୁଇଟି ବୌଦ୍ଧବିହାର ଥିବାର ଜଣାଯାଇଛି। ନାଳନ୍ଦା, ତକ୍ଷଶିଳା, ବିକ୍ରମଶିଳା ବିଶ୍ୱବିଦ୍ୟାଳୟ ପରି, ଏଠାରେ ଏକଦା ଏକ ପ୍ରସିଦ୍ଧ ବିଶ୍ୱବିଦ୍ୟାଳୟ ଏବଂ ଉପାସନା କେନ୍ଦ୍ର ଥିଲା। ସୁପ୍ରସିଦ୍ଧ ବୌଦ୍ଧାଚାର୍ଯ୍ୟ ଅବଧୂତିପା, ବୋଧିଶ୍ରୀ ଓ ନାରୋପା ଏଠାରେ ଯୋଗ ଶିକ୍ଷା କରୁଥିଲେ। ସେମାନଙ୍କୁ ସିଦ୍ଧାଚାର୍ଯ୍ୟ ପିତୋପାଦ ଯୋଗଶିକ୍ଷା ଦେଉଥିଲେ। ଦେଶ ବିଦେଶରୁ ବୌଦ୍ଧସନ୍ନ୍ୟାସୀଗଣ ଏଠାକୁ ଆସି ଯୋଗ ଶିକ୍ଷା ପାଉଥିଲେ। ପ୍ରଥମେ ମହାଯାନ ଯୋଗାଚାରବାଦର ଶିକ୍ଷାକେନ୍ଦ୍ର ଭାବରେ ପରିଚିତ ଏହି ବୌଦ୍ଧପୀଠ ଶେଷରେ ତନ୍ତ୍ରଯାନର ଏକ କେନ୍ଦ୍ରରେ ପରିଣତ ହୋଇଥିଲା। ଏହିଠାରୁ ଯେଉଁ ବୌଦ୍ଧ ଦେବଦେବୀ ମୂର୍ତ୍ତି ଆବିଷ୍କୃତ ହୋଇଅଛି, ସେଗୁଡ଼ିକ ଓଡ଼ିଆ ଶିଳ୍ପୀଙ୍କ କଳା ନିପୁଣତାର ପରିଚୟ ପ୍ରଦାନ କରନ୍ତି। ହୁଏନ୍‌ସାଂଙ୍କ ବିବରଣୀ ଏବଂ ନାଗାର୍ଜ୍ଜୁନ କୋଣ୍ଡା ଶିଳାଲିପିରେ ପୁଷ୍ପଗିରି ମହାବିହାରରେ ଉଲ୍ଲେଖ ରହିଛି। ବହୁ ବିଦ୍ୱାନ୍ ମନେ କରୁଥିଲେ ଯେ ରତ୍ନଗିରି ହିଁ ଏହି ପୁଷ୍ପଗିରି; ମାତ୍ର ରତ୍ନଗିରିରୁ ମିଳୁଥିବା ପୋଡ଼ାମାଟିର ମୋହରରେ 'ରତ୍ନଗିରି ମହାବିହାରାୟ ଆର୍ଯ୍ୟଭିକ୍ଷୁ ସଂଘସ୍ୟ' ଉଲ୍ଲେଖ ଥିବାରୁ ଏହାର ନାମ ପୁଷ୍ପଗିରି ନଥିଲା ବୋଲି ସ୍ପଷ୍ଟ ହୁଏ।

ରତ୍ନଗିରି ମହାବିହାର ଭଳି ଉଦୟଗିରି ଏକ ପ୍ରସିଦ୍ଧ ବୌଦ୍ଧବିହାର ଥିଲା। ପ୍ରତ୍ନତାତ୍ତ୍ୱିକ ଖନନ ଫଳରେ ଏହି ସ୍ଥାନରୁ ଏକ ବୌଦ୍ଧବିହାରର ଅବଶେଷ ଏବଂ ବହୁ ଦେବଦେବୀଙ୍କ ବିଗ୍ରହ ଆବିଷ୍କୃତ ହୋଇଛି। ଏହିଠାରୁ ବହୁ ମୂର୍ତ୍ତି ପୂର୍ବେ ଭାରତ ଓ ଭାରତ ବାହାରର ସଂଗ୍ରହାଳୟକୁ ଚାଲିଯାଇଛି। ଏହି ସ୍ଥାନରେ ବିଶାଳ ତଥା ପ୍ରାଚୀନ ବୌଦ୍ଧକୀର୍ତ୍ତିର ଅବସ୍ଥିତି ଦୃଷ୍ଟିରୁ, ଏହାକୁ ପୁଷ୍ପଗିରି ମହାବିହାର ବୋଲି ମନେ କରିଯାଉଥିଲା; ମାତ୍ର ଏହି ସମ୍ଭାବନା ଦୂର ହୋଇଗଲା, ଯେତେବେଳେ ନିକଟରେ ହୋଇଥିବା ପ୍ରତ୍ନତାତ୍ତ୍ୱିକ ଖନନ ଦ୍ୱାରା 'ମାଧବପୁର ମହାବିହାର ଆର୍ଯ୍ୟଭିକ୍ଷୁ ସଂଘ' ଉଲ୍ଲିଖିତ ପୋଡ଼ାମାଟିର ମୁଦ୍ରା ମିଳିଲା।

ଲଳିତଗିରିଠାରେ ମଧ୍ୟ ଏକ ବୌଦ୍ଧବିହାର ଥିଲା। ପ୍ରତ୍ନତାତ୍ତ୍ୱିକ ଖନନ ଫଳରେ ୧୯୮୫ ମସିହାରେ ଏଠାରେ ଏହି ବିହାରର ଧ୍ୱଂସାବଶେଷ ମିଳିଅଛି। ବହୁ ବୌଦ୍ଧଦେବଦେବୀ, ଏକ ଚୈତ୍ୟଗୃହର ଅବଶେଷ ଏବଂ ଛୋଟ ଛୋଟ ବହୁ ସ୍ତୂପ ଏହି ଖନନ ଫଳରେ ଲୋକଲୋଚନକୁ ଆସିଅଛି। ମାତ୍ର ଏହି ସ୍ଥାନର ସବୁଠାରୁ ଗୁରୁତ୍ୱପୂର୍ଣ୍ଣ ଆବିଷ୍କାର ହେଉଛି ଏକ ଭଗ୍ନସ୍ତୂପ, ଯେଉଁଥିରୁ ସ୍ତୂପାକାରରେ ନିର୍ମିତ ତିନୋଟି

ଫରୁଆ ମିଳିଛି। ପ୍ରତ୍ୟେକ ଫରୁଆ ମଧ୍ୟରେ ନରମ ପଥରରେ ନିର୍ମିତ ଗୋଟିଏ ଫରୁଆ ରହିଅଛି। ଏହି ନରମ ପଥର ନିର୍ମିତ ଫରୁଆ ଭିତରେ ରହିଛି ଏକ ରୂପା ଫରୁଆ। ପୁଣି ରୂପା ଫରୁଆ ମଧ୍ୟରେ ସୁନା ଫରୁଆ ଓ ସୁନା ଫରୁଆ ଭିତରେ ପବିତ୍ର ଦନ୍ତର ଅଂଶ। ଗୋଟିକରେ ଦନ୍ତ ସୁନା ପତ୍ରରେ ଗୁଡ଼ାଯାଇଛି; ଯାହା ଅନ୍ୟଟି ଅପେକ୍ଷା ପବିତ୍ର ଓ ଗୁରୁତ୍ୱପୂର୍ଣ୍ଣ ମନେହୁଏ। ଏହିପରି ଦୁଇଟି ପଥର ଫରୁଆ ଭିତରେ ତିନୋଟି କ୍ଷୁଦ୍ର କ୍ଷୁଦ୍ର ଫରୁଆ ଥିବା ସ୍ଥଳେ ଗୋଟିକରେ ଏଗୁଡ଼ିକ ନଥିବାର ଦେଖାଯାଏ। ମନେହୁଏ, କୌଣସି ସମୟରେ ଏହାର ଭିତର ଫରୁଆଗୁଡ଼ିକ ହଜିଯାଇଛି ବା ଚୋରି ହୋଇଯାଇଛି। ଅତୀତରେ ସାଞ୍ଚିସ୍ତୂପରୁ ଏହିପରି ତିନିଗୋଟି ଧାତୁଗର୍ଭିତ ଫରୁଆ ମିଳିଥିଲା ବୋଲି କନିଙ୍ଗ୍‌ହାମ ଉଲ୍ଲେଖ କରିଛନ୍ତି। ତାଙ୍କ ମତରେ ଏହି ଧାତୁ ବା ଦନ୍ତର ଅବଶେଷ ଥିଲା ବୁଦ୍ଧ, ସାରିପୁତ୍ତ ଓ ମହାମୋଗଲାୟନଙ୍କର। ଏହି ଦୃଷ୍ଟିରୁ ବିଚାର କଲେ ଲଳିତଗିରିରୁ ଆବିଷ୍କୃତ ତିନୋଟି ଫରୁଆରେ ମଧ୍ୟରେ ଏହି ତିନିଜଣଙ୍କର ଧାତୁ ସଂରକ୍ଷିତ ଥିଲା; ମାତ୍ର ହଜିଯାଇଥିବା ଗୋଟିକୁ ବାଦ୍ ଦେଲେ, ଆଉ ଯେଉଁ ଦୁଇଟି ରହିଲା, ସେଥିମଧ୍ୟରୁ, ସୁନା ପତ୍ରବନ୍ଧା ଦନ୍ତଟି ବୁଦ୍ଧଦେବଙ୍କର ଓ ଅନ୍ୟଟି ସାରିପୁତ୍ତ ବା ମହାମୋଗଲାୟନଙ୍କର। ଲଳିତଗିରିର ଖନନକାର୍ଯ୍ୟ ସରିନାହିଁ। ଭାରତ ସରକାରଙ୍କ ପ୍ରତ୍ନତତ୍ତ୍ୱ ବିଭାଗ ଏଠାରେ ପ୍ରବୀଣ କର୍ମଚାରୀମାନଙ୍କୁ ଅବସ୍ଥାପିତ କରି ଖନନ କାର୍ଯ୍ୟ ଚଳାଇଛନ୍ତି। ଏପର୍ଯ୍ୟନ୍ତ ଏହି ମହାବିହାରର ନାମୋଲ୍ଲେଖ ଥାଇ କୌଣସି ମୁଦ୍ରା ଆବିଷ୍କୃତ ହୋଇନାହିଁ। ଲଳିତଗିରି ବହୁ ଚର୍ଚ୍ଚିତ ଓ ବହୁ ଆକାଙ୍‌କ୍ଷିତ ପୁଷ୍ପଗିରି ବିହାର ହୋଇପାରେ ବୋଲି ଆଶା।

କଟକ ଜିଲ୍ଲାର ତାରପୁରଠାରେ ତାଳଦଣ୍ଡା କେନାଲର ମରାମତି କାର୍ଯ୍ୟ ଚାଲିଥିବା ସମୟରେ କେତୋଟି ବିରାଟ ବୁଦ୍ଧମୂର୍ତ୍ତି, ତାରାମୂର୍ତ୍ତି, ମାରୀଚୀ ମୂର୍ତ୍ତି, ଅପରାଜିତାମୂର୍ତ୍ତି ଆଦିର ସନ୍ଧାନ ମିଳିଛି। ତାରାଙ୍କ ନାମାନୁସାରେ ଏହି ସ୍ଥାନ 'ତାରାପୁର' ଓ ସମୟକ୍ରମେ 'ତାରପୁର' ହୋଇଅଛି। ସେଠାକାର ଗ୍ରାମବାସୀ ଏହି ମୂର୍ତ୍ତିଗୁଡ଼ିକ ପୂଜା କରୁଅଛନ୍ତି। ପୋଡ଼ାଇଟାର କାନ୍ଥ ଇତ୍ୟାଦିର ଧ୍ୱଂସାବଶେଷ ଓ ମୂର୍ତ୍ତିଗୁଡ଼ିକ ସେଠାରେ ନବମ-ଦଶମ ଶତାବ୍ଦୀରେ ଏକ ବୌଦ୍ଧବିହାର ଥିବାର ପ୍ରମାଣ ଦିଏ।

କଟକ ଜିଲ୍ଲାର ଚିତ୍ରୋତ୍ପଳା ନଦୀ ଅବବାହିକାରେ ସାଲେପୁର ନିକଟସ୍ଥ ବ୍ରହ୍ମବଣଠାରେ ବୁଦ୍ଧ, ଅବଲୋକିତେଶ୍ୱର, ମଞ୍ଜୁଶ୍ରୀ, ତାରା ଆଦି ମୂର୍ତ୍ତିମାନ ଥିବାର ଦେଖି ଓଡ଼ିଶା ପ୍ରତ୍ନତତ୍ତ୍ୱ ବିଭାଗ ଆନୁକୂଲ୍ୟରେ ନିକଟ ଅତୀତରେ ସେଠାରେ ଖନନ କାର୍ଯ୍ୟ କରାଯାଇଥିଲା। ସେଠାରେ ଏକ ବୌଦ୍ଧବିହାରର ସନ୍ଧାନ ମିଳିଲା, ଯାହା ଖ୍ରୀଷ୍ଟୀୟ ନବମ ଶତାବ୍ଦୀର ବୋଲି ଗବେଷକଗଣ ମତପୋଷଣ କରନ୍ତି।

କୋଣାର୍କ ନିକଟସ୍ଥ କୁରୁମଠାରେ ମଧ୍ୟ ପ୍ରତ୍ନତାତ୍ତ୍ୱିକ ଖନନ ଦ୍ୱାରା ଏକ ବୌଦ୍ଧବିହାରର ଧ୍ୱଂସାବଶେଷ ମିଳିଛି। ଏହାକୁ ବର୍ତ୍ତମାନ ସ୍ଥାନୀୟ ଲୋକେ ଯମଧର୍ମପୀଠ ନାମରେ ନାମିତ କରିଛନ୍ତି। ଏହା ବ୍ରହ୍ମାବଣ ବିହାରର ସମସାମୟିକ। ସମକାଳୀନ ଅନ୍ୟ ଏକ ବୌଦ୍ଧବିହାର ହେଉଛି ଜୟାଶ୍ରମ ବିହାର। ଢେଙ୍କାନାଳ ଜିଲ୍ଲାର ତାଳଚେରଠାରେ ଏହି ବିହାର ସ୍ଥାପିତ ହୋଇଥିଲା। ଭୌମକର ନରପତିମାନଙ୍କ ପୃଷ୍ଠପୋଷକତାରେ ଏହା ସମୃଦ୍ଧିର ଶୀର୍ଷ ସ୍ପର୍ଶ କରିଥିଲା। ପୁରୀ ଜିଲ୍ଲାର ବାଣପୁର କଲେଜ ଗୃହ ନିର୍ମାଣ ଚାଲିଥିବା ସମୟରେ ଭୂଗର୍ଭରୁ ୯୫ଟି ବ୍ରୋଞ୍ଜ ଧାତୁରେ ନିର୍ମିତ ମୂର୍ତ୍ତିର ସନ୍ଧାନ ମିଳିଥିଲା। ଏଥି ମଧ୍ୟରୁ ପ୍ରାୟ ୭୫ଟି ବୌଦ୍ଧ ଦେବଦେବୀଙ୍କର। ସେହି ମୂର୍ତ୍ତିଗୁଡ଼ିକ ବର୍ତ୍ତମାନ ରାଜ୍ୟ ସଂଗ୍ରହାଳୟରେ ସଂରକ୍ଷିତ।

ଜଗଦ୍ଦଳ ବିହାର ଓଡ଼ିଶାରେ ଏକ ପ୍ରମୁଖ ବୌଦ୍ଧବିହାର ଥିଲା ଏବଂ ବଙ୍ଗଳା ଓ ବିହାର ରାଜ୍ୟର ବିଭିନ୍ନ ବିହାର ଓ ବୌଦ୍ଧଶିକ୍ଷାକେନ୍ଦ୍ରମାନଙ୍କରୁ ବିତାଡ଼ିତ ବୌଦ୍ଧ ସନ୍ନ୍ୟାସୀମାନଙ୍କ ନିମନ୍ତେ ଏକ ସୁରକ୍ଷିତ ଆଶ୍ରୟସ୍ଥଳ ଥିଲା ବୋଲି ତାରନାଥଙ୍କ ଇତିହାସ ଓ 'ପାଗ୍ ସାମ୍ ଜୋନ ଜାଙ୍'ରୁ ଜାଣିବାକୁ ମିଳେ। ଏହା ଭାରତର ଶେଷ ମହାଯାନ ପୀଠ ରୂପେ ବିବେଚିତ ହୁଏ। ଇତିହାସରୁ ଜଣାଯାଏ ଯେ ୧୩ଶ ଶତାବ୍ଦୀର ପ୍ରାରମ୍ଭରେ ମହମ୍ମଦ ବଖ୍ତିୟାର ଖିଲିଜୀଙ୍କ ନେତୃତ୍ୱରେ ମୁସଲମାନମାନେ ନାଳନ୍ଦା, ବିକ୍ରମଶିଳା ଇତ୍ୟାଦି ବୌଦ୍ଧବିହାରକୁ ଆକ୍ରମଣ ପୂର୍ବକ ବଡ଼ ବୌଦ୍ଧଭିକ୍ଷୁଙ୍କୁ ହତ୍ୟାକରି ଅନୁଷ୍ଠାନଗୁଡ଼ିକୁ ଧ୍ୱଂସ କଲେ। ଅନେକ ବୌଦ୍ଧଭିକ୍ଷୁ ଓଡ଼ିଶାର ଜଗଦ୍ଦଳ ବିହାରକୁ ଚାଲିଆସି ପ୍ରାଣ ରକ୍ଷା କଲେ। କାରଣ ସେତେବେଳେ ଓଡ଼ିଶାର ଏହି ସ୍ଥାନ ବାହ୍ୟ ଆକ୍ରମଣ ଭୟରୁ ଦୂରରେ ଥିଲା। ଏହି ଜଗଦ୍ଦଳ ବିହାର ପୁରୀ ଜିଲ୍ଲାର ଜଗଦ୍ଦଳପୁରଠାରେ ଥିବାର ଅନୁମିତ ହୁଏ। ଏହି ଗ୍ରାମଟି ଡେଲାଙ୍ଗ ଅଞ୍ଚଳରେ ଥିବା ବିଶ୍ୱନାଥ ମୁଣ୍ଡିଆ ବା ତତ୍କାଳୀନ ଭୋରଶୈଳର ପାଦଦେଶରେ ଅବସ୍ଥିତ। ଏହି ଭୋରଶୈଳ ଖ୍ରୀଷ୍ଟୀୟ ୫ମ ଶତାବ୍ଦୀରେ ବୌଦ୍ଧ ଦାର୍ଶନିକ ଦିଙ୍ନାଗଙ୍କ ସାଧନାସ୍ଥଳୀ ଥିବା ଏବଂ ତାଙ୍କରି ନାମାନୁସାରେ ଏହି ସ୍ଥାନର ନାମ ଡେଲାଙ୍ଗ ହୋଇଥିବା କଥା ପୂର୍ବରୁ କୁହାଯାଇଛି। ଏହି ସ୍ଥାନର ନିକଟବର୍ତ୍ତୀ ତାପଙ୍ଗ, ବରୁଣେଇ ଓ ଅରାଗଡ଼ଠାରେ ପଥର କଟାହୋଇ ତିଆରି ହୋଇଥିବା କେତୋଟି ଗୁମ୍ଫା ଦେଖିବାକୁ ମିଳେ। ସମ୍ଭବତଃ ଏହି ଗୁମ୍ଫାଗୁଡ଼ିକ ସେହି ସମୟର ବୌଦ୍ଧଭିକ୍ଷୁମାନଙ୍କ ଦ୍ୱାରା ବ୍ୟବହୃତ ହେଉଥିଲା। ଆମର ଏହି ସମ୍ଭାବନାକୁ ଦୃଢ଼ କରେ ସେହି ସ୍ଥାନମାନଙ୍କର ମିଳିଥିବା ବୌଦ୍ଧ ନିଦର୍ଶନମାନ। ଆଲୋଚ୍ୟ ଜଗଦ୍ଦଳପୁର ସେତେବେଳେ ଶିଶୁପାଳଗଡ଼, ଭୁବନେଶ୍ୱର, ଖୋର୍ଦ୍ଧା, ରଥିପୁରଗଡ଼, ପିପିଲି, ସହଜପରିକଟକ (ଜଗତି), ନରଣଗଡ଼, ଆରାଗଡ଼, କାଞ୍ଚିଆଗଡ଼ ଇତ୍ୟାଦି ସାମରିକ

କେନ୍ଦ୍ରମାନଙ୍କ ଦ୍ୱାରା ପରିବେଷ୍ଟିତ ଥିଲା। ଏହାର ଚତୁର୍ଦ୍ଦିଗରେ ରଣରଙ୍ଗ, ବାହୁବଳେନ୍ଦ୍ର, ବଳିୟାର ସିଂହ, ଓଲଟ ସିଂହ, ପାଲଟା ସିଂହ, ପାହାଡ଼ ସିଂହ, ଝପଟ ସିଂହ, ରାୟ ସିଂହ, ଉତ୍ତର କବାଟ, ଦକ୍ଷିଣ କବାଟ, ବାହିନୀପତି, ବୀରବର, ଶତ୍ରୁଶଲ୍ୟ, ବୈରୀଗଞ୍ଜନ ଇତ୍ୟାଦି ସଂଜ୍ଞାଧାରୀ ପାଇକଗଣ ବାସ କରୁଥିଲେ। ସେମାନେ ନିଜ ନିଜର ବୀରତ୍ୱ ପାଇଁ ପ୍ରସିଦ୍ଧ ଥିଲେ ଏବଂ ସେମାନଙ୍କ ବାହୁର ବଳ ମୁସଲମାନମାନଙ୍କୁ ଏ ଅଞ୍ଚଳରେ ପ୍ରବେଶ କରିବାକୁ ଦେଇ ନଥିଲା। ଏହି କାରଣରୁ ଓଡ଼ିଶା ବିଳମ୍ବରେ ଇଂରେଜ ଶାସନାଧୀନ ହୋଇଥିଲା। ବର୍ତ୍ତମାନ ଜଗଦ୍ଦଳପୁର ନିକଟବର୍ତ୍ତୀ ଘୋରଡ଼ିଆ, ପିପିଲି ଆଦି ଅଞ୍ଚଳରେ ଯେଉଁ ମୁସଲମାନମାନେ ବାସ କରୁଛନ୍ତି, ସେମାନଙ୍କର ପୂର୍ବପୁରୁଷ ମୋଗଲ ରାଜତ୍ୱ କାଳରେ ସେଠାକୁ ଆସିଥିଲେ ବୋଲି ଅନୁମାନ କରାଯାଏ। ଏଣୁ ଜଗଦ୍ଦଳପୁର ଓଡ଼ିଶାରେ ମୋଗଲ ଶାସନ ପର୍ଯ୍ୟନ୍ତ ଏକ ନିରାପଦ ସ୍ଥାନ ଥିଲା ଏବଂ ଏଠାରେ ବୌଦ୍ଧସିଦ୍ଧଙ୍କ ସମେତ ବହୁ ତାନ୍ତ୍ରିକସିଦ୍ଧ ମଧ୍ୟ ନିର୍ଭୟରେ ବାସ କରି ଧର୍ମୀୟ ଅନୁଷ୍ଠାନମାନ ଚଳାଇଥିଲେ। ଫଳରେ ଏଠାରେ ଏକ ବିରାଟ ବୌଦ୍ଧବିହାର ଓ ବୌଦ୍ଧ ଶିକ୍ଷାକେନ୍ଦ୍ର, ଗଢ଼ି ଉଠିଥିଲା, ଯେତେବେଳେ ବିହାର ଓ ବଙ୍ଗଦେଶରେ ଅନୁରୂପ ଅନୁଷ୍ଠାନମାନ ମୁସଲମାନ ଶାସକଙ୍କ ଦ୍ୱାରା ଧ୍ୱସ୍ତବିଧ୍ୱସ୍ତ ହୋଇଥିଲା। ଏଥିରୁ ତାରନାଥଙ୍କ ଇତିହାସ ଓ 'ପାଗ୍ ସାମ୍ ଜୋନ୍ ଜାଙ୍'ର ବିବରଣୀର ସତ୍ୟତା ସ୍ୱତଃ ପ୍ରମାଣିତ ହୁଏ।

ଜଗଦ୍ଦଳ ବିହାରରେ ମୋକ୍ଷଙ୍କର ଗୁପ୍ତ, ବିଭୂତିଚନ୍ଦ୍ର, ଦାନଶୀଳ, ଶୁଭାକର ପ୍ରମୁଖ ସିଦ୍ଧାଚାର୍ଯ୍ୟଗଣଙ୍କ ସହିତ ଜ୍ଞାନମିତ୍ର ନାମକ ଆଉ ଜଣେ ସିଦ୍ଧାଚାର୍ଯ୍ୟ ବାସ କରୁଥିଲେ। ଗୁହ୍ୟତନ୍ତ୍ର ଏବଂ ବହୁ ମହାଯାନୀ ଶାସ୍ତ୍ରରେ ଜ୍ଞାନମିତ୍ରଙ୍କର ଗଭୀର ପ୍ରବେଶ ଥିଲା। ଜଣେ ଜ୍ଞାନୀ ଓ ଗୁଣୀ ସାଧକ ଭାବରେ ତାଙ୍କର ସୁଖ୍ୟାତି ମଧ୍ୟ ଥିଲା। ଜଗନ୍ନାଥ ମହାପ୍ରଭୁଙ୍କଠାରେ ଥିଲା ତାଙ୍କର ଗଭୀର ଭକ୍ତି। ସେ ବହୁ ସମୟରେ ପୁରୀ ଯାଇ ଶ୍ରୀମନ୍ଦିରରେ ଶ୍ରୀଜଗନ୍ନାଥଙ୍କୁ ଦର୍ଶନ କରୁଥିଲେ ଏବଂ ସେଠାରେ ନାନା ପ୍ରକାର ଅଲୌକିକ କାର୍ଯ୍ୟ ପ୍ରଦର୍ଶନ କରି ଜନସାଧାରଣ ଓ ଭକ୍ତଙ୍କୁ ଆମୋଦିତ କରୁଥିଲେ। ଲାମା ତାରନାଥଙ୍କ ବିବରଣୀ ଅନୁସାରେ ଏକଦା ଶ୍ରୀମନ୍ଦିର ମଧ୍ୟରେ ଏହି ବିଶିଷ୍ଟ ସାଧକଙ୍କୁ ଦୁର୍ବ୍ୟବହାର ପ୍ରଦର୍ଶନ କରାଯିବାରୁ ପ୍ରଭୁ ଜଗନ୍ନାଥ ହସ୍ତପଦହୀନ ହୋଇଗଲେ ଓ ଅଲୌକିକ ଶକ୍ତି ମଧ୍ୟ ହରାଇଲେ। ଏହି ବିବରଣୀର ଏହା ମଧ୍ୟ ପ୍ରମାଣିତ ହୁଏ ଯେ ଜଗଦ୍ଦଳ ବିହାର ଶ୍ରୀକ୍ଷେତ୍ର ପୁରୀ ନିକଟବର୍ତ୍ତୀ ଥିଲା। ତେଣୁ ପ୍ରସିଦ୍ଧ ଜଗଦ୍ଦଳ ବିହାର ଯେ ଡେଲାଙ୍ଗ ନିକଟବର୍ତ୍ତୀ ଜଗଦ୍ଦଳପୁରଠାରେ ଅବସ୍ଥିତ ଥିଲା, ଏଥିରେ ମତଦ୍ୱୈଧର ଅବକାଶ ନାହିଁ। ଆହୁରି ମଧ୍ୟ ପିପିଲି ନିକଟବର୍ତ୍ତୀ ହରିପୁର ଗ୍ରାମ ପଞ୍ଚାୟତର ଅରାଗଡ଼ଠାରେ ଶସ୍ୟ କ୍ଷେତ୍ରରୁ ମିଳିଥିବା ବୌଦ୍ଧ ସମ୍ପ୍ରଦାୟର ଚାରିଗୋଟି ମୂର୍ତ୍ତି

ସେହିଠାରେ ବା ନିକଟବର୍ତ୍ତୀ କୌଣସି ଏକ ସ୍ଥାନରେ ବୌଦ୍ଧବିହାର ଥିବାର ନିର୍ଦ୍ଦିଷ୍ଟ ସୂଚନା ଦିଏ।

ପୂର୍ବାଲୋଚିତ ବୌଦ୍ଧବିହାର ଓ ବୌଦ୍ଧପୀଠଗୁଡ଼ିକ ବ୍ୟତୀତ ବୌଦ୍ଧଧର୍ମର ଲାଳନଭୂମି ଏହି ଓଡ଼ିଶାରେ ବହୁ ବୌଦ୍ଧପୀଠ ଗଢ଼ି ଉଠିଥିଲା। ଭଞ୍ଜବଂଶର ରାଜତ୍ୱ କାଳରେ ମୟୂରଭଞ୍ଜର ଖିଚିଙ୍ଗ୍‌ଠାରେ ଏକ ବୌଦ୍ଧପୀଠ ଅବସ୍ଥିତ ଥିଲା। ବୈତରଣୀ ନଦୀର ଉତ୍ତର ଦିଗରେ ସୋଲଣପୁର ମହାବିହାର ଗଢ଼ି ଉଠିଥିଲା। ବାଲେଶ୍ୱର ଜିଲ୍ଲାର ଅଯୋଧ୍ୟାଠାରେ ଏକ ତନ୍ତ୍ରଯାନୀ ବୌଦ୍ଧପୀଠ ଥିବା ଅନୁମିତ ହୁଏ, ଏଠାରୁ ମିଳିଥିବା ତନ୍ତ୍ରଯାନୀ ବିଗ୍ରହମାନଙ୍କରୁ। ସେହିପରି ଫୁଲବାଣୀ ଜିଲ୍ଲାର ବୌଦ୍ଧ ଉଭୟ ମହାଯାନ ଓ ତନ୍ତ୍ରଯାନର ଏକ ପୀଠ ଥିଲା। ବିରୂପା-ଚିତ୍ରୋତ୍ପଳା ଅବବାହିକାରେ କୋଲଣଗିରି, ରାମେଶ୍ୱର ଆଦି ସ୍ଥାନମାନ ବୌଦ୍ଧପୀଠ ରୂପେ ଏକଦା ପ୍ରସିଦ୍ଧି ଲାଭ କରିଥିଲା। ପୁରୀ-କଟକ ଜିଲ୍ଲାର ପ୍ରାଚୀ ନଦୀ ଅବବାହିକାର ବହୁ ସ୍ଥାନରେ ବୌଦ୍ଧ ଦେବଦେବୀମାନଙ୍କର ମୂର୍ତ୍ତି ମିଳୁଥିବାରୁ ଏହି ଅଞ୍ଚଳରେ କେତୋଟି ବୌଦ୍ଧାନୁଷ୍ଠାନ ଯେ ଅତୀତରେ ଥିଲା, ଏହା ସ୍ୱତଃ ମନକୁ ଆସୁଛି।

କାମାଖ୍ୟା, ଶିରିହଟ୍ଟ, ପୂର୍ଣ୍ଣଗିରି ଓ ଉଡ୍ଡୀୟାନ—ଏହି ଚାରିଗୋଟି ବୌଦ୍ଧ ତନ୍ତ୍ରପୀଠର ସୂଚନା ମିଳେ 'ସାଧନାମାଳା' ଗ୍ରନ୍ଥରୁ। କାମାଖ୍ୟା ଓ ଶିରିହଟ୍ଟ ପୀଠ ଦୁଇଟି ଆସାମର କାମରୂପ ଓ ଆଧୁନିକ ସିଲ୍‌ହଟ ବୋଲି ଜଣାଯାଏ। କିନ୍ତୁ ପୂର୍ଣ୍ଣଗିରି ଓ ଉଡ୍‌ଡୀୟାନର ଅବସ୍ଥିତି ସମ୍ୱନ୍ଧରେ ବହୁ ବାଦାନୁବାଦ ରହିଛି। ଉଡ୍‌ଡୀୟାନ ଚାରିପୀଠ ମଧ୍ୟରେ ମୁଖ୍ୟ। ଏହାର ସୂଚନା ହିନ୍ଦୁତନ୍ତ୍ର ଓ ବୌଦ୍ଧତନ୍ତ୍ର ଉଭୟରେ ମିଳେ। କେହି କେହି ଏହାର ଅବସ୍ଥିତି ଆସାମରେ ଓ ଅନ୍ୟ କେହି ବଙ୍ଗଳାରେ ବୋଲି ମତବ୍ୟକ୍ତ କରନ୍ତି। ଏଲ୍. ଏ. ୱାଡ଼େଲ୍ ଏହାକୁ ଭାରତର ଉତ୍ତର-ପଶ୍ଚିମରେ ଅବସ୍ଥିତ କାବୁଲର ସ୍ୱାଟ୍ ଉପତ୍ୟକା ସହିତ ଚିହ୍ନିତ କରନ୍ତି। ପ୍ରଫେସର ସିଲ୍ ଭାଇନ୍ ଲେଭୀ ଓ ଡକ୍ଟର ପ୍ରବୋଧଚନ୍ଦ୍ର ବାଗ୍‌ଚୀ ୱାଡ଼େଲଙ୍କ ସହିତ ସହମତ; ମାତ୍ର ଉଡ୍‌ଡୀୟାନ ଯେ ଆଧୁନିକ ଓଡ଼ିଶା, ଏହା ଦୃଢ଼ କଣ୍ଠରେ ପ୍ରକାଶ କରନ୍ତି ମହାମହୋପାଧ୍ୟାୟ ହରପ୍ରସାଦ ଶାସ୍ତ୍ରୀ। ଲାମା ତାରନାଥ ଚଉରାଶୀ ସିଦ୍ଧଙ୍କ ବର୍ଣ୍ଣନା ଦେଲାବେଳେ ଉଡ୍‌ଡ୍ରୀୟାନ ଦୁଇଟି ରାଜ୍ୟରେ ବିଭକ୍ତ ବୋଲି ପ୍ରକାଶ କରିଛନ୍ତି—ଗୋଟିଏ ରାଜ୍ୟ ସମ୍ୱଳ ଓ ଅନ୍ୟଟି ଲଙ୍କାପୁରୀ। ପୂର୍ବରୁ ଆଲୋଚିତ ହୋଇଛି ଯେ ସମ୍ୱଳଠାରେ ଖ୍ରୀଷ୍ଟୀୟ ଅଷ୍ଟମ ଶତାବ୍ଦୀରେ ବଜ୍ରଯାନର ପ୍ରବର୍ତ୍ତକ ଇନ୍ଦ୍ରଭୂତି ରାଜତ୍ୱ କରୁଥିଲେ। ସେହିପରି ଲଙ୍କାପୁରୀରେ ତାଙ୍କ ଭଉଣୀ ଲକ୍ଷ୍ମୀଙ୍କରା ବିବାହ କରିଥିଲେ। ମହାପଣ୍ଡିତ ରାହୁଲ ସାଂକୃତ୍ୟାୟନ ଆଧୁନିକ ସମ୍ୱଲପୁରକୁ ତତ୍କାଳୀନ ସମ୍ୱଳ ଭାବରେ ଗ୍ରହଣ କରିଛନ୍ତି। ଏହି ଅଭିମତ ବହୁ ବିଦ୍ୱାନଙ୍କ ଦ୍ୱାରା ଗୃହୀତ।

ସେହିପରି ଆଧୁନିକ ସୋନପୁର ଯେ ତତ୍କାଳୀନ ଲଙ୍କାପୁରୀ, ଏହା ବହୁ ବିଜ୍ଞ ସମାଲୋଚକ ଓ ଗବେଷକମାନଙ୍କ ଦ୍ୱାରା ପ୍ରମାଣିତ ହୋଇଅଛି। ଆହୁରି ମଧ୍ୟ ଇନ୍ଦ୍ରଭୂତି ଓଡ଼ିଆ ଥିବାର ପ୍ରମାଣ ମିଳେ ତାଙ୍କ ରଚିତ ବଜ୍ରଯାନୀ ଗ୍ରନ୍ଥ 'ଜ୍ଞାନସିଦ୍ଧି'ର ମଙ୍ଗଳାଚରଣରେ ସ୍ଥାନିତ ଜଗନ୍ନାଥ ବନ୍ଦନାରୁ।

ତାନ୍ତ୍ରିକ ପୀଠ ପୂର୍ଣ୍ଣଗିରିକୁ ବଡ଼ ବିଦ୍ୱାନ୍ ଆଧୁନିକ ପୁନା ବୋଲି ଚିହ୍ନଟ କରନ୍ତି। କିନ୍ତୁ ଏହା ଠିକ୍ ନୁହେଁ। ପୂର୍ଣ୍ଣଗିରି ତତ୍କାଳୀନ ଓଡ଼ିଶାରେ ଅବସ୍ଥିତ ଥିଲା। 'ତନ୍ତ୍ରାସାର'ରେ ପୀଠ ତତ୍ତ୍ୱାନ୍ୟାସ ସମ୍ବନ୍ଧରେ ଦୁଇଟି ଅଧ୍ୟାୟ ରହିଛି। ସେଥିରେ ଥିବା ଚତୁଷ୍ପୀଠ ସମ୍ବନ୍ଧୀୟ ବର୍ଣ୍ଣନାରେ ପୂର୍ଣ୍ଣଗିରି ସର୍ବତ୍ର 'ଉଡ଼ିଶା ନାଥାତ୍ମକ' ଭାବରେ ବର୍ଣ୍ଣିତ ହୋଇଅଛି। ଏଥିରୁ ଜଣାଯାଏ ଯେ, ଏହି ପୀଠ ଜଗନ୍ନାଥ-ପୁରୀର ନିକଟବର୍ତ୍ତୀ ଥିଲା କିମ୍ବା ଏହାର ସମ୍ପର୍କ ଜଗନ୍ନାଥଙ୍କ ସହିତ ଥିଲା। କୌତୂହଳର ବିଷୟ ଯେ, ସୀମାଚଳରୁ ମିଳିଥିବା ଏକ ଶିଳାଲେଖରେ 'ପୂର୍ଣ୍ଣକୋଟୀ' ନାମର ଉଲ୍ଲେଖ ରହିଛି ଏବଂ ଏହା ଆନ୍ଧ୍ରପ୍ରଦେଶ ଶ୍ରୀକାକୁଲମ ଜିଲ୍ଲାର ଶ୍ରୀକୂର୍ମକୁ ନିର୍ଦ୍ଦେଶ କରେ। ଏହି ଶ୍ରୀକୂର୍ମ ଗଙ୍ଗବଂଶର ରାଜତ୍ୱ ସମୟରେ କଳିଙ୍ଗର ଏକ ଅଂଶ ଥିଲା। ପୂର୍ଣ୍ଣକୋଟୀ ମଧ୍ୟ ଏକ ତାନ୍ତ୍ରିକ ପୀଠ ରୂପେ ପରିଚିତ ଥିଲା। ତେଣୁ ପୂର୍ଣ୍ଣଗିରି ହିଁ ପୂର୍ବୋକ୍ତ ଶିଳାଲେଖ ବର୍ଣ୍ଣିତ ପୂର୍ଣ୍ଣକୋଟୀ। ଏ ସମ୍ପର୍କୀୟ ଅଧିକ ପ୍ରମାଣ ଉପଲବ୍ଧ ନ ହେଲା ପର୍ଯ୍ୟନ୍ତ ପୂର୍ଣ୍ଣଗିରିକୁ ପ୍ରାଚୀନ ଓଡ଼ିଶାର ଅଂଶ ବିଶେଷ ରୂପେ ଧରି ନିଆଯାଇପାରେ।

ବୌଦ୍ଧକଳା ଓ ସ୍ଥାପତ୍ୟ କ୍ଷେତ୍ରରେ ଓଡ଼ିଶାର ମଧ୍ୟ ଏକ ଗୁରୁତ୍ୱପୂର୍ଣ୍ଣ ଭୂମିକା ରହିଛି। ବୌଦ୍ଧଧର୍ମରେ ମୂର୍ତ୍ତିପୂଜାର ଅନୁପ୍ରବେଶ ପରେ ବହୁ ପରିମାଣରେ ବୌଦ୍ଧମୂର୍ତ୍ତି ଓ ବୌଦ୍ଧ ଉପାସନା ପୀଠ ନିର୍ମାଣ କରାଗଲା। ବୌଦ୍ଧଧର୍ମର ବିକାଶ ସହିତ ବୌଦ୍ଧକଳା ଓ ସ୍ଥାପତ୍ୟ ମଧ୍ୟ ଓଡ଼ିଶାରେ ଉନ୍ନତିର ଚରମ ସୋପାନରେ ଉପନୀତ ହୋଇଥିଲା। ଓଡ଼ିଶାରେ ଏକ ସ୍ୱତନ୍ତ୍ର ନିର୍ମାଣ ଶୈଳୀ ଓ କଳାକୁଶଳତାର ସୃଷ୍ଟି ହେଲା, ଯାହା ଦେଶର ପ୍ରଧାନ ବୌଦ୍ଧ କେନ୍ଦ୍ରମାନଙ୍କୁ ପ୍ରଭାବିତ କରିଥିଲା। ଫଳରେ ସେଠାରେ ରମଣୀୟ ବିଗ୍ରହ ଓ ସ୍ଥାପତ୍ୟମାନ ନିର୍ମିତ ହେଲା। ଓଡ଼ିଶାର ବହୁ ସ୍ଥାନରେ ପ୍ରତ୍ନତାତ୍ତ୍ୱିକ ଖନନରୁ ଶିଳ୍ପକଳା ସହିତ ଉନ୍ନତ ସ୍ଥାପତ୍ୟର ମଧ୍ୟ ସନ୍ଧାନ ମିଳେ। ସମକାଳୀନ ଭାରତୀୟ ବୌଦ୍ଧକଳାରେ ନିପୁଣ ଉତ୍କଳୀୟ ଶିଳ୍ପୀଗଣ ଶିଳ୍ପଚାତୁରୀ ଫୁଟାଇ କଳାକୁ ଅଧିକ ଜୀବନ୍ତ କରିବାରେ ଯେପରି କୃତିତ୍ୱ ପ୍ରଦର୍ଶନ କରିପାରିଛନ୍ତି, ଏହା ଯେ କୌଣସି କଳାପ୍ରେମୀ ନିଶ୍ଚୟ ସ୍ୱୀକାର କରିବ।

ରତ୍ନଗିରି, ଲଳିତଗିରି ଓ ଉଦୟଗିରି ଉତ୍କଳୀୟ ବୌଦ୍ଧ ସଂସ୍କୃତିର ରତ୍ନତ୍ରିଭୁଜ। ଏହି ସ୍ଥାନମାନଙ୍କର ବୌଦ୍ଧକୀର୍ତ୍ତି କଳା ଦୃଷ୍ଟିରୁ ଦେଶର ଅନ୍ୟ ଯେକୌଣସି

ବୌଦ୍ଧକୀର୍ତ୍ତିଠାରୁ ଯେପରି ଉନ୍ନତ, ସଂଖ୍ୟାରେ ମଧ୍ୟ ସେହିପରି ଅଧିକ। ରତ୍ନଗିରିଠାରେ ମିଳିଥିବା ସ୍ତୂପ ଓ ବୌଦ୍ଧକୀର୍ତ୍ତିର ଅବଶେଷ ବିପୁଳତା ଦୃଷ୍ଟିରୁ ପୃଥିବୀର ପବିତ୍ରତମ ବୌଦ୍ଧପୀଠ ବୋଧଗୟାର ସମକକ୍ଷ ବୋଲି ଡକ୍ଟର ଦେବଳା ମିତ୍ର ମତ ପୋଷଣ କରନ୍ତି। ରତ୍ନଗିରି ଥିଲା ପୃଥିବୀର ଏକମାତ୍ର ବିଶ୍ୱବିଦ୍ୟାଳୟ, ଯେଉଁଠାରେ ଯୋଗ ସମ୍ବନ୍ଧୀୟ ଶିକ୍ଷା ଦିଆଯାଉଥିଲା। କାରୁକାର୍ଯ୍ୟପୂର୍ଣ୍ଣ ଏହାର ଦ୍ୱାର ଦେଶରେ ଫୁଟି ଉଠିଥିବା ଉତ୍କଳୀୟ ଶିଳ୍ପୀର କଳାନୈପୁଣ୍ୟ ବାସ୍ତବିକ ବିସ୍ମୟ-ଜନକ ଏବଂ ସାରା ବିଶ୍ୱରେ ଅନନ୍ୟ।

ପ୍ରତ୍ନତାତ୍ତ୍ୱିକ ଖନନ ଫଳରେ ଓଡ଼ିଶାର ବିଭିନ୍ନ ସ୍ଥାନରେ ଆବିଷ୍କୃତ ବୌଦ୍ଧବିହାରଗୁଡ଼ିକର ନିର୍ମାଣ ପ୍ରଣାଳୀ ବାସ୍ତବିକ୍ ଚମତ୍କାର। ପୋଡ଼ା ଇଟାରେ ନିର୍ମିତ ଚୈତ୍ୟଗୃହ, ବାରଣ୍ଡା, ସ୍ତୂପ, ବିଭିନ୍ନ ପ୍ରକୋଷ୍ଠ ଏବେ ତତ୍କାଳୀନ ଉତ୍କଳୀୟ ଶିଳ୍ପୀର ଶିଳ୍ପ ପରାକାଷ୍ଠା ପ୍ରଦର୍ଶନ କରେ।

ଓଡ଼ିଶାର ତତ୍‌କାଳୀନ ସ୍ଥପତିମାନଙ୍କ ଦ୍ୱାର ନିର୍ମିତ ଏପରି କେତୋଟି ମୂର୍ତ୍ତିର ଅନୁସନ୍ଧାନ ଏବେ ମିଳିଛି, ଯାହା ଭାରତର ଅନ୍ୟ କୌଣସି ସ୍ଥାନରେ ଦେଖିବାକୁ ମିଳେ ନାହିଁ ବା କ୍ୱଚିତ୍ ଦେଖିବାକୁ ମିଳେ। ଉଦାହରଣ ସ୍ୱରୂପ ପୂର୍ବରୁ କୁହାଯାଇଥିବା ସମ୍ବଲପୁର ଜିଲ୍ଲାର ପଦ୍ମପୁର ସବ୍‌ଡିଭିଜନସ୍ଥ ଗଣିଆପାଲିଠାରେ ମିଳିଥିବା ଦୁଇଟି ମୁଚଲିନ୍ଦ ବୁଦ୍ଧ ବିଗ୍ରହକୁ ଗ୍ରହଣ କରାଯାଉ। ଏହି ବିଗ୍ରହ ଦୁଇଟି ଆକାରରେ ବିରାଟ ଏବଂ ପଦ୍ମାସନରେ ଆସୀନ। ପ୍ରତ୍ୟେକଙ୍କ ମସ୍ତକ ଉପରେ ମୁଚଲିନ୍ଦ ନାମକ ସର୍ପ ଫଣା ଟେକି ରହିଛି। ଏହି ପ୍ରକାର ବୁଦ୍ଧମୂର୍ତ୍ତି ଆନ୍ଧ୍ରପ୍ରଦେଶର ଅମରାବତୀ ବ୍ୟତୀତ ଅନ୍ୟ କୌଣସିଠାରେ ଦେଖିବାକୁ ମିଳେନାହିଁ। କିନ୍ତୁ ଅମରାବତୀଠାରେ ଥିବା ମୁଚଲିନ୍ଦ ମୂର୍ତ୍ତି ଗଣିଆପାଲିର ମୁଚଲିନ୍ଦ ମୂର୍ତ୍ତିଭଳି ଗୋଟିକିଆ ଓ ବିରାଟ ନୁହେଁ, ଏହା ପଥରର ଉପରିଭାଗରେ ଖୋଳାଯାଇଥିବା ଏକ କ୍ଷୁଦ୍ର ମୂର୍ତ୍ତି ମାତ୍ର। ନିକଟ ଅତୀତରେ ଲଳିତଗିରିଠାରେ ଖନନ କାର୍ଯ୍ୟ ଆରମ୍ଭ ହେବା ପରେ ଅଳ୍ପ କେତୋଟି କ୍ଷୁଦ୍ର ମୁଚଲିନ୍ଦ ବୁଦ୍ଧ ମୂର୍ତ୍ତିର ସନ୍ଧାନ ମିଳିଛି। ଓଡ଼ିଶା ବ୍ୟତୀତ ଅନ୍ୟ କୌଣସିଠାରେ ଏ ପ୍ରକାର ବୁଦ୍ଧମୂର୍ତ୍ତିର ସନ୍ଧାନ ମିଳୁ ନଥିବାରୁ ମନେହୁଏ, ଓଡ଼ିଶାର ସ୍ଥପତିଗଣ ବୌଦ୍ଧ ମୂର୍ତ୍ତିତତ୍ତ୍ୱରେ ଅନ୍ୟ ଅଞ୍ଚଳ ସ୍ଥପତିମାନଙ୍କଠାରୁ ପ୍ରବୀଣ ଓ ଦକ୍ଷ ଥିଲେ ଏବଂ ସେମାନଙ୍କ କଳାକୁଶଳତା ବୌଦ୍ଧକଳାକୁ ଉନ୍ନତିର ଚରମ ସୀମାରେ ପହଞ୍ଚାଇ ଥିଲା।

ବୌଦ୍ଧଧର୍ମରେ ପୂଜିତ ପ୍ରାୟ ସବୁ ପ୍ରକାର ଦେବଦେବୀ ଓଡ଼ିଶାର ବୌଦ୍ଧଧ୍ୱଂସାବଶେଷମାନଙ୍କରୁ ମିଳିଅଛି। ବିଭିନ୍ନ ଆସନାସୀନ ବୁଦ୍ଧଦେବଙ୍କ ମୂର୍ତ୍ତି ଏବଂ ପଞ୍ଚଧ୍ୟାନୀ ବୁଦ୍ଧଙ୍କ ମୂର୍ତ୍ତି ସମେତ ଅବଲୋକିତେଶ୍ୱର, ପଦ୍ମପାଣି, ବଜ୍ରପାଣି, ମଞ୍ଜୁଶ୍ରୀ,

ମୈତ୍ରେୟ, ହେରୁକ, ତ୍ରୈଲୋକ୍ୟବିଜୟ, କୃଷ୍ଣଯମାରି, ଜମ୍ଭଳ, ପଞ୍ଚିକ, ବୈଶ୍ରବଣ, ସମ୍ବର ଇତ୍ୟାଦି ଦେବବିଗ୍ରହ, ପ୍ରଜ୍ଞାପାରମିତା, ତାରା, ପାଣ୍ଡରା, ମାରୀଚୀ, ଅପରାଜିତା, କୁରୁକୁଲ୍ଲା, ଭୃକୁଟି, ବଜ୍ର ବାରାହୀ, ବସୁଧାରା, ହାରିତୀ, ଚୁଣ୍ଡା ଇତ୍ୟାଦି ଦେବୀବିଗ୍ରହ ଓଡ଼ିଶାର ବିଭିନ୍ନ ସ୍ଥାନରୁ ମିଳିଅଛି। ପୁରୀ-କଟକ ଜିଲ୍ଲାର ପ୍ରାଚୀ ଅବବାହିକାରେ ବହୁ ବୌଦ୍ଧମୂର୍ତ୍ତି ବିକ୍ଷିପ୍ତ ଭାବେ ମାଟି ତଳେ ରହିଥିବାର ଜଣାଯାଏ। ଆଜି ପର୍ଯ୍ୟନ୍ତ ଏହି ଅଞ୍ଚଳରେ ଆବିଷ୍କୃତ ବୌଦ୍ଧ ଦେବଦେବୀଗୁଡ଼ିକ ମଧ୍ୟରୁ ଅନେକ କ୍ଷେତବାଡ଼ିରେ ମାଟି ଖୋଳିବା ସମୟରେ ମିଳିଅଛି। ଏହି ଅଞ୍ଚଳରେ କେତେଯେ ବୌଦ୍ଧବିଗ୍ରହ ମାଟିତଳେ ଲୁକ୍‌କାୟିତ ରହିଛି, ତାହା କଳନା କରିବା ସମ୍ଭବ ନୁହେଁ। ମନେହୁଏ ଏହି ଅଞ୍ଚଳରେ ବୌଦ୍ଧଧର୍ମର ପ୍ରାବଲ୍ୟକାଳରେ ବହୁ କୃତବିଦ୍ୟ ସ୍ଥପତି ବାସ କରୁଥିଲେ ଏବଂ ନିହଣ ମୁନରେ ସେମାନଙ୍କ କଳା ନିପୁଣତାକୁ ରୂପ ଦେଇଥିଲେ। ସେ ଯାହାହେଉ, ଓଡ଼ିଶାର ବୌଦ୍ଧକଳା ଓ ସ୍ଥାପତ୍ୟ ଯେ ଆଦର୍ଶ ସ୍ଥାନୀୟ ଥିଲା, ଏହା ଏ ପର୍ଯ୍ୟନ୍ତ ଆବିଷ୍କୃତ ବୌଦ୍ଧବିହାରମାନଙ୍କର ଧ୍ୱଂସାବଶେଷ ଓ ବିଗ୍ରହମାନଙ୍କରୁ ପ୍ରମାଣିତ ହୁଏ। ତେଣୁ ପରିବ୍ରାଜକ ହୁଏନ୍‌ସାଂ ପୁଷ୍ପଗିରି ବିହାରର ବିରାଟ ଚୈତ୍ୟ ଓ ସ୍ତୂପମାନଙ୍କର ବିଶାଳତା ଓ କାରୁକାର୍ଯ୍ୟ ଦେଖି ସେସବୁ ମଣିଷକୃତ ବୋଲି ବିଶ୍ୱାସ କରିପାରି ନଥିଲେ ବୋଲି ଯାହା ତାଙ୍କ ଭ୍ରମଣ ବୃତ୍ତାନ୍ତରେ ବର୍ଣ୍ଣିତ ଅଛି, ତାହାର ଯଥାର୍ଥତା ସ୍ୱତଃ ପ୍ରତିପାଦିତ ହେବା ସଙ୍ଗେ ସଙ୍ଗେ ଉତ୍କଳୀୟ ବୌଦ୍ଧ ସ୍ଥାପତ୍ୟର ଉତ୍କୃଷ୍ଟତା ମଧ୍ୟ ପ୍ରତିପାଦିତ ହୁଏ।

କାଳଚକ୍ରଯାନ ତାନ୍ତ୍ରିକ ବୌଦ୍ଧଧର୍ମର ଅନ୍ୟତମ ବିଭାବ। ଆଚାର୍ଯ୍ୟ ପିତୋପା ଏହାର ପ୍ରବର୍ତ୍ତକ। 'ପାଗ୍ ସାମ୍ ଜୋନ୍ ଜାଙ୍'ରୁ ଜାଣିବାକୁ ମିଳେ ଯେ ଆଚାର୍ଯ୍ୟ ପିତୋପା ସମ୍ବଳରୁ କାଳଚକ୍ରତତ୍ତ୍ୱତନ୍ତ୍ର ଆଣିଥିଲେ ରତ୍ନଗିରି ବିହାରକୁ ଏବଂ ସେଠାରେ ତାଙ୍କର ଶିଷ୍ୟଗଣଙ୍କୁ ଏହା ଶିକ୍ଷା ଦେଉଥିଲେ। ତାଙ୍କର ଶିଷ୍ୟମାନଙ୍କ ମଧ୍ୟରେ ଅବଧୂତିପା ବୋଧିଶ୍ରୀ ଓ ନାରୋପା ପ୍ରଧାନ ଥିଲେ। ଖ୍ରୀଷ୍ଟୀୟ ପଞ୍ଚଦଶ ଶତାବ୍ଦୀର ମଧ୍ୟଭାଗରେ ରଚିତ Blue Annals ନାମକ ଗ୍ରନ୍ଥରୁ ଜଣାଯାଏ ଯେ ରତ୍ନଗିରିରେ ଆଚାର୍ଯ୍ୟ ଚେଲୁକ କାଳଚକ୍ରତନ୍ତ୍ର ପାଠ କରୁଥିଲେ। ଆଚାର୍ଯ୍ୟ ଚେଲୁକ ଓଡ଼ିଶାରେ ଜନ୍ମଗ୍ରହଣ କରିଥିଲେ ଏବଂ ରତ୍ନଗିରି, ବିକ୍ରମଶିଳା, ନାଳନ୍ଦା ବିଶ୍ୱବିଦ୍ୟାଳୟରେ ଅଧ୍ୟୟନ କରିଥିଲେ। କାଳଚକ୍ରତନ୍ତ୍ରର ଉତ୍ପତ୍ତି ଓ ବିସ୍ତୃତିରେ ଓଡ଼ିଶାର ଭୂମିକା ଉଲ୍ଲେଖଯୋଗ୍ୟ।

ତିବ୍‌ବତୀୟ ବିବରଣୀରୁ ଜଣାଯାଏ ଯେ, ଦଶମ ଶତାବ୍ଦୀର ମଧ୍ୟଭାଗ ପର୍ଯ୍ୟନ୍ତ ଓଡ଼ିଶାର ରତ୍ନଗିରି ଏକ ବିଖ୍ୟାତ ବୌଦ୍ଧଶିକ୍ଷାକେନ୍ଦ୍ର ଥିଲା ଏବଂ ଏଠାରେ ସେ ପର୍ଯ୍ୟନ୍ତ କାଳଚକ୍ରତନ୍ତ୍ର ଶିକ୍ଷା ଦିଆଯାଉଥିଲା। ଦ୍ୱାଦଶ ଶତାବ୍ଦୀରେ ଗଙ୍ଗ ନରପତିଗଣଙ୍କ ଶାସନ କାଳରେ ଓଡ଼ିଶାରେ ବୌଦ୍ଧଧର୍ମ ବିଷୟରେ ବିଶେଷ କିଛି ତଥ୍ୟ ଉପଲବ୍ଧ ହୁଏ

ନାହିଁ। ଏହି ବଂଶର ନରପତିଗଣ ବ୍ରାହ୍ମଣ୍ୟଧର୍ମର ପୃଷ୍ଠପୋଷକ ଥିଲେ ମଧ୍ୟ ସେମାନଙ୍କ ଶାସନ କାଳରେ ବୌଦ୍ଧଧର୍ମ ବିଶେଷ ବାଧାପ୍ରାପ୍ତ ହୋଇଥିବା ଜଣାଯାଏ ନାହିଁ। ପଞ୍ଚଦଶ ଶତାବ୍ଦୀରେ ଓଡ଼ିଶାରେ ସୂର୍ଯ୍ୟବଂଶୀ ଶାସନ ଆରମ୍ଭ ହୋଇଥିଲା। ଏହି ବଂଶର ରାଜତ୍ୱ କାଳରେ ବୌଦ୍ଧଧର୍ମର ଅବସ୍ଥା କିପରି ଥିଲା, ତାହା ନିର୍ଣ୍ଣୟ କରିବା ପାଇଁ ବିଶେଷ ଐତିହାସିକ ତଥ୍ୟ ମିଳେ ନାହିଁ। ଏକ କିଂବଦନ୍ତୀ କହେ ଯେ, ସୂର୍ଯ୍ୟବଂଶୀ ରାଜା ପ୍ରତାପରୁଦ୍ର ପ୍ରଥମେ ବୌଦ୍ଧଧର୍ମ ପ୍ରତି ଆସକ୍ତ ଥିଲେ ହେଁ ତାଙ୍କ ବ୍ରାହ୍ମଣ୍ୟଧର୍ମ ଅନୁରାଗିଣୀ ରାଣୀଙ୍କ ପ୍ରରୋଚନାରେ ବୌଦ୍ଧସନ୍ନ୍ୟାସୀ ଓ ବ୍ରାହ୍ମଣ ପଣ୍ଡିତମାନଙ୍କୁ ଏକ ପରୀକ୍ଷାର ସମ୍ମୁଖୀନ କରାଇଥିଲେ, ଯେଉଁଥିରେ ବୌଦ୍ଧଭିକ୍ଷୁଗଣ ପରାଜିତ ହୋଇଥିଲେ। ଫଳରେ ପ୍ରତାପରୁଦ୍ର ଦେବ ବୌଦ୍ଧଭିକ୍ଷୁଗଣଙ୍କୁ ରାଜ୍ୟରୁ ବିତାଡ଼ିତ କରିଥଲେ। ଏହି ଘଟଣାର ଐତହାସିକ ସତ୍ୟତା ଅଛି କି ନାହିଁ, ତାହା ଜାଣିବା ସମ୍ଭବ ନୁହେଁ। ସେ ଯାହାହେଉ, ଏହି ସମୟ ମଧ୍ୟରେ ଓଡ଼ିଶାରେ ବୌଦ୍ଧଧର୍ମର ବିକାଶ ଯେ ହୋଇନଥିଲା, ଏହା ନିଶ୍ଚିତ ଭାବରେ କୁହାଯାଇପାରେ। ସୂର୍ଯ୍ୟବଂଶର ପତନ ପରେ ମୁକୁନ୍ଦଦେବ (୧୫୫୯-୬୮ ଖ୍ରୀଷ୍ଟାବ୍ଦ)ଙ୍କ ରାଜତ୍ୱ କାଳରେ ବୌଦ୍ଧଧର୍ମର ପୁନ୍‌ରୁତ୍‌ଥାନ ହୋଇଥିଲା। ତାରନାଥଙ୍କ ଅନୁସାରେ ମୁକୁନ୍ଦଦେବ ନିଜ ରାଜ୍ୟରେ କେତେକ ବୌଦ୍ଧ ଅନୁଷ୍ଠାନ ପ୍ରତିଷ୍ଠା କରିଥିଲେ ଓ କେତେକର ସଂସ୍କାର ମଧ୍ୟ କରିଥିଲେ। ଏହା ପରେ ଓଡ଼ିଶାରେ ବୌଦ୍ଧଧର୍ମର ବିକାଶ ବା ବିଲୟ ସମ୍ବନ୍ଧରେ କିଛି ତଥ୍ୟ ମିଳେ ନାହିଁ।

ବୌଦ୍ଧଧର୍ମ ତଥା ବୌଦ୍ଧ-ସଂସ୍କୃତିକୁ ଓଡ଼ିଶାର ଯେପରି ଅତୁଳନୀୟ ଦାନ ରହିଛି, ସେହିପରି ଏହାର ବିକାଶରେ ଓଡ଼ିଶାର ମଧ୍ୟ ବିଶେଷ ଭୂମିକା ରହିଛି। ଏ କ୍ଷେତ୍ରରେ ବିହାର ରାଜ୍ୟ ବ୍ୟତୀତ ଭାରତର ଅନ୍ୟ କୌଣସି ରାଜ୍ୟ ଓଡ଼ିଶା ସହିତ ତୁଳନୀୟ ନୁହନ୍ତି। ତଥାପି ବୌଦ୍ଧଧର୍ମକୁ ବିଶ୍ୱଧର୍ମରେ ପରିଣତ କରିବାରେ ଓଡ଼ିଶା ଯେଉଁ ଗୌରବର ଅଧିକାରୀ, ବିହାର ସେ ଗୌରବର ଅଧିକାରୀ ହୋଇପାରିନାହିଁ। ଏହି ଧର୍ମକୁ ବିଶ୍ୱବଖ୍ୟାତ କରିବାରେ ଓଡ଼ିଶା କେବଳ ସଫଳକାମ ହୋଇନାହିଁ, ଏହି ଧର୍ମ ଓ ସଂସ୍କୃତିର ସଂସ୍ପର୍ଶରେ ଆସି ଓଡ଼ିଶାର ଧର୍ମ-ସଂସ୍କୃତି ମଧ୍ୟ ମାର୍ଜିତ ଓ ବଳିଷ୍ଠ ହୋଇ ଅଭବୃଦ୍ଧି ପଥରେ ଆଗେଇ ଯାଇଛି।

■

ଭାରତୀୟ ଓ ପାଶ୍ଚାତ୍ୟ ସମାଲୋଚକୀୟ ଦୃଷ୍ଟିଭଙ୍ଗୀ ଏବଂ ସାହିତ୍ୟକୃତିର ପଠନ କୌଶଳ

ପଞ୍ଚାନନ ମିଶ୍ର

॥ ଏକ ॥

କବିତା, ନାଟକ, ଉପନ୍ୟାସ ଓ ଗଳ୍ପ ଆଦି ସାହିତ୍ୟର ଯେଉଁ ବିବିଧ ବିଭାବ ଆମ ଦୃଷ୍ଟିକୁ ଆସେ, ତନ୍ମଧ୍ୟରେ 'କାବ୍ୟ' ସର୍ବପ୍ରଥମ ଓ ପ୍ରାଚୀନତମ ସର୍ଜନାତ୍ମକ ମାଧ୍ୟମ ଭାବରେ ସର୍ବବିଦିତ। ଭାରତୀୟ ପ୍ରେକ୍ଷାପଟରେ ବାଲ୍ମୀକି, ବ୍ୟାସଙ୍କ ଭଳି ପାଶ୍ଚାତ୍ୟ ଜଗତରେ ହୋମର୍, ଭର୍ଜିଲ୍ ଓ ଦାନ୍ତେ ବୃହତ୍ତର କାବ୍ୟ ବା ଏପିକ୍ ରଚନାରେ ଯେଉଁ ସିଦ୍ଧି ପ୍ରଦର୍ଶନ କରି ଯାଇଛନ୍ତି, ତାହା ଆମକୁ ଚମତ୍କୃତ କରିଥାଏ। ଠିକ୍ ସେହିପରି ଓଡ଼ିଆ ସାହିତ୍ୟ କ୍ଷେତ୍ରରେ ସାରଳା ଦାସ ଓ ଜଗନ୍ନାଥ ଦାସଙ୍କ କାବ୍ୟକୃତି ଏକ ଅମ୍ଳାନ ଓ ଦିବ୍ୟପ୍ରତିଭାର ଚିରଭାସ୍ୱର ସ୍ମାରକୀ ବୋଲି ବିବେଚନା କରାଯାଏ। ପରବର୍ତ୍ତୀ କାଳରେ ଦୀର୍ଘକାୟ ଏପିକ୍ ବା ମହାକାବ୍ୟ ରଚନା ବିରଳ ହେଲା। ଲିରିକ୍ ରଚନାର ପରିପ୍ରକାଶ ହେଲା ସନେଟ୍ (ଚତୁର୍ଦ୍ଦଶପଦୀ କବିତା), ଗାଥା କବିତା, ଏଲିଜି ଓ "Ode" ('ପ୍ରତି' କବିତା) ଆଦି ବିଭିନ୍ନ ପରୀକ୍ଷାମୂଳକ କାବ୍ୟିକ କଳେବର ମାଧ୍ୟମରେ। କିନ୍ତୁ କବିତାର ଆକାର ଦୀର୍ଘ ହେଉ ଅଥବା କ୍ଷୁଦ୍ର ହେଉ, ଏହା ଏକ ସର୍ବବିଦିତ ସତ୍ୟ ଯେ କାବ୍ୟିକ ଭାଷା ଏକ ସ୍ୱତନ୍ତ୍ର ଧରଣର ଭାଷା ଓ ଏହା ସାଧାରଣ, ଦୈନନ୍ଦିନ କଥୋପକଥନ ଭାଷାଠାରୁ ସଂପୂର୍ଣ୍ଣ ଭିନ୍ନ। ବିଶିଷ୍ଟ ଇଂରାଜୀ ସମାଲୋଚକ ଆଇ. ଏ. ରିଚାର୍ଡସ୍ ଶବ୍ଦର ଦୁଇ ପ୍ରକାରର ବ୍ୟବହାର ସଂପର୍କରେ ସୂଚନା ଦେଇ କହନ୍ତି ଯେ ଗୋଟିଏ ହେଉଛି "Emotive use" (ଆବେଗାତ୍ମକ ପ୍ରୟୋଗ) ଓ

ଅନ୍ୟଟି "Scientific use" (ବୈଜ୍ଞାନିକ ପ୍ରୟୋଗ)। ଶବ୍ଦର ଦ୍ୱିତୀୟ ପ୍ରକାର ପ୍ରୟୋଗରେ ଆଭିଧାନିକ ଅର୍ଥ ବା ପାରମ୍ପରିକ ଅର୍ଥ ଉପରେ ପ୍ରାଧାନ୍ୟ ଦିଆଯାଏ। ମାତ୍ର ପ୍ରଥମ ପ୍ରକାରର ପ୍ରୟୋଗ ଏକ ଭିନ୍ନ ଧରଣର କାବ୍ୟିକ ପ୍ରୟୋଗ। ଏ ପ୍ରକାର ପ୍ରୟୋଗରେ କବି ଦୈନନ୍ଦିନ ଜୀବନର ବ୍ୟବହୃତ ଶବ୍ଦକୁ ବ୍ୟବହାର କଲେହେଁ, ଏହାର ଅର୍ଥ ଆମର ଚିନ୍ତା, ଚେତନା ଓ ଆବେଗକୁ ଭିନ୍ନ ଭାବରେ ଆଲୋଡ଼ିତ କରିଥାଏ। ଏହା ଅନ୍ତର୍ଜଗତର ବ୍ୟାଖ୍ୟାରେ ସହାୟକ ହୋଇଥାଏ। ତେଣୁ କବିତା ଏପରି ଏକ ସର୍ଜନାତ୍ମକ ଭାଷା ପ୍ରୟୋଗ ଦ୍ୱାରା ଏଯାବତ୍ ବ୍ୟକ୍ତ ହୋଇ ନ ଥିବା ଭାବକୁ ପ୍ରକାଶ କରିବା ପାଇଁ ସମର୍ଥ ହୋଇଥାଏ। ଭାରତୀୟ କାବ୍ୟଶାସ୍ତ୍ରରେ ଆନନ୍ଦବର୍ଦ୍ଧନ 'ଧ୍ୱନିତତ୍ତ୍ୱ' ମାଧ୍ୟମରେ ଏ ପ୍ରକାର କାବ୍ୟିକ ଭାଷାର ବ୍ୟଞ୍ଜନାତ୍ମକ ଦିଗ ସଂପର୍କରେ ବିସ୍ତୃତ ଆଲୋଚନା କରିଅଛନ୍ତି।

ଭାବର ବାହକ ଭାବରେ କାବ୍ୟିକ ଭାଷା କିଭଳି କାର୍ଯ୍ୟ ସମ୍ପନ୍ନ କରୁଥାଏ, ସେ ସଂପର୍କରେ ଉଭୟ ଭାରତୀୟ ଓ ପାଶ୍ଚାତ୍ୟ ପଣ୍ଡିତ ଓ ତତ୍ତ୍ୱବିଦ୍‌ଗଣ ସେମାନଙ୍କ ମତ ଉପସ୍ଥାପନ କରିଅଛନ୍ତି। ଏହି ବିବିଧ ତତ୍ତ୍ୱ ଉପରେ ପ୍ରତିଷ୍ଠିତ ହୋଇଛି ଏକ ବିସ୍ତୃତ ସାହିତ୍ୟ ତତ୍ତ୍ୱ। ଜଣେ ସାହିତ୍ୟ ସମାଲୋଚକର ଏ ସଂପର୍କରେ ଗଭୀର ଜ୍ଞାନ ହାସଲ କରିବା ନିତାନ୍ତ ଜରୁରୀ। ମାତ୍ର ସାମ୍ପ୍ରତିକ ପରିପ୍ରେକ୍ଷୀରେ କାବ୍ୟାର୍ଥ ନିର୍ଣ୍ଣୟ ପ୍ରକ୍ରିୟାରେ, କେଉଁ ତତ୍ତ୍ୱ ଅବଲମ୍ବନରେ ସେ ତା'ର ସମାଲୋଚନା ପଦ୍ଧତି ପ୍ରୟୋଗ କରିବ ଓ ଏହା କିଭଳି ଆଗ୍ରହୀ ପାଠକମାନଙ୍କ ସହାୟକ ହୋଇପାରିବ, ତାହା ମୁଖ୍ୟ ଆଲୋଚ୍ୟ ପ୍ରସଙ୍ଗ। କେଉଁ model (ନମୁନା) ଉପରେ ପର୍ଯ୍ୟବସିତ ହେବ ତା'ର କବିତା ସମୀକ୍ଷାର ପଦ୍ଧତି ଓ କେଉଁ ସୂତ୍ର ପ୍ରୟୋଗରେ ସେ ଏକ ନିରପେକ୍ଷ କାବ୍ୟ ବ୍ୟାଖ୍ୟା ପ୍ରସ୍ତୁତ କରିପାରିବ, ତାହା ତାକୁ ସ୍ଥିର କରିବାକୁ ପଡ଼ିବ।

ଭାରତୀୟ ତତ୍ତ୍ୱର କେଉଁ ନିଷ୍କର୍ଷ ଗ୍ରହଣୀୟ ଓ ପାଶ୍ଚାତ୍ୟ ତତ୍ତ୍ୱର କେଉଁ ପ୍ରସଙ୍ଗ ଉଲ୍ଲେଖନୀୟ ଓ ସେ ସବୁକୁ ଆଧାର କରି କିପରି ସେ model (ନମୁନା) ନିର୍ମାଣ କରିବ, ତାହା ତା'ପାଇଁ ମୁଖ୍ୟ ଆହ୍ୱାନ। କାରଣ ଏତେଗୁଡ଼ିଏ ସାହିତ୍ୟ ତତ୍ତ୍ୱ ତା' ଦୃଷ୍ଟିକୁ ଆସେ ଯେ ସେ ବେଳେ ବେଳେ ବିଭ୍ରାନ୍ତ ହୋଇଯାଏ। ଗୋଟିଏ ତତ୍ତ୍ୱ ଅନ୍ୟ ଏକ ତତ୍ତ୍ୱର ବିପରୀତଧର୍ମୀ ଓ ସେ କିଭଳି ସମନ୍ୱୟ ପ୍ରତିଷ୍ଠା କରିବ? ସମଗ୍ର ସମାଲୋଚନାର ଇତିହାସ ଅଧ୍ୟୟନ କଲେ ଏପରି ଏକ ଜଟିଳ ବିତର୍କର ସେ ସମ୍ମୁଖୀନ ହୋଇଥାଏ। ବିଶେଷ ଭାବରେ ଉତ୍ତର-ଆଧୁନିକ ଯୁଗରେ, ପାଶ୍ଚାତ୍ୟ ଜଗତରେ ଯେଉଁଭଳି ଅଭିନବ ସମାଲୋଚନା ତତ୍ତ୍ୱମାନଙ୍କର ବିସ୍ଫୋରଣ ସଂଘଟିତ ହେଉଅଛି, ତାହା ସାହିତ୍ୟକୃତି ସମୀକ୍ଷକମାନଙ୍କ ପାଇଁ ଏକ ସ୍ପର୍ଶକାତର ଚିନ୍ତା ଉଦ୍ରେକ କରିଥାଏ।

ବିଗଠନବାଦୀ ଭଳି ତତ୍ତ୍ୱବିଦ୍‌ମାନେ ଏକ ଚରମ ସୀମାରେ ଉପନୀତ ହୋଇଛନ୍ତି: "All reading is misreading and all interpretation is misinterpretation" ବୋଲି ଘୋଷଣା କରିବା ଦ୍ୱାରା ସେମାନେ କାବ୍ୟ ସମୀକ୍ଷା ପଦ୍ଧତି ଉପରେ ବିଶ୍ୱାସ ହରାଇ ବସିଛନ୍ତି। କବିତାର ଉତ୍ସ ଓ ପ୍ରଭାବ ଯଦି ନାନ୍ଦନିକ ସୌନ୍ଦର୍ଯ୍ୟ ଉପରେ ପ୍ରତିଷ୍ଠିତ ନୁହେଁ, ତେବେ କବିତା ରଚନା ଓ ପଠନର ଆବଶ୍ୟକତା ରହିଲା କେଉଁଠି ? ସେଥିପାଇଁ ହାରୋଲ୍‌ଡ୍ ବ୍ଲୁମ୍‌ଙ୍କ ଭଳି ପ୍ରଖ୍ୟାତ ସମାଲୋଚକ ବିଗଠନବାଦୀଙ୍କ ଉଦ୍ଦେଶ୍ୟରେ ଏକ ଗଠନମୂଳକ ସନ୍ଦେଶ ଦେଇ କହନ୍ତି:

> "The sad truth is that poems don't have presence, unity, form or meaning. Presence is a faith, unity is a mistake or even a lie, form a metaphor and meaning is an arbitrary and repitious metaphysics. What then does poem possess or create? Alas, a poem has nothing and creates nothing."

ବିଗଠନବାଦୀଙ୍କୁ ପ୍ରତ୍ୟୁତ୍ତର ଦେବା ଛଳରେ ହାରୋଲ୍‌ଡ୍ ବ୍ଲୁମ୍ ମର୍ମାହତ ହୋଇ କହିଛନ୍ତି ଯେ ଯଦି କବିତାର କୌଣସି ଅର୍ଥ ନାହିଁ, କିଛି ନିର୍ଦ୍ଦିଷ୍ଟ ଗଠନାକୃତି ନାହିଁ, ଯଦି କବିତା କିଛି ହିଁ ନୁହେଁ ଓ ଏହା କିଛି ସୃଷ୍ଟି କରେ ନାହିଁ, ତେବେ ତା'ର ଅସ୍ତିତ୍ୱ ରହିଲା କେଉଁଠି ? ତେଣୁ କବିତାର ସ୍ଥିତିରେ ଓ କବିତା ସମୀକ୍ଷା ସଂପର୍କରେ ସୃଷ୍ଟି କରିଥିବା ବିଗଠନବାଦୀଙ୍କ ତତ୍ତ୍ୱ ଯେ ଗ୍ରହଣୀୟ ନୁହେଁ, ଏହା ପ୍ରକାରାନ୍ତରେ ବ୍ଲୁମ୍ ପ୍ରମାଣିତ କରିଅଛନ୍ତି। କବିତାର ଲିଖନ ଓ ପଠନ ପ୍ରକ୍ରିୟା ଜାରି ରହିବ, ଯଦି ବି ପାଠକଙ୍କ ସଂଖ୍ୟା ହ୍ରାସ ହୋଇପାରେ। କବିତା ନିଶ୍ଚିତ ଭାବରେ ଏକ ସୂକ୍ଷ୍ମକଳା ଓ ସମସ୍ତ ପାଠକଙ୍କ ପାଇଁ ଏହା ବୋଧଗମ୍ୟ ହୋଇ ନ ପାରେ। ତଥାପି କବିତାର ଅର୍ଥ ନିର୍ଣ୍ଣୟ ପ୍ରକ୍ରିୟା ଜାରି ରହିବ ଓ ସମୀକ୍ଷକମାନେ ପାଠକମାନଙ୍କୁ କବିତାରେ ଅନ୍ତର୍ନିହିତ ନାନ୍ଦନିକ ସୌନ୍ଦର୍ଯ୍ୟ ଓ ସତ୍ୟର ସ୍ୱରୂପ ଉନ୍ମୋଚନ ସଂପର୍କରେ ଅବଧାରଣା ପାଇଁ ନିଶ୍ଚିତ ଭାବରେ ସହାୟକ ହେବେ।

।। ଦୁଇ ।।

ଭାରତୀୟ କାବ୍ୟତତ୍ତ୍ୱ ଅବଲମ୍ବନରେ ଏପରି ଏକ ସିଦ୍ଧାନ୍ତ ନିର୍ଣ୍ଣିତ ହୋଇଅଛି, ଯାହାଦ୍ୱାରା ଭାଷାକୁ ଏକ ନିର୍ଦ୍ଦିଷ୍ଟ ମାଧ୍ୟମ ଭାବରେ ପ୍ରୟୋଗ କରାଯାଇପାରେ। ନିର୍ଦ୍ଦିଷ୍ଟ ଆକାରରହିତ ଜଟିଳ କାବ୍ୟିକ ଅନୁଭବକୁ ଏକ ନିର୍ଦ୍ଦିଷ୍ଟ ଆକୃତି ଓ ରୂପରେଖ ମଧ୍ୟରେ ପରିପ୍ରକାଶର ସମ୍ଭାବନା ନିଶ୍ଚିତ ଭାବରେ ଅଛି ବୋଲି ସେହି କାବ୍ୟତତ୍ତ୍ୱବିଦ୍‌ମାନେ

ଉପଲବ୍ଧି କରିଥିଲେ। ଏହି କାବ୍ୟିକ ଅନୁଭବ କାଳ ଓ ସ୍ଥାନ ଦ୍ୱାରା ନିୟନ୍ତ୍ରିତ ବାସ୍ତବତାରୁ ସଂପୂର୍ଣ୍ଣ ଭାବରେ ମୁକ୍ତ। ଏହି ପ୍ରସଙ୍ଗରେ ଆନନ୍ଦ କୁମାର ସ୍ୱାମୀଙ୍କ ମନ୍ତବ୍ୟ ପ୍ରଣିଧାନଯୋଗ୍ୟ:

> "And since the eternal and intelligible models are super sensual and invisible, it is evidently 'not by observation, but by contemplation (Dhyana) and one of operation (Karma) are necessary to the production of any work of art."

କୁମାର ସ୍ୱାମୀଙ୍କ ମତାନୁସାରେ କାବ୍ୟିକ ଅନୁଭବ ଅତୀବ ସୂକ୍ଷ୍ମ ଜଗତର ବ୍ୟାପାର। ତେଣୁ ଏହାର ଅବବୋଧ କେବଳ ବାହ୍ୟ ଜଗତର ନିରୀକ୍ଷଣ ଦ୍ୱାରା ସମ୍ଭବ ନୁହେଁ, ବରଂ ଧ୍ୟାନସ୍ଥ ହୋଇ ଅନ୍ତର୍ଜଗତରେ ସେହି ସତ୍ୟର ଆଭାସ ସଂପର୍କରେ ଜ୍ଞାନୋଦୟ ହୋଇଥାଏ। ଠିକ୍ ସେହିପରି ରୋମାଣ୍ଟିକ୍ ଯୁଗର କବି ଓ ସମାଲୋଚକ କଲ୍‌ରିଜ୍ କହୁଥିଲେ ଯେ ବାହ୍ୟ ଜଗତର ପ୍ରତିଟି ବସ୍ତୁକୁ ପ୍ରତୀକ ଭାବରେ ଚିନ୍ତା କରି ଅନ୍ତର୍ନିହିତ ସତ୍ୟର ଉନ୍ମୋଚନ କାବ୍ୟିକ ପ୍ରକ୍ରିୟାରେ ସମ୍ଭବ ହୋଇଥାଏ। ଏହାଦ୍ୱାରା ବସ୍ତୁ ଓ ଚେତନାର ସମନ୍ୱୟ ଘଟିଥାଏ ଓ କ୍ରମଶଃ ଇନ୍ଦ୍ରିୟରୁ ଇନ୍ଦ୍ରିୟୋତ୍ତର ଅନୁଭବ କବିର ଭାବଭୂମିକୁ ଆଚ୍ଛନ୍ନ କରିଥାଏ। ପରବର୍ତ୍ତୀ କାଳରେ ଇଂରାଜୀ କବି ୟେଟ୍‌ସ୍ ଓ ଜର୍ମାନୀ କବି ରିଲ୍‌କେ ମଧ୍ୟ ସେଥିପାଇଁ ପ୍ରତୀକ ପ୍ରୟୋଗ ଉପରେ ବିଶେଷ ପ୍ରାଧାନ୍ୟ ଦେଉଥିଲେ।

ଏ ପ୍ରକାରର ଅନୁଭବକୁ ପାଠକ ପାଖରେ ପହଞ୍ଚାଇ ପାରିବା କବିତାର ଏକ ମୁଖ୍ୟ ଆଭିମୁଖ୍ୟ। ମାତ୍ର ଏହା ବଦଳରେ ଯଦି କବିତାକୁ ଏକ "ପ୍ରଦର୍ଶନ କଳା" ଭାବରେ ଉପସ୍ଥାପନା କରାଯାଏ, ତେବେ କବି ତା'ର ଭୂମିକା ଠିକ୍ ଭାବରେ ସମ୍ପାଦନା କରୁ ନାହିଁ ବୋଲି ବୁଝିବାକୁ ହେବ। "ପ୍ରଦର୍ଶନ କଳା" ମାଧ୍ୟମରେ କେବଳ ଇନ୍ଦ୍ରିୟକୁ ସୁଖ ମିଳିବା ଭଳି ଅନୁଭବ ହୋଇଥାଏ; କେବଳ ଆବେଗ ସୃଷ୍ଟି କରିଥାଏ ଓ ଚିନ୍ତା, ଚେତନା ସ୍ତରକୁ ଆନ୍ଦୋଳିତ କରି ପାରି ନ ଥାଏ। ରଙ୍ଗ ଓ ତୂଳୀରେ ଚିତ୍ରକର ଓ ଶବ୍ଦରେ କବି ଯଦି କେବଳ 'ବସ୍ତୁ' ବା 'ଭାବ'ର ଧାରଣା ସୃଷ୍ଟି କରେ ଓ ବସ୍ତୁ ତଥା ଭାବ ଅନ୍ତରାଳରେ ଥିବା ସତ୍ୟ ସଂପର୍କିତ ଆଭାସ ଦେଇ ନ ପାରେ, ତେବେ ଏ ପ୍ରକାର କଳାର ଚିରନ୍ତନ ମୂଲ୍ୟ ରହିଲା କେଉଁଠି ?

ପାଠକମାନଙ୍କ ସେହି କାବ୍ୟିକ ଅନୁଭବର ଅବବୋଧ ପାଇଁ ଅଳଙ୍କାରର ପ୍ରୟୋଗ ଅପରିହାର୍ଯ୍ୟ ବୋଲି ଭାରତୀୟ କାବ୍ୟତତ୍ତ୍ୱଦର୍ଶୀମାନେ ମତ ଦେଇଥିଲେ।

ଏହାଦ୍ୱାରା ଆଧ୍ୟାତ୍ମିକ ଓ ବୌଦ୍ଧିକ ଚେତନାର ସମନ୍ୱୟ ହୋଇପାରିବ ଓ ସାର୍ବଜନୀନ ସତ୍ୟର ଉପଲବ୍ଧି ହୋଇପାରିବ। ଏହି ସତ୍ୟର ଉପଲବ୍ଧି ରସାନୁଭବ ଦ୍ୱାରା ସମ୍ଭବ ବୋଲି ସେମାନେ ବିଶ୍ୱାସ କରୁଥିଲେ। ତେଣୁ କାବ୍ୟିକ ଅବବୋଧକୁ ସେମାନେ 'ଚିନ୍ମୟାନନ୍ଦ' ସହ ତୁଳନା କରୁଥିଲେ। କବିତା ମାଧ୍ୟମରେ ନୀତିଶିକ୍ଷା ଦେବା କବିର ଏକମାତ୍ର ଓ ଶେଷ ଲକ୍ଷ୍ୟ ନୁହେଁ, ବରଂ ନାନ୍ଦନିକ ସୌନ୍ଦର୍ଯ୍ୟର ଅବବୋଧ ଓ ଏପରିକି 'ଈଶ୍ୱରାନୁଭବ' ହେଉଛି ଏକ ଈପ୍‌ସିତ ଆଭିମୁଖ୍ୟ। ଉଭୟ ଆବେଗାତ୍ମକ ଓ ବୌଦ୍ଧିକ ଉପାଦାନର ମିଶ୍ରରାଗ ସୃଷ୍ଟି କରିବା ଏହାର ଲକ୍ଷ୍ୟ। ଥରେ ଏ ପ୍ରକାରର ମିଶ୍ରରାଗର ଚେତନା ପାଠକୀୟ ଚିତ୍ତବୃତ୍ତିରେ ଗୁଞ୍ଜରିତ ହେଲେ, ସେ ଉଭୟ ଆବେଗ ଓ ବୁଦ୍ଧିର ଊର୍ଦ୍ଧ୍ୱ ସ୍ତରକୁ ଉନ୍ମୁଖ ହୋଇଯାଏ।

ଶବ୍ଦ ହେଉଛି କବିତାର ମାଧ୍ୟମ ଓ କଥିତ ଭାଷା (ବାକ୍) ଏହାର ମୌଳିକ ଉପାଦାନ। କିନ୍ତୁ ଏହି ଶବ୍ଦମାନଙ୍କ ରୂପାନ୍ତର ଦ୍ୱାରା କାବ୍ୟିକ ଆକୃତିର ଗଠନ ସମ୍ଭବ ହୋଇଥାଏ। ଶବ୍ଦ ଓ ଅର୍ଥର କଳାତ୍ମକ ସମନ୍ୱୟ କାବ୍ୟିକ ପ୍ରକ୍ରିୟାରେ ସଂଘଟିତ ହୋଇଥାଏ। ବାହ୍ୟଜଗତର ସତ୍ୟକୁ ଯେଉଁ ଶବ୍ଦ ଦ୍ୱାରା ପ୍ରକାଶ କରାଯାଏ, ତାକୁ 'ପଦାର୍ଥ' କୁହାଯାଏ। କିନ୍ତୁ ବାହ୍ୟଜଗତର ସତ୍ୟକୁ ଅନ୍ତରୀଣ ସତ୍ୟର ରୂପ ଦେବାକୁ ହେବ। ଏହି ଅନ୍ତରୀଣ ସତ୍ୟର ରୂପ ହେଉଛି 'ଭାବ', ଯାହା ନିର୍ଦ୍ଦିଷ୍ଟ ରସ ଉଦ୍ରେକ କରିଥାଏ। ସପ୍ତମ ଶତାବ୍ଦୀର ତତ୍ତ୍ୱବିଦ୍ ଭ୍ରାମହ ସାଧାରଣ କଥୋପକଥନର ଭାଷା (ବାର୍ତ୍ତା)କୁ କବିତାର ଭାଷାଠାରୁ ଭିନ୍ନ ଭାବରେ ଦେଖୁଥିଲେ। ତାଙ୍କ ମତରେ 'କାବ୍ୟ ଭାଷା' ନିଶ୍ଚିତ ଭାବରେ 'ଲୋକବାର୍ତ୍ତା' ଅଥବା 'ଶାସ୍ତ୍ରବାର୍ତ୍ତା' ଠାରୁ ଭିନ୍ନ। କାବ୍ୟଭାଷା କ୍ଷେତ୍ରରେ ଶବ୍ଦ ଓ ଅର୍ଥର ଏପରି ମିଶ୍ରଣ ହୋଇଥାଏ ଯେ ତାହା 'ଅଲୌକିକ' ଭାବ ପାଠକ ଚିତ୍ତରେ ଉତ୍ପନ୍ନ କରିପାରେ।

ନବମ ଶତାବ୍ଦୀର କାବ୍ୟତତ୍ତ୍ୱବିଦ୍ ଆନନ୍ଦବର୍ଦ୍ଧନଙ୍କ 'ଧ୍ୱନ୍ୟାଲୋକ' ହେଉଛି ଏକ ଯୁଗାନ୍ତକାରୀ କୃତି, ଯେଉଁଥିରେ 'ଧ୍ୱନିତତ୍ତ୍ୱ'ର ଅଭିନବ ସୂତ୍ର ସେ ଦେଇଗଲେ। ଭାରତୀୟ କାବ୍ୟତତ୍ତ୍ୱର ମୂଳ ଆତ୍ମା ହେଉଛି ଏହି ଧ୍ୱନିତତ୍ତ୍ୱ, ଯାହା ସୂଚିତ କରେ ଯେ କାବ୍ୟଭାଷା ହେଉଛି 'ବ୍ୟଞ୍ଜନା' (suggestion)ର ଭାଷା। ଏହି ବ୍ୟଞ୍ଜନା ମାଧ୍ୟମରେ ରସାନୁଭବ ହୋଇପାରେ। ଆନନ୍ଦବର୍ଦ୍ଧନଙ୍କ ମତାନୁସାରେ କାବ୍ୟର ବ୍ୟବହୃତ ଶବ୍ଦରେ ଦୁଇ ପ୍ରକାର ଅର୍ଥ ନିହିତ ଥାଏ। ଗୋଟିଏ ହେଲା 'ପ୍ରକାଶିତ' (expressed) ଅର୍ଥ, ଯାହାକୁ 'ଆକ୍ଷରିକ' (literal) ଅର୍ଥ କୁହାଯାଇପାରେ। ମାତ୍ର ଅନ୍ୟଟି ହେଉଛି implied (ଆରୋପିତ) ଅର୍ଥ, ଯାହା ଅଳଙ୍କାର, ଉପମା, ଚିତ୍ରକଳ୍ପ ଓ ପ୍ରତୀକ ପ୍ରୟୋଗ ମାଧ୍ୟମରେ ସମ୍ଭବ ହୋଇଥାଏ। ଥରେ ବ୍ୟଞ୍ଜନାତ୍ମକ ଅର୍ଥ ଉଦ୍‌ଭାସିତ ହେଲେ, ଆକ୍ଷରିକ ବା

ସ୍ଥୁଳ ଅର୍ଥର ଭୂମିକା ଆଉ ନ ଥାଏ। ଯଦି ସ୍ଥୁଳ ଅର୍ଥବୋଧ ପାଠକ ଚିତ୍ତରୁ ଅପସରି ନ ଯାଏ, ତେବେ ଆନନ୍ଦବର୍ଦ୍ଧନଙ୍କ ମତାନୁଯାୟୀ ଏହା ଏକ 'କାବ୍ୟ ଦୋଷ' (Poetic defect)। ବ୍ୟଞ୍ଜନାତ୍ମକ କାବ୍ୟ ହେଉଛି ଶ୍ରେଷ୍ଠ କାବ୍ୟ ଓ ଏଥିରେ ଉଭୟ ପାରମ୍ପରିକ (conventional) ଓ ପ୍ରକାଶିତ (literal or expressed) ଅର୍ଥର ଭୂମିକା ସଂପୂର୍ଣ୍ଣ ଗୌଣ। ଧ୍ୱନି ମୁଖ୍ୟତଃ ତିନି ପ୍ରକାରର: ଚିତ୍ରଧ୍ୱନି, ବସ୍ତୁଧ୍ୱନି ଓ ରସଧ୍ୱନି। ମାତ୍ର 'ରସଧ୍ୱନି' ହେଉଛି ଶ୍ରେଷ୍ଠ, ଯେହେତୁ ଏ ପ୍ରକାର ଧ୍ୱନି କାବ୍ୟରେ ମୂଳ ଲକ୍ଷ୍ୟ ହେଉଛି ପାଠକ ଚିତ୍ତରେ ରସାନୁଭବ ସୃଷ୍ଟି କରିବା ଓ ଏହାର ମାଧ୍ୟମ ହେଉଛି ବ୍ୟଞ୍ଜନାତ୍ମକ ଭାଷାର ପ୍ରୟୋଗ।

ପାଶ୍ଚାତ୍ୟ ସାହିତ୍ୟ-ସମାଲୋଚନା କ୍ଷେତ୍ରରେ କଲରିଜ୍ ଏ ପ୍ରକାର ଧ୍ୱନି (ବ୍ୟଞ୍ଜନା) ତତ୍ତ୍ୱର ସମ୍ୟକ୍ ସୂଚନା ଦେଇଥିଲେ ହେଁ, ଏହାର ଯଥାର୍ଥ ବିକାଶ ଘଟିଥିଲା ବିଂଶ ଶତାବ୍ଦୀର ଆଦ୍ୟ ଭାଗରେ ଅବତୀର୍ଣ୍ଣ ହୋଇଥିବା New critics (ନବ୍ୟ ସମାଲୋଚକ)ଙ୍କ ଦ୍ୱାରା। ଅବଶ୍ୟ symbol (ପ୍ରତୀକ) ସମ୍ପର୍କରେ ଆନନ୍ଦବର୍ଦ୍ଧନ କିଛି କହି ନାହାନ୍ତି, ମାତ୍ର ପାଶ୍ଚାତ୍ୟ ପଣ୍ଡିତଙ୍କ ମତରେ ପ୍ରତୀକ ଦ୍ୱାରା ହିଁ ବ୍ୟଞ୍ଜନା ସମ୍ଭବ ହୋଇଥାଏ। ତେଣୁ ଭାରତୀୟ ତତ୍ତ୍ୱାନୁଯାୟୀ 'ଅଳଙ୍କାର' ଓ ପାଶ୍ଚାତ୍ୟ ତତ୍ତ୍ୱ ସନ୍ନିହିତ figures of speech ମଧ୍ୟରେ କିଛି ପାର୍ଥକ୍ୟ ପରିଲକ୍ଷିତ ହୋଇଥାଏ। ତଥାପି ଉଭୟ ତତ୍ତ୍ୱର ସମନ୍ୱୟ ଦ୍ୱାରା ସ୍ପଷ୍ଟ ଉପଲବ୍ଧି ହୁଏ ଯେ ଉପମା, ଚିତ୍ରକଳ୍ପ ଓ ପ୍ରତୀକମାନଙ୍କ ମାଧ୍ୟମରେ କାବ୍ୟ ବ୍ୟଞ୍ଜନାତ୍ମକ ହୋଇପାରେ। New critics ମାନେ ଏପରି କାବ୍ୟଭାଷା ସଂପର୍କରେ ବିସ୍ତୃତ ଆଲୋଚନା କରିଛନ୍ତି। ଏଜ୍‌ରା ପାଉଣ୍ଡ, ଟି.ଏସ୍. ଏଲିଅଟ୍, ଟି. ଇ. ହ୍ୟୁମ୍‌ଙ୍କ ଦ୍ୱାରା ପ୍ରଦତ୍ତ 'ଚିତ୍ରକଳ୍ପ' ସଂପର୍କିତ ତତ୍ତ୍ୱ ବ୍ୟଞ୍ଜନାତ୍ମକ ଭାଷାର ଏକ ପାଶ୍ଚାତ୍ୟ ପରିଭାଷା ଭାବରେ ଗ୍ରହଣ କରାଯାଇପାରେ। ଚିତ୍ରକଳ୍ପ ଠାରୁ ଅଧିକ ଶକ୍ତିଶାଳୀ ହେଉଛି ଉପମା ଓ ଉପମାଠାରୁ ଆହୁରି ପ୍ରଭାବଶାଳୀ ହେଉଛି ପ୍ରତୀକ। ବାସ୍ତବରେ ଯଦି ଚିତ୍ରକଳ୍ପ ରୂପାନ୍ତରିତ ହୋଇ ପ୍ରତୀକରେ ପରିଣତ ହୋଇଯାଏ, ତାହା ଶ୍ରେଷ୍ଠ ଚିତ୍ରକଳ୍ପ। ଏ ପ୍ରକାର ଚିତ୍ରକଳ୍ପ ପ୍ରୟୋଗ ଉପରେ ବ୍ଲେକ୍, ସେଲି, ଏଲିଅଟ୍ ଓ ୟେଟ୍‌ସ ପ୍ରାଧାନ୍ୟ ଦେଉଥିଲେ। ଊନବିଂଶ ଶତାବ୍ଦୀର ଫରାସୀ କବି ଲାଫୋର୍ଗ, ର୍ୟାଁବୋ, ବଦ୍‌ଲେୟାର୍ ଓ ମାଲାର୍ମି ପ୍ରତୀକ ପ୍ରୟୋଗ ମାଧ୍ୟମରେ କବିତାକୁ ସାଙ୍ଗୀତିକ ଉଚ୍ଚତାରେ ପହଞ୍ଚାଇବା ଉପରେ ଯଥେଷ୍ଟ ଗୁରୁତ୍ୱ ଦେଇଅଛନ୍ତି।

ଚିତ୍ରକଳ୍ପର ସଂଜ୍ଞା ନିରୂପଣ କରିବାକୁ ଯାଇ ଏଜ୍‌ରା ପାଉଣ୍ଡ କହନ୍ତି: "An image is an emotional and intellectual complex held at an instant of time." ମାତ୍ର ଏପରି ଚିତ୍ରକଳ୍ପ ଉନ୍ନୀତ ହୁଏ ପ୍ରତୀକ ସ୍ତରକୁ, କାରଣ ଏଥିରେ ଉଭୟ

ଆବେଗ ଓ ବୌଦ୍ଧିକ ଚେତନାର ସମ୍ମିଶ୍ରଣ ଘଟେ। ଏହାହିଁ ବ୍ୟଞ୍ଜନାତ୍ମକ ଭାଷାର ସମର୍ଥ ପ୍ରୟୋଗ ଓ ଏହାଦ୍ୱାରା ରସାନୁଭବ ସୃଷ୍ଟି ହୋଇପାରେ।

ଭାରତୀୟ ଧ୍ୱନି ତତ୍ତ୍ୱ ଅନୁଯାୟୀ କାବ୍ୟାର୍ଥ ତିନି ପ୍ରକାରର: (୧) Literal meaning (ଅଭିଧା), (୨) transferred or metaphorical (ଲକ୍ଷଣା) ବା ଗୁଣଭିଧା ଓ (୩) suggestive (ବ୍ୟଞ୍ଜନା)। କାବ୍ୟ ମୁଖ୍ୟତଃ ତିନି ପ୍ରକାରର: (୧) ଉତ୍ତମ କାବ୍ୟ (୨) ମଧ୍ୟମ କାବ୍ୟ ଓ (୩) ଅଧମ କାବ୍ୟ। ତେଣୁ ଉତ୍ତମ କାବ୍ୟରେ ବ୍ୟଞ୍ଜନାତ୍ମକ ଭାଷାର ପ୍ରୟୋଗ ହୋଇଥାଏ। ପ୍ରଫେସର ଚାରିଙ୍କ ମତାନୁସାରେ suggestion, tone ଓ resonance ଧ୍ୱନି ତତ୍ତ୍ୱର ଅନ୍ତର୍ଭୁକ୍ତ। ସୂର୍ଯ୍ୟକାନ୍ତ କହନ୍ତି ଯେ ଧ୍ୱନି ମାଧ୍ୟମରେ କାବ୍ୟ ସୌନ୍ଦର୍ଯ୍ୟ ପ୍ରକଟିତ ହୋଇଥାଏ।

ଭାରତୀୟ କାବ୍ୟତତ୍ତ୍ୱ କ୍ଷେତ୍ରରେ ଜଗନ୍ନାଥଙ୍କ "ରସ ଗଙ୍ଗାଧର", ବିଶ୍ୱନାଥ କବିରାଜଙ୍କ "ସାହିତ୍ୟ ଦର୍ପଣ", ଭାମହଙ୍କ "ଅଳଙ୍କାର ଶାସ୍ତ୍ର", ଆନନ୍ଦବର୍ଦ୍ଧନଙ୍କ "ଧ୍ୱନ୍ୟାଲୋକ", କ୍ଷେମେନ୍ଦ୍ରଙ୍କ ପ୍ରଦତ୍ତ "ଔଚିତ୍ୟ" ଓ କୁନ୍ତକଙ୍କ "ବକ୍ରୋକ୍ତି" ସଂପର୍କିତ ତତ୍ତ୍ୱ ଆଧାରିତ କୃତି ଓ ପାଣିନିଙ୍କ "ଅଷ୍ଟାଧ୍ୟାୟୀ" ତଥା ଅଭିନବଗୁପ୍ତଙ୍କ "ଲୋଚନ ବ୍ୟାଖ୍ୟା" ଅବଲମ୍ବନରେ ଯେଉଁ ପରିବ୍ୟାପ୍ତ ଭାରତୀୟ ଭାଷା, ସାହିତ୍ୟ ତତ୍ତ୍ୱ ରହିଅଛି, ତା'ର ଉତ୍ତରୋତ୍ତର ସଂବର୍ଦ୍ଧନ ହୋଇପାରି ନାହିଁ।

ତଥାପି ସମାଲୋଚକ ଜନ୍ ଓଲିଭର୍ ଯେପରି (John Oliver Perry) ସଂସ୍କୃତ କାବ୍ୟ ତତ୍ତ୍ୱ ବିରୋଧରେ ଅଭିଯୋଗ ଆଣି କହନ୍ତି ଯେ ଏହା ଅତୀବ ପ୍ରାଚୀନ ଓ ଏହା ସାଂପ୍ରତିକ କାଳ ପାଇଁ ପ୍ରାସଙ୍ଗିକ ନୁହେଁ, କାରଣ ବିଶ୍ଳେଷଣ (Analysis) ପଦ୍ଧତି ଉପରେ ଗୁରୁତ୍ୱ ନ ଦେଇ ନାନ୍ଦନିକ ଆନନ୍ଦ ଓ ଅଲୌକିକ ଅନୁଭବ ପାଇଁ ସତ୍ତ୍ୱଗୁଣାଧିକ୍ୟର ଆବଶ୍ୟକତା ସଂପର୍କରେ ଭାରତୀୟ କାବ୍ୟତତ୍ତ୍ୱ ଉଲ୍ଲେଖ କରିଥାଏ। ଦ୍ୱିତୀୟତଃ, ସେ ପୁଣି କହନ୍ତି ଯେ ଏହା କେବଳ "theoretical" ଓ "analytical application" ପାଇଁ କୌଣସି ନିର୍ଦ୍ଦିଷ୍ଟ model (ନମୁନା) ସଂପର୍କରେ ସୂଚନା ନାହିଁ। ତୃତୀୟତଃ, ଏହି କାବ୍ୟାଦର୍ଶ କେବଳ ଭାରତୀୟ ଦର୍ଶନତତ୍ତ୍ୱ ଉପରେ ପ୍ରତିଷ୍ଠିତ ଓ ବିଶ୍ୱବ୍ୟାପୀ ଏହା ଗ୍ରହଣୀୟ ନୁହେଁ। ଏ ପ୍ରକାରର ବିରୋଧ ସତ୍ତ୍ୱେ ଏତିକି କୁହାଯାଇପାରେ ଯେ ସାଂପ୍ରତିକ ପରିପ୍ରେକ୍ଷୀରେ ଆନନ୍ଦବର୍ଦ୍ଧନଙ୍କ ପ୍ରଦତ୍ତ 'ଧ୍ୱନିତତ୍ତ୍ୱ' ଓ କ୍ଷେମେନ୍ଦ୍ରଙ୍କ 'ଔଚିତ୍ୟ ତତ୍ତ୍ୱ'ର ପ୍ରାସଙ୍ଗିକତା ନିଶ୍ଚିତ ଭାବରେ ରହିଛି। ମାତ୍ର 'ଧ୍ୱନିତତ୍ତ୍ୱ' ସହ ପାଶ୍ଚାତ୍ୟ New criticism ଓ formalism ସମନ୍ୱୟରେ ଏକ ଅଭିନବ model (ସମାଲୋଚକୀୟ ନମୁନା) ପ୍ରସ୍ତୁତ କରାଯାଇପାରେ। ଠିକ୍ ସେହିପରି ଔଚିତ୍ୟ ତତ୍ତ୍ୱ ସହ ପାଶ୍ଚାତ୍ୟ "Propriety" ତତ୍ତ୍ୱ ସମନ୍ୱୟ ସମ୍ଭବ।

॥ ତିନି ॥

ପ୍ରଫେସର ନରସିମ୍ ହା (C. D. Narsimhaiah) ଭାରତୀୟ ସମାଲୋଚକମାନଙ୍କ ପାଶ୍ଚାତ୍ୟ ପଦ୍ଧତିର ଅନୁସରଣକୁ ତୀବ୍ର ସମାଲୋଚନା କରିଅଛନ୍ତି। ଅନ୍ୟ ପକ୍ଷରେ ଭାରତୀୟ କାବ୍ୟ ତତ୍ତ୍ୱର ପ୍ରୟୋଗ ସମାଲୋଚନାରେ ପରିଦୃଷ୍ଟ ହେଉ ନ ଥିବାରୁ ସେ କ୍ଷୋଭ ପ୍ରକାଶ କରିଅଛନ୍ତି। ୧୯୬୫ ମସିହାରେ ସେ ଏକ ଜାତୀୟ ସଂପାନ ଆୟୋଜନ କରିଥିଲେ ଓ ସେଥିରେ ଆଲୋଚ୍ୟ ପ୍ରସଙ୍ଗ ଥିଲା, "Literary criticism: European and Indian Tradition।" ୧୯୮୦ ମସିହା ପରେ ଇଂରାଜୀ ପ୍ରଫେସରମାନେ ଏ ସଂପର୍କରେ ବିତର୍କ ପ୍ରସ୍ତୁତ କରିବା ଶୁଭଙ୍କର ବୋଲି ମନେହୁଏ। ପ୍ରଫେସର ଏମ୍. ଏସ୍. କୁଶୱାହାଙ୍କ ଲିଖିତ "Indian Poetics and Western Thought" ଏକ ସ୍ମରଣୀୟ କୃତି। ସେହିପରି ଓଡ଼ିଶାରେ ଡ. ପ୍ରଫୁଲ୍ଲ କୁମାର ପତିଙ୍କ ଦ୍ୱାରା ଲିଖିତ "Literary Criticism: East and West" ଏ ଦିଗରେ ଏକ ପ୍ରଶଂସନୀୟ ପଦକ୍ଷେପ। କେତେଜଣ ସମାଲୋଚକ ବିଭିନ୍ନ ପ୍ରବନ୍ଧ ମାଧ୍ୟମରେ ଭାରତୀୟ କାବ୍ୟତତ୍ତ୍ୱ ଆଧାରିତ ପ୍ରୟୋଗାତ୍ମକ ସମାଲୋଚକୀୟ ନମୁନା (models) ପ୍ରସ୍ତୁତ କଲେ। କୁନ୍ତକଙ୍କ 'ବକ୍ରୋକ୍ତି' ତତ୍ତ୍ୱ ଉପରେ ସାଗର ବିଶ୍ୱବିଦ୍ୟାଳୟର ପ୍ରଫେସର ଆର୍.ଏସ୍. ପାଠକ ଇଂରାଜୀ ନିବନ୍ଧ ରଚନା କଲେ। ଦିଲ୍ଲୀର ଜବାହାରଲାଲ ନେହେରୁ ବିଶ୍ୱବିଦ୍ୟାଳୟର Centre of Linguistics and English (ଭାଷା ବିଜ୍ଞାନ ଓ ଇଂରାଜୀର କେନ୍ଦ୍ର)ର ଗବେଷଣା କାର୍ଯ୍ୟରେ ନିୟୋଜିତ ହୋଇ କେତୋଟି ପାଶ୍ଚାତ୍ୟ ସାହିତ୍ୟ କୃତିକୁ ଭାରତୀୟ ତତ୍ତ୍ୱ ଅବଲମ୍ବନରେ ସମୀକ୍ଷା କରାଗଲା। ଏପରିକି ଭାରତର କେତେକ ବିଶ୍ୱବିଦ୍ୟାଳୟରେ ଇଂରାଜୀ ପାଠ୍ୟକ୍ରମରେ ଭାରତୀୟ କାବ୍ୟତତ୍ତ୍ୱ ଅନ୍ତର୍ଭୁକ୍ତ ହେଲା। ଏହା ସତ୍ତ୍ୱେ ଜାତୀୟ ସ୍ତରରେ ଓ ବିଶ୍ୱବିଦ୍ୟାଳୟ ମଞ୍ଜୁରୀ ଆୟୋଗ ସ୍ତରରେ ଏ ପ୍ରକାର ଗବେଷଣାର ପ୍ରୋତ୍ସାହନ ପାଇଁ କିଛି ନିର୍ଦ୍ଦିଷ୍ଟ ନୀତି ନିର୍ଦ୍ଧାରିତ ହୋଇ ନାହିଁ।

ଏ ପ୍ରସଙ୍ଗରେ ପ୍ରଶ୍ନ ଉଠେ ଯେ ଏହି କାବ୍ୟତତ୍ତ୍ୱ କ'ଣ କେବଳ ସଂସ୍କୃତରେ ଲିଖିତ କୃତି ପାଇଁ ଉଦ୍ଦିଷ୍ଟ ନା ଭାରତୀୟ ଭାଷା ସାହିତ୍ୟ ପାଇଁ ଏହାର କିଛି ପ୍ରାସଙ୍ଗିକତା ଅଛି ? ଉତ୍ତରରେ ଏତିକି କୁହାଯାଇପାରେ ଯେ ସଂସ୍କୃତରେ ଲିଖିତ କାବ୍ୟତତ୍ତ୍ୱର ଭାରତରେ ସର୍ବତ୍ର ସାଂସ୍କୃତିକ, ଐତିହାସିକ ଓ ଭାଷାଗତ ଦୃଷ୍ଟିକୋଣରୁ ପ୍ରାସଙ୍ଗିକତା ଓ ଉପଯୋଗିତା ନିଶ୍ଚିତ ଭାବରେ ରହିଅଛି। କିନ୍ତୁ ବର୍ତ୍ତମାନର ମୁଖ୍ୟ ପ୍ରସଙ୍ଗ ହେଉଛି ଯେ ଜଗତୀକରଣ।

ପରବର୍ତ୍ତୀ ପ୍ରେକ୍ଷାପଟରେ ଇଂରାଜୀ ଭାଷାର ଆନ୍ତର୍ଜାତିକ ଭାଷା ରୂପେ ଗୁରୁତ୍ୱ ବୃଦ୍ଧି ପାଇଛି ଓ ଇଂରାଜୀରେ ଲିଖିତ କୃତି ସମୂହକୁ "hyper-canonical texts" ଭାବରେ ବିବେଚନା କରାଯାଉଛି । ତେଣୁ ଭାରତୀୟ ତତ୍ତ୍ୱ ଓ ପାଶ୍ଚାତ୍ୟ ତତ୍ତ୍ୱ ସମନ୍ୱୟରେ ନୂତନ models ପ୍ରସ୍ତୁତ କରିବା ଓ ତାହା ଅବଲମ୍ବନରେ ଉଭୟ ଇଂରାଜୀ ଓ ଭାଷାସାହିତ୍ୟ କୃତିମାନଙ୍କ ସମୀକ୍ଷା କରିବାର ଆବଶ୍ୟକତା ରହିଛି ।

॥ ଚାରି ॥

ପାଶ୍ଚାତ୍ୟ ଜଗତରେ ବିଂଶ ଶତାବ୍ଦୀରେ ଯେତେଗୁଡ଼ିଏ ସମାଲୋଚନା ତତ୍ତ୍ୱ ପ୍ରମୁଖ, ସେମାନେ ହେଲେ କୋଡ଼ିଏ ଓ ତିରିଶ ଦଶନ୍ଧିରେ ରୁଷିଆରେ "ଗଢ଼ଣ ତତ୍ତ୍ୱ" (Formalism) ଓ ଇଂଲଣ୍ଡର "ନବ୍ୟ ସମାଲୋଚନା" (New criticism) ତତ୍ତ୍ୱ, ତିରିଶ ଓ ଚାଳିଶ ଦଶକର "ଆର୍‌କିଟାଇପାଲ୍ ସମାଲୋଚନା", ଚାଳିଶ ଓ ପଚାଶ ଦଶକର "ଶୈଳୀ ବିଜ୍ଞାନ" (Stylistics), ଷାଠିଏ ଦଶକର "ସଂରଚନାବାଦ" (Structuralism) ଓ "ନାରୀବାଦ" (Feminism), ସତୁରି ଦଶକର "ଉତ୍ତର-ସଂରଚନାବାଦ" (Post structuralism), "ବିଗଠନବାଦ" (Deconstruction), "ପାଠକୀୟ ପ୍ରତିକ୍ରିୟା ସମ୍ପର୍କିତ ସମାଲୋଚନା" (Reader-response criticism) ଓ "ସଂକେତ ତତ୍ତ୍ୱ" (Semiotics) ଓ ଅଶିଦଶକର "ନବ୍ୟ-ଇତିହାସବାଦ" (New Historicism) ଓ "ସଂସ୍କୃତି ଅଧ୍ୟୟନ" ଭିତ୍ତିକ ସାହିତ୍ୟ ସମାଲୋଚନା (Culture Studies) । ଏତଦ୍ ବ୍ୟତୀତ "ମନସ୍ତାତ୍ତ୍ୱିକ ସମାଲୋଚନା" (Psychoanalytic criticism) ଯେ ଏକ ଉଲ୍ଲେଖନୀୟ ସମାଲୋଚନା ତତ୍ତ୍ୱ, ଏହା ଅସ୍ୱୀକାର କରାଯାଇ ନ ପାରେ ।

କିନ୍ତୁ ବିଂଶ ଶତାବ୍ଦୀର ସମାଲୋଚନା ତତ୍ତ୍ୱ ସମୂହର ଉତ୍ପତ୍ତିର କାରଣ ବୁଝିବାକୁ ହେବ । ସମଗ୍ର ସମାଲୋଚନା ଇତିହାସରେ ବିଭିନ୍ନ ତତ୍ତ୍ୱର ଅଭ୍ୟୁଦୟ ହୋଇଛି ପ୍ରତିକ୍ରିୟା ଓ ବିରୋଧ ମାଧ୍ୟମରେ । ପ୍ଲାଟୋ, ଆରିଷ୍ଟୋଟଲ୍, ସିଡ୍‌ନି, ଡ୍ରାଇଡେନ୍ ଓ ଜନ୍‌ସନ୍‌ଙ୍କ ଅନୁକୃତି (Imitation) ତତ୍ତ୍ୱକୁ ରୋମାଣ୍ଟିକ୍ ସମାଲୋଚକମାନେ ପରିତ୍ୟାଗ କଲେ ଓ 'ଆତ୍ମ-ପ୍ରକାଶ' (Self-expressive Theory) ସ୍ଥାପିତ କଲେ । ମାତ୍ର ରୋମାଣ୍ଟିକ୍ କାବ୍ୟ ତତ୍ତ୍ୱକୁ ପ୍ରତ୍ୟାଖ୍ୟାନ କଲେ ବିଂଶ ଶତାବ୍ଦୀର ନବ୍ୟ ସମାଲୋଚକଗଣ ଓ formalists । ଠିକ୍ ସେହିପରି ନବ୍ୟ ଇତିହାସବାଦୀ ଓ ପାଠକୀୟ ପ୍ରତିକ୍ରିୟା ସଂପର୍କିତ ସମାଲୋଚକମାନେ formalists ଓ ନବ୍ୟ ସମାଲୋଚକମାନଙ୍କୁ ବର୍ଜନ କଲେ । ଏହା ହେଉଛି ସମାଲୋଚନା ଇତିହାସର ଗତି ଓ ବୃଦ୍ଧିର ଏକ ନିରବଚ୍ଛିନ୍ନ ଧାରା ।

ରୁଷିଆର ମସ୍କୋ ଓ ପେଟ୍ରୋଗ୍ରାଡ୍‌ରେ ସାହିତ୍ୟ କୃତିର ଗଢ଼ଣ ଶିଳ୍ପ ସଂପର୍କିତ ସମାଲୋଚନା ତତ୍ତ୍ୱର ସୂତ୍ରପାତ ହେଲା । ଏହି ତତ୍ତ୍ୱବିଦ୍‌ମାନଙ୍କ ମଧ୍ୟରେ ପ୍ରମୁଖ ଥିଲେ Boris Eichenbaum, Victor Shklovsky ଓ Roman Jacobson । ଅବଶ୍ୟ ଏମାନେ ସାହିତ୍ୟ କୃତିରେ ସନ୍ନିହିତ ବିଷୟବସ୍ତୁ ଓ ସାମାଜିକ ମୂଲ୍ୟବୋଧ ଉପରେ ଆଦୌ ଗୁରୁତ୍ୱ ଦେଲେ ନାହିଁ । ତିରିଶ ଦଶକରେ ଏହି ତତ୍ତ୍ୱ ସଂପର୍କିତ ଗବେଷଣାର କେନ୍ଦ୍ର ଚେକୋସ୍ଲୋଭାକିଆ ନଗରୀକୁ ସ୍ଥାନାନ୍ତରିତ ହେଲା । ଏହା ପରିଚାଳିତ ହେଲା Prague Linguistic Circle ଦ୍ୱାରା । ଏଥିରେ ଗୁରୁତ୍ୱପୂର୍ଣ୍ଣ ଭୂମିକା ସଂପାଦନ କଲେ Roman Jacobson, Jan Mukarovsky ଓ Rene Wellek ।

ଏହି ତତ୍ତ୍ୱବିଦ୍‌ମାନେ ସାହିତ୍ୟ କୃତିକୁ ଏକ ବିଶେଷ ଧରଣର ଭାଷା ପ୍ରୟୋଗର କଳାକୁଶଳ ଭାବେ ବର୍ଣ୍ଣନା କଲେ । ସେମାନଙ୍କ ମତରେ ସାହିତ୍ୟିକ ଭାଷା ସଂପୂର୍ଣ୍ଣ ଭାବରେ ରାଜନୈତିକ ଭାଷାଠାରୁ ଭିନ୍ନ । ତେଣୁ ଏ ଦୃଷ୍ଟିରୁ ସେମାନେ "ସାହିତ୍ୟିକ ମୂଲ୍ୟବୋଧ" ବା "ସାହିତ୍ୟିକ ଲକ୍ଷଣ" ଉପରେ ବିଶେଷ ପ୍ରାଧାନ୍ୟ ଦେଲେ । Mukarovskyଙ୍କ ମତରେ ଏ ପ୍ରକାର ମୂଲ୍ୟବୋଧ ବା ଲକ୍ଷଣ ସନ୍ନିହିତ ଅଛି ଏକ ନିର୍ଦ୍ଦିଷ୍ଟ ସୂତ୍ରରେ । ସେହି ସୂତ୍ରଟି ହେଲା, "the maximum foregrounding of utterance or the act of expression or the act of speech itself." ଅର୍ଥାତ୍ ଏକ ସାହିତ୍ୟ କୃତିର ଶ୍ରେଷ୍ଠତ୍ୱ ନିର୍ଦ୍ଧାରିତ ହୁଏ ଏହାର ବକ୍ତବ୍ୟ, ପ୍ରକାଶଭଙ୍ଗୀ ଅଥବା ଉଚ୍ଚାରଣ ଶୈଳୀ ଦ୍ୱାରା । Shklovskyଙ୍କ ମତରେ ସାହିତ୍ୟ କୃତିର ଭାଷା ପ୍ରୟୋଗକୁ ସାଧାରଣ ଦୈନନ୍ଦିନ ଜୀବନର ଭାଷା ପ୍ରୟୋଗ ଠାରୁ ସଂପୂର୍ଣ୍ଣ ଅଲଗା ଦୃଷ୍ଟିରେ ଦେଖିବାକୁ ହେବ ।

ଠିକ୍ ସେହିପରି ନବ୍ୟ ସମାଲୋଚନାର ଜନ୍ମ ହେଲା ଏକ ଚରମ ପ୍ରତିକ୍ରିୟାର ଜରାୟୁରୁ । ଏହି ସମାଲୋଚକମାନେ ହେଲେ ରିଚାର୍ଡସ୍, ଏଲିଅଟ୍, ଓ୍ୱିମ୍‌ସାର୍ଟ, ଏମ୍ପସନ୍ ଓ ଆଲେନ୍ ଟେଟ୍ ଓ ଆହୁରି ଅନେକ । ଏମାନେ ଲେଖକର ଜୀବନଭିତ୍ତିକ ସାହିତ୍ୟକୃତି ସମାଲୋଚନା ପଦ୍ଧତିକୁ ଅସ୍ୱୀକାର କଲେ । ରୋମାଣ୍ଟିକ୍ କବି ଓ ସମାଲୋଚକମାନେ ଯେଉଁ self-expressive ତତ୍ତ୍ୱର ଆଧାରରେ କୃତି ଅଧ୍ୟୟନ କରୁଥିଲେ, ତା' ବିରୋଧରେ ସ୍ୱର ଉତ୍ତୋଳନ କଲେ । କେବଳ ସାହିତ୍ୟ କୃତି ଉପରେ ତାଙ୍କ ଦୃଷ୍ଟି କେନ୍ଦ୍ରୀଭୂତ ହେଲା । ସେମାନଙ୍କ ମତରେ, କୃତିରେ ନିହିତ ଅଛି ଏକ ସ୍ୱୟଂସଂପୂର୍ଣ୍ଣ ଜଗତ ଓ ଏହାର ଅର୍ଥ ନିର୍ଣ୍ଣୟ କେବଳ ସେହି କୃତି ଆଧାରରେ ସମ୍ଭବ ବୋଲି ମତ ପୋଷଣ କଲେ । କୃତି ବାହାରର କୌଣସି ପ୍ରସଙ୍ଗ ସହ କାବ୍ୟାର୍ଥର କିଛି ସଂପର୍କ ନାହିଁ ବୋଲି ସେମାନେ ସ୍ପଷ୍ଟ ଭାବରେ ଘୋଷଣା କଲେ । ତେଣୁ ନବ୍ୟ ସମାଲୋଚକଙ୍କ

ମତରେ ସବୁଠାରୁ ଉତ୍ତମ ଓ ଯୋଗ୍ୟତମ ପାଠକ ସେହିମାନେ, ଯେଉଁମାନେ କୃତିଟିକୁ ପୁଙ୍ଖାନୁପୁଙ୍ଖ ଭାବେ ତର୍ଜମା କରନ୍ତି। ଏତଦ୍‌ବ୍ୟତୀତ ସେହି ପାଠକମାନଙ୍କ ସାହିତ୍ୟର ଉନ୍ନତ ପରମ୍ପରା ସଂପର୍କରେ ଓ genre ସଂପର୍କରେ ସଠିକ୍ ଜ୍ଞାନ ଥିବ ଓ ଭାଷା ଉପରେ ତାଙ୍କର ସମୁଚୟ ଓ ପର୍ଯ୍ୟାପ୍ତ ଦଖଲ ଥିବ। କୃତିର ଅର୍ଥ କୃତି ମଧ୍ୟରେ ସନ୍ନିହିତ ଥିବା ପ୍ରସଙ୍ଗ (context) ଦ୍ୱାରା ନିର୍ଦ୍ଧାରିତ ହେବା ବାଞ୍ଛନୀୟ ବୋଲି ସେମାନେ ଉଲ୍ଲେଖ କଲେ। ପାଠକର ଉପଯୁକ୍ତ ପଠନ କୌଶଳ ହେଲା, କିପରି କୃତିର ନିର୍ଦ୍ଦିଷ୍ଟ ଅଂଶ ସମୂହ ଏହାର ସାମଗ୍ରିକ ଅର୍ଥ ସହ ସଂପର୍କିତ କରିପାରିବା। ଏହାକୁ ଭିତ୍ତି କରି ପାଠକ କୃତିର ସଫଳତା ବା ବିଫଳତା ସଂପର୍କରେ ନିଜସ୍ୱ ରାୟ ଦେଇପାରିବ।

ଯଦି ଅଂଶଗୁଡ଼ିକ ସାମଗ୍ରିକ ଅର୍ଥ ସହ ସଂପର୍କିତ ବୋଲି ତା'ର ହୃଦ୍‌ବୋଧ ହୁଏ, ତେବେ କବିତାର ଆଙ୍ଗିକ ଉତ୍କୃଷ୍ଟମାନର ବୋଲି ସେ ନିଶ୍ଚିତ କରିଥାଏ। ମାତ୍ର ଏପରି ଲକ୍ଷଣ ପରିଦୃଷ୍ଟ ନ ହେଲେ, ତାହା ଏକ ମନ୍ଦ କବିତା ବୋଲି ମତାମତ ଦିଆଯାଏ। ଆଙ୍ଗିକ ସହ ଆତ୍ମିକର କଳାତ୍ମକ ସମନ୍ୱୟ ସ୍ଥାପିତ ହେଲେ, ଏହାକୁ ଉତ୍ତମ କବିତା ଭାବେ ଚିହ୍ନଟ କରାଯିବ। ଯଦି କବିତାରେ ଶବ୍ଦ ବ୍ୟବହାରଜନିତ ambiguity (ଏକାଧିକ ଅର୍ଥର ସମ୍ଭାବନା) ପାଠକର ଦୃଷ୍ଟିକୁ ଆସେ, ଏହା କବିତାର ଗଢ଼ଣ ଶିଳ୍ପର ଅଂଶବିଶେଷ ଭାବରେ ବିବେଚନା କରାଯାଏ।

ନବ୍ୟ ସମାଲୋଚକମାନେ ଏ ପ୍ରକାରର ପଠନ କୌଶଳ ସଂପର୍କରେ ସୂଚନା ଦେଇ କହିଲେ ଯେ "Close reading of the text" (କୃତିର ପୁଙ୍ଖାନୁପୁଙ୍ଖ ତର୍ଜମା) ହିଁ ଉତ୍ତମ ପାଠକୀୟ ଲକ୍ଷଣ। ଏହି ପଦ୍ଧତି ଅନୁସରଣ କରି ପାଠକ କୃତିରେ ନିହିତ ଥିବା ଅର୍ଥଗତ ସଂଘାତକୁ ଦୃଷ୍ଟି ଦେବା ସହ ଏହାର ଏକ ସିଦ୍ଧାନ୍ତରେ ସେ ଉପନୀତ ହେବା ଆବଶ୍ୟକ। କୃତି ମଧ୍ୟରେ ଥିବା ବ୍ୟାଖ୍ୟାନ ବିମର୍ଶର ବିଭିନ୍ନ ଉପାଦାନ ମଧ୍ୟରେ ପ୍ରମୁଖ ହେଲେ ରୂପକଳ୍ପ ଓ ଚିତ୍ରକଳ୍ପ, ଉପମା, କବିତା ରଚନାର ମୁଖ୍ୟ ଉପାଦାନ ବା ମୁଖ୍ୟ ବିଷୟବସ୍ତୁ, ପ୍ରତୀକ, ଶ୍ଳେଷ, ବିରୋଧାଭାସ, ଗାଠନିକ ନମୁନା ଓ ଏମାନଙ୍କ ସଂପର୍କରେ ପର୍ଯ୍ୟାପ୍ତ ଜ୍ଞାନ ଥିବା ସହ ପ୍ରୟୋଗାତ୍ମକ କୌଶଳ ପାଠକର ଥିବା ଆବଶ୍ୟକ।

ନବ୍ୟ ସମାଲୋଚକମାନଙ୍କ ପ୍ରଦତ୍ତ ଏହି ପଦ୍ଧତିକୁ ପରବର୍ତ୍ତୀ କାଳରେ କେତେଜଣଙ୍କ ଦ୍ୱାରା ଗ୍ରହଣୀୟ ହେଲା ନାହିଁ। ସେମାନଙ୍କ ମତରେ ଇତିହାସବାଦକୁ ଅଥବା ପାଠକୀୟ ପ୍ରତିକ୍ରିୟାକୁ ଅଣଦେଖା କରିବା ନବ୍ୟ ସମାଲୋଚକମାନଙ୍କ ଦୋଷ ବୋଲି ତୀବ୍ର ସମାଲୋଚନା ପ୍ରକାଶ ପାଇଲା। ଯଦି କୃତି ମଧ୍ୟରେ ଥିବା ପ୍ରସଙ୍ଗ

ଉପରେ ନବ୍ୟ ସମାଲୋଚକମାନେ ଏତେ ଗୁରୁତ୍ୱ ଦିଅନ୍ତି, ତେବେ ଐତିହାସିକ ବାସ୍ତବତା (ଯାହା ପ୍ରସଙ୍ଗ ସହ ସଂପର୍କିତ)କୁ କିପରି ପ୍ରତ୍ୟାଖ୍ୟାନ କରନ୍ତି ? କବିତା କ'ଣ କେବଳ ଶୂନ୍ୟରୁ ସୃଷ୍ଟି ହୁଏ ଓ ସାଂପ୍ରତିକ କାଳର ଘଟିତ ଘଟଣା କ'ଣ ଏହା ଅନ୍ତରାଳରେ ନ ଥାଏ ?

ତଥାପି ନବ୍ୟ ସମାଲୋଚକମାନଙ୍କ ବିଶିଷ୍ଟ ଅବଦାନ ଏହା ଯେ ସେମାନେ "Close reading of the text" ସଂପର୍କରେ ସୂଚନା ଦେଲେ ଓ କାବ୍ୟିକ ଭାଷାର ବିଭିନ୍ନ କୌଶଳଯୁକ୍ତ ପ୍ରୟୋଗ ବିଷୟରେ ନୂତନ ତଥ୍ୟ ପାଠକମାନଙ୍କୁ ଯୋଗାଇଦେଲେ ।

ଫର୍ମାଲିଷ୍ଟ୍ସ ଓ ନବ୍ୟ ସମାଲୋଚକଙ୍କ ତୀବ୍ର ବିରୋଧୀ ଗୋଷ୍ଠୀ ହେଲେ "ନବ୍ୟ ଇତିହାସବାଦ" (New Historicism)ର ମୁଖ୍ୟ ପ୍ରବକ୍ତାଗଣ । ଏମାନେ ହେଲେ ଲୁଇ ଅଲ୍‌ଥୁସୋର୍ (Louis Althusser), ଲୁଇ ମାକ୍‌କେ (Louis Mc Kay), କ୍ଲିଫୋର୍ଡ଼ ଗିର୍ଜ (Clifford Geertz) ଓ ଆହୁରି ଅନେକ ।

ବିଂଶ ଶତାବ୍ଦୀର ସତୁରି ଓ ଅଶି ଦଶକରେ ନବ୍ୟ-ଇତିହାସବାଦର ଅଭ୍ୟୁଦୟ ହେଲା ଓ ଏହାର ମୁଖ୍ୟ ପ୍ରବକ୍ତାମାନେ ଐତିହାସିକ ପ୍ରସଙ୍ଗ ଉପରେ ଅଧିକ ଗୁରୁତ୍ୱ ଦେଲେ । ଲେଖକ ଜଣେ ତା' ସମୟର ଘଟିତ ଘଟଣା, ସାମାଜିକ ବ୍ୟବସ୍ଥା, ସଂସ୍କୃତି ଓ ଜୀବନଧାରାଠାରୁ ସଂପୂର୍ଣ୍ଣ ଭାବରେ ମୁକ୍ତ ରହିବା କ'ଣ ସମ୍ଭବ ? ଏ ସବୁର ପ୍ରଭାବ କ'ଣ ତା' ଉପରେ ପଡ଼ି ନ ଥାଏ ଓ ଏହି ପ୍ରଭାବ କ'ଣ କୃତିର ଗଠନ ପଛରେ କାର୍ଯ୍ୟ କରୁ ନ ଥାଏ ? ଏହା ହେଲା ସେମାନଙ୍କ ଦୃଢ଼ ଯୁକ୍ତି, ଯେଉଁ ଆଧାରରେ ସେମାନେ କୃତିର ଅଧ୍ୟୟନ କରନ୍ତି । ତେଣୁ ସେମାନଙ୍କ ମତରେ କୃତିର ଐତିହାସିକ ପ୍ରସଙ୍ଗକୁ ପୃଥକ୍ କରି ଅଧ୍ୟୟନ କରାଯାଇ ନ ପାରେ । ବହୁ ଆଗରୁ ପାରମ୍ପରିକ ଇତିହାସବାଦୀମାନେ ମଧ୍ୟ ଏ ପ୍ରକାର ମତାମତ ଦେଉଥିଲେ । ମାତ୍ର ନବ୍ୟ ଇତିହାସବାଦୀମାନେ ପ୍ରଥମଥର ପାଇଁ ଉଦ୍‌ଘୋଷ ଦେଇ କହିଲେ ଯେ କୃତିଟିଏ ସିଧାସଳଖ ଐତିହାସିକ ବାସ୍ତବତାକୁ ଉପସ୍ଥାପନା କରି ନ ଥାଏ । ଲେଖକ ତା'ର ନିଜସ୍ୱ ଚିନ୍ତା ଓ ପ୍ରଜ୍ଞା ମାଧ୍ୟମରେ ଐତିହାସିକ ଘଟଣାକୁ ଅନୁଧ୍ୟାନ କରି ନିଜସ୍ୱ ଦୃଷ୍ଟିଭଙ୍ଗୀ ଆଧାରରେ ଐତିହାସିକ ବାସ୍ତବତାର ଏକ ନମୁନା ପ୍ରସ୍ତୁତ କରିଥାଏ ଓ କୃତିରେ ଏହାର ଉପସ୍ଥାପନା କରିଥାଏ । ତେଣୁ କୃତିଟିରେ ଐତିହାସିକ ପ୍ରସଙ୍ଗଟି ଛାଣି ହୋଇ ଏହାର ନିଷ୍କର୍ଷ ଘଟଣା ଓ ଚରିତ୍ର ମାଧ୍ୟମରେ ପ୍ରକଟିତ ହୋଇଥାଏ । ବସ୍ତୁତଃ "ନୈର୍ବ୍ୟକ୍ତିକ ଇତିହାସ" (objective history) ବୋଲି କିଛି ନାହିଁ । ଫୋକଲ୍‌ଟ (Foucault)ଙ୍କ ମତରେ ଇତିହାସ ହେଉଛି ବ୍ୟାଖ୍ୟାନ ବିମର୍ଶମାନଙ୍କର ଏକ

ଅନ୍ତର୍ଚ୍ଛେଦନ, ଯାହା ଏକ ପ୍ରଭାବଶାଳୀ ଆଦର୍ଶବାଦର ପ୍ରତିଷ୍ଠା କରିଥାଏ। କିନ୍ତୁ ବେଳେବେଳେ ସାହିତ୍ୟିକ ଏହି ଆଦର୍ଶବାଦ ତା' କୃତିରେ ଉପସ୍ଥାପନା କରିବା ପରିବର୍ତ୍ତେ ଏହାର ଘୋର ବିରୋଧ କରିଥାଏ। ଇତିହାସର ବ୍ୟାଖ୍ୟାନ ଗୋଟିଏ ଢଙ୍ଗରେ ହୋଇ ନ ଥାଏ। ଏହାର ଜ୍ୱଳନ୍ତ ପ୍ରମାଣ ହେଲା ବିଭିନ୍ନ ସାହିତ୍ୟ କୃତିର ରଚନା, ଯାହା ମାଧ୍ୟମରେ ବହୁବିଧ ବ୍ୟାଖ୍ୟାନ ସମ୍ଭବ ହୋଇଥାଏ। ତେଣୁ କୌଣସି କୃତିର ପଠନ ବେଳେ ଏହାର ବୋଧଗମ୍ୟତା ପାଇଁ ତତ୍କାଳୀନ ଅନ୍ୟ କୃତିମାନଙ୍କ ମଧ୍ୟ ଅଧ୍ୟୟନ ଆବଶ୍ୟକ। ଏହା ସହିତ ସେହି ସମୟର ସାମାଜିକ ବ୍ୟବସ୍ଥା ସଂପର୍କରେ ଅଧ୍ୟୟନ ମଧ୍ୟ ଜରୁରୀ, କାରଣ ଏହାକୁ ମଧ୍ୟ ଏକ ବିଶ୍ୱସନୀୟ କୃତିର ମାନ୍ୟତା ଦେବା ଉଚିତ।

ତେଣୁ ପାରମ୍ପରିକ ଇତିହାସବାଦ ଠାରୁ ନବ୍ୟ-ଇତିହାସବାଦର ପାର୍ଥକ୍ୟ ସଂପର୍କରେ ଆମର ଜାଣିବା ଆବଶ୍ୟକ। କାରଣ ଏହି ପଦ୍ଧତି ଅନୁସରଣ କଲେ ସବୁ ପ୍ରକାରର କୃତି ଅଧ୍ୟୟନକୁ ସାହିତ୍ୟ ଅଧ୍ୟୟନ ସହ ଯୋଡ଼ି ଦିଆଯାଏ। ସାମାଜିକ, ରାଜନୈତିକ ତଥା ଧାର୍ମିକ ଦୃଷ୍ଟିକୋଣରୁ ଲିଖିତ କୃତିର ବ୍ୟାଖ୍ୟାନ ବିମର୍ଶକୁ ଯଥାଯୋଗ୍ୟ ଗୁରୁତ୍ୱ ଦିଆଯିବା ଉଚିତ ବୋଲି ସେମାନେ ଉଲ୍ଲେଖ କରନ୍ତି। କାରଣ ଏମାନେ ସାହିତ୍ୟ କୃତି ଅର୍ଥ ନିର୍ଣ୍ଣୟରେ ସହାୟକ ଭୂମିକା ସମ୍ପାଦନ କରିଥାନ୍ତି।

ନବ୍ୟ ଇତିହାସବାଦର ସଂଜ୍ଞା ଓ ଆଭିମୁଖ୍ୟ ସଂପର୍କରେ ସଂକ୍ଷିପ୍ତ ସୂଚନା ଦେଇ Louis Montrose କହିଲେ ଯେ "a reciprocal concern with historicity of texts and the textuality of history." ଅର୍ଥାତ୍ ଇତିହାସ କେବେହେଁ ଏକ ନୈର୍ବ୍ୟକ୍ତିକ ଘଟଣା ପ୍ରବାହର ବ୍ୟାଖ୍ୟାନ ମାତ୍ର ନୁହେଁ ବରଂ ସାହିତ୍ୟ ଭଳି ଏହା ଏକ କୃତି ଓ ବ୍ୟାଖ୍ୟାନ ବିମର୍ଶ ଓ ସାହିତ୍ୟ ସହ ଇତିହାସ ଜଟିଳ ଭାବେ ସଂପର୍କିତ। ସାହିତ୍ୟ ଭଳି ଏହି କୃତିର ସମୀକ୍ଷା ହୋଇପାରିବ। ତେଣୁ କୌଣସି କୃତି ହିଁ ଏକ "Ideological product" ଓ "Cultural construct" ଓ ଏହା ସେହି ସମୟର ଐତିହାସିକ ବାସ୍ତବତା ଦ୍ୱାରା ନିୟନ୍ତ୍ରିତ ଓ ଗଠିତ ହୋଇଥାଏ।

ଏପରି ସମାଲୋଚକଙ୍କ ପାଇଁ ଇତିହାସ ହିଁ ମୁଖ୍ୟ ପ୍ରସଙ୍ଗ। ତେଣୁ ସମୟେ ସମୟେ ନିର୍ଦ୍ଦିଷ୍ଟ ସାହିତ୍ୟ କୃତି ଉପରେ ସେମାନେ ଦୃଷ୍ଟି ନିବନ୍ଧ କରନ୍ତି ନାହିଁ। ଏହା ଏକ ନିଶ୍ଚିତ ଦୁର୍ବଳତା। ଏ ଦୃଷ୍ଟିରୁ ସେମାନଙ୍କ ପଦ୍ଧତି "close reading of the text" ନୀତି ଉପରେ ପର୍ଯ୍ୟବସିତ ନୁହେଁ। କୃତି ଆଧାରରେ ଅତି ଶୀଘ୍ର ଐତିହାସିକ ବାସ୍ତବତାର ସ୍ୱରୂପ ନିର୍ଣ୍ଣୟ କରିବା କେବେହେଁ ସାହିତ୍ୟ ଅଧ୍ୟୟନର ପ୍ରକୃଷ୍ଟ ମାର୍ଗ ବୋଲି କହି ହେବ ନାହିଁ।

ତଥାପି ଏ ପ୍ରକାର ସମାଲୋଚକଙ୍କ ଯୁକ୍ତି ଖୁବ୍ ବଳିଷ୍ଠ। କିପରି ଐତିହାସିକ ପ୍ରସଙ୍ଗ ଦ୍ୱାରା ବାସ୍ତବତାର ସ୍ୱରୂପ ଆହୁରି ବେଶି ଜଟିଳ ହୋଇଯାଏ ଓ ଲେଖକୀୟ ଚେତନା ମାଧ୍ୟମରେ ଏହାର ଉପସ୍ଥାପନା ଦ୍ୱାରା କିପରି ନୂତନ ଆଦର୍ଶବାଦ ଓ ମୂଲ୍ୟବୋଧର ପ୍ରତିଷ୍ଠା ଜଣେ ଲେଖକଙ୍କ ଦ୍ୱାରା ସମ୍ଭବ ହୋଇପାରୁଛି—ଏ ପ୍ରସଙ୍ଗ ସମୂହର ଉପସ୍ଥାପନା ବିଂଶ ଶତାବ୍ଦୀର ସମାଲୋଚନା-ଇତିହାସକୁ ନବ୍ୟ-ଇତିହାସବାଦର ନିଶ୍ଚିତ ଭାବେ ନୂତନ ଅବଦାନ।

॥ ପାଞ୍ଚ ॥

ପାଠକୀୟ ପ୍ରତିକ୍ରିୟାକୁ ଭିତ୍ତିକରି ଯେଉଁ ସମାଲୋଚନାତତ୍ତ୍ୱ ବିଂଶ ଶତାବ୍ଦୀର ସତୁରି ଦଶକରେ ପ୍ରତିଷ୍ଠିତ ଓ ବିକଶିତ ହେଲା, ତା'ରି ମୂଳରେ ଥିଲା ନବ୍ୟ ସମାଲୋଚକ (New critics) ଓ formalistsଙ୍କ ପ୍ରତି ଏକ ଚରମ ବିରୋଧ ଭାବ। କାରଣ ନବ୍ୟ-ସମାଲୋଚନା ଏପରି ଏକ ପ୍ରଚଣ୍ଡ ପ୍ରଭାବ ବିସ୍ତାର କରି ସାରିଥିଲା। ସମାଲୋଚକମାନେ ସାହିତ୍ୟ କୃତିର ବ୍ୟାଖ୍ୟା କିପରି କରିବେ ଓ ଅଧ୍ୟାପକମାନେ ଶ୍ରେଣୀକକ୍ଷରେ କିପରି ସାହିତ୍ୟ ଅଧ୍ୟାପନା କରିବେ, ସେ ସଂପର୍କରେ ଷାଠିଏ ଦଶକ ପର୍ଯ୍ୟନ୍ତ ନବ୍ୟ-ସମାଲୋଚକମାନେ ନିୟମିତ ଭାବରେ ଦିଗ୍‌ଦର୍ଶନ ଦେଇ ଆସୁଥିଲେ। ଏପରିକି ଆମେରିକା ଓ ଇଂଲଣ୍ଡରେ ଜଣକୁ ସମାଲୋଚକ ଭାବେ ପରିଗଣିତ କରାଯାଉ ନ ଥିଲା, ଯଦି ସେ ନବ୍ୟ-ସମାଲୋଚନାର ପଦ୍ଧତି ଅନୁସରଣ କରୁ ନ ଥିଲା।

ଏହା ମଧ୍ୟରେ ୧୯୩୭ ମସିହାରେ ଲୁଇ ରୋଜେନ୍‌ବ୍ଲାଟ୍ (Louis Rosenblatt) ତାଙ୍କର ପୁସ୍ତକ "Literature as Exploration"ରେ ଉଲ୍ଲେଖ କଲେ ଯେ ପଠନକ୍ରିୟା ଏପରି ଏକ କ୍ରିୟା, ଯାହା ମାଧ୍ୟମରେ ପାଠକ ଓ ସାହିତ୍ୟ କୃତି ମଧ୍ୟରେ ଏକ ପ୍ରକାରର "transaction" (ଭାବ ବିନିମୟ) ସ୍ଥାପିତ ହୁଏ। କୃତିଟିର ଅର୍ଥ କ'ଣ, ତାହା ନିର୍ଦ୍ଧାରିତ ହୋଇଥାଏ ପାଠକ ଦ୍ୱାରା। କୃତି ମଧ୍ୟରେ ସନ୍ନିହିତ ଥିବା ଅର୍ଥର ପୂର୍ଣ୍ଣ ବିସ୍ତାର ଘଟିଥାଏ କେବଳ ପାଠକୀୟ ପ୍ରତିକ୍ରିୟା ମାଧ୍ୟମରେ। ତାଙ୍କ ମତରେ କୃତିଟିର ଏକମାତ୍ର ସାର୍ବଜନୀନ ଅର୍ଥ ନ ଥାଏ, ବରଂ ବହୁ ଅର୍ଥର ସମ୍ଭାବନା ଥାଏ। ଏହା ନିର୍ଭର କରୁଛି ପାଠକ ଉପରେ, ସାମାଜିକ ଓ ତା'ର ମାନସିକ ସ୍ଥିତି ଉପରେ। ତେଣୁ ସେ କହିଲେ ଯେ ପାଠକ କେବେ ଜଣେ ନିଷ୍କ୍ରିୟ ବ୍ୟକ୍ତି ନୁହେଁ। ଅବଶ୍ୟ ଏହା ସତ୍ୟ ଯେ କେତେଜଣ ପାଠକଙ୍କ ବ୍ୟାଖ୍ୟା ଅନ୍ୟ ପାଠକମାନଙ୍କଠାରୁ ଉତ୍କୃଷ୍ଟମାନର। କିନ୍ତୁ ନବ୍ୟ- ସମାଲୋଚକଙ୍କ "close reading of the text" ପଦ୍ଧତିକୁ ଏକ ଉପାଦେୟ ପଦ୍ଧତି ଭାବରେ ସେ ସ୍ୱୀକୃତି ଦେଇଥିଲେ।

ପ୍ଲାଟୋ ଓ ଆରିଷ୍ଟୋଟ୍‌ଲ ମଧ୍ୟ କୃତିର ପାଠକ ମନ ଉପରେ ସୃଷ୍ଟି ହେଉଥିବା

ପ୍ରଭାବ ବିଷୟରେ ଉଲ୍ଲେଖ କରିଥିଲେ। ମାତ୍ର ଲେଖକକୁ ଦାତା ଓ ପାଠକକୁ ଗ୍ରହୀତା ଭାବରେ ସେମାନେ ଚିତ୍ରଣ କଲେ। ଆରିଷ୍ଟୋଟଲ୍‌ଙ୍କ ମତାନୁଯାୟୀ ପାଠକ ସଂପୂର୍ଣ୍ଣ ଭାବରେ ନିଷ୍କ୍ରିୟ। ନୀତି, ମୂଲ୍ୟବୋଧ ଓ ଆଦର୍ଶର ପ୍ରସଙ୍ଗ ସାହିତ୍ୟ କୃତିରେ ଉତ୍‌ଥାପନ କରି ପାଠକ ଉପରେ ସାହିତ୍ୟ ସକାରାତ୍ମକ ପ୍ରଭାବ ପକାଇଥାଏ ବୋଲି ସିଡ୍‌ନି ଓ ରୋମାଣ୍ଟିକ୍ କବି, ସମାଲୋଚକମାନେ ମତ ଉପସ୍ଥାପନା କଲେ। ମାତ୍ର ବିଂଶ ଶତାବ୍ଦୀର "ପାଠକୀୟ ପ୍ରତିକ୍ରିୟା" ସଂପର୍କିତ ଉଲ୍‌ଫଗାଙ୍ଗ ଆଇଜର, ଷ୍ଟାନଲି ଫିସ୍ ଜାଉସ୍ ଆଦି ସମାଲୋଚକମାନେ ଆଉ ପାଠକକୁ ଜଣେ ନୀରବଗ୍ରହୀତା ଭାବରେ ଦେଖିଲେ ନାହିଁ। ବରଂ ପାଠକ ଏକ ଲେଖକର ସହଯୋଗୀ ଭୂମିକାରେ ଅବତୀର୍ଣ୍ଣ ହେବା କଥା କହିଲେ। ଅବଶ୍ୟ ଏହା ଅନ୍ତରାଳରେ ଥିଲା ରୋଲାଁ ବାର୍ଥଙ୍କ ପ୍ରଭାବଶାଳୀ ମନ୍ତବ୍ୟ। ସେ ଲେଖକର ମୃତ୍ୟୁ ସଂପର୍କରେ ଘୋଷଣା କଲେ। ଅବଶ୍ୟ ଏହା ଶାରୀରିକ ମୃତ୍ୟୁ ନୁହେଁ; ବରଂ ପ୍ରକାରାନ୍ତରରେ ଲେଖକ କୌଣସି ଅନୁଷ୍ଠାନ ନୁହେଁ, ଦିବ୍ୟପୁରୁଷ ନୁହେଁ ଓ ଦ୍ୱିତୀୟ ଈଶ୍ୱର ନୁହେଁ ବୋଲି ସେ ଘୋଷଣା କଲେ। ଲେଖକର ମନ ସଂପୂର୍ଣ୍ଣ ଶୂନ୍ୟ ଥାଏ, ଯା' ଭିତରକୁ ଧସେଇ ପଶନ୍ତି ପରମ୍ପରା, ସମାଜ ବ୍ୟବସ୍ଥା, ବ୍ୟକ୍ତିର ଜୀବନଧାରା ଓ ଭାଷା ମାଧ୍ୟମରେ ତାହା ଏକ ସାହିତ୍ୟ କୃତି ଭାବରେ ଜନ୍ମ ନେଇଥାଏ। ରୋମାଣ୍ଟିକ୍ ଯୁଗରେ ଲେଖକକୁ ଓ ନବ୍ୟ ସମାଲୋଚନାରେ କୃତିକୁ ପ୍ରାଧାନ୍ୟ ଦିଆଗଲା, ମାତ୍ର ଉତ୍ତର ଆଧୁନିକ ଯୁଗରେ "ପାଠକୀୟ ପ୍ରତିକ୍ରିୟା" ସଂପର୍କିତ ସମାଲୋଚକମାନେ ପାଠକର ଭୂମିକା ଉପରେ ବିଶେଷ ଗୁରୁତ୍ୱ ଦେଲେ। ଏ ସଂପର୍କରେ ମୁଁ ବିଶଦ ଭାବରେ ମୋର ପ୍ରବନ୍ଧ "ପାଠକୀୟ ପ୍ରତିକ୍ରିୟାର ତାତ୍ତ୍ୱିକ ପୃଷ୍ଠଭୂମି"ରେ ପ୍ରକାଶ କରିଛି।

॥ ଛଅ ॥

ଠିକ୍ ସେହିପରି ସାହିତ୍ୟ କୃତିକୁ ଅନ୍ୟ ଏକ ଦୃଷ୍ଟିକୋଣରୁ ଅଧ୍ୟୟନ କରିବା ପାଇଁ structuralists (ସଂରଚନାବାଦୀ) ଓ deconstructists (ବିଗଠନବାଦୀ) ମାନେ ସେମାନଙ୍କ ମତ ଉପସ୍ଥାପନା କଲେ। ନବ୍ୟ ସମାଲୋଚକମାନେ କାବ୍ୟିକ ଭାଷାକୁ ambiguity ଓ Paradox ଆଦି ଦୃଷ୍ଟିକୋଣରୁ "close reading" କରିବା ପାଇଁ ମତ ଦେଲେ। "ପାଠକୀୟ ପ୍ରତିକ୍ରିୟା" ସମାଲୋଚକ ଗୋଷ୍ଠୀ ଲେଖକ ଓ ଐତିହାସିକ ପ୍ରସଙ୍ଗକୁ ବାଦ୍ ଦେଇ କୃତିର ପଠନ ବେଳେ ପାଠକୀୟ ଚିତ୍ତବୃତ୍ତି ସଂପର୍କରେ ବିଶେଷ ଆଲୋଚନା କଲେ। ମାତ୍ର ସଂରଚନାବାଦୀମାନେ ଭାଷାତତ୍ତ୍ୱ ଉପରେ ପ୍ରତିଷ୍ଠିତ ପଠନଶୈଳୀର ନୀତି ନିର୍ଦ୍ଧାରଣ କଲେ। ଏମାନେ Ferdinand de Saussureଙ୍କ ଦ୍ୱାରା ଲିଖିତ "Course in General Linguistics" ପୁସ୍ତକ ଦ୍ୱାରା ବିଶେଷ ପ୍ରଭାବିତ ହେଲେ। ଅନୁକୃତି (mimesis) ତତ୍ତ୍ୱ ଆଧାରରେ କାବ୍ୟିକ ଭାଷାକୁ ଗାଠନିକ

ଦୃଷ୍ଟିକୋଣରୁ ଯେଉଁଭଳି ବ୍ୟାଖ୍ୟା କରୁଥିଲେ, ତାହା ସଂରଚନାବାଦୀମାନେ ପ୍ରତ୍ୟାଖ୍ୟାନ କଲେ। ସଂରଚନାବାଦୀଙ୍କ ମତରେ ଭାଷା ହେଉଛି ଏକ system (ସୁବ୍ୟବସ୍ଥିତ ରୀତି) ଓ ସାମଗ୍ରିକ ବିବରଣ (La langue)। କୌଣସି ଭାଷାର ଅଭିବ୍ୟକ୍ତି ହେଉଛି 'Parole' (ଆଂଶିକ ବିବରଣ), Paroleର ବହୁ ଆଗରୁ Langueର ସ୍ଥିତି ପାଇଁ ଭାଷା ଅତି ପ୍ରଚୀନ। ଭାଷା ମୁଖ୍ୟତଃ ଏକ ସାଙ୍କେତିକ ପରିପ୍ରକାଶ। ସୂଚକ, ସୂଚିତ ଓ ସୂଚ୍ୟ ପରସ୍ପର ସହ ସଂପର୍କିତ ହେଲେ, ଏ ପ୍ରକାର ସଂପର୍କ ସାମାଜିକ ବ୍ୟବସ୍ଥା, ପ୍ରଥା ଓ ଆମ ଜୀବନଧାରା ଦ୍ୱାରା ନିର୍ଣ୍ଣିତ ହୁଅନ୍ତି। ଏଥିପାଇଁ କୌଣସି ଯୁକ୍ତିର ଆବଶ୍ୟକତା ନ ଥାଏ। କଥିତ ବା ଲିଖିତ ଶବ୍ଦକୁ ସୂଚକ (signifier) ବୋଲି କୁହାଯାଏ। ଅଥଚ signified (ଯାହା ସୂଚିତ ହୁଏ) ହେଉଛି ଏକ କୌଣସି ବସ୍ତୁ ବା ଅନୁଭବ ସଂପର୍କରେ ଏକ ନିର୍ଦ୍ଦିଷ୍ଟ ଧାରଣା। ତେଣୁ ଶବ୍ଦର ଅର୍ଥ କେବଳ relational (ସଂପର୍କିତ) ଓ ଶବ୍ଦ ବ୍ୟବହାର ମାଧ୍ୟମରେ ବସ୍ତୁମାନଙ୍କ ମଧ୍ୟରେ ଥିବା ଭିନ୍ନତା ବିଷୟରେ ଆମେ ଜାଣିପାରୁ। ଏଥିପାଇଁ semiotics (ସଂକେତ ତତ୍ତ୍ୱ) ଉଲ୍ଲେଖ କରିଥାଏ କିପରି ଶବ୍ଦର ଅର୍ଥ ପ୍ରକଟିତ ହୋଇଥାଏ।

ଭାଷାରେ ଅନ୍ତର୍ନିହିତ ଅଛି ଏକ ପ୍ରଣାଳୀ ଓ ବିନ୍ୟାସ, ଯାହା ଆମକୁ ଜାଣିବାକୁ ହେବ। ତାହା ଦ୍ୱାରା ଅର୍ଥ ସଂପର୍କରେ ଆମେ ଅବଗତ ହୋଇଥାଉ। ଠିକ୍ ସେହିପରି ସାହିତ୍ୟ ମଧ୍ୟରେ ଏପରି ବିନ୍ୟାସ ରହିଥାଏ, ଯେଉଁଥିରୁ ସାହିତ୍ୟ କୃତି ଉଦ୍ଭବ ହୋଇଥାଏ। ତେଣୁ ଆମେ ପ୍ରାୟ ଏକ ନିର୍ଦ୍ଦିଷ୍ଟ ସାହିତ୍ୟ କୃତିକୁ ଲକ୍ଷ୍ୟ ନ କରି ଏକ ବୃହତ୍ତର ସାହିତ୍ୟିକ ପରମ୍ପରା ଉପରେ ଦୃଷ୍ଟି ଦେଇଥାଉ। ଉଦାହରଣସ୍ୱରୂପ, ଭ୍ଲାଡିମିର ପ୍ରପ୍ (Vladimir Propp) ଜନୈକ ରୁଷିଆର ଫର୍ମାଲିଷ୍ଟ୍ ସମାଲୋଚକ ପରୀ କାହାଣୀମାନଙ୍କୁ ପୁଙ୍ଖାନୁପୁଙ୍ଖ ଅଧ୍ୟୟନ କରି ଏହାର ସମୁଦାୟ ୩୧ଟି କାର୍ଯ୍ୟକଳାପ ଲକ୍ଷ୍ୟ କଲେ। ଏ ସମସ୍ତର ଯୋଗଫଳ ହେଉଛି ପରୀ କାହାଣୀର ଗାଠନିକ ରୂପରେଖ। ଏହି ପଦ୍ଧତି ଅବଲମ୍ବନ କରି ଜଣେ କୌଣସି ପରୀ କାହାଣୀକୁ ବର୍ଗୀକରଣ ବା ପର୍ଯ୍ୟାୟଭୁକ୍ତ କରିପାରେ।

ସଂରଚନାବାଦୀମାନେ କୌଣସି କୃତିର ଏକ ଉତ୍ତମ ଓ ଗ୍ରହଣଯୋଗ୍ୟ ବ୍ୟାଖ୍ୟା ପ୍ରଦାନ କରିବା ଦିଗରେ ବିଶେଷ ଆଗ୍ରହୀ ନୁହନ୍ତି। ବରଂ କିପରି କୃତିଟିର ଅର୍ଥ ସୃଷ୍ଟି ହୁଏ ଅଥବା କିପରି କୃତିଟି ଏକ ବ୍ୟାଖ୍ୟାନ ବିମର୍ଶର ପରିସର ସହ ଖାପ ଖୁଆଇଥାଏ, ସେ ବିଷୟରେ ସେମାନେ ଦୃଷ୍ଟି ଦେଇଥାନ୍ତି। ନବ୍ୟ ସମାଲୋଚକଙ୍କ ପରି ଏମାନେ ମଧ୍ୟ ଐତିହାସିକ ପ୍ରସଙ୍ଗ ଉପରେ ଗୁରୁତ୍ୱ ଦିଅନ୍ତି ନାହିଁ। ସେମାନଙ୍କ ମତରେ ଏକ ସାହିତ୍ୟକୃତି ହେଉଛି ଗୋଟିଏ ସୁସଂଗଠିତ ଜ୍ଞାନ ଓ ସୂଚନାର ବୈଜ୍ଞାନିକ ଉପସ୍ଥାପନା।

କୌଣସି ସଙ୍କେତଧର୍ମୀ ବ୍ୟବସ୍ଥା ଭିତରେ ଅର୍ଥ ସୃଷ୍ଟି ହୋଇଥାଏ କେବଳ ଭିନ୍ନତା ମାଧ୍ୟମରେ, ତେଣୁ ସଂରଚନାବାଦୀମାନେ ବିପରୀତଧର୍ମୀ ବସ୍ତୁ ଓ ଧାରଣାଙ୍କ ମଧ୍ୟରେ ସୃଷ୍ଟି ହେଉଥିବା ପାର୍ଥକ୍ୟ କୃତି ମଧ୍ୟରେ ଚିହ୍ନଟ କରିଥାନ୍ତି।

କିନ୍ତୁ ସଂରଚନାବାଦଭିତ୍ତିକ ସମାଲୋଚନା କେବଳ ବୃହତ୍ତର ବିନ୍ୟାସ ସଂପର୍କରେ ସୂଚନା ଦେଇଥାଏ ଓ ନିର୍ଦ୍ଦିଷ୍ଟ ସାହିତ୍ୟ କୃତିର ଅନନ୍ୟ ସ୍ଥିତି, ଅର୍ଥ, ସଂଦେଶ, ଜୀବନଦର୍ଶନ, ବକ୍ତବ୍ୟ ଓ ସତ୍ୟର ଉପସ୍ଥାପନା ସଂପର୍କରେ କିଛି ଆଭାସ ଦେଇ ନ ଥାଏ।

ଏହାପରେ ଅଭ୍ୟୁଦୟ ହେଲା ଉତ୍ତର ସଂରଚନାବାଦର, ଯାହାର ବିଗଠନ ଓ ଉତ୍ତର ଆଧୁନିକତା ସହ ନିବିଡ଼ ସଂପର୍କ ରହିଛି। ସଂରଚନାବାଦ ବିରୋଧରେ ଯେଉଁ ସମାଲୋଚକୀୟ ମତବାଦ ସୃଷ୍ଟି ହେଲା, ତାହାହିଁ ଉତ୍ତର ସଂରଚନାବାଦ। କାରଣ ସଂରଚନାବାଦୀମାନେ ଏକ ସ୍ଥିର, ପରିବର୍ତ୍ତନ ରହିତ ଭାଷାର ବିନ୍ୟାସ ବିଷୟରେ ଆଲୋଚନା କରିଥାନ୍ତି। ସେଥିପାଇଁ ଉତ୍ତର ସଂରଚନାବାଦର ଜଣେକ ମୁଖ୍ୟ ପ୍ରବକ୍ତା ଟେରି ଇଗଲଟନ୍ (Terry Eagleton) କହନ୍ତି: "It is a shift from seeing the poem or novel as a closed entity, equipped with definite which it is the critic's task to decipher, to seeing literature as irreducibly plural, an endless play of signifiers which can never be finally down to a single center, essence or meaning."

ଉତ୍ତର ସଂରଚନାବାଦର ଅଭ୍ୟୁଦୟ ପଛରେ ଥିଲା ଜାକ୍‌ସ ଦେରିଦା (Jacques Derrida)ଙ୍କ ଦ୍ୱାରା ଲିଖିତ ନିବନ୍ଧ "Structure, sign and play in the Discourse of Human Sciences"ରେ ଯାହା ପ୍ରକାଶିତ ହୋଇଥିଲା ୧୯୬୬ ମସିହାରେ। ପାଶ୍ଚାତ୍ୟ ଜଗତରେ ସାମଗ୍ରିକ ଜ୍ଞାନର ମୂଳ କେନ୍ଦ୍ର ଥିଲା Logos (ଶବ୍ଦ ହିଁ ଈଶ୍ୱର) ଓ ଏ ପ୍ରକାର ଧାରଣାର ଉଲ୍ଲେଖ ହୋଇଛି ବାଇବେଲ୍‌ରେ। ମାତ୍ର ଦେରିଦା ଏ ପ୍ରକାର ବିଶ୍ୱାସକୁ ଅସ୍ୱୀକାର କଲେ। ତେଣୁ କୃତି ଭିତରେ କେବଳ ଗୋଟିଏ ଅର୍ଥର ବିନ୍ୟାସ ନାହିଁ, ବରଂ ବହୁ ଅର୍ଥର ସମ୍ଭାବନା ନିହିତ ଥାଏ। ଦେରିଦାଙ୍କ ସଂରଚନାବାଦ ବିରୋଧୀ ମତବାଦ ବିଗଠନବାଦର ଦ୍ୱାର ଉନ୍ମୁକ୍ତ କଲା। ତେଣୁ କୌଣସି ବସ୍ତୁର ବା କୃତିର କିଛି ବାସ୍ତବ ଅର୍ଥ ବା ସତ୍ୟ ବୋଲି କିଛି ନାହିଁ—ଏ ଧାରଣା ଦୃଢ଼ୀଭୂତ ହେଲା। ଉତ୍ତର ସଂରଚନାବାଦ ଓ ବିଗଠନ ତତ୍ତ୍ୱର ବିସ୍ତାର ଯେଉଁ ସମାଲୋଚକଙ୍କ ଦ୍ୱାରା ସଂଗଠିତ ହେଲା, ସେମାନଙ୍କ ମଧ୍ୟରେ ପ୍ରମୁଖ ହେଲେ ମାଇକେଲ ଫୋକଲ୍ଟ (Michel Foucault), ବଡ୍ରିଲାର୍ଡ଼ (Baudrillard), ହେଲେନ୍

ସିକ୍‌ସସ୍ (Helen Siksas), ପଲ୍ ଡି ମ୍ୟାନ୍ (Paul de man), ଜେ ହିଲିସ୍ ମିଲର୍ (J. Hillis Miller) ଓ ଜାକ୍‌ସ ଲାକାଁ (Jacques Lacan)। ତେବେ ସମାଲୋଚକଙ୍କ ମଧ୍ୟରେ ପାରସ୍ପରିକ ବିରୋଧ ପାଠକଙ୍କୁ ନିଶ୍ଚିତ ଭାବରେ ବିଚଳିତ କରିବ। ଯଦି କୃତିର କିଛି ଅର୍ଥ ନାହିଁ, ଗାଠନିକ ରୂପରେଖ ନାହିଁ, ତେବେ ସାହିତ୍ୟ କୃତିର ପଠନର ଆବଶ୍ୟକତା ରହିଲା କେଉଁଠି? ତେଣୁ ସମାଲୋଚନା ଓ କୃତିର ପଠନ କ୍ଷେତ୍ରରେ ଯେଉଁ ସଂକଟ ସୃଷ୍ଟି ହୋଇଛି, ତା'ର ଏକ ସକାରାତ୍ମକ ସମାଧାନ ଆବଶ୍ୟକ। ପ୍ରତିଟି ମତବାଦରେ ନିହିତ ଉତ୍କର୍ଷ ପାଠକଙ୍କ ପାଇଁ ଗ୍ରହଣୀୟ। ଠିକ୍ ସେହିପରି କଳାକୃତିର ନାନ୍ଦନିକ ସୌନ୍ଦର୍ଯ୍ୟର ଉପଲବ୍ଧ କ୍ଷେତ୍ରରେ ଯେଉଁମାନେ ଅନ୍ତରାୟ ସୃଷ୍ଟି କରୁଛନ୍ତି, ସେମାନଙ୍କୁ ବର୍ଜନ କରିବାକୁ ହେବ। ସାହିତ୍ୟକୃତି ପଠନ ପ୍ରକ୍ରିୟାରେ ଆନନ୍ଦ ସଞ୍ଚାର ହେଉ ଓ ଏଥିରେ ସନ୍ନିହିତ ସନ୍ଦେଶ, ଯାହା ମାନବ ସମାଜ ପାଇଁ କଲ୍ୟାଣପ୍ରଦ, ଯାହା ଜ୍ଞାନବର୍ଦ୍ଧକ ଓ ଚେତନାର ଉନ୍ମେଷରେ ପ୍ରଭାବଶାଳୀ, ତାହାହିଁ ଗ୍ରହଣୀୟ।

ଏ ପ୍ରସଙ୍ଗରେ ଯେଉଁ ସମାଲୋଚନା ପଦ୍ଧତି ଏହି ଲକ୍ଷ୍ୟରେ ପହଞ୍ଚାଇବା ପାଇଁ ସହାୟକ, ତାକୁ ଅନୁସରଣ କରାଯାଉ। ସମାଲୋଚନାର ପରିସର କେବଳ ଶିକ୍ଷାୟତନର ଚତୁଃସୀମା ମଧ୍ୟରେ ଆବଦ୍ଧ ହୋଇ ନ ରହୁ। ପାଠକମାନଙ୍କୁ ନିର୍ଦ୍ଦିଷ୍ଟ ଦିଗ୍‌ଦର୍ଶନ ଦେଇ ସାହିତ୍ୟ ପଠନ ପ୍ରକ୍ରିୟାକୁ ଆହୁରି ତ୍ୱରାନ୍ୱିତ କରାଯାଉ। ଜାତିଗତ, ଧର୍ମଗତ, ଭାଷାଗତ ଓ ଲିଙ୍ଗଗତ ବୈଷମ୍ୟର ଊର୍ଦ୍ଧ୍ୱକୁ ଯାଇ ସମାଲୋଚନା, ଲେଖକ ଓ ପାଠକ ମଧ୍ୟରେ ସଂଯୋଜକର ଭୂମିକା ସଂପାଦନ କରୁ। ଏ ଦୃଷ୍ଟିରୁ ପାଠକୀୟ ଦୃଷ୍ଟିକୋଣରୁ ଯେଉଁ ସମାଲୋଚନା ସମୂହ ଆମକୁ ଉଚିତ ମାର୍ଗ ଦେଖାଇପାରିବେ, ସେମାନଙ୍କ ଉପରେ ପାଠକଙ୍କ ବିଶ୍ୱାସ ଓ ଶ୍ରଦ୍ଧା ଅତୁଟ ରହୁ। ଯେଉଁ ସମାଲୋଚନା ପଦ୍ଧତି ସକାରାତ୍ମକ ଓ ପାଠକ ପାଇଁ ନିର୍ଭରଯୋଗ୍ୟ, ତା'ର ସ୍ଥାୟିତ୍ୱ ସଂପର୍କରେ କୌଣସି ସନ୍ଦେହ ନ ରହୁ। ସେହି ପଦ୍ଧତି ଉପରେ ପ୍ରତିଷ୍ଠିତ ହେଉ ପାଠକୀୟ ଚିତ୍ତବୃତ୍ତି, ଯଦି ବି ପାଠକ ଜଣେ ସମର୍ଥ ଓ ପ୍ରଜ୍ଞାବାନ୍ ହୋଇପାରେ। କାରଣ ନିରପେକ୍ଷ ଓ ସୁସ୍ଥ ସମାଲୋଚନାର ପରମ୍ପରା ପାଇଁ ଆମକୁ କେଉଁ ତତ୍ତ୍ୱ ଆଧାରରେ model (ନମୁନା) ପ୍ରସ୍ତୁତ କରିବାକୁ ହେବ, ତାହା ଆମକୁ ନିର୍ଣ୍ଣୟ କରିବାକୁ ହେବ ଓ ତଦନୁସାରେ ସାହିତ୍ୟ କୃତିର ବ୍ୟାଖ୍ୟା କରିବାକୁ ହେବ। ଉଦାହରଣ ସ୍ୱରୂପ ଭାରତୀୟ ଧ୍ୱନିତତ୍ତ୍ୱ ସହ ପାଶ୍ଚାତ୍ୟ ନବ୍ୟ ସମାଲୋଚନା (New criticism) ଓ କ୍ଷେମେନ୍ଦ୍ରଙ୍କ ଔଚିତ୍ୟ ତତ୍ତ୍ୱ ସହ ପାଶ୍ଚାତ୍ୟ ସମାଲୋଚନାର propriety ତତ୍ତ୍ୱର ସମନ୍ୱୟ ଦ୍ୱାରା ନୂତନ model (ନମୁନା) ପ୍ରସ୍ତୁତ କରାଯାଇପାରିବ। ନବ୍ୟ ସମାଲୋଚନା (New criticism)ର "close reading of the text" ଏକ ଅପରିହାର୍ଯ୍ୟ ଓ ବିଶ୍ୱସନୀୟ ପଦ୍ଧତି, ଯାହା ଅସ୍ୱୀକାର କରାଯାଇ ନ ପାରେ। ଠିକ୍ ସେହିପରି ନବ୍ୟ-ଇତିହାସବାଦ (New Historicism)ର କୃତି ସହ ଐତିହାସିକ ବାସ୍ତବତାକୁ ଯୋଡ଼ିବା ଏପରି ଏକ ଯୁକ୍ତି, ଯାହା ପ୍ରାମାଣିକ ଓ ଯଥାର୍ଥ। "ପାଠକୀୟ ପ୍ରତିକ୍ରିୟା" ସଂପର୍କିତ ସମାଲୋଚନା ପାଠକକୁ ଯେଉଁ ସ୍ୱାଧିକାର ପ୍ରଦାନ କରିଛି, ତାହା ଅଭିନନ୍ଦନୀୟ। ମାତ୍ର ସବୁ ପାଠକ ଯେ ସମର୍ଥ ପାଠକ, ଏହା ଗ୍ରହଣୀୟ ନୁହେଁ, ସମର୍ଥ ପାଠକଙ୍କ ମାନଦଣ୍ଡ ନିର୍ଦ୍ଧାରଣ କରାଯାଉ ଓ ସେମାନଙ୍କ କୃତି ଉପରେ ପ୍ରଦତ୍ତ ମନ୍ତବ୍ୟ ବିଚାରକୁ ନିଆଯାଉ। ସାହିତ୍ୟ ସମାଲୋଚନାକୁ ନିରୀଶ୍ୱରବାଦ ଓ କେନ୍ଦ୍ରରେ ଅଧିଷ୍ଠିତ ଶବ୍ଦବ୍ରହ୍ମଙ୍କ ପ୍ରତ୍ୟାଖ୍ୟାନ ଆମକୁ କେଉଁ ଦିଶାରେ ନେଉଅଛି, ସେ କଥା ଚିନ୍ତା କରିବାର ସମୟ ଆସିଛି। ବିନା ବିଶ୍ୱାସରେ ଅଥବା ବିନା ସକାରାତ୍ମକ ଦୃଷ୍ଟିଭଙ୍ଗୀରେ ସାହିତ୍ୟ କ'ଣ, ସମାଲୋଚନା କ'ଣ, ମାନବୀୟ ସଂସ୍କୃତିର ସ୍ଥିତି କ'ଣ ସମ୍ଭବ ?

■

ଏକବିଂଶ ଶତାବ୍ଦୀରେ ଓଡ଼ିଆ ସାହିତ୍ୟର ଭାଷା

ବାବାଜୀଚରଣ ପଟ୍ଟନାୟକ

ସଂପ୍ରତି ଏକବିଂଶ ଶତାବ୍ଦୀର ଏଇମାତ୍ର ଚଳନ୍ତି ଊଣେଇଶ ବର୍ଷ ମଧ୍ୟରେ ଓଡ଼ିଆ ସାହିତ୍ୟର ଭାଷା ଯେଭଳି ପାରମ୍ପରିକ ବ୍ୟବହାରଠାରୁ ନିଆରା ଲାଗୁଛି, ଶତାବ୍ଦୀ ସରିବାକୁ ଥିବା ଅବଶିଷ୍ଟ ଅଶିବର୍ଷ ମଧ୍ୟରେ ସେଭଳି ଉପଯୋଗର ମାତ୍ରାଧିକତା ସମ୍ଭାବନା କରିବା ନିରର୍ଥକ ବ୍ୟାପାର ନୁହେଁ। ବିଂଶ ଶତାବ୍ଦୀର ଶେଷ ଦଶନ୍ଧିରେ ବିଶ୍ୱୀକରଣ (ଗ୍ଲୋବାଲାଇଜେସନ) ପ୍ରକ୍ରିୟା ଭାରତବର୍ଷର ଅର୍ଥନୀତିରେ ଆଣିଥିବା ପରିବର୍ତ୍ତନ ସମାଜରେ ଅନୁଭୂତ ହୋଇଛି। ଓଡ଼ିଶାର ସମାଜରେ ତାହାର ପ୍ରଭାବ ଏବଂ ତା ଦ୍ୱାରା ଜୀବନଧାରା ଅନୁପ୍ରାଣିତ ହୋଇଥିବା ପରିଲକ୍ଷିତ। ସାହିତ୍ୟକୁ ଭାଷାର କଳା, ସାମାଜିକ ଉତ୍ପାଦ, ସମାଜ ଏବଂ ଜୀବନର ପ୍ରତିବିମ୍ବନ ଘଟୁଥିବା ମୁକୁର କୁହାଯାଇଥାଏ। 'ଇଂରାଜୀ କବିତା ଏବଂ ଇଂରାଜୀ ଭାଷା' (English Poetry and the English language) ବହିରେ ଲେଖକ ଏଫ୍. ଡବ୍ଲୁ. ବେଟସନ୍ (F.W. Bateson) ଦର୍ଶାଇଛନ୍ତି—ସାହିତ୍ୟ ଯେଉଁ ଭାଷାରେ ଲେଖାଯାଇଥାଏ ତାହାକୁ ସେହି ଭାଷାର ସାଧାରଣ ଇତିହାସର ଅଂଶ ଏବଂ ସେହି ଭାଷା ଉପରେ ନିର୍ଭରଶୀଳ ବୋଲି ବୁଝିବାକୁ ହୁଏ। ଅଧିକନ୍ତୁ, କବିତାର ଇତିହାସକୁ ଭାଷା ପ୍ରକରଣରେ ଘଟିତ ପରିବର୍ତ୍ତନର ଇତିହାସ ବୋଲି ସେ ବୁଝିଥାନ୍ତି। (The real history of poetry is, I believe, the history of the changes in the kind of language in which successive poems have been written.

And it is these changes of language only that are due to the pressure of social and intellectual tendencies.) କବିତା ପାଇଁ ବେଟସନ୍ ଯାହା ଲେଖିଛନ୍ତି ତାହା ସାହିତ୍ୟର ପ୍ରତ୍ୟେକ ବିଭାଗ ପାଇଁ ପ୍ରଯୁଜ୍ୟ ଅଥବା ସାହିତ୍ୟପାଇଁ ଅସତ୍ୟ ନୁହେଁ। ସାହିତ୍ୟର ଇତିହାସ ହେଉଛି ବ୍ୟବହୃତ ଭାଷାରେ ଲିଖିତ ନୂତନତା ଏବଂ ପ୍ରକରଣ ବୈଚିତ୍ର୍ୟର ଇତିବୃତ୍ତ। ସାହିତ୍ୟିକ ମାତ୍ରକେ ସାମାଜିକ ବ୍ୟକ୍ତି, ସମାଜର ବିକାଶରେ ସଂପୃକ୍ତ। ସମାଜକୁ ଆସୁଥିବା ବିବିଧ ବୌଦ୍ଧିକ ଜ୍ଞାନ-ବିଜ୍ଞାନ ସ୍ପର୍ଶରେ ସେ ଚମତ୍କୃତ, ଆନ୍ଦୋଳିତ ବି। ଫଳତଃ ତା'ର ଭାବ ଅଭିବ୍ୟକ୍ତି ନୂଆ ନୂଆ ଶବ୍ଦରେ ଅଭିନବ ଢାଞ୍ଚାରେ ପ୍ରକାଶ ପାଏ। ଏହାକୁ ସାହିତ୍ୟ ଇତିହାସରେ କ୍ରମାନ୍ୱୟିକ ଭାଷା ପରିବର୍ତ୍ତନର ଇତିହାସ ଭାବରେ ବୁଝାଯାଇଥାଏ। ଭାଷା ପରିବର୍ତ୍ତନରେ ମୁଖ୍ୟ ବିଚାର୍ଯ୍ୟ ପ୍ରସଙ୍ଗ ହେଉଛି ନୂଆ ନୂଆ ଶବ୍ଦର ସାହିତ୍ୟକୁ ଅନୁପ୍ରବେଶ, ଏହି କଥାକୁ ଦାର୍ଶନିକ (Susanne K. Langer) ଏହିଭଳି ବୁଝାଇଛନ୍ତି—'Our primary world of reality is verbal one, without words imagination cannot retain distinct objects and their relations, but out of sight is out of mind.' (The philosophy in a new-Key) ପରିକଳ୍ପିତ କାଳ ଭଳି ପୁରାତନ ସାହିତ୍ୟ ଯାଏ, ନୂତନ ସାହିତ୍ୟ ଆସେ। ନୂତନ ସାହିତ୍ୟରେ ନୂଆ ନୂଆ ଶବ୍ଦ ଯୁଗରୁଚିକୁ ଚାହିଁ ଆସିବା ସ୍ୱାଭାବିକ। ଅରବିନ୍ଦ 'The future poetry' ପୁସ୍ତକର ଉପସଂହାରରେ ଏହାହିଁ ଦର୍ଶାଇଛନ୍ତି। ମହତ୍ ଆଧ୍ୟାତ୍ମିକ ଚାପରେ ନୂଆକରି ଗଢ଼ି ହେଉଥିବା ପୃଥିବୀରେ କବିତାର ଭବିଷ୍ୟତ ଭାଷା ଆତ୍ମ-ଉତ୍‌ଥିତ ଆହ୍ୱାନ ପ୍ରକାଶ ପାଇଁ ନୂଆ ପ୍ରତୀକ ଏବଂ ଚିତ୍ରକଳ୍ପର ମନ୍ତ୍ର ହେବ—ଏହା ଅରବିନ୍ଦଙ୍କ ମତ, ହେଲେ ବର୍ତ୍ତମାନ ଉପଲବ୍‌ଧ ଜଗତୀକରଣ ଅର୍ଥନୀତି, ମାତ୍ରାଧିକ ହିଂସା ଆଚରଣ, ଜୀବନକୁ ଅଳସ-ବିଳାସରେ ଖଟେଇବାକୁ ବିବିଧ ଯନ୍ତ୍ର ଉଦ୍ଭାବନ, 'କମ୍ପ୍ୟୁଟର, ଡିଜିଟାଇସେନ, ଇ—ସର୍ବସ୍ୱତା ଏକବିଂଶ ଶତାବ୍ଦୀକୁ ଆଗକୁ ଆଗ ମାଡ଼ିଯିବାରେ ସାହାଯ୍ୟ କରୁଛି। 'ଝଙ୍କାର' ପତ୍ରିକାର ଜନ୍ମଦିବସ ଏପ୍ରିଲ, ବିଷୁବ ମିଳନ ୨୦୦୦ରେ ସଂପାଦକ ଭର୍ତ୍ତୃହରି ମହତାବ ଅଭିନନ୍ଦନ ବାର୍ତ୍ତାରେ ଯଥାର୍ଥରେ ସୂଚାଇଛନ୍ତି—'ଟେକ୍‌ନୋଲୋଜିର ବିସ୍ଫୋରଣ ଘଟୁଥିବାବେଳେ, ଜ୍ଞାନର ଭଣ୍ଡାର ଇଣ୍ଟରନେଟ୍ ଜରିଆରେ ନିଜ କକ୍ଷ ମଧ୍ୟରେ ଉପଲବ୍ଧ ହେଉଥିବାବେଳେ ବିଭିନ୍ନ ଦେଶର ସଂସ୍କୃତି ଓ ସାହିତ୍ୟ ଏଭଳିକି ଭାଷା ମଧ୍ୟ ଚରମ ପ୍ରତିଦ୍ୱନ୍ଦ୍ୱିତାର ସମ୍ମୁଖୀନ ହେବାରେ ଲାଗିଛି।' ପ୍ରସଙ୍ଗତଃ କବି ପ୍ରମୋଦ କୁମାର ମହାନ୍ତିଙ୍କ "ପରେ ମୁଁ ଆସିବି" କବିତାରୁ ଗୋଟିଏ ପଙ୍‌କ୍ତି ଉଦ୍ଧାର କରାଯାଉ—

ଲଗାତର ଇ-ମେଲ ମୋବାଇଲ ଫୋନ୍
ଲ୍ୟାପଟପ୍, ୱେବସାଇଟ୍ ଆଇପଡ୍ ଓ
ପ୍ରତି ଘଟଣାର ଗଣିତରେ ରୂପାନ୍ତର।

ସଂପ୍ରତି ଓଡ଼ିଆ ସାହିତ୍ୟ ଓ ସମ୍ବାଦ ଗୁଡ଼ିକରୁ ଉପଲବ୍ଧ ହେଉଛି ଅନେକ ଦେଶୀ ଏବଂ ବିଦେଶୀ ନୂଆ ଶବ୍ଦ, କମ୍ପ୍ୟୁଟର ଏବଂ ଟେକ୍ନୋଲୋଜି ବିଶ୍ୱର କେତେ ନା କେତେ ଶବ୍ଦ ଯେପରି ଇ-ପ୍ରଶାସନ, ଅନଲାଇନ୍ ପୋର୍ଟାଲ, ପ୍ରିପେଡ କାର୍ଡ, ଫ୍ରାଂଚାଇଜ୍, ସିମ୍ କାର୍ଡ, ଇନ୍‌କମିଂ କଲ୍, ଆଉଟ୍ ଗୋଇଙ୍ଗ୍ କଲ, ରିଚାର୍ଜ, ଭାଇରସ୍, ଡିଜିଟାଇଜେସନ୍, ଭିଡିଓ ଭାଇରାଲ୍, ସୋସିଆଲ୍ ମିଡିଆ, ଟାସ୍କଫୋର୍ସ, ହୋର୍ଡିଂ, ୟୁଜର୍ସ ଫି, ଲାଇସେନସିଂ, ବ୍ଲାକର୍, କିଙ୍ଗ୍‌ପିନ୍, ଡିସ୍‌କାଉଣ୍ଟ୍ ଅଫର୍, ମାଷ୍ଟରମାଇଣ୍ଡ୍, ଲ୍ୟାଣ୍ଡିଂ, ଫାଷ୍ଟ୍‌ଟ୍ରାକ୍, ଟାର୍ଗେଟ୍ ରିମୋଟ୍ ସେନ୍‌ସିଂ, ସାଟେଲାଇଟ୍, ସେଲ୍‌ଫି, ମାରାଥନ୍ ଜେରା, ଚିକେନ୍ ରାଇସ୍, ଚିଜ୍ ଚିଲି, ବିରିୟାନୀ, ଏନକାଉଣ୍ଟର, ଲିଙ୍କ୍ ଜୋନ୍, ସାଇଣ୍ଟିଫିକ୍ ଟିମ୍, ଅରେଞ୍ଜ ଓ ୟେଲୋ ୱାର୍ଣ୍ଣିଂ, ବାଇକ, ଇସ୍ପାତ କମ୍ପ୍ଲେକ୍ସ, ଡ୍ରାଇଭ୍, କମ୍ପିଟିସନ୍, ପୁଛ୍‌ତାଛ, ଅନୋଖାଁ, ଅସ୍ତେମାଲ, ମାହୋଲ, ତନ୍ଦୁରସ୍ତ, ନିଗରାନି, ପର୍ଦ୍ଦାଫାସ୍, ଛିନ୍‌ତାଇ, ଚକ୍‌ମା, ଛାପାମାରିବା, କାରନାମା ଇତ୍ୟାଦି।

ଉପରଲିଖିତ ଶବ୍ଦଗୁଡ଼ିକ ଏକବିଂଶ ଶତାବ୍ଦୀ ଆରମ୍ଭ କାଳରୁ ଓଡ଼ିଆ ସାହିତ୍ୟ ଓ ବାର୍ତ୍ତାଦେଇ ଓଡ଼ିଆ ଭାଷା ମଧ୍ୟକୁ ପ୍ରବେଶ କରିଛି। ଏହି ପ୍ରସଙ୍ଗରେ ସୁରେନ୍ଦ୍ର ମହାନ୍ତିଙ୍କ ୨୦୬୬ କ୍ଷୁଦ୍ରଗଳ୍ପ ସ୍ମରଣକୁ ଆସେ। ସେ ଏହି ଗଳ୍ପ ଲେଖିଥିଲେ ୧୯୬୬ରେ। ତାହା ତାଙ୍କ 'ଦୁଇ ସୀମାନ୍ତ' ପୁସ୍ତକରେ ସଂକଳିତ। ଏହି ଗଳ୍ପରେ ଗାଳ୍ପିକ ସମ୍ଭାବନା କରିଛନ୍ତି: ୨୦୬୬ ମସିହା ବେଳକୁ ଘରେ ଘରେ ସ୍କାଇସ୍କ୍ରାପର୍ ବ୍ୟବହାର କରାଯାଉଥିବ। ଭୂପୃଷ୍ଠ ରାସ୍ତାରେ ନ ଯାଇ ଲୋକମାନେ ସ୍କାଇସ୍କ୍ରାପର୍‌ରେ ଉଡ଼ିକରି ସ୍ଥାନରୁ ସ୍ଥାନକୁ ଯାଉଥିବେ। ପୁଣି ସେ ଦେଖି ପାରିଛନ୍ତି—ସାମନା ସ୍କାଇସ୍କ୍ରାପର୍‌ର ଉପରେ ଗୋଟିଏ ପ୍ରକାଣ୍ଡ ଆଡ୍‌ଭରଟାଇଜମେଣ୍ଟ୍ ହୋର୍ଡିଂ—ସ୍ପେସ୍—ଟ୍ରାଭ୍‌ଲିଙ୍ଗ୍ ଏଜେନ୍‌ସିର ବିଜ୍ଞାପନ—ଚନ୍ଦ୍ରମଣ୍ଡଳ ମୋଟେ ଏକୋଇଶ ଘଣ୍ଟାର ରାସ୍ତା। ଆଉ ଗୋଟିଏ ହୋର୍ଡିଂର...ବାଇଓଲଜିକାଲ୍ ଲାବ୍ରୋଟୋରୀ... ପ୍ଲାଷ୍ଟିକ୍ ତିଆରି ମଣିଷ ଲଙ୍ଗସ୍ ଓ ହାର୍ଟସ୍ ମିଳେ ପରୀକ୍ଷା ପାର୍ଥନୀୟ"... ଗଳ୍ପନାୟକ ସୁବ୍ରତ ବିଛଣାରେ ଶୋଇ ଭାବୁଥିଲା—ହାର୍ଟଟା ପୁରୁଣା ହୋଇଗଲାଣି। ବଦଳାଇବାକୁ ପଡ଼ିବ। ପ୍ୟାଟର୍ଣ୍ଣ, ଚାଲେଞ୍ଜ, କମ୍ପ୍ୟୁଟର୍ ପ୍ରୋଗ୍ରାମିଂ, ପ୍ଲେଜର୍ ପଏଣ୍ଟ, ଷ୍ଟ୍ରୋକ୍, ଫର୍ମୁଲା, ସବକ୍, କୋସିସ୍। ସେ ପ୍ଲାଷ୍ଟିକ ହାର୍ଟର ମାପ ଦେବାପାଇଁ ଭାବୁଥିଲା। ଏତିକିବେଳେ ଟେରାସ୍ ଉପରେ ଦୁଇଟା ହୋଭରକ୍ରାଫ୍ଟ ଉଡ଼ିଗଲା। ଏସବୁ ଏ ଶତାବ୍ଦୀର ଉଡ଼ନ୍ତା ମୋଟରଗାଡ଼ି।"

ସୁବ୍ରତ ଗୋଟିଏ ସାହିତ୍ୟ କାରଖାନାର ମେଣ୍ଟେନାନ୍ସ୍ ଇଞ୍ଜିନିୟର। ସେ କାରଖାନାରେ କମ୍ପ୍ୟୁଟର୍ ଯନ୍ତ୍ରମାନଙ୍କରେ କବିତା, ଗଳ୍ପ, ଉପନ୍ୟାସ ଓ ରମ୍ୟରଚନା ସବୁ ଉତ୍ପାଦିତ ହୁଏ। ସୁବ୍ରତ ବ୍ରେକଫାଷ୍ଟ୍‌ରେ ଦୁଇଟି ବଟିକା ଖାଏ। ରାସ୍ତା ପାର୍ଶ୍ୱରେ ଥିବା ରେସ୍ତୁରାଁର ନାଁ ଗୁମ୍ଫା। ସେଠି ଖାଇବାକୁ ମିଳେ—ବ୍ରେଷ୍ଟ କଟ୍‌ଲେଟ୍, ଲିପ୍‌ସ ଫ୍ରାଇଭଳି ଅଧିକ ଚାହିଦାର ପଦାର୍ଥ। କମ୍ପ୍ୟୁଟର ସାହାଯ୍ୟରେ ସବୁ କାମ ଚଳେ। ଏଥିପାଇଁ ଶୁଣାଯାଇଥାଏ ଇନ୍‌ପୁଟ୍, ଆଉଟ୍‌ପୁଟ୍, ମାଟ୍ରିକ୍‌ସ, ଫିଡ୍‌ବ୍ୟାକ୍ ଭଳି ଶବ୍ଦ କେତୋଟି। ୨୦୬୬ରେ ଚନ୍ଦ୍ର ଓ ପୃଥିବୀ ମଧ୍ୟରେ ଯାତାୟାତ ବ୍ୟବସ୍ଥା ହୋଇସାରିଥିବ। କାନ୍‌ସରର ଆତଙ୍କ ନଥିବ, ମଣିଷମାନଙ୍କର ଜୀବନକାଳ ବଢ଼ି ଯାଇଥିବ। ଜଣକା ୨୦୦ ବର୍ଷ ବୟସରୁ କମ୍ ନୁହେଁ, ସହରମାନଙ୍କ ନାମ ହୋଇଥବ ସୁପର୍‌ସିଟି, ପଶୁପକ୍ଷୀ, ଉଦ୍ଭିଦ ଜଗତର ଦେଖା ଚିତ୍ରାବଳୀରୁ ଦେଖି ହେଉଥିବ। କମ୍ପ୍ୟୁଟରରେ ସୁଇଚ୍ ଟିପିଲେ ରୋବର୍ଟ ଖାଦ୍ୟ ପରଷି ଦେଇ ଯାଉଥିବ, ଟି ପୟରେ ଚା ଆଣି ରଖୁଥିବ। ଘରସଫା କରୁଥିବ, ଟେବୁଲ୍ ସଜାଉଥିବ। ଯାହା ଅଭାବ ଥିବ, ଗାଳ୍ପିକଙ୍କ ଭାଷାରେ ତାହା—'ଅସ୍ତ୍ର ବା ଯନ୍ତ୍ର ନିର୍ମାଣକାରୀ ମନୁଷ୍ୟ ବା ବୈଜ୍ଞାନିକ ପରିଭାଷାରେ "ହୋମଫାବର"ର ବିବର୍ତ୍ତନ ପଥରେ, ଆଜି ଯନ୍ତ୍ର ନିର୍ମାଣକାରୀ ମଣିଷ, ଆଉ ଗୋଟିଏ ଯନ୍ତ୍ରର ମଣିଷ ନିର୍ମାଣ କରିପାରିଛି ସତ୍ୟ; ମାତ୍ର ହୋମସାପିୟେନ୍ ବା ଦାର୍ଶନିକତା ଚିନ୍ତକ ମନୁଷ୍ୟର ଅଭ୍ୟୁଦୟ ପାଇଁ ତଥାପି ବିଳମ୍ବ ଅଛି, ଆଜି ତେଣୁ ନିର୍ଗନ୍ଧ ପ୍ଲାଷ୍ଟିକ୍ ଫୁଲରେ ଅତର ଛିଞ୍ଚି ତା'ର ସୌରଭ ତୃଷା ପ୍ରଶମିତ ହେଉଅଛି। ଗାଳ୍ପିକ ସୁରେନ୍ଦ୍ର ମହାନ୍ତି ୧୯୬୬ର ସାମାଜିକ ପୃଷ୍ଠଭୂମିରେ ଛିଡ଼ାହୋଇ ଶହେବର୍ଷ ପରେ ଅର୍ଥାତ୍ ୨୦୬୬ ବେଳକୁ ଓଡ଼ିଆ ଭାଷା, ଓଡ଼ିଆ ସାହିତ୍ୟ, ଓଡ଼ିଶାର ପରିବେଶ ଏବଂ ଓଡ଼ିଆମାନଙ୍କର ଜୀବନଧାରା କିପରି ହୋଇଥିବ ବୋଲି ଯାହା ସମ୍ଭାବନା କରିଥିଲେ, ତହିଁରୁ ଅଧିକାଂଶ କଥା ସତ୍ୟରେ ପରିଣତ ହେବା ପ୍ରତୀତ ହେଉଛି। ବସ୍ତୁତଃ ଏକବିଂଶ ଶତାବ୍ଦୀରେ ଓଡ଼ିଆ ସାହିତ୍ୟର ଭାଷା ଅଭାବିତ ନୂତନ ଶବ୍ଦାବଳୀ ଆହରଣ ଏବଂ ବ୍ୟବହାରରେ ପାରମ୍ପରିକ ଭାଷାଠାରୁ ନିଆରା ହେବ— ଏଥିରେ ଅଣୁମାତ୍ର ସନ୍ଦେହ କରିବାର ଅବକାଶ ରହିବା ଆଶା କରାଯାଇନପାରେ।

■

ୟୁରୋପୀୟ ରେନାସାଁ ଓ ଓଡ଼ିଶାରେ ନବଜାଗରଣ

ବିଜୟ କୁମାର ଶତପଥୀ

ସାହିତ୍ୟର ବିଚାର ଓ ମୂଲ୍ୟବୋଧ ପ୍ରସଂଗରେ 'ରେନାସାଁ' (Renainssance) ଶବ୍ଦର ଅବତାରଣା ବହୁସମୟରେ କରାଯାଇଥାଏ। ଏଠାରେ ରେନାସାଁ କୌଣସି କାଳବାଚୀ ଶବ୍ଦବିଶେଷ ନୁହେଁ କିମ୍ବା ତାହା କେବଳ ଇଟାଲୀୟ କିମ୍ବା ୟୁରୋପୀୟ ରେନାସାଁ ନୁହେଁ। ମଣିଷର ଚେତନା ରେନାସାଁ ଏକଦା ଯେଉଁ କ୍ରାନ୍ତିର ତରଙ୍ଗ ଆଣିଥିଲା ତାହା ଥିଲା ଅଭୁତପୂର୍ବ ଏବଂ ଅଶ୍ରୁତପୂର୍ବ। ବିଶ୍ୱଚେତନାର ବାରିଧିକୁ ମଥିତ ଓ ଆଲୋଡ଼ିତ କରିଥିବା ଏଇ ରେନାସାଁ ପରେ ସାହିତ୍ୟ, ସଂସ୍କୃତି କ୍ଷେତ୍ରରେ ଏକ ଆଭିଧାନିକ ଶବ୍ଦ ଭାବରେ ପ୍ରଯୁକ୍ତ ନହୋଇ ବ୍ୟଞ୍ଜନାତ୍ମକ ଦୃଷ୍ଟିକୋଣର ଏକ ମହତ୍ତ୍ୱପୂର୍ଣ୍ଣ ଶବ୍ଦ ଭାବରେ ବ୍ୟବହୃତ ହେବାକୁ ଲଗିଲା। ତେଣୁ ଇତିହାସର ରେନାସାଁ ଆଉ ବଡ଼କଥା ହୋଇ ଠିଆହେଲା ନାହିଁ। ବଡ଼କଥା ହୋଇ ଉଠିଲା ରେନାସାଁର ଆତ୍ମା (The spirit of Renaissance) ଫଳରେ ଯେଉଁଠି ନବଚେତନାର ଉନ୍ମେଷ ଘଟିଲା, ନୂତନ କ୍ରାନ୍ତିର ଅଭ୍ୟୁଦୟ ହେଲା, ସାହିତ୍ୟ ଓ ସଂସ୍କୃତିର ମୋଡ଼ ପରିବର୍ତ୍ତନ ଦେଖାଦେଲା ତଦ୍‌ବିଦ୍ ଓ ସମୀକ୍ଷକଗଣ ସେଇଠି ରେନାସାଁର ସୂତ୍ରପାତ ହୋଇଛି ବୋଲି ମତବ୍ୟକ୍ତ କଲେ।

ପ୍ରଥମେ ଇଟାଲୀ ଓ ପରେ ସମଗ୍ର ୟୁରୋପରେ ଯେଉଁ ପରିପ୍ରେକ୍ଷୀରେ ରେନାସାଁ ଆତ୍ମପ୍ରକାଶ କରିଥିଲା ସେହି ଧରଣର ରେନାସାଁ ଭାରତୀୟ ସାହିତ୍ୟ ବା ଓଡ଼ିଆ ସାହିତ୍ୟରେ ଘଟିଛି ବୋଲି ବିଚାରିବା ଠିକ୍ ନୁହେଁ। ସେପରି ଘଟିବାରବି ସମ୍ଭାବନା ଆମର ନ ଥିଲା। ଏହାର କାରଣ ହେଲା କୌଣସି କ୍ରାନ୍ତିର ଉନ୍ମେଷ ବା ନବଚେତନାର

ଉଦ୍‌ବର୍ତ୍ତନ ପାଇଁ ଯେଉଁ ଆନୁସଂଗିକ ସାମାଜିକ, ରାଜନୈତିକ, ସାଂସ୍କୃତିକ ପ୍ରକ୍ରିୟାମାନ ରହିଛି ତାହା ଇଟାଲୀ ବା ୟୁରୋପଠାରୁ ଆମର ଅଲଗା । ରେନାସାଁକୁ ଆମେ ଓଡ଼ିଆରେ ନବଜାଗରଣ ବୋଲି କହିଥାଉ । ପୁରାତନର ନିର୍ମୋକ ପରିବହାର କରି ପ୍ରଥାବଦ୍ଧତାର ଗଣ୍ଡିକୁ ଅସ୍ୱୀକାର କରି ଏହି ନବଜାଗରଣ ମଣିଷକୁ ଏକ ବିଶ୍ୱଚେତନା ପ୍ରତି ଉନ୍ମୁଖ କରିଛି । ଏହା ଫଳରେ ମାନବର ଚିନ୍ତା ଜଗତରେ ପୃଥିବୀ ସଂକୁଚିତ ହୋଇଯାଇଛି— ଧର୍ମ ଧର୍ମ ମଧ୍ୟରେ, ମଣିଷ ମଣିଷ ମଧ୍ୟର ଭୌଗୋଳିକ ସୀମାରେଖା ମଧ୍ୟରେ ଥିବା ବାଡ଼ସବୁ ଅପସରି ଯାଉଛି । ଏକ ଦୃଢ଼ ମାନବିକ ସତ୍ୟର ପ୍ରତୀତି ଆଣି ଏହି ନବଜାଗରଣ ଜୀବନର ନୂଆ ଦଲିଲ୍ ପ୍ରସ୍ତୁତ କରିବାରେ ସାହାଯ୍ୟ କରିଛି ।

ଯଦି ଆମେ କହୁ ରେନାସାଁ କାହିଁକି ? ଏହାର ଆବଶ୍ୟକତା କ'ଣ ? ଏହା ଆମ ସାହିତ୍ୟରେ ତ ଆଦୌ ଆସିନାହିଁ । ଏପରି କହିବା ଅର୍ଥ ଏକ ବିଶ୍ୱଚେତନା ଓ ଦୃଷ୍ଟିକୋଣ ତଥା ଆଭିମୁଖ୍ୟକୁ ଅସ୍ୱୀକାର କରିବା ପାଇଁ ପଡ଼ିବ । ତେଣୁ ଇତିହାସର ବିବର୍ତ୍ତନ ଧାରାରେ ଆମକୁ ଅନୁସଂଧାନ କରିବା ପାଇଁ ପଡ଼ିବ—କେଉଁ କାଳରେ ଓଡ଼ିଆ ସାହିତ୍ୟ ଏହି ବିଶ୍ୱ ଦୃଷ୍ଟିକୋଣ ପ୍ରତି ଉନ୍ମୁଖ ହୋଇଥିଲା । ପ୍ରଥମେ ୟୁରୋପୀୟ ସାହିତ୍ୟ ଓ ସଂସ୍କୃତିରେ ରେନାସାଁର ଅୟମାରମ୍ଭ ଓ ବିକାଶପର୍ବକୁ ଆଲୋଚନା କରି ଓଡ଼ିଆ ସାହିତ୍ୟରେ ଏହି ରେନାସାଁର spirit ବା ଆତ୍ମା କିପରି ଧ୍ୱନିତ ହୋଇଛି ତାହା ଆଲୋଚନା କରାଯାଇପାରେ ।

ସାହିତ୍ୟ, ଚିତ୍ରକଳା, ସଂଗୀତ, ସ୍ଥାପତ୍ୟ ଇତ୍ୟାଦିରେ ଯୁଗାନ୍ତକାରୀ ପରିବର୍ତ୍ତନ ଆଣିଥିବା ଏହି ରେନାସାଁ ବା ନବଜାଗରଣ ଚତୁର୍ଦ୍ଦଶ ଶତାବ୍ଦୀରେ ଇଟାଲୀରେ ଆରମ୍ଭ ହୋଇଥିଲା । ପରେ ପଞ୍ଚଦଶ, ଷୋଡ଼ଶ, ସପ୍ତଦଶ ଶତାବ୍ଦୀ—ଏହି ତିନିଗୋଟି ଶତାବ୍ଦୀ ୟୁରୋପୀୟ ଇତିହାସରେ ରେନାସାଁ ଯୁଗ ଭାବରେ କଥିତ ହୋଇଥିଲା । ରୋମ୍ ସାମ୍ରାଜ୍ୟର ପତନ ପରେ ମଧ୍ୟ କନ୍‌ଷ୍ଟାଣ୍ଟିନୋପଲ୍ ରୋମାନ୍‌ମାନଙ୍କ ଅଧୀନରେ ପ୍ରାୟ ଏକ ହଜାର ବର୍ଷଧରି ରହିଥିଲା । ୧୪୫୩ ମସିହାରେ ତୁର୍କମାନେ କନ୍‌ଷ୍ଟାଣ୍ଟିନୋପଲ୍ ଅଧିକାର କରିବା ପରେ ପଣ୍ଡିତ ଓ ଲେଖକଗଣ ରୋମାନ୍ ସାହିତ୍ୟର ବହୁମୂଲ୍ୟ ଗ୍ରନ୍ଥମାନ ନେଇ ୟୁରୋପର ବିଭିନ୍ନ ସ୍ଥାନକୁ ଚାଲିଯାଇଥିଲେ । ସେମାନେ ବହୁ ସଂଖ୍ୟାରେ ଆସି ଇଟାଲୀରେ ଆଶ୍ରୟ ନେଲେ । ଏହା ଫଳରେ ଇଟାଲୀ ହୋଇଉଠିଲା ସାହିତ୍ୟିକ ମୂଲ୍ୟବୋଧର ଅଭ୍ୟୁଦୟ ତଥା ପ୍ରସାରର ଏକ କେନ୍ଦ୍ରସ୍ଥଳ । ଏଠାରୁ ନବ ମୂଲ୍ୟବୋଧର ବାର୍ତ୍ତା ୟୁରୋପର ବିଭିନ୍ନ ସ୍ଥାନକୁ ସଂପ୍ରସାରିତ ହେବାପାଇଁ ଲାଗିଲା । ସାହିତ୍ୟିକଗଣ କ୍ଲାସିକ୍ ଗ୍ରନ୍ଥମାନ ନୂତନ ଦୃଷ୍ଟିକୋଣରୁ ଅଧ୍ୟୟନ କରିବା ପାଇଁ ଲାଗିଲେ । ଫଳରେ ଗ୍ରୀକ୍ ସାହିତ୍ୟର ପ୍ରଭାବ ସେମାନଙ୍କଠାରେ ଅନୁଭୂତ ହେବାକୁ ଲାଗିଲା । ଇଟାଲୀରେ

ଅନୁଭୂତ ଏହି ନୂତନ ଆନ୍ଦୋଳନର ତରଙ୍ଗ ୟୁରୋପରେ ବହୁ ବିଶ୍ୱ ବିଶ୍ରୁତ ସ୍ରଷ୍ଟାଙ୍କୁ ଜନ୍ମ ଦେଇଥିଲା। ଅବଶ୍ୟ ଏକଥା ସତ ଯେ ଇଟାଲୀର ମାଟିରେ ସେକ୍ସପିଅର କିମ୍ବା ରାସାଇନ୍, ରେମ୍‌ବ୍ରାଦତ କିମ୍ବା ବାଚ (Bach) ସୃଷ୍ଟି ହୋଇନଥିଲେ, କିନ୍ତୁ ଏହିସବୁ ପ୍ରସିଦ୍ଧ ସ୍ରଷ୍ଟାଗଣ ଚତୁର୍ଦ୍ଦଶ ଶତକରେ ସୃଷ୍ଟି ହୋଇଥିବା ଏକ ଆନ୍ତର୍ଜାତିକ ପଟ୍ଟପରିବର୍ତ୍ତନର ବାର୍ତ୍ତାକୁ ଆଣି ସେମାନଙ୍କର କୃତିରେ ପହଞ୍ଚାଇଥିଲେ। ତେଣୁ କୁହାଯାଇପାରିବ ଯେ ରେନାସାଁ ପ୍ରବର୍ତ୍ତିତ ନୂତନ ଶୈଳୀର ଝଙ୍କାର ଇଟାଲୀରେ ପ୍ରଥମେ ସୃଷ୍ଟି ହୋଇଥିଲା ସତ କିନ୍ତୁ କାଳଜୟୀ କଳା ଓ ସାହିତ୍ୟଗୁଡ଼ିକ ଅଣ-ଇଟାଲୀୟମାନଙ୍କ ଦ୍ୱାରା ସୃଷ୍ଟି ହୋଇଥିଲା।

ରେନାସାଁ ସାହିତ୍ୟ, ସଂଗୀତ, କଳା ଓ ସ୍ଥାପତ୍ୟର ଶୈଳୀରେ ଯେଉଁ ବିପୁଳ ପରିବର୍ତ୍ତନ ଆଣିଥିଲା ତାକୁ ସମୟସୀମା ଦୃଷ୍ଟିରୁ ନିମ୍ନଲିଖିତ ଭାବରେ ବିଭକ୍ତ କରାଯାଇଥାଏ। ଇଟାଲୀରେ ୧୩୦୦ ମସିହାଠାରୁ ୧୫୦୦ ମସିହା ପର୍ଯ୍ୟନ୍ତ ଆତ୍ମପ୍ରକାଶ କରିଥିବା ଏହି ନୂତନ କଳା ଓ ସାହିତ୍ୟର ପଦଧ୍ୱନିକୁ ରେନାସାଁର ପ୍ରାରମ୍ଭିକ ପର୍ଯ୍ୟାୟ କୁହାଯାଏ। ଏହାକୁ ସମାଲୋଚକମାନେ Early Renaissance ନାମରେ ଅଭିହିତ କରିଥାନ୍ତି। ୟୁରୋପରେ ୧୫୦୦ ଠାରୁ ୧୫୩୦ ମସିହା ଯାଏ ସମୟସୀମାକୁ ରେନାସାଁର ମଧ୍ୟାହ୍ନ କାଳ ବା ତାର ବିକାଶ ପର୍ବ ଭାବରେ ସୂଚିତ କରାଯାଇପାରିବ। ସମୀକ୍ଷକଙ୍କ ପରିଭାଷାରେ ଏହା ହେଉଛି High Renaissance। ସେହିପରି ଶୈଳୀତାତ୍ତ୍ୱିକ ଅଧ୍ୟୟନ ଦୃଷ୍ଟିରୁ ବିଚାର କରାଯାଇ ୧୫୩୦ ମସିହାରୁ ସପ୍ତଦଶ ଶତକର ଆରମ୍ଭ ଯାଏ ସମୟକୁ ମାନରିଜମ୍, ସପ୍ତଦଶ ଶତକର ପ୍ରାରମ୍ଭରୁ ଅଷ୍ଟାଦଶ ଶତକର ମଧ୍ୟଭାଗ ଯାଏ ସମୟକୁ ବାରୋକ୍ ଏବଂ ଅଷ୍ଟାଦଶ ଶତକର ମଧ୍ୟଭାଗରୁ ଊନବିଂଶ ଶତକଯାଏ ସମୟ ହେଉଛି ନିଓ କ୍ଲାସିସିଜମ୍ ଏବଂ ରୋମାଣ୍ଟିସିଜମ୍ ସମୟ। ତେବେ ରୋମାଣ୍ଟିସିଜମ୍ ଓ ନିଓକ୍ଲାସିସିଜମ୍ ହେଉଛି ଉତ୍ତର ୟୁରୋପର ସନ୍ତାନ। ୧୫୬୦ ମସିହା ପରେ ଆମେ ଦେଖୁ ପ୍ୟାରିସ୍ ଓ ଉତ୍ତର ଫ୍ରାନ୍‌ସ, ଇଟାଲୀ ପରେ କଳା ଓ ସାହିତ୍ୟ କ୍ଷେତ୍ରରେ ନୂତନ ଶୈଳୀର ପ୍ରୟୋଗ ଦୃଷ୍ଟିରୁ ବିଶ୍ୱରେ ଦ୍ୱିତୀୟ କେନ୍ଦ୍ରସ୍ଥଳୀ ଭାବରେ ଦେଖାଦେଇଛି। ମୋଟ୍ ଉପରେ ଏହା ଏକ ରିଲେ ଷ୍ଟେସନ୍‌ର ଭୂମିକା ନେଇ ଇଟାଲୀରେ ପ୍ରଥମେ ଦେଖା ଦେଇଥିବା ନବଜାଗରଣକୁ ବିଚ୍ଛୁରିତ କରି ଦେଇଛି ପ୍ରଖର ଭାବରେ। ରୋମାଣ୍ଟିସିଜମ୍ ଓ ନିଓ କ୍ଲାସିସିଜମ୍‌ର ଆତ୍ମପ୍ରକାଶ ବେଳକୁ ଆଉ ଇଟାଲୀ ବିଶ୍ୱର କଳା ଓ ସାହିତ୍ୟରେ ନେତୃତ୍ୱ ନେଇନାହିଁ। ବରଂ ଏ କ୍ଷେତ୍ରରେ ନେତୃତ୍ୱ ନେଇଛି ଇଂଲଣ୍ଡ ଓ ଜର୍ମାନୀ—ଇଟାଲୀ ଏହି ନୂତନ ଚେତନାର ପ୍ରତିନିଧି ରୂପେ ଆଉ ସାହିତ୍ୟର ଇତିହାସରେ ଦେଖାନଦେଇ ହୋଇଛି ଅନୁସରଣକାରୀ।

ରେନାସାଁର ପ୍ରାରମ୍ଭିକ କାଳ ଇଟାଲୀରେ ଯେଉଁ କଳାକାରମାନଙ୍କୁ ଜନ୍ମ ଦେଇଥିଲା ସେମାନେ ହେଲେ ନିକୋଲୋପିସାନୋ ଜିଓଟୋ (Giotto) ବ୍ରୁନେଲ୍‌ଶ୍ଚି (Brunellschi) ଡୋନାଟେଲୋ (Donatello) ମାସାସିଓ (Masaccio) ପ୍ରଭୃତି। ସେହିପରି ଏହା ପ୍ରଖ୍ୟାତ ସାହିତ୍ୟିକ ପେଟ୍ରାକ୍ ଓ (Petrach) ବୋକାସିଓ (Bocaccio) ପ୍ରମୁଖଙ୍କୁ ସୃଷ୍ଟି କରିଥିଲା। ପ୍ରକୃତରେ ରେନାସାଁ ଥିଲା ଏକ ପ୍ରକାର Cosmopolitan interaction ବା inter-change of ideas। ଜ୍ଞାନ ଆହରଣର ଏହି ପୁନରୁଭ୍ୟୁଦୟ କାଳରେ ଗଥିକ୍ ପରମ୍ପରା ପ୍ରତି ଆଗ୍ରହ ସୃଷ୍ଟି ହୋଇଥିଲା ସାହିତ୍ୟିକମାନଙ୍କର। ଊନବିଂଶ ଶତକର କଳା ସମାଲୋଚକ ରସ୍କିନ୍ ଯାହା ଗଥିକ୍ କଳା ଓ ସାହିତ୍ୟ ସଂପର୍କରେ କହିଥିଲେ ତାହା ଧ୍ୱନିତ ହୋଇଥିଲା ରେନାସାଁ ଯୁଗର ସ୍ରଷ୍ଟାମାନଙ୍କ କୃତିରେ। ତାହା ହେଉଛି—"ହୃଦୟର ଏକାତ୍ମ ଭାବନା ନେଇ କିଛି ବାଛ ବିଚାର ନକରି ପ୍ରକୃତି ସହ ଏକାକାର ହୋଇଯିବା" ବ୍ୟକ୍ତିସତ୍ତାର ଜାଗରଣ ସଂଗକୁ ମାନବିକ ମୂଲ୍ୟବୋଧର ପ୍ରତିଷ୍ଠା ପାଇଁ ରେନାସାଁ ଆହ୍ୱାନ ଦେଇଥିଲା। ଈଶ୍ୱର ନୁହନ୍ତି ମନୁଷ୍ୟ ହେଲା ସମସ୍ତ ଚିନ୍ତା ଏବଂ ଚେତନାର କେନ୍ଦ୍ରସ୍ଥଳ। ତେଣୁ ରେନାସାଁର ମହାମନ୍ତ୍ର ଥିଲା ପାରମାର୍ଥିକ ସତ୍ୟ ଓ ଚେତନା ପରିବର୍ତ୍ତେ ପାର୍ଥିବ ଚେତନା ଓ ସତ୍ୟକୁ ପ୍ରତିଷ୍ଠା କରିବା। ସେଥିପାଇଁ ୧୩୯୦ ମସିହାରେ ମାନବବାଦୀ ସାଲୁତାତୀ (Salutati) ଗୋଟିଏ ଚିଠିରେ ଲେଖିଥିଲେ—"The truth cannot be all these distinctions; take away the sophistic dressing and give us back a knowledge of truth." ପାର୍ଥିବ ଓ ବାସ୍ତବ ଅନୁଭୂତି ଆହରଣ ସଂଗକୁ ରେନାସାଁ ମନୁଷ୍ୟକୁ ସମଗ୍ର ବିଶ୍ୱ ଚେତନା ସହ ସଂଯୁକ୍ତ କରିବା ପାଇଁ ପ୍ରେରଣା ଦେଲା। ମଧ୍ୟଯୁଗୀୟ ଧାରଣା ଓ ବିଶ୍ୱାସ ଯେପରି ପ୍ରାଚୀନ ସଭ୍ୟତା ଓ ମୂଲ୍ୟବୋଧକୁ ହୀନ ଦୃଷ୍ଟିରେ ଦେଖୁଥିଲା ତାକୁ ପ୍ରତିହତ କରି ରେନାସାଁ ଯେଉଁ ପ୍ରତ୍ୟୟ ଆଣିଦେଲା ତାହା ଦୀର୍ଘ ପାଞ୍ଚଗୋଟି ଶତକ ଯାଏଁ ବିଭିନ୍ନ ରୂପନେଇ ପ୍ରତିଫଳିତ ହେଲା ୟୁରୋପୀୟ ସାଂସ୍କୃତିକ ଜଗତରେ। ଏପରିକି ନିଓକ୍ଲାସିକ୍ ଧାରା ଓ ରୋମାଣ୍ଟିକ୍ ଚେତନା ଯେଉଁ ପଟ୍ଟଭୂମିରେ ଗଢ଼ିଉଠିଥିଲା ସେଥିରେ ଥିଲା ରେନାସାଁର ଅବଦାନ। ରେନାସାଁର ମଧ୍ୟାହ୍ନକାଳରେ ବା High Renaissance ସମୟରେ କାବ୍ୟକବିତା ଓ ଗଦ୍ୟ ରଚନାର ଆଙ୍ଗିକ ଓ ଆର୍ଥିକ ବିକାଶ ବହୁ ଭାବରେ ସାଧିତ ହୋଇଥିଲା। ଆରିଷ୍ଟୋ (୧୫୩୩) ଥିଲେ ଇଟାଲୀରେ ଏହି High Renaissanceର ବାର୍ତ୍ତାବହ। ତାଙ୍କର ପୂର୍ବବର୍ତ୍ତୀ ପ୍ଲୁଟସ୍ ଓ ଟେରେନ୍ସଙ୍କର (Plautus, Terence) ସୁଖାନ୍ତକ ନାଟକର ପରଂପରାର ପ୍ରଭାବ ପରିଲକ୍ଷିତ ଆରିଷ୍ଟୋଙ୍କର 'Orlando Furioso' ନାମକ ରୋମାଣ୍ଟିକ୍ ଏପିକ୍‌ରେ। ଆରିଷ୍ଟୋଙ୍କ

ବ୍ୟତୀତ କାଷ୍ଟିଗ୍‌ଲୋନ୍ (୧୫୨୯) ଏ ସମୟରେ ରଚନା କରିଥିଲେ 'Book of the Courtier'। ସେହିପରି ମାକିଆଭେଲି (Machiavelli) ଏ ସମୟରେ ଉନ୍ନତ ମାନର ଗଦ୍ୟଶୈଳୀର ପ୍ରମୁଖ ରୂପକାର ଥିଲେ। High Renaissance କାଳର ଯେଉଁ ଦୁଇଜଣ ସ୍ରଷ୍ଟା ଇଟାଲୀୟ ରେନାସାଁର ବାର୍ତ୍ତାକୁ ସେକାଳରେ ଖୁବ୍ ଦୂରକୁ ଯେ ଯାଇଥିଲେ ସେମାନେ ହେଉଛନ୍ତି ଏରାସ୍‌ମସ୍ (Erasmus) ଏବଂ ଲୁଥର୍ (Luthar)। ଲୁଥର୍ ଜର୍ମାନୀରେ ଏହି ବାର୍ତ୍ତା ପ୍ରଚାର କଲାବେଳେ ଏରାସ୍‌ମସ୍ ସମଗ୍ର ୟୁରୋପର ବୁଦ୍ଧିଜୀବୀମାନଙ୍କ ମଧ୍ୟରେ ଏହି ପୁନଃ ଅଭ୍ୟୁତଥାନର ବାର୍ତ୍ତାକୁ ପହଞ୍ଚାଇ ଦେଇଥିଲେ। ପ୍ରକୃତରେ ଏରାସ୍‌ମସ୍‌ଙ୍କୁ ପୃଥିବୀରେ ମାନବତାବାଦର ପିତା ବୋଲି କୁହାଯାଇଥାଏ। ଫ୍ରାନ୍ସରେ ଏ କାଳରେ ରାବେଲା (Rabelais) ପ୍ରଖ୍ୟାତ କଥାଗ୍ରନ୍ଥ 'ଗାର୍ଗାନ୍ତୁଆ ଓ ପେଣ୍ଟାଗ୍ରଏଲ' ରଚନା କରିଥିଲେ। ଅନ୍ୟାନ୍ୟ ବିଶିଷ୍ଟ ଲେଖକଗଣ ଯଥା-: ଡୁବେଲ୍, ସ୍ପେନସର୍, ବସ୍କାନ୍ ଏବଂ ଗାର୍ସିଲାସୋ ଡି ଲାଭେଗା ଏ କାଳରେ ଇଟାଲିଆନ୍ ସନେଟ୍‌କୁ ସ୍ପେନ୍‌ରେ ପ୍ରସାର କରିଥିଲେ। କାମୋଏନ୍ସ ମଧ୍ୟ ଥିଲେ ଏ ସମୟର ବିଶିଷ୍ଟ ଲେଖକ। ଦି ୟାର୍ଲ ଅଫ୍ ସରେ (୧୫୪୭) ସିଡ୍‌ନୀ (୧୫୮୬) ଏ ସମୟର ଦୁଇଜଣ ପ୍ରସିଦ୍ଧ କବି। ୟାର୍ଲ ଅଫ୍ ସରେଙ୍କର ଶୈଳୀ ହୋରେସ୍ ଓ ଭର୍ଜିଲ୍‌ଙ୍କ ଦ୍ୱାରା ପ୍ରଭାବିତ ହୋଇଥିଲା ବେଳେ ସିଡ୍‌ନୀ ତାଙ୍କ 'ଆଷ୍ଟୋଫେଲ୍ ଏବଂ ଷ୍ଟେଲ୍'ରେ ଚତୁର୍ଦ୍ଦଶପଦୀ କବିତାର ପରମ୍ପରାକୁ (ପେଟ୍ରାକପ୍ରବର୍ତ୍ତିତ) ଇଂଲଣ୍ଡରେ ଆଣି ପହଞ୍ଚାଇଥିଲେ। ସିଡ୍‌ନୀଙ୍କର ବନ୍ଧୁ ସ୍ପେନସ୍‌ର୍ (୧୫୯୯) ତାଙ୍କର 'ସେଫାର୍ଡସ୍ କ୍ୟାଲେଣ୍ଡର୍' ଓ 'ଫ୍ୟାରି କୁଇନ୍'ରେ ଶୁଣାଇଥିଲେ ରେନାସାଁର ପଦଧ୍ୱନି। ନାଟକ କ୍ଷେତ୍ରରେ ମାର୍ଲୋ ଓ ସେକ୍ସପିଅର୍ ଥିଲେ ଇଂଲଣ୍ଡରେ ରେନାସାଁର ବାର୍ତ୍ତାବହ। 'ଏଭେନ୍‌ସ ଆଣ୍ଡ ଆଡୋନିସ୍', 'ଲୁକ୍ରେସି' ଏବଂ ତାଙ୍କ ଐତିହାସିକ କାବ୍ୟାବଳୀରେ ଏହାର ପ୍ରତିଧ୍ୱନି ଶୁଣାଯିବା ସହିତ ତାଙ୍କର ପ୍ରାୟ ୩୬ ଖଣ୍ଡ ନାଟକରେ ମାନବତାବାଦର ଯେଉଁ ମହାମନ୍ତ୍ର ସେ ଉଚ୍ଚାରଣ କରିଥିଲେ ତାହା ରେନାସାଁର ଫଳଶ୍ରୁତି। ସେ ଥିଲେ ସତ୍ୟ ଓ ସୌନ୍ଦର୍ଯ୍ୟର ରୂପକାର। ତାଙ୍କର ନାଟକରେ ଆମେ ଚରିତ୍ରର ଯେଉଁ ଚିତ୍ରଶାଳା ଦେଖୁ ସେମାନେ ଆମ ଜୀବଦ୍ଦଶା କାଳରେ ଆମର ଅଭିଜ୍ଞତା ଓ ଅନୁଭୂତିରେ ଆସୁଥିବା ଚରିତ୍ରମାନଙ୍କଠାରୁ ଆହୁରି ଜୀବନ୍ତ ଓ ଶକ୍ତିଶାଳୀ। ମୋଟ ଉପରେ ତାଙ୍କ ନାଟକରେ ସତ୍ୟ ଓ ସୌନ୍ଦର୍ଯ୍ୟର ଅପୂର୍ବ ସମନ୍ୱୟ ହୋଇଥିଲା। ବିଶ୍ୱର ଚିନ୍ତା ଓ ଚେତନା ଜଗତରେ ରେନାସାଁ ଯେଉଁ ଘଟାନ୍ତରମାନ ଆଣିଥିଲା ତା'ର ଏକ ସଂକ୍ଷିପ୍ତ ପରିକ୍ରମା ପରେ ଭାରତୀୟ ସାହିତ୍ୟ ତଥା ଓଡ଼ିଆ ସାହିତ୍ୟର ପରିପ୍ରେକ୍ଷୀରେ ଏହାର ପ୍ରଭାବ ଓ ଆବଶ୍ୟକତା ସଂପର୍କରେ ଆଲୋଚନା କରାଯାଇପାରେ। ଏଠାରେ ଏକଥା ସ୍ମରଣ

କରି ଦିଆଯାଇପାରେ ଯେ କୌଣସି ସାହିତ୍ୟିକ କ୍ରାନ୍ତି ବା ଆନ୍ଦୋଳନ ତତ୍କାଳୀନ ସାମାଜିକ, ରାଜନୈତିକ ଅବସ୍ଥା ଓ ଅର୍ଥନୈତିକ ପଟ୍ଟପରିବର୍ତ୍ତନର ଦୁର୍ଲ୍ଲଂଘନୀୟ ପରିଣତି। ଇଟାଲୀ ତଥା ପାଶ୍ଚାତ୍ୟ ଦେଶମାନଙ୍କର ଭାବରାଜ୍ୟରେ ରେନାସାଁ ଯେଉଁ ପରିବର୍ତ୍ତନର ତରଙ୍ଗ ଆଣିଦେଇଥିଲା ତାହା ଇତିହାସର ପୁଣି ତତ୍କାଳୀନ ୟୁରୋପର ସାମାଜିକ ସାଂସ୍କୃତିକ ବିଧିବ୍ୟବସ୍ଥାର ପରିଣତି। ଏହାର ବାର୍ତ୍ତା ସୁଦୂର ପ୍ରାଚ୍ୟ ଦେଶମାନଙ୍କରେ ପୁଣି ଭାରତବର୍ଷରେ ପହଞ୍ଚିବା ଏକାବେଳକେ ଅସମ୍ଭବ ବ୍ୟାପାର ଥିଲା। ତେବେ ଇତିହାସରୁ ପ୍ରମାଣ ମିଳେ ଯେ ୧୪୯୮ ଖ୍ରୀଷ୍ଟାବ୍ଦରେ ଭାସ୍କୋଡାଗାମା ନାମକ ଜଣେ ସାହସୀ ପର୍ତ୍ତୁଗୀଜ ନାବିକ ଉତ୍ତମାଶା ଅନ୍ତରୀପ ଦେଇ ଆଫ୍ରିକାର ପୂର୍ବ ଉପକୂଳ ଯାଏଁ ନୌଯାତ୍ରା କରିଥିଲେ ଏବଂ ସେଠାରୁ ଜଣେ ଆରବୀୟ ନାବିକଙ୍କ ସାହାଯ୍ୟରେ ଭାରତ ମହାସାଗରରେ ନୌଚାଳନା କରି ଦକ୍ଷିଣ ଭାରତର ପଶ୍ଚିମ ଉପକୂଳରେ ଅବସ୍ଥିତ କାଲିକଟରେ ପହଞ୍ଚିଲେ। ସେଠାରେ କାଲିକଟ ରାଜାଙ୍କ ଅନୁମତି ନେଇ ବାଣିଜ୍ୟ ବ୍ୟବସାୟ ଆରମ୍ଭ କଲେ। ଏହାପରେ ଭାରତ ଓ ପର୍ତ୍ତୁଗାଲ ମଧ୍ୟରେ ନିୟମିତ ବାଣିଜ୍ୟ କାରବାର ପ୍ରତିଷ୍ଠିତ ହେଲା। ଇତିହାସରୁ ମଧ୍ୟ ପ୍ରମାଣ ମିଳେ ଯେ ରେନାସାଁ କାଳର ପ୍ରଖ୍ୟାତ ଲେଖକ କାମୋଏନ୍ସ (୧୫୮୦) ଯେକି 'ଦି ଲୁସିଆଡ୍‌ସ୍' ନାମକ ମହାକାବ୍ୟ ରଚନା କରିଥିଲେ ସେ ଭାରତର ପର୍ତ୍ତୁଗୀଜ୍ ବାଣିଜ୍ୟ କେନ୍ଦ୍ରଗୁଡ଼ିକ ସମେତ ଗୋଆରେ ଦୀର୍ଘ ସତର ବର୍ଷ କଟାଇଥିଲେ। ସେହିପରି ସପ୍ତଦଶ ଶତକରେ ଭାରତରେ ମୋଗଲ ବାଦଶା ଜାହାଙ୍ଗୀରଙ୍କ ସମୟରେ ଇଂରେଜ ରାଜା ପ୍ରଥମ ଜେମ୍ସ ସାର୍ ଟମାସ୍‌ରୋଙ୍କୁ ଭାରତ ପଠାଇଥିଲେ ଓ ଟମାସ୍‌ରୋ ଜାହାଙ୍ଗୀରଙ୍କୁ ଭେଟି କେତେକ ବାଣିଜ୍ୟିକ ସୁବିଧା ହାସଲ କରିଥିଲେ। ତେବେ ପାଶ୍ଚାତ୍ୟ ଜଗତସହ ଭାରତବର୍ଷର ଏ ଯୋଗସୂତ୍ର ଥିଲା ସଂପୂର୍ଣ୍ଣ ବାଣିଜ୍ୟିକ। ଶଂସିତ କାଳରେ ମୋଗଲ ସ୍ଥାପତ୍ୟ କଳା ସଂସ୍କୃତି ସହ ଭାରତବର୍ଷର ଆଦାନ ପ୍ରଦାନ ହିଁ କେବଳ ସଂଘଟିତ ହୋଇଥିଲା। ଭାରତରେ ମୋଗଲ ଓ ମରହଟ୍ଟାମାନଙ୍କର ଆଧିପତ୍ୟକୁ କ୍ଷୁଣ୍ଣ କରି ଇଂରେଜ ଶାସନ ପ୍ରତିଷ୍ଠାର ଇତିହାସ ବହୁ ଯୁଦ୍ଧ ଓ ରକ୍ତପାତର କାହାଣୀ ଆମ୍ଭମାନଙ୍କୁ ସ୍ମରଣ କରାଇଦିଏ। ସମଗ୍ର ଅଷ୍ଟାଦଶ ଶତାବ୍ଦୀ ଥିଲା ପ୍ରାୟ ଭାରତୀୟ ଜାତୀୟ ଇତିହାସରେ ଇଂରେଜମାନଙ୍କର ଯୁଦ୍ଧ ରକ୍ତପାତର କାହାଣୀ। ବିଭିନ୍ନ କ୍ଷୁଦ୍ର ରାଜ୍ୟରେ ବିଭାଜନ, ପାରସ୍ପରିକ ଯୁଦ୍ଧ ହିଂସାରେ ବ୍ୟାପୃତ ଭାରତୀୟଗଣ ଏକତାବଦ୍ଧ ଭାବରେ ବ୍ରିଟିଶମାନଙ୍କର ମୁକାବିଲା ପାଇଁ ଯେଉଁ ରଣହୁଂକାର ଦେଇଥିଲେ ତାହା ଥିଲା ସିପାହୀ ବିଦ୍ରୋହ—ଊନବିଂଶ ଶତକରେ ସଂଘଟିତ ହୋଇଥିବା ଭାରତର ପ୍ରଥମ ସ୍ୱାଧୀନତା ସମର। ଏହାଥିଲା ଭାରତୀୟମାନଙ୍କର ଜାତୀୟତାବାଦର ପ୍ରଥମ ପରିପ୍ରକାଶ। ଓଡ଼ିଶା ପ୍ରସଂଗ ମଧ୍ୟ ସେହି

ଅନୁରୂପ। ୧୮୦୩ରେ ଇଂରେଜମାନେ ଓଡ଼ିଶା ଅଧିକାର କରି ସାରିଲାପରେ ଉତ୍କଳୀୟମାନଙ୍କର ଜାତୀୟତା ମନ୍ତ୍ର ପଦଧ୍ୱନି ଶୁଣାଯାଇଥିଲା ପାଇକ ବିଦ୍ରୋହ ମାଧ୍ୟମରେ। ସାମ୍ରାଜ୍ୟବାଦୀ ଶକ୍ତି ତୁଳନାରେ ଏହି ଶକ୍ତି କ୍ଷୀଣ ଥିଲେ ବି, ଏହାକୁ ନିଷ୍ଠୁର ଭାବରେ ଦବେଇ ଦିଆଯାଇଥିଲେ ବି ଭାରତର ଜନସାଧାରଣଙ୍କ ପ୍ରାଣରେ ଏହା ନିଜ ମାଟିକୁ ଚିହ୍ନିବାର, ଭଲପାଇବାର ଏକ ଆଭିମୁଖ୍ୟ ତିଆରି କରିଥିଲା।

ଭାରତବର୍ଷର ସମଗ୍ର ଊନବିଂଶ ଶତାବ୍ଦୀର ରାଜନୈତିକ ଦୃଶ୍ୟପଟ ଓ ସାମାଜିକ ବିବର୍ତ୍ତନର ଲମ୍ବା ଇତିହାସ ଯଦି ଆଲୋଚନା କରାଯିବ ତା'ହେଲେ ଦେଖାଯିବ ଯେ ଇଂରେଜ ଶିକ୍ଷା ଓ ସଂସ୍କୃତିର ପ୍ରସାର ଭାରତୀୟମାନଙ୍କ ପାଇଁ ଶୁଭାଶୀର୍ବାଦ ବହନ କରି ଆଣିଛି ସତ, କିନ୍ତୁ ଏହି ନବଜାଗରଣ ତରଙ୍ଗକୁ କେହି ଧାରକରା ଏକ ସାଂସ୍କୃତିକ କିମ୍ବା ସାହିତ୍ୟିକ ମତବାଦ ବୋଲି ଗ୍ରହଣ କରିବା ଠିକ୍ ହେବ ନାହିଁ। ଏହା ହେଉଛି ସମୟ ଓ ଇତିହାସର ତଥା ବିଧିବ୍ୟବସ୍ଥାର ଅପରିହାର୍ଯ୍ୟ ଆହ୍ୱାନ। ଏହା ଆସିଛି ଅନ୍ୟାନ୍ୟ ରାଜ୍ୟଗୁଡ଼ିକ ପରି ଓଡ଼ିଶାକୁ। ଶିକ୍ଷା ବ୍ୟବସ୍ଥା, ଦେଶପ୍ରେମ, ସାହିତ୍ୟିକ ଆଭିମୁଖ୍ୟ, କଳାଚେତନା, ଧର୍ମୀୟ ବାତାବରଣ—ସର୍ବତ୍ର ଏକ ସ୍ପନ୍ଦନ ଅନୁଭୂତ ହୋଇଛି। ଏ ଦେଶର ଶିକ୍ଷିତ ବୁଦ୍ଧିଜୀବୀଗଣ ଏହି ଶତାବ୍ଦୀରେ ତାର ଅବରୁଦ୍ଧ ବାତାୟନଗୁଡ଼ିକୁ ଖୋଲିଦେଇ ପାରିଛି ପାଶ୍ଚାତ୍ୟ ଚେତନା ଆଡ଼କୁ। ଇଂରେଜ ଶିକ୍ଷାର ମାଧ୍ୟମ ଦେଇ ଦୀର୍ଘ ଚାରିଶହ ବର୍ଷର ବିକଶିତ, ପୁଷ୍ପିତ, ପଲ୍ଲବିତ ରେନାସାଁ ମହାଦ୍ରୁମର ଫଳଗୁଡ଼ିକୁ ଆସ୍ୱାଦନ କରିଛି। ପ୍ରାଚ୍ୟ ଜୀବନାଦର୍ଶରେ ଲାଳିତ ପାଳିତ ଭାରତୀୟ ବିଦ୍ୱାନ୍ ଇଂରେଜ ଶିକ୍ଷା ମାଧ୍ୟମରେ ରେନାସାଁର ବିଶ୍ୱଦୃଷ୍ଟି କୋଣକୁ ଚିହ୍ନିଛି ଓ ପରିବର୍ଦ୍ଧିତ ବି କରିଛି। ବ୍ରାହ୍ମ ଧର୍ମ, ରାମକୃଷ୍ଣ, ବିବେକାନନ୍ଦଙ୍କ ଧର୍ମୀୟ ଭାବନା, ବଂଗୀୟ ସାହିତ୍ୟର ବଙ୍କିମ, ରବୀନ୍ଦ୍ର ନାଥ, ମାଇକେଲ୍ ମଧୁସୂଦନ, ହିନ୍ଦୀ ସାହିତ୍ୟର ଭାରତେନ୍ଦୁ ହରିଶ୍ଚନ୍ଦ୍ରଙ୍କର ସାହିତ୍ୟିକ ଦୃଷ୍ଟିକୋଣ ଏହି ନବଜାଗରଣ ଫଳଶ୍ରୁତି। ୧୮୫୪ ମସିହାରେ ଭାରତରେ ଡାକ ବ୍ୟବସ୍ଥା, ୧୮୫୧ରେ ଟେଲିଗ୍ରାଫ୍ ଓ ୧୮୫୩ରେ ରେଳଗାଡ଼ିର ପ୍ରଚଳନ ଭାରତରେ ହେଲା। ଏହାଦ୍ୱାରା ପ୍ରଗତିଶୀଳ ଆଧୁନିକ ମୂଲ୍ୟବୋଧର ନବଜନ୍ମ ଘଟିଲା।

ରେନାସାଁ ଏକ କାଳବାଚୀ ଶବ୍ଦବିଶେଷ ନୁହେଁ। ଏହା ଏକ ମାନବିକ ମୂଲ୍ୟବୋଧମଣ୍ଡିତ ବିଶ୍ୱ ଦୃଷ୍ଟିକୋଣ। ତେଣୁ ଏହା ସୀମାତୀତ। ଏହି ବିଶ୍ୱ ଦୃଷ୍ଟିକୋଣ ଯଥାର୍ଥ ଭାବରେ ଊନବିଂଶ ଶତକରେହିଁ ଭାରତରେ ଗଢ଼ିଉଠିଥିଲା। ଭାରତରେ ବିଶ୍ୱକୁ ଚିହ୍ନିବାର ସର୍ବବିଧ ପ୍ରକ୍ରିୟା ଆରମ୍ଭ ହୋଇଯାଇଥିଲା। ପୂର୍ବରୁ ସାର୍ ଉଇଲିୟମ୍ ଜୋନ୍ସ ସଂସ୍କୃତ ଭାଷା ଓ ସାହିତ୍ୟର ମହତ୍ତ୍ୱ ସମଗ୍ର ୟୁରୋପରେ ପ୍ରଚାର କରିଥିଲେ। ମାକ୍ସମୁଲାର୍ ପ୍ରମୁଖ ଜର୍ମାନୀ ବିଦ୍ୱାନ୍‌ଗଣ ସଂସ୍କୃତ ସାହିତ୍ୟର ବିପୁଳ ଭଣ୍ଡାରକୁ ପହଞ୍ଚାଇ ଦେଇଥିଲେ

ବିଶ୍ୱବାସୀଙ୍କ ନିକଟରେ। ଜୋନ୍ସ ସଂସ୍କୃତ ଭାଷାର ମହତ୍ତ୍ୱ ପ୍ରଚାର କଲାପରେ ଐତିହାସିକ ଓ ତୁଳନାତ୍ମକ ଭାଷା ବିଜ୍ଞାନର ଅଧ୍ୟୟନ ପାଇଁ ମାର୍ଗ ଉନ୍ମୁକ୍ତ ହୋଇଯାଇଥିଲା। ତେଣୁ ସଂସ୍କୃତି କ୍ଷେତ୍ରରେ, ଚେତନା କ୍ଷେତ୍ରରେ ଯେଉଁ ପାରସ୍ପରିକ ବିନିମୟ ଘଟିଥିଲା ତାହା ଆରମ୍ଭ ହୋଇଥିଲା ଏହି ଊନବିଂଶ ଶତକରେ। ଊନବିଂଶ ଶତକ ହେଉଛି ଭାରତ ପାଇଁ ବିଶ୍ୱ ଦୃଷ୍ଟିକୋଣରୁ ଆତ୍ମ ଅନ୍ୱେଷଣ, ଆତ୍ମ ପ୍ରତିଷ୍ଠା ପୁଣି ଆତ୍ମଜାଗରଣର ଏକ ସୁବର୍ଣ୍ଣମୟ ଶତାବ୍ଦୀ। ଏ ଜାତି ପରାଧୀନତାର ଅନ୍ଧକାରରେ ମୁହ୍ୟମାନ ହୋଇ ପଡ଼ିଥିଲେ ବି ଏହି ଅନ୍ଧକାରକୁ ଅତିକ୍ରମ କରି ଆଲୋକିତ ଏକ ରଂଗିନ ସକାଳ ଦେଖିବାର ଦୁର୍ବାର ଆକାଂକ୍ଷା —ବିଶ୍ୱ ମଣିଷ ସହ ଏକୀଭୂତ ହେବାର ଅନମନୀୟ ଭାବନା ତାଙ୍କୁ ନିରନ୍ତର ଅସ୍ଥିର ଓ ଆଲୋଡ଼ିତ କରିଥିଲା।

ଉତ୍କଳଭୂମି ଏହି ସର୍ବଭାରତୀୟ ଚେତନା ସ୍ରୋତରୁ ବିଚ୍ଛିନ୍ନ ନଥିଲା। ଊନବିଂଶ ଶତକର ମଧ୍ୟଭାଗରେ ନବଜାଗରଣର ଏହି ପର୍ବ ଶିକ୍ଷିତ ଯୁବଗୋଷ୍ଠୀକୁ ନେଇ ଗଢ଼ିଉଠିଥିଲା। ଊନବିଂଶ ଶତକର ଶେଷ ୬୦ ବର୍ଷ ମଧ୍ୟରେ ଯେଉଁ ଶିକ୍ଷିତ ଶ୍ରେଣୀର ଆବିର୍ଭାବ ଘଟିଥିଲା ତାକୁ ଦୁଇଗୋଟି ପର୍ଯ୍ୟାୟରେ ବିଭକ୍ତ କରାଯାଇପାରେ। ପ୍ରଥମ ପର୍ଯ୍ୟାୟଟି ୧୮୪୧-୧୮୭୦ରେ ଶିକ୍ଷିତ ଶ୍ରେଣୀ। ଏହି ଶ୍ରେଣୀଟି କଟକ, ପୁରୀ, ବାଲେଶ୍ୱର ହାଇସ୍କୁଲକୁ କେନ୍ଦ୍ରକରି ଗଢ଼ିଉଠିଥିଲା। ତେଣୁ ଏହା ଥିଲା କ୍ଷୁଦ୍ର ଓ ସୀମିତ। ୧୮୭୧-୧୯୦୦ ପର୍ଯ୍ୟନ୍ତ ଶିକ୍ଷିତ ଶ୍ରେଣୀ ମୁଖ୍ୟତଃ ରେଭେନ୍ସା କଲେଜକୁ କେନ୍ଦ୍ରକରି ଗଢ଼ି ଉଠିଥିଲା। ଏଇ ସମୟର ପ୍ରଥମ ଭାଗରେ ଯେଉଁମାନେ ଦେଶଗଠନର ନେତୃତ୍ୱ ନେଇଥିଲେ ସେମାନେ ରେଭେନ୍ସା କଲେଜର ଛାତ୍ର ନଥିଲେ। କିନ୍ତୁ ଊନବିଂଶ ଶତକର ଶେଷ ଦଶ ବର୍ଷ ତଥା ବିଂଶ ଶତକର ପ୍ରାରମ୍ଭ କାଳରେ ଦେଶ ଓ ଜାତି ଗଠନରେ ଏହି କଲେଜର ଛାତ୍ରମାନଙ୍କର ଗୁରୁତ୍ୱପୂର୍ଣ୍ଣ ଭୂମିକା ଥିଲା।

ଶିକ୍ଷା ସହିତ ସରକାରୀ ଚାକିରୀର ଘନିଷ୍ଠ ସଂପର୍କ ଏକ ସରକାରୀ ନୀତି ଭାବରେ ଘୋଷିତ ହୋଇଥିବାରୁ ଆଧୁନିକ ଶିକ୍ଷା ପ୍ରତି ଆଗ୍ରହ ଏ କାଳରେ ସୃଷ୍ଟି ହୋଇଥିଲା। ପରବର୍ତ୍ତୀ ପର୍ଯ୍ୟାୟରେ ଏହା ଜନ୍ମ ଦେଇଥିଲା ମୁଦ୍ରାଯନ୍ତ୍ର ପ୍ରତିଷ୍ଠା ଓ ପାଠ୍ୟପୁସ୍ତକ ଆନ୍ଦୋଳନକୁ। ପାଠ୍ୟପୁସ୍ତକ ଆନ୍ଦୋଳନକୁ ଭିତ୍ତିକରି ଓଡ଼ିଆ ସାହିତ୍ୟର ପ୍ରଚାର ଓ ପ୍ରସାର ଘଟିଥିଲା। ୧୮୨୨ ମସିହା ପୂର୍ବରୁ ଓଡ଼ିଶାରେ ଆଧୁନିକ ବିଦ୍ୟାଳୟ ସ୍ଥାପିତ ହୋଇନଥିବାରୁ ୧୮୧୧ରେ ମୋହନ ଠାକୁରଙ୍କର ଖଣ୍ଡେ ଓଡ଼ିଆ-ଇଂରାଜୀ ଅଭିଧାନ, କେରୀ ସାହେବଙ୍କ ଓଡ଼ିଆ ବାଇବେଲ୍, ଜଣେ ବଙ୍ଗୀୟ ଖ୍ରୀଷ୍ଟିୟାନ୍‌ଙ୍କ ଦ୍ୱାରା ୧୦୦ ପୃଷ୍ଠାର କବିତା ଗ୍ରନ୍ଥ ଓ ଓଡ଼ିଆ ଭାଷାର ଖଣ୍ଡିଏ ପ୍ରାଥମିକ ପୁସ୍ତକ—ଏଇ କେତେଖଣ୍ଡ ଥିଲା ଓଡ଼ିଆରେ ପ୍ରକାଶିତ ଗ୍ରନ୍ଥ। ୧୮୨୨-୪୨ ମସିହା ଥିଲା ଓଡ଼ିଆରେ

ପାଠ୍ୟପୁସ୍ତକ ଆନ୍ଦୋଳନର ଆଦିଯୁଗ। ଏଥିରେ ଥିଲା ମିଶନାରୀମାନଙ୍କର ମହତ୍ତ୍ୱପୂର୍ଣ୍ଣ ଅବଦାନ। ୧୮୭୦ ପରଠାରୁ ଓଡ଼ିଆ ପାଠ୍ୟପୁସ୍ତକ ରଚନାରେ ଏକ ନୂତନ ଧାରା ଆତ୍ମପ୍ରକାଶ କଲା। ଆଧୁନିକ ଶିକ୍ଷାର ପ୍ରଚାର, ପ୍ରସାର ଓ ସଚେତନତା ଭାଷା ଓ ସାହିତ୍ୟର ସୁରକ୍ଷା ପାଇଁ ଉତ୍କଳୀୟମାନଙ୍କୁ ଅନୁପ୍ରେରିତ କଲା।

ଓଡ଼ିଆ ଭାଷା ସାହିତ୍ୟର ସୁରକ୍ଷା ପାଇଁ ଯେଉଁ ଆନ୍ଦୋଳନ ମୁଣ୍ଡ ଟେକିଥିଲା ତାହା ଥିଲା ଉତ୍କଳୀୟମାନଙ୍କର ଆତ୍ମପ୍ରତିଷ୍ଠା ପାଇଁ ଏକ ସଂଗ୍ରାମ। ୧୮୬୬ ମସିହାରେ ସମଗ୍ର ଓଡ଼ିଶାରେ ଗୋଟିଏ ମାତ୍ର ସମ୍ବାଦ ପତ୍ର ପ୍ରକାଶ ପାଇଥିଲା—ତାହା ହେଉଛି 'ଉତ୍କଳ ଦୀପିକା'। ଓଡ଼ିଆ ସାହିତ୍ୟ ଓ ସଂସ୍କୃତିର ସୁରକ୍ଷା ପାଇଁ ଏ ପତ୍ରିକା ଏକ ଗୌରବପୂର୍ଣ୍ଣ ଭୂମିକା ଗ୍ରହଣ କରିଥିଲା। ପୂର୍ବରୁ ଓଡ଼ିଆ ସାହିତ୍ୟ କେବଳ ତାଳପତ୍ର ପୋଥିରେ ଆବଦ୍ଧ ଥିଲା। ମାତ୍ର ଗୌରୀଶଙ୍କରଙ୍କର ପ୍ରଚେଷ୍ଟାରେ ପ୍ରାଚୀନ ଓଡ଼ିଆ ସାହିତ୍ୟର ମହିମାମଣ୍ଡିତ ଦିଗ ପ୍ରକାଶ ପାଇଥିଲା। କଟକ ପ୍ରିଣ୍ଟିଂ କଂପାନୀ ପ୍ରେସ୍ ପ୍ରଥମେ ଉପେନ୍ଦ୍ର ଭଞ୍ଜଙ୍କର 'ପ୍ରେମସୁଧାନିଧି' ଓ ପରେ ଅନ୍ୟାନ୍ୟ ପୁସ୍ତକ ପ୍ରକାଶ ପାଇଥିଲା। ୧୮୬୬ ମସିହାରେ ଗୌରୀଶଙ୍କର 'ଉତ୍କଳଦୀପିକା'ରେ ଯେଉଁ ଆହ୍ୱାନ ଦେଇଥିଲେ ତାହା ଏଠାରେ ଉଲ୍ଲେଖ କରିବା ଅପ୍ରାସଂଗିକ ହେବ ନାହିଁ, "ଶିଳ୍ପ ବିଦ୍ୟାରେ ମଧ୍ୟ ଉତ୍କଳୀୟମାନେ ନିପୁଣଥିଲେ। ପୂର୍ବେ ବାଲେଶ୍ୱରୀ ବସ୍ତ୍ର ବିଖ୍ୟାତ ଥିଲା। ବର୍ତ୍ତମାନ କଟକ ରଜତ କାଞ୍ଚନ ନିର୍ମିତ ଅଳଙ୍କାର ବିଷୟ କେ ନଜାଣେ ? ସେ ଯାହାହେଉ ଉତ୍କଳୀୟମାନେ ଯେ ପୂର୍ବେ ଭାରତବର୍ଷ ମଧରେ ସର୍ବ ବିଷୟରେ ବିଖ୍ୟାତ ଥିଲେ ତାର ସନ୍ଦେହଭାବ। ହେ ଉତ୍କଳୀୟମାନ ! ଉଠ ! ଆପଣମାନଙ୍କର ପୂର୍ବ ପୁରୁଷର ଯଥାର୍ଥ ନାମରକ୍ଷା ଓ ଆପଣା ଆପଣାର ଲଲାଟସ୍ଥ ଅଜ୍ଞତା ଅପବାଦ ରୂପ କଳଂକରେଖା ଉନ୍ମୋଚନ କରିବାକୁ ତତ୍ପର ହୁଅ। ଆଉ କେତେକାଳ ଆଳସ୍ୟ ସଲିଳରେ ଜୀବନ ବିସର୍ଜନ କରିବ ?"

ଏହି ସମୟରେ ଓଡ଼ିଶାର ସ୍କୁଲସମୂହ ପାଇଁ ଓଡ଼ିଶା ପୁସ୍ତକ ମୁଦ୍ରିତ ହେବାଲାଗି କଟକ ସ୍କୁଲ ବୁକ୍ କଂପାନୀ ଗଠିତ ହୋଇଥିଲା ଏହାର ଉଦ୍ଦେଶ୍ୟ ଥିଲା ଓଡ଼ିଆ ଭାଷା ଓ ସାହିତ୍ୟର ଉନ୍ନତି ବିଧାନ। ୧୮୬୭ ମସିହାରେ ଓଡ଼ିଆରେ ଗୋଟିଏ କଲେଜ ବା ସ୍କୁଲ ସ୍ଥାପନ ସଂପର୍କରେ ଯେଉଁ ଜନମତ ପ୍ରକାଶ ପାଇଥିଲା ତାହା ଦୀପିକାରେ ମଧ ସ୍ଥାନ ପାଇଥିଲା। ମୁଖ୍ୟତଃ ଊନବିଂଶ ଶତକର ନବ ଜାଗରଣକୁ ପ୍ରଥମ କରି ସ୍ଥାନ ଦେଇଥିଲା ଦୀପିକା ପତ୍ରିକା। ୧୮୬୭ ମସିହାରେ ଓଡ଼ିଆ ଭାଷାର ସ୍ୱାତନ୍ତ୍ର୍ୟ ପାଇଁ ଗଠିତ ହୋଇଥିଲା 'ଉତ୍କଳ ଭାଷା ଉଦ୍ଦିପନୀସଭା'। ସେହି ସଭାର ଉଦ୍ଦେଶ୍ୟ ଏହିପରି ଭାବରେ ବର୍ଣ୍ଣିତ ହୋଇଥିଲା, "କି ରୂପେ ଉତ୍କଳଭାଷା ଉନ୍ନତ ହେବ ଓ ସର୍ବସାଧାରଣର

ଉତ୍କର୍ଷ ସାଧନାରେ ଯତ୍ନବାନ ହେବ ଏବଂ ସରକାରୀ ମହାକୁମାମାନଙ୍କରେ ବର୍ତ୍ତମାନ ଚଳିତ ଭାଷା ଥିବା ମିଶ୍ରିତ ଭାଷା ପରିବର୍ତ୍ତରେ ବିଶୁଦ୍ଧ ଉତ୍କଳ ଭାଷା ଚଳନ ହେବ ଓ କେବଳ ଉପଯୁକ୍ତ ବ୍ୟକ୍ତିମାନେ ଅମଲାଗିରି କର୍ମ କରିପାରିବେ ଏହି ସମସ୍ତ ଏହି ସଭାର ଉଦ୍ଦେଶ୍ୟ।" (ଦୀପିକା—୨୬ ମେ ୧୮୬୭)

ଊନବିଂଶ ଶତକର ଶେଷାର୍ଦ୍ଧରେ କଟକ ଥିଲା ଭାଷା, ସାହିତ୍ୟ ଓ ସଂସ୍କୃତିର ପ୍ରଧାନ କେନ୍ଦ୍ର। ଅନେକ ଜନଜାଗରଣର ସ୍ରୋତ ଏହିଠାରୁ ଉତ୍କଳ ଭୂମିର ଅନ୍ୟଦିଗକୁ ସଂପ୍ରସାରିତ ହୋଇଯାଇଥିଲା। ଉତ୍କଳ ଭାଷା ଉଦ୍ଦୀପନା ସଭାର ସଭାପତି ଥିଲେ ଗୌରୀଶଙ୍କର। ଏହାର ଲକ୍ଷ୍ୟ ଥିଲା—ଓଡ଼ିଆ ପାଠ୍ୟପୁସ୍ତକ ପ୍ରଣୟନ, ପ୍ରାଚୀନ ଓଡ଼ିଆ ସାହିତ୍ୟର ପୁନରୁଦ୍ଧାର, ଓଡ଼ିଆ ସମ୍ବାଦପତ୍ର ପ୍ରକାଶନ ଏବଂ ସଭାସମିତି ଜରିଆରେ ଓଡ଼ିଆ ଭାଷାର ସ୍ୱାତନ୍ତ୍ର୍ୟ ପ୍ରତିପାଦନ।

୧୮୬୮ ମସିହାରେ ବିଶିଷ୍ଟ ଐତିହାସିକ ରାଜେନ୍ଦ୍ରଲାଲ ମିତ୍ର କଟକ ଡିବେଟିଂ କ୍ଲବ୍‌ରେ ବକ୍ତୃତା ଦେଲାବେଳେ କହିଥିଲେ, "ଉତ୍କଳର ଯଥାର୍ଥ ହିତାକାଂକ୍ଷୀ ଯେ ହେବେ ସେ ସର୍ବାଗ୍ରେ ଉତ୍କଳ ଭାଷା ଉଠାଇଦେଇ ବଂଗଭାଷା ପ୍ରଚଳନ କରିବାର ଚେଷ୍ଟା କରିବେ। କାରଣ ଯେତେକାଳ ଉତ୍କଳ ଭାଷା ଉଠିପାରି ନାହିଁ ସେତେକାଳ ଏ ଦେଶର ଉନ୍ନତି ହେବା 'ଅସମ୍ଭବ'। ଓଡ଼ିଆ ଭାଷା ବିୟୋଗର ଯେଉଁ ମୂଳଦୁଆ ପକାଇଲେ ରାଜେନ୍ଦ୍ର ଲାଲ, ତାହା ଆହୁରି ଉଦାତ୍ତ ହୋଇ ଆତ୍ମପ୍ରକାଶ କଲା ବାଲେଶ୍ୱର ଗଭର୍ଣ୍ଣମେଣ୍ଟ୍ ସ୍କୁଲ୍‌ର ପଣ୍ଡିତ କାନ୍ତିଚନ୍ଦ୍ର ଭଟ୍ଟାଚାର୍ଯ୍ୟଙ୍କ 'ଉଡ଼ିୟା ସ୍ୱତନ୍ତ୍ର ଭାଷାନୟ' ପୁସ୍ତକରେ। ଏହା ପ୍ରକାଶ ପାଇଥିଲା ୧୮୭୦ ମସିହା ଜାନୁଆରୀ ମାସରେ। ଏହା ବିରୁଦ୍ଧରେ 'ଦୀପିକା' ସ୍ୱର ଉତ୍ତୋଳନ କରିଥିଲା। ମନିଷୀ ଫକୀରମୋହନ, ରାଧାନାଥ ପ୍ରମୁଖ ଏହି ଚକ୍ରାନ୍ତକୁ ପଣ୍ଡ କରିଦେବା ପାଇଁ ଯେଉଁ ଯେଉଁ ମସୀଯୁଦ୍ଧ ଚଳାଇଥିଲେ ତାହା ସମସ୍ତଙ୍କୁ ବିଦିତ। ୧୮୭୦ରେ ବିମ୍ସ ସାହେବ Asiatic Societyର journalରେ ସୁଚିନ୍ତିତ ମନ୍ତବ୍ୟ ଦେଇ କହିଥିଲେ—

"If Oriya is to be suppressed because it is only spoken by a few millions of people might also be urged that Dutch or Danish or Portuguese should be obliterated also. Basque should also be stamped out and same argument would be to Roman on modern Greek, and would justify the Russians trying to eradicate Polish on the Austrians in annihilating Czech."

ଏହି ବୀମ୍‌ସଙ୍କୁ ଉତ୍କଳ ଭାଷା ଓ ସାହିତ୍ୟର ପରମହିତୈଷୀ ବୋଲି ଫକୀର ମୋହନ ବର୍ଣ୍ଣନା କରିଛନ୍ତି । କେବଳ ସେତିକି ନୁହେଁ 'ଉତ୍କଳ ଦୀପିକା'ର ୩୦/୪/୭୦ ସଂଖ୍ୟାରେ ସେ ସମୟର ସ୍କୁଲ୍ ଇନ୍ସପେକ୍ଟର ଭୂଦେବ ମୁଖୋପାଧ୍ୟାୟ ନିରପେକ୍ଷ ସମାଲୋଚନା କରି ଓଡ଼ିଆ ଭାଷାର ସ୍ୱାତନ୍ତ୍ୟ ପ୍ରତିପାଦନ କରିଥିଲେ । ୧୮୭୨ ମସିହା ବେଳକୁ ଓଡ଼ିଆ ଭାଷାର ସ୍ୱାତନ୍ତ୍ୟ ପ୍ରତିପାଦିତ ଓ ପ୍ରତିଷ୍ଠିତ ହେଲା । ଗୌରୀଶଙ୍କର, ବିଚିତ୍ରାନନ୍ଦ, ଫକୀର ମୋହନ, ରାଧାନାଥ, ନନ୍ଦକିଶୋର, ପୁଣି ରେଭେନ୍ସା, ବିମ୍‌ସ୍, ସଟନ୍, ମିଲର୍ ପ୍ରଭୃତି ଦେଶପ୍ରେମୀ, ପ୍ରଶାସକ, ସାହିତ୍ୟିକମାନଙ୍କର ଅବଦାନ ଏ କ୍ଷେତ୍ରରେ ଅବିସ୍ମରଣୀୟ ।

ଆପଣା ଭାଷା ଓ ସାହିତ୍ୟର ସୁରକ୍ଷା ପାଇଁ ଏ ଜାତି ଯେଉଁ ପ୍ରାଣମୂର୍ଚ୍ଛା ସଂଗ୍ରାମ ଅବ୍ୟାହତ ରଖିଥିଲା ତାହା ଯଥାର୍ଥତଃ ଏକ ବିଶ୍ୱ ଦୃଷ୍ଟିକୋଣ ସମନ୍ୱିତ ସାହିତ୍ୟ ସୃଷ୍ଟି ପାଇଁ ପଥ ଉନ୍ମୁକ୍ତ କରି ଦେଇଥିଲା । ଏ କାଳରେ ଶିକ୍ଷିତ ବୁଦ୍ଧିଜୀବି ଓଡ଼ିଆଗଣ, ଯେଉଁମାନେ ଦେଶ, ଜାତି ଓ ସାହିତ୍ୟ ଗଠନରେ ସକ୍ରିୟ ଭୂମିକା ଗ୍ରହଣ କରିଥିଲେ, ସେମାନଙ୍କର ଚିତ୍ତ ଭୂମିରେ ଆପଣାକୁ ଚିହ୍ନିବାର ଚେଷ୍ଟା କେବଳ ନଥିଲା—ତା ସହିତ ଥିଲା ବିଶ୍ୱ ଦୃଷ୍ଟିଭଙ୍ଗୀ ସହ ନିଜକୁ ସାମିଲ କରିବାର ପ୍ରବଳ ଆକାଂକ୍ଷା । ବିଶ୍ୱ ସାହିତ୍ୟର ଧାରା ତଥା ସାଂସ୍କୃତିକ ଆଭିମୁଖ୍ୟ ସହ ଏହି ଯେଉଁ Interaction ତାହା ୧୮୨୨-୧୯୦୦ ମସିହା ଦୀର୍ଘ ୮୦ ବର୍ଷର ସାମାଜିକ ରାଜନୈତିକ ପଟ୍ଟଭୂମି ଉପରେ ପ୍ରତିଷ୍ଠିତ ଥିଲା । ଏହା ଥିଲା ଓଡ଼ିଆ ରେନାସାଁର ପଟ୍ଟଭୂମି । ଏହା ତିନିଗୋଟି ପର୍ଯ୍ୟାୟରେ ବିଭକ୍ତ । ପ୍ରଥମଟି ହେଲା ୧୮୨୨-୪୦ ମସିହା—ଏହାକୁ ମିଶନାରୀଯୁଗ ବୋଲି କୁହାଯାଇପାରେ । ଏ କାଳରେ ଯୁବଶକ୍ତିର ବିକାଶ ପାଇଁ ପ୍ରସ୍ତୁତି ପର୍ବ ସଂଗଠିତ ହୋଇଛି । ଦ୍ୱିତୀୟର ସମୟ ସୀମା ୧୮୪୧-୬୫ ମସିହା—ଏ କାଳରେ ଶିକ୍ଷାର ପ୍ରସାର ଘଟିଛି । ତୃତୀୟଟି ହେଲା ୧୮୬୬-୧୯୦୦ ମସିହା, ଏହି ସମୟ ଭିତରେ ଉତ୍କଳୀୟମାନେ ନିଜସ୍ୱ ସାଧନା ବଳରେ ପ୍ରତିଷ୍ଠିତ ହୋଇଛନ୍ତି । ଓଡ଼ିଆ ସାହିତ୍ୟ ଓ ସଂସ୍କୃତିର ଭାବଭୂମି ସଂପ୍ରସାରିତ ହୋଇଯାଇଛି ଆନ୍ତର୍ଜାତିକ ଚିନ୍ତା ଚେତନାର ମାନସିକତାର ଦିଗ୍‌ବଳୟ ଆଡ଼କୁ ।

ୟୁରୋପୀୟ ରେନାସାଁ ତା'ର ଦୀର୍ଘ ପାଞ୍ଚଶହ ବର୍ଷର ଯାତ୍ରା ପଥରେ ଯେଉଁ ବିପୁଳ ଭାବସଂପଦମାନ ଆହରଣ କରିଥିଲା ତାହା ପହଞ୍ଚି ପାରିଛି ଆମ ଲେଖକମାନଙ୍କ କୃତିରେ ଊନବିଂଶ ଶତକର ମଧ୍ୟଭାଗରେ । ଏହା ସଂପ୍ରସାରିତ ହୋଇଯାଇଛି ବିଂଶ ଶତକର ପ୍ରଥମ ତିନିଗୋଟି ଦଶକ ପର୍ଯ୍ୟନ୍ତ । ତେଣୁ ଏହି ଆଲୋଚକ ୧୮୫୦ ଠାରୁ ୧୮୭୫ ଯାଏ ସମୟକୁ ଓଡ଼ିଆ ରେନାସାଁର ଆଦି ପର୍ଯ୍ୟାୟ ବା Early Renaissance

ବୋଲି ଗ୍ରହଣ କରିଛି। ରେନାସାଁର ମଧ୍ୟକାଳ ବା High Renaissanceର ସୀମା ଆରମ୍ଭ ହୁଏ ୧୮୭୫ ମସିହା ଠାରୁ ଏବଂ ଏହା ଊନବିଂଶ ଶତକ ଯାଏ ପରିବ୍ୟାପ୍ତ। ଏହି କାଳକୁ ରେନାସାଁର ବିକାଶ ପର୍ବ ବୋଲି ନିଆଯାଇଛି, ତା'ର କାରଣ ହେଲା, ୧୮୭୫ ବେଳକୁ ରାଧାନାଥଙ୍କର ଆତ୍ମପ୍ରକାଶ ଓଡ଼ିଆ ସାହିତ୍ୟରେ ଘଟିଲାଣି। ୧୮୬୮-୭୨ ମଧ୍ୟରେ ରଚିତ ବଂଗଳା ରଚନାବଳୀକୁ ବାଦ୍‌ଦେଲେ 'ଉତ୍କଳ ଦର୍ପଣ' ମାସିକ ପତ୍ରିକାରେ ୧୮୭୩-୭୪ ମଧ୍ୟରେ 'ବିବେକୀ', 'ମେଘଦୂତ', 'ଇଟାଲୀୟ ଯୁବା' ପ୍ରକାଶିତ ହେଲାଣି। ୧୮୭୬ରେ ପ୍ରକାଶିତ ତାଙ୍କର 'କବିତାବଳୀ' ହୋଇଛି ଆଧୁନିକ ସାହିତ୍ୟ ଚେତନାର ଏକ ସ୍ମାରକୀ। ଏହି 'କବିତାବଳୀ' ଠାରୁ ଆରମ୍ଭ କରି ୧୯୦୦ ମସିହା ଯାଏ ରାଧାନାଥଙ୍କ ସବୁ ପ୍ରମୁଖ ସାହିତ୍ୟକୃତିମାନ ଆତ୍ମପ୍ରକାଶ କରିଛି। ସେହିପରି ଧର୍ମଭାବନା କ୍ଷେତ୍ରରେ, ନୂତନ ରୁଚିବୋଧର ଆଦ୍ୟ ପ୍ରବର୍ତ୍ତକ ମଧୁସୂଦନଙ୍କର ପ୍ରମୁଖ ରଚନାବଳୀରେ ଆମେ ଯେଉଁ ସ୍ରଷ୍ଟାମାନସକୁ ଦେଖୁ ସେ ସ୍ୱୀକାର କରିଛି ଯେ ଧର୍ମଧାରଣା ଏକ ପଦ୍ଧତିଗତ ଗତାନୁଗତିକ ଚେତନା ନୁହେଁ। ଏହା ମୂଳତଃ ଜିଜ୍ଞାସା। କହିବା ବାହୁଲ୍ୟ, ଊନବିଂଶ ଶତକରେ ଧର୍ମକୁ ଏକ ଜିଜ୍ଞାସା ଭାବରେ ଗ୍ରହଣ କରିବାର ପ୍ରବୃତ୍ତି ଭାରତବର୍ଷରେ ଦୟାନନ୍ଦ ସରସ୍ୱତୀ, କେଶବସେନ୍ ପ୍ରମୁଖ ଯେପରି ଗ୍ରହଣ କରିଥିଲେ ମଧୁବାବୁ ତାହାକୁ ହିଁ ପ୍ରତିଫଳିତ କରିଥିଲେ ଓଡ଼ିଶା ମାଟିରେ। ଓଡ଼ିଶାରେ ରେନାସାଁର ସୁବର୍ଣ୍ଣମୟ କାଳ ହେଉଛି ବିଂଶ ଶତକର ପ୍ରଥମ ଦୁଇଗୋଟି ଦଶକ। ପ୍ରଥମ ଦୁଇଗୋଟି ପର୍ଯ୍ୟାୟରେ ନବଜାଗରଣର ଅୟମାରମ୍ଭ ଓ ବିକାଶ ଯେପରି ଦ୍ରୁତଗତିରେ ଓଡ଼ିଶାରେ ହୋଇଥିଲା ତା'ର ଅମୃତମୟ ଫଳ ଥିଲା ଏହି ଦୁଇଗୋଟି ଦଶନ୍ଧି। ଏହାକୁ The Golden Age of Renaissance ବୋଲି କୁହାଯାଇପାରେ। ଓଡ଼ିଆ ସାହିତ୍ୟ ଓ ସଂସ୍କୃତିର ଅବଗାହି ପାଠକ ଲକ୍ଷ୍ୟ କରିବେ ଯେ ଏହି ଦୁଇ ଦଶନ୍ଧିରେ ଯେଉଁ ସାହିତ୍ୟିକ ପ୍ରବୃତ୍ତିମାନ ଦେଖାଦେଇଛି ତାହା ପ୍ରାୟ ଗଢ଼ିଉଠିଛି ପୂର୍ବ ଦୁଇଗୋଟି ପର୍ଯ୍ୟାୟକୁ ଆଶ୍ରୟ କରି। ସତ୍ୟବାଦୀ ଯୁଗର ଜାତୀୟତାବାଦ ଓ ସବୁଜ ଯୁଗର ରୋମାଣ୍ଟିକ ଚେତନାର ଉତ୍ସ ସଂଧାନ ରାଧାନାଥଙ୍କଠାରେ କରିବା ଆଦୌ ଅଯୌକ୍ତିକ ହେବନାହିଁ।

ଫକୀରମୋହନ ସେନାପତି ଏହି Golden Age of Renaissanceର ସମୟର ଖ୍ୟାତନାମା ଲେଖକ। ରାମାୟଣର ଅନୁବାଦ (୧୮୮୧- ଅଯୋଧ୍ୟାଖଣ୍ଡ) 'ଉତ୍କଳ ଭ୍ରମଣ' (୧୮୯୨), 'ପୁଷ୍ପମାଳା' (୧୮୯୪) 'ଉପହାର' (୧୮୯୫) ପ୍ରଭୃତିର ସ୍ରଷ୍ଟା ଫକୀର ମୋହନ ୧୮୯୮ରେ 'ରେବତୀ' (ପ୍ରଥମ ଓଡ଼ିଆ କ୍ଷୁଦ୍ରଗଳ୍ପ) 'ଲଛମା' (୧୯୦୧), 'ମାମୁଁ' (୧୯୧୩) ଆଦି କାଳଜୟୀ କଥା ସାହିତ୍ୟମାନ

ଆମକୁ ଉପହାର ଦିଅନ୍ତି। ପ୍ରଥମ ଗଳ୍ପ 'ରେବତୀ' ଠାରୁ 'ଗାରୁଡ଼ିମନ୍ତ୍ର' (୧୯୧୬) ଯାଏ ଓ ପ୍ରଥମ ଉପନ୍ୟାସ 'ଛମାଣ ଆଠଗୁଣ୍ଠ' ଠାରୁ 'ପ୍ରାୟଶ୍ଚିତ' ଯାଏ ସମୟ ଅନୁଧ୍ୟାନ କଲେ ଜଣାଯାଏ ବିଂଶ ଶତକର ପ୍ରଥମ ୧୬ ବର୍ଷ ମଧ୍ୟରେ ଏଗୁଡ଼ିକ ରଚିତ। କିନ୍ତୁ ଏହା ମଧ୍ୟରେ ଲୁକ୍କାୟିତ ଅତ୍ୟନ୍ତ ନିପୁଣତାର ସହିତ ବିଗତ ଦୁଇଶହ ବର୍ଷର ସାମାଜିକ, ରାଜନୈତିକ ଓ ସାଂସ୍କୃତିକ ପ୍ରେକ୍ଷାପଟ। ରେନାସାଁ କାଳର ବରେଣ୍ୟ ସ୍ରଷ୍ଟାମାନଙ୍କ ମଧ୍ୟରେ ଫକୀରମୋହନ ସେନାପତିଙ୍କର ଶିଳ୍ପୀ ମାନସ ଥିଲା ଅଧିକ ଭାଗରେ ପ୍ରଗତିଶୀଳ। କାଳ ସହ କଳାର ସଂଯୋଗ ଘଟାଇବାର ନିପୁଣ ଆଲେଖ୍ୟ କିପରି ସଂପାଦନ କରିବାକୁ ହୁଏ ତାହା ସେ ଠିକ୍ ଆୟତ୍ତ କରି ପାରିଥିଲେ। ଗଭୀର ଜୀବନନିଷ୍ଠା ଓ ମାନବବାଦୀ ଆଭିମୁଖ୍ୟ ବହନ କରି ତାଙ୍କର କଥା ସାହିତ୍ୟ ପ୍ରଥମ ଥର ପାଇଁ ଆମର ମାଟି, ପାଣି ଓ ପବନକୁ ଚିହ୍ନିବା ପାଇଁ ପ୍ରେରଣା ଦେଇଥିଲା। ବାସ୍ତବଧର୍ମୀ କଥା ସାହିତ୍ୟ ସଂଗକୁ ଗୀତିକବିତାର ଯେଉଁ ସମ୍ଭାର ସେ ଛାଡ଼ି ଦେଇଯାଇଛନ୍ତି ସେଥିରେ ତାଙ୍କର ଗଭୀର ଜୀବନାନୁଭୂତିର ଆଲେଖ୍ୟ ମଧ୍ୟ ବାରିହୁଏ। ଋଷୋ ଜାପାନୀ ଯୁଦ୍ଧଠାରୁ ଆରମ୍ଭ କରି ସତୀ ଲୁକ୍ରେସିଆ, 'ଶଂଖିବିରାଡ଼ି', 'ଉତ୍କଳ କୃଷକ', 'ଉତ୍କଳ ଯୁବକ', 'ଗର୍ଦ୍ଦଭର ସୂକ୍ଷ୍ମ ବୁଦ୍ଧି', 'ଭୂଆ ବିରାଡ଼ି' ସଂପର୍କରେ କବିତା ମାନ ସେ ଲେଖିଛନ୍ତି। ଲେଖିଛନ୍ତି 'ହାଟବାହୁଡ଼ା', 'ଯମରାଜାର ଦରବାର' ପରି ହାସ୍ୟରସାତ୍ମକ ରଚନା। ଗଂଗାଧର ଓ ନନ୍ଦକିଶୋର ଥିଲେ ଏ କାଳର ଦୁଇଜଣ କବି ଯାହାଙ୍କର କାବ୍ୟମାନସ ଦୁଇ ଭିନ୍ନ ରୀତିରେ ପ୍ରଧାବିତ ହୋଇଥିବାର ଆମେ ଦେଖୁ। ମଧୁସୂଦନ କବିତାକୁ ଧର୍ମୀୟ ଭାବନା ସହ ସଂଯୁକ୍ତ କରିଥିଲେ। ଗଂଗାଧର କିନ୍ତୁ ପ୍ରାଚ୍ୟ ସାହିତ୍ୟର ମହାନ୍ ସଂପଦମାନ ଆହରଣ କରି ଆଦର୍ଶ ଚରିତ୍ରମାନଙ୍କୁ ନେଇ ସେଥିରେ କଳାତ୍ମକତା ଉକୁଟାଇଥିଲେ। ନନ୍ଦକିଶୋରଙ୍କ ପଲ୍ଲୀପ୍ରାଣତା ଓଡ଼ିଆ କାନନରେ ଏକ ଅଭିନବ ରାଗିଣୀର ଝଙ୍କାର ତୋଳିଥିଲା।

ଏ ଶତାବ୍ଦୀ ଦ୍ୱିତୀୟ ଦଶକରେ ସତ୍ୟବାଦୀର ବରେଣ୍ୟ ସାଧକ ଓ ସେ କାଳର ଗୌଣକବିମାନେ ଜାତୀୟତାବୋଧର ଯେଉଁ ବାଣୀ ଶୁଣାଇଛନ୍ତି ତାହା ବି ଏଇ ରେନାସାଁର ସୁଫଳ। ଏହା ପରେ Renaissanceର ଏ ସୁବର୍ଣ୍ଣକାଳ ମଉଳିଯାଇଛି। ଏହାପରେ ନବ ମୂଲ୍ୟବୋଧର ସଂଚାର ପାଇଁ ଯେଉଁ ପ୍ରଚେଷ୍ଟା, ଦରକାର ତାହା ଓଡ଼ିଆ ସାହିତ୍ୟରେ ଦେଖାଦେଇନାହିଁ। ଜାତୀୟସ୍ତରରେ ପରିବର୍ତ୍ତନର ଝଡ଼ ଦେଖାଦେଲେ ବି ଆମ କବିମାନେ ଏପ୍ରତି ଉଦାସୀନ ରହିଛନ୍ତି। ସବୁଜ କବିତାର ଝଙ୍କାର ଏ କାଳରେ କୌଣସି ପ୍ରତିଶ୍ରୁତିର ବାର୍ତ୍ତା ବହନ କରିପାରିନାହିଁ।

ତେଣୁ ୧୯୨୦-୩୦ ଏଇ ସମୟ ସୀମା ମଧ୍ୟରେ। ଆମେ ଊନବିଂଶ

ଶତକରେ ଆରମ୍ଭ ଓ ୧୯୨୦ ମଧ୍ୟରେ ପୂର୍ଣ୍ଣତାପ୍ରାପ୍ତ ହୋଇଥିବା ରେନାସାଁର ବିଚୂର୍ଣ୍ଣିତ ଅସ୍ତିତ୍ୱ Splintered Renaissanceକୁ ଆମେ ଦେଖୁ। ଓଡ଼ିଆ ସାହିତ୍ୟର ଗତିଧାରା ଏଣିକି ନୂତନ ମୋଡ଼, ନୂଆ ଆଭିମୁଖ୍ୟ ନେଇଛି। ସାହିତ୍ୟ କାନନରେ ଐକ୍ୟତାନିକ ଉଦାତ୍ତ ସ୍ୱର ଝଙ୍କାର ପରିବର୍ତ୍ତେ ଶୁଣାଯାଇଛି ମିଶ୍ର ରାଗିଣୀର ବିଚିତ୍ର ସିଂଫୋନି। ସାଂଗଠନିକ ପ୍ରଚେଷ୍ଟାରେ ସାହିତ୍ୟ, ସଂସ୍କୃତି ତଥା ମୂଲ୍ୟବୋଧର କ୍ଷେତ୍ରରେ ନବଜାଗରଣ ଯେଉଁ ପ୍ରତିଷ୍ଠା ଘଟିଥିଲା ତାହା ବିବିଧ ସ୍ରୋତରେ ଭିନ୍ନଭିନ୍ନ ଦିଗଆଡ଼କୁ ପ୍ରଧାବିତ ହୋଇଛି। କାବ୍ୟକବିତା, କଥାସାହିତ୍ୟ, ନାଟକ, ମଞ୍ଚ ଆନ୍ଦୋଳନ କ୍ଷେତ୍ରରେ ରେନାସାଁର ପଦପାତ ଏହି ରୀତିରେ ଶୁଣାଯାଇଛି ଓଡ଼ିଶାର ମାଟିରେ। ସାହିତ୍ୟର ଆଙ୍ଗିକ ଓ ଆର୍ଥିକ ସଂପଦରେ ରେନାସାଁ ଆଣିଛି ବିପୁଳ ପରିବର୍ତ୍ତନ। ଏହି ପରିବର୍ତ୍ତନକୁ ନିମ୍ନଲିଖିତ ଭାବରେ ଚିହ୍ନିତ କରାଯାଇପାର।

(୧) ସାହିତ୍ୟର ଭାବବସ୍ତୁ ଦିଗରୁ ବିଚାର କଲେ ଆମ ସାହିତ୍ୟର ଦରବାରକୁ ଓହ୍ଲେଇ ଆସିଛନ୍ତି ହୋମର୍, ଭର୍ଜିଲ୍, ମିଲଟନ୍, ସେକ୍ସପିଅର୍, ଟେନିସନ୍ ଆଦି ପାଶ୍ଚାତ୍ୟ ସାହିତ୍ୟର ବରେଣ୍ୟ ସ୍ରଷ୍ଟାବୃନ୍ଦ। ପାଶ୍ଚାତ୍ୟ କାବ୍ୟରୀତି ଓ ନାଟ୍ୟରୀତିର ପ୍ରଗାଢ଼ ଶୁଶ୍ରୂଷା କରି ଆମର ଲେଖକବୃନ୍ଦ ଜୀବନ ଓ ଜଗତକୁ ନୂଆ ଢଙ୍ଗରେ ଦେଖିବାପାଇଁ ଚାହିଁଛନ୍ତି। ସ୍ଥଳ ବିଶେଷରେ ପ୍ରାଚ୍ୟ ଓ ପାଶ୍ଚାତ୍ୟ ରୀତିର ଅପୂର୍ବ ମଧୁର ସମନ୍ୱୟ ଘଟିଛି। ରାଧାନାଥ ଥିଲେ ଏ କ୍ଷେତ୍ରରେ ଦିଗ୍‌ଦର୍ଶକ। ବହୁ ଉଦାହରଣ ମଧ୍ୟରୁ ଗୋଟିଏ ଏ ପ୍ରସଙ୍ଗରେ ନିଆଯାଉ। 'ମହାଯାତ୍ରା'ର ଆରମ୍ଭରେ ସେ କହିଛନ୍ତି–

"ପଙ୍କଜ ବାସିନୀ ଦେବୀ ଉତ୍କଳ ଭାରତୀ
ସାରଳେ! କି କଲେ କହ କୁରୁ ଚୂଡ଼ାମଣି।"

ଏଥିରେ ଗ୍ରୀକ୍ ପରମ୍ପରାର 'ମିଉଜ୍'ଙ୍କ ରୂପଟି କିପରି ସ୍ପଷ୍ଟ ତାହା ସଚେତନ ପାଠକ ମାତ୍ରେଇ ସହଜରେ ଲକ୍ଷ୍ୟ କରିପାରିବେ। ମିଲଟନ୍ 'ପାରାଡାଇଜ୍ ଲଷ୍ଟ'ରେ ଯେପରି 'Sing the heavenly Muse' ବୋଲି କହିଛନ୍ତି ତା'ର ପ୍ରତିଧ୍ୱନି 'ମହାଯାତ୍ରା'ର ଉପରୋକ୍ତ ପଂକ୍ତିରେ ଶୁଣାଯାଇଛି। କେବଳ ସେତିକି ନୁହେଁ, ମନୁଷ୍ୟର ଭାଗ୍ୟ ବିପର୍ଯ୍ୟୟର ଚିତ୍ର ଦେଖାଇବା ପାଇଁ ମିଲଟନ୍‌ଙ୍କର ମାଇକେଲ୍ ଚରିତ୍ର ଆଡାମ୍‌ଙ୍କ ଚକ୍ଷୁରେ ଅଞ୍ଜନ ଲଗାଇଛନ୍ତି। ତାହାରି ଅନୁସରଣରେ ରାଧାନାଥ ଯୁଧିଷ୍ଠିରଙ୍କ ଚକ୍ଷୁରେ ଅଞ୍ଜନ ଲଗାଇବାର ବୃତ୍ତାନ୍ତ ବର୍ଣ୍ଣନା କରିଛନ୍ତି। ଏହି ଅଞ୍ଜନ ସାହାଯ୍ୟରେ ଯୁଧିଷ୍ଠିର ଦେଖିଛନ୍ତି ଭାରତର ଭାଗ୍ୟପଟ। ଭର୍ଜିଲଙ୍କର 'ଏନିଡ୍' ଅବଲମ୍ବନରେ ନର୍କର ଚିତ୍ର ଦେଇଛନ୍ତି ଏଥିରେ ରାଧାନାଥ। ଟେନିସନ୍‌ଙ୍କର 'ପାସିଙ୍ଗ୍ ଅଫ୍ ଆର୍ଥର'ର ଏକ୍ସ କ୍ୟାଲିବର୍‌ର ଖଡ୍‌ଗ ନିକ୍ଷେପ ପରି ଅର୍ଜ୍ଜୁନଙ୍କର ସମୁଦ୍ରରେ ଗାଣ୍ଡିବ ନିକ୍ଷେପ ଘଟଣା

ମଧ୍ୟ 'ମହାଯାତ୍ରା'ରେ ବର୍ଣ୍ଣିତ। ମୋଟ ଉପରେ ପ୍ରାଚ୍ୟ ଜୀବନାଦର୍ଶ ସହ ପାଶ୍ଚାତ୍ୟ ଦୃଷ୍ଟିଭଙ୍ଗୀ ଓ ସାହିତ୍ୟରୀତି 'ମହାଯାତ୍ରା'କୁ ମହତ୍ତ୍ୱ ପ୍ରଦାନ କରିଛି।

(୨) ଦ୍ୱିତୀୟ କଥାଟି ହେଲା ଗ୍ରୀକ୍ ଜୀବନବୋଧ, ଟ୍ରାଜେଡ଼ି ପରମ୍ପରା, ଗଥିକ୍ ଆଦର୍ଶ, ବିଷାଦବୋଧ ଭାଗ୍ୟବାଦ ଆଦି ରୂପନେଇଛି ଏକାଳର ସାହିତ୍ୟିକମାନଙ୍କ କୃତିରେ। "ଛାର ଭାଗ୍ୟମୋର ପିହିତ ପାଷାଣେ। ମୋ ଜୀବନ ଗଢ଼ା ଅନ୍ୟ ଉପାଦାନେ", —ଏକାନ୍ତ ନିଃସଙ୍ଗ ବ୍ୟକ୍ତିସତ୍ତାର ଏହି ମର୍ମବାଣୀ ଆଗରୁ କେବେ ଓଡ଼ିଆ କାବ୍ୟ କାନନରେ ଶୁଣାଯାଇଥିଲା ପରି ମନେହୁଏ ନାହିଁ।

(୩) Pastoral element ବା ପଲ୍ଲୀ ଜୀବନଭିତ୍ତିକ ଚିତ୍ର ଏ ସମୟର ସାହିତ୍ୟର ଅନ୍ୟ ଏକ ବୈଶିଷ୍ଟ୍ୟ। ଏ ପ୍ରସଂଗରେ ନନ୍ଦକିଶୋର ବଳଙ୍କ ନାମ ଆମ ମନକୁ ଆସେ। ପଲ୍ଲୀ ଜୀବନଧାରାର ପ୍ରତ୍ୟେକ ବିଭାଗ—ତା'ର ବୃକ୍ଷଲତା, ଫଳ ଫୁଲଠାରୁ ଆରମ୍ଭ କରି ଦୃଶ୍ୟମାନ ଚିରପରିଚିତ ପୁଣି ଅବହେଳିତ, ଉପେକ୍ଷିତ ବହୁ ବିଷୟ ରୂପ ନେଇଛି ନନ୍ଦକିଶୋରଙ୍କ ଲେଖନୀରେ। ଫଳରେ ନନ୍ଦକିଶୋରଙ୍କ ପଲ୍ଲୀ ସାହିତ୍ୟ ହୋଇଛି ଉତ୍କଳୀୟ ପଲ୍ଲୀଜୀବନରେ ଅନୁଭୂତ ସୌନ୍ଦର୍ଯ୍ୟର ନିର୍ଯ୍ୟାସ।

ନନ୍ଦକିଶୋରଙ୍କ ପଲ୍ଲୀ କବିତା ସଂକଳନ 'ପଲ୍ଲୀଚିତ୍ର', 'ନିର୍ଝରିଣୀ' ପ୍ରଭୃତିରେ ଏହାର ସାର୍ଥକ ଚିତ୍ର ଉତ୍କୀର୍ଣ୍ଣ। ତାଙ୍କ 'ନବ ବର୍ଷା ଭାବନା' ନାମକ ଜନପ୍ରିୟ କବିତାରୁ ଏ ପ୍ରସଂଗରେ ଉଦାହରଣଟିଏ ନିମ୍ନରେ ଦିଆଗଲା—

"ଟିକି ନୂଆ ବୋହୂ ଜଳ ଆଣୁ ଆଣୁ
ପାଦ ତାର ଗଲା ଖସି
ଦେଲେ ପିଲାମାନେ ଦାରୁଣ ଆନନ୍ଦେ
କରତାଳି ହସି ହସି।
ଶଅରୁଣୀଙ୍କର ଜାମୁଡାଳି ନାଚ
କେଳାର ହାବୁଡ଼ା ଖେଳ
ଭୋଦର ମାସର ଜହ୍ନିଫୁଲ ଗୀତ
ଖୁଦୁକୁଣି—ଓଷାମେଳ।"

(୪) ରେନାସାଁର ସର୍ବଶ୍ରେଷ୍ଠ ଅବଦାନ ହେଉଛି— ମଣିଷକୁ ପ୍ରତିଷ୍ଠା ଦେବା। ଧର୍ମ ଓ ଈଶ୍ୱରଙ୍କ ଆଧିପତ୍ୟକୁ କ୍ଷୁଣ୍ଣ କରି ମାନବିକ ସତ୍ୟର ସ୍ୱର ଉଚ୍ଚାରଣ କରିବା। ଓଡ଼ିଆ ସାହିତ୍ୟରେ ଫକୀରମୋହନ ହେଉଛନ୍ତି ଏଇ ମାନବିକ ମୂଲ୍ୟବୋଧର ଯଥାର୍ଥ ପୂଜାରୀ। ଖାନଦାନୀ ସାହିତ୍ୟ ସଂସାରରୁ ଯୁଗ ଯୁଗ ଧରି ଯେଉଁମାନେ ନିର୍ବାସିତ ହୋଇଥିଲେ ଫକୀର ମୋହନ ସେମାନଙ୍କୁ ସିଂହାସନାସୀନ କରିଦେଲେ। ସେମାନଙ୍କ

କଥିତ ଭାଷାକୁ ମର୍ଯ୍ୟାଦା ଦେଲେ। ସେମାନଙ୍କର ବାସ୍ତବ ଜୀବନ ସମସ୍ୟା ଧ୍ୱନିତ ହେଲା ତାଙ୍କ କଥା ସାହିତ୍ୟରେ।

(୫) ପୁରାଣ, ଇତିହାସ, କିମ୍ବଦନ୍ତୀ ଓ ଆମର ଅତୀତ ବିଭବଗୁଡ଼ିକ ପ୍ରତି ସଚେତନ ଓ ଶ୍ରଦ୍ଧାଶୀଳ ଦୃଷ୍ଟି ନିକ୍ଷେପ କଲେ ଆମର ଲେଖକବୃନ୍ଦ। ଫଳରେ ଇତିହାସ ଓ ପୁରାଣର ନବ ମୂଲ୍ୟାଙ୍କନ ଘଟିଲା। ଜାତୀୟତାର ଉଦ୍‌ବୋଧନ ପାଇଁ ଏହା ଥିଲା ଏକାନ୍ତ ଜରୁରୀ। ରାଧାନାଥ ଯୁଗ ପରବର୍ତ୍ତୀ ସତ୍ୟବାଦୀ ଗୋଷ୍ଠୀର ସାହିତ୍ୟ ସାଧନାରେ ପୁରାଣ, ଇତିହାସ ଓ କିମ୍ବଦନ୍ତୀର ଏହି ପୁନର୍ମୂଲ୍ୟାୟନ ସାର୍ଥକତାର ଚରମ ସ୍ତରରେ ପହଞ୍ଚିଛି। ସତ୍ୟବାଦୀ ସୌରମଣ୍ଡଳର ଜ୍ୟୋତିଷ୍ମାନ୍ ପୁରୁଷ ପଣ୍ଡିତ ଗୋପବନ୍ଧୁ ସେଥିପାଇଁ ଘୋଷଣା କରିଥିଲେ—

"ପୂର୍ବ ପୁରୁଷର ପବିତ୍ର ଶ୍ମଶାନ
ଦେଶର ଜାତିର ଗୌରବ ଗାନ
ପୂଣ୍ୟ ଜନ୍ମମାଟି ପୂଣ୍ୟ ଦେବାଳୟ
ଉଦ୍ଧରିବା ପାଇଁ ତନୁ କଲେ କ୍ଷୟ
ମାନବ ଜୀବନ ହୁଅଇ ସଫଳ
ଏ ମହାଦୀକ୍ଷା କି ବୁଝିବ ଉତ୍କଳ।"

ନୀଳକଣ୍ଠଙ୍କର କୋଣାର୍କେ, ଖାରବେଳ କାବ୍ୟ, ଗୋଦାବରୀଶଙ୍କର 'ଆଲେଖିକା' କବିତା ସଂକଳନରେ ଏହି ଇତିହାସର ସ୍ପନ୍ଦନ, ଜାତୀୟତାବୋଧ ସହ ସଂଯୁକ୍ତ ହୋଇ ପ୍ରକାଶ ପାଇଛି।

(୬) ଇଂରାଜି ସାହିତ୍ୟର ବାତାୟନ ମଧ୍ୟ ଦେଇ ପାଶ୍ଚାତ୍ୟ ସାହିତ୍ୟ ଚେତନାର ବର୍ଣ୍ଣିଳ ଆକାଶକୁ ଦେଖିବାର ସୁଯୋଗ ପାଇଛନ୍ତି ଆମର ଲେଖକ ବୃନ୍ଦ। ଫଳରେ ସାହିତ୍ୟର ଆଙ୍ଗିକରେ ନୂତନତା ବି ପ୍ରବେଶ କରିଛି। ଲେଖାହୋଇଛି ସନେଟ୍, ଓଡ୍, ଏଲିଜି, ବାଲାଡ୍ ପ୍ରଭୃତି। ଆଙ୍ଗିକର ପ୍ରଥାବଦ୍ଧତାରେ କୁଠାର ଘାତ କରିଛି ରେନାସାଁର ସଂପ୍ରସାରିତ ଦୃଷ୍ଟିକୋଣ।

(୭) ମଣିଷ ସମଗ୍ର ବିଶ୍ୱ ଚେତନାର ଅଂଶ ବିଶେଷ। ତା ପ୍ରାଣରେ ଅମୃତର ଉପଲବ୍ଧି। ସ୍ୱର୍ଗୀୟ ଦୀପ୍ତିରେ ସେ ଉଦ୍‌ଭାସିତ। ତେଣୁ ଜୀବନର ନୈରାଶ୍ୟ ନାହିଁ। ଅଛି ଆଶାର ସ୍ୱାଦ। ମଣିଷ ହିଁ ଈଶ୍ୱର। ତା ଅନ୍ତରରେ ଦେବାବତରଣ ଘଟିପାରେ। ମଧୁସୂଦନଙ୍କ କାବ୍ୟଦୃଷ୍ଟି ବ୍ୟକ୍ତି ଚେତନାର ଏହି ରୂପାନ୍ତରକୁ (transformation) ଯଥାର୍ଥ ଭାବରେ ପ୍ରକାଶ କରିଛି 'ଋଷିପ୍ରାଣେ ଦେବାବତରଣ' କବିତାରେ। ଆତ୍ମାର ଉତ୍ତରଣ ଓ ବିସ୍ତାର ଯେପରି ଏଥରେ ଦର୍ଶାଇ ଦିଆଯାଇଛି ତାହା ପ୍ରକୃତରେ ଅନବଦ୍ୟ।

ମଧୁସୂଦନ ତାଙ୍କର ଏକ କବିତାରେ ପୁଣି ଘୋଷଣା କରନ୍ତି—"ନିରାଶର କଥା ଛି, ଛି, କହିବି କେମନ୍ତେ ଅନ୍ତରରେ ଅନୁଭବି ସରସ ବସନ୍ତେ।"

(୮) ପ୍ରକୃତି ପ୍ରତି ବି ଦୃଷ୍ଟିକୋଣ ବଦଳିଯାଇଛି ରେନାସାଁର ସ୍ପର୍ଶରେ। ପ୍ରକୃତି ଓ ମଣିଷ ଗୋଟିଏ ସୂତ୍ରରେ ଗୁନ୍ଥି ହୋଇଯାଇଛନ୍ତି। ପ୍ରକୃତିଠାରେ ମାନବାତ୍ମାର ଆରୋପ ଘଟିଛି। ଦାର୍ଶନିକ ଅନୁଚିନ୍ତାର ପ୍ରତିଫଳନ ଘଟିଛି ମଧ୍ୟ ପ୍ରକୃତି ବର୍ଣ୍ଣନା ମାଧ୍ୟମରେ। ପ୍ରକୃତି ବି ହୋଇଛି ନାୟିକା, ପୁଣି ମଣିଷର ସଖା, ସୋଦର ଓ ଆତ୍ମୀୟ।

(୯) ଊନବିଂଶ ଶତକରେ ଦେଖା ଦେଇଥିବା ଏହି ରେନାସାଁ, ମର୍ଯ୍ୟାଦା ଦେଇଛି ସାହିତ୍ୟିକ ଭାଷା ପରିବର୍ତ୍ତେ କଥିତ ଭାଷାକୁ। ରୋମାଣ୍ଟିକ୍ ଆନ୍ଦୋଳନର ଇଂରେଜୀ କବିମାନେ ଆଞ୍ଚଳିକ, କଥିତ ଭାଷାକୁ ଯେପରି ସେମାନଙ୍କର କାବ୍ୟ କବିତାରେ ଗୌରବ ଦେଇଥିଲେ ସେହିପରି କବି ନନ୍ଦକିଶୋର, କଥାକାର ଫକୀର ମୋହନ, ସତ୍ୟବାଦୀଯୁଗର ସାଧକ ଗୋପବନ୍ଧୁ, ଗୋଦାବରୀଶ ପ୍ରମୁଖ ସେମାନଙ୍କ କୃତିରେ କଥ୍ୟ ଭାଷାକୁ ମହତ୍ତ୍ୱ ପ୍ରଦାନ କରିଛନ୍ତି।

(୧୦) ଊନବିଂଶ ଶତକର ରେନାସାଁ ଆଣିଥିଲା ଯୁକ୍ତିବାଦୀ ଦୃଷ୍ଟିକୋଣ। ବିଶ୍ୱନାଥ କରଙ୍କର ପ୍ରବନ୍ଧାବଳୀ ଓ ନୀଳକଣ୍ଠଙ୍କର ପ୍ରବଂଧ ସମାଲୋଚନା ଗୁଡ଼ିକରେ ଏହାର ପରିପ୍ରକାଶ ଦେଖିବାକୁ ମିଳେ। ନୀଳକଣ୍ଠଙ୍କର 'ଓଡ଼ିଆ ସାହିତ୍ୟର କ୍ରମ ପରିଣାମ'ରେ ଆମେ ତାଙ୍କର ବିଦ୍‌ବତ୍ତା ସହ ଯୁକ୍ତିନିଷ୍ଠ ଦୃଷ୍ଟିକୋଣକୁ ଦେଖୁ।

ମୋଟ ଉପରେ ଓଡ଼ିଶାର ମାଟିରେ ରେନାସାଁ ବା ନବଜାଗରଣ ଓଡ଼ିଶାର ସାମାଜିକ, ସାଂସ୍କୃତିକ ବାତାବରଣକୁ ନେଇ ଦେଖାଦେଇଛି ଓ ସମୃଦ୍ଧ ହୋଇଛି। ଏହା ଯଥାର୍ଥରେ ହୋଇଛି ଇତିହାସର ଏକ ଆହ୍ୱାନ ଓ ଆବଶ୍ୟକତା। ତେଣୁ ଏହାକୁ ଅସ୍ୱୀକାର କରିବା ଅର୍ଥ ଏକ ଜାତୀୟ ଜୀବନର ଆହ୍ୱାନକୁ, ମର୍ମବାଣୀକୁ ବିସ୍ମୃତ ହୋଇଯିବା କିମ୍ବା ସେଥିପ୍ରତି କର୍ଣ୍ଣପାତ ନକରିବା।

■

ଉତ୍ତର-ଆଧୁନିକତା: ପୃଷ୍ଠଭୂମି ଓ ପରିଭାଷା

ବସନ୍ତକୁମାର ପଣ୍ଡା

ଉତ୍ତର-ଆଧୁନିକତା ସାଂପ୍ରତିକ ସମୟର ଏକ ଜଟିଳ ତତ୍ତ୍ୱ। ମାତ୍ର ୧୯୮୦ ପରଠାରୁ ଏହା ବୌଦ୍ଧିକ ଜଗତରେ ଅଧ୍ୟୟନର ବିଷୟଭାବେ ପ୍ରବେଶ କରିଛି। ଏଇ ଶବ୍ଦଟିର ସଂଜ୍ଞା ନିରୂପଣ ଦୁଃସାଧ୍ୟ। କାରଣ ଏହା କଳା, ସ୍ଥାପତ୍ୟ, ସଂଗୀତ ଚଳଚ୍ଚିତ୍ର, ସାହିତ୍ୟ ସମାଜବିଜ୍ଞାନ, ଯୋଗାଯୋଗର ସ୍ତର, ଫେସନ୍ ଓ ପ୍ରଯୁକ୍ତିବିଦ୍ୟା ପ୍ରଭୃତି ବିବିଧ କ୍ଷେତ୍ରରେ ବିଭିନ୍ନ ଭାବେ ବ୍ୟବହୃତ। ସମୟର ସାରଣୀରେ ଏହାକୁ ସ୍ଥାନିତ କରିବା ସହଜ ନୁହେଁ, କାରଣ ଉତ୍ତର-ଆଧୁନିକତା ଏକବାଦ ଭାବେ କେବେ ଆରମ୍ଭ ହେଲା, ତାହା ସ୍ପଷ୍ଟ ନୁହେଁ। ତେଣୁ ଉତ୍ତର-ଆଧୁନିକତାର ପ୍ରତ୍ୟୟ କାଳବାଚୀ ଅପେକ୍ଷା ଭାବବାଚୀ ହେବା ଅଧିକ ସମୀଚନ।

ବୋଧହୁଏ 'ଉତ୍ତର-ଆଧୁନିକତା' ସଂପର୍କରେ କିଛି ଆଲୋଚନା କରିବାର ସବୁଠାରୁ ସହଜ ଉପାୟ ହେଉଛି ଆଧୁନିକତା ବିଷୟରୁ ଚର୍ଚ୍ଚା ଆରମ୍ଭ କରିବା, କାରଣ, ଆଧୁନିକତାରୁହିଁ ଉତ୍ତର-ଆଧୁନିକତାର ଜନ୍ମ।

ଆଧୁନିକତାର ଦୁଇଟି ଦିଗ ବା ଦୁଇପ୍ରକାର ସ୍ୱରୂପ ରହିଛି। ଉଭୟ ଉତ୍ତର ଆଧୁନିକତା ବୁଝିବା ପାଇଁ ପ୍ରାସଙ୍ଗିକ। ପ୍ରଥମଟି ରେନେସାଁ ଆଧାରିତ ଊନବିଂଶ ଓ ବିଂଶ ଶତାବ୍ଦୀର ୟୁରୋପରେ ନାନ୍ଦନିକ ବିପ୍ଳବ, ଯାହା କଳାରେ ଆଦର୍ଶର ସ୍ଥାନ ଭଳି ମଧ୍ୟଯୁଗୀୟ ବିଚାରଧାରା ଓ ଭିକ୍ଟୋରିଆନ୍ ରୁଚି ଓ ଧାରଣାକୁ ପରିହାର କରି ନୂତନତାର ଆବାହନ କରିଥିଲା ମାନବତାବାଦୀ, ନବଜାଗରଣ ଭିତରେ। ଅପରଟି ୧୯୧୦ରୁ

୧୯୩୦ ମଧ୍ୟବର୍ତ୍ତୀ ଉଗ୍ରଆଧୁନିକତା ବା 'high modermism', ଯେଉଁ ସମୟରେ ଭର୍ଜିନିୟା ଉଲଫ୍, ଜେମ୍ସ ଜୟସ୍, ଟି.ଏସ୍. ଇଲିୟଟ୍, ଏଜରା ପାଉଣ୍ଡ, ଷ୍ଟିଭେନସ୍, ପାଉଷ୍ଟ, ମାଲର୍ମେ, କାଫ୍‌କା ଓ ରିଲ୍‌କେ ପ୍ରଭୃତି ଆଧୁନିକତାର ପଥ୍ୟକୃତଙ୍କ କୃତିରେ କାବ୍ୟସାହିତ୍ୟ ଓ କଥାସାହିତ୍ୟର ନୂତନ ସଂଜ୍ଞା ନିରୂପିତ ହେଲା। ଉଭୟ ଦିଗର ମୁଖ୍ୟ ବିଭାବଗୁଡ଼ିକୁ ନେଇ ଆଧୁନିକତାର ବିଶେଷ ଲକ୍ଷଣଗୁଡ଼ିକ ଲକ୍ଷ୍ୟ କରାଯାଉ। ସାହିତ୍ୟ ଦୃଷ୍ଟିରୁ ଆଧୁନିକତାର ମୁଖ୍ୟ ଦିଗଗୁଡ଼ିକ ହେଲା—

(୧) କଳା ଓ ସାହିତ୍ୟକୃତିରେ ବାସ୍ତବରୂପବାଦ (impressimism) ଓ ବ୍ୟଷ୍ଟି-ଚେତନା (subjectivity)ର ପ୍ରଭାବ। କ'ଣ ଦେଖୁଛ ବା ଗ୍ରହଣ କରୁଛ ଗୌଣ ହୋଇ କିପରି ଦେଖୁଛ ବା କିପରି ଗ୍ରହଣ କରୁଛ ଉପରେ ଗୁରୁତ୍ୱ ଆରୋପ। ଏହାର ଉଦାହରଣ ଚେତନା ପ୍ରବାହ ମୂଳକ (stream of consciousness) ରଚନା।

(୨) ସର୍ବଦୃଶ୍ୟମାନ ତୃତୀୟ ପୁରୁଷର ଆପାତଃ ନୈର୍ବ୍ୟକ୍ତିକ ବର୍ଣ୍ଣନା କୌଶଳକୁ ପରିହାର କରି ନିର୍ଦ୍ଦିଷ୍ଟ ଦୃଷ୍ଟିକୋଣ ଘେନି ଚାରିତ୍ରିକ ବର୍ଣ୍ଣନାକୁ ଗୁରୁତ୍ୱ ପ୍ରଦାନ।

(୩) ସାହିତ୍ୟର ଦୁଇ ମୁଖ୍ୟ ଧାରା ଭିତରେ ପ୍ରଭେଦର କ୍ଷୀଣତା ହେତୁ କବିତା କ୍ରମଶଃ ଗଦ୍ୟମୟ (ଯେପରି ଇଲିୟଟ୍‌ଙ୍କ କବିତା) ଓ ଗଦ୍ୟ କାବ୍ୟିକ (ଯେପରି ଭର୍ଜିନିୟା ଉଲଫ୍ ଓ ଜେମସ୍ ଜୟସ୍‌ଙ୍କ ଉପନ୍ୟାସ) ହେବାରେ ଲାଗିଲା।

(୪) ବିଭିନ୍ନ ବିଷୟବସ୍ତୁର ଅସଂଲଗ୍ନ ସଂଯୋଜନା, ବିଚ୍ଛିନ୍ନ ବର୍ଣ୍ଣନା ଓ ବିଭଙ୍ଗ ବ୍ୟାଖ୍ୟାନ।

(୫) ସୃଷ୍ଟି ବିଷୟରେ ଆତ୍ମସଚେତନତା, ସୃଷ୍ଟିର ଯେକୌଣସି ଅଂଶର ସ୍ୱାତନ୍ତ୍ର୍ୟ ଓ ସଂଗଠନ ତଥା ପରିଗ୍ରହଣଶୀଳତା ବିଷୟରେ ନିର୍ଦ୍ଦିଷ୍ଟ ଜ୍ଞାନ ଓ ସଚେତନତା।

(୬) ଅଭିନବ ସୃଷ୍ଟି ପ୍ରକ୍ରିୟାରେ ସ୍ୱତଃସ୍ଫୂର୍ତ୍ତତା ଓ ଉଦ୍ଭାବନୀ ଶକ୍ତିର ଅଭିବୃଦ୍ଧି ପାଇଁ ପରିପୂରକ ନନ୍ଦନତାତ୍ତ୍ୱିକ କାବ୍ୟଶୈଳୀ ଓ ଅସଂଯତ ବିସ୍ତୃତିକୁ ପରିହାର।

(୭) ସାଂସ୍କୃତିକ କ୍ଷେତ୍ରରେ ଉଚ୍ଚ ଓ ନୀଚ ବା ସାଧାରଣ ସଂସ୍କୃତି ଭିତରେ ଥିବା ପ୍ରଭେଦକୁ ଅସ୍ୱୀକାର କରି ବିଷୟବସ୍ତୁ ଅନୁସାରେ ପରିପାଟୀ, ପରିବେଷଣ ଓ ପରିଗ୍ରହଣ ପାଇଁ ଉଭୟକୁ ଆଧାର କରି କଳାସୃଷ୍ଟିକୁ ସମ୍ଭବ କରାଇବା।

ଆଧୁନିକତା ପରି ଉତ୍ତର-ଆଧୁନିକତା ମଧ୍ୟ ଉପରୋକ୍ତ ଦିଗଗୁଡ଼ିକ ଅନୁସରଣ କରେ। କଳାର ଉଚ୍ଚ ଓ ନୀଚ ସ୍ତରକୁ ଅସ୍ୱୀକାର କରେ। ସାହିତ୍ୟ ରଚନାର ପ୍ରକାରଭେଦକୁ ପ୍ରତ୍ୟାଖ୍ୟାନ କରେ। ଅନୁକରଣ, ଲାଳିକା, ବିଦ୍ରୂପ ଓ ହାସ୍ୟକୁ ଗୁରୁତ୍ୱ ଦିଏ। ଉତ୍ତର- ଆଧୁନିକ କଳା ଓ ଚିନ୍ତାଚେତନା ଆତ୍ମବାଚକ ଓ ଆତ୍ମସଚେତନତାପୂର୍ଣ୍ଣ ହୁଏ। ବର୍ଣ୍ଣାନାତ୍ମକ ରଚନାରେ ଖଣ୍ଡିତ ଓ ବିଚ୍ଛିନ୍ନ ଅଂଶକୁ, ଦ୍ୱିଅର୍ଥବୋଧକୁ ଓ ଯୁଗପତ୍

ଘଟୁଥିବା ଘଟଣାକୁ ଆପଣେଇ ଥାଏ। ଅସଂଗଠିତ, ବିକେନ୍ଦ୍ରିତ ଓ ମନୁଷ୍ୟୋଚିତ ଗୁଣର ବିଚ୍ୟୁତିକୁ ଗୁରୁତ୍ୱ ଦିଏ।

ଏସବୁ ଦିଗରୁ ଉତ୍ତର-ଆଧୁନିକତା ଆଧୁନିକତା ପରି ମନେ ହେଉଥିଲେ ମଧ୍ୟ ଏସବୁ ବିଷୟରେ ତାହାର ଦୃଷ୍ଟିକୋଣ ଭିନ୍ନ। ଆଧୁନିକତା ବ୍ୟକ୍ତି ଜୀବନର ଓ ମାନବ ଇତିହାସର ଏକ ଖଣ୍ଡିତ ଚିତ୍ର ପ୍ରଦାନ କରିଥାଏ। ଉଦାହରଣସ୍ୱରୂପ 'The West Land' ବା 'To the Light House' ଅଥବା ଓଡ଼ିଆ ସାହିତ୍ୟ ପରିପ୍ରେକ୍ଷୀରେ ଗୁରୁପ୍ରସାଦ ମହାନ୍ତିଙ୍କ 'ସମୁଦ୍ରସ୍ନାନ' ବା ମନୋରଂଜନ ଦାସଙ୍କ 'ଅରଣ୍ୟ ଫସଲ' କଥା ଚିନ୍ତା କରନ୍ତୁ। ଆଧୁନିକ କଳା ଓ ସାହିତ୍ୟରେ ଏପରି ଏକ ଧାରଣା ପ୍ରତିଷ୍ଠିତ ହେଲା ଯେ ଐକ୍ୟ, ସଂଲଗ୍ନତା ଓ ଅର୍ଥବହତା ଆଦି ଗୁଣ ଯାହା ଆଧୁନିକ ଜୀବନରୁ ଅପସରିଯାଉଛି, ତା'ର ଅବକ୍ଷୟୀ ଚିତ୍ର ପ୍ରଦାନ କରି କଳା ଓ ସାହିତ୍ୟ ତାକୁ ଫେରାଇଆଣିବା ପାଇଁ ପ୍ରୟାସ କରିବ। ଅପରପକ୍ଷରେ ଉତ୍ତର ଆଧୁନିକତା ଜୀବନ ଓ ସମାଜର ଏଇ ଖଣ୍ଡିତ ଚିତ୍ର, ଅସ୍ଥାୟୀଭାବ ବା ଅସଂଲଗ୍ନ ରୂପକୁ ଲୁଚାଇବା ପାଇଁ ଚାହିଁ ନାହିଁ। ତାକୁ ସ୍ୱାଭାବିକ ଭାବରେ ଗ୍ରହଣ କରେ। ଯଦି ଏଇ ଜଗତ ଅର୍ଥହୀନ, ତାହେଲେ ଆମେ ଛଳନା କରିବା ଉଚିତ ନୁହେଁ ଯେ କଳା ବା ସାହିତ୍ୟ ତାକୁ ଅର୍ଥପୂର୍ଣ୍ଣ କରିଦେବ। ସେଇ ଅନର୍ଥକୁ ନେଇ ବଞ୍ଚିବା ଓ ଖେଳିବା ବରଂ ଭଲ।

ସୂକ୍ଷ୍ମଦୃଷ୍ଟିରେ ଆଧୁନିକତା ଓ ଉତ୍ତର-ଆଧୁନିକତାର ସଂପର୍କକୁ ଦେଖିଲା ବେଳେ ଏ ଦୁଇ ଭିତରେ ଥିବା ପ୍ରଭେଦକୁ ଭଲଭାବେ ବୁଝିହୁଏ। ଫ୍ରେଡରିକ୍ ଜେମସନ୍‌ଙ୍କ ମତରେ ଆଧୁନିକତା ଓ ଉତ୍ତର ଆଧୁନିକତା ହେଉଛି ପୁଞ୍ଜିବାଦର ନିର୍ଦ୍ଦିଷ୍ଟ ଦୁଇଟି ସ୍ତରକୁ ପ୍ରତିନିଧିତ୍ୱ କରୁଥିବା ଦୁଇଟି ସାଂସ୍କୃତିକ ଚେତନା। ସେ ପୁଞ୍ଜିବାଦର ତିନୋଟି ସ୍ତରକୁ ସ୍ପଷ୍ଟଭାବେ ଇଙ୍ଗିତ କରିଛନ୍ତି। ସେଥିରେ ନିହିତ ସଂଗଠିତ ସାଂସ୍କୃତିକ କାର୍ଯ୍ୟଧାରା ଉତ୍ପାଦିତ କଳାସାହିତ୍ୟକୁ ସର୍ବଦା ପ୍ରଭାବିତ କରୁଛି।

– ପ୍ରଥମଟି ବାଣିଜ୍ୟିକ ପୁଞ୍ଜିବାଦ, ଯାହା ପଶ୍ଚିମ ୟୁରୋପ ଇଂଲଣ୍ଡ ଓ ଯୁକ୍ତରାଷ୍ଟ୍ର ଆମେରିକା ଓ ଏସବୁ ଦେଶ ଅଧୀନରେ ଥିବା ଅନ୍ୟ ଉପନିବେଶଗୁଡ଼ିକରେ ଅଷ୍ଟାଦଶ ଶତାବ୍ଦୀରୁ ଊନବିଂଶ ଶତାବ୍ଦୀର ଶେଷ ପର୍ଯ୍ୟନ୍ତ ପ୍ରଚଳିତ ଥିଲା। ଏହି ପର୍ଯ୍ୟାୟରେ ଗୋଟିଏ ନିର୍ଦ୍ଦିଷ୍ଟ ଦିଗରୁ ପ୍ରଯୁକ୍ତି କ୍ଷେତ୍ରରେ ବିକାଶ ସାଧିତ ହୋଇଥିଲା—

ତାହାହେଲା ବାଷ୍ପଚାଳିତ ଇଞ୍ଜିନର ପ୍ରଚଳନ ଓ ଏହି ସମୟରେ ଗୋଟିଏ ନିର୍ଦ୍ଦିଷ୍ଟ ବୌଦ୍ଧିକ ଚେତନା ଗଢ଼ି ଉଠିଥିଲା—ତାହେଲା ବାସ୍ତବବାଦ (realism)। ଦ୍ୱିତୀୟ ପର୍ଯ୍ୟାୟ ଊନବିଂଶ ଶତାବ୍ଦୀର ଉତ୍ତରାର୍ଦ୍ଧରୁ ଆରମ୍ଭ ହୋଇ ବିଂଶ ଶତାବ୍ଦୀର ମଧ୍ୟକାଳ ପର୍ଯ୍ୟନ୍ତ (ଦ୍ୱିତୀୟ ବିଶ୍ୱଯୁଦ୍ଧ ଶେଷ ପର୍ଯ୍ୟନ୍ତ) ବଳବତ୍ତର ଥିଲା। ଏହି ସମୟରେ

ପୁଞ୍ଜିବାଦର ନିରଙ୍କୁଶ ରାଜତ୍ୱ । ପ୍ରଯୁକ୍ତି କ୍ଷେତ୍ରରେ ବିଦ୍ୟୁତ୍‌ଚାଳିତ ଆନ୍ତର୍ଦହନକ୍ଷମ ମଟରର ପ୍ରଚଳନ ହୋଇଥିଲା ଓ ବୌଦ୍ଧିକ କ୍ଷେତ୍ରରେ ଆଧୁନିକତାର (modermism) ପ୍ରବର୍ତ୍ତନ ହୋଇଥିଲା । ତୃତୀୟ ପର୍ଯ୍ୟାୟଟି ହେଉଛି ଆମ ସମୟର କଥା । ଏହି ସମୟରେ ଗଢ଼ିଉଠିଛି ବହୁରାଷ୍ଟ୍ରୀୟ କଂପାନୀ ମାନଙ୍କର ଆଧିପତ୍ୟ (multinational company) ବା ଉପଭୋକ୍ତାବାଦ (consumerisin) । ଏହି ସମୟରେ ଉତ୍ପାଦନ ଅପେକ୍ଷା ଭୋଗ୍ୟବସ୍ତୁର ପ୍ରସାର, ବିକ୍ରି ବିଜ୍ଞାପନ ଓ ବିପଣନ ଉପରେ ଅଧିକ ଗୁରୁତ୍ୱ ଦିଆଯାଇଛି । ବିଜ୍ଞାନ ଓ ପ୍ରଯୁକ୍ତି ପ୍ରାଧାନ୍ୟ ଲାଭ କରିଛି । ପ୍ରସାର ଘଟିଛି ପରମାଣୁ, ଇଲେକ୍‌ଟ୍ରୋନିକସ୍ ଓ ବଂଶାଣୁବିଦ୍ୟାର (genomics) ବୌଦ୍ଧିକତା କ୍ଷେତ୍ରରେ ଉଦ୍‌ବର୍ତ୍ତନ ଘଟିଛି ଉତ୍ତର ଆଧୁନିକତାର (post modermism) ।

ପ୍ରଭେଦ ପ୍ରକୃତରେ କ'ଣ ? ଆମେ ସାହିତ୍ୟର ବିଂଶ ଶତାବ୍ଦୀର ବୃହତ୍ତର ନାନ୍ଦନିକ ଆନ୍ଦୋଳନକୁ ହିଁ ଆଧୁନିକତା ବୋଲି ଆଲୋଚନା କରିଥାଉ । ଆଧୁନିକତା ହେଉଛି ଏକ ପ୍ରକାର ଦାର୍ଶନିକ ରାଜନୈତିକ ଓ ନୈତିକ ମାନଦଣ୍ଡ । ଆଧୁନିକତା ସବୁକାଳେ ଆପେକ୍ଷିକ । ଉନବିଂଶ ଶତାବ୍ଦୀର ସମାଜ ବିଜ୍ଞାନ ଆଲୋଚନାରେ ସାଂପ୍ରତିକ ଯୁଗକୁ ତା' ପୂର୍ବଯୁଗଠାରୁ ଭିନ୍ନ ଦେଖାଇବା ପାଇଁ ପ୍ରଥମେ ଆଧୁନିକ ଶବ୍ଦ ବ୍ୟବହୃତ ହୋଇଥିଲା । ଆଧୁନିକ ଯୁଗର ଆରମ୍ଭ ପ୍ରକୃତରେ କେବେ, ତାହା ନେଇ ବିବାଦ ଲାଗିରହିଛି । କାହାକୁ ଆଧୁନିକ କୁହାଯିବ ? ଆଉ କାହାକୁ କୁହାଯିବ ନାହିଁ, ତାହା ମଧ ଦ୍ୱନ୍ଦ୍ୱ ସୃଷ୍ଟି କରୁଛି । ଐତିହାସିକମାନେ ଯେଉଁ ସମୟରୁ ଆଧୁନିକଯୁଗର ଆରମ୍ଭ ନିଶ୍ଚିତ କରିଛନ୍ତି, ମନେହେଉଛି ତା'ର ବହୁକାଳ ପୂର୍ବରୁ ଆଧୁନିକ ଯୁଗର ସୂଚନା ରହିଛି । କିନ୍ତୁ ଅଷ୍ଟାଦଶ ଶତାବ୍ଦୀର ମଧଭାଗରେ ୟୁରୋପୀୟ ପୁନର୍ଜାଗରଣର ସମୟ ହିଁ ଆଧୁନିକ ଯୁଗର ଉଷାକାଳ ଭାବରେ ସର୍ବମୟ ସ୍ୱୀକୃତ । କେହି କେହି ଏହାକୁ ପଛକୁ ପ୍ରଲମ୍ବିତ କରି ରେନେସାଁ ସମୟରୁ ଏହାର ଆରମ୍ଭ ବୋଲି କହନ୍ତି । କିନ୍ତୁ ପ୍ରକୃତରେ ଏହାର ପରବର୍ତ୍ତୀ ରଚନାରେ ଆଧୁନିକତାର ରୂପ ଓ ଗୁଣର ପରିଚୟ ମିଳେ ।

ନବଜାଗରଣ ମୂଳ ନିର୍ଯ୍ୟାସ ହେଉଛି ମାନବତାବାଦ । ଧର୍ମର ନିଗଡ଼ ଓ ସାମାଜିକ ଗୋଷ୍ଠୀତନ୍ତ୍ରରୁ ମୁକ୍ତିପରି ବ୍ୟକ୍ତିକୁ ଆପଣାର ଗରିମାରେ ପ୍ରତିଷ୍ଠିତ କରିବା ଆଧୁନିକତାର ପ୍ରଧାନ ଉଦ୍ଦେଶ୍ୟ ଓ ଶ୍ରେଷ୍ଠ ସଫଳତା । ଜ୍ଞାନ ତାତ୍ତ୍ୱିକ ଦୃଷ୍ଟିରୁ ଆଧୁନିକତାର କେତୋଟି ସୂକ୍ଷ୍ମ ଉଦ୍ଦେଶ୍ୟ ଓ ସ୍ୱରୂପକୁ ଲକ୍ଷ୍ୟ କରାଯାଉ—

(୧) ଅବିଚଳତା ସଂଲଗ୍ନ ଓ ଯୁକ୍ତି ନିଷ୍ଠ, ସ୍ୱନିୟନ୍ତ୍ରିତ ଓ ସାର୍ବଜନୀନ । କୌଣସି ଅବସ୍ଥାରେ ଏହାରି ଉପରେ କାହାରି ନିୟନ୍ତ୍ରଣ ରହିବା ଉଚିତ ନୁହେଁ ।

(୨) ବ୍ୟକ୍ତି (ଆତ୍ମସତ୍ତା) ନିଜକୁ ଓ ଜଗତକୁ ଯୁକ୍ତି ଦ୍ୱାରା ଜାଣିବ, ଉଚ୍ଚତମ ମାନସିକ ସ୍ତରରେ କାର୍ଯ୍ୟ କରିବ ଓ ନିରପେକ୍ଷ ତଥା ବସ୍ତୁନିଷ୍ଠ ହେବ।

(୩) ବସ୍ତୁନିଷ୍ଠ ଯୁକ୍ତି ନିର୍ଭର ଯାହା ବ୍ୟକ୍ତିର ଜିଜ୍ଞାସାରୁ ବିଜ୍ଞାନର ଜନ୍ମ ଓ ତାହା ଏକ ଜିଜ୍ଞାସା ବ୍ୟକ୍ତିର ବ୍ୟକ୍ତିଗତ ସ୍ଥିତିର ଊର୍ଦ୍ଧ୍ୱକୁ ଯାଇ ବିଶ୍ୱ ସମ୍ବନ୍ଧୀୟ ସାର୍ବଜନୀନ ସତ୍ୟ ପ୍ରଦାନ କରେ।

(୪) ବିଜ୍ଞାନ ଦ୍ୱାରା ଆବିଷ୍କୃତ ତତ୍ତ୍ୱ 'ସତ୍ୟ' ଓ ନିତ୍ୟ।

(୫) ବିଜ୍ଞାନପ୍ରସୂତ ଜ୍ଞାନ ବା ସତ୍ୟ ସର୍ବଦା ବିକାଶ ଓ ଶ୍ରେଷ୍ଠତା ଆଡ଼କୁ ବାଟ ଫିଟାଇଥାଏ। ମାନବସମାଜର ବ୍ୟକ୍ତିଗତ ଓ ଆନୁଷ୍ଠାନିକ କାର୍ଯ୍ୟକଳାପ ବିଜ୍ଞାନସମ୍ମତ ଯୁକ୍ତି ଓ ପର୍ଯ୍ୟବେକ୍ଷଣ ଦ୍ୱାରା ବିଶ୍ଳେଷଣ କରି ଶୁଦ୍ଧ ଓ ଉନ୍ନତ କରାଯାଇପାରିବ।

(୬) ସତ୍ୟର ଶ୍ରେଷ୍ଠ ବିଚାରକ ହେଉଛି ଯୁକ୍ତି। ଅତଏବ କ'ଣ ଠିକ୍, କ'ଣ ଭୁଲ୍ (ନ୍ୟାୟ ଦୃଷ୍ଟିରୁ ଓ ନୈତିକତା ଦୃଷ୍ଟିରୁ), ତାହା ଯୁକ୍ତି ଦ୍ୱାରା ବିଚାର୍ଯ୍ୟ। ଯୁକ୍ତିପ୍ରସୂତ ଜ୍ଞାନ ଦ୍ୱାରା ଯେଉଁ ନୀତିନିୟମ ପ୍ରଣୀତ ହୁଏ ତାହାକୁ ମାନି ଚଳିବାରେ ହିଁ ସ୍ୱାଧୀନତା ମିଳିଥାଏ।

(୭) ଯୁକ୍ତିପୂର୍ଣ୍ଣ ଜଗତରେ ସତ୍ୟ ହିଁ ସଠିକ୍ (ଶିବ) ଓ ସୁନ୍ଦର। ସତ୍ୟ ଓ ସଠିକତା ଭିତରେ ଦ୍ୱନ୍ଦ୍ୱ ରହେନାହିଁ।

(୮) ବିଜ୍ଞାନ ସାମାଜିକ କ୍ଷେତ୍ରରେ ପ୍ରଚଳିତ ସକଳ ଜ୍ଞାନର ଦୃଷ୍ଟାନ୍ତ ସ୍ୱରୂପ ବିବେଚିତ। ବିଜ୍ଞାନ ନିରପେକ୍ଷ ଓ ନୈର୍ବ୍ୟକ୍ତିକ। ବୈଜ୍ଞାନିକ ନିଜର ନିଷ୍ପାପର, ନିରପେକ୍ଷ ଓ ଅପ୍ରଭାବିତ ଚିନ୍ତା ବଳରେ ନୂତନ ଜ୍ଞାନ ଉଦ୍ଭାବନ କରି ସମାଜର କଲ୍ୟାଣ ପାଇଁ ବିତରଣ କରିଥା'ନ୍ତି। ଯୁକ୍ତିର ନିୟମକୁ ସକଳ ବିଷୟର ଊର୍ଦ୍ଧ୍ୱରେ ବୋଲି ସେମାନେ ବିଚାର କରନ୍ତି।

(୯) ଜ୍ଞାନର ପ୍ରସ୍ତୁତି ଓ ବିତରଣ ପାଇଁ ମାଧ୍ୟମ ଭାବରେ ଯେଉଁ ଭାଷା ବ୍ୟବହୃତ ହେବ, ତାହା ମଧ୍ୟ ଯୁକ୍ତିପୂର୍ଣ୍ଣ ଶାଣିତ ଓ ସରଳ ହେବ। ଯେକୌଣସି ଜ୍ଞାନର ବ୍ୟାଖ୍ୟାପାଇଁ ଭାଷା ହେବ ସ୍ୱଚ୍ଛ। ଏହା ଦୃଶ୍ୟମାନ ଜଗତର ବାସ୍ତବ ଓ ଗ୍ରାହ୍ୟ ବିଷୟକୁ ବର୍ଣ୍ଣନା କରିବ, ଯାହାକୁ ସହଜରେ ନିଜର ଯୁକ୍ତିବାଦୀ ମନଦେଇ ବ୍ୟକ୍ତି ବୁଝିପାରିବ। ଦୃଶ୍ୟମାନ ଜଗତ ଓ ତା'ର ପ୍ରତୀକାତ୍ମକ ନାମ ଭିତରେ ସର୍ବଦା ଏକ ନିର୍ଦ୍ଦିଷ୍ଟ ସଂଯୋଗ ରହିବ।

ଉପରୋକ୍ତ ବିଷୟ ଗୁଡ଼ିକ ମାନବତାବାଦ ଓ ଆଧୁନିକତାର କେତୋଟି ମୌଳିକ ଓ ତାତ୍ତ୍ୱିକ ଆଧାର। ଆମ ସାମାଜିକ ବିଧିବ୍ୟବସ୍ଥାର ସକଳ ଦିଗକୁ (ଯଥା—: ଗଣତନ୍ତ୍ର, ନ୍ୟାୟପାଳିକା, ବିଜ୍ଞାନ, ନୀତିତତ୍ତ୍ୱ ଓ ନାନ୍ଦନିକ ଚେତନା) ବୁଝି ବୁଝାଇବା ପାଇଁ ଏସବୁ ପ୍ରଧାନ ଉପଶମ ଭାବରେ କାର୍ଯ୍ୟ କରିଥାଏ।

ଆଧୁନିକତାର ମୂଳ କଥା ହେଉଛି ଶୃଙ୍ଖଳା, ଯୁକ୍ତିବାଦ ଓ ବିବେକବୋଧ। ସକଳ ଦୁଃସ୍ଥିତି ଭିତରୁ ସ୍ଥିତି ଓ ସବୁ ବିଶୃଙ୍ଖଳା ଭିତରୁ ଶୃଙ୍ଖଳାସୃଷ୍ଟି ହେଉଛି ଆଧୁନିକତାର ଲକ୍ଷ୍ୟ। ଯୁକ୍ତି ଓ ବିବେକ ଦ୍ୱାରା ସମାଜ ବ୍ୟବସ୍ଥା ଶୃଙ୍ଖଳିତ ସୁବ୍ୟବସ୍ଥିତ ହେବ। ଆଦିମ ଅବ୍ୟବସ୍ଥା ଭିତରୁ ଶୃଙ୍ଖଳିତ ସୁବ୍ୟବସ୍ଥା ଆଡ଼କୁ ନିରନ୍ତର ଅଗ୍ରଗତି ହିଁ ଆଧୁନିକତାର ଶ୍ରେଷ୍ଠ ପରିଚୟ। ସବୁ ବିଶୃଙ୍ଖଳା ଓ ବ୍ୟଭିଚାରକୁ ସାମାଜିକ ନୀତିବୋଧର ଯଷ୍ଟି ଦେଖାଇ ଶାନ୍ତ ଓ ଶୃଙ୍ଖଳିତ ରଖିବା ଆଧୁନିକ ସମାଜର ନିୟମିତ କାର୍ଯ୍ୟ। ପ୍ରକୃତ ବିଶୃଙ୍ଖଳା ଉପରେ କୃତ୍ରିମ ଶୃଙ୍ଖଳାର ରାଜତ୍ୱ ଆଧୁନିକ ସମାଜର ଦାନ। କିନ୍ତୁ ଏହି ତଥାକଥିତ ଶୃଙ୍ଖଳା ଆଣିବାପାଇଁ ଆଧୁନିକ ସମାଜରେ କେତେକ ବ୍ୟତିକ୍ରମ ଦେଖାଦେଇଥାଏ, ଯାହା ପାଶ୍ଚାତ୍ୟ ସଂସ୍କୃତିରେ ଭିନ୍ନ ବା ଅନ୍ୟ (the other) ଭାବରେ ପରିଚିତ !

ଶୃଙ୍ଖଳା ଓ ବିଶୃଙ୍ଖଳା ଭାବରେ ନାମିତ ଦୁଇ ଭିନ୍ନ ଧାରା ସୃଷ୍ଟି କରିବା ମୂଳରେ ଆଧୁନିକ ସମାଜର ଏକମାତ୍ର ଲକ୍ଷ୍ୟ ହେଉଛି ସ୍ଥାୟିତ୍ୱ ଓ କ୍ରମବିକାଶ। ଉତ୍ତର ଆଧୁନିକବାଦର ଅନ୍ୟତମ ଶ୍ରେଷ୍ଠ ବ୍ୟାଖ୍ୟାକାର ଲ୍ୟୋଟାର୍ଡ ଏହି ସ୍ଥାୟିତ୍ୱକୁ (stability) ପରିପୂର୍ଣ୍ଣତା (totality) ସହିତ ତୁଳନା କରିଛନ୍ତି। ଏଠି ବିଘଟନବାଦର (deconstruction) ଜନକ ଡେରିଡାଙ୍କ (Jacques Derrida) ପରିପୂର୍ଣ୍ଣ ବ୍ୟବସ୍ଥା (totality or completness) କଥା ଚିନ୍ତା କରାଯାଇପାରେ। ଲ୍ୟୋଟାର୍ଡଙ୍କ (Francois Lyotard) ମତରେ ମହାକାବ୍ୟିକ ବ୍ୟାଖ୍ୟାନ ଭିତରେ ହିଁ grand narative ବା master narative ସମାଜର ସାଂସ୍କୃତିକ ଚଳଣି ଓ ଚାହାଣି, ଆଶା ଓ ବିଶ୍ୱାସକୁ ସାଇତି ରଖିଥାଏ। ଆମେରିକୀୟ ସଭ୍ୟତାରେ ସେ ଦେଶର ବିପୁଳ ଗଣତାନ୍ତ୍ରିକ ବ୍ୟବସ୍ଥାର କଥା grand narative ହୋଇପାରେ ଯାହା ସେ ଦେଶକୁ ଏକ ସମୃଦ୍ଧ ଓ ଯୁକ୍ତିସିଦ୍ଧ ଶାସନ ବ୍ୟବସ୍ଥା ଦେଇପାରିଛି ଓ ଏହି ଗଣତନ୍ତ୍ର ସାର୍ବଜନୀନ ମାନବିକ ଆନନ୍ଦ ପ୍ରତିଷ୍ଠା କରିପାରିବ ବୋଲି ବିଶ୍ୱାସ ରହିଛି। ପ୍ରତ୍ୟେକ ଆଦର୍ଶଗତ ବିଶ୍ୱାସ ବ୍ୟବସ୍ଥାର ଗୋଟିଏ grand narative ବା ନୀତି ସୂତ୍ର ଅଛି। ଲ୍ୟୋଟାର୍ଡଙ୍କ ମତରେ ଯେପରି ଉଦାହରଣସ୍ୱରୂପ ମାର୍କସ୍‌ବାଦର ଗ୍ରାଣ୍ଡ୍ ନ୍ୟାରେଟିଭ୍ ହେଲା ଦିନେ ପୁଞ୍ଜିବାଦର ପତନ ଘଟିବ ଓ ସମାଜବାଦର ସ୍ୱପ୍ନ ସାକାର ହେବ। ଏକ ଗ୍ରାଣ୍ଡ୍ ନ୍ୟାରେଟିଭ୍‌କୁ ଏକ ପ୍ରକାର ଅତିତତ୍ତ୍ୱ (meta-theory) ବା ଅତି ଆଦର୍ଶ (meta-ideology) ଭାବରେ ବୁଝାଯାଇପାରେ, ଯାହା ବିଧିବ୍ୟବସ୍ଥା ବା ନୀତି ବିଶ୍ୱାସକୁ ବୁଝାଇବା ପାଇଁ ଉଦ୍ଦିଷ୍ଟ।

ଲ୍ୟୋଟାର୍ଡ ଯୁକ୍ତି କରନ୍ତି ଯେ ଜ୍ଞାନର ପ୍ରାଥମିକ ରୂପ ବିଜ୍ଞାନ ସମେତ ଆଧୁନିକ ସମାଜର ସକଳ ବିଭବ ଏଇ ଗ୍ରାଣ୍ଡ୍ ନାରେଟିଭ୍ ଭାଷା ଉପରେ ନିର୍ଭରଶୀଳ। ଉତ୍ତର-ଆଧୁନିକ ହେଉଚି ଏଇ ଗ୍ରାଣ୍ଡ ନାରେଟିଭ୍‌ର ସମୀକ୍ଷଣ। ଯେକୌଣସି ସାମାଜିକ ବ୍ୟବସ୍ଥା ଓ

ଚଳଣିରେ ଅନ୍ତର୍ନିହିତ ଅସ୍ଥିରତା ଓ ବୈଷମ୍ୟକୁ ଛଦ୍ମ ଆବରଣ ଦେବାପାଇଁ ଏଥି ବୃହତ୍ କଥା ବା ଗ୍ରାଣ୍ଡ ନାରେଟିଭ୍ ସବୁ ଯେଉଁପରି ଭୂମିକା ନିର୍ବାହ କରନ୍ତି, ଉତ୍ତର ଆଧୁନିକତା ସେସବୁର ସୂକ୍ଷ୍ମ ଦିଗଗୁଡ଼ିକୁ ବିଶ୍ଳେଷଣ କରିବାରେ ନିୟୋଜିତ। ଅନ୍ୟଭାବେ କହିଲେ 'ଶୃଙ୍ଖଳା' (order) ପ୍ରତିଷ୍ଠା ପାଇଁ ପ୍ରତ୍ୟେକ ଉଦ୍ୟମ ସମାନ ପରିମାଣର ବିଶୃଙ୍ଖଳା (disorder) ସୃଷ୍ଟିର ସମ୍ଭାବନା ଆଣିଥାଏ। କିନ୍ତୁ ବୃହତ୍ କଥା ଏଇ ସାମାଜିକ ଦୁଃସ୍ଥିତିକୁ ଲୁଚାଇ ଦେଇ ବିଶୃଙ୍ଖଳାର ନିନ୍ଦା ଓ ଶୃଙ୍ଖଳାର ଜୟଗାନ କରେ। ଉତ୍ତର-ଆଧୁନିକତା କିନ୍ତୁ ବୃହତ୍ କଥାକୁ ପଛରେ ପକାଇ କ୍ଷୁଦ୍ର କାହାଣୀକୁ ସ୍ୱାଗତ କରୁଛି। ଲୌକିକ ଘଟଣା, କ୍ଷୁଦ୍ର ଲୋକାଚାର, ଆଞ୍ଚଳିକତା ପାଇଁ ଅଧିକ ଗୁରୁତ୍ୱପୂର୍ଣ୍ଣ। ବିପୁଳ, ସାର୍ବଜନୀନ, ବିଶ୍ୱବିଦିତ, ବ୍ୟାପୃତ ଘଟଣା ବା କାହାଣୀ ଅପେକ୍ଷା କ୍ଷୁଦ୍ର ଘଟଣା, ଚରିତ୍ର, ଚଳଣି ଓ ଜୀବନଯାତ୍ରା, ଯାହା ସ୍ୱ-ପରିବେଶ ଓ ପରିସ୍ଥିତିର ପରିଚାୟକ ଓ ଅନୌପଚାରିକ ତାହା ଉତ୍ତର-ଆଧୁନିକତାର ଉପାଦାନ। ଏଥିପରେ ସାର୍ବଜନୀନତା, ସତ୍ୟ ଯୁକ୍ତି ଓ ସ୍ଥାୟିତ୍ୱର ଅବକାଶ ନଥାଏ।

ନବଜାଗରଣ ଚିନ୍ତାର ଆଉ ଗୋଟିଏ ବିଶିଷ୍ଟ ଦିଗ ଯାହା ପୂର୍ବୋକ୍ତ ଆଲୋଚନାର ଶେଷ କାରଣ ଭାବରେ ଉଲ୍ଲିଖିତ ତାହା ଥିଲା—ଭାଷାର ସ୍ୱଚ୍ଛତା ଓ ପ୍ରାଞ୍ଜଳତା। ଶବ୍ଦସବୁ ନିର୍ଦ୍ଦିଷ୍ଟ ଭାବ ବା ବସ୍ତୁର ପ୍ରତିନିଧିତ୍ୱ କରିବା ବ୍ୟତୀତ ଅତିରିକ୍ତ କିଛି କହନ୍ତି ନାହିଁ। ଆଧୁନିକ ସମାଜ ବିଶ୍ୱାସ କରେ ଯେ ପ୍ରତ୍ୟେକ ସୃଷ୍ଟି (କଳା, ସଙ୍ଗୀତ, ସାହିତ୍ୟ ଇତ୍ୟାଦି) ଗ୍ରାହକଙ୍କ ପାଇଁ ଉଦ୍ଦିଷ୍ଟ। ଆଉ ବାସ୍ତବତା ଗ୍ରାହକର ମନରେ ଥାଏ। କିନ୍ତୁ ଉତ୍ତର-ଆଧୁନିକତା ମତରେ ସୃଷ୍ଟି ହିଁ ସବୁ କିଛି। ତାହା ଗ୍ରାହକ ନିରପେକ୍ଷ। ସ୍ଥାୟୀ ଓ ନିତ୍ୟ ବାସ୍ତବତା ବୋଲି କିଛି ନାହିଁ। ତେଣୁ ଗ୍ରାହକର ଭୂମିକା ଗୌଣ ଓ ପରିବର୍ତ୍ତନଶୀଳ। ଉତ୍ତର-ଆଧୁନିକତାର ଭୂମିରେ ସମତଳ ଅଛି, ଗଭୀରତା ନାହିଁ, ସୃଷ୍ଟି ରହିଛି ଗ୍ରାହକ-ନିରପେକ୍ଷ ହୋଇ।

ଏହି କଥାକୁ ଅନ୍ୟଭାବେ କହିଛନ୍ତି ଜାଁ ବଡ୍ରିଲାଡ୍—ଉତ୍ତର-ଆଧୁନିକ ସମାଜରେ ମୂଳ ବା ମୌଳିକ ବୋଲି କିଛି ନାହିଁ। ସବୁ ନକଲ; ଯାହାକୁ ସେ କହିଛନ୍ତି ପ୍ରତିଛବି ବା 'simulacra'। ଚିତ୍ର ବା ଭାସ୍କର୍ଯ୍ୟ ସଂପର୍କରେ ଚିନ୍ତା କରାଯାଇପାରେ, ଯେଉଁଠି ଦା' ଭିନ୍‌ସି, ଭାନ୍ ଗଗ୍ ବା ପିକାଶୋ ମୌଳିକ ସୃଷ୍ଟି ରହିଛି, ତା' ସହିତ ରହିଛି ଅସଂଖ୍ୟ ନକଲ। ଏଠି ମୌଳିକ ସୃଷ୍ଟିର ଉଚ୍ଚତମ ମୂଲ୍ୟ ଯେ ରହିଛି ତାହା କେବଳ ଅର୍ଥ ମୂଲ୍ୟରେ ହିଁ ସୀମିତ। କିନ୍ତୁ, ସଙ୍ଗୀତ କ୍ଷେତ୍ରରେ କଥାଟି ଠିକ୍ ବିପରୀତ। କ୍ୟାସେଟ୍, ସି.ଡି. ବା ଯେକୌଣସି ସଙ୍ଗୀତ ରେକର୍ଡିଂରେ ମୌଳିକତା original ବୋଲି କିଛି ନାହିଁ, ଯାହାକୁ ଚିତ୍ରଶିଳ୍ପ ପରି କାନ୍ଥରେ ଟଙ୍ଗାଯାଇପାରିବ ବା ଭାସ୍କର୍ଯ୍ୟ ପରି ନିର୍ଦ୍ଦିଷ୍ଟ ସ୍ଥାନରେ ସାଇତି ରଖାଯାଇପାରିବ। ସଙ୍ଗୀତଜଗତରେ ଅଧିକାଂଶ ଉତ୍ପାଦନ ହେଉଛି ନକଲ (କପି), ଯାହା ବହୁ ସଂଖ୍ୟାରେ

ପ୍ରସ୍ତୁତ ହୁଏ ଓ ପ୍ରାୟ ଊଣାଅଧିକେ ସମାନ ମୂଲ୍ୟରେ ବିକ୍ରି ହୁଏ। ବଦ୍ରିଲାଡ (Jeam Baudrillard) କଥିତ ସାଦୃଶ୍ୟ ବା ଅନୁକୃତିର (simulation) ଅନ୍ୟ ଏକ ଉଦାହରଣ ହେଉଛି ଶାବ୍ଦିକ ବାସ୍ତବତା (verbal reality), ଯାହା କମ୍ପ୍ୟୁଟର ମାଧ୍ୟମରେ ଅନୁରୂପ ବସ୍ତୁ, ଦୃଶ୍ୟ, ଜୀବ ଓ ଚରିତ୍ର ନିର୍ମାଣ କରିବା (animation) ବର୍ତ୍ତମାନ ଉତ୍ତର-ଆଧୁନିକ ଜଗତର ଏକ ପ୍ରଧାନ ଦିଗ।

ଶେଷତଃ, ଉତ୍ତର-ଆଧୁନିକତା ଜ୍ଞାନସଂଗଠନ ବା ସଂରଚନା ସହିତ ସଂପୃକ୍ତ। ଆଧୁନିକ ସମାଜରେ ଜ୍ଞାନ ବିଜ୍ଞାନର ସହଧର୍ମୀ ଥିଲା। ଆଖ୍ୟାନ ଥିଲା ତା' ର ବିପରୀତ। ବିଜ୍ଞାନକୁ ବିଶୁଦ୍ଧଜ୍ଞାନ ଓ ଆଖ୍ୟାନକୁ ଆଦିମ, ଆପାତଃ ଓ ଅଯୌକ୍ତିକ ତେଣୁ ଅଶୁଦ୍ଧ ବୋଲି ମନେକରାଯାଉଥିଲା। ଜ୍ଞାନ ଥିଲା ଆପଣା ଗୁଣରେ ଗରୀୟାନ, ଥିଲା ଆତ୍ମକୈନ୍ଦ୍ରିକ। ଜଣେ ଶିକ୍ଷା ମାଧ୍ୟମରେ ଜ୍ଞାନର୍ଜନ କରି ଜ୍ଞାନବନ୍ତ ଓ ଶିକ୍ଷିତ ବୋଲି ସମାଜରେ ପ୍ରତିଷ୍ଠା ପାଉଥିଲେ। ଏହା ସାଧାରଣ ଶିକ୍ଷିତ ସମାଜର ଆଦର୍ଶ ଥିଲା। କିନ୍ତୁ ଉତ୍ତର-ଆଧୁନିକ ସମାଜରେ ଜ୍ଞାନର ନୂତନ ଅଭିଧା ସୃଷ୍ଟି ହୋଇଛି। ତାହା ହେଉଛି ଉପଯୋଗ କ୍ଷମ। ଆମେ ଯାହା ଶିଖିବୁ, ଜାଣିବୁ, ଯେଉଁ ଜ୍ଞାନ ଅର୍ଜନ କରିବୁ ତାହାକୁ କେବଳ ସାଇତି ଥିବା ପାଇଁ ନୁହେଁ, ମାତ୍ର ସେଇ ଜ୍ଞାନର ଉପଯୋଗ ପାଇଁ। ପୂର୍ବରୁ ସାରୂପ୍ (Madam Sarup) କହିଛନ୍ତି, ବର୍ତ୍ତମାନର ଶିକ୍ଷାନୀତି ଅଧିକରୁ ଅଧିକ କୌଶଳ ଓ ପ୍ରଶିକ୍ଷଣ ଉପରେ ଗୁରୁତ୍ୱ ଦେଉଛି। ଆମେ ସାଧାରଣ ଭାବରେ କେବଳ କେତେକ ଅର୍ଥହୀନ ମାନବିକ ଆଦର୍ଶର କଥା କହି ଚୁପ୍ ନଥିଲୁ କି? ଏହା ଆମ ଦେଶର ଡିଗ୍ରୀଧାରୀମାନଙ୍କ ପାଇଁ ଏକ ବଡ଼ ପ୍ରଶ୍ନ। ତୁମେ ଡିଗ୍ରୀ ନେଇ କ'ଣ କରିବ? ଏହି ପ୍ରଶ୍ନର ବାସ୍ତବ ଉତ୍ତର ଖୋଜିବା ଆରମ୍ଭ ହୋଇଛି ଉତ୍ତର-ଆଧୁନିକ ସମାଜରେ। ଯେଉଁ ବିଦ୍ୟାର ଉପଯୋଗ ନାହିଁ, ତାହା ବର୍ଜନୀୟ ନହେଲେ ବି ଗୌଣ ହୋଇଯାଇଛି।

ଉତ୍ତର-ଆଧୁନିକ ସମାଜରେ ଜ୍ଞାନର କେବଳ ନୂତନ ସଂଜ୍ଞା ନିରୂପିତ ହୋଇଛି ତାହା ନୁହେଁ, ଜ୍ଞାନର ବିତରଣ, ସଂଗ୍ରହ ଓ ସଂଗଠନ ପାଇଁ ନୂତନ ପ୍ରଣାଳୀ ଆବିଷ୍କୃତ ଓ ଅନୁସୃତ ହେଉଛି। ବିଶେଷ କରି ଇଲେକ୍‌ଟ୍ରୋନିକ୍ ଓ କମ୍ପ୍ୟୁଟର ପ୍ରଯୁକ୍ତିର ଉଦ୍‌ବର୍ତ୍ତନ ଫଳରେ ନୂତନ ଜ୍ଞାନର ସୃଷ୍ଟି ଓ ଉତ୍ପାଦନ, ପରିବେଷଣ ଓ ଉପଯୋଗ ପଦ୍ଧତିରେ ଏକ ବୈପ୍ଳବିକ ପରିବର୍ତ୍ତନ ଆସିଛି। କୁହାଯାଇପାରେ ୧୯୬୦ ପରବର୍ତ୍ତୀ ସମୟରେ ସମାଜ ଜୀବନର ସକଳ କ୍ଷେତ୍ରରେ କମ୍ପ୍ୟୁଟର ଟେକ୍ନୋଲୋଜିର ପ୍ରଭାବ ଓ ବିସ୍ତାର ସହିତ ଉତ୍ତର-ଆଧୁନିକତା (Post-modernism) ଅଙ୍ଗାଙ୍ଗୀ ଭାବେ ଜଡ଼ିତ। ଏହା ଉତ୍ତର-ଆଧୁନିକତାକୁ ଗଭୀର ଭାବେ ବୁଝିବାର ସୁଯୋଗ ଆଣିଦେଇଛି। ଉତ୍ତର-ଆଧୁନିକତା ଦୃଷ୍ଟିରୁ ଯାହା କମ୍ପ୍ୟୁଟର ଦ୍ୱାରା ଚିହ୍ନିତ ଓ ସଂଗୃହୀତ ହୋଇପାରିବ ନାହିଁ,

ଆକାର ପରିଗ୍ରହ କରିପାରେ ନାହିଁ ତାହାକୁ ଚିହ୍ନିତ ଓ ସଂଗୃହୀତ କରାଯାଇପାରିବ ନାହିଁ। ଏହି ନ୍ୟାୟରେ ବିଚାର କଲେ ଜ୍ଞାନର (knowledge) ବିପରୀତ ଅଜ୍ଞାନ ନ ହୋଇ ହେବ କୋଳାହଳ ଗାଲୁ ଗୁଜବ (noise)। ଯାହା ଜ୍ଞାନର ପର୍ଯ୍ୟାୟବାଚୀ ନୁହେଁ, ଜ୍ଞାନର ଅଭିଧାରେ ଅବଧାରିତ ନୁହେଁ, ଉପରୋକ୍ତ ବ୍ୟବସ୍ଥାରେ ସ୍ୱୀକୃତ ହେବାପରି ବିଷୟ ନୁହେଁ, ତାହା noise।

ଲ୍ୟୋଟାର୍ଡ କହନ୍ତି ଉତ୍ତର-ଆଧୁନିକ ସମାଜର ପ୍ରଧାନ କଥା-ସଂଜ୍ଞା କାହାଦ୍ୱାରା ନିରୂପିତ ହେଉଛି ? ସହଜଭାବେ କହିଲେ ଜ୍ଞାନ (knowledge) କ'ଣ ଓ ଗାଲୁ ଗୁଜବ (noise) କ'ଣ ତାହା କିଏ ସ୍ଥିର କରୁଛି ? କେଉଁଟା ପ୍ରୟୋଜନ ଆଉ କେଉଁଟା ନିଷ୍ପ୍ରୟୋଜନ ତାହା କିଏ ଜାଣେ ? ଏହି କଥାକୁ ବୁଝାଇବା ପାଇଁ ସାରୂପ୍ ଅନେକ ସମୟ ବ୍ୟୟ କରିଛନ୍ତି। ଜ୍ଞାନ ବିଷୟରେ ଏହି ସିଦ୍ଧାନ୍ତ ଆଧୁନିକ ମାନବତାବାଦୀ ଦୃଷ୍ଟିଭଙ୍ଗୀ ଉପରେ ପର୍ଯ୍ୟବସିତ ନୁହେଁ। ଉଦାହରଣସ୍ୱରୂପ ଜ୍ଞାନର ବିଭିନ୍ନ ସ୍ୱରୂପ ଯଥା—: ସତ୍ୟ (ଏହାର ପ୍ରାୟୋଗିକ ଗୁଣ), ଦୟା ବା ନ୍ୟାୟ (ଏହାର ନୈତିକ ଗୁଣ) ଓ ସୌନ୍ଦର୍ଯ୍ୟ (ଏହାର ନାନ୍ଦନିକ ଗୁଣ)—ଏସବୁକୁ ଏକତ୍ର କଳନା କରିବା ସହଜ ନୁହେଁ। ବରଂ ଲ୍ୟୋଟାର୍ଡଙ୍କ ମତରେ ଉଇଟ୍‌ଗେନ୍‌ଷ୍ଟାଇନ୍ (Ludwing Wittgenstein) କଥିତ ତର୍କ ଭାଷା ବା ଭାଷାକ୍ରୀଡ଼ା ଦ୍ୱାରା ହିଁ ସକଳ ଜ୍ଞାନର ସଂଜ୍ଞା ନିରୂପିତ। ସାରୂପ୍ ଏହାର ସବିଶେଷ ଆଲୋଚନା କରିଛନ୍ତି ନିଜ ନିବନ୍ଧରେ Madam Saurp L: An Introducing Guide to Post-Structuralism and Post-Modernism)।

ଉତ୍ତର ଆଧୁନିକତା ବିଷୟରେ ବହୁ ପ୍ରଶ୍ନ ପଚରା ଯାଇଛି—ଏହି ଆନ୍ଦୋଳନର ଉଦ୍ଦେଶ୍ୟ କ'ଣ ? ଏଥିରେ କେଉଁ ପ୍ରକାର ରାଜନୀତି କାମ କରୁଛି ? ସାମୟିକ ଭାବ, ଅସ୍ଥାୟିତ୍ୱ, କୃତକାର୍ଯ୍ୟତା ଓ ଅନିଶ୍ଚିତତା—କିଛି ଭଲ କିଛି ମନ୍ଦ—ଏସବୁ ଭିତରେ ଉତ୍ତର-ଆଧୁନିକତା ଅର୍ଥ ସନ୍ଧାନ କରିବାକୁ ପଡୁଛି। ଆଉ ଆମ ସମାଜରେ ଏସବୁର ଉତ୍ତର ଏକାନ୍ତ ନୁହେଁ, ଅନେକାନ୍ତ। ଯଦି ପୁଣି ଉତ୍ତର ଆଧୁନିକତାର ପୂର୍ବଯୁଗକୁ ଗୁରୁତ୍ୱ ଦେବାକୁ ଚାହିଁବା ତା'ହେଲେ ମାନବତାବାଦ ଓ ନବଜାଗରଣ ଲକ୍ଷ୍ୟ ବହନ କରୁଥିବା ରାଜନୈତିକ, ଧାର୍ମିକ ଓ ଦାର୍ଶନିକ ଦିଗଗୁଡ଼ିକ ପ୍ରତି ଅଧିକ ଆସକ୍ତି ବଢ଼ାଇବାକୁ ହେବ। ଉତ୍ତର ଆଧୁନିକ ଯୁଗର ଅନେକ ଲକ୍ଷଣ ଭିତରୁ ଧାର୍ମିକ ମୌଳବାଦର ଉନ୍ମେଷ ଅନ୍ୟତମ ପ୍ରଧାନ ପରିଣାମ। ଏହା ଧାର୍ମିକ ସତ୍ୟ (grand narrative)ର ସର୍ବସ୍ୱୀକୃତ ମତବାଦ ଉପରେ ପ୍ରଶ୍ନ ବା ତା'ର ବ୍ୟତିକ୍ରମ, ବିରୁଦ୍ଧ ପ୍ରତିବାଦ। ସଲ୍‌ମନ ରୁସ୍‌ଦିଙ୍କ 'ସାଟାନିକ୍ ଭର୍ସେସ୍', ତସଲିମା ନସ୍‌ରିନ୍‌ଙ୍କ 'ଲଜ୍ଜା' ପ୍ରଭୃତି ଗ୍ରନ୍ଥ ଉପରେ ନିଷେଧାଦେଶ ଏହି ପ୍ରବୃତ୍ତିର ଉଦାହରଣ।

ଉତ୍ତର-ଆଧୁନିକତାର ପ୍ରତ୍ୟାଖ୍ୟାନ ଓ ରକ୍ଷଣଶୀଳତା ତଥା ଧାର୍ମିକ ମୌଳବାଦ ସହିତ ସହଯୋଗ ଫଳରେ ସମାଜରେ ଖଣ୍ଡ, କ୍ଷୁଦ୍ର, ଉପଧାରା ଓ ବିଭିନ୍ନ କ୍ଷୀଣ ସତ୍ତାର ଉଦ୍ରେକ ହେବ। ଗୋଟିଏ ପକ୍ଷରେ ଉଦାରପନ୍ଥୀ ଓ ଅନ୍ୟପକ୍ଷରେ ମୌଳବାଦୀମାନଙ୍କୁ ଏହା ପ୍ରୋତ୍ସାହିତ କରିବ। ଏହି ଅବସ୍ଥାର ଅନ୍ୟତମ ଉଦାହରଣ ବାମାବାଦୀମାନଙ୍କର (feminist) ଉତ୍ତର-ଆଧୁନିକତା ପ୍ରତି ଅହେତୁକ ଆକର୍ଷଣ।

ଉତ୍ତର-ଆଧୁନିକତାର ଅନ୍ୟ ଏକ ବିଶିଷ୍ଟ ପ୍ରକାର୍ଯ୍ୟ ହେଲା, ତାହା ବିଶ୍ୱରେ କାୟାବିସ୍ତାର କରିଥିବା ବୃହତ ଶିଳ୍ପସଂସ୍ଥାର ଉତ୍ପାଦନ ଓ ଆନ୍ତର୍ଜାତିକ ଜ୍ଞାନ ବା ସେବା ବ୍ୟବସ୍ଥାକୁ ଉପଯୋଗ କରିବା ଉପରେ ଗୁରୁତ୍ୱ ଦିଏ। ଏହା କହେ—କୌଣସି କାର୍ଯ୍ୟପାଇଁ ସାମାଜିକ ପ୍ରୟୋଜନବୋଧରେ ସ୍ଥାନୀୟ ଜ୍ଞାନ କୌଶଳକୁ ଉପଯୋଗ କରିବା ଉଚିତ। ତାହା ସ୍ୱଚ୍ଛ, ସୀମିତ ଓ ଆଂଶିକ ହୋଇ ମଧ୍ୟ ସ୍ଥୁଳବିଶେଷରେ ଅଧିକ ଫଳପ୍ରଦ ହୋଇଥାଏ। ସବୁବେଳେ ବିପୁଳ ଓ ସ୍ଥୁଳ ବିଷୟଠାରୁ କ୍ଷୁଦ୍ର, ସୂକ୍ଷ୍ମ ଓ ନିର୍ଦ୍ଦିଷ୍ଟ ସ୍ଥାନ ଓ ସମୟର ସମସ୍ୟାକୁ ସମାଧାନ କରିବା ଦିଗରେ ଅଧିକ ଦୃଷ୍ଟି ଦେବା ଉଚିତ। ଜାଗତିକ ଧାରାରେ ପ୍ରଭାବିତ ହୋଇ ଅପ୍ରତ୍ୟାଶିତ ଆଞ୍ଚଳିକ ଘଟଣା ସବୁ କିପରି ସମାଜ ବ୍ୟବସ୍ଥାର ରସଦ ଭାବରେ କାମ କରୁଛି, ତାହାର ବିଧିବଦ୍ଧ ତାତ୍ତ୍ୱିକ ଅନୁଶୀଳନ କରିବା ପାଇଁ ଉତ୍ତର ଆଧୁନିକତା ପଥ ପରିଷ୍କାର କରିଦେଇଛି। ଉତ୍ତର ଆଧୁନିକତାର ମନ୍ତ୍ର ହେଉଛି "ବିଶ୍ୱସ୍ତରରେ ଚିନ୍ତାକର କିନ୍ତୁ ଆଞ୍ଚଳିକ ସ୍ତରରେ କାର୍ଯ୍ୟ କର" (think globaly act localy)। ଉତ୍ତର ଆଧୁନିକତାର ନିୟତି ଶିକ୍ଷା ହେଉଛି: ଅନ୍ୟର ବିଶାଳତା ବା ବିପୁଳତା କଥା ଚିନ୍ତାକରି ବିଡ଼ମ୍ବିତ ହେବା ଅପେକ୍ଷା ଆପଣାର କ୍ଷୁଦ୍ରତାକୁ ମହନୀୟ କରି ଜୀବନରେ ଆତ୍ମଶକ୍ତିର ସଫଳ ରୂପାୟନ ହିଁ ଶ୍ରେୟସ୍କର।"

ସହାୟକ ଗ୍ରନ୍ଥସୂଚୀ:

1. Baudrillard, Jean : Simulations, 1983 New York.
2. Foucalt, M: The order of Things, London.
3. Lyotard, Jean Francois; The Post Modern Condition Manchester.
4. Klages, Mary : Post Modernism, Colorado.
5. Surup : Madam : An Introductory Guide to Post-Structuralism and Post-Modernism.
6. Waugh : Patricia : Practicing post Modernism, London.

■

ଆଧୁନିକ ଓଡ଼ିଆ ସାହିତ୍ୟରେ ବିଭିନ୍ନ 'ବାଦ' ବା 'ଇଜମ୍'

ଇନ୍ଦୁ ମିଶ୍ର

କଳା ସାହିତ୍ୟର କାଳୋତ୍ତୀର୍ଣ୍ଣତା ସାଧାରଣତଃ ବାଦବିସମ୍ବାଦର ଊର୍ଦ୍ଧ୍ୱରେ ଏକ ଶାଶ୍ୱତ ଭାବ ସତ୍ୟ ଉପରେ ନିର୍ଭରଶୀଳ ରହିଥାଏ। ସାହିତ୍ୟରେ 'ବାଦ' ବା 'ଇଜମ୍' ତେଣୁ ସୃଜନାତ୍ମକ କଳା କୃତି ପରିବର୍ତ୍ତେ ଦର୍ଶନ ଓ ସମାଲୋଚନା ସହ ହିଁ ଅଧିକ ଜଡ଼ିତ ରହିବା ଭଳି ମନେହୁଏ। ପାଶ୍ଚାତ୍ୟ ପରମ୍ପରାରେ ସମସାମୟିକ ସାମାଜିକ, ସାଂସ୍କୃତିକ, ଧର୍ମୀୟ ତଥା ରାଜନୈତିକ ଜୀବନର ପ୍ରତିକ୍ରିୟା ସ୍ୱରୂପ ବିଭିନ୍ନ ବାଦ ବା ଇଜିମ (ism)ର ଉଦ୍‌ଭବ ଘଟିଛି। ବିଶେଷତଃ ଆଧୁନିକତା ପରିପ୍ରେକ୍ଷୀରେ ଜାତୀୟତାବାଦ, ମାର୍କସ୍‌ବାଦ, ରୋମାଣ୍ଟିକ୍‌ବାଦ, ବାସ୍ତବବାଦ, ଅସ୍ତିତ୍ୱବାଦ, ଅତିବାସ୍ତବାଦ ଭଳି 'ଇଜିମ୍' (ism) ଗୁଡ଼ିକ ମୁଖ୍ୟତଃ ପାଶ୍ଚାତ୍ୟ ଦର୍ଶନ ଓ ସମାଲୋଚନାର ଅବଦାନ। ଓଡ଼ିଆ ସାହିତ୍ୟର ମଧ୍ୟକାଳୀନ ପରମ୍ପରାରେ ଯେଉଁ ଯୋଗ ଓ ପ୍ରେମମୂଳକ କାବ୍ୟ ଧାରାର ଉନ୍ମେଷ ଘଟିଥିଲା ତହିଁରେ ଅବଶ୍ୟ ଏକ ରହସ୍ୟବାଦୀ ତଥା ରୋମାଣ୍ଟିକ୍ ଭାବୋଚ୍ଛ୍ୱାସ ପର୍ଯ୍ୟାୟକ୍ରମେ ପରିଲକ୍ଷିତ ହୁଏ। କିନ୍ତୁ ସୃଜନାତ୍ମକ କଳାରେ ପରିଦୃଷ୍ଟ ଏ ଚେତନାର ମୂଲ୍ୟାଙ୍କନ ହୋଇଛି ଆଧୁନିକ ଓଡ଼ିଆ ସାହିତ୍ୟ ପରମ୍ପରାରେ। ଓଡ଼ିଆ ସାହିତ୍ୟରେ 'ବାଦ' ବା 'ଇଜମ୍' (ism) ସଂପର୍କିତ ଧାରଣାଟି ତେଣୁ ପ୍ରାକ୍ତନ ନୁହେଁ, ଅଧିକନ୍ତୁ ଆଧୁନିକ ଓ ସମସାମୟିକ।

ପାଶ୍ଚାତ୍ୟ ପରମ୍ପରାରେ ବିବିଧ ଆନ୍ଦୋଳନ (Movement) କ୍ରମରେ ଭିନ୍ନ ଭିନ୍ନ ବାଦର ଉଦ୍ଭବ ଘଟିଥିଲା। 'ରୋମାଣ୍ଟିସିଜିମ୍' ଠାରୁ 'ଇମେଜିଜିମ୍' ପର୍ଯ୍ୟନ୍ତ

ସର୍ବତ୍ର ମିଳିତ କବି ଗୋଷ୍ଠୀର ଅବଦାନ କ୍ରମରେ ଜନ୍ମ ନେଇଥିଲା ଭିନ୍ନ ଭିନ୍ନ 'ବାଦ'। ଓଡ଼ିଆ ସାହିତ୍ୟର ଆଧୁନିକତା କ୍ରମରେ ଧୀରେ ଧୀରେ ଏହି 'ବାଦ' ବା 'ଇଜିମ୍' ପ୍ରତି ଏକ ସଚେତନତା ପ୍ରକାଶ ପାଇବାକୁ ଲାଗିଥିଲା। ରାଧାନାଥ ସାହିତ୍ୟରେ ପ୍ରଥମଥର ଓଡ଼ିଆ ଭାଷାର କଳାକୃତିକୁ ମିଳିଥିଲା ଏକ ନୂତନ ଧାରା। ଏହି ନୂତନ ଧାରାଟି ହେଉଛି— 'ନ୍ୟାସନାଲିଜିମ୍' ବା 'ଜାତୀୟତାବାଦ'। କଳ୍ପନାପ୍ରବଣ ରୀତି-ସାହିତ୍ୟର ଯବନିକା ପତନ ପାଇଁ ଏହି ନୂତନ 'ବାଦ'ର ଏକ ଗୁରୁତ୍ୱପୂର୍ଣ୍ଣ ଭୂମିକା ରହିଥିଲା। ଆମଦେଶର ପାରିବେଶିକ ବାସ୍ତବତା ସୂତ୍ରରେ ରାଧାନାଥୀ ସାହିତ୍ୟରେ ଜାତୀୟତାବାଦର ଉନ୍ମେଷ ଘଟିଥିଲେ ମଧ୍ୟ ଏହାର ପୃଷ୍ଠପଟ୍ଟରେ ରହିଥିଲା ଇଂରାଜୀ କବି ମିଲଟନ୍, ସ୍କଟ୍, ଡ୍ରାଥଇଡନ୍ ପ୍ରମୁଖଙ୍କ ପ୍ରେରଣା। ପୁରାତନରେ ନୂତନତା ଓ ଆହରଣରେ ମୌଳିକତା ପ୍ରଦର୍ଶନ କରିବା ପ୍ରତିଭାର ବିଧି ପ୍ରତିପାଦିତ ଅଧିକାର ବୋଲି ଥିଲା ରାଧାନାଥଙ୍କର ମତ। ରାଧାନାଥ ଯୁଗର ସ୍ରଷ୍ଟାଗଣ ସେଥିପାଇଁ ହୁଏତ ସଂସ୍କୃତ ଅଥବା ଇଂରାଜୀ ସାହିତ୍ୟର ଧାରାକୁ ନିଜ ସୃଷ୍ଟିର ମୂଳ ପ୍ରେରଣା ରୂପେ ଗ୍ରହଣ କରିଥିଲେ। ଏ ଯୁଗର କାବ୍ୟ-ସାହିତ୍ୟରେ ମୁଖ୍ୟତଃ ଜାତୀୟତାବାଦ ଓ ରୋମାଣ୍ଟିକ୍‌ବାଦର ଅଭ୍ୟୁଦୟ ଘଟିଥିଲା। ମଧୁସୂଦନ, ଗଙ୍ଗାଧର, ନନ୍ଦକିଶୋର ପ୍ରମୁଖଙ୍କ କୃତିରେ ମୁଖ୍ୟତଃ ଆଧ୍ୟାତ୍ମବାଦୀ ଦୃଷ୍ଟିକୋଣ ଭିତରେ ଜାତୀୟତାବାଦ ଓ ରୋମାଣ୍ଟିକ୍‌ବାଦ ଅନ୍ତଃସଲୀଳା ଫଲ୍‌ଗୁ ଭଳି ପ୍ରବାହିତ ହୋଇଥିଲା। ଜାତୀୟତାବାଦ ପୁଣି କେବେ ବ୍ୟକ୍ତିଗତ ଦୃଷ୍ଟିକୋଣକୁ ଆଧାର କରି ବାସ୍ତବବାଦ କେବେ ପୁଣି ରୋମାଣ୍ଟିକ୍‌ବାଦର ଶିବିରଭୁକ୍ତ ହେବା ଲକ୍ଷ୍ୟ କରାଗଲା। କବି ଯେଉଁଠାରେ ସାଂପ୍ରତିକ ସମୟ ସଚେତନତାକୁ କେନ୍ଦ୍ରକରି ଜାତୀୟ ପରିବେଶକୁ ବ୍ୟକ୍ତ କରିଥିଲେ ଜାତୀୟତାବାଦ ସେଠାରେ ବାସ୍ତବବାଦ ସହ ସଂଯୁକ୍ତ ହୋଇଥିଲା। କବି ଯେଉଁଠାରେ ଜାତୀୟତାବୋଧକୁ କେନ୍ଦ୍ରକରି ଅତୀତ ସଂପ୍ରୀତି ପ୍ରକାଶ କରିଥିଲେ ସେଠାରେ ଜାତୀୟତାବାଦ ରୋମାଣ୍ଟିକ୍‌ବାଦ ସହ କ୍ଷୀର ନୀର ଭଳି ବିମିଶ୍ରିତ ହୋଇ ଯାଇଥିଲା। ରାଧାନାଥଙ୍କର 'ଦରବାର' ଓ 'ଚିଲିକା' କାବ୍ୟ ଦୁଇଟିକୁ ପର୍ଯ୍ୟାୟକ୍ରମେ ଏହାର ଦୃଷ୍ଟାନ୍ତ ସ୍ୱରୂପ ଗ୍ରହଣ କରାଯାଇପାରେ। ପୁଣି ଆବେଦନର ଚିରନ୍ତନତା ଦୃଷ୍ଟିରୁ 'ମହାଯାତ୍ରା' ଓ 'ତପସ୍ୱିନୀ' ଭଳି କୃତିଗୁଡ଼ିକ କ୍ଲାସିକ୍ ସୃଷ୍ଟିର ମର୍ଯ୍ୟାଦା ଲାଭ କରିଥିଲେ।

ଏହି ସମୟରେ କଥା-ସାହିତ୍ୟରେ ଫକୀର ମୋହନ ସେନାପତି ମୁଖ୍ୟତଃ ଏକ ବାସ୍ତବବାଦୀ ଦୃଷ୍ଟିକୋଣ ପ୍ରକାଶ କରିଥିବା ଲକ୍ଷ୍ୟ କରାଯାଏ। 'ଛ ମାଣ ଆଠ ଗୁଣ୍ଠ', 'ମାମୁଁ', 'ଲଛମା' ଓ 'ପ୍ରାୟଶ୍ଚିତ୍ତ' ଭଳି ଉପନ୍ୟାସ ତଥା 'ଗଳ୍ପ ସ୍ୱଳ୍ପ'ର କଥା-ସୃଷ୍ଟିରେ ସେନାପତି ସାମାଜିକ-ବାସ୍ତବବାଦକୁ ନିଜ ରଚନାର ମୂଳାଧାରା ଭାବେ

ଗ୍ରହଣ କରିଥିଲେ। ଏହି କାଳରୁ ହିଁ ଓଡ଼ିଆ ସାହିତ୍ୟରେ ବାସ୍ତବବାଦର ଏକ ବଳିଷ୍ଠ ଭିତ୍ତି ସ୍ଥାପିତ ହୋଇଥିଲା। ପରବର୍ତ୍ତୀ ପର୍ଯ୍ୟାୟରେ ଏହି ବାଦକୁ ଆଧାର କରି ଗଢ଼ି ଉଠିଥିବା ଅନ୍ୟାନ୍ୟ 'ବାଦ' ବା 'ଇଜିମ୍' ଦ୍ୱାରା ଓଡ଼ିଆ ସାହିତ୍ୟରେ ବିବିଧ ବୈଚିତ୍ର୍ୟ ପରିଦୃଷ୍ଟ ହୋଇଥିଲା।

ବସ୍ତୁତଃ ସ୍ୱାଧୀନତା ପ୍ରାପ୍ତି ପର୍ଯ୍ୟନ୍ତ ଓଡ଼ିଆ ସାହିତ୍ୟରେ ଜାତୀୟତାବାଦ ଓ ମାର୍କସ୍‌ବାଦର ଏକ ଗୁରୁତ୍ୱପୂର୍ଣ୍ଣ ଭୂମିକା ରହିଥିଲା। ସତ୍ୟବାଦୀ ସାହିତ୍ୟରେ ଜାତୀୟତାବାଦ ହିଁ ଥିଲା ମୁଖ୍ୟ ସ୍ୱର। ଗୋପବନ୍ଧୁ, ନୀଳକଣ୍ଠ ଓ ଗୋଦାବରୀଶଙ୍କ ସୃଷ୍ଟିରେ ଜାତୀୟ ଜୀବନର ଉତ୍‌ଥାନ ପାଇଁ ଅଭିପ୍ରେତ ରହିଥିବା କାବ୍ୟିକ ବାର୍ତ୍ତା ସହଜରେ ଉପଲବ୍ଧି କରାଯାଏ। ସତ୍ୟବାଦୀ ପରବର୍ତ୍ତୀ ସବୁଜ ସାହିତ୍ୟରେ ଏକ ବାର୍ତ୍ତା ନିରପେକ୍ଷ ରୋମାଣ୍ଟିକ୍ ଚେତନା ଅବଶ୍ୟ ଅନୁଭୂତ ହୁଏ। ଇଂରାଜୀ ରୋମାଣ୍ଟିକ୍ କବିତା ସହ ବଙ୍ଗ ସାହିତ୍ୟର କବି ଗୁରୁ ରବୀନ୍ଦ୍ରନାଥଙ୍କ ସୃଷ୍ଟି ଚେତନା ଦ୍ୱାରା ସବୁଜ କବିତା ମୁଖ୍ୟତଃ ପ୍ରଭାବିତ ହୋଇଥିଲା। ସବୁଜ ପରି-ପ୍ରେୟସୀ ସହ ସ୍ୱପ୍ନଲୋକର ପରିକଳ୍ପନାରେ ଅଧୀର ଆକୁଳ ହୋଇଥିଲା କବି ସତ୍ତା। ଧୀରେ ଧୀରେ ମେଲାଣି ନେଲା ଏ ସ୍ୱପ୍ନପ୍ରବଣତା। ବାସ୍ତବତାର ଆହ୍ୱାନରେ କଳ୍ପନା ଆପାତତଃ ତିରୋହିତ ହେବା ଭଳି ମନେ ହେଲା ଓଡ଼ିଆ ସାହିତ୍ୟର ଦିଗ୍‌ବଳୟରୁ। ମାର୍କସ୍‌ବାଦ ବିଂଶ ଶତାବ୍ଦୀର ପ୍ରାୟ ଚତୁର୍ଥ ଦଶନ୍ଧି ବେଳକୁ ହେଲା ଓଡ଼ିଆ ସାହିତ୍ୟର ମୁଖ୍ୟ ସ୍ୱର ପରିବର୍ତ୍ତକ। ୰ ଭଗବତୀ ଚରଣ ପାଣିଗ୍ରାହୀ, ସଚ୍ଚିଦାନନ୍ଦ ରାଉତରାୟ, ଅନନ୍ତ ପଟ୍ଟନାୟକ, ରଘୁନାଥ ଦାସ, ସୁନନ୍ଦ କର, ମନମୋହନ ମିଶ୍ର ପ୍ରମୁଖଙ୍କ ମିଳିତ ଉଦ୍ୟମରେ ଓଡ଼ିଆ ସାହିତ୍ୟର ମାର୍କସ୍‌ବାଦୀ ଧାରା କ୍ରମଶଃ ପରିପୁଷ୍ଟ ହେଲା। ଗୁରୁ ଚରଣ ପଟ୍ଟନାୟକ, ପ୍ରାଣନାଥ ପଟ୍ଟନାୟକ ପ୍ରମୁଖ ମାର୍କସ୍‌ବାଦ ସମ୍ବନ୍ଧରେ ବିବିଧ ଅନୁବାଦ ତଥା ମୌଳିକ ପ୍ରବନ୍ଧ ମାଧ୍ୟମରେ ଓଡ଼ିଶାର ପ୍ରଗତିବାଦୀ ସାହିତ୍ୟ ଚେତନାକୁ ସମୃଦ୍ଧ କଲେ। ସାମଗ୍ରିକ ମାନବିକତାବାଦକୁ ଆଧାର କରି ଜନ୍ମ ନେଲା ଶିକାର, ଦା, ହାଡ଼ୁଡ଼ି, ଚିତ୍ରଗ୍ରୀବ ଭଳି କଥାସାହିତ୍ୟ। ପୁଣି ଆଭିଜାନ, ବାଜିରାଉତ, ଅଭିଜ୍ଞାନ, କୋଟିକଣ୍ଠ, ମୁକ୍ତିଡ଼ାକରା ଭଳି କାବ୍ୟ ସାହିତ୍ୟ। କଳାରେ କାରିଗରୀ କୌଶଳ ପରିବର୍ତ୍ତେ ସହଜ, ସରଳ ତଥା ସାବଲୀଳ ଆବେଦନ ନେଇ ଅଭିବ୍ୟକ୍ତ ହେଲା କଳାକାର, କବି ଓ ସାହିତ୍ୟିକର ମର୍ମବାଣୀ। କବି ରାଉତରାୟ ନିଜର ଆଦ୍ୟ କାବ୍ୟ-ଦର୍ଶନକୁ ରୂପାୟିତ କରିବାକୁ ଯାଇ ଉଲ୍ଲେଖ କଲେ—

"ଧରଣୀର ରାଜପଥେ ଚାଲୁ ଚାଲୁ ପଥଚାରୀ ମୁହିଁ।
ଯେ ବ୍ୟଥା ବାକିଛି କାନେ

ମଣିଷର ଅପମାନ ଛୁଇଁ
ଦେଉଛି ତାହାକୁ ବାଣୀ
କହିଛି ସେ ସାଧାରଣ କଥା
ଭାଷାର କପଟ ଜାଲେ ରଚିନାହିଁ ଇନ୍ଦ୍ରଜାଲ ତଥା xxx।"

(ପାଣ୍ଡୁଲିପି- ସଚ୍ଚି ରାଉତରାୟ ଗ୍ରନ୍ଥାବଳୀ- କବିତାର କବର)

ମାର୍କସ୍‌ବାଦୀ ଓ ଜାତୀୟତାବାଦୀ କଳା ତଥା ସାହିତ୍ୟରେ ଅବହେଳିତ ସମାଜ ତଥା ଜାତୀୟ ଜୀବନର ପୁନରୁଦ୍ଧାର ପାଇଁ ପ୍ରଚେଷ୍ଟା ରହିଥିବାରୁ ତାହାର ଆବେଦନ ସାଧାରଣତଃ ସହଜ, ସରଳ ତଥା ସାବଲୀଳ। କଷ୍ଟକଳ୍ପିତ ରୂପକଳ୍ପ ଅଥବା ପ୍ରତୀକର ସଂଯୋଜନା ତହିଁରେ ପ୍ରାୟ ଘଟିନଥାଏ। କିନ୍ତୁ ବିଂଶ ଶତାବ୍ଦୀର ପଞ୍ଚମ ଦଶନ୍ଧିରୁ କଳା ଓ ସାହିତ୍ୟ କ୍ଷେତ୍ରରେ ଏକ ଭିନ୍ନ ଆଲୋଡ଼ନ ସୃଷ୍ଟି ହୋଇଥିବାର ଲକ୍ଷ୍ୟ କରାଯାଏ। ଏହି ପର୍ଯ୍ୟାୟରେ ସାହିତ୍ୟର ଭାବ ପକ୍ଷରେ ନୂତନ ଚିନ୍ତା ସଂଘଟିତ ହେବା ସହିତ ଆଙ୍ଗିକରେ ମଧ୍ୟ ନବ ନବ ଶୈଳୀର ସଂଯୋଜନା ପରିଲକ୍ଷିତ ହେଲା। ଚିନ୍ତା ଓ ଶୈଳୀର ନବୀନ ପ୍ରୟୋଗ ପରିପ୍ରେକ୍ଷୀରେ ଏହି ଦଶନ୍ଧିରୁ ପ୍ରୟୋଗଧର୍ମୀ ସାହିତ୍ୟର ଉନ୍ମେଷ ଓ ବିକାଶ ଘଟିଛି ବୋଲି ଗବେଷକ ଗଣଙ୍କର ମତ। କବିତା ଏହିଧାରାରେ 'ମାଟିର ଅଶ୍ରୁ ମାଟିର ମର୍ମବୀଣା' (କୁଞ୍ଜ ବିହାରୀ ଦାଶ- କବିତା ସଞ୍ଚୟନ -୧ମ ଭାଗ) ନ ହୋଇ ହୋଇଛି 'ଯୁଧେଷ୍ଠିଙ୍କ ରଥ' (ସଚ୍ଚି ରାଉତରାୟ)। ଯୁଧେଷ୍ଠିଙ୍କ ରଥର ବୈଶିଷ୍ଟ୍ୟ ହେଉଛି ଏହା ଯେ ଭୂମିଠାରୁ ଆଙ୍ଗୁଳି ପରିମିତ ବ୍ୟବଧାନରେ ଏହା ଗତି କରେ ପ୍ରୟୋଗବାଦୀ କବିତାକୁ ଯୁଧେଷ୍ଠିଙ୍କ ରଥ ରୂପେ ଅଭିହିତ କରି ଭୂମି ସହ ଏହାର ତଲ୍ଲୀନତାକୁ କିଞ୍ଚିତ୍ ବିଛିନ୍ନ କରିଛନ୍ତି ରାଉତରାୟ। ପ୍ରୟୋଗବାଦ ତେଣୁ ଚେତନା ଦୃଷ୍ଟିରୁ ଜନସାଧାରଣଙ୍କ ଦୁଃଖ ଓ ବେଦନା ସହ ସର୍ବତ୍ର ଯୋଗସୂତ୍ର ରକ୍ଷା କରିପାରିନାହିଁ। ବରଂ ବ୍ୟକ୍ତିକୈନ୍ଦ୍ରିକ ଏହାର ଚେତନା ବୁଦ୍ଧିଜୀବୀ ପାଠକ ଗୋଷ୍ଠୀ ଭିତରେ ସୀମାବଦ୍ଧ ରହିଯାଇଛି।

ପ୍ରୟୋଗବାଦୀ କବିତାରେ ବାସ୍ତବବାଦ ଏକ ପରିବର୍ତ୍ତିତ ଭାବ ସତ୍ତାରେ ରୂପାନ୍ତରିତ ହୋଇଛି। ସମାଜର ଧାରା ବଦଳିଯିବା ସହ ମୂଲ୍ୟବୋଧରେ ବ୍ୟାପକ ଅବକ୍ଷୟ ଘଟିଛି। ଶିଳ୍ପ ଓ ଶିକ୍ଷା ଯୁଗପତ୍ ରୂପାନ୍ତର ଘଟାଇଛନ୍ତି ସାମାଜିକ ଦୃଶ୍ୟପଟ୍ଟରେ। ଜାତୀୟତାବାଦୀ ଓ ବାମପନ୍ଥୀ ପ୍ରଗତିବାଦୀ ସାହିତ୍ୟରେ ପରିଦୃଷ୍ଟ ସମାଜର ଛଳନା, ପ୍ରତାରଣା ଓ ଦ୍ୱୈତସତ୍ତା କ୍ରମଶଃ ବ୍ୟାପକରୁ ବ୍ୟାପକତର ହୋଇଛି। ଏକ ପକ୍ଷରେ ସାହିତ୍ୟ ସାଧନାରେ ବ୍ୟାପୃତ ରହିଥିବା ପ୍ରଶାସକ ଗୋଷ୍ଠୀ ପ୍ରକାଶ କରିଛନ୍ତି ନିଜର ବାସ୍ତବ ଦୁଃଖ। ନଗର ସଭ୍ୟତାର ବ୍ୟସ୍ତ ବ୍ୟକ୍ତିସତ୍ତାକୁ ଚାହିଁ ବ୍ୟକ୍ତ ହୋଇଛି ଏ

ବ୍ୟସ୍ତତା, ଦୁଃଖ ଓ ଅଶ୍ୱସ୍ତିପୂର୍ଣ୍ଣ ଜୀବନ ଚିତ୍ର। ଆପାତତଃ ସୁଦୃଶ୍ୟ ପୋଷାକପରିହିତ ଭଦ୍ର, ବୁଦ୍ଧିଜୀବୀ ସମାଜର ହନ୍ତସନ୍ତ ଅବସ୍ଥାକୁ ଚିତ୍ରିତ କରିଛନ୍ତି କବି। ବୁଦ୍ଧିଜୀବୀ, ସ୍ୱଚ୍ଛଳ, ପ୍ରଶାସକ ଗୋଷ୍ଠୀ ସୀତାକାନ୍ତ ମହାପାତ୍ରଙ୍କ ଭାଷାରେ—

"ପ୍ୟାଣ୍ଟ କୋଟ ପରିହିତ ଧଳା ମୂଷା
ଏଣେ ତେଣେ ଧାଇଁ ଖାଲି ହୁଅନ୍ତି ହୀନସ୍ତା।"

(କୌଣସି ଏକ ସହର ବିଷୟରେ—ଶବ୍ଦର ଆକାଶ)

ବସ୍ତୁତଃ ବାସ୍ତବବାଦ ଆଧୁନିକତାବାଦର ଏକ ଅଙ୍ଗ ରୂପେ ବହୁ ନୂଆ ଚେତନା ଓ ଶୈଳୀର ଜନ୍ମ ଜାତକ ପ୍ରସ୍ତୁତ କରିଛି ପ୍ରୟୋଗବାଦ ପର୍ଯ୍ୟାୟରେ। ଏହି ଧାରାରେ ମିଥ୍‌ର ନବ ନିର୍ମାଣ ଘଟିଛି। 'ଅନନ୍ତ ଶୟନ' 'ହନୁମାନ', 'ରାଣୀ' (ରମାକାନ୍ତ ରଥ) ଓ 'ପରକୀୟା' (ସୀତାକାନ୍ତ ମହାପାତ୍ର) ଭଳି କବିତାରେ ପୁରାଣର ଚରିତ୍ର ଓ ଘଟଣାକୁ ଆଧୁନିକତା ପରିପ୍ରେକ୍ଷୀରେ ପରିବର୍ତ୍ତିତ ରୂପ ପ୍ରଦାନ କରାଯାଇ ସମସାମୟିକ ସାମାଜିକ ଜୀବନର ଅବକ୍ଷୟକୁ ବ୍ୟଙ୍ଗ କରଛନ୍ତି କବିସତ୍ତା। 'ଅନନ୍ତ ଶୟନ'ର 'ସର୍ପଶଯ୍ୟା' ହୋଇଛି କଣ୍ଟକିତ ଜୀବନ ଯନ୍ତ୍ରଣାର ଏକ ଦୁଃଖଦାୟକ ପରିସର। ମୁକ୍ତି ନାହିଁ ମଣିଷର ଏ ଦୁଃଖପୂର୍ଣ୍ଣ ପରିଧିରୁ। 'ହନୁମାନ' କବିତାରେ ତେଣୁ ହନୁମାନ ନିଜର ପୃଥୁଳ ଶରୀର ନେଇ ଅନୁଚ୍ଚ ଶୂନ୍ୟତାରେ ଉଡ଼ିବା ବେଳେ ଲକ୍ଷ୍ୟ କରିଛନ୍ତି କ୍ଷୟକାଶ ପ୍ରପୀଡ଼ିତ ବ୍ୟାଧିଗ୍ରସ୍ତ ସମାଜର ସ୍ୱରୂପକୁ। 'ରାଣୀ' ଓ 'ପରକୀୟା'ରେ ପାରଂପରିକ ଆଧ୍ୟାତ୍ମିକ ଚେତନାର ପ୍ରଭୁ ଶ୍ରୀକୃଷ୍ଣ ମୃତ୍ୟୁ ଓ ଅବକ୍ଷୟର ପ୍ରଚାରକର ରୂପାନ୍ତରିତ ହୋଇଛନ୍ତି। ବାସ୍ତବତାକୁ ଆଶ୍ରୟକରି କାବ୍ୟ ଭାଷାରେ ରୂପାନ୍ତରୀଣ ଘଟିଛି। ଲଣ୍ଠନ, କଲମ, କୃଷ୍ଣଚୂଡ଼ା, ଡଷ୍ଟବିନ୍ ଭଳି ଶବ୍ଦଗୁଡ଼ିକ ନୂତନ ଅର୍ଥବହନ କରି ସମୃଦ୍ଧ ହୋଇଛନ୍ତି। ସମୟ ଓ ଜୀବନର ଅବକ୍ଷୟ ପ୍ରତି କବିସତ୍ତାର ସଚେତନତା ସୁତୀକ୍ଷ୍ଣ ହୋଇଛି। କାବ୍ୟ ପରିଧିରେ ଆବିର୍ଭୂତ ହୋଇଛନ୍ତି ହରେକୃଷ୍ଣ ଦାସ, ଶୁକଦେବ ଜେନା, ସୁଖେନ୍ଦୁ ସାମଲ ଭଳି ପୁରୁଷ ପୁଣି ଅଳକା, ପ୍ରତିମା, ଅନିମା, ପ୍ରଭାତୀଜୀ ଭଳି ନାରୀ ଚରିତ୍ର। କେବେ ସେମାନେ ସାମାଜିକ ଅବକ୍ଷୟର ସ୍ରଷ୍ଟା ହୋଇଛନ୍ତି ତ କେବେ ନିଜେ ହୋଇଛନ୍ତି ତା'ର ଶିକାର। ନଗର ଜୀବନରେ ବ୍ୟକ୍ତିର ଆତ୍ମଦ୍ୱନ୍ଦ୍ୱ ପୁଣି ଏହି ଆତ୍ମଦ୍ୱନ୍ଦ୍ୱକୁ କେନ୍ଦ୍ରକରି ପ୍ରକଟିତ ହୋଇଥିବା ଦ୍ୱିଧାବିଭକ୍ତ ସତ୍ତାର ପ୍ରତିରୂପ ଅଙ୍କିତ ହୋଇଛି କାବ୍ୟ ଜଗତରେ। ନଗର ସଭ୍ୟତା ପ୍ରତି କବିମାନସର ଶ୍ଳେଷାତ୍ମକ ଦୃଷ୍ଟିଭଂଗୀ ଆଧୁନିକତାବାଦର ଅନ୍ୟତମ ବୈଶିଷ୍ଟ୍ୟ। ଏହି ବୈଶିଷ୍ଟ୍ୟ ବିଶେଷ ଭାବେ ରୂପାୟିତ ହୋଇଛି ଏହାର ପ୍ରୟୋଗବାଦୀ ପକ୍ଷରେ। ସହର ତଳିର ଉଷା ପ୍ରଦର୍ଶିତ ହୋଇଛି ଏକ ବ୍ୟାଧିଗ୍ରସ୍ତ ସ୍ୱରୂପରେ। ଜୀବନର ରୁଗ୍ଣତାକୁ କେନ୍ଦ୍ରକରି ଯେଉଁ ନୈରାଶ୍ୟ ଜାଗିଛି

ତାହା ଅବଶ କରିଦେଇଛି କବିମାନସକୁ। ଏହି ନୈରାଶ୍ୟରୁ ଜନ୍ମ ନେଇଛି ମୃତ୍ୟୁ ଚେତନା। ପୁଣି ମୃତ୍ୟୁ ଅମୃତର ସୋପାନ ହେବା ପରିବର୍ତ୍ତେ ହୋଇଛି ଜୀବନ୍ମୃତ୍ୟୁର ଏକ କାରାକକ୍ଷ ଜୀବନର ପରିଧିରେ ନୃତ୍ୟ କରିଛି ଯେଉଁ ମୃତ୍ୟୁ ନାଚ ତାହିଁରୁ ପରିତ୍ରାଣ ଲୋଡ଼ିଛି କବିସତ୍ତା। ଏଠାରେ ଉଲ୍ଲେଖ କରାଯାଇପାରେ ଯେ ସ୍ୱାଧୀନତା ପରବର୍ତ୍ତୀ କାଳରେ ଆଧୁନିକତାବାଦକୁ ଆଶ୍ରୟ କରି ବାସ୍ତବବାଦ, ଅତିବାସ୍ତବବାଦ, ସ୍ୱାଭାବବାଦ ପ୍ରମୁଖ ଏକ ମିଶ୍ରିତ କାବ୍ୟିକ ପ୍ରତିକ୍ରିୟା ସୃଷ୍ଟି କରିଛନ୍ତି।

ପ୍ରୟୋଗବାଦୀ ଧାରାର ଅନ୍ୟ ଶାଖା ହୋଇଛି ଅତିବାସ୍ତବବାଦ। ଇଂରାଜୀ 'ସର ରିଅଲିଜିମ୍' (Sur-Realism)ର ଏହା ଓଡ଼ିଆ ଭାଷାନ୍ତର। ଅତିବାସ୍ତବବାଦ ଫରାସୀ ସ୍ଥାପତ୍ୟ ଓ ଚିତ୍ରକଳାରେ ସର୍ବପ୍ରଥମ ଆତ୍ମପ୍ରକାଶ କରିଥିଲା। ମାଲାର୍ମେ, ର୍‌ୟାବୋଁ, ପର୍ଲଭାଲେରୀ ପ୍ରମୁଖ ଏହାକୁ ସାହିତ୍ୟିକ ସ୍ୱୀକୃତି ଦେଇଥିଲେ। ଏହାର ପ୍ରତିଷ୍ଠାତା- ଦାର୍ଶନିକ ଥିଲେ ଆନ୍ଦ୍ରେ ବ୍ରେତେନ୍। ୧୯୨୪ ମସିହାରେ ଅତିବାସ୍ତବବାଦୀ କବିତା ସଂପର୍କରେ ସୂଚନା ଦେବାକୁ ଯାଇ ବ୍ରେତେନ୍ କହିଥିଲେ—

"ପ୍ରେମ, ବିଦ୍ରୋହ, ବିସ୍ମୟ, ସ୍ୱାଧୀନତା, ଇଚ୍ଛାର ଉଲ୍ଲାସ (Exaltation of desire) ବ୍ୟଙ୍ଗ ହାସ୍ୟ ତଥା ଅବଚେତନ ମନର ଚିନ୍ତାଧାରା ଆଦି ଅତିବାସ୍ତବବାଦୀ କବିତାର ମୁଖ୍ୟ ଭାବବସ୍ତୁ। "The main themes of surrealist poetry are love, revolt the marvellous, freedom, the exaltation of desire black-humour and the universe of sub-conscious thought." (Andre Breten—First Manifesto- 1924)

ପ୍ରଥମ ବିଶ୍ୱଯୁଦ୍ଧର ଅବକ୍ଷୟେ ଅତିବାସ୍ତବବାଦର ଅଭ୍ୟୁଦୟର ପୃଷ୍ଠପଟ୍ଟ। ବ୍ୟକ୍ତିର ବାହ୍ୟସ୍ଥିତି ତା'ର ଅନ୍ତଃମନର ଅସୁସ୍ଥତା ଉପରେ ଏହା ଆଧାରିତ। ମନୋବିଜ୍ଞାନିକ ଫ୍ରଏଡ୍ ଅବଚେତନ ସ୍ତରର ଏହି ପ୍ରକ୍ରିୟାକୁ ମନସ୍ତାତ୍ତ୍ୱିକ ବାସ୍ତବତା ରୂପେ ଅଭିହିତ କରିଛନ୍ତି। ପାଶ୍ଚାତ୍ୟ ପରଂପରାରେ ଅତିବାସ୍ତବବାଦକୁ ନେଇ ଯେଉଁ କବିମାନେ କବିତା ରଚନା କରିଛନ୍ତି ସେମାନେ ହେଲେ ଡେଭିନ୍ ଗ୍ୟାସ୍‌କୋନ୍, ଡିଲାନ୍ ଥୋମାସ୍, ଆର୍କବାଲ୍‌ଡ୍ ମ୍ୟାକ୍‌ଲିସ୍, ଜର୍ଜ ବାରକେର୍ ପ୍ରମୁଖ। ଓଡ଼ିଆ କବିତାରେ ପଞ୍ଚମ-ଷଷ୍ଠ ଦଶନ୍ଧି ବେଳକୁ ଅତିବାସ୍ତବବାଦୀ କବିତା ରଚନାର ଅୟମାରମ୍ଭ ଘଟିଥିଲା। କବି ସଚ୍ଚି ରାଉତରାୟଙ୍କ ସ୍ୱଗତ(୩)ରେ ନିଦ୍ରାଚରତା (Somnambulism) ମାଧ୍ୟମରେ ପରିଲକ୍ଷିତ ହୋଇଥିଲା ଅବଚେତନ ଚିତ୍ତର ବିଶ୍ଳେଷଣ। ମଣିଷର ଅବଚେତନ ମନଟି ହେଉଛି ଏକ ଫଟୋଗ୍ରାଫ୍ ଫିଲିମ୍‌ର କଳା ବାଲୁ ବାଲୁ ପ୍ରତିଚିତ୍ର (Negative) ଭଳି। ମାତ୍ର ସେହି ଅସ୍ୱଚ୍ଛ ଫିଲ୍ମରେ ଲୁଚି ରହିଥାଏ ଜୀବନ୍ତ ମଣିଷର ବିଧିବିଧାନମୁକ୍ତ ପ୍ରକୃତ

ସ୍ୱରୂପ । ଏକ ପକ୍ଷରେ ଥାଏ ସାମୂହିକ ଅବଚେତନ । ଅନ୍ୟ ପକ୍ଷରେ ବ୍ୟକ୍ତିଗତ ଅବଚେତନ । ରମାକାନ୍ତ ରଥଙ୍କ 'ଗୋଟିଏ ସ୍ୱପ୍ନ' (କେତେ ଦିନର), 'ବାଘ ଶିକାର' (ଅନେକ କୋଠାରୀ), ସୌଭାଗ୍ୟ କୁମାର ମିଶ୍ରଙ୍କ 'ମହମ ବତୀ' (ମଧ୍ୟପଦଲୋପୀ) ଭଳି କବିତାଗୁଡ଼ିକ ଅତିବାସ୍ତବବାଦୀ କବିତାର ଏକ ଏକ ସଫଳ ଦୃଷ୍ଟାନ୍ତ ।

କବିତାର ରୂପାୟନ କ୍ଷେତ୍ରରେ ବକ୍ତବ୍ୟ ପ୍ରକାଶନ ରୀତିକୁ ନେଇ ଯେଉଁ ବାଦ ବା 'ism' ପ୍ରକାଶ ପାଇଛି ସେଥିରୁ ଦୁଇଟି ପ୍ରମୁଖ 'ବାଦ' ହେଉଛି ଚିତ୍ରକଳ୍ପବାଦ (Imasism) ଓ ପ୍ରତୀକବାଦ (Symbolism) । ଚିତ୍ରକଳ୍ପବାଦ ରୋମାଣ୍ଟିକ୍ କବିତା ବିରୋଧରେ ଏକ ଆହ୍ୱାନ ବୋଲି ଚିତ୍ରକଳ୍ପବାଦୀ ପ୍ରବକ୍ତା ହ୍ୟୁମ୍ ଓ ପାଉଣ୍ଡଙ୍କର ମତ । ଚିତ୍ରକଳ୍ପବାଦର ପ୍ରବକ୍ତାମାନଙ୍କ ମତରେ—

"ଆଧୁନିକ ବାସ୍ତବବାଦୀ କବିତାରେ ଭାବ ଓ ଚିନ୍ତାଦର୍ଶ ଅପେକ୍ଷା ଚିତ୍ରକଳ୍ପ (ଦୃଶ୍ୟଧର୍ମିତ୍ୱ) ପ୍ରାଧାନ୍ୟ ଲାଭ କରିଥାଏ । ଏଥିରେ କାବ୍ୟିକ ଭାଷା ସଂଯୋଜନା ପରିବର୍ତ୍ତେ ସରଳ, ସାଧାରଣ ଓ କଥିତ ଭାଷାର ପ୍ରୟୋଗ, ବିସ୍ତୃତି ପରିବର୍ତ୍ତେ ସଂକ୍ଷିପ୍ତ ଓ ପରିମିତି, ଅସଂହତି ପରିବର୍ତ୍ତେ ସଂହତି, ଭାବପ୍ରବଣତା ପରିବର୍ତ୍ତେ ନିର୍ଦ୍ଦିଷ୍ଟ ଲକ୍ଷ୍ୟ ଓ ଶୃଙ୍ଖଳାବଦ୍ଧ ଛନ୍ଦ ପରିବର୍ତ୍ତେ ମୁକ୍ତ ଛନ୍ଦ ରହିବା ଆବଶ୍ୟକ ।"

"The Imagists were a group of poets including Ezra pound, Amy Lowell and T.E. Halme who felt that poetry should present images (Usually visual) rather than poetic language, be concentrated rather than vaguely descriptive, objective rather than emotional. They preferred free verse to patterned verse." (Lee Te Lemon - A Glossary For the study of English P. 118)

ପ୍ରାଚୀନ ସଂସ୍କୃତ ଓ ଓଡ଼ିଆ ସାହିତ୍ୟରେ ଚିତ୍ରଧର୍ମୀ ବହୁ ସୁନ୍ଦର ବ୍ୟଞ୍ଜନା ପରିଦୃଷ୍ଟ ହେଲେ ଚିତ୍ରକଳ୍ପବାଦୀ ଆନ୍ଦୋଳନ ଏକ ପାଶ୍ଚାତ୍ୟ ଧାରା । ଆଧୁନିକ ଓଡ଼ିଆ କବିତାରେ ଚିତ୍ରକଳ୍ପର ବିପୁଳ ପ୍ରୟୋଗ ପରିଲକ୍ଷିତ ହୁଏ । ଏହାର ପ୍ରୟୋଗ କେବଳ ଶୈଳୀ ସମ୍ବଳିତ ନୁହେଁ ବରଂ ବହୁ ସମୟରେ କାବ୍ୟାତ୍ମା ସହ ଜଡ଼ିତ ରହିଥାଏ ଚିତ୍ରକଳ୍ପ ଆବେଦନ । ପାଶ୍ଚାତ୍ୟ କବିତା ସହ ଆଧୁନିକ ଓଡ଼ିଆ କବିତାର ତୁଳନାତ୍ମକ ବିଚାର ଜରିଆରେ ଏହି ବୈଶିଷ୍ଟ୍ୟ ସ୍ପଷ୍ଟ ହେବ । ଟି.ଏସ୍. ଏଲିୟଟ୍‌ଙ୍କ 'ପ୍ରିଲିଉଡ୍‌ସ୍' (Preludes)ରେ ଶୀତ ସଂଧ୍ୟରେ ଅବତରଣରେ ଦିନ ବିଦାୟ ନିଏ ସିଗାରେଟର ଶେଷ ଖଣ୍ଡ ଭଳି—

"The winter evening settles down with smell of steak in

Passage-ways six O' clock
The burnt-out ends of smoking days"

(Preludes— T.S. Eliot)

ସୀତାକାନ୍ତ ମହାପାତ୍ରଙ୍କ 'ଉତ୍ତରଣ' କବିତାରେ ସମାନ୍ତରାଳ ଭାବେ ଗୋଧୂଳି ନିଃଶବ୍ଦରେ ନିଃଶେଷିତ ହୁଏ ସିଗାରେଟ ଧୂଆଁଭଳି—

"ଗୋଧୂଳି ଯାଉଛି ସରି
ସିଗାରେଟ ଧୂଆଁ ପରି
ଟି ପାର୍ଟି ଗାର୍ଡନ ପାର୍ଟିରେ।"

(ଉତ୍ତରଣ ଦିପ୍ତି ଓ ଦ୍ୟୁତି ପୃ.୯)

ଆଧୁନିକ କବିତାରେ ଚିତ୍ରକଳ୍ପ 'ଉପମା' ପରି କେବଳ ଏକ ସୌନ୍ଦର୍ଯ୍ୟ ବିଧାୟକ ଧର୍ମ ନୁହେଁ। ମଧ୍ୟଯୁଗୀୟ କାବ୍ୟ ପରଂପରାର ଉପମା ଭଳି କାବ୍ୟବକ୍ତବ୍ୟଠାରୁ ବିଚ୍ଛିନ୍ନ ମଧ୍ୟ ନୁହେଁ। ପକ୍ଷାନ୍ତରେ ଚିତ୍ରକଳ୍ପ କବିତାର ବକ୍ତବ୍ୟ ସହ ନିବିଡ଼ ଭାବେ ସଂପୃକ୍ତ ତଥା ବାସ୍ତବଧର୍ମୀ କାବ୍ୟଚେତନା ବ୍ୟଞ୍ଜନାତ୍ମକ ପରିପ୍ରକାଶର ଏକ ବଳିଷ୍ଠ ବାହକ। ରମାକାନ୍ତ ରଥଙ୍କ 'ବସନ୍ତ ଋତୁ' କବିତାରେ ଏଇ ପରିପ୍ରେକ୍ଷୀରେ ପାରଂପରିକ 'ବସନ୍ତ'ର ଏକ ବ୍ୟତିକ୍ରମ ପ୍ରଦର୍ଶିତ। ପୁଷ୍ପର ପ୍ରାଚୁର୍ଯ୍ୟ, ଭ୍ରମରର ଗୁଂଜନ ଓ ମଳୟାନୀଳରେ ଚନ୍ଦନର ସୁବାସ ନେଇ ବସନ୍ତ ସେଠାରେ ଅବତରଣ କରେ ନାହିଁ। ବରଂ ବସନ୍ତ ଆସେ ଧଳା ନର୍ସପରି—

"ଶୀତର ଯନ୍ତ୍ରଣା ପରେ
ଦେହ ଧୋଇ ଉଷୁମ ପାଣିରେ
ଶେଯରେ ପକାଇ ସଫା ଚାଦର
ଧଳା ନର୍ସପରି ବସନ୍ତ ଆସିଛି।
ତାର ବଳିଲା ହାତରେ ଘଣ୍ଟା ଚକ୍ ଚକ୍ କରେ।"

(ବସନ୍ତ ଋତୁ- ସନ୍ଦିଗ୍ଧ ମୃଗୟା- ରମାକାନ୍ତ ରଥ)

ବସନ୍ତର ଏ ଅନ୍ତଃରୂପ ମଧ୍ୟରେ ମୃତ୍ୟୁ ଓ ଜୈବିକ କାମନା ଯୁଗପତ୍ ପ୍ରମୂର୍ତ୍ତ। ଧଳା ନର୍ସ ଚିତ୍ରକଳ୍ପ ମଧ୍ୟରେ ଅସ୍ତମିତ ଜୀବନର ପ୍ରାଣ ଓ ପ୍ରାଚୁର୍ଯ୍ୟ। ସମୟ ଓ ଜୀବନର ବାସ୍ତବ ଚିତ୍ର ପ୍ରତିଫଳିତ ହୋଇଛି ପ୍ରକୃତି-ଚେତନାରେ। ପ୍ରକୃତିର ଅବକ୍ଷୟ ବ୍ୟକ୍ତ ହୋଇଛି ଚିତ୍ରକଳ୍ପର ଶାଣିତ ବ୍ୟଞ୍ଜନାରେ। ବେଳେ ବେଳେ ସମଗ୍ର କବିତା ରୂପାୟିତ ହୋଇଛି ଚିତ୍ରକଳ୍ପର ଭାଷାରେ। ଚିତ୍ରକଳ୍ପବାଦ ପ୍ରୟୋଗବାଦୀ ସାହିତ୍ୟ ବିଶେଷତଃ କବିତାର ଏକ ବିଶେଷ ଅଙ୍ଗ। ସମୟ ସମୟରେ ଗଳ୍ପକଳାରେ ମଧ୍ୟ ଏହାର ପ୍ରୟୋଗ

ସାଫଲ୍ୟ ପରିଦୃଷ୍ଟ। କଥା ସାହିତ୍ୟିକ ସୁରେନ୍ଦ୍ର ମହାନ୍ତିଙ୍କ 'ମହାନିର୍ବାଣ'ର ଏକ ଉଦ୍ଧୃତି ଜରିଆରେ ଏହାର ଯଥାର୍ଥତା ଦର୍ଶାଯାଇପାରେ—

"ଛାୟାଢଙ୍କା ନିଥର ସରସୀରେ ମୁଦ୍ରିତ କମଳ ପରି ବେଦନା ବିଧୁର ଦୁଇଟି ଆୟତ ଆଖି, ଦୂର୍ବଦଳରେ ଶିଶିର ବିନ୍ଦୁ ପରି ସେଥିରେ କରୁଣ ଉଜ୍ଜ୍ୱଳତା।"

ଗଦ୍ୟରେ କାବ୍ୟଧର୍ମୀ ପ୍ରୟୋଗପାଇଁ ଏଠାରେ ସହାୟତା କରିଛି ଚିତ୍ରକଳ୍ପଧର୍ମୀ ଭାଷାର ପ୍ରୟୋଗ। ଓଡ଼ିଆ ଗଳ୍ପରେ ଚିତ୍ରକଳ୍ପର ଅନ୍ୟ ଏକ ପ୍ରୟୋଗର ଦୃଷ୍ଟାନ୍ତ ଦିଆଯାଇଛି-

"ଅନ୍ଧାର-
ବିଜୁଳି-
ହିଂସ୍ର ପ୍ରମତ୍ତ କୋଳାହଳ-
ଆର୍ତ୍ତ ମୁମୂର୍ଷୁ ଯନ୍ତ୍ରଣାର ଚିତ୍କାର-
ଚାରିଆଡ଼େ ତୋଫାନ୍ ପରି
ଭୀତିପ୍ରଦ ସାଲୁବାଲୁ ପ୍ରତିକ୍ରିୟା।"

(ଅନ୍ଧାର ରାତିରେ ସୂର୍ଯ୍ୟ—ମହାପାତ୍ର ନୀଳମଣି ସାହୁ)

ସାହିତ୍ୟରେ ଚିତ୍ରକଳ୍ପର ପ୍ରୟୋଗ ଏହାର ଆଙ୍ଗିକକୁ କବିତାରେ ନିକଟବର୍ତ୍ତୀ କରାଏ। ପରୀକ୍ଷାଧର୍ମୀ ସାହିତ୍ୟରେ ଏହାର ପ୍ରୟୋଗ ଅପେକ୍ଷାକୃତ ଅଧିକ।

ଚିତ୍ରକଳ୍ପବାଦୀ ଆନ୍ଦୋଳନ ପରି ପ୍ରତୀକବାଦୀ ଆନ୍ଦୋଳନ ପ୍ରୟୋଗବାଦୀ ସାହିତ୍ୟର ଏକ ବିଶିଷ୍ଟ ଧର୍ମ। ପ୍ରାଚୀନ ଓଡ଼ିଆ ସାହିତ୍ୟରେ ପ୍ରତୀକର ବିପୁଳ ପ୍ରୟୋଗ ପରିଲକ୍ଷିତ ହୁଏ। ହଂସ, ସୁହଂସ, ଦ୍ୱା-ସୁପର୍ଣ୍ଣା ଭଳି ପ୍ରତୀକ ମାଧ୍ୟମରେ ବେଦ ଉପନିଷଦରେ ରହସ୍ୟବାଦୀ ଚେତନାକୁ ତୀକ୍ଷ୍ଣ ଓ ଶାଣିତ କରାଯାଇଥିଲା। ଯୋଗତତ୍ତ୍ୱଭିତ୍ତିକ ସାହିତ୍ୟ ଥିଲା ମୁଖ୍ୟତଃ ପ୍ରତୀକଧର୍ମୀ। ବୌଦ୍ଧ ସିଦ୍ଧାଚାର୍ଯ୍ୟମାନଙ୍କର ସନ୍ଧ୍ୟା ଭାଷାରେ ରଚିତ ଗୀତିକା ଗୁଡ଼ିକ ଥିଲା ମୁଖ୍ୟତଃ ପ୍ରତୀକଧର୍ମୀ। ସେହିଭଳି ମଧ୍ୟଯୁଗୀୟ ଓଡ଼ିଆ ସାହିତ୍ୟର ଯୋଗମାର୍ଗୀ ପରଂପରାରେ କବିଗଣ ପ୍ରତୀକକୁ ବକ୍ତବ୍ୟ ପ୍ରକାଶନର ମାଧ୍ୟମ ରୂପେ ବହୁ ସମୟରେ ଗ୍ରହଣ କରିଥିଲେ। କିନ୍ତୁ ଚିତ୍ରକଳ୍ପବାଦ ପରି ପ୍ରତୀକବାଦୀ ଆନ୍ଦୋଳନର ଅୟମାରମ୍ଭ ଘଟିଥିଲା ପାଶ୍ଚାତ୍ୟ ପରଂପରାରେ। ପର୍ଲ ଭାର୍ଲେନ, ର୍ୟାବୋଁ ଏଜ୍ରା ପାଉଣ୍ଡ ପ୍ରମୁଖଙ୍କ କଳା ସୃଷ୍ଟିରେ ଏହାର ପ୍ରାଥମିକ ପ୍ରୟୋଗ ପରିଲକ୍ଷିତ ହୁଏ। ପରିମିତ ପରିସର ମଧ୍ୟରେ ବ୍ୟାପକ ବକ୍ତବ୍ୟର ତୀକ୍ଷ୍ଣ ତଥା ଶାଣିତ ପ୍ରୟୋଗ ସମ୍ଭବ ହୁଏ ପ୍ରତୀକବାଦ ମଧ୍ୟରେ। ଭାବ ଅଭିବ୍ୟଞ୍ଜନାରେ ଏହା ବିଶେଷ ଭାବେ ସହାୟକ ହୋଇଥାଏ। ଏହି ସାହିତ୍ୟିକ କୌଶଳ ମାଧ୍ୟମରେ ବୌଦ୍ଧିକ

ଭାବନାର ଅମୂର୍ତ୍ତ ରୂପକୁ ସାଧାରଣତଃ ପ୍ରମୂର୍ତ୍ତ କରାଯାଏ। ଏଣୁ ଚିତ୍ରକଳ୍ପ ପରି ଏହା ମଧ୍ୟ କାବ୍ୟର ଏକ ସୌନ୍ଦର୍ଯ୍ୟ ବିଧାୟକ ଧର୍ମ ମାତ୍ର ନୁହେଁ, ପକ୍ଷାନ୍ତରେ କାବ୍ୟ ବକ୍ତବ୍ୟର ଏକ ବିଶିଷ୍ଟ ଭାରକେନ୍ଦ୍ର।

ପ୍ରତୀକର ସଂଜ୍ଞା ନିରୂପଣ କରିବାକୁ ଯାଇ ଇଂରାଜୀ କବି କୋଲ୍‌ରିଜ୍ କହିଛନ୍ତି—

"ପ୍ରତୀକ ବାସ୍ତବତାର ଅଂଶଗ୍ରହଣ କରେ ଓ ତା'ର ଅବବୋଧରେ ସହାୟକ ହୁଏ।"

"A symbol partakes of reality which it renders intelligible"

(Biographic Literaria— Coleridge)

ଆଧୁନିକ ଜୀବନ ମନୋଦଶାର ରୂପାୟନ ପାଇଁ ପ୍ରତୀକବାଦର ଏକ ଗୁରୁତ୍ୱପୂର୍ଣ୍ଣ ଭୂମିକା ରହିଛି। ଆଧୁନିକ କବିତାରେ ପ୍ରତୀକର ପ୍ରୟୋଗ କିଭଳି ବାସ୍ତବଧର୍ମୀ ପରିବେଶର ଦ୍ୟୋତକ ତା'ର ସୂଚନା କବି ଗୁରୁପ୍ରସାଦ ମହାନ୍ତିଙ୍କ 'କାଳପୁରୁଷ' କବିତାରୁ ଉଦ୍ଧାର କରାଯାଇପାରେ—

"ବର୍ଷା ଋତୁ ନିଷ୍ଠୁର ନିର୍ମମ
ଫୁଟାଇ ରଙ୍ଗଣି ଫୁଲ ଖତ କୁଢ଼
କାନ୍ଥ ବାଡ଼ ମୂଳେ, ହାଡ଼ରେ ଥରାଇ ରସ
ମାଟିତଳେ ଚେରମୂଳ ଟାଣି
ବର୍ଷା ପଡ଼େ ବର୍ଷା ପଡ଼େ ଝରି
ଥରାଇ ମୁମୂର୍ଷୁ ଆତ୍ମା ଥୁଣ୍ଟାଗଛ
ଶିଅ ମୂଳେ, ମୂଳେ ବର୍ଷା ପଡ଼େ
ଝରି ଝରି ଅସରନ୍ତି ବର୍ଷା ପଡ଼େ ଝରି।"

ପ୍ରାଚୀନ ଅଳଂକାର ଶାସ୍ତ୍ରରେ ବର୍ଷା ଶୃଙ୍ଗାର ଚେତନାର ଉଦ୍ଦୀପନ ବିଭାବ। କିନ୍ତୁ ଆଧୁନିକ କାବ୍ୟ ଚେତନାରେ ତାହା ମୃତ୍ୟୁର ପ୍ରତୀକ। ସାମ୍ପ୍ରତିକ ଯୁଗ ଚେତନାର ଜୀବନୀ ଶକ୍ତିରହିତ ମୁମୂର୍ଷୁ ଅନ୍ତଃସତ୍ତା ଏହା ମଧ୍ୟରେ ମର୍ମରିତ। ଅଭିବ୍ୟକ୍ତିର ମୂଳସୂତ୍ରଟି ଆଦୃତ ହୋଇଛି ଇଂରାଜୀ କବି ଟି. ଏସ୍. ଏଲିୟାଟ୍‌ଙ୍କ କାବ୍ୟ କୃତିରୁ—

"April is the cruellest month breeding
Lilacs out of dead land, mixing
Memory and desire stirring
Dull roots with spring rain" (The Waste Land— T. S. Eliot)

ବାସନ୍ତୀ-ବର୍ଷା (Spring-rain) ଏଠାରେ ମୃତ୍ୟୁ ଚେତନାର ପ୍ରତୀକ ଏପ୍ରିଲ୍— ପାଶ୍ଚାତ୍ୟ ପରଂପରାରେ ବସନ୍ତ ଋତୁ। କିନ୍ତୁ ତହିଁରେ ନବସୃଷ୍ଟିର ସମ୍ଭାବନା ପରିବର୍ତ୍ତେ ବର୍ଷାର ନିରବଚ୍ଛିନ୍ନତା ଏକ ଭୟାବହ ମୃତ୍ୟୁ ରୂପରେ ଅବତୀର୍ଣ୍ଣ। ନୀଳ ଲୋହିତ ଲିଲାକ୍ସ ପୁଷ୍ପର ସୂଚନା ତହିଁରେ ଥିଲେ ମଧ୍ୟ ଏଲିୟାଟ୍‌ଙ୍କ ମୃତ୍ୟୁ ଉପତ୍ୟକାରେ ତାହା ମ୍ରିୟମାଣ।

ଓଡ଼ିଆ ସାହିତ୍ୟରେ ଚିତ୍ରକଳ୍ପ ଅପେକ୍ଷା ପ୍ରତୀକର ପ୍ରୟୋଗ ଅପେକ୍ଷାକୃତ ବ୍ୟାପକ। କେବଳ ପାଶ୍ଚାତ୍ୟ ପରଂପରା ନୁହେଁ ପ୍ରାଚୀନ ପ୍ରତୀକ ଗୁଡ଼ିକୁ ମଧ୍ୟ ଆଧୁନିକ ସାହିତ୍ୟିକଗଣ ବାସ୍ତବଧର୍ମୀ ପରିବେଶ ମଧ୍ୟରେ ନୂତନ ରୂପେ ଉତ୍‌ଥାପନ କରିଛନ୍ତି। ଏଗୁଡ଼ିକୁ ମିଥ୍-ପ୍ରତୀକ ରୂପେ ଅଭିହିତ କରାଯାଇପାରେ। ମିଥ୍-ପ୍ରତୀକ ଗଠନ ବେଳେ ଭାରତୀୟ ପୁରାଣ ଓ ଲୋକ ପରଂପରାକୁ ମୁଖ୍ୟତଃ ଉପାଦାନ ରୂପେ ଗ୍ରହଣ କରାଯାଇଥିଲେ ମଧ୍ୟ ପ୍ରତୀକ ଗଠନ ରୀତିର ମୂଳ ସୂତ୍ରଟି ଆହୃତ ହୋଇଥିଲା ପାଶ୍ଚାତ୍ୟ ପରଂପରାରୁ। ୧୯୨୨ ମସିହାରେ ଏକାଧାରରେ ପ୍ରକାଶ ପାଇଥିଲା ଟି. ଏସ୍. ଏଲିୟାଟ୍‌ଙ୍କ 'ଦି ୱେଷ୍ଟ୍‌ଲ୍ୟାଣ୍ଡ' ଓ ଜେମ୍‌ସ୍ ଜୟସ୍‌ଙ୍କ 'ୟୁଲିସିସ୍'। ୱେଷ୍ଟ୍‌ଲ୍ୟାଣ୍ଡ୍ ଥିଲା ଏକ କାବ୍ୟଗ୍ରନ୍ଥ ଓ 'ୟୁଲିସିସ୍—ଏକ ଉପନ୍ୟାସ। ଉଭୟ ଗ୍ରନ୍ଥରେ ଗ୍ରୀକ୍ ମିଥ୍ ଅବଲମ୍ବନରେ ଆଧୁନିକ ଇଉରୋପୀୟ ସଭ୍ୟତାର ସଂକଟ ଓ ତହିଁରୁ ଉତ୍ତରଣ ପ୍ରୟାସ ବର୍ଣ୍ଣିତ। କଳା-ସୃଷ୍ଟିକୁ ବର୍ଣ୍ଣନାତ୍ମକ ପଦ୍ଧତିର ଅହେତୁକ ବିସ୍ତୃତିରୁ ଉଦ୍ଧାର କରି ବ୍ୟଞ୍ଜନାତ୍ମକତା ଓ ପରିମିତିବୋଧ ପ୍ରଦାନ କରିବା କ୍ଷେତ୍ରରେ ମିଥ୍‌ଗୁଚ୍ଛର ଏକ ମହତ୍ତ୍ୱପୂର୍ଣ୍ଣ ଭୂମିକା ରହିଛି। କେତେକ ପ୍ରତୀକ ମିଥ୍‌ର ପରିସରରୁ ସଂଗୃହୀତ ହୋଇଥିବା ବେଳେ ଅନ୍ୟ କେତେକ ଆହୃତ ହୋଇଛନ୍ତି ବାସ୍ତବ ପରିବେଶରୁ। କଲମ, କୃଷ୍ଣଚୂଡ଼ା ଡଷ୍ଟ୍‌ବିନ୍, ଲଣ୍ଠନ ଭଳି ପାରିବେଶିକ ବାସ୍ତବତାରୁ ପ୍ରତୀକ ଚୟନ କରାଯିବା ବେଳେ ମିଥ୍‌ର ପରିସରରୁ ଆହୃତ ହୋଇଛନ୍ତି ଅକ୍ରୂର, ଦୁର୍ଯ୍ୟୋଧନ, ଯୁଧିଷ୍ଠିର, ହନୁମାନ, ଯଶୋଦା, ଶକୁନ୍ତଳା, ଛାୟାପୁତ୍ର ଭଳି ପ୍ରତୀକ। ପ୍ରତୀକ ମାଧ୍ୟମରେ ଭାବ ବ୍ୟଞ୍ଜନା ଶାଣିତ ଓ ରସୋତ୍ତୀର୍ଣ୍ଣ ହେବା ସମ୍ଭବ ହୋଇଛି। ସମୟେ ସମୟେ କବିତା, ଗଳ୍ପ ଓ ନାଟକରେ ଖଣ୍ଡିତ ଭାବେ ପ୍ରତୀକ ପ୍ରଯୁକ୍ତ ହେବା ବେଳେ ସମୟେ ସମୟେ ପୂର୍ଣ୍ଣାଙ୍ଗ ଭାବରେ ପ୍ରତୀକ ମାଧ୍ୟମରେ ହିଁ ଅଭିବ୍ୟକ୍ତ ହୋଇଛି ସୃଷ୍ଟି ସଂପଦ। ରବି ପଟ୍ଟନାୟକଙ୍କ ଗଳ୍ପ 'ଛାୟାପୁତ୍ରର କାଳ'ରେ ଛାୟାପୁତ୍ର ଶନିଙ୍କର କାଳକୁ ଅବକ୍ଷୟ ଅନ୍ୟାୟ ଓ ଅନାଚାରର ପ୍ରଚାରକ ଭାବେ ପ୍ରକାଶ କରାଯାଇଛି। ସେହିଭଳି ମନୋରଂଜନ ଦାସଙ୍କ ନାଟକ 'କାଠଘୋଡ଼ା'ରେ ଅପେକ୍ଷାକୃତ ଦୁର୍ବଳବ୍ୟକ୍ତିତ୍ୱ ସଂପନ୍ନ, ନିର୍ଜୀବ, ନିଷ୍ପ୍ରାଣପ୍ରାୟ ମାନବିକ ସତ୍ତାକୁ ବ୍ୟକ୍ତ କରାଯାଇଛି 'କାଠଘୋଡ଼ା' ପ୍ରତୀକ ମାଧ୍ୟମରେ ସୁରେନ୍ଦ୍ର ମହାନ୍ତିଙ୍କ 'କୃଷ୍ଣଚୂଡ଼ା' ଗଳ୍ପରେ କୃଷ୍ଣଚୂଡ଼ା ହୋଇଛି ପରିପୂର୍ଣ୍ଣ ଜୀବନ-ସ୍ୱପ୍ନର ପ୍ରତୀକ।

ରାମଚନ୍ଦ୍ର ବେହେରାଙ୍କ 'ମହାକାବ୍ୟର ମୁହଁ'ରେ 'ମହାକାବ୍ୟ' ପ୍ରାଚୀନ ମୂଲ୍ୟବୋଧର ପ୍ରତୀକ ଭାବରେ ପ୍ରକଟିତ ହୋଇଛି। ଉଭୟ କଥା ଓ କବିତାରେ ସମାନ୍ତରାଳ ଭାବେ ପ୍ରତୀକକୁ ବ୍ୟବହାର କରି ଓଡ଼ିଆ ସାହିତ୍ୟର ଗୁଣାତ୍ମକମାନକୁ ଅଭିବୃଦ୍ଧ କରିଛନ୍ତି ଆମର ସ୍ରଷ୍ଟାଗଣ। ସମୟେ ସମୟେ ବ୍ୟକ୍ତିଗତ ପ୍ରତୀକର ବହୁଳ ପ୍ରୟୋଗ ସୃଷ୍ଟିକୁ ଦୁର୍ବୋଧତା ଦୋଷରେ ଅଭିଯୁକ୍ତ କରିଛି। ରମାକାନ୍ତ ରଥଙ୍କ ଲଣ୍ଠନ କବିତାଟିକୁ ଏଠାରେ ଏକ ପ୍ରତୀକଧର୍ମୀ କବିତାର ଦୃଷ୍ଟାନ୍ତ ରୂପେ ଗ୍ରହଣ କରାଯାଇପାରେ। ଧାତବସଂଯୁକ୍ତ କାଚର ପରିବେଷ୍ଟନୀରେ ଜଳୁଥିବା ନିଆଁ ଏଠାରେ କାବ୍ୟ ନାୟକର ପ୍ରଜ୍ୱଳିତ ଅବଚେତନ। 'ଲଣ୍ଠନ' ସାମଗ୍ରିକ ଭାବେ କାବ୍ୟ ନାୟକର ସାମାଜିକ ପରିମଣ୍ଡଳ। ସେ ପରିମଣ୍ଡଳ ଅନ୍ତରାଳରେ ଅନ୍ତର୍ଗର୍ଭିତ ତା'ର ଅବଚେତନ। କବିତାରେ ସାଧାରଣ ଦୈନନ୍ଦିନ ଜୀବନରେ ବ୍ୟବହୃତ ବସ୍ତୁଟିଏ କିପରି ପ୍ରତୀକରେ ପରିଣତ ହୋଇଯାଏ 'ଲଣ୍ଠନ' ତା'ର ଏକ କାବ୍ୟିକ ଦୃଷ୍ଟାନ୍ତ। ପରୀକ୍ଷାଧର୍ମୀ ଓଡ଼ିଆ ସାହିତ୍ୟକୁ ସମୟେ ସମୟେ ଏସବୁ 'ବାଦ' (ism) ଏଭଳି ସମ୍ମୋହିତ କରିଛି ଯେ ସାଧାରଣ ପାଠକ ଏଥିପ୍ରତି ସ୍ୱାଭାବିକଭାବେ ବୀତସ୍ପୃହ ହୋଇ ପଡ଼ିଛି। ପରୀକ୍ଷାପ୍ରବଣତା ସ୍ୱୟଂ ଏକବାଦ (ism) ରୂପରେ (ପ୍ରୟୋଗବାଦ) ଆକ୍ରାନ୍ତ କରି ବସିଛି ଓଡ଼ିଆ ସାହିତ୍ୟର ପରିଧିକୁ। ରହସ୍ୟବାଦ (Mysticism) ଠାରୁ ଅଭିବ୍ୟଞ୍ଜନାବାଦ (Expressionism) ପର୍ଯ୍ୟନ୍ତ କବିତା, ଗଳ୍ପ, ଉପନ୍ୟାସ ଓ ନାଟ୍ୟ ସାହିତ୍ୟକୁ ଏହା ନିୟନ୍ତ୍ରିତ କରିଛି। ଯୋଗତତ୍ତ୍ୱଠାରୁ ଆରମ୍ଭ କରି ପରୀକ୍ଷାଧର୍ମୀ ଆଧୁନିକ କଳାକୃତି ପର୍ଯ୍ୟନ୍ତ ରହସ୍ୟବାଦ ଆବୋରି ବସିଛି ସମଗ୍ର ସାହିତ୍ୟ-ଚେତନାକୁ। ସ୍ରଷ୍ଟାର ନିଜସ୍ୱ ଅଭିଜ୍ଞତା ଓ ଜିଜ୍ଞାସାର ଯୁଗପତ୍ ମିଳନରୁ ସୃଷ୍ଟି ହୋଇଛି ବହୁ ମହତ୍ତ୍ୱପୂର୍ଣ୍ଣ କଳା ସୃଷ୍ଟି।

ସାହିତ୍ୟବାଦ (ism) ନିର୍ଭର ନୁହେଁ। ଜୀବନର ଯାତ୍ରା ପଥରେ ବହୁ ଘଟଣା ଓ ଦୁର୍ଘଟଣାକୁ ସାଥୀରେ ଧରି କଳାତ୍ମକ ଆନ୍ଦୋଳନ ଜରିଆରେ ଜନ୍ମ ନିଏ ବହୁ-ବାଦ ବିସମ୍ବାଦ। ତା' ମଧ୍ୟରେ ରୂପ ବଦଳାଏ କଳା କୃତି। ନିପୁଣ ତଥା ପରିପକ୍ୱ ଲେଖନୀ ବାସ୍ତବତା ସହିତ ଯୋଗସୂତ୍ର ରକ୍ଷା କରିବା ସହ ଚିରନ୍ତନତା ଆଡ଼କୁ ହାତ ବଢ଼ାଏ। ଫକୀର ମୋହନଙ୍କ 'ଛମାଣ ଆଠଗୁଣ୍ଠ', 'ରେବତୀ', ରାଧାନାଥଙ୍କ 'ମହାଯାତ୍ରା', ନନ୍ଦକିଶୋରଙ୍କ 'କନକଲତା', କାଳନ୍ଦୀଚରଣ ପାଣିଗ୍ରାହୀଙ୍କ 'ମାଟିରମଣିଷ', 'ମାଂସର ବିଳାପ', ଭଗବତୀ ପାଣିଗ୍ରାହୀଙ୍କ 'ଶିକାର', ଗୋପିନାଥ ମହାନ୍ତିଙ୍କ 'ଅମୃତର ସନ୍ତାନ', 'ପରଜା', 'ମାଟିମଟାଳ', ଶାନ୍ତନୁ ଆଚାର୍ଯ୍ୟଙ୍କ 'ନରକିନ୍ନର', ରମାକାନ୍ତ ରଥଙ୍କ 'ଶ୍ରୀରାଧା' ଭଳି ସୃଷ୍ଟିଗୁଡ଼ିକ ଏହି ଦୃଷ୍ଟିରୁ କ୍ଲାସିକ୍ କଳାର ମର୍ଯ୍ୟାଦା ଲାଭ କରିଛନ୍ତି।

ସାହିତ୍ୟର ଚିରନ୍ତନ ମୂଲ୍ୟବୋଧ ବା କ୍ଲାସିକ୍ କଳାର ମହତ୍ତ୍ୱ ପାଇଁ ଏଠାରେ ଏକ ତାଲିକା ପ୍ରସ୍ତୁତ କରାଯାଉନାହିଁ। ବରଂ ବାସ୍ତବବାଦ, ରୋମାଣ୍ଟିକ୍‌ବାଦ ତଥା ଅତି-ବାସ୍ତବବାଦ ଓ ଅଭିବ୍ୟଞ୍ଜନାବାଦ ଆଦି ସହ ସଂପର୍କ ରକ୍ଷା କରି ମଧ୍ୟ କଳାର ଚିରନ୍ତନତା ଲେଖନୀର ପରିପକ୍ୱତା ଭିତ୍ତିରେ କିଭଳି ବଳବତ୍ତର ରହେ ତାହା ହିଁ ଏଠାରେ ପ୍ରଦର୍ଶିତ ହୋଇଛି। ସାହିତ୍ୟର ସର୍ବଶ୍ରେଷ୍ଠ ବାଦ ହେଉଛି ମାନବବାଦ (Humanism) ଯେ କୌଣସି ସତ୍ ସାହିତ୍ୟର ମୁଖ୍ୟ ଧର୍ମ ରୂପେ ଏହା ସ୍ୱୀକୃତ।

ଆଧୁନିକ ଓଡ଼ିଆ ସାହିତ୍ୟ—ଗୋଟିଏ ନିର୍ଦ୍ଦିଷ୍ଟ ବାଦ ବା ଇଜିମ୍‌ର ପ୍ରବକ୍ତା ନୁହେଁ। ବରଂ ବହୁବିଧ ଭାବସତ୍ତାର ଏହା ଏକ ମିଳିତ ସ୍ୱର ଝଙ୍କାର—ଏକ ଅର୍କେଷ୍ଟ୍ରା। ବାସ୍ତବବାଦ, ରୋମାଣ୍ଟିକ୍‌ବାଦ, ପୁଣି ସ୍ୱଭାବବାଦ ଓ ଅସ୍ତିତ୍ୱବାଦ—ଏଠାରେ ଗୋଟିଏ ଶିବିରରେ ଏକତ୍ର ଅବସ୍ଥାନ କରନ୍ତି। କୌଣସି ବାଦ (ism) ଏଠାରେ ଆନ୍ଦୋଳନ (Movement) ରୂପରେ ଅବତୀର୍ଣ୍ଣ ହୋଇ ନ ଥିବାରୁ ପାଶ୍ଚାତ୍ୟ ସାହିତ୍ୟ ପରଂପରାରୁ ଉଦ୍‌ଭୁତ ଇଜିମ୍ ଗୁଡ଼ିକ ସମୟ ସମୟରେ ଆମ କଳାକୃତିରେ ଆଂଶିକ ଭାବେ ପ୍ରତିଫଳିତ ହୋଇଛି। ଏଭଳିକି ଅସ୍ତିତ୍ୱବାଦ, ବାସ୍ତବବାଦ ଓ ସ୍ୱଭାବବାଦ ଭିତରେ ବିଶେଷ ସାହିତ୍ୟିକ ତାରତମ୍ୟ ଆମ କଳାତ୍ମକ ପରଂପରାରେ ଅନୁଭୂତ ହୋଇନାହିଁ।

କଳା ଓ ସାହିତ୍ୟର ବ୍ୟାପ୍ତ ଦିଗ୍‌ବଳୟରେ ବାଦାନୁବାଦର ତାରତମ୍ୟ ଅବଶ୍ୟ ସର୍ବତ୍ର ଘଟି ନ ଥାଏ। କଳାକାର ଅନୁଭୂତିର ପରିସରରୁ ଉପାଦାନ ସଂଗ୍ରହ କରିବା ବେଳେ ତହିଁରେ ବାଦବିସମ୍ବାଦର ଛାୟାପାତ ଘଟେ। କଳାକାରର ମୂଳ ଲକ୍ଷ୍ୟ ଜୀବନର ପ୍ରଦର୍ଶନ। ନିରପେକ୍ଷ ଭାବରେ ଜୀବନର ପ୍ରଦର୍ଶନ କାଳରେ ସୃଷ୍ଟିସତ୍ତାରେ ବିବିଧ ବାଦର ପ୍ରତିଫଳନ ଘଟିବା ସ୍ୱାଭାବିକ, ମାତ୍ର ଜୀବନ ତହିଁରେ ମୂଳ ଲକ୍ଷ୍ୟ ରୂପେ ପ୍ରତିଭାତ ହୁଏ। ଅନ୍ୟଥା କଳାର ଚିରନ୍ତନତା ବ୍ୟାହତ ହେବାର ଆଶଙ୍କା ରହିଥାଏ।

ଓଡ଼ିଆ ସାହିତ୍ୟର ବିଭିନ୍ନ ପ୍ରସ୍ତରେ ବିବିଧ ଭାବସତ୍ତା ସହ ଭିନ୍ନ ଭିନ୍ନ 'ବାଦ' (ism)ର ରୂପାୟନ ପରିଲକ୍ଷିତ ହୁଏ। କେବେ ତାହା ଆଙ୍ଗିକ ତ କେବେ ଆତ୍ମିକ ପକ୍ଷକୁ ନିୟନ୍ତ୍ରଣ କରିଛି। ମାତ୍ର ସୃଷ୍ଟିର ସଫଳତା 'ବାଦ' ବା 'ଇଜିମ୍' ନିର୍ଭର ନୁହେଁ। ଉଦାରଚେତାର ନିରପେକ୍ଷ ଜୀବନ ମୂଲ୍ୟାୟନ ଭିତରେ ସର୍ବଦା 'ବାଦ' ବା ଇଜିମ୍ ଉତ୍ତରିତ ସ୍ତରକୁ ସ୍ପର୍ଶ କରିବା ପାଇଁ ପ୍ରଚେଷ୍ଟା କରିଥାଏ। ଏହି ପ୍ରଚେଷ୍ଟା ପ୍ରତି ଆନ୍ତରିକତା ଯେଉଁ ସ୍ରଷ୍ଟାର ଯେତେ ଅଧିକ ସୃଷ୍ଟି ସେଠାରେ ସେତିକି ସଫଳ ଓ ରସୋତ୍ତୀର୍ଣ୍ଣ ହୁଏ।

■

ଉତ୍ତର ଆଧୁନିକତା: ଦୃଷ୍ଟି ଓ ଧାରଣା

ବେଣୁଧର ପାଢ଼ୀ

ସବୁ ବସ୍ତୁ ଉପାଦାନ ଭଳି କଳା-ସାହିତ୍ୟର ମଧ୍ୟ ରହିଛି ବିଶେଷ ଚରିତ୍ର ଓ ବୈଶିଷ୍ଟ୍ୟ। ଅଥଚ ବିଶେଷ ବସ୍ତୁ ଉପାଦାନର ସ୍ୱାତନ୍ତ୍ର୍ୟ ତାର ନିଜସ୍ୱ ପରିଚିତି ଏବଂ ବ୍ୟକ୍ତି ପରିଧି ମଧ୍ୟରେ ଆବଦ୍ଧ ଥିବାବେଳେ ସାହିତ୍ୟ କଳାର ସମସ୍ତ ବୈଶିଷ୍ଟ୍ୟ ନିହିତ ଥାଏ ତାର ସମୁଦାୟ କାଳଖଣ୍ଡ ଭିତରେ। ତାତ୍କାଳୀନ ସମାଜର ପରିପାର୍ଶ୍ୱ ଓ ଜୀବନର ପ୍ରକୃତି ହିଁ ତେଣୁ ଏକ ବିଶେଷ ସମୟର ସାହିତ୍ୟିକ ତଥା କଳାଗତ ଚାରିତ୍ରିକ ବୈଶିଷ୍ଟ୍ୟ ମୂଳରେ ବିଦ୍ୟମାନ ଥାଏ। ସାହିତ୍ୟର ସମ୍ପର୍କ ଯେଣୁ ପ୍ରତ୍ୟକ୍ଷ ଭାବେ ସମାଜ ଓ ଜୀବନ ସହ ଓତପ୍ରୋତ ଭାବେ ଜଡ଼ିତ, ସାହିତ୍ୟ ସୃଷ୍ଟିର ଉଦ୍ଦେଶ୍ୟ ଏବଂ ଆତ୍ମପ୍ରକାଶର ଉତ୍ସଟି ଯେଣୁ ଏକ ବିଶେଷ ପରିବେଷ୍ଟନୀ ସହିତ ସମ୍ବନ୍ଧାନ୍ୱିତ ଓ ବସ୍ତୁକ୍ରିୟା ସାପେକ୍ଷ, ସାହିତ୍ୟର ଧାରାଗତ ପରିବର୍ତ୍ତନ ତଥା ବୈଶିଷ୍ଟ୍ୟ ସମ୍ପର୍କିତ ଯେକୌଣସି ବିଚାର-ସମୀକ୍ଷା କାଳରେ ତେଣୁ ତାର ବାସ୍ତବ ଭୂମିରୂପେ ବିଦ୍ୟମାନ ଏହି ଜୀବନ କାଳର ଅବସ୍ଥିତିକୁ ଏଡ଼ିଗଲେ ହିଁ ସମୁଦାୟ ସମୀକ୍ଷଣର ବିଷୟଟି ପ୍ରମାଦପୂର୍ଣ୍ଣ ହୋଇଉଠେ।

ସାହିତ୍ୟ ସମାଲୋଚକ ହେଉଛି ଜଣେ ବିଶେଷଜ୍ଞ ଚିକିତ୍ସକ ସଦୃଶ। ଚିକିତ୍ସକ ଯେଉଁଭଳି ଭାବେ ରୋଗୀର ବ୍ୟାଧି ଏବଂ ତାର ସୂତ୍ର ସବୁକୁ ଠାବ କରିବା ପାଇଁ ରୋଗୀର ଯାବତୀୟ ଅବସ୍ଥା ଓ ଆଚରଣଗତ ପରିବର୍ତ୍ତନ ସବୁକୁ ପଚାରି ବୁଝେ, (ଯେହେତୁ ରୋଗର ବିଲକ୍ଷଣଗୁଡ଼ିକ ଧୀରେ ଧୀରେ ଓ ସଭିଙ୍କ ଅଲକ୍ଷ୍ୟରେ ହିଁ 'ରୋଗ'ର କ୍ରିୟାକଳାପ ଭିତରେ ଆତ୍ମପ୍ରକାଶ କରିଥାଏ ଅଥଚ 'ରୋଗ'ଟି ସ୍ୱୟଂ ବାହାରକୁ ଦୃଶ୍ୟମାନ ନୁହଁ) ଲକ୍ଷଣଗୁଡ଼ିକ ହିଁ ତାର ବୈଶିଷ୍ଟ୍ୟ ସବୁକୁ ରୋଗୀର ଅବସ୍ଥା-ଆଚରଣ ଭିତରେ ତୋଳିଧରେ। ବିଶେଷଜ୍ଞ ଚିକିତ୍ସକକୁ ତେଣୁ ଏହି ଲକ୍ଷଣଗୁଡ଼ିକୁ ହିଁ ନିଷ୍ଠାର

ସହ ଅନୁଧ୍ୟାନ କରିବାକୁ ପଡ଼େ। ଲକ୍ଷଣ ସହ ରୋଗର ସମ୍ପର୍କ ଥିବାରୁ ଠିକ୍ ଭାବେ ଲକ୍ଷଣଗୁଡ଼ିକୁ ଧରି ନ ପାରିଲେ ଠିକଣା 'ରୋଗ'କୁ ଧରି ହୁଏ ନାହିଁ। ତେଣିକି ଚିକିତ୍ସକକୁ କେବଳ 'ଅନୁମାନ' ଉପରେ ନିର୍ଭର କରି ଚିକିତ୍ସା କରିବାକୁ ହୁଏ।

ଅନ୍ଧାରରେ ବାଡ଼ିବୁଲାଇବା ଯାହା, ଅନୁମାନ କରି ରୋଗୀର ଚିକିତ୍ସା ତାହା। ସାହିତ୍ୟର ଆଲୋଚନା କ୍ଷେତ୍ରରେ ସମାଜ-ଜୀବନର ବାସ୍ତବ ଓ ତତ୍କାଳୀନ ପରିବର୍ତ୍ତନର ଯଥାର୍ଥ ଅନୁଶୀଳନ ବିନା ଯେକୌଣସି ଧାରାଗତ ତଥା ବୈଶିଷ୍ଟ୍ୟଗତ ପରିବର୍ତ୍ତନ ସମ୍ପର୍କରେ କିଛି ବି ସିଦ୍ଧାନ୍ତ ପ୍ରଦାନ କରିବାର ଘଟଣା ପ୍ରାୟ ସେହିଭଳି ବିଭ୍ରାନ୍ତିକର। ବୈଜ୍ଞାନିକ ସିଦ୍ଧାନ୍ତରେ ଉପନୀତ ହେବା ପାଇଁ ଯେଉଁଭଳି ବିଜ୍ଞାନସମ୍ମତ ଧାରା ଅନୁସରଣର ଆବଶ୍ୟକତା ରହିଛି; ସାହିତ୍ୟର ଯଥାର୍ଥ ବ୍ୟାଖ୍ୟା କ୍ଷେତ୍ରରେ ସେମିତି କ୍ରମାନ୍ୱୟୀ ବାସ୍ତବ ତଥା ଐତିହାସିକ ଅନୁଶୀଳନର ଆବଶ୍ୟକତା ରହିଛି। ନଚେତ୍ ଭୁଲ୍ ରୋଗ ଚିହ୍ନଟ ଓ ଭୁଲ୍ ଚିକିତ୍ସାର ପରିଣତି ଭଳି ସାହିତ୍ୟ ଆଲୋଚନା ପରିଣତିଟି ମଧ ସାହିତ୍ୟର ଇତିହାସ ପାଇଁ ଭୟାବହ ପରିଣତି ସୃଷ୍ଟି କରିବ। ବସ୍ତୁତଃ ତେଣୁ କବିର ଦାୟିତ୍ୱଠାରୁ ସମାଲୋଚକର ଦାୟିତ୍ୱ ହେଉଛି ଅଧିକ। ତେଣୁ କବି କୋଇଲି ହେଲେ ସମାଲୋଚକ କାଉ। କବିତା ଭଳି ଅଣ୍ଡା ଦେଇଦେଲା ପରେ କବିର ଦାୟିତ୍ୱ ଶେଷ; କିନ୍ତୁ କାଉର ଦାୟିତ୍ୱ ସେଇଠୁଁ ହୁଏ ଆରମ୍ଭ।

ଚିକିତ୍ସକର ଦାୟିତ୍ୱ ଭଳି ସମାଲୋଚକର ଦାୟିତ୍ୱ ଅତି ଗୁରୁତ୍ୱପୂର୍ଣ୍ଣ ଓ ସମ୍ବେଦନଶୀଳ ହୋଇଥିବାରୁ ଏ ସବୁ କ୍ଷେତ୍ରରେ ଯେ କୌଣସି ଖାମଖିଆଲି କାର୍ଯ୍ୟ ସର୍ବଦା ଦୋଷାବହ ତଥା ଦାୟିତ୍ୱହୀନତାର ପରିଚୟ ବହନ କରେ। ପୁଣି ଧାରାଗତ ପରିବର୍ତ୍ତନ କଥା କହିଲା ବେଳେ ପରିବର୍ତ୍ତନର ସୂତ୍ର ଓ ସୀମା ପାଖରେ ପହଞ୍ଚି ନ ପାରିଲେ ସେହି ସମସ୍ତ ପରିବର୍ତ୍ତନ ସମ୍ପର୍କିତ ମୋଟାମୋଟି ଧାରଣା (Concept) ମଧ୍ୟ ତ୍ରୁଟିପୂର୍ଣ୍ଣ ହୋଇଯାଏ। ପରିବର୍ତ୍ତନର ସୀମାରେଖାଟି ଅବିକଳ ପୁରାଣ କଥାର ଲକ୍ଷ୍ମଣ ରେଖା ଭଳି। ଅର୍ଥାତ୍ ଯେଉଁଠି ସୀମା ଏପାରି ସେପାରି ଭିତରେ ଚରିତ୍ର ଏବଂ ସ୍ୱରୂପଗତ ବୈଶିଷ୍ଟ୍ୟ କ୍ଷେତ୍ରରେ ସାମଗ୍ରିକ ପାର୍ଥକ୍ୟ ଠିକ୍ ଆକାଶ ପାତାଳ ଭଳି ପରିଲକ୍ଷିତ ହୁଏ ସେଇଠି ଧାରାଗତ ପରିବର୍ତ୍ତନକୁ ଯଥାର୍ଥ ପରିବର୍ତ୍ତନ ବୋଲି କୁହାଯିବ।

'ଆଧୁନିକତା' ଓ 'ଉତ୍ତର ଆଧୁନିକତା' ସମ୍ପର୍କରେ କିଛି ହେଲେ କହିବା ପୂର୍ବରୁ ହେଗେଲୀୟ ଦ୍ୱନ୍ଦ୍ୱତତ୍ତ୍ୱ ଏବଂ ଫିୟୋରବ୍ୟାକ୍‌ଙ୍କ ବସ୍ତୁଧାରଣାଗତ ପରିବର୍ତ୍ତନର ସୂତ୍ର ସମ୍ପର୍କରେ ଅବଗତ ହେବାକୁ ହେବ। ଦ୍ୱନ୍ଦ୍ୱାତ୍ମକ ବସ୍ତୁବାଦ (Dialectical Matterialism)ର ନିୟମ ଅନୁଯାୟୀ ପ୍ରତିଟି ବସ୍ତୁ ଉପାଦାନର ପରିବର୍ତ୍ତନ ଦୁଇଟି ଭିନ୍ନ ଦିଗରେ ହିଁ ଏକକାଳୀନ ତଥା ପୃଥକ୍‌ଭାବେ ପରିଚାଳିତ ହୁଏ। ଅର୍ଥାତ୍ ପରିବର୍ତ୍ତନର ଧାରାଟି ଗୁଣଗତ (Qualitative) ଏବଂ ପରିମାଣଗତ ଓରଫ୍ ଆକାର

ଅର୍ଥାତ୍ ସ୍ୱରୂପଗତ, ଏମିତି ଦୁଇ କ୍ଷେତ୍ରରେ ହିଁ ସାଧିତ ହୋଇଥାଏ । ସାହିତ୍ୟର ଭାଷାରେ ଆମେ ଏହି ଦୁଇ ପ୍ରକ୍ରିୟାକୁ (୧) ସାଂସ୍କୃତିକ (Cultural) ଏବଂ ଆନୁଷ୍ଠାନିକ (Formal) ପରିବର୍ତ୍ତନ ଭାବେ ମଧ୍ୟ ଅଭିହିତ କରିପାରିବା ।

ବସ୍ତୁସତ୍ତାର ଦୁଇଟି ଦିଗ ଥିବାରୁ ପରିବର୍ତ୍ତନର ପ୍ରକ୍ରିୟାଟି ମଧ୍ୟ ଏହି ଦୁଇ କ୍ଷେତ୍ରକୁ ପ୍ରଭାବିତ କରିଥାଏ । ମଣିଷର ଉଦାହରଣ ଦେଲେ କଥାଟି ଭଲ ଭାବେ ବୁଝିହେବ । ଆମ ମଣିଷମାନଙ୍କର ଗୋଟିଏ ଦେହ ରହିଛି । ସମୟ ସହିତ ତାଳ ଦେଇ ଆମର ଏଇ ଶରୀରଟି ପର୍ଯ୍ୟାୟକ୍ରମରେ ପରିବର୍ତ୍ତିତ ହେଉଛି । ଛୋଟରୁ ବଡ଼ ହେଲାବେଳେ ଶରୀରରେ ମଧ୍ୟ ତାର ଭିନ୍ନ ରୂପ ସବୁ ଦେଖିବାକୁ ମିଳୁଛି । ଡେଙ୍ଗା ହେବା ଓ ଅଣ୍ଟା ନୋଇଁଯିବା... ନିଶ ଦାଢ଼ି ଉଠିବା ଓ ପୁଣି ସେ ସବୁ ପାଚିଯିବା... ଦାନ୍ତ ଉଠିବା ଓ ଝଡ଼ିବା ହେଲା ସେହି ଶାରୀରିକ ପରିବର୍ତ୍ତନର ଭିନ୍ନ ଭିନ୍ନ ଦୃଶ୍ୟ ।

ଅନ୍ୟପକ୍ଷରେ ମଣିଷ କହିଲେ ତା'ର ପରିଚୟ ନିହିତ ରହିଛି ଯେଉଁ ଭାବଜଗତ (State of Idea) ବା ଚିନ୍ତା ଜଗତ ସହିତ ତାର ମଧ୍ୟ ପରିବର୍ତ୍ତନ ହୁଏ । ଦେହ ବଢ଼ିବା ସହିତ ଯେଉଁଠି ଚିନ୍ତାଜଗତର ପରିବର୍ତ୍ତନ ହୁଏ ନାହିଁ; ସେଠାରେ ପରିବର୍ତ୍ତନକୁ ସାମଗ୍ରିକ (Radical) ପରିବର୍ତ୍ତନ କୁହାଯିବ ନାହିଁ । ଉଭୟ କାୟିକ ଓ ମାନସିକ ପରିବର୍ତ୍ତନ ଦ୍ୱାରା ହିଁ ପ୍ରକୃତ ମଣିଷର ପରିବର୍ତ୍ତନ ସାଧିତ ହୁଏ । ସେଇଥିପାଇଁ ଯୌବନର ଉଦ୍ଦାମତା ଏବଂ ବାର୍ଦ୍ଧକ୍ୟର ପ୍ରଜ୍ଞା ନେଇ ଶୈଶବକୁ ଚାହିଁଲେ ଅତୀତରେ ସେହି ପରିବର୍ତ୍ତନକୁ ଆଦୌ ବିଶ୍ୱାସ କରିହୁଏ ନାହିଁ । ଏଇଠାରେ ଯୌବନ ତଥା ବାର୍ଦ୍ଧକ୍ୟଠାରୁ ଶୈଶବ ମଧ୍ୟରେ ଟାଣିହୋଇଯାଏ ଏକ ପୃଥକ୍ 'ଲକ୍ଷ୍ମଣରେଖା' ।

ମଣିଷ ଭଳି ସମାଜର ମଧ୍ୟ ଠିକ୍ ଏଇଭଳି ଦୁଇଟି ପାର୍ଶ୍ୱ ରହିଛି: ଗୋଟିଏ ପଟେ ସମାଜର ଉପରିଢାଞ୍ଚା (Supra Structure) ଏବଂ ଅପର ଦିଗରେ ତା'ର ମୂଳଛାଞ୍ଚ (Infrastructure) ହିଁ ପରସ୍ପର ସହ ଅଙ୍ଗାଙ୍ଗୀ ଭାବେ ଜଡ଼ିତ ହୋଇଥାଏ । ମଣିଷର ଭାବଜଗତଟି ଭଳି ଏହାର ମୂଳଛାଞ୍ଚ ଆଦୌ ଦୃଶ୍ୟମାନ ନୁହଁ । ସାଧାରଣ ଦୃଷ୍ଟିରେ ତେଣୁ ବୁଦ୍ଧିଜୀବୀ ଏବଂ ବଡ଼ ବଡ଼ ସମାଲୋଚକଙ୍କ ଆଖିରେ ମଧ୍ୟ ସମାଜର ଏହି ରୂପଟି କେବେ ବି ଧରା ପଡ଼େ ନାହିଁ । ଏଣେ 'ଭାବଜଗତ'ଟିକୁ ଦେଖିହୁଏ ନାହିଁ ବୋଲି ତାହାକୁ ଯେମିତି ଆଦୌ ଅସ୍ୱୀକାର କରାଯାଇ ପାରିବ ନାହିଁ, ସେମିତି ସମାଜର ଏହି 'ମୂଳଢାଞ୍ଚା'ଟିକୁ ମଧ୍ୟ ଆମେ କଦାପି ଏଡ଼ିଯାଇ ପାରିବା ନାହିଁ । ଏଇ ଭିତରଟା ତେଣୁ ନ ବଦଳି ବାହାରର ସ୍ୱରୂପଟା ଯେତେ ବାଗରେ ବଦଳିଲେ ମଧ୍ୟ ତାହା ସାମଗ୍ରିକ ପରିବର୍ତ୍ତନ ହୋଇ ନଥିବା ଯୋଗୁ ସେହି ସମାଜରେ ଏକ ନୂଆ ଅଧ୍ୟାୟ ଆରମ୍ଭ ହେଲା ବୋଲି କେବେ ବି କୁହାଯାଇ ପାରିବ ନାହିଁ ।

ସାହିତ୍ୟର ଧାରାଗତ ପରିବର୍ତ୍ତନର ପ୍ରକ୍ରିୟାଟି ସେତେବେଳେ ଯାଇ ସକ୍ରିୟ ଓ ତ୍ୱରାନ୍ୱିତ ହୁଏ ଯେତେବେଳେ ସାମାଜିକ ବ୍ୟବସ୍ଥାରେ ଏହି ଆଭ୍ୟନ୍ତରୀଣ ଢାଞ୍ଚାର ପରିବର୍ତ୍ତନ ସାଧିତ ହୁଏ। ସାହିତ୍ୟରେ 'ଆଧୁନିକତା'ର ମୂଳ ଧାରଣାଟି ଏଭଳି ପରିବର୍ତ୍ତନ ସହ ଅଙ୍ଗାଙ୍ଗୀ ଭାବେ ଜଡ଼ିତ। ଆଜି ମଧ୍ୟ 'ଉତ୍ତର-ଆଧୁନିକତା'ର ଆଲୋଚନା କାଳରେ ତାର ମୂଳ ଆଧାରଟିକୁ ଠିକ୍ ଭାବେ ବିଶ୍ଳେଷଣ କରିବାକୁ ସକ୍ଷମ ନ ହେଲେ ସମୀକ୍ଷା ନିଶ୍ଚୟ ଏକଦେଶଦର୍ଶୀ ହେବ। 'ଉତ୍ତର ଆଧୁନିକତା'ର ଧାରଣା ନେଇ ଆଲୋଚନା ପୂର୍ବରୁ ତେଣୁ 'ଆଧୁନିକତା'ର 'ଭିତ୍ତିଭୂମି' ଆଡ଼କୁ ସାମାନ୍ୟ ବିହଙ୍ଗାବଲୋକନ କରାଯିବା ଉଚିତ।

'ସାହିତ୍ୟ'ରେ ଆଧୁନିକତା ଏକ ସ୍ୱୟଂକ୍ରିୟା ବ୍ୟାପାର ନୁହଁ। ଆଧୁନିକତାର ସ୍ୱରୂପଟି ସଦା ସାମଗ୍ରିକ (Radical) ସମାଜ ପରିବର୍ତ୍ତନ ଉପରେ ନିର୍ଭରଶୀଳ। ସମାଜ ବ୍ୟବସ୍ଥାର ଯେବେ ଆମୂଳ ପରିବର୍ତ୍ତନ ସାଧିତ ହୁଏ; ସେତେବେଳେ ନୂତନ ସମାଜର ଭିତ୍ତି ଉପରେ ଏକ ଆଧୁନିକ ସାହିତ୍ୟର ସୂତ୍ରପାତ ଘଟେ। ବିଶ୍ୱ ସାହିତ୍ୟର ଇତିହାସ ତେଣୁ ଷୋଡ଼ଶ ଶତାବ୍ଦୀଯାଏ ଗୋଟିଏ ଧାରାରେ ଗତିକରି ଆସିଛି। ଦୀର୍ଘ ୫ ହଜାର ବର୍ଷର ସାହିତ୍ୟରେ ସେତେବେଳେ କିଛି କିଛି ଶୈଳୀଗତ ପରିବର୍ତ୍ତନ ଦେଖିବାକୁ ମିଳିଛି। ମାତ୍ର ମୋଟାମୋଟି ଏହି ଦୀର୍ଘ କାଳର ସାହିତ୍ୟ ହେଉଛି ମୂଳତଃ ଏକାପରି। ସାହିତ୍ୟର ମୂଳମର୍ମ ଓ କାହାଣୀର ଆଧାର ଭୂମି ହେଉଛି ଏକା। 'ଚରିତ୍ର' କହିଲେ ସେଠାରେ କେବଳ 'ରାଜା' 'ରାଣୀ' ରାଜଜେମା, ରାଜପୁତ୍ର ଏବଂ ଦେବଦେବୀମାନଙ୍କୁ ହିଁ ଦେଖିବାକୁ ମିଳିଛି। ବିଷୟର ମୂଳ ଭିତ୍ତି ପୁଣି ପ୍ରେମ ଓ ପ୍ରଣୟ ! କାହାଣୀର ଏକମାତ୍ର ଭିତ୍ତି ହେଉଛି କଳ୍ପନା।

ବିଶ୍ୱଦୁନିଆର ସବୁ ସାହିତ୍ୟ ପ୍ରାୟ ସେମିତି ସେହି କାଳ ଖଣ୍ଡ ମଧ୍ୟରେ ଉପ୍ତବୀଜ ହୋଇଥାଏ; କେବଳ ଯାହା ଭୌଗୋଳିକ ଓ ସାମାଜିକ ଅବସ୍ଥିତିର ବୈଚିତ୍ର୍ୟଗତ ପାର୍ଥକ୍ୟ ସେଠାରେ ପରିଲକ୍ଷିତ ହୁଏ। ଇଲିୟଡ଼, ଅଡ଼େଶୀ, ଏନିଡ଼, ମହାଭାରତ, ରାମାୟଣ ପ୍ରାୟ ସମାନ, ଭାଷା କ୍ଷେତ୍ରରେ ଯାହା ପାର୍ଥକ୍ୟ। କାହିଁକି ତେବେ ସାହିତ୍ୟର ଏହି ଏକରୂପତା ? କାହିଁକିନା ବିଶ୍ୱଦୁନିଆରେ ପଞ୍ଚଦଶ ଶତାବ୍ଦୀଯାଏ 'ରାଜତନ୍ତ୍ର' ହିଁ ପ୍ରତିଷ୍ଠିତ ହୋଇ ରହିଛି। ତତ୍କାଳୀନ ସମାଜ ବ୍ୟବସ୍ଥାର ମୂଳଢାଞ୍ଚାଟି କୃଷିଭିତ୍ତିକ ସାମନ୍ତବାଦୀ ଅର୍ଥନୀତି (Fudal Economy) ହୋଇଥିବାରୁ ସାମନ୍ତପ୍ରଭୁର ସ୍ୱାର୍ଥକୁ ଭିତ୍ତିକରି ହିଁ ଗଢ଼ିଉଠିଛି ତଦନୁରୂପ ଏକ ବାହ୍ୟ ସମାଜନୀତି। ଈଶ୍ୱର, ଆଧିଭୌତିକତା, ଜାତି, ଧର୍ମ, ଭୂତ, ପ୍ରେତ, ସ୍ୱର୍ଗ ଓ ନର୍କର କାଳ୍ପନିକ ବିଶ୍ୱାସ ସାରା ସମାଜର 'ଭାବ ଜଗତ'ଟାକୁ ଆଚ୍ଛନ୍ନ କରି ରଖିଛି। ସାହିତ୍ୟ ତେଣୁ ଏହାର ଊର୍ଦ୍ଧ୍ୱକୁ ଉଠିପାରି ନାହିଁ। ହଜାର ହଜାର ବର୍ଷ ଧରି ତେଣୁ ଗୋଟିଏ ଧାରାରେ ହିଁ ସାହିତ୍ୟ ସୃଷ୍ଟି ହୋଇଛି।

ଶୈଶବର ଓ ଯୌବନର ନିର୍ଦ୍ଦିଷ୍ଟ ସୀମାରେଖା ଭଳି ଏକ ବିଶେଷ ସମାଜ ବ୍ୟବସ୍ଥାର ମଧ୍ୟ ରହିଛି ସେମିତି କିଛି ଯୁଗଭେଦ ଜନିତ ସୀମାରେଖା। ସାମନ୍ତବାଦର ଶେଷ କେତେ ଶହ ବର୍ଷ 'ପଣ୍ୟ' କାରବାର ବ୍ୟାପକ ହୋଇଛି। 'ସୌଦାଗର'ମାନେ ଏ ଦେଶରୁ ନେଇ ଅନ୍ୟ ଦେଶରେ 'ପଣ୍ୟ' ବ୍ୟବସ୍ଥା କରିଛନ୍ତି। ପୁନଶ୍ଚ 'ପଣ୍ୟ' ବିନିମୟ କ୍ଷେତ୍ରରେ ସୃଷ୍ଟି ହେଉଥିବା ସମସ୍ୟାକୁ ଦୂର କରିବା ପାଇଁ 'ରାଜତନ୍ତ୍ର'ର ଅନ୍ତିମ ପର୍ଯ୍ୟାୟରେ 'ମୁଦ୍ରା'ର ପ୍ରଚଳନ ହୋଇଛି। ସୌଦାଗରମାନେ ବ୍ୟବସାୟ କରୁ କରୁ 'ଲାଭ' ରୂପେ ବହୁ ମୁଦ୍ରାର ମାଲିକ ହୋଇଛନ୍ତି। ଧୀରେ ଧୀରେ ସୌଦାଗରମାନେ ଶ୍ରେଷ୍ଠ (ଶେଠ)ର ସ୍ତରକୁ ଉନ୍ନୀତ ହୋଇଛନ୍ତି। ମୁଦ୍ରା କାରବାର ଭିତରେ 'ପୁଞ୍ଜି' (Capital)ର ଜନ୍ମ ହୋଇଛି। ଦିନେ ଦେଖିଲାବେଳକୁ ବ୍ୟବସାୟର ନିୟମରେ ରାଜ୍ୟଯାକର ସମ୍ବଳ ଶ୍ରେଷ୍ଠୀ ହାତକୁ ଚାଲି ଯାଇଛି। ତେଣିକି ରାଜ୍ୟ ଅଛି, ରାଜା ଅଛନ୍ତି, ମାତ୍ର ତାଙ୍କର ସମ୍ବଳ ନାହିଁ; ଅଥଚ ବିଳାସ ବ୍ୟସନ ପାଇଁ ଖର୍ଚ୍ଚ ଦରକାର ହେଉଛି। ଏଥିପାଇଁ ରାଜତନ୍ତ୍ରର ଶେଷଭାଗକୁ ବହୁ ରାଜାଙ୍କୁ ଶ୍ରେଷ୍ଠ/ଶେଠମାନଙ୍କଠାରୁ ଋଣ କରିବାକୁ ହୋଇଛି।

ରାଜା ଓ ରାଜତନ୍ତ୍ର ତେଣିକି ଯେତିକି ଦେବାଳିଆ ଓ ଦୁର୍ବଳ ହୋଇଛି ସେତିକି ପରିମାଣରେ 'ପୁଞ୍ଜି' ଶକ୍ତିଶାଳୀ ହୋଇଛି। ମାତ୍ର 'ବଜାର' (Market) ସଂପ୍ରସାରିତ ହୋଇପାରୁ ନାହିଁ। ଉତ୍ପାଦନ ବଢ଼ାଇବା ପାଇଁ 'ଯନ୍ତ୍ର' ପ୍ରଚଳନ ଓ କାରଖାନା ପ୍ରତିଷ୍ଠାର ଆବଶ୍ୟକତା ଦେଖାଦେଇଛି। ମାତ୍ର କଳ ଚଳାଇବାକୁ 'ଶ୍ରମିକ' ନାହାନ୍ତି। ସବୁ ଲୋକଙ୍କୁ 'ବେଠି ବେଗାରୀ' ଭିତରେ ରାଜତନ୍ତ୍ର ବାନ୍ଧି ରଖିଛି। ତେଣୁ ଉନ୍ମେଷଲାଭ କରିଥିବା 'ପୁଞ୍ଜି' ବଜାରର ବିକାଶ ତଥା ଉଦ୍ୟୋଗୀର ସ୍ୱାର୍ଥ ପାଇଁ 'ରାଜତନ୍ତ୍ର'କୁ ଭାଙ୍ଗିଦେବାର ଆବଶ୍ୟକତା ଉପୁଜିଛି। ବେଠି ବେଗାରୀରୁ ଲୋକଙ୍କୁ ଛଡ଼ାଇ ଆଣି 'କାରଖାନା'ରେ ଖଟାଇବା ପାଇଁ 'ପୁଞ୍ଜି' ବଜାରକୁ ସେତେବେଳେ 'ମୁକ୍ତି'ର ସ୍ଲୋଗାନ୍ ଦେବାକୁ ହୋଇଛି।

ଅଭାବ ଅନଟନ ଯୋଗୁ, ରାଜତନ୍ତ୍ର ଶେଷବେଳକୁ ଅଧିକ ଦମନମୂଳକ ଓ ପୀଡ଼ନକାରୀ ହୋଇଛି। କଲ୍ୟାଣମୂଳକ କାମ ପାଇଁ ସମ୍ବଳ ନାହିଁ। ଶୋଷଣ, ପୀଡ଼ନରେ ପ୍ରଜା ତ୍ରାହି ତ୍ରାହି ଡାକୁଛି। ସେତିକିବେଳକୁ 'ପୁଞ୍ଜିବଜାର'ର ପ୍ରେରଣାରେ ରୁଷୋ, ପ୍ଲାଟୋ, ମଣ୍ଟେସ୍କୁ ଓ ଭଲଟାୟାର୍ ଇତ୍ୟାଦି ମୁକ୍ତିର ବାର୍ତ୍ତା ଧରି ଆସିଛନ୍ତି। ମଣିଷ ଓ ମାନବିକତା (Humanity)ର ଦୁହା ଉଠିଛି। ତେଣିକି ଈଶ୍ୱରଙ୍କଠାରୁ ମଣିଷକୁ ଅଧିକ ବଡ଼ଭାବେ ଚିତ୍ରଣ କରାଯାଇଛି। "Man is born free, but every where he is in chains"ର ସ୍ଲୋଗାନ୍ ଉଠିଛି । ନୂତନ ରାଷ୍ଟ୍ର ଓ ଗଣତନ୍ତ୍ରର ମଧୁର ସ୍ୱପ୍ନ ଦେଖିଛି ତତ୍କାଳୀନ ପ୍ରଜାକୁଳ ।

ପ୍ରଜାକୁ ମତାଇଛି ଏଇ ସୁଯୋଗରେ ରାଜାଙ୍କ ବିରୁଦ୍ଧରେ ପୁଞ୍ଜିବଜାରୀ ! ସୃଷ୍ଟି ହୋଇଛି ଦୁନିଆ ବ୍ୟାପି 'ନବଚେତନା'ର ବାତାବରଣ । ଇତିହାସରେ ଏହାକୁ ରେନେସାଁ ବା ନବଜାଗରଣ କୁହାଯାଇଛି । ନବଜାଗରଣର ପ୍ରଭାବରେ ରାଜତନ୍ତ୍ର ବିରୁଦ୍ଧରେ ସଂଘଟିତ ହୋଇଛି ବିପ୍ଳବ । ଫରାସୀ ରାଷ୍ଟ୍ର ବିପ୍ଳବ ଆମେରିକାର ମୁକ୍ତି ସଂଗ୍ରାମ ପରେ ରାଜତନ୍ତ୍ରର ବୁନିୟାଦ୍ ଭାଙ୍ଗିପଡ଼ିଛି । 'ରାଜା'ର କବଳରୁ 'ବେଠିଆ' ବେଗାରିଆମାନେ ମୁକୁଳି ଆସିଛନ୍ତି । ନିଜର ଲାଭ ଓ ବଜାର ପାଇଁ ଉତ୍ପାଦନ କ୍ଷେତ୍ରରେ ଯାନ୍ତ୍ରିକୀକରଣ ହୋଇଛି । କଳକାରଖାନା ବସାଇ ଅଧିକ ଉତ୍ପାଦନ କରି ଅଧିକ ଲାଭ ଉଠାଇଛି ଉଦ୍ୟୋଗୀ । ଶିଳ୍ପ ବିପ୍ଳବ ସଂଘଟିତ ହୋଇଛି; ସହର ପରେ ସହର, ଶିଳ୍ପନଗରୀ ପରେ ଶିଳ୍ପ ନଗରୀ ଗଢ଼ି ଉଠିଛି । ଗଣତନ୍ତ୍ରର ଧ୍ୱଜା ତଳେ 'ପୁଞ୍ଜିବାଦ' ବା ପୁଞ୍ଜିତନ୍ତ୍ର ପ୍ରତିଷ୍ଠିତ ହୋଇଛି ।

କୃଷିଭିତ୍ତିକ ସମାଜ ବ୍ୟବସ୍ଥାର ଚେହେରା ବଦଳିଛି । ଯୌଥ ପରିବାରର ବୁନିୟାଦ ଭାଙ୍ଗିଛି । ଗାଁର ମୋହ ଭାଙ୍ଗିଛି । ମଣିଷ ହୋଇଛି ସହର ମୁହାଁ । ପୁଞ୍ଜିତନ୍ତ୍ରର ସ୍ୱାଭାବିକ ନିୟମରେ ମଣିଷ ଭିତରେ ଲାଭଖୋରୀ ବ୍ୟକ୍ତିବାଦ ମୁଣ୍ଡ ଟେକିଛି । 'ଆପେ ବଞ୍ଚିଲେ ବାପାର ନାଆଁ' ଆଦର୍ଶ ହୋଇଛି ମଣିଷର ଜୀବନାଦର୍ଶ । ତଥାକଥିତ ପୁଞ୍ଜିତନ୍ତ୍ରର ଶାସନ ଯେତିକି ଗଣତନ୍ତ୍ରର ନାମରେ ଅଧିକ ପୁରୁଣା ହୋଇଛି ମଣିଷର ଜୀବନ ସେତିକି ଅଧିକ ସ୍ୱାର୍ଥପର ଓ ସଂକଟଗ୍ରସ୍ତ ହୋଇଛି । ଯନ୍ତ୍ରଶିଳ୍ପର ଦୌରାତ୍ମ୍ୟରୁ ମଣିଷର ଜୀବନ ହୋଇଛି ଯାନ୍ତ୍ରିକ । ମୋହଭଙ୍ଗ ଜନିତ ହତାଶାରୁ ସୃଷ୍ଟି ହୋଇଛି ନିଃସଙ୍ଗତା । ମୂଲ୍ୟବୋଧ ହରାଇ ମଣିଷ କେବଳ ନିଜର ଗ୍ରାମ୍ୟଜୀବନଠାରୁ ସମ୍ପର୍କ ଛିଡ଼ାଇ ଦେଇନି ବରଂ ବିଚ୍ଛିନ୍ନତାବୋଧର ଗ୍ଲାନିରେ ବେଶି ବେଶି ବିମର୍ଷ ହୋଇପଡ଼ିଛି ।

ପୁଞ୍ଜିଭିତ୍ତିକ ଅର୍ଥନୀତିର ମୂଳଛାଞ୍ଚଟି ସାମନ୍ତବାଦୀ କୃଷି ଅର୍ଥନୀତିର ଆସ୍ଥାନ ମାଡ଼ି ବସିଲା ପରେ ସମାଜର ଉପରିଢାଞ୍ଚାଟିରୁ ରାଜତନ୍ତ୍ର ହଟିଯାଇ ସେଠାରେ ଗଣତନ୍ତ୍ର ଓରଫ୍ ପୁଞ୍ଜିତନ୍ତ୍ରର ପ୍ରତିଷ୍ଠା ହୋଇଛି । ସେତେବେଳେ ସମୁଦାୟ ସମାଜର ଚେହେରା ବଦଳିଛି । ସବୁଦିଗରୁ ସବୁକିଛି ପୁରୁଣା ଅଭ୍ୟାସ ଭାଙ୍ଗିଯାଇଛି । ଜୀବନ ବଦଳିଛି ତା ସହ ତାଳ ଦେଇ । ସାହିତ୍ୟର ଭିତ୍ତି ବଦଳିଗଲେ ସାହିତ୍ୟ ବା ନ ବଦଳିବ କେମିତି ? ତେଣିକି ସାହିତ୍ୟରେ ଥିବା ପୁରୁଣା ରୀତି ଓ ଭୂମିଟି ବଦଳି ଯିବା ସ୍ୱାଭାବିକ । ଈଶ୍ୱର ଓ ରାଜାରାଣୀଙ୍କୁ ହଟାଇ ସାହିତ୍ୟରେ ତେଣୁ ଯେଉଁ ପରିବର୍ତ୍ତନ; ତାହା ଏକ ଆମୂଳ ପରିବର୍ତ୍ତିତ ସମାଜର ପ୍ରତିବିମ୍ବନ ହୋଇଥିବାରୁ ସେଠାରେ 'ଆଧୁନିକତା'ର ଆବାହନ ଥିଲା ଅତି ସ୍ୱାଭାବିକ ଓ ବାସ୍ତବ ।

ଆଧୁନିକତା ପୁଣି ଏକ ଆପେକ୍ଷିକ (Relative) ଶବ୍ଦ। ଯେତେବେଳେ ରେନେସାଁ ପରବର୍ତ୍ତୀ ସମାଜର ବୁନିୟାଦଟି ସଂପୂର୍ଣ ଭାଙ୍ଗି ପଡ଼ିବ ସେତେବେଳେ ଅନୁରୂପ ଭାବେ (Super Structure)ଟି ମଧ୍ୟ ବଦଳିଯିବ। ସଂସଦୀୟ ରାଜନୀତିକୁ ହଟାଇ ସେଠାରେ ପ୍ରଚଳିତ ହେବ ସମାଜବାଦୀ ରାଜନୀତି। ସେତେବେଳେ ଏକଦା 'ଆଧୁନିକ' ଥିବା ସମାଜଟି ହଠାତ୍ ଆମ ପାଇଁ ପୁରୁଣା ଓ ପରିତ୍ୟକ୍ତ ହୋଇ ଉଠିବ। ସେତେବେଳେ ଆମର ଜୀବନଶୈଳୀ, ରୁଚି ଓ ମୂଲ୍ୟବୋଧ ରୀତି ସଂପୂର୍ଣ୍ଣ ବଦଳିଯିବ। ବଦଳିଯିବ ସମାଜର ଚେହେରା ଓ ସାହିତ୍ୟରେବି ବିରାଜମାନ କରିବ ଆଉ ଏକ ନବଯୁଗ ବା ଆଧୁନିକ ସାହିତ୍ୟ।

ଅଥଚ ଯାହା କିଛି ନୂଆ ତା କିନ୍ତୁ ଆଧୁନିକ ନୁହଁ। ଯାହା କ୍ରାନ୍ତିକାରୀ... ସଂପୂର୍ଣ୍ଣ ଗଠନମୂଳକ ଓ କଲ୍ୟାଣକର ସେଭଳି ନୂତନତାର ଆବିର୍ଭାବକୁ କୁହାଯିବ 'ଆଧୁନିକ'। ସମାଜ ଜୀବନର ପ୍ରତି କ୍ଷେତ୍ରକୁ ପରିବ୍ୟାପ୍ତ କରି ସେତେବେଳେ ଏକ ଆଲୋଡ଼ନକାରୀ ପରିବର୍ତ୍ତନର ସୂତ୍ରପାତ ଘଟିବ। ଯେତେବେଳେ କୁସଂସ୍କାର ଭଳି ଅଳନ୍ଧୁ ଗୁଡ଼ାକ ସଫା କରିବା ପାଇଁ ପ୍ରାଣେ ପ୍ରାଣେ ସୃଷ୍ଟିହେବ ନବ ଉନ୍ମାଦନାର ଉଦ୍‌ବେଳନ, ସେତେବେଳେ ଯାଇ ସେଇ କାଳକୁ କୁହାଯିବ ଆଧୁନିକ। 'ଆଧୁନିକତା'ର ରୂପ ଏକ ବିଶେଷ କାଳ ଖଣ୍ଡ ପାଇଁ ହିଁ ବିଶେଷୀକୃତ ହୋଇଥାଏ। ସେହି ଆଧୁନିକତା 'ପ୍ରାଚୀନ' ଓ ପରିତ୍ୟଜ୍ୟ ହୋଇଯିବାକୁ ଆଉ ଗୋଟାଏ 'ଆଧୁନିକତା'ର ଅପେକ୍ଷା ରଖେ। ତେଣୁ ଆଧୁନିକ ଦିନେ ପୁରାତନ ହୁଏ! ପୁଣି ପୁରାତନର ପରବର୍ତ୍ତୀ ସ୍ୱରୂପ ହେଉଛି ଆଉ ଏକ ଆଧୁନିକ। ଆଧୁନିକତାର ପୂର୍ବରେ ପ୍ରାଚୀନ ପ୍ରତୀୟମାନ ହେଉଥିବା ପର୍ଯ୍ୟାୟଟି ଏକଦା 'ଆଧୁନିକତା'ର ଏକ ବିଶେଷ ରୂପ ହିଁ ଥିଲା। ଆଉ ଏକ 'ଆଧୁନିକର' ଆବିର୍ଭାବରେ ତାକୁ 'ପ୍ରାଚୀନ' ହୋଇଯିବାକୁ ହେଲା। ଲକ୍ଷ୍ମଣରେଖାର ଆରପାରିକୁ ତାହାକୁ ଟପିଯିବାକୁ ହେଲା। ଏହାର ଅର୍ଥ କିନ୍ତୁ ଏହା ନୁହଁ ଯେ, ଏକଦା ଆଧୁନିକତା ଥିବା ସେହି 'ପ୍ରାଚୀନ' ଯୁଗକୁ ସମାଲୋଚକର ପରିଭାଷାରେ 'ପୂର୍ବ ଆଧୁନିକ' (Pre-modern) ବୋଲି କୁହାଯିବ।

ଆଧୁନିକ... ହିଁ ଆଧୁନିକ! ଏହା ଏକ ସ୍ୱୟଂସମ୍ପୂର୍ଣ୍ଣ ଓ ବିଶେଷୀକୃତ ଧାରଣା। ଏହାର ତେଣୁ ପୂର୍ବ ନାହିଁ କି ଉତ୍ତର (Post) ନାହିଁ। ଏହାର ଉତ୍ତରରେ ଆଉ ଏକ ଆଧୁନିକତାର ଆବିର୍ଭାବ ପାଇଁ ପ୍ରସ୍ତୁତି ପର୍ବ। ତାହା ଏକ ପୃଥକ୍ ଯୁଗର ସୀମାରେଖା ହୋଇ ନ ପାରେ କେବେ। ଉତ୍ତର-ଆଧୁନିକ (Post-Modern) ତେଣୁ ଏକ ଯୁଗଧାରଣା ହିଁ ନୁହେଁ। ଏକ ଧାରା ପରିବର୍ତ୍ତନର 'ଭୂୟୋ-ବର୍ତ୍ତିତ' ସ୍ୱରୂପ ମଧ୍ୟ ନୁହଁ। କାଳ ବିଭାଜନ ତଥା ଧାରା ଗତ ବୈଚିତ୍ର୍ୟର ବୈଶିଷ୍ଟ୍ୟ ନିର୍ଣ୍ଣୟ କାଳରେ ତେଣୁ

'ମୂଳ- ଧାରା'ର ଭିତ୍ତିକୁ ଅଧାର ଭୂମି ବିବେଚନା କରି ସିଦ୍ଧାନ୍ତ ଗ୍ରହଣ କରିବାକୁ ହେବ। ଆଧୁନିକ ଯୁଗର ମୂଳଧାରାରେ ଯେଉଁ ବୈଚିତ୍ର୍ୟର କଳାତ୍ମକ ବିଲକ୍ଷଣଗୁଡ଼ିକ ପରିଦୃଷ୍ଟ ହୁଏ; ସେ ସବୁର ବିଧିବଦ୍ଧ ବିଭାଜନ କରିବାକୁ ଇଚ୍ଛା କଲେ ଏହି ସମୁଦାୟ 'କାଳ- ଖଣ୍ଡ' (ଆଧୁନିକ ଯୁଗ)କୁ ସମୁଦାୟ ୩ ଭାଗରେ ବିଭକ୍ତ କରାଯାଇପାରିବ।

ରେନେଁସାର ପରବର୍ତ୍ତୀ କାଳ ଅର୍ଥାତ୍ ଷୋଡ଼ଶ ଶତାବ୍ଦୀର ଆରମ୍ଭରୁ ଅଷ୍ଟାଦଶ ଶତାବ୍ଦୀର ଶେଷ ପର୍ଯ୍ୟନ୍ତ—ଏହି ଦୁଇ ଶହ ବର୍ଷର ସମୟସୀମାକୁ ଆଧୁନିକ ଯୁଗର 'ଆଦ୍ୟପ୍ରସ୍ଥ' ଭାବେ ଗ୍ରହଣ କରାଯାଇପାରେ। ଆଧୁନିକ ଯୁଗର ଏହା ହିଁ ହେଉଛି ବିକାଶର ପର୍ବ। ପୁଞ୍ଜି ବଜାରର ବିକାଶ ପାଇଁ ସାରା ବିଶ୍ୱରେ ଏହି ସମୟ ମଧ୍ୟରେ କଳକାରଖାନା ଗଢ଼ି ଉଠିଛି। ନିଯୁକ୍ତିର କ୍ଷେତ୍ର ଖୁବ୍ ସମ୍ପ୍ରସାରିତ ହୋଇଛି। 'ଉତ୍ପାଦନ'ର ପରିବର୍ତ୍ତନ ପାଇଁ ଯୋଗାଯୋଗର କ୍ଷେତ୍ରଗୁଡ଼ିକ ବିଶ୍ୱବ୍ୟାପୀ ପରିବ୍ୟାପ୍ତ ହୋଇଛି। ଜଳ ଓ ସ୍ଥଳ ମାର୍ଗରେ ବିଶ୍ୱ ସମୁଦାୟ ମଧ୍ୟରେ ଯୋଗାଯୋଗ ପ୍ରତିଷ୍ଠିତ ହୋଇଛି। ଉତ୍ପାଦନ ବଢ଼ିବା ସହ ଲାଭ ବଢ଼ିଛି... ଓ ଗଣତନ୍ତ୍ରର ନାଆଁରେ ଜ୍ଞାନ ବିଜ୍ଞାନ ଓ ଚିନ୍ତାଚେତନାର ବିକାଶ ହୋଇଛି। ପୁଞ୍ଜି ବଜାରର ସ୍ୱାର୍ଥ ପାଇଁ ଜ୍ଞାନ ବିଜ୍ଞାନର ନୂତନ ଦିଗନ୍ତ ଉନ୍ମୋଚନ— ଅପରିହାର୍ଯ୍ୟ ମନେ ହୋଇଛି। ପୋଷାକପତ୍ର, ଔଷଧଠାରୁ ଆରମ୍ଭ କରି ସୌଖୀନ ପଦାର୍ଥର ଉତ୍ପାଦନ ହୋଇଛି। ସାଧାରଣ ମଣିଷକୁ ଖାଉଟୀ କରିବାକୁ ଯାଇ ପୁଞ୍ଜିବଜାର ପ୍ରାୟ ଲୋକଙ୍କୁ କାମଧନ୍ଦା ଯୋଗାଇଛି। ସେତେବେଳେ ସୁଖ-ଶାନ୍ତି ଓ ସମୃଦ୍ଧିର ଏକ ବାତାବରଣ ସବୁଠି ପରିଲକ୍ଷିତ ହୋଇଛି।

ମାନବତାବାଦର ଜୟଜୟକାର ଶୁଭୁଛି ସର୍ବତ୍ର ତେଣୁ ଏହି ସମୟର ସାହିତ୍ୟରେ। ପ୍ରେମ, ପ୍ରଣୟ ଓ ରୋମାଣ୍ଟିକ୍ ଭାବବିଳାସ ସହିତ ବାସ୍ତବ ଜୀବନର 'ମାନବୀୟ ଚିତ୍ର' ଏହି ସମୟର ସାହିତ୍ୟକୁ ଋଦ୍ଧିମନ୍ତ କରିଛି। ରାଜତନ୍ତ୍ରର ଯୁଗରେ ଦିନେ ଏଇଭଳି ଗୋଟାଏ ପର୍ଯ୍ୟାୟବି ଆସିଥିଲା। ସେତେବେଳେ ମଧ୍ୟ ସେ ଯୁଗର ସର୍ବଶ୍ରେଷ୍ଠ ସାହିତ୍ୟ ଓ କଳାକୃତିର ଆବିର୍ଭାବ ଘଟିଥିଲା। ମଣିଷର ଜୀବନକାଳ ମଧ୍ୟରେ ବି ଏଇଭଳି ଏକ ପର୍ଯ୍ୟାୟ ଆସେ, ଯାହାକୁ 'ଯୌବନ' କୁହାଯାଏ। ଏଇ ବୟସରେ ଶରୀରର ସମୃଦ୍ଧି ଓ ବିକାଶ ହୁଏ। ଉଦ୍ଦାମତା ଓ ଆବେଗପ୍ରବଣତା ମଧ୍ୟ ଉଦ୍‌ବେଳିତ ହୋଇଥାଏ। ସବୁକାଳ ପାଇଁ ଏହି ନିୟମଟି ଅବଶ୍ୟମ୍ଭାବୀ। ବିଶ୍ୱସାହିତ୍ୟରେ ଆରମ୍ଭ ହୋଇଥିବା ଆଧୁନିକ ଯୁଗର ଏହା ହିଁ ହେଉଛି ସୁବର୍ଣ୍ଣକାଳ! ଅବଶ୍ୟ ଦୁଃଖ ଓ ପରିତାପର ବିଷୟ ଏହିକି ଯେ ଭାରତବର୍ଷରେ ଆଧୁନିକ ଯୁଗର ଆରମ୍ଭ ହୁଏ ପ୍ରାୟ ଏହାର ଦୁଇ ଶତାବ୍ଦୀ ପରେ। ପୁଞ୍ଜିବାଦୀ ଅର୍ଥନୀତି 'ସାମ୍ରାଜ୍ୟବାଦ' ସ୍ତରରେ ପହଞ୍ଚି ସାରିଲାପରେ ହିଁ ଭାରତବର୍ଷର ସୀମା ଭିତରେ 'ଇଷ୍ଟଇଣ୍ଡିଆ କମ୍ପାନୀ' ଜରିଆରେ

ତାହା ଅନୁପ୍ରବେଶ କରିଛି । ୟୁରୋପରେ ଯେବେ ଆଧୁନିକଯୁଗ ତାର ଆଦ୍ୟପର୍ବ ଅତିକ୍ରମ କରିଛି; ସେହି ସମୟରେ ହିଁ ଏହାର ଅଙ୍କୁରୋଦ୍‌ଗମ ଘଟିଛି ଭାରତବର୍ଷରେ । ଶାସନ ପାଇଁ ପ୍ରତିଷ୍ଠିତ ଇଂରାଜୀ ସ୍କୁଲ ଓ କଲେଜର ପ୍ରତିଷ୍ଠା ଓ ପ୍ରସାର ଦ୍ୱାରା ହିଁ ଭାରତରେ ନବଜାଗରଣର ମୂଳଦୁଆ ପଡ଼ିଛି ।

'ଆଧୁନିକତା'ର ଅନୁପ୍ରବେଶ ଖୁବ୍ ବିଳମ୍ବରେ ଏବଂ ଏକ କିମ୍ଭୂତକିମାକାର ରୂପରେ ହିଁ ଆସିଛି ଭାରତବର୍ଷକୁ । ଭାରତବର୍ଷରେ ପ୍ରକୃତ ଶିଳ୍ପାୟନ ହୋଇଛି ସ୍ୱାଧୀନତା ପରେ; କିନ୍ତୁ ୟୁରୋପରେ ସେତେବେଳକୁ ତୁରୀୟ ଅବସ୍ଥା ! ଅର୍ଥାତ୍ ଆଧୁନିକ ଯୁଗର ଦ୍ୱିତୀୟ-ପ୍ରସ୍ଥର ଶେଷ ପର୍ଯ୍ୟାୟ ! ଅଷ୍ଟାଦଶ ଶତାବ୍ଦୀରୁ ଶେଷ ଆଡ଼କୁ ବିଶ୍ୱ ପୁଞ୍ଜିବଜାରରେ ପ୍ରତିଯୋଗିତା ତୀବ୍ର ହୋଇଛି । ଇଂଲଣ୍ଡ, ଫ୍ରାନ୍ସ, ଆମେରିକା, ଜର୍ମାନ ଓ ଇଟାଲୀର ପୁଞ୍ଜି ତଥା 'ବଜାର' (Market) ପାଇଁ ଆରମ୍ଭ ହୋଇଛି ପ୍ରବଳ ପ୍ରତିଯୋଗିତା ! ବିଶ୍ୱବଜାରକୁ କିଏ ଦଖଲ କରିବ ? କେଉଁ ଦେଶର ଉଦ୍ୟୋଗୀ ବିଶ୍ୱବଜାରରେ ପ୍ରଭାବ ବିସ୍ତାର କରିବ? ଏଇ ଦ୍ୱନ୍ଦ୍ୱରୁ ହିଁ ଦୁଇ ଦୁଇଟା ବିଶ୍ୱଯୁଦ୍ଧ ସଂଘଟିତ ହୋଇଛି ଏହି ସମୟରେ । ଆଉ ଏଣିକି କଳ କାରଖାନା ଖୋଲୁ ନାହିଁ । ବରଂ କାରଖାନାର ବିଷାକ୍ତ ମଇଳା ସେତେବେଳକୁ 'ଜୀବନ' ଓ ପରିବେଶକୁ ପ୍ରଦୂଷିତ କରିସାରିଛି । ନିଯୁକ୍ତି ନାହିଁ । କିନ୍ତୁ ଗାଁରୁ ସହରକୁ ଆଶାୟୀ ମଣିଷର ସୁଅ ଛୁଟିଛି । ସହରକୁ ଲାଗି ଗଢ଼ି ଉଠିଛି ବସ୍ତି...; କଳାବଜାର, ହତ୍ୟା, ଦଙ୍ଗା... ରାହାଜାନୀ ବଢ଼ିଛି । ଦେହ ବ୍ୟବସାୟ, ଚୋରି... ମସ୍ତାନୀର ନୂଆ ଅଧ୍ୟାୟଟି ଏଇଠି ଯୋଡ଼ି ହୋଇ ଯାଇଛି ସମାଜରେ ।

ଯୌବନର ସ୍ୱପ୍ନ ଭାଙ୍ଗିଯାଇଛି । ସହର ପ୍ରତି ମୋହ ବି ତୁଟିଯାଇଛି । ଗାଁରେ ଥାଇତି (ବିସ୍ଥାପିତ) ହେବାର ରାହା ନାହିଁ । ତ୍ରିଶଙ୍କୁର ଅବସ୍ଥାରେ ମଣିଷ ଅଟକିଯାଇଛି ଦୋଛକିରେ । ବିଶ୍ୱ ସାହିତ୍ୟରେ ସ୍ଥିତିବାଦ, ଫ୍ରୟଡ଼, ବିଛିନ୍ନତାବାଦ, ନିଃସଙ୍ଗତାବାଦ ପରି ସବୁ ଆଧୁନିକ ଚିନ୍ତାଚେତନାର ଉଦ୍ଭବ କ୍ଷେତ୍ର ହେଉଛି ଏହି ପର୍ଯ୍ୟାୟ । ଊନବିଂଶ ଶତାବ୍ଦୀର ଆରମ୍ଭରୁ ବିଂଶ ଶତାବ୍ଦୀର ମଧ୍ୟଭାଗ (୧୮୦୧-୧୯୫୦)କୁ ତେଣୁ ଆଧୁନିକ ଯୁଗର 'ଦ୍ୱିତୀୟ ପ୍ରସ୍ଥ' ବୋଲି ଆମେ କହି ପାରିବା । ବସ୍ତୁତଃ ବିଶ୍ୱ-ଆଧୁନିକତାର ଅବକ୍ଷୟ ଭିତରୁ ହିଁ ଭାରତବର୍ଷରେ ଆଧୁନିକତାର ଉଦ୍ଭବ! ବୁଢ଼ା ବୟସରେ 'କଡ଼ମା' ବା 'କେଞ୍ଚୁଡ଼ି' ସନ୍ତାନର ଅବସ୍ଥା ହେଉଛି ଭାରତବର୍ଷର 'ଆଧୁନିକତା' ।

ଭାରତୀୟମାନଙ୍କ ପାଇଁ ଆଧୁନିକ ଯୁଗର ଶୁଭାରମ୍ଭ ବେଳକୁ ବିଶ୍ୱସାହିତ୍ୟର ଅବକ୍ଷୟୀ ସ୍ରୋତ କ୍ରମଶଃ ମନ୍ଥରତର ହେବାରେ ଲାଗିଛି । 'ବାସ୍ତବଜୀବନ'କୁ ନେଇ ଭାରତୀୟ ସାହିତ୍ୟ ରଚନା କଲାବେଳକୁ ବିଶ୍ୱସାହିତ୍ୟର ଧାରାରେ ତାହା ବହୁତ

ପଛରେ ପଡ଼ିଯାଇଛି । ଫଳରେ ଭାରତୀୟ ସାହିତ୍ୟରେ ଏକ କିମ୍ଭୂତ ସଂକଟ ସୃଷ୍ଟି ହୋଇଛି । ତେଣିକି ସାହିତ୍ୟକୁ ଆଧୁନିକ ରୂପ ଦେବାକୁ ଯାଇ... ତଥା ଆପଣା ସାହିତ୍ୟକୁ ବିଶ୍ୱସାହିତ୍ୟର ସମକକ୍ଷ କରିବାକୁ ଯାଇ ଭାରତୀୟ ସାହିତ୍ୟ ଜୀବନକୁ ଏଡ଼ି ଯାଇଛି । ଜୀବନ ପଡ଼ିଛି ପଛରେ ଓ ସାହିତ୍ୟ ଅଗ୍ରୋଧାବତି ଧାବତି ! ସୁତରାଂ ଆଧୁନିକ ସାହିତ୍ୟ ଓ ଜନଜୀବନ ଭିତରେ ସୃଷ୍ଟି ହୋଇଛି ଗୋଟାଏ ବିରାଟ ଫାଙ୍କ ! ସାହିତ୍ୟ ଜନସାଧାରଣଙ୍କଠାରୁ ଦୂରେଇଯାଇନି କେବଳ କିଛି ମୁଷ୍ଟିମେୟ ବୁଦ୍ଧିଜୀବୀଙ୍କ ସୌଖିନ ବୈଠକଖାନାର ସମ୍ପତ୍ତି ପାଲଟିଯାଇଛି । ଉଭଟ... ଉଭଟ ବୋଲି ସେତେବେଳେ ସବୁଆଡ଼େ ହୁରି ପଡ଼ିଛି ଅଥଚ ସାହିତ୍ୟିକର ଅହମିକା ତୁଟି ନାହିଁ । ସେ ପଛକୁ ଫେରି ନାହିଁ । ସାଧାରଣ ମଣିଷ ପାଇଁ ତେଣୁ ସାହିତ୍ୟ କେବଳ ଦୁର୍ବୋଧ ହୋଇ ନାହିଁ ଅଧିକନ୍ତୁ ଆଜି ଅଛୁଆଁ ଓ ବିଦେଶୀ ହୋଇଯାଇଛି ।

୧୯୫୦ରୁ ଆରମ୍ଭ ହୋଇଛି ବିଶ୍ୱସାହିତ୍ୟରେ ଆଧୁନିକତାର ଅନ୍ତିମ ପର୍ବ । ସହରୀ ମଣିଷ ସହରରେ ହଜାଇ ଦେଇଛି ସ୍ୱପ୍ନ ! କମ୍ପ୍ୟୁଟରୀକରଣ ଯାନ୍ତ୍ରିକୀକରଣ... ଗ୍ୟାଟ୍... ଜଗତୀକରଣର ଏକ ନୂତନ ଯୁଗ ଆରମ୍ଭ ହୋଇଛି ୧୯୪୮ ମସିହାଠାରୁ । ଅର୍ଥନୀତିରେ ବ୍ୟାପକ ସାମରିକୀକରଣ ଘଟଣା ଘଟିଛି । ସନ୍ତ୍ରାସବାଦ ବଢ଼ିଛି । ବେକାରୀ ଉତ୍କଟ ହୋଇଛି । ଆତ୍ମହତ୍ୟା ଖିଆଲ ପାଲଟିଯାଇଛି । ପରିବେଶ ବିଷାକ୍ତ । ସହରରେ ଫୁଟପାଥ୍ ମଧ୍ୟ କୋଟି କୋଟି ମଣିଷର ବିଛଣା ପାଲଟିଛି । ମଧ୍ୟବିତ୍ତ ଓ ବିଶ୍ୱର ନିମ୍ନ ମଧ୍ୟବିତ୍ତ ମଣିଷ ହଠାତ୍ ଯେମିତି ଠକିଗଲାଭଳି ଲାଗୁଛି । ସହରର ବନ୍ଦ ଦର୍ଜା ଭିତରେ ରୁଦ୍ଧଶ୍ୱାସ ହୋଇ ସେ ଗାଁକୁ ଝୁରି ହେବାକୁ ଆରମ୍ଭ କରିଛି । ଅଥଚ ଗାଁକୁ ଫେରି ଆସିବାର ବାଟ ଆଉ ତା ପାଖରେ ନାହିଁ । ସହର ତା ପାଇଁ ଆଶ୍ୱାସନା ନୁହଁ; ଅଥଚ ଗାଁଠାରୁ ତା ପାଇଁ କୌଣସି ଭରସା ବି ନାହିଁ । ମଧ୍ୟବିତ୍ତୀୟ ଝୁଲନ୍ତ ମାନସିକତା କ୍ରମଶଃ ସାରା ସହରୀ ମଣିଷର ଚେତନା ସ୍ତରକୁ ଆଚ୍ଛନ୍ନ କରି ରଖିଛି ।

ସହରରେ ଥାଇ କବି ତେଣୁ ଗାଁର ଶୈଶବକୁ ଖୋଜିଛି । କୁଆଁର ପୁନେଇ ଜହ୍ନ... ଓ ଅଶିଣ ସଞ୍ଜର ତୋଟାମାନଙ୍କୁ ଝୁରି ହୋଇଛି । ହାଇଁପାଇଁ ହୋଇଛି କବିର ମନ ସେଇ ସୁନାଖଡ଼ିକା ଝିଅଭଳି ସୁକୁମାର ଗାଁଟି ପାଇଁ । ସହରର ବିଷବଳୟ ଭିତରେ ଅଣନିଃଶ୍ୱାସ କବି ତେଣୁ ଛଳଛଳ ନିରୁତା ଗାଁର ମାଖୁନା ଚିତ୍ରକୁ ନେଇ ସ୍ୱପ୍ନ ଦେଖିଛି... ଗୁମୁରି କାନ୍ଦୁଛି । କବି ଚାହିଁଛି ସବୁ ଛଳନାରୁ ଆଡ଼ମ୍ବର ଭିତରୁ... ଫେସନବାଜ୍ ଭିତରୁ ଅନ୍ତତଃ ବାସ୍ତବ ଜୀବନରେ ନ ହେଲେ ବି ସାହିତ୍ୟର ଭୂମିରେ ମୁହୂର୍ତ୍ତକ ପାଇଁ ମୁକୁଳି ଯିବାକୁ । ଏହି ବ୍ୟାକୁଳତାର ପ୍ରକ୍ରିୟା ବିଶ୍ୱସାହିତ୍ୟର ଧାରାରେ ୧୯୫୦ରେ ଆରମ୍ଭ ହୋଇଥିବାବେଳେ ଭାରତ ଓ ଓଡ଼ିଶାରେ ଆରମ୍ଭ ହୋଇଛି ୧୯୯୦ ଦଶନ୍ଧିରେ ।

ଆନୁଷ୍ଠାନିକ ଭାବେ ଏହି ସମୟରୁ ହିଁ ଜଗତୀକରଣ ଓରଫ୍ ଉଦାରୀକରଣ ନୀତି କାର୍ଯ୍ୟକାରୀ ହୋଇଛି। ଭାରତବର୍ଷରେ ସାହିତ୍ୟ କିଛିଟା ନିରାଭରଣ ହୋଇଛି... ମୁକ୍ତ ହୋଇଛି ଏହି ସମୟରେ। ମାତ୍ର 'ଧାରା'ର ଆମୂଳ ପରିବର୍ତ୍ତନ ବୋଲି ଏହାକୁ ଆଦୌ କୁହାଯାଇ ପାରିବ ନାହିଁ। ସେହି ପ୍ରାକ୍ତନ ଆଧୁନିକ ଧାରାଟି ଏଇଠି ଏଇ ଦଶନ୍ଧିରେ ସାମାନ୍ୟ ମୋଡ଼ ବୁଲୁଛି ମାତ୍ର। ଏହି ଫେର-ବଦଳକୁ କ'ଣ ସମାଲୋଚନାର ପରିଭାଷାରେ କୁହାଯିବ 'ଉତ୍ତର-ଆଧୁନିକତା'? ବରଂ ମୂଳ ଧାରାର ବୈଶିଷ୍ଟ୍ୟ ଓ ବିକାଶ ଦିଗରୁ ଏହାକୁ ଆଧୁନିକତାର ଅନ୍ତିମ ପର୍ବ କହିବା ଅଧିକ ଯୁକ୍ତିଯୁକ୍ତ ଏବଂ ଯଥାର୍ଥ ହେବ ସିନା? ଆଧୁନିକତାର ଅନ୍ତିମ ପର୍ଯ୍ୟାୟର ପରିସମାପ୍ତି ନ ହେବାଯାଏ ଉତ୍ତର- ଆଧୁନିକତାର ଆବାହନ ଯେ ଆଦୌ ସମ୍ଭବ ନୁହଁ? ବରଂ ଆଧୁନିକତାର ଏଇ ଅନ୍ତିମ ଅଧ୍ୟାୟକୁ ଆଧୁନିକତାର ଉତ୍ତର-ପର୍ବ ହିଁ କହିଲେ ଚଳିବ।

ସୂର୍ଯ୍ୟାସ୍ତର ମ୍ଳାନ ନିସ୍ତେଜପଣ ତେଣୁ ଆଜି ସାହିତ୍ୟର ସ୍ୱାଭାବିକ ବୈଶିଷ୍ଟ୍ୟ। ସହରରେ ରାହା ହରେଇ ଜୀବନର ନିଶାଣ ଖୋଜୁଥିବା ମଣିଷର ଆକୁଳତା ଆଜିର କବିର କଣ୍ଠରେ ଗୁଞ୍ଜରିତ; ଗୋଧୂଳି ଲଗ୍ନର ଘର ବାହୁଡ଼ାଣି ଦୃଶ୍ୟପରି ! ମାତ୍ର ସଂପ୍ରତି କବି ତା'ର ନିଶାଣ କଣ ଖୋଜି ପାଇଛି? ସ୍ୱପ୍ନର ଅଳୀଅଳ ଗାଁ କଣ ଆଜି ଅଛି ସେମିତି। ଯେଉଁଠିକି ସେ ନିର୍ଭର ବିଶ୍ୱାସରେ ଫେରିଯାଇପାରିବ? ଠିକଣା ଖୋଜୁଥିବା ଏକ ନିସ୍ତେଜ ଆକୁଳ ପଣ ତେଣୁ ଆଜି କବିତାର ବୈଶିଷ୍ଟ୍ୟ ନୁହେଁ କି?

ଛୁଟିଘଣ୍ଟା ତଥାପି ପଡ଼ି ନାହିଁ। କ୍ଳାନ୍ତ ନିର୍ଘଣ୍ଟର ପରିଧିରୁ ମୁକୁଳିବାର ଏ ଯାଏ ସୂଚନା ମିଳି ନାହିଁ। ଗୋଟାଏ ଦିନର ଅବଧି ପୂରା ନ ହେଲାଯାଏ—ଆଉ ଏକ ନୂଆ ସକାଳ ଆସିପାରିବ ନାହିଁ। ଘଣ୍ଟା ପଡ଼ିବା ଶବ୍ଦକୁ ପହିଲେ ଅପେକ୍ଷା କରିବା ଆସନ୍ତୁ। ତା ପରେ ବନ୍ଦ ଦରଜା ଓ ଫାଟକ ଖୋଲିଯିବ। ପରିଶ୍ରାନ୍ତ ମାନସିକତାରେ ଦେହପ୍ରାଣ ବିବାକ୍ ଝାଉଁଳି ପଡୁଥିବ। ପଶ୍ଚିମାକାଶରେ ସୂର୍ଯ୍ୟ ହଜି ହଜି ଯାଉଥବ। ନଇଁ ନଇଁ ଆସୁଥିବ ସଞ୍ଜ। ତେଣିକି ଅନ୍ଧାରର ଡେଣା ହେଉଥିବ ବିସ୍ତୃତ। ଅନ୍ଧାର ଯେତିକି ହେଉଥିବ ବହଳ; ସେତିକି ସକାଳ ଆଗମନ ପାଇଁ ମାହେନ୍ଦ୍ର ଲଗ୍ନ ହେଉଥିବ ଆଖର... ନିକଟତର। ଅନ୍ଧାର ଘନତାର ଶୀର୍ଷ ଛୁଇଁଲା ପରେ ହଟି ଆସୁଥିବ ପଛକୁ। ଆରୋହଣର ସର୍ତ୍ତ ଅନ୍ତେ ଯେ ଅବତରଣର ପ୍ରକ୍ରିୟା ନିଶ୍ଚିତ। ସେଇଠୁ ରାତ୍ରିର ଅନ୍ଧାର ପାଣିଚିଆ ପଡ଼ି ଆସୁଥିବ...। ବିଗତ ଦିନର ଯାବତ କ୍ଳାନ୍ତି ଓ ଅବଶ ଭାବ କଟି ଯାଇଥିବ। ନୂଆ ସୂର୍ଯ୍ୟ ତା' ପରେ ଆସି ପହଞ୍ଚିଯିବ। ନୂଆ ଆଲୁଅ ପୂରା ଅର୍ଥ ନୂଆ; ବିଗତ ସକାଳଠାରୁ। ତା' ପରେ?

ଗୋଟିଏ ସକାଳ ପରେ ଯେଉଁ ଅଲଗା ନୂଆ ସକାଳଟିଏ ଆସି ପହଞ୍ଚିବ; ସେହି ପରବର୍ତ୍ତୀ ସକାଳର ପରିଚୟ ହେବ ପୂର୍ବ ସକାଳର ଆପେକ୍ଷିକ ଭିନ୍ନତା ଦୃଷ୍ଟିରୁ ଉତ୍ତର- ସକାଳ। ତା' ପରେ ତାକୁ ପୂର୍ବୋତ୍ତର ସକାଳ କୁହାଯାଉ ବା ଆଉ କିଛି ବି କୁହାଯାଉ ସେଥିରେ ଭୁଲ୍ ନାହିଁ। ମାତ୍ର ଗୋଟିଏ ସକାଳର ଶେଷ ପର୍ଯ୍ୟାୟକୁ କଦାଚିତ୍ ଉତ୍ତର ସକାଳ କୁହାଯାଇ ପାରିବ ନାହିଁ। ସେମିତି ହେଲେ ଗୋଟିଏ ନିର୍ଦ୍ଦିଷ୍ଟ କାଳ-ଖଣ୍ଡର ଯଥାଯଥ ପରିସୀମା ଓ ପରିଚିତିର ଯଥାର୍ଥ ଅବଧାରଣା ସମ୍ଭବ ହେବ ନାହିଁ। ଐତିହାସିକ ବିଚାର ବିଶ୍ଳେଷଣର ପଦ୍ଧତି ଓ ଧାରାଟି ମଧ୍ୟ ଏହାଦ୍ୱାରା ବିଡ଼ମ୍ବିତ ହୋଇ ଉଠିବ। ପରିଣତିରେ ସମୁଦାୟ କାଳବିଚାରର ଧାରଣାଟି ସମ୍ପୂର୍ଣ୍ଣ ବିଭ୍ରାନ୍ତିକର ରୂପ ନେବ।

ଆଧୁନିକତାର ବିଶେଷ ସକାଳଟି ଏଯାବତ୍ ଅପରାହ୍ଣର ସୀମାରେଖା ଅତିକ୍ରମ କରି ନାହିଁ। କାହିଁକି ନା ବଜାର ଅର୍ଥନୀତିର ସ୍ୱାଭାବିକ ପରିଣତିରେ ଯେତେବେଳେ ବଜାର (Market) ପାଇଁ ପୁଞ୍ଜି ବଜାରୀମାନଙ୍କ ଭିତରେ ଆନ୍ତର୍ଜାତୀୟ ସ୍ତରରେ ଆରମ୍ଭ ହୋଇଛି ବଳ କଷାକଷି। ବଡ଼ ବଡ଼ ରାଷ୍ଟ୍ରର ରାଷ୍ଟ୍ରପୁଞ୍ଜି ବହୁ ରାଷ୍ଟ୍ରୀୟ ପୁଞ୍ଜିରେ (Finance Capital) ପରିଣତ ହେବାପରେ ହିଁ ଏହି ଦ୍ୱନ୍ଦ୍ୱ ଅଧିକ ତୀବ୍ର ହୋଇଛି। ଅଧିକ ପୁଞ୍ଜିର ବିସ୍ତାର ପାଇଁ ଅଧିକ ବଜାର ଦଖଲ କରିବାକୁ ଯାଇ ଉପନିବେଶବାଦୀ ଶାସନ ଓ ସାମ୍ରାଜ୍ୟବାଦର ସଂପ୍ରସାରଣ ଘଟିଛି। ବିଦେଶୀ ପୁଞ୍ଜି ବିଭିନ୍ନ ପ୍ରାନ୍ତୀୟ ବଜାରକୁ ଦଖଲ କରି ଭାରତ ଭଳି ପ୍ରାୟ ଅଧିକାଂଶ ବିଶ୍ୱଦୁନିଆରେ ଉପନିବେଶ ସ୍ଥାପନ କରିଛି। ଲାଭର ଲୋଭ ମଣିଷକୁ କେବଳ କାହିଁକି; ପୁଞ୍ଜି ବଜାରୀ ଓ ବଜାରପତିମାନଙ୍କୁ ମଧ୍ୟ ପାଗଳ କରିଛି। ଅଧିକ ବଜାର ନିଶାରେ ତେଣୁ ବଡ଼ ବଡ଼ ଶିଳ୍ପୋନ୍ନତ ରାଷ୍ଟ୍ରଙ୍କ ମଧ୍ୟରେ ଯେଉଁ ପ୍ରତିଯୋଗିତା ଆରମ୍ଭ ହୋଇଛି; ତାହା ସମଗ୍ର ବିଶ୍ୱକୁ ଦୁଇଟି ଗୋଷ୍ଠୀରେ ବିଭାଜିତ କରାଇ ବିଶ୍ୱଯୁଦ୍ଧ ଆଡ଼କୁ ବାଟ ବଢ଼ାଇ ନେଇଛି। ବିଂଶ ଶତକର ପ୍ରଥମ ୫ଟି ଦଶନ୍ଧି ମଧ୍ୟରେ ଦୁଇ ଦୁଇଥର ଏହି ଦୁଇ ଉନ୍ନତ ରାଜ୍ୟଗୋଷ୍ଠୀ ମଧ୍ୟରେ ସାମରିକ ଯୁଦ୍ଧ ଆରମ୍ଭ ହୋଇଛି।

ଯୁଦ୍ଧ ସରିଲା ବେଳକୁ ବିଶ୍ୱର ପୁଞ୍ଜିବଜାରୀ ଦେଖିଛି ଯେ, ଯୁଦ୍ଧ କରିବାକୁ ଯାଇ ସେ ଲାଭବାନ୍ ହେବା ପରିବର୍ତ୍ତେ ପୂର୍ବାପେକ୍ଷା ଅଧିକ କ୍ଷତିଗ୍ରସ୍ତ ହୋଇଛି। ଯୁଦ୍ଧର ପରିସ୍ଥିତି ଭିତରୁ ଫାଇଦା ଉଠାଇ ସମାଜବାଦୀ ଶକ୍ତିର ଅଭ୍ୟୁଦୟ ଘଟୁଛି। ଗୋଟିଏ ଯୁଦ୍ଧ ଶେଷ ହେଲାବେଳକୁ ବିରାଟ ସୋଭିଏତ୍ ରୁଷିଆର ବଜାରଟି ବଜାର ଅର୍ଥନୀତିର କବଳରୁ ଖସି ଯାଇଛି। ସେଠାରେ ବଜାର ଅର୍ଥନୀତିକୁ ବିତାଡ଼ିତ କରି ସମାଜବାଦୀ ଅର୍ଥନୀତି ନିଜର ପ୍ରାଧାନ୍ୟ ବିସ୍ତାର କରିଛି। ଦ୍ୱିତୀୟ ବିଶ୍ୱଯୁଦ୍ଧର ପରିଣତିରେ

ଚାଇନା ଭଳି ବିରାଟ ଭୂଖଣ୍ଡର ବଜାରଟି ମଧ୍ୟ ହାତରୁ ଖସିଯାଇଛି। ମାଓସେତୁଙ୍କ ନେତୃତ୍ୱରେ ସେଠାରେ ମଧ୍ୟ ସମାଜବାଦୀ ଅର୍ଥନୀତିର ଖସଡ଼ା ଅନୁସୃତ ଓ କାର୍ଯ୍ୟକାରୀ ହୋଇଛି। ଏଥିସହିତ ବହୁ ଛୋଟ ଛୋଟ ଏସୀୟ ରାଷ୍ଟ୍ର ମଧ୍ୟ ସମାଜବାଦୀ ବିପ୍ଳବର ଆବହାୱା ଦ୍ୱାରା ଉଦ୍‌ବୁଦ୍ଧ ହୋଇ ନିଜକୁ ଉପନିବେଶବାଦୀ ଶାସନରୁ ମୁକ୍ତ କରି ସମାଜବାଦୀ ଅର୍ଥନୀତିର ନୂତନ ପନ୍ଥା ଅନୁସରଣ କରିଛନ୍ତି। ଫଳରେ ବଜାର ପାଇଁ ଯୁଦ୍ଧ ସାମ୍ରାଜ୍ୟବାଦୀଙ୍କ ପାଇଁ ଲାଭଠାରୁ ଅଧିକ ଲୋକସାନ୍‌ର ଧକ୍କା ପହଞ୍ଚାଇଛି। ମାତ୍ର ବିଶ୍ୱବ୍ୟାପୀ ତଥାକଥିତ ଗଣତନ୍ତ୍ରବାଦ... ଓରଫ୍ ପୁଞ୍ଜିବାଦର ପ୍ରଚଳିତ ପ୍ରାକ୍ତନ ବ୍ୟବସ୍ଥାଟି ସମ୍ପୂର୍ଣ୍ଣ ତୁଟିଯାଇ ନାହିଁ। କିମ୍ବା ତତ୍‌କର୍ତ୍ତୃକ ସମାଜ ବ୍ୟବସ୍ଥା (Social system)ର ମଧ୍ୟ କୌଣସି ପରିବର୍ତ୍ତନ ଘଟି ନାହିଁ। କିନ୍ତୁ ବଜାର ବ୍ୟବସ୍ଥାଟି କିଛିଟା ଦୁର୍ବଳ ଓ ଶଙ୍କାଗ୍ରସ୍ତ ହୋଇପଡ଼ିଛି।

ଶଙ୍କା ସଙ୍କଟରୁ ମୁକ୍ତି ପାଇବା ସକାଶେ ଏଥର ଯୁଦ୍ଧ ନ କରି ଆପଣା ଭିତରେ ସାଲିସ୍ କରି ବଜାର ଅଧିକାର କରିବାର ନୂଆ ସୂତ୍ରଟିଏ ଆବିଷ୍କୃତ ହୋଇଛି। ଏଭଳି ଉଦ୍ୟମର ପ୍ରାରମ୍ଭିକ ଫଳଶ୍ରୁତି ରୂପେ ବିଶ୍ୱବ୍ୟାଙ୍କ (IBRD) ଓ ଆନ୍ତର୍ଜାତୀୟ ମୁଦ୍ରାପାଣ୍ଠି (IMF)ର ଉଦ୍ଭବ ଘଟିଛି। ୧୯୭୪ ମସିହାରେ ଆନ୍ତର୍ଜାତୀୟ ବାଣିଜ୍ୟ ସଂଗଠନର ସନନ୍ଦ ହାଭାନାଠାରେ (International Trade Organisation ବା ITO) ଗୃହୀତ ହୋଇଛି। ମାତ୍ର ଏହା ମଧ୍ୟ ସଫଳ ହୋଇ ନାହିଁ। ଏକ ଚୂଡ଼ାନ୍ତ ପାରସ୍ପରିକ ରାଜିନାମା ବା ସାଲିସ୍‌ର ସୂତ୍ର ITO ଦେଇ ନ ପାରିବାରୁ ୧୯୪୮ ଜାନୁୟାରୀ ମାସରେ ଏହି ଲକ୍ଷ୍ୟ ନେଇ GATT (General Agreement on Tariff and Trade) ଚୁକ୍ତିର ପ୍ରସ୍ତୁତି ପର୍ବ ଆରମ୍ଭ ହୋଇଛି। ଲକ୍ଷ୍ୟ କରିବାର କଥା ଯେ, ଠିକ୍ ଏଭଳି ଏକ ପରିସ୍ଥିତିରେ ହିଁ ଭାରତବର୍ଷରେ ସ୍ୱାଧୀନତା ଆସିଛି ଏବଂ ବିଘଟଣର ବିଷ ବଳୟ ଭିତରେ ଏଠାରେ ବଜାର ଅର୍ଥନୀତି କାର୍ଯ୍ୟକାରୀ ହୋଇଛି।

୧୬ଶ ଶତକ ପରବର୍ତ୍ତୀ କାଳରେ ଇଉରୋପରେ ରେନେସାଁ ଏବଂ ବଜାର ଅର୍ଥନୀତିର ଅନୁପ୍ରବେଶ ଯେଉଁଭଳି ଭାବେ ଘଟିଛି ଭାରତରେ ଠିକ୍ ସେମିତି ହୋଇ ନାହିଁ। ସେତେବେଳକୁ ରେନେସାଁର ଏକ ବିକଳ ବିଧୃତ ଓ ବିଡ଼ମ୍ବିତ ରୂପ ଦେଖିବାକୁ ମିଳିଛି ଭାରତବର୍ଷରେ। ବିଡ଼ମ୍ବିତ ସ୍ୱାଧୀନତାର ଏତାଦୃଶ ପୃଷ୍ଠଭୂମି ଉପରେ ହିଁ ଆମ ଦେଶରେ ଆଧୁନିକତାର ବିକାଶ ଘଟିଛି। ଆଉ ପଶ୍ଚିମାମୁଖୀ (Westernized) ଏକ ପ୍ରକାର ଆଧୁନିକ ସାହିତ୍ୟର ମଧ୍ୟ ଅଭ୍ୟୁଦୟ ଘଟିଛି। ଅବଶ୍ୟ ଇଂରେଜମାନଙ୍କ ଆଗମନ ସହିତ ଏହି ପ୍ରକ୍ରିୟାର ଶୁଭାରମ୍ଭ ସେଦିନ ବହୁ ପୂର୍ବରୁ ସୁରୁ ହୋଇଯାଇଛି। ତେବେ ଆର୍ଥନୀତିକ ବ୍ୟବସ୍ଥାଟି ଏକ ପରିଣତ (Saturated) ସ୍ଥିତିରେ ହିଁ ପହଞ୍ଚିସାରିଛି;

ସେତେବେଳକୁ ବଜାର ଅର୍ଥନୀତି ଆଉ ନୂଆ ଦର୍ଶନ ଜନ୍ମ ଦେଇପାରୁ ନାହିଁ। ଜନକଲ୍ୟାଣକର ଯୋଜନାରେ ନିଜକୁ ନିଯୁକ୍ତ କରି ପାରୁ ନାହିଁ। ନୂଆ ନୂଆ କଳକାରଖାନା ଗଢ଼ି ଉଠି ପାରୁ ନାହିଁ। ନିଯୁକ୍ତି ସଂପ୍ରସାରଣର କୌଣସି ସମ୍ଭାବନା ଇ ନାହିଁ।

୧୯୪୮ରୁ ତେଣେ ଯେଉଁ ଗ୍ୟାଟ୍ ଚୁକ୍ତିର ପ୍ରକ୍ରିୟା ଆରମ୍ଭ ହୋଇଛି; ତାହା ମଧ୍ୟ କୌଣସି ସିଦ୍ଧାନ୍ତମୂଳକ ସୂତ୍ର ବାହାର କରି ପାରୁ ନାହିଁ ୧୯୮୬ ପର୍ଯ୍ୟନ୍ତ। ୧୯୮୬ରେ ଉରୁଗୁଏଠାରେ 'ଗ୍ୟାଟ୍'ର ୮ମ ପର୍ଯ୍ୟାୟ (8th round) କଥାବାର୍ତ୍ତା ଆରମ୍ଭ ହୋଇଛି। ଆର୍ଥର ଡଙ୍କେଲଙ୍କ ଚିଠା ଦଲିଲକୁ ଭିତ୍ତି କରି ୧୯୯୪ରେ ହିଁ ଚୂଡ଼ାନ୍ତ ଭାବେ ଗ୍ୟାଟ୍ ଚୁକ୍ତି ସ୍ୱାକ୍ଷରିତ ହୋଇଛି। ୧୧୮ଟି ରାଷ୍ଟ୍ର ମଧ୍ୟରୁ ଭାରତ ମଧ୍ୟ ଏକ ସଭ୍ୟଭୁକ୍ତ ରାଷ୍ଟ୍ର ରୂପେ ଗ୍ୟାଟ୍ ଚୁକ୍ତିକୁ ଗ୍ରହଣ କରି ନେଇଛି। ୧୯୯୪ରେ ଆନୁଷ୍ଠାନିକ ଭାବେ ଏହି ନୀତି କାର୍ଯ୍ୟକାରୀ ହେଲେ ମଧ୍ୟ ଅଣଆନୁଷ୍ଠାନିକ ଭାବେ ଏହା ୧୯୮୬ରୁ ହିଁ ଏ ଦେଶରେ କାର୍ଯ୍ୟକାରୀ ହୋଇଛି। ରାଜୀବ ଗାନ୍ଧୀଙ୍କ ନୂତନ ଶିକ୍ଷାନୀତି—୧୯୮୬ ଏବଂ ନୂତନ ଶିଳ୍ପନୀତି ଏହି ଖସଡ଼ା ଦ୍ୱାରା ଅନୁମୋଦିତ। ରାଜୀବ ଗାନ୍ଧୀଙ୍କ ମୃତ୍ୟୁପରେ ପରବର୍ତ୍ତୀ ପ୍ରଧାନମନ୍ତ୍ରୀ ନରସିଂହ ରାଓଙ୍କ ଅମଳରେ ୧୯୯୦ଠାରୁ ହିଁ ଏହି ତଥାକଥିତ ନୂତନ ନୀତିରେ କାର୍ଯ୍ୟକାରିତା ବିଧିବଦ୍ଧ ଭାବେ କାର୍ଯ୍ୟକାରୀ ହୁଏ।

ଭାରତୀୟ ଅର୍ଥନୀତି ସମେତ ଆନ୍ତଃରାଷ୍ଟ୍ରୀୟ ଅର୍ଥନୀତି ପାଇଁ ମଧ୍ୟ ୧୯୯୦ ହେଉଛି ଏକ ବିଶେଷ ସୀମାରେଖା। କାରଣ ଯେତେବେଳେ ଅର୍ଥନୀତିର ରୂପଟି ଯେଉଁ ଆକାର ଧାରଣ କରେ ସେତେବେଳେ ସମାଜର ସ୍ୱରୂପ (ରୀତିନୀତି, ଚଳଣି ଇତ୍ୟାଦି)ଟି ତଦନୁରୂପ ମୋଡ଼ ନେଇଥାଏ। ଗ୍ୟାଟ୍ ଚୁକ୍ତିର ତାଗିଦ୍‌ରେ ଗୃହୀତ ଅର୍ଥନୀତିକୁ କୁହାଯାଇଛି ଜଗତୀକରଣ (Globalization) ନୀତି, ଉଦାରନୀତି (Liberisation), ଘରୋଇକରଣ (Privatization), ବାଣିଜ୍ୟକରଣ (Commercialization) ନୀତି। ଏହି ନୀତି ଅନୁସାରେ ଲାଭ ପାଇଁ ରାଷ୍ଟ୍ରୀୟ ଉଦ୍ୟୋଗ (PSU)କୁ ବିକ୍ରି କରି ଦିଆଯାଉଛି। ଶିକ୍ଷା, ସ୍ୱାସ୍ଥ୍ୟ ଓ କୃଷିଭଳି କଲ୍ୟାଣକର କ୍ଷେତ୍ରରୁ ସରକାରୀ ସହାୟତା ଉଠାଇ ନିଆଯାଉଛି। ବଜାର ଉପରେ ରାଷ୍ଟ୍ରର ସମସ୍ତ କଟକଣାକୁ ପ୍ରତ୍ୟାହାର କରି ନିଆଯାଉଛି। ଶିଳ୍ପବିବାଦ ଆଇନ, ଶ୍ରମ ଆଇନର ସଂଶୋଧନ ହୋଇଥିବାରୁ ମାଲିକ ତା'ର ଲାଭ ପାଇଁ କଳକାରଖାନାରେ ଉନ୍ନତ ଯନ୍ତ୍ରପାତି ଓ କମ୍ପ୍ୟୁଟରର ପ୍ରଚଳନ କରି ଶ୍ରମିକ ଓ କର୍ମଚାରୀଙ୍କୁ କାମରୁ ବାହାର କରି ଦେଉଛି। ସବୁ କ୍ଷେତ୍ରରେ କମ୍ପ୍ୟୁଟର ପ୍ରଚଳନ କରାଯିବାରୁ ମଣିଷଙ୍କ ହାତରୁ କମ୍ପ୍ୟୁଟରସବୁ କାମ ଛଡ଼ାଇ ନେଉଛି !

୧୯୯୦ଠାରୁ ଏହି ଧାରା ଅଧିକରୁ ଅଧିକ ତ୍ୱରାନ୍ୱିତ ହୋଇଛି। ବ୍ୟାଙ୍କ, ବୀମା, କଳକାରଖାନା, ଅଫିସ୍ ଦପ୍ତରର ଲକ୍ଷ ଲକ୍ଷ ଶ୍ରମିକ ସ୍ୱେଚ୍ଛାକୃତ ଅବସର ଯୋଜନା (VRS) ଏବଂ ବାଧ୍ୟତାମୂଳକ ଅବସର ଯୋଜନାରେ ବେକାର ହୋଇ ଘରକୁ ଫେରୁଛନ୍ତି। ସ୍ୱାସ୍ଥ୍ୟ ଓ ଶିକ୍ଷା କ୍ଷେତ୍ରରେ ଘରୋଇକରଣ ନୀତି ଅନୁସରଣ କରାଯିବାରୁ ଶିକ୍ଷା ଓ ଚିକିତ୍ସାସେବା ଦିନକୁ ଦିନ ମହଙ୍ଗା ଓ ଆୟାସ ସାପେକ୍ଷ ହୋଇ ଉଠୁଛି। ତେଣେ ଇଣ୍ଟରନେଟ୍ ୱେବ୍‌ସାଇଟ୍, ଇ-କମ୍, ଇ-ମେଲ୍‌ର ପ୍ରାଧାନ୍ୟ ବଢୁଛି। ଏଣେ ଚିଠି ବା ଡାକ ସାମଗ୍ରୀର ମୂଲ୍ୟ ହୁ ହୁ ହୋଇ ବଢୁଛି। ସାଧାରଣ ଲୋକଙ୍କ ମଧ୍ୟରେ ଯୋଗାଯୋଗ ମାଧ୍ୟମଟି ଧୀରେ ଧୀରେ ଛିନ୍ନ ହେବାରେ ଲାଗିଛି।

ନୂଆ ନିଯୁକ୍ତି ନାହିଁ... ଅର୍ଥାତ୍ ଯୁବକର ସ୍ୱପ୍ନ ହିଁ ନାହିଁ... ଆଶା ନାହିଁ... ଆକାଙ୍‌କ୍ଷା ବି ନାହିଁ। ତାରୁଣ୍ୟ ବିବଶ ଓ ଲକ୍ଷ୍ୟହୀନ। ସ୍ଥାଣୁତାର ବିଭ୍ରାନ୍ତିକର ଉପତ୍ୟକାରେ ତାରୁଣ୍ୟ ଓ ଯୌବନ ସଂପୂର୍ଣ୍ଣ ପରାହତ। ହତାଶା କେବଳ ନୁହଁ... ଏକ ପ୍ରକାର ନିଦାରୁଣ ଉଦାସୀନତା ଓ ଭୟଙ୍କର କାତର ଭାବ ଆଜି ପ୍ରତିଟି ତରୁଣ ଓ ଯୁବକର ମାନସିକତାକୁ କରିଛି ଆଚ୍ଛନ୍ନ। ଆଗରେ ଲକ୍ଷ୍ୟ ନାହିଁ... ରାହା ନାହିଁ....। ପଛକୁ ହଟିବାର ବି ପନ୍ଥା ନାହିଁ। କିଂକର୍ତ୍ତବ୍ୟବିମୂଢ଼ତାର ଏକ ଦାରୁଣ ଦୁସ୍ଥିତିରେ ଆକ୍ରାନ୍ତ ଯୌବନ ଏଠି। ଆଉ ଯେଉଁମାନେ ଗାର୍ଡିଆନ୍... ବୟସ୍କ ଓ ମଧ୍ୟବୟସ୍କ ଯେଉଁମାନେ VRS ଓ CRS ଯୋଜନାରେ ଧନ୍ଦା ଛାଡ଼ି ନିଧନ୍ଦକୀ ହୋଇ ପଡ଼ିଛନ୍ତି ? ଯେଉଁ କାମିକା ଲୋକ ଗୁଡ଼ାକ VRS ଯୋଜନାରେ ଲକ୍ଷେ ଦି ଲକ୍ଷ ୫ଲକ୍ଷର ଥଳି ଧରି ଘରମୁହାଁ ବାହୁଡ଼ି ଆସିଛନ୍ତି ? .... ସେମାନେ ବି ନ ଯଯୌ ନ ସ୍ଥସୌ ଅବସ୍ଥାରେ।

କଣ କରିବେ ? ବଜାରରେ ତ ଖାଉଟୀ ନାହିଁ ? ଯେଉଁମାନେ ଖାଉଟୀ ଥିଲେ ସେମାନେ ବେପାରୀ ନ ହେଲେ ବେକାରୀ ? କି, ଧନ୍ଦା କରିବେ ସେମାନେ ? ପୁଅ ଝିଅଙ୍କୁ କେମିତି ମଣିଷ କରିବେ ? ଝିଅକୁ ବାହାଦେବେ କିମିତି ? କିମିତି ରୁଗ୍ଣ ବାପା ମାଆଙ୍କର ଚିକିତ୍ସା କରି ମୃତ୍ୟୁ ମୁଖରୁ ବଞ୍ଚାଇବେ ? ମହଙ୍ଗା ବଜାର ଭିତରେ ଏ ସହରରେ ବଞ୍ଚିବେ କେମିତି ? ଏମିତି ଅସୁମାରୀ ପ୍ରଶ୍ନ ଓ ଦ୍ୱନ୍ଦ୍ୱରେ ପୀଡ଼ିତ ବର୍ଷିୟାନ୍ ମଣିଷ। ଏଣେ ଗାଁକୁ ଫେରିବାର ରାସ୍ତା ବି ନାହିଁ। ନିଶା, ମାଦକ ଦ୍ରବ୍ୟ, ମସ୍ତାନୀ ଓ ଭୋଟ ରାଜନୀତିର ଦାଉରେ ଗାଁ ମାଟି ବି ଆଜି ଅସ୍ୱସ୍ତିକର ଖାଣ୍ଡବରେ ହୋଇଛି ପରିଣତ। ଭିଟାମାଟି ତ ଉଜୁଡ଼ିଯାଇଛି। ବାକି ଯାହା ଅଛି ଜମି—ସେତିକି ସମ୍ବଳ କରି କଣ ବଞ୍ଚିହେବ ? ମଜୁରୀ ତ ଆକାଶଛୁଆଁ...। ସେଥିକୁ ଧାନର ମୂଲ୍ୟ ମଧ୍ୟ ନାହିଁ। ଖାଲି ଯାହା ହାତରୁ ଖାଇ ଘୋଡ଼ା ଆଗରେ ଦୌଡ଼ିବା କଥା !

ଇ.ମେଲ୍ ନାହିଁ କି ମୋବାଇଲ ପାଇଁ ସମ୍ବଳ ନାହିଁ। ଡାକରେ ଚିଠିଟିଏ ଦେବାକୁ ବି ପଇସା ନାହିଁ। କେମିତି ସେ କାହାକୁ କହିବ ତା'ର ଦୁଃଖ? କବି ବି ଏଇଠି ଏଇ ଗହଳି ଭିତରେ? ନବେ ଦଶକ ପରବର୍ତ୍ତୀ କାଳ ପ୍ରଗତିକରଣର ଏହି ସଂକଟ ଓ ଦ୍ୱନ୍ଦ୍ୱ ହୋଇଛି ତା'ର ଭାବବସ୍ତୁ। ନିଛକ ଗାଁର ଆତ୍ମସନ୍ତୁଳନ ତେଣୁ ରୂପ ନେଇଛି—ସାହିତ୍ୟରେ, କବିତାରେ। ରୋମାଣ୍ଟିକ୍ ଭାବନାର ଦୁର୍ବଳ ନହକା ରଙ୍ଗଟି ଉଦାରୀକରଣର ଆଘାତରେ ଭାଙ୍ଗିଯାଇଛି। ଖାଲି ଯାହା ବାକି ରହିଲା ତାହା କେବଳ ଦୁଃଖ, ବିଦ୍ୱେଷ, ହତାଶା, ଗ୍ଲାନି, ହିଂସା, ଈର୍ଷା, ପରଶ୍ରୀକାତରତାର ତରଳ ଲାଭା। ସବୁଠାରୁ ଉଲ୍ଲେଖନୀୟ ଘଟଣାଟି ହେଉଛି ଏହି ଦଶକର ଲେଖକମାନଙ୍କ 'ଆତ୍ମମୁଖୀନତା'।

ଜଳଧାରା ଯେବେ... ବାହାରକୁ ମୁକୁଳିଯିବାର ରାସ୍ତା ପାଏ ନାହିଁ ସେତେବେଳେ ଆବଦ୍ଧ ସୀମା ଭିତରେ ନିଜସ୍ୱ ସ୍ଥିତିକୁ କେବଳ ଆବୋରି ଗୁମୁରିବା ଛଡ଼ା ତା' ନିକଟରେ ଅନ୍ୟ କୌଣସି ବିକଳ୍ପ ନ ଥାଏ। ଲେଖାଲେଖି କରୁଥିବା ମଣିଷମାନଙ୍କର ଜୀବନ ପରିଧି ଠିକ୍ ଏହି ଆବଦ୍ଧ ଜଳାଶୟ ପରି ହୋଇ ଉଠିଛି—ବିଗତ ଦଶନ୍ଧିଟି ମଧ୍ୟରେ। ଆର୍ଥନୀତିକ ଆଭିମୁଖ୍ୟ ଓ ତଜ୍ଜନିତ ସାମାଜିକ ବିଘଟଣର ସୂତ୍ର କିମ୍ବା ପ୍ରଭାବ ଓ ପରିଣତି ସମ୍ପର୍କରେ ସାଧାରଣ ମଣିଷଟିଏ... ଏମିତିକି କାଳର ତଥାକଥିତ ବୁଦ୍ଧିଜୀବୀ ମଧ୍ୟ ସଚେତନ ନୁହଁ! ସ୍ୱାଧୀନତା ପରବର୍ତ୍ତୀ କାଳରେ ଆମ ସାହିତ୍ୟ ଧାରାରେ ଉଭା ହୋଇଥିବା ବ୍ୟକ୍ତିତ୍ୱଗଣ ଏକ ସହଜ ଓ ନିର୍ଜଞ୍ଜାଳ ଜୀବନକୁ ଆଦରି ନେବାରେ ଦେଖିବାକୁ ମିଳେ। ସାହିତ୍ୟର ସୌଖୀନ ବିଳାସ ଭିତରେ ମଗ୍ନ ସାହିତ୍ୟିକ ତେଣୁ ସାମାଜିକ ସଂକଟ ଓ ସମସ୍ୟା ପ୍ରସ୍ଥ ଭେଦ କରିବାକୁ ଆଦୌ ଚାହିଁ ନାହିଁ କି ଭାବି ନାହିଁ। ସାମାଜିକ ଜଞ୍ଜାଳକୁ ଡରି ସେ ଏକ ନିରାପଦ ଉପତ୍ୟକାରେ ସନ୍ତର୍ପିତ ବୁଢ଼ିଆଣୀ ପରି ଏକା ଏକା ଆପଣା ଭାବନା ଓ ଖିଆଲି ରାଜ୍ୟରେ ହଜିଯିବାକୁ ଉଚିତ ମଣିଛି।

ଫଳରେ ସାମାଜିକ ସଂପୃକ୍ତିର ଅଭାବ ଜନିତ ଅଜ୍ଞତା ଲେଖକକୁ ସମ୍ପୂର୍ଣ୍ଣ ବ୍ୟକ୍ତିକୈନ୍ଦ୍ରିକ... ଆତ୍ମମଗ୍ନ ଓ ବ୍ୟକ୍ତିମୁଖୀ ମଣିଷଟିଏ କରି ଗଢ଼ି ତୋଳିଛି। ଉଣା ଅଧିକେ ପ୍ରାୟ ଆମ ଓଡ଼ିଆ ସାହିତ୍ୟର ସୃଜନାତ୍ମକ ବ୍ୟକ୍ତିତ୍ୱ ଗୁଡ଼ିକର ଅବସ୍ଥା ଏହିଭଳି। ଏହିଭଳି ନିର୍ଲିପ୍ତ... ଉଦାସୀନ। ଅଥଚ ସନ୍ତପ୍ତ ସେମାନେ ନିଜସ୍ୱ ଚୌହଦୀରେ। ଦୁଃଖର ଧାସରେ ସନ୍ତୁଳି ହେବାର ବ୍ୟଥା ଅନୁଭବି ପାରନ୍ତି ଏମାନେ; ମାତ୍ର ଦୁଃଖର ଉତ୍ସକୁ ଠାବ କରିପାରନ୍ତି ନାହିଁ। ଜଞ୍ଜାଳର ବେଙ୍ଗଳା ଘର ଭିତରେ ଅହରହ ଘାରିହେଉଥିଲାବେଳେ ଜଞ୍ଜାଳଗ୍ରସ୍ତ ଜୀବନବୋଧର ମୂଳ ଖିଅଟିକୁ ଧରିପାରନ୍ତି ନାହିଁ। ପାରନ୍ତି ନାହିଁ ବୋଲି ତ ଅତୁଆ ତତୁଆ ଜଞ୍ଜାଳର ନଟେଇ ଭିତରୁ ସେଇ ମୂଳ ସୂତ୍ରଟା ପାଇଁ ନଥାଏ ଆଉ

ବ୍ୟଗ୍ରତା... ନ ଥାଏ ବ୍ୟାକୁଳତା କି ସାମାନ୍ୟ ଆଗ୍ରହ। ପାଣିରେ ଢୋଓ ବାଡ଼େଇ ଜୀବନ ଓ ଜଞ୍ଜାଳକୁ ଫାଙ୍କି ଯାହି ତାହି... ସାଧାରଣ ସଂସାରୀ ମଣିଷଟିଏର ପରିଚିତିକୁ ଆଦରି ନେବାରେ ଥାଏ ଆଶ୍ୱସ୍ତି।

ବାହାର ଦୁନିଆଟା ସମ୍ପର୍କରେ ଧାରଣା ନ ଥାଏ ବୋଲି ସେମାନଙ୍କ ଲେଖନୀ ଆଦୌ ସେ ଦିଗକୁ ମୁହାଁଇ ନ ଥାଏ। ସମସ୍ୟାପିଷ୍ଟ ସମାଜଟାର ସ୍ୱରୂପ ସମ୍ପର୍କରେ ଆଦୌ ଅବଧାରଣା ନ ଥିବାରୁ ସାହିତ୍ୟର ପରିଧିକୁ ସମାଜର ପ୍ରତିଫଳନ ବି ସମ୍ଭବ ହୁଏ ନାହିଁ। ଅଥଚ ଲେଖିବାର ଆତୁରତା ଓ କଳାତ୍ମକ ଆବେଗର ଉତ୍ତେଜନା ସେମାନଙ୍କୁ କାବ୍ୟ-ରଚନା ପାଇଁ ବରାବର କରୁଥାଏ ପ୍ରଚୋଦିତ। ନବେ ଦଶକ ପରବର୍ତ୍ତୀ କାଳରେ ଏହି ଭାବ ଅଧିକ ଉତ୍କଟ ହୋଇଛି ସୃଜନଶୀଳ ଲେଖକଙ୍କ ମଧ୍ୟରେ। ଆତ୍ମମଗ୍ନ ପୃଥିବୀର ଏରୁଣ୍ଡି ଭିତରେ ତେଣୁ ଏହି କାଳଖଣ୍ଡର ଲେଖକ ଏକ ଦୁଃଖଦ ଭୂଇଁରେ ନିଜକୁ ଆବିଷ୍କାର କରୁଛି। ବର୍ତ୍ତମାନଟା ତା' ପାଇଁ ଦୁଃଖ ଓ ଅସନ୍ତୋଷର କାରଣ ହେଲାବେଳେ; ଅତୀତ ମନେ ହୋଇଛି ଅତିଶୟ ରୋମାଞ୍ଚକର ଏବଂ ଲୋଭନୀୟ। ଏ ଅତୀତ ହୁଏତ ତା'ର ଲଳିତ ଶୈଶବର ଗାଁ ମାଟି ବି ହୋଇପାରେ। ହୋଇପାରେ ଆଦ୍ୟ ଯୌବନର ସହରୀ ରୋମାଞ୍ଚ। କେବେ ପିଛିଲା ଦିନର ସ୍ମୃତି ପାଲଟିଯାଇଥିବା ପ୍ରେମର ସନ୍ତକ...। ହୁଏତ ଝିଅଟିଏ... (ପୁଅଟିଏ ବି...) ଯାହାକୁ ପାଇବାର ଉଗ୍ର ଆକୁଳତା ସତ୍ତ୍ୱେ ସେଦିନ ହଜାଇବାକୁ ପଡ଼ିଛି ତାରି ଭାବନା।

ବାସ୍...। କେତେବେଳେ ସନ୍ତାପିତ ଆତ୍ମାର ବିଳାପ ମୂଳରେ ସେ ଖୋଜି ପାଉଛି... ପ୍ରତାରଣା...। ତଜ୍ଜନିତ ଦହନ... ବିରହ ଓ ହତାଶା। କେବେ ପୁଣି ଯୌବନର ସ୍ୱପ୍ନ ପରାହତ ହୋଇଯାଇଥିବାର ଆତ୍ମିକ ପୀଡ଼ା; ସ୍ୱପ୍ନ ଭଙ୍ଗର ବିବଶ ଭାବ। ହତାଶାର ଉଷ୍ମ ହାୱାରେ ଦଗ୍ଧ ହେବାର ଜ୍ୱାଳା। ଆଉ କେବେ ବିଫଳ ଦାମ୍ପତ୍ୟ ଜନିତ ଯନ୍ତ୍ରଣା; ଯାହା ନୀରବରେ ଅଦେଖା ଘା'ଟିଏ ହେଇ ଲେଖକର ପ୍ରାଣକୁ କରୁଥାଏ ହା'ହୁତାଶମୟ। ଏଣେ ସୁଖୀ ମଣିଷ ଓ ସଫଳ ସଂସାରର ଘରକରଣା ନେଇ ଗଢ଼ିଉଠିଥିବା ପରିପାର୍ଶ୍ୱର ବିଶ୍ୱାସକୁ ନା ଭାଙ୍ଗି ହେଉଥାଏ... ନା ଫାଙ୍କି ହେଉଥାଏ। ତେଣେ ଆଦ୍ୟଯୌବନରେ ଏକଦା ପ୍ରଣୟର ଅଞ୍ଜୁଳି ନେଇ ଉପସ୍ଥିତ ଲଳିତ ସ୍ୱପ୍ନ; ଯାହାକୁ ସେଦିନ ଆପଣେଇ ନେବାର ସାହସ ନ ଥିଲା। ସାମାଜିକ ବିଧାନ ଓ ନାଲିଆଖି ବିରୁଦ୍ଧରେ ଶିଙ୍ଗ ଉଠେଇ ଲଢ଼ିବାର ଟିକିଏ ଶକ୍ତି ନ ଥିଲା ବୋଲି ଏତେ ସୁନ୍ଦର... କମକୂଟ ଅଥଚ ଲାବଣ୍ୟମୟ ସ୍ୱପ୍ନମୁଠାକୁ ନିପାରିଲାପଣ ନେଇ ହାତଛଡ଼ା କରିବାକୁ ହୋଇଥିଲା। ସେସବୁ ଉପସ୍ଥିତ ବ୍ୟର୍ଥ ଦାମ୍ପତ୍ୟର ବର୍ତ୍ତମାନ ଭିତରେ ହେଉଛି ତୀବ୍ର ଓ ଜ୍ୱାଳାମୟ !

ସଭ୍ୟ ମଣିଷର ପୋଷାକୀ ପରିଚୟ ଏଣେ ଠିଆ ହେଉଛି ବାଟ ଆଗୁଳି। ବଢ଼ନ୍ତା ପିଲାଛୁଆର ସମ୍ପର୍କ ଭିତରେ ଏସବୁ ଅତୀତକୁ ଖୋଲିବାରେ ସଂକୋଚ ଓ ଲଜ୍ଜା ଅଧିକ କରିଛି ଲେଖକଙ୍କୁ ମର୍ମାହତ ଓ ଆତ୍ମମଗ୍ନ ! ଅଥଚ ସେଇତକ ଲେଖାଲେଖିର ପୁଞ୍ଜି ଛଡ଼ା ଆଉ ନ ଥାଏ କିଛି ଅଧିକ ସମ୍ବଳ। ସେଥକୁ କଥାକଳ୍ପ (Myth)ର ଖୋଳ ଭିତରେ... ଅଧ୍ୟାତ୍ମଚେତନାର ଜରିଲଗା ଆଧିଭୌତିକ ଆବେଗ ସମ୍ବଳିତ ଉତ୍ତରିତ (Sublimated) ଆତ୍ମକଥନ ରୂପରେ ସେସବୁ (ସାହିତ୍ୟରେ) କଳାତ୍ମକ ରୂପ ନେଇ ଆତ୍ମପ୍ରକାଶ କରୁଛି।

ବସ୍ତୁତଃ ଏଇ ଦଶକର ଉପନ୍ୟାସ ଓ ନାଟକ ଏଇଥିପାଇଁ ଦୁର୍ବଳ ଓ ନଗଣ୍ୟ ! ନାଟକ ଓ ଉପନ୍ୟାସରେ ବାସ୍ତବତାର ଚେହେରା ନଥିଲେ ତାହା ଅରୁଚିକର ହୁଏ। ତେଣୁ ଯାହା ବି ଉପନ୍ୟାସ ଓ ନାଟକ ଆସିଛି ଏହି କାଳଖଣ୍ଡ ଭିତରେ ସେ ସବୁ ଉଲ୍ଲିଖିତ କଥାକଳ୍ପୀୟ... ଅଧ୍ୟାତ୍ମ ଚେତନା ସମ୍ବଳିତ, ପ୍ରେମ, ପ୍ରଣୟ ଓ ଅତୃପ୍ତ ଯୌନ ଜୀବନର ଅବାସ୍ତବ କାଳ୍ପନିକ ଭାବବସ୍ତୁକୁ ଭିତ୍ତିକରି, ପ୍ରାୟତଃ। ସାହିତ୍ୟର ସ୍ରୋତଟି ହୋଇଛି ଏକମୁଖୀ...। ଅଧିକାଂଶ ତେଣୁ କବିତା ଆଡ଼କୁ ମୁହାଁଇଛନ୍ତି। କାରଣ କବିତାରେ ପ୍ରଲେପ ଲଗେଇ ଆପଣାର ବ୍ୟକ୍ତିଦୁଃଖକୁ ବି ରୂପ ଦେଇହେବ। ଅତୀତ ପୃଷ୍ଠାରେ ରଙ୍ଗ ଲଗେଇ ସହଜରେ ଝୁରି ହେଇହେବ ବୋଲି ନବେ ଦଶକର ସାହିତ୍ୟ ତେଣୁ କବିତାର ଆଧିପତ୍ୟକୁ ସ୍ୱୀକାର କରିଛି।

ସ୍ୱାଧୀନତା ପରବର୍ତ୍ତୀକାଳର କବିତା ଯାହା ଯେତିକି ମୋଡ଼ ବୁଲିଥିଲା ସଚ୍ଚି ରାଉତରାୟ ଆଉ ଗୁରୁ ମହାନ୍ତିଙ୍କ ବୈଶିଷ୍ଟ୍ୟ ପ୍ରଭାବରେ ୭୦ ଦଶକ ଯାଏ। ସେଇଠୁ ସୌଭାଗ୍ୟ, ରାଜେନ୍ଦ୍ର, ରମାକାନ୍ତ, ସୀତାକାନ୍ତ, କମଳାକାନ୍ତ, ପ୍ରତିଭା ଓ ଦୀପକ ମିଶ୍ର ପ୍ରମୁଖ ଆଧୁନିକ ସାହିତ୍ୟର ସେହି ଧାରାଟିକୁ ଆଉ ବାଗେ ନିଅନ୍ତେ ଆଗେଇ ନବେ ଯାଏ। ଜଗତୀକରଣର ଧାପରେ ୯୦ ଦଶକ ପରବର୍ତ୍ତୀ ପିଢ଼ି ସେ ଧାରାକୁ ଟିକିଏ ଭିନ୍ନ ମୋଡ଼ ଦିଏ। କବିତାର ଭାଷାହୁଏ ସହଜ... ଏତିକିବେଳେ ଏକଦମ୍ ଲୋକକଥିତ.... ସାଧାରଣ ମୁହଁର। ଆଧୁନିକ କାବ୍ୟଶୈଳୀର ପରୀକ୍ଷା ନିରୀକ୍ଷା (Experimental attitude) ଜନିତ ମତଲବ୍‌ରୁ କବିତା ହୁଏ ମୁକ୍ତ। ଦୁର୍ବୋଧ ଦୋଷର ଅପବାଦ ଭୟରେ ମିଥ୍... ଓରଫ୍ କଥାକଳ୍ପ, ରୂପକଳ୍ପ, ଚିତ୍ରକଳ୍ପ, ପ୍ରତୀକ ଓ ଆଦିବିମ୍ବର ଅଯଥା ପ୍ରୟୋଗ ପ୍ରଲୋଭନରୁ କବି ହୁଏ ନିଷ୍କୃତ ! !

ସେହି ଦଶକର ତରୁଣମାନେ ଏହି ଧାରାର ହୁଅନ୍ତି ପ୍ରାୟ ପ୍ରବର୍ତ୍ତକ। ସୁନୀଲ, ସୌଭାଗ୍ୟବନ୍ତ, ସୁଚେତା, ସୁଭାଷିନୀ, ହୃଷୀକେଶ ଓଗେର। ଅଥଚ ନିବିଡ଼ ଆତ୍ମମୁଖୀନତାର ବଳୟରୁ ଏମାନେ କେହି ପ୍ରାୟ ନୁହନ୍ତି ମୁକ୍ତ। କୁମାର ହସନ୍,

ଲେନିନ୍, ବିପିନ୍ ନାୟକ ତଥା ବ୍ରହ୍ମାନନ୍ଦ ଦାସ (ଯଦିଓ ଏ ଜଣେ ପ୍ରବୀଣ) ଏଇ ଧାରାର ସାମାନ୍ୟ ବ୍ୟତିକ୍ରମ ହେଲେ ହେଁ ମୂଳଧାରାରୁ ସମ୍ପୂର୍ଣ୍ଣ ମୁକ୍ତ ନୁହନ୍ତି। ତେବେ ବି ଏଇମାନେ ଓଡ଼ିଆ କବିତାର ମୋଡ଼ ବୁଲାଣି ପାଇଁ ଯେଉଁ ପ୍ରୟାସ କରିଛନ୍ତି ତା'ରି ଫଳରେ ୯୦ ଦଶକର ଓଡ଼ିଆ କବିତା ୭୦ ଦଶକର ଧାରାଠାରୁ ଟିକିଏ ପୃଥକ୍ ମନେ ହେଉଛି। ଭିନ୍ନ ବୈଶିଷ୍ଟ୍ୟରେ ନିଆରା ହେଇଛି—ଏ କଥା ଫାଙ୍କିଦେଇ ହେବ ନାହିଁ। ଅଥଚ ୧୯୩୫ରୁ ୭୦ ଓଡ଼ିଆ କବିତା: ୧୮୮୮ ପରର ଓଡ଼ିଆ କାବ୍ୟକବିତାଠାରୁ ଆଖିଦୃଶିଆ ଭାବେ ଭିନ୍ନ ହୋଇଥିବା ସତ୍ତ୍ୱେ ଯେମିତି ଆମେ ରାଧାନାଥଙ୍କୁ ଆଧୁନିକ କହୁ ଓ ସଚ୍ଚି ରାଉତରା ଏବଂ ଗୁରୁ ମହାନ୍ତିଙ୍କୁ ଉତ୍ତର ଆଧୁନିକ ବୋଲି ନକହି ବି କହୁ ସେହି ଆଧୁନିକ: ସେହିପରି ଏ ସମୟର କବିତାକୁ ତଥାପି ଆଧୁନିକ କହି ଚାଲିଛୁ।

ସମୀକ୍ଷକର ଦୃଷ୍ଟି ବିଚାରରେ ଯେଉଁ ଅନୁପାତରେ ଉଭୟ ଆଙ୍ଗିକ ତଥା ଆର୍ଥିକ ଦିଗରୁ ସଚ୍ଚି ରାଉତରା ଆଧୁନିକ ଓଡ଼ିଆ କବିତାକୁ ଭିନ୍ନ ରୂପ ଦେଲେ; ନବେ ଦଶକର ଓଡ଼ିଆ କବିତା ଅପେକ୍ଷାକୃତ ଭାବେ ସେଭଳି ପରିବର୍ତ୍ତନ ଆଣିବାରେ ଅତ୍ୟନ୍ତ ନଗଣ୍ୟ। ତେଣୁ ଏତାଦୃଶ ସାମାନ୍ୟ ପରିବର୍ତ୍ତନର ଧାରାକୁ ଗୁରୁତର ଭାବେ ଭିନ୍ନତାର ଏକ ସୀମାରେଖା (Break Line) ରୂପେ କଦାପି ମାନ୍ୟତା ଦିଆଯାଇ ସାହିତ୍ୟର ଇତିହାସରେ ଏକ ନୂତନ ଅଧ୍ୟାୟର ସ୍ୱୀକୃତି ପ୍ରଦାନ କରାଯାଇ ପାରିବ ନାହିଁ। ଅନେକ ୮୦ ଦଶକ ପରବର୍ତ୍ତୀ କାଳକୁ ଉତ୍ତର ଆଧୁନିକ ବୋଲି କହୁଥିବା ଯୁକ୍ତି ଏଇ ଦୃଷ୍ଟିରୁ ମଧ୍ୟ ଏକାନ୍ତ ଅଯୌକ୍ତିକ ଓ ଅବାନ୍ତର।

କବିତା ହେଉ ବା ସମାଜ ଚଳଣି (Trend) ହେଉ ସମୟର କ୍ରମପ୍ରବହମାନତା ଦାୟରେ ତା ଟିକିଏ ନା ଟିକିଏ ବଦଳି ଚାଲିବ। ବଦଳିବାଟା ହେଉଛି ତେଣୁ ବସ୍ତୁ ଜଗତର ନିୟମ। ଅଥଚ ଏଇ ନିରନ୍ତର ଆନୁସଙ୍ଗିକ ପରିବର୍ତ୍ତନକୁ ଏକ ଏକ ଯୁଗାନ୍ତରର ଅବଧି ଭିତରେ ପୃଥକ୍ ଓ ଭିନ୍ନ ଭାବେ ଆଦୌ ବିବେଚନା କରିହେବ ନାହିଁ। ବସ୍ତୁତଃ ପରିବର୍ତ୍ତନ ଯେବେ ହୁଏ ସାମଗ୍ରିକ...। ହୁଏ ଆମୂଳ (Radical)...! ହୁଏ ପୂର୍ବଠାରୁ ସଂପୂର୍ଣ୍ଣ ଭିନ୍ନ ଓ ବୈଚିତ୍ରପୂର୍ଣ୍ଣ ପୁଣି କଲ୍ୟାଣକର ଯେତେବେଳେ ପୂର୍ବଟାକୁ 'ପର' ପାଖରେ ପାଖାପାଖି ଥୋଇଲେ ହିଁ ଦୁଇଟାଯାକ ଆଦୌ ଏକାଭଳି ଦିଶୁ ନ ଥିବ। ଦିହିଙ୍କ ଭିତରେ ପ୍ରତିଟି ଦିଗରୁ ପାର୍ଥକ୍ୟ ବାରିହୋଇ ପଡୁଥିବା ଦୂରରୁ ଦେଖି ଦୁଇଟାକୁ ଜଣେ ଗୁଣଗତ (Qualitative) ପାର୍ଥକ୍ୟଟି ସମ୍ପୂର୍ଣ୍ଣ ବୁଝି ପାରୁଥିବ; ସେତେବେଳେ ହିଁ ସେଇଠି ଯୁଗାନ୍ତରର ସୀମାରେଖା (Break Line) ଟଣାଯାଇ ପାରିବ। ସେଇଠି ସେବେ ଯାଇ ଉତ୍ତର-ଆଧୁନିକ ପରିଭାଷାର ସାର୍ଥକ ଉପଯୋଗ ହୋଇପାରିବ।

ସାମ୍ପ୍ରତିକତାକୁ ଯେଉଁମାନେ ଆଧୁନିକତା ବୋଲି ଧରି ନିଅନ୍ତି; ସେମାନେ ଐତିହାସିକ ଧାରା ପ୍ରବର୍ତ୍ତନ ବିଶ୍ଳେଷଣ କ୍ଷେତ୍ରରେ ଭୁଲ କରି ବସନ୍ତି। ମନେ ରଖିବାକୁ ହେବ ଯେ, ପ୍ରତିଟି କାଳର ମଣିଷ ତତ୍କାଳ ପାଇଁ ସାମ୍ପ୍ରତିକ। ତା'ର ଅର୍ଥ ଏୟା ନୁହେଁ ଯେ, ସାମ୍ପ୍ରତିକ ହେଉଛି ଆଧୁନିକ। ୭୦ ଦଶକ ହେଉ କି ୯୦ ଦଶକର ଓଡ଼ିଆ କବିତା ବା ସାହିତ୍ୟ ହେଉ ତାହା ଯଦି ପୂର୍ବବର୍ତ୍ତୀ ସାହିତ୍ୟର ଧାରାଠାରୁ ସମ୍ପୂର୍ଣ୍ଣ ଭିନ୍ନ (ଉଭୟ ଆଙ୍ଗିକ ଓ ଆତ୍ମିକ ଦିଗରୁ) ନୁହଁ! ଯଦି ୭୦/୯୦ ଦଶକର କବିତାରେ ଧାରାଗତ ଆମୂଳ ପରିବର୍ତ୍ତନର ପ୍ରମାଣ ନାହିଁ। ତେବେ କେଉଁ ଯୁକ୍ତି ବଳରେ ଜଣେ ସମାଲୋଚକ ସାମ୍ପ୍ରତିକ କାଳଖଣ୍ଡର ସାହିତ୍ୟକୁ ଉତ୍ତର-ଆଧୁନିକ (Post-modern) ଭାବେ ଆଖ୍ୟାୟିତ କରି ପାରିବ ? ?

ଉତ୍ତର ଆଧୁନିକ କହିଲେ ଆଧୁନିକତାର ଉତ୍ତର ପର୍ବ (Last phase) ...କୁ ଯଦି ବୁଝାଉଥାନ୍ତା ତେବେ ମୁଣ୍ଡବ୍ୟଥାର କିଛି କାରଣ ନ ଥାନ୍ତା। ମାତ୍ର ଏହା ଆଧୁନିକ କାଳର ପରବର୍ତ୍ତୀ ଯୁଗାନ୍ତର ଅବଧି ସୂଚିତ କରୁଛି। ୧୮୮୦ ଠାରୁ ଆରମ୍ଭ ହୋଇଥିବା ଆଧୁନିକ ଧାରା ଏଯାବତ୍ ଗତିଶୀଳ ଓ ଅବ୍ୟାହତ। ଗୋଟାଏ ଯୁଗ ନ ସରିଲାଯାଏ—ଆଉ ଏକ ଯୁଗର ଆଗମନ ଅସମ୍ଭବ। ହୁଏତ ଯୁଗାନ୍ତର କାଳ ମଧ୍ୟବର୍ତ୍ତୀ ପର୍ଯ୍ୟାୟ ରୂପେ ଏକ ସନ୍ଧିକ୍ଷଣ (transition)ର ଆବିର୍ଭାବ ଘଟେ। ମାତ୍ର ବର୍ତ୍ତମାନର କାଳ-ଖଣ୍ଡ ସେହି ସନ୍ଧିକ୍ଷଣ ମଧ୍ୟ ନୁହଁ। କିଏ କହିବ ସେହି ଯୁଗାନ୍ତରର ଯୁଗସନ୍ଧି କେତେବେଳେ ଓଡ଼ିଆ ସାହିତ୍ୟରେ ଅବତରଣ କରିବ? ଏବେ କିନ୍ତୁ ଆମ ସାହିତ୍ୟ ସେଇ ସ୍ତର ସ୍ଥିତିରେ ପହଞ୍ଚି ନାହିଁ। କ୍ରମ ବିବର୍ତ୍ତନଶୀଳ ଏହା ରାଧାନାଥୀୟ ଯୁଗଧାରାର ଚୂଡ଼ାନ୍ତ ରୂପାନ୍ତର ମାତ୍ର।

ସମାଲୋଚକ ଜଣେ ଜୀବନ ରକ୍ଷାକାରୀ ଭେଷଜ ବିଜ୍ଞାନୀ ହୋଇଥିବାରୁ ତାଠି କେବେ ମଧ ଖାମ୍‌ଖିଆଲି ଭାବ ଶୋଭନୀୟ ନୁହଁ। ଅପରେସନ୍ କାଳରେ ଜଣେ ଅଭିଜ୍ଞ ଚିକିତ୍ସକ ଯେଉଁଠି ଯେମିତି ଦରକାର ସେମିତି ଯନ୍ତ୍ରପାତିର ଉପଯୋଗ କରିଥାଏ। ସେତେବେଳେ ସେ ଜଣେ ସତର୍କ କର୍ତ୍ତା... ଜଣେ ଜୀବନ ସ୍ରଷ୍ଟା! ଅଥଚ ଟିକିଏ ଅସତର୍କ ହେଲେ, ଭୁଲ ଯନ୍ତ୍ର ବା ଅସ୍ତ୍ରର ପ୍ରୟୋଗ କଲେ ସେଇଠି ସେ ତା' ଆଦର୍ଶ ଭୂମିର ବିରୁଦ୍ଧ ଭୂମିକାରେ ଅବତୀର୍ଣ୍ଣ ହୁଏ। ତେଣିକି ସେ ସ୍ରଷ୍ଟା ନୁହଁ ନଷ୍ଟା! ସେ କର୍ତ୍ତା ନୁହଁ ବରଂ ହର୍ତ୍ତା! ସାହିତ୍ୟର ଇତିହାସକୁ ଆଧାର କରି ଭାଷା ପ୍ରୟୋଗ କାଳରେ ସେମିତି ସମାଲୋଚକ ସତର୍କ ନ ରହିଲେ ତାହା ଯେଉଁ ଐତିହାସିକ ବିଭ୍ରାଟ ସୃଷ୍ଟି କରିବ ସେ ବିଡ଼ମ୍ବନା ଭିତରୁ ପୁନରାୟ ସାହିତ୍ୟକୁ ଉଦ୍ଧାର କରିବା ପାଇଁ ବହୁ ସାଧନା ଓ ଆୟାସ ଅପଚୟର ପ୍ରୟୋଜନ ପଡ଼ିବ।

ପ୍ରାବନ୍ଧିକ ପରିଚୟ

ବିଶ୍ୱନାଥ କର (୧୮୬୪-୧୯୩୪):

ବାଗ୍ମୀ ବିଶ୍ୱନାଥ କର ଭୂମିଷ୍ଠ ହୋଇଥିଲେ ୧୮୬୪ ଖ୍ରୀଷ୍ଟାବ୍ଦରେ କଟକ ଜିଲାସ୍ଥ ମୂଳବସନ୍ତ ଗ୍ରାମର ଏକ ପ୍ରସିଦ୍ଧ ବ୍ରାହ୍ମଣ ପରିବାରରେ। ନିଜ ଗ୍ରାମ ପାଠଶାଳାରୁ ବିଦ୍ୟାଧ୍ୟୟନ ଶେଷ କରିବାପରେ ସେ ନିଜ ଗ୍ରାମର ଏକ ସଂସ୍କୃତ ଟୋଲରେ ସଂସ୍କୃତ ଅଧ୍ୟୟନ କରିଥିଲେ। ତାପରେ କଟକ ଆସି ପ୍ୟାରୀମୋହନ ଏକାଡ଼େମୀରେ ନାମ ଲେଖାଇଲେ। କେତେକ କାରଣରୁ ପ୍ୟାରୀମୋହନ ଏକାଡ଼େମୀ ତ୍ୟାଗକରି ସେ କଟକ ମିଶନ ସ୍କୁଲରେ ଅଧ୍ୟୟନ କଲେ। ଏଠାରୁ ଶିକ୍ଷା ସମାପ୍ତକରି ସେ କଟକ ଜିଲ୍ଲାର ବିରୋଳ ଗ୍ରାମରେ ଶିକ୍ଷକତା ଆରମ୍ଭ କରିଥିଲେ। ଛାତ୍ରାବସ୍ଥାରେ ସେ ବ୍ରାହ୍ମଧର୍ମପ୍ରତି ଆକୃଷ୍ଟ ହୋଇଥିଲେ। ବିବାହକରି ଏକ ପୁତ୍ର ସନ୍ତାନ ଲାଭ କରିବାପରେ ସେ ବ୍ରାହ୍ମଧର୍ମ ଗ୍ରହଣ କରିଥିଲେ ଓ ବ୍ରାହ୍ମଣ ସଙ୍କେତ ଉପବୀତ ଫିଙ୍ଗି ଦେଇଥିଲେ। ତା'ପରେ ସେ କଟକ ଆସି ଟାଉନ ମଧ-ମାଇନର ସ୍କୁଲରେ ଶିକ୍ଷକ ହେଲେ। କଟକଠାରେ ମୟୂରଭଞ୍ଜ ମହାରାଜାଙ୍କ ଆନୁକୂଲ୍ୟରେ ପ୍ରକାଶିତ 'ଉତ୍କଳପ୍ରଭା' ବନ୍ଦ ହୋଇଯିବାରୁ କଟକରେ ସାହିତ୍ୟଚର୍ଚ୍ଚାର ଏକାନ୍ତ ଅଭାବ ଅନୁଭୂତ ହେଲା। ଭକ୍ତକବିଙ୍କ ପରାମର୍ଶକ୍ରମେ ସେ ୧୮୯୭ ଖ୍ରୀଷ୍ଟାବ୍ଦ ଜାନୁଆରୀ ମାସରେ 'ଉତ୍କଳ ସାହିତ୍ୟ' ମାସିକ ପତ୍ରିକା ନିଜ ସମ୍ପାଦକତ୍ୱରେ ପ୍ରକାଶ କଲେ। ବହୁ ଅଭାବ ଓ ଅସୁବିଧାର ସମ୍ମୁଖୀନ ହୋଇ ମଧ୍ୟ ଏହା ଏକ ସମ୍ମାନିତ ପତ୍ରିକାରୂପେ ୧୯୩୪ ଖ୍ରୀଷ୍ଟାବ୍ଦ ପର୍ଯ୍ୟନ୍ତ ପ୍ରକାଶିତ ହୋଇଥିଲା। 'ଉତ୍କଳ ସାହିତ୍ୟ' ମାଧ୍ୟମରେ ଏହି ୩୮ ବର୍ଷ (୧୮୯୭-୧୯୩୪) ମଧ୍ୟରେ ଓଡ଼ିଆ ସାହିତ୍ୟର ଗତିଧାରା ନିର୍ଣ୍ଣୟ କରିବାରେ ସେ କର୍ଣ୍ଣଧାରର ଭୂମିକା ଗ୍ରହଣ କରିଥିଲେ। ପ୍ରତି ସଂଖ୍ୟାରେ ପ୍ରକାଶିତ ତାଙ୍କର ଉଚ୍ଚକୋଟୀର ସଂପାଦକୀୟ ତାଙ୍କ ପ୍ରତିଭାର ସମ୍ୟକ୍ ପରିଚୟ ପ୍ରଦାନ କରେ। ଏଥିରେ ଅତି ଉଚ୍ଚମାନର ଲେଖାମାନ ପ୍ରକାଶିତ ହେଉଥିଲା।

ଏଥିରେ ଲେଖାଟିଏ ପ୍ରକାଶିତ ହେଲେ ସଂପୃକ୍ତ ଲେଖକ ନିଜକୁ ଭାଗ୍ୟବାନ ମନେକରୁଥିଲେ। ଏହି ପତ୍ରିକା ଯଥାର୍ଥରେ ଥିଲା ସାହିତ୍ୟିକ ସୃଷ୍ଟି କରିବାର ଏକ କାରଖାନା।

'ଉତ୍କଳ ସାହିତ୍ୟ' ସମ୍ପାଦନା ପୂର୍ବରୁ ୧୮୯୬ ଖ୍ରୀଷ୍ଟାବ୍ଦରେ ପ୍ରକାଶିତ 'ବିବିଧ ପ୍ରବନ୍ଧ'ର ଲେଖକଭାବେ ସେ ସୁଖ୍ୟାତି ଅର୍ଜନ କରିସାରିଥିଲେ। ବିଭିନ୍ନ ସମୟର ହୃଦୟାବେଗରେ ରଚିତ କୋଡ଼ିଏଟି ପ୍ରବନ୍ଧ ଏଥିରେ ସ୍ଥାନିତ ହୋଇଥିଲା। 'ସ୍ୱାଧୀନ ଚିନ୍ତା', 'ଆଶା', 'ମହାସ୍ରୋତ', 'ସ୍ୱାଧୀନତା', 'ରାକ୍ଷସଲୀଳା', 'ସ୍ତ୍ରୀ ଶିକ୍ଷା' ଓ 'ଅନନ୍ତ ପ୍ରେମ'- ଏହି ସାତଟି ପ୍ରବନ୍ଧ 'ଉତ୍କଳ ପ୍ରଭା'ରେ ଓ ଅବଶିଷ୍ଟ ତେରଟି ପ୍ରବନ୍ଧ 'ସମ୍ବଲପୁର ହିତୈଷିଣୀ'ରେ ପ୍ରକାଶିତ ହୋଇଥିଲା। ପ୍ରଥମ ସଂସ୍କରଣର ଶେଷଆଡ଼କୁ ଥିବା ଚାରିଟି ପ୍ରବନ୍ଧ ପରିବର୍ତ୍ତେ ଅନ୍ୟ ଚାରିଟି ପ୍ରବନ୍ଧ ନୂତନ ସଂସ୍କରଣରେ ସଂକଳିତ ହୋଇଥିବା ଦେଖାଯାଏ। ପ୍ରବନ୍ଧଗୁଡ଼ିକର ଭାଷା ଓ ଭାବ ପ୍ରାବନ୍ଧିକଙ୍କର ଏକାନ୍ତ ନିଜସ୍ୱ। ସେଗୁଡ଼ିକ ଯେପରି ଯୁକ୍ତିଭିତ୍ତିକ ସେହିପରି ଗଭୀର ଅନୁଭୂତିମୂଳକ। ସେ ଥିଲେ ନିର୍ଭୀକ ଓ ସ୍ୱାଧୀନଚେତା। ତେଣୁ ସତ୍ୟ ପ୍ରଖ୍ୟାପନରେ ଓ ନିଜସ୍ୱ ସ୍ୱାଧୀନ ଚିନ୍ତାବଳୀର ଉପସ୍ଥାପନରେ ନିର୍ଭୀକତା ପ୍ରକାଶ କରିବା ଥିଲା ତାଙ୍କର ଏକ ବୈଶିଷ୍ଟ୍ୟ।

ଶଶିଭୂଷଣ ରାୟ (୧୮୭୪-୧୯୫୪):

ଶଶିଭୂଷଣ ରାୟ କବିବର ରାଧାନାଥଙ୍କ ସୁଯୋଗ୍ୟ ପୁତ୍ର। ସେ ପିତାଙ୍କପରି କାବ୍ୟକବିତା ରଚନାକ୍ଷେତ୍ରରେ ଧୁରୀଣ ନ ଥିଲେ ମଧ୍ୟ ଗଦ୍ୟସୃଷ୍ଟିରେ ସୁନାମ ଅର୍ଜନ କରିଥିଲେ। ସେ ପିତାଙ୍କପରି ଥିଲେ ପ୍ରକୃତି-ପୂଜାରୀ। ଓଡ଼ିଶାର ପ୍ରକୃତି ସହିତ ସେ ଘନିଷ୍ଠ ଭାବରେ ସଂପୃକ୍ତ ଥିଲେ ଓ ପ୍ରକୃତିକ୍ରୋଡ଼ରେ ସମୟ ଅତିବାହିତ କରିବାକୁ ସୁଖ ପାଉଥିବାରୁ ଧବଳେଶ୍ୱର ନିକଟରେ ନିଜେ ନିର୍ମାଣ କରିଥିବା ନିଭୃତ ନିଳୟରେ ବହୁ ସମୟ ଅତିବାହିତ କରୁଥିଲେ। 'ଦାକ୍ଷିଣାତ୍ୟ ଭ୍ରମଣ' (୧୮୯୬), 'ଉତ୍କଳର ଋତୁଚିତ୍ର' (୧୯୧୩), 'ଉତ୍କଳ ପ୍ରକୃତି' (୧୯୧୪) ଓ 'ପଲ୍ଲୀ' (୧୯୩୪) ଇତ୍ୟାଦି ପୁସ୍ତକ ଲେଖକଙ୍କ ପ୍ରକୃତି-ଅନୁରାଗର ପରିଚାୟକ। 'ଦାକ୍ଷିଣାତ୍ୟ ଭ୍ରମଣ'ରେ ଲେଖକ ଭ୍ରମଣକାଳୀନ ନିଜର ଅନୁଭୂତି ଓ ପ୍ରକୃତିର ରମଣୀୟତା ଅତି କବିତ୍ୱପୂର୍ଣ୍ଣ ଓ ଚିନ୍ତାତ୍ମକ ଭାବରେ ବର୍ଣ୍ଣନ କରିଛନ୍ତି। 'ଉତ୍କଳର ଋତୁଚିତ୍ର' ପୁସ୍ତକର ଆରମ୍ଭରେ ଋତୁରାଜ ବସନ୍ତର ଜୟଗାନ କରାଯାଇ ଋତୁଚକ୍ରର ବିବର୍ତ୍ତନ ଯଥାକ୍ରମିକ ବର୍ଣ୍ଣିତ ହୋଇଛି। ଏଥିରେ ଉତ୍କଳରେ ବିଭିନ୍ନ ଋତୁରେ ହେଉଥିବା ବିଭିନ୍ନ ପର୍ବପର୍ବାଣିର ବିବରଣୀ ଅତି କାବ୍ୟିକ ଢଙ୍ଗରେ ଲେଖକ ବର୍ଣ୍ଣନ କରିଛନ୍ତି। ଉତ୍କଳୀୟ ବହିଃପ୍ରକୃତିର

ଦୃଶ୍ୟାବଳୀ ଓ ସାଂସ୍କୃତିକ ଚିତ୍ରାବଳୀର ସମନ୍ୱୟ ଘଟିଛି ଏହି ପୁସ୍ତକଟିରେ। ଲେଖକଙ୍କର ଭାବରାଜି ଓ ସୌନ୍ଦର୍ଯ୍ୟବୋଧର ସମ୍ମିଶ୍ରଣରେ 'ଉତ୍କଳ ପ୍ରକୃତି' ପୁସ୍ତକଟି ରଚିତ। ଏଥିରେ ଉତ୍କଳର କେତେକ ଭୌଗୋଳିକ ଓ ଐତିହାସିକ ବିବରଣୀ ମଧ୍ୟ ସ୍ଥାନିତ ହୋଇଛି। ମୋଟ ଉପରେ ଏହି ପୁସ୍ତକଗୁଡ଼ିକରେ ନିସର୍ଗ ପ୍ରକୃତିର ମନୋରମ ଆଲେଖ୍ୟ ଲେଖକଙ୍କ ନିବିଡ଼ ପ୍ରାଣରସରେ ସିକ୍ତ ହୋଇଉଠିଛି।

ଏତଦ୍‌ବ୍ୟତୀତ ଅନ୍ୟ ଯେଉଁ ପୁସ୍ତକାବଳୀ ତାଙ୍କ ଲେଖନୀରୁ ପ୍ରସୂତ, ସେଗୁଡ଼ିକ ମଧ୍ୟରେ 'ପିତୃସ୍ମୃତି' (୧୯୧୨), 'ଶ୍ରୀରାମଚନ୍ଦ୍ର ଦେବ', 'ବିବେକାନନ୍ଦ ସ୍ମୃତି' (୧୯୩୬), 'ଚେତନ ଚିନ୍ତା' (୧୯୩୭), 'ଆଧୁନିକ ତାଳଚେର' (୧୯୪୦), 'ପ୍ରବନ୍ଧ ପ୍ରବାହ' (୧୯୪୪), 'ବଡ଼ମ୍ବା ପ୍ରକୃତି' (୧୯୪୭), 'ପ୍ରବନ୍ଧ ପ୍ରସୂନ' (୧୯୫୩), 'ଶିକ୍ଷା' (୧୯୫୩) ପ୍ରଭୃତିର ନାମ ଉଲ୍ଲେଖଯୋଗ୍ୟ। 'ପ୍ରବନ୍ଧ ପ୍ରସୂନ' ଓ 'ପ୍ରବନ୍ଧ ପ୍ରବାହ' ପ୍ରବନ୍ଧ ପୁସ୍ତକଦ୍ୱୟରେ ସାହିତ୍ୟ ଓ ସମାଜ ସମ୍ପର୍କୀୟ ଉଚ୍ଚମାନର ମନନଶୀଳ ପ୍ରବନ୍ଧମାନ ସ୍ଥାନ ପାଇଛି। 'ଚେତନଚିନ୍ତା' ସଂକଳନରେ ଲେଖକଙ୍କ ଆଧ୍ୟାତ୍ମିକ ଚେତନା, ଉଦାର ଧର୍ମବୋଧ, ଜୀବନଚର୍ଯ୍ୟା ସହିତ ଦର୍ଶନତତ୍ତ୍ୱର ସୂକ୍ଷ୍ମାତିସୂକ୍ଷ୍ମ ଚିନ୍ତନ ଓ ଅନୁଶୀଳନ ପାଠକ ଦୃଷ୍ଟିକୁ ଆସିଥାଏ। 'ପିତୃସ୍ମୃତି'ରେ ପତ୍ରସ୍ଥ ରଚନାବଳୀ ଲେଖକଙ୍କ ଅନାବିଳ ପିତୃଭକ୍ତିର ଏକ ଉଜ୍ଜ୍ୱଳ ପୁଷ୍ପମାଲ୍ୟ। ଶିକ୍ଷା ସମ୍ବନ୍ଧୀୟ ପ୍ରବନ୍ଧାବଳୀଦ୍ୱାରା ତାଙ୍କ 'ଶିକ୍ଷା' ପୁସ୍ତକଟି ସମୃଦ୍ଧ। ଭାଷାର ଗୁରୁଗମ୍ଭୀର ପ୍ରୟୋଗ, ପ୍ରକାଶଭଙ୍ଗୀର ସ୍ୱଚ୍ଛତା ଓ କବିତ୍ୱପୂର୍ଣ୍ଣ ଆବେଗମୟତାରେ ଶଶିଭୂଷଣଙ୍କ ଗଦ୍ୟରଚନା ଭୂଷିତ। ପୁନଶ୍ଚ ତାଙ୍କ ରଚନାଶୈଳୀ ତାଙ୍କ ଜୀବନଦର୍ଶନ, ମନନଶୀଳତା, ସୌନ୍ଦର୍ଯ୍ୟବୋଧ, ରସିକତା ଓ ବହୁଶାସ୍ତ୍ରଦର୍ଶିତାରେ ଗୁମ୍ଫିତ। ଓଡ଼ିଆ ପ୍ରବନ୍ଧ ସାହିତ୍ୟରେ ଶଶିଭୂଷଣ ତେଣୁ ଅନନ୍ୟ ପ୍ରତିଭାର ଦିଗନ୍ତ ସୃଷ୍ଟି କରିଯାଇଛନ୍ତି ବୋଲି ବୋଲିବାକୁ ହେବ।

ଗୋପବନ୍ଧୁ ଦାସ (୧୮୭୭-୧୯୨୮):

ଉତ୍କଳମଣି ପଣ୍ଡିତ ଗୋପବନ୍ଧୁ ଦାସ ପୁରୀ ଜିଲ୍ଲା ସୁଆଣ୍ଡୋ ଗ୍ରାମରେ ୧୮୭୭ ଖ୍ରୀଷ୍ଟାବ୍ଦ ଅକ୍‌ଟୋବର ୯ ତାରିଖରେ ଜନ୍ମଗ୍ରହଣ କରିଥିଲେ। ତାଙ୍କର ପିତା ଥିଲେ ଶ୍ରୀ ଦଇତାରି ଦାସ ଓ ମାତା ଶ୍ରୀମତୀ ସ୍ୱର୍ଣ୍ଣମୟୀ ଦେବୀ। ପୁରୀ ଜିଲ୍ଲାସ୍କୁଲରୁ ପ୍ରବେଶିକା ଓ ୧୯୦୬ ଖ୍ରୀଷ୍ଟାବ୍ଦରେ ରେଭେନ୍‌ସା କଲେଜରୁ ଓକିଲାତିରେ ଉତ୍ତୀର୍ଣ୍ଣ ହୋଇ ୧୯୦୭ ଖ୍ରୀଷ୍ଟାବ୍ଦରେ କଟକରେ ଓ ୧୯୦୮ ଖ୍ରୀଷ୍ଟାବ୍ଦରେ ପୁରୀରେ ଓକିଲାତି କରିଥିଲେ। ମହାତ୍ମା ଗାନ୍ଧୀଙ୍କ ଅସହଯୋଗ ଆନ୍ଦୋଳନରେ ଯୋଗଦେଇ ଜେଲ୍ ଯାଇଥିବା ପ୍ରଥମ

ଓଡ଼ିଆ ଥିଲେ ଗୋପବନ୍ଧୁ। କାରାମୁକ୍ତ ହେବା ପରେ ଉତ୍କଳ ପ୍ରାଦେଶିକ ସମ୍ମିଳନୀ ତରଫରୁ ଏହାର ସଭାପତି ଆଚାର୍ଯ୍ୟ ପ୍ରଫୁଲ୍ଲ ଚନ୍ଦ୍ର ରାୟଙ୍କ ଦ୍ୱାରା ତାଙ୍କୁ 'ଉତ୍କଳମଣି' ଉପାଧିରେ ଭୂଷିତ କରାଯାଇଥିଲା। ପୁଣ୍ୟାତ୍ମା ଗୋପବନ୍ଧୁ କେବଳ ଓଡ଼ିଶା ଓ ଓଡ଼ିଆ ଜାତିର ଉନ୍ନତି ନିମନ୍ତେ ବ୍ୟସ୍ତ ନ ଥିଲେ, ଓଡ଼ିଆ ସାହିତ୍ୟର ଉନ୍ନତି ନିମନ୍ତେ ମଧ ଯତ୍‌ପରୋନାସ୍ତି ଚେଷ୍ଟା କରିଥିଲେ। 'ଧର୍ମପଦ', 'ବନ୍ଦୀର ଆତ୍ମକଥା', 'କାରା କବିତା', 'ବ୍ରହ୍ମତତ୍ତ୍ୱ ବା ନଚିକେତା ଉପାଖ୍ୟାନ', 'ଗୋ-ମହାତ୍ମ୍ୟ', 'ଅବକାଶଚିନ୍ତା' ଇତ୍ୟାଦି ତାଙ୍କର ଉଲ୍ଲେଖଯୋଗ୍ୟ ରଚନାବଳୀ। ଓଡ଼ିଆ ଗଦ୍ୟ ସାହିତ୍ୟକୁ ତାଙ୍କର ଦାନ ଅପରିମେୟ। ଭକ୍ତକବି ମଧୁସୂଦନଙ୍କ ପରେ ଚିନ୍ତାମୂଳକ ଓ ଭାବଗର୍ଭକ ପ୍ରବନ୍ଧ ରଚନା କ୍ଷେତ୍ରରେ ଗୋପବନ୍ଧୁ ଯେଉଁ ସଫଳତା ହାସଲ କରିଛନ୍ତି, ତା'ର ପଟାନ୍ତର ନାହିଁ। ତାଙ୍କଦ୍ୱାରା ପ୍ରକାଶିତ ମାସିକ 'ସତ୍ୟବାଦୀ' ଓ ସାପ୍ତାହିକ 'ସମାଜ' ମାଧ୍ୟମରେ ସେ ଓଡ଼ିଶାର ସାମାଜିକ ସଂସ୍କୃତି ଓ ଜାତୀୟ ଜୀବନକୁ ଯେପରି ଆଲୋକିତ କରିଛନ୍ତି, ଓଡ଼ିଆ ଗଦ୍ୟସାହିତ୍ୟକୁ ସେହିପରି ବଳିଷ୍ଠ ଓ ସମୃଦ୍ଧ କରିଛନ୍ତି। ୧୯୨୫ ଖ୍ରୀଷ୍ଟାବ୍ଦରେ ବନ୍ୟାକ୍ଲିଷ୍ଟ ଓଡ଼ିଶାବାସୀଙ୍କ ସେବାରେ ତିନିବର୍ଷ କଠିନ ପରିଶ୍ରମ କରି ସେ ଟାଇଫଏଡ୍‌ରେ ଆକ୍ରାନ୍ତ ହେଲେ ଓ ୧୯୨୮ ଖ୍ରୀଷ୍ଟାବ୍ଦ ଜୁନ୍ ୧୭ ତାରିଖରେ ଶେଷ ନିଃଶ୍ୱାସ ତ୍ୟାଗ କଲେ।

ବିପିନବିହାରୀ ରାୟ (୧୮୮୭-୧୯୭୧):

ଜଣେ ଦାର୍ଶନିକ ଓ ପ୍ରାବନ୍ଧିକ। ସେ କର୍ମବୀର ଗୌରୀଶଙ୍କରଙ୍କର ନାତି ହୋଇଥିବାରୁ ଗୌରୀଶଙ୍କର ସାହିତ୍ୟାନୁରାଗ ତାଙ୍କୁ ପ୍ରଭାବିତ କରିଥିଲା। ରେଭେନ୍‌ସା କଲେଜରେ ଦର୍ଶନବିଭାଗର ଅଧ୍ୟାପକଭାବରେ ଯୋଗ ଦେବାପରେ ସେ ଲେଖାଲେଖିପ୍ରତି ଆଗ୍ରହୀ ହେଲେ। ପ୍ରଥମେ ପାଠ୍ୟପୁସ୍ତକ ରଚନାରେ ହାତଦେଇ ବିଫଳ ହେବାରୁ ସେ ପ୍ରବନ୍ଧ ରଚନାରେ ମନୋନିବେଶ କଲେ। 'ସାମାଜିକ ପ୍ରବନ୍ଧ' (୧ମ ଓ ୨ୟ) ଏବଂ 'ପ୍ରବନ୍ଧ ସୋପାନ' ପୁସ୍ତକରେ ସଂକଳିତ ପ୍ରବନ୍ଧଗୁଡ଼ିକ ତାଙ୍କଦ୍ୱାରା ବିଭିନ୍ନ ସମୟରେ ରଚିତ ହୋଇଥିଲା ଏବଂ 'ଉତ୍କଳ ସାହିତ୍ୟ', 'ନବଭାରତ', 'ମୁକୁର', 'ସହକାର', 'ଭଞ୍ଜପ୍ରଦୀପ' ପ୍ରଭୃତି ପତ୍ରିକାରେ ପ୍ରକାଶିତ ହୋଇଥିଲା। ଓଡ଼ିଆ ସାହିତ୍ୟର ଅଭିବୃଦ୍ଧିପାଇଁ ସେ ସତତ ଚେଷ୍ଟିତ ଥିଲେ। ଓଡ଼ିଆ ଭାଷାରେ ଗଦ୍ୟ-ସାହିତ୍ୟର ଅଭାବ ଅନୁଭବକରି ସେ ଏହି ପ୍ରବନ୍ଧ ପୁସ୍ତକ ରଚନା କରିଥିଲେ ବୋଲି 'ପ୍ରବନ୍ଧ ସୋପାନ'ର ମୁଖବନ୍ଧରେ ପ୍ରକାଶ କରିଛନ୍ତି। 'ପ୍ରବନ୍ଧ ସୋପାନ'ରେ ସନ୍ନିବିଷ୍ଟ ପ୍ରବନ୍ଧଗୁଡ଼ିକ ଚିନ୍ତାମୂଳକ। 'ସାମାଜିକ ପ୍ରବନ୍ଧ'ର ପ୍ରବନ୍ଧଗୁଡ଼ିକରେ କେତୋଟି ମୁଖ୍ୟ ସାମାଜିକ ସମସ୍ୟା ବିଶ୍ଳେଷିତ ହୋଇଛି। ଜଟିଳ

ଭାଷାକୁ ସରଳ ଭାଷାରେ ବୁଝାଇ ପାରିବାର ଦକ୍ଷତା ସେ ପ୍ରଦର୍ଶନ କରିଛନ୍ତି ନିଜ ପ୍ରବନ୍ଧଗୁଡ଼ିକରେ। ଗଭୀର ଚିନ୍ତାଶୀଳତା, ଦାର୍ଶନିକତା ଓ ସମାଜ-ସଚେତନତାରେ ପୁଷ୍ଟ ତାଙ୍କ ପ୍ରବନ୍ଧଗୁଡ଼ିକ ତାଙ୍କ ପାଇଁ ଓଡ଼ିଆ ପ୍ରବନ୍ଧ-ସାହିତ୍ୟର ଇତିହାସରେ ଜଣେ ପ୍ରତିଭାଶାଳୀ ପ୍ରାବନ୍ଧିକର ଆସନ ସଂରକ୍ଷିତ କରି ରଖିଛି।

ଲକ୍ଷ୍ମୀକାନ୍ତ ମହାପାତ୍ର (୧୮୮୮-୧୯୫୩):

କାନ୍ତକବି ଲକ୍ଷ୍ମୀକାନ୍ତ ମହାପାତ୍ର ବାଲେଶ୍ୱର ଜିଲ୍ଲାର ଭଦ୍ରକଠାରେ ଏକ ସମ୍ଭ୍ରାନ୍ତବଂଶରେ ଜନ୍ମଗ୍ରହଣ କରିଥିଲେ। କଟକ ଓ ଭଦ୍ରକରେ ସ୍କୁଲ ଶିକ୍ଷା ଓ କଲିକତାରେ କଲେଜ ଶିକ୍ଷା ସମାପ୍ତ କରିବାପରେ ଦୁରାରୋଗ୍ୟ କୁଷ୍ଠବ୍ୟାଧି କବଳିତ ହୋଇ ସେ ଉଚ୍ଚତର ଶିକ୍ଷାରୁ ବଞ୍ଚିତ ହୋଇଥିଲେ। କ୍ଷୁଦ୍ରଗଳ୍ପ, ଗୀତିକବିତା ଓ ଉପନ୍ୟାସ ରଚନା କ୍ଷେତ୍ରରେ ସେ ଥିଲେ ଜଣେ କୁଶଳୀ ଶିଳ୍ପୀ। ବ୍ୟଙ୍ଗାତ୍ମକ ଓ ରମ୍ୟରଚନା ପାଇଁ ସେ 'କାନ୍ତକବି' ଭାବରେ ପରିଚିତ। ପଣ୍ଡିତ ଗୋପବନ୍ଧୁ ଦାସ ତାଙ୍କ କାବ୍ୟଚେତନାର ଆଦର୍ଶ ବୋଲି କବି ସ୍ୱୀକାର କରିଛନ୍ତି। 'ଜୀବନ ସଂଗୀତ' ତାଙ୍କଦ୍ୱାରା ରଚିତ କେତେକ ଗୀତିକବିତାର ଏକ ମନୋଜ୍ଞ ସଞ୍ଚୟନ। ଏହି ଗୀତିକବିତାଗୁଡ଼ିକରେ ବଂଶପରମ୍ପରାକ୍ରମେ ବୈଷ୍ଣବଧର୍ମରେ ଦୀକ୍ଷିତ କବି ଲକ୍ଷ୍ମୀକାନ୍ତଙ୍କର ଜୀବନାଦର୍ଶ ପ୍ରତିଫଳିତ। ଜାତୀୟଭାବର ମନ୍ଦ୍ର ନିନାଦ ମଧ୍ୟ ତାଙ୍କର କେତେକ କବିତାରେ ଶୁଣିବାକୁ ମିଳେ। 'ବନ୍ଦେ ଉତ୍କଳ ଜନନୀ' ଜାତୀୟ ସଂଗୀତ ଏହାର ପ୍ରମାଣ। ତାଙ୍କ ଗଳ୍ପରେ ମାନବିକ ମୂଲ୍ୟବୋଧର ସଂକେତ ମିଳେ। 'ବୁଢ଼ାଶଙ୍ଖାରୀ' ଗଳ୍ପଟି ଏହାର ଏକ ସଫଳ ଉଦାହରଣ। 'କଣାମାମୁ' ଉପନ୍ୟାସ ରଚନାକରି ସେ ବହୁଖ୍ୟାତିର ଅଧିକାରୀ। ଅସମ୍ପୂର୍ଣ୍ଣ ହେଲେ ମଧ୍ୟ ହାସ୍ୟରସର ଚଟୁଳତା ଓ ଚରିତ୍ରଚିତ୍ରଣର ବଳିଷ୍ଠତା ଏହାର ଅନ୍ୟତମ ବୈଶିଷ୍ଟ୍ୟ। ସେ ଜଣେ ଉଚ୍ଚକୋଟୀର ଲାଳିକା ରଚୟିତା। ଅନେକ ଖଣ୍ଡ-ଲାଳିକା ଓ 'ଚଟକ ଚନ୍ଦ୍ରହାସ ଚମ୍ପୂ' ପରି କାବ୍ୟ-ଲାଳିକାରେ ତାଙ୍କ ରସିକତା ଶୀର୍ଷାରୋହଣ କରିଛି। ହାସ୍ୟଗଳ୍ପ ରଚନା କ୍ଷେତ୍ରରେ 'ଦେହି ପଦପଲ୍ଲବ ମୁଦାରମ୍' ଏବଂ ରାଜନୀତିକ ବିଦ୍ରୂପରେ ଭରା 'ଅସହଯୋଗୀର ଆତ୍ମକଥା' ତାଙ୍କ ହାତ୍ୟରସିକତାର ଆଉ ଦୁଇଟି ଉଦାହରଣ। ସେ ଜଣେ ନିଷ୍ଣାପର ଗୀତିନାଟ୍ୟକାର ମଧ୍ୟ। ଗୋପୀନାଥ ସଙ୍ଗୀତ ସମାଜ (୧୯୨୧) ଗଢ଼ି ତାହାରି ଜରିଆରେ ମଞ୍ଚସ୍ଥ କରାଇଥିଲେ ନିଜ ରଚିତ 'ବସନ୍ତ ବିଳାସ', 'କାଳୀୟଦଳନ', 'ବ୍ରଜବର୍ଜନ', 'ଚନ୍ଦ୍ରହାସ', 'କର୍ଣ୍ଣ', 'ଲକ୍ଷ୍ମୀ ଚଣ୍ଡାଳୁଣୀ', 'ବଂଶୀଶିକ୍ଷା' ଇତ୍ୟାଦି ବହୁ ଗୀତିନାଟ୍ୟ। ସେ 'ଡଗର' ମାସିକ ପତ୍ରିକା (୧୯୩୭)ର ପ୍ରତିଷ୍ଠାତା।

ରତ୍ନାକର ପତି (୧୮୮୯-୧୯୬୯):

ଅନେକ ଦାର୍ଶନିକ ତଥା ମୌଳିକ ପ୍ରବନ୍ଧର ସ୍ରଷ୍ଟା ରତ୍ନାକର ପତି। ତାଙ୍କ ପ୍ରବନ୍ଧଗୁଡ଼ିକ 'ପ୍ରବନ୍ଧ ପ୍ରକାଶ' (୧ମ ଓ ୨ୟ)ରେ ସନ୍ନିବେଶିତ। ମାନବଜୀବନର ବିଭିନ୍ନ ଜଟିଳ ସମସ୍ୟା ସମ୍ବନ୍ଧରେ ସେ ଲେଖନୀ ଚାଳନା କରିଥିଲେ। ସମସ୍ୟାମାନ ଉପସ୍ଥାପନ କରି ସେଗୁଡ଼ିକର ସମାଧାନ କରିବାର ଯୁକ୍ତିସମର୍ଥିତ ଉପାୟମାନ ପ୍ରଦର୍ଶନ କରିବା ହେଉଛି ତାଙ୍କ ପ୍ରବନ୍ଧର ବିଶେଷତ୍ୱ। ସେ ଜଣେ ଆଦର୍ଶ ଅଧ୍ୟାପକ ଥିଲେ ଓ ଜୀବନସାରା ଆଦର୍ଶ ଓ ନୈତିକତାର ଉପାସନା କରୁଥିଲେ। ତେଣୁ ତାଙ୍କ ବ୍ୟକ୍ତିନିଷ୍ଠ ପ୍ରବନ୍ଧଗୁଡ଼ିକରେ ଉଚ୍ଚ ଆଦର୍ଶଜୀବନର ପ୍ରତିଫଳନ ଦେଖିବାକୁ ମିଳେ। ଉଚ୍ଛ୍ୱାସମୟ ଗଦ୍ୟରୀତିରେ ସେ ନିଜ ପାଣ୍ଡିତ୍ୟ ଓ ବହୁଶାସ୍ତ୍ର ଅଧ୍ୟୟନଜନିତ ଜ୍ଞାନକୁ ରୂପାୟିତ କରିଛନ୍ତି ନିଜ ପ୍ରବନ୍ଧାବଳୀରେ। 'ପ୍ରବନ୍ଧ ପ୍ରକାଶ' ବ୍ୟତୀତ 'ସ୍ୱପ୍ନତତ୍ତ୍ୱ', 'ବିବର୍ତ୍ତନବାଦ', 'କ୍ଷୁଦ୍ରକବିତାବଳୀ', 'ସ୍ମୃତିପଥେ' (ଅସମ୍ପୂର୍ଣ୍ଣ ଆତ୍ମଜୀବନୀ) ଇତ୍ୟାଦି ଗ୍ରନ୍ଥ ତାଙ୍କ ଲେଖନୀ ନିଃସୃତ।

ବିରୂପାକ୍ଷ କର (୧୮୯୩-୧୯୬୮):

ଜଣେ ଐତିହାସିକ, ଗବେଷକ, କବି ଓ ପ୍ରାବନ୍ଧିକ। ସେ 'ଉତ୍କଳ ସାହିତ୍ୟ', 'ପ୍ରାଚୀ' ଓ 'ସତ୍ୟବାଦୀ' ପତ୍ରିକାରେ 'ଉତ୍କଳର ଜଳଯାତ୍ରା', 'କେଶରୀ ବଂଶ', 'ପ୍ରାଚୀନ ଯାଜପୁର' ଇତ୍ୟାଦି ବହୁ ପ୍ରବନ୍ଧ ଲେଖିଥିଲେ। ଏଥିମଧ୍ୟରୁ କେତୋଟିକୁ ନେଇ 'ଉତ୍କଳରେ ବୌଦ୍ଧଯୁଗର ଇତିହାସ ଓ ଅନ୍ୟାନ୍ୟ ପ୍ରବନ୍ଧ' ଏବଂ ସମଗ୍ର ପ୍ରବନ୍ଧର ସଂକଳିତ 'ବିରୂପାକ୍ଷ କର ପ୍ରବନ୍ଧାବଳୀ' ନାମକ ଦୁଇଟି ପୁସ୍ତକ ପ୍ରକାଶିତ। ନିଜ ବକ୍ତବ୍ୟକୁ ସରସ ସୁନ୍ଦର ଭାବରେ ପ୍ରକାଶ କରିବାର କୌଶଳ ତାଙ୍କ ପ୍ରବନ୍ଧଗୁଡ଼ିକୁ ଆଦୃତ କରିଛି। ଉନ୍ନତ ରଚନାଶୈଳୀ ଓ ଜଟିଳତାବିହୀନ ପ୍ରକାଶଭଙ୍ଗୀ ପାଇଁ ଏଗୁଡ଼ିକ ସୁଖପାଠ୍ୟ। ତାଙ୍କ କବିତ୍ୱର ପରିଚୟ ମିଳେ 'ବୈତରଣୀ', 'ମଥୁରା ବିଜୟ', 'ଷଟ୍‌ଶକ୍ତି' ପ୍ରଭୃତି କାବ୍ୟ-କବିତାରୁ। 'ବୈତରଣୀ' ଏକ ଜାତୀୟ କାବ୍ୟ ଏବଂ ଅନ୍ୟ ଦୁଇଟି ପୌରାଣିକ ଆଖ୍ୟାୟିକା ଅବଲମ୍ବନରେ ରଚିତ। ଜଣେ ଐତିହ୍ୟ ଓ ପରମ୍ପରା ସଚେତନ ପ୍ରାବନ୍ଧିକ ତଥା କବି ଭାବରେ ସେ ଚିରସ୍ମରଣୀୟ।

କାଳିନ୍ଦୀଚରଣ ପାଣିଗ୍ରାହୀ (୧୯୦୧-୧୯୯୧):

କାଳିନ୍ଦୀଚରଣ ପାଣିଗ୍ରାହୀ ସବୁଜଗୋଷ୍ଠୀର ବୟୋଜ୍ୟେଷ୍ଠ। ସେ ଏକାଧାରରେ କବି, ଗାଳ୍ପିକ, ଔପନ୍ୟାସିକ, ନାଟ୍ୟକାର ଓ ପ୍ରାବନ୍ଧିକ। ଛାତ୍ର ଅବସ୍ଥାରୁ ସେ ସାରସ୍ୱତ

ସାଧନାରେ ବ୍ରତୀ। ନନ୍‌ସେନ୍‌ସ କ୍ଲବ ସ୍ଥାପନ ଓ 'ଛାତ୍ରଦର୍ପଣ', 'ଶକ୍ତିସାଧନ', 'ଅବକାଶ' ଆଦି ପତ୍ରିକାରେ ଲେଖା ପ୍ରକାଶନ ତାଙ୍କ ପ୍ରତିଭାର ଉଜ୍ଜ୍ୱଳ ସ୍ୱାକ୍ଷର ବହନ କରେ। ସବୁଜ ବନ୍ଧୁମାନଙ୍କ ସହିତ ସେ ପ୍ରଥମେ ଯୌବନ ଓ ସ୍ୱପ୍ନକୁ ନେଇ କବିତା ଲେଖୁଥିଲେହେଁ ପରବର୍ତ୍ତୀକାଳରେ ତାଙ୍କ ସାହିତ୍ୟିକ ଆଭିମୁଖ୍ୟ ପରିବର୍ତ୍ତିତ ହୋଇଛି। ତାଙ୍କ ଲେଖନୀ ପ୍ରକାଶ କରିଛି ମଣିଷ ଜୀବନର ବହୁମୁଖୀ ଅନୁଭୂତିକୁ। ଫଳରେ ସବୁଜ ଯୁଗର ସ୍ୱପ୍ନିଳ ସୃଷ୍ଟିବିଭବ ପରିହାର କରି ତାଙ୍କ କବିତା ହୋଇଛି ଜୀବନଧର୍ମୀ, ସମ୍ବେଦନଶୀଳତାରେ ଆର୍ଦ୍ର ଓ ଆବେଦନରେ ସାର୍ବଜନୀନ। ତାଙ୍କ କବିତା ସଂକଳନ ମଧ୍ୟରେ 'ମନେ ନାହିଁ', 'ଛୁରୀଟିଏ ଲୋଡ଼ା', 'କ୍ଷଣିକ ସତ୍ୟ' ଓ 'ମହାଦୀପ', ଉପନ୍ୟାସ ମଧ୍ୟରେ 'ମାଟିର ମଣିଷ', 'ଲୁହାର ମଣିଷ', 'ଆଜିର ମଣିଷ', 'ଅମର ଚିତା', 'ମୁକ୍ତାଗଡ଼ର କ୍ଷୁଧା', ଗଳ୍ପ ସଂକଳନ ମଧ୍ୟରେ 'ସାଗରିକା', 'ରାଶିଫଳ', 'ଦ୍ୱାଦଶୀ', ନାଟକ ମଧ୍ୟରେ 'ସୌମ୍ୟା', 'ପଦ୍ମିନୀ' ଓ 'ପ୍ରିୟଦଶ୍ରୀ' ଇତ୍ୟାଦିର ନାମ ଉଲ୍ଲେଖଯୋଗ୍ୟ।

ଭକ୍ତକବି ମଧୁସୂଦନ ଓ କର୍ମବୀର ଗୌରୀଶଙ୍କରଙ୍କ ଜୀବନୀ, ସାହିତ୍ୟ ସମାଚାର, ସାହିତ୍ୟିକା, ନେତୃତ୍ୱ ଓ ନେତୃତ୍ୱ ଆଦି ପ୍ରବନ୍ଧରୁ କାଳିନ୍ଦୀଚରଣଙ୍କ ସାହିତ୍ୟିକ ପ୍ରବନ୍ଧର ପ୍ରକୃତ ପରିଚୟ ମିଳେ। 'ଅଙ୍ଗେ ଯାହା ନିଭେଇଛି' ଗ୍ରନ୍ଥଟି ତାଙ୍କର ଆତ୍ମଚରିତ। 'ଭଞ୍ଜପ୍ରଦୀପ' ଓ 'ମୟୂରଭଞ୍ଜ କ୍ରନିକ୍‌ଲ' (ଇଂରାଜୀ) ଇତ୍ୟାଦି ପତ୍ରିକାର ସମ୍ପାଦନା ଦାୟିତ୍ୱ ମଧ୍ୟ ସେ ସାମୟିକ ଭାବରେ ତୁଲାଇଥିଲେ। ବହୁବର୍ଷ ଧରି ସେ ବିଭିନ୍ନ ଶ୍ରେଣୀପାଇଁ ଯେଉଁ ପାଠ୍ୟପୁସ୍ତକମାନ ରଚନା କରିଥିଲେ, ସେସବୁରେ ତାଙ୍କ କୃତିତ୍ୱ ଅଧିକ ଲକ୍ଷଣୀୟ। ୧୯୭୧ ଖ୍ରୀ:ରେ ସେ ଭାରତ ସରକାରଙ୍କ ଦ୍ୱାରା 'ପଦ୍ମଭୂଷଣ' ଉପାଧିରେ ଓ କେନ୍ଦ୍ର ସାହିତ୍ୟ ଏକାଡେମୀର ଫେଲୋ ରୂପେ ସମ୍ମାନିତ ହୋଇଛନ୍ତି। ୧୯୭୬ ଖ୍ରୀ:ରେ ସମ୍ବଲପୁର ବିଶ୍ୱବିଦ୍ୟାଳୟ ତାଙ୍କୁ ଡି.ଲିଟ୍. ଉପାଧିରେ ଭୂଷିତ କରିଅଛି। ଓଡ଼ିଆ ସାହିତ୍ୟକୁ କାଳିନ୍ଦୀଚରଣଙ୍କ ଦାନ ବାସ୍ତବିକ ଅବିସ୍ମରଣୀୟ।

ବ୍ରଜବିହାରୀ ମହାନ୍ତି (୧୯୦୨-୧୯୫୭):

ଓଡ଼ିଆ ସାହିତ୍ୟରେ ଜଣେ ବଳିଷ୍ଠ ତଥା ପ୍ରଭାବଶାଳୀ ସ୍ରଷ୍ଟା। ତାଙ୍କର ପ୍ରବନ୍ଧଗୁଡ଼ିକ ଗର୍ଭିତ ହୋଇଛି 'ଚିତ୍ର' ଓ 'ସାଧନା' ପ୍ରବନ୍ଧଗ୍ରନ୍ଥଦ୍ୱୟରେ। ଉଚ୍ଚକୋଟୀର ଭାବୁକତା, ଦାର୍ଶନିକତା ଓ ବୌଦ୍ଧିକତା ତାଙ୍କ ପ୍ରବନ୍ଧଗୁଡ଼ିକରେ ଆଭାସିତ। ତାଙ୍କ ପ୍ରବନ୍ଧ ଜାତୀୟସମସ୍ୟାମୂଳକ ଓ ଜୀବନୀମୂଳକ। ଜଗତ୍ ଓ ଜୀବନକୁ ନେଇ ଲେଖାଯାଇଥିବା ପ୍ରବନ୍ଧଗୁଡ଼ିକ ତାଙ୍କ ଦାର୍ଶନିକତାର ସଫଳ ପରିଚୟ। ତାଙ୍କ ଭାବ

ଚିତ୍ରମୟ ଓ ଭାଷା ଆବେଗମୟ। ବିଷୟୋପଯୋଗୀ ଭାଷା ପ୍ରୟୋଗ କରିବାରେ ସେ ଏକାନ୍ତ ସିଦ୍ଧହସ୍ତ ହୋଇଥିବାରୁ ତାଙ୍କର ଭାଷା କେଉଁଠି ସରଳ ତ କେଉଁଠି କାବ୍ୟିକ।

ସରଳା ଦେବୀ (୧୯୦୪-୧୯୮୬):

ସରଳା ଦେବୀ କେବଳ ଜଣେ ସ୍ୱାଧୀନତା ସଂଗ୍ରାମୀ ନୁହନ୍ତି, ଜଣେ ବିଶିଷ୍ଟ ସାହିତ୍ୟିକା ମଧ୍ୟ। ମୁକ୍ତି-ସଂଗ୍ରାମରେ ଯୋଗଦେଇ ସେ ଏକାଧିକବାର କାରାବରଣ କରିଥିଲେ। ଓଜସ୍ୱିନୀ ବକ୍ତୃତା ଦେବାରେ ସେ ଥିଲେ ସିଦ୍ଧହସ୍ତା। ପ୍ରାଦେଶିକ କଂଗ୍ରେସ କମିଟିର ମହିଳା ବିଭାଗର ସେ ଥିଲେ ସମ୍ପାଦିକା ଓ ଉପସଭାପତି ଏବଂ ଏହି ସଂସ୍ଥା ତରଫରୁ ପ୍ରକାଶିତ ସାହିତ୍ୟ ପତ୍ରିକା 'ଜାଗରଣ' ମଧ୍ୟ ତାଙ୍କ ସମ୍ପାଦକତ୍ୱରେ ପ୍ରକାଶିତ ହେଉଥିଲା। 'କବି ଗୋପାଳକୃଷ୍ଣ ପ୍ରତିଭା', 'ସାରଳା ମହାଭାରତୀୟ ନାରୀ ଚିତ୍ର' ଓ 'କୁନ୍ତଳାକୁମାରୀଙ୍କ କବି-ପ୍ରତିଭା' ଗ୍ରନ୍ଥତ୍ରୟ ତାଙ୍କୁ ଜଣେ ବିଶିଷ୍ଟ ସାହିତ୍ୟ-ସମାଲୋଚିକା ଭାବରେ ପ୍ରତିଷ୍ଠିତ କରାଏ। ତାଙ୍କ 'ରାୟ ରାମାନନ୍ଦ' ପୁସ୍ତକରେ ସେ ଶ୍ରୀଚୈତନ୍ୟଙ୍କ ଓଡ଼ିଆ ଆଗମନ, ରାୟରାମାନନ୍ଦଙ୍କ ସହିତ ତାଙ୍କର ସାକ୍ଷାତ ଓ ଦୁଇଜଣଙ୍କ ମଧ୍ୟରେ ତତ୍ତ୍ୱାଲୋଚନାର ମନୋରମ ଚିତ୍ର ପ୍ରଦାନ କରିଛନ୍ତି। 'ପଞ୍ଚ ପ୍ରଦୀପ' ନାମକ ଗଳ୍ପ ସଞ୍ଚୟନରେ ସ୍ଥାନିତ ଗଳ୍ପଗୁଡ଼ିକରେ ସେ ତାଙ୍କ ସମାଜ-ସଚେତନ ମନୋଭାବର ପରିଚୟ ପ୍ରଦାନ କରିଛନ୍ତି। 'ବୀର ରମଣୀ', 'ବିଶ୍ୱବିପ୍ଳବିଣୀ', 'କଥା ରାମାୟଣ', 'ସତଧର୍ମ', 'ମୂଲ୍ୟ ନିଧି', 'ଜନାବାଈ', 'ନାରୀର ଦାବୀ', 'ମରୁକାହାଣୀ', 'ଭାରତୀୟ ମହିଳା ପ୍ରସଙ୍ଗ', 'ନାରୀ ସମସ୍ୟା', 'ଗାଁବାଲାଙ୍କ କଥା' ଇତ୍ୟାଦି ମଧ୍ୟ ତାଙ୍କର ଅନ୍ୟ କେତୋଟି କୃତି। 'ଭୀମଭୂୟାଁ' ଉପନ୍ୟାସ ସେ ସମ୍ପାଦନା କରିଛନ୍ତି ଏବଂ ସବୁଜକାଳୀନ 'ବାସନ୍ତୀ' ମିଳିତ ଉପନ୍ୟାସରେ ସର୍ବାଧିକ ନଅଟି ପରିଚ୍ଛେଦ ରଚନା କରି ଓଡ଼ିଆ କଥା ସାହିତ୍ୟରେ ନିଜର ଦକ୍ଷତା ପ୍ରତିପାଦନ କରିପାରିଛନ୍ତି। ସାହିତ୍ୟ ସାଧନା ପାଇଁ ସେ ଓଡ଼ିଶା ସାହିତ୍ୟ ଏକାଡେମୀଦ୍ୱାରା ୧୯୬୯ ଖ୍ରୀଷ୍ଟାବ୍ଦରେ ସମ୍ମାନିତା ଓ ପୁରସ୍କୃତା।

ରାଜକିଶୋର ରାୟ (୧୯୧୪-୧୯୯୮):

ଅପ୍ରତିଦ୍ୱନ୍ଦ୍ୱୀ କଥାଶିଳ୍ପୀ ରାଜକିଶୋର ରାୟଙ୍କ ସାହିତ୍ୟିକ ଜୀବନ ଆରମ୍ଭ କବିତାରୁ। 'ଦୀପାଳି' (୧୯୩୫) ତାଙ୍କ ରଚିତ କବିତାଗୁଡ଼ିକର ଏକ ମନୋଜ୍ଞ ସଂକଳନ। ତା'ପରେ ତାଙ୍କ ଅତନ୍ଦ୍ରିତ ଲେଖନୀର ଗତି ଗଳ୍ପମୁଖୀ ହୁଏ। ସେ ଲେଖି

ଚାଲନ୍ତି ଗଳ୍ପ ପରେ ଗଳ୍ପ। ସମାଜରେ ଯାହା ଅବହେଳିତ, ଯାହା ଅପାଙ୍‌କ୍ତେୟ, ତାହା ଅତି ସହଜରେ ତାଙ୍କ ଆଖିରେ ଧରାପଡ଼ିଯାଏ, ଆଉ ତାକୁ ନେଇ ସେ ଗଳ୍ପ ରଚନା କରି ଆନନ୍ଦ ଲାଭ କରନ୍ତି। ଉତ୍କଳୀୟ ଅତୀତ ଗୌରବ ଓ ସେସଂପର୍କୀୟ କିଂବଦନ୍ତୀକୁ କେନ୍ଦ୍ରକରି ଗଳ୍ପରଚନା କରିବାରେ ମଧ୍ୟ ସେ ଖୁବ୍ ଆଗ୍ରହୀ। ପ୍ରବୃତ୍ତିରେ ସେ ରୋମାଣ୍ଟିକ୍, ଯଦିଓ ତାଙ୍କ ପରବର୍ତ୍ତୀକାଳୀନ ଗଳ୍ପଗୁଡ଼ିକରେ ବାସ୍ତବବାଦୀ, ଆଦର୍ଶବାଦୀ ତଥା ବ୍ୟଙ୍ଗାତ୍ମକ ଦୃଷ୍ଟିକୋଣର ପରିଚୟ ମିଳେ। ଆବେଗିକ କଳ୍ପନାପ୍ରୀତି, ମନସ୍ତାତ୍ତ୍ୱିକ ବିଶ୍ଳେଷଣ, ଅଭିଜାତ ଭାଷାଶୈଳୀ, ଅନୁପମ ଶବ୍ଦାଡ଼ମ୍ବର ଆଦି ତାଙ୍କ ଗଳ୍ପଗୁଡ଼ିକୁ ରସୋତ୍ତୀର୍ଣ୍ଣ ତଥା ସୁଖପାଠ୍ୟ କରାଏ। 'ନୀଳଲହରୀ', 'ବିକଚ ଶତଦଳ', 'ଜୟଶ୍ରୀ', 'ଅଶୋକଚକ୍ର', 'ବନଜ୍ୟୋତ୍ସ୍ନା', 'ଜୟଶଙ୍ଖ', 'ଶୋଣିତ କାବ୍ୟ', 'ମନର ମୃଣାଳ', 'ଜୀବନ ସଂଗୀତ', 'ମଧ୍ୟାହ୍ନର ମରୁପଥେ', 'ଆଦିପୁରୁଷ', 'ଏହି କି ଦେବାୟତନ', 'ପଙ୍କ ଚନ୍ଦନ', 'ଦୁର୍ବଳ ଦେବାଳୟ', 'ଅମୃତ', 'ସୁନ୍ଦର ଆବାହନ', 'ମନ୍ୱନ୍ତରର ମାନବ', 'ଦୃଶ୍ୟ ଦୃଶ୍ୟାନ୍ତର', 'ଗଳ୍ପ ସମ୍ଭାର' ଆଦି ତାଙ୍କର କେତୋଟି ବିଶିଷ୍ଟ ଗଳ୍ପସଂକଳନ। ଗଳ୍ପସଂକଳନ 'ମନ୍ୱନ୍ତରର ମାନବ' ୧୯୮୯ରେ ଶ୍ରେଷ୍ଠ ଗଳ୍ପଗ୍ରନ୍ଥ ଭାବରେ ଓଡ଼ିଶା ସାହିତ୍ୟ ଏକାଡେମୀଦ୍ୱାରା ପୁରସ୍କୃତ। ଏହି ଗାଳ୍ପିକଙ୍କ ଆବିର୍ଭାବ ହୋଇଥିଲା ଏପରି ଏକ ସନ୍ଧିକ୍ଷଣରେ ଯେତେବେଳେ ଓଡ଼ିଆ କ୍ଷୁଦ୍ରଗଳ୍ପ ଜଗତ ପ୍ରାୟଶଃ କବଳିତ ହୋଇଥିଲା ଏକ ଦୁର୍ଭିକ୍ଷର କରାଳ ଗ୍ରାସରେ। ତତ୍‌କାଳୀନ 'ଶଙ୍ଖ', 'ଚତୁରଙ୍ଗ', 'ସହକାର', 'ନବଭାରତ' ଇତ୍ୟାଦି ପତ୍ରିକାମାନଙ୍କରେ କ୍ଷୁଦ୍ରଗଳ୍ପମାନ ପ୍ରକାଶକରି ସେ ଓଡ଼ିଆ ସାହିତ୍ୟର କ୍ଷୁଦ୍ରଗଳ୍ପ ବିଭାଗକୁ ବଞ୍ଚାଇ ରଖିପାରିଥିଲେ। ତେଣୁ ସେ ଓଡ଼ିଆ ସାହିତ୍ୟରେ ଏକ ଅବିସ୍ମରଣୀୟ ପ୍ରତିଭା। ଏସବୁ ବ୍ୟତୀତ 'ବାପୁ ସ୍ମରଣେ' (ଜୀବନୀ), 'ଆଦ୍ୟପ୍ରାଣ ଚିନ୍ମୟ' (ଆତ୍ମଜୀବନୀ), 'ପଞ୍ଚପଲ୍ଲବ' (ନାଟକ), 'ଉଲଗ୍ନ ବନବାସ' (ଉପନ୍ୟାସ), 'ସାହିତ୍ୟ ଓ ସାହିତ୍ୟତତ୍ତ୍ୱ' (ସାହିତ୍ୟ-ଆଲୋଚନା), 'ଅମର କଥା' (ଶିଶୁସାହିତ୍ୟ) ଆଦି ବହୁଗ୍ରନ୍ଥ ତାଙ୍କ ଲେଖନୀରେ ରୂପପାଇଛି। ସ୍ୱର୍ଗତ ରାୟଙ୍କ ସ୍ୱତନ୍ତ୍ର ପ୍ରକାଶଭଙ୍ଗୀ ଏସବୁ ରଚନାକୁ ଅପୂର୍ବ କଳାମୂଲ୍ୟ ପ୍ରଦାନ କରେ। ତାଙ୍କର କେତେକ ରଚନାର ଏକତ୍ରରୂପ 'ରାୟ ରଚନାବଳୀ' ଇତିମଧ୍ୟରେ ପ୍ରକାଶ ପାଇଛି।

ବାମାଚରଣ ମିତ୍ର (୧୯୧୫-୧୯୭୬):

ବାମାଚରଣ ମିତ୍ର ଏକାଧାରରେ ଗାଳ୍ପିକ, ଔପନ୍ୟାସିକ, ପ୍ରାବନ୍ଧିକ ଓ ରମ୍ୟରଚନାକାର। ଉଚ୍ଚ ସରକାରୀ ଚାକିରିର ଦାୟିତ୍ୱ ତୁଲାଇବା ସଙ୍ଗେ ସଙ୍ଗେ ସେ ବାଣୀସାଧନାରେ ମଧ୍ୟ ବ୍ରତୀ ଥିଲେ। 'କୀର୍ତ୍ତିଯସ୍ୟ', 'ନରଛଞ୍ଚାଣ', 'ପରାଗ',

'ପାଷାଣର ପ୍ରାଣ', 'ଅସୀମ', 'ବଟମହାପୁରୁଷ' 'ମିତ୍ରସ୍ୱଳ୍ପ', "ମିତ୍ରକଳ୍ପ', 'ମିତ୍ରଗଳ୍ପ' ଏବଂ 'ବାମାଚରଣ ମିତ୍ର ଗଳ୍ପସମଗ୍ର' (୪ଖଣ୍ଡ) ପୁସ୍ତକଗୁଡ଼ିକରେ ତାଙ୍କ କ୍ଷୁଦ୍ରଗଳ୍ପଗୁଡ଼ିକ ସଂକଳିତ। ତାଙ୍କ ଗଳ୍ପରେ ମୌଳିକ ଚିନ୍ତାଧାରା ଓ ଗଭୀର ମାନବବାଦର ସ୍ପଷ୍ଟ ସ୍ୱାକ୍ଷର ନିହିତ। ତାଙ୍କର ବହୁ କ୍ଷୁଦ୍ରଗଳ୍ପ ମନନଧର୍ମୀ ଓ ସୁଖପାଠ୍ୟ ହେଲେହେଁ ଏଗୁଡ଼ିକର ସମାପ୍ତି ଘଟିଛି ପ୍ରାବନ୍ଧିକତା ମଧ୍ୟରେ। 'ଚନ୍ଦ୍ର ଓ ଚମ୍ପା' ଉପନ୍ୟାସରେ ସେ ଜନଶ୍ରୁତି ଆଧାରିତ ବୌଦ୍ଧଯୁଗୀୟ ଏକ କାହାଣୀକୁ ଇତିହାସର ଆବରଣରେ ରୂପ ଦେଇଛନ୍ତି। ତାଙ୍କର ଅନେକ ପ୍ରବନ୍ଧ ଓ ରମ୍ୟରଚନା ମଧ ରହିଛି। ସେଗୁଡ଼ିକରେ ସେ ବ୍ୟଙ୍ଗ ଓ ହାସ୍ୟ ମାଧ୍ୟମରେ ଆଧୁନିକ ସମାଜର ତ୍ରୁଟିବିଚ୍ୟୁତିର ସମାଲୋଚନା କରି ସମାଜସଂସ୍କାର ପାଇଁ ଦୃପ୍ତ ଅଭିଯାନ କରିଥିବା ମନେହୁଏ। ଏ କ୍ଷେତ୍ରରେ ସେ ଫକୀରମୋହନ ଓ ଗୋପାଳଚନ୍ଦ୍ରଙ୍କର ଅନୁଗାମୀ। ତାଙ୍କର ଏହି ରଚନାଗୁଡ଼ିକରେ ଉଚ୍ଚକୋଟୀର ଦାର୍ଶନିକତାର ଏକ ସ୍ନିଗ୍ଧ ପ୍ରଲେପ ପରିଲକ୍ଷିତ। 'ସ୍ୱପ୍ନସିଦ୍ଧ', 'ଏଣୁଷ୍ଟ ତେଣୁଷ୍ଟ', 'ସାହିତ୍ୟରେ ଜୀବନ ଓ କଳା' ତାଙ୍କର ରମ୍ୟରଚନା ଓ ସମାଲୋଚନା ପୁସ୍ତକ। 'ଏଣୁଷ୍ଟ ତେଣୁଷ୍ଟ' ରମ୍ୟରଚନା ପୁସ୍ତକ ତାଙ୍କ ମୃତ୍ୟୁପରେ ଓଡ଼ିଶା ସାହିତ୍ୟ ଏକାଡେମୀ ପୁରସ୍କାର ଲାଭକରିଛି।

ସଚ୍ଚିଦାନନ୍ଦ ରାଉତରାୟ (୧୯୧୬-୨୦୦୪):

ଅଜସ୍ରସ୍ରାବୀ ସାହିତ୍ୟସ୍ରଷ୍ଟାର ସ୍ରଷ୍ଟା ଭାବରେ ଆଧୁନିକ ଓଡ଼ିଆ କବିତାର ଅଗ୍ରଦୂତ ଏବଂ ଦୀର୍ଘ ଷାଠିଏ ବର୍ଷ ଧରି ଓଡ଼ିଆ ସାହିତ୍ୟର ବିଭିନ୍ନ ବିଭାଗକୁ ଋଦ୍ଧିମନ୍ତ କରିଥିବା ପ୍ରଗତିବାଦୀ-ପ୍ରୟୋଗବାଦୀ ସାହିତ୍ୟକାର ସଚ୍ଚି ରାଉତରାୟ ଜଣେ ଯଶସ୍ୱୀ ସାଧକ। ସେ ଏକାଧାରରେ ଜଣେ ଶ୍ରେଷ୍ଠ କବି, ଗାଳ୍ପିକ, ପ୍ରାବନ୍ଧିକ ତଥା ଜଣେ ସଂପାଦକ ଭାବରେ ପ୍ରସିଦ୍ଧି ଅର୍ଜନ କରିଛନ୍ତି। ତାଙ୍କ ଗଭୀର ଅଧ୍ୟୟନ ଓ ବୌଦ୍ଧିକ ଚିନ୍ତନର ସାର୍ଥକ ରୂପାୟନ ହେଉଛି 'ସାହିତ୍ୟ-ବିଚାର ଓ ମୂଲ୍ୟବୋଧ', 'ସାହିତ୍ୟର ମୂଲ୍ୟବୋଧ', 'ଆଧୁନିକ ସାହିତ୍ୟର କେତୋଟି ଦିଗ', 'ଆଧୁନିକ ସମାଲୋଚନା' ଇତ୍ୟାଦି କେତୋଟି ଗ୍ରନ୍ଥ, ଯେଉଁଥିରେ ସମାଜତାତ୍ତ୍ୱିକ, ନୃତାତ୍ତ୍ୱିକ, ସାଂସ୍କୃତିକ, ଧାର୍ମିକ, ସାହିତ୍ୟିକ ଓ ଭାଷାତାତ୍ତ୍ୱିକ ଦୃଷ୍ଟିକୋଣରୁ ରଚିତ ଆଲୋଚନାଗୁଡ଼ିକ ସ୍ଥାନିତ। ଏଗୁଡ଼ିକରୁ ତାଙ୍କ ବଳିଷ୍ଠ ଗଦ୍ୟଶୈଳୀର ପରିଚୟ ମିଳେ।

ଡକ୍ଟର ରାଉତରାୟ ପ୍ରଗତିଶୀଳ ସାହିତ୍ୟ ପତ୍ରିକା 'ଦିଗନ୍ତ'ର ସମ୍ପାଦକ ଓ ଓଡ଼ିଶା ସାହିତ୍ୟ ଏକାଡେମୀର ପୂର୍ବତନ ସଭାପତି ଥିଲେ। 'କବିତା-୧୯୬୨' ଗ୍ରନ୍ଥପାଇଁ ସେ କେନ୍ଦ୍ର ସାହିତ୍ୟ ଏକାଡେମୀ ପୁରସ୍କାର (୧୯୬୨) ଓ କାବ୍ୟକୃତିପାଇଁ

୧୯୯୬ରେ ମର୍ଯ୍ୟାଦାଜନକ 'ସାହିତ୍ୟ ଭାରତୀ' ସମ୍ମାନରେ ସମ୍ମାନିତ। ସମାଜ ଓ ସାହିତ୍ୟପ୍ରତି ତାଙ୍କର ବିଶେଷ ଅବଦାନ ପାଇଁ ସେ ୧୯୬୨ରେ 'ପଦ୍ମଶ୍ରୀ' ଉପାଧିରେ ଭୂଷିତ ଏବଂ ୧୯୬୭ ଓ ୧୯୬୮ ଖ୍ରୀଷ୍ଟାବ୍ଦରେ ଯଥାକ୍ରମେ ଆନ୍ଧ୍ର ବିଶ୍ୱବିଦ୍ୟାଳୟ ଓ ବ୍ରହ୍ମପୁର ବିଶ୍ୱବିଦ୍ୟାଳୟଦ୍ୱାରା ସମ୍ମାନସୂଚକ ଡି.ଲିଟ୍. ଉପାଧିପ୍ରାପ୍ତ। ଆମେ ଗର୍ବିତ ଯେ, ସେ ୧୯୮୬ ଖ୍ରୀଷ୍ଟାବ୍ଦରେ ଭାରତର ଶ୍ରେଷ୍ଠ ସାହିତ୍ୟିକ ସମ୍ମାନ 'ଭାରତୀୟ ଜ୍ଞାନପୀଠ ପୁରସ୍କାର' ଲାଭକରି ଉତ୍କଳ ଜନନୀର ମୁଖ ଉଜ୍ଜ୍ୱଳ କରିଛନ୍ତି।

ନଟବର ସାମନ୍ତରାୟ (୧୯୧୮-୨୦୦୦):

ନଟବର ସାମନ୍ତରାୟ ଜଣେ ଯଶସ୍ୱୀ ଗଦ୍ୟ ଲେଖକ। ସେ ପ୍ରାକ୍-ସ୍ୱାଧୀନତାକାଳରେ ଲେଖନୀ ଚାଳନା କରିଥିଲେହେଁ ତାଙ୍କର ସମାଲୋଚନାମୂଳକ ପ୍ରବନ୍ଧ ଓ ପୁସ୍ତକଗୁଡ଼ିକ ସ୍ୱାଧୀନତାର ପରବର୍ତ୍ତୀକାଳରେ ପ୍ରକାଶିତ। ପ୍ରଥମେ ମାଧ୍ୟମିକ ବିଦ୍ୟାଳୟରେ ଶିକ୍ଷକତା କରି ୧୯୪୯ ଖ୍ରୀଷ୍ଟାବ୍ଦରେ ସେ ଆରମ୍ଭ କରନ୍ତି ଅଧ୍ୟାପକ ଜୀବନ। ପ୍ରାକ୍-ଅଧ୍ୟାପକ ଜୀବନରେ ସେ ରଚନା କରିଥିଲେ 'ବିଦଗ୍ଧ ଚିନ୍ତାମଣି', 'ଚମ୍ପୂରେ ଲଳିତା' ଓ ପ୍ରାଚୀନ ଓଡ଼ିଆ ସାହିତ୍ୟ ସଂପର୍କୀୟ କେତେକ ପ୍ରବନ୍ଧ। ତାଙ୍କଦ୍ୱାରା ରଚିତ ଓ ବିଭିନ୍ନ ପତ୍ରପତ୍ରିକାରେ ପ୍ରକାଶିତ ପ୍ରବନ୍ଧଗୁଡ଼ିକ ବିଭିନ୍ନ ପୁସ୍ତକରେ ସଂକଳିତ ହୋଇଛି। 'ବ୍ୟାସକବି ଫକୀରମୋହନ', 'ଆଧୁନିକ ଓଡ଼ିଆ ସାହିତ୍ୟର ଦିଗ୍‌ଦର୍ଶନ', 'ଓଡ଼ିଆ ବୈଷ୍ଣବ ସାହିତ୍ୟ', 'ଓଡ଼ିଆ ପଲ୍ଲୀ ସାହିତ୍ୟ', 'ଯୁଗ-ପ୍ରବର୍ତ୍ତକ ସ୍ରଷ୍ଟା ରାଧାନାଥ', 'ରାଧାନାଥ ଓ ଚିଲିକା କାବ୍ୟ', 'ଗଙ୍ଗା ସାହିତ୍ୟ ସମୀକ୍ଷା', 'ସାହିତ୍ୟାଦର୍ଶ', 'ଗଳ୍ପ ନୁହେଁ ସମାଲୋଚନା', 'ଓଡ଼ିଆ ସାହିତ୍ୟର ଇତିହାସ (୧୮୦୩-୧୯୨୦)', 'ଆଧୁନିକ ସାହିତ୍ୟର ଭିତ୍ତିଭୂମି', 'ନନ୍ଦକିଶୋର ସାହିତ୍ୟ ସମୀକ୍ଷା', 'ବଡ଼ଜେନା ସାହିତ୍ୟ, ସମୀକ୍ଷା', 'ସଖାହୀନ ପଞ୍ଚସଖା', 'ଓଡ଼ିଆ ସାହିତ୍ୟକୁ ଆର୍ତ୍ତବଲ୍ଲଭ ମହାନ୍ତିଙ୍କ ଦାନ', 'ମୁଁ କିପରି ଗବେଷ କଲି', 'ଓଡ଼ିଆ ସାହିତ୍ୟରେ ସ୍ୱର ପରିବର୍ତ୍ତନ', 'ଆଧୁନିକ ଓଡ଼ିଆ ସାହିତ୍ୟର ଦିଗ୍‌ଦର୍ଶନ', 'ଓଡ଼ିଆ ସାହିତ୍ୟର ସମୀକ୍ଷା ଓ ସଂଗ୍ରହ', 'ଓଡ଼ିଆ ସାହିତ୍ୟର କାଳ ଓ କଳା', 'ଆଧୁନିକ ଓଡ଼ିଆ ସାହିତ୍ୟ ବିକାଶର ପୃଷ୍ଠଭୂମି', 'ଓଡ଼ିଶାର ଧର୍ମଧାରାରେ ପଞ୍ଚସଖା ପରିକଳ୍ପନା', 'ପଣ୍ଡିତ ଗୋପବନ୍ଧୁଙ୍କ କାବ୍ୟସୃଷ୍ଟି ମାନସ' ଇତ୍ୟାଦି ସମାଲୋଚନା ପୁସ୍ତକଗୁଡ଼ିକ ତାଙ୍କର ଏ ପର୍ଯ୍ୟନ୍ତ ପ୍ରକାଶିତ। 'ବ୍ୟାସକବି ଫକୀରମୋହନ' ପୁସ୍ତକ ପାଇଁ ସେ ୧୯୬୦ରେ ଓଡ଼ିଶା ସାହିତ୍ୟ ଏକାଡେମୀଦ୍ୱାରା ପୁରସ୍କୃତ। ତାଙ୍କ ରଚନାବଳୀ ଗଭୀର ପାଣ୍ଡିତ୍ୟ ଓ ମନନଶୀଳତାର ପରିଚୟ ପ୍ରଦାନ କରେ। 'ଓଡ଼ିଆ ସାହିତ୍ୟର ଇତିହାସ (୧୮୦୩-୧୯୨୦)' ଗବେଷଣାମୂଳକ

ପୁସ୍ତକଟିପାଇଁ ସେ ଉତ୍କଳ ବିଶ୍ୱବିଦ୍ୟାଳୟରୁ ଡକ୍ଟରେଟ୍ ଲାଭ କରିଛନ୍ତି। ଏହା ବହୁ ନୂତନ ତଥ୍ୟରେ ପୂର୍ଣ୍ଣ ଏକ ପ୍ରାମାଣିକ ଗ୍ରନ୍ଥ ଏବଂ ତାଙ୍କ ଆଦ୍ୟ ସମାଲୋଚକ ଜୀବନର ସମସ୍ତ ସାଧନାର ସର୍ବଶ୍ରେଷ୍ଠ କୀର୍ତ୍ତି। ତଥ୍ୟ ସଂଗ୍ରହରେ ସେ ଯେପରି ଅଧ୍ୟବସାୟୀ, ସେସବୁର ବିନିଯୋଗରେ ମଧ୍ୟ ସେହିପରି କୌଶଳୀ। ତାଙ୍କ ପ୍ରବନ୍ଧଗୁଡ଼ିକ ତଥ୍ୟପ୍ରଧାନ ଓ ଯୁକ୍ତିନିଷ୍ଠ। ଏଗୁଡ଼ିକରେ ତାଙ୍କ ଜୀବନର ଯେଉଁ ତେଜୋମୟ ଦିଗଟି ଉନ୍ମୋଚିତ ହୁଏ, ତାହା ହେଉଛି ତାଙ୍କର ଅକୁତୋଭୟତା। ଓଡ଼ିଆ ସମାଲୋଚନା ସାହିତ୍ୟକୁ ଅତୁଳନୀୟ ଦାନପାଇଁ ସେ ୧୯୯୫ ବର୍ଷର ସମ୍ମାନଜନକ ଓଡ଼ିଶା ସାହିତ୍ୟ ଏକାଡେମୀପ୍ରଦତ୍ତ 'ଅତିବଡ଼ୀ ଜଗନ୍ନାଥ ଦାସ ପୁରସ୍କାର' ପ୍ରାପ୍ତ।

ନବୀନକୁମାର ସାହୁ (୧୯୨୦-୧୯୮୫):

ନବୀନକୁମାର ସାହୁଙ୍କ ଜନ୍ମସ୍ଥାନ ସମ୍ବଲପୁର ଜିଲ୍ଲାର ବରପାଲିରେ। ସେ ଛାତ୍ରଜୀବନରୁ ଅତି ମେଧାବୀ ଥିଲେ। ଏହ୍ଲାବାଦ ବିଶ୍ୱବିଦ୍ୟାଳୟରୁ ଇତିହାସରେ ଏମ୍.ଏ. ପାଶ୍ କରିବା ପରେ ସେ ନିଜର ଅଧ୍ୟାପକ ଜୀବନ ଆରମ୍ଭ କରିଥିଲେ। ଓଡ଼ିଶା ଗେଜେଟିୟର ସମ୍ପାଦକ, ସମ୍ବଲପୁର ବିଶ୍ୱବିଦ୍ୟାଳୟରେ ରେଜିଷ୍ଟ୍ରାର, ଇତିହାସ ପ୍ରଫେସର ଓ କୁଳପତିଭାବରେ ନିଜର କୃତିତ୍ୱ ପ୍ରଦର୍ଶନ କରି ଅବସର ଗ୍ରହଣ କରିବାପରେ ସଂସ୍କୃତି ଓ ପ୍ରତ୍ନତତ୍ତ୍ୱ କ୍ଷେତ୍ରରେ ଓଡ଼ିଶା ସରକାରଙ୍କ ପରାମର୍ଶଦାତା ହିସାବରେ କାର୍ଯ୍ୟକରି ୧୯୮୫ ଖ୍ରୀଷ୍ଟାବ୍ଦ ସେପ୍ଟେମ୍ବର ୨ ତାରିଖରେ ସ୍ୱର୍ଗାରୋହଣ କଲେ। ତାଙ୍କର ଆକସ୍ମିକ ବିୟୋଗ ସାହିତ୍ୟ, ସଂସ୍କୃତି ଓ ଇତିହାସ କ୍ଷେତ୍ରରେ ଏକ ଅପୂରଣୀୟ ଶୂନ୍ୟତା ସୃଷ୍ଟି କରିଛି।

ସେ ଓଡ଼ିଶାର ଇତିହାସ, ଧର୍ମ, ସଂସ୍କୃତି ଓ ପ୍ରତ୍ନତତ୍ତ୍ୱ ବିଷୟକ ଅନେକ ପ୍ରବନ୍ଧର ସ୍ରଷ୍ଟା। 'ଚନ୍ଦ୍ରିକା' ପତ୍ରିକାରେ ସେ ବହୁ ଐତିହାସିକ ଗଳ୍ପ ଲେଖିଛନ୍ତି। 'ଯୁଗେ ଯୁଗେ ଭାରତୀୟ ନୌବାଣିଜ୍ୟ', 'ଓଡ଼ିଶାରେ ବୌଦ୍ଧଧର୍ମ', 'ଓଡ଼ିଆ ଜାତିର ଇତିହାସ' ବ୍ୟତୀତ ଇଂରାଜୀରେ *Buddhism in Orissa, Utkal University History of Orissa Vol. I & II. History of Orissa Police, Kharavel, Veer Surendra Sai* ଇତ୍ୟାଦି କେତେକ ଇଂରାଜୀ ଗ୍ରନ୍ଥର ସେ ଯଶସ୍ୱୀ ସ୍ରଷ୍ଟା। ଆଲୋଚନାର ପ୍ରାଞ୍ଜଳତା ଓ ରଚନାଶୈଳୀର ସାବଲୀଳତାଯୋଗୁଁ ତାଙ୍କର ଇତିହାସ ସମ୍ବନ୍ଧୀୟ ଗ୍ରନ୍ଥ ଓ ଆଲୋଚନାମାନ ଇତିହାସର ନୀରସତା ଓ ଶୁଷ୍କତାକୁ ଅତିକ୍ରମକରି ସାହିତ୍ୟସ୍ତରକୁ ଉନ୍ନୀତ ହୋଇଅଛି। ତାଙ୍କର ଗଦ୍ୟରୀତି ବୁଦ୍ଧିଦୀପ୍ତ ଓ ସମ୍ଭ୍ରାନ୍ତ। ସତ୍ୟ ପ୍ରତିଷ୍ଠାପାଇଁ ନିଷ୍ଠାପରତା ଓ ଅକୁତୋଭୟତା ତାଙ୍କ ରଚନାବଳୀର ଅନ୍ୟତମ ଆଲୋକମୟ ଦିଗ।

ଗୋଲୋକବିହାରୀ ଧଳ (୧୯୨୧-୧୯୮୪):

ଗୋଲୋକବିହାରୀ ଧଳ ଜଣେ ବିଶିଷ୍ଟ ଭାଷାତତ୍ତ୍ୱବିତ୍ ଓ ଧ୍ୱନିତତ୍ତ୍ୱବିତ୍ ଭାବରେ ପରିଚିତ। 'ମଣିଷର ଭାଷା', 'ଧ୍ୱନି ବିଜ୍ଞାନ', 'ଭାଷାଶାସ୍ତ୍ର ପରିଚୟ' ଇତ୍ୟାଦି ଭାଷାତତ୍ତ୍ୱ ସମ୍ବନ୍ଧୀୟ ପୁସ୍ତକରେ ତାଙ୍କ ପାଣ୍ଡିତ୍ୟର ପରିଚୟ ସହଜଲଭ୍ୟ। ସେ ଜଣେ ଉଚ୍ଚକୋଟୀର ପ୍ରାବନ୍ଧିକ ମଧ୍ୟ। ବିଭିନ୍ନ ସମସ୍ୟାକୁ ନେଇ ତାଙ୍କ ପ୍ରବନ୍ଧର ସୃଷ୍ଟି। ଜଣେ ଶିକ୍ଷାବିତ୍ ହୋଇଥିବାରୁ ଶିକ୍ଷା ଓ ଭାଷା ସମସ୍ୟା ଉପରେ ତାଙ୍କର ବହୁ ପ୍ରବନ୍ଧ ରଚିତ। ସେ ନିଜର ମତ ପ୍ରକାଶରେ ନିର୍ଭୀକ ଥିଲେ ଏବଂ ଯାହା କହିବାକୁ ଚାହୁଁଥିଲେ ତାହା ସ୍ପଷ୍ଟ ଶବ୍ଦରେ ପ୍ରକାଶ କରୁଥିଲେ। ତାଙ୍କ ଭାଷା ପ୍ରଭାବଶାଳୀ। ଶୈଳୀ ଓ ମୌଳିକତା ବିଚାରରେ ତାଙ୍କ ପ୍ରବନ୍ଧଗ୍ରନ୍ଥ 'ଓଡ଼ିଆ କେବେ' ଓ 'ବିଚାର ଆଲୋଚନା' ଗୋଟିଏ ଗୋଟିଏ ସ୍ମରଣୀୟ ସୃଷ୍ଟି। ଓଡ଼ିଆ ଭ୍ରମଣ ସାହିତ୍ୟ ଓ ଜୀବନୀ ସାହିତ୍ୟକୁ ମଧ୍ୟ ସେ ସମୃଦ୍ଧ କରିଛନ୍ତି। ତାଙ୍କର ଅକାଳ ବିୟୋଗ ଓଡ଼ିଆ ସାହିତ୍ୟରେ ଏକ ଅପୂରଣୀୟ କ୍ଷତି।

ମହାପାତ୍ର ନୀଳମଣି ସାହୁ (୧୯୨୬-୨୦୧୬):

ମହାପାତ୍ର ନୀଳମଣି ସାହୁ କଥାକାର ଭାବେ ପ୍ରତିଷ୍ଠିତ, ରମ୍ୟରଚନାକାରଭାବେ ସ୍ୱନାମଧନ୍ୟ ଏବଂ ସାହିତ୍ୟ-ସମୀକ୍ଷାରେ ଧୁରୀଣ। ସଂଖ୍ୟାରେ ସ୍ୱଳ୍ପ ହେଲେହେଁ ତାଙ୍କ ସମାଲୋଚନା ଓ ସମୀକ୍ଷା ଗୁଣାତ୍ମକ ମାନରେ ସମୃଦ୍ଧ। ସେ ଓଡ଼ିଆ ସାହିତ୍ୟକୁ ଭେଟି ଦେଇଛନ୍ତି 'ଧ୍ୱନି ଧ୍ୱନି ପ୍ରତିଧ୍ୱନି', 'କିଛି ସୂତ୍ର କିଞ୍ଚିତ୍ ବ୍ୟାଖ୍ୟା', 'ମନୁଷ୍ୟ ସ୍ୱାଧୀନ କି?', 'ସ୍ୱପ୍ନ ସ୍ୱପ୍ନ ଅନେକ ସ୍ୱପ୍ନ', ଯା ଦେବୀ ସର୍ବଭୂତେଷୁ', 'ଆମେ କିଏ? ଆମେ ଓଡ଼ିଆ', 'ରମ୍ୟ ନିବନ୍ଧ', 'ଧର୍ମ ନିରପେକ୍ଷ ଧାର୍ମିକ', 'କଳିଯୁଗର ଶେଷବେଳାରେ', 'ସନାତନ ଧର୍ମର ସାରକଥା', 'ଉଦ୍ଧବ କେତେ ତୁ ପଚାରୁ' ଇତ୍ୟାଦି ପ୍ରବନ୍ଧ ଓ ରମ୍ୟରଚନା ପୁସ୍ତକ। 'ଆମ କଥାସାହିତ୍ୟର କଥା ଓ ରମ୍ୟରଚନା' ତାଙ୍କର ଏକ ଉଲ୍ଲେଖଯୋଗ୍ୟ ସମାଲୋଚନା ପୁସ୍ତକ। ଏଥିରେ ଓଡ଼ିଆ ଗଳ୍ପ, ଉପନ୍ୟାସ ଓ ରମ୍ୟରଚନାର ବିଭିନ୍ନ ଦିଗ ଓ ବାଗ ସମ୍ବନ୍ଧରେ ଯେଉଁ ପାଣ୍ଡିତ୍ୟପୂର୍ଣ୍ଣ ଆଲୋଚନାମାନ ସ୍ଥାନିତ, ସେସବୁ ମୌଳିକ ଅନୁଶୀଳନ, ଗଭୀର ଅନ୍ତର୍ଦୃଷ୍ଟି ଓ କବିତ୍ୱପୂର୍ଣ୍ଣ ପ୍ରକାଶଭଙ୍ଗୀରେ ଅନନ୍ୟ। ଜଣେ ପ୍ରତିଷ୍ଠିତ କଥାକାର ଭାବରେ ସେ ମର୍ଯ୍ୟାଦାଜନକ କେନ୍ଦ୍ର ସାହିତ୍ୟ ଏକାଡେମୀ ପୁରସ୍କାର, ଶାରଳା ପୁରସ୍କାର, ସାହିତ୍ୟ ଭାରତୀ ସମ୍ମାନ ଓ ଅତିବଡ଼ୀ ଜଗନ୍ନାଥ ଦାସ ପୁରସ୍କାରର ସୁଯୋଗ୍ୟ ପ୍ରାପକ।

ଚିନ୍ତାମଣି ବେହେରା (୧୯୨୮-୨୦୦୫):

ଚିନ୍ତାମଣି ବେହେରା ଜଣେ ସୁପରିଚିତ କବି କେବଳ ନୁହନ୍ତି, ଜଣେ ଯଶସ୍ୱୀ ସମାଲୋଚକ ମଧ୍ୟ। ଓଡ଼ିଆ ସମାଲୋଚନା ସାହିତ୍ୟକୁ ତାଙ୍କର ଦାନ ଅତୁଳନୀୟ। ଉଭୟ ପ୍ରାଚୀନ ଓ ଆଧୁନିକ ସାହିତ୍ୟର ମୂଲ୍ୟାୟନରେ ସେ ପାରଦର୍ଶୀ। 'କାବ୍ୟ ଓ କଳାକାର', 'ଆଧୁନିକତାର କ, ଖ ଓ ଅନ୍ୟାନ୍ୟ ଆଲୋଚନା', 'ବିଦଗ୍ଧ ପାଠକ', 'କଳାଦୃଷ୍ଟି', 'ସାହିତ୍ୟ ଚିନ୍ତା', 'ଚିତ୍ର ଓ ଚରିତ୍ର' ଇତ୍ୟାଦି ତାଙ୍କର କେତୋଟି ଅନବଦ୍ୟ ସୃଷ୍ଟି ଏବଂ ଏସବୁରୁ ଆମେ ତାଙ୍କ ସମାଲୋଚନାଭଙ୍ଗୀ ସହିତ ପରିଚିତ ହେଉ। ବ୍ୟାପକ ଅଧ୍ୟୟନ ସହିତ ଜଣେ ପ୍ରତିଭାଧର ସମାଲୋଚକର ସ୍ୱାକ୍ଷର ତାଙ୍କ ରଚନାର ଛତ୍ରେ ଛତ୍ରେ ଦେଖିବାକୁ ମିଳେ। ତାଙ୍କର ରଚନାଶୈଳୀ ଚମତ୍କାର, ଭାଷାପ୍ରୟୋଗ ଶକ୍ତିଶାଳୀ ଏବଂ ସ୍ୱାଭାବିକ। ତାଙ୍କ ସମାଲୋଚନା ଗ୍ରନ୍ଥ 'କଳାଦୃଷ୍ଟି' ଓଡ଼ିଶା ସାହିତ୍ୟ ଏକାଡେମୀଦ୍ୱାରା ୧୯୮୫ରେ ପୁରସ୍କୃତ। ଓଡ଼ିଶା ସାହିତ୍ୟ ଏକାଡେମୀର ସର୍ବୋଚ୍ଚ ମର୍ଯ୍ୟାଦାବନ୍ତ ସମ୍ମାନ 'ଅତିବଡ଼ୀ ଜଗନ୍ନାଥ ସମ୍ମାନ' (୨୦୦୩) ମଧ୍ୟ ସେ ଲାଭ କରିଛନ୍ତି।

କିଶନ ପଟ୍ଟନାୟକ (୧୯୨୮-୨୦୧୩):

କିଶନ ପଟ୍ଟନାୟକ ଜୟପ୍ରକାଶ ନାରାୟଣଙ୍କ ସହିତ ସହଯୋଗୀ ହିସାବରେ ବହୁଦିନ ତାଙ୍କ ସହିତ କାର୍ଯ୍ୟ କରିଥିଲେ। ସମ୍ବଲପୁରରୁ 'ସାଥୀ' ପତ୍ରିକା ଓ 'ବିକଳ୍ପ ବିଚାର' ଏବଂ କଟକରୁ 'କୃଷକ' ପତ୍ରିକାର ସମ୍ପାଦନା କରିଥିଲେ। ଏହିସବୁ ପତ୍ରିକାରେ ତାଙ୍କଦ୍ୱାରା ଲିଖିତ ସମ୍ପାଦକୀୟରୁ ବାଛି ବାଛି କେତୋଟି ରାଜନୀତି, ଅର୍ଥନୀତି, ଭୂମିନୀତି ଓ ଅନ୍ୟାନ୍ୟ ସାମାଜିକ ସମସ୍ୟାମୂଳକ ପ୍ରବନ୍ଧର ସମାହାରରେ ପ୍ରକାଶିତ ତାଙ୍କ ନିବନ୍ଧଗ୍ରନ୍ଥ 'ବିଚାରର ଟିପାଖାତା'। ତାଙ୍କ ବିଚାରଧାରାକୁ ସେ ବ୍ୟକ୍ତିରୁ ଗୋଷ୍ଠୀ ଓ ସମଷ୍ଟି ସ୍ତରକୁ ନେଇ ପାରିଛନ୍ତି। ଏହା ପୂର୍ବରୁ ତାଙ୍କର 'ଭାରତୀୟ ବୁଦ୍ଧିଜୀବୀର ସଂକଟ ଓ ଅନ୍ୟାନ୍ୟ ପ୍ରବନ୍ଧ' ସଂକଳନଟି ମଧ୍ୟ ପ୍ରକାଶିତ।

ଚନ୍ଦ୍ରଶେଖର ରଥ (୧୯୨୯-୨୦୧୮):

ଚନ୍ଦ୍ରଶେଖର ରଥ (୧୯୨୯-୨୦୧୮) କଥାକାର ଭାବରେ ଯେପରି ସୁପରିଚିତ, ପ୍ରବନ୍ଧ ରଚନା କ୍ଷେତ୍ରରେ ମଧ୍ୟ ସେହିପରି ସୁଖ୍ୟାତିସମ୍ପନ୍ନ। ଓଡ଼ିଆ ପ୍ରବନ୍ଧ-ସାହିତ୍ୟକୁ ତାଙ୍କ ଦାନ ଅବିସ୍ମରଣୀୟ। ବହୁବିଧ ବିଷୟ ଆଧାରିତ ତାଙ୍କ ପ୍ରବନ୍ଧ ଓ ଲଳିତ ନିବନ୍ଧଗୁଡ଼ିକ 'ମନଅରଣ୍ୟ', 'ଦୃଷ୍ଟି ଓ ଦର୍ଶନ', 'ଏ ଯେଉଁ ପୃଥିବୀ', 'ଅଶ୍ରୁତ

ସ୍ୱର', 'ମୁଁ ସତ୍ୟଧର୍ମା କହୁଛି', 'ମଧୁ ସନ୍ଧାନ', 'କ୍ରୀତଦାସର କାବ୍ୟ' ଇତ୍ୟାଦି ଗ୍ରନ୍ଥରେ ସଂକଳିତ ଓ ସୁଧୀ ପାଠକମାନଙ୍କଦ୍ୱାରା ବେଶ୍ ଆଦୃତ। ଶାଣିତ ବ୍ୟଙ୍ଗଧର୍ମୀ, ବୌଦ୍ଧିକ, ମୌଳିକ ତଥା ଚିତ୍ରପ୍ରଧାନ ଗଦ୍ୟଶୈଳୀ ତାଙ୍କ ରଚନାର ବିଶେଷତ୍ୱ। ଉଭୟ ତତ୍ସମ ଓ ଗୀତିମୟ ଗଣମୁଖୀ ଭାଷାର ସୁନ୍ଦର ସମନ୍ୱୟ, ଆବେଗଧର୍ମୀ ଭାବ ଓ କାବ୍ୟିକ ପ୍ରକାଶଭଙ୍ଗୀର ମଧୁର ସଂଯୋଗରେ ତାଙ୍କ ରଚନା ପ୍ରାଣସ୍ପର୍ଶୀ। 'ଅଶ୍ରୁତର ସ୍ୱର' ପାଇଁ ସେ ଓଡ଼ିଶା ସାହିତ୍ୟ ଏକାଡେମୀ ପୁରସ୍କାର(୧୯୭୮)ପ୍ରାପ୍ତ। ଓଡ଼ିଆ କଥା ସାହିତ୍ୟକୁ ସେ ବିପୁଳତାରେ ଭରି ଦେଇଛନ୍ତି। ସ୍ୱକୀୟ ଶୈଳୀ ମାଧ୍ୟମରେ ଓଡ଼ିଆ ଗଳ୍ପ ଓ ରମ୍ୟରଚନା କ୍ଷେତ୍ରରେ ସେ ଏକ ନୂତନ ଧାରାର ପ୍ରବର୍ତ୍ତକ। ଏହି ଧାରାରେ ବର୍ଦ୍ଧିତ ତାଙ୍କ ପୁସ୍ତକଗୁଡ଼ିକ ମଧ୍ୟରେ 'ସବୁଯାକ ସ୍ୱପ୍ନ', 'ଅଶ୍ୱାରୋହୀର ଗଳ୍ପ', 'କ୍ରମଶଃ ଗଭୀର ନଈ', 'ଅନ୍ୟ ଏକ ସକାଳ', 'ସମ୍ରାଟ ଓ ଅନ୍ୟମାନେ', 'ଅନେକ ବନ୍ୟା ପରେ', 'ସ୍ୱପ୍ନବାହକ', 'ରଥସପ୍ତକ', 'ସବୁଠାରୁ ଦୀର୍ଘରାତି', 'ଶିଖର ଲଂଘନ', 'ନାଗାନ୍ତକ ବିଦ୍ୟା', 'ସନ୍ଧିକାଳ' ଇତ୍ୟାଦି ପ୍ରଧାନ। 'ଯନ୍ତାରୂଢ଼', 'ଅସୂର୍ଯ୍ୟ ଉପନିବେଶ' ଓ 'ନବଜାତକ' ଉପନ୍ୟାସତ୍ରୟରେ ମଣିଷ ଜୀବନଯାତ୍ରାର କେତେକ ସୂକ୍ଷ୍ମ ଦିଗକୁ ସେ ବିଶ୍ଳେଷଣ କରିଛନ୍ତି ବୌଦ୍ଧିକତାର ପ୍ରଲେପ ଦେଇ। କବିତ୍ୱପୂର୍ଣ୍ଣ ସ୍ୱକୀୟ ଶୈଳୀର ଚମତ୍କାରିତ ଓ ଶବ୍ଦବିନ୍ୟାସର କାରୁକାର୍ଯ୍ୟରେ ତାଙ୍କ କଥାକୃତିଗୁଡ଼ିକ ରସାଳ। 'ଅସୂର୍ଯ୍ୟ ଉପନିବେଶ' ଉପନ୍ୟାସ ୧୯୭୭ରେ ଓଡ଼ିଶା ସାହିତ୍ୟ ଏକାଡେମୀ ପୁରସ୍କାର ଓ ୧୯୮୨ରେ ଶାରଳା ପୁରସ୍କାର ଲାଭ କରିଛି। 'ସବୁଠାରୁ ଦୀର୍ଘ ରାତି' ଗଳ୍ପଗୁଚ୍ଛ ତାଙ୍କୁ ଆଣିଦେଇଛି ୧୯୯୭ର କେନ୍ଦ୍ର ସାହିତ୍ୟ ଏକାଡେମୀ ପୁରସ୍କାର। ଦୀର୍ଘ ସାଧନା ବଳରେ ଓଡ଼ିଆ ସାହିତ୍ୟକୁ ଋଦ୍ଧିମନ୍ତ କରିଥିବା ଏହି ବରେଣ୍ୟ ସାରସ୍ୱତ ସ୍ରଷ୍ଟାଙ୍କୁ ୨୦୧୦ ବର୍ଷ ପାଇଁ ଓଡ଼ିଶା ସାହିତ୍ୟ ଏକାଡେମୀ କର୍ତ୍ତୃପକ୍ଷ ମର୍ଯ୍ୟାଦାଜନକ 'ଅତିବଡ଼ୀ ଜଗନ୍ନାଥ ଦାସ ପୁରସ୍କାର' ପ୍ରଦାନ କରି ଓଡ଼ିଆ ସାରସ୍ୱତ ପରିମଣ୍ଡଳକୁ ଧନ୍ୟ କରିଛନ୍ତି।

କୃଷ୍ଣଚରଣ ବେହେରା (୧୯୩୧-୨୦୧୭):

କୃଷ୍ଣଚରଣ ବେହେରା 'ଅଧ୍ୟାପକର ବେଦନା'ରେ ଏବଂ 'ପ୍ରଗତି ସାହିତ୍ୟ' ଓ 'ଅଶ୍ଳୀଳତା ବିପକ୍ଷରେ' ପୁସ୍ତକରେ ସଂକଳିତ କେତୋଟି ବ୍ୟକ୍ତିନିଷ୍ଠ ପ୍ରବନ୍ଧରେ ନିଜର କୃତିତ୍ୱ ପ୍ରଦର୍ଶନ କରିଛନ୍ତି। 'ଧର୍ମ ଅଧର୍ମ କଥା' ମଧ୍ୟ ତାଙ୍କର ଅନ୍ୟ ଏକ ଧର୍ମଭିତ୍ତିକ ପ୍ରବନ୍ଧ ପୁସ୍ତକ, ଯାହା ପୂର୍ବରୁ 'ବିରଜା ବକ୍ତୃତା' ଭାବରେ ପ୍ରଦତ୍ତ ହୋଇଥିଲା। ସରଳ ସାବଲୀଳ ଭାଷାରେ ସେ ନିଜ ବକ୍ତବ୍ୟକୁ ଯୁକ୍ତିର ସହିତ ପ୍ରବନ୍ଧରେ

ପ୍ରକାଶ କରିବାରେ ବେଶ୍ ସଫଳ। 'ଚରୁ ଓ ଚରିତ' ତାଙ୍କ ରମ୍ୟରଚନାସମୂହର ଏକ ମନୋଜ୍ଞ ସଂକଳନ। ତାଙ୍କ ରମ୍ୟରଚନା ଅତ୍ୟନ୍ତ ଉପଭୋଗ୍ୟ ଓ ଚିନ୍ତା-ଉଦ୍ରେକକାରୀ। 'ପ୍ରଗତି ସାହିତ୍ୟ', 'କଥା ସାହିତ୍ୟ', 'ଅଶ୍ଳୀଳତା ବିପକ୍ଷରେ', 'କେତୋଟି ସାହିତ୍ୟିକ ଅଭିଭାଷଣ', 'ନାଟ୍ୟ ସାହିତ୍ୟର ପରିଚୟ', 'ଓଡ଼ିଶାର ଯାତ୍ରା ଓ ପାରମ୍ପରିକ ଲୋକପ୍ରିୟ ନାଟ୍ୟଧାରା', 'ପ୍ରସଙ୍ଗ: ନାଟକ-ଏକାଙ୍କିକା' ଇତ୍ୟାଦି ତାଙ୍କର କେତୋଟି ସମାଲୋଚନା ଗ୍ରନ୍ଥରେ ଓଡ଼ିଆ ସାହିତ୍ୟ ପୁଷ୍ଟ। ଶେଷୋକ୍ତ ଗ୍ରନ୍ଥଟି ତାଙ୍କୁ ୧୯୯୮ ବର୍ଷ ପାଇଁ ଓଡ଼ିଶା ସାହିତ୍ୟ ଏକାଡେମୀ ପୁରସ୍କାର ଆଣି ଦେଇଛି। ଓଡ଼ିଆ ସାହିତ୍ୟକୁ ସୁବିପୁଳ ଦାନ ପାଇଁ ସେ ୨୦୦୯ ବର୍ଷର ମର୍ଯ୍ୟାଦାଜନକ 'ସାହିତ୍ୟ ଭାରତୀ ସମ୍ମାନ' ପ୍ରାପ୍ତ।

ମନୋଜ ଦାସ (୧୯୩୪-୨୦୨୧):

ପଦ୍ମଶ୍ରୀ ମନୋଜ ଦାସ କଥାକାର ଭାବରେ କେବଳ ଆନ୍ତର୍ଜାତିକ ପ୍ରସିଦ୍ଧି ଲାଭକରି ନାହାନ୍ତି, ଜଣେ ସ୍ତମ୍ଭକାର, ପ୍ରାବନ୍ଧିକ ଓ ରମ୍ୟରଚନାକାର ଭାବରେ ମଧ୍ୟ ବହୁ ସୁନାମର ଅଧିକାରୀ ଓ ବହୁ ପୁରସ୍କାର ବିଜେତା। 'ସମାଜ', 'ଧରିତ୍ରୀ' ଓ 'ଅନୁପମ ଭାରତ'ରେ ଦୀର୍ଘଦିନଧରି ତାଙ୍କ ସ୍ତମ୍ଭରଚନା ପ୍ରକାଶ ପାଉଥିଲା, ଯାହା ପରବର୍ତ୍ତୀକାଳରେ 'କେତେ ଦିଗନ୍ତ' (୧ମ ଓ ୨ୟ), 'ବିପୁଳାଚ ପୃଥ୍ୱୀ', 'ଭାରତର ଐତିହ୍ୟ : ଶତେକ ପ୍ରଶ୍ନର ଉତ୍ତର', 'ସନ୍ଧାନ ଓ ସଙ୍କେତ', 'ଅରଣ୍ୟ ଉଲ୍ଲାସ', 'ସତ୍ୟ-ଅସତ୍ୟ ଏବଂ ଅନ୍ୟାନ୍ୟ ପ୍ରସଙ୍ଗ', 'ସ୍ମୃତିର ପ୍ରଦୀପ', 'ମହାକାଳର ପ୍ରହେଳିକା ଏବଂ ଅନ୍ୟାନ୍ୟ ପ୍ରବନ୍ଧ' ନାମରେ ପ୍ରକାଶିତ। ଏତଦ୍‌ବ୍ୟତୀତ 'ଉପକଥା ଶତକ' ଓ 'ପ୍ରଜ୍ଞା ପ୍ରଦୀପିକା' ଆଧ୍ୟାତ୍ମିକ ରଚନାଦ୍ୱୟ ତାଙ୍କ ଚିନ୍ତା-ଚେତନାର ନିର୍ଭୁଲ୍ ପରିଚୟ ଦିଏ। ଏପ୍ରକାର ରଚନାବଳୀରେ ତାଙ୍କ ଅନ୍ତର୍ଜାତୀୟ ଦୃଷ୍ଟିଭଙ୍ଗୀ, ମାନବଚରିତ୍ରର ସୂକ୍ଷ୍ମ ବିଶ୍ଳେଷଣ, ଆଧ୍ୟାତ୍ମିକ ଅନ୍ୱେଷା ଇତ୍ୟାଦିର ସଫଳ ପ୍ରତିଫଳନ ପାଠକକୁ ଅଭିଭୂତ କରେ; ପାଠକ ହଜିଯାଏ ଏସବୁର ଅନନ୍ୟ କାହାଣୀଧର୍ମିତା, ଅପୂର୍ବ କଥନଶୈଳୀ ଓ ବୈଚିତ୍ର୍ୟମୟ ଉପସ୍ଥାପନ ଭିତରେ। 'କେତେ ଦିଗନ୍ତ' ରମ୍ୟରଚନା ତାଙ୍କୁ ଦ୍ୱିତୀୟବାର ଓଡ଼ିଶା ସାହିତ୍ୟ ଏକାଡେମୀ ପୁରସ୍କାର ବିଜେତା କରାଇଛି ୧୯୮୯ରେ। ପ୍ରାଚ୍ୟ ଧର୍ମ ଓ ଦର୍ଶନର ଜଣେ ବିଶିଷ୍ଟ ପ୍ରବକ୍ତା ଭାବରେ ସେ ୨୦୧୩ରେ ମାତା ଅମୃତାନନ୍ଦମୟୀ ସଂସ୍ଥା ତରଫରୁ ପ୍ରଦତ୍ତ ମର୍ଯ୍ୟାଦାଜନକ 'ଅମୃତ-କୀର୍ତ୍ତି' ପୁରସ୍କାରର ସୁଯୋଗ୍ୟ ପ୍ରାପକ ମଧ୍ୟ।

ଦାଶରଥି ଦାସ (୧୯୩୬):

ଦାଶରଥି ଦାସ ଜଣେ ସୂକ୍ଷ୍ମଦର୍ଶୀ ସାହିତ୍ୟ-ସମାଲୋଚକ ଓ ଗବେଷକ। 'କାବ୍ୟ ସମ୍ବାଦ', 'ଆଧୁନିକ କାବ୍ୟ ଜିଜ୍ଞାସା-ଚିତ୍ରକଳ୍ପ', 'ସାହିତ୍ୟ ସନ୍ଧାନ', 'ମୃତ୍ୟୁଲୋକରେ ଋତୁ ସପ୍ତମ', 'କବିସୂର୍ଯ୍ୟ କାବ୍ୟବିଭା', 'ନାନା ନିବନ୍ଧ', 'ଚିହ୍ନା ମାଟି ଅଚିହ୍ନା ଆକାଶ', 'ବିବିଧ ପ୍ରସ୍ତାବ', 'ସାହିତ୍ୟ ବିବେକ', 'ବିଦଗ୍ଧ ମାନସ', 'ଐତିହ୍ୟ ଓ ଆଧୁନିକତା' ଇତ୍ୟାଦି ତାଙ୍କର କେତୋଟି ଉଚ୍ଚକୋଟୀର ଗ୍ରନ୍ଥରେ ଓଡ଼ିଆ ସମାଲୋଚନା ସାହିତ୍ୟ ସମୃଦ୍ଧ। 'ମଧୁସୂଦନଙ୍କ ଶ୍ରେଷ୍ଠ କବିତା', 'ରାଧାନାଥଙ୍କ ଶ୍ରେଷ୍ଠ କବିତା', ଫକୀରମୋହନଙ୍କ 'ଛ ମାଣ ଆଠଗୁଣ୍ଠ' ଓ 'ଶରତକୁମାର ମହାନ୍ତିଙ୍କ ଶ୍ରେଷ୍ଠ ପ୍ରବନ୍ଧ' ସମ୍ପାଦନାରେ ମଧ୍ୟ ତାଙ୍କ କୃତିତ୍ୱ ନିହିତ। ତାଙ୍କ ଆଲୋଚନା ଅତିମାତ୍ରାରେ ବୌଦ୍ଧିକ। ତାଙ୍କର ରହିଛି ଏକ ନିଜସ୍ୱ ଚିନ୍ତାଧାରା ଯାହା ପ୍ରକାଶ କରିବାରେ ସେ ଯେତିକି ନିର୍ଭୀକ, ବହୁଗ୍ରାହ୍ୟ ତଥ୍ୟକୁ ନିଜ ଦୃଷ୍ଟିକୋଣରୁ ପରୀକ୍ଷା ନ କରି ଗ୍ରହଣ କରିବାରେ ସେତିକି କୁଣ୍ଠିତ। ଏହି ଦୃଷ୍ଟିରୁ ଓଡ଼ିଆ ସମାଲୋଚନା ସାହିତ୍ୟରେ ତାଙ୍କର ସୁଦୃଢ଼ ପ୍ରତିଷ୍ଠା ରହିଛି, ରହିଛି ବି ଅଶେଷ ସମ୍ମାନ। ତାଙ୍କ ବିଚାରଧାରାର ସ୍ୱାତନ୍ତ୍ର୍ୟ ଏବଂ ଜ୍ଞାନର ଭୂୟୋବ୍ୟାପ୍ତି ପାଠକକୁ ମୁଗ୍ଧଚକିତ କରେ। ସେ 'କାବ୍ୟ ସମ୍ବାଦ' ଗ୍ରନ୍ଥ ପାଇଁ ୧୯୭୬ ବର୍ଷର ଶ୍ରେଷ୍ଠ ସମାଲୋଚକ ଭାବରେ ଓଡ଼ିଶା ସାହିତ୍ୟ ଏକାଡେମୀ ପୁରସ୍କାରପ୍ରାପ୍ତ ଏବଂ 'ବିଦଗ୍ଧ ମାନସ' ଗ୍ରନ୍ଥ ପାଇଁ ୨୦୦୭ରେ ମର୍ଯ୍ୟାଦାଜନକ ଶାରଳା ପୁରସ୍କାର ବିଜେତା। ଏତଦ୍‌ବ୍ୟତୀତ ଜୀବନବ୍ୟାପୀ ସାହିତ୍ୟନିରାଜନା ବଳରେ ଓଡ଼ିଆ ସମାଲୋଚନା-ସାହିତ୍ୟକୁ ନୂତନ ମାର୍ଗର ସନ୍ଧାନ ଦେଇଥିବାରୁ ୨୦୦୯ ବର୍ଷର 'ଅତିବଡ଼ୀ ଜଗନ୍ନାଥ ଦାସ ପୁରସ୍କାର'ର ସେ ସୁଯୋଗ୍ୟ ପ୍ରାପକ। 'ପ୍ରସଙ୍ଗ ପୁରୁଣା ଭାବନା ନୂଆ' ସଂକଳନ ପାଇଁ ସେ ୨୦୧୮ ବର୍ଷର କେନ୍ଦ୍ର ସାହିତ୍ୟ ଏକାଡେମୀ ପୁରସ୍କାରପ୍ରାପ୍ତ।

ବୈଷ୍ଣବଚରଣ ସାମଲ (୧୯୩୯):

ବୈଷ୍ଣବଚରଣ ସାମଲଙ୍କ ରଚନାଗୁଡ଼ିକ 'ଆଜ ଦେଖିଲି ରେ', 'ନାରୀର ମୁହଁ', 'ଇଚ୍ଛନ୍ତି ଦାମ୍ଭିକେ', 'କହିବାକୁ ଲାଜ', 'ସଂଜୟ ଉବାଚ', 'ରଙ୍ଗସଭା' ଆଦିରେ ସଂକଳିତ। ସେ ମାଟିକୁ, ମାଆକୁ, ମଣିଷକୁ ଓ ପରମ୍ପରାକୁ ଭଲପାଆନ୍ତି। ସାମାଜିକ ଜୀବନରେ ଯଦି କିଛି ତାଙ୍କ ଆଖିକୁ ବେଆଡ଼ା ଦିଶେ, ତାଙ୍କ ପ୍ରତିକ୍ରିୟା ଶବ୍ଦାୟିତ ହୋଇଉଠେ ସମାଜନିଷ୍ଠ ଆହ୍ୱାନରେ। ଏଗୁଡ଼ିକୁ ସଜାଡ଼ିବାର ପ୍ରବଣତା ସୃଷ୍ଟିକରେ ରାଶିରାଶି ବ୍ୟକ୍ତିନିଷ୍ଠ ପ୍ରବନ୍ଧ ଶାଣିତ ବ୍ୟଙ୍ଗ ଓ ବିଦ୍ରୂପର ଅସ୍ତ୍ରରେ ସଜ୍ଜିତ

ହୋଇ। ଏହାହିଁ ତାଙ୍କ ସରଳ ଭାଷା ଓ ନିଜସ୍ୱ ଶୈଳୀରେ ରଚିତ ତାଙ୍କ ରମ୍ୟରଚନାଗୁଡ଼ିକର ବିଶେଷତ୍ୱ। 'ଭକ୍ତକଥା ଓ ଭକ୍ତଚରିତ', 'ସତ୍ୟବାଣୀ' (୧ମ ଓ ୨ୟ), 'ବଟକଥା ଓ ଅନନ୍ତ ତତ୍ତ୍ୱ', 'ମା' ଇତ୍ୟାଦି ଧର୍ମପୁସ୍ତକ ମଧ୍ୟ ତାଙ୍କ ସୃଷ୍ଟି-ସରଣୀରେ ସ୍ୱତନ୍ତ୍ର ସ୍ଥିତି ବରଣ କରନ୍ତି। ବିଶିଷ୍ଟ ସାହିତ୍ୟ-ସମାଲୋଚକ ଭାବରେ ତାଙ୍କର ସୁନାମ ଯଥେଷ୍ଟ। 'କଳା ସଂସ୍କୃତି ଓ ସାହିତ୍ୟ', 'ଓଡ଼ିଆ ଗଳ୍ପ: ଗତି ଓ ପ୍ରକୃତି', 'କ୍ଷୁଦ୍ରଗଳ୍ପ ସ୍ରଷ୍ଟାମାନସ', 'ସାହିତ୍ୟ ସମ୍ବାଦ', 'ଓଡ଼ିଆ ସାହିତ୍ୟର ଇତିହାସ', 'ସମାଲୋଚନା: ସ୍ୱର ଓ ସ୍ୱାକ୍ଷର', 'ପ୍ରାଚୀନ ଓଡ଼ିଆ ଗଦ୍ୟସାହିତ୍ୟ' ଆଦି ସୁବିପୁଳ କୃତିରେ ଓଡ଼ିଆ ସମାଲୋଚନା ସାହିତ୍ୟ ଗରିମାମୟ। 'ଭିନ୍ନ ଇଲାକା ଭିନ୍ନ ଦୃଷ୍ଟି' ଗ୍ରନ୍ଥ ପାଇଁ ସେ ୨୦୦୨ ବର୍ଷର ଓଡ଼ିଆ ସାହିତ୍ୟ ଏକାଡେମୀ ପୁରସ୍କାରପ୍ରାପ୍ତ।

ରାଜକିଶୋର ମିଶ୍ର (୧୯୪୨-୨୦୨୧):

ରାଜକିଶୋର ମିଶ୍ର ଓଡ଼ିଆ ସାହିତ୍ୟ ଓ ସଂସ୍କୃତି-ଚର୍ଚ୍ଚା କ୍ଷେତ୍ରରେ ଏକ ସଶ୍ରଦ୍ଧ ଉଚ୍ଚାରଣ। ଓଡ଼ିଆ, ଇଂରାଜୀ ଓ ସଂସ୍କୃତରେ ଅଗାଧ ପାଣ୍ଡିତ ଓ ଉଚ୍ଚକୋଟୀର ବାଗ୍ମିତା ତାଙ୍କ ପରିଚିତିକୁ ଏକ ଭିନ୍ନ ଉଚ୍ଚତା ପ୍ରଦାନ କରେ। 'ଗୋପୀନାଥଙ୍କ ଉପନ୍ୟାସର ମରମକଥା' ଓ '*Vyasakabi Fakirmohan - The Precursor of a New Era*' ପୁସ୍ତକ ଦୁଇଟି ବ୍ୟତୀତ ସେ ଅନେକ ଓଡ଼ିଆ ଓ ଇଂରାଜୀ ପୁସ୍ତକର ମୁଖବନ୍ଧ ରଚନା ଓ ଆଲୋଚନା କ୍ଷେତ୍ରରେ ସଫଳ ହସ୍ତସ୍ପର୍ଶ ରଖିଯାଇଛନ୍ତି। ଓଡ଼ିଆ ଓ ଇଂରାଜୀ ଭାଷାଦ୍ୱୟରେ ପ୍ରକାଶିତ ତାଙ୍କର ବହୁ ଗବେଷଣାତ୍ମକ ପ୍ରବନ୍ଧ ତାଙ୍କ ଧୀ ଓ ଧିଷଣାର ପରିଚୟ। 'କପିଳ ସଂହିତା', ଅଚ୍ୟୁତାନନ୍ଦଙ୍କ 'ଶୂନ୍ୟସଂହିତା' ଓ 'ସୂର୍ଯ୍ୟପୁରାଣ'ର ସେ ସୁଯୋଗ୍ୟ ଇଂରାଜୀ ଅନୁବାଦକ। କେତେଜଣ ପ୍ରମୁଖ ଓଡ଼ିଆ କବିଙ୍କ କବିତାର ଇଂରାଜୀ ରୂପାନ୍ତରୀକରଣରେ ତାଙ୍କ ଅନୁବାଦଗତ କୁଶଳତା ସହଜଲଭ୍ୟ। ତାଙ୍କ ପାଣ୍ଡିତ୍ୟର ପରିଚୟ ବହନ କରି ଓଡ଼ିଆ ସାହିତ୍ୟ, ଓଡ଼ିଆ ସଂସ୍କୃତି, ବିଶେଷତଃ ଜଗନ୍ନାଥ ସଂସ୍କୃତି ମୂଳକ ତାଙ୍କର ବହୁ ପ୍ରକାଶିତ ପ୍ରବନ୍ଧ ସଂକଳିତ ହୋଇପାରି ନାହିଁ। ତାଙ୍କ ଦେହାନ୍ତ ପରେ ଓଡ଼ିଆ ସାହିତ୍ୟର ବିଭିନ୍ନ ଦିଗକୁ ସ୍ପର୍ଶ କରି ତାଙ୍କ ଦ୍ୱାରା ରଚିତ କେତେକ ପ୍ରବନ୍ଧର ସଂକଳନ କରାଯାଇ ପ୍ରକାଶ ପାଇଛି 'ପ୍ରଲୁବ୍ଧ କବି ଓ ପ୍ରଗଲ୍‌ଭା ନାରୀ' ପୁସ୍ତକଟି। ଜଗନ୍ନାଥ-ସଂସ୍କୃତି ସମ୍ବଳିତ ତାଙ୍କର କେତେକ ପ୍ରବନ୍ଧର ସଂକଳିତ ରୂପ ଖୁବ୍ ଶୀଘ୍ର ଆତ୍ମପ୍ରକାଶ କରିବାକୁ ଯାଉଛି।

ପ୍ରତିଭା ରାୟ (୧୯୪୩):

ଓଡ଼ିଆ ସାହିତ୍ୟର ପ୍ରାୟ ପ୍ରତି ବିଭାଗକୁ ନିଜ ଅମୃତ ହସ୍ତସ୍ପର୍ଶରେ ଋଦ୍ଧିମନ୍ତ କରିଥିବା ପ୍ରତିଭା ରାୟ ଓଡ଼ିଆ ପାଠକଙ୍କୁ ଭେଟି ଦେଇଛନ୍ତି ଦୁଇଟି ପ୍ରବନ୍ଧ ସଂକଳନ 'ସଂସ୍କୃତିର ନାଭିପଦ୍ମ' ଓ 'ପାଦାସନାୟ ନମଃ'। ଏହି ମନନଶୀଳ ପ୍ରବନ୍ଧଗୁଡ଼ିକ ତାଙ୍କ ଗଭୀର ଅନୁଭବର ଶବ୍ଦଲିପି, ପରିପକ୍ୱ ଚିନ୍ତାଚେତନାର ପ୍ରତିଧ୍ୱନି, ସାମାଜିକ ପ୍ରତିବଦ୍ଧତାର ପ୍ରତିରୂପ ଏବଂ ଐତିହ୍ୟ ଓ ସଂସ୍କୃତି-ସଚେତନାର ପରିଚୟ। ଓଡ଼ିଆ କଥା ସାହିତ୍ୟକୁ ସ୍ୱତନ୍ତ୍ର ଉଚ୍ଚତା ଦେବା ଦିଗରେ ସେ ବେଶ୍ ସଫଳ। 'ଶିଳାପଦ୍ମ' ଉପନ୍ୟାସ ପାଇଁ ସେ ଓଡ଼ିଶା ସାହିତ୍ୟ ଏକାଡେମୀ ପୁରସ୍କାର, 'ଯାଜ୍ଞସେନୀ' ଉପନ୍ୟାସ ପାଇଁ ମର୍ଯ୍ୟାଦାଜନକ ଶାରଳା ପୁରସ୍କାର ଓ ମୂର୍ତ୍ତିଦେବୀ ପୁରସ୍କାର ଏବଂ 'ଉଲ୍ଲଂଘନ' ଗଳ୍ପ ସଂକଳନ ପାଇଁ କେନ୍ଦ୍ର ସାହିତ୍ୟ ଏକାଡେମୀ ପୁରସ୍କାରପ୍ରାପ୍ତ। ନିଜର କୃତିସକଳ ପାଇଁ ସେ ମର୍ଯ୍ୟାଦାମଣ୍ଡିତ ଜ୍ଞାନପୀଠ ପୁରସ୍କାର ଲାଭ କରି ଉତ୍କଳ ଭାରତୀଙ୍କ ମୁଖ ଉଜ୍ଜ୍ୱଳ କରିଛନ୍ତି। ତାଙ୍କର କେତେକ ଚର୍ଚ୍ଚିତ ଉପନ୍ୟାସ ବିଭିନ୍ନ ଭାରତୀୟ ଭାଷାରେ ଅନୂଦିତ ହୋଇ ଓଡ଼ିଶା ବାହାରେ ଓଡ଼ିଆ କଥାସାହିତ୍ୟର ସାମର୍ଥ୍ୟ ପ୍ରତିପାଦନ କରିବାରେ ସହାୟକ ହୋଇଛି।

ପଞ୍ଚାନନ ମିଶ୍ର (୧୯୫୦):

କବି ପଞ୍ଚାନନ ମିଶ୍ର ସାହିତ୍ୟ-ସମାଲୋଚନା ଭୂମିରେ ପାଦ ଥାପିଛନ୍ତି କୃତିତ୍ୱର ସହିତ ଓ ଲେଖନୀରେ ରୂପ ଦେଇଛନ୍ତି 'ସାହିତ୍ୟ ସମାଲୋଚନା : ତାତ୍ତ୍ୱିକ ଓ ପ୍ରାୟୋଗିକ ପ୍ରସଙ୍ଗ' (୧ମ ଓ ୨ୟ) ଏବଂ 'କବି ବିନୋଦଚନ୍ଦ୍ର ନାୟକଙ୍କ କାବ୍ୟକଳା ଓ ଜୀବନଦୃଷ୍ଟି'। ତାଙ୍କ ସମୀକ୍ଷାଦୃଷ୍ଟି ବୁଦ୍ଧିଦୀପ୍ତ, ପରିବେଷଣ ରୀତି ସ୍ୱାତନ୍ତ୍ର୍ୟମଣ୍ଡିତ। ଜଣେ ପ୍ରତିଷ୍ଠିତ କବି ଓ ବଳିଷ୍ଠ ସମାଲୋଚକ ଭାବରେ ସେ ସର୍ଜନଶୀଳ ସାହିତ୍ୟର ସ୍ୱରୂପ ଓ ତାହାର ଅପରିହାର୍ଯ୍ୟତା ଆଲୋଚନା କରନ୍ତି ଗଭୀର ଅନ୍ତର୍ଦୃଷ୍ଟି ବଳରେ। ଦୁଇ ଭାଗରେ ପ୍ରକାଶିତ ତାଙ୍କ ଉପରୋକ୍ତ ସମାଲୋଚନା ଗ୍ରନ୍ଥଟି ତାଙ୍କୁ ଓଡ଼ିଶା ସାହିତ୍ୟ ଏକାଡେମୀ ପୁରସ୍କାର ପ୍ରାପ୍ତ କରାଇଛି।

ବାବାଜୀଚରଣ ପଟ୍ଟନାୟକ (୧୯୫୨):

ବାବାଜୀଚରଣ ପଟ୍ଟନାୟକ ସାମ୍ପ୍ରତିକ କାଳର ଜଣେ ପ୍ରତିଭାଶାଳୀ ସମାଲୋଚକ। ଅଧୀତ ବିଷୟକୁ ସେ ନିଜସ୍ୱ ଦୃଷ୍ଟିରୁ ଦେଖନ୍ତି, ଅନ୍ୟମାନଙ୍କ ମତର ଅନ୍ଧାନୁସରଣ ନ କରି ନିର୍ଭୀକ ଭାବରେ ନିଜସ୍ୱ ମତ ପ୍ରକାଶ କରନ୍ତି। ତାଙ୍କ ଆଲୋଚନା

ବ୍ୟାପକ ଅଧ୍ୟୟନ, ମୌଳିକ ବିଚାରପ୍ରବଣତା, ଅକୁତୋଭୟ ଦୃଷ୍ଟିଭଙ୍ଗୀ, ତୁଳନାତ୍ମକ ବିଚାରପଦ୍ଧତି ଓ ଚମତ୍କାର ଉପସ୍ଥାପନ ରୀତିର ଏକ ସୁମଧୁର ସମନ୍ୱୟ। 'ଓଡ଼ିଆ କାବ୍ୟ କବିତାରେ ଚନ୍ଦ୍ର ପ୍ରସଙ୍ଗ' ତାଙ୍କ ଗବେଷଣା ସନ୍ଦର୍ଭର ପ୍ରକାଶିତ ରୂପ। ପରବର୍ତ୍ତୀ କାଳରେ ପ୍ରକାଶିତ ତାଙ୍କ ପ୍ରବନ୍ଧ ଓ ସମାଲୋଚନା ଗ୍ରନ୍ଥ 'ବିଚାର ବିମର୍ଶନ', 'ସର୍ଜନାର ଉର୍ଜନା', 'ସାହିତ୍ୟ-ପରିଧି', 'ସାହିତ୍ୟର ବାଟେଘାଟେ', 'ଏଣୁ ତେଣୁ ପାଞ୍ଚକଥା', 'ପ୍ରସଙ୍ଗ: ଅନୁସଙ୍ଗ' ଇତ୍ୟାଦିରେ ତାଙ୍କ ଭାଷା ଓ ଶୈଳୀର ନିଆରାପଣିଆ ବାରି ହୋଇଯାଏ। କେତେକ ଅପ୍ରଚଳିତ ଅବା କାଁ ଭାଁ ପ୍ରଚଳିତ ଶବ୍ଦର ଚୟନ ଓ ସେସବୁର ସଫଳ ଗୁମ୍ଫନ ତାଙ୍କ ଶିଳ୍ପସିଦ୍ଧିର ଅନନ୍ୟ ପରିଚୟ। ପରବର୍ତ୍ତୀକାଳରେ ପ୍ରକାଶିତ ତାଙ୍କ 'ବିବିଧ ଆଲୋଚନା' ପଞ୍ଚତିରିଶଟି ବୁଦ୍ଧିଦୀପ୍ତ ସାହିତ୍ୟ-ଆଲୋଚନାର ଏକ ମନୋରମ ଗ୍ରନ୍ଥ। ଗାଳ୍ପିକ ଅଖିଳମୋହନ ପଟ୍ଟନାୟକଙ୍କ ଗଳ୍ପସମ୍ଭାର ମଧ୍ୟରୁ ୨୭ଟି ଶ୍ରେଷ୍ଠଗଳ୍ପ ଚୟନ କରି ଓ ସେସବୁକୁ ରୁଚିପୂର୍ଣ୍ଣ ମୁଖବନ୍ଧରେ ମଣ୍ଡିତ କରି ସେ ସମ୍ପାଦନା କରିଛନ୍ତି 'ଅଖିଳମୋହନ ପଟ୍ଟନାୟକଙ୍କ ଶ୍ରେଷ୍ଠ ଗଳ୍ପ' ନାମରେ। ଏହା ତାଙ୍କ ସମୀକ୍ଷା-ଦୃଷ୍ଟିର ଅନ୍ୟତମ ପରିଚୟ।

ବିଜୟକୁମାର ଶତପଥୀ (୧୯୫୨):

ନାଟ୍ୟକାର ବିଜୟକୁମାର ଶତପଥୀ ଜଣେ ସମାଲୋଚକ ଭାବରେ ମଧ୍ୟ ପରିଚିତ। ବିଷୟ ବିଶ୍ଳେଷଣର ଚମତ୍କାରିତା ଓ ଅନ୍ତର୍ଦୃଷ୍ଟି ତାଙ୍କ ସାହିତ୍ୟାଲୋଚନାକୁ ସଫଳତା ପ୍ରଦାନ କରେ। ନିଜସ୍ୱ ଢଙ୍ଗରେ ମୂଲ୍ୟାୟନ କରିବାର ପ୍ରବଣତା ତାଙ୍କ ସମାଲୋଚନାର ଅନ୍ୟ ଏକ ଆକର୍ଷଣୀୟ ଦିଗ। ଏଯାବତ୍ ତାଙ୍କର ପ୍ରକାଶିତ ସମାଲୋଚନା-ଗ୍ରନ୍ଥଗୁଡ଼ିକ ହେଉଛି, 'କଲ୍ଲୋଳ ଓ ଚିନ୍ତାମଣି : ଏକ ଦୃଷ୍ଟିପାତ', 'ସାରସ୍ୱତ ମୂଲ୍ୟାୟନ', 'ଔପନ୍ୟାସିକ ନିତ୍ୟାନନ୍ଦ', 'ନୂତନ ମୂଲ୍ୟବୋଧର ନାଟକ', 'ପ୍ରଗତିବାଦୀ କାବ୍ୟଚେତନା' ଏବଂ 'ସମାଲୋଚନା ଓ ପର୍ଯ୍ୟାଲୋଚନା'। ତାଙ୍କ ପ୍ରକାଶିତ ମହାନିବନ୍ଧ 'ଓଡ଼ିଆ ସାହିତ୍ୟରେ ପ୍ରଗତିବାଦୀ ଧାରା' ଏକ ଉତ୍କୃଷ୍ଟ ଗବେଷକୀୟ ସୃଷ୍ଟି ଏବଂ ତାଙ୍କ ମୌଳିକ ଚିନ୍ତା, ଚେତନା ଓ ଦୃଷ୍ଟିର ଏକ ଉପାଦେୟ କୃତି। ସେ ଜଣେ ବିଶିଷ୍ଟ ସଫଳ ନାଟ୍ୟକାର ଓ ସଫଳ ନାଟ୍ୟ-ଆଲୋଚନା ତାଙ୍କ ନାଟକ 'ଏଇ ଯେ ସୂର୍ଯ୍ୟ ଉଏଁ' ୧୯୮୯ରେ ଓଡ଼ିଶା ସାହିତ୍ୟ ଏକାଡେମୀ ଦ୍ୱାରା ପୁରସ୍କୃତ।

ବସନ୍ତକୁମାର ପଣ୍ଡା (୧୯୫୫):

ବସନ୍ତ କୁମାର ପଣ୍ଡା ଆମ ସମୟର ଜଣେ ପ୍ରତିଭାଶାଳୀ ସମାଲୋଚକ, ଜିଜ୍ଞାସୁ ଗବେଷକ। ମାର୍ଜିତ ଦୃଷ୍ଟି, ମୌଳିକ ଚିନ୍ତାଧାରା ଓ ନୂତନ ତଥ୍ୟ ପରିବେଷଣ ତାଙ୍କ ଆଲୋଚନାର କେତୋଟି ଉଜ୍ଜ୍ୱଳ ଦିଗ। ତୁଳନାତ୍ମକ ସାହିତ୍ୟରେ ତାଙ୍କର ସ୍ୱତନ୍ତ୍ର ରୁଚି ରହିଛି, ତତ୍ତ୍ୱ ବିଚାରରେ ମଧ୍ୟ ରହିଛି ଏକନିଷ୍ଠ ଅଭିନିବେଶ। ତାଙ୍କ ଆଲୋଚନା, ତଥ୍ୟନିଷ୍ଠ, ଯୁକ୍ତିନିଷ୍ଠ ଓ ଅନ୍ତର୍ଦୃଷ୍ଟିପୁଷ୍ଟ। 'ନିସର୍ଗ ନୀରାଜନା' ତାଙ୍କ ଗବେଷଣାକୃତିର ନାମ। 'ତୁଳନାତ୍ମକ ସାହିତ୍ୟ: ଦେଶ ଓ ବିଶ୍ୱ' ଏବଂ 'ସାହିତ୍ୟ: ତତ୍ତ୍ୱ ଓ ଗବେଷଣା' ତାଙ୍କର ଆଉ ଦୁଇଟି ପ୍ରକାଶିତ ପ୍ରବନ୍ଧ ସଂକଳନ, ଯେଉଁଥିରେ ଓଡ଼ିଆ ସାହିତ୍ୟ ସଂପର୍କିତ କେତେକ ଉପାଦେୟ କିନ୍ତୁ ଅଜ୍ଞାତ ତଥ୍ୟ ଆଲୋଚିତ ଏବଂ ଦେଶବିଦେଶର କେତେଜଣ ସୁନାମଧନ୍ୟ ସାହିତ୍ୟସାଧକଙ୍କ ସାଧନା ଓ ସିଦ୍ଧି ଆଲୋକିତ। ଓଡ଼ିଆ ଅନୁବାଦ ସାହିତ୍ୟକୁ ମଧ୍ୟ ସେ ଋଦ୍ଧିମନ୍ତ କରିଛନ୍ତି କେତେକ ଉପାଦେୟ ଇଂରାଜୀ ଓ ବଙ୍ଗଳା ଗ୍ରନ୍ଥର ଅନୁବାଦକ ଭାବରେ। ଓଡ଼ିଆ ଭାଷା ଶାସ୍ତ୍ରୀୟ ମାନ୍ୟତା ପାଇବା ପୂର୍ବର ଓ ପରର କେତେକ କାର୍ଯ୍ୟାନ୍ୱୟରେ ତାଙ୍କ ସଂପୃକ୍ତି ପ୍ରଶଂସନୀୟ।

ଇନ୍ଦୁ ମିଶ୍ର (୧୯୫୭-୨୦୧୭):

ସାଂପ୍ରତିକ ଓଡ଼ିଆ ସମାଲୋଚନା-ସାହିତ୍ୟ କ୍ଷେତ୍ରରେ ଇନ୍ଦୁ ମିଶ୍ର ଜଣେ ଆଗଧାଡ଼ିର ପ୍ରତିଭା। ତାଙ୍କ ପ୍ରକାଶିତ ଗ୍ରନ୍ଥ 'ସମୀକ୍ଷା ସନ୍ଦର୍ଭ', 'ମିଥ୍ ଓ ଏହାର କାବ୍ୟିକ ପ୍ରୟୋଗ', 'ଆଧୁନିକ ଓଡ଼ିଆ କାବ୍ୟଧାରାରେ ବାସ୍ତବବାଦୀ ଚେତନା', 'ଆଧୁନିକ ଓଡ଼ିଆ କବିତାର ଦୃଷ୍ଟି ଓ ଦିଗନ୍ତ', 'ଋତୁପୂର୍ଣ୍ଣା', 'କଥାସୃଷ୍ଟି : କାବ୍ୟସୃଷ୍ଟି' ଇତ୍ୟାଦିରେ ଉନ୍ନତ ତଥା ବଳିଷ୍ଠ ସମାଲୋଚନା ମାନସର ଯଥାର୍ଥ ପ୍ରତିଫଳନ ପରିଲକ୍ଷିତ। ତାଙ୍କର ଅଧ୍ୟୟନ ରହିଛି, ଅନୁଶୀଳନ କରିବାର ଦକ୍ଷତା ରହିଛି, ତୀକ୍ଷ୍ଣ ସମାଲୋଚନା ଦୃଷ୍ଟି ବି ରହିଛି। ମାର୍ଜିତ ଶୈଳୀ ଏବଂ ଯୁକ୍ତିନିଷ୍ଠ ଆଲୋଚନାରେ ତାଙ୍କ ସୃଷ୍ଟି ମର୍ଯ୍ୟାଦାମଣ୍ଡିତ।

ବେଣୁଧର ପାଢ଼ୀ (୧୯୫୯):

ବେଣୁଧର ପାଢ଼ୀଙ୍କ ସାହିତ୍ୟ-ଆଲୋଚନାରେ ଯେଉଁ ନିଆରାପଣିଆ ଆଖିରେ ପଡ଼େ, ତାହା ତାଙ୍କ ଚାହାଣିର ଚମକ, ପରଷାର ବାଗ ଓ ଭାଷାର ଯଥାର୍ଥ ପ୍ରୟୋଗ। ସାଂପ୍ରତିକ ଅସନ୍ତୁଳିତ ସମାଜ, ଦିଶାହୀନ ଶିକ୍ଷା ପଦ୍ଧତି, ତ୍ରୁଟିପୂର୍ଣ୍ଣ ଅର୍ଥନୀତି ଓ ନୀତିଶୂନ୍ୟ ରାଜନୀତି କ୍ଷେତ୍ରରେ ପରିଦୃଷ୍ଟ ସଂକଟବିଷୟକ ଆଲୋଚନାରେ ସେ ଅଧିକ ଆଗ୍ରହୀ।

ତାଙ୍କ ଫିଚରଗୁଡ଼ିକ ପ୍ରାୟତଃ ରାଜନୀତି-ପୃଷ୍ଠଭୂମି ଆଧାରିତ। 'ସଂସ୍କୃତି ଓ ସାଂପ୍ରତିକତା', 'ସନ୍ତ୍ରାସବାଦ', 'ଫିକାତ୍ରିରଙ୍ଗା', 'ମଗଜ ମନ୍ଥନ', 'ଡେଣାଛିଣ୍ଡା କଙ୍କି ଓ ଝିଅର ଭାଗ୍ୟ' ଆଦିରେ ପତ୍ରସ୍ଥ ତାଙ୍କ ପ୍ରବନ୍ଧଗୁଡ଼ିକ ଯେତିକି ମୌଳିକ ସେତିକି ଭାବୋଦ୍ଦୀପକ। ତାଙ୍କ ଆଲୋଚନା-ଗ୍ରନ୍ଥ 'ନୟାନିବନ୍ଧ', 'ଉତ୍ତର ଆଧୁନିକତା: ଭୂମିରୁ ସୀମା', ବିଦଗ୍ଧ ବିମର୍ଶ', 'ସାହିତ୍ୟତତ୍ତ୍ୱ: ପ୍ରାଚ୍ୟ ଓ ପାଶ୍ଚାତ୍ୟ', 'ଲୋକସାହିତ୍ୟ ଓ ଲୋକସାହିତ୍ୟତତ୍ତ୍ୱ' ଇତ୍ୟାଦି ତାଙ୍କୁ ଜଣେ ସମର୍ଥ ସମାଲୋଚକର ପରିଚିତି ଦେବାକୁ ସମର୍ଥ। ସାଂପ୍ରତିକ ସାହିତ୍ୟ ଅଧ୍ୟୟନରେ ତାଙ୍କର ସ୍ୱତନ୍ତ୍ର ରୁଚି ରହିଛି, ରହିଛି ମଧ୍ୟ ସାହିତ୍ୟସଂପର୍କିତ ନୂତନ ତତ୍ତ୍ୱ ଓ ତଥ୍ୟ ପରିବେଷଣଗତ ଦକ୍ଷତା। ତାଙ୍କ 'ଓଡ଼ିଆ ସାହିତ୍ୟର ଇତିହାସ' ସାହିତ୍ୟ-ଇତିହାସ ସୃଜନରେ ଆଉ ଏକ ପୃଷ୍ଠା ଯୋଡ଼ିଛି।

■■

www.blackeaglebooks.org
info@blackeaglebooks.org

Black Eagle Books, an independent publisher, was founded as a nonprofit organization in April, 2019. It is our mission to connect and engage the Indian diaspora and the world at large with the best of works of world literature published on a collaborative platform, with special emphasis on foregrounding Contemporary Classics and New Writing.